33 중등수학교육

중등수학 교재연구

유윤재 지음

KM 경문사

서문

이 책은 교재연구 과목으로 지난 3년간 저자가 강의한 내용을 정리한 것이다. 전체 내용은 수학적, 심리학적, 교육적 영역으로 나누었는데 수학적 영역은 교사가 알고 있어야 할 내용과 이에 따른 내용 분석, 심리학적 영역은 교수분석을 위하여 필요한 준비들을 자체적으로 이해할 필요가 있는 내용, 교육적 영역은 실제 교수설계에 참고가 될 점을 언급하였다.

이 책은 20개의 장으로 구성되어 있는데 1장은 교육 전반적인 내용을 고려하였고 2장은 주로 학습에 필요한 심리적 내용을 담았으며 나머지 18개 장은 교과내용 영역이다. 전체적으로는 문제해결을 위한 전략을 염두에 두고 있으나 실제로 충분히 반영되었다고 보기는 아직 미흡하다. 각각의 내용은 전체적으로 위계성을 염두에 두고 있지만 반드시 그런 것은 아니기 때문에 실제 학교수학에 활용할 경우 문제될 것은 없다고 본다. 필요한 부분은 독립적으로 사용할 수 있게 되어 있다. 내용도 중학교와 고등학교를 구분을 명시하지는 않았지만 학습 주제를 중심으로 엮어져 있기 때문에 학습 수준을 판단할 수 있다고 본다.

교재연구는 사실 어려운 주제이다. 경험에 의하면 교재연구라는 과목은 수학교육학의 여러 영역 중에서 가장 어려운 영역이라고 본다. 이것은 수학, 교육학, 심리학, 철학 등 다양한 인접 과목의 지식을 필요로 하는 융·복합적 학문의 성격을 가지고 있기 때문에 다양한 이론적 경험과 실천적 경험이 모두 필요한 것 같다. 교재연구에 대한 연구는 지속적으로 이루어지고 있지만 아직 세부적인 부분까지 미치지 못하고 있다. 여기서도 개관에 그치고 있으며 세부적인 연구를 위해서 보다 많은 관심과 연구가 필요하다.

이 책을 엮으면서 제안하는 것은 대학에서 교사가 배워야 할 내용은 현재 이론수학 중심의 내용을 중고등학교에 직접적으로 연결될 수 있는 내용 중심으로 개편하고 문제해결 중심의 과정으로 전개해야 된다고 본다. 이론수학 중심의 현행 임용고시는 하나의 평가도구로서 만족할 수는 있으나 학교수학을 위한 평가로서 타당한 것은 아니라고 본다. 동시에 수학교사가 되기 위해서 수학 관련 교양서적을 많이 읽어야 하며 실제 평가에 반영되어야 한다고 본다.

본 원고를 출판하는 데 도움을 주신 경문사 박문규 사장님, 양정완 상무님, 원고 교정과 전체 틀에 대한 조언을 해주신 동 출판사 문소영, 오효순님에게 감사를 드린다. 뿐만 아니라 원고를 읽고 오류를 지적을 해주신 동료 및 대학원생 여러분에게 감사드린다.

2011 원단

복현 언덕에서

사사. 본 연구는 2010년도 경북대학교 저술연구비에 의하여 조성되었음을 밝힌다.

차 례

1. 개관

1.1 교수학적 분석의 필요성과 방법

수학을 탐구 관점에서 분류하면 학교수학과 이론수학으로 나눌 수 있다. 학교수학이란 초, 중, 고등학교에서 학생들이 탐구하는 수학을 의미하며 이에 대하여 전문 수학자들이 탐구하는 수학을 이론수학이라고 한다. 이론수학을 위한 표준적인 안내서들은 방대한 수학 지식에 효과적으로 접근하기 위하여 조직되어 있다. 마찬가지로 학교수학의 교과서도 학생 수준의 수학적 탐구를 위하여 조직되어 있다. 이론수학은 주로 공리화, 추상화, 일반화를 통하여 조직되어 있기 때문에 초보자는 이해하기 어렵다. 그러므로 이론수학의 내용 그 자체는 학교수학에서 사용될 수 없고 학생들이 이해할 수 있는 수준으로 재조직되어야 한다. 이와 같이 이론수학의 지식을 학교수학의 지식으로 재조직하는 것을 교수학적 변환이라고 한다.

교수학적 변환은 다음과 같은 이유에서 필요하다.

i) 수학적 발견의 내용, 정당화의 방법은 실제 교육과정의 내용 요목을 구성하는 준거가 된다.
ii) 이론수학을 가르치는 것은 실제적으로 불가능하기 때문에 이론수학의 모든 지식을 효과적으로 반영하는 최소한의 지식을 추출해야 한다.
iii) 수학적 역량은 낮은 연령에서도 나타나므로 수학 지식의 압축과 선별은 중요하다.
iv) 수학자와 학생 간의 개념 구조와 수준은 양적으로 다를 뿐만 아니라 질적으로도 다르다. 이 차이점으로 인하여 수학자와 학생은 하나의 수학적 대상을 다르게 표상하고 이해한다.

이런 사실에 기초하여 교수학적 분석을 실행하는데 세부적으로 수학의 본질, 인식론, 교육학, 심리학 등 다양한 관점에서 이루어져야 한다. 교수학적 분석은 이런 점을 고려하여 대략적으로 다음과 같이 설계한다.

i) 수학적 주제 선정.
ii) 교수학적 분석.

iii) 현장 적용.

iv) 평가.

1.2 분석 영역

교수학적 분석은 연구자들 마다 약간의 차이는 있지만 대체로 수학적, 철학적, 인식론적, 역사적, 심리학적, 언어학적, 실용적, 교육학적 분석 등을 포함시키고 있다. 여기서는 수학적 분석, 심리적 분석, 교육적 분석 등의 3영역으로 구분하고 이에 따른 세부 항목을 설정하였다.

1.2.1 수학적 분석

수학적 분석은 이론수학적 지식을 학교수학의 지식적 관점에서 이해하고 평가하는 작업이다. 수학적 개념은 다양한 정의로 나타낼 수 있지만 정의의 추상성, 포괄성, 일반성, 형식성의 차이로 인해 학습자에게 쉽게 다가갈 수 없는 경우가 있다. 따라서 정의에 대한 분석은 우선적으로 중요하다. 정리의 증명도 다양한 수준에서 제시될 수 있는 만큼 증명의 방식이나 방법에 담겨 있는 수학적 의미를 도출하는 작업 역시 중요하다. 현대수학을 효과적으로 반영하기 위한 가장 포괄적인 수학적 지식은 어떤 것인가를 도출하는 것도 역시 중요한 과제이다. 마지막으로 수학은 과거에서 현대에 이르기까지 엄청난 양의 지식을 포함하고 있으며 그 지식 중에는 학교수학에서 다루는 것도 있고 그렇지 않은 것도 있다. 이러한 첨삭의 기준은 어디에서 오는 것인지 그 근거들을 고찰하는 것도 중요한 과제이다. 이러한 것들을 고려하여 수학적 분석의 내용은 역사적, 본체적, 현상학적 측면을 포함한다. 먼저 역사적 분석에 포함될 사항을 살펴보자.

i) 개념의 발전 과정에서 나타난 특성은 무엇인가?

ii) 발달에 비연속적 특성이 있다면 이유는 무엇인가?

이런 것을 분석하는 이유는 학습 단계를 위한 지침이 되기 때문이다. 본체적 분석의 내용은 다음과 같은 것을 포함한다.

i) 한 개념에 대응하는 개념정의들을 제시하고 각각의 정의가 가진 수학적 차이를 분석한다.

ii) 개념정의에 대한 인지적 차등성을 분석한다. 즉 하나의 개념을 다양한 방식으로 정의할 경우 각각의 정의가 가진 인지적 특성을 비교, 분석한다. 이 분석은 학습 단계를 설계할 때 적용할 수 있다.

iii) 동치인 두 정의가 있을 때, 그것들이 가진 수학적 의미를 분석하자.
iv) 주어진 개념의 수학적 역할은 무엇인가? 중요도 관점에서 분석하자.
v) 개념적 연결성을 분석하자. 이 분석은 학습 계열을 설계할 때 유용하다.

한편 현상학적 분석은 다음과 같은 것을 포함한다.

i) 개념은 일상생활에서 어떻게 나타나는가?
ii) 한 개념을 수학의 다양한 영역에서 해석하자.
iii) 발생 초기의 개념은 어떠하였는가? 형성 초기와 지금의 개념 차이를 비교하자.

1.2.2 심리적 분석

심리적 분석은 학습자가 그 지식을 구성하는 과정에서 나타날 수 있는 인지 또는 학습 기제들과 관련된 사항들을 포함한다. 지식의 구성은 개인적이지만 개인과 환경에 의하여 차이성이 드러나게 된다.

이런 것들을 고려하여 심리적 분석은 다음과 같은 것을 포함한다.

i) 개념에 대한 정신모델을 분석하자.
ii) 학습과 훈련이 필요한 내용을 분석하자.
iii) 심적 표상을 분석하자.
iv) 개념 수준을 학습 난이도 관점에서 조사하자.
v) 오개념을 분석하자.

1.2.3 교육적 분석

교육과정 분석

교육적 분석은 교육과정과 교육 내용에 초점을 맞춘다. 본체적 분석에서 다루어질 내용들이 학교수학을 설계할 이론수학의 표준 정의를 다루는 것이라면 교육과정의 내용 요목들은 실제 수업에서 나타날 내용들을 기초한 학교수학적 정의들이다. 이 분석 절차는 교육과정을 기반으로 실행하면 충분하나 교사의 배경 지식도 고려하여 보다 더 포괄적으로 하는 것이 바람직하다.

교육과정 분석은 대체적으로 다음과 같은 사항에 유의한다.

i) 교육과정이 수학교육 목표에 부합되는가? 즉 언어로서의 범용성, 문제해결을 위한 선행 도구로서 충실한가를 평가해야 한다.
ii) 단원 간의 개념적 연결성은 적절한가? 예를 들면 어떤 개념이 그 단원이나 전체에서 고립되어 있는 것은 아닌가?
iii) 그 단원을 학습함으로써 형성되는 지적 요소들은 무엇인가? 그런 요소들은 유의미한가?
iv) 학습될 수 있는 내용인가?
v) 각각의 단원은 깊이와 폭이 다른 단원과 조화를 이루고 있는가?
vi) 미래 사회를 위한 기초 내용으로서 역할을 하는 것인가?

교수학습 주제 및 내용 분석

수학적 분석은 주로 교사가 어떤 지식을 가지고 있어야 하는가에 대하여 초점을 맞추고 있다. 이에 대하여 학생 또는 교과서에서 다룰 개념은 교수학습 내용 분석에서 주로 다루어진다. 이를 반영하여 다음과 같은 것이 분석 내용에 포함된다.

i) 교육과정은 하나의 개념 군을 어떤 관점으로 제시하고 있는가?
ii) 중요하면서도 누락된 개념은 무엇인가?
iii) 개념과 연결될 기본정리는 어떤 것인가? 역으로 핵심 정리와 관련된 개념은 무엇인가?
iv) 교과서에서 개념들이 어떻게 도입되고 있는가?

1.2.4 교수학습 지도

교수학습 지도 영역은 수학적 분석, 심리적 분석, 교육적 분석을 바탕으로 지도 방법과 내용 수준 등을 제시한다. 다음은 교수학습 지도 시 참고해야 할 사항이다.

i) 중요성 측면에서 볼 때 각 단원이 모두 동등한 것은 아니다. 어떤 지식이 형성되어야 하는가를 아는 것이 기본적으로 중요하지만 왜 그 지식이 형성되어야 하는가를 아는 것도 중요하다.
ii) 각각의 개념은 어떤 것들과 연결되어 있는가를 이해하고 있어야 한다. 이것은 학교수학 전체의 흐름과 연결성을 파악하고 있을 때 가능하다.

iii) 수업지도는 수학적, 심리학적, 교육학적 분석결과를 참고하여 실행한다.

1.3 교사와 교과서

교육학적 지식이 없는 지도는 독단을 낳고 수학적 지식이 없는 지도는 맹목을 낳는다.

1.3.1 교사

바람직한 수학교사

교사자격증을 취득하기 위하여 교과내용학과 교과교육학을 이수하고 교사가 되었을 때 교과교육학의 필요성을 느끼는 부류와 교과교육학의 역할에 대하여 회의적이거나 간과하는 부류로 나누어진다. 후자의 경우 자신의 수학적 능력만이 학생의 수학적 능력을 결정짓는 모든 것이라고 간주하는 극단적인 경우도 보인다. 분명한 것은 많은 교사들이 논리적으로 설명하는 것이 훌륭한 수업이라고 믿는 경향이 있다. 예를 들면 수업 시간 동안 논리적으로 설명했고 잘못이 있어 지우고 다시 쓰는 일이 없었다고 할 때 교사는 이런 수업을 완벽한 것이라고 생각할지 모른다. 그러나 이런 수업은 잘 정돈된 박물관을 관람만 하는 상황이다. 학습자의 수준을 고려하지 않은 설명은 교사 자신의 논리를 확인하는 과정일 뿐이며 그 상황에서 학생은 탐구 과정에 참여할 수 없고 다만 진열장을 조심스럽게 둘러봐야 하는 관람객일 뿐이다.

교사와 학생 간의 수학적 의사소통이라는 것은 일종의 번역 과정인데 학생이 교사의 말을 이해할 수 있는 것은 학생과 교사의 개념 수준이 비슷할 경우에 한한다. 기호학적 관점에서 볼 때 의사소통이라는 것은 기표를 교환하는 것이지 기의를 교환하는 것이 아니다. 그러므로 학생의 수준이 낮은 경우에는 학생이 이해할 수 있는 언어를 개발해야 하며 이것은 바로 교육학적 접근에 의해서만 이해될 수 있는 부분이다. 지도에 있어서 명확함과 논리는 중요한 부분이지만 그것만이 수업지도의 모든 것이라고 간주한다면 학생에게 있어서 수학이란 점점 더 접근하기 어려운 과목이 된다.

교수 행위는 교사의 재량에 의하여 선택되는 것이 아니며 해야 할 것과 하지 말아야 할 것이 분명히 구분되어야 한다. 근간에 어떤 교수학습 자료도 옳다는 생각이 수학 교육계에 퍼져있는 것 같다. 그 결과 수학교육적 가치에 관계없이 각종 자료들이 수업에 사용되거나 연수 주제로 사용되는 것을 보게 되는데 이것은 교육 낭비이다. 적어도 사려 깊은 교사라면 자신이 사용하는 자료가 교육적으로 어떤 문제점이 있는가를 숙고함으로써 자신의 교수 행위에 대한 이론적 타당성을 살펴보는 것이 중요하다.

유능한 교사는 무엇을 알아야 하고 실천해야 할까? 한국 학생의 수학 성취도와 흥미도가 상반된 결과를 보이는 것은 교사주도의 지식지향적 수학교육의 결과라고 본다. 단순히 수학적 지식만 중요시하는 수학 교사는 바람직하지 않다. 훌륭한 수학 교사는 수학적 영역을 넘어 심리학적 지식과 교육학적 이론을 적절히 적용할 수 있어야 한다. 학생으로 하여금 수학에 대한 긍정적 태도를 가지게 하는 것이 모든 수학 교수학습보다 우선한다.

교사의 오개념

교과서는 교수학적 문제로 인하여 부득이 잘못된 기술을 포함할 수 있고 내용 전개가 합리적이지 않을 수도 있다. 그렇지만 틀린 부분을 수정해야 할 책임은 전적으로 교사에게 있다. 그럼에도 불구하고 교사들은 자신의 잘못된 설명을 교과서 탓으로 돌리는 경우가 많은데 이것은 매우 잘못된 생각이다. 교사는 학생을 가르칠 수 있는 권리를 가지는 동시에 교과서의 오류에 대한 책임을 수반한다.

앞에서 언급한 것처럼 오개념이란 '근원적'이기 때문에 교사들에게도 예외 없이 적용된다. 다만 교사들의 오개념은 대개 다음과 같은 원천이나 경로를 가진다는 점에서 특징이 있다.

i) 불충분한 교재 연구.
ii) 교사의 수학적 역량 부족.
iii) 기계적으로 학습된 교사의 무비판적 교수.
iv) 교재 자체가 가진 오류를 그대로 믿는 경우.
v) 잘못된 교수분석.

여기서 iii)이 관심의 대상이다. 어려운 문제는 교사들이 힘들어해도 사전에 준비를 하여 수업에 임한다. 그런데 쉬운 문제는 과거 학생 시절에 잘못 배운 것을 그대로 답습하는 경우가 있다. 실제로 많은 교사들은 과거 중·고등학교 시절 잘못 배운 것을 답습하거나 잘못임에도 불구하고 교정되지 않은 채로 다시 교사가 되었다. 이런 개념적 장애가 나타나도 그것이 관련된 복잡한 수학적 상황과 연결되지 않는다면 그 장애는 장애로 남지 않는다. 실제로 학교수학의 문제들이 그런 오개념을 적시하는 문제로 출제되지 않기 때문에 그런 오개념은 견고하게 남아 있게 된다.

대학에서 예비 교사로서 교육을 받는 동안 대부분의 시간은 참인 내용의 수학을 배우는 과정이었다. 따라서 예비 교사들은 오개념을 교정하는 기회가 별로 없었다. 그 결과 학생들이 가질 수 있는 많은 오개념을 적절하게 처방할 수 있는 훈련이 되어 있지 않다.

여기서 교사의 오개념이 왜 적절하게 교정되지 않을까라는 물음이 제기된다. 오개념은 강건하기 때문에 그것을 드러내기 위해서는 갈등 구조를 만들어야 한다. 토론과 논박은 갈

등 구조를 만드는 중요한 수단이며 반성적 사고는 이런 문제를 비판적으로 접근하게 해준다. 그러나 개념만 간단히 소개하고 이어 문제풀이를 하는 경우 오개념은 드러나기 어렵다.

수업 실패의 원인

교사들이 수업에 실패하는 원인은 대개 다음과 같다.

i) 학습자들을 과대평가하는 경향이 있다. 많은 교사들은 개념 도입을 너무 쉽게 생각하는 경향이 있다. 교사들에게는 그런 개념이 익숙한 것일지 몰라도 학생들에게는 평생 처음 생각해보는 주제들이며 과거의 경험도 거의 없는 상태이다. 마치 이 상태는 전혀 가보지 않는 곳에 도착한 것과 같을 것이다. 그럼에도 불구하고 교사는 학생들이 그 상황을 잘 알고 있다고 생각한다. 새로운 개념이 인지구조에 정착되기 위해서는 개념만 소개하는 것으로 부족하다. 새로운 개념은 기존의 관련 개념과 유의미하게 연결될 때 한하여 힘으로 나타난다.

ii) 학습자들을 과소평가하는 경향이 있다. 실제로 학생들은 많은 것을 알고 있지만 의사소통을 위한 언어가 부족하여 말을 하지 않을 뿐인데 이것을 보고 학생의 능력을 과소평가한다. 학생 스스로 할 수 있는 환경을 제공하고 인내심을 가지고 기다리면 교사들이 생각하는 것보다 훨씬 더 높은 수행력을 보여준다.

iii) 학생의 오개념을 간과하는 경향이 있다. 포퍼(K. Popper, 1902~1994) 또는 라카토스(I. Lakatos, 1922~1974)가 주장하는 "오류로부터의 학습"은 실제 상황에서 매우 강력한 결과를 나타낸다. 교사에 의하여 전달된 지식은 반대 상황이나 모순 상황을 접하지 않는 한 진정한 학생의 지식이 되었다고 보기 어렵다. 그것이 학생의 지식이 되려면 그 지식은 항상 도전을 받아야 하고 교사는 이런 환경을 제공함으로써 강건한 지식 체계를 유지하게 할 수 있다.

iv) 너무 높은 수준의 주제를 사용한다. 최근 영재교육이 법제화되고 활성화되면서 교육과정이 규정하는 요목은 실제로 유명무실하게 되었으며 많은 학생들은 학교 안에서 교육과정 밖에 있는 내용을 경험하고 있는 실정이다. 교사들은 교육과정 밖의 내용을 소개하다보니 새로운 소재를 찾게 되고 이에 따라 점점 어려운 것을 다루는 경향이 나타난다. 그 결과 교사 자신도 소화하지 못하는 내용을 지도하는 사태가 나타나고 있으며 수업 준비 부족으로 인하여 학생들의 돌발적 질문에 대한 적절한 대처가 이루어지지 못하고 있는 실정이다. 교사는 자신의 수업 주제를 악보를 보고 연주하는 것이 아니라 즉흥곡을 연주하듯이 자유자재로 다룰 수 있어야 한다. 그렇지 않다면 그 지도는 일방적인 전달로 이루어질 수밖에 없고 질문을 허용하지 않는 수업 상황이 되며 궁극적으로 화석화된 수업이 된다.

바람직한 교수학습지도

수학 시간을 아무리 많이 할당하고 수준별 수업을 아무리 다양하게 편성하더라도 교사 중심의 수업이 되면 학생의 수학적 능력은 높아지지 않는다. 학생에게 자생력을 가지게 하는 지도는 그들에게 가능한 한 많은 경험과 기회를 줄 수 있을 때이다. 이에 따라 교수학습지도는 다음과 같은 점에 유의해야 한다.

i) 개념을 다룰 때는 가능한 한 도형과 상징을 동시에 사용하라.

ii) 사례와 반례를 가능한 한 많이 사용하라.

iii) 절차적 지식은 어떤 경우에도 단계적으로 지도할 수 있도록 설계해야 한다. 유능한 교사는 각각의 단계를 구분할 수 있고 단계별로 필요한 교수학습 기법을 적용할 수 있어야 한다.

iv) 연습은 자동화를 만들어주기 때문에 결과적으로 작업기억의 인지적 부하를 낮추게 한다. 그러므로 연습이 필요한 부분은 연습을 게을리하지 않도록 독려한다.

v) 문제해결에 있어서 사용할 도구나 아이디어는 가능한 한 학생에 의해서 개발되어야 한다. 교사는 그런 자원을 어디에서 얻을 수 있는가를 안내해줌으로써 교사와 학생 간의 역할이 구분되어야 한다.

vi) 수학 과목과 같이 어렵고 추상적인 과목에 흥미를 가지려면 무엇보다도 학습 동기가 있어야 한다. 교사는 학생들에게 동기를 부여하고 지속적인 흥미를 가질 수 있는 학습 환경을 구축해야 한다. 이 점은 문제해결 기법을 하나 더 가르치는 것보다 훨씬 효과적이다.

vii) 수업 중 질문을 하고 질문을 받고 질문과 토론으로 가득 찬 수업을 만들 수 있는 교사는 유능하다. 적어도 스스로 유능한 교사라고 생각한다면 학생들의 질문을 두려워하지 말아야 한다.

viii) 질문을 하지 않을 경우 교사는 질문을 유도하여 그들의 생각을 활성화 한다. 질문은 수업을 긴장감 있게 만드는 효과적인 방법이다.

수업지도안 작성을 위한 예비 분석

현행 수업지도안은 대개 교재관, 학생관, 지도관을 포괄적으로 기술하고 있다. 그러나 대개 내용이 피상적으로 되어 있기 때문에 실제 수업에서 도움이 되지 않는다. 이를 개선하기 위하여 다음 표에서 제시된 것과 같이 보다 세밀한 분석과 설계를 제안한다. 이 설계안에 의하면 한 단원이 주어지면 이 표에 분석 내용을 누적 보완할 수 있기 때문에 같은 단원을 지도하는 교사들의 수업기법, 특이 사항 등 수업에서 일어나는 점을 이 표에 기술하고 전체 내용을 종합함으로써 수업 개선에 필요한 정보를 축적할 수 있다.

분석 영역	분석 항목과 세부 항목		분석 내용
학습 단원	대단원		단원의 목차 기록
	중단원		
	본시 수업 단원		
학습목표 설정	수학과 교육 목표		본시 단원을 수학과 교육 목표와 관련지어 기술
	중, 대단원 목표 분석		본시 단원을 중, 대단원과 관련지어 기술
	본시 수업 목표 분석		선언적 지식과 절차적 지식을 구분하여 기술
교재분석	교과서 분석	수학적 분석 심리적 분석 교육적 분석	교재연구가 실행되는 곳이다.
	참고서적 분석	관련 참고 서적 교사용 지침서 기타 교과서 분석	주 교과서와 기타 교과서의 진술 차이를 비교한다.
학습자 분석	일반 성취도 분석		교과 전체의 성취도
	수학 성취도 분석		수학 학습 성취도
	선행 학습 분석		학교 외의 학습으로부터 얻은 학습 내용
	수업 환경 분석		수준별, 수업 시간대별
교수학습 형태	학습초점	주제 중심 | 학제적 영역적 | 문제해결	학습 초점을 맞추는 것
	학습 유형	정보 기억(지식) 관계 이해(이해) 절차적 지식(적용) 일반적 적용(분석, 종합, 평가)	학습의 방식을 결정한다.(괄호는 블룸의 분류에 의거한 것임.)
	학습 통제	교사주도형 학생주도형	학습 과정을 통제하는 주체
	학습자 조직	개별-2자간-소모임간(3-6)-집단간(7이상)	학습을 위한 그룹 규모
	학습을 위한 상호작용	학생-학생 학생-교사 학생-도구 학생-정보	학습을 위한 상호작용

수업계획 수립	시간 계획 수립		
	교구 사용 계획		
	판서 계획		판서는 연산 조작의 기법을 보여주므로 모방을 위한 도구이다.
	멀티미디어 환경 수립		
	예상 질문 분석		
	발문 설계		
수업 자료 개발	교수학습 자료 개발		
	멀티미디어 자료 개발		
	교구 개발		타당성을 검토해야 한다.
	교사 참고 자료 개발		
평가 문항 개발	평가 방법		
	평가 내용		
평가	동료 교사 검토		
	자체 평가		

1.3.2 교과서

교과서

교과서의 교육적 가치는 교사의 경력과 관련되어 있다. 교수 경험이 짧은 교사들은 대개 교과서 의존도가 높으나 오랜 교수 경험을 가진 교사들에게 교과서란 단지 내용 순서를 제시하는 참고서에 불과하다. 실제로 유능한 교사들은 자신의 교수 경험을 축적하여 명시적이든 암묵적이든 교사 자신만의 교과서를 가지는 것을 보게 된다. 실제로 그런 것들은 자신이 공식적으로 사용하고 있는 교과서보다 더 실질적인 정보를 담고 있다. 예를 들면 학습 계열의 효과적 설계, 시험에 자주 나오는 내용에 대한 정보, 입시 전략에 기초한 문제들의 분류 등이 그런 개인적 교과서에 포함되어 있다. 다음은 현행 교과서가 가진 특징이다.

i) 교과서 내용이 탈맥락적이다. 지식을 얻는 가장 강력한 방법은 문제해결에 의한 지식 구성이고 문제들은 현실과 결부될 때 강력한 힘을 발휘한다. 그러나 우리의 교과서는 현실 문제를 별로 고려하지 않는 내용을 중심으로 조직되어 있다.

ii) 수학적 경험을 하기 위한 기회가 부족하다. 개념은 단일 사례나 정의에 의하여 형성되지 않는다. 개념이란 속성에 주어지기를 기대할 수는 있지만 그것은 기껏해야 전문가의 수준에 한정되며 학교수학의 상황에서는 그렇게 형성되지 않으며 개념에 대한 유사성기반 이론들을 고려해야 한다. 이 이론에 의하면 개념이란 다양한 맥락과 다양한 원천에서 나온 사례들을 통하여 형성된다.

iii) 교과서에 제시된 문제들이 지식기반형이다. 즉 교과서는 문제로부터 개념을 조직하는 방식이 아니라 전형적인 지식을 학습하고 이를 평가하는 문제 구조로 조직되어 있기 때문에 개념 이해를 넘어선 현실적재적 수학해결 활동을 하기 어렵다. 이를 극복하기 위해서 문제기반학습의 연구가 필요하다.

이런 특징을 열거했다고 해서 교과서의 수준이 낮다는 의미는 아니다. 지금 학교에서 사용하고 있는 모든 교과서에는 고대에서 현대에 이르기까지 나타난 수학의 중요 개념을 열거하고 있다. 따라서 표제어만 따르면 현행 교과서는 수학을 이해하기 위한 충분한 자료들로 구성되어 있다. 교사들이 교과서 밖의 자료를 찾는 것은 다양한 수업을 위한 하나의 방안이겠지만 실제 중요한 문제들은 교과서에 포함되어 있기 때문에 교과서를 보다 비판적으로 검토하는 것이 중요하다. 유능한 교사의 한 측면은 우리가 학교에서 배운 당연하다고 판단한 지식들이 결코 당연한 것이 아니라는 것을 깨닫게 해주어야 한다.

그러면 바람직한 교과서란 어떤 것일까? 다음은 충분한 수학교육이 되기 위하여 교과서가 가질 조건들이다.

i) 관련 지식이 체계적으로 제시되어야 한다.
ii) 다양한 예시와 반례가 제시되어야 한다.
iii) 전체 흐름을 조망할 수 있도록 조직되어야 한다.
iv) 학습자 스스로 읽고 이해할 수 있도록 치밀하고 상세하게 기술되고 전개되어야 한다.
v) 난이도가 단계적으로 차별화 되어야 한다. 학습자의 수준을 충족시킬 수 있고 도전감을 촉발할 수 있는 다양한 수준의 문제가 제시되어야 한다.
vi) 다양한 그림과 도표 등이 포함되어야 한다.
vii) 내용은 가능한 한 교과서 자체에서 자급자족되어야 한다.

교과서의 오류

적절한 교재 분석이 이루어지기 위해서는 몇 가지의 선행 조건이 필요한데 하나는 교과서가 가질 조건이고 다른 하나는 교사가 가질 조건이다. 여기서 분명한 점은 교과서가 항상 옳은 것은 아니며 동시에 교사도 정확한 지식을 가지고 있는 것은 아니라는 점을 인정해야 한다. 실제로 교과서는 엄밀한 정의에 의하여 도입될 수 없기 때문에 관련 지식을 적절하게 가공하는 과정에서 논리적 문제가 교육적 의도에 의하여 간과될 수도 있다. 예를 들면 이등변삼각형의 두 밑각이 같다는 유클리드(Euclid, 330?~275? B.C.)의 <원론>에 제시된 증명은 분명히 논리적으로 결함이 있다. 그럼에도 불구하고 학교수학에서 논리적 결함을 제거하지 않고 그대로 사용한다. 이것은 학교수학이 엄밀한 진리성보다 교육적 타당성을 중시하기 때문이다. 극단적으로 말하면 틀린 교과서라도 나쁜 것은 아니라는 주장이다. 가류주의적 입장을 따른다면 교과서의 틀린 부분을 수정하는 학습과정이 더 세련된 사고를 형성할 수 있다.

오류기반 학습

플라톤주의 인식론에 따르면 수학적 지식이란 절대적인 동시에 객관적이므로 오개념이란 나쁜 것이다. 그러나 상대주의 인식론에 의하면 인간은 맥락에 의하여 지식을 구성하기 때문에 오개념이란 지식을 구성하는 과정에서 나타나는 필연적 산물이다. 특히 "오류로부터 배운다"는 학습 방법은 Popper(1963) 또는 Lakatos(1976) 등과 같은 가류주의자들의 주창을 학교수학에 접목한 것으로, 그 오류를 제거하고 개선하는 것이 학적 활동의 본질로 간주한다. 따라서 학습이라는 것은 완성된 체계를 기억하는 것이 아니라 오류를 수정하는 과정으로 간주하며 가류주의자들은 오류를 가장 중요한 수업 주제로 간주한다. 이 점은 기존의 객관주의 인식론에 대하여 혁명적 발상이다.

학교수학은 일상 언어에 의존하기 때문에 교사는 그들이 대학에서 이수한 이론수학의 언어를 일상 언어로 번역해야 한다. 여기서 번역이란 자신의 지식으로 해석하는 과정이기 때문에 오개념은 필연적으로 수반된다. 즉 오개념은 개인의 수준에 따라 다르겠지만 모든 사람에게 나타나며 따라서 피할 수 없다. 오개념에는 이러한 논리적 문제뿐만 아니라 심리적 문제까지 포함되어 있다.

문제해결에서 학생들은 다양한 종류의 오류를 가지게 됨을 보여준다. 그러나 이때 교사는 학생의 잘못된 부분을 지적함으로써 학생의 생각이 잘못되었다는 것을 깨닫게 하는 것이 아니라 학생의 잘못과 관계없는 새로운 대안을 제시하는 경우가 많은데 이것은 잘못된 처방이다. 이런 식의 대안은 학생의 잘못된 인지구조를 수정하는 것이 아니라 새로운 인지구조를 부가하는 것으로서 이 방법은 학생의 오개념을 제거할 수 없다.

오류는 다양한 형태로 존재한다. 인간의 정보처리의 오류로부터 나타나는 인지적인 것, 논리적 결함으로부터 나타나는 인식론적인 것, 권위, 신념 등과 같은 고정관념에 의하여 나타나는 사회문화적인 것, 교사와 교과서의 오류와 같은 교수학적인 것 등 다양한 원천이 존재한다.

1.4 교육과정과 평가

1.4.1 교육과정

교과 내용의 흐름

학교수학의 내용은 어떤 수학을 포함하는가? 일반적으로 지식은 개념적 지식과 방법적 지식으로 구분할 수 있다. 전자는 수학적 개념을 다루고 후자는 문제해결로 종합된다. 수학의 경우도 예외는 아니다. 대표적인 개념적 지식은 집합 단원과 함수 단원이다. 이 두 단원은 수학적 개념 중에서 가장 우선된다.

개념적 지식의 언어들은 방법적 지식을 형성한다. 학교수학에서 다루는 방법적 지식은 대개 두 가지로 나눌 수 있는데 하나는 대수적 지식이고 다른 하나는 기하학적 지식이다. 학교수학에서 대수적 지식은 궁극적으로 미적분법으로 완성된다. 이 정점을 통과하면 통계 단원과 같은 현실적 응용 분야로 연결된다. 다른 하나의 흐름은 기하학과 관련되어 있다. 기하학은 도형의 수학적 성질을 다루는 분야이다. 고대 그리스 이래 기하학은 수학의 중심이 되어 있었고 이런 지위는 17세기까지 지속되었으며 특히 공리적 방법에 의한 수학적 기초 구축은 하나의 전형이 되어 있었다. 그러나 기하학의 정초적 문제점은 현대수학을 재정립하는 과정에서 하나의 장애가 되었고 이어 기하학은 퇴조를 보였다. 특히 이런 현상은 학교수학에서 더욱더 강하게 나타났다. 이 점은 현대수학이 도형이라는 일차적인 표상보다는 언어라는 이차적인 표상을 중시한다는 일련의 흐름을 수용했다는 것과 무관하지 않다. 그러나 심상에 의존한 수학은 여전히 중요하며 12년간의 학교수학 중 어느 일정 기간은 여전히 심상에 의존한 수학을 하고 있다.

최근 컴퓨터 과학의 발전에 부응하여 수학이 컴퓨터 과학을 위하여 할 수 있는 목록을 만들기 시작했다. 이런 목록들이 모두 모여 이산수학이라는 새로운 영역이 나타났고 학교수학에서도 일부가 소개되었다. 이산수학의 본질은 컴퓨터와 서로 연결될 때 가치를 발한다. 예를 들면 필요한 알고리듬을 만드는 것이 무엇보다도 중요한 과제이다. 그러나 학교수학에서 다루는 내용은 컴퓨터와 별 관계없이 기존의 방식을 고수하는 경향을 띠고 있었다. 대표적인 경우가 이산수학에서 순수한 형식적인 증명의 소개이다. 이런 방법은 이산수학의 본질을 간과한 것이다.

교과 내용 경험의 부족

대학에서 배우는 수학은 이론수학을 이해하기 위한 최소한의 내용으로 조직되어 있다. 그러나 학교수학은 심화과정이라도 이미 주류수학은 아니며 주류수학을 하기 전에 경험해야 할 전형적인 수학이다. 여기서 학교수학의 배경지식으로 필요한 이론수학을 대학에서 배울 기회가 그리 많지 않다는 점이다. 이러한 단절로 인하여 교사들이 영재교육이나 수월성 교육에 필요한 수업 주제를 선정하거나 내용을 설계할 때 많은 어려움을 토로하고 있다. 실제로 대학에서 배우지도 않고 학교수학에서도 다루지 않는 내용들 중에는 학교수학의 특별과정에서 다룰 때 탐구 가치가 높은 것들이 많이 포함되어 있다. 학교수학에서 이런 내용을 경험하기 위한 수학을 대학에서 가르쳐야 할 필요가 있다.

교원 임용고시에서 출제되는 내용들은 대개 간단한 수준의 이론수학이다. 이런 문제는 기본적인 개념을 이해하는 수준이지, 본질적인 문제해결 능력을 측정할 수 있는 것이 아니다. 학교수학이 문제해결을 지향한다면 문제는 학교수학의 지식을 기반으로 하되 높은 문제해결력을 요구하는 것, 또는 학교수학의 주제가 될 수 있는 것을 선정함으로써 교사들의 현장 적응력을 측정할 수 있어야 한다. 위상기하학, 미분기하학, 추상대수학 등과 같은 주제는 학교수학과 멀리 떨어진 과목이지만 대부분의 사범대학에서 다룬다는 이유로 임용고시의 문제로 채택되고 있는데 이런 문항들이 실질적인 교사의 능력을 측정하는 것으로 타당한 것인지에 대하여 반성이 필요하다.

융·복합적 교과 경험의 필요

최근 융·복합적 주제에 대하여 관심을 가지고 있다. 이 주제는 특히 대학에서 관심을 보이고 있다. 새로운 분야는 항상 기존의 학문 영역에서 파생된 것이라기보다는 학문과 학문 사이에서 나타나는 경향이 있는데 어느 기간 동안 간학문적 위치에 있다가 서서히 기존 학문과 동등한 지위를 가지는 독립 영역으로 정착하게 된다. 예를 들면 고대 그리스 시대에 모든 학문은 철학이라는 학문으로 통했지만 이후 과학과 다른 분야의 영역으로 분화되었다.

대부분의 학자들은 평생 동안 자신의 학문 영역을 벗어나지 않는 게 대부분이다. 그러나 간학문적 또는 융·복합적 학문은 무엇보다도 자신의 학문 밖으로 영역을 확대하는 과정이기 때문에 타 영역에 대한 관심과 수용, 새로운 과제의 시작이라는 점에서 기초 훈련이 필요하고 따라서 위험을 감수하려는 도전이 필요하다. 따라서 융·복합적 영역은 창의성이 필요하다. 그런데 창의성은 이미 생애 초기 경험이 중요한 역할을 하기 때문에 감수성이 가장 강한 청소년기에 다양한 분야에 대한 경험을 할 수 있도록 다양성을 강조하는 교육과정이 제공되어야 한다. 우리나라의 공교육의 약점 중 하나는 이러한 경험을 제공하는 데 인색하다는 점이다.

왜곡된 교육과정 운영

최근 영재고, 과학고, 외국어고 등과 같은 특목고와 자율고는 교육과정의 일부를 학교 자체적으로 설계, 편성할 수 있게 되었다. 학생들의 특성과 학교의 목적에 따라 특화된 교육과정은 필요하다. 그러나 그것이 국어, 영어, 수학과 같은 소위 대입 중요 과목 위주의 교육과정으로 편성된다면 잘못된 것이다. 수학을 전문적으로 하거나 수학 관련 직업을 준비하기 위해서라면 학교수학에서 어느 정도의 속진과정은 허용될 수 있다는 것도 잘못된 생각이다. 그 이유는 고등학교 속진과정의 어떤 수준도 대학수학의 관점에서 볼 때는 초급과정이기 때문이다. 속진은 다양한 경험을 간과할 수 있기 때문에 잘못 실행하면 현대 교육의 융·복합적 성격을 간과하고 과거 산업사회의 교육과정으로 회귀하는 것이 될 수 있다. 전문 영역을 다루지 않는 고등학교 또는 중학교 시절이라면 가능한 미래에 대한 다양한 경험을 통하여 사고의 지평을 확대할 시간이고 따라서 다양한 과목을 경험할 기회가 필요하다. 중요한 과목일수록 중, 고등학교에서 깊이 다루는 것은 시간 낭비이며 오개념을 형성할 가능성이 있다. 그 이유는 교사들이 그런 내용을 가르칠 수 있는 준비가 되지 않을 수 있기 때문이다. 따라서 수학 수업시간을 확대한다는 것은 결국 대학 입시를 위한 반복 학습의 시간을 얻는 것 외에 특별한 프로그램을 만들기는 어려운 실정이다.

어떤 교육과정이 필요한가

수학은 어려운 과목이다. 학생들은 수학을 기피한다. 성취도는 높지만 흥미도는 형편없이 낮은 특이한 현상이 나타나고 있다. 이와 같은 기현상을 해결하기 위하여 수학 교육과정을 전면적으로 개편하여 수학을 즐겁게 할 수 있는 방안을 모색하고 있다.

지식을 개념적 지식과 방법적 지식으로 나눌 때 수학은 대체적으로 후자를 다루는 영역이다. 그런데 방법적 지식이란 영역에 따른 차이는 있겠지만 일반적으로 장기적 교육과 훈련을 필요로 한다. 특히 수학은 추상적 개념을 사용하는 방법적 지식을 다루기 때문에 다른 과목보다 더 어려운 것은 당연하다. 따라서 수학을 성공적으로 수행하려면 부단한 수련이 필요하고 수학 과목을 없애지 않는 한 모든 훈련과 시험을 회피할 수는 없는 일이다.

악보에 대한 지식, 악기에 대한 지식, 음악사에 대한 지식이 풍부하다고 해도 작곡과 연주 능력이 없다면 음악을 한다고 할 수는 없다. 마찬가지로 수학적 개념을 알고, 수학자의 업적을 알고, 수학문화를 안다고 해도 쉬운 수학 문제 하나 풀지 못한다면 그것은 수학을 하는 것이 아니라 수학을 감상하는 것이다. 수학을 하는 것이 수학을 감상하기 위함인가? 수학을 배운다는 것이 강력한 문제해결자를 기대하지는 않을지라도 적어도 생존에 필요한 수학적 문제는 해결할 수 있어야 한다. 수학이 어렵기 때문에 문제해결을 포기하고 대신에 수학사에 나타난 에피소드나 수학의 변방 문화를 즐기는 것이 수학의 목표가 된다면 그것은 수학교육의 본질을 왜곡하는 것이다.

음악을 하는 사람들도 손가락에 무리가 올 정도로 고통스러울 때가 있다. 그런데 음악의 이런 고통에 대해서는 별 말을 하지 않는데 유독 수학에 대해서만 말이 많다. 음악과 수학의 차이점은 무엇인가? 음악은 자신 또는 부모가 원하는 경우에 그런 훈련을 겪지만 수학은 정부에 의하여 강제화되어 있기 때문에 사람들은 수학적 재능에 관계없이 정부의 요구에 의하여 수학을 할 수밖에 없는 실정이다. 이 점이 음악 과목과 수학 과목의 결정적 차이이다. 수학이 어렵다고 수학을 피해가는 교육과정을 운용하려고 하면서도 수학으로부터 무엇인가 얻으려고 하기 때문에 국가는 수학을 포기하지 않을 것이다.

그렇다면 결론은 무엇인가? 우리나라의 수학교육은 너무 많은 대상에게 너무 많은 것을 가르치려고 하기 때문에 갈등이 나타난다. 현 교육과정에 의하면 고등학교 2학년부터 수학 과목은 선택으로 되어 있다. 앞으로 고등학교 전체과목이 선택과 과정이 된다. 그럼에도 불구하고 수학은 강제적으로 이수해야만 하는 과목이다. 문과, 이과 구분이 없어진 것이 오래되었음에도 불구하고 아직도 대학은 문과, 이과를 구분하여 선발한다. 적어도 대학은 현행 교육과정을 깡그리 무시하고 있는 셈이다. 수학 과목을 선택적으로 운용할 수는 없을까?

수학의 재능이 없거나 수학을 기피하는 사람에게 수학을 강제로 배우게 하면 그들이 성장하여 수학을 기피할 수 있는 사회를 만들 수 있다. 결국 국가는 수학이 필요하다고 해도 그들에 의하여 수학 과목은 제거될 가능성이 생긴다. 이런 사태는 지금 이미 진행되고 있을지도 모른다. 교과부의 수학 교육과정 개편도 이와 같은 수학 기피 증상이 무의식적으로 발현된 결과는 아닐까? 국가가 수학을 바란다면 수학을 기피하거나 왜곡하는 것은 있을 수 없는 일이며 수학이 어렵다면 어려운 것을 인정할 때 바른 답이 도출된다. 지금이야말로 수학교육에 있어서 선택과 집중에 대하여 고민해야 할 시점이다.

어떤 수학을 가르쳐야 하는가

많은 사람들은 학교수학을 이수하나 일단 졸업을 하게 되면 학교수학의 지식을 잊어버리게 된다. 이것은 대개 맥락이 주어지지 않는 수학을 기계적으로 학습했기 때문에 생긴 현상이다. 자전거를 배운 사람이 평생 동안 그 기술을 잊어버리지 않듯이 수학 학습도 자발적 조직이 필요하다. 이런 수학을 실천하기 위하여 다음과 같은 것이 필요하다.

i) 학습 내용은 문제 기반으로 조직되어야 하고 문제는 가능한 한 맥락적이어야 한다.
ii) 공식 기반의 수학이 아닌 문제해결 기반의 수학이 중심이 되어야 한다.
iii) 수학적 지식의 결과는 수학 자체와 현실 맥락에서 동시에 평가되어야 한다.
iv) 분석적 수학도 중요하지만 유비적 수학도 동시에 중요하다. 이 두 영역을 유연하게 사고할 수 있는 유연성을 가르쳐야 한다.

그런데 지난 1년 동안 삶을 되돌아볼 때 실생활에서 일어난 문제를 수학적 모형을 만들어 해결하고 적용한 적이 있었던가? 대부분의 사람에게 그런 경험은 없을 것 같다. 만약 우리의 삶에서 수학적 문제해결 상황이 정말 희귀한 것이라면 문제해결을 위한 수학은 현실을 충분히 반영하지 않는 것이고 따라서 문제해결과 다른 수학이 필요하다. 이것을 인정한다면 대안적 수학은 무엇인가? 여기서 문제해결의 수학에 대한 대안적 수학에 대하여 살펴보자.

신문과 TV에는 여러 가지 숫자와 그래프 등이 등장하고 수학과 관련된 기호들을 접한다. 일상생활에서 접하는 숫자들은 모두 나름대로의 의미를 가지고 있으며 이런 것 중에는 합리적 의사결정을 위한 중요한 정보들도 포함되어 있다. 따라서 우리는 이런 기호의 의미를 알아야 하고 사안에 따라 적절하게 처리할 수 있어야 한다. 수학을 이해하는 것, 이해하기 위하여 배워야 하는 수학, 이런 수학들은 문제해결과 같이 수나 기호를 조작하지 않으며 대신 있는 그대로의 의미를 파악하는데 초점을 맞춘다. 창작과 달리 감상할 수 있는 음악이 있는 것과 마찬가지로 감상을 위한 수학도 존재한다. 그런 수학이 바로 이해를 지향한다. 이해를 위한 수학에 속하는 활동은 다음과 같은 것을 포함한다.

i) 숫자, 기호, 도표의 이해.
ii) 수학적 개념의 이해.
iii) 수학적 명제의 이해.
iv) 수학 관련 글의 이해.

이런 의미들을 역사적, 사회적, 실용적, 현상학적 관점에서 접근한다. 다음 예는 이해를 위한 수학의 주제들이다.

i) 수학이란 무엇인가?
ii) 규칙적인 현상들에 대하여 알아보자.
iii) 자연은 수학에 의하여 지배되고 있는가?
iv) 혼돈이란 무엇인가?
v) 자연현상을 수학적으로 기술하는 것은 본질적으로 가능한 것인가?
vi) 미래는 결정적인가?
vii) 우리 주변에는 얼마나 많은 수학이 존재하는가? 자연의 수학, 예술의 수학, 과학의 수학, 공학의 수학을 살펴보자.

이와 같은 이해란 최소한의 수학적 활동이다. 그렇지만 이해는 선언적인 동시에 절차적이기 때문에 수행 정도에 따른다. 예를 들면 하나의 수학적 기호를 보고 단순히 그 의미를 말할 수 있는 수준에서부터 그것을 적절히 실제 문제에 적용하고 유용하게 사용할 수준까지 생각할 수 있다. 예를 들어 단순히 인수분해의 공식을 기억하는 것에서부터 문제해결에 이르기까지 다양한 상황에서 인수분해를 적용할 수 있다. 이런 맥락에서 Perkins(1998)는 이해를 수행의 관점에서 논의하고 있다. 그에 의하면 이해란 주어진 주제에 대한 지식을 이용하여 창의적으로 생각하고 행동할 수 있음을 의미한다. 이 정의에 의하면 이해는 다양한 수준이 존재하며 수학교육이란 가능한 한 이해의 폭을 확장하는 활동이라고 정의할 수 있다.

앞에서 대략적으로 언급하였지만 수학에서 이해는 두 가지 관점에서 출발한다. 하나는 주로 표상주의 관점에서 접근한 것이고 다른 하나는 구성주의 관점에서 접근한다. 수학적 대상을 표상한다는 것은 관련 개념의 망을 조직하는 것이다. 이렇게 조직된 개념 체계들은 이론수학을 조직한다. 여기서 이해란 수학적 지식의 조직 관계를 규명하는 것에 해당한다. 방정식을 예로 들 때 이해는 방정식의 근의 존재성, 방정식과 항등식, 방정식의 차수, 연립방정식, 방정식과 근의 관계 등과 같은 지식들이 서로 이해관계를 가지는 개념이다. 이에 대하여 후자는 발생적 개념에 의하여 축조된 심적 조직의 연결성을 의미한다. 개인의 수학적 출발은 서로 같지 않다. 구성에 의하여 축조된 개인의 지식은 개별적이고 주관적이나 학교수학이 제공됨으로써 개인의 지식을 공유하게 된다. 여기서 이해란 개인의 수학적 성장과정에서 만들어지는 개념적 연결을 의미한다. 만약 방정식에 대한 이해를 생각한다면 방정식의 개념을 명시적으로 드러내는 현실맥락적인 논제를 제시하고 이 논제로부터 방정식에 관련된 문제해결, 개념적 확장 등을 실제 상황 속에서 수행한다. 이와 같이 두 관점은 서로 다른 교수설계를 필요로 한다.

수학이란 무엇인가?

수학이란 무엇인가? 부르바키에 따르면 수학은 양태의 학문이라고 한다. 이것은 경험주의의 관점으로서 수학이란 어떤 구조에 의하여 축조되어 있고 그 구조는 양태로 드러낸다. 그 구조는 객관적이고 절대적이지만 사람들은 추론이라는 도구를 사용하여 양태로부터 구조를 탐색할 수 있다. 이와 같은 경험주의와 합리주의의 복합적 성격으로 인하여 라카토스는 수학을 준경험적이라고 하였다.

이에 대하여 인지적 관점에서 수학을 말할 수 있다. 여기서 인지적 관점이란 수학을 하는 개인의 인지과정에 초점을 맞추는 것이다. 이에 의하면 수학이란 계산과 추론에 의한 문제해결 학문으로 정의할 수 있다. 사실 수학적 활동을 분석하면 모든 수학적 활동은 계산과 추론으로 구성되어 있음을 알 수 있다. 따라서 수학적 사고라는 것도 계산과 추론이다.

계산과 추론은 전혀 다른 성격을 가지고 있다. 다음 표는 계산과 추론의 특징을 열거한 것이다.

절차	사고 유형
계산	절차적, 규칙, 정확성, 결과 중심
추론	절차적, 규칙, 추측, 개연적, 통찰, 직관과 같은 비분석적 사고도 포함됨

여기서 계산과 추론이 독립된 인지활동이나 두 활동은 서로 의존적인 특징이 있다. 정확한 추론을 하기 위해서는 최초의 가설들이 참이 되어야 하는데 잘못된 계산 결과에 근거한 추론은 바람직한 결론을 이끌지 못한다. 한편 추론 결과를 토대로 계산을 할 경우, 추론이 정확하지 않으면 이를 기반으로 해야 할 계산은 무의미하다. 계산 자체가 중요하지 않은 과제라면 계산 결과는 중요하지 않지만 계산 자체가 중요한 경우도 있다. 예를 들어 통계적 분석은 계산의 정확성을 요구한다. 한편 계산 결과가 중요한 문제 또는 여러 단계의 계산 과정과 추론 과정이 포함된 문제는 다음 단계의 추론을 위하여 각 단계에서의 계산이 중요한 단서가 되기 때문에 계산 자체가 중요하다.

추론은 자신이 수행한 계산 결과를 판단하는데도 중요한 역할을 한다. 수학적으로 뛰어난 능력을 가진 사람들은 문제를 해결하는 과정에서 대안적 전략을 병행하거나 해결과정을 비판적으로 관찰하는 등, 다양한 메타인지 활동을 하기 때문이다. 그러나 문제가 복잡하여 결과를 전혀 예측할 수 없는 상황이라면 각각의 계산 과정으로부터 나온 결과는 매우 중요한 단서가 되기 때문에 문제가 어려울수록 계산의 역할은 증대된다.

계산은 계산 규칙이 있고 이 규칙들은 엄격한 절차를 요구한다. 학생들이 수학에 실패하는 원인의 하나는 수학의 규칙들을 정확하게 사용하지 못하기 때문이다. 한편 추론의 사용은 규칙의 사용보다 더욱 복잡하다. 사람들은 타당한 추론을 잘 모르며 맥락에 근거한 추론을 하는 경향이 있다(Tversky & Kahneman, 1973).

역사발생적원리와 인지발달원리

수학사는 하나의 개념이 어떻게 성장해왔는가를 알 수 있게 해준다. 즉 수학적 개념의 발생과정은 수학사를 통하여 확인할 수 있다. 실제로 교과서에서 제시된 많은 예시들은 수학사에서 실제로 일어난 것들을 발췌한 것이다. 역사발생적원리란 수학적 개념의 역사적 발전 과정을 교수학습 원리로 적용한 것이다. 사실 수학에서 개념적 성장을 학습하는 방법은 대체로 역사발생적원리와 인지발달원리라는 두 축으로 요약될 수 있다. 역사발생적원리의 근거는 수학에서 찾고 인지발달원리의 근거는 심리학에서 찾는다.

그런데 역사발생적원리를 교수학습에 적용할 때 주의해야 할 점이 있다. 아주 간단한 수학적 개념을 제외한 대부분의 개념은 전문적인 수학자에 의하여 생성된 것이다. 따라서 역사발생적원리는 본질적으로 수학자들의 연구 상황인 학적 원리이지 학교수학을 설계하는 원리로서 충분한 것은 아니다. 따라서 역사발생적원리를 적용할 때 그 타당성과 효과를 주의 깊게 관찰할 필요가 있다. 한편 역사발생적원리는 지식의 성장을 주목한 것이므로 개인의 인지적 성장을 주목하는 학습과정을 다룰 경우 역사발생적원리보다 좀 더 세련된 진단이 필요한데 여기서 인지발달원리가 대안이 되겠다.

인지발달원리를 적용하기 위해서는 개념의 위계 조직을 파악해야 하기 때문에 주어진 개념을 하위 개념으로 분해해야 한다. 이것은 개인의 인지구조를 분해하는 것이기 때문에 매우 정교한 작업을 요한다. 또 이 위계는 수학적 관점과 비교해야 하므로 수학과 인지심리학의 학제적 연구가 필요하다. Lakoff & Núñez(2000)의 체험주의 관점에 의한 수학적 개념의 재구성도 이러한 연구의 일환인데 여기서는 은유와 영상도식을 통하여 수학적 개념을 이해한다.

1.4.2 평가

블룸의 분류와 SOLO 분류

블룸(B. Bloom, 1913~)의 성취도 평가 항목은 학습자의 학습 행동 성향을 기초하여 과제를 지식, 이해, 적용, 분석, 종합 등 5가지 영역으로 평정한다. 이 분류의 특징은 주어진 과제가 반드시 이 5개의 어느 항목에 정확하게 부합되고 학습자는 5개 항목 중에서 반드시 하나를 드러낸다는 것을 전제로 한다. 따라서 학습자의 성취는 과제에 의하여 확인된다는 점에서 행동주의 심리학을 기반으로 하고 있다. 한편 이 5개 항목은 위계성을 전제로 하고 있다. 즉 지식 항목에서 종합 항목으로의 이행은 보다 복잡한 사고를 요구한다는 점이다.

그러나 실제로 보면 하나의 문제가 이 5개 항목의 어느 하나에 필연적으로 부합되는가라는 질문에 분명하게 답하기 어렵다. 또 지식에서 종합으로의 이행이 대략적으로 이해의 폭과 관련되어 있지만 그렇다고 위계성이 그렇게 명확한 것은 아니라는 점이다. 실제로 분석 항목과 적용 항목 중에서 어느 것이 상위 수준의 것이 되어야 하는가에 대한 물음에 답하기는 그렇게 쉽지 않는 것 같다. 이런 난점 때문에 이 분류 방법에 의거해 문항을 분류할 때 합치된 결과가 나타나지 않는 경향이 있다.

이에 대하여 Biggs & Collis(1982)에 의하여 제안된 SOLO(Structure of the Observed Learning Outcome)는 학습자의 인지 과정에 초점을 맞추고 있다. 즉 SOLO에 의하면 하나의 과제에 대하여 학습자는 자신의 이해 정도에 따라 다음 5개의 어느 단계에 부합되는 양상을 보여준다.

i) 전구조 단계(pre－structural stage). 전체 구조를 파편적으로밖에 이해하지 못하고 있는 단계로서 빅스에 따르면 주제와 관련없는 용어를 사용하거나 주제의 요점을 파악하지 못하여 동어반복하는 특징이 나타난다고 했다.

ii) 단일구조 단계(uni－structural stage). 하나의 구조는 파악하고 있는 단계.

iii) 다중구조 단계(multi－structural stage). 두 개 이상의 구조를 파악하고 있으나 상호 관련성을 이해하지 못하는 단계.

iv) 관계화 단계(relational stage). 관련된 구조를 전체적으로 연결시켜 파악하고 있는 단계.

ⅴ) 확장적 추상 단계(extended abstract stage). 주어진 구조를 보다 확장적으로 파악할 수 있는 단계.

SOLO의 특징은 주어진 과제에 대하여 학습자는 위의 5단계 중에서 어느 한 단계를 드러낸다는 점에서 학습자의 성취 결과보다 성취 과정에 초점을 맞추고 있다. 이 평가는 단원의 종합적인 평가 또는 입학사정관제를 적용할 경우 발문으로서 적절한 역할을 할 것이라고 기대된다.

다음 표는 Biggs(2002, pp. 46~48)에 의한 SOLO 분류의 각 단계에 해당되는 발문이다.

수준	발문
단일구조 단계	확인하라, 간단한 절차를 행하라
다중구조 단계	열거하라, 기술하라, 목록을 만들어라, 결합하라
관계화 단계	비교하라, 인과를 설명하라, 분석하라, 관련지어라, 적용하라
확장적 추상 단계	이론화하라, 일반화하라, 가설을 설정하라

수학 학습에서 SOLO의 분류에 의한 평가

수학 학습 또는 수행 평가를 위하여 SOLO 분류를 위한 세부 사항을 설계해보자. 먼저 수 개념군, 함수 개념군, 집합 개념군, 미분 개념군 등은 관련 개념들이 모여서 하나의 이론을 형성하고 있다. 그러므로 어떤 이론을 이해한다는 것은 SOLO 수준 관점에서 볼 때 다음과 같은 질의 목록을 통과하는 것으로 간주할 수 있다.

수준	질의 목록
단일구조 단계	각각의 정의를 알고 있는가? 정의에 대한 사례와 반례를 알고 있는가? 관련된 간단한 문제를 풀 수 있는가?
다중구조 단계	관련 정리를 열거하라. 유사한 사실을 알고 있는가?
관계화 단계	구조를 기술하라. 관련 지식을 체계화 하라. 하위 이론의 범주로 분류할 수 있는가?
확장적 추상 단계	그 이론과 관련된 다른 지식을 진술할 수 있는가? 그 이론을 다른 영역에 적용할 수 있는가?

평가를 위하여 학습자에게 제시되는 문항은 간단하다. "집합에 대하여 알고 있는 사실들을 모두 진술하시오.", "수에 대하여 알고 있는 것을 모두 진술하시오." 여기서 위의 문항들은 이해에 대한 평가이지 문제해결을 위한 평가는 아니라는 점이다.

도식 구조에 의한 평가

도식은 장기기억에 정보들이 저장되는 방식에 대한 모형이다. 도식은 뇌를 거대 물류 창고로 비유할 수 있게 해준다. 조직적인 도식 구조는 정확한 인출과 효과적인 개념적 연결을 만든다. 도식은 위계적이기 때문에 수학적 지식과 잘 어울린다. 심리학자들의 연구에서 수학 학습을 연구 대상으로 하는 것은 인지 구조가 수학적 구조와 관련이 있기 때문이다. 한편 도식의 정교성은 저장된 내용이 얼마나 치밀하고 세부적인 것이 포함되어 있는가에 의하여 평가된다. 인지 구조의 조직화와 정교화는 수학적 개념의 연결의 수준을 결정한다.

학습자의 도식 구조를 직접적으로 알 방법은 없다. 그러나 학습자가 할 수 있는 개념들을 종합적으로 판단함으로써 도식의 구조를 탐색할 수 있는데 이것은 학습자가 관련 개념을 전체적으로 진술하게 함으로써 알 수 있다. 예를 들면 자유연상법을 적용하면 개인의 도식 구조를 어느 정도 이해할 수 있다.

1.5 문제해결

수학적 재능이란 문제해결에 대한 것이다.

1.5.1 문제해결의 의의

왜 문제해결인가?

수학에서 문제해결은 오랜 역사를 가진 주제이다. 수학의 지식을 개념적 지식과 방법적 지식으로 구분할 때 문제해결은 방법적 지식에 해당한다. 수학의 역사를 보면 수학적 지식이란 주로 문제해결의 파생물이라고 해도 지나친 주장은 아니다. 실제로 수학에서 중요한 문제들은 이미 고대 그리스 수학에서 등장하였다. 그중에서도 가장 중요한 문제라면 피타고라스(Pythagoras, 580~500 B.C.)의 수론과 관련된 문제, 고대 그리스의 3대 난문, 평행선공준의 문제 등은 현대 수학을 풍성하게 하는 원동력이 되었다. 사실 이런 난문을 해결하기 위하여 연구한 결과들이 현재 우리가 보는 수학책이다.

거의 모든 수학자는 문제해결에 매달렸다. 문제해결이 아니라 새로운 개념을 창안한 공로가 더 인정되는 수학자는 손꼽을 정도로서 리만(B. Riemann, 1826~1866)과 칸토어(G. Cantor, 1845~1918) 등이 있다. 흔히 20세기의 수학은 다양체의 연구라고 하는데 이 개념은 리만에 의하여 창안되었다. 그리고 그는 미해결 문제의 하나인 리만 가설을 제안했다. 한편 칸토어는 모든 수학 교재의 첫 장을 장식하는 집합론의 창시자이자 완성자이다. 집합론은 수학을 정초하는 개념들의 모임이지만 문제해결의 결과는 아니다.

그러면 수학은 왜 문제해결을 중시하는가? 문제해결이 수학이라는 학문에서 필연적인가? 이 점은 수학의 본질과 관계있다. 형식적으로 볼 때 수학적 지식은 가정과 결론을 잇는 논리적 연결고리들의 모임이다. 따라서 수학에서 문제해결이란 가정과 결론을 잇는 연결고리를 찾는 것이 된다. 문제들은 대개 다음과 같은 유형의 하나로 나타난다.

i) (충분조건 찾기) 어떤 전제가 주어진 결론을 만족하게 될까?
ii) (필요조건 찾기) 이 조건은 어떤 것을 함의하게 될까?
iii) (증명하기) $p \to q$은 참이 될까?
iv) 답 구하기.

그러나 실제로 수학 활동은 여러 가지 원천으로부터 생겨난 문제들과 수학 내부에 생긴 문제들로 구성되어 있다. 삶의 주변에는 다양한 양태가 있음을 경험한다. 여기서 양태가 있는 곳은 문제가 있고 문제가 있으면 수학을 만들거나 발견하게 된다. 이와 같이 수학은 인간의 삶과 함께 형성되고 확장된다.

문제해결에 대한 반성

지금은 문제해결이 교육과정의 중핵을 차지하고 있다. 그렇다면 문제해결 기반의 수업은 어떤 모습인가? 수업은 추측하고, 추측하며 또 추측하는 상황이 되어야 하고 추측의 결과를 서로 교환하고 추론하는 일련의 과정으로 이루어져야 한다. 그러나 교과서의 전개를 보면 문제해결에 대한 시각은 과거에 비하여 별다른 변화를 보이지 않는다. 교사는 여전히 일방적으로 설명하고 유형에 의존하는 학습을 권장한다. 또 대부분의 참고서는 문제 유형을 파악하는 것에서 시작하며 많은 인기있는 참고서들이 문제 유형별로 접근하고 있다. 문제 유형별 접근, 이것은 일견 선명하고 조직적이지만 충분하지 않다.

문제 유형을 파악할 수 있다는 것은 문제의 구조를 파악한 것이므로 이미 문제를 푼 것이나 다름없다. 그러나 허약한 문제해결자는 문제를 표층적으로 생각하기 때문에 문제 유형을 파악하기란 매우 어렵다. 정말 중요한 것은 정확한 문제 유형을 찾을 수 있는 방법을 아는 것이고 이것이 바로 문제표상과 관련되어 있다. 그럼에도 불구하고 문제 유형 중심으로 지도한다면 이것은 문제해결 지도가 아니라 해결된 문제를 조직화하는 학습이며 주로 우수학습자에게나 먹혀들어가는 방법이다.

문제해결에서 많은 유형을 경험하는 것은 무엇보다도 중요하지만 그 경험들은 학습자에 의하여 주도되어야 한다. 새로운 경험보다 한정된 경험과 그것을 강화하는 전략은 입시를 위한 것이므로 교육적이지 않다. 시행착오가 바람직한 것은 아니지만 새로운 문제는 시행착오가 필연적이고 유능한 해결자는 시행착오를 누구보다도 많이 경험한다.

1.5.2 문제해결과 관련된 심리학

접근 전략

사람들은 어떤 문제 상황을 맞이하게 되면 어떤 식으로 사고하게 될까? 먼저 문제가 주어지면 사람들은 자신이 가지고 있는 도식에 비추어 문제를 평가하고 분석하게 된다. 즉 자신의 지식의 틀 안에 문제를 품는다. 이 전략은 문제가 가지고 있지 않은 간접적인 정보도 사용할 수 있기 때문에 결과적으로 문제해결을 보다 용이하게 한다. 이것을 도식적 사고 또는 하향식(top−down) 사고라고 한다. 그러나 그런 준비가 되어 있지 않은 경우, 예를 들면 주어진 문제를 이해하지 못한 경우나 관련 지식이 전혀 없는 경우라면 문제에 직접적으로 주어진 정보를 토대로 사고하게 된다. 이것을 자료기반 사고 또는 상향식(bottom−up) 사고라고 한다. 문제가 어려운 경우에는 대개 상향식 사고를 할 수밖에 없다. 다음 예는 이 두 가지 접근 방법을 보여준다.

예 1. A 지점에서 B 지점까지의 거리가 500km인 두 지점이 있다. 각각의 지점에서 동시에 기차가 출발한다. 한편 각각의 지점에서 기차가 시속 50km로 서로 마주보고 출발한다. 동시에 A 지점에서 비둘기가 시속 70km의 속도로 B에서 오는 기차를 향하여 날아가다 기차와 마주치면 되돌아가서 다시 A에서 오는 기차를 향하여 날아간다. 비둘기가 A에서 오는 기차와 마주치면 다시 돌아 B쪽을 향하여 날아간다. 이와 같이 비둘기는 두 기차 사이를 왕복한다. 비둘기가 날아간 거리를 구해보자. 다음 그래프는 이 문제에 대한 그래프이다.

상향식 접근은 꺾은선 그래프의 길이를 구하기 위하여 그것을 구성하는 선분의 길이의 합을 구하려고 한다. 반면에 하향식 접근은 두 기차가 만나는 시간 동안 비둘기가 날아간 것에 착안한다.

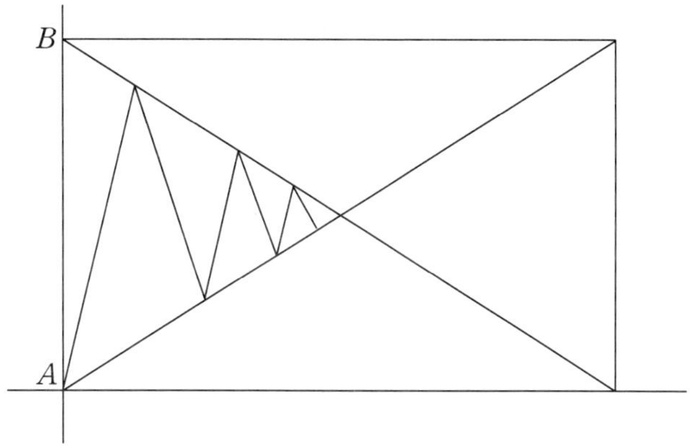

문제 이해

문제를 이해한다는 것은 주어진 문제 상황을 인지적으로 재구성할 수 있음을 말한다. 예를 들면 외국어를 번역할 때 그 단어들이 가진 의미를 잘못 대입할 경우 전체 문장이 무엇을 의미하는지 알 수 없는 경우를 경험하는데 이것은 원문을 이해하지 못하는 경우이다. 즉 문제를 이해한다는 것은 그 문제를 자신의 도식으로 해석할 수 있다는 의미이다.

해결자가 문제를 정확하게 이해한 것인가를 알아보기 위하여 그 문제를 다른 말로 재정의하게 함으로써 해결자의 이해도를 확인할 수 있다. 즉 문제를 이해했다는 것은 자신의 언어로 재구성할 수 있다는 것을 의미한다. 문제 이해는 수학적으로 진술된 문제보다 일상적 상황과 결부된 문제에 더 필요한데 그 이유는 일상 언어와 맥락들이 수학적 언어로 조직되어야 하기 때문이다.

문제 이해는 수학으로 이행하기 전 단계인데 문장제의 경우 많은 사람이 문제 이해를 정확하게 하지 못한다. 이것은 단순히 언어의 문제이기 때문에 언어 이해 관점에서 다룰 필요가 있다.

문제표상

문제를 표상한다는 것은 주어진 문제가 자신이 가진 해결 도식과 관련되어 있는가를 확인하는 과정으로서 어떤 수학적 전략과 도구를 사용할 것인가를 결정하는 과정이다. 문제 이해가 개인이 문제에 적응하는 과정이라면 문제표상은 문제를 자신에게 적응시키는 과정이다. 예를 들면 하나의 문제는 다양한 수학적 방법으로 접근할 수 있는데 이 방법들을 선택하고 결정하는 것이 문제 표상에 포함된다. 문제해결에서 하향식 접근이 바로 이때 작동한다. 일단 하향식 접근이 실패할 경우 상향식 접근에 의존할 수밖에 없다.

문제표상은 문제해결의 가능성을 예측할 수 있게 한다. 예를 들어 함수 $f(x) = x(1-x)$

의 최댓값을 구하는 문제를 생각해보자. 이 문제는 표준적인 학습 단계에서 이차함수의 그래프에 대한 특성을 학습한 후에 배우게 된다. 만약 이차함수의 이런 특성을 모르는 경우에는 어떻게 풀게 될까? 적어도 이 함수는 $g(x)=x$와 $h(x)=1-x$의 곱으로 되어 있다. 그러므로 두 곱이 최대가 되는 경우를 생각하는 것이 문제표상의 하나가 될 수 있다.

문제표상은 두 가지 점으로 요약된다.

i) 문제표상을 통하여 해결자의 인지구조 안에 있는 문제와 관련된 지식이 활성화된다.

ii) 문제가 내적 언어로 조직될 때 해결 전략과 관련된 개념이나 방법, 등이 활성화된다.

여기서 중요한 것은 ii)의 경우이다. 일반적인 문제 해결자와 우수한 문제 해결자의 차이점은 ii)에서 차이를 나타낸다.

한편 문제를 해결하기 위하여 사람들은 주어진 문제 자체로부터 정보를 얻는 것 외에 추가적인 정보를 찾는다. 예를 들면 교과서의 각 단원의 마지막에 제시된 문제를 해결할 경우에 해결자는 그 단원의 지식을 먼저 검색하는 경향이 있다. 이런 경우 그 단원에서 배운 내용이 문제 해결을 위한 시사를 주기 때문이다.[1] 문제 맥락은 문제해결에 도움을 줄 수도 있고 고정관념을 형성하여 방해할 수도 있다.

공식의 역할

수학을 배우게 되면 많은 공식을 접한다. 어떤 일을 수행할 때 올바른 공식을 처방하면 바람직한 결과를 얻을 수 있다. 그러므로 공식을 많이 알수록 관련 문제를 해결하는데 시간을 절약할 수 있다. 그러나 공식을 적용할 수 있는가를 평가하기 위한 문제를 제외한다면 본질적으로 공식기반의 문제해결이란 없으며 공식 사용에 대한 판단은 전적으로 해결자의 능력에 달려 있다.

그러면 어느 정도의 공식이 필요할까? 현재 수학수업은 공식 의존도가 매우 높다. 그 이유는 현재 학교에서 사용하는 평가 문항들이 사고력 기반이 아니라 공식 기반이기 때문이다. 한 문제를 3, 4분 만에 풀어내야 한다면 관련 공식은 당연히 암기되어야 한다.

공식은 개념적인 것과 절차적인 것으로 나눌 수 있다. 개념적 공식은 수학적 사실들을 의미한다. 예를 들면 피타고라스 정리나 삼각비에 대한 가법정리는 개념적 공식의 전형적인 경우이다. 한편 절차적 공식이란 문제해결을 할 때 일련의 절차화된 해결 방법들을 의미하며 해결도식이라 하기도 한다. 수학 성취도가 높은 학생은 문제해결 도식이 풍부하고 체계적으로 조직되어 있다. 흔히 문제 패턴을 중심으로 학습한다고 하는 것은 바로 여기에 해당

---

1) 논문, 신문, 옛날이야기 등은 특별한 글 구조를 가지고 있다. 사람들은 글 구조를 알고 있을 경우, 글 전체를 회람할 필요없이 특정 구조를 활용한다. 이러한 특정 구조를 대형구조 또는 이야기 문법이라고 한다.

하는 것으로 다른 말로 표현하면 도식적 사고 또는 하향식 사고에 속한다.

Skemp(1987)의 용어를 빌리면 공식이란 도구적 이해의 대상이 아니라 관계적 이해의 대상이다. 즉 단순히 공식만을 암기한다는 것은 문제해결에 도움을 주지 않으며 그것이 관련된 상황을 동시에 기억함으로써 응용가능하다. 그런 상황 또는 맥락을 많이 알수록 또는 연결성이 강할수록 공식은 힘을 가진다. 그러므로 공식은 그것이 어떻게 만들어진 것인가를 알아야 하고 이를 위해서 공식이 나타나게 된 배경을 이해할 필요가 있다. 공식과 관련된 정리의 증명을 분석하는 것도 이를 위한 한 방안이다. 이런 측면에서 증명을 읽고 이해하는 것은 공식을 이해하는 중요한 과정이다.

설명과 시범에 의한 수업을 한다면 공식의 적용은 매우 쉬운 것처럼 보인다. 사실 교과서는 공식을 이해하기 위한 시범 문제를 제시하고 있기 때문에 공식의 사용은 매우 쉽게 보인다. 그러나 실제 문제를 해결해야 하는 상황이 되면 처음부터 어떤 정해진 공식을 향하여 나아가는 것이 아니라 문제를 조작하는 과정에서 필요한 공식이 드러나게 되므로 공식 적용이란 어렵다.

문제해결을 위한 두 가지 수학

대부분의 수학 교과서는 분석적 접근을 요구하는 문제를 제시하고 있기 때문에 유비적 접근과 같은 대안적 사고를 경시하는 경향이 있다. 그러나 처음부터 분석적으로 접근하기 어려운 경우 유비적 접근이 실질적으로 중요한 수단이다. 예를 들면 실험, 그림 그리기, 표 만들기, 그래프 그리기 등을 실행하고 이런 활동으로부터 문제를 추측하고 평가할 수 있는 기회를 가질 수 있어야 한다.

이 두 가지 접근에 대한 경험을 가지기 위하여 제시될 문제도 이런 철학을 반영해야 한다. 예를 들면 삼각형의 합동을 지도한다고 할 때 일반적인 도형에 대한 합동이 먼저 제시되고 이 문제를 해결하기 위하여 특수한 경우, 즉 삼각형의 문제를 탐구하는 순서가 바람직하다. 이런 맥락을 간과하게 되면 합동 개념은 단지 삼각형과 관련된 것으로 정착되어 일반적 상황에 적용할 수 없게 된다.

다음은 유비적 수학과 분석적 수학이 연결되기 위한 문제를 제기하는 전략이다.

i) 먼저 일상적인 문제를 제시하며 문제의 수준은 학교수학에 의하여 할 수 있는 도구가 없거나 학교수학보다 약간 높은 수준의 문제가 바람직하다. 그러므로 교과서에서 배운 지식보다 부가적인 정보를 필요로 하는 문제가 바람직하다.

ii) 유비적 접근이 우선적으로 이루어질 수 있도록 탐구 과정을 제공한다. 이 과정은 추측의 과정으로서 가설을 설정하고 평가하는 단계이다. 여기서 문제해결의 특수화 전략을 고려할 수 있는 활동과 지도가 필요하다.

문제해결과 구성주의

문제에 대한 이해, 문제표상, 해결 전략의 선택 등과 같은 일련의 해결과정은 구성주의와 잘 어울린다. 그러나 풀이과정을 암기하고 패턴 중심으로 문제가 분류되어 있다면 이것은 구성주의 기반이 아니다. 문제의 성격에 따라 분류하여 풀이하는 것은 문제해결을 위한 방책의 하나임은 틀림없지만 문제의 심층 구조를 이해할 수 있는 능력을 가진 학생에게만 해당되는 방안이고 분류 자체를 이해하지 못하는 학생들에게 패턴 중심의 문제풀이를 하는 것은 풀이과정을 암기하는 것과 유사하다. 이것은 단기적으로 효과가 있을지 몰라도 장기적 학습 전략은 아니다. 문제의 난이도와 관계없이 자신의 관점에서 문제해결을 수행한다면 어떤 종류의 문제를 경험하더라도 수행한 만큼 힘이 된다.

교사가 시범을 보이고 이것을 따라 하는 지도법으로만 되어 있는 수업은 고학년으로 올라갈수록 흔히 나타나는 현상이다. 이 방법이 입시를 앞둔 학생에게 속효를 기대할 수 있겠지만 의존적인 학생을 양성할 수 있기 때문에 가급적 지양되어야 한다. 특히 교사 주도의 문제풀이를 만능으로 여기는 교사들의 반성이 필요하다. 맹목적인 대학입시와 이에 순치된 유형 암기식 지도법 외의 대안을 고민하지 않으면 수학은 학교에서 사라질 수도 있다. 교사는 구성주의 기반의 교수설계에 대한 연구가 필요하다. 많은 것을 가르치는 것이 중요한 것이 아니라 하나를 알아도 다른 것과 다양하게 연결하는 것이 중요하다.

1.5.3 문제해결을 위한 기법

수업 현장을 보면 대개 교사가 문제를 풀이하는 방식으로 전개되며 문제해결을 위한 체계적인 전략이 보이지 않는다. 교사가 문제를 풀어주고 학생이 그것을 이해하는 방식은 일목요연하고 이해하기 쉬운 측면은 있지만 지극히 일부 학생만 이해할 뿐이다. 가장 좋은 문제해결 학습은 스스로 해결하고 결과를 토론하고 반성하는 방법이다. 교육에 있어서 구성주의의 의의는 구성이 학습에서 가장 효과적이라는 점이다. 다음은 문제해결을 위한 기법들이다.

추측하기

인지적 관점에서 볼 때, 추측이란 학습자 자신이 가진 도식과 문제를 연결하는 과정이다. 한편 정의적 관점에서 볼 때, 추측이란 문제에 대한 호기심이다. 호기심은 문제해결을 위하여 필요한 최초의 단계이다. 문제해결을 좋아하는 사람과 그렇지 않은 사람의 차이는 이 단계에 의하여 확인된다.

예 1. 어떤 농장에서 오리와 개가 모두 합쳐 30마리이고 그것들의 다리는 모두 88개였다.

오리와 개는 각각 몇 마리인가? 이 문제에서 추측의 상황을 보자.

학생 A : 난 오리가 15마리 개가 15마리라고 생각해.

학생 B : 그러면 오리의 다리는 30이고 개의 다리는 60이므로 전체 다리의 수는 90이 되어 맞지 않아!

학생 A : 그러면 다리가 너무 많으니 개의 수를 줄이고 그 대신 오리의 수를 늘리자. 먼저 오리를 16마리로 하고 개의 수를 14마리로 하면 다리의 수는 32와 56이므로 전체는 88이야. 따라서 방금 추측한 것이 맞아.

예 2. 다음 세 교점은 일직선 위에 있을까?

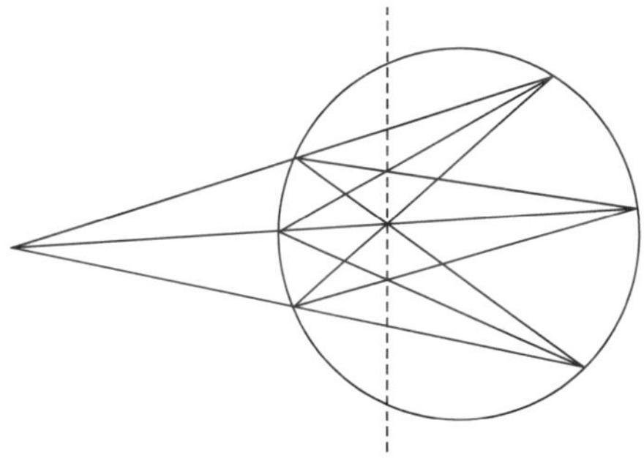

예 3. 두 유리수 $\frac{a}{b}$와 $\frac{c}{d}$가 있을 때 $\frac{a+c}{b+d}$를 중간에 끼워 넣자. 이렇게 할 때 0, 1로부터 다음 수열을 만들 수 있다. 여기서 이 패턴 다음에는 어떤 수열이 나타날까?

0, 1
0, $\frac{1}{2}$, 1
0, $\frac{1}{3}$, $\frac{1}{2}$, $\frac{2}{3}$, 1
0, $\frac{1}{4}$, $\frac{1}{3}$, $\frac{2}{5}$, $\frac{1}{2}$, $\frac{3}{5}$, $\frac{2}{3}$, $\frac{3}{4}$, 1

두 인접된 수 $\frac{a}{b}$와 $\frac{c}{d}$가 주어져 있을 때 $ad-bc$의 값이 얼마인가? 왜 그렇게 되어야 하는가?

표 만들기

앞의 예(추측하기의 예 1)는 너무 쉽게 들어맞았다. 그러면 다시 오리와 개의 합이 30이고 다리의 합이 104일 경우라면 어떻게 할까? 다음 상황을 보자.

학생 A : 난 오리가 15마리 개가 15마리라고 생각해.

학생 B : 그렇게 되면 오리의 다리는 30이고 개의 다리는 60이므로 전체는 90이 되어 맞지 않아.

학생 A : 너무 적으니 개의 수를 늘리고 오리의 수를 줄이고 대신 개의 수를 늘리자. 오리의 수를 14, 개의 수를 16으로 하자.

학생 B : 그렇게 하면 오리의 다리는 28, 개의 다리는 64이므로 전체는 92가 되어 아직 모자라.

학생 A : 이렇게 할 게 아니라 이 과정을 도표를 만들어보자.

오리	14	13	12				
개	16	17	18				
합	92	94	96				

학생 B : 그런데 이렇게 보니 오리의 수가 하나씩 줄게 되면 합은 2개씩 늘어나. 96에서 104로 가는 데 8이 필요하니까 4칸이 필요해. 따라서 개는 22가 되고 오리는 8이야.

이와 같이 표를 만드는 전략은 어떤 양상을 발견하는데 중요한 역할을 한다. 다음 예를 보자.

예 1. 다음 도형에서 모든 삼각형의 개수를 구하라.

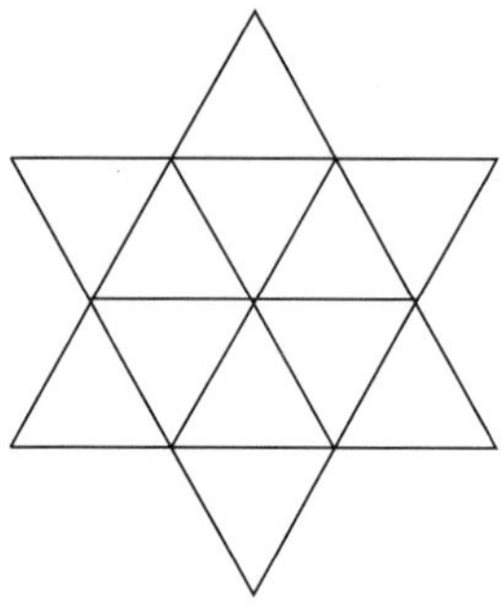

이 문제를 풀기 위하여 각각의 크기에 해당하는 표를 만들어보면 다음과 같다.

삼각형의 종류	△	▽	합계
1−1−1	6	6	12
2−2−2	3	3	6
3−3−3	1	1	2

예 2. 길이가 9인 철사가 있다. 이것을 구부려서 삼각형을 만들려고 한다. 몇 가지 삼각형이 가능할까? 다음 표는 모든 가능한 삼각형을 열거하고 있다.

삼각형의 형태	꺾을 지점의 좌표
3−3−3	3−6
1−4−4	1−5, 4−5, 4−8
2−3−4	2−5, 2−6, 3−5, 3−7, 4−6, 4−7

예 3. A, B, C, 세 사람이 개, 고양이, 토끼를 한 마리씩 가지고 있다. 다음 두 조건을 생각해보자.

i) A와 토끼를 가진 사람은 C에게 생일 선물을 했다.
ii) A는 개를 가지고 있지 않다.

이 정보를 이용하여 각각의 사람이 어떤 동물을 가지고 있는가를 표를 만들어 보자.

	A	B	C
개	×(ii)		○
고양이	○		
토끼	×(i)	○	×(i)

예 4. 3겹의 다른 유리로 되어 있는 물질에 빛을 비추면 빛은 각 층을 통과하거나 반사한다. 다음 그림은 각각 0회 반사 후 통과, 1회 반사 후 통과하지 못함, 4회 반사 후 통과를 나타낸다. 이때 각각의 자연수 n에 대하여 n회 반사된 후 통과하는 경우의 수를 구해보자.

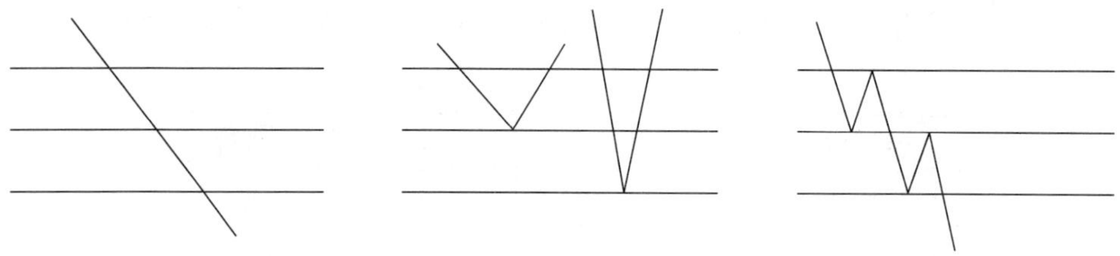

반사 수	0	1	2	3	4	5	6
통과 경우 수	1	0					

예 5. 1000개의 객실을 갖춘 호텔이 있고 모든 객실의 문은 닫혀 있다. 첫 번째 손님이 모든 객실의 문을 연다. 이어 두 번째 손님은 2의 배수 번호를 가진 객실의 문이 열려 있으면 닫고, 닫혀 있으면 연다. 이어 세 번째 손님은 3의 배수 번호를 가진 객실에 대하여 앞의 것과 같은 작업을 한다. 이어 n번째 손님은 n의 배수 번호에 대해서 이와 같은 작업을 한다. 여기서 $2 \le n \le 1000$이라고 할 때 마지막에는 몇 개의 객실 문이 열려 있을까?

이 문제를 표로 만들면 다음과 같이 되고 이 표를 이용하여 양상을 추측한다. 예를 들면 완전제곱수에 대하여 주목하자.

손님 \ 객실번호	1	2	3	4	5	6	7	8	9	10	11	12	13	14	15	16	17	18	19	20
1	O	O	O	O	O	O	O	O	O	O	O	O	O	O	O	O	O	O	O	O
2		C		C		C		C		C		C		C		C		C		C
3			C			O			C			O			C			O		
4				O				O				C				O				O
5					C					O										
6						C						O						C		
7							C							O						
8								C								C				
9									O									O		
10										C										C
11											C									
12												C								

다이어그램 만들기

관련된 문제를 위한 그림을 그리는 것을 다이어그램이라고 한다. 다음 예를 보자.

예 1. 다음 다섯 사람의 나이 순서를 알아보자.

i) F는 C보다 5살 작다.
ii) A는 B보다 6살 많다.
iii) D는 B보다 8살 많다.
iv) C는 A보다 3살 작다.

이 경우에 다음 다이어그램을 통하여 일목요연하게 알 수 있다.

							F		B			C			A		D

예 2. 어떤 일을 하는데 모두 5단계의 작업 과정 $S_1, \cdots, S_5$가 필요하다. 여기서 과정 S_i에서 과정 S_j를 수행하는 데 걸리는 시간(일)을 S_iS_j로 나타내면 다음과 같다.

$$S_1S_2=5,\ S_2S_4=2,\ S_2S_3=1,\ S_3S_5=5,\ S_4S_5=3,\ S_1S_4=6$$

모든 과정을 끝내는 데 최소한 며칠이 걸리겠는가?

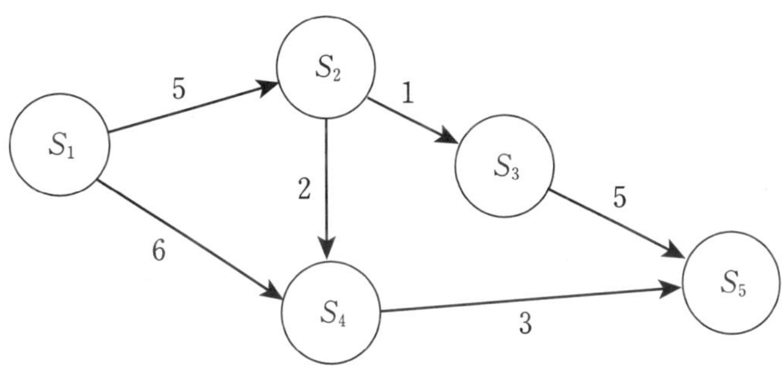

이 경우 $S_1-S_4-S_5$의 경로를 택하면 9일 걸리고 그동안 나머지 과정도 수행할 수 있기 때문에 최소 기간은 9일이다.

예 3. $(p\to q)\wedge(\sim s\to\sim q)\wedge(s\to k)\wedge(q\to t))$일 때 $p\to k$일까? 이것은 진리표를 만들어도 되겠지만 다음 다이어그램에 의하여 명백해진다.

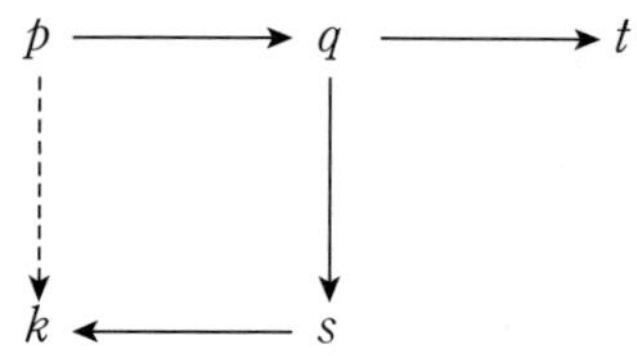

예 4. 나의 할아버지 동생의 아들은 나와 몇 촌인가? 이 진술에 합당한 다이어그램을 그려보자.

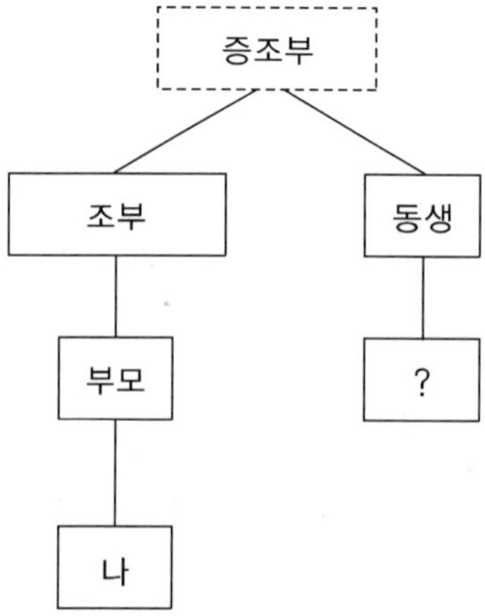

귀납

패턴은 수학의 중요한 연구 주제이다. 패턴은 귀납에 의하여 추측할 수 있다. 다음 예를 보자.

예 1. 다음의 괄호 안에 들어갈 수를 찾아보아라.

$$1=1$$
$$1+2+1=4$$
$$1+2+3+2+1=9$$
$$1+2+3+4+3+2+1=16$$
$$1+2+3+4+5+4+3+2+1=(\ )$$

이 사실로부터

$$1+2+3+\cdots+(n-1)+n+(n-1)+\cdots+3+2+1$$

은 얼마가 될까? 또 이것을 이용하면 $1+2+3+\cdots+n$은 어떻게 될까?

예 2. 다음 괄호 안에 들어갈 수를 찾아보아라.

$$\begin{aligned} 1 &= 1 \\ 1-4 &= -3 \\ 1-4+9 &= 6 \\ 1-4+9-16 &= -10 \\ 1-4+9-16+25 &= (\ ) \end{aligned}$$

이것으로부터 $1-4+9-16+25-\cdots+(-1)^{n+1}n^2$는 어떻게 표시될까?

예 3. 다음 표는 어떤 패턴이 주어져 있을까?

4	7	3	8	6	5
19	55	11	71	41	?

예 4. 어떤 세 점도 동일 직선 위에 있지 않는 n개의 점에서 두 개의 점을 연결하는 방법의 개수를 구해보자. 조합적 방법을 알고 있다면 공식에 의하여 간단하게 답할 수 있겠지만 그렇지 않는 경우, 이 문제에 대한 표를 만들어봄으로써 해결책을 구할 수 있다.

n의 개수	1	2	3	4	5	6	…	n
방법의 수	0	1	3	6	10	15		

그러나 표를 만들었다고 해결되는 것은 아니다. 표를 통하여 얻은 자료들로부터 어떤 추측이 필요하다. 다음 예를 보자.

예 5. 주어진 원 위에 n개의 점을 선분으로 서로 연결할 때 그 선분에 의하여 만들어지는 조각 도형의 개수는 어떤 양상을 가지고 있을까? 먼저 이 문제에 적합한 그림을 그리고 각각에 대하여 관찰해보자.

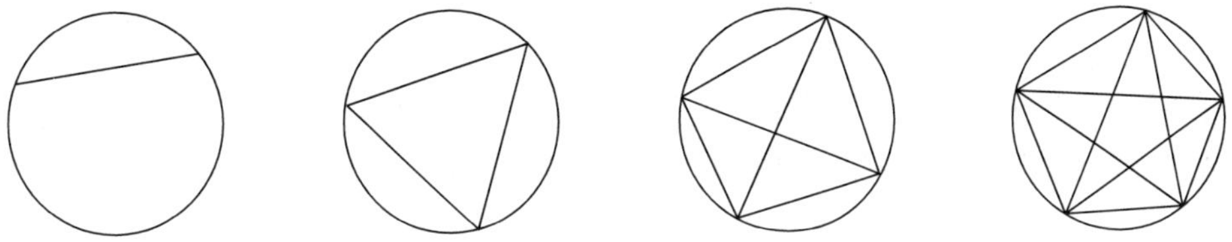

이 그림을 관찰하면 다음 표를 얻을 수 있다. 그러나 6인 경우 조각의 개수는 32가 될까? 그러나 점이 6인 경우 조각의 개수는 31이므로 이 추측은 참이 아니다.

점의 개수	2	3	4	5	6
조각의 개수	2	4	8	16	?

예 6. $A=\begin{pmatrix}1&0\\2&1\end{pmatrix}$일 때 $A^{100}=\begin{pmatrix}1&0\\x&1\end{pmatrix}$의 값을 구하라. 이 문제에서 $A^2=\begin{pmatrix}1&0\\4&1\end{pmatrix}$, $A^3=\begin{pmatrix}1&0\\6&1\end{pmatrix}$, ... 이 됨을 알 수 있다. 따라서 $A^{100}=\begin{pmatrix}1&0\\200&1\end{pmatrix}$이다.

예 7. 각각의 자연수 n에 대하여 n^2-n+11은 항상 소수가 될까? 다음 표를 보면 알 수 있겠지만 n^2-n+11은 많은 경우에 대하여 소수가 되지만 일반적으로는 되지 않는다.

n	1	2	3	4	5	6	7	8	9	10	11
n^2-n+11	11	13	17	23	31	41	53	67	83	101	121

규칙성의 생성 원리

규칙성을 가진 대상에 새로운 규칙을 가하면 새로운 패턴이 생성된다. 예를 들면 등차수열이 주어져 있을 때 이 수열을 같은 묶음으로 묶게 되면 각 묶음의 첫 수들은 일정한 규칙을 가지게 된다. 이와 같이 규칙이 규칙을 낳는다는 원리를 학습할 필요가 있다.

그래프 그려보기

많은 문제들은 그래프를 풀어봄으로써 쉽게 해결되거나 해결의 단서를 구성할 수 있다. 다음 예를 보자.

예 1. 모든 실수 x에 대하여 연속함수 f가

$$f(1)=-5,\ f(2)=-3,\ f(3)=2,\ f(4)=-5,\ f(5)=-1$$

일 때, 폐구간 $[1,\ 5]$에서 방정식 $x+f(x)=0$의 근의 최소 개수는 얼마인가? 이 문제를 순수하게 대수적으로 해결한다면 $F(x)=x+f(x)$이라고 할 때,

$$F(1)=-4,\ F(2)=-1,\ F(3)=5,\ F(4)=-1,\ F(5)=4$$

를 만족한다. 그러므로 중간값정리에 의하여 이 방정식은 적어도 3개의 근을 가진다.

그러나 이 문제를 그래프를 이용하면 다음과 같이 전체의 상황을 이해하기 쉽다.

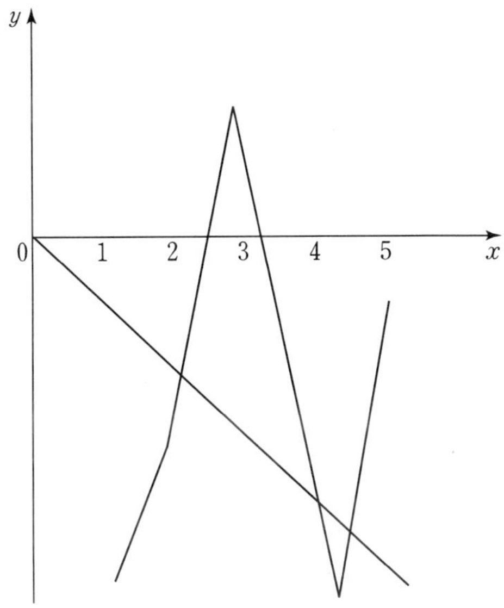

그래프를 그려보는 것은 추측하는 데도 유용하다. 다음 예를 보자.

예 2. 다음 표는 20세기의 인구 변동을 나타낸 표이다. 특별한 변화가 없다고 할 때 2020년의 인구는 어떻게 될까? 다음 표를 보고 추산해보자.

년도	1900	1920	1940	1960	1980	2000	2020
인구	16억	19억	23억	29억	37억	60억	?

예 3. $\int_0^3 |x-1|dx$의 값을 구하라. 이 문제를 위하여 그래프를 그려보면 적분을 하지 않아도 간단하게 구할 수 있다.

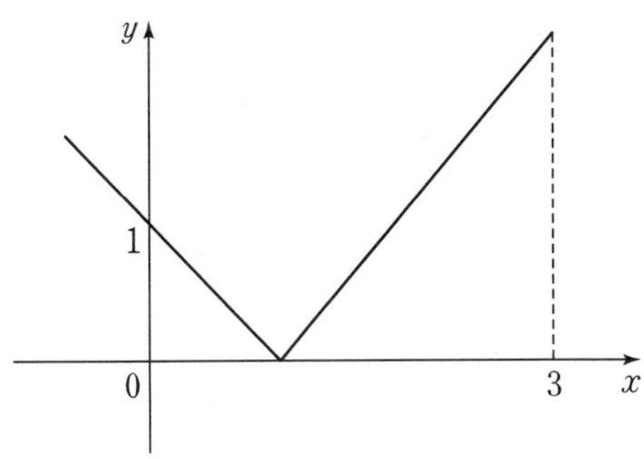

방정식 세우기

예 1. 다음 사각형에서 인접한 빈 곳의 두 사각형의 합이 주어진 수와 같이 되게 하고 싶다. 빈 곳에 적당한 수를 채워 넣자.

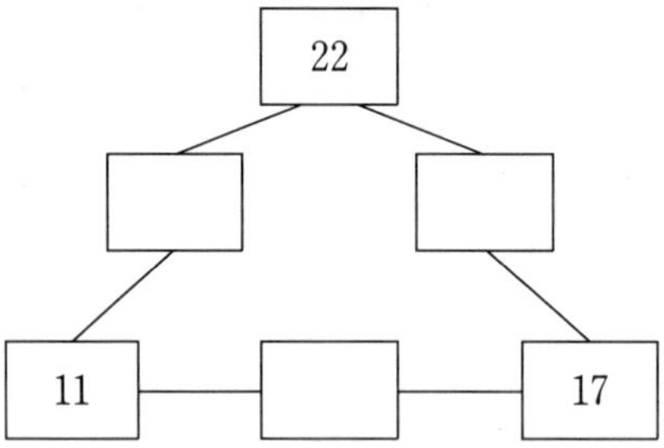

이 경우에는 각각을 a, b, c라고 하면 $\begin{cases} a+b=11 \\ b+c=17 \\ c+a=22 \end{cases}$가 되므로 이 방정식을 풀면 해결된다.

예 2. 점 P가 직선 $2x-y-4=0$ 위를 움직일 때 점 $A(2,\ 4)$와 점 P를 이은 선분 $\overline{AP}$를 1:2로 내분하는 점 X의 자취의 방정식을 구하라. 이 문제는 조건에 맞는 방정식을 세워 해결한다.

분해하기

문제를 해결하기 위하여 주어진 문제를 분해하는 기법을 사용하는데 이것은 기존의 지식을 사용하기 위함이다. 이차함수의 그래프를 알고 있을 때 삼차함수의 그래프 모양이 어떻게 되는지 알고 싶다. 이 경우에 단순히 대응점을 찾아 연결하거나 또는 그런 목적을 위하여 설계된 그래프 생성 소프트웨어를 사용할 수도 있다. 하지만 이 상황에서는 그것이 목적은 아니다. 주어진 함수를 $y=x^3+ax^2+bx+c$라고 하면 c는 y축의 절편을 알려주는 것이기 때문에 주어진 문제는 $y=x^3+ax^2+bx$만 생각하면 충분하다. 그런데 주어진 식은 $y=x(x^2+ax+b)$가 되므로 이 식은 $y=x$와 $y=x^2+ax+b$의 곱의 그래프를 생각함으로써 원래의 문제를 해결하는 데 도움을 준다.

예 1. $x \geq 0$에서 $f(x)=x^3+3x+1$은 각각의 항이 증가함수이므로 f도 증가함수이다.

예 2. 한 변의 길이가 1인 정삼각형을 다음 그림과 같이 1:2로 내분할 때 각 단편의 넓이를 구하라. 이 문제에서 각각의 단편을 점선과 같이 적절하게 분해하면 간단하게 답을 구할 수 있다.

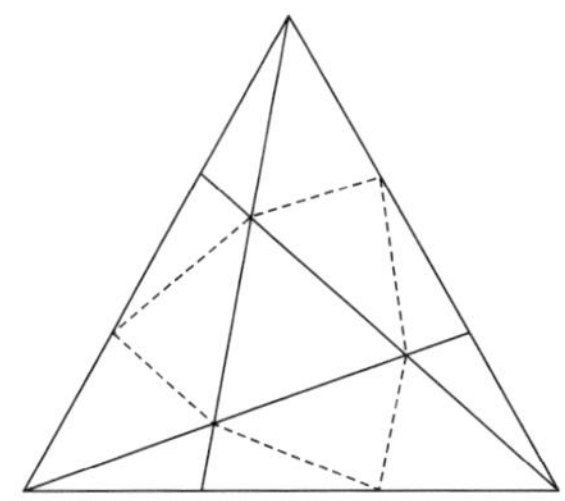

거꾸로 풀기

거꾸로 풀기 전략은 결론으로부터 전제로 향하는 방법이다. 이 방법은 간단한 경우부터 복잡한 경우까지 모두 가용하다. 가장 간단한 경우는 모든 조건들이 동치관계가 가능할 때 적용할 수 있다. 주로 등식으로 된 식의 경우에 적용된다.

한편 복잡한 경우에는 전략적으로 접근하는 방법이 사용되는데 결론 q가 성립한다고 할 때 $p_1 \to q$가 참이 되는 참인 p_1를 찾는 방법이다. 여기서 다시 $p_2 \to p_1$가 참이 되는 참인 p_2를 찾는다. 이렇게 하여 최초의 참인 명제를 찾는 과정이다. 그런데 이 방법은 논리적이지 않기 때문에 하나의 발견법으로 간주해야 한다.

예 1. 5리터 비커 A와 11리터 비커 B가 있다. 이 두 개를 사용하여 큰 용기에 7리터의 물을 계량할 수 있을까? 다음 표는 큰 비커에 7리터가 있을 때 거꾸로 진행한 과정이다.

A	0	5	0	2	2	5	0	5	0	3	3	5	0	5	0	4	4	5	0	0	5	0	5
B	7	2	2	0	11	8	8	3	3	0	11	9	9	4	4	0	11	10	10	10	5	5	0

예 2. 두 수의 합이 12이고 곱이 4인 두 수의 역수의 합을 구해보자. 두 수를 x와 y라고 두고 방정식 $x+y=12$와 $xy=4$라는 연립방정식을 세워 풀면 $\begin{cases} x=6+4\sqrt{2} \\ y=6-4\sqrt{2} \end{cases}$ 또는 $\begin{cases} x=6-4\sqrt{2} \\ y=6+4\sqrt{2} \end{cases}$를 얻는다. 그러므로 $\frac{1}{x}+\frac{1}{y}=3$이다.

여기서 이 문제를 거꾸로 풀어보자. 두 수를 x와 y이라고 하면 $\frac{1}{x}+\frac{1}{y}=\frac{x+y}{xy}$가 되고 조건 $x+y=12$와 $xy=4$을 적용하면 $\frac{1}{x}+\frac{1}{y}=3$을 얻는다.

예 3. 두 동심원이 그림과 같이 주어져 있다. 그림과 같이 작은 원의 접선이 큰 원과 A와 B에서 만나고 $\overline{AB}=8$이라고 하자. 이때 동심원이 만드는 원환면의 넓이는 얼마인가? 이 문제도 거꾸로 풀기 전략을 사용해보자.

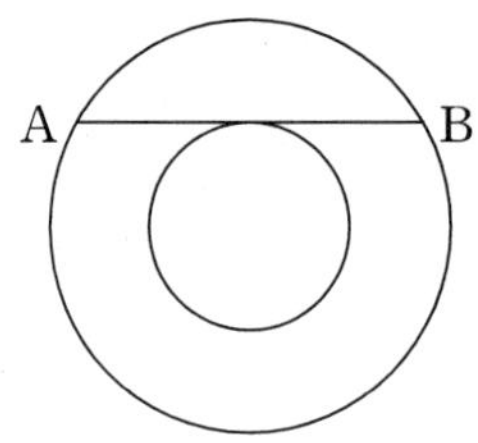

큰 원과 작은 원의 반지름을 각각 R과 r이라고 하면 원환면의 넓이는 $\pi(R^2-r^2)$이 된다. 여기서 $R^2-r^2=16$이므로 주어진 원환면의 넓이는 16π가 된다. 이와 같이 거꾸로 풀기는 가끔 편리한 경우도 있다.

연역

문제 상황에 따라 연역은 강력한 힘을 발휘한다. 다음 예를 보자.

예 1. 닭과 개가 모두 20마리가 있고 그들 다리의 개수는 64개이다. 각각의 마릿수는 얼마일까? 만약 이 20마리가 모두 닭이라고 하면 다리의 개수는 40개이다. 따라서 64에서 40을 뺀 24개는 개의 다리를 2개로 한 마릿수이다. 따라서 개는 12마리이고 닭은 8마리이다.[2]

예 2. 아래의 왼쪽 그림과 같이 색을 교대로 칠한 장기판이 있다. 여기서 32개의 도미노 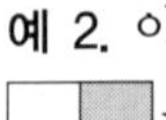로 덮는 것은 간단하다. 그러나 아래의 오른쪽 그림과 같이 양 귀에 두 개를 제외한 경우, 31개의 도미노로 덮을 수 있을까?

---

2) 사실 이 문제는 특수화 전략도 포함되어 있다.

 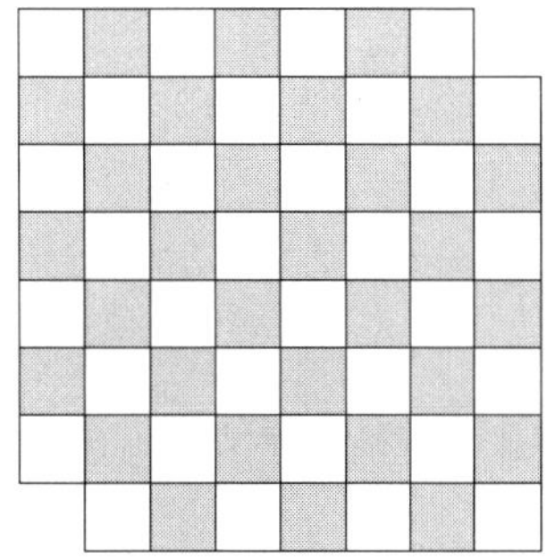

오른쪽 장기판은 흰색과 검은색의 개수의 차이가 있다. 흰색은 모두 32개이고 검은색은 30개이다. 그러므로 31개의 도미노로 덮으려면 위해서는 각각의 색이 31개이라야 한다. 따라서 31개의 도미노로 덮는 것은 불가능하다.

동치 변형

주어진 문제의 조건을 동치인 다른 명제로 변형하여 문제를 쉽게 만들 수 있다. 등식으로 연결된 식은 동치 변형의 가장 기본적인 사례이다. 동치 변형이 가능한 경우, 동치 명제로 변형한 후에 문제를 다시 생각하자.

예. x와 y에 대한 연립방정식 $\begin{pmatrix} a & b \\ b+2 & -a \end{pmatrix}\begin{pmatrix} x \\ y \end{pmatrix} = \begin{pmatrix} 0 \\ 0 \end{pmatrix}$은 $x=0,\ y=0$ 이외의 근을 갖는다. 이때 $a+b$ 값의 범위는?

여기서 "x와 y에 대한 연립방정식 $\begin{pmatrix} a & b \\ b+2 & -a \end{pmatrix}\begin{pmatrix} x \\ y \end{pmatrix} = \begin{pmatrix} 0 \\ 0 \end{pmatrix}$은 $x=0,\ y=0$ 이외의 근을 갖는다."는 조건 "$\det\begin{pmatrix} a & b \\ b+2 & -a \end{pmatrix} = 0$"과 동치이다. 따라서 주어진 문제는 $a^2+b^2+2b=0$일 때 $a+b$의 값의 범위"를 묻는 문제와 동치이다.

유추하기

유추란 이미 알고 있는 사실을 구조가 유사한 경우에 적용하는 기법이다. 폴리아(G. Polya, 1887~1985)의 문제해결 전략은 다양한 유추를 제시하고 있다. 예를 들면 다음과 같은 것들이다.

i) 유사한 문제를 풀어 본 적이 있는가?
ii) 관련된 문제를 알고 있는가?

iii) 보다 접근하기 쉬운 관련된 문제를 생각하자.

iv) 그 문제를 본 적이 있는가?

유추는 강력한 추론 방법이며 유능한 해결자는 유추에 능하다는 연구 보고가 있다. 한편 일반적인 전이는 회의적이지만 동일 요소의 전이는 가능하다는 연구결과로부터 유추가 문제해결의 중요한 도구라는 것을 알 수 있다.

예 1. 수직선에 두 점 $A(a)$와 $B(b)$를 $m:n$으로 내분한다고 해보자. 이때 내분점 $C(c)$는 다음과 같이 주어진다.

(1) $$c=\frac{an+bm}{m+n}$$

여기서 식 (1)의 C는 A에 질량 n, B에 질량 m을 가진 물체의 질량중심좌표라고 할 수 있다. 이 해석은 평면의 세 점으로 확장할 수 있다. 실제로 이 개념은 질량중심좌표의 개념을 낳는다.

예 2. $A^3=O$이면 $A+E$의 역행렬이 존재할까?[3] 이 문제를 문자식의 급수 전개라고 한다면

$$\begin{aligned}(A+E)^{-1}&=E-A+A^2-A^3+\cdots\\&=E-A+A^2\end{aligned}$$

라고 생각할 수 있다. 그러므로 $A+E$의 역행렬은 $E-A+A^2$으로 생각할 수 있다. 실제로 $(A+E)(E-A+A^2)=E=(E-A+A^2)(A+E)$이므로 $A+E$는 역행렬을 가진다.

특수화

특수화 전략은 주어진 문제를 특수한 경우에서 생각하는 방법인데 문제를 단순화 하지만 구조를 보존한다는 점에서 유추 전략이 내재되어 있다.

예 1. "사면체의 무게중심은 어디에 있을까?"라는 문제를 살펴보자. 먼저 이 문제를 삼각형에서 생각하면 무게중심은 삼각형의 한 꼭짓점에서 대변의 중점을 연결하는 선분 위에 있다는 사실을 안다. 이 연결 선분이 면적을 이등분하기 때문이다. 이와 같이 면적을 이등분한다는 사실은 사면체의 경우에 대해서도 유사하게 생각할 수 있다. 즉 사면체의 무

3) 이 문제는 유추를 포함하고 있다.

게중심은 한 꼭짓점과 대면의 무게중심을 연결하는 선분 위에 있을 것이다.

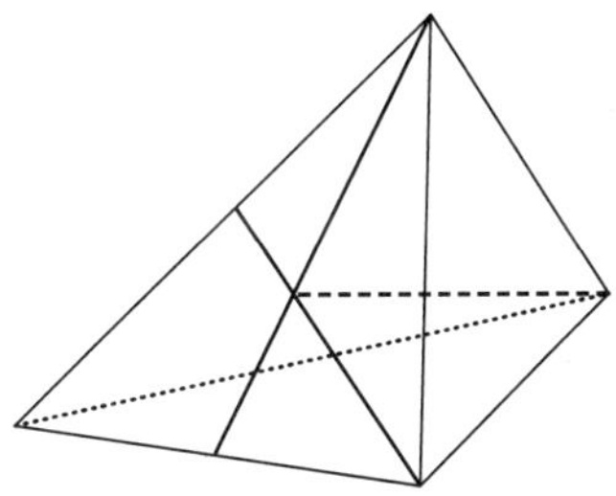

예 2. 두 직선 $ax+by+c=0$와 $a'x+b'y+c'=0$가 주어졌을 때 이 두 직선이 직교할 조건을 구하는 과정에서 주어진 방정식을 $ax+by=0$과 $a'x+b'y=0$으로 특수화할 수 있다.

예 3. 한 변의 길이가 4인 정사각형의 중심에 같은 정사각형의 한 꼭짓점을 그림과 같이 고정시킨다. 이때 겹치는 면의 넓이는 얼마인가? 그림에서 점선으로 된 정사각형과 같이 특수한 경우를 생각하면 겹치는 면의 넓이는 정사각형의 넓이의 $\frac{1}{4}$임을 알 수 있다.

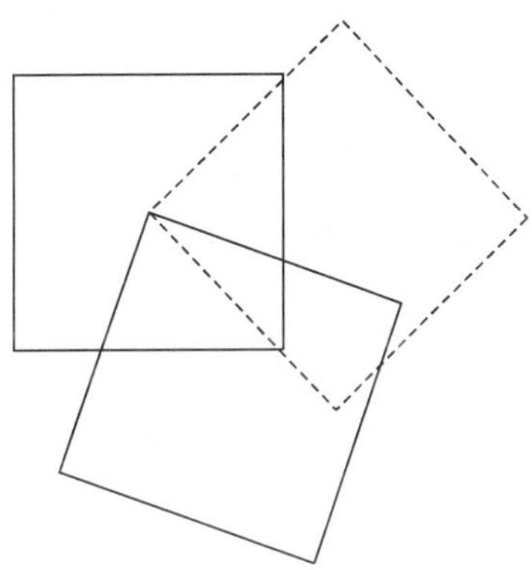

예 4. 다항함수 $f(x)$는 $x^2+xf'(x)=f(x)+1$을 만족한다. $f(x)$는 몇 차 식인가? 여기서 $f(x)=ax^n$이라는 특수한 다항함수를 생각한다.

치환하기

복잡한 식을 간단한 식으로 치환하는 것은 문제해결의 중요한 기법이다. 이 방법은 주로 치환적분에서 그 위력을 나타내고 있지만 그 밖의 여러 경우에도 나타난다.

예 1. 방정식 $x(x-1)(x-2)(x-3)=48$을 풀어보자. 여기서 $y=x^2-3x$라고 두면 주어진 방정식은 이차방정식으로 귀착된다.

예 2. "함수 $f(x)=\sin^2 x+\cos x+2$의 최댓값을 구하라."는 문제를 보자. 이 문제는 $f(x)=1-\cos^2 x+\cos x+2$로 고친 후 $t=\cos x$라고 두고 $-1 \le t \le 1$일 때

$$\begin{aligned} f(x) &= 1-\cos^2 x+\cos x+2 \\ &= -t^2+t+3 \end{aligned}$$

의 최댓값 문제로 환원할 수 있다.

예 3. 방정식

$$\frac{x^3-x^2+x+2}{x^3-x^2-x-2}=\frac{2x^3+3x^2+x-1}{2x^3-3x^2-x+1}$$

을 풀어보자. 이 방정식은 $\dfrac{a+b}{a-b}=\dfrac{c+d}{c-d}$ 형인데 이것은 $\dfrac{a}{b}=\dfrac{c}{d}$로 귀착되기 때문에 주어진 방정식이 보다 간단한 형으로 나타나게 된다.

예 4. $x^2+y^2=1$일 때 x^2+xy-y^2의 값의 범위를 구하는 문제를 생각해보자. 여기서

$$x=\cos\theta,\ y=\sin\theta$$

라고 두면 주어진 문제는

$$\cos^2\theta+\cos\theta\sin\theta-\sin^2\theta$$

의 값의 범위를 구하는 문제가 되고 이것은 다시

$$\frac{1}{2}\sin 2\theta+\cos 2\theta$$

의 값의 범위를 구하는 문제이므로 이것을 풀면

$$\left|\frac{1}{2}\sin 2\theta+\cos 2\theta\right| \le \frac{\sqrt{5}}{2}$$

이다.

예 5. 치환적분법은 전형적으로 이 경우에 속하는 기법이다.

예 6. $f(x)=x^2+\int_0^1 f(x)dx$에서 $f(x)$를 구하시오. 이 문제는 $\int_0^1 f(x)dx=a$로 치환하여 푼다.

영역 간 표상 변환

대수적 문제를 기하학적 문제로 변환하여 생각하거나 기하학적 문제를 대수적 문제로 변환하는 것은 이미 잘 알려져 있다. 예를 들면 종합기하학의 문제를 해석기하학이나 벡터기하학의 문제로 변환하는 것은 전형적인 기법이다. 이 방법은 두 분야의 지식을 모두 필요로 하기 때문에 쉽게 적용되는 것은 아니다. 일반적으로 기하학적 문제를 대수적으로 변환하는 것은 쉽지 않은데 그 이유는 도형에 관한 문제를 대수적으로 표상할 때 대수적 지식을 요구하기 때문이다.

예 1. $|x|+|y|\le 1$일 때, x^2+y의 값의 범위를 구해보자. 이 문제는 대수적으로 해결하는 것보다 기하학적으로 해결하는 것이 편리하다.

예 2. 두 점 $A(1,\ 2)$와 $B(3,\ 5)$가 주어져 있다. 이때 $\overline{AP}+\overline{BP}$가 최소가 되는 점 $P(x,\ 0)$를 구하는 문제를 생각해보자. 이 문제를 해석적으로 생각하면 함수

$$\sqrt{(x-1)^2+4}+\sqrt{(x-3)^2+25}$$

의 최솟값을 구하는 문제가 되어 계산이 복잡하다. 그러나 이 문제에 반사원리를 적용하면 간단하게 풀 수 있다.

예 3. 수직선 위의 두 점 A와 B 사이의 거리가 3이라고 하자. A와 B 사이에 두 점 P와 Q를 찍을 때 P와 Q 사이의 거리가 2 이하일 확률을 구해보자. 이 문제를 다음 그림으로 생각하면 간단하게 구할 수 있다.

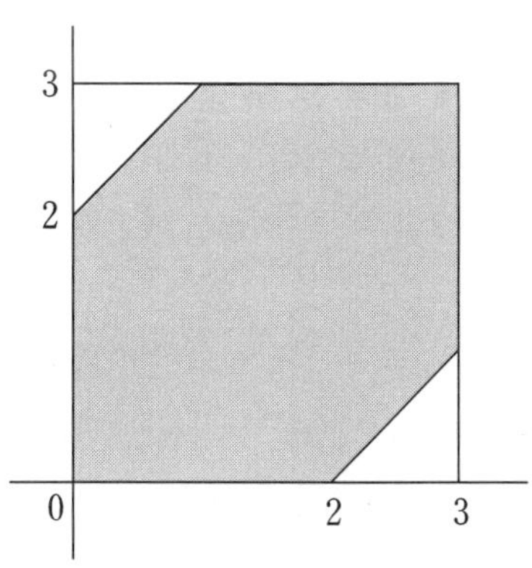

대칭성 이용

최대, 최소의 문제와 같은 경우는 대칭성이 유용할 때가 있다.

예 1. $x+y$가 일정할 때 xy의 범위에 관한 문제는 전형적으로 이 경우에 속한다.

예 2. 연립방정식 $\begin{cases} x+y=6 \\ y+z=15 \\ z+x=9 \end{cases}$일 때 이 세 방정식을 더하여 $x+y+z=15$를 얻고 이 결과로부터 x, y, z를 구한다.

예 3. 대칭식이 인수분해 된다면 그 인수 중에는 대칭식을 포함하고 있을 가능성이 있다. 예를 들면 $x^3+y^3+z^3-3xyz$는 인수로서 $x+y+z$를 가진다.

불변성 이용하기

불변성을 이용하여 문제를 쉽게 해결 수 있다.

예 1. 직교하는 두 직선 l_1과 l_2가 있다. 이 두 직선이 일차변환 $T(x, y)=(x+y, 2x-y)$에 의해 이동되었을 때 직교할까? 이 변환은 각을 보존하지 않는 속성을 가지고 있기 때문에 이 변환에 의해 이 직선들이 이동되었을 때 직교하지 않는다.

예 2. 두 직선 $x-y+2=0$와 $x+2x-1=0$의 교각을 θ라고 할 때, $x+2x-1=0$을 x축의 방향으로 3, y축의 방향으로 5만큼 평행이동한 직선과 $x-y+2=0$의 교각을 구하라. 이 문제는 평행이동의 불변성을 이용하여 푼다.

시행착오

시행착오는 전략이 없기 때문에 바람직하지 않는 것으로 간주한다. 그러나 즉각적으로 풀리지 않는 문제를 만나게 되면 어떤 방법이든지 시도하게 되고 그 방법이 틀렸다고 판단되면 또다른 방법을 생각한다. 무엇인가 시도한다는 것은 중요하며 오히려 시행착오를 두려워하는 것이 잘못된 것이다.

시행착오에 의한 해결과정이란 모든 가능성을 고려한 탐색과정으로 간주할 수 있기 때문에 시행착오가 비난받을 일은 아니다. 시행착오 과정은 단순한 과정일 수도 있으나 반성을 통한 시행착오는 실패를 되풀이하지 않도록 도와준다.

1.5.4 문제기반학습

문제기반학습의 의의

하나의 주제를 가르칠 때 두 가지 방식을 생각할 수 있다. 먼저 주제를 위한 선언적 지식을 제시한 후 관련 문제를 다루는 경우이다. 이 경우는 선언적 지식들이 어떻게 사용될지에 대하여 정보가 주어지지 않기 때문에 주의 집중이 되지 않아서 많은 선언적 지식을 습득한 후에도 절차적 지식으로 변환되는 과정에서 손실을 가져오게 된다. 이에 대하여 문제해결을 전제로 하는 학습은 최소한의 지식을 사용하면서도 그 지식들과 자신의 아이디어를 통합할 수 있기 때문에 강력한 내적 구조를 만들고 그 결과 파지와 전이가 용이하게 된다. 뿐만 아니라 문제를 스스로 해결함으로써 수학에 대한 긍정적 자아와 도전감을 가지게 된다. 한편 주제 중심의 교수학습 전개는 자칫하면 모든 학생들로 하여금 동일한 출발점을 강요하게 되고 학생들 간의 개인차를 무시하게 되어 결과적으로 소수만을 위한 교실이 될 가능성이 있다. 반면에 문제해결 활동은 학습자의 역량을 극대화하지만 그럼에도 불구하고 전통적인 기계적 학습을 줄일 수 있는 장점이 있다.

대부분의 학생들에 있어서 추측하고, 가설을 세우고, 양태의 특성과 양태 간의 관계를 찾는 일련의 활동은 거의 보이지 않으며 극히 제한된 문제해결 절차를 숙련하고 졸업하는 경향을 보이고 있다. 중·고등학교 시절 그들은 문제로부터 수학적 패턴을 찾는 게 아니라 문제 패턴으로부터 풀이 패턴을 배웠다. 또 선다형 문제가 주는 심각한 문제점이 그대로 드러나고 있지만 서술형 문제가 그런 단점에 대한 대안을 제시한 것도 아니다.

문제해결 활동은 크게 두 가지로 나눌 수 있다.

i) 수학 내에서의 문제해결. 이것은 이미 수학적으로 정립된 문제를 그냥 푸는 것에 해당된다. 이 과정은 순수 수학적 활동 또는 수학 내 활동에 해당한다.

ii) 경험 세계에서의 문제해결. 경험 세계에서의 문제를 수학적으로 모델링하고 그것을 수학적으로 해결한 후 다시 경험 세계의 의미로 해석하는 것.

대부분의 교과서는 유형 i)의 문제로 채워져 있다. 이런 유형의 문제는 어느 정도 순수한 유형의 문제라고 할 수 있는데 수학적으로는 의미가 있을지 몰라도 실제 세계를 위한 수학적 힘을 경험하는 데는 충분치 않다. 이에 대한 대안으로서 유형 ii)에 속하는 문제를 경험할 필요가 있다. 왜냐하면 유형 i) 위주의 수학교육은 현실 적응력이 낮고 수학을 전업으로 하지 않는 대부분의 사람을 위해서는 ii)에 대한 경험이 특히 필요하기 때문이다.

문제기반학습의 설계

문제를 해결하기 위해서는 기초 지식을 가능한 한 많이 습득해야 된다고 생각하는 경향이 있다. 그러나 이 생각이 반드시 옳은 것은 아니다. 교사들이 이렇게 생각하는 이유는 배운 내용을 확인하는 유형의 평가를 하기 때문에 생긴 일종의 착시 현상이다. 수학사를 보면 위대한 수학자들이 수학적 지식을 많이 가지고 있었던 것은 아니었다. 아르키메데스(Archimedes, 287?~212 B.C.)는 지레를 이용하여 구의 부피를 구할 수 있었다. 이것은 서로 멀리 있는 것을 연결한 탁월한 창의성의 결과이다. 수학적 힘은 기존 지식에서 오는 것이 아니라 창의성의 결과이다. 공학에 종사하는 전문가들이 사용하는 수학은 교사가 되기 위하여 배우는 수학에 비하여 수준이 낮고 내용도 극히 제한되어 있다. 그러나 그 제한된 수학적 지식을 최대한 사용하고 있다.

문제해결을 위한 두 가지 유형의 지식이 있다. 하나는 영역 일반적 지식이라고 하는 것인데 이것은 보다 일반적 학문 영역에 두루두루 사용할 수 있는 범용적 지식이다. 학교수학의 경우 공통 기본과정에 속하는 지식이 대개 영역 일반적 지식에 해당한다. 한편 문제해결을 위해서는 그 문제가 속한 영역에 국한된 전문적 지식도 필요하다. 이런 지식을 영역 특수적 지식이라고 한다. 예를 들면 대수적 문제는 대수학적 기본 지식이 필요하고 미적분에 관련된 문제는 미적분학 지식 필요하며 기하학적 문제는 기하학적 지식이 필요하다. 그러나 영역 일반적 지식과 영역 특수적 지식이란 상대적 의미이다. 예를 들면 수학에 전혀 지식이 없는 사람에게는 수학적으로 하찮은 지식이라도 전문적인 지식이 된다. 반면에 전문적인 수학자에게 학교수학이란 모두 영역 일반적이다.

영역 특수적 지식은 어느 정도 배타적인 특성이 있기 때문에 주어진 문제를 다룰 때 해결자는 그 문제의 성격을 결정하고 이에 따른 영역 특수적 지식을 활성화해야 한다. 사려 깊은 교사는 문제를 제시한 후 이에 대한 영역 특수적 지식을 제공할 수 있어야 한다. 이 점은 전통적인 도제 학습과 유사하다. 이와 같은 전제에 의하여 문제기반학습은 다음과 같이 설계된다.

i) 과제 일반적 지식의 함양.
ii) 문제 제시.
iii) 과제 특수적 지식의 안내.
iv) 주어진 문제를 해결.
v) 관련 지식을 체계화.

그러면 문제기반학습은 어떻게 전개되어야 할까? 문제기반학습이 자기주도적이고 협동학습을 지향하지만 이것은 학습자의 환경에 대한 것이다. 이제 내용 면을 살펴보자. 수학 영역에서 문제기반학습은 수학적 모델링 기법으로부터 그 원리와 실천 방법을 찾을 수 있다. 즉 가설을 세우고 실행하고 반성하는 일련의 과정을 통하여 문제를 해결한다. 여기서 한걸음 더 나아가서 스스로 문제를 제기하고 발견하는 활동이 있다면 더욱 바람직하다.

마지막으로 문제기반학습을 위한 바람직한 교육과정은 어떻게 설계되어야 할까? 일단 공통기본과정을 이수하면 영역 전문적인 문제를 해결하기 위한 특화된 교육내용을 이수해야 한다. 현 교육과정에서 선택과정이 대개 이런 것을 지향한다고 할 수 있다.

문제기반학습의 주제 설계 시 고려 사항

학생이 모르는 용어들로 가득 차 있는 문제는 학생의 주의를 끌 수 없다. 문제기반학습의 주제를 설계하는 것은 우선적으로 학생들의 몫이지만 교사가 인지적 발판을 설정한다면 다음과 같은 것에 유의한다.

i) 문제는 우선 학생의 관심을 유발할 수 있어야 한다. 흥미를 유발할 수 있는 문제를 선정하기 위해서는 우선 학생이 무엇을 알고 있고 어떤 것에 관심을 가지고 있는가를 알아야 한다.
ii) 학생들의 다양한 아이디어들이 통합되고 조정될 수 있도록 협동학습에 어울리는 문제가 바람직하다.
iii) 문제는 현실맥락적일수록 좋다. 그런 문제는 흥미를 유발하는 동시에 실제적으로 문제해결 능력을 신장시킨다.
iv) 자기 자신의 문제라는 것을 확신할 수 있는 것이 좋다.
v) 가능한 한 다양한 해결안이 제시될 수 있도록 비구조화된 문제가 좋다.
vi) 간학문적 주제가 바람직하다.

수학적 모델링

일반적으로 모형이란 어떤 것을 표상하기 위한 개념이나 대상을 의미한다. 비행기나 배의 플라스틱 모형은 전형적인 모형이다. 수학적 모형이란 그런 표상 도구가 수학적 개념 또는 수학적 대상이 되었을 때를 의미한다. 예를 들면 변수, 함수 등이 중요 표상 도구이다. 수학적 모형을 이용하여 문제를 해결하는 과정은 대개 다음을 따른다.

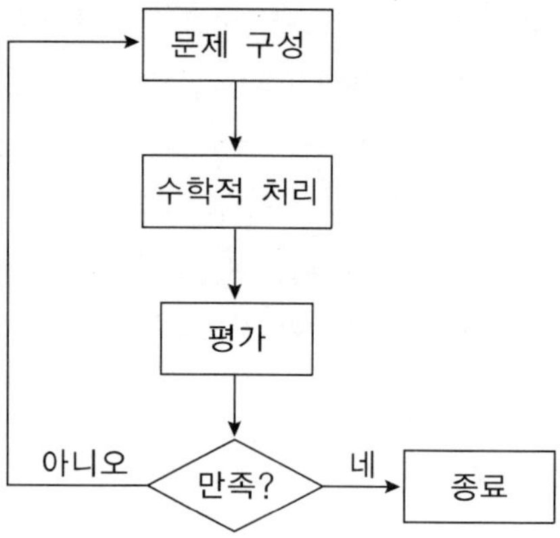

여기서 각각의 단계는 다음과 같은 처리를 한다.

i) 문제 구성. 이 단계는 질의로부터 시작하며 관련 변수를 설정하고 수학적 식으로 표현한다.

ii) 수학적 처리. 이 단계는 수학적 식으로 표현된 것을 요구에 맞게 수학적으로 처리한다. 대개 방정식을 만드는 과정이다.

iii) 평가. 수학적으로 처리한 결과가 실제 상황에 부합하는가 또는 요구 기준을 통과하는가를 평가한다. 만약 결점이 있다면 어떤 것이 원인인가? 누락된 것은 없는가? 이런 것을 종합하여 평가하고 만족스럽지 않다면 다시 대안적 문제를 구성한다. 이와 같은 과정을 계속적으로 반복하여 만족할 때까지 수행한다.

1.6 수학적 사고

1.6.1 수학적 사고의 양상

수학적 사고를 함축적으로 정의하는 것은 쉬운 일이 아니다. 수학적 사고는 수학적 개념이나 명제를 만드는 모든 과정에서 나타난다.

개념적 사고

개념적 사고는 개념을 조직하기 위한 사고이다. 예를 들면 개념을 이해하고 개념을 만드는 것은 모두 개념적 사고에 포함된다. 개념적 사고는 비정형적이기 때문에 정량화하기 어려운 특징이 있다. 따라서 개념적 사고를 계량가능성에 기초를 둔 행동주의의 심리학으로 접근하기는 어렵다. 인지적 측면에서 볼 때 개념적 사고란 마음속에서 일어나는 개념 간의 결합이나 명제 간의 결합에 해당되며 작업기억 활동 중의 하나이다. 한편 개념적 사고를 수학적 측면에서 본다면 문제해결과 양 축을 이루고 있다. 집합의 개념, 다양체의 개념 등은 수학사에서 개념적 사고의 획기적인 결과이다. 개념은 문제해결 과정에서 파생된 것이 많지만 모든 개념이 반드시 그렇게 되는 것은 아니다.

다음은 개념적 사고의 예이다.

i) 범주화하기.
ii) 정의하기.
iii) 기호화하기.
iv) 개념 간 비교.
v) 집합적 사고.

방법적 사고

방법적 사고는 어떤 일을 처리하는 절차 또는 과정에 관련된 사고를 의미한다. 수학에서 대표적인 방법적 사고는 계산과 추론이며 문제해결이라는 큰 틀을 만든다. 여기서 계산은 용어와 용어를 결합하는 과정이고 추론은 명제와 명제를 결합하는 과정이다. 방법적 사고의 결과가 구체화 된 것이 정리이다.

다음은 방법적 사고에 포함된다.

i) 연역.
ii) 귀납.
iii) 분석.
iv) 유추.
v) 기계론적 방법 사용하기.
vi) 환원론적 방법 사용하기.
vii) 알고리듬 만들기.

1.6.2 수학실험실

필요성과 성격

자연과학이나 사회과학은 다양한 현상을 직접 관찰할 수 있기 때문에 귀납, 분석 등 다양한 인지 훈련을 가능하게 하는 사고 훈련의 기회를 가질 수 있다. 이에 반하여 자연 현상으로부터 수학적 본질을 찾는 것은 쉬운 일이 아니다. 그 이유는 수학의 내용이 추상적이고 이 추상성은 대개 사물의 뒤에 숨어서 사물을 조종하고 있기 때문이다. 따라서 수학적 현상은 물리적 현상보다 희귀하게 보이며 이것이 곧 수학적 발견을 어렵게 만든다. 따라서 수학 학습에 충실해지려면 먼저 다양한 수학적 경험을 할 수 있는 환경이 조성되어야 한다.

그러면 학생들에게 다양한 수학적 경험을 안내하기 위해서는 어떤 방안이 필요할까? 하나의 대안은 관찰, 조작, 실험, 추측 등을 할 수 있는 별도의 공간을 구축하는 것으로서 이것은 수학 실험실을 의미한다. 수학 실험 활동은 가설을 설정한다는 활동이라는 점에서 자연과학의 실험 활동과 유사하며 차이점이라면 정당화의 방법이 다를 뿐이다. 가설을 설정하게 되면 이에 대한 분석을 실행함으로써 가설의 필요조건을 찾아내고 이어 그 필요조건이 충분조건이 되는가를 검사하는 일련의 과정을 가진다. 이때 가설을 설정하기 위하여 관찰과 실험 활동을 할 수 있도록 다양한 교구들이 구비되어야 하는데 이를 위한 실험실은 다음 조건이 필요하다.

i) 가설과 추측을 전제로 하는 내용으로 구축되어야 한다.
ii) 실험 도구들은 재현 가능해야 한다.
iii) 실험 도구는 다양한 수학적 지식을 보여주기 위한 것이 아니라 수학적 추론을 유도할 수 있는 것이라야 한다.
iv) 학습자에게 흥미와 탐구심을 줄 수 있어야 한다.
v) 학교교육과정의 내용과 수준에 부합되어야 한다.
vi) 다양한 가설과 해석이 제시될 수 있도록 설계되어야 한다.
vii) 협동학습이 가능해야 한다.
viii) 실험도구들은 조작하기 편리해야 한다.
ix) 실험도구들은 접근이 용이해야 한다.

교구와 관련된 바람직하지 않는 활동은 수학교구를 제작하는 것인데 이것은 수학 탐구활동이 아니다.

교구

교구란 수학적 개념 또는 조작을 표상하거나 모형화하기 위한 구체물이다. 교구는 수학 학습 또는 교수를 위하여 오래전부터 사용되었지만 발견학습의 도구로서 Dienes(1960)에 의하여 체계적으로 연구되었다. 그러나 지금은 발견학습의 도구로 사용하는 것보다 구성주의 기반의 학습 도구로서 사용되고 있다. 한편 교구는 주로 구체적 조작기의 학생들을 위하여 만든 것이었지만 지금은 다양한 수준의 학생을 위하여 보다 폭넓게 개발되었다. 교구는 특별한 목적을 위하여 상업적으로 개발된 것도 있지만 유능한 교사들은 주변에서 구할 수 있는 평범한 도구를 훌륭한 교구로 사용한다.

교구를 사용할 경우 다음과 같은 점을 유의해야 한다(Long & De Temple, 2006).

i) 교구는 학습자 스스로 조작할 때 가장 효과적이다. 교구를 수학적 개념이나 아이디어를 설명하거나 예시를 보이기 위한 도구로만 사용하는 것은 비효과적이다. 또 교사가 조작하고 학생들은 보기만 하는 방식은 효과적이지 않다.

ii) 학생들이 교구를 익숙하게 다룰 수 있는 여유를 주어야 한다.

iii) 교구를 사용하는 수업 또는 학습은 모둠 학습 방식으로 진행하는 것이 효과적이다. 모임에 참가한 학생들이 서로 의견을 교환할 수 있고 서로 도움을 줄 수 있는 환경을 유지한다.

iv) 교구는 조작하기 편리해야 한다. 조작하기 복잡한 교구는 수학과 관련없는 사고 대상이 된다.

v) 교구는 직관적일수록 효과적이다. 수학적 아이디어가 명확하지 않거나 깊숙하게 숨겨있는 교구는 그것이 표상하는 의미를 찾기 어렵다.

이와 같은 것을 종합하면 교구는 어떻게 사용하는가에 따라서 효과적일 수도 있고 그렇지 않을 수도 있다. 많은 교구를 사용하면 무조건 수업의 질이 향상될 거라고 기대하는 경향이 있는데 이것은 잘못된 생각이다. 삽과 숟가락의 차이를 인식하는 것보다 교구의 차이를 인식하는 것이 더 어렵다.

1.6.3 계산과 계산기

앞에서도 언급했듯이 계산은 수학적 탐구활동에서 중요한 요소이다. 그렇다면 계산이란 무엇인가? 이 점에 대하여 계산기라는 교구와 관련지어 살펴보자.

계산의 의미

계산이란 규칙에 따라 수 또는 식을 어떤 목표를 위하여 조작하고 처리하는 것을 의미한다. 수학적 대상이 있다면 그것을 계량화 하는데 이와 같이 계량화 된 것들은 계산 조작에 의하여 어떤 결과를 만들고 그 결과를 해석하는 것이 수학적 탐구의 과정이다. 여기서 계산이란 구체적 대상의 추상적 대응물을 변형, 가공하는 과정에 해당된다. 예를 들면 사칙 계산을 실행하는 것, 방정식을 풀기 위하여 식을 변형하는 것, 미분계수를 구하고 적분을 계산하는 것 등이 여기에 해당한다.

계산의 양상

계산 과정은 적어도 두 가지 양상이 있다. 먼저 예를 들어보자. $(5+3)(5-3)$을 계산하는데 먼저 각각의 괄호 안을 계산하여 8과 2를 구하고 그것을 곱하여 16을 얻는 방법이 있다. 이것은 사칙 연산의 규칙을 이용한 전형적인 방법이다. 다른 하나는 $(a+b)(a-b)=a^2-b^2$을 이용하여 25와 9를 구하여 그 결과로부터 16을 얻는 방법이다.

이 두 가지 방법은 모두 계산에 속한다. 후자는 별도의 공식에 의존하기 때문에 전자가 후자보다 용이한 방법이라고 볼 수 있다. 그러면 1001×999의 계산은 어떠한가? 전자의 방법에 의하면 필산 또는 주판이나 간이 계산기를 사용하여 결과를 구할 수 있다. 이에 대하여 공식 $(a+b)(a-b)=a^2-b^2$을 적용하면 결과는 1000^2-1을 얻는다. 결론적으로 전자에 의한 방법은 비교적 작은 수의 경우에 유리하지만 큰 수가 되면 후자에 의한 것이 유리하다. 계산이란 어떤 결과를 도출하는 절차이지만 그 과정에 어떤 설계를 하는가에 따라 과정의 효율성은 달라진다. 고대 그리스 시대 천문표를 작성하기 위한 곱셈 계산을 할 때 가법정리를 사용하였는데 이 방법은 이후 로그를 이용함으로써 비약적인 전진을 했다. 실제로 계산을 용이하게 하기 위한 방법의 연구도 수학의 한 부분이다.

계산이라고 하더라도 알고리듬적 계산이 있는 반면에 보다 반성적인 계산이 있다. 수학에서 계산을 실행할 때 알고리듬적 계산은 계산기를 통하여 수행할 수 있지만 보다 반성적인 방법이 추가되면서 계산은 보다 간단해진다. 계산이 수학적 사고와 관련 있는 부분은 반성적 사고가 포함될 때 한하며 알고리듬에 의하여 자동화된 계산은 수학을 실행하고 있지만 수학적 사고를 형성하지 않는다. 예를 들면 암산, 주산 능력이 아무리 높다고 하더라도 생산적 사고와는 관계없는 것들이다. 일부 사설학원에서 초등수학 학습을 위하여 암산이나 주산을 권장하는데 이것은 잘못된 상업주의의 결과이다. 계산을 위하여 공식을 선택하는 것과 공식에 의거하여 계산하는 것은 다른 의미이다. 전자는 수학적 사고를 의거한 것이지만 후자는 그렇지 않다. 따라서 단순히 답을 위한 계산은 계산기에 맡기는 것이 사태를 편하게 만든다.

한편 계산은 인지적인 것과 비인지적인 것으로 나눌 수 있다. 전자는 인간에 의하여 실행하는 것이고 후자는 계산기에 의하여 실행되는 것이다. 그러나 이 두 계산 사이를 구분하는 분명한 경계는 없다. 예를 들면 암산은 순전히 인지적이지만 지필 계산은 어느 정도 기계적인 방법이 가미되어 있으며 그보다 한 단계 더 높은 계산이라고 볼 수 있는 주산은 보다 기계적이다. 한편 탁상용 계산기에 의한 계산과 컴퓨터에 의한 계산은 주산보다 더 높은 수준의 계산이지만 비인지적이 특성이 강하다. 증명에 있어서도 이런 양상이 있다. 증명과정을 제3자가 추론과정을 각 단계별로 검토할 수 있는 전통적인 증명법이 있는가 하면 사색문제에 적용된 증명과정처럼 사람이 검토할 수 있는 것이 아닌 기계에 의한 것도 있다.

계산기와 메타인지

다음 글은 계산기 사용에 대한 교사와 학생 간의 대화이다.

교사 : 계산기는 계산을 용이하게 처리해주기 때문에 여러분은 적극적으로 계산기를 사용하세요. 계산기로 작성한 답은 모두 인정합니다.

학생 : 그런데 계산기 사용법을 모르는데 어떡하죠?

교사 : 계산기를 효과적으로 사용하기 위해서는 계산기 사용법을 배워야 합니다. 그래서 앞으로는 당분간 계산기 사용법을 익히겠습니다.

학생 : 저는 계산기보다 주판을 가지고 있는데 그것을 사용해도 될까요? 이것도 사용법만 익히면 편리하거든요.

교사 : 주판은 단순한 사칙계산밖에 할 수 없습니다. 그러나 계산기는 더 복잡한 것도 할 수 있습니다. 탁상 계산기는 주판셈으로 할 수 없는 제곱근 계산도 처리할 수 있습니다. 그리고 이건 더욱 복잡한 계산도 할 수 있죠. 복잡한 함수의 그래프도 그릴 수 있고 간단한 프로그램도 작성할 수 있답니다. 아주 강력하죠.

학생 : 그러면 계산기가 발전하면 할수록 사용법도 다시 배워야 하나요? 복잡한 계산기는 그만큼 더 배우기 어렵잖아요.

1100년에서 1500년 동안 유럽에서는 계산을 위하여 주산을 중시하는 사람들을 'abacist'라고 불렀고 이에 대하여 지필산을 중시하는 사람들을 'algorist'라고 불렀는데 이 기간 동안 두 집단 간에는 치열한 대립이 있었다. 이 싸움은 결국 후자의 승리로 돌아가고 계산기는 유럽 사회에서 자취를 감추게 되었다. 그러나 계산기 사용에 대한 찬반 갈등은 다시 미국의 수학교육에 쟁점이 되었는데 이것은 마치 중세의 싸움의 재현처럼 보인다.

계산의 효율성을 높이기 위하여 계산기와 같은 공학적 도구를 사용하게 되면 수학보다 계산기의 사용법을 배워야 한다는 문제가 새롭게 나타난다. 학교에서 이 문제는 새로운 교수학적 문제를 야기한다. 즉 계산기의 사용법을 배우는 것은 계산에 대한 메타인지에 해당하기 때문에 전통적인 수학 학습과 구분된다.

계산기와 반성적 사고

다음 표는 '그래프 그리기' 학습과 '그래프 이용하기' 학습을 비교한 것인데 두 과정은 전혀 다른 학습목표와 학습요소를 가지고 있다.

	학습목표	학습요소
그래프 그리기	주어진 함수의 그래프를 그리는 것	임계점(극대, 극소) 변곡점 미분불가능점 불연속점
그래프 이용하기	그래프로부터 관련 사실을 분석하는 것	함수가 주기성 분석(증폭, 감쇄, 진동) 통계분석(회귀직선) 점근적 변화의 분석(극한) 함수값의 성격(치역)

단순 반복적인 과제를 처리하는 경우 계산기는 중요한 도구이다. 사실 단순 반복적이기 때문에 계산 자체는 수학 학습에 무의미한 일일지도 모른다. 마찬가지 이유에서 그래프 생성기의 작동 방법을 배우는 것 또한 단순 계산기 사용법과 다르지 않다.

'그래프 이용하기'가 학습목표라면 그래프를 그리는 것은 학습과정에서 간단하게 처리되어야 한다. 예를 들면 상관도를 이용하여 회귀직선을 그린다고 하자. 이 경우에 회귀직선을 그리는 절차에서 실제 계산은 중요한 것이 아니다. 따라서 필요하다면 다양한 회귀직선을 그려보았다는 전제 하에서 이미 만들어 둔 회귀직선을 서로 비교하는 것이 더 효과적일 수도 있다.

더욱이 계산기 사용법을 평가하기 위하여 계산기 조작 절차 자체를 문제로 제시하는 것은 수학교육에 근본적인 회의를 갖게 하는 행위이다. 간단한 탁상 계산기의 조작 절차를 문제로 제시하면 계산기를 잘 사용하는 사람조차도 당황한다. 마치 수십 개의 다리를 가진 벌레에게 각각의 다리 운동 과정을 보고하라고 하는 것과 같은 맥락이다.

계산기 사용이 가져오는 또 하나의 문제는 계산기 사용을 권장하면서도 평가에 이르면 계산기 사용을 불허하는 문제이다. 만약 계산기 사용에 익숙하고 지필 계산을 잘 못하는 학생이라면 평가는 나쁘게 나올 수 있다. 이것은 수학에 대한 잠재 능력이 있는 학생이라도 수학에 대한 흥미 저하 또는 수학 학습 기피로 나타날 수 있고 어린 나이에 이런 경험을 하면 나중에는 회복 불가능한 상황이 될 수도 있다. 그러므로 계산기 사용을 권장한다면 단순 계산 문제는 평가 항목에서 제외되어야 한다.

한편 수학의 문제는 수학적 사고력과 기초 계산 능력을 모두 필요로 한다. 때문에 계산 능력이 부족한 학생은 수학적 사고력이 있어도 좋은 결과를 얻을 수 없다. 이 경우에도 수학 학습을 기피하는 결과를 초래할 수 있다. 따라서 단순히 답을 알기 위한 계산 자체는 과소평가할 수 있어도 계산 과정이 다른 수학적 사고와 연결된 경우라면 과소평가되어서는 안 된다. 계산 과정의 내면화는 대수학적 지식을 생성할 수 있기 때문이다.

여기서 계산기 사용에 대한 원칙을 제안한다.

i) 어떤 계산을 할 때 그 계산의 수학적 의미를 알고 있다면 계산은 계산기에 맡겨라.

ii) 어떤 계산 결과가 다음 과제에 중요한 역할을 한다면 계산기를 사용하여 정확도를 높여라.

iii) 계산 과정이 지겹게 느껴지는 상황이라면 계산기를 사용하라. 지겹게 느껴진다는 것은 어떤 특별한 사고를 하지 않는다는 증거이다.

계산기와 대안적 수학

과거에 수학의 기초 기능을 중시하던 시절이 있었다. 그런 수학교육은 계산을 중시하는 경향이 있다. 그러나 문제해결이 새로운 교육목표로 제시되면서 계산은 계산기에 맡기게 되었다. 새로운 수학은 계산 기능이 아닌 수학, 즉 보다 고급 사고기능을 요구하는 수학으로 대체되었다. 여기서 고급 사고기능을 위한 수학은 무엇이 되어야 할까? 하나는 앞에서도 언급했지만 문제해결로서 특히 비계산적 측면이 강조된 문제들이다. 다른 하나는 오히려 계산기를 적극적으로 사용해야 하는 수학이다. 방대한 수치를 분석하고 그것으로부터 의사결정을 해야 하는 문제들, 이런 주제들은 단순 계산기의 도움으로 하는 것이 아니라 컴퓨터를 이용해야 한다. 영역으로서는 확률론과 통계학, 수치해석과 같은 분야들인데 이것들이 학교수학의 심화 주제로 검토될 필요가 있다.

이런 새로운 영역으로 나아가기 위해서는 우선 교사들의 시각 변화가 필요하다. 또 전통적인 계산에 속박되지 않으며 새로운 영역에 대한 안목도 필요하다. 교사의 안목은 학생의 안목을 결정하기 때문에 교사의 이런 전향적 태도는 매우 중요하다. 수학과 인문학의 연결, 수학과 공학의 연결, 컴퓨터의 발전으로 인하여 과거에는 생각할 수 없었던 새로운 분야가 계속해서 나타나고 있다. 이런 분야에 대한 일반적인 교양이 학교수학에서 다루어져야 한다. 예를 들면 허버트(Frank Herbert, 1920~1986)의 작품이나 프랙탈(fractal) 그래픽을 수학의 학습 주제로 검토해 볼 시점이다.

2.
지식의 표상

2.1 수학적 분석

2.1.1 역사적 분석

개념과 범주에 관한 최초의 체계를 제시한 사람은 아리스토텔레스(Aristoteles, 384~322 B.C.)라고 본다. 그는 개념에 대한 속성기반 견해를 제시하였는데 이 견해는 1970년대 초까지 수용되었다. 그러나 1970년대 로쉬(Rosch)와 그녀의 동료들은 개념에 대한 새로운 이론을 제시하였는데 이 이론은 전통적인 속성기반 견해를 거부한다. 한편 그녀는 "사람은 어떻게 세상을 범주화하는가"라는 물음에 대하여 기본수준(basic level) 개념을 제시하였는데 이것은 개념과 범주화에 대한 기본적인 새로운 시각을 제공한다.

2.1.2 본체적 분석

개념에 대한 이론

개념이란 한 무리의 사물로부터 유사성을 기초로 만든 마음속의 표상이다. 개념에 대한 이론에는 다음 두 가지가 있다.

i) 속성기반 견해. 개념은 속성의 필요충분조건으로 주어진다는 주장이다. 예를 들면 삼각형이란 세 선분으로 된 닫힌 도형이다. 이 이론은 범주 경계가 명확하다는 특징이 있기 때문에 수학이나 논리학과 같은 엄밀한 학문에서 적용될 수 있다.

ii) 유사성기반 견해. 개념은 유사성에 의하여 자연적으로 조직된다는 주장이다. 이 이론은 범주경계가 분명하지 않기 때문에 자연개념은 이것에 기초하고 있다. 유사성기반 견해를 지지하는 대표적인 이론은 대표적으로 원형이론(prototype theory)과 본보기 이론(examplar theory)이 있다. 전자는 개념이란 이에 어울리는 하나의 추상적인 것과 대응한다는 점이다. 예를 들면 새의 원형은 날개가 있고 부리가 있으며 가는 다리에 날아다니는 어떤 것이 원형이 된다. 이에 대하여 본보기 이론은 머릿속에 몇 개의 개념에 대응하는 본보기를 저장하고 새로 관찰되는 사례에 대하여 주어진 본보기와 비교하여 범주 판단을 하는 것이다. 학교수학에서 나타난 많은 개념들은 사례를 통하여 정의하는 경우를 보게 된다. 이와 같이 사례를 통하여 정의를 하는 것은 전형적인 본보기 이론을 적용하는 경우이다.

개념에 대한 속성기반 견해는 주로 수학과 같은 엄밀함을 요구하는 학문에서 나타난다고 했지만 실제로 유사성기반을 기초로 한다. 뿐만 아니라 Lakoff & Núñez(2000)는 수학적 개념도 사람의 신체적 특성과 상호작용한다고 보고 있다.

범주화

모든 생명체는 주변 환경에 적응하고 생존하기 위하여 사물을 범주화하며 본능적인 수준에서부터 반성적인 수준까지 다양하게 나타난다. 여겨서 반성을 통하여 인간의 개념 구조는 다른 동물과 달리 다층 구조를 조직한다. 즉 사람은 어떤 개념 체계 위에서의 활동을 통하여 새로운 개념 체계를 조직한다.[4] 다층 구조로 범주화하는 이유는 인간의 빈약한 작업기억을 효율적으로 사용하기 위한 전략이다. 즉 범주화는 청킹(chunking)을 하는 방법이다.

범주화에 대한 교육적 의의는 개념정의에 있다. 수학 학습의 부담을 경감시키기 위하여 어떤 용어는 실제로 사용하지 않도록 권장하는데 이것은 기호의 성격을 모르기 때문이다. 개념이 있다면 그것은 기호에 의하여 표상되어야 하는 것이 인지적으로 유리하다. 다만 표상의 수준은 발달에 따라 점진적인 방식을 취하는 것이 바람직하다.

기본수준

사람은 사물을 분류하고 추론하기 위하여 이름을 부여한다. 그런데 이런 범주화 과정에는 특별한 인지 양식이 있음이 밝혀졌다. 예를 들면 삼각형을 하나 보여주었을 때 사람들은 그것을 도형이라고 하지 않고 대개 삼각형이라고 부르며, 참새를 보여주었을 때 그것을 보통 새라고 말하지 동물이라고 말하지 않는다. 이와 같이 사물을 범주화할 때는 분류 위계의 어떤 특정 위계를 주목하게 되는데 이 영역을 기본수준(basic level)이라고 한다. 기본수준은 다음과 같은 특징을 가지고 있다(Lakoff & Johnson, 1999; Rosch & Mervis, 1975).

i) 기본수준은 심상이 전체 범주를 표상할 수 있는 최상층위이다. 예를 들면 도형의 심상을 생각하는 것은 어려우나 삼각형의 심상을 생각하는 것은 쉽다. 여기서 삼각형은 기본수준이고 도형은 상위수준이며 정삼각형이나 직각삼각형은 하위수준이다.

4) 범주화 작용은 나중에 절차적 지식이 선언적 지식으로 변화되는 과정에서 상세하게 다룬다.

ii) 기본수준은 범주 구성원이 유사하게 지각되는 최상층위이다. 삼각형은 다양하게 있어도 유사하게 지각되나 도형의 범주 구성원은 유사하게 지각되지 않는다.
iii) 기본수준은 대부분의 지식이 조직되는 층위이다. 인간은 명명하기 쉬운 것에서부터 지식을 조직하게 되는데 기본수준이 지식 구성에 우선적으로 작용한다.
iv) 기본수준은 신체의 일부와 상호작용하는 최상층위이다.

정의

정의는 어떤 것을 단축한 것이다. 개념이 주관에 의하여 조직된 것이라면 정의는 언어에 의하여 표상된 것이다. 정의는 다음과 같은 양식이 있다.

i) 사전적 정의. 사전적 정의란 대개 자연적으로 정의된 것을 사전으로 보고한 것이다.
ii) 약정적 정의. 약정적 정의란 새롭게 정의하는 것이다.
iii) 과학적 정의. 과학적 정의란 학문적 이유에 의한 엄밀성을 기초로 규정하는 것이다. 특히 조작적 정의는 과학적 정의의 특수한 경우인데 대개 정량적인 기법을 사용한다.

한편 교육에 임하게 되면 교육적 정의라는 새로운 개념이 나타난다. 교육적 정의라는 것은 수학적 정의를 발달과 학습 수준에 따라 적절하게 재조직한 것이다.

예 1. '도형'이라는 용어는 엄격하지 않으나 학생들이 직관적으로 파악할 수 있기 때문에 교육적인 정의로 간주할 수 있다.

예 2. 극한 개념을 다룰 때 '가까이 간다'라는 정의는 논리적이지 않지만 근육 운동과 관련된 체화된 정의이다. 이런 정의는 논리적인 결함이 있음에도 불구하고 직관적이라는 점에서 교육적이다.

정의를 명확하게 기억하고 이해하기 위해서는 다음과 같은 기법이 필요하다.

i) 딘즈의 다중 표상 구현의 기법을 사용한다.
ii) 다양한 정신모델을 개발한다.
iii) 다양한 예와 반례를 가짐으로써 범주경계를 견고하게 구축한다.
iv) 문제를 해결하는 과정에서 정의를 반성할 기회를 가진다.
v) 수학책 읽기, 특히 증명을 이해하는 과정에서 개념이 명확하게 된다.

이런 기법들이 구성적이라면 더욱 효과적이다.

정의의 방식

학교수학은 다양한 정의 방식을 가지고 있다. 이와 같이 다양한 방식을 가지는 이유는 발달에 따른 수학의 수준이 다양하게 존재하기 때문이다. 다음은 학교수학에서 나타나는 정의의 유형이다.

i) 상징적 정의와 상사적 정의. 전자는 상징적 기호로 정의하는 방식이며 후자는 그림이나 아이콘으로 정의하는 방식이다. 예를 들면 원을 정의할 때 $x^2+y^2=1$로 정의할 수 있고 그러한 원을 실제로 좌표 평면에 그려서 정의할 수도 있다. 이것은 대수적 정의와 기하학적 정의라고 할 수도 있다.

ii) 동적 정의와 정적 정의. 동적 정의는 신체의 운동에 의존한 정의이며 정적 정의는 신체의 근육 운동을 배제한 정의이다. 예를 들면 수열의 수렴에서 "$n\to\infty$일 때 $a_n\to p$를 n이 한없이 커질 때 a_n이 p에 한없이 가까이 간다."고 정의하거나 원을 정의할 때 "한 정점에서 같은 거리에 있는 점들의 자취"라고 하는 경우가 바로 동적 정의의 예이다.

iii) 형식적 정의와 일상 언어에 의한 정의. 형식적 정의는 기호 또는 논리식에 의하여 정의하는 것이며 일상 언어에 의한 정의는 일상 언어를 사용하여 정의하는 것이다. 예를 들면 함수의 극한에서 "$\epsilon-\delta$"에 의한 정의는 형식적 정의이며 "x가 a에 가까이 갈 때 $f(x)$는 p에 가까이 간다"라고 정의하는 것은 일상 언어에 의한 정의이다.

iv) 예시적 정의. 한두 개의 예를 통하여 정의하는 방식이다. 이 방식은 한두 개의 정신모델을 통하여 정의를 수용하기를 바라고 있는데 매우 비논리적인 방식임에도 불구하고 실제로 정의하기 곤란하거나 정의하기 어려운 상황에서 많이 이용된다. 이 방식은 제한된 정신모델을 만들어주기 때문에 오개념을 양산할 가능성이 많음에도 불구하고 개념적 발달이 실제로 유사성 기반에 의한다는 점을 응용하고 있다.

v) 중의적 정의. 하나의 정의 또는 기호를 다양한 의미로 동시에 사용하는 것으로서 예를 들면 등호, 덧셈 기호 +, 곱셈 기호 · 등과 같은 기본적인 정의에서부터 절차와 개념을 동시에 표상하는 기호로 주어지는 정의 등 다양한 사례들이 있다. 중의적으로 사용하는 이유는 실제로 의미가 유사하기 때문에 이해를 용이하게 해주는 장점이 있는 반면에 미묘한 차이점으로 인하여 오개념을 야기할 수도 있다.

심상

삼각형이란 개념과 더불어 삼각형 그림을 마음속에 그릴 수 있다. 이와 같이 사람은 개념을 생각할 때 이에 대응하는 그림을 그리게 되는데, 눈에 의하여 현재 감지되고 있지 않은 시각적인 지식에 대한 마음의 표상을 심상[5]이라고 한다.

개념과 심상을 동시에 저장할 수 있다면 어느 하나를 통한 인출이 실패하더라도 다른 것에 의하여 회복가능하기 때문에 이와 같이 두 가지 표상의 인지는 기억과 인출을 용이하게 한다. 따라서 상징과 이에 대응하는 심상을 동시에 활성화 할 수 있으면 매우 효과적이다. 그런데 추상적 대상인 경우는 심상을 그리지 못하거나 부정확할 수 있다. 수는 전형적인 추상적인 대상인데 사람들은 수를 암산할 때, 예를 들면 47 + 68을 계산한다고 할 때, 4개의 숫자, 1자리, 10자리의 연산과 그 결과로부터 나타나는 4개의 숫자 정보를 모두 합하면 적어도 10개 이상의 정보를 동시에 활성화해야 하는데 이것은 작업기억의 용량을 초과한다. 이 경우에 사람들은 심상 대신 손에 숫자를 그려서 생각하는 방법을 사용하는데 이것은 심상이라기보다 시지각을 사용하는 방법이다.

정신모델

Johnson-Laird(1983)은 정신모델(mental model)을 제안하였는데 이것은 심상, 개념에 대한 이미지, 상황에 대한 이미지 등으로 상징에 대한 대안적 표상을 총칭한다. 흔히 "어떤 상황을 마음속에 그려본다."고 하는데(Kintsch, 1974) 이것은 정신모델을 의미한다.

매우 큰 수를 정확하게 암산할 수 있는 사람들을 볼 수 있는데 이 현상은 작업기억으로 설명하기 어렵다. 그런 능력을 가진 사람들이 계산하는 방법은 다양한데 예를 들면 숫자를 구체물과 강제로 연관시키는 방법을 사용하거나 주판셈에 익숙한 사람은 마음속에 주판을 그린다. 이런 것들은 모두 정신모델에 속하는 사례이다. 정신모델은 개념적 이해뿐만 아니라 글의 이해, 문제해결에도 적용된다. 수학에서 주어진 문제를 해결하기 위해 문제 정보를 마음속에 표상하는 것을 문제표상이라고 하는데 이것도 정신모델이다.

정신모델은 수학사에서도 나타난다. 복소수는 이미 카르다노(Girolano Cardano, 1501~1576)에 의하여 제시되었지만 그 의미가 무엇인지 규명되지 않다가 오랜 세월이 흐른 후, 19세기 가우스(Karl F. Gauss, 1777~1855)에 의하여 완전하게 확립되었다. 이러한 과정에서 윌리스(John Wallis, 1616~1703), 베셀(Caspar Wessel, 1745~1818) 등은 복소수를 이해하기 위하여 그것을 기하학적으로 표상하려고 시도하였다. 지금은 복소수의 기하학적 의미가 별것 아니지만 그것이 이해되지 않은 상황에서 기하학적 의미를 가지는 것은 분명 큰 수확이다. 사실 수학이 공리적으로 조직되어 있다고 하면 수학적 탐구는 모두 정신모델에 의존하

5) 심상은 시지각과 다른 개념이다.

다고 있는 셈이다.

정신모델은 구체적인 사례가 될 수도 있고 상황에 대한 모형이 될 수도 있다. 예를 들면 함수의 정의를 제시했을 때 함수의 정신모델로서 함수의 그래프, 구체적인 함수, 입출력 상자 등 다양하게 나타날 수 있다. 하나의 개념에 대하여 또는 하나의 상황에 대하여 다양하게 나타나는 정신모델은 그 질에 의하여 주어진 지식의 충실도를 결정하게 된다.

정신모델은 주어진 상황을 이해하기 위한 능동적 과정이다. Perkins(1998)는 정신모델이 이해를 촉진하기 때문에 자신에게 유의미한 정신모델을 구성할 것을 제안하고 있다. 구성주의 기반의 교수학습이 중요한 이유도 여기 있다.

도식

도식이론은 정보들이 우리 머리에 어떻게 저장되는가에 대한 이론의 하나이다. 도식의 특징은 다음과 같다.

i) 도식은 특정한 지식의 저장이 아니라 일반적인 지식의 저장에 관한 것이다.
ii) 도식은 위계적으로 구조화되어 있다.
iii) 도식은 슬롯 구조를 가지고 있다.

도식의 슬롯에 있는 내용들의 풍부함과 빈약함, 위계 조직의 정교함이 그 사람의 지적 내용을 드러낸다. 다음은 삼각형의 도식의 예이다.

속성	속성가
이다.	도형이다. 폐곡선이다.
각	직각삼각형, 둔각삼각형, 예각삼각형, 피타고라스 정리
변	정삼각형, 이등변삼각형, 피타고라스 정리
합동	SAS, ASA, SSS, RHS
닮음	닮음비, SAS, AAA,
면적	$S=\frac{1}{2}ab\sin\theta$, $S=\frac{ah}{2}$
오심	내심, 외심, 방심, 수심, 중심

만약 어떤 사람의 도식이 위의 표와 같다면 그는 바른 도식을 가지고 있다고 할 수 있다. 도식이 풍부하다는 것은 속성과 속성가가 풍부하다는 것을 의미한다.

도식의 특수한 경우로서 어떤 상황에 관련된 지식이 있다. 예를 들어 통상적인 활동은 생소하다고 느껴지지는 않는다. 그러나 데이트를 하기 위하여 처음으로 근사한 레스토랑에 간다거나 시험을 치르기 위하여 낯선 시험 장소에 가면 대개 생소함을 느끼게 된다. 이와 같은 생소함은 특정 상황에 대한 지식이 없기 때문이다. Schank & Abelson(1977)은 이와 같이 정형화된 상황이나 통상적인 상황을 묘사하는 일련의 지식들을 각본(script)이라고 하였다. 학교에서 치르는 모의고사는 내용도 중요하지만 실제 상황과 동일시 할 수 있도록 관련 각본을 익히는 과정이다.

2.2 심리적 분석

2.2.1 인지적 분석

개념과 지식의 조직

개념은 적어도 다음과 같이 3가지 방식으로 조직된다.

i) 자발적 범주화. 사물을 보고 공통성과 차이점을 인식하게 되고 그런 활동이 내면화되어 사물을 분류하게 된다. 그러나 범주화한다는 것은 주어진 사물을 그 명칭이 아닌 사물과 변별한다는 것이지 개념이 형성되었다고 보기는 어렵다. 예를 들어 어떤 송아지를 보고 '송아지'를 배운 학습자를 생각해보자. 여기서 다른 송아지를 보여주었을 때 학습자는 이미 가지고 있는 송아지와 방금 본 송아지를 비교하게 된다. 이 때 방금 본 사물이 송아지인가 아닌가에 대한 변별은 기존의 송아지를 본보기로 하는 가족유사성을 따르겠지만 송아지가 맞다는 것에 대한 확신은 피아제(Jean Piaget, 1896~1980)가 말하는 평형화 작용과 비고츠키(Lev S. Vygotsky, 1896~1934)가 말하는 사회적 상호작용에 의한 정교화로 이루어진다. 그러므로 이 과정은 내적 반성과 사회적 교섭이 활발하게 이루어지는 단계이다. 이후 학습자의 이런 비교·대조 과정은 계속되고 서서히 송아지의 속성이 구성된다. 즉 이 과정은 명명 학습을 통하여 범주화가 일어나는 과정이라고 할 수 있다.

ii) 절차적 조작으로부터 대상화(encapsulation). 조작으로부터 개념 형성은 절차적인 활동을 하는 과정에서 일어난다. 예를 들면 여러 가지 수의 덧셈을 하는 상황을 보자. 두 수를 더하는 문제가 많이 주어졌을 때 학습자는 규칙에 의하여 계산을 하지만 이런 계산은 실로 지루하다. 이에 학습자는 좀 더 효율적인 방법을 궁리하던 중 교환법칙이나 결합법칙을 발견하게 되고 이것을 확인해본 결과, 타당하다는 결론을 얻는다.

이 과정은 절차적 지식으로부터 개념적 지식을 발견하는 상황이다. 절차적 지식으로부터 선언적 지식의 형성에 관한 연구는 피아제의 반성적 추상화 이론을 시작으로 하여 Dienes(1960), Greeno(1983)의 개념적 실체(conceptual entity), Davis(1984)의 절차와 과정, Dubinsky(1991)의 APOS 이론, Sfard(1988)의 구상화(reification) 이론 등이 있다. 대상화 과정을 통하여 하나의 절차 또는 과정은 개념적 대상이 되고 대상을 조작하는 새로운 과정에 의하여 다시 대상을 낳는 일련의 반성적 과정으로 비유할 수 있는데 이것은 정보를 압축하는 과정이다.

iii) 안내. 교사 또는 전문가에 의하여 안내되는 경우이다. 학교수학 개념은 대개 이런 방식을 의도한다. 그럼에도 불구하고 실제 형성 과정은 안내에 의하여 습득되기 보다는 구성적이다. 그러므로 교사가 안내한다고 하지만 교사의 의도와 관계없이 학습자는 맥락에 의하여 그런 개념을 자신의 인지구조에 어울리게 구성한다.

개념 형성 과정은 공통적으로 피아제의 평형화 이론을 따르는 것 같다. 즉 일단 개념이 형성되면 그것은 인지구조에 있는 관련 개념과 함께 평형화 과정을 가진다. 즉 동화와 조절을 통하거나 모순될 경우 인지구조의 변화를 통하여 평형화를 이룬다.

대상화에 대한 이론

피아제는 절차적 지식이 개념적 지식으로 변화는 과정을 다루었는데 그에 의하며 어떤 일련의 절차가 숙달이 되고 그 숙달 과정을 압축, 내면화하고 반성함으로써 새로운 개념을 구성하게 된다고 하였다. 이 관찰을 기초로 하여 여러 정교한 후속 이론이 나타났는데 여기서는 Dubinsky(1986)와 Sfard(1988)의 두 이론을 소개한다.

i) APOS 이론. 더빈스키의 APOS 이론에 의하면 개념 형성은 활동(action), 과정(process), 대상(object), 도식(schema) 등의 4단계에 의한다고 제안한다. 여기서 활동이란 구분된 절차에 의하여 수행되는 활동을 의미한다. 이러한 활동이 자동화 과정을 가지게 되어 압축되면 그 전체 과정을 연속적인 방식으로 처리하게 되는데 이것을 과정이라고 한다. 한편 이 과정은 학습자에게 내면화되어 과정 전체를 하나의 대상으로 파악하게 되는데 이것을 대상화라고 한다. 마지막에 대상은 기존의 인지구조에 포섭되어 새로운 인지구조를 형성하게 된다. 예를 들어 덧셈을 통하여 교환법칙을 대상화하는 과정을 생각해보자. 학습자는 먼저 두 개의 수를 더해본다. 이 상황은 먼저 학습자에게 제시된 여러 가지 덧셈 문제를 계산하는 활동으로 주어진다. 이 활동은 느릿하게 수행된다. 이 단계가 활동 단계이다. 여기서 한 단계 더 나아가 학습자는 주어진 문제를 계산하면서 그 계산에서 앞뒤를 바꾸어도 같다는 것을 발견하게

된다. 이 과정은 여러 문제를 계산하면서 전체적으로 인지된 결과이다. 이 단계가 과정 단계이다. 다음 단계는 이 결과, 즉 두 수의 덧셈은 두 항을 교환해도 관계없다는 것을 인지하게 된다. 즉 교환법칙이라는 개념을 정립한다. 이 단계가 대상 단계이다. 여기서 과정은 자동적으로 대상이 되는 것이 아니라 귀납추론과 같은 반성적 단계가 필요하다. 마지막으로 모든 경우에 교환법칙을 확인하게 되면 이것은 장기기억에 저장되는데 이것이 도식 단계이다.

ii) 구상화 이론(reification theory). 스파드의 구상화 이론은 개념 발달이 과정과 관련된 조작에서 대상에 관련된 구조로의 이행에 초점을 맞추고 있다. 그녀는 개념의 조직 단계를 과정(process), 응집(condensation), 구상화(reification) 등 3단계로 나누고 있다. 개념적 발달은 먼저 활동에 의하여 일관된 절차가 일어나는데 이 절차는 반복적인 활동이나 조작에 의해서 하나의 자동화된 과정이 되며 이어서 이 과정 전체가 하나의 개념적 대상으로 응집되고 마지막에는 인지구조에 부가된다. 스파드는 구상화 과정이 조작적(operational)인 측면과 구조적(structural)인 측면이 있음을 보았다. 예를 들면 어떤 수 x에 3을 더함으로써 y를 얻었다고 할 때 조작적이라는 것은 단지 y로부터 3을 제거하는 것에 해당되고 구조적이라는 것은 $x+3=y$라는 방정식을 통하여 대수적 법칙들과 연결하는 것이다.

반성적 사고

프로이덴탈(Hans Freudenthal, 1905~1999)은 지식의 성장을 현상과 본질의 교대과정으로 설명한다. 즉 하나의 현상으로부터 수학적 본질을 도출하고 그 본질들은 다시 관찰자의 탐구 대상이 되는 현상이 된다. 예를 들어 단순 덧셈과 곱셈을 조작하는 과정에서 결합법칙과, 교환법칙, 분배법칙과 같은 규칙이 있음을 발견하게 된다. 이와 같은 산술적 지식은 이어 군이나 환 같은 대수적 탐구 대상이 된다.

피아제의 연구 및 그의 입장에 선 후속 연구들이 인지적 관점에서 수학적 지식의 형성과정을 전개했다면 프로이덴탈은 현상학의 관점에서 그것을 논하고 있다. 공통적으로 수학적 지식의 형성 과정은 연속적으로 누적되는 것이 아니라 불연속적 사고 과정을 가지고 일어난다는 것을 주장하고 그러한 불연속적 도약 과정은 반성을 통하여 형성된다고 보았다. 다른 말로 표현하면 수학적 지식이란 양적 변화와 질적 변화라는 두 축을 가지고 있음을 보여준다.

여기서 반성적 사고에 대하여 언급할 필요가 있다. 반성적 사고는 주체의 조정을 통하여 일어나는 메타사고의 하나이다. 자신의 사고 방법이나 과정을 되돌아보고 조절하고 통제하는 것은 인지에 대한 인지로서 특별한 주의집중이 포함된다.

각각의 대상은 어떤 속성들을 가지고 있고 그런 속성을 주목하여 대상을 재조직하는 인지과정은 추상화 과정인데 이것은 순전히 반성의 결과로서 기존 대상으로부터 새로운 대상을 구성하게 된다. 그러나 경험주의 인식은 사물을 개인의 관점에 의거한 언어 또는 이론 언어에 의거하여 표상하는 것이 아니라 순수 관찰 언어에 의하여 표상하는 것이기 때문에 이와 같은 반성적 사고를 통하여 대상을 표상하지 않는다. 이에 대하여 합리주의 인식의 소산인 수학적 지식은 반성적 사고를 통하여 대상을 재구성한다.

개념과 연결성

한 개념 또는 명제가 작업기억에서 활성화되면 관련 지식들이 장기기억으부터 활성화된다. 여기서 작업기억으로의 인출의 용이성은 관련 지식 간의 연결 강도에 비례한다. 예를 들면 문제해결 과정에서 스스로 해결한 문제는 파지와 전이가 용이하나 해답집을 보고 풀거나 타인의 도움을 받아서 해결한 경우에 파지와 전이가 용이하지 않은 이유는 연결 강도의 차이에서 비롯한다. 따라서 타인의 도움을 받은 문제는 유사한 문제를 반복적으로 해결함으로써 어느 정도 극복할 수 있는데 이것은 연결 강도를 강화하는 행동주의적 방법이다. 그러나 정말 중요한 연결은 연결된 개념의 질이지 양이 아니다. 좋은 연결은 관련 개념과 정교하게 엮여 있음을 의미한다. 스켐프(1987)가 의미하는 관계적 이해란 인지구조의 연결성의 풍부함을 말한다. 연결성이 풍부하고 연결강도가 강하면 기억과 파지가 용이하다. 구성주의 교육의 강점은 연결성을 지향하기 때문이다.

개념적 연결성에는 내적 연결과 외적 연결의 두 가지 형태가 있다. 전자는 인간의 마음 속에서 연결된 인지적 상황이고 후자는 수학적 지식들이 연결되는 인식론적 상황이다. 예를 들면 대수구조에서 여러 연산 법칙들은 수학적으로 연결되어 있다. 또 미적분학에서 미분법과 적분법은 연결되어 있다. 이런 수학적 연결이 인지적으로 연결되었을 때 다양한 수학적 조작이 가능해진다. 수학적 능력이란 이와 같은 연결 능력이고 직접적으로 관계없어 보이는 지식 간의 연결이 가능할수록 높은 창의성을 가지게 된다. 현대 수학교육은 연결성을 강화하기 위한 다양한 기법을 가르친다고 해도 지나친 말은 아니다. 다음은 연결성을 강화하기 위한 지도 방법이다.

i) 하나의 문제를 다양한 영역의 지식을 이용하여 해결하는 습관을 기른다.
ii) 수학적으로 연결되어 있는 지식을 가능한 한 많이 습득하도록 한다.
iii) 항상 다른 방법으로 해결하려는 태도를 가진다.
iv) 스스로 문제를 해결하는 습관을 기른다.
v) 토론을 통하여 자신과 타인의 관점을 서로 비교한다.

사례와 반례

어떤 정의가 이해하기 어려울 경우 그것을 이해하기 위하여 사례나 그 정의를 사용한 진술들을 찾게 된다. 만약 단일 사례에 의하여 그 정의를 이해하게 되면 다행이지만 그렇지 않은 경우 다른 사례를 또 찾아야 한다. 학습자는 이와 같은 과정을 거쳐 주어진 정의의 의미를 보다 명확하게 구성하게 된다. 이 구성 과정은 정의에 대한 유사성기반 견해라는 일련의 실험적 결과들이 보증한다.

한편 반례는 일차적으로 전칭긍정명제가 거짓임을 보여주는 논증이지만 개념 형성 과정에서 반례의 역할은 범주 경계를 분명하게 하는 데 있다. 예를 들면 반증주의자는 사례보다 반례를 통하여 범주를 분명하게 하려는 전략을 가지고 있다.

지식 구성의 맥락성

구성주의에 의하면 새로운 지식의 구성은 개인이 가진 선개념들에 의하여 영향을 받는다. 따라서 하나의 수학적 정의가 제시될 때 학습자는 그 정의가 가진 자체 의미뿐만 아니라 그 지식을 가지게 되는 주변 상황과도 상호작용한다. 이와 같이 지식의 맥락화는 이미 교과서가 맥락을 부여하기 전에 이루어지고 있으며 맥락이 부여된 교과서라고 할지라도 학습자가 그것을 이해하려고 할 때 다시 맥락화가 이루어지기 때문에 교과서의 내용이 아무리 맥락적으로 엮여져 있어도 그것을 읽는 사람에게 의하여 별도의 맥락화가 이루어진다. 그러므로 이 맥락화의 다양성 때문에 학습자가 교과서의 의도대로 안내되는 것은 아니다.

대체적으로 지식을 구성할 때 나타나는 맥락화 현상은 다음과 같은 것이 있다.

i) 교재 맥락. 주로 교과서를 이해하는 과정에서 발생한다.
ii) 교수 맥락. 교사가 설명하거나 지시하는 것을 이해하는 상황에서 발생한다.
iii) 환경 맥락. 수업의 환경으로부터 형성된다.
iv) 학습 맥락. 학습과정에서 생기는 맥락이다.
v) 학습자 맥락. 학습자는 이미 어떤 선개념을 가지고 사태에 임한다. 이 선개념이 새로운 과제를 대할 때 맥락으로 작용한다.

그러면 교수적으로 바람직한 맥락화 전략은 무엇일까? 프로이덴탈은 유용한 맥락을 수학사에서 찾아보기를 제안하고 있다. 역사발생적 원리도 수학사에 기초된 것이다. 수학사에서 그러한 단서를 찾을 수 없는 경우에는 가장 낮은 수준의 인지과정을 주목하고 점진적으로 더 높은 수준으로 발전한다는 원리에 기초하여 학습 단계와 수준을 설계하는 것이 바람직하다고 보았다. 그러나 역사발생적 원리는 사실 선언적이지 절차나 방법을 구체적으로 적시하지 않는다. 뿐만 아니라 역사적 변화가 항상 발전을 의미하는 것이 아니기 때문에 수학사를 교수학습 상황에 적용하기 위해서는 보다 사려 깊은 검토가 필요하다.

EIS 표상

외부세계의 대상을 내적 지식 체계로 조직하는 방법은 어떤 것들이 있는가? 이에 대한 대답으로 브루너(J. Bruner, 1951~)는 개념을 표상하는 방식을 다음과 같이 3가지로 제시하였다.

i) 활동적 표상(enactive representation). 신체 활동 기반에 의한 표상. 이 경우에 표상은 신체 활동이나 물리적 활동을 표상 언어로 사용한다.

ii) 영상적 표상(iconic representation). 도형과 같은 기하학적 도구에 의하여 조직되는 표상. 이 경우에 표상은 그림이나 아이콘과 같은 영상 매체를 표상 언어로 사용한다. 영상적 표상은 전체적으로 파악하게 해주기 때문에 작업기억의 부하를 덜게 해준다.

iii) 상징적 표상(symbolic representation). 상징에 의하여 인지되는 표상. 이 경우에 표상은 언어 또는 기호를 표상 도구로 사용한다. 상징적 표상은 분석적이고 정교하다.

특히 상징을 영상으로 표상하는 것을 시각화라고 한다. 주어진 문제를 시각화할 경우 그림의 정확성이 문제해결에 미치는 영향을 생각할 수 있다. 부정확한 그림을 그릴 수밖에 없는 경우라도 여러 번 그려봄으로써 부정확한 그림이 가진 약점을 대부분 극복할 수 있다. 그림을 그릴 때도 점선과 실선을 사용하여 도형이 가진 각 요소의 특성을 구별하는 것이 바람직하다. 한편 특수한 형태의 그림을 그리게 되면 문제해결에 방해를 줄 수 있다. 예를 들면 일반적인 삼각형의 경우를 생각해야 할 문제에 정삼각형이나 직각삼각형을 그려서 생각하게 되면 그림 자체가 추론에 방해를 줄 수 있다(Polya, 1957).

각각의 표상 활동은 학습자 스스로 할 수도 있으나 대개의 경우 교사의 안내에 의하여 보다 효과적이 된다. 특히 E에서 I, I에서 S로의 이행은 절차적 지식이 선언적 지식으로 변환하는 과정으로서 대개 반성적 사고가 필요하다. 예를 들면 석공은 돌을 가공할 때 망치와 정을 어떻게 사용하는지에 대하여 잘 알고 있고 실제로 신체 운동을 통하여 성공적으로 수행할 수 있지만 그런 기술을 아무리 많이 가지고 있다고 하더라도 그 기술을 운동량이나 충격 등과 같은 물리학적 개념으로 즉각 전환할 수 있는 것은 아니다.

개념과 정신모델의 상호작용

Vinner & Dreyfus(1989)는 개념 형성에 대한 이중부호 가설을 수용하는 이론을 제안하였는데 개념은 정의와 이미지에 의하여 채워진다고 보았다. 그는 개념이 정의에 의하여 도입되는 상황을 다음 4가지 상황으로 구분하였다.

i) 개념 이미지와 개념정의의 상호작용. 상황이 주어지면 관련 정의와 그 정의의 이미지가 동시에 활성화 되는 경우이다. 이 경우는 정보가 개념과 이미지로서 이중적으로 부호화되기 때문에 가장 강력한 저장 상태를 가진다.

ii) 순수한 형식적 과정. 이 상황은 개념정의만 활성화되고 개념 이미지는 활성화되지 않는 경우이다. 예를 들면 단순히 익숙한 식을 계산하는 경우라면 개념 이미지가 활성화되지 않는다. 그러나 이 과정은 이미지가 만들어지지 않을 경우에도 나타난다.

iii) 직관적 사고 과정. 이 상황은 먼저 개념 이미지가 작동하고 이어 개념정의가 활성화되는 경우이다. 개념 이미지와 개념정의를 모두 가지고 있는 경우 개념 이미지가 편리할 때 먼저 개념 이미지가 활성화된다. 그러나 개념 이미지는 하나의 정신모델에 불과하기 때문에 주어진 상황에 대하여 불만족하다는 것을 인지할 때 개념정의를 활성화 한다.

iv) 직관적 반응. 이 상황은 개념 이미지만 작동하고 개념정의는 불활성 상태인 경우이다. 대개 그림으로 정의된 경우가 개념정의보다 월등하게 편리한 경우 개념정의는 잘 작동하지 않는 경향이 있다. 예를 들면 삼각형을 말할 때 또는 각을 말할 때 삼각형이나 각의 정의를 거의 생각하지 않고 그림으로서의 삼각형이나 그림으로서의 각을 생각하는 경향이 있다.

용어의 선택

개념을 정의하기 위하여 많은 용어를 만든다. 수학에서 사용하는 용어는 대개 일상 언어에서 차용한 것들이다. 예를 들면 집합, 관계, 합집합, 교집합, 원소, 선, 면, ... 등 수학에서 사용하는 용어의 대부분은 일상용어이다. 그런데 이런 일상용어는 이미 수학 밖에서 습득한 의미를 가지고 있기 때문에 이 용어를 수학에 차용하면 수학적 의미와 일상적 의미 사이에 간섭효과가 발생한다. 다음 표를 보자.

표준용어	집합	부분집합	원소	합집합	교집합
일상용어	아버지	어머니	삼촌	누나	아들

이 표와 같이 표준용어 대신에 일상용어를 사용하여 집합 관련 진술을 한다고 하면 일상용어가 가진 원래 의미에 의하여 학습자는 엄청난 간섭을 받는다는 것을 상상할 수 있을 것

이다. 이 간섭을 제거하기 위하여 새로운 이름을 부여할 수 있다. 예를 들어 다음 표와 같이 새롭게 명명했다고 해보자.

표준용어	집합	관계	원소	선	면
새 용어	wkefjks	bnbk	을무수래	28e3t	*^&*%

이 표를 보면 상상할 수 있듯이 새 용어는 간섭효과는 없지만 너무 생소하기 때문에 새로운 인지적 부하가 발생한다.

주어진 개념에 어울리는 적절한 일상용어를 수학용어로 사용하는 것은 수학 학습을 돕는 결과를 가져온다. 예를 들어 '집합', 합집합의 '합' 차집합의 '차'와 같은 용어들은 주어진 개념의 의미를 드러내는 효과를 가지고 있다. 이 점에 대하여 Lakoff & Johnson(2003)은 "개념은 은유에 의하여 부분적으로 구조화 된다."는 것을 주장하였다. 실제로 일상 언어를 사용하는 전통적인 용어는 그 소음을 적절히 걸러낼 수 있다면 일상적 의미가 수학적 의미를 축조하는 데 도움을 준다.

기호의 역할

기호 사용의 목적은 어떤 것을 표상하고, 지시하고, 전달하기 위함이다. 이것은 수학의 경우에도 예외가 아니다. 그러나 수학적 개념, 명제, 지식들은 한층 더 엄격함을 요구하기 때문에 수학적 기호는 일상 기호보다 더 정교해야 한다. 이 엄격함은 청각 신호보다 더 정교한 시각 신호에 의하여 지탱될 수 있기 때문에 수학 기호는 본질적으로 시각 기호를 중심으로 이루어지고 청각 기호는 보조적이다. 다른 과목에 비하여 수학이 칠판을 더 많이 의존하는 이유도 바로 여기에 있다.

화이트헤드(Alfred Whitehead, 1861~1947)는 "훌륭한 표기법은 두뇌의 불필요한 모든 작업을 경감시킴으로써 좀 더 높은 수준의 문제에 집중시키게 만들며, 실질적으로 인간의 지적 능력을 향상시킨다."라고 말했다.

기호의 역할을 명세하면 다음과 같다.

i) 기호는 사고를 위한 직접적 도구로 사용된다. 이 점은 기호가 일종의 기계 또는 도구 역할을 한다는 점이다. 예를 들면 아라비아 숫자에 의한 곱셈 지필산은 이 점을 반영하고 있다.

ii) 기호는 작업기억의 부하를 감소시킴으로써 작업공간을 확보하여 동시에 다른 과제를 수행할 수 있게 한다.

iii) 기호는 의미를 명료화 한다.
iv) 기호 사용은 일상 언어에 의한 표상을 단순화한다.

한편 기호를 도구로 간주할 경우 다음과 같은 기능을 가지고 있다.

i) 수학적 표상을 하기 위한 도구.
ii) 수학적 조작을 하기 위한 도구.
iii) 수학적 사고를 하기 위한 도구.

먼저 기호는 수학적 개념을 표상하기 위한 도구이다. 분명하게 인식할 필요가 있는 것은 정의와 함께 기호에 의하여 표상하는 것이 유리하다. 예를 들면 초기 기호는 대개 단어를 축약하기 위하여 사용되었다. 이런 이유로 인하여 기호는 가능하면 의미전달이 쉬운 것을 택하는 것이 유리하다. 예를 들면 길이를 l, 높이를 h, 부피를 V 등으로 사용하는 것은 이러한 이유에 기인한다.[6)]

더욱이 수학 기호가 일상 언어보다 강력한 기능을 하는 이유는 일상 언어로 표현할 수 없는 논리적 문장을 기술할 수 있다는 점이다. 예를 들면 $[(p\rightarrow q)\vee r]\leftrightarrow(p\vee((p\rightarrow q)\rightarrow r))$와 같이 괄호로 결합된 복잡한 명제들은 일상 언어로 표현할 수 있는 한계를 극복한다.

둘째, 수학 기호는 절차적 수행을 하기 위한 기능을 가지고 있다. 사실 계산 기능으로서 수학 기호는 오랜 역사를 가지고 있다. 기호가 계산 기능을 가지고 좋은 기호는 계산을 보다 효과적으로 수행할 수 있다는 것은 피보나치(L. Fibonacci, 1170?~1250?)가 아라비아 숫자를 유럽에 보급함으로써 널리 알려졌다. 아라비아 숫자가 도입되기 전 유럽은 로마자로 계산을 했는데 아라비아 숫자가 편리하다는 소문을 타고 상인들은 로마자를 버리고 아라비아 숫자를 사용하기 시작하였고 그 결과 부기 계산이 보다 편리해졌다. 기호의 계산 기능은 컴퓨터라는 것으로 현대화되었다. 이것은 계산 기능이 공학적 역할을 한다는 것을 시사한다. 실제로 32×562를 계산할 때 지필 계산은 모두 같은 방법을 사용하는데 이것은 바로 곱셈 연산법이 기계적으로 절차화 되어 있기 때문이다. 수학적 지식에는 다양한 알고리듬이 존재하는데 이러한 알고리듬은 모두 기호의 계산 기능을 반영한 것이다. 사람들은 일상적인 언어에 의한 생각을 기호로 변환시키고 그 결과를 일상 언어로 해석한다. 이때 변환된 기호가 절차적으로 자동화된 것이라면 기계적으로 처리할 수 있다.

인지 능력이 발달하면서 기호는 단순 계산의 기능을 넘어 수학적 사고의 도구로 발전하기 시작하였다. 페르마(P. de Fermat, 1601~1665)의 미분법과 뉴턴(I. Newton, 1642~1727)의 미분법은 같은 아이디어이지만 기호 조작에서 차이를 나타내고 그것이 이후의 미분법을

6) 이러한 표기는 영어권에서 유용하지만 우리나라에서는 그렇게 효과적인 것은 아니다.

전개하는 데 결정적인 역할을 하였다. 또 상미분방정식의 결과들은 결정론과 같은 철학적 사유를 촉발하였다.

기호가 수학의 발전에 중요한 역할을 한 것은 사실이다. 심지어 기호가 Whorf−Sapir 가설을 지지해주는 것 같기도 하다. 예를 들면 기호

$$\frac{1}{1-x}=1+x+x^2+\cdots$$

으로부터

$$-1=1+2+2^2+\cdots$$

라는 결론을 얻고 이로부터 음수와 양수는 저 멀리서 만난다고 했는데 이것은 기초가 사고를 우선하는 사례이다. 이와 같이 기호적 사고는 양면성을 가지고 있기 때문에 기호를 사용할 때 그것이 가진 의미를 충분히 고려하지 않는다면 인식론적 문제를 야기할 수 있다. 기호는 기호일 뿐이다. 기호를 조작하는 것은 인간의 사고이고 따라서 사고가 결여된 채 기호에 맡기는 것은 위험한 일이다.

기호와 작업기억

기호를 사용하게 되면 문장이 간결해지는데 이때 기호의 의미를 파악하면 작업기억을 효과적으로 사용할 수 있게 해준다. 즉 기호가 정보를 청킹해 주기 때문이다. 예를 들어 "다음 방정식 $x^2=a$가 실수해를 가질 때"라고 말할 때 $x^2=a$는 하나의 단어로 간주할 수 있으며 이 문장을 읽을 때 $x^2=a$라는 식을 다시 문장으로 간주할 필요가 없다.

기호 사용에 있어서 청킹(chunking)의 여부를 간단하게 확인할 수 있다. 즉 문제를 풀거나 수식이 들어간 진술을 기술할 때 청킹이 된 경우는 문자식을 하나로 간주하여 문장을 만들 수 있다. 예를 들어 문제 풀이를 기술할 때 수식을 하나의 단위로 쓰지 못했거나 논리적 문장으로 정리되어 있지 않은 경우는 주어진 수식들을 압축하지 못한 경우이다.

다음은 정보를 압축하는 외현적 방법이다.

i) 기호화.

ii) 추상화.

iii) 범주화. 지식을 범주화함으로써 개별 하위 지식을 특수한 사례로 간주하여 일관성 있게 다루게 된다. 수학에서 위계화와 일반화는 여기에 해당된다.

iv) 도식화. 그림, 도표, 그래프 등 시지각과 작용할 수 있는 정보로 변환한다.

기호의 중의성

하나의 기표이지만 의미가 다른 기호가 있다. 다른 의미를 나타내기 위하여 다른 기호를 사용하는 것은 원칙이지만 사람은 맥락이 주어지면 중의적 기표를 구별할 수 있다. 이런 이유 때문에 적절한 수준에서 동일 기표를 사용하여 다른 의미를 표상한다.

기표의 중의성은 지시 상황과 표상 상황으로 나누어 생각할 수 있다. 지시 상황이라는 것은 기호에 반응하여 어떤 인지 활동을 하게 되는 상황이고 표상 상황이란 기호가 어떤 개념이나 대상을 표상하는 상황이다. 따라서 전자는 기호와 사람의 상호작용을 의미하고 후자는 개념을 표상하는 방식에 대한 것이다.

먼저 지시 상황을 살펴보자. $a+b$, $a-b$ ab, $\frac{a}{b}$, $\sqrt{a}$는 a와 b에 어떤 조작을 가하여 새로운 수를 만드는 과정으로 볼 수도 있다. 이런 경우에는 $a+b$는 'a 더하기 b'로 읽는다. 이와 같이 $a+b$에 주어진 + 기호는 절차적인 측면을 드러내고 있다. 즉 이 상황은 덧셈의 결과, 즉 답을 요구하고 있다. 한편 기호 $a+b$는 두 수 a와 b에 대한 덧셈이라는 개념을 의미한다. 이 상황은 덧셈의 대수구조와 같은 문제에 주의 집중하게 된다.

Gray & Tall(1991)은 이와 같이 개념적 지식과 과정적 지식을 동시에 표상할 수 있는 기호를 과념(procept)이라고 하였다. 과념이 작동하는 기표는 학습자에게 이중적인 관점을 주기 때문에 수학에 유능한 학습자라면 이 이중성을 구별하여 사용할 수 있으나 그렇지 않은 경우에는 인지적 장애를 만든다.

한편 표상 상황에서 동일 기표는 다음과 같은 두 가지 양상을 가진다.

i) 다른 맥락에서 동일한 기표. 전혀 다른 맥락이지만 동일한 기표를 사용하는 경우. 맥락은 달라도 의미가 유사하기 때문에 사용하는 경우이다.

ii) 유사한 맥락에서 동일한 기표. 의미는 약간 다르지만 동일 기표를 사용하는 경우로서 개념적 확장을 할 때 많이 나타난다. 특히 대수적 외연의 확장에서 이런 경우가 많이 있다.

다른 맥락에서 동일한 기표를 사용하는 경우는 다음과 같은 것들이 있다.

예 1. 등호. 등호는 두 대상이 같을 경우 거의 모든 상황에서 공통적으로 사용하고 있다.

한편 유사한 맥락에서 동일한 기표를 사용하는 경우는 다음과 같은 예가 있다.

예 2. $(a+bi)+(c+di)$에서 복소수의 덧셈과 복소수를 표상할 때 사용하는 기표 +는 원래 다른 의미를 표상하지만 나중에는 동일시해도 좋기 때문에 동일한 기표를 사용한다.

예 3. 삼각함수를 정의할 때 삼각함수의 원래 정의역은 각도가 아니라 각이었다. 그러나 나중에는 실수가 삼각함수의 정의역이 된다. 한편 중학교에서 다루는 60분법에 대한 $\sin$ 이나 고등학교에서 다루는 호도각에 대한 $\sin$도 같은 기표 $\sin$을 사용한다.

예 4. 급수에서 $\sum_{n=1}^{\infty}(a_n+b_n)=(a_1+b_1)+(a_2+a_2)+\cdots$ 에서 급수의 합을 나타내는 기표 $+$와 두 수 사이의 합을 나타내는 $+$기표는 의미가 다르지만 동일 기표를 사용하고 있다.

다른 맥락에서 사용하는 동일한 기표는 분명하게 인식된다. 예를 들면 벡터 $\vec{a}$와 수 3을 두고 $\vec{a}=3$라고 하면 무의미한 등식이 된다. 이에 대하여 유사한 맥락에서 사용하는 동일한 기표는 개념적 유사성에 의하여 의미론적 혼란을 야기할 수 있다. 이런 이유로 인하여 엄밀함을 추구하는 수학 텍스트는 의미 차이를 명확하게 하기 위하여 의미가 다른 경우 다른 기표를 사용한다.

기호의 두려움

기호가 수학적 사고에 유용한 도구이지만 기호를 과도하게 많이 사용하게 되면 수학 학습에 부정적인 결과를 낳을 수 있다. 또 새로운 기호가 나타났을 때 그 의미가 충분히 내면화되지 않은 채 수업을 진행한다면 학생들의 작업기억은 이 기호를 처리하기 위하여 다른 정보를 처리할 수 없게 되는 상태가 형성되고 이것은 결국 인지적 장애로 이어진다. 따라서 새로운 기호를 도입할 경우, 그 기호가 가지는 의미가 충분히 내면화될 수 있도록 부화기를 가져야 한다. 이때 다른 말로 표현하거나 기호를 변형하고 조작하는 과정이 필요하다.

한편 불필요한 기호를 사용하는 것도 반성해야 할 부분이다. 수학을 기피하는 것 중의 하나가 기호가 주는 위압감에 있다. 따라서 정보를 정확하게 표상할 수 없거나 왜곡된 정보를 산출할 가능성이 있는 경우가 아니라면 불필요하게 기호로 표상하는 것은 자제해야 한다.

2.2.2 오개념 분석

오개념의 특성

개념은 인지구조 안에서 고립되어 있는 것이 아니라 다른 개념과 연결되어 있다. 여기서 개념의 활성화 강도는 그 개념이 얼마나 유용한가, 얼마나 자주 사용하고 있는가, 얼마나 많은 다른 개념과 연결되어 있는가 등에 따라서 다르게 나타난다. 한편 그 개념들은 그것과 관련된 개념과 평형화를 이루는 과정에서 동화되거나 조절된다.

두 개의 대립된 개념이 있을 때 그 중 제거된 개념을 오개념이라고 한다. 툴민(Stephen Toulmin, 1922~2009)은 한 사람의 마음속에 있는 개념들의 집단을 '개념생태계'라는 말로 표현하였다. 즉 개념들은 먹이와 포식자의 관계, 천적, 먹이사슬 등과 같은 말로 대신할 수 있다. 그 개념들은 서로 먹고 먹히는 관계이며 강한 개념과 약한 개념이 공존한다.

피아제는 모순되는 상황에 부딪혔을 때 개인의 반응을 다음과 같이 나누었다.

i) 모순되는 상황을 무시하고 기존 도식을 유지한다.
ii) 모순되는 두 도식 사이에서 혼란스러워 한다.
iii) 모순되는 상황을 적극적으로 수정하고 통합한다.

인지구조는 생물체가 세상을 이해하고 적응을 하는 과정에서 획득한 개념 구조이기 때문에 강건하다. 반면에 적응이라는 것은 외부 세계와 투쟁의 결과였기 때문에 더 이상의 자극이 없는 한 개인은 현상유지를 하려는 경향이 있다. 이 결과 기존의 인지구조는 지속성을 가진다. 따라서 더욱 경쟁적인 새로운 개념이 나타나기 전 까지는 원래의 개념은 인지구조 내에서 안정적으로 작용한다. 뿐만 아니라 타성에 의하여 대안적 개념이 나타나도 기존 개념이 제거되기 어려운데 그것은 그 개념과 강하게 연결된 개념들이 새로운 개념을 거부하기 때문이다. 그 결과 대안적 개념이 기존 개념에 대하여 차별화되어 있지 않으면 대안적 개념은 수용되기 어렵다. 이 점은 쿤(Thomas Kuhn, 1922~1996)이 과학적 발견의 논리에서 말하는 패러다임과 유사한 면이 있다.

오개념의 유형

오개념은 다양한 원인과 상황에서 나타나는데 그 유형을 다음과 같이 나눌 수 있다.

i) 인지적 오개념. 이것은 인지과정에 나타난다. 인지과정에서 오류를 가질 수 있는 곳은 감각기억, 작업기억, 장기기억이다. 감각기억은 부정확한 지각 정보이기 때문에 이것은 외부 세계의 문제이다. 한편 장기기억은 기억과 재인에서 나타나는데 망각, 잘못된 기억 등이 있다. 작업기억은 새로운 지식을 만드는 곳이기 때문에 대부분의 오개념은 여기서 나타난다. 다음 표는 오개념을 작업기억과 관련지어 나타낸 표이다.

지식	처리 유형	오개념의 원인	사례
선언적 지식	정교화	지식의 잘못된 연합	정리 또는 공식을 부정확하게 적용하는 것
	조직화	잘못된 위계를 형성하는 것	도식 구조에 오류를 보이는 것
	심상	잘못된 심상 형성	빗변이 위로 된 삼각형을 삼각형이라고 하지 않는다. $y=x^2\sin(\frac{1}{x})$와 $y=x\sin(\frac{1}{x})$의 $x=0$에서의 미분계수의 존재성을 직관적으로 파악하지 못한다.
	정신모델	빈약한 정신모델의 형성	틀린 예를 제시하는 것
절차적 지식	연합	절차화 과정에서 두 절차의 잘못된 연합	부정확한 추론 절차를 사용하는 것
	자동화	잘못된 자동화	계산을 일관성 있게 틀리게 하는 것

ii) 인식론적 오개념. 지식 자체의 논리적 결함으로 인하여 나타나는 오개념이다.[7] 인식론적 오개념의 원인은 개인의 사고활동에 있는 것이 아니라 지식 자체의 결함을 인식하지 못하고 그대로 사용하기 때문이다. 예를 들면 급수의 수렴성을 고려하지 않고 $\frac{1}{1-x}=1+x+x^2+\cdots$를 무비판적으로 사용하여 $-1=1+2+2^2+\cdots$를 유도하는 것이나 "모든 사람은 거짓말쟁이다."라는 명제와 같이 자체적으로 논리적 결함을 가진 명제를 무비판적으로 수용하면 오개념으로 작동하게 된다.

iii) 사회문화적 오개념. 인지적 오개념이나 인식론적 오개념은 성장하여 공론화 된다. 사회문화적 오개념은 사회적으로 공론화 되면서도 살아남은 것인데 주로 독단, 신념, 편견 등이 원인이 되는데 따라서 견고하고 지속적인 특징이 있다. 예를 들면 수를 현실적 존재로서 간주했기 때문에 0, 음수, 복소수 등이 수학적 대상으로 간주하는 데 많은 어려움이 있었다. 또 형식불역의 원리를 고수한 나머지 교환법칙이 성립하지 않는 대수 체계로 이행하는 데 어려움이 있었다.

iv) 교수학적 오개념. 교사가 잘못 지도하거나 잘못된 교과서의 내용을 그대로 사용할 경우에 나타나는 오개념이다. 교수학적 오개념은 실제로 매우 만연되어 있다.

오개념의 처지

다음은 오개념 처치를 위한 일반적인 방안들이다.

7) 실무한에 대한 인식. 언어의 논리적 문제, 예를 들면 러셀(Bertrand Russell, 1872~1970)의 패러독스와 유사한 모든 패러독스이다.

i) 두 개의 대립되는 개념 중에서 하나를 선택할 때, 선택할 개념은 대안적 선택보다 낫다는 것을 스스로 인식해야 한다.

ii) 오개념을 교사의 입장에서 설명하는 것보다 각각의 상황에서 모순되거나 대립되는 질문을 던짐으로써 학습자가 가진 잘못된 인지구조를 교란시켜야 한다. 이 전략은 바른 답을 제공하지는 않지만 학습자 스스로 반성할 기회를 제공한다.

iii) 오개념의 처치는 유형에 따라 사안별로 접근해야 한다. 인지적 오개념이 나타날 경우, 교사는 잘못된 부분을 지적하고 다시 설명하는 과정을 밟는 것이 통상적인데 이와 같은 지도는 객관주의에 근거한 방법이다. 그러나 인지적 오개념은 작업기억과 관련된, 따라서 구성의 문제이기 때문에 처치도 구성주의적 방법으로 접근해야 한다. 인식론적 오류를 가지고 있을 경우, 교사는 교사 자신의 논리로 대응하는 것이 아니라, 학생의 생각을 전제하면 모순이 생김을 보여야 한다. 또는 학생에 오개념에 대한 대안을 제시하고 서로를 비교하는 방법을 택하는 전략도 바람직하다. 사회문화적 오개념은 학생 스스로의 문제라기보다 통념의 문제이기 때문에 이것은 토론 등을 통하여 공론화 하는 것이 바람직하다. 마지막으로 교수학적 오개념은 주로 교사와 교과서에서 나타나기 때문에 교사 스스로 노력하고 개선할 수밖에 없다. 또 교사의 오개념 중에 많은 부분은 잘못된 교과서를 그대로 수용할 때 생기므로 교과서를 비판적으로 볼 필요가 있다.

인지적 오개념은 학습과정에서 빈번하게 나타나기 때문에 특별히 주목할 필요가 있다. 다음 표는 각각의 처리과정에 따른 처리 유형이다.

지식	처리 유형	처치 방안
선언적 지식	정교화	명제 또는 개념의 연합 상태를 분석한다.
	심상	명제와 심상 간에 나타나는 왜곡 상태를 분석한다.
	정신모델	정신모델을 분석한다.
절차적 지식	연합	절차화 과정을 단계별로 분석한다.
	자동화	초기 절차화 과정을 파악한다.

2.3 교육적 분석

2.3.1 교육과정 분석

교육목표 분석

개념과 정의를 살펴봄으로써 수학을 다루기 위한 가장 기본적인 언어들이 어떻게 조직되어 있는가를 알 수 있다. 객관주의 수학관에 의하면 개념은 절대적인 것으로 간주되었다. 그러나 수학사의 증거에 의하면 수학적 개념은 불완전한 데서 출발하여 점진적 개선의 과정을 거쳐 지금의 개념으로 정착되었다. 그러므로 학습의 과정에서도 완성된 수학을 가르치는 것보다 성장하는 과정을 경험할 수 있는 수학을 가르치는 것이 바람직하다. 여기서 성장 과정의 수학을 가르치는 것보다 이미 완성된 수학을 가르치는 것이 효과적이라는 반론이 제기될 수 있다. 인지적 증거에 의하면 우리의 인지 발달은 완성된 수학이라고 할지라도 개인의 학습과정은 구성적이기 때문에 이미 완성된 수학이라도 그대로 받아들이지 않는다는 점이다. 따라서 수학이 발달하는 과정과 인지 발달과의 관계를 모색하여 그 두 흐름을 합목적적으로 융합하는 것이 바람직하다. 이런 맥락에서 개념학습은 학습자의 발달과 수준 및 수학의 변천 과정을 고려하여 점진적으로 나아가도록 하는 것이 바람직하다는 결론을 내릴 수 있다. 이를 고려하여 개념학습은 다음과 같은 것에 관심을 가진다.

i) 개념은 어떻게 형성되는가? 수학 개념 형성을 속성 기반 견해와 유사성 기반 견해에서 고찰해보자.
ii) 개념 형성을 위한 효과적인 학습은 어떤 것인가?
iii) 하나의 개념에 대응하는 다양한 정의들의 성격과 발달 수준과의 적합성을 분석한다.

교수학습 주제 및 내용 분석

학교수학의 교육과정에 의하면 다양한 개념이 도입되어 있고 그 개념들은 몇 개의 개념군으로 조직될 수 있다. 여기서 말하는 개념군이란 하나의 이론이 형성될 수 있는 하부 개념들을 의미한다. 예를 들면 본 교재론은 편의상 18개의 영역에 대한 교재 분석을 다루고 있는데 이것은 관점에 따라서 더욱 세분화된 개념군으로 재조직할 수 있다.

한편 이러한 개념군을 적절하게 분류하여 통합하면 교과 기본 영역이 만들어진다. 대체적으로 중등수학의 기본 영역은

i) 수와 연산

ⅱ) 문자와 식
ⅲ) 함수
ⅳ) 확률과 통계
ⅴ) 기하

등 5개 영역으로 조직되어 있으며 이후 선택 교과에서 보다 높은 수준의 수학을 다룬다. 여기서 다음 표는 위의 5개 영역의 학습이 수학의 어떤 측면을 조명하고 있는가를 나타낸다.

영역	이해 내용
수와 연산	수의 이해와 조작.
문자와 식	언어로서의 기호를 이해하고 수학적 대상으로서 조작한다.
함수	두 대상의 관계를 이해하고 조작한다.
확률과 통계	우연현상을 이해하고 대규모 관찰값의 성향을 이해한다.
기하	공간에 대한 이해와 조작.

2.3.2 연결성

연결성이란

수학적 개념들은 고립된 상태가 아니라 다른 개념들과 연결되어 있다. 여기서 연결의 양상은 대체적으로 위계적이다. 초기의 간단한 개념은 수학이 발전하면서 점차 고등 개념으로 조직되는데 이 과정은 개념을 첨가하면서 융합되는 과정이다. 한편 사람의 인지구조도 하나의 개념이나 지식은 고립되어 있는 것보다 다른 지식과 망을 형성하고 있을 때 전이와 파지가 용이하다. 따라서 개념이나 지식은 이와 같이 망을 형성하기 위한 어떤 교육적 처치가 필요하다.

연결성의 분류

연결성은 수학적 연결, 심적 연결, 사회적 연결 등 3가지로 나눌 수 있다. 여기서 수학적 연결이란 수학적 지식의 연결을 의미하고 심적 연결이란 지식이 마음속에서 연결된 것을 의미하며 사회적 연결이란 사람과 사람 간의 정보 교환을 의미한다.

수학적 지식은 전통적으로 기하학적 지식과 대수학적 지식을 구분된다. 이 두 지식은 과거에 독립되어 있었으나 이후 연결되어 지금은 대수학적 지식으로 완성되었다. 한편 개인에게 있어서 표상은 도형에서 기호로 함축되는 방향으로 나아간다. 따라서 이 역사성과 인지적 특성을 고려하여 교수학습을 설계한다면 학교수학은 기하학과 대수학의 균형과 발달의 측면을 고려하여 수립되어야 한다.

다음 표는 3가지 연결의 특징을 비교한 것이다.

연결성 \ 종류	수학적 연결	심적 연결	사회적 연결
연결 대상	수학적 지식	심적표상	개인의 아이디어
연결 형식	정리	도식	기호
연결 수단	증명	신경망	기호
연결 방식	위계	망상	의사소통
연결 성질	논리성	치밀성	다양성
연결 과정	성장(추측과 논박)	구성	사회적 상호작용
성격	준경험적	주관적	사회적

2.3.3 교수학습 지도

지식의 구성

많은 지식을 올바르게 적용할 수 있다면 가장 이상적이다. 그러나 많은 지식을 그렇게 할 수 있는 것이 아니기 때문에 자신이 가진 지식을 최대한 효율적으로 사용할 수 있도록 해야 한다. 최선의 지식을 가지는 방법은 실제 체험하는 것이다. Lakoff & Johnson(1999, 2003)은 체화된 지식이 가장 강력하다고 주장한다. 실제로 체험한 것은 오랫동안 기억에서 남아 있음을 경험적으로 알고 있다. 그럼에도 불구하고 수학 수업을 보면 학생들에게 그렇게 많은 경험을 제공하지 않는다. 이는 교과 내용의 양이 많은 것을 원인으로 주장하지만 실제로는 같은 내용을 두세 번씩 되풀이하여 강화시키려는 행동주의 교수관이 작용하기 때문이다. 한 내용을 배우는 데 있어서 처음에 교과서를 통하여 배우고 이어 문제집을 통하여 심화하는 방법으로 내용을 두세 번씩 되풀이 하는 것은 개념을 정교화한다는 측면에서 의의가 있다. 그러나 그런 방법도 구성적이지 않으면 효율이 떨어진다. 요약하면 가장 좋은 학습법은 스스로 구성하는 것이고 교사가 적절한 인지적 틀을 만들어주는 것이다.

명명에 의한 개념 형성 지도

개념은 명명됨으로써 외적으로 표상되고 이어 공론화된다. 명명 학습으로부터 개념 형성을 위한 지도는 다음 단계를 따른다.

i) 명명. 사물의 이름을 부여하는 과정이다. 이때 주어진 사물의 이름은 임의적으로 부여할 수 있으나 이미 알고 있는 이름과 합리적인 구별이 있어야 한다. 이 단계는 유사한 것을 이용하여 명명의 대상을 확대한다. 이 과정은 안내된 동화 과정이다.

ii) 변별. 다른 이름을 가진 대상을 가져옴으로써 다른 이름을 가진 것과 차이점을 발견한다. 이 과정은 안내된 조절 과정이다.

iii) 정교화. 이런 과정을 계속함으로써 명명한 것에 대하여 분명한 범주 경계를 가지게 한다. 정교화 과정으로서 개념이 형성되었다고 본다.

iv) 속성 발견. 개념이 형성되면 그 개념으로부터 얻을 수 있는 속성들을 열거한다. 속성을 제시하기 위해서는 속성을 표상할 개념이 다시 필요하기 때문에 실제로 가장 어려운 단계이다.

예. 위의 단계에 준하여 삼각형의 개념을 지도해보자.

단계	교수학습 활동
명명	다음 삼각형을 보여주면서 "이렇게 생긴 도형을 삼각형이라고 합니다."  또 다른 삼각형을 보여주면서 이것도 삼각형이라고 합니다. 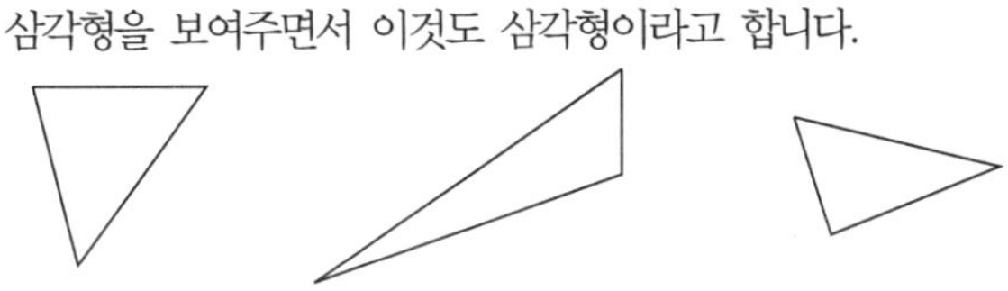 "여러분 스스로 삼각형을 하나씩 만들어봅시다."
변별	여러분은 지금 보여주는 것과 삼각형을 잘 구별해야 합니다. 사각형을 보여주면서 "이것은 삼각형이 아닙니다."  다른 도형을 보여주면서 "이것도 삼각형이 아닙니다." 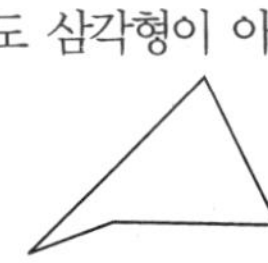
명료화	여기에 많은 도형이 있는데 삼각형인 것을 모두 골라 봅시다.

속성 발견	삼각형이 다른 도형과 차이점은 무엇인가요. 다음과 같은 세 개의 연결 선분으로 보여주면서 이것은 삼각형일까요?  다음과 같은 도형을 보여주면서 "이것은 삼각형이라고 할 수 있을까요?" 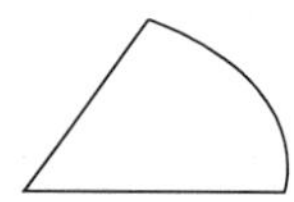 "삼각형이라고 할 수 없다면 그 이유는 무엇일까요?"

개념이 형성되어 있다는 것을 어떻게 파악할 수 있을까? 다음은 개념형성에 대한 발달 과정이다.

i) 사물을 주어진 개념과 관련지어 구별할 수 있다.
ii) 사례를 제시할 수 있다.
iii) 반례를 제시할 수 있다.
iv) 개념의 속성을 제시할 수 있다.
v) 개념정의를 진술할 수 있다.

정의의 구성을 위한 지도

추상적 대상에 대응하는 정의는 정신모델을 가지기 어렵다. 이러한 문제로 인하여 상징적 정의와 상사적 정의는 상보적으로 간주한다. 동시에 이 두 정의 방식은 유비적 수학에서 분석적 수학으로 이행하는 데 있어서 중요한 역할을 하기 때문에 하나의 정의를 다른 방식의 정의로 변환하는 것을 배울 필요가 있다.

학교수학에서 대부분의 정의는 상사적 방식과 상징적 방식 모두 가능하지만 상사적 정의를 한 다음, 상징적 정의를 지도하는 것이 바람직하다. 따라서 다음과 같은 지침이 유용하다.

i) 상사적 방식으로 정신모델을 제시하여 개념을 학습자에게 친숙하게 한다. 이 과정은 Dienes(1960)의 다중 표상 구현의 원리에 의한 활동으로 간주해도 좋다.
ii) 가능하면 상사적 정의로부터 시작하여 상징적 정의를 구성하도록 한다.
iii) 충분한 사례와 반례를 제시한다(Dienes, 1960).
iv) 정의 속성을 학습자가 스스로 발견할 수 있도록 안내한다.
v) 정의를 적당한 기호로 표상할 수 있도록 안내한다.

한편 정의를 내리지 않을 때 혼란이 생길 가능성이 있는 경우 교사는 분명하게 정의를 내리고 이에 대한 충분한 지도를 해야 한다.

정의를 통한 논리 훈련

칸토어에 의한 집합 개념의 정의는 사물의 모임이다. 이 정의는 논리적 문제점을 드러내었다는 것을 알고 있다. 정의는 가능한 한 엄격해야 하지만 학교수학에서 학생들의 발달을 고려하여 실제로 다소 느슨한 정의도 수용하고 있다. 추측과 논박이라는 라카토스의 견해는 수학에서 절대적으로 엄밀한 것은 없다는 것을 의미한다. 따라서 정의가 엄밀하지 않다는 것을 밝히는 과정은 교육적으로 의의가 있는 활동이다. 오류로부터 배움은 하나의 교수학습 방법이다.

예 1. 수를 규칙에 의하여 나열한 것을 수열이라고 정의할 때, 이 정의의 논리적 결함은 무엇인가?

예 2. 수열의 극한을 정의할 때 '가까이 간다'는 어떤 논리적 문제점을 가지고 있는가?

예 3. 왜 무정의 용어가 필요한가?

예 4. 개념이나 명제를 그림으로 정의하는 것은 어떤 문제가 있을까?

예 5. 분수라는 정의는 어떤 논리적 결함이 있을까?

논리성은 수학을 보다 청결하게 하기 위한 위생적 측면을 고려한 것이므로 논리적 엄격성은 발달 과정을 고려하여 선택적으로 지도할 필요가 있다. 예를 들면 정의를 지도할 때 다음과 같은 지침이 필요하다.

i) 정의의 논리성은 점진적이다. 그러므로 학생들의 발달에 따라 적절한 수준 조절이 필요하다.
ii) 정의의 논리성은 상대적이다. 처음부터 논리성을 강조하는 것은 맥락적이 아니다.
iii) 단순히 정의를 묻는 평가는 도움이 되지 않는다. 정의는 연결성을 고려하여 다양한 방식으로 평가해야 한다. 학교수학의 많은 정의들은 교육적으로 접근하기 때문에 논리적으로 허약한 것들이 있는데 이런 정의들은 논리적 측면과 교육적 측면을 동시에 고려해야 한다.

iv) 교사는 하나의 개념에 대한 수학적 정의와 교육적 정의를 동시에 알고 있어야 유연한 수업지도를 실천할 수 있다.

정신모델의 형성

개념이나 상황에 대한 정신모델은 학습자의 인지적 선택의 폭과 깊이를 결정한다. 그러므로 학습자가 훌륭한 정신모델을 가지기 위한 적극적인 안내가 필요하다. 정신모델은 간단한 개념 이미지에서부터 보다 복잡한 상황을 묘사하는 것까지 다양하게 나타난다. 따라서 이것들을 다음과 같이 구분해서 접근하는 것이 필요하다.

i) 개념에 대한 심상 또는 정신모델 형성하기.
ii) 문장제 문제에 대한 정신모델 형성하기.
iii) 문제에 대한 문제표상 형성하기.

우선 개념에 대한 심상 형성을 위하여 교사는 의도적으로 관련 심상을 그리도록 안내하며 가지고 있는 심상을 확인하고 동시에 보다 풍부한 심상을 그릴 수 있도록 다양한 사례와 반례를 제시하는 것이 필요하다. 예를 들면 딘즈의 다중 표상 구현의 원리가 적절하게 활용될 수 있도록 지도한다.

문장제 문제의 경우 그 문장을 다른 말로 또는 방식으로 진술하도록 해본다. 수식, 도표, 그림 등으로 문장 상황을 표상하는 것도 효과적이다. 표상이 해결자의 마음에 점점 익숙해질수록 문제는 쉬워진다.

마지막으로 문제표상은 문장제를 포함하여 모든 문제 상황에 적용된다. 여기서도 수식, 도표, 그림 등은 여전히 유효하다. 더욱이 문제표상의 경우에는 과정에 풀었던 문제 유형 등이 문제표상의 구성에 유효한데 이것은 유추의 한 형식으로서 우수한 문제해결자들에게 흔히 보이는 현상이다.[8)]

문제표상은 문제를 이해하기 위한 정신모델이지만 문제를 해결하기 위한 접근 방법에 관한 정보를 포함한다. 예를 들어 다음 연립일차방정식의 풀이를 생각해보자.

$$\begin{cases} ax+by=c \\ a'x+b'y=c' \end{cases}$$

이 방정식의 문제표상은 대개 다음 세 가지로 나타난다.

i) 표준적인 방법, 즉 소거법에 의한 풀이법.

---

8) 폴리아의 문제해결 전략에도 이 방법을 제안하고 있다.

ii) 행렬과 관련된 문제. 즉 $\begin{pmatrix} a & b \\ a' & b' \end{pmatrix}\begin{pmatrix} x \\ y \end{pmatrix} = \begin{pmatrix} c \\ c' \end{pmatrix}$에서 x와 y를 찾는 문제.

iii) 벡터의 일차결합과 관련된 문제, 즉 $\begin{pmatrix} a \\ a' \end{pmatrix}x + \begin{pmatrix} b \\ b' \end{pmatrix}y = \begin{pmatrix} c \\ c' \end{pmatrix}$을 만족하는 x와 y를 찾는 문제.

여기서 i)과 ii)는 전형적인 방법이지만 iii)은 문제표상이 문제해결을 곧바로 낳지는 않는다.

수학 기호 사용의 지도

기호는 수학적 탐구에서 중요한 역할을 하므로 학생들로 하여금 스스로 기호를 만들고 사용하도록 격려해야 한다. 기호를 만든다는 것은 자기만의 암호를 만드는 것과 유사하다. 가장 흔하면서 중요한 역할을 하는 기호는 수식에 번호를 부여하는 것인데 이것을 습관적으로 할 수 있도록 지도해야 하다.

한편 학생들이 문제를 풀 때 또는 수학적 개념을 진술할 때 가능하면 기호를 사용하도록 격려하고 새로운 기호를 창안하도록 권고한다. 스스로 만든 기호가 편리하면 그만큼 수학적 사고도 용이해지므로 학생들도 이 점에 대하여 만족감을 가지게 되어 수학 학습에 긍정적인 효과를 준다.

2.3.4 연구 과제

교수 측면

1. 훌륭한 정신모델 또는 심상을 가지기 위한 구체적인 방안을 논의해보자. 특히 대수적 문제에서 정신모델의 역할에 대하여 연구해보자.

2. 훌륭한 문제표상을 가지기 위한 절차적인 방안을 생각해보자.

3. 학생들이 스스로 기호를 고안하고 사용하는 수업을 설계해보자.

4. 인지심리학의 여러 이론들을 수학교육에 접목할 방법을 생각해보자.

학습 측면

1. 개념이 형성되는 다양한 과정을 조사하고 각각의 학습 특징을 논의해보자.

2. 수학 부진의 원인 중에 한 측면은 기호에 대한 생소함이다. 기호 사용에서 학습자들이 가지는 어려움을 토의해보자.

3. 절차적 지식이 선언적 지식으로 변환되는 여러 가지 이론을 비교해보자. 실제 상황에서 이런 이론들을 점검해보고 사례를 논의하자.

3. 논리

3.1 수학적 분석

3.1.1 역사적 분석

수학에 연역을 최초로 사용한 사람은 탈레스(Thales, 624~546 B.C.)로 알려져 있다. 그러나 고전논리학은 아리스토텔레스에 의하여 창안되었다. 이후 배중률과 관계논리학이 고전논리학에 포함되고 아리스토텔레스의 논리학에서 발견된 약간의 결함이 수정되어 고전논리학이 완성되었다.

그러나 시간이 지나면서 일상 언어가 가진 논리 결함으로 인하여 보다 일상 언어에 구애받지 않는 엄격한 논리학의 필요성이 대두되었다. 이러한 방향으로 최초의 연구는 라이프니츠(G. Leibniz, 1646~1716)라고 할 수 있다. 이후 논리학을 보다 형식화하기 위한 노력은 불(G. Boole, 1815~1864)과 드모르간(A. De Morgan, 1806~1871)에 의하여 이루어지는데 여기서 보다 정교한 논리학이 정립된다. 1854에 출간된 불의 <사고의 법칙>(An investigation into the Laws of Thought)는 이 분야의 독창적 업적이다. 한편 1838년에 드모르간은 그 당시까지 모호하게 사용되었던 수학적 귀납법을 분명하게 확립하였다.

고전논리학을 일반화 한 현대논리학은 프레게(G. Frege, 1848~1925)에 의하여 정립되었다. 프레게의 논리학을 기호논리학 또는 수리논리학이라고 하는데 그는 일상 언어가 가진 문제점을 모두 배제하기 위한 논리학을 수립하기 위하여 형식적 언어를 사용하였다. 프레게 이전의 논리학은 삼단논법이 중심인 반면에 프레게 이후의 논리학은 명제논리학과 술어논리학의 연구로 나누어진다. 이후 논리학은 루카시에비치(J. Lukasiewicz, 1878~1956)에 의하여 3가논리학으로, 이어 포스트(E. Post, 1897~1954)에 의하여 m가논리학으로 확장되고 현재 확률논리학 또는 퍼지논리학으로 발전하였다.

3.1.2 본체적 분석

명제의 개념

주어와 술어로 구성된 문장은 다양하게 나타난다.

(가) 클레오파트라는 미인이다.
(나) 소수는 홀수이다.
(다) $\{x \in \boldsymbol{N}: x^2+1=0\}$ 은 짝수들의 집합이다.
(라) 소크라테스는 짝수이다.
(마) 유니콘은 두 개의 뿔을 가지고 있다.

이 중에서 어떤 것을 명제라고 할 수 있을까? 먼저 이 문제에 답하기 전에 각각의 문장에 나타난 문제점을 살펴보자. 먼저 (가)의 문장은 미인이라는 의미가 분명하지 않다. 만약 미인 개념이 조작적으로 정의되어 있다면 (가)는 참/거짓이 밝혀진다. 문장 (나)는 불완전한 문장이다. 그 이유는 여기서 말하는 소수가 어떤 소수를 지칭하는가에 대한 분명한 언급이 없기 때문이다. 즉 문장 (나)에서 '모든' 또는 '어떤'이란 한정사를 명시하지 않는 이상 문장 (나)에서 주어진 소수는 '모든' 소수라고 해석할 수도 있고 '특정' 소수를 지칭할 수도 있다. 문장 (다)도 문장 (나)에서 제기된 문제점을 가지고 있지만 그보다 우선 주어진 집합은 원소를 가지지 않는다는 점이다. 그러므로 문장 (다)는 무의미하다. (라)도 무의미한 문장이다. 마지막으로 (마)에서 유니콘은 실재하지 않기 때문에 경험론적으로 무의미한 문장이지만 유니콘의 정의에 의하여 유의미하다.

무의미한 문장은 진위를 언급할 수 없다. 그러므로 명제가 되기 위해서는 우선 그 문장이 의미를 가져야 한다. 일단 의미를 가지게 되면 참/거짓의 판단은 영역 전문성에 의하여 검증하게 된다. 그러므로 명제를 참 또는 거짓인 문장으로 정의할 경우에는 문제가 될 게 없으나 참 또는 거짓이 될 수 있는 문장으로 정의할 경우 전문적 판단이 필요하게 되므로 성가신 정의가 된다.

명제논리

명제논리는 주어진 명제의 내적 의미를 다루지 않고 단지 명제 간의 결합으로 일어나는 논리적 판단에만 관심을 가진다. 따라서 명제논리는 명제의 결합에 대한 진릿값의 계산에 관한 것이다.

주어진 명제들을 논리 기호 $\vee$, $\wedge$, $\sim$, $\rightarrow$, ( )를 사용하여 여러 명제를 결합한 것을 합성명제라고 하며 합성명제의 진릿값은 다음 표와 같으며 이러한 기본적인 명제 결합을 이용하여 보다 복잡한 명제의 진위가 결정된다.

표 30 명제 계산 논리표

p	q	$p \vee q$	$p \wedge q$	$\sim p$	$p \rightarrow q$
T	T	T	T	F	T
T	F	T	F	F	F
F	T	T	F	T	T
F	F	F	F	T	T

$p \rightarrow q$는 $(\sim p) \vee q$와 같고 $p \wedge q$는 $\sim ((\sim p) \vee (\sim q))$와 같다는 것에 의하여 실제 명제의 결합은 이항연산 $\vee$ 와 일항연산 $\sim$ 에 의하여 정립된다.

정의. 명제 $p \rightarrow q$의 역(converse), 이(inverse), 대우(contrapositive)는 각각 다음과 같이 정의한다.

i) $q \rightarrow p$

ii) $(\sim p) \rightarrow (\sim q)$

iii) $(\sim q) \rightarrow (\sim p)$

정의. 주어진 명제식 $f(p, q, r, \cdots)$가 주어졌다고 하자. 이때 모든 명제 $p, q, r, ...$의 참/거짓에 관계없이 $f(p, q, r, \cdots)$가 항상 참일 때, $f(p, q, r, \cdots)$을 항진(tautology)이라고 하고 $f(p, q, r, \cdots)$가 항상 거짓일 때 $f(p, q, r, \cdots)$을 모순(contradiction)이라고 한다.

정리. 다음 명제들은 항진이다.

i) (배중률) $p \vee (\sim p)$

ii) (모순율) $\sim (p \wedge \sim p)$

iii) (삼단논법) $((p \rightarrow q) \wedge (q \rightarrow r)) \rightarrow (p \rightarrow r)$

iv) (귀류법)[9] $(p \rightarrow q) \leftrightarrow ((p \wedge (\sim q)) \rightarrow 0)$

v) (대우) $(p \rightarrow q) \leftrightarrow ((\sim q) \rightarrow (\sim p))$

증명. 명제 iv)만 증명하겠는데 다음 명제 계산표

9) 귀류법(reductio ad absurdum)의 창시자는 엘레아 학파의 한 사람인 제논(Zenon, 495~435 B.C.)으로 알려져 있다.

p	q	$p\to q$	$p\wedge\sim q$	0	$(p\wedge\sim q)\to 0$	$(p\to q)\leftrightarrow((p\wedge\sim q)\to 0)$
T	T	T	F	F	T	T
T	F	F	T	F	F	T
F	T	T	F	F	T	T
F	F	T	F	F	T	T

에 의하면 iv)는 항진이다. ■

술어논리

명제의 배열에 관한 논리학이 모든 논리적 문제를 해결할 수 있는 것은 아니다. 오히려 주어진 명제는 주어부와 술어부의 관계에 의하여 참/거짓이 결정된다. 이와 같이 주어와 술어의 관계를 위한 논리를 다루기 위한 논리학을 술어논리학이라고 한다.

술어논리학은 명제함수 "x는 P이다."의 형식으로부터 출발한다. x를 논항(argument)이라고 하고 "...는 P이다."를 술어(predicate)라고 한다. 여기에 보편 양화사 $\forall$ 와 존재 양화사 $\exists$ 가 결합된다. $P(x)$는 x의 변화에 의하여 참/거짓이 변하기 때문에 명제함수라고 한다. 여기서 명제함수 $P(x)$의 진리집합을 P라고 하자.

$$P=\{x:P(x)\}$$

즉 $x\in P$이라는 것은 $P(x)$가 참이라는 의미이다. 이때 명제의 진리성은 다음과 같이 정의된다.

정의. 명제함수 $P(x)$에 대하여

i) $(\forall x)P(x)$가 참이라는 것은 $P^c=\phi$임을 의미한다.
ii) $(\exists x)P(x)$가 참이라는 것은 $P\neq\phi$임을 의미한다.

명제 $(\forall x)P(x)$의 부정명제는 $(\exists x)\sim P(x)$로 정의하고 또 $(\exists x)P(x)$의 부정명제는 $(\forall x)\sim P(x)$로 정의한다. 이렇게 두면 술어명제에서 주어진 명제로부터 부정명제를 만드는 것은 $\exists$ 와 $\forall$ 의 교환과 동시에 주어진 명제에 부정 연산 $\sim$을 취하는 것에 해당된다.

한편 "$(\forall x)P(x)$이 거짓"이라면 "$(\exists x)\sim P(x)$이 참"이 된다. 그러므로 $(\forall x)P(x)$이 거짓임을 보이기 위하여 그 부정명제 $(\exists x)\sim P(x)$이 참이 되는 것을 보이는 것을 '반례의 제시'라고 한다.

예. 명제 "임의의 자연수 n에 대하여 $2^{2^n}+1$은 소수이다."가 거짓임을 보이기 위하여 $n=5$일 때 $2^{2^n}+1$은 641×6700417이므로 이 반례에 의하여 주어진 명제는 거짓이다.[10)]

기본적인 술어명제

술어논리에서 기본이 되는 가장 중요한 명제는 다음 4종류의 명제이다.[11)] 이것을 술어명제의 4격이라고 한다.

(A) $(\forall x)(P(x)\rightarrow Q(x))$ 또는 $(\forall x)(\sim P(x)\vee Q(x))$
(E) $(\forall x)(P(x)\rightarrow \sim Q(x))$ 또는 $(\forall x)(\sim P(x)\vee \sim Q(x))$
(I) $(\exists x)\sim(P(x)\rightarrow \sim Q(x))$ 또는 $(\exists x)(P(x)\wedge Q(x))$
(O) $(\exists x)\sim(P(x)\rightarrow Q(x))$ 또는 $(\exists x)(P(x)\wedge \sim Q(x))$

여기서 A를 전칭긍정명제, E를 전칭부정명제, I를 특칭긍정명제, O를 특칭부정명제라고 한다. A와 O는 서로 부정 관계이고 마찬가지로 E와 I도 부정 관계에 있다.[12)] 한편 A와 E, I와 O를 각각 서로 반대 명제라고 한다.

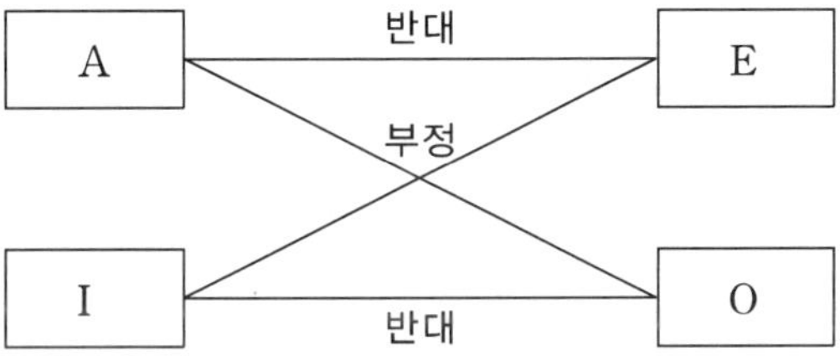

위의 표에 의하면 네 명제는 다음과 같은 성질을 가진다.

i) A와 O는 하나가 참이면 반드시 다른 하나는 거짓이다. 마찬가지로 E와 I도 동일하게 적용된다.
ii) A와 E 중 적어도 하나는 거짓이다.
iii) I와 O 중 적어도 하나는 참이다.

---

10) 이 문제는 원래 페르마에 의하여 제시된 추측이었는데 오일러(L. Euler, 1707~1783가 이것이 거짓임을 보였다.
11) 여기서 A, E, I, O는 AffIrmo와 nEgO에서 발췌한 것이다.
12) 두 명제 P와 Q가 모순이라는 것은 서로가 서로의 부정이라는 것을 의미한다.

$P(x)$와 $Q(x)$의 진리집합을 각각 P와 Q라고 하면 이 네 명제가 참이 되는 경우와 이에 대응하는 진리집합과의 관계는 다음 표와 같다.

격	A	E	I	O
명제	$(\forall x)(P(x)\rightarrow Q(x))$	$(\forall x)(P(x)\rightarrow \sim Q(x))$	$(\exists x)\sim(P(x)\rightarrow \sim Q(x))$	$(\exists x)\sim(P(x)\rightarrow Q(x))$
	$(\forall x)(\sim P(x)\vee Q(x))$	$(\forall x)(\sim P(x)\vee \sim Q(x))$	$(\exists x)(P(x)\wedge Q(x))$	$(\exists x)(P(x)\wedge \sim Q(x))$
참인 경우	$P\cap Q^c=\phi$	$P\cap Q=\phi$	$P\cap Q\neq\phi$	$P\cap Q^c\neq\phi$
	$P\subset Q$	$P\subset Q^c$	$P\not\subset Q^c$	$P\not\subset Q$

예 1. "모든 정삼각형은 이등변삼각형이다."에 대하여 4격을 예시하면 다음과 같다.

격	예	진위
A	모든 정삼각형은 이등변삼각형이다.	참
E	어떤 정삼각형도 이등변삼각형이 아니다.	거짓
I	어떤 정삼각형은 이등변삼각형이다.	참
O	어떤 정삼각형은 이등변삼각형이 아니다	거짓

예 2. "모든 소수는 홀수이다."에 대하여 4격을 예시하면 다음과 같다.

격	예	진위
A	모든 소수는 홀수이다.	거짓
E	어떤 소수도 홀수가 아니다.	거짓
I	어떤 소수는 홀수이다	참
O	어떤 소수는 홀수가 아니다.	참

예 3. "모든 유리수는 초월수이다."에 대하여 4격을 예시하면 다음과 같다.

격	예	진위
A	모든 유리수는 초월수이다.	거짓
E	어떤 유리수도 초월수가 아니다.	참
I	어떤 유리수는 초월수이다.	거짓
O	어떤 유리수는 초월수가 아니다.	참

유효한 술어명제

정리. 다음과 같은 성질이 성립한다.

i) $(\forall x)(p(x)\wedge q(x))\equiv(\forall x)p(x)\wedge(\forall x)q(x)$
ii) $(\exists x)(p(x)\vee q(x))\equiv(\exists x)p(x)\vee(\exists x)q(x)$
iii) $(\forall x)p(x)\vee(\forall x)q(x)$이면 $(\forall x)(p(x)\vee q(x))$이 성립한다.
iv) $(\exists x)(p(x)\wedge q(x))$이면 $(\exists x)p(x)\wedge(\exists x)q(x)$이 성립한다.
v) $(\forall x)(\forall y)p(x,\ y)\equiv(\forall y)(\forall x)p(x,\ y)$
vi) $(\exists x)(\exists y)p(x,\ y)\equiv(\exists y)(\exists x)p(x,\ y)$
vii) $(\exists x)(\forall y)p(x,\ y)$이면 $(\forall x)(\exists y)p(x,\ y)$이 성립한다.

예 1. 명제 iii)의 역은 성립하지 않는다. 예를 들면 $p(x)$를 "x는 짝수이다."라고 하고 $q(x)$를 "x는 홀수이다."라고 하면 $(\forall x)(p(x)\vee q(x))$은 참이지만 $(\forall x)p(x)\vee(\forall x)q(x)$은 거짓이다.

예 2. 명제 iv)의 역은 성립하지 않는다. 예를 들면 $p(x)$를 "x는 양수이다."라고 하고 $q(x)$를 "x는 음수이다."라고 하면 $(\exists x)p(x)\wedge(\exists x)q(x)$은 참이지만 $(\exists x)(p(x)\wedge q(x))$는 거짓이다.

예 3. 명제 vii)의 역은 성립하지 않는다. 예를 들면 $p(x,\ y)$를 "y는 x의 부모이다." 라고 하면 $(\forall x)(\exists y)p(x,\ y)$은 참이지만 $(\exists x)(\forall y)p(x,\ y)$은 거짓이다.

불 대수(Boolean algebra)

정의. 다음 조건 i)–vii)을 만족하는 이항연산 +, ・이 주어진 집합 B를 불 대수라고 한다.

i) 임의의 $a,\ b\in B$에 대하여 $a+b=b+a$이고 $ab=ba$이다.

ii) 임의의 $a,\ b\in B$에 대하여 $(a+b)+c=a+(b+c)$이고 $(ab)c=a(bc)$이다.

iii) 임의의 $a,\ b,\ c\in B$에 대하여 $a+(bc)=(a+b)(a+c)$이고 $a(b+c)=(ab)+(ac)$이다.

iv) 임의의 $a\in B$에 대하여 $a+0=a$를 만족하는 $0\in B$가 존재한다.

v) 임의의 $a\in B$에 대하여 $a1=a$를 만족하는 $1\in B$가 존재한다.

vi) 임의의 $a\in B$에 대하여 $a+a'=1$을 만족하는 $a'\in B$가 존재한다.

vii) 임의의 $a\in B$에 대하여 $aa'=0$을 만족하는 $a'\in B$가 존재한다.

예 1. 집합 $\{0,\ 1\}$은 다음 표에 의하여 불 대수가 된다.

+	1	0
1	1	1
0	1	0

·	1	0
1	1	0
0	0	0

예 2. 집합에서 $+\leftrightarrow\cup$, $\cdot\leftrightarrow\cap$, $0\leftrightarrow\phi$, 1을 전체 집합, $'$를 여집합 기호로 대응하면 집합에서 연산은 불 대수가 된다.

정리 1. 불 대수에서 0과 1은 유일하게 존재한다.

증명. 임의의 $a\in B$에 대하여 $0'+a=a$이고 $0+a=a$라고 하면 $0'=0+0'=0$이 성립하므로 $0=0'$이다. 마찬가지로 1에 대해서도 같은 방법으로 증명한다. ■

정리 2. 불 대수에서 임의의 a에 대하여 a'는 유일하게 존재한다.

증명. $a+a'=1$이고 $aa'=0$이라고 하자. 또 $a+b=1$이고 $ab=0$라고 하자.

$$\begin{aligned} b &= 1b \\ &= (a+a')b \\ &= ab+a'b \\ &= a'b \\ &= a'b+aa' \\ &= a'(b+a) \\ &= a' \end{aligned}$$

으로부터 a에 대한 a'는 유일하게 존재한다. ■

정리 3. 불 대수는 다음 성질을 만족한다.

i) $a+a=a$, $aa=a$

ii) $a+1=1$, $a0=0$

iii) $(a')'=a$

iv) $0'=1$, $1'=0$

v) $(a+b)'=a'b'$, $(ab)'=a'+b'$

증명. 등식

$$a=a+0=a+aa'=(a+a)(a+a')=(a+a)1=a+a$$

와

$$a=a1=a(a+a')=a^2+aa'=a^2$$

으로부터 i)이 나온다.

또

$$a+1=a+(a+a')=(a+a)+a'=a+a'=1$$

이고

$$a0=a(aa')=a^2a'=aa'=0$$

이므로 ii)가 성립한다.

iii)은 다음 등식에 의하여 성립한다.

$$\begin{aligned} a &= a+0 \\ &= a+(a'a'') \\ &= (a+a')(a+a'') \\ &= 1(a+a'') \\ &= (a''+a')(a''+a) \\ &= a''(a'+a) \\ &= a''1 \\ &= a'' \end{aligned}$$

iv)는 다음 등식으로부터 성립한다.

$$1'=1'1=0$$

마지막으로 v)에서 $(a+b)'=a'b'$을 보여주기 위하여 $(a+b)+a'b'=1$이고 $(a+b)a'b'=0$임을 보여주면 충분하다. 이것은 다음 두 등식에 의하여 성립한다.

$$\begin{aligned} (a+b)+a'b' &= a+(b+a'b') \\ &= a+(b1+a'b') \\ &= a+(b(a+a')+a'b') \\ &= a+(ab+(a'b+a'b')) \\ &= (a+ab)+(a'b+a'b') \\ &= a(1+b)+a'(b+b') \\ &= a+a' \\ &= 1 \end{aligned}$$

$$
\begin{aligned}
(a+b)a'b' &= (a'b')(a+b) \\
&= (a'b')a + (a'b')b \\
&= (aa')b' + a'(b'b) \\
&= 0b' + a'0 \\
&= 0
\end{aligned}
$$

등식 $(ab)' = a' + b'$을 보여주기 위하여 양변에 $'$를 취하면 $(a+b)' = a'b'$에 의하여 충분하다. ■

논증

논증이란 가정이라고 하는 참인 명제들 $H_1, \cdots, H_n$으로부터 결론이라는 참인 명제 C를 연역하는 과정이다. 만약

$$H_1 \wedge H_2 \wedge \cdots \wedge H_n \rightarrow C$$

가 항진이 되었을 때 이 논증을 유효하다고 하고 그렇지 않을 때 오류라고 한다. 논증은 다음과 같은 방식이 있다.

i) 가정 p가 거짓인 경우라면 $p \rightarrow q$는 항상 참이다. 이런 경우를 무의미한(vacuous) 증명이라고 한다.

ii) 결론 q가 참이면 $p \rightarrow q$는 항상 참이다. 이 경우를 자명한(trivial) 증명이라고 한다.

iii) 가정으로부터 직접 연역하여 결론을 이끄는 방법과 그렇지 않은 방법을 생각할 수 있는데 전자를 직접 증명법이라고 하고 후자를 간접 증명법이라고 한다. 간접 증명법은 귀류법과 대우법이 있다.

iv) 어떤 것이 존재함을 증명할 때 실제로 그 존재성을 밝히는 것과 간접적으로 그 존재성을 찾는 두 가지 방법이 있다. 여기서 전자를 구성적 증명이라고 하고 후자는 비구성적 증명이라고 한다.

v) 가능한 사례를 모두 제시하고 각 사례가 요구하는 조건을 모두 만족한다는 것을 증명하는 방법을 사례에 의한 증명이라고 한다.

예 1. 명제 "$1=2$라면 $0 \neq 0$이다."는 전제가 거짓이므로 이 명제는 항상 참이다.

예 2. "$x+1=x$이면 $1=1$이다."에서 결론 '$1=1$'은 항상 참이므로 주어진 명제는 참이다.

예 3. (구성적)"짝수인 소수가 존재함을 증명하라." 2는 짝수인 소수이므로 증명은 완료된다.

예 4. (비구성적) x^y가 유리수가 되는 무리수 x, y가 존재함을 증명해보자. $\sqrt{2}^{\sqrt{2}}$가 유리수라면 $\sqrt{2}$는 무리수이므로 증명은 완료된다. 만약 $\sqrt{2}^{\sqrt{2}}$이 무리수이면 $x=\sqrt{2}^{\sqrt{2}}$, $y=\sqrt{2}$으로 두면 $x^y=\sqrt{2}^2=2$이다. 그러므로 x^y이 유리수인 무리수 x, y가 존재한다.

예 5. 어느 마을에 항상 참말을 하는 사람과 항상 거짓말을 하는 두 부류의 사람들이 있다. 이 부류를 각각 T와 F 집단이라고 하자. 이 마을에서 갑, 을, 병 3사람이 있다. 갑이 말하기를 "을은 F 집단의 사람이다."라고 말하고 을은 "갑과 병은 같은 집단의 사람이다."라고 말했다. 이때 병은 F 집단 사람임을 보이자. 먼저 갑이 T 집단의 사람이라고 하자. 갑은 참말만 하므로 갑의 진술은 참이고 을은 F 집단에 속한다. 을이 F 집단이므로 거짓말만 하고 갑과 병은 다른 집단의 사람이다. 그러므로 갑이 T 집단의 사람이므로 병은 F 집단에 속한다. 둘째 갑이 F 집단에 속한다고 해보자. 이때 갑이 한 말 "을은 F 집단의 사람이다."는 거짓말이 되므로 을은 T 집단의 사람이다. 그러므로 "갑과 병은 같은 집단 사람이다."는 참이 된다. 그런데 갑이 F 집단에 속하므로 병도 F 집단에 속한다.

3.1.3 현상학적 분석

논리학의 발생

논리학의 발생은 적어도 다음 3가지 현상들에 기초한다.

i) 문법으로서의 논리. 논리학은 일상 언어의 문법 체계이며 논리적 문제를 다루기 위한 도구로서 나타났다.
ii) 형식 언어로서의 논리. 일상 언어 규칙의 추상 구조를 표상하기 위한 도구로서 나타났다.
iii) 메타언어로서의 논리. 문장의 논리 구조의 보편성을 연구하기 위한 도구로서 나타났다.

논증의 현상학

논증은 다음과 같은 현상으로부터 출발한다.

i) 개인적 주장의 수단으로서의 논증. 이 논증은 다시 개인적 확인 차원의 논증과 동료 및 비판자에게 검사를 받는 수준의 논증으로 나눌 수 있다.

ii) 문제해결의 설명으로서의 논증.
iii) 수학적 지식의 정립으로서의 논증.

이 세 논증 양상은 위계적이다. 즉 개인적 합리화를 위한 논증은 문제해결의 논증으로 발전하고 이어 수학을 체계화 하기 위한 수단으로서의 논증으로 정립된다.

3.2 심리적 분석

3.2.1 인지적 분석

증명의 심리

학생들은 증명에 대한 개념이 부족하거나 증명이 무엇인지 모르고 있다. 명제와 증명의 절차와 방법에 대한 지식이 부족하다. 증명에 대하여 알고 있는 학생들도 증명은 엄격해야 한다고 생각한다. 그러나 엄격함을 정의하지 못한다.

논리와 영상도식

논리는 그릇 도식에 의하여 체화된 개념이다. 그릇과 논리의 기본 명제들은 다음 사상에 의하여 연결되어 있다(Lakoff & Núñez, 2000).

근원 영역	목표 영역
그릇 안	범주
그릇의 표면	범주 경계
그릇 안의 내용물	범주 구성원
그릇의 안과 밖	배중률
그릇 안의 다른 그릇	삼단논법

조건 추론의 인지

몇몇 실험에 의하면 모든 피험자들은 p가 참이고 q가 참일 때 $p \to q$가 참이라는 것에 대해서는 거의 어려워하지 않는 경향이 있다는 것이 관찰되었다. 그러나 다음과 같은 편향이 발생하였다.

i) "$p \rightarrow q$가 참"이라는 것을 "q가 참"이라는 것으로 간주한다. 즉 조건명제의 판단에서는 전제가 거짓인 경우를 생각하지 않는 경향이 있다. 예를 들면 "1 = 2라면 너는 바보다."라고 했을 때, 조건문 전체보다는 결론만 생각하는 경향이 있다.

ii) 대개의 사람들이 일상 대화에서 사용되는 방식에 의하여 추론 오류를 일으킨다는 것을 관찰하였다(Braine, 1978). 예를 들면 "공부를 잘하면 용돈을 올려 주겠다." 라고 하면 듣는 이는 공부를 잘하지 않으면 용돈을 올려주지 않을 것이다라고 판단한다. 물론 이것은 오류이다. 또 용돈을 올려 받았다면 공부를 잘했다고 판단하는데 이것도 잘못된 오류이지만 흔히 나타난다. "비가 오지 않으면 놀러가겠다."와 "비가 오면 놀러가지 않겠다."와 같은 의미로 사용하는 경우도 마찬가지 이유이다.

iii) 전제와 결론이 사실인 것처럼 보이면 그것이 논리적 결함이 있음에도 불구하고 타당성을 믿는 경향이 있다. 동시에 전제의 결론이나 내용이 추론자의 기존 믿음과 다를 때 결론의 타당성을 반증하는 경향을 보인다(Evans, Barston, & Pollard, 1983).

iv) 4개의 기본 명제를 일상 언어로 사용할 경우 분명한 차이를 가지지 못하고 있다.

v) 전칭긍정명제에 대한 부정명제를 찾는 것은 전칭 명제에 대한 반례를 찾는 것이 된다. Fischbein(1987)의 연구에 의하면 12~15세 아동들은 반례를 찾는 것이 구체적으로 무엇을 하는 것인지 분명한 대답을 하지 못하고 있다.

vi) 자발적으로 후건부정논리를 사용하여 추론할 필요를 느끼지 않는 경향이 있다(Braine & O'Brien, 1991).

vii) 논리학을 배운 사람들조차도 연역 추론의 실패를 보인다.

viii) 형식 논리학의 진술과 일상생활에서의 진술은 어느 정도 괴리가 있다. 예를 들면 "이 책을 사면 5%를 할인해준다"고 했을 때, 사람들은 이 책을 구매하지 않았을 때 5%의 할인을 기대할 수 없다는 것을 정확하게 추론할 것이다. 그러나 형식 논리학의 관점으로 보면 이것은 엄연히 잘못된 추론이다.

ix) 이전 경험이 없거나 기존 지식이 어떤 상황에 대한 정보를 줄 수 없는 경우에 사람들은 엄격한 추론 규칙을 사용하기보다는 실용적 추리도식(pragmatic reasoning schema)[13]을 사용하는 경향이 있다(Cheng & Holyoak, 1985). 예를 들어 "운전면허증을 가지려면 18세 이상이 되어야 한다."는 규정을 알고 있고 어떤 젊은 사람이 차 문을 열고 운전대를 잡는 것을 본다면 그 사람이 18세 이상은 될 것이라고 추론한다.

삼단논법 추론의 인지

삼단논법은 선형삼단논법과 범주삼단논법이 있다. 선형삼단논법의 형식은

13) 특정한 목표와 관련된 일반적 조직 원칙으로서 구체적 상황에서 폭넓게 적용될 수 있는 규칙들이다.

$$[(p \rightarrow q) \wedge (q \rightarrow r)] \rightarrow (p \rightarrow r)$$

으로 주어진다. 한편 범주삼단논법에서 예를 들면 "모든 사람은 죽는다.", "소크라테스는 사람이다." "그러므로 소크라테스는 죽는다."와 같은 것이다. 삼단논법에 대한 심리 연구에 의하면 선형삼단논법은 심상을 사용하는 경향이 강하다고 한다(Desoto, London, & Handel, 1965). 예를 들면 A가 B보다 크고, B가 C보다 크면 A가 C보다 크다는 것을 추론할 수 있다. 이때 사람들은 수직선을 생각하고 그 수직선 위에 A, B, C를 놓아 시각적으로 추론한다는 것이다.

한편 범주삼단논법은 정신모델을 사용하는 경향이 강하다고 한다(Johnson−Laird, 1997). 그렇다고 정신모델이 항상 바른 추론을 보증하는 것은 아니다. 즉 어떤 정신모델은 다른 모델보다 연역적으로 타당한 결론을 잘 이끌어 내지만 어떤 정신모델은 타당하지 않는 결론을 반증하는 데 그리 효과적이지 않음을 보였다. Johnson−Laird와 Steedman(1978)의 연구에서 "모든 화가는 양봉업자이다. 어떤 양봉업자는 영리하다."는 명제로부터 결론을 내리고 그 과정에서 적용한 정신모델을 설명하도록 요구받았다. 한 피험자는 "난 방에 있는 모든 어린 화가들을 생각했고 그들이 모두 양봉 모자를 쓰고 있는 것을 상상했다."고 말했다. 다음 그림과 같이 이 추론을 위한 두 가지 정신모델을 상정할 수 있다.

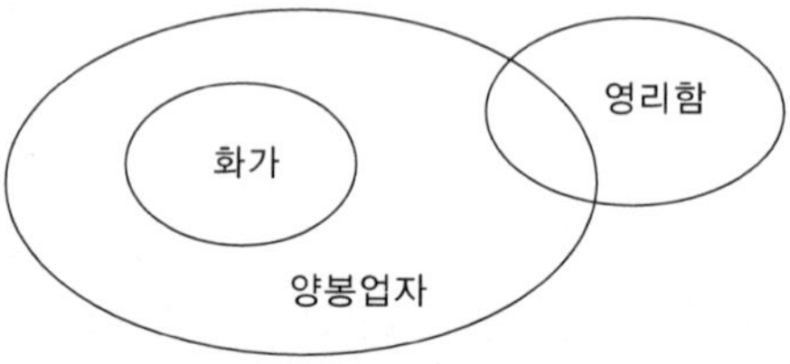

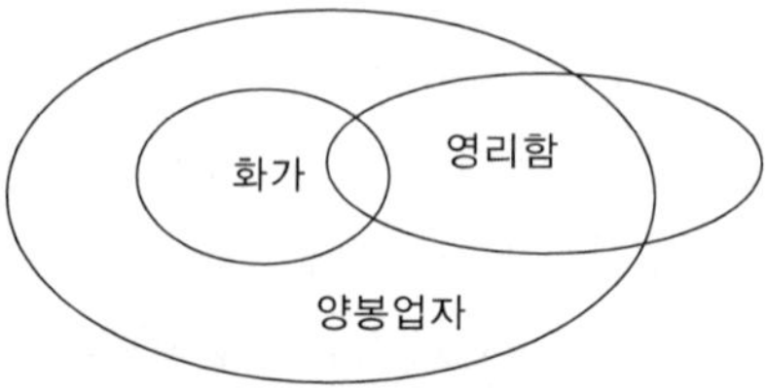

좌측 정신모델에 의하면 어떤 화가도 영리하지 않다는 결론을 얻을 수 있지만 우측 정신모델에 의하면 어떤 화가는 영리하다는 결론을 얻는다. 더욱이 부정명제의 경우 정신모델의 의존성은 더 높지만 그렇다고 타당한 결론을 내는 것과는 다르다. 예를 들면 "어떤 교사도 백인이 아니다. 어떤 백인도 김치를 먹지 않는다."에서 이 두 명제로부터 교사가 김치를 먹는지 아닌지에 대하여 결론을 내리라고 할 때 이 추론을 위한 정신모델은 다음과 같은 것이 있다.

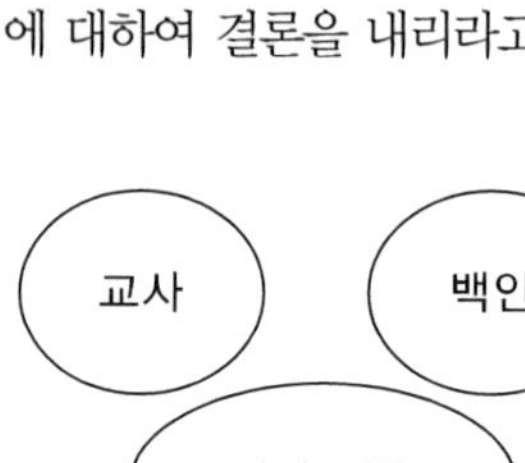

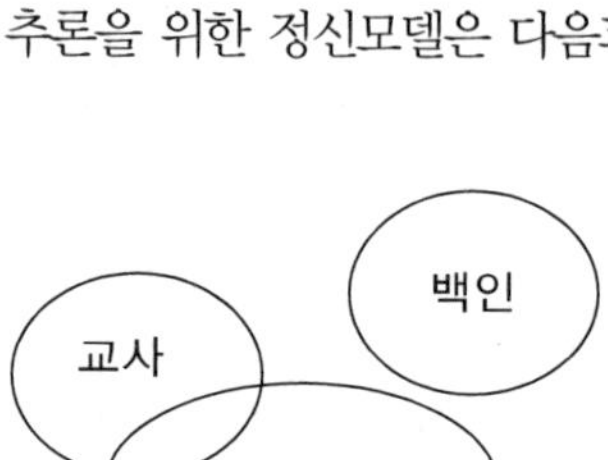

결론적으로 교사와 김치 먹는 것과의 타당한 결론은 존재하지 않는다.

3.2.2 언어 분석

4격의 명제를 어떻게 번역하고 있는가? 논리학 안내서에서 나타난 4격의 표준 번역은 다음과 같다. 예를 들어 $P(x)$를 "x는 소수이다" $Q(x)$를 "x는 홀수이다"라고 할 때 다음 표는 표준 번역과 실제 사용을 비교한 것이다.

격	표준 번역	실제 사용
A	모든 소수는 홀수이다.[14)	임의의 소수는 홀수이다. 어떤 소수도 홀수이다. 각각의 소수는 홀수이다. 소수는 홀수이다.
E	어떤 소수도 홀수가 아니다.	임의의 소수는 홀수가 아니다. 모든 소수는 홀수가 아니다. 각각의 소수는 홀수가 아니다.
I	어떤 소수는 홀수이다.	약간의 소수는 홀수이다. 홀수인 소수가 존재한다.
O	어떤 소수는 홀수가 아니다.	홀수가 아닌 소수가 존재한다. 약간의 소수는 홀수가 아니다.

표준 번역에서 생기는 문제점은 다음과 같은 것이 있다.

i) (A)와 (E)에서 보여주는 것과 같이 일상 언어에서의 '모든'과 '어떤'은 전체를 의미하는 것으로서 사용되고 있다.

ii) (E)와 (O)에서 나타나는 '어떤'에서 전자는 '모든'을 의미하지만 후자는 '일부'를 의미한다. 더욱이 이 차이는 (E)와 (O)는 조사 '도'와 '는'에 의하여 구별되어 있다.

한편 앞의 표에서 본 바와 같이 표준 번역에 대한 실제 사용은 다양하게 나타난다. 이러한 변용은 $\forall$ 을 영어로 번역할 때 'all', 'every', 'any' 'each'등과 같이 다양하게 번역하고 그것을 한국어로 번역하면서 다시 다양해졌기 때문이다.

14) 이 표현은 대개 "소수는 홀수이다." "소수라면 홀수이다." 등으로 나타내고 대개 '임의의' 또는 '모든' 등과 같은 한정사를 생략하고 있다.

이 번역 중에서 가장 문제가 되는 것은 전칭긍정명제에서 보편 양화사를 생략하는 경우이다. 이 경우에 어떤 명제의 부정명제와 반대명제의 표현은 심각한 문제를 야기할 수 있다.

3.2.3 오개념

논리와 관련된 오개념

i) $p(n)$을 "n은 4의 약수이다."라고 하고 $q(n)$을 "n은 12의 약수이다."라고 하면 $p(n)$과 $q(n)$은 명제가 아니다. 그러므로 그들의 결합 진술문도 명제가 아니다. 그런데 $p(n)$과 $q(n)$의 진리집합의 포함 관계를 이용하여 $p(n) \rightarrow q(n)$의 참/거짓, 즉 명제로 정의한다. 그러나 $p(n) \rightarrow q(n)$은 명제가 아니며 명제가 되기 위해서는 $p(n) \rightarrow q(n)$에 양화사가 들어있을 때 가능하다.

ii) 명제는 명제함수가 아니라고 한다.

iii) 거짓인 명제는 명제가 아니라고 생각한다.

iv) $(\forall x) \sim P(x)$의 부정을 $(\forall x)P(x)$로 생각한다. 즉 양화사는 그대로 두고 문장만 부정으로 바꾼다.

v) 어떤 명제에 대한 부정과 반대를 구별하지 못한다.

vi) 격위에 대한 분명한 개념을 가지고 있지 않다. 예를 들면 다음 표의 두 추론에서 왼편 글상자에 제시된 추론의 오류를 정확하게 지적할 수 없다.

소크라테스는 철인이다. 철인은 두 글자이다. 그러므로 소크라테스는 두 글자이다.	소크라테스는 철인이다. 철인은 죽는다. 그러므로 소크라테스는 죽는다.

vii) $ab = 0$와 $a = 0 = b$를 동치라고 간주한다.

viii) 무의미한 진술과 거짓인 진술을 동일시한다. 예를 들면 "지구의 무게는 1km보다 크다."라는 진술은 무의미하기 때문에 참, 거짓을 논할 수 없다. 그러나 이런 경우 거짓이라고 생각한다.

ix) 논리적 존재 문제를 경험적 존재 문제로 간주한다.

증명과 관련된 오개념

i) 증명에서의 전제를 파악하는 데 실패하고 있다. 예를 들면 "$\triangle ABC$에서 $\overline{AB} = \overline{AC}$이면 $\angle B = \angle C$을 증명하는 문제"에서 "$\overline{AB} = \overline{AC}$인 $\triangle ABC$는 이

등변삼각형이고, 또 이등변삼각형은 두 밑각이 같으므로 $\angle B = \angle C$이다."라고 답하는 경우가 있다. 이런 경우는 가정과 결론이 혼동되는 경우이다.

ii) q가 참이라는 것과 $p \to q$가 참이라는 것을 동일시한다.

iii) $p \to q$가 참이면 그 이와 역도 참이라고 간주한다.

3.3 교육적 분석

3.3.1 교육과정 분석

학습목표 분석

논리학을 배우는 이유는 러셀의 의도와 같이 수학을 논리학에 의하여 정초하자는 것이 아니다. 그런 시도는 수학적으로도 또는 교육적으로도 타당하지 않다. 학교수학에서 논리 단원을 배우는 의의는 타당한 추론을 할 수 있고 타당하지 않은 추론을 검사하는 데 있으며 궁극적으로 수학적 진술의 위생 상태를 점검하는 데 있다.

수학적 사고를 하는데 있어서 고도의 논리학적 지식이 필요한 것은 아니며 정말 필요한 것은 일상적인 상황에서 논리적 추론을 할 수 있는 능력을 가져야 하는 데 있다. 이를 위해서는 문장 논리 보다 대화 논리를 위한 훈련이 필요하다. 대화 논리 능력은 순발력이 중요하므로 직접 토론을 통하여 배우는 것이 바람직하다.

학습 내용 개요

학교수학에 도입되는 기본 내용은 다음과 같다.

주제	학습 내용	학습 주안점
명제논리	명제의 결합과 진위 조건명제의 변형과 동등성	논리합, 논리곱, 부정, 조건문, 쌍조건문의 진릿값 명제의 역, 이, 대우의 진릿값 논리 회로
술어논리	진리집합 기본 명제의 변형과 진위 부정과 반대	명제의 부정은 반례 개념으로 주어짐 논리적으로 진술하기 명제의 오류 분석
논증	귀류법 대우법 필요조건 충분조건	귀류법과 대우법 강조 필요조건과 충분조건은 차이점만 인식

논리는 기본적으로 명제논리와 술어논리로 되어있다. 여기서 명제논리는 다루지만 술어논리의 표준적 형식은 다루지 않기 때문에 학생들이 어려워한다.

한편 술어논리의 진위는 진리집합과 연결되어 있다. 실제로 술어논리의 진위는 진리집합에 의하여 정의되어 있다. 즉 학교수학은 집합이 논리에 우선한다는 점이다. 그 결과 즉각적인 판단을 해야 할 상황에서 순발력이 떨어지는 단점이 있다.

가능한 한 기본적인 술어논리의 4격, 즉 A, E, I, O는 공식적으로 다루는 게 바람직하고 일상생활에서 그것이 어떻게 표현되는가를 알 필요가 있다. 실제로 논리학 시간에서 배우는 이 형식을 일상 언어로 표현하는 것은 다양한 변용이 있기 때문에 각각의 변화를 알고 있어야 한다. 근본적으로 논리 단원은 수학의 영역이 아니라 수학적 사실을 사용하기 위한 메타수학적 역할을 하고 있기 때문에 논리 단원은 수학적 탐구의 대상이라기보다는 수학적 진술을 이해하기 위한 언어로 간주해야 하며 유창하게 구사될 수 있어야 한다.

한편 이 단원에서 증명의 형식을 명료화하는 것이 바람직하다. 중학교 상위 과정이나 고등학교 하위 과정에서 증명의 의의, 증명의 형식 등이 소개되는 것이 바람직하다. 수학이 논리적 학문이고 수학을 통하여 논리적 사고를 함양한다는 수학교육의 목표에 비하여 논리단원은 실제로 간과되고 있는 셈이다.

마지막으로 필요조건과 충분조건 개념은 논리 영역에서 소개되었지만 이후에 이것은 다른 영역에서 불필요한 개념이 되고 있다. 그러므로 이 두 개념은 적절한 입장 정리가 필요하다.

지식의 연결성

다음 표는 논리와 관련된 단원의 연결도이다.

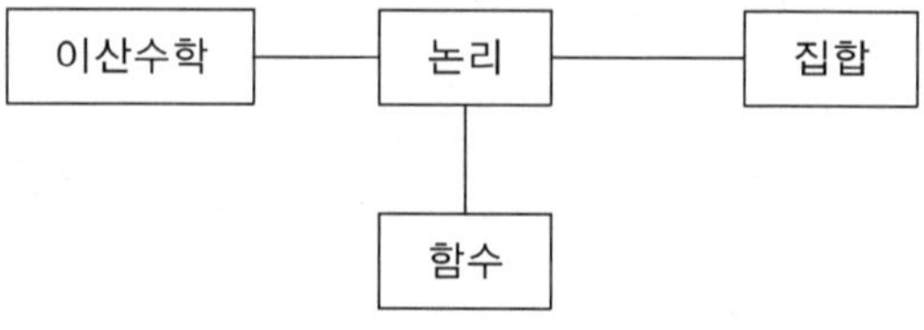

3.3.2 학습 주제 및 내용 분석

명제의 개념

학교수학에서 명제는 참 또는 거짓을 판단할 수 있는 문장으로 되어 있다. 그러나 명제는 다시 다음과 같이 두 가지로 생각할 수 있다.

i) 참 또는 거짓인 진술
ii) 참 또는 거짓을 구별할 수 있는 진술

전자는 진술의 진릿값이 확정되어 있기 때문에 논리 계산만 고려하면 된다. 반면에 후자는 진술의 진릿값이 확정되지 않았기 때문에 그 문장에 관련된 사실 관계의 영역 전문적 판정이 필요하다. 그런데 영역 전문적 판정은 사실 수학의 문제가 아니며 이런 문제로 인하여 소모적일 필요는 없다. 그러므로 학교수학에서는 참 또는 거짓인 문장을 명제로 규정하는 것이 바람직하다.

술어라는 말은 일상 언어의 술어 개념과는 다르다. 예를 들면 "사람은 죽는다."에서 "... 죽는다."는 일상 문법적으로 술어가 되지만 "소크라테스는 산티페의 남편이다."에서 "소크라테스는 ....의 남편이다."는 일상 문법으로 술어가 아니지만 논리에서는 술어가 된다.

명제함수는 명제를 포섭하는 개념이다. 예를 들면 $2 < 3$은 명제이나 명제함수가 되기도 한다.

주어진 명제의 역, 이, 대우 명제의 역할은 명제의 술어 변형에 의하여 진릿값이 변한다는 것을 분명하게 인식해야 한다. 그러나 여기서 다음과 같은 문제점이 발생한다.

조건문

형식적 명제를 일상 문장으로 번역할 때 오개념이 나타나는데 그 이유는 형식적 명제를 일상 언어로 번역할 때 다양한 번역을 가지기 때문이다. 예를 들면 명제 "$p \to q$가 참"일 때는 표준적으로 "p이면 q가 성립한다."로 읽는다. 그러나 실제로 이 명제를 읽는 다음과 같은 다양한 변용이 있다.

i) p는 q를 함의한다.
ii) p는 (단지) q일 때만 성립한다.
iii) p는 q의 충분조건이다.
iv) q는 p의 필요조건이다.
v) q가 되기 위해서는 p가 되어야 한다.

명제 "$p \to q$가 참"일 때 교사가 이와 같은 다양한 방식으로 표현한다면 학생들은 혼란에 빠질 가능성이 있다.

필요조건과 충분조건의 역할

필요조건과 충분조건 개념이 논리 단원에서만 소개되고 이후에는 언급되지 않는다. 즉 이 두 개념은 수학적 연결성이라는 측면에서 볼 때 고립된 개념이 되어 있다. 사실 필요조건/충분조건 개념은 본질적으로 분석과정에서 나타나는 개념이지 논리학에 필요한 개념은 아니다. 분석에서 어떤 명제 H가 참인가를 알 필요가 있다. 이때 H를 가설이라고 한다. 만약 $H \to C$가 성립하고 또 C가 참이라면 'H가 참일 개연성이 있다'는 것을 의미한다. 즉 C는 H의 필요조건이고 H는 C의 충분조건이다. 결국 필요조건/충분조건 개념은 가설을 검증하기 위한 조건을 찾는 데 필요한 개념이다. 필요조건/충분조건 개념은 실제로 방정식의 풀이 과정에서 분명하게 나타난다. 다음 예를 보자.

예. 방정식 $\sqrt{x} = -x$는 근을 가질까? 여기서 H를 "방정식 $\sqrt{x} = -x$는 근을 가진다."로 하면 그 근을 α로 두었을 때 $\sqrt{\alpha} = -\alpha$가 된다. 여기서 양 변을 제곱하면 $\alpha = \alpha^2$이 되고 이것을 풀면 α는 0 또는 1이 되는데 따라서 $\{0,\ 1\}$가 H의 필요조건이 되는 셈이다. 그러나 $\{0,\ 1\}$은 H의 충분조건은 아니며 실제로 H의 충분조건은 $\{0\}$이다.15)

학교수학에서 "$p \to q$가 참이다."라는 진술은 필요조건/충분조건이라는 용어를 피할 수 있게 한다. 그러므로 명제와 집합 단원에서 필요조건/충분조건 용어를 삭제해도 하등 문제가 되지 않는다. 한편 방정식을 푸는 문제는 실제로 주어진 방정식의 '근의 존재성에 대한 필요조건'을 찾는 문제이지만 지금의 교과서에는 무연근이란 대체 개념을 사용한다. 그러므로 필요조건/충분조건 용어는 교과서 전체에서 삭제되어도 문제될 것은 없다.

술어명제의 양화사 도입

교과서에서 명제 $(\forall x)(P(x) \to Q(x))$을 번역할 때 매우 단순화하는 경향이 있다. 다음 인용문을 보자.

> 이를테면 자연수 n에 관한 명제
>
> 'n이 4의 약수라면 n은 12의 약수이다.' ······ (1)
>
> 에서
>
> p: n은 4의 약수이다.

15) 만약 이 방정식을 푸는 데 있어서 $\sqrt{\alpha} + \sqrt{\alpha}\sqrt{\alpha} = 0$로 변형하고 인수분해하면 $\sqrt{\alpha}(1 + \sqrt{\alpha}) = 0$를 얻고 이로부터 $\alpha = 0$을 얻는다. 이 방법은 H가 되기 위한 필요충분조건을 즉각적으로 얻는다.

q: n은 12의 약수이다.

라 할 때 조건 p, q에 대한 명제 'p이면 q'로 볼 수 있다.

한편 다음 인용문을 보자.

임의의 실수 x에 대하여 $x^2+ax+1 \geq 0$이다. ………………………………………… (2)

이 두 문장은 교과서에서 인용한 것이다. 여기서 문장 (1)과 문장 (2)를 비교해보면 문장 (1)은 양화사가 생략되어 있지만 문장 (2)는 그렇지 않다. 논리적 관점에서 본다면 문장 (1)은 양화사가 없기 때문에 명제가 아니다. 그러나 관용적으로 문장 (1)은 양화사 '$\forall n$'이 생략되어 있는 것으로 간주한다. 이와 같이 학교수학에서 다루는 술어명제는 다음과 같은 특징을 가지고 있다.

i) $(\forall x)(p(x)\rightarrow q(x))$는 양화사 $\forall x$를 생략하고 $p(x)\rightarrow q(x)$만 기술하는 경향이 있다.
ii) $(\forall x)p(x)$인 경우는 사례 (2)와 같이 생략하지 않는다.

양화사 생략은 논리적 문제를 야기할 수 있다. 예를 들어 명제 P를 "소수는 홀수이다." 라고 하자. 물론 여기서 P는 관용적으로 "모든 소수는 홀수이다."라는 의미이다. 그런데 여기서 "소수는 홀수가 아니다."라고 하면 이것은 P의 부정인가 또는 P의 반대인가? 이와 같이 양화사를 생략하면 주어진 문장의 부정과 반대를 구별할 수 없게 된다. 이 점은 심각한 문제를 초래할 수 있다.

3.4 교수학습 지도

3.4.1 학습 내용 지도

논리합과 논리곱의 지도

'그리고', '또는' 등과 같은 논리합과 논리곱은 당연하게 알고 있는 것 같지만 많은 학생들에게서 인식 부족이 나타난다. 논리합과 논리곱에 대한 정신모델은 가지고 있는 것이 확인되지만 발화 또는 서술할 때 정확한 사용법은 미숙하다. 사실 이 두 용어는 학교 교육 전에 이미 완료되었다고 판단하고 학교수학에서 간과하지만 실제로 분명하게 배운 적이 없기 때문에 학습 사각지대가 되었다. 그러므로 이 개념들은 사소한 것 같지만 학교에서 이 두 용어를 정확하게 사용하는 법을 지도해야 한다. 여기서 이 개념들이 어떻게 사용되고 있고 어떤 화용이 존재하는가를 알아야 한다. 예를 들면 "생물 = 동물 ∨ 식물"은 다음과 같은 방식으로 사용된다.

교사 : (여러 가지 동물 그림과 식물 그림으로 된 표를 제시하며) 이 그림은 여러 동물들이 그려져 있고 저 그림에는 식물들이 그려져 있습니다. 이런 것들은 모두 생물이라고 하죠?

학생 : 네.

교사 : 여기서 내가 "동물과 식물을 합치면 생물이다."라는 말을 제시합니다. 그러면 여러분은 '생물', '동물', '식물'의 3낱말을 넣어서 내가 제시한 말의 뜻과 같도록 간단한 문장을 만들어 봅시다.

학생 : (다음과 같은 반응을 나타낸다.)

i) 생물은 동물이거나 식물이다.

ii) 생물은 동물이다 또는 식물이다.

iii) 동물 또는 식물은 생물이다.

iv) 생물은 동물이고 생물은 식물이다.

v) 동물과 식물은 생물이다.

그들이 발표한 이와 같은 사례들은 제시된 동식물 그림과 교사의 발화를 토대로 자신의 정신모델을 만들고 정신모델 그것을 발화한 것이다.

논리합과 논리곱은 진리표에 의하여 지도하는 것이 아니다. 이 두 개념은 발화된 형태로 사용하기 때문에 즉각적으로 인식될 수 있어야 하며 일상생활에서 자동적으로 사용할 수 있게 훈련되어야 한다.

술어논리의 지도 단계

명제 $(\forall x)(p(x) \rightarrow q(x))$의 참은 진리집합을 이용하여 정의하지만 $(\forall x)p(x)$의 참은 이미 알고 있는 것 또는 학교 밖에서 이미 배운 것으로 간주하고 학교에서 분명하게 지도하지 않는 경향이 있다. 학교수학에서는 이 점도 진리집합을 이용하여 분명하게 지도하여야 다음 절차를 제안한다.

i) $(\forall x)p(x)$의 도입과 참/거짓의 정의. 여기서 참/거짓은 $p(x)$의 진리집합에 의거한다.

ii) $(\forall x)(p(x) \rightarrow q(x))$의 도입과 참/거짓의 정의. 여기서도 참/거짓은 $p(x)$와 $q(x)$

의 진리집합에 의거한다.

iii) 4격의 도입과 참/거짓의 지도.

전칭긍정명제와 반례의 지도

수학적 명제는 대개 전칭긍정명제로 조직되어 있다. 전칭긍정명제 $(\forall x)p(x)$의 부정은 $(\exists x) \sim p(x)$로서 보통 p를 만족하지 않는 x가 존재함을 보이면 충분하다. 이때 다양한 예를 제시함으로써 자동화를 이루게 하는 것이 필요하다. 예를 들면 다음 명제들에 대한 부정명제가 무엇인지 알아보게 하자. 이때 전칭 양화사를 반드시 사용하는 것이 중요하다.

명제	부정
모든 아메바는 단세포 동물이다	단세포 동물이 아닌 아메바가 있다.
모든 소수는 홀수이다.	홀수가 아닌 소수가 있다.
모든 실수 x에 대하여 $x^2 \geq 0$	$x^2 < 0$을 만족하는 실수 x가 존재한다.

귀류법의 안내

배중률에 의하면 $p \rightarrow q$와 $\sim (p \rightarrow q)$의 하나만 참이다. 그러므로 $\sim (p \rightarrow q)$이 거짓이면 $p \rightarrow q$는 참이 된다. 이렇게 증명하는 방법을 귀류법이라고 한다. 여기서 $\sim (p \rightarrow q)$는 $p \wedge (\sim q)$이므로 $\sim (p \rightarrow q)$이 거짓이라는 것을 밝힌다는 것은 '$p \wedge (\sim q)$가 거짓'임을 밝히는 일이 된다.

여기서 배중률이 성립하지 않을 경우 어떤 문제가 일어나는가 보자. 배중률이 성립하지 않는다면 q도 $\sim q$도 아닌 제3의 가능성 r이 존재하게 된다. 이 경우에 $\sim (p \rightarrow q)$가 거짓이 된다는 것을 밝힌다고 해도 $p \rightarrow r$의 진위가 어떻게 될지 모르기 때문에 $p \rightarrow q$가 반드시 참이 된다고 말할 수 없게 된다. 이와 같이 배중률을 포기하게 되면 귀류법이 정당하지 않은 논법이 된다.

증명의 의의

수학에서 증명의 의의를 논할 경우에는 형식적 측면과 내용 측면으로 구분할 필요가 있다. 증명의 형식적 측면은 정리가 참이라는 것을 말하고 있다. 증명의 내용 측면은 수학적 아이디어는 대개 증명에 담겨 있다는 점이다. 그러므로 정리를 기억하는 것과 증명의 핵심을 파악하는 일은 모두 중요하다. 전자는 증명의 인식이고 후자는 증명의 이해이다.

그런데 정리를 인식하는 것과 이해하는 것은 다른 학습효과를 가진다. 증명을 인식하는 것은 다른 문제에 적용하기 위함이다. 반면에 증명을 읽고 이해하는 과정은 일반적인 글을 읽고 이해하는 과정과 유사하다. 증명을 이해한다는 것은 다음과 같은 의의가 있다.

i) 증명으로부터 수학적 아이디어를 얻는다.
ii) 지식을 명료화한다. 증명 과정은 필요한 정의와 정리 등과 같은 수학적 사실들이 인용되는데 이런 것들을 다시 생각해보게 된다. 그 결과 정의와 정리들을 자연스럽게 세부적으로 기억하게 된다.
iii) 추론 능력을 향상시킨다. 증명을 읽게 되면 어떤 문장은 쉽게 이해되고 또 어떤 것은 그렇지 않음을 알게 된다. 이와 같이 자신이 즉각적으로 이해되지 않은 것을 이해할 수 있을 경우에는 그만큼 자신의 논증력이 향상되어 간다는 것을 의미한다.
iv) 증명에서 어떤 정리를 적용했다는 말을 사용하는데 이것은 정리가 하나의 문제해결을 위한 도구 또는 수단임을 의미한다. 그러므로 증명을 이해한다는 것은 수학적 지식을 사용하는 방법을 학습한다는 의미를 가진다.

이와 같은 이유로 인하여 증명을 읽고 이해하는 것은 매우 중요한 학습과정이다. 증명이 주어졌을 경우 교사 스스로 설명하려고 하지 말고 학생들이 서로 증명을 읽어가면서 서로 토론하는 기회를 가지도록 만들어야 한다.

증명의 지도

학생들이 증명하기를 어려워하는 이유를 살펴보면 대개 증명이 무엇인지 모르고 있기 때문이다. 실제로 증명 개념과 증명 절차에 대하여 상세한 지도를 하지 않는 경향이 있다. 따라서 증명 개념을 다룰 때 다음을 반드시 소개해야 한다.

i) 증명의 역할과 필요성. 수학에서 증명이 차지하는 역할에 대한 일반적인 사항을 설명한다. 증명되지 않은 명제는 추측이라고 하고 증명된 명제를 정리라고 한다. 증명이란 추측이 정리가 되는가를 확인하는 과정이다. 이 과정에서 토론의 중요성이 나타난다.
ii) 증명의 방법과 절차. 증명은 가정과 결론을 연역적으로 연결하는 과정이다. 실험이나 관찰에 의한 결과는 증명을 위한 예비 단계이지 그 자체가 증명은 아니다.
iii) 증명의 구성. 증명은 처음부터 완결된 수준으로 나아가는 것이 아니라 증명을 개략적으로 스케치하고 이어 점차적으로 정교한 부분까지 처리하는 방향으로 나아가야 함을 지도한다.
iv) 증명의 수준. 증명은 스스로 확신하는 수준, 동료를 확신시키는 수준, 비판자를 확신시키는 수준이 있음을 알린다. 이것은 한편 절대적인 수준의 증명은 없다는 점을 시사한다.

증명을 지도할 때 반드시 필요한 부분은 바로 증명을 시도하지 말라는 점이다. 증명은 먼저 그림을 그리는 것으로 비유할 수 있다. 즉 전체적인 개요를 잡은 다음 세부적인 터치를 해야 한다는 점이다. 학생들이 증명에 실패하는 경우는 대개 개요를 그리지 못하기 때문이다.

한편 직관적으로 타당한 것을 논리적으로 설명하지 못하는 경우도 많이 나타난다. 이 경우에는 직관적으로 타당한 것을 논리적으로 기술할 수 있도록 지도해야 한다.

정당한 진술

논리적 진술을 지도하거나 논리적으로 말해야 하는 경우에는 반드시 다음과 같은 진술에 의하여 문장을 연결할 수 있도록 지도해야 한다.

i) 공리에 의하여...
ii) 가정에 의하여...
iii) 정의에 의하여...
iv) 정리에 의하여...
v) 논리 규칙에 의하여...
vi) 앞에서 사용한 사실에 의하여...

3.4.2 평가

1. 명제 "짝수는 두 소수의 합으로 표시된다."의 부정과 반대를 진술해보자.

2. 두 명제 "모든 P는 Q이다."와 "어떤 P는 R이다." 이 두 명제로부터 "어떤 P는 Q이다."라고 했을 때 이 논증은 타당한가?

3.4.3 연구 과제

교수 측면

1. 삼단논법을 적절하게 교수하기 위한 절차적 방법을 논의하자.

2. 술어논리의 4격이 실제로 어떻게 사용되는지를 파악해보고 문제점과 대안을 제시해보자.

3. 증명의 의미, 가치, 절차, 방법에 대하여 논의하자.

4. 증명을 지도하기 위한 절차를 설계해보자.

5. 이 단원에서 지도하기 어려운 내용을 제시하고 대안을 토의하자.

학습 측면

1. 적어도 학교에서 사용하는 술어논리는 표준적이지 않다. 이로부터 야기되는 문제점은 무엇인가?

2. 논리적 사고는 기술 상황보다 대화 상황에서 중요하다. 대화 상황에서 논리의 수월성을 학습할 수 있는 방안을 논의하자.

3. 학생들이 증명을 어려워하는 요인을 분석하고 이에 대한 대안을 세워보자.

4. 이 단원에서 학생들이 가장 어려워하는 부분은 무엇인가? 사례들을 수집하고 개선안을 제시하자.

4. 집합

4.1 수학적 분석

4.1.1 역사적 분석

무한의 역사

집합론은 본질적으로 무한에 관한 연구에 의하여 그 진면목이 드러났다. 무한은 이미 고대 그리스의 수학에서 다루고 있던 오래된 개념으로서 항상 논쟁의 중심에 있었다. 무한과 관련된 입장을 분명하게 제시한 사람은 아리스토텔레스인데 그는 무한이란 실재한다기보다는 유한을 넘어선 어떤 것으로 간주하였다. 그의 이런 무한 개념을 가무한(potential infinity)이라고 하는데 이 개념은 무한의 실재를 부정하는 것이다. 실제로 그는 무한소라든지 선분을 무한히 연장할 수 있다는 것을 모두 부정하였다. 아리스토텔레스의 이런 태도에 의하여 무한 개념은 가무한과 실무한(real infinity)의 개념으로 나누어진다. 실무한 개념을 배제하는 전통은 유클리드의 원론에서도 나타난다. 유클리드는 그의 원론에서 직선은 무한하다는 가정을 전제하는데 그 의미는 직선을 한없이 연장할 수 있다는 의미일 뿐 무한 직선이 존재함을 주장하는 것은 아니다. 이와 같이 유클리드에게 있어서도 무한 개념은 가무한 개념이다.

이에 반하여 실무한의 존재를 인정하는 관점은 데카르트(R. Descartes, 1596~1650)나 볼차노(B. Bolzano, 1781~1848)에 의하여 주장되었다. 예를 들면 데카르트는 궤적이 무한히 많은 점으로 구성되어 있다고 보았고 볼차노는 무한집합의 존재를 확신하면서 무한집합은 자기 자신의 진부분집합과 상등이 될 수 있다는 것을 보였는데 이것은 나중에 데데킨트(J. Dedekind, 1831~1916)에 의하여 무한집합의 정의가 된다.

무한이 실재하는 것인가? 이 물음은 실재의 정의에 따른다. 전통적으로 실재라는 것은 물질적인 대상에 한하였다. 그러나 법, 제도 등 사회적 실재, 수학과 같은 학문에서 나타나는 추상적 실재를 추가하면서 실재의 개념이 확대되었다. 그러므로 수, 벡터, 연속함수, 군 등이 수학적 실재인가 아니면 단순한 개념인가의 문제는 인식론의 문제가 아니라 이념의 문제인 것 같다.

제논의 역리

엘레아 학파의 제논은 무한과 관련된 몇 가지 역리를 남겼다. 이것은 수학의 연구에 매우 중요한 자극을 주었다. 그중에 아킬레스의 역리를 살펴보자. 아킬레스는 거북이와 달리기 시합을 제의한다. 먼저 아킬레스는 0의 위치에서 출발하고 거북이는 1의 위치에서 출발한다. 아킬레스가 거북이의 위치 1에 도착하면 거북이는 그 반의 거리에 도착한다. 이와 같이 계속하여 아킬레스가 한 지점에 도착하면 거북이는 그 다음 위치에 도착해 있으므로 아무리해도 아킬레스는 거북이를 따라잡을 수 없다. 이 시합은 세상이 실수로 되어 있다면 아킬레스는 거북이를 2의 위치에서 따라잡을 수 있다. 그러나 제논이 이 역리를 제기한 것은 세상이 자연수로 되어 있다는 피타고라스의 자연관에 대한 견해를 반박하기 위함이라고 본다. 만약 피타고라스의 주장처럼 세상이 자연수로 되어 있다면 이 시합에서 징검다리 건너기 문제로 환원되고 따라서 아킬레스는 거북이를 따를 수 없기 때문이다. 이 문제를 해결한 사람은 칸토어로 본다.

집합론의 연구

무한에 관한 이런 단편적인 생각들은 칸토어에 와서 보다 세련되어지고 통합된다. 칸토어는 삼각 급수론을 연구하면서 수 체계에 대하여 무엇인가 부족하다는 것을 인식하고 집합론의 연구를 시작하였다. 칸토어는 집합을 '사물의 모임'으로 정의하고 관련 성질을 유도하였으며 마지막으로 자신의 이론의 논리적 결함까지 발견하였다. 이런 면에서 집합론은 순전히 칸토어 혼자만의 작품이라고 해도 과장은 아니다. 이런 측면에서 칸토어의 업적을 열거해보는 것은 중요한 의미를 갖는다.

칸토어는 먼저 정수 계수의 대수방정식

$$a_n x^n + a_{n-1} x^{n-1} + \cdots + a_1 x + a_0 = 0$$

의 실근[16]들의 집합이 자연수의 집합과 대등하다는 것을 보였다. 이어 그 논문에 자연수의 집합과 실수의 집합은 대등하지 않다는 것을 증명하였다.[17] 이어 그는 실수의 집합 $\boldsymbol{R}$과 $\boldsymbol{R}^n$이 대등하다는 것을 보였다. 이후 칸토어는 순서수에 대하여 연구하였다. 여기서 정렬집합의 순서형을 제시한다.

집합론에서 가장 중요한 결과는 무한의 다양성에 관한 것이다. 칸토어는 실수의 집합 $\boldsymbol{R}$의 농도가 자연수의 집합 $\boldsymbol{N}$의 농도보다 크다는 것을 밝혀 무한 대상이 여러 개 존재한다는 것을 처음으로 밝혔고 이어 임의의 집합 X의 농도 $n(X)$보다 그 멱집합 2^X의 농도

16) 이것을 대수적 수라 하고 그렇지 않는 수를 초월수라고 한다.

17) 이 증명은 대각선 논법이 아니라 감소하는 폐구간의 열에 관한 정리를 이용하였는데 이 정리를 Nested interval theorem이라고 한다.

$n(2^X)$가 더 크다는 것을 밝혔다. 즉

$$n(X) < n(2^X).$$

이로부터 무한집합은 무한히 많다는 것을 밝히는 셈이다. 여기서 칸토어는 이 부등식이 모순을 만든다는 것을 발견하였고 이어 부랄리－포티(Burali－Forti) 또는 러셀에 의하여 칸토어의 집합론은 모순이 있음이 발견되었다. 그러나 이러한 결함이 제기되었을 때 집합론은 이미 해석학의 기초가 되어 있었다. 예를 들면 르베그(H. Lebesgue, 1875~1941)는 칸토어의 집합론에 기초하여 자신의 측도 이론을 개척하고 있었다. 즉 수학계는 집합론을 포기하는 것보다는 집합론을 개선하는 편이 낫다고 보았다.

집합론의 모순을 해결하기 위하여 다양한 대안이 제안되었다. 예를 들면 푸앵카레(H. Poincaré, 1854~1912)는 집합을 구성할 때 사용되는 명제함수는 비술어적으로 사용하지 말 것을 제안하였다. 실제로 러셀의 역리는 "본질적으로 모든 크레타 사람은 거짓말쟁이다."라는 속담과 같이 비술어적으로 사용되고 있다. 러셀은 논리학이 결점이 없다는 것에 착안하여 논리학을 바탕으로 수학을 구축하자는 제안을 하였다. 그러나 칸토어의 집합론의 문제점이 무한으로부터 생긴 문제이고 논리학은 본질적으로 유한을 다루기 때문에 이 역리를 제거할 수 없다는 것이 판명되었다. 이어 힐베르트(D. Hilbert, 1862~1943)는 공리를 통하여 집합론을 구성하기를 제안하였다. 한편 브로우베르(L. Brouwer, 1881~1966)는 집합론의 문제를 논리학의 문제로 환원하였는데 즉 논리학에서 사용하는 배중률이 유한을 다루는 데는 유효하지만 무한을 다루는 데는 한계가 있음을 보였다.

집합론의 역설을 타개하기 위한 다양한 대안 중에 주목할 만한 것은 집합론을 공리에 의하여 구축하는 방법이다. 최초의 공리론적 방법에 의한 칸토어의 집합론의 구성은 1908년에 체르멜로(E. Zermelo, 1871~1953)와 프랜켈(A. Fraenkel, 1891~1965)에 의하여 제안되었는데 그들에 의하여 구축된 집합론을 체르멜로－프랜켈의 집합론(ZF－집합론)이라고 한다. ZF－집합론은 명제함수 $P(x)$로 집합을 정의하는 경우, $\{x \in A : P(x)\}$ 형의 모임만 고려한다. 여기서 A는 어떤 집합이다. 즉 이 공리론은 $\{x : P(x)\}$ 형의 모임을 허용하지 않는다. 이렇게 정의된 집합은 러셀의 역리를 일으키지 않는다는 것이 밝혀진다.[18] ZF－집합론과 다른 집합론으로서 폰 노이만(J. von Neumann, 1903~1957), 베르나이스(P. Bernays, 1906~1978), 괴델(K. Gödel, 1906~1978)에 의하여 제안된 집합론이 있다. 이 집합론을 NBG－집합론이라고 하는데 NBG－집합론은 족(class)과 $\in$을 무정의 용어로 하고 집합은 어떤 족의 원소로 정의한다. 이렇게 하여 원래 칸토어에 의하여 구축된 집합론을 '소박한 집합론'이라고 하고 이에 대하여 공리계에 의하여 제시된 집합론을 '공리론적 집합론'이라고 한다. 이러한 논쟁 속에서 공리론적 집합론의 제안이 유효하게 보였다. 그러나 그것도 이

18) $R = \{x \in A : x \notin x\}$라고 하자. 만약 $R \in R$이면 $R \notin A$이라는 사실만 말해준다.

후 괴델에 의해 잘못된 생각이라는 것이 밝혀졌다.

유클리드 공리계에 중심 공리가 평행선 공리라면 집합론의 공리계에서 중심되는 공리는 선택공리라고 할 수 있다. 선택공리는 이미 1890년 페아노(G. Peano, 1858~1932)에 의하여 상미분방정식의 근의 존재 정리를 증명하면서 사용되었지만, 1904년에 체르멜로에 의하여 집합의 정렬집합 가능성 정리 즉 "임의의 집합은 정렬가능하다."는 정리의 증명에서 공식적으로 소개되었다.[19] 이후 1963년 코헨(P. Cohen, 1934~2007)은 선택공리가 ZF－집합론의 다른 공리계와 독립임을 증명하였다.

4.1.2 본체론적 분석

집합의 정의

칸토어는 집합을 '사물의 모임'으로 정의하였다. 그러나 이것은 다음과 같이 여러 가지의 모순을 낳는다.

i) 칸토어의 역리. 칸토어는 집합을 사물의 모임으로 정의하였다. 여기서 U를 모든 집합의 집합이고 하자. 칸토어의 정리에 의하면

$$n(U) < n(2^U)$$

가 성립한다. 그런데 또 $2^U \subset U$이므로

$$n(2^U) < n(U)$$

가 성립한다. 그러므로 $U = 2^U$가 되는데 이것은 모순이다.

ii) 러셀의 역리. 집합을 사물의 모임으로 정의하면 $R = \{x : x \not\in x\}$도 집합이 된다. 그런데 배중률에 의하여 $R \in R$이 되거나 $R \not\in R$이 되어야 하는데 어느 것이 될까? 여기서

$$R \not\in R \leftrightarrow R \in R$$

은 참이 된다. 이것은 명백히 모순이다.

iii) 농도수의 역리. U를 모든 농도수의 집합이라고 하자. a를 어떤 농도수라고 하고 C_a를 a와 대등한 모든 농도수의 집합이라고 하자. 이때 집합 $B = \cup \{C_c : c \in U\}$라고 하고 b를 B의 농도수라고 하자. 이때 임의의 농도수 c에 대하여 $C_c \subset B$이므로 $c \leq b$가 성립한다. 이것은 모순이다.

---

19) 이 정리는 먼저 칸토어에 의하여 예상되었고 실제로 선택공리와 집합의 정렬집합 가능성 정리는 동치인데 이 동치성은 보렐(E. Borel, 1871~1956)에 의하여 밝혀졌다.

이런 역리를 제거하기 위하여 대안으로 공리론적 집합론을 제안하게 되었는데 다음의 2가지 제안이 대표적이다.

i) 체르멜로-프랜켈 공리계에 의하면 명제함수 $P(x)$에 의하여 주어지는 집합을 조직할 때 $\{x : P(x)\}$으로 주어지는 것이 아니라 어떤 집합 A에 대하여 항상 $\{x \in A : P(x)\}$으로 주어진다. 즉, 집합은 어떤 집합의 부분집합으로 주어진다. 이렇게 정의하면 러셀의 역리는 나타나지 않는데 그 이유는 다음과 같다. 러셀의 역리에서 주어지는 $R = \{x : x \not\in x\}$는 $S = \{x \in A : x \not\in x\}$로 대치된다. 여기서 A는 어떤 집합이다. 실제로 이 경우에 $S \in S$이라면 $S \in A$이고 $S \not\in S$이므로 모순이다. 그러므로 $S \not\in S$가 성립한다. 그런데 $S \not\in S$이라면 $S \not\in A$라는 것을 말해준다.

ii) 노이만-베르나이스-괴델 공리계 의한 정의. 여기서 무정의 용어로서 족을 정의하고 족의 원소를 집합이라고 한다. 즉 어떤 족 S가 집합이라는 것은 집합이라는 것은 $S \in C$를 만족하는 족 C가 있을 때이다. 이 경우에는 러셀의 족 R은 $T = \{x : x =$ 집합, $x \not\in x\}$로 대체된다. 이렇게 하면 러셀의 역리는 나타나지 않는데 그 이유는 다음과 같다. $T \in T$이라면 T는 집합이고 $T \not\in T$이므로 모순이다. 그러므로 $T \not\in T$가 성립한다. 그런데 $T \not\in T$이라면 T는 집합이 아니라는 결론을 얻게 된다.

집합의 기본 연산 법칙

집합 연산의 기본 법칙은 다음 표와 같다. 집합 U가 주어져 있고 그 부분집합 A, B, C가 주어져있을 때, 다음 표와 같은 성질이 성립한다.

	$(\cup, \cap, \phi)$	$(\cap, \cup, U)$
결합법칙	$A \cup (B \cup C) = (A \cup B) \cup C$	$A \cap (B \cap C) = (A \cap B) \cap C$
교환법칙	$A \cup B = B \cup A$	$A \cap B = B \cap A$
분배법칙	$A \cup (B \cap C) = (A \cup B) \cap (A \cup C)$	$A \cap (B \cup C) = (A \cap B) \cup (A \cap C)$
항등원의 존재	$A \cup \phi = A$	$A \cap U = A$
여원의 존재	$A \cup A' = U$	$A \cap A' = \phi$
흡수율	$A \cup (A \cap B) = A$	$A \cap (A \cup B) = A$
드모르간 법칙	$(A \cup B)' = A' \cap B'$	$(A \cap B)' = A' \cup B'$

앞의 표를 보면 $\cup$과 $\cap$이 서로 교환되어 있고 마찬가지로 ϕ와 U가 서로 교환되어 있다. 이것을 쌍대원리라고 한다. 즉 $(\cup, \cap, \phi)$와 $(\cap, \cup, U)$는 쌍대이다.

명제 '$\phi \subset A$'을 증명에서 공집합은 원소가 존재하지 않는 집합이기 때문에 고전논리로는 다룰 수 없고 실제로 기호논리학이 필요하다. $(\forall x)(x \in \phi \rightarrow x \in A)$이 참임을 보여야 하는데 여기서 $x \in \phi$의 진리집합은 ϕ이고 $x \in A$의 진리집합은 A이다. 그런데 $(\forall x)(x \in \phi \rightarrow x \in A)$가 참이기 위해서는 진리집합의 관계가 $\phi \subset A$임을 말하고 있다. 그러므로 주어진 명제는 참이다.

집합의 농도와 초한수의 존재

정의. 두 집합 A와 B가 주어져 있을 때 두 집합이 대등하다는 것은 A와 B 사이에 일대일 대응이 존재함을 말한다. 한편 어떤 집합 A가 무한집합이라는 것은 A와 대등한 A의 진부분집합이 존재할 때를 의미한다.

예 1. 자연수의 집합 $\boldsymbol{N}$은 무한집합이다.

정리 1. (칸토어) 임의의 집합 A에 대하여 A에서 2^A로의 단사 함수는 존재하나 전사 함수는 존재하지 않는다.

증명. 먼저 A에서 2^A로의 단사 함수가 존재한다는 것을 밝히자. 각각의 $x \in A$에 대하여 $f(x) = \{x\}$로 정의하면 이 함수는 단사함수이다. A에서 2^A로의 전사 함수가 존재하지 않는다는 것을 귀류법으로 증명하자. A에서 2^A로의 전사 함수가 존재한다고 하고 그것을 f라고 하자. 여기서 $B = \{x \in A : x \not\in f(x)\}$라고 두면 $B \subset A$이고 f는 전사이므로 $f(p) = B$를 만족하는 p가 존재한다. 여기서 $p \in B$이거나 $p \not\in B$이거나 둘 중에 하나는 참이 된다. 그런데 $p \in B$이면 $p \not\in f(p) = B$가 되어 모순이다. 그러므로 $p \not\in B$가 성립한다. 그러나 $p \not\in B$이면 $p \in f(p) = B$가 되어 이것도 모순이다. 그러므로 A에서 2^A로의 전사 함수가 존재하지 않는다. ■

이 정리로부터 A가 무한집합이라면 2^A는 A보다 큰 무한집합이고 또 2^{2^A}는 2^A보다 더 큰 무한집합이다. 이것을 계속하면 무한집합은 무한히 많이 존재한다는 것을 알 수 있다.

정리 2. $\boldsymbol{N}$과 실수의 집합 $\boldsymbol{R}$은 대등하지 않다.

증명. [20]만약 $\boldsymbol{N}$과 $(0,\ 1)$이 대등하다면 $(0,\ 1)$의 원소들을

20) 이 증명법을 대각선 논법이라고 한다.

$$
\begin{aligned}
1 &\leftrightarrow 0.a_{11}a_{12}a_{13}\cdots \\
2 &\leftrightarrow 0.a_{21}a_{22}a_{23}\cdots \\
3 &\leftrightarrow 0.a_{31}a_{32}a_{33}\cdots \\
&\cdots\cdots\cdots\cdots \\
n &\leftrightarrow 0.a_{n1}a_{n2}a_{n3}\cdots \\
&\cdots\cdots\cdots\cdots
\end{aligned}
$$

와 같이 일대일 대응시킬 수 있다. 여기서 다음과 같은 수 $p=0.p_1p_2p_3\cdots$를 임의의 n에 대하여 $p_n \neq a_{nn}$이 되도록 p_n을 선택한다면 p는 0과 1사이에 있지만 위의 대응에 나타난 어떤 수와도 다르다. 이것은 모순이다. 그러므로 $\boldsymbol{N}$과 $(0,\ 1)$이 대등하지 않다는 것을 알 수 있다. ■

집합의 표기

집합을 나타낼 때 보통 $\{x : p(x)\}$와 같은 형식으로 제시한다. 이것을 조건제시법 또는 명제함수에 의한 집합의 구성이라고 한다. 그러나 집합이 항상 조건제시법으로 나타나지는 않는데 그 이유는 다음과 같다. 명제함수 $p(x)$는 유한개의 기호로 구성되어 있기 때문에 그런 구성의 조합 수는 기껏해야 자연수의 농도를 넘지 않는다. 그러나 집합의 종류의 농도는 자연수의 농도보다 더 많기 때문에 결국 조건제시법으로 표상할 수 없는 집합이 존재한다.

동치관계

수학적으로 순서쌍은 집합으로 정의할 수 있다. 예를 들면 $(x,\ y)$를 $\{\{x\},\ \{x,\ y\}\}$로 정의하면 된다.

집합 X와 집합 Y의 관계란 일반적으로 $X\times Y$의 부분집합을 의미한다. 특히 $X\times X$의 부분집합을 X 상의 관계라고 한다.

정의. R이 X 상의 관계로서 다음 3가지 조건을 만족할 때 동치관계라고 한다.

i) (반사율) 임의의 $x\in X$에 대하여 $(x,\ x)\in R$이다.

ii) (대칭률) 임의의 $x,\ y\in X$에 대하여 $(x,\ y)\in R$이면 $(y,\ x)\in R$이다.

iii) (추이율) 임의의 $x,\ y,\ z\in X$에 대하여 $(x,\ y)\in R$이고 $(y,\ z)\in R$이면 $(x,\ z)\in R$이다.

즉 사람은 어떤 두 사물을 두고 하나의 측면에 집중하여 서로 같다고 말한다. 예를 들면 두 돌을 비교할 때 질감이나 모양을 무시하고 단지 질량만 고려하여 같다고 할 수 있고 또 질량이나 색깔을 무시하고 단지 모양만 같을 때도 두 돌이 같다고 할 수 있다. 이와 같이 동치관계 개념은 '같다' 개념의 가장 추상적인 정의이다.

예 1. 두 집합 A와 B에서 $n(A)=n(B)$일 때 $A \sim B$라고 정의하면 관계 $\sim$은 모든 집합의 집합에서 동치관계이다.

예 2. 모든 도형의 집합 F에서 두 도형 A와 B가 합동일 때, 즉 $A \equiv B$일 때 $\equiv$는 동치관계이다.

예 3. 모든 도형의 집합 F에서 두 도형 A와 B가 닮음일 때, 즉 $A \sim B$일 때 $\sim$는 동치관계이다.

선택공리

공리론적 집합론에서도 유클리드의 평행선공리와 같은 성격을 가진 미묘한 성격을 가진 공리가 있는데 바로 선택공리(axiom of choice)이다. 유한 개수의 자치구가 있고 각각의 자치구에서는 적어도 한 명 이상의 사람이 살고 있다고 가정하면 각 자치구에서 각각 한 사람의 대표를 뽑아서 만든 의회를 생각할 수 있을 것이다. 그러면 자치구의 개수가 무한이 많은 경우에도 앞에서와 같이 의회를 구성할 수 있을까? 여기서 우리는 자치구의 개수가 무한이므로 경험적으로는 불가능하다. 그러나 우리의 직관에 호소한다면 그게 가능할 것 같기도 하다. 선택공리는 무한개의 자치구가 있는 경우에도 각 자치구에 한 명씩 뽑아 의회를 구성할 수 있다는 것을 공리로 채택한 것이다. 선택공리는 다음 명제와 동치이다.

i) 집합의 정렬 가능성 원리.
ii) 조른(Zorn)의 보조 정리.
iii) 하우스도르프(Hausdorff)의 극대원리.

순서집합

주어진 집합 X상의 관계란 집합 $R \subset X \times X$를 말한다. 만약 관계 $R \subset X \times X$이 다음 조건

i) (반사율) 임의의 $x \in X$에 대하여 $(x,\ x) \in R$,

ii) (반대칭률) 임의의 x, $y \in X$에 대하여 $(x, y) \in R$이고 $(y, x) \in R$이면 $x = y$,

iii) (추이율) 임의의 x, y, $z \in X$에 대하여 $(x, y) \in R$이고 $(y, z) \in R$이면 $(x, z) \in R$

을 만족할 때 R을 X 상의 반순서집합(partial ordered set)이라고 한다. 보통 반순서집합을 표시할 때 $(x, y) \in R$보다는 $x \leq y$라고 표시하는 것이 직관적이다. 만약 반순서집합에서 임의의 x, $y \in X$에 대하여 $(x, y) \in R$이거나 $(y, x) \in R$가 성립할 때 X를 전순서집합(totally ordered set)이라고 한다. 마지막으로 전순서집합에서 임의의 공집합이 아닌 부분집합들이 항상 최초원을 가질 때 정렬집합(well-ordered set)이라고 한다. 자연수의 집합 $\boldsymbol{N}$은 정렬집합이다. 그러나 정수의 집합 $\boldsymbol{Z}$, 유리수의 집합 $\boldsymbol{Q}$, 실수의 집합 $\boldsymbol{R}$은 모두 전순서 집합이지만 정렬집합은 아니다.[21)]

선택공리를 인정하면 모든 집합은 정렬가능하다는 결론은 얻게 된다.[22)] 실제로 선택공리와 집합의 정렬가능성 원리는 동치이다.

퍼지 집합

전통적인 집합은 원소가 속하거나 속하지 않거나 하여 이분법으로 주어져 있다. 그런데 원소가 그 집합에 들어갈 확률값을 동시에 표시하면 전통적인 집합의 원소 개념을 확장할 수 있다. 예를 들면 집합

$$A = \{(1,\ 0.2),\ (2,\ 0.7),\ (3,\ 0.02)\}$$

의 의미는 1이 A에 속할 확률이 0.2이고 2가 A에 속할 확률이 0.7이며 3이 A에 들어갈 확률은 0.02라는 것을 의미한다. 이와 같이 원소가 주어진 집합에 속할 확률을 지시한 집합을 퍼지 집합(fuzzy set)이라고 한다.

전통적인 집합 이론에는 주어진 집합에 원소가 되든 아니든 둘 중에 반드시 하나만 성립하기 때문에 원소의 성격이 분명하다. 그러나 경계가 모호한 집합을 묘사하기 위해서는 퍼지 집합 개념이 유용하다. 예를 들면 다음 그림과 같은 집합은 바깥에서부터 주어진 집합에 들어갈 확률 P가 각각 $0.1 \leq P < 0.3$, $0.3 \leq P < 0.5$, $0.5 \leq P < 0.7$ $0.7 \leq P \leq 1$인 영역을 나타냄으로써 모호성을 반영하고 있다.

---

21) 정수의 집합 $\boldsymbol{Z}$, 유리수의 집합 $\boldsymbol{Q}$는 구체적으로 정렬집합을 만들 수 있다.

22) 실수의 집합 $\boldsymbol{R}$을 정렬집합을 만드는 구성적 방법은 아직까지 알려져 있지 않다.

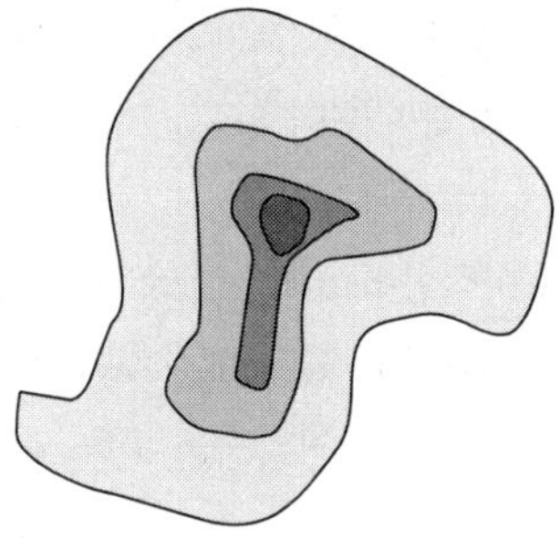

4.1.3 현상학적 분석

집합론의 연구 내용

집합론은 본질적으로 무한에 관한 학문으로서 농도수와 순서수를 다루는데 농도수(cardinal numbers)는 집합의 원소의 개수에 관한 것이고 순서수(ordinal numbers)는 집합의 원소 배열에 관한 것이다. 농도수에 관한 이론은 초한수의 구조, 연속체가설 등이 주요 주제들이고 순서수에 관한 이론은 주로 정렬집합의 구조에 대한 것이다.

농도수와 순서수 중에서 어느 것이 우선하는가? 이 문제는 19세기 후반 중요한 논쟁 중의 하나였다. 후설(E. Husserl, 1859~1938)은 이 문제에 관심을 가지고 연구하면서 그 결과로서 현상학을 창시하였다.

가무한과 실무한

볼차노는 두 집합이 같다는 것을 집합의 대등으로 정의하였다. 데데킨트는 어떤 집합 A가 무한이라는 것을 A와 대등한 A의 진부분집합이 존재하는 것으로 정의하였다. 이 정의에 의하면 다양한 무한집합이 존재함을 증명할 수 있다.

그런데 여기서 무한집합이 존재하는가라는 문제에 대하여 다른 두 입장이 있었다. 아리스토텔레스는 무한집합은 실재하지 않는, 따라서 가상의 대상으로 간주하였다. 이런 입장에서 무한을 규정할 때 무한집합을 가무한(집합)이라고 한다. 따라서 아리스토텔레스에 의하면 모든 무한집합은 가무한이다. 한편 실재론자들은 무한집합을 실재로 간주하는데 이런 맥락에서 취하는 무한집합을 실무한이라고 한다.

4.2 심리적 분석

4.2.1 인지적 분석

집합의 영상도식

집합 개념은 그릇 도식을 영상도식으로 사용하는 경향이 나타난다. 구체적으로는 다음과 같은 유추에 의하여 구조화된다.

근원 사건	목표 사건
공간상의 제한된 영역	집합
그릇 안의 물체	원소
그릇 안의 다른 그릇	부분집합

즉 집합은 그릇이고 집합의 테두리 { }, 또는 벤다이어그램에서 집합을 표시하는 경계는 집합을 그릇의 안과 밖 도식으로 구조화되며 위상적 특성이 있다. 그 결과 집합을 표시할 경우에 원소의 위치는 나타내는 그림의 모습에 관계하지 않는다.

집합의 인지와 조작

집합 개념에 나타나는 개념적 조작은 다음과 같은 것이 있다.

i) 원소의 변별·주어진 집합의 원소를 파악하는 것.
ii) 명명·집합에 적절한 이름을 부여하기. 피아제의 용어로서 이것은 반성적 추상화이다.
iii) 분해·집합을 부분집합으로 적절하게 분해하는 것. 이것은 속성을 발견하는 과정이다.
iv) 하위수준의 명명·분해된 집합을 명명하는 것.
v) 기호적 결합·분해된 집합을 원래의 집합 기호로 표상하는 것.

집합의 표기와 EIS 이론

EIS 이론에 의하면 앞에서 언급한 집합의 세 가지 표기 방식은 모두 상징적 표상에 속한다. 이 세 표기 방식에서도 원소나열법은 집합의 원소들을 괄호 { }로 경계를 구획하기 때문에 벤다이어그램에 의하여 경계를 구획하는 방식과 수학적, 심리학적으로 동일하다. 따라서 원소나열법에 의한 표상은 상징적이라도 영상적 표상과 실제적으로 유사하다.

이에 대하여 집합의 벤다이어그램에 의한 표상은 영상적 표상에 속한다. 동시에 상징적 표상은 영상적 표상과 호환 가능하다. 그러나 호환 가능성에도 불구하고 의미론적 측면에서는 약간의 차이가 있다. 예를 들면 $\{x \in \boldsymbol{R}: x^2 - 1 = 0\}$ 은 $\{-1,\ 1\}$와 집합으로서 동등하지만 전자는 방정식의 근이라는 정보가 있는 반면에 후자는 그러한 의미가 나타나지 않는다.

4.2.2 언어 분석

집합 표기의 인지적 부하

집합이 있을 때 그 집합에 적절한 이름을 부여한다는 것은 작업기억의 부담을 줄일 수 있다. 특히 집합의 성격에 유의미한 이름을 부여하는 것은 작업기억의 부담을 효과적으로 줄일 수 있다. 만약 유의미한 이름을 부여할 수 있다면 실제로 그 집합을 청크하고 있다는 증거가 될 수 있다. 예를 들면 집합 $\{2,\ 3,\ 5,\ 7\}$의 원소들 간의 관계를 인식하지 못한 경우라면 이 집합은 4개의 작업공간이 필요하다. 그러나 한 자리 소수의 집합으로 이름을 짓는다면 이 집합은 한 개의 작업공간에 할당된다.

집합과 관련된 용어에 관한 사실들

i) 집합에서 '부분'이라는 개념과 일상 언어로서 부분이라는 개념의 차이를 구별하는데 미숙하다. 이것은 명제 "$A \subset A$"를 혼란스럽게 만든다. 특히 진부분집합과 부분집합의 차이를 혼란스럽게 만든다.

ii) '또는' 개념을 두 가지 방식으로 사용한다. 예를 들면 $\{1,\ 2,\ 3,\ 4\}$와 $\{3,\ 4,\ 5,\ 6\}$의 합집합을 구하는 문제에서 $\{1,\ 2,\ 5,\ 6\}$을 답으로 제시하는 경우가 있다. 이것은 '또는' 개념을 배타적 합으로 간주하기 때문이다.

iii) '포함한다'는 두 경우에 모두 사용하는 경향이 있다. 이것은 주로 성인에게 많이 나타나고 그런 사용법이 학생들에게 무의식적으로 영향을 주는 것 같다.

iv) 합집합의 '합'을 단순히 원소를 단순히 부가하는 것으로 인지하는 경향이 발견된다. 그 결과 두 집합의 합집합에서 교집합을 중첩해서 기록한다.

v) $\in$을 '속한다', '원소이다', '포함한다'라는 용어로 사용하고 $\subset$을 '포함한다', '부분집합이다', '부분이다'라는 용어로 사용하는 경향이 있다.

4.2.3 오개념

다음과 같은 오개념을 가지고 있다.

집합과 관련된 오개념

i) 공집합은 여러 가지가 있다고 생각한다. 예를 들면 집합 $\{x \in \boldsymbol{R} : x^2+1=0\}$와 집합 $\{x \in \boldsymbol{R} : x^2+2=0\}$는 다르다고 생각한다.

ii) $\{\phi\}$를 ϕ로 생각하여 $n(\{\phi\})=0$이라고 한다.

iii) $\{\}$, $n(\phi)$, ϕ, $\{\phi\}$, $\{0\}$을 구별하는 데 어려움을 가지고 있다.

iv) 0과 공집합을 동일시한다.

v) $\{\phi\}$을 공집합으로 생각한다.

vi) 차집합은 수에서 차와 동일시하는 경향이 있다.

집합의 포함 관계와 관련된 오개념

i) 일상 언어에서 '속하다'와 '포함하다'를 거의 동의어로 사용하는 관습에 의하여 $\subset$와 $\in$을 동일시하는 경향이 있다.

ii) 포함관계 $\phi \subset A$를 어려워한다.

iii) $n(A \cup B)=n(A)+n(B)$로 생각하고 $n(A-B)=n(A)-n(B)$로 생각한다.

iv) $n(A)=n(B)$이면 $A=B$이다.

v) $n(A)<n(B)$이면 $A \subset B$이다.

vi) 차집합의 이해가 어렵다. 예를 들면 $A=\{1, 2, 3, 4\}$, $B=\{1, 3\}$에서 $A-B$는 가능하나 $B-A$는 불가능하다고 생각한다.

vii) 순서수의 개념과 농도수의 개념과 분명한 차이를 인식하지 못하고 있다.

집합의 표상과 관련된 오개념

i) 조건제시법으로 나타내는데 어려움이 있다. 이것은 집합에 국한된 현상이 아니라 문장을 기호화하는 일반적인 상황에 포함된다.

ii) 조건제시법에서 원소나열법으로 변환하는 데 어려움이 있다.

4.3 교육적 분석

4.3.1 교육과정 분석

학습목표 분석

수학의 모든 개념은 집합론의 용어에 의하여 진술될 수 있다. 이런 맥락에서 집합론은 수학의 기초이다. 그러나 학교수학에서는 이런 정초성을 요구하지는 않는다. 실제로 집합기호를 사용해야 할 필연적인 이유가 있을 때 한하여 선택적으로 사용해도 수학을 전개하는 데 문제가 나타나지 않는다. 이론수학의 경우 집합론은 그 자체로 중요한 주제이지만 학교수학에서 집합론의 교육목표는 집합적 사고의 함양에 있다. 여기서 집합적 사고란 수학적 개념을 명확하게 표현해야 할 경우 집합 기호를 사용하여 명확하게 표현할 수 있고, 필요하다면 애매모호한 개념을 집합에 의하여 명료하게 재정의할 수 있음을 의미한다.

그러나 집합 단원의 실제 학습은 주로 집합 계산과 같은 도구적 이해에 치중하고 있는데, 이런 기초적인 내용의 학습은 궁극적으로 집합론적 사고를 가능하게 하기 위한 예비 단계이므로 소홀하게 다룰 수야 없겠지만 그것이 목표가 되어서는 안 된다.

학습 내용 개요

주제	내용	주안점
집합의 표기	조건제시법, 원소나열법	수학적 대상이나 개념을 집합기호로 표상하기 애매모호한 개념이나 문장을 집합론의 용어로 진술하기
집합의 농도	일대일 대응	무한집합에서 대등 개념 이해
집합의 연산	집합의 연산 쌍대원리	집합 계산의 숙련
집합과 논리	진리집합	전칭긍정명제의 진위를 진리집합에 의거하여 판단

맥락이 분명하고 의미가 명확한 경우에도 집합을 통하여 사태를 기술하는 것은 과잉반응이다. 그러나 애매모호한 경우라면 집합을 통하여 보다 명확하게 기술할 수 있어야 한다.

이 단원에서 반드시 알고 있어야 할 명제는 다음과 같다.

i) 쌍대원리.

ii) 집합의 연산에 관한 법칙

지식의 연결성

집합은 어느 곳에나 필요한 개념이기 때문에 연결성을 드러내는 것은 무의미하다. 다만 집합의 내용 측면을 고려한다면 다음과 같은 연결을 생각할 수 있다.

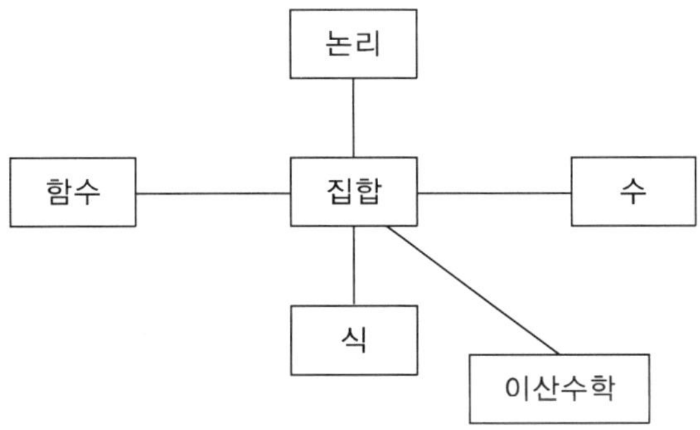

4.3.2 학습 주제 및 내용 분석

집합 개념

학교수학에서 집합을 무정의와 공리적으로 접근한다면 그 추상성에 의하여 매우 난해해지므로 칸토어가 정의한 소박한 정의에 의하여 접근하는 것이 타당하다. 그렇다면 칸토어의 방식은 실제로 타당한 것일까? 칸토어의 집합 정의는 '사물의 모임'이지만 이것도 실제로 추상적이다. 이에 대한 대안으로 다음과 같이 보다 축소된 개념으로서 집합을 도입할 수 있다. 다음 상황을 보자.

> 다음 6사람에 대하여 아래 물음에 대하여 생각해봅시다.
>
> 강감찬, 황진이, 이순신,
> 신사임당, 장영실, 단테
>
> 가) 위의 사람들 중에서 여자는 누구일까요?
> 나) 위의 사람들 중에서 장수는 누구일까요?
> 다) 위의 사람들 중에서 문학가는 누구일까요?

교사들은 대개 이런 발문을 통하여 집합의 개념을 도입한다. 그런데 여기서 이렇게 집합 개념을 도입하면 집합은 단순히 어떤 사물의 모임이 아니라 '어떤 조건에 의하여 모인 사물의 모임'으로 정의된다. 여기서 조건이란 대개 일괄적으로 부여할 수 있는 어떤 지시를 의미하며 논리적이라기보다는 심리적이다. 조건에 의하여 도입된 집합 개념은 그러한 조건이 실제 상황과 부합되기 때문에 집합 개념이 구체성을 띄게 된다. 실제로 이와 같은 조건을 통하여 집합을 조직하는 것은 인간의 본능적 범주화 성향을 반영하고 있다.

집합의 표기

집합의 표기는 다음과 같은 3가지 방법이 있다.

i) 일상 언어에 의한 표상
ii) 조건제시법에 의한 표상
iii) 원소나열법에 의한 표상

일상 언어적 표상이란 순전히 집합 기호 { }를 사용하지 않고 언어적으로 표상하는 방식이다. 예를 들면 "조선시대 왕의 집합", "방정식 $x^2-1=0$의 근의 집합" 등과 같이 표현한다. 문맥이 분명한 경우 일반적으로 쓰이는 방식이다. 조건제시법에 의한 집합 표상은 일상 언어적 표상과 거의 동등하다. 전자는 "...만족하는 사물의 모임"인데 반하여 후자는 "x는 ...만족한다."의 형식으로 되어 있다. 이에 대하여 원소나열법은 순전히 원소를 드러내는 방식으로 표기한다.

집합의 표기는 교수학습 상황에서 다음과 같은 차이점을 가지고 있다.

	원소나열법	조건제시법
원소 변별	변별	명제의 진위 검증
집합의 명명	유의미한 이름을 부여하기 다양한 의미를 가질 수 있다.	술어와 관련된 이름을 부여함 다양한 의미를 가질 수 없다.
분해	유의미한 부분집합으로 분해하기	술어의 분해
하위수준의 명명	부분집합의 명명	부분집합의 명명
기호적 결합	부분집합을 집합기호로 결합하기	부분집합을 집합기호로 결합하기

집합의 분해와 결합

다양한 목적을 위하여 다른 집합들로 분해하기도 하고 결합하기도 한다. 이와 같은 집합의 분해와 결합은 다음과 같은 두 가지 과정이 있다.

i) 명제적 분해와 결합. 이것은 집합에 대한 의미 조작으로서 명제식을 다른 명제식으로 변형함으로써 집합이 다른 집합으로 분해되고 결합된다.

ii) 형식적 결합과 분해. 주어진 집합을 집합 기호를 이용하여 형식적으로 분해하고 결합하는 것인데 조건제시법에 의하여 주어진 집합은 명제적 분해와 결합에 대한 지식으로부터 형성된다.

예. $\{x \in \boldsymbol{R} : x^2 - 1 = 0\}$ 는 "$x - 1 = 0$ 또는 $x + 1 = 0$"으로 명제 분해된다. 그러므로

$$\{x \in \boldsymbol{R} : x^2 - 1 = 0\} = \{x \in \boldsymbol{R} : x - 1 = 0\} \cup \{x \in \boldsymbol{R} : x + 1 = 0\}$$

은 형식적 분해가 된다.

4.4 교수학습 지도

4.4.1 학습 내용 지도

집합 개념의 지도

어떤 대상을 집합으로 간주한다는 것은 관련 원소를 하나로 범주화한다는 것이다. 이것은 쉽게 말하면 하나의 울타리로 묶는 것에 해당한다. 집합을 만드는 방법은 적어도 다음과 같이 두 가지가 있다.

i) 어떤 조건에 의하여 집합을 조직하는 것. 이것은 구체적인 상황을 활용하는 것이 바람직하다.

ii) 임의로 울타리를 만드는 것.

집합을 만들고 난 후에는 반드시 집합의 이름을 부여하는 것이 바람직하다. 만약 i)의 경우라면 자연스럽게 명명될 수 있겠지만 ii)의 경우라면 학습자 스스로 적절한 이름을 부여하도록 지도해야 한다. 특히 집합의 성격에 어울리게 이름을 부여하는 것은 개념학습의 중요한 측면이다.

마지막으로 대부분의 집합은 집합의 집합이 되어 있음을 다양한 예로 상기시켜야 하고 이를 통하여 집합은 다른 집합의 원소가 될 수 있음을 지도해야 한다. 이렇게 함으로써 집합은 다른 집합의 원소가 될 수 있음을 자연스럽게 이해한다.

예 1. 다음 성질을 만족하는 집합을 만들어보아라. 그리고 그 집합의 이름을 부여해보아라.

i) '기'가 포함된 도 이름의 모임.
ii) "태극기가 바람에 펄럭입니다."에서 'ㄱ'이 포함된 낱글자의 모임.
iii) 충청북도와 경계를 공유하는 도의 모임.

예 2. 다음 집합의 원소를 말해보아라.

i) 1에서 10까지의 짝수의 모임.
ii) 우리나라에서 높이가 1900m 이상인 산의 모임.
iii) 우리 반에서 생일이 9월인 사람의 모임.
iv) $\{1,\ 2,\ 3,\ \{1\},\ \{2,\ 3\}\}$.

예 3. 다음 집합의 이름을 부여하라.

i) $\{1,\ 2,\ 3,\ 4,\ 5,\ 6,\ 7,\ 8,\ 9,\ 10\}$
ii) $\{2,\ 3,\ 5,\ 7\}$
iii) $\{x : x^2 - 1 = 0\}$
iv) $\{(a,\ b) : f(x) = ax + b\}$

집합기호의 사용 지도

초기 집합 단원 학습에서 가장 어려운 부분은 집합기호의 사용이다. 주어진 조건을 만족하는 집합을 상징적 기표로 표상하는 데 어려움을 가진다. 교과서는 이 부분에 대한 충분한 연습 기회를 주지 않고 있다. 다음은 조건제시법에 의한 표상을 체계적으로 훈련하는 절차이다.

i) 원소기호 사용하기.
ii) 부분집합기호 사용하기.

예. 다음에서 맞는 것과 틀린 것을 구별해보아라.

i) $\{1\} \subset \{1,\ 2,\ 3\}$

ii) $\{1\} \in \{1, 2, 3\}$
iii) $\{1, 2, 3, 4\} = \{2, 3, 1, 4\}$
iv) $\{1, 2, 3, 4\} = \{4, 2, 3, 1, 4\}$

일반적으로 집합의 표기와 관련된 주의해야 할 점은 다음과 같다.

i) 원소나열법으로 표기할 때 모든 원소는 주어진 집합에 한 번만 사용하는 것을 분명하게 지도한다. 이것은 합집합의 지도에서 중요하다.
ii) 무한집합에서 점을 찍는 생략 기호의 의미를 분명하게 설명한다.
iii) 집합적 표기는 개념적 모호성이 나타나거나 나타날 가능성이 있을 경우에 사용하는 것이 바람직하다. 그러나 이 명료성은 사안에 따라 탄력적으로 적용해야지 엄밀함 그 자체에 목적을 두지 말아야 한다. 예를 들면 이차방정식 $x^2 - x - 2 = 0$를 푸는데

$$\begin{aligned}\{x \in \boldsymbol{R}: x^2 - x - 2 = 0\} &= \{x \in \boldsymbol{R}: (x+1)(x-2) = 0\} \\ &= \{x \in \boldsymbol{R}: (x = -1) \vee (x = 2)\} \\ &= \{-1, 2\}\end{aligned}$$

와 같이 기술하는 것은 집합적 사고가 요구하는 것이 아니다(우정호, 2006).
iv) 집합의 표기에서 $\{x : p(x)\}$와 $\{x \in A : p(x)\}$를 생각할 수 있다. 여기서 p의 정의역 A는 별다른 문제가 야기되지 않을 경우에는 생략해도 좋지만 엄밀함이 요구될 경우는 후자의 표기법을 사용함으로써 논란을 줄일 수 있다. 예를 들면 평면 위에서 점 (1, 0)을 지나고 y-축에 평행한 직선은 집합 $\{x \in \boldsymbol{R}^2 : x = 1\}$으로 주어지지만 대신에 $\{x : x = 1\}$으로 표기하면 모호해진다.
v) 집합 $A = \{$소, 돼지, 말, 코끼리$\}$의 원소는 두 가지 해석이 가능하다. 먼저 소, 돼지, ...를 표상하는 어떤 실재를 의미할 수 있다. 다음 소, 돼지,... 등 문자 그 자체를 의미할 수도 있다. Freudenthal(1973)은 이 점을 구분할 것을 제안하였다. 사실 이런 제안에 의하여 집합 $\{1, 2, 3\}$을 벤다이어그램으로 나타낼 때 다음 그림과 같이 나타내기를 바란다.

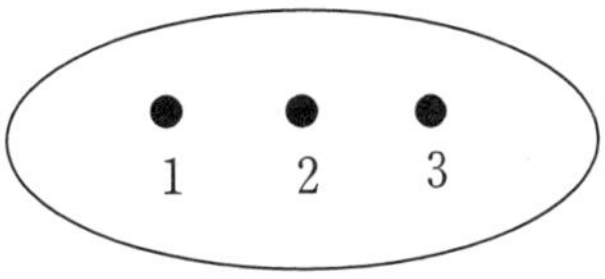

그러나 이렇게 표기하는 것과 $\{1, 2, 3\}$과 같이 표기하는 것은 하등의 차이를 나타

내지 않기 때문에 이런 구별은 반드시 지킬 필요는 없다.

vi) 주어진 집합 X의 멱집합을 2^X로 표기하여 다양한 이득을 얻을 수 있다. 특히 원소의 개수는 $n(2^X) = 2^{n(X)}$이기 때문에 멱집합의 이러한 표기법은 유용하다.

vii) 조건제시법에 의한 표현은 다양하게 제시될 수 있음을 확인해야 한다. 일상 언어에 의한 표상을 통하여 조건제시법으로 유도한다. 예를 들면 "모든 자연수의 집합"과 같이 언어적 표기를 "x는 자연수이다."와 같은 명제식으로 바꾸는 단계를 먼저 실시하고 이후 집합 기호 $\{x : P(x)\}$의 형식으로 완성한다.

viii) 공집합의 인식 문제. 사람들은 잠재적으로 동일률을 당연하게 받아들이고 있기 때문에 공집합을 $\{x : x \neq x\}$로 사용하는 것이 오히려 문제점을 야기한다.

속하는 것과 포함하는 것

i) 명제 "$A \in A$"에 대하여 질문할 수 있다. 이 사실이 성립하는 경우를 학교수학이 강제적으로 제한할 수는 없으나 이런 사실이 드러나면 학습 지도에서 적절한 임기응변이 필요하다.

ii) 집합의 포함 관계 $A \subset B$의 지도를 중학교에서는 벤다이어그램으로 고등학교에서는 논리적으로 지도하는 것이 바람직하다. '부분집합'에서 '부분'이라는 용어는 일상적인 의미로서의 부분 개념과는 약간 다르다. 일상적인 사용에서 부분 개념은 같은 것을 허용하지 않는 경향이 있기 때문에 오히려 집합의 진부분 개념과 유사하다.

iii) 공집합 ϕ을 $\phi = \{x : x \neq x\}$와 같이 정의하는 것은 학교수학에서 바람직하지 않다. 통상적으로 무한집합을 외연적 방식으로 표기하는 것은 논리적인 것은 아니지만 학교수학에서는 그런 방식을 허용하는 것이 이해를 돕는다. 특히 하급 학년에서는 공집합을 $\{\}$로 나타내는 것이 좋다. 집합기호 사용, 모든 수학적 개념 또는 진술을 집합으로 나타내는 것은 효과적인 방법이 아니다.

iv) 집합에 관한 간단한 등식 $A \subset B$는 $A \cap B^c = \phi$임을 기억해두는 것도 바람직하다.

영상적 표상과 상징적 표상의 상호 변환

집합을 벤다이어그램을 이용하여 나타내는 것과 역으로 벤다이어그램을 집합으로 나타내는 표상간 변환은 실제 집합 계산에서 중요한 역할을 하기 때문에 적절한 연습이 필요하다.

예 1. 다음 집합을 벤다이어그램으로 나타내어라.

i) $A \cup (B - C)$

ii) $A \cap B-(A-B)$

iii) $[A \cap (B-C)] \cup (A \cap B)$

예 2. 다음 벤다이어그램에서 세 개의 큰 원을 A, B, C라고 할 때 빗금 친 부분을 A, B, C로 나타내어라.

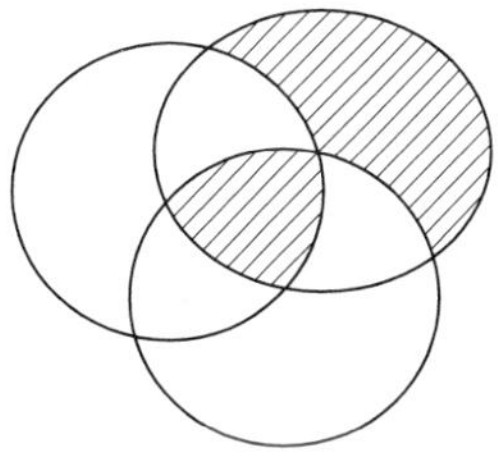

집합의 분해에 대한 지도

조건제시법에 의하여 주어진 집합을 하위 집합으로 분해하는 것을 생각해보자. 조건제시법에 의한 집합은 명제식 $P(x)$에 의하여 주어지므로 $P(x)$를 다른 명제식 $P_1(x)$, $\cdots$, $P_n(x)$ 등으로 분해될 수 있다. 이때 먼저 $P(x)$를 논리연산자를 이용하여 보다 단순한 명제식으로 분해한다. 이어 그 연산자들을 집합의 기호로 변환하여 이에 대응하는 집합으로 연결한다. 예를 들면 $\{x : P(x) \wedge Q(x)\}$는 $\{x : P(x)\} \cap \{x : Q(x)\}$으로 분해한다. 여기서 충분히 훈련이 되어야 할 부분은 명제를 논리연산자를 이용하여 보다 간단한 명제로 분해하는 과정이다. 집합의 분해 과정에 실패하는 주 원인은 일상적인 문장을 논리연산자를 이용하여 더 간단한 문장으로 분해하는 훈련이 부족하기 때문이다.

집합의 결합에 대한 지도

합집합의 '합'과 교집합의 '교'의 개념을 일상생활과 결부시켜 의미를 부여하되 차이점을 분명히 한다. 교차로 그림이 합집합과 교집합의 이해에 도움을 준다.

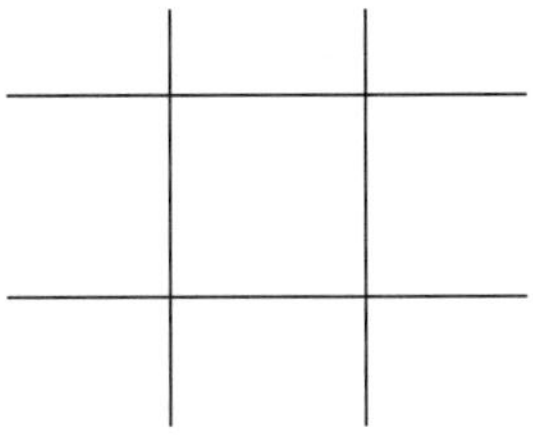

이렇게 하여 가지게 되는 결과는 합집합과 교집합의 정신모델이 될 수도 있다. 합집합과 교집합의 지도에서 다음 절차를 제안한다.

i) 원소나열법에 의하여 주어진 두 집합의 합집합과 교집합을 원소나열법에 의하여 구하기.
ii) 조건제시법에 의하여 주어진 두 집합의 합집합과 교집합을 원소나열법에 의하여 구하기.
iii) 조건제시법에 의하여 주어진 두 집합의 합집합과 교집합을 조건제시법에 의하여 구하기.

한편 고등학교 과정에서는 등식

$$A-B=A\cap B^c$$

를 부가한다.

예 1. 다음 물음에 대하여 답하라.

i) $A=\{1,\ 2,\ 3\}$과 $B=\{2,\ 3,\ 5\}$에 대하여 $A\cup B$와 $A\cap B$의 원소를 말해보아라.
ii) $A=\{1,\ 2,\ 3,\ 4,\ 5\}$와 $B=\{2,\ 3,\ 5\}$에서 $A\cup B$와 $A\cap B$를 구해보아라.
iii) $A=\{x:x$는 20 이하의 3의 배수$\}$ $B=\{x:x$는 홀수$\}$에서 $A\cup B$와 $A\cap B$를구해보아라.
iv) $A=\{x:x$는 20 이하의 3의 배수$\}$ $B=\{x:x$는 홀수$\}$에서 $A\cup B$와 $A\cap B$를 말로 표현해보아라.

차집합과 여집합도 이런 절차를 통하여 진행한다.

예 2. 다음 물음에 대하여 답해보아라.

i) $A=\{1,\ 2,\ 3,\ 4,\ 5\}$와 $B=\{2,\ 3,\ 5,\ 6,\ 8\}$에서 $A-B$를 구해보아라.
ii) $A=\{x:x$는 20 이하의 3의 배수$\}$ $B=\{x:x$는 홀수$\}$에서 $A-B$와 $B-A$를 구해보아라.
iii) $A=\{x:x$는 20 이하의 3의 배수$\}$ $B=\{x:x$는 홀수$\}$에서 $A-B$와 $B-A$를 말로 표현해보자.

예 3. 집합 $\{(x, y) \in \boldsymbol{R} \times \boldsymbol{R} : x = 1\}$을 $\{1\} \times \boldsymbol{R}$로 분해하는 것은 다소 예외적이기 때문에 특별한 지도가 필요하다.

분배법칙의 지도

분배법칙의 절차는 단순하기 때문에 개념적 이해가 더 중요하다. $A \cup (B \cap C)$와 $(A \cup B) \cap C$를 계산하여 차이점을 비교하고 두 집합이 다르다는 것을 확인하는 방향으로 지도한다.

한편 집합의 분배법칙은 수의 분배법칙과 다르다는 것을 확인해야 한다.

집합의 연산에 관한 일반적 사항

i) 집합과 관련된 식의 증명은 벤다이어그램을 사용하는 것과 형식적 증명의 두 가지를 생각할 수 있다. 전자는 주로 중학교 과정에서, 후자는 고등학교 과정에서 적용한다. 집합 계산 중요성의 하나는 논리합, 논리곱, 부정, 조건문의 논리적 처리 능력을 알아보기 위함이다.

ii) 분배법칙 $A \cup (B \cap C) = (A \cup B) \cap (A \cup C)$의 지도. 구체적인 집합을 계산하는 경우, 분배법칙을 사용할 필요가 없기 때문에 분배법칙을 APOS 이론의 의미로 대상화하기는 어렵다. 한편 분배법칙은 $A \cup (B \cap C) = (A \cap B) \cup (A \cap C)$으로 혼동할 수 있다. 더욱이 대수적 성질 $a(x+y) = ax + ay$이 집합의 분배법칙에 유추 전이된다는 보장도 없기 때문에 유추적 지도가 어렵다. 따라서 연산 관계를 그림으로 지도하는 것이 바람직하다.

집합과 명제의 관계 지도

"$Q(x)$는 $P(x)$의 필요조건이다"는 "$Q(x)$는 $P(x)$되기 위한 필요조건이다"로 하기도 한다. 그러나 '되기 위한'의 의미는 사전적이지 않으므로 결국 이에 대한 정의가 필요하게 된다. 결론적으로 앞에서 언급한 두 진술은 모두 진리집합에 의하여 의미를 가지는 것이지 문자적으로 의미를 가지는 것은 아니다. 그러므로 두 가지 모두 사용해도 무방하다.

집합의 대등 개념의 지도

두 집합이 대등하다는 것을 지도하기 위하여 유한집합의 경우와 무한집합의 경우를 나누어서 접근한다.

i) 유한집합의 경우는 일대일 대응 함수를 사용할 수 있고 동시에 원소 개수를 이용할 수 있다.

ii) 무한집합의 경우는 일대일 대응 함수의 존재성으로 구별한다.

예 1. 다음 물음에 답해보아라.

i) $A=\{1,\ 2,\ 3\}$, $B=\{2,\ 3,\ 4,\ 5\}$일 때 A와 B는 대등한가?

ii) A는 100 이하의 자연수 중에서 짝수의 모임이다. B는 100 이하의 자연수 중에서 홀수의 모임이다. 이때 A와 B는 대등한가?

iii) A는 100 이하의 자연수 중에서 세제곱수의 모임이다. 이 집합과 대등한 집합을 말해보아라.

iv) 우리 학급의 학생들의 이름과 번호는 대등한가?

무한집합의 경우 대등성은 대등 함수를 찾아야 하기 때문에 복잡하다. 다만 기하학적 경우는 다음과 같은 활동을 제안한다.

예 2. 다음 물음에 답해보아라.

i) 다음 그림에서 사각형과 원은 대등한가?

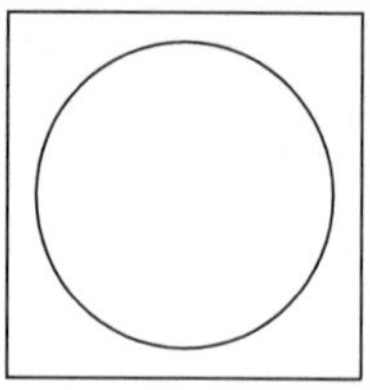

ii) 짝수의 집합과 홀수의 집합은 대등한가?

iii) 자연수의 집합과 3의 배수의 집합은 대등한가?

4.4.2 평가

1. 여러 가지 집합의 연산 규칙을 이해하기 위한 학습. 다음 표의 문항들과 같은 문제를 개발하자.

활동	예제
색칠하기	$(A \cup B^c)^c$, $A - B^c$, $(A \cup B)^c \cap (A \cap C)^c$을 벤다이어그램으로 나타내자. 역으로 벤다이어그램으로 그려놓은 것을 보고 기호로 나타내보자
조건 충족시키기	$A = B \cap A$를 만족하는 두 집합을 그려보자. $B \subset A$이고 $C \subset A$이며 $B \cap C = \phi$를 만족하는 벤다이어그램을 그려보자.
다른 꼴로 표상하기	$A - B$를 $\cup, \cap, c$를 사용하여 나타낼 수 있을까? $(A^c \cap B)^c$를 $\cup$과 c를 사용하여 나타낼 수 있을까?
특수한 경우의 연산	$A \subset B$일 때 $A \cup B = ?$ $A \cap B = ?$ $A \subset B$일 때 $(A \cap B^c) \cup (A \cap B)$를 간단히 할 수 있을까?
ϕ의 이해	$\phi - A$, $A - \phi$, $A \cap \phi$, $A \cup \phi$, $\{\phi\} \cap \phi$, $\{\phi\} \cap \{\phi\}$, $\{\phi, \{\phi\}\} - \phi$, $\{\phi, \{\phi\}\} - \{\phi\}$, $\{\phi, \{\phi\}\} - \{\{\phi\}\}$을 간단히 할 수 있을까?
간단히 하기	$A \cap [(A \cap B)^c]$, $(A \cup B) \cup B^c$을 간단히 할 수 있을까?

2. 우리 반의 학생 수는 30명이고 다음과 같다.

i) 17명이 남학생이다.
ii) 14명이 운동화를 신고 나머지는 구두를 신었다.
iii) 21명이 연필로 필기를 하고 나머지는 볼펜으로 필기를 한다.
iv) 7명의 남학생이 운동화를 신고 있다.
v) 3명의 여학생이 운동화를 신고 연필로 필기한다.
vi) 2명의 남학생이 운동화를 신고 연필로 필기한다.

이때 벤다이어그램의 모든 영역의 수를 계산하는 문제를 생각해보자. 이 경우에 벤다이어그램을 그려서 주어진 정보를 입력하는 것보다는 표를 통하여 만드는 것이 바람직하다. 다음 표의 괄호 안의 수는 i), iv), v), vi)의 진술에 나타난 수이다. 나머지 진술을 이용하여 다음 표를 채워나갈 수 있다.

<table>
<tr><td rowspan="4">남학생(17)</td><td rowspan="2">운동화 (7)</td><td>연필 (2)</td></tr>
<tr><td>볼펜</td></tr>
<tr><td rowspan="2">구두</td><td>연필</td></tr>
<tr><td>볼펜</td></tr>
<tr><td rowspan="4">여학생</td><td rowspan="2">운동화</td><td>연필 (3)</td></tr>
<tr><td>볼펜</td></tr>
<tr><td rowspan="2">구두</td><td>연필</td></tr>
<tr><td>볼펜</td></tr>
</table>

3. 50명으로 이루어진 어떤 반에서 어떤 것을 조사하여 다음 표를 얻었다. 이 조사는 정확하게 한 것이라고 할 수 있는가?

항목	사람 수
조사한 대상	50
혈액형이 A형인 학생	30
파랑색을 좋아하는 학생	18
홀수 날이 생일인 학생	27
혈액형이 A형이고 짝수 날이 생일인 학생	12
파랑색을 좋아하고 혈액형이 A형이 아닌 학생	7
파랑색을 좋아하고 혈액형이 A이고 홀수 날이 생일인 학생	14

4. 하나의 집합은 2개의 영역으로 나눈다. 2개의 집합은 최대 3개의 영역으로 나눈다. 집합의 개수를 n이라고 하고 이 집합에 의하여 나눌 수 있는 최대 영역을 $A(n)$이라고 할 때 $A(n)$에 대하여 연구하자.

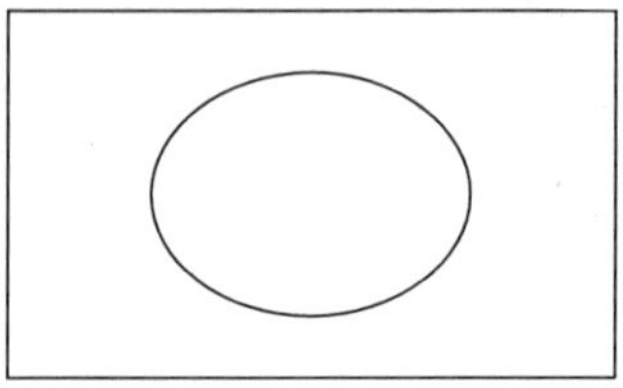

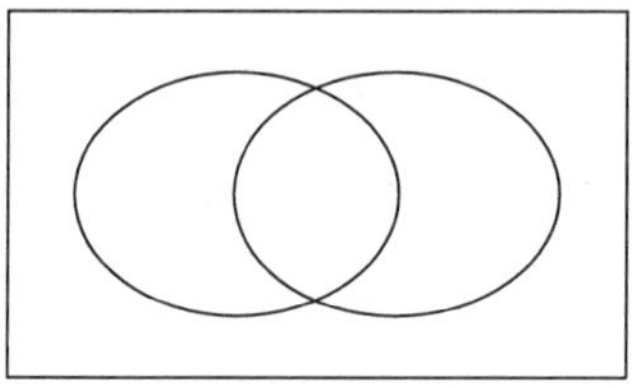

5. $(0,\ 1]$과 $(0,\ 1)$는 일대일 대응이 됨을 보여라.

6. 학생들의 집합 단원의 성취도를 알기 위하여 SOLO 분류를 이용하여 평가해보자.

4.4.3 연구 과제

교수 측면

1. 집합적 사고가 유리한 사례를 수집하고 교수 측면에서 논의하자.

2. 집합기호를 사용하는 것이 사고를 명확하게 하는 사례를 수집하고 각 사례의 특징을 논의하자.

3. 집합을 구성하는 절차를 설계하고 교수학적 문제점을 논의하자.

4. 집합 연산에 대한 정신모델을 개발하자.

5. 학생들이 가질 수 있는 오개념의 사례를 열거하고 처치 방안을 논의하자.

6. 이 단원에서 지도하기 어려운 내용을 제시하고 대안을 토의하자.

7. SOLO 평가를 구체화하기 위한 질의 문항을 개발하자.

학습 측면

1. 하나의 집합을 다르게 표기하는 방법에 대한 학습 지도를 논의하자.

2. 이 단원에서 학생들이 가장 어려워하는 부분은 무엇인가?

5. 실수

5.1 수학적 분석

5.1.1 역사적 분석

수의 역사는 인류의 역사 그 자체이다. 원시인에게 있어서 수는 추상적 대상이 아니라 구체적 대상을 위한 하나의 표상이었다. 이와 같이 초기의 수는 사물의 기록의 수단으로서 출발하였다.

자연수의 수학적 기초

수가 학적 대상으로 발전하기 시작한 것은 고대 그리스 수학에 기인한다. 피타고라스는 세상이 자연수로 구성되어 있다고 믿었다. 자연수로 형성된 세계란 곧 자연수의 대수적 연산으로 된 수 체계를 말하는데 이것은 바로 유리수 체계이고 두 자연수의 합, 차, 곱, 나누기 등으로 조직된 결과들이다. 여기서 차의 결과로서 음수가 되는 것은 현상계와 대응시키기 어려웠기 때문에 다루지 않았다. 피타고라스의 수학관은 과학으로 발전하지 않고 수비학으로 발전하였다. 수비학(numerology)이란 각각의 수에 어떤 경험적 의미를 부여하는 것이다. 이런 생각은 세상이 수로 되어 있다는 그의 생각이 직접적으로 반영된 결과이다. 수비학으로의 수학은 다양한 개념의 수를 만들었는데 예를 들면 완전수, 과잉수, 부족수, 친화수, 도형수,[23] 등이 그런 예들이다. 피타고라스는 그 중에 완전수[24]에 관심을 가졌다. 6은 6을 제외한 약수 1, 2, 3의 합이기 때문에 가장 작은 완전수이다. 완전수는 그 후에도 여전히 관심의 대상이었다. 예를 들면 유클리드는 완전수가 2^n과 $2^{n+1}-1$의 곱으로 되어있다는 것을 밝혔다. 중세 신학자 아우구스티누스(354~430)는 "신이 우주의 완전함을 계시하기 위하여 일부러 6일이나 시간을 끌었다."고 했다.

피타고라스에게 있어서 수란 기본적으로 자연수였기 때문에 수에 대한 대응물도 이산적이었다. 그는 수를 조약돌(calculi)로 표상하고 있었다.[25] 수의 대응물로서 수직선을 생각한

---

23) 삼각수, 사각수,... 등을 지칭한다.

24) 그밖의 완전수로는 28, 496, 8128, ... 등이 있다. 여기서 완전수의 개수가 유한인지 아닌지는 아직 알려지지 않고 있다.

사람은 유클리드이다. 실제로 원론에서는 정수도 선분으로 나타내었다. 이산에서 연속으로의 전환이 산술에서 기하학으로 나아가게 된 것 같다.

피타고라스의 수학이 수비학으로 나아가게 되었지만 그렇다고 그가 자연현상을 수학으로 기술한 업적이 전혀 없는 것은 아니다. 피타고라스의 음계 이론은 현의 공명에 대한 최초의 과학적 기술이라고 할 수 있을 것이다.

통약가능성

피타고라스는 세상이 수로 되어 있다고 해도 오늘날 우리가 사용하는 유리수를 사용한 것은 아니었다. 실제로 그들은 임의의 두 수는 어떤 공통 단위로 비교할 수 있는데서 출발하였다. 즉 a와 b가 임의의 양수이고 e가 어떤 단위라면 $a=ne$이고 $b=me$를 만족하는 적당한 자연수 m,n이 존재한다. 즉 a와 b는 e를 이용하여 이와 같은 의미로 서로 비교할 수 있는데 이때 a,b를 통약가능(commensurability)하다고 한다. 즉 두 대상이 통약가능하면 두 수의 크기는 자연수의 비를 가진다.

그러나 통약가능성은 무리수의 존재에 의하여 무너졌다. 즉 만약 $\sqrt{2}$가 1과 통약가능하다면 $\sqrt{2}=me$이고 $1=ne$가 되는 자연수 m, n이 존재한다. 이것은 $\sqrt{2}=\frac{m}{n}$가 되고 모순을 야기함을 알고 있다.

고대의 수 개념의 발전

한편 자연수를 자연수로 나눈 결과는 유리수가 되겠지만 고대 그리스인은 그 결과를 유리수로 표현하지 않았고 자연수의 비로써 나타내었다. 유리수에 대한 흥미로운 사실은 고대

이집트의 수학으로 올라가는데 고대 이집트인들은 임의의 분수를 단위 분수를 사용하여 나타내었다. 예를 들면 $\frac{2}{13}=\frac{1}{8}+\frac{1}{52}+\frac{1}{104}$이다.

음수와 무리수의 존재를 인식한 최초의 사람들은 인도인이라고 한다(Cajori, 1985). 더욱이 인도의 수학자 바스카라(Bhaskara, 1114~1185)는 수에 대하여 "양수의 제곱과, 음수의 제곱은 모두 양수이다. 양수의 제곱근은 두 개가 있는데 하나는 양수이고 다른 하나는 음수이다."와 같은 말을 남겼다. 고대 그리스인들이 유리수와 무리수를 분명하게 구분한 것과는 달리 인도인들은 유리수와 무리수를 구별하지 않았는데 이 결과 인도인들은 무리수를 마음대로 사용할 수 있었다. 아마 음수의 계산에 대한 명확한 규칙을 제시한 최초의 수학자는 인도의 브라마굽타(Brahmagupta, 598~665년 경)로 보인다.[26)]

---

25) 이 단어로부터 계산(calculation)이라는 말이 나온다.

26) 그는 양수를 양수, 음수를 음수로 나눈 것은 양수, 음수를 양수, 양수를 음수로 나눈 것은 음수, 0을 0으로 나눈 것은 0으로 제시하였다.

그러나 음수에 대한 일반적인 인식은 매우 부정적이었다. 수학자들은 방정식을 풀 때 음수가 나타나면 무시하는 경향이 있었다. 예를 들면 17세기 초기까지만 하더라도 수학자들은 양수만 수로 인정하였고 음수는 "없는 것보다도 부족한 수" 또는 "0에서 양수를 뺄 때 일어나는 부조리한 수" 등으로 치부했다. 음수에 대한 이런 경직된 관념은 수학을 추상적 대상으로 또는 수학적 실재로서 음수를 대우한게 아니라 수학을 경험적 대상으로 간주했기 때문이다. 이런 측면에서 초기 수학자는 합리론자라기보다는 무비판적 경험론자에 가까웠다. 음수를 수로 인정한 최초의 수학자는 아마 데카르트로 본다. 그는 해석기하학을 통하여 기하학적 대상을 대수적으로 해석하였다.[27] 19세기가 되어 사람들은 수를 기하학적 대상과 대응할 필요를 느끼지 않게 되었는데 이로부터 대수학이 자유롭게 되었다. 이런 태도는 바로 19세기의 대수의 특징이라고 할 수 있는 형식불역의 원리[28]에서 극명하게 드러난다.

그리스 기하학에 대한 대수학의 우위성은 인도뿐만 아니라 고대 중국에도 나타난다. 예를 들면 기원전 약 2000년경에 나타난 <주비산경>에는 증명은 없지만 피타고라스 정리가 소개되어 있다. 이후 고대 중국 최고의 수학 서적이라고 할 수 있는 <구장산술>에는 원주율의 근사값, 피타고라스 정리, 이차방정식의 풀이, 분자, 분모, 통분이라는 용어도 나타난다. 특히 중국의 수학은 이론적 측면보다 실용적 측면이 강한데 예를 들면 삼국시대의 수학자 유휘는 원주율의 근삿값으로 $3.1410 < \pi < 3.1427$을 사용하였다.

고대의 수학에서도 이미 기수법이 나타난다. 예를 들면 이집트의 신성문자와 바빌로니아의 설형문자에서 기수법이 나타났다. 바빌로니아 수학에서는 10진법과 60진법이 나타나는데 심지어 60진법 기수법에 의하여 소수까지 표현하고 있다. 그 결과에 의하면 원주율 π의 값으로 3.414222를 사용했다. 바빌로니아 수학의 뛰어넘은 그들이 제곱근을 조직적으로 어림산할 수 있었다는 점이다.

표준수와 비표준수

여기서 잠깐 수직선의 직관적 성질을 알아보자. 수직선을 생각하면 두 가지 종류의 부분을 생각할 수 있는데 하나는 선분이고 다른 하나는 점이다. 선분은 반드시 두 조각의 선분으로 나눌 수 있는 반면에 점은 그런 성질이 없다. 선분은 다른 두 개의 양 끝을 가지고 있는데 반하여 점은 그런 성질이 없다. 이러한 성질의 차이로 인하여 선분은 직관적인데 비하여 점은 그렇지 않다. 이 문제를 극복하기 위하여 고대 그리스인들은 점 대신에 점과 유사

---

27) x^2을 면적, x^3을 체적으로 간주한 고대 그리스 수학과 달리 데카르트는 그런 양을 모두 수로 간주하였다. 데카르트의 이러한 태도는 새로운 대수 체계가 기존의 기하학적 대상에 모순되지 않음을 보이려는 시도로 보인다.

28) 대수구조의 확대는 기존 구조를 유지하면서 확대되어야 한다는 불문율로서 피콕(G. Peacock, 1791~1858)와 항켈(H. Hankel, 1839~1873)에 의하여 제창되었다.

하지만 길이가 0이 아닌 대상을 생각하였는데 그것을 무한소라고 한다. 무한소 개념을 이해하기 위하여 위에서 언급한 기하학적 선분이 가진 성질을 보다 수학적으로 정리할 필요가 있다. 막대로서 수는 다음과 같은 성질을 만족한다.

임의의 두 양수 a과 M에 대하여 $Na > M$을 만족하는 자연수 N이 존재한다.

이 성질을 아르키메데스 공리라고 한다. 아르키메데스 공리를 만족하는 수 체계를 표준 실수 체계라고 하고 그렇지 않는 수 체계를 초실수 체계라고 한다. 초실수 체계는 아르키메데스 공리를 만족하지 않기 때문에 임의의 자연수 N에 대하여 $0 < N\epsilon < 1$를 만족하는 ϵ이 존재한다. 이런 수 ϵ을 (양의) 무한소라고 하는데 초실수 체계는 무한소(따라서 무한대)를 포함한다.

초실수 체계가 어디서부터 시작되었는지는 분명하지 않지만 무한소 개념은 아마 데모크리토스(Democritus, 460~370 B.C.)의 원자론에 영향을 받았을 것 같다. 그 이유는 데모크리토스가 지금 카발리에리(Cavalieri, 1598~1647) 원리라고 알려진 구적분의 기법을 사용하여 사면체의 부피의 공식을 유도하였는데 이 기법에서 무한소 개념을 사용하고 있기 때문이다. 무한소 개념은 그 후 수학에서 많은 역할을 하였는데 특히 수학적 발견의 도구로 중요한 역할을 하였다. 아르키메데스의 저서 <방법>에는 구에 관한 상세한 연구가 실려 있는데 그는 발견의 수단으로 초실수체를 사용하였고 증명의 수단으로 실수체를 사용하였다. 이후 근대에 있어서 페르마, 뉴턴, 라이프니츠의 미적분법 연구는 모두 초실수체에 기초를 두고 있다는 것은 널리 알려진 사실이다.

그러나 무한소 개념은 위에서 본바와 같이 직관적이 아니라는 이유에 의하여 계속된 비판을 받았다. 그 중에서도 버클리(G. Berkeley, 1685~1753)는 가장 신랄한 비판자였다. 그 결과 바이어슈트라스(K. Weierstrass, 1815~1897)는 초실수체를 수학의 표준에서 제거했다. 초실수체가 수학사에서 사라진 이유는 수학 이론이 표준 실수체 단독으로도 충분히 가능하다는 판단에 기인한다. 초실수체도 실수체만큼이나 논리적으로 결함이 없다는 것은 로빈슨(A. Robinson, 1918~1974)에 의하여 증명되었다.

실수체와 초실수체의 변천과정을 도식화하면 다음과 같이 나타낼 수 있겠다.

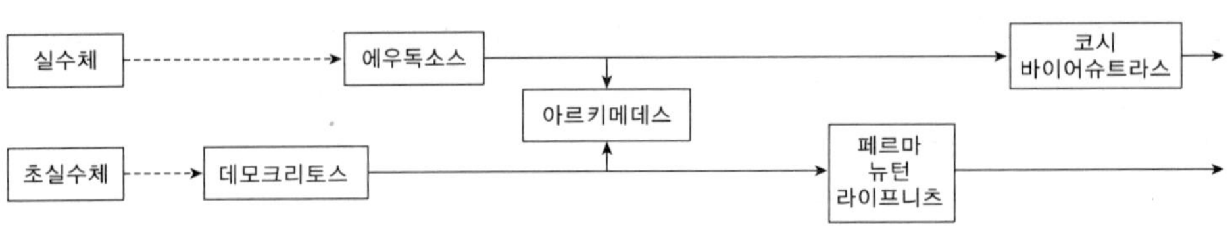

여기서 무한소가 이와 같이 비직관적인데도 불구하고 어떻게 주류 수 체계가 되어 미적

분의 발견에 영향을 주게 되었을까? 점은 기하학의 대상을 이루는 최소 단위로 생각할 수 있다. 그러나 점이 무엇인가에 대해서는 다른 관점을 가지고 있다. 예를 들면 데모크리토스에게 있어서 원자는 점이고 이 점은 무한소이다. 반면에 데카르트에게 있어서 점이란 좌표에 대응하는 대상이다. 그런데 여기서 데카르트이 말하는 점은 길이가 0이고 0의 길이를 가진 점으로 구성된 선분도 역시 길이가 0이 되기 때문에 결국 모든 도형의 길이나 넓이는 모두 0이라는 결론을 가지게 되어 계량의 문제가 해결될 수 없다. 따라서 최소 단위의 길이를 0보다는 큰, 어떤 양이라는 것을 수용하는 것이 바람직하게 된다. 무한소가 직관적이지 않지만 이런 이유에 의하여 편리한 면이 있다. 실제로 점을 기하학적 단위로 간주하면서도 측정의 단위로서 점을 포기하고 구간에서 출발하였다. 예를 들면 르베그는 $A \subset \boldsymbol{R}$의 길이를 구하기 위하여 어떤 개구간의 집합족을 사용하였다. 즉 $A \subset \boldsymbol{R}$의 길이 $l(A)$를 다음과 같이 정의하였다.

$$l(A) = \inf\{\sum_{k=1}^{\infty}(b_k - a_k) : \cup_{k=1}^{\infty}(a_k, b_k) \supset A\}$$

근대와 현대의 수개념 발전

17세기에는 음수 x에 대한 지수 a^x가 도입되었으며 무리수 x에 대한 a^x의 이해도 자연스럽게 이루어지고 있었다. 예를 들면 $2^{\sqrt{2}}$의 이해는 $\sqrt{2}$보다 작은 유리수와 큰 유리수의 값을 통하여 이해되었다. 그러나 무리수에 대한 분명한 정의는 19세기에 와서 확립되었다.

실수 개념의 논리적 문제를 해결하기 위한 최초의 아이디어는 코시(B. Cauchy, 1789~1857)에 의하여 이루어졌는데 그는 18세기의 급수와 관련된 무비판적인 결과들에 대하여 하나의 검증 방법을 제시함으로써 일단락을 맺었다.[29] 그 후 하이네(H. Heine), 볼차노, 바이어슈트라스 등에 의하여 본격적인 연구가 이루어졌고 이후 데데킨트에 의하여 완성된다.

다음은 특별한 수의 성질을 발견한 수학자 일람표이다.

수	성질	발견자	연대
e, e^2	무리수	오일러	1737
e	초월수	에르미트	1873
e^x	x가 0이 아닌 유리수라면 e^x는 무리수이다.	람베르트	1768
$\tan x$	x가 0이 아닌 유리수라면 $\tan x$는 무리수이다.	람베르트	1768
π, π^2	무리수	르장드르	1794
	초월수	린데만[30]	1882

29) 소위 코시 수열의 개념이 급수의 수렴성 문제에 대한 판정법이 되었다.

$2^{\sqrt{2}}$ 31)	초월수	겔폰트32)	1934
$\sum_{n=1}^{\infty} \frac{1}{10^{n!}}$ 33)	초월수	리우빌	1851

수 개념의 발전 단계

이와 같은 역사를 통하여 수의 발전 단계를 보면 대개 다음과 같이 구분할 수 있다.

i) 원시적 수 개념 단계. 피타고라스 이전까지 수를 알고리듬적 방법으로 사용하던 시기.

ii) 자연적 수 개념 단계. 수와 자연과의 어떤 관계를 모색했던 시기. 주로 피타고라스의 영향을 받은 시대로서 에우독소스(Eudoxus, 408~355 B.C.) 이전 시대까지를 말한다.

iii) 직관적 수 개념 단계. 수를 수직선이라는 심상 또는 정신모델에 의하여 사용하던 시기로서 에우독소스에서 코시 이전의 시기를 말한다.

iv) 근대적 수 개념 단계. 수의 이해를 분석적 방법으로 접근하기 시작한 시기로서 코시에서 바이어슈트라스 시대이다.

v) 현대적 수 개념 단계. 공리적 관점에서 수의 체계를 세운 시대로서 데데킨트, 칸토어 이후의 시기로 본다.

여기서 각 단계는 혁명적 전환이 있었다. 먼저 제논은 피타고라스의 수 개념을 논박하였고 코시는 실수로부터 무한소를 분리하는 시도를 하였으며 바이어슈트라스는 실수체계를 보다 정교한 수준으로 이끌어 올렸다. 이어 칸토어는 집합론에 의하여 수 개념을 기존의 수학과 통합하였다.

기수법

기수법이란 수를 표상하는 방법을 의미한다. 역사적으로 보면 기수법은 다음 3가지가 대표적이다.

---

30) 린데만(C. von Lindemann, 1852~1939)은 만약 π가 대수적 수라면 방정식 $e^{ix}+1=0$의 근이 아님을 증명하였다.

31) 이 수를 힐베르트의 수라고 한다.

32) 겔폰트(A. Gelfond, 1906~1968)는 a가 0과 1이 아닌 대수적 수($a \neq 0,1$)이고 x가 무리 대수적 수이면 a^x는 초월수라는 것을 보였다. 이 결과에 의하면 힐베르트의 수는 초월수이다.

33) 이 수를 리우빌(J. Liouville, 1809~1882)의 수라고 한다.

i) 가법적 기수법
ii) 승법적 기수법
iii) 위치기수법

고대 바빌로니아 또는 고대 이집트에서는 손가락이나 막대같이 수와 숫자를 동일시할 수 있는 형태 중심의 기법을 고안하였다. 예를 들면 막대기의 모양이나 한자에서 일(一), 이(二), 삼(三) 등이 대표적인 방식이다. 이런 기수법을 가법적 기수법이라고 한다. 한편 중국은 팔만오백삼십이(八萬五百三十二)와 같이 수와 수를 곱한 방식의 기수법을 사용하였는데 이런 방식을 승법적 기수법이라고 한다. 승법적 기수법은 가법적 기수법에 비하여 매우 현대적이고 합리적이다. 승법적 기수법은 단위를 명시적 기표로 드러내고 있지만 우리가 현재 사용하고 있는 십진기수법은 단위를 명시적으로 드러내지 않고 위치로 대신하는데 이 방식을 위치기수법이라고 한다. 위치기수법은 승법적 기수법보다 좀 더 단축된 표기법이라는 점에서 진일보한 표기법이다.

5.1.2 본체론적 분석

먼저 실수의 개념이 어떻게 정립되는가를 알아보자. 형식적 측면에서 수의 정의는 다음과 같이 자연수에서부터 점진적으로 확장된다.

자연수의 정의

페아노에 의하여 제안된 자연수에 대한 공리계를 산술공리계라고 하는데 다음 성질을 만족한다.

정의. 자연수의 집합 $\boldsymbol{N}$은 다음 공리에 의하여 주어진다.

i) $1 \in \boldsymbol{N}$
ii) $1 \notin \sigma(\boldsymbol{N})$이 되는 일대일 함수 $\sigma : \boldsymbol{N} \to \boldsymbol{N}$이 존재한다. 여기서 σ를 직후자함수라고 한다.
iii) (수학적 귀납법의 원리) 집합 $S \subset \boldsymbol{N}$이 $1 \in S$이고 $(\forall n)(n \in S \to \sigma(n) \in S)$을 만족한다면 $S = \boldsymbol{N}$이다.[34)]

34) 수학적 귀납법의 원리는 교사들이 잘못 이해하고 있는 부분이다. 실제로 수학적 귀납법의 원리는 자연수의 최소 순서수 구조 ω를 가진다는 것을 의미한다.(즉 자연수는 최소의 무한 정렬집합이다.) 예를 들면 자연수가 순서집합으로서 $\{0, 1, 2, 3, 4, \cdots, 0, 1, 2, 3, 4, \cdots\}$이라면 (또는 이와 동등하다면) $S = \{0, 1, 2, 3, 4, \cdots\}$

여기서 이 공리들이 구체적으로 어떤 역할을 하는가를 살펴보자. 먼저 공리 i)은 최초의 원소가 존재함을 의미한다. 이어 공리 ii)는 $\boldsymbol{N}$이 전순서집합임을 보여준다. 마지막으로 공리 iii)의 의미를 알아보기 위하여 약간의 준비를 하자.

먼저 다음 두 집합 $A=\{1, 2, 3, \cdots\}$와 $B=\{1, 2, 3, \cdots, 1, 2, 3, \cdots\}$를 생각한다. 여기서 집합 A는 $2=\sigma(1)$, $3=\sigma(2)$, $\cdots$와 같이 직후자함수 σ에 의하여 주어져 있고 또 집합 B은 $2=\tau(1)$, $3=\tau(2)$, $\cdots$, $2'=\tau(1')$, $3'=\tau(2')$, $\cdots$와 같이 직후자함수 τ에 의하여 주어져 있다.

집합 A와 B는 직후자함수 σ와 τ에 의하여 전순서집합이다. 그러나 A와 B는 서로 다른 순서형을 가진다. 즉 $(a<b)\Rightarrow(f(a)<f(b))$를 만족하는 전단사함수 $f: A \to B$[35]가 존재하지 않는다.[36] 여기서 다음과 같은 질문이 제기된다. A와 B 중에서 어느 것이 자연수의 집합 $\boldsymbol{N}$과 동등한가? 집합 A와 B는 공리 i)과 공리 ii)를 모두 만족하기 때문에 공리 i)과 공리 ii)는 A와 B를 구별하지 못한다. 그렇다면 산술공리계의 조건 iii)은 A와 B를 구별할 수 있게 해줄까? 답은 그렇다. 여기서 그 이유를 알아보기 위하여

$$S=\{1, 2, 3, 4, \cdots\} \subset B$$

라고 두면 S는 산술공리계의 공리 iii)의 전제를 모두 만족하지만 $S \neq B$이다. 즉 B는 공리 iii)을 만족하지 않지만 집합 A는 공리 iii)을 만족한다. 즉 자연수는 집합 A와 순서동형구조를 가지고 있다.

한편 두 자연수 m과 n에 대하여 $\sigma^m(n)=m+n$을 다음과 같이 순차적으로 정의하면 자연수의 덧셈이 정의된다.

i) $m+1=\sigma^m(1)=\sigma(m)$
ii) $m+(n+1)=\sigma^m(\sigma(n))=\sigma(\sigma^m(n))$

마찬가지 방법으로 σ를 이용하여 자연수의 곱셈과 지수를 정의할 수 있고 이에 관련된 대수적 성질들을 도출할 수 있다.[37]

자연수 집합 $\boldsymbol{N}$의 성질은 다음과 같다.

로 두면 $n \in S$이면 $\sigma(n) \in S$이지만 $S \neq N$이다.

35) 이런 함수를 순서동형사상이라고 한다.

36) 실제로 그런 함수 f가 존재한다면 $f(k)=1'$를 만족하는 $k \in A$가 존재한다. 그런데 여기서 f는 순서를 보존해야 하기 때문에 $1, 2, \cdots, k-1 \subset A$는 $1, 2, 3, \cdots \subset B$와 일대일 대응이 되어야 하는데 이것은 모순이다.

37) $p_m(n)=mn$은 다음 두 조건 i) $p_m(1)=m$과 ii) $p_m(\sigma(n))=m+p_m(n)=\sigma^m(p_m(n))$에 의하여 순차적으로 정의된다.

i) (자연수 집합의 대수구조) $\boldsymbol{N}$은 결합법칙, 교환법칙, 분배법칙을 만족한다.

ii) (자연수 집합의 순서구조) 자연수의 집합은 정렬집합이다. 즉 자연수의 임의의 공 아닌 부분집합은 항상 최소 자연수를 가진다. 자연수의 순서형을 ω라고 한다.

iii) (자연수 집합의 위상 구조)자연수의 집합은 이산적이다. 즉 임의의 두 자연수 사이에 자연수가 존재하지 않을 수 있다.

수학적 귀납법

자연수의 공리에서 제시된 수학적 귀납법을 약귀납법이라고 하고 이에 대하여 강귀납법이 있다.

정리 1. (약귀납법의 원리) $P(n)$을 자연수에 대한 명제라고 하고 다음 i)과 ii)를 만족하면 임의의 $n \in \boldsymbol{N}$에 대하여 $P(n)$은 참이다.

i) $P(1)$은 참이다.

ii) 임의의 자연수 k에 대하여 $P(k) \to P(k+1)$이 참이다.

예 1. n이 자연수일 때

$$\frac{1}{2n} \le \frac{1 \cdot 3 \cdot 5 \cdots (2n-1)}{2 \cdot 4 \cdot 6 \cdots 2n} \tag{1}$$

을 보이자. $n=1$인 경우는 자명하다. k에서 주어진 부등식 (1)이 성립한다고 하면

$$\frac{1 \cdot 3 \cdot 5 \cdots (2k-1) \cdot (2k+1)}{2 \cdot 4 \cdot 6 \cdots 2k \cdot (2k+2)} \ge \frac{2k+1}{2k+2} \cdot \frac{1}{2k} \tag{2}$$

가 성립하고 식 (2)에서 우변은

$$\frac{2k+1}{2k+2} \cdot \frac{1}{2k} \ge \frac{1}{2k+2}$$

가 되므로 결국 $k+1$에서 주어진 식 (1)이 성립한다.

예 2. 다음 그림과 같이 하나의 조각이 없는 $2^n \times 2^n$형의 체스판은 3조각으로 구성된 L자형 도미노로 덮을 수 있음을 보이자. 먼저 $n=1$인 경우는 다음과 같은 체스판

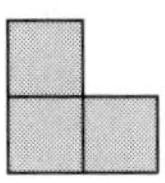

이므로 당연하다. k보다 작은 j에 대하여 하나의 조각이 없는 $2^j \times 2^j$ 형의 체스판을 L자형 도미노로 덮을 수 있다고 하자. 다음 그림과 같이 굵은 선으로 표시된 4개의 사각형 중에서 좌상에 있는 사각형은 귀납의 가정에 의하여 L자형 도미노로 덮을 수 있다. 이제 나머지 3개의 사각형에서 아래 그림과 같이 하나의 L자 도미노를 제거하자. 이렇게 하면 그 나머지 3개의 사각형도 귀납의 가정에 의하여 L자형 조각으로 덮을 수 있다. 여기서 하얗게 된 부분을 채우면 모두 채워진다. 그러므로 k인 경우에도 성립한다.

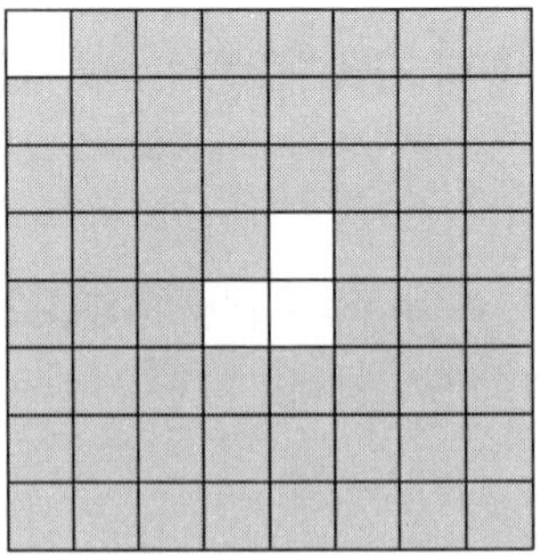

정리 2. (강귀납법의 원리) $P(n)$을 자연수에 대한 명제라고 하고 다음 i)과 ii)를 만족하면 임의의 $n \in \boldsymbol{N}$에 대하여 $P(n)$은 참이다.

i) $P(1)$은 참이다.
ii) $P(1) \wedge P(2) \wedge \cdots \wedge P(k) \rightarrow P(k+1)$이 참이다.

소수

정의. 2개만의 약수를 가진 자연수를 소수라고 한다.

정리 1. 단 2 이상의 자연수는 소수이거나 소수의 곱으로 나타낼 수 있다.

증명. 먼저 $k=2$일 경우는 자명하다. 이제 k이하의 자연수는 모두 소수의 곱으로 나타낼 수 있다고 하자. 만약 $k+1$가 소수이면 증명은 종결된다. $k+1$이 소수가 아니라면 $k+1=aN$으로 주어진다. 여기서 a는 소수이다. 그런데 N은 k 이하이므로 귀납의 가정에 의하여 N은 소수의 곱으로 주어진다. 그러므로 $k+1$도 소수의 곱으로 주어진다. ■

정리 2. (소수의 개수의 무한성) 소수의 개수는 무한하다.

증명 1. 소수의 개수가 유한이라고 하고 그 모든 소수를 $p_1,\ p_2,\ \cdots,\ p_n$이라고 하자. 여기서

$$A = p_1 p_2 \cdots p_n + 1$$

이라고 두면 A는 어떤 $p_k(k=1,\ 2,\ \cdots,\ n)$보다도 크기 때문에 A는 합성수이다. 그런데 어떤 $p_k(k=1,\ 2,\ \cdots,\ n)$도 A의 약수가 될 수 없으므로 A가 소수이거나 A는 어떤 p_k도 아닌 소인수를 가진다. 이것은 모순이다. ■

증명 2. 소수의 개수가 유한이라고 하고 그것을 두 집합 A와 B의 어느 한 곳에 넣자. 여기서 A와 B는 모두 공집합이 아니다. 이때 p_A와 p_B를 각각 A와 B에 속하는 소수의 곱이라고 하자. 이때 p를 $p_A + p_B$의 약수라고 하자.[38] 만약 $p \in A$이라면 p는 p_A의 약수이지만 p_B의 약수가 아니기 때문에 p는 $p_A + p_B$의 약수라는 사실에 모순이다. 그러므로 $p \not\in A$ 이다. 만약 $p \in B$이라면 p는 p_B의 약수이지만 p_A의 약수가 아니기 때문에 p는 $p_A + p_B$의 약수라는 사실에 모순이다. $p \not\in B$이다. 그러므로 $p_A + p_B$는 $A \cup B$에 속하지 않는 약수 p를 가진다. 이것은 모순이다. ■

다양한 자연수

i) 완전수. 완전수란 자신의 진약수의 합과 같은 수를 의미한다. 유클리드의 <원론>에 있는 명제 IX−36에는 완전수를 찾는 방법을 소개하고 있다. 그것은 다음과 같다.

정리 1. $2^n - 1$이 소수가 되면 $N = 2^{n-1}(2^n - 1)$은 완전수이다.

증명. $p = 2^n - 1$라고 두자. N의 모든 약수는 $1,\ 2,\ \cdots,\ 2^{n-1}$와 $p,\ 2p,\ \cdots,\ 2^{n-1}p$가 된다. 그러므로 이것을 모두 더하면 $(2^n - 1)(p+1)$가 된다. 그런데 $(2^n - 1)(p+1)$은 자신도 포함되어 있기 때문에 여기서 N을 제거하면 모든 진약수의 합이 된다. 즉

$$(2^n - 1)(p+1) - N = (2^n - 1)(p+1) - (2^n - 1)2^{n-1} = (2^n - 1)2^{n-1}$$

이다. ■

ii) 부족수와 과잉수. 자신의 진약수의 합이 자신보다 작을 때 부족수라고 하고 클 때 과잉수라고 한다.

---

38) 이런 p는 존재한다. 예를 들면 p는 $p_A + p_B$가 될 수도 있기 때문이다.

예 1. $1+2+7<14$이므로 14는 부족수이고 $1+2+3+4+6>12$이므로 12는 과잉수이다.

iii) 친화수. 두 자연수 각각의 진약수의 합이 서로 다른 것이 될 때 이 두 수를 친화수라고 한다.

예 2. 220과 284는 친화수이다.

iv) 피타고라스 수. $a^2+b^2=c^2$를 만족하는 자연수의 조 $(a,\ b,\ c)$를 피타고라스 수라고 한다. 어떤 수가 이런 수가 될까? 만약 $a^2+b^2=c^2$을 만족한다면

(1) $$a^2=(c-b)(c+b)$$

이므로 여기서 (1)을

$$\frac{a}{a+b}=\frac{c-b}{a}=\frac{u}{v}$$

라고 두면

$$\frac{a}{c}=\frac{v^2-u^2}{u^2+v^2},\ \frac{b}{c}=\frac{2uv}{u^2+v^2}$$

가 된다. 여기서 이것을 풀면

(2) $$\begin{cases} a=(v^2-u^2)t \\ b=2uvt \\ c=(u^2+v^2)t \end{cases}$$

를 얻는다. 특히 여기서 $t=1$로 두면

(3) $$\begin{cases} a=v^2-u^2 \\ b=2uv \\ c=u^2+v^2 \end{cases}$$

를 얻는다.

예 3. (3)으로부터 다음 표와 같이 여러 가지 피타고라스 수를 구할 수 있다.

u	1	1	2	3
v	2	3	3	4
$(a,\ b,\ c)$	$(3,\ 4,\ 5)$	$(8,\ 6,\ 10)$	$(5,\ 12,\ 13)$	$(7,\ 24,\ 25)$

정수

일단 자연수의 집합 $\boldsymbol{N}$이 조직되면 자연수의 집합으로부터 정수의 집합 $\boldsymbol{Z}$를 다음과 같이 구성할 수 있다. 먼저 $\boldsymbol{N}\times\boldsymbol{N}$에서 $a+d=b+c$이면 $(a,\ b)\sim(c,\ d)$인 이항관계 ~을 정의한다. 이 이항관계는 동치관계가 되므로 이때 그 동치류를 $\overline{(a,\ b)}$라고 하고 모든 동치류의 집합을 $\boldsymbol{Z}$라고 하자. 여기서

$$\overline{(a,\ b)}+\overline{(c,\ d)}=\overline{(a+c,\ b+d)}$$

$$\overline{(a,\ b)}\ \overline{(c,\ d)}=\overline{(ac+bd,\ ad+bc)}$$

라고 정의하면 이 두 연산은 정수의 덧셈과 곱셈의 모든 대수 법칙을 만족한다.

정수의 성질은 다음과 같다.

i) (정수 집합의 대수구조) 정수 집합은 +와 ×에 대하여 가환환을 이룬다.

ii) (정수 집합의 순서구조) 정수의 집합은 가산집합이나 정렬집합은 아니다.

iii) (정수 집합의 위상 구조) 정수의 집합은 이산적이다. 즉 임의의 두 정수 사이에 정수가 존재하지 않을 수 있다.

최대공약수와 최소공배수

정의. 두 자연수 a와 b가 주어져 있을 때 c를 a와 b의 공약수라고 하자. 이런 c는 유한개 존재하는데 그 중에서 가장 큰 수를 a와 b의 최대공약수라고 하고 $(a,\ b)$로 나타낸다.

정의. 두 자연수 a와 b가 주어져 있을 때 c를 a와 b의 공배수라고 하자. 이런 c는 유한개 존재하는데 그 중에서 가장 작은 수를 a와 b의 최소공배수라고 한다.

나머지정리

정리 1. 정수 a와 자연수 b에 대하여 $a=bq+r$을 만족하는 정수 q와 r이 유일하게 존재한다. 단 여기서 $0\le r<b$이다.

정리 2. 자연수 a와 b에 대하여 나머지정리에 의하여 $a=bq+r$라면 $(a,\ b)=(b,\ r)$이다.

증명. c가 a와 b의 공약수라고 하면 $a=cm,\ b=cn$으로 나타난다. 그러므로

$$r=a-bq=cm-cnq=c(m-nq)$$

가 되므로 c는 b와 r의 공약수이다. 즉 a와 b의 모든 공약수의 집합은 b와 r의 모든 공약수의 집합의 부분집합이다.

역으로 d가 b와 r의 공약수이면 $b=dm'$, $r=dn'$이다. 그러므로

$$a=bq+r=dm'q+dn'=d(m'q+n')$$

이므로 d는 a와 b의 공약수이다. 즉 b와 r의 모든 공약수의 집합은 a와 b의 모든 공약수의 집합의 부분집합이다. 이 두 사실에 의하여 $(a, b)=(b, r)$이다. ■

유클리드의 호제법

유클리드의 호제법은 두 자연수 a와 b가 주어져 있을 때 이 두 수의 최대공약수를 구하는 알고리듬이다. 이 알고리듬의 원리는 다음과 같다. 나머지정리에 의하여 다음과 같은 일련의 식을 얻을 수 있다.

$$\begin{aligned}
&a=q_1b+r_1,\quad 0<r_1<b\\
&b=q_2r_1+r_2,\quad 0<r_2<r_1\\
&r_1=q_3r_2+r_3,\quad 0<r_3<r_2\\
&\cdots\cdots\cdots\cdots\cdots\cdots\\
&r_{n-3}=q_{n-1}r_{n-2}+r_{n-1},\quad 0<r_{n-1}<r_{n-2}\\
&r_{n-2}=q_nr_{n-1}+r_n,\quad 0<r_n<r_{n-1}\\
&r_{n-1}=q_{n+1}r_n
\end{aligned}$$

여기서

$$r_n=\gcd(a, b)$$

임을 보이자. 먼저 r_n은 r_{n-1}의 약수이고 따라서 위의 식을 거슬러 올라가면 r_n은 a의 약수이고 동시에 r_n은 b의 약수라는 것을 알 수 있다. 그러므로 r_n은 a와 b의 공약수이다. 이제 d가 a와 b의 임의의 공약수라고 하자. 위의 첫째 식으로부터 d는 r_1의 약수라는 것이 성립한다. 이 사실로부터 둘째 식에 적용하면 d는 r_2의 약수가 되고 이것을 계속하면 마지막에 d는 r_n의 약수가 된다. 그러므로 $r_n=\gcd(a, b)$가 성립한다.

그런데 위의 식으로부터 얻을 수 있는 중요한 공식이 있다. 먼저

$$\begin{aligned}
r_n&=r_{n-2}-q_nr_{n-1}\\
&=r_{n-2}-q_n(r_{n-3}-q_{n-1}r_{n-2})\\
&=(1+q_nq_{n-1})r_{n-2}-q_nr_{n-3}
\end{aligned}$$

이 성립한다. 이 사실로부터 다음 정리를 얻는다.

정리 1. 임의의 두 자연수 a와 b에 대하여

(1) $$\gcd(a,\ b) = ax + by$$

를 만족하는 두 정수 x와 y가 존재한다.

예 1. $a = 12$, $b = 9$일 때 $\gcd(12,\ 9) = 3 = 12 + (-1)9$이므로 여기서 $x = 1$이고 $y = -1$이다.

예 2. (1)로부터 $\sqrt{2}$가 무리수라는 것을 간단히 보일 수 있다. 만약 $\sqrt{2} = \frac{a}{b}$이고 $\gcd(a,\ b) = 1$이라면 (1)로부터 $1 = \gcd(a,\ b) = ax + by$를 만족하는 정수 x, y가 있다. 그러므로

$$\sqrt{2} = \sqrt{2}\,ax + \sqrt{2}\,by = 2bx + ay$$

가 되므로 $\sqrt{2}$는 정수가 되어 이것은 모순이다.

정리 2. (산술의 기본정리) 자연수의 소인수분해는 유일하게 주어진다.

증명. 먼저 소수 p가 자연수 ab의 약수라면 p는 a의 약수이거나 b의 약수임을 보이자. 먼저 p가 a의 약수가 아니라면 $(a,p) = 1$이므로 정리 1에 의하여

(1) $$1 = ax + py$$

을 만족하는 정수 x, y가 존재한다. 그러므로 식 (1)의 양변에 b를 각각 곱하면

(2) $$b = xab + ypb$$

을 얻는다. 그런데 p가 ab의 약수이므로 $ab = pm$으로 쓸 수 있고 따라서 식 (2)로부터

(3) $$b = xpm + ypb$$

가 성립한다. 즉 (3)으로부터 p는 b의 약수이다.
이제 자연수 N이 다음과 같이 두 개의 소수열로 분해되었다고 하자.

(4) $$N = p_1 p_2 \cdots p_m = q_1 q_2 \cdots q_n$$

여기서 p_j와 q_j는 모두 소수이다. p_1은 N의 약수이므로 위의 논증으로부터 p_1은 적당한 q_j의 약수가 되어야 한다. 그러나 q_j들은 모두 소수이기 때문에 p_1은 적당한 q_j와 같아야 한다. 따라서 식 (4)의 양변을 p_1으로 나누자. 이렇게 되면 새로운 자연수 $\frac{N}{p_1}$이

생기고 이 $\dfrac{N}{p_1}$에 대하여 마찬가지 방법을 취하면 궁극적으로는 (4)의 분해는 유일함을 알 수 있다. ■

합동식

d를 양의 정수라고 하자. 두 정수 a와 b가 주어져 있을 때 $a-b$가 d에 의하여 나누어 질 때

$$a \equiv b(\bmod d)$$

라고 한다. 이때 $\boldsymbol{Z}$에서 $\equiv$는 동치관계이다. 또 다음 사실이 성립한다.

정리. $a=p(\text{mod} d)$이고 $b \equiv q(\text{mod} d)$일 때

i) $a \pm b \equiv p \pm q(\text{mod} d)$
ii) $ab \equiv pq(\text{mod} d)$

합동식을 이용하여 어떤 자연수를 어떤 수로 나눌 때 나머지가 어떻게 주어지는지 알아보자. 먼저 주어진 수 N을

$$N=a_n 10^n + a_{n-1}10^{n-1} + \cdots + a_2 10^2 + a_1 10 + a_o$$

라고 하자.

i) 3으로 나눌 때 나머지 임의의 자연수 n에 대하여 $10^n \equiv 1(\text{mod}3)$이므로

$$a_n 10^n + a_{n-1}10^{n-1} + \cdots + a_2 10^2 + a_1 10 + a_o \equiv a_n + \cdots + a_0(\text{mod}3)$$

가 성립한다. 그러므로 N을 3으로 나누면 나머지는

$$a_n + \cdots + a_0$$

이 된다.

ii) 11로 나눌 때 나머지. 합동식의 성질로부터

$$10 \equiv -1(\text{mod}11)$$
$$10^2 \equiv (-1)(-1) \equiv 1(\text{mod}11)$$
$$10^3 \equiv -1(\text{mod}11)$$

$\cdots\cdots$

이므로 나머지는 $a_0 - a_1 + a_2 - \cdots$ 가 된다.

순서체의 공리

집합 F는 다음 조건을 만족할 때 순서체라고 한다.

i) (대수구조) F는 체의 조건을 만족한다.

ii) (순서구조) F의 부분집합 P가 존재하는데 여기서 P는 다음 조건을 만족한다.

ii-1) 임의의 $x \in F$에 대하여 $x \in P$이거나 $x = 0$이거나 $-x \in P$를 만족한다.

ii-2) 임의의 $x, y \in P$에 대하여, $x + y \in P$이고 $xy \in P$이다.

이 정의로부터 $x - y \in P$일 때, $y < x$ 또는 $x > y$로 정의한다. 더욱이 부등호 $>$로 기존의 순서 관계의 성질들을 표현할 수 있다.

정리. 임의의 순서체 F에서 다음 성질이 성립한다.

i) 임의의 $x \neq 0$에 대하여 $x^2 > 0$이다. 특히 $1 > 0$이 성립한다.

ii) $x > 0$이고 $y < z$이면 $xy < xz$이다.

iii) $0 < x < y$에 대하여 $0 < \frac{1}{y} < \frac{1}{x}$이다.

증명. 먼저 i)을 보이자. x는 0이 아니므로 $x > 0$이거나 $x < 0$이다. 여기서 $x > 0$이면 $x^2 > 0$이다. 한편 $x < 0$이면 $-x > 0$이므로 따라서 $x^2 = (-x)^2 > 0$이다. 그러므로 $x^2 > 0$이다.

ii)를 보이기 위하여 $x > 0$이고 $z - y > 0$이므로 $xz - xy = x(z - y) > 0$이다. 그러므로 $xz > xy$이다.

마지막으로 iii)을 보이자. 먼저 $x > 0$이고 $y > 0$이므로 $\frac{1}{x} > 0$이고 $\frac{1}{y} > 0$가 성립한다. 그런데 $y - x > 0$이고 또 $\frac{1}{y} > 0$이므로 $\frac{1}{xy} > 0$이다. 그러므로 $\frac{1}{x} - \frac{1}{y} = \frac{y - x}{xy} > 0$이다. ■

예 1. 앞으로 다루게 될 유리수의 집합 $\boldsymbol{Q}$와 실수의 집합 $\boldsymbol{R}$은 순서체이다.

예 2. 소수 p에 대하여 $\boldsymbol{Z}_p = \{0,\ 1,\ 2,\ \cdots,\ p-1\}$는 체이지만 순서체는 아니다. 그 이유는 $\boldsymbol{Z}_p$가 순서체이면 $1>0$이 성립하므로 $2>0,\ \cdots,\ p-1>0$이 되어 $0>0$이라는 결과를 가져오기 때문이다.

유리수의 공리

정수의 집합으로부터 다음과 같이 유리수의 집합 $\boldsymbol{Q}$를 구성할 수 있다. 즉 $\boldsymbol{Z}$ 상의 관계 $\sim$가 $ad=bc$를 만족할 때, $(a,\ b)\sim(c,\ d)$라고 정의하면 이 관계 $\sim$은 동치관계가 된다.
여기서 동치류 $[(a,\ b)]$를 유리수라고 하고 $\dfrac{a}{b}$라고 나타낸다.
$\dfrac{a}{b}$와 $\dfrac{c}{d}$를 두 유리수라고 하면 다음과 같이

$$\frac{a}{b}+\frac{c}{d}=\frac{ad+bc}{bd}$$

$$\frac{a}{b}\cdot\frac{c}{d}=\frac{ac}{bd}$$

로 덧셈과 곱셈을 정의하면 유리수들은 다음과 같은 성질을 만족한다.

i) (유리수 집합의 대수구조) 유리수의 집합은 체를 이룬다.

ii) (유리수 집합의 순서구조) 임의의 두 유리수 사이에는 적어도 하나의 유리수가 존재한다. 유리수의 순서형을 η라고 한다. 더욱이 유리수의 집합의 순서는 대수구조와 상호 작용하는데, 즉 $\boldsymbol{Q}$는 $\boldsymbol{Q}=P\cup\{0\}\cup(-P)$가 되고 $a,\ b\in P$이면 $a+b,\ ab\in P$를 만족하는 P가 존재한다. 이 P를 양수의 집합이라고 한다.

iii) (유리수 집합의 위상구조) 유리수 집합은 자기조밀 집합이다. 이 위상구조는 순서구조에 의하여 파생된 것이다.

유리수와 순환소수의 관계

초등과정에서 유리수는 분수로 배운다. 분수를 10진 전개할 때 순환소수가 되는 이유는 다음과 같다. 먼저 유리수 $\dfrac{a}{b}(0<a<b)$를 다음과 같이 10진 전개한다고 해보자.

$$\frac{a}{b}=0.p_1p_2p_3\cdots$$

이때 나머지정리에 의하여

$$10a=bp_1+r_1,\ 0\le r_1<b$$
$$10r_1=bp_2+r_2,\ 0\le r_2<b$$
$$10r_2=bp_3+r_3,\ 0\le r_3<b$$

$$....$$

$$10r_j = bp_{j+1} + r_{j+1},\ 0 \le r_{j+1} < b$$

$$\cdots$$

여기서 r_1, r_2, r_3, $\cdots$는 모두 자연수이기 때문에 비둘기집 원리에 의하여 이들 중 적어도 같은 것이 존재한다. 따라서 그러므로 $r_m = r_n$을 만족하는 자연수 m과 n이 존재한다. 즉

$$....$$

$$10r_m = bp_n + r_{m+1}$$

$$\cdots$$

$$\cdots$$

$$10r_n = bp_n + r_{n+1}$$

$$\cdots$$

두 식 $10r_m = bp_n + r_{m+1}$와 $10r_n = bp_n + r_{n+1}$ 사이를 주기로 하여 반복된다.

분수의 성질

정리 1. $\dfrac{a}{b} = \dfrac{c}{d} = k$이고 $b + d \neq 0$이면 $\dfrac{a+c}{b+d} = k$ 이다.

증명. 자명하다. ■

정리 2. $\dfrac{a}{b} = \dfrac{c}{d}$ 이면 $\dfrac{a+b}{a-b} = \dfrac{c+d}{c-d}$가 성립한다.

증명. 자명하다. ■

정리 3. $S_n = \{\dfrac{p_1}{q_1}, \dfrac{p_1}{q_2}, \cdots, \dfrac{p_n}{q_n}\}$이고 임의의 $j = 1, \cdots, n$에 대하여 $q_j > 0$라고 하면

(1) $$\min S_n \le \frac{p_1 + \cdots + p_n}{q_1 + \cdots + q_n} \le \max S_n$$

가 성립한다.

증명. 먼저 $n = 2$에 대하여

(2) $$\min\left(\frac{p_1}{q_1},\ \frac{p_2}{q_2}\right) \le \frac{p_1+p_2}{q_1+q_2} \le \max\left(\frac{p_1}{q_1},\ \frac{p_2}{q_2}\right)$$

은 자명하게 성립한다. n인 경우에 성립한다고 하고 $n+1$인 경우에 (1)이 성립함을 보이자. 먼저 $P=p+1+\cdots p_n$, $Q=q_1+\cdots+q_n$이라고 두면 귀납의 가정은

(3) $$\min S_n \le \frac{P}{Q} \le \max S_n$$

을 의미한다. 여기서 귀납의 가정 (3)과 두 개의 경우 즉 (2)를 사용하면

$$\begin{aligned}\min S_{n+1} &\le \min\left(\min S_n, \frac{p_{n+1}}{q_{n+1}}\right)\\ &\le \min\left(\frac{P}{Q}, \frac{p_{n+1}}{q_{n+1}}\right)\\ &\le \frac{P+p_{n+1}}{Q+q_{n+1}}\\ &\le \max\left(\frac{P}{Q}, \frac{p_{n+1}}{q_{n+1}}\right)\\ &\le \max\left(\max S_n, \frac{p_{n+1}}{q_{n+1}}\right)\\ &\le \max S_{n+1}\end{aligned}$$

을 얻는다. 그러므로 $n+1$에 대해서도 부등식 (1)이 성립한다. ■

완비순서체

정의. (최소상계 존재 원리) 순서체 F가 주어져 있다. ϕ가 아닌 임의의 위로 유계인 집합 $A \subset F$가 최소상계를 가질 때 F를 완비순서체라고 한다.

예. $\boldsymbol{Q}$는 순서체이지만 완비순서체가 아니다. 이 사실을 보이기 위하여 집합

$$S=\{x\in \boldsymbol{Q}: x^2<2\}\cup\{x<0\}$$

라고 두자. 그러면 이 집합은 위로 유계임은 분명하다. 그러나 이 집합 S가 최소 상계를 가지지 않는다는 것을 보이자. 만약 S가 최소 상계 p를 가진다면 그것은 유리수이기 때문에 $p^2>2$가 된다. 여기서 $\frac{2p+2}{p+2}$는 유리수이고 $\frac{2p+2}{p+2}\notin S$이며 $\frac{2p+2}{p+2}<p$를 만족한다.

그러므로 p가 S의 최소 상계라는 것은 모순이다.

정의. 완비순서체를 실수체라고 하고 $\boldsymbol{R}$로 나타낸다. 자연수는 곱셈의 단위원 1의 중첩 $2=1+1,\ 3=2+1,...$ 등으로 정의되고 이어 유리수가 정의된다.

실수체에 대한 정의가 유의미해지기 위해서는 우선 완비순서체의 존재성을 검사해야 한다. 한편 그런 것이 존재한다고 해도 여러 가지로 존재할 수 있다. 따라서 만약 여러 가지의 완비순서체가 존재한다면 실수체는 무엇이 되어야 하는가라는 문제에 봉착하게 된다. 그러나 이와 같은 질문들은 다음과 같이 해결된다.

i) 완비순서체의 존재성은 이어 논의하게 될 데데킨트의 절단이론에 의하여 해결된다.

ii) 임의의 두 완비순서체는 동형이다. 즉 동형을 고려했을 때 완비순서체는 유일하게 존재한다. 이 사실이 실수체라는 이름을 부여할 수 있도록 정당화한다.

정리. (아르키메데스의 성질) 두 양의 실수 $x,\ y$에 대하여 $nx > y$를 만족하는 자연수 n이 존재한다.

증명. $S=\{nx : n\in \boldsymbol{N}\}$라고 두고 결론을 부정하면 y는 S의 상계가 된다. 그러므로 완비순서체의 공리에 의하여 최소상계 $p=\sup S$가 존재한다. 여기서 $x>0$이므로 $p-x$는 S의 상계가 될 수 없다. 그러므로 $p-x<n_o x$를 만족하는 자연수 n_o가 존재한다. 따라서 $p<(1+n_o)x\in S$가 성립한다. 이것은 p의 구성에 모순이다. ■

여기서 아르키메데스의 성질의 의미를 살펴보자.

i) 이 정리는 실수의 모습을 제시한 최초의 진술로서 이미 고대 그리스 수학에서 나타난다.

ii) 논리적으로 볼 때 이 정리는 무한소를 제거한다. 즉 만약 임의의 자연수 n에 대하여 $nx<1$를 만족하는 $x\geq 0$가 존재한다면 $x=0$이다.

iii) 직관적으로 볼 때 선분이란 양 끝점을 가진 막대기와 같은 것으로 간주할 수 있다. 이런 막대는 근본적으로 유한 회 중첩하게 되면 임의의 큰 막대기보다 더 크게 할 수 있다. 이 점은 막대기라는 기하학적 대상의 길이 개념을 언급할 때 직관적으로 수용될 수 있다. 그러나 무한소는 그렇지 않다.

iv) 이 정리는 수의 측정의 측면을 보여준다. 즉 임의의 양수 r이 주어졌을 때 곱의 단위 1을 이용하여 r을 측정할 수 있다. 즉 $1n_0<r$을 만족하는 자연수 n_0가 존재한다. 이어 $\frac{n_1}{10}<r-1n_0$을 만족하는 자연수 n_1이 존재한다. 이어 $\frac{n_2}{10^2}<r-1n_0-\frac{n_1}{10}$

을 만족하는 자연수 n_2가 존재한다. 여기서 생성된 수

$$n_0,\ n_0+\frac{n_1}{10},\ n_0+\frac{n_1}{10}+\frac{n_2}{10^2},\ldots$$

등은 모두 r의 근삿값이다.

완비공리의 결과

완비공리는 수열의 극한을 이용하여 보다 상세하게 분석될 수 있다.

정의. 자연수의 집합 $\boldsymbol{N}$ 상에 정의된 함수 f를 수열이라고 한다. 여기서 $f(n)=x_n$이라고 하면 f 대신에 $\{x_n\}$라고 표기한다.

정의. 수열 $f:\boldsymbol{N}\to X$와 수열 $\phi:\boldsymbol{N}\to\boldsymbol{N}$이 주어졌을 때, 합성함수 $\phi\circ f$를 f의 부분수열이라고 하고 $\phi\circ f(n)=n_j$라고 둘 때 이 부분수열을 $\{x_{n_j}\}$로 표기한다.

예 1. 수열 $f:\boldsymbol{N}\to\boldsymbol{R}$이 $f(n)=n^2$이라고 하고 $\phi:\boldsymbol{N}\to\boldsymbol{N}$을 $\phi(n)=2n+1$이라고 할 때 f의 부분수열 $\phi\circ f$는 $\phi\circ f(n)=(2n+1)^2$으로 주어진다.

수열의 극한의 정의는 다음과 같다.

정의. 수열 $\{x_n\}$의 극한이 p라는 것은 임의의 양수 ϵ에 대하여

$$\{n\in\boldsymbol{N}: x_n\not\in(p-\epsilon,\ p+\epsilon)\}$$

이 유한집합임을 의미한다.

정리 1. (바이어슈트라스) $\boldsymbol{R}$에서 위로 유계인 증가수열은 수렴한다.

증명. 수열 $\{a_n\}$을 위로 유계인 증가수열이라고 하자. 이때 모든 a_n을 원소로 하는 집합을 S라고 하자. 이렇게 하면 $S\neq\phi$이고 S는 위로 유계인 집합이 된다. 그러므로 완비공리에 의하여 $\sup S=a$가 존재한다. 여기서 ϵ을 임의의 양수라고 할 때 $\sup S=a$로부터 $a-\epsilon<a_N\leq a$을 만족하는 $a_N\in S$이 존재한다. 그런데 $\{a_n\}$은 증가수열이기 때문에 $n\geq N$이면 $a-\epsilon<a_n\leq a$이므로 따라서 $|a_n-a|<\epsilon$이 성립한다. 그러므로 $n\to\infty$일 때 $a_n\to a$이다. ■

참고. 동일한 방법으로 증명을 하면 아래로 유계인 수열은 수렴함을 증명할 수 있다.

예 2. 수열 $\{1,\ 1.4,\ 1.41,\ 1.414,\ \cdots\}$은 유리수로 된 수열이고 증가수열이면서 2보다 작지만 유리수에 수렴하지 않는다. 즉 $\boldsymbol{Q}$는 정리 1을 만족하지 않는다.

정리 2. 각각의 자연수 k에 대하여 I_k가 유계 폐구간이라 하고 $I_{k+1} \subset I_k$이라 하자. $k \to \infty$일 때, I_k의 길이가 0에 수렴하면 $\cap_{k=1}^{\infty} I_k = \{p\}$가 되는 점 p가 존재한다.

증명. 각각의 자연수 k에 대하여 $I_k = [a_k,\ b_k]$라고 하면 수열 $\{a_n\}$는 위로 유계인 증가수열이고 $\{b_n\}$는 아래로 유계인 감소수열이다. 그러므로 $n \to \infty$일 때 $a_n \to a$이고 동시에 $b_n \to b$이다. 그러므로 a와 b는 모든 $[a_n,\ b_n]$에 속하게 된다. 여기서 아르키메데스의 성질에 의하여 $a = b$가 된다. 여기서 $a = b = p$라고 두면 주어진 정리의 결론을 만족한다. ■

예 3. $[1,\ 2] \supset [1.4,\ 1.5] \supset [1.41,\ 1.42] \supset [1.414,\ 1.415] \supset \cdots$는 $\boldsymbol{Q}$에서 정리 2의 가정을 만족하지만 $\cap_{k=1}^{\infty} I_k = \{p\}$를 만족하는 p는 무리수이기 때문에 그런 p는 $\boldsymbol{Q}$에서 존재하지 않는다.

다음 수열은 볼차노-바이어슈트라스 정리라고 알려져 있는데 실수의 성질을 규명하는데 있어서 강력한 도구이다.

정리 3. 실수에서 유계수열은 수렴하는 부분수열을 가진다.

증명. 가정에서 $\{x_n\}$은 유계수열이므로 임의의 $n \in \boldsymbol{N}$에 대하여 $a_1 \le x_n \le b_1$을 만족하는 $a_1,\ b_1 \in \boldsymbol{R}$이 존재한다. 여기서 $x_{n_1} \in [a_1,\ b_1]$이라고 하자. c_1을 $[a_1, b_1]$의 중점이라고 하면 $\{n \in \boldsymbol{N}: x_n \in [a_1,\ c_1]\}$ 또는 $\{n \in \boldsymbol{N}: x_n \in [c_1,\ b_1]\}$은 무한집합이 된다. 여기서 일반성을 잃지 않고 $\{n \in \boldsymbol{N}: x_n \in [a_1,\ c_1]\}$이 무한집합이라고 가정해도 좋다. 이때 여기서 $a_2 = a_1$, $b_2 = c_1$으로 나타내고 무한집합 $\{n \in \boldsymbol{N}: x_n \in [a_2,\ b_2]\}$에 속하는 적당한 n_2에 대하여 x_{n_2}를 선택하자. 여기서 다시 c_2를 $[a_2,\ b_2]$의 중점이라고 하고 앞에서 한 과정을 수행하면 $a_1 \le a_2 \le a_3$, $b_3 \le b_2 \le b_1$이고 $\{n \in \boldsymbol{N}: x_n \in [a_3,\ b_3]\}$는 무한집합이 되며 $x_{n_3} \in [a_3,\ b_3]$를 만족하는 x_{n_3}를 선택할 수 있다. 이와 같은 과정을 계속 수행하면

$$a_1 \le a_2 \le a_3 \le \cdots\cdots \le b_3 < \le b_2 \le b_1$$

이고 수열 $\{a_n\}$, $\{b_n\}$과 $a_k \le x_{n_k} \le b_k$을 만족하는 수열 $\{x_{n_k}\}$을 얻는다. 여기서

$$\lim_{n\to\infty}(b_n - a_n) = 0$$

이므로 $\cap_{n=1}^{\infty}[a_n,\ b_n] = \{p\}$를 만족하는 p가 존재하고 $\{x_{n_k}\}$의 구성에 의하여 $\lim_{n_k\to\infty} x_{n_k} = p$이다. ■

정리 3은 정리 4와 같이 무한집합의 말로 진술할 수 있다.

정의. $A \subset \boldsymbol{R}$라고 하자. 임의의 $\epsilon > 0$에 대하여 $(p-\epsilon,\ p+\epsilon)\cap A$가 무한집합일 때 p를 A의 집적점이라고 한다.

정리 4. 유계 무한집합은 적어도 하나의 집적점을 가진다.

증명. 정리 3과 동일한 방법을 사용하면 된다. ■

유리수의 완비화에 대한 데데킨트의 이론

유리수체는 완비공리를 만족하지 않는다. 따라서 유리수체를 포함하는 실수체의 존재가 필요하다. 이것이 유리수체의 완비화(completion)라고 한다. 데데킨트의 절단이론(cut theory)은 유리수체의 완비화를 보여준다. 이런 맥락을 염두에 두고 그의 절단이론의 살펴보자.

정의. 순서체 $\boldsymbol{F}$가 다음과 같은 성질 i)~iii)을 만족하는 두 집합 A와 B를 가질 때 이 두 집합의 쌍 $(A,\ B)$를 F의 절단이라고 한다.

i) $A \ne \phi$, $B \ne \phi$이다.
ii) 임의의 $a \in A$와 $b \in B$에 대하여 $a \le b$이다.
iii) $\boldsymbol{F} = A \cup B$.

여기서 만약 $A = \{x \in \boldsymbol{F} : x \le p\}$이고 $B = \{x \in \boldsymbol{F} : x \ge p\}$를 만족하는 $p \in \boldsymbol{F}$가 있을 때 p가 절단을 생성한다고 한다.

정의. (데데킨트) 순서체 $\boldsymbol{F}$가 주어져 있을 때 $\boldsymbol{F}$의 임의의 절단 $(A,\ B)$에 대하여 $(A,\ B)$를 생성하는 원소 $p \in \boldsymbol{F}$가 존재할 때 $\boldsymbol{F}$를 데데킨트 완비라고 한다.

데데킨트의 이론은 다음과 같은 사실을 함의한다.

i) 유리수체 $\boldsymbol{Q}$는 데데킨트 완비가 아니다. 예를 들면

$$A = \{x \in \boldsymbol{Q}: x^2 \le 2,\ x \ge 0\} \cup \{x \in \boldsymbol{Q}: x < 0\},\ B = \boldsymbol{Q} - A$$

라고 두면 $(A,\ B)$는 $\boldsymbol{Q}$의 절단이지만 $(A,\ B)$을 생성하는 유리수는 존재하지 않는다. 그러므로 $\boldsymbol{Q}$는 데데킨트 완비가 아니다. 그러나 실수의 경우 이것은 아래의 정리 1에 의하여 해결된다.

ii) 데데킨트 완비 개념은 실제로 최소상계 존재 공리와 동치이다.

iii) 절단이론은 즉 유리수체의 절단을 이용하여 무리수를 정의함으로써 유리수체 $\boldsymbol{Q}$로부터 실수체를 구성할 수 있다. 즉 유리수의 모든 절단들의 집합은 완비순서체가 된다.

iv) 무리수란 유리수체 $\boldsymbol{Q}$의 '구멍'을 메우는 대상으로 비유하는데 데데킨트의 이론은 다음 정리 1이 말하듯이 이 비유에 어울린다.

v) 수직선 개념을 사용할 때 임의의 수 실수 사이에는 적어도 하나의 유리수가 있음을 직관적으로 알고 있다. 이 직관은 공리적으로도 정합되는데 아래의 정리 2가 말하는 내용이다.

정리 1. $x^2 = 2$를 만족하는 양의 실수 x가 존재한다.

증명. 집합 $S = \{x \in \boldsymbol{R}: x > 0,\ x^2 < 2\}$ 라고 두면 $1 \in S$이기 때문에 $S \neq \phi$이다. 한편 S는 2에 의하여 위로 유계이기 때문에 완비공리에 의하여 $\sup S = \alpha$가 존재한다. 여기서 귀류법을 이용하여 $\alpha^2 = 2$임을 밝히자. 만약 $\alpha^2 < 2$라고 하자. 여기서

$$\frac{1}{n} < \frac{2-\alpha^2}{1+2\alpha}$$

을 만족하는 자연수 n을 선택하면

$$\left(\alpha + \frac{1}{n}\right)^2 \le \alpha^2 + \frac{2\alpha}{n} + \frac{1}{n^2} < \alpha^2 + \frac{1}{n}(2\alpha + 1) < 2$$

가 성립한다. 그런데 이것은 $\sup S = \alpha$에 모순이다.

반대로 $\alpha^2 > 2$이라고 하자. 여기서

$$\frac{1}{m} < \frac{\alpha^2 - 2}{2\alpha}$$

를 만족하는 자연수 m을 택하면

$$\left(\alpha-\frac{1}{m}\right)^2=\alpha^2-\frac{2\alpha}{m}+\frac{1}{m^2}>\alpha^2-\frac{2\alpha}{m}>2$$

이다. 그런데 이것은 $\sup S=\alpha$에 모순이다. ■

정리 2. (유리수의 조밀성) 임의의 두 실수 x, $y(x<y)$에 대하여 $x<r<y$를 만족하는 유리수 r이 존재한다.

증명. 먼저 x, $y>0$이라고 해도 증명의 일반성을 잃지 않는다. 실수의 아르키메데스의 성질로부터 $\frac{1}{n}<y-x$를 만족하는 자연수 n와 $nx<m$을 만족하는 자연수 m이 존재한다. 여기서 m_o를 $nx<m_o$를 만족하는 최소의 자연수라고 하면 $m_o-1\le nx$를 만족한다. 그러므로 $\frac{m_o}{n}-\frac{1}{n}\le x<\frac{m_o}{n}$이다. 여기서 $r=\frac{m_o}{n}$라고 두면 r은 유리수이고

$$x<r\le x+\frac{1}{n}<y$$

을 만족한다. ■

p진 기수법

정리. p를 2이상의 자연수라고 하자. 임의의 실수 $0\le x<1$와 임의의 자연수 n에 대하여

$$\sum_{k=1}^{n}\frac{a_k}{p^k}\le x<\frac{1}{p^{n+1}}+\sum_{k=1}^{n}\frac{a_k}{p^k}$$

을 만족하는 0에서 $p-1$까지의 자연수 a_1, a_2, $\cdots$, a_n가 존재한다.

증명. $0\le x\le 1$이므로 $\frac{a_1}{p}\le x<\frac{a_1+1}{p}$을 만족하는 0에서 $p-1$까지의 자연수 a_1이 존재한다. 여기서 $0\le x-\frac{a_1}{p}<\frac{1}{p}$이므로 $\frac{a_2}{p^2}\le x-\frac{a_1}{p}<\frac{a_2+1}{p^2}$을 만족하는 0에서 $p-1$까지의 자연수 a_2가 존재한다. 이렇게 계속하면 증가수열

$$\left\{\frac{a_1}{p}+\frac{a_2}{p^2}+\cdots+\frac{a_n}{p^n}\right\}$$

이 존재한다. 여기서

$$0\le x-\left(\frac{a_1}{p}+\frac{a_2}{p^2}+\cdots+\frac{a_n}{p^n}\right)<\frac{1}{p^n}$$

이므로 $n \to \infty$ 일 때 $\frac{a_1}{p}+\frac{a_2}{p^2}+\cdots+\frac{a_n}{p^n}\to x$ 이다. ■

정의. 위의 정리에서

$$x = {}_{[p]}0.a_1a_2a_3\cdots$$

으로 나타낸다. 만약 p가 2이면 위의 식은 x의 이진법 표기이고 $p=10$이면 x의 10진법 표기가 된다.

기수법은 유일하게 표상되지 않는다. 예를 들면 3은 10진 기수법으로 $2.999\cdots$로 표상할 수 있고 동시에 $3.000\cdots$로도 표상할 수 있다. 이와 같이 기수법은 유일하게 표상되지 않기 때문에 기수법에 의하여 수를 분류하게 되면 문제점이 발생하게 된다. 그러나 자리수를 마지막에 0으로 끝내는 대신에 마지막이 $99\cdots$로 표상하게 하면 각각의 실수는 유일하게 표상된다. 즉 이렇게 되면 유리수는 마지막이 모두 $99\cdots$의 모양이므로 순환소수가 된다. 이것은 10진법 대신에 임의의 다른 기수법에도 마찬가지로 성립한다.

지수법칙

정의. $a \geq 0$일 때 $x^n = a$를 만족하는 양수 x를 $\sqrt[n]{a}$로 나타낸다.

정리 1. 임의의 $a \geq 0$에 대하여 $x^n = a$를 만족하는 양수 x가 존재한다.

정리 1의 증명은 $n=2$인 경우의 증명과 유사한 방법으로 진행하면 된다.

정리 2. 임의의 $a \geq 0$와 두 자연수 m, n에 대하여 다음 명제가 참이다.

i) $a = (\sqrt[n]{a})^n$

ii) $(\sqrt[n]{a})^m = \sqrt[n]{a^m}$

iii) $\sqrt[m]{\sqrt[n]{a}} = \sqrt[mn]{a}$

이 명제들의 증명은 정의에 의하여 분명하다. 여기서 ii)의 증명을 주목하자. 대개 ii)의 증명은 $p=\sqrt[n]{a^m}$으로 두고 시작하는 것, $q=\sqrt[n]{a}$로 두고 시작하는 것, $r=(\sqrt[n]{a})^m$로 두고 시작할 수 있다. 이 세 경우에 대한 증명 과정을 비교해보자. 다음 표는 증명 과정을 진술한 것이다.

경우	$p=\sqrt[n]{a^m}$	$q=\sqrt[n]{a}$	$r=(\sqrt[n]{a})^m$
증명과정	$p^n=a^m$이므로 $p^n=a^m$ $=((\sqrt[n]{a})^n)^m$ $=((\sqrt[n]{a})^{nm}$ $=((\sqrt[n]{a})^m)^n$ 이다. 따라서 $p=(\sqrt[n]{a})^m$ 이다.	$q=\sqrt[n]{a}$ 이므로 정의로부터 $q^n=a$이다. 여기서 $(q^m)^n=(q^n)^m=a^m$ 이므로 $q^m=\sqrt[n]{a^m}$ 가 성립한다. 한편 $q=\sqrt[n]{a}$ 으로부터 $q^m=(\sqrt[n]{a})^m$ 이므로 따라서 $\sqrt[n]{a^m}=(\sqrt[n]{a})^m$ 가 성립한다.	$r=(\sqrt[n]{a})^m$이므로 $\sqrt[m]{r}=\sqrt[n]{a}$ 이다. 따라서 $(\sqrt[m]{r})^n=(\sqrt[n]{a})^n=a$ 가 성립한다. 이 식으로부터 $r^n=((\sqrt[m]{r})^m)^n$ $=((\sqrt[m]{r})^n)^m$ $=a^m$ 를 얻고 이것으로부터 $r=\sqrt[n]{a^m}$ 을 얻는다.
특징	$p=\sqrt[n]{a^m}$ 라고 두는 것은 초심자가 시도하기 어려운 점이 있다. 그러나 그렇게 함으로써 결과적으로 전체 증명 과정은 간단하다.	증명을 단순히 정의 $q=\sqrt[n]{a}$ 에서 출발한다. 증명 과정이 약간 길지만 특별한 기교를 사용하지 않는다.	첫째 증명의 경우와 같은 맥락이나 증명 과정은 복잡하다.

칸토어의 집합

[0, 1]에 있는 임의의 수를 3진법을 전개할 때 다음과 같은 수를 생각해보자.

$$x=\sum_{n=1}^{\infty}\frac{2a_n}{3^n},\ a_n=0,\ 1$$

이런 모든 수들의 집합을 K라고 하고 이 집합을 칸토어의 집합이라고 한다. 이 집합의 크기는 어느 정도일까? 이 집합의 크기를 길이와 농도의 측면에서 살펴보면 다음과 같다.

i) 먼저 이 집합은 [0, 1]에서 길이가 $\frac{1}{3}$인 1개의 개구간, 길이가 $\frac{1}{3^2}$인 2개의 개구간, 길이가 $\frac{1}{3^3}$인 2^2개의 개구간, ...을 제거한 것이다. 여기서 이러한 개구간의 길이의 합은 $\frac{1}{3}+\frac{2}{3^2}+\frac{2^2}{3^3}+\cdots$ 이고 이것은 1이므로 결국 K의 길이는 0이다.

ii) 주어진 $x=\sum_{n=1}^{\infty}\frac{a_n}{3^n}$, $a_n=0,\ 2$에 대하여 $\phi(x)=\sum_{n=1}^{\infty}\frac{a_n}{2^n}$로 정의하자. 이렇게 두면 ϕ는 K에서 [0, 1]로의 함수로서 일대일 대응이 된다. 그러므로 K는 비가산집합이다.

이와 같이 K는 길이로서 매우 작을지 몰라도 농도로서 매우 크다. 이에 반하여 무리수의 집합 $[0,\ 1]-\boldsymbol{Q}$는 크기는 1이고 비가산집합이므로 길이와 농도에서 모두 매우 크다고 할 수 있다. 마지막으로 유리수의 집합 $[0,\ 1]\cap\boldsymbol{Q}$은 길이로서 0이고 가산집합이므로 어느 경우나 모두 매우 작다고 할 수 있다.

$\sqrt{2}$의 연분수에 의한 전개

먼저

$$\sqrt{2}=1+\frac{1}{x} \tag{1}$$

라고 둘 수 있다. 이 식으로부터 $x=1+\sqrt{2}$가 된다. 따라서 (1)의 양변에 1을 더하면

$$x=2+\frac{1}{x} \tag{2}$$

가 된다. 따라서

$$\sqrt{2}=1+\cfrac{1}{2+\cfrac{1}{x}} \tag{3}$$

가 된다. 여기서 식 (3)에 (2)를 대입하면

$$\sqrt{2}=1+\cfrac{1}{2+\cfrac{1}{2+\cfrac{1}{2+\cfrac{1}{2+\cdots}}}}$$

를 얻는다. 이 공식으로부터 $\sqrt{2}$의 근삿값을 취할 수 있다.[39)]

고대 그리스인의 $\sqrt{2}$의 계산법

i) 고대 그리스인들은 $\sqrt{2}$의 계산을 다음과 같이 하였다. 먼저 두 개의 수열 $\{x_n\}$과 $\{y_n\}$을 생각한다. 이 수열에서 $x_0=1$이고 $y_0=0$라고 두고 다음과 같은 점화식을 생각한다.

$$x_n=x_{n-1}+2y_{n-1},\ y_n=x_{n-1}+y_{n-1},\ n=1,2,\cdots$$

이렇게 되면 임의의 자연수 n에 대하여

$$x_n^2-2y_n^2=\pm 1$$

39) 봄벨리(R. Bombelli, 1526~1573)의 <Algebra>(1572)에 $\sqrt{2}$를 연분수로 전개한 공식이 나타난다.

이 된다. 따라서 $n \to \infty$ 일 때 $\frac{x_n}{y_n} \to \sqrt{2}$ 가 된다. 이와 같은 방법으로 그들은 원하는 만큼 충분한 $\sqrt{2}$ 의 근삿값을 구할 수 있었다.

ii) 헤론은 $\sqrt{2}$ 의 근사식을 구하기 위하여 다음과 같은 점화식을 사용하였다.

$$a_{n+1} = \frac{1}{2}(a_n + \frac{p}{a_n})$$

여기서 a_1은 $\sqrt{p}$ 보다 크지 않는 자연수이고 p가 양수이면 이 점화식은 $\sqrt{p}$ 에 수렴한다.

특별한 무리수

정리 1. $\sqrt[3]{2}$ 는 무리수이다.

증명. $\sqrt[3]{2}$ 를 유리수라고 가정하면 $\sqrt[3]{2} = \frac{p}{q}$ 로 나타낼 수 있다. 여기서 p와 q는 서로소이다. $\sqrt[3]{2} = \frac{p}{q}$ 의 양변을 세제곱하여 정돈하면 $p^3 = 2q^3$이 된다. 여기서 p와 q를 소인수분해하면 p와 q는 서로소이기 때문에 2를 공약수로 가지지 않는다. 이 경우는 다음과 같이 3가지가 있다. 먼저 p가 2를 약수로 가지면 q는 2를 약수로 가지지 않는 경우인데 이때는 p^3에 들어있는 2의 개수와 $2q^3$에 들어있는 2의 개수는 다르다. 둘째 p가 2를 약수로 가지지 않으면 q가 2를 약수로 가질 수 있다. 이 경우에도 p^3에 들어있는 2의 개수와 $2q^3$에 들어있는 2의 개수는 다르다. 마지막으로 p와 q가 모두 2를 약수로 가지지 않을 수 있는데 이 경우에도 p^3에 들어있는 2의 개수와 $2q^3$에 들어있는 2의 개수는 다르다. ■

정리 2. $e = 1 + \frac{1}{1!} + \frac{1}{2!} + \frac{1}{3!} + \cdots$ 는 무리수이다.

증명. 이 사실을 귀류법으로 밝혀보자. 만약 e가 유리수라면 $e = \frac{p}{q}$가 되는 자연수 p와 q가 존재한다. 그런데 $e > 2$이므로 $q > 2$이다. $e = \frac{p}{q}$의 양변에 $q!$를 곱하면

$$\begin{aligned} q!\frac{p}{q} &= p \cdot 2 \cdot 3 \cdots (q-1) \\ &= q!\left[1 + 1 + \frac{1}{2!} + \cdots + \frac{1}{q!}\right] + \frac{1}{q+1} + \frac{1}{(q+1)(q+2)} + \cdots \end{aligned}$$

가 된다. 여기서 $p \cdot 2 \cdot 3 \cdots (q-1)$과 $q!\left[1 + 1 + \frac{1}{2!} + \cdots + \frac{1}{q!}\right]$는 정수이다. 그러나 여기서 $q > 2$이므로

$$\frac{1}{q+1}+\frac{1}{(q+1)(q+2)}+\cdots \leq \frac{1}{3}+\frac{1}{3^2}+\cdots = \frac{1}{2}$$

이므로 정수는 정수가 아니라는 결과가 나타나서 모순이 된다. 따라서 e는 무리수이다. ■

5.1.3 현상학적 분석

자연수의 현상학적 분석

현상학적 관점에서 자연수는 순서수와 집합수로 나타나고 이어 초한수로 확장된다.

순서의 관점	유한 서수	1, 2, 3, 4, ...
	초한 서수	$(\omega, \epsilon, \eta, \Omega, ...)$
크기의 관점	유한 기수	1, 2, 3, 4, ...
	초한 기수	$(\aleph_0, \aleph_1, ...)$

i) 집합의 원소의 순서 관점. 아동에게 하나, 둘, 셋, 넷, ... 과 같이 수를 세어보라고 하자. 이때 수 세기의 정확성은 그들이 가진 순서를 정확하게 재인하는 데 있다. 이와 같이 하나, 둘, 셋, 넷,.. 하면서 어떤 대상을 헤아릴 때 나타나는 집합 {하나, 둘, 셋, 넷,...}을 셈수 또는 서수(ordinal number)라고 한다. 서수의 개념은 하나의 대상으로부터 바로 뒤에 나타나는 원소, 즉 직후자를 얻고 이어서 이것으로부터 다시 직후자를 얻게 되는데 이 연쇄가 수학적 귀납법의 심리적 근거를 제공한다.

순서집합 $1, 2, \cdots, n$과 동형인 순서집합의 모임을 $\overline{\overline{n}}$이라고 하고 자연수 집합의 순서와 동형인 순서집합을 ω라고 하자. 이때 $\overline{\overline{n}}$은 유한순서수이고 ω은 초한순서수이다.

ii) 집합의 원소의 개수 관점. 집합의 원소의 개수를 다룬 수를 농도수(cardinal number)라고 한다. 농도수는 어떤 집합과 대등한 집합들의 모임이다. 즉 $S_A = \{X : X \sim A\}$라고 할 때 S_A를 A의 농도수라고 한다.[40] 집합 $1, 2, 3, \cdots, n$과 대등한 집합을 X_n이라고 하고 이러한 X_n들의 모임을 $\overline{n}$이라고 하자. 이때 각각의 n에 대하여 $\overline{n}$을 농도수라고 한다.[41] 자연수 집합 $\boldsymbol{N}$과 같은 농도수를 가진 집합들의 모임을 $\aleph_0$라고 하고 실수 $\boldsymbol{R}$과 같은 농도수를 가진 집합의 모임을 c라고 한다. 여기서 $\overline{n}$은 유한농도수라고 하고 $\aleph_0$이나 c를 초한농도수라고 한다. 두 유한농도수 $\overline{m}$과 $\overline{n}$에 대하여

---

40) 논리적으로 보면 S_A는 어떤 패러독스를 야기하기 때문에 집합이 될 수 없다.

41) 기수를 이렇게 정의하면 직관적이지만 논리적으로 보면 $U/\sim$은 집합이 되지 않는다.

$$\overline{m}+\overline{n}=\overline{m+n}$$
$$\overline{m}\,\overline{n}=\overline{mn}$$

이 성립함은 당연히 알 수 있다. 그러나

$$\overline{n}+\aleph_0=\aleph_0$$
$$\aleph_0+\aleph_0=\aleph_0$$
$$\aleph_0+c=c$$

가 되고

$$\overline{n}\cdot\aleph_0=\aleph_0$$
$$\aleph_0\cdot\aleph_0=\aleph_0$$
$$\aleph_0\cdot c=c$$

가 된다. 이와 같이 초한농도수가 포함된 것은 통상적인 대수적 성질을 만족하지 않는다.

유리수의 현상학적 분석

유리수는 다음과 같이 다양한 사태 측면을 가진다.

i) 전체와 부분의 관계. 전체는 크기에 관계없이 1이 되고 그것을 n등분했을 때 하나는 $\frac{1}{n}$이 된다.

ii) 비례. 두 양 a와 b의 비례 관계 $a:b$에서 비 값을 의미한다. 즉 $a:b=x:1$에서 x를 의미한다. 이것은 피타고라스의 유리수 개념이다.

iii) 분배. $\frac{a}{b}$는 a를 b개로 등분했을 때 나타나는 결과를 의미한다. 여기서 분배는 같은 단위의 분배와 다른 단위의 분배가 있다. 전자를 포함제(division)라고 하고 후자는 등분제(partition)라고 한다. 예를 들면 사과 100개를 열 사람에게 나누어준다면 10개가 되므로 포함제가 되고 사과 100개를 한 묶음 당 10개로 나누면 열 명이 가지게 되므로 것은 등분제가 된다. 즉 등분제의 결과는 단위를 가지지 않는다.

iv) 동차작용소. $\frac{a}{b}$는 유리수의 집합 $\boldsymbol{Q}$에서 $\boldsymbol{Q}$로의 함수 $M(x)=\frac{a}{b}x$로 간주할 수 있다.

실수의 현상학적 분석

일반적으로 수라고 불리는 대상을 분류하면 관점에 따라 다음과 같이 다양한 분류가 존재한다.

분류 방식		예
측정의 관점	측정수	유리수
	비측정수	무리수
계산의 관점	대수적 수	대수방정식의 근이 될 수 있는 수
	초월수	대수방정식의 근이 될 수 없는 수
작도의 관점	작도가능수	모든 유리수, $\sqrt{2}$, $\sqrt{17}$,...
	작도불가능수	$\sqrt[3]{2}$,...와 모든 초월수

이 분류를 보다 상세하게 살펴보자.[42)]

i) 측정의 관점. 임의의 양 a를 기본 단위 양 e로 측정한다면 아르키메데스의 공리에 의하여

$$m_1 e \le a < (m_1+1)e$$

를 만족하는 자연수 m_1이 존재한다. 여기서 다시

$$\frac{m_2}{10}e \le (a-m_1)e < \frac{m_2+1}{10}e$$

를 만족하는 자연수 m_2가 존재한다. 이렇게 유한 회 반복하면

$$m_1 + \frac{m_2}{10} + \frac{m_3}{10^2} + \cdots \frac{m_j}{10^{j-1}}$$

를 얻는데 이 수가 a의 10진법에 의한 근삿값이다. 이와 같은 방법으로 임의의 실수는 유리수에 의하여 측정된다.

측정수는 원칙적으로 계량 단위가 부여되지만 수학에서는 그런 과정을 생략하고 있는데 이 결과로부터 측정수의 문제점이 드러난다. 예를 들면 넓이를 의미하는 $3\text{cm} \times 4\text{cm} = 12\text{cm}^2$과 길이를 나타내는 $3\text{cm} \times 4 = 12\text{cm}$의 차이인데 단위가 있을 때, 즉 측정수로서 전자는 다음과 같은 사각형의 넓이를

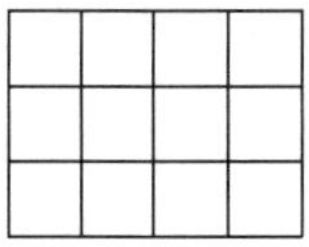

42) 이 분류에서 프로이덴탈은 약간 다른 이름을 붙였다. 예를 들면 그는 대수적 수를 계산수로, 표준수를 측정수로, 유한순서수를 셈수라고 하였다.

의미하지만 후자는

와 같이 길이를 의미한다. 이러한 차이로 인하여 측정수는 가끔 어떤 공식의 오류를 검사하는 수단이 된다.43) 다음 예를 보자.

예 1. 다음은 원의 내접 사각형의 면적 공식으로서 면적 S는 다음과 같이 주어졌다고 한다. 이 공식은 오류가 없을까?

$$S=\sqrt{s(s-a)(s-b)(s-c)(s-d)-abcd\cos^2\left(\frac{A+C}{2}\right)}$$

여기서 a, b, c, d는 원에 내접하는 각 변의 길이이고 A와 C는 주어진 사각형의 임의의 한 쌍의 대각이다.

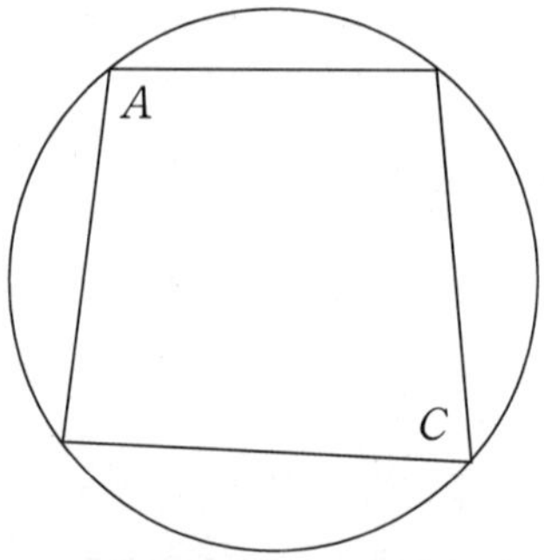

이 공식의 근호 안의 첫 항을 보면 각 변의 측정 단위를 m으로 할 때 근호 안의 첫 항은 m^5이 나오기 때문에 근호 처리를 하면 $m^{\frac{5}{2}}$가 되어 면적의 단위인 m^2이 되지 않는다. 그러므로 위의 공식은 틀렸다는 것을 즉시 알 수 있다.44)

ii) 계산의 관점. 계산 또는 연산을 위하여 생긴 수를 대수적 수라고 한다. 새로운 연산이나 방정식이 주어지면 그것에 합당한 수가 필요하였는데 계산수는 이런 필요에

---

43) 이런 기법은 물리학에서 많이 사용된다.

44) 실제로 바른 공식은 $S=\sqrt{(s-a)(s-b)(s-c)(s-d)-abcd\cos^2\left(\frac{A+C}{2}\right)}$ 으로 주어진다. 이 공식은 인도의 수학자 브라마굽타와 마하비라가 발견했다고 한다.

의하여 조직되었다. 계산수는 주어진 연산에 타당한 해답을 제공하기 때문에 현실적인 의미를 부여받지 못한 것들이 생겨났다. 예를 들면 음수, 허수는 불필요한 것으로 여겼다. 이런 점에서는 $(-1)(-1)=1$이 되어야 하는 것도 같은 맥락이다. 먼저 자연수의 세계를 생각하고 방정식 $x+2=0$를 생각해보자. 여기서 각 항의 계수는 모두 자연수이다. 그러나 이 방정식은 자연수 해를 가지지 않는다. 그러므로 주어진 방정식이 해를 가지기 위해서는 수체계가 확장되어야 한다. 이 결과로서 정수가 필요하게 되었다. 여기서 다시 방정식 $2x-3=0$를 생각해보자. 이 방정식의 계수는 모두 정수이다. 그러나 이 방정식은 정수해를 가지지 않는다. 이를 위하여 수를 확장하고 유리수가 필요하게 되었다. 그러나 다시 방정식 $x^2-\frac{2}{3}=0$를 생각하게 되면 이 방정식은 유리계수의 방정식이지만 유리수 해를 가지지 않는다. 이 결과로 다시 실수가 필요하게 되었다. 이와 같이 방정식의 모양에 따라 수 개념은 확장되었다. 여기서 방정식의 모양에 따라 수 개념은 계속적으로 확대되어야 하는가라는 질문을 할 수 있다. 한 방정식의 계수가 가진 체보다 더 확대된 집합에서 근을 가진다고 할 때 근의 정체성 문제가 나타난다. 예를 들면 $x+2=0$에서 우리는 이 방정식의 근이 -2임을 알고 있다. 정수를 모르는 경우라면 잠정적으로 -2는 수라기 보다는 이 방정식의 근을 나타내는 임시방편적인 기호에 불과하다. 또 정수 체계에서 주어진 방정식 $x^2-2=0$에서 $x=\sqrt{2}$라고 두면 일단 $\sqrt{2}$는 정수가 아니기 때문에 $(\sqrt{2})^2-2$는 무의미하고 따라서 $\sqrt{2}$는 방정식 $x^2-2=0$의 근을 나타내는 형식적 기호로만 간주할 수 있다. 그러나 유리계수의 방정식 $2x-\frac{1}{3}=0$의 해를 보면 일단 그 해는 형식적으로 $\frac{1}{2}(\frac{1}{3})$로 나타낼 수 있고 동시에 $\frac{1}{2}(\frac{1}{3})$은 유리수로서 자격을 가진다. 또 실수 계수의 방정식 $x^2-2=0$에서 $(\sqrt{2})^2-2$는 실수로서의 의미를 가진다. 이와 같은 관찰들은 "어떤 대수구조 F에 속하는 계수 $a_j(j=0,\ 1,\ \cdots,\ n)$에 의하여 주어진 방정식

$$a_nx^n+a_{n-1}x^{n-1}+\cdots+a_1x+a_0=0$$

의 해는 다시 F에 속할까?"라는 문제로 일반화된다. 이 문제를 대수방정식의 해의 닫힘성에 관한 문제라고 하는데 예를 들면 F를 정수의 집합 $\boldsymbol{Z}$라고 하면 이때 $\boldsymbol{Z}$는 이 문제에 대하여 부정적이다. 즉 정수 계수의 대수방정식의 해가 될 수 있는 수를 대수적 수라고 하고 그렇지 않는 수를 초월수라고 하는데 대수적 수는 정수의 집합 $\boldsymbol{Z}$를 포함한다. 대표적인 초월수는 π, e, $2^{\sqrt{2}}$ 등이 있다. 가우스에 의하면 복소계수의 대수방정식의 해는 항상 복소수 근을 가짐이 밝혀졌다.[45] 즉 복소수는 위의 문제를 긍정적으로 답한다.

45) 이것을 대수학의 기본정리라고 한다.

위의 관찰에서 주어진 대수 체계 F에서 계수를 가지는 대수방정식이 근이 일반적으로 F에 속하지 않음을 알았다. 그러므로 주어진 방정식 $f(x)=0$의 근을 α라고 하면 $f(\alpha)$는 대수적 의미를 가지지 않는다. 예를 들면 정수 계수의 방정식 $x^2-2=0$를 생각할 때 $(\sqrt{2})^2-2$에서 $\sqrt{2}$는 정수가 아니므로 $(\sqrt{2})^2-2$는 무의미한 기호의 나열이다. 여기서 $f(\alpha)$가 의미를 가지기 위해서는 $f(x)=0$가 가진 계수들과 α가 대수적으로 유의미한 식이 되어야 한다. 따라서 α를 포함하는 새로운 수 체계 G라고 하면 이때 G는 F를 연산을 포함하고 있기 때문에 결국 G의 대수구조는 F가 가진 연산 규칙을 모두 포함해야 한다. 이와 같이 새로운 대수구조에 기존의 대수구조를 허용하면서 확대하는 것을 형식불역의 원리라고 한다.

iii) 작도의 관점. 단위 길이와 눈금 없는 자, 컴퍼스를 유한 회 사용하여 만들 수 있는 수를 작도가능수라고 하고 그렇지 않는 수를 작도불가능수라고 한다. 유리수 또는 $\sqrt{2}$ $\sqrt[4]{2}$, $\sqrt{1+\sqrt{2}}$,.. 등은 작도가능수이나 초월수, $\sqrt[3]{2}$,... 등은 작도불가능수이다.

5.2 심리적 분석

5.2.1 인지적 분석

소수의 정의

본체적 분석에서 두 개만의 약수를 가진 자연수를 소수라고 정의하였다. 한편 동등한 정의로서 다음과 같은 명제를 제시할 수 있다.

i) n이 소수라는 것은 1보다 큰 자연수로서 1과 자기 자신만을 약수로 갖는 수 n.

ii) n이 소수라는 것은 1보다 큰 자연수로서 $1<d<n$를 만족하는 n의 약수 d를 가지지 않는 수 n.

여기서 정의 i)과 ii)는 인지적 명제가 길기 때문에 인지적으로 복잡하다.

수 개념의 발달

수 개념은 적어도 3단계로 형성된다. 학교수학에서 다루기 전에 아동들은 먼저 활동을 통하여 초기 수 개념을 형성한다. 이때 형성된 수 개념은 근육 활동과 상호작용한 결과들이며 대개 놀이를 통하여 형성된 것들이다. 여기서 형성된 개념은 주로 셈수 개념인데 셈수 개념의 지향성, 수의 대소 관계는 학교수학에서 수직선이란 정신모델에 의하여 정착된다. 그러나 여기서 왜 수직선의 모형이 직선 또는 방향을 가진 곡선이 되어야 하는가에 대한 반성이 필요하다.

셈수 개념은 동시에 농도수 개념을 수반하게 된다. 덧셈은 여전히 셈수에 의존하는 경향이 높다. 즉 $3+5$는 이어세기 전략을 통하여 8을 얻게 되지만 이후 이것은 3이라는 대상과 5라는 대상으로 간주하고 더 효과적으로 계산할 수 있다. 이어 세기에 의한 덧셈은 부가적인 인지적 부하를 만들지 않는다. 그러나 순서수 개념은 뺄셈이나 곱셈을 유연하게 만들 수 없으며 농도수 개념이 필요하게 된다. 예를 들면 3×5의 계산에서 셈수가 가진 이어세기 규칙이 더 이상 효과적이지 않으며 3과 5를 대상화하여 새로운 규칙을 만들어야 한다.

그러나 수의 연산은 단순히 농도수 개념이 형성되었다고 충분한 것은 아니며 대수적 조작 규칙을 알아야 한다. 여기서 형성되어야 할 대수적 규칙들은 이어세기와 같은 단순 수 세기와는 다르며 여러 가지 규칙도 알아야 한다. 동시에 이 계산 과정은 엄격한 규칙을 사용하기를 요구한다. 규칙을 성공적으로 사용한 학생은 높은 점수를 받게 되고 그렇지 않는 학생은 낮은 점수를 받게 된다. 여기서 학습 성취는 계산 숙련도와 별 상관없다. 교사들이나 학부모들은 숙련이 성취도를 높게 만든다는 생각을 가지고 있다. 예를 들면 암산법이나 주판셈 등을 통하여 계산의 숙련도를 높이려고 한다. 이것은 정형화된 계산을 숙련시킬 수는 있어도 수학적 기능을 형성하는 것은 아니다. 많은 아동들이 이 시점에서 수학 학습에 어려움을 나타내는 이유는 연산 규칙을 정확하게 사용하지 않기 때문이다.

마지막 단계는 수의 순서구조이다. 수의 순서구조는 자연수에서 이산구조, 유리수를 통하여 조밀성, 실수를 통하여 완비성 등으로 확장된다. 순서구조는 주로 기하학적 모형을 통한 정신모델을 가진다. 주어진 두 수 사이에 다른 수를 집어넣는 것, 수열의 극한 등 직관적인 접근으로 마지막 단계이다. 여기서 또 하나의 학습 분기점을 만든다. 추상적 사고를 유연하게 할 수 있는 학생과 단지 직관적 사고에서 머물고 있는 학생 간의 차이를 만들게 된다.

수 개념의 은유 구조

자연수 개념은 다음 표와 같이 대상 모임에 의하여 은유되어 있다.

근원 영역	목표 영역
같은 크기의 대상들의 모임	수
모임의 크기	수의 크기
가장 작은 모임	단위 1

두 모임의 합체	덧셈
한 모임에서 다른 모임의 제거	뺄셈
모임의 크기에 의한 배열	순서수

이러한 기본 은유에 의하여 수 개념은 일찍 발달하는 경향이 있다.

순서수 개념의 인지적 우선성

생후 6개월 이하의 유아들도 4까지는 즉각적으로 셀 수 있다는 연구 결과가 있는데 (Gelman & Gallistel, 1978) 이것을 즉산(subitizing)이라고 한다. 이것은 인간에게 있어서 수에 대한 인식은 다소간 선천적이라는 점을 시사한다.

하나, 둘 셋, 넷, 다섯, ...을 암송하게 한 후 외운 결과를 인출하기 위해서는 외워야 할 대상의 전후 관계를 주목해야 한다. 그러므로 하나, 둘, 셋,...이 의미하는 것은 순서수의 개념이지 농도수의 개념은 아니다. 또 2개의 구슬을 보이고 하나라고 하고, 4개의 구슬을 보이고 둘이라고 하고, 6개의 구슬을 보이고 3이라고 하고, 이와 같은 방법으로 하나, 둘, 셋, ...을 지시할 때 아동이 인지하는 것은 순서수에 대한 개념으로 이것은 순서, 증가, 감소 도식과 관련되어 있다. 그러나 이 상황에도 수의 농도적 성질은 정확하게 반영되지 않는다. 한편 3개의 돌을 여러 가지로 움직였을 때 그것들의 흩어진 모양은 달라지겠지만 개수에 대한 불변의 성질을 인식했다고 할 때 농도수의 개념을 얻었다고 할 수 있다. 그러나 3의 인식은 돌 세 개가 가진 보존성을 넘어 다른 대상, 예를 들면 연필 3개, 종이 3장, 등 다양한 대상들 간의 비교를 통하여 보다 확실한 3의 개념을 가지게 된다. 이와 같이 순서수는 대소 관계로부터 나타나고 농도수는 보존성으로부터 나타난다고 볼 수 있다.

셈수는 다음에 나올 기수와 구별하기 위하여 하나, 둘, 셋, ... 또는 첫째, 둘째, 셋째, ... 등으로 읽는다. 반면에 농도수는 한 개, 두 개, 세 개, 네 개, ... 등으로 읽는다.

EIS 이론에 의한 실수의 표상은 다음과 같이 할 수 있다.

표상 / 수	E	I	S
자연수	셈돌 놀이를 통한 이해	수직선	페아노 공리의 이해
정수			정수의 공리의 이해
유리수	피자 나누기		유리수의 공리의 이해
실수			실수의 공리의 이해

중등과정에서 결합법칙과 교환법칙은 반례가 제공되지 않기 때문에 두 개념에 대한 도식이 형성되어 있다고 보기 어렵다. 이것들은 보다 일반적인 대수 체계에서 분명하게 드러나

기 때문에 본질적으로 고등학교 과정에 속한다.

정수의 연산에 대한 APOS적 접근

a와 b가 양수일 때, $a-(-b)$ 또는 $(-a)-(-b)$의 계산을 APOS 이론에서 본다면 다음과 같은 단계를 가진다.

단계	탐구 활동
활동 단계	개개의 a와 b가 주어졌을 때 규칙에 의하여 계산하는 활동 단계이다.
과정 단계	$-(-b)$가 b로 자동화 되는 단계이다.
대상 단계	$-(-b)=b$가 하나의 규칙으로 정립되는 단계이다. 즉 $b \mapsto -b$를 반사변환으로 인식한다.
도식 단계	반사변환의 규칙을 기존의 도식에 저장한다.

만약 반사변환을 이미 알고 있을 경우 이 규칙은 반사변환에 동화된다.

분수 개념

자연수를 생각할 때는 항상 1이 모든 것의 기준이 되지만 비를 생각할 때는 이러한 기준점이 모호해지는 경향이 있다. 예를 들면 다음 그림과 같이 피자가 나열되어 있는 것을 보고 "3개의 피자가 있다"고 한다.

그러나 이 그림의 3개의 피자를 보고 1/2을 지시하라고 하면 다음과 같이 세 가지 경우가 제시된다. 특히 주어진 대상이 밀착되어 있을수록 이러한 현상이 강해진다. 즉 비로 생각할 때는 항상 주어진 대상 전체를 한 단위로 간주하는 경향이 있다.

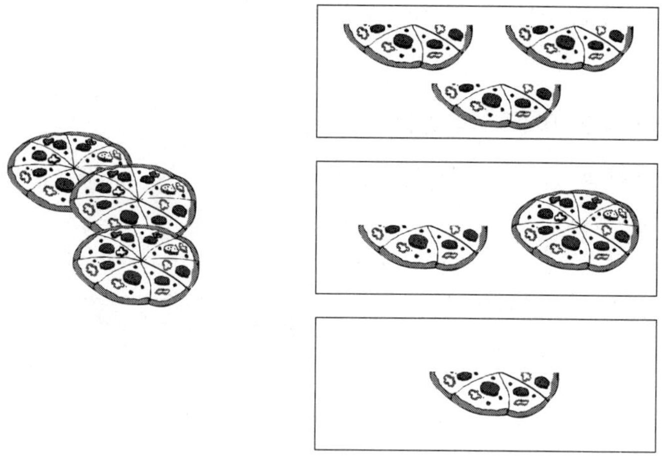

자연수는 자연스런 개념이고 신체 운동과 관계된 최초의 개념이다. 즉 여러 개의 사과가 있을 때 사람들은 그것을 보고 한 개, 두 개 등으로 세기 시작한다. 즉 1은 모든 것에 우선하는 단위이다. 그러나 $\frac{1}{2}$이라고 할 때는 맥락에 의하여 결정된다. 즉 전체가 1이 될 수도 있고 한 개가 1이 될 수도 있다.

분수 개념의 인지

분수 개념이 어려운 이유는 두 가지로 압축된다. 하나는 인지적 복잡성에 기인하고 다른 하나는 정신모델의 부족에 기인한다.

분수 개념은 분수를 하나의 수로 간주하면 1개의 청크가 되지만 비례로 간주하면 분자와 분모가 2개의 청크로 작동되기 때문에 비례는 수학적으로 간단함에도 불구하고 인지적 부하가 높은 개념이다. 비례로 작용할 경우 분자는 비교 대상, 분모는 기준 대상, 즉 단위가 된다. 신피아제 학파의 주장에 따르면 작업기억의 용량은 4개 정도로 본다. 따라서 초심자가 분수 계산을 할 경우 작업기억의 용량을 모두 사용하게 되기 때문에 계산이 어렵게 된다는 주장이다.

한편 분수 개념의 학습의 경우 학습자들은 빈약한 정신모델로 인하여 개념적 확장에 도움이 되지 않거나 오히려 장애를 주는 현상이 나타난다. $2+3=5$라는 사실을 받아드릴 때 학습자들이 페아노 공리와 규칙에 의한 것이 아니라 체험에 기초한 물리적 직관에 기초하고 있다. 즉 2개의 돌과 3개의 돌을 합하면 5개의 돌이 된다는 것은 체험을 통하여 직관적으로 알게 된 사실이다. 이어 계산 규칙에 의하여 $24+58=82$가 된다는 사실을 획득할지라도 그 결과는 직관의 강건성과 외삽성에 의하여 믿음이 지탱된다(Fischbein, 1987). 그러나 $\frac{2}{5}+\frac{4}{7}$의 계산은 순전히 규칙에만 의존할 뿐 이에 대한 물리적 정신모델이 없거나 부족하다. 즉이 계산을 마음속에 그리지 못하고 있으며 기껏해야 규칙에 의한 계산만 있는 상황이 된다.

그 결과 학생들은 규칙을 잘 알지 못하는 경우 $\frac{2}{5}+\frac{4}{7}=\frac{6}{12}$와 같이 계산하거나 기타 다양한 바람직하지 않는 결과를 보게 된다.

자연수의 덧셈과 곱셈에 의한 직관적 수용의 결과로 생긴 태세효과는 분수의 곱셈에서도 나타난다. 학생들은 곱하면 무엇이든지 커진다는 사실과 나누면 작아진다는 자연수들의 계산으로부터 구성된 경험적 사실들이 분수의 곱셈과 나눗셈에서도 여전히 성립한다고 믿고 있다. 그 결과 $\frac{3}{4}\times\frac{1}{7}=\frac{3}{28}$이나 $\frac{5}{7}\div\frac{1}{2}=\frac{10}{7}$이 되는 것은 납득하기 어려운 상황이 된다. 이와 같이 어떤 새로운 지식을 다룰 때 이전에 형성된 직관적 지식들은 장애가 될 수 있음을 보게 된다.

무한소수의 인지

무한소수의 인지는 다음과 같다.

i) 중학 과정에서 무한소수가 갖는 의미는 급수의 개념이 아니며 나누어 떨어지지 않는다는 점만 언급한다. 그 결과 $\frac{1}{3}$이 $0.333\cdots$라고 할 때, $\frac{1}{3}$에 대한 정신모델과 $0.333\cdots$에 대한 정신모델은 차이가 있다. 예를 들면 $\frac{1}{3}$에 대한 정신모델은 하나를 셋으로 나눈 대상, 예를 들면 막대기를 세 등분한 것이나 원판을 120도로 삼등분한 것 등으로 알고 있지만 $0.333\cdots$에 대한 정신모델은 없거나 충실하지 않다.

ii) $0.333\cdots$은 3이 계속해서 나타나므로 $0.333\cdots$은 수가 아니라는 생각을 가지고 있다.

iii) 순환소수 $0.333\cdots$을 분수로 고치는 형식적 과정만 지도할 경우, 즉 $0.333\cdots=a$라고 하고 $3.333\cdots=10a$를 얻고 다시 이 두 식으로부터 얻게 되는 결론 $a=\frac{1}{3}$을 얻는 과정은 결과적으로 도구적 이해에 지나지 않는다.

정신모델로서 수직선

수직선이란 수학적 관점에서 본다면 일종의 기하학적 모형이지만 심리학적 관점에서 본다면 개인의 정신모델이 된다. 수직선이라는 정신모델을 통하여 사람들은 수가 0을 중심으로 대칭적으로 주어져 있다고 생각한다. 그리고 수직선을 통하여 임의의 두 수는 대소 관계를 가지고 있기 때문에 순서구조가 선형이라고 생각하게 된다. 그러나 수직선은 기하학적으로는 대칭이지만 $(-1)(-1)=1$이라는 사실 때문에 대수적으로는 대칭이 아니다.[46]

---

46) 음수의 집합은 양수의 집합은 0에 대하여 대칭으로 되어 있다. 그런데 양수의 집합에서는 $(+1)(+1)=+1$이라는 성질이 성립한다. 여기서 대수적 대칭을 가지기 위해서는 음수의 집합에서도 $(-1)(-1)=-1$이 되어야 한다. 그러나 실제로 그렇지 않다. 이와 같이 양수의 집합과 음수의 집합은 대수적으로 비대칭이다.

그러나 실수의 순서구조는 수직선이라는 모형 이상의 구조를 요구하고 있는데 그것은 바로 양수의 합과 곱이 다시 양수가 된다는 점이 말해주듯이 연산과 순서가 결합되어 있기 때문이다. 그러나 수직선이라는 정신모델은 이 점을 충분하게 반영해주지 않는다. 그 결과 음의 정수의 덧셈이나 곱셈의 도입이 어려워진다.

5.2.2 오개념

정수에 대한 것

i) 뺄셈이란 두 수의 차이를 구하는 것이다. 예를 들면 $5+(-2)=3$, $5+(-8)=3$

ii) 뺄셈에서 처음 수는 위치, 둘째 수는 오른 쪽으로 이동한 것으로 간주한다. 예를 들면 $-3+(-7)=4$이다.

iii) 음의 부호가 두 개이면 양의 부호가 되므로 $-3-7=10$이다.

iv) 괄호가 포함된 뺄셈을 할 수 없다면 결합법칙을 이해하지 못하고 있는 경우이다.

유리수에 대한 것

i) 비와 유리수의 차이점을 혼동하고 있다.

ii) 비와 비가 아닌 것에 대한 인식론적 장애를 가지고 있다. 운동 경기에서 양 팀 간의 점수에서 말하는 비는 여기서 말하는 비례가 아니다.

iii) 무한소수를 무리수로 간주한다.

iv) $\frac{1}{0}$에 대한 장애를 가지고 있다.

v) 나눗셈은 항상 큰 것에서 작은 것으로 나누는 것으로 생각하고 있고 따라서 나눗셈은 항상 원래 것 보다 작아진다.

vi) 유리수의 개수와 무리수의 개수는 같다.

vii) $\frac{1}{6}$은 어떤 것을 임의로 6개로 나눈 한 개로 간주한다.

viii) $0.8+0.6=0.14$

실수에 대한 것

실수는 빈틈이 없다고 생각한다. 이런 오개념은 실수의 수학적 정의를 해석하는 과정에서 필연적으로 나타난다.

기수법에 대한 것

i) $0.\dot{9}$는 1과 다르다고 생각한다. 이것은 $0.\dot{9}$을 결과로 보는 것이 아니라 과정으로 보기 때문이다.

ii) 숫자와 숫자의 곱셈 기호를 생략한다.

iii) 나눗셈도 교환법칙이 성립한다고 생각한다.

근호의 사용과 관련된 오개념

i) $\sqrt{2}+\sqrt{3}=\sqrt{5}$, $\sqrt{5}-\sqrt{2}=\sqrt{3}$, $2+6\sqrt{3}=8\sqrt{3}$,
$\sqrt{2}+\sqrt{2}+\sqrt{2}=\sqrt{6}$

ii) $\sqrt{(-1)^6}=\sqrt{(-1)^{3\times 2}}=[\sqrt{(-1)^3}]^2=(-1)^3=-1$

iii) a의 제곱근과 $\sqrt{a}$의 제곱근을 혼동한다.

iv) $\sqrt{\ }$를 무리수를 나타내는 기호라고 생각한다. 즉 임의의 수에 근호를 작용하면 무리수가 된다고 생각한다.

지수법칙과 관련된 오개념

i) 다음과 같은 지수법칙과 관련된 오개념이 있다.

$$x^a+x^b=x^{a+b}$$
$$x^a-x^b=x^{a-b}$$
$$x^a\times x^b=x^{ab}$$
$$x^a\div x^b=x^{a/b}$$
$$\frac{x^m}{x^n}=\frac{m}{n},\quad \frac{a^n}{b^n}=\frac{a}{b}$$
$$(x^m)^n=x^{m^n}$$

ii) $m-m=0$이기 때문에 $a^m\div a^m=0$이다.

iii) $x=-3$일 때 $x^2=-3^2$으로 계산한다.

iv) 문자에만 지수법칙을 적용한다. 예를 들면 $(3x^2)^4=3x^8$로 계산한다.

절댓값에 대한 것

i) 절댓값을 취하는 것은 '−' 부호를 제거하는 것이라고 생각하는 사람은 $a<0$일 때 $|a|=-a$을 이해하지 못한다.

순서에 대한 것

i) 실수체의 순서를 기하학적 관점에서 생각하는 경향으로 인하여 대수적 조건을 간과한다.

ii) a는 양수이고 $-a$는 음수라고 생각한다.

단위에 대한 것

수에 단위를 부여한 것은 실수가 아니라고 생각한다. 실수 x에 단위를 부여한 양 $x$cm는 동치이기 때문에 단위를 부여한 것도 여전히 실수이다. 이러한 오개념은 이후 좌표축에 단위를 부여하는 것은 잘못된 것이라는 생각으로 연결되어 있다.

5.3 교육적 분석

5.3.1 교육과정 분석

학습목표 분석

집합이 수학적 대상의 형식을 축조한다고 하면 수는 수학적 대상의 내용을 구축하는 재료라고 할 수 있다. 그러므로 수학을 이해하기 위해서는 수의 성질을 풍부하게 알고 있고 그것들을 세련되게 조작할 수 있는 능력이 무엇보다도 중요하다. 따라서 수 개념의 학습의 학습목표는 대개 다음과 같이 정립된다.

i) 수의 실용적 성질 이해. 사칙 계산을 규칙에 근거하여 정확하게 할 수 있다. 그러나 숙련을 요구하지는 않는다.

ii) 수의 이론적 성질 이해. 수 개념으로부터 모든 수학적 개념이 구축되기 때문에 수학적 기초라 함은 바로 수의 이해를 의미한다. 학생들이 수학적 기초가 없다고 할 때 그 의미는 수 개념을 구조적으로 파악하지 않고 단순 계산의 숙련으로 간주하기 때문이다.

한편 수 개념은 일상적으로 익숙하지만 사용 규칙을 지키지 않으면 성공적인 학습 성취를 가져올 수 없게 된다. 우수한 학습자들은 이 규칙성에 대하여 유연하게 대처할 수 있는 능력을 가지고 있다.

학습 내용 개요

전체적으로 실수 단원의 학습 내용은 다음 표와 같이 나타난다.

수	학습 주제	주안점
자연수	소인수분해 기수법	환원론적 기법 사용을 통한, 즉 소수에 의한 자연수의 연구
정수	정수의 연산	음수의 덧셈과 곱셈 연산의 이해
유리수	유리수의 연산	비의 이해 일반적인 유리수의 연산의 이해 유리수의 구조적 이해
실수	실용적 실수 직관적 실수 공리적 실수	수 계산 능력 함양 수직선을 통한 수 개념의 이해 구조를 통한 수 개념의 이해 수열을 통한 실수 개념의 이해

수학을 축조하는 형식적 요소를 집합이라고 하면 수는 내용적 요소라고 할 수 있다. 즉 모든 수학은 수를 기본적으로 사용하고 있다. 초등 과정과 달리 중등 과정은 수 개념에 수학적 구조와 관련된 지식을 부가한다.

이 단원에서 반드시 알고 있어야 할 명제는 다음과 같다.

i) 수의 나머지 정리.
ii) 자연수의 소인수분해의 일의성 정리.
iii) 다항식의 나머지 정리.
iv) 유리식의 분해 정리.
v) 실수의 완비성 정리.

지식의 연결성

실수는 모든 수학적 지식에 기초를 제공하는 만큼 방대한 연결성을 가지고 있다는 점을 유의한다.

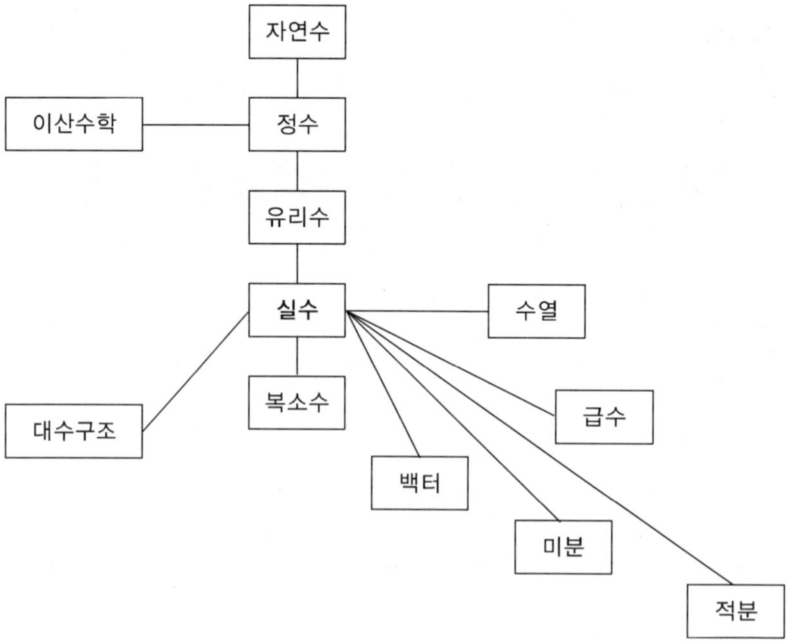

5.3.2 학습 주제 및 내용 분석

수의 역할

수학적 개념을 환원하면 집합론으로 될 수 있겠지만 모든 수학적 대상을 집합론의 언어로 표상한다면 매우 복잡하고 번거로운 사태를 맞이하게 된다.47) 따라서 보다 효과적인 새로운 표상 도구가 필요한데 바로 수가 그것이다. 뿐만 아니라 수학적 대상을 적절하게 변형시키기 위하여 조작을 가하게 되는데 이때 조작은 본질적으로 수의 연산에 기초한다. 따라서 수학적 활동을 한다는 것은 표상과 조작의 두 측면을 드러내는 것이고 이 모두가 수의 이해와 관련된다. 이런 의미에서 수란 수학적 지식을 축조하는 가장 근원적인 재료이기 때문에 유연한 수학적 활동은 바로 수에 대한 충분한 이해를 요구한다. 즉 수의 이해는 수학의 이해를 위한 필요조건이라고 할 수 있고 이 점은 학교수학에서 수학 학습의 기초는 수의 이해라고 할 수 있다. 구체적으로는 수 개념을 배우는 의의는 다음과 같다.

i) 수 개념은 모든 수학의 기초이기 때문에 선언적 지식과 절차적 지식을 엄격한 수준

47) 공기의 운동을 기술하는데 공기 분자를 강체로 간주하고 공기의 운동을 강체 운동이나 탄성체 운동으로 환원할 수 있지만 그것은 매우 복잡하다. 따라서 공기의 운동은 유체 또는 통계 역학의 방법으로 기술하는 것이 효과적이다.

에서 수행할 수 있어야 한다.

ii) 수 연산의 정확성이 보장되지 않으면 그것이 기초된 더 높은 수준의 지식을 전개하는 데 장애를 줄 수 있다.

iii) 구조를 탐색하지 않은 수의 처리는 계산기를 사용함으로써 보다 중요한 사고에 집중할 수 있다.

소수의 정의

소수의 정의로서 다음 두 가지를 생각할 수 있다.

i) 1과 자기 자신 외의 약수를 가지지 않는 1보다 큰 자연수이다.

ii) 단 두 개의 약수를 가진 수를 소수라고 한다.

전자는 부정어법을 사용하기 때문에 긍정 어법을 사용하는 후자보다 작업기억에 부담을 많이 준다. 그러므로 후자에 의한 정의가 바람직하다.

최대공약수와 최소공배수

교육과정에 의하면 최대공약수와 최소공배수는 두 수에 대해서만 다루기로 한정되어 있다. 그러나 실제 문제에는 세 수를 다루어야 하는 문제가 '자연스럽게' 나타난다. 다음 예를 보자.

예 1. 가로 세로 높이가 각각 24cm, 30cm, 16cm인 벽돌을 가로, 세로, 높이 방향으로 쌓아서 정육면체가 되도록 하고 싶다. 최소한 몇 개가 필요한가?

이 예를 다룰 때 평면에서의 문제로 특수화하고 여기에서 얻은 아이디어를 주어진 문제에 적용한다. 이와 같이 아이디어를 확장, 적용하는 문제는 최소공배수의 문제를 기하학적 모형과 연결시킬 때 좋은 결과를 얻는다.

분수 개념

수학에서 대개 분수라는 것은 분자와 분모가 명시된 $\frac{a}{b}$ 형태의 수를 의미한다. 여기서 a와 b는 어떤 특정 성질을 가지지 않는다. 그러나 $\frac{a}{b}$가 유리수라고 할 때는 a와 $b(b \neq 0)$가 정수이다. 따라서 분수라는 용어는 표층적인 특성, 즉 사물의 외양에 기초한 용어로서 수학적 용어라기보다는 사전적 용어에 가깝다. 이 용어는 초등수학 과정에서 자연스럽게 수용되었으나 인지적 성장을 고려한다면 중학 과정에서는 분수라는 용어를 유리수 또는 무리수 등과 같은 보다 논리에 기반을 둔 용어에 기초하여 부르는 것이 바람직하다.

실수의 순서공리

본체적 분석에 의하면 실수의 순서공리는 어떤 조건을 만족하는 집합 $P \subset \boldsymbol{R}$의 존재성으로 정의하고 있다. 이렇게 접근하는 것은 보다 형식적이므로 의미는 같아도 다음과 같이 자연스럽게 도입할 수 있다.

공리. (순서체에 대한 공리) F를 주어진 체라고 하고 다음 조건 ⅰ)과 ⅱ)를 만족하는 부등호 $<$가 존재할 때 F를 순서체라고 한다.

ⅰ) 임의의 두 실수에 대하여 $x > y$, $x < y$, $x = y$ 중에서 반드시 하나만 성립한다.
ⅱ) 임의의 x, $y > 0$에 대하여 $x + y > 0$이고 $xy > 0$가 성립한다.

부등호를 통하여 순서 관계를 정의하는 것과 양수의 존재성을 통하여 순서 관계를 정의하는 것은 수학적으로 동등하다. 그러나 부등호를 통하여 순서를 정의하는 것은 양수의 존재성보다 친근하게 느낄 수 있기 때문에 도입하기 용이하다는 점이 있는 반면에 무비판적으로 받아들일 수 있다는 문제가 있다.

어떤 대수구조가 순서체라면 항상 $0 < 1$이 성립하기 때문에 따라서 그것이 순서체가 아니라는 것을 보이기 위해서는 조건 ⅰ)과 ⅱ)를 만족하는 부등호가 $0 < 1$을 만족하지 않는다는 것을 보이면 충분하다.

실수의 완비공리

완비공리를 설명하기 위한 도구는 다양하게 존재하지만 다음 두 가지가 비교적 설명하기 편리하다.

ⅰ) 수열에 의한 접근. 즉 위로 유계인 증가수열은 수렴한다.
ⅱ) 폐구간에 의한 구간 축소. 즉 임의의 자연수 n에 대하여

$$[a_n,\ b_n] \supset [a_{n+1},\ b_{n+1}]$$

이고

$$\lim_{n\to\infty}(b_n - a_n) = 0$$

이면

$$\cap_{n=1}^{\infty}[a_n,\ b_n] = \{p\}$$

을 만족하는 p가 존재한다.

위로 유계인 증가수열을 통하여 무리수를 정의하는 것은 수열은 어느 정도 직관적인 성격을 가지고 있기 때문에 접근이 용이하다. 예를 들면 수열 $\frac{1}{2}, \frac{1}{4}, \frac{1}{8}, \cdots$은 길이가 1인 막대를 $\frac{1}{2}$만큼 잘라가는 상황을 보여준다.

구간축소법은 유리수를 양 끝점으로 하는 폐구간의 열

$$[a_1,\ b_1] \supset \cdots \supset [a_n,\ b_n] \supset [a_n,\ b_n] \supset \cdots \supset \{p\}$$

을 이용하여 무리수 p를 정의하고 있다. 이 공리는 폐구간의 양끝 점 a_n과 b_n를 유한소수로 채택함으로써 정의될 무리수 p의 크기를 구체적으로 확인할 수 있다. 예를 들어 $p = \sqrt{2}$라고 할 때

$$a_1 = 1,\ b_1 = 2$$
$$a_2 = 1.4,\ b_2 = 1.5$$
$$a_3 = 1.41,\ b_3 = 1.42$$
$$a_4 = 1.414,\ b_4 = 1.415$$
$$....$$

등과 같이 a_j와 b_j를 구성하면 된다. 이와 같이 구간축소법에 의한 접근은 실수를 측정수의 관점에서 접근할 수 있게 한다.

실수를 필요로 하는 지식

i) 수열과 급수의 수렴성. 실수보다 작은 농도를 가지는 경우 수렴성을 보장할 수 없다.

ii) 미분법과 적분법. 실수보다 작은 농도를 가진 수 체계. 예를 들면 유리수에서 미분계수나 리만 적분은 정의되지 않는다.

단절되거나 연결성이 약한 주제들

i) 근삿값과 오차. 이 부분은 상당히 많은 지면을 할애하여 다루고 있으나 다른 주제와 연결되지도 않고 결국 완전히 잊혀진 전형적인 주제가 되었다.

5.4 교수학습 지도

5.4.1 학습 내용 지도

단계별 수 개념의 이해

수의 학습은 연산과 계산이라는 두 측면을 가지고 있는데 전자는 연산에 관련된 규칙에 대한 선언적 지식을 강조하고 후자는 절차적 지식을 강조하고 있다. 초등 과정에서 자연수의 학습은 다음과 같이 다루고 있다.

i) 초등학교 과정에서는 계산의 자동화를 중시하는 경향이 있으며 연산 구조의 이해는 빈약하다. 그러나 연산 단원이 계산의 자동화를 통한 숙련을 지향하는 것이 아니다. 그런 것은 계산기를 통하여 대체될 수 있는 능력이다. 계산의 자동화는 그것을 내면화하고 이어 대상화함으로써 이후 연산 개념을 형성하기 위한 예비 단계로 간주해야 한다.

ii) 중학 과정에서 수의 이해는 주로 수직선을 사용하여 직관적으로 이해한다.

iii) 고등학교 과정에서 수의 이해는 구조적으로 접근한다. 대수구조, 순서구조, 완비구조를 이해할 수 있어야 한다. 한편 초월함수와 관련된 수를 이해한다. 예를 들면 지수와 로그와 관련된 수들의 이해가 필요하다.

실수의 구조 이해를 위한 수준과 단계

교육과정에서 실수 영역은 초등 과정에서 중학교 과정까지 소개되고 있다. 그러나 이 도입 과정은 실수를 경험과 직관으로 이해하는 것으로 편성되어 있다. 또 실수의 대수구조와 순서구조는 공리에 의거하여 도입하는 것이 아니라 구체적인 모형을 통한다. 즉 초등에서 중학교 과정까지의 학습자들은 실수체를 통합적으로 바라보고 있는 것이 아니라 단편들의 조각 모음을 하고 있는 셈이다. 따라서 중학교 과정까지의 실수관은 귀납을 통하여 부분적으로 이해하는데 만족할 수밖에 없다. 그럼에도 불구하고 실수의 수학적 모델이 수직선이라는 것을 각인시킴으로써 이후 수직선을 보다 구체적으로 이해해야 한다는 것을 숙제로 남긴다. 이런 맥락에서 중학교 단원에서 $\boldsymbol{R}$의 지도는 수직선에 대한 이해에 초점을 맞추어야 한다.

그러나 고등학교 과정에서는 $\boldsymbol{R}$의 구조를 나타내는 성질들을 종합하기를 바라고 있다. 뿐만 아니라 기하학이고 직관적 이해에서 형식적이고 분석으로 이해되기를 바라고 있다.

요약하면 중학교 과정과 고등학교 과정에서 $\boldsymbol{R}$의 이해는 다음 표와 같이 차별화 되어 있다.

과정	수학적 모델	추론 도구	이해 방법
중학교	수직선	직관, 귀납	직관적, 기하학적
고등학교	수직선	분석, 연역	대수적, 공리적, 형식적

개념적 성장에 따른 용어의 선택

뺄셈이나 분수라는 용어는 일상적으로 자연스럽게 사용되고 있다. 특히 이 두 용어는 초등 과정에서 널리 사용되고 있다. 먼저 뺄셈이란 일상적으로 큰 것에서 작은 것을 빼는 과정으로 인식하고 있는 개념으로서 뺄셈의 정신모델은 항상 큰 것과 작은 것의 순서로 제시되지 그 반대의 경우는 생각되지 않는 경향이 있다. 그러나 중학과정에서는 작은 것에서 큰 것을 빼는 경우가 나타나기 때문에 뺄셈의 정신모델은 중학교에서의 정수의 연산을 처리하기 위한 충분한 것이 아니다. 이런 이유로 인하여 뺄셈 $a-b$는 $a+(-b)$라는 것임을 지도함으로써 개념적 변화를 모색해야 한다. 이런 변화가 없다면 이 후에 나타날 덧셈이라는 이항연산과 $-$라는 일항연산의 대수적 접근이 어려워진다.

이런 문제점은 분수 개념에서도 나타난다. 분수 개념은 원래 자연수의 비로 출발한 개념이지만 지금은 대개 나눗셈 기호 '—'가 들어 있는 수를 의미한다. 즉 분수 개념은 기표에 초점을 맞춘 개념으로서 형태기반 용어이다. 따라서 $\frac{2}{\sqrt{2}}$를 보고 먼저 분수라고 하고 이어 정교한 분석이 이루어지면 무리수라고 답하게 되는데 이 과정은 개념의 정교화 과정이라고 할 수 있다.

자연수의 성질 지도

초등 과정에서 자연수의 이해는 다음과 같이 요약된다.

i) 자연수에 대한 연산 규칙을 알고 있어야 한다.
ii) 연산 규칙을 정확하게 사용할 수 있어야 한다.

그러나 중학 과정에서 자연수보다 소수에 중점을 두어야 한다. 이것은 자연수보다 소수가 더 근본적이기 때문이다. 그러므로 중학 과정은 소수로 환원하여 문제를 해결하는 태도가 함양되어야 한다.

한편 중학 과정은 정수 개념의 지도부터 시작하므로 자연수 개념은 구조적 측면에 초점을 맞추고 정수를 도입하기 위한 발판으로 사용한다. 이를 위하여 자연수의 대수적 성질을 정확하게 인식하고 정확하게 사용하는 법을 알고 있어야 한다. 중학 과정의 수 개념에서 문제가 되는 학생은 초등 과정에서 잘못된 규칙을 그대로 적용하는 태세가 형성되어 있기 때문이다.

소수의 개수에 대한 지도

소수의 개수가 무한이라는 것을 증명할 때 소수의 개수가 유한이라고 하고 귀류법을 사용한다. 이때, 소수를 p_1, $\cdots$, p_n이라고 하고 $p_1 \cdots p_n + 1$를 구성하여 증명을 수행한다. 여기서 이 증명도 중요하지만 실제로 $p_1 \cdots p_n + 1$의 약수를 생각해보는 것도 중요하다.

예. $2 \cdot 3 \cdot 5 \cdot 7 \cdot 11 + 1 = 2311$의 약수를 찾기 위하여 $\sqrt{2311}$ 이하의 수만 검색하면 충분하다. 이것을 위하여 계산기를 사용하여 검사해보자.

다양한 특징을 가진 자연수의 소개와 지도

피타고라스에 의하여 제안된 다양한 자연수가 있다. 수 개념의 수월성과 경험을 위하여 이런 수를 소개하는 것이 바람직하다. 이런 경우에는 계산기를 적극적으로 활용하도록 한다.

예 1. 10. 24, 42에서 부족수와 과잉수를 찾아보자.

예 2. 완전수를 차례로 나열해보자.

예 3. 친화수를 열거해보자.

수학적 귀납법의 지도

수학적 귀납법으로 어떤 것을 증명한다는 것은 정확하게 말하면 수학적 귀납법에 의한 연역을 하는 것이다. 즉 수학적 귀납법이란 연역추론의 일종이다. 그러나 형식은 연역이지만 내용은 자연과학에서 말하는 귀납적 방법을 담고 있기 때문에 수학적 귀납법이라는 용어가 어울린다.

자연수의 구조는 직후자함수의 존재와 수학적 귀납법으로 요약된다. 직후자함수의 정신모델 또는 물리적 모형은 도미노 게임과 같이 처음 도미노가 쓰러지면 연쇄적으로 다음 도미노들이 쓰러지게 됨을 보여주는 것으로 비유할 수 있다.

그러나 자연수의 구조를 도미노에 비유하는 것만으로는 부족하다. 이 이유는 자연수의 구조는 수학적 귀납법이 한 축을 담당하고 있기 때문이다. 자연수에 대한 명제 "임의의 자연수 n에 대하여 $P(n)$이 참임"을 주장하기 위하여 수학적 귀납법을 사용한다. 여기서

$P(n)$이 참임을 주장하기 위해서 $P(n-1) \to P(n)$이 참이고 $P(n-1)$이 참임을 밝히면 충분하다. 그런데 이것은 다시 $P(n-2) \to P(n-1)$이 참이고 $P(n-1)$이 참임을 밝히면 충분하다. 이 연쇄를 계속하면 $P(1)$이 참임을 밝혀야 한다. 즉 이와 같은 설명으로부터 수학적 귀납법의 두 가지 조건, 즉 "$P(1)$의 참"과 "$P(n-1) \to P(n)$이 참"임을 자연스럽게 드러낼 수 있다. 그러므로 수학적 귀납법의 원리를 설명하기 위해서는 n에서 1로 거슬러 올라가는 연쇄의 필요성을 적시함이 필요하다.

한편 이 연쇄 과정은 각각의 자연수 n에 대하여 직전자 $n-1$이 존재해야 됨을 요구한다. 예를 들면 순서집합 $\{1,\ 2,\ 3, \cdots, 1,\ 2,\ 3,\ \cdots\}$의 경우 $1'$의 직전자는 없기 때문에 위의 연쇄를 적용하기 힘든다. 그러나 이 설명은 순서집합이 개념이 요구되므로 실제로 어려운 부분이므로 생략하는 것이 바람직하다.

수학적 귀납법을 정확하게 적용하고 있는가를 묻는 것도 지도의 중요한 측면이다. 다음 예와 같은 것이 이 경우에 유용하다.

예 1. n은 자연수이고 $P(n)$은 다음 명제와 같다.

"a와 b가 $\max(a,\ b)=n$인 자연수이면 $a=b$이다."

이것을 다음과 같이 수학적 귀납법으로 증명한다.

> 먼저 $n=1$이면 참인 것은 분명하다. $n=k$가 참이라고 하고 a와 b를 $\max(a,\ b)=k+1$을 만족하는 두 자연수라고 하자. 여기서 $p=a-1$, $q=b-1$이라고 두면 $\max(p,\ q)=k$이므로 귀납의 가정에 의하여 $p=q$이다. 따라서 $a=p+1=q+1=b$이고 모든 자연수 n에 대해서 $P(n)$은 참이다.

이 증명에서 무엇이 잘못되었는가?

예 2. 어떤 가방에 당구공이 많이 들어 있다. 여기서 모든 당구공이 같은 색임을 증명한다.

> 먼저 $n=1$일 때 분명히 같은 색이다. 다음 n개일 때 같은 색임을 가정하자. 이제 $n+1$개의 당구공을 끄집어내어 바구니에 담아둔다. 끄집어 낸 $n+1$개의 당구공에서 한 개를 따로 두고 그 이름을 P라고 하자. 그러면 나머지 n개의 당구공은 귀납의 가정에 의하여 같은 색이다. 다음 그 n개의 당구공에서 한 개를 또 끄집어내어 그 이름을 Q라고 하자. 여기서 처음에 따로 두었던 공 P를 그 바구니에 넣는다. 이렇게 되면 바구니에는 여전히 n개의 공이 있다. 여기서 귀납의 가정에 의하여 그 바구니 속의 n개의 공은 같은 색이다. 따라서 공 Q의 색은 바구니에 담겨져 있는 다른 공의 색과 같고 또 P도 다른 색과 같으므로 결국 $n+1$개의 공의 색은 모두 같다.

이 증명의 오류는 어디에 있는가?

어떤 명제를 수학적 귀납법으로 증명할 경우 바로 증명 절차를 사용하지 말고 구체적인 n값을 넣어봄으로써 문제 상황을 보다 잘 이해할 수 있게 해준다.

최대공약수와 최소공배수 개념의 기하학적 모형

최대공약수는 임의의 주어진 직사각형 안에 같은 모양의 정사각형 타일로 덮을 때 한 변이 가장 큰 타일을 결정하는 것과 관련되어 있고 최소공배수는 주어진 직사각형 타일을 덮어서 최소의 정사각형을 만드는 것과 관련되어 있다. 이와 같이 최대공약수와 최소공배수의 대수적 성질을 기하학적 의미를 부여함으로써 응용에 도움을 줄 수 있다.

실제로 이 모델은 최대공약수와 최소공배수를 도입할 때 문제로 제시하는 것이 바람직하다.

문제	해석	대응되는 도형
최대공약수 구하기	주어진 직사각형을 정사각형의 타일로 분해하는데 최대의 정사각형 찾기	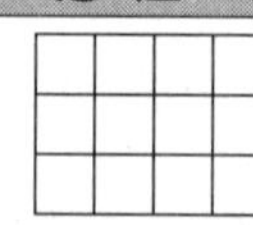
최소공배수 구하기	주어진 직사각형의 타일로 덮어서 정사각형 만드는데 최소의 정사각형 찾기	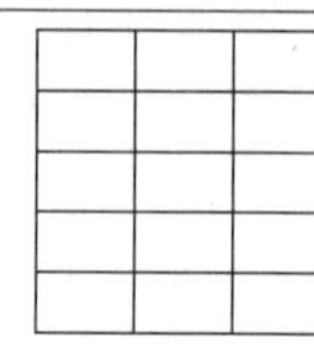

한편 퀴지어네(Cuisenaire) 막대를 이용하여 두 수의 최소공배수를 지도할 수도 있다. 예를 들어 길이 4와 길이 3의 막대를 이용하여 4와 3의 최소공배수를 구하면 다음 그림과 같이 주어지겠다.

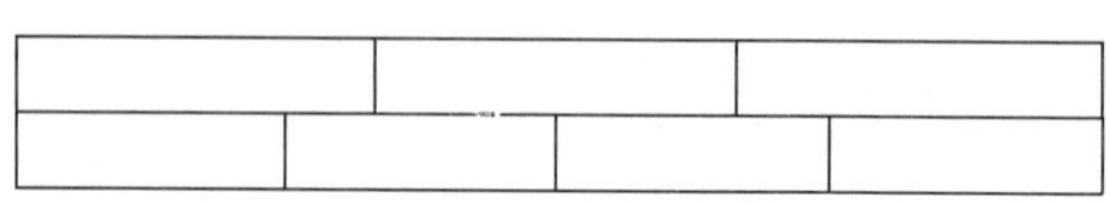

같은 원리로서 원둘레의 톱니의 개수가 각각 4와 3인 바퀴를 표시를 하여 운행을 했을 때 최초로 표시가 원래에 도달할 때 진행된 거리를 생각를 생각하는 것도 최소공배수에 대한 고찰이 되겠다.

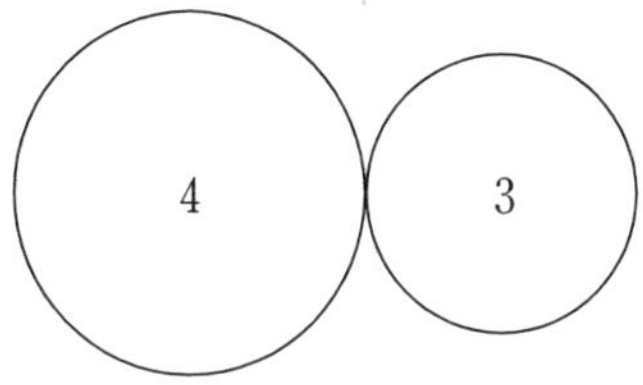

귀납에 의한 최대공약수와 최소공배수의 발견

다음 예문을 보자.

공책 45권과 연필 60자루를 모두에게 골고루 나누어 주려고 한다. 최대 몇 명까지 나누어 줄 수 있을까?

이 문제는 최대공약수를 이해하는 문제로서 전형적인 경우이다. 이 문제로부터 최대공약수 개념을 이해시키기 위하여 교사는 한두 가지의 경우만 소개하고 바로 최대공약수를 설명하려고 하는데 귀납추론을 사용하여 종합하도록 하는 것이 바람직하다. 예를 들면 다음과 같은 지도가 필요하다. 최소공배수 개념의 지도로 마찬가지 방법을 사용할 수 있다.

i) 사람 수와 분배할 개수에 대한 표를 다음과 같이 제시한다.

사람수	공책	연필
1	45	60
2	X	30
3	15	20
4	X	15
5	9	12
6	X	10
7	X	X
8	X	X
9	5	X
10	X	6
11	X	X
12	X	5
13	X	X
14	X	X
15	3	4

16	X	X
17	X	X
18	X	X
19	X	X
20	X	3
...	...	...

ii) 현재 주어진 표는 20명까지만 되어 있는데 이 과정을 어디까지 해야 하는가를 판단하게 한다. 이 판단은 공약수를 추출하는 것이 된다.

iii) 이러한 절차는 지루함을 보이고 보다 간단하게 찾는 방법을 고안하도록 안내한다. 이것은 안내된 발견학습에 해당된다.

iv) 앞 단계에서 어려움을 보이면 다른 유사한 문제를 이용하여 표를 만들고 같은 문제를 생각하도록 한다.

최대공약수와 최소공배수 구하기의 대수적 조작

소인수분해에 의하여 두 수의 최소공배수를 구할 때 대개는 다음 표와 같이 인수를 추출하는 방법을 사용한다.

주어진 수	소인수				
45			3	3	5
60	2	2	3		5
최소공배수	↯	↯	↯	↯	↯

그런데 45와 60의 최대공약수를 찾을 때도 마찬가지로 다음 표와 같이 공통인 것을 추출한다.

주어진 수	소인수				
45			3	3	5
60	2	2	3		5
최대공약수			↯		↯

그런데 이 두 과정은 모두 추출하는 것이기 때문에 대조의 효과가 작다. 따라서 최대공약수를 구할 때는 추출하지 말고 공약수가 아닌 것을 제거하는 것이 대조의 효과가 있다.

주어진 수	소인수				
45			3	3	5
60	2	2	3		5
최대공약수		↥		↥	

절차적 지식의 오류 지도

대수 또는 산수에서 계산 과정에 대한 오류는 대개 관련된 절차적 지식을 모르는 것이 아니라 잘못 적용하기 때문이다. 예를 들면 $\sqrt{2}+\sqrt{2}=\sqrt{4}$ 이라고 대답하는 경우 모든 연산은 가법적으로 알고 있기 때문이다. 이런 오류를 처치하기 위해서는 실제 이 양들이 어떻게 다른지 스스로 확인할 수 있는 기회를 만들어주어야 한다. 이 경우에 $\sqrt{2}$ 의 크기와 $\sqrt{4}$ 의 크기를 실제로 비교하여 스스로 잘못되었다는 것을 인식하도록 한다.

정수의 덧셈 지도

중학과정에서 정수의 뺄셈은 교사와 학생 모두가 힘들어 하는 부분이다. 정수의 덧셈을 지도하기 위하여 다음과 같은 모형이 제안되었다.

셈돌 모형. 이 모형은 "검은 돌은 양수, 흰 돌은 음수를 표상하고 흰 돌과 검은 돌은 같은 개수로 상쇄되거나 복원된다."는 것을 기반으로 한다. 이 모형에 의하면 연산은 다음과 같이 처리된다.

대상과 연산		표상과 해석	결과	참고
5		5개의 검은 돌	5	
-2		2개의 흰 돌	-2	
$-(-2)$		해석 불가능		
덧셈	3+4	3개의 검은 돌과 4개의 검은 돌의 합	7	
	$3+(-4)$	3개의 검은 돌과 4개의 흰 돌의 합	-1	
	$(-3)+(-4)$	3개의 흰 돌과 4개의 흰 돌의 합	-7	
뺄셈	$5-2$	5개의 검은 돌에서 2개의 검은 돌 제거	3	
	$3-5$	3개의 검은 돌에서 5개의 검은 돌 제거	-2	새로운 규칙이 필요함
	$(-3)-5$	3개의 흰 돌에서 5개의 검은 돌 제거	-8	새로운 규칙이 필요함
	$(-3)-(-5)$	3개의 흰 돌에서 5개의 흰 돌을 제거	2	새로운 규칙이 필요함

위의 표를 보면 셈돌 모형은 다음과 같은 특징과 문제점이 있다.

i) 양수(검은 돌) 와 음수(흰 돌)를 대상으로 간주한다. 그 결과 $-(-1)$에 대한 해석이 불가능하다. 그러므로 $-(-a)$에 대한 새로운 규칙이 필요하다.

ii) $|a|<|b|$인 경우에는 $a-b$를 설명하기 위한 새로운 규칙이 필요하다.

iii) 곱셈과 나눗셈의 설명이 곤란하다.

이 모형은 결과적으로 최초에 제시된 규칙보다 실제로 더 많은 규칙이 필요하다는 것을 알 수 있다.

우체부 모형. 이 모형은 "양수는 어음과 음수는 고지서, 가져오는 것은 수 앞에 + 기호를 설정하는 것, 가져가는 것은 수 앞에 − 기호를 설정하는 것"으로 설정하고 하나의 어음과 하나의 고지서는 서로 상쇄된다.

대상과 연산		표상과 해석	결과	참고
5		5장의 어음	5	
-2		2장의 고지서	-2	
$-(-2)$		해석 불가능		
덧셈	3+4	3장의 어음에 4장의 어음을 합함	7	
	3+(−4)	3장의 어음에 4장의 고지서를 합함	-1	
	(−3)+(−4)	3장의 고지서에 4장의 고지서를 합함	-7	
뺄셈	5−2	5장의 어음에 2장의 어음을 제거함	3	
	3−5	3장의 어음에 5장의 어음을 제거함	-2	해석하기 어려움
	(−3)−5	3장의 고지서에서 5장의 어음을 제거함	-8	해석하기 어려움
	(−3)−(−5)	3장의 고지서에서 5장의 고지서를 제거함	2	해석하기 어려움

이 모형의 특징과 문제점은 다음과 같다.

i) 이 모형도 양수와 음수를 대상으로 간주한다. 그러나 이항연산을 해석하는 과정은 셈돌 모형보다 유연하다.

ii) 일반적으로 뺄셈의 해석이 복잡하고 다의적이 될 수 있다. 예를 들면 $3-5$를 해석하면 3개의 어음에서 5개의 어음을 제거한다는 것은 3개의 어음에서 먼저 3개의 어음을 제거하고 이어 2개의 어음을 제거하는 것과 같은데 이것은 결국 아뭇 것도 없는 상황에서 2장의 어음을 제거하는 것이 되는데 이것이 고지서 2장이라고 해석할 수는 있지만 일반적으로 2장의 어음을 제거하는 것은 0장의 어음이 된다는 것을 의미하기 때문에 부가적 해석을 요한다.

여기서 다음과 같은 비판이 제기된다. 이 모형은 꽤나 번거롭다. 이와 같은 복잡한 해석을 통하여 뺄셈을 지도하는 것이 위의 표에서 제시된 뺄셈에 대한 4가지 연산 규칙을 공리로서 지도를 통하여 학습하는 것보다 더 효과적인가? 우체부 모형에 의한 지도는 단일 사례만을 제공하기 때문에 결과적으로 빈약한 정신모델을 가질 수밖에 없다. 따라서 풍부한 다른 사례를 경험할 수 있는 대안이 있어야 한다. 그렇다면 처음부터 뺄셈을 공리적으로 수용하고 관련 사례를 통하여 정신모델을 개발하는 것이 타당할 수 있다.

한편 이 모형은 곱셈의 경우도 적절히 사용할 수 있다. 예를 들면 $a \times b$은 다음 표와 같이 해석한다.

수학적 대상	해석
a	a가 양수이면 어음 a가 음수이면 고지서로서 $\lvert a \rvert$는 어음 또는 고지서의 단가이다.
b	$\lvert b \rvert$는 어음 또는 고지서의 매수로서 b가 양수이면 가져오고 음수이면 가져간다.

이에 의하면 $(-2) \times (-3)$은 2원짜리 고지서를 3장 가져간다. 그러므로 우체부는 6장의 고지서를 가져갔다. 즉 결과는 6이다. 그러나 이 해석은 실제 수학적으로 접근하는 것보다 더욱 복잡해진다는 단점이 발생한다. 뿐만 아니라 곱셈의 교환법칙도 설명하게 어렵게 된다.

수직선 모형. 수직선 모형은 근본적으로 셈돌 모형과 유사하나 해석을 약간 바꾼다. 즉 '$-$'의 기호를 취하는 것은 색깔을 바꾸는 과정으로 간주하고 '$a-b$'는 '$a+(-b)$'로 약속한다. 즉 기존의 뺄셈은 이와 같이 일항연산과 이항연산의 두 가지 조작으로 분해되었다. 이렇게 되면 위의 표는 다음과 같이 해석된다.

대상과 연산		표상과 해석	결과
5		5개의 검은 돌	5
-2		2개의 검은 돌에 색을 바꾸어 두 개의 흰 돌이 됨	-2
$-(-2)$		2개의 검은 돌에 색깔 바꾸기를 2회 실시하여 2개의 검은 돌이 됨	2
덧셈	$3+4$	3개의 흰 돌과 4개의 검은 돌의 합	7
	$3+(-4)$	3개의 검은 돌과 4개의 흰 돌의 합	-1
	$(-3)+(-4)$	3개의 흰 돌과 4개의 흰 돌의 합	-7
뺄셈	$5-2$	5개의 검은 돌과 2개의 흰 돌의 합	3
	$3-5$	3개의 검은 돌과 5개의 흰 돌 합	-2
	$(-3)-5$	3개의 흰 돌에서 5개의 흰 돌의 합	-8
	$(-3)-(-5)$	3개의 흰 돌에서 5개의 검은 돌의 합	2

이 해석은 다음과 같은 특징과 문제점을 가지고 있다.

i) a와 $-a$는 원점에 대하여 대칭이라는 것이 분명하게 드러나며 결과적으로 $-(-a)=a$라는 사실도 쉽게 이해된다.
ii) 셈돌 대신에 유향선분으로 모형화할 때도 여전히 유효하다. 실제로 이 모형은 대수구조를 반영하고 있는데 유향선분 개념이 바로 대수적으로 옳기 때문이다.
iii) 이 모형을 통한 두 정수의 곱셈 지도는 어렵다.

초등과정에서 $a>b$를 만족하는 두 자연수 a와 b에서 $a-b$의 계산은 대수적 규칙에 의한 것이 아니라 체험에 기초되어 있다. 그러나 형식적 조작의 관점에서 본다면 이것은 바람직한 접근이 아니다. 그러므로 중학과정은 $a-b$를 위하여 조직적인 규칙이 필요하다. 그러나 뺄셈은 그런 규칙이 없거나 매우 복잡하기 때문에 대안적 방법이 필요하다. 수직선 모형은 이런 점에서 다른 모형보다 진일보한 측면이 있다. 즉 수직선 모형은 일항연산 '$-$'과 이항연산 '+'를 이용하여 조직적인 규칙을 사용할 수 없었던 뺄셈 연산 '$-$'를 제거했다는 점인데 이것은 수학적으로 타당할 뿐만 아니라 해석에서도 우월성을 가진다.

이 모형을 지도할 때는 다음과 같이 절차화 한다.

i) $\boldsymbol{Z}$상에서의 일항연산 '$-$'이 $-(-a)=a$임을 지도한다.
ii) $a-b$는 $a+(-b)$임을 지도한다.

그러나 이 모든 모형은 예시적 접근이고 학습자의 인지구조에서는 하나의 정신모델을 제공하기 때문에 인지적 측면에서 빈약하다. 그 결과 응용에 있어서 한계점을 가지게 되는데 이 점은 매우 중요하다. 따라서 보다 풍부한 정신모델을 가질 수 있도록 관련 사례를 풍부하게 제공해야 한다.

정수의 곱셈 지도

두 정수의 곱셈을 지도하기 위한 모형은 다음과 같은 것들이 있다.

벡터의 스칼라곱의 원리.

$$3\times 5=15$$
$$2\times 5=10$$
$$1\times 5=5$$
$$0\times 5=0$$

에서 각각의 계산에서 각 행의 우변은 5만큼 감소하고 있다. 따라서 이 추세를 견지한다면

$$(-1)\times 5=-5$$

이다.

여기서 $(-1)\times 5=-5$라는 결론은 정의로 간주되어야 할 것인가 아니면 정리로 간주되어야 할 것인가? 학습자들은 이전에 $(-1)\times 5$를 배운 적이 없고 지금 배울 입장이기 때문에 $(-1)\times 5$의 값을 결정하는 문제는 순전히 정의의 문제가 된다. 그러므로 학습자의 입장이라면 정의의 임의성에 의하여 $(-1)\times 5$의 값은 무엇이 되더라도 상관없다. 그러나 실제 수학의 관점에서 보면 $(-1)\times 5$의 결과는 실수의 공리에 의하여 이미 결정되어 있는 것이지 임의적인 것이 아니다. 따라서 수학적 관점에서 본다면 이 문제는 정의의 문제가 아니라 정리가 된다. 결론적으로 이 방법에 의한 교수 상황은 교사와 학생이 동일한 시작점을 가지지 않고 있다는 게 드러난다. 즉 교사는 공리를 알고 있으며 그 공리에 근거를 두어 추론하고 학생은 그런 사전 근거 없이 추론하는 상황이 나타난다. 결국 교사의 입장과 학생의 입장 간에는 일정 간극이 발생한다는 점이며 이것은 교수학적으로 타당하지 않다.

형식불역의 원리. 기존 대수 체계에서 새로운 대수 체계로 확장을 하는 경우에는 기존의 대수 체계를 유지해야한다는 원리이다. 형식불역의 원리에 의하면

$$0=(-1)0=(-1)[(-1)+1]=(-1)(-1)+(-1)1=(-1)(-1)-1$$

이므로

$$(-1)(-1)=1$$

이다.

형식불역의 원리에 의한 지도 방법에서 나타난 결과에서 주어진 "$(-1)(-1)=1$"이라는 등식은 형식불역의 원리로부터 연역된 것이다. 따라서 "$(-1)(-1)=1$"은 정리가 된다. 그런데 형식불역의 원리에 의한 접근은 논리적이지만 형식불역의 원리를 지도해야 한다는 난점이 다시 남게 된다. 그러므로 형식불역의 원리에 의한 도입은 "어떤 지도 방법이 다른 방법으로 대체되었다"고 하는 것이 타당하다. 더욱이 형식불역의 원리는 수 체계의 확장에 대한 본질과 관련된 난해한 개념이므로 이러한 대체가 교수학적 이득을 가져오지는 않는다.

유리수의 덧셈 지도

유리수의 덧셈의 지도를 위하여 EIS 이론을 적용해보자. 먼저 활동적 표상으로 박자 놀이를 생각할 수 있는데 이것은 박자를 맞추어서 손뼉을 친다거나 발을 굴리는 활동을 통하여 여러 박자 감각을 익힌다. 이 과정이 종료되면 음표를 이용하여 박자를 계산하는 놀이로 이행하다. 여기서 단순히 음표를 읽는 것보다 스스로 작곡을 하게 함으로써 분수의 덧셈을 계산하고 검증할 수 있다. 한편 막대를 이용하여 분수의 덧셈을 지도할 수 있다. 예를 들어 $\frac{1}{2}+\frac{2}{5}$의 지도를 생각해보자. 이 경우도 도식화를 통한 접근이 단순히 형식적으로 접근하는 것보다 유리하다. 주어진 문제는 다음 막대와 같다.

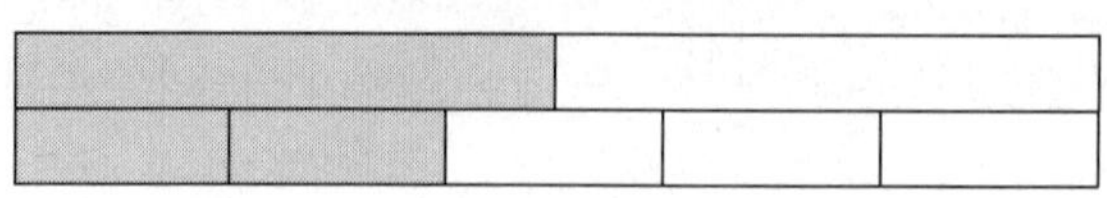

그러나 분모를 통분하는 것은 다음 그림과 같다. 여기서 주어진 문제는 $\frac{5}{10}+\frac{4}{10}$이 된다.

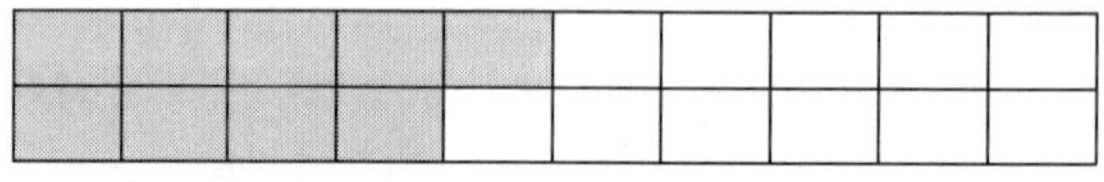

학생들이 분수의 덧셈이나 뺄셈을 어려워하는 이유는 초등 과정에서 학습할 때 분수의 크기에 대한 정신모델이 부족한 상태로 중학 과정을 이수하기 때문이다. 이를 위하여 다양한 그림을 통하여 지도하는 것이 필요하다.

한편 심리적 분석에서 본 바와 같이 학생들은 전체를 1로 간주할 수 있기 때문에 유리수의 덧셈은 우선 단위 1을 먼저 설정해야 한다.

오개념의 지도. 분수의 덧셈에 나타나는 전형적인 장애는 $\frac{1}{4}+\frac{3}{8}=\frac{1+3}{4+8}=\frac{4}{12}$과 같이 분자는 분자끼리 분모는 분모끼리 더한 결과를 제시하는 것이다. 이 점을 어떻게 고칠 수 있을까? 오개념을 치료하는 것은 바른 방법을 사용함으로써 수정되는 것이 아니라 그 오개념을 사용했을 때 스스로 문제가 있다는 것을 인식하도록 해야 한다. 그러므로 이 경우에는 $\frac{1}{1}+\frac{1}{1}=\frac{1+1}{1+1}$를 제시함으로써 학습자가 가진 문제점을 분석해야 한다. 주로 이 경우는 $1=\frac{1}{1}=\frac{2}{2}=\cdots$ 에서 문제가 있을 수도 있는데 이 경우라면 분수에 대한 개념이 전혀 없다고 해도 좋다. 그러나 단지 분수의 개념을 통과했다면 등식 $\frac{1}{1}+\frac{1}{1}=\frac{1+1}{1+1}$에 대한 학생의 설명을 들어봄으로써 교정이 시작된다.

유리수의 곱셈 지도

$\frac{2}{3}\times\frac{7}{5}$를 생각해보자. 다음 그림과 같이 $\frac{2}{3}$과 $\frac{7}{5}$를 측정하고 통상적인 곱을 사용한다. 다 음 그림은 가로 세로가 모두 2인 사각형이다.

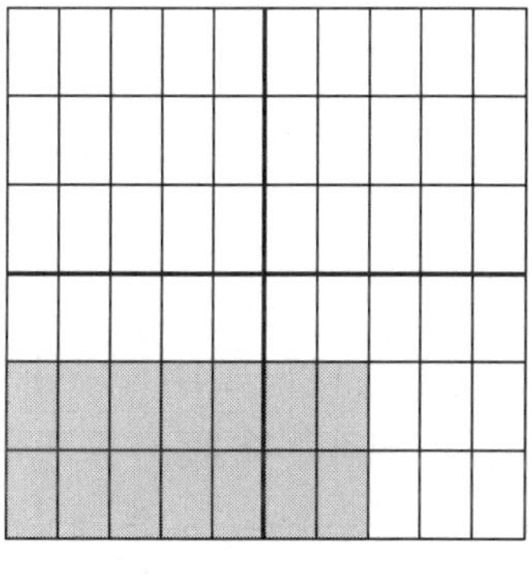

유리수의 구조 지도

$\boldsymbol{Q}$의 구조를 비교할 때는 우선 비교와 대조 기법을 사용함으로써 대상 간의 차이점을 보다 분명하게 드러낼 수 있다. 이 차이점은 두 관점에서 드러내야 하는데 하나는 $\boldsymbol{R}$은 도입되지 않은 상태에서, 다른 하나는 그럼에도 불구하고 여러 측면에서 $\boldsymbol{Q}$가 부족하다는 것을 보인다.

먼저 $\boldsymbol{R}$이 도입되지 않은 상태인 경우에는 $\boldsymbol{Z}$와 비교함으로써 $\boldsymbol{Q}$의 풍부함을 제시한다. 다음 두 성질이 바로 그런 것이다.

i) $\boldsymbol{Q}$는 $\boldsymbol{Z}$보다 더 풍부한 대수적 성질을 가지고 있다.

ii) $\boldsymbol{Q}$는 $\boldsymbol{Z}$보다 순서적으로 더 풍부한 성질을 가지고 있다. 즉 $\boldsymbol{Q}$는 조밀집합이지만 $\boldsymbol{Z}$는 그렇지 않다. 이 점은 임의의 유리수는 유리수에 의하여 필요한 만큼 근사화될 수 있다는 점이다.

그럼에도 $\boldsymbol{R}$이 부족하다는 것은 다음과 같은 것을 이용하여 보여준다.

i) (대수적 불충분) $x^2 = 2$와 같은 방정식은 유리수 근을 가지고 있지 않다. 즉 $\boldsymbol{Q}$는 대수적으로 충분하지 않다는 점이다.

ii) (기하학적 불충분) 수직선은 $\sqrt{2}$와 같은 것이 들어갈 자리가 있음을 보여준다. 이것은 수직선이 유리수만으로 채워지지 않았다는 점을 보여준다. 이것은 자연수 점의 격자 $\boldsymbol{N}\times\boldsymbol{N}$이 주어져 있을 때 이 격자점의 어느 것도 만나지 않는 원점을 지나는 직선이 존재한다는 진술과 동등하다.

이러한 비교를 통하여 더 완벽한 수가 필요하다는 것을 자연스럽게 안내한다. 여기서 $\boldsymbol{Q}$의 부족함은 미적분 단원에서 다시 예시할 수 있다. 예를 들면 유리수의 세계에서 $g(x) = \sin x$로 정의된 함수 $g : \boldsymbol{Q} \to \boldsymbol{Q}$는 $x = 1$에서의 미분계수가 유리수가 아니기 때문에 미분가능성을 언급하기 어렵게 된다.

순서체에 대한 지도

실수의 순서 관계는 이미 자연수의 순서에서 시작하여 점진적으로 확장되었기 때문에 학생들도 자연스럽게 받아들이고 있다. 그러나 학생들이 가진 순서 관계는 대개 수직선이라는 정신모델에 의존하고 있기 때문에 학생들이 가진 순서 개념은 순서체 개념이라기보다 교육적 분석에 언급한 부등식에 대한 조건 i)에 해당하는 전순서 개념이다.

종합하면 학생들이 가진 순서체 개념은 충분하지 않다. 이 결과 복소수체 $\boldsymbol{C}$가 순서체가 아니라는 사실에 혼란스러움을 보인다. 따라서 이를 위한 부가적인 학습이 필요한데 다음은 이를 위한 지도 내용이다.

i) 수직선을 통하여 형성된 양수와 음수 개념을 이용하여 부등호를 정의한다. 즉 0을 중심으로 1이 있는 부분이 양수, 그렇지 않는 부분이 음수이고 수직선을 이용하여 $a > 0$, $a = 0$, $a < 0$ 중에서 반드시 하나만 성립함을 이해한다.

ii) 부등호는 임의의 x, $y > 0$에 대하여 $x + y > 0$이고 $xy > 0$임을 요구한다는 것을 강조한다. 대개 이 점이 간과되는 경향이 있다.

iii) $0 < 1$이라는 사실이 ⅰ)과 ⅱ)로부터 도출된다는 것을 강조한다. $0 < 1$을 증명하는 과정에서 조건 ⅰ)과 ⅱ)가 어떻게 적용되는지 확인할 수 있기 때문에 증명 자체가 중요하다.

iv) 순서체에 대한 사례와 반례를 동시에 제공하여 지도한다.

다음은 순서체에 대한 반례이다.

예. 유한체는 어떤 순서를 정의하더라도 순서체가 될 수 없다. 예를 들면 집합 $\{0,\ 1,\ 2\}$에 다음 표와 같이 덧셈 $+$과 곱셈 $\cdot$를 정의하면 $\{0,\ 1,\ 2\}$는 체가 된다. 이 집합이 순서체라면 $0 < 1$이 되어야 하는데 이렇게 되면 $1 < 2$이 되어야 하고 다시 $2 < 0$이 되어야 하므로 순서체에 대한 조건 ⅰ)에 위배된다.

+	**0**	**1**	**2**
0	0	1	2
1	1	2	0
2	2	0	1

·	**0**	**1**	**2**
0	0	0	0
1	0	1	2
2	0	2	1

절댓값의 지도

실수 a의 절댓값 $|a|$는 $|a| = \sqrt{a^2}$로 정의할 수도 있고 또 $|a| = \begin{cases} a, & a \geq 0 \\ -a, & a < 0 \end{cases}$로 정의할 수 있으며 이 두 정의는 동등하다. 그러나 수학적으로 동등해도 인지적으로 동등한 것은 아니다. 우선 전자의 정의는 후자의 정의에 비하여 간단하게 나타난다. 그러나 전자의 정의는 후자의 정의보다 높은 수준의 수학을 요구하고 있다. 이런 점에서 후자의 정의가 보다 직관적이다.

한편 절댓값은 거리 개념의 원시 개념으로서 이후 복소수의 크기와 벡터의 크기 개념으로 확장된다. 즉 절댓값 개념은 측정 개념의 일종이다. 이런 맥락에서 절댓값 개념은 삼각부등식

$$|a+b| \leq |a| + |b|$$

의 지도에 초점이 맞추어져야 된다. 삼각부등식은 부등식 중에서 사용 빈도가 가장 높다.[48)]

절댓값으로 주어진 식은 $|a| = 0$를 만족하는 a 부근에서 극적인 변화를 가진다. 예를 들면

$$|a-2| + |a-5|$$

는 $a = 2$와 $a = 5$가 중요한 역할을 한다.

48) 삼각부등식의 용도를 모두 열거해보는 것도 학습자의 도식을 정교화한다는 점에서 의의가 있다.

기수법의 지도

기수법에 대한 본체적 분석에서 본 바와 같이 어떤 수 $x(0 \le x < 1)$를 10진법으로 전개하여 $x = 0.a_1a_2a_3\cdots$로 표기했을 때, 정리의 진술은 자릿수의 위치 정보에 대하여 언급할 뿐, 급수로의 의미는 증명에만 포함되어 있다. 즉 $x = 0.a_1a_2a_3\cdots$이 급수 $x = \sum_{n=1}^{\infty} \frac{a_n}{10^n}$이라는 사실은 정리 진술에는 없으며 증명에 나타난다. 학습 지도에서도 이 사실을 반영하여 중학교 단원인 경우, 급수 개념을 도입할 필요가 없고 다만 자릿수의 위치 정보를 중심으로 지도하면 충분하다.

그런데 여기서 수의 위치 정보는 상징적일 수도 있고 상사적일 수도 있다. x의 상징적 위치 정보는 단지 수열 $\{a_n\}$을 말하는 것이며 이에 대하여 x의 상사적 위치 정보는 수직선 상의 정보를 의미한다. 상징적 표상은 상사적 표상과 연결될 때 작업기억의 인지적 부하를 줄일 수 있기 때문에 자릿수도 기하학적으로 접근할 때 이해하기 쉽다. 예를 들면 분수 $\frac{2}{3}$를 전개했을 때 나타나는 수열 0.6, 0.66, 0.666,...에 대하여 수열의 각 항 또는 $0.666\cdots$의 각 자릿수가 가지는 의미를 시각화할 필요가 있다.

한편 임의의 양수에 대한 10진 전개는 유일하지 않다는 것을 강조해야 한다. 그것이 유일하게 되기 위해서는 10진 전개에서 $a000\cdots$를 사용하지 않고 $999\cdots$형식으로 나타나게 하는 법만 유일한 표상이라는 것을 지도한다.

마지막으로 무한소수가 급수와 연결되어 있음은 지도할 필요가 있다. 그러나 급수를 다루지 않는 중학과정인 경우, 기하학적 관찰을 중심으로 지도한다.

다음은 $0.555\cdots$에 대한 실제 지도 과정이다. 준비물로서 칠판에 가능한 한 길게 길이 1의 선분을 그려둔다.

교사 : $0.555\cdots$는 이 선분 위에 어떤 수를 나타내고 있습니다. 이 수의 각각의 자릿수는 모두 5입니다. 여러분의 과제는 이 수가 정확하게 어디에 위치해 있는가를 밝히는 것입니다.

교사 : 먼저 여러분이 할 일은 0.5, 0.55, 0.555의 위치를 이 선분 위에 표시하는 것입니다.

교사 : 0.5, 0.55, 0.555와 $0.555\cdots$의 크기를 비교해봅시다.

교사 : 이와 같은 결과로부터 $0.555\cdots$의 위치는 어디에 있어야할까요? 추론해봅시다.

만약 $0.999\cdots$를 가지고 이와 같은 활동을 하면 학생들은 $0.999\cdots$은 1과 같다는 의견과 1은 아니라는 대립된 의견을 보인다. 연속성의 원리에 의하여 실제로 이와 같은 대립된 의견이 나오는 것은 당연하다. 따라서 이에 대한 답은 고등학교에서 배우게 되는 것으로 답을 유보한다.

기수법의 변환 지도

기수법은 수를 기호 체계로 표상하는 방법이다. 기수법은 다중기수법과 단일기수법으로 나눌 수 있다. 일상생활에서 발견되는 기수법들, 예를 들면 시간과 각도 표기 체계, 화폐 단위 체계 등은 다중기수법의 사례들이다. 수학에서는 p진 기수법과 같은 단일기수법을 사용하고 있다. 다중기수법과 단일기수법은 다음과 같은 차이가 있다.

i) 다중기수법은 단일기수법보다 일상생활에서 많이 응용하고 있다.
ii) 학생들은 실제로 다중기수법을 단일기수법보다 먼저 경험했다.

이 두 사실로부터 중학과정에서 도입된 2진법의 이해는 실제로 시간 표기 체계보다 쉽다고 할 수 있으며 단지 시간 단위 표기법, 각도 단위 표기법, 화폐 단위 표기법, 추상적인 p진법 기수 체계의 연결성을 고려한 지도가 필요하다. 일상생활에서 익숙하게 사용하고 있는 다중기수법은 실제적으로 단일기수법보다 복잡하지만 이미 익숙하게 사용하고 있기 때문에 단일기수법보다 잘 알고 있다. 이런 이유로 인하여 다중기수법을 단일기수법의 지도에서 오수벨(D. Ausubel, 1939~)의 정착의미(anchored meaning)로 사용한다.

어떤 자연수 n을 p진법 수로 표기하는 방법은 다음과 같다. 만약 주어진 자연수 N이 p진법

$$a_np^n + a_{n-1}p^{n-1} + \cdots + a_1p + a_0$$

으로 전개된다면 p진법의 수

$$a_na_{n-1}\cdots a_1a_0$$

으로 주어진다. 여기서 $a_{n,}\ \cdots, a_0$는 어떻게 구할 수 있는가? 이것을 위한 하나의 알고리듬이 있다. 먼저 a_0는 N을 p로 나누었을 때의 나머지이다. 그러므로 $N-a_0$는 p로 정제된다. 이제 $N-a_0$을 다시 p로 나누면 나머지로 a_1을 얻게 된다. 이렇게 계속하면 $a_na_{n-1}\cdots a_1a_0$을 얻게 된다. 이 방법은 다음 표와 같은 알고리듬을 만들게 된다.

$N_0 = N$	a_0
$N_1 = \dfrac{N_0 - a_0}{p}$	a_1
$N_2 = \dfrac{N_1 - a_1}{p}$	a_2
....	....
$N_{n-1} = \dfrac{N_{n-2} - a_{n-2}}{p}$	a_{n-1}
a_n	

기수법을 지도할 때 2진법의 수를 10진법으로 고치고 역으로 10진법의 수를 2진법으로 고치는 과정을 알고리듬을 통하여 소개하거나 알고리듬을 기억하도록 지도하는 경향이 있는데 이것은 잘못되었다. 사실 필자가 이 부분에 대하여 기술할 때 기수법의 알고리듬을 잊고 있었다. 그러나 기수법이 무엇을 의미하는가를 알고 있었기 때문에 알고리듬을 즉시 복원할 수 있었다. 알고리듬이란 개념적 이해가 완성된 이후 숙련을 요할 때 또는 결과가 필요할 때 요구되는 지식이다. 사실 기수법 변환용 계산기가 있다면 기수법 변환은 계산기를 이용하는 것이 가장 편리하다. 따라서 기수법 변환을 위한 계산기가 없다는 이유로 알고리듬을 가르치는 것이라면 이것은 잘못된 생각이고 이것은 항상 계산기의 몫이다. 따라서 기수법 변환의 지도는 관계적 이해에 초점을 맞추어야 한다. 이런 측면에서 기수법을 가르치는 이유는 두 가지 측면에서 필요하다.

i) 기수법의 변환을 통하여 다양한 단위로 표상할 수 있음을 이해한다.
ii) 기수법의 변환에는 대수적 조작에 적절한 훈련을 할 수 있는 기호 표상과 기본 사칙연산보다 더 복잡한 연산 요소들이 주어져 있기 때문에 수학적 탐구 자료로 가치를 가지고 있다.

분모의 유리화

$\frac{3}{\sqrt{2}}$과 $\frac{\sqrt{2}}{3}$의 크기를 수직선에 대략적으로 표시한다고 할 때 어느 것이 쉬운가? 나눗셈 또는 두 수의 비율을 다룰 때 분모가 기준점이 된다. 따라서 분모가 자연수가 아닐 때 분수의 크기를 가늠하기 어렵다. 이러한 심리적인 이유에 의하여 분모의 유리화는 항상 필요하다.

무리수와 친해지기

다양한 무리수를 수직선에 넣어봄으로써 무리수의 크기를 확인한다. 예를 들면 다음 과제를 생각함으로써 무리수의 크기를 생각할 수 있다.

예. 다음 과제를 수행하자.

i) $\sqrt{7}$과 가장 가까운 정수를 찾아보자.
ii) $\frac{1+\sqrt{5}}{2}$와 가장 가까운 정수를 찾아보자.

iii) $\dfrac{\sqrt{17}}{4}$ 와 가장 가까운 정수를 찾아보자.

iv) π와 $1+\sqrt{5}$ 사이에 있는 정수를 찾아보자.

v) 수직선에 $\sqrt{1+\sqrt{2}}$, $\sqrt{1+\sqrt{1+\sqrt{2}}}$, $\sqrt{1+\sqrt{1+\sqrt{1+\sqrt{2}}}}$ 의 값을 수직선에 나타내보자. 작도할 수 있다면 더욱 좋다.

$\sqrt{2}$ 의 무리수 증명 지도

$\sqrt{2}$ 가 무리수라는 것을 증명할 때 귀류법을 사용한다. 즉 $\sqrt{2}$ 가 무리수가 아님을 가정하고 $\sqrt{2}=\dfrac{p}{q}$ 로 둔다. 여기서 p와 q는 서로소인 자연수이다. 여기서 $2=\dfrac{p^2}{q^2}$ 으로부터

$$2q^2 = p^2$$

을 얻는다. 여기서부터 두 가지 다른 방향으로의 증명을 생각할 수 있다. 먼저 등식 $2q^2=p^2$의 우변이 짝수라는 사실로부터 p가 짝수라는 결론을 얻고 여기서 $p=2m$이라고 두면 다시 $q^2=2m^2$이라는 사실을 얻게 되고 이를 종합하면 p와 q는 모두 짝수가 되어 결국 p와 q가 서로소라는 사실에 모순된다. 그런데 여기서 p^2이 짝수라면 p가 짝수라는 결론은 쉽게 이해되기 어렵기 때문에 이 점이 보다 정교하게 지도되어야 한다.

한편 $\sqrt{3}$ 가 무리수임을 밝히기 위하여 위의 방법에 의한 증명을 유추하는 것은 한계가 있다. 실제로 위의 방법에서와 같이 $\sqrt{3}=\dfrac{p}{q}$ 라고 두면 $3q^2=p^2$을 얻는데 여기서 좌변을 홀수라고 진행하는 것은 유추에 의한 것인데 실제로 좌변이 홀수가 될 필요는 없다. 따라서 이 경우는 $p=3k$, $p=3k+1$, $p=3k+2$의 경우로 나누어 생각하고 이 세 경우에 가능한 것은 $p=3k$임을 밝힌 후 다시 $q^2=3k^2$임을 보이고 이것으로부터 q도 3의 배수임을 보여야 한다.

이에 대한 대안적 증명으로 p^2과 q^2의 소인수분해를 이용하는 방법이 있다. 즉 p와 q를 각각 소인수로 분해하면 p^2과 q^2는 각각 짝수 개의 소인수들의 곱으로 분해된다. 그러므로 $2q^2=p^2$에서 좌변은 홀수 개의 2라는 소수가 있고 반면에 우변에는 짝수 개의 2라는 소수가 존재하여 모순이 된다. 여기서 후자의 증명 방법은 p와 q가 서로소라는 요구를 할 필요도 없다. 결과적으로 이 두 가지 증명에서 후자가 더 직관적이고 편리하다. 이 방법은 $\sqrt{3}$ 이 무리수라는 것도 같은 방법에 의하여 보일 수 있다. 더욱이 $\sqrt{a}$ 형의 무리수는 모두 같은 방법으로 논증할 수 있다.

한편 "$\sqrt{2}$ 가 무리수라는 사실"은 "임의의 유리수 a, b에 대하여 $a+b\sqrt{2}=0$가 성립할 필요충분조건은 $a=b=0$이다."는 것은 유도하는데 이 연결이 분명하게 지도되어야 한다.

무리수의 크기 지도

무리수의 크기는 기하학적 측면과 대수적 측면에서 다룰 필요가 있다. 기하학적 측면을 알아보기 위하여 작도를 통해 수직선 위에서 무리수가 차지하는 위치를 관찰한다. 그러나 작도불가능한 수에 대해서는 기하학적 방법으로 불가능하다. 따라서 이 경우에는 대수적으로 접근한다.

대수적 측면에서 알아보는 방법은 주어진 무리수를 10진 전개를 통하여 그 위치를 상세하게 기술하는 것이다. 예를 들어 $\sqrt{2}$ 를 후자의 경우로 설명한다면 다음과 같이 되겠다.

$$1^2 < 2 < 2^2$$
$$1.4^2 < 2 < 1.5^2$$
$$1.41^2 < 2 < 1.42^2$$
$$1.414^2 < 2 < 1.415^2$$
$$\cdots\cdots\cdots$$

여기서 계산 과정은 계산기를 사용한다.

완비공리의 지도

학교수학에서 완비라는 개념은 수직선을 수로 채우는 과정이다. 지도는 다음과 같이 진행한다.

i) 수직선을 채우는 데 있어서 유리수만으로는 부족함을 제기.

ii) 수직선에 $\sqrt{2}$ 와 같은 무리수를 채워 넣음. 작도에 의하여 $\sqrt{2}$ 의 위치를 발견하고 $\sqrt{2}$ 를 채워 넣음.

iii) $\sqrt[3]{2}$, π와 같은 작도불가능 수는 기하학적으로 위치를 결정할 수 없음을 보임.

iv) 주어진 수를 10진법으로 전개하여 n자리 근사로 위치를 잡고 그 극한의 위치를 주어진 수의 위치로 간주한다. 이것은 위로 유계인 증가수열이 수렴한다는 사실을 적용하는 방법이다. 예를 들면 수열

$$3,\ 3.1,\ 3.14,\ 3.141,\ 3.1415, \cdots$$

의 좌표를 설정함으로써 π의 위치를 어림한다. 한편 구간축소법에 의한 방법으로

$$3 < \pi < 4$$
$$3.1 < \pi < 3.2$$
$$3.14 < \pi < 3.15$$
$$3.141 < \pi < 3.142$$
$$3.1415 < \pi < 3.1416$$
$$\cdots\cdots$$

와 같이 폐구간을 통하여 π의 위치를 어림한다.

지수의 도입

지수법칙을 지도할 때 앞에서 언급한 각각의 단계에서 지수법칙을 스스로 구성할 수 있도록 $a^{m+n} = a^m a^n$의 지도를 다음과 같이 안내한다.

i) $a \times a \times \cdots \times a$에서 실제로 거듭제곱을 길게 나열하고 자연수의 거듭 곱셈이 불편함을 안내

ii) 거듭 곱셈을 위한 단축 표기법 창안하기

iii) 창안된 표기법을 비교하여 장단점 토의하기

iv) 교사에 의하여 표준 기법 제시하기

자연수 지수에 이어 유리수 지수에 대한 지도는 다음과 같이 절차화한다.

i) $a^{\frac{1}{n}}$의 정의. 먼저 $\sqrt{a}$를 $a^{\frac{1}{2}}$로 표기한다는 것을 소개한다.

ii) $\sqrt{a}$가 $x^2 = a$를 만족하는 양의 근임을 이용하여 $x^3 = a$의 경우로 유추하도록 안내한다. $x^2 = a$의 경우는 두 개의 실근이 존재하지만 $x^3 = a$의 경우는 한 개의 실근이 존재함을 보이고 이어 a가 음수인 경우에도 실근이 존재함을 보인다. 이때 이 전체과정은 $x \geq 0$에서 $y = x^n$의 그래프를 사용하는 것이 바람직하다.

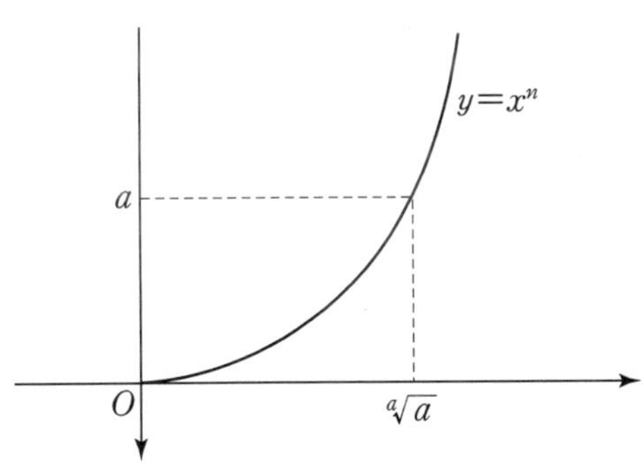

iii) $2^{\frac{1}{3}}$, $2^{\frac{1}{4}}$, $2^{\frac{1}{5}}$의 크기 비교하기. 크기의 상대적인 비교와 계산기를 통한 수치적인 비교. 더 많은 n을 이용하여 지수 $\dfrac{1}{n}$에서 n이 점점 커질 때 $2^{\frac{1}{n}}$의 크기의 변화를 확

인. 그 결과를 그래프에 적절하게 그려본다. 이 과정이 종료되면 그래프 생성 프로그램이나 그래프 계산기를 이용하여 $2^{\frac{1}{x}}$ 을 그려본다.

iv) 각각의 자연수 n에 대하여 $\sqrt[3]{n}$ 를 수직선에 나타내기. 보다 일반적인 경우를 위하여 그래프 생성 프로그램 또는 계산기를 이용하여 각각의 자연수 n에 대하여 $\sqrt[n]{x}$ 의 값을 수직선에 나타내고 값들의 크기를 비교한다.

v) 임의의 자연수 n에 대하여 $a^{\frac{1}{n}}$ 를 이해한다. 이 경우도 $y = x^n$의 그래프와 $y = a$의 교점의 x 좌표에 유의한다.

vi) 임의의 자연수 m, n에 대한 $a^{\frac{m}{n}}$ 의 정의. 이것은 $(a^{\frac{1}{n}})^m$ 또는 $(a^m)^{\frac{1}{n}}$ 으로 정의한다. 이때, $a = a^{\frac{n}{n}}$ 이기 때문에 a는 정의에 의하여 $(a^{\frac{1}{n}})^n$가 될 수도 있고 동시에 $(a^n)^{\frac{1}{n}}$ 가 될 수도 있다. 그러므로 둘 중의 어떤 정의를 도입하든지 도입된 정의가 결함이 없음을 보여주기 위하여 등식

$$(a^{\frac{1}{n}})^m = (a^m)^{\frac{1}{n}}$$

이 성립함을 보여주는 것이 필요하고 교육적으로도 '바람직하다'.

지수가 유리수인 경우까지는 대수적 정의가 가능하지만 지수가 무리수인 경우는 해석적 정의를 사용해야 한다. 예를 들어 $2^{\sqrt{2}}$ 의 지도는 다음과 같이 안내한다. 먼저 $\sqrt{2}$ 에 수렴하는 수열을 $\sqrt{2}$ 의 제 n자리 근삿값으로 만들어진 수열을 지수로 하는 수열

$$2^1,\ 2^{1.4},\ 2^{1.414},\ 2^{1.4141},\ 2^{1.414159}\cdots\cdots$$

의 극한으로써 정의한다. 실수의 완비성을 학교수학의 수준에서 도입할 때 바이어슈트라스의 접근 방식은 수열의 수렴성에 의거하기 때문에 수열 개념에 익숙하면 별도의 지식을 요구하지 않는다. 이런 이유에 의하여 학교수학에서 이 공리의 채택을 선호하고 있다. 가능하다면 계산기를 이용하여 수열의 각 항을 10진법으로 나타내어 크기를 수직선에서 시각적으로 비교하는 것도 중요하다.

0^0의 지도

0^0을 어떻게 정의해야 할까? 정의는 임의로 할 수 있기 때문에 0^0도 임의로 정의할 수 있다. 그러나 일반적으로 지수의 정의는 연속성의 원리에 의거하여 주어져 있다. 그런데 임의의 양수 a에 대하여 $a^0 = 1$인 동시에 $0^a = 0$이다. 그러므로 $a = 0$인 경우에도 이런 조건을 만족해야 하는데 여기서 모순이 생긴다. 그러므로 연속성의 관점에서 0^0는 정의될 수 없다.

실제 지도는 다음과 같이 구체화한다.

i) a^x 에서 $a \neq 0$ 이고 $x=0$ 이면 $a^x = 1$ 이다.

ii) a^x 에서 $a=0$ 이고 $x \neq 0$ 이면 $a^x = 0$

iii) 그러므로 $a=0$ 이고 $x=0$ 이면 0^0 는 1인 동시에 0이다.

이런 결과에 의하여 0^0 은 정의될 수 없다.

5.4.2 평가

1. 정수에 대한 것.

i) a와 b가 서로소일 때 an와 bn의 최대공약수는 얼마인가?

ii) 임의의 자연수 n에 대하여 $(n-1)^3+n^3+(n+1)^3$ 은 9의 배수임을 보여라.

iii) x, y, k가 자연수라고 하고 k는 2의 멱으로 주어진 수가 아닐 때 x^k+y^k는 소수가 아님을 보여라.

iv) A, B, C 세 사람이 8월에 모임을 가지기로 하였다. 그런데 A는 3의 배수가 되는 날만 모임에 올 수 있다고 하고 B는 4의 배수가 되는 날만 올 수 있다고 하며 C는 6의 배수가 되는 날만 올 수 있다고 한다. 이 세 사람이 8월 달에 만날 수 있는 날은 며칠인가?

v) K_n 은 이진법으로 된 n자리 숫자로서 모든 자릿수가 1이다. 예를 들면 $K_2 = 11$ 이고 $K_3 = 111$,...이다. 여기서 다음 문제를 생각해보자.

a) K_2는 K_4, K_6, K_8의 약수임을 보여라.

b) K_3은 K_6, K_9, K_{12}의 약수임을 보여라.

c) 앞의 결과로부터 어떤 추론을 할 수 있는가?

d) K_3은 K_{15}의 약수인가?

vi) 한 변의 길이가 10인 정사각형을 가로와 세로를 잘라 면적이 각각 12, 18, 28, 42이 되는 4개의 사각형으로 분해하였다. 각각의 변의 길이를 구해보라.

vii) 다음 그림과 같이 3개의 톱니바퀴 A, B, C가 그림과 같이 맞물려있다. A의 톱니의 수는 120개, B의 톱니바퀴는 200, C의 톱니의 수는 400개이다. 이 모든 톱니바퀴가 처음 상태로 되기 위해서는 각각 얼마나 돌아야 하는가?

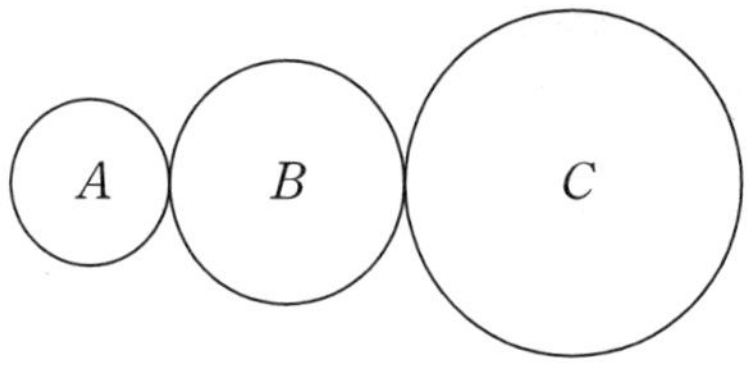

viii) 수의 크기에 대한 경험. 다음 문제를 생각해보자.

a) $10^{10^{10^{10}}}$ 은 0이 몇 개인가?

b) 우주에 원자의 개수는 어느 정도인가?

c) 나노 입자의 크기는 어느 정도인가?

ix) 순환소수는 2진법으로 변환했을 때에도 여전히 순환소수가 될까?

x) 임의의 자연수 n에 대하여 $\dfrac{n^5-5n^3+4n}{120}$은 정수임을 보여라.

2. 유리수와 무리수에 대한 것.

i) 임의의 두 자연수 m, n에 대하여 점 $(m,\ n)$가 주어진 1사분면의 집합이 있다. 여기서 원점에서 직선을 그었을 때 어느 점도 만나지 않는 직선이 있을까?

ii) $\sqrt{2}+\sqrt{3}$은 무리수임을 보여라.

iii) $\sqrt{17}$은 무리수임을 보여라.

iv) $\sqrt{n-1}+\sqrt{n+1}$이 유리수가 되는 자연수 n과 무리수가 되는 자연수 n을 구하라.

v) 다음 그림과 같이 정사각형의 한 변에서 빛이 α의 각도로 출발하여 각 변에 반사된다. 이 경로가 폐곡선이 되기 위해서는 α가 어떤 값을 가져야 할까?

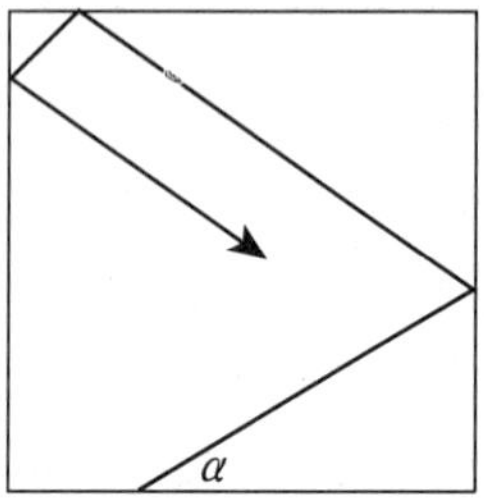

vi) $x^2=2$를 만족하는 실수 x가 존재함을 보여라.

5.4.3 연구 과제

교수 측면

1. 보통 하나, 둘, 셋,.. 과 같이 수를 세는 놀이로부터 자연스럽게 자연수의 구조를 설명할 수 있는 교수설계 방안을 논의해보자.

2. 정수의 연산 지도에서 제안된 다양한 모형들이 가진 장점과 단점을 분석해보자. 그런 특징들로부터 나타나는 교수적 문제를 제시하고 대안을 마련하자.

3. 수 개념에서 나타나는 다양한 오개념을 방지하기 위한 방법을 논의하자.

4. 순서체에서 주어지는 순서구조는 대수구조와 결합된 구조이다. 그렇지만 이 결합성을 분명하게 지도하지 않는 경향이 있다. 이 점을 분명하게 하기 위한 지도 방법을 모색해보자.

5. 실수체의 정신모델을 조사하고 각각의 정신모델이 가질 수 있는 문제점을 분석하자.

6. 이 단원에서 지도하기 어려운 내용을 제시하고 대안을 토의하자.

학습 측면

1. 실수에 대한 학습자의 정신모델은 어떤 것이 있는가? 그런 정신모델이 학습에 미치는 영향들을 분석하자.

2. 학생들은 소수 전개된 수를 어떻게 이해하고 있는가? 그런 것에 대한 정신모델을 분석하자. 소수 전개식에서 수렴성 개념을 어떻게 이해하고 있는가를 분석하자.

3. 수직선을 어떻게 인지하고 있는가를 분석해보자.

4. 학생들은 무리수를 어떻게 이해하고 있는가? 그들이 무리수에 대한 정신모델을 찾아 비교해보자.

5. 이 단원에서 학생들이 가장 어려워하는 부분은 무엇이며 그것에 관한 효과적인 지도 방안을

고안해보자.

6. SOLO 평가를 구체화하기 위한 질의 문항을 개발하자.

6. 복소수

6.1 수학적 분석

6.1.1 역사적 분석

개관

이차방정식의 풀이에서 복소수가 나타나지만 고대 그리스 시대에는 방정식을 기하학적으로 풀었기 때문에 복소수는 삼차방정식을 대수적으로 푸는 과정에서 나타났다. 먼저 르네상스 시대의 수학자 카르다노(G. Cardano, 1501~1526)가 푼 삼차방정식의 근을 보자. 그는 $x^3 = px + q(p,\ q \geq 0)$형의 방정식을 해결하였는데 그 결과는 다음과 같다.

$$x = \sqrt[3]{\frac{q}{2} + \sqrt{\frac{q^2}{4} - \frac{p^3}{27}}} - \sqrt[3]{-\frac{q}{2} + \sqrt{\frac{q^2}{4} - \frac{p^3}{27}}}$$

이 근에서 $p = 3$이고 $q = 0$이면, 즉 $x^3 = 3x$이 이 되고 이것을 근의 공식으로 푼다면

$$x = \sqrt[3]{\sqrt{-1}} - \sqrt[3]{\sqrt{-1}}$$

또는

$$x = \sqrt[3]{\sqrt{-1}} + \sqrt[3]{-\sqrt{-1}}$$

을 얻는데 이것들은 허수 $\sqrt{-1}$이 포함되어 있다. 그런데 $x^3 = 3x$를 실제로 푼다면 근으로서 0 또는 $\pm\sqrt{3}$을 얻는다. 따라서 근의 공식에 의한 풀이는 허수로부터 실수를 얻는 것이 된다. 허수에 대한 이해 부족으로 인하여 카르다노는 이 문제를 해결할 수 없었다.

이 문제에 대하여 봄벨리(R. Bombelli, 1526~1572)의 대담한 도전이 있었는데 그는 $\sqrt[3]{\sqrt{-1}}$ 와 $\sqrt[3]{-\sqrt{-1}}$ 가 서로 켤레복소수가 된다는 것에 착안했다.[49] 즉 $\sqrt[3]{\sqrt{-1}} = a + b\sqrt{-1}$ 라고 두면 $\sqrt[3]{-\sqrt{-1}} = a - b\sqrt{-1}$ 가 된다. 여기서 $\sqrt{-1} = (a + b\sqrt{-1})^3$을 풀면 다음 연립방정식

---

49) 실제로 봄벨리가 다룬 문제는 $x^3 = 15x + 4$라는 방정식인데 여기서는 설명을 보다 단순화하기 위하여 위의 예를 사용하였다.

$$\begin{cases} a(a^2-3b^2)=0 \\ b(3a^2-b^2)=1 \end{cases}$$

을 얻는데 이것을 풀면 $(a,\ b)=(0,\ 1)$ 또는 $(a,\ b)=(\pm\dfrac{\sqrt{3}}{2},\ \dfrac{1}{2})$을 얻는데 이것으로부터 주어진 삼차방정식의 근으로서 $0,\ \pm\sqrt{3}$을 얻는다. 이상은 삼차방정식의 대수적 접근이다.

그런데 고대 그리스 시대의 방정식 풀이는 기하학적 방법으로 접근했다. 이런 전통에 의하여 삼차방정식도 기하학적으로 접근하려는 시도가 있었다. 그러나 실제로 델로스(Delos)의 문제라고 알려진 방정식 $x^3=2$의 근 $x=\sqrt[3]{2}$는 작도불가능이라는 것을 알고 있다면 어떤 시도도 헛된 것이라는 것을 알 수 있다. 그러면 허수의 작도는 어떠한가? 데카르트는 허수를 기하학적으로 작도하는 것은 절대로 불가능하다고 했다.

18세기에는 복소수의 이론적 근거가 확립되지 않았으나 자유롭게 사용하던 시기이다. 오일러는 허수단위 i를 사용하고 i를 통하여 다음과 같은 공식을 유도하였다.

$$e^{ix}=\cos x+i\sin x$$

아마 수학에서 가장 아름다운 공식은 바로 $0,\ 1,\ \pi,\ e,\ i$가 결합된 식

$$e^{i\pi}+1=0$$

일 것이다. 이 식은 드무아브르(A. De Moivre, 1667~1754)에 의하여 발견되었고 오일러에 의하여 개선되었다.

복소수에 물리적 의미를 부여하기 위한 최초의 시도는 월리스(J. Wallis, 1616~1703)이다. 그는 허수가 실수에 대하여 수직으로 작용하는 것이 아닌가를 생각한 최초의 수학자이다. 복소평면의 아이디어와 복소수의 곱을 지금과 같이 기하학적으로 생각한 사람은 가우스로 알려져 있는데 그는 1796년에 이런 아이디어를 가지고 있었다는 문헌적 증거가 있으나 공개적으로 발표되지는 않았다. 또 1786년 코시도 허수를 실수축에 수직인 수로 간주하였다. 복소수의 곱을 분명하게 기하학적으로 제시하여 사용한 수학자는 베셀(C. Wessel, 1745~1818)인데 그는 복소수를 극형식으로 표시하고 두 복소수 $z=re^{i\theta}$와 $w=se^{i\phi}$의 곱은 $wz=rse^{i(\theta+\phi)}$가 됨을 보였다.[50)]

해밀턴(W. Hamilton, 1805~1865)은 복소수를 실수의 쌍으로 정의하고 덧셈과 곱셈을 지금과 같이 표준적으로 사용하는 방식을 도입하였다. 1867년에 항켈은 복소수체가 체로서는 가장 큰 대수구조라는 것을 증명하였다. 한편 퍼스(C. Peirce, 1839~1914)는 나눗셈이 정의

---

50) 이 연구는 1797년 덴마크 왕립 학술원에 제출되었으나 덴마크어로 작성되었기 때문에 그다지 널리 알려지지 않았다가 1895년에 다시 알려지면서 그의 공적이 인정되었다. 그런데 베셀 이전에 이미 복소평면의 아이디어는 코시의 책에서도 언급이 되었다.

되는 대수 체계는 실수체, 복소수체, 사원수체의 단 3가지만 있다는 것을 밝혔다.

여기서 복소수의 개념이 정립되는데 300년이 걸린 이유를 생각해보는 것도 의미가 있다고 본다. 고대로부터 수 개념은 주로 정신모델에 기초하였다. 즉 수라는 것은 모두 수직선이라는 기하학적 직관에 기초하고 있었다. 이런 태세는 거의 2000년간 유지되었고 따라서 수란 선형순서가 있어야 하기 때문에 이에 대한 정신모델 또는 기하학적 모형인 수직선이란 고정관념 속에 묶여 있었기 때문에 복소수와 같이 수직선 위에 모형화할 수 없는 대상을 받아들일 수 없는 것은 당연한 일인지도 모른다.

복소수 개념의 발전 단계

복소수는 다음과 같은 발전 단계를 가지고 있다.

i) 전암묵적 단계. 고대에서 15~16세기 대수방정식의 해를 연구하던 이전 시기. 이 시기의 특징은 허수를 실재로 인정하지 않고 무언가 잘못된 것으로 파악했다.

ii) 암묵적 단계. 대수방정식을 풀면서 파생된 것이나 그 의미를 몰라서 그냥 방치하는 시기로서 17세기까지를 의미한다.

iii) 산술적 단계. 허수를 받아드리고 기호를 부여하여 실제 계산을 시행한 시기로서 주로 18세기를 일컫는다. 이 시기에 오일러는 허수기호를 창안했다.

iv) 기하학적 단계. 복소평면으로 고안하여 복소수를 표상하던 시기로서 18세기 말 베셀에 의하여 도입되었다. 주로 물리적 현상을 표상하기 위하여 사용되었다.

v) 대수적 단계. 복소수를 실수의 쌍으로 정의하여 사용하는 시기로서 19세기 초 해밀턴으로부터 현재에 이르는 시기이다.

6.1.2 본체적 분석

복소수의 개념과 정의

정의. 순서쌍들의 집합 $\boldsymbol{R}\times\boldsymbol{R}$에 두 이항연산 더하기 $+$와 곱 $\cdot$ 을

$$(a,\ b)+(c,\ d)=(a+c,\ b+d)$$
$$(a,\ b)\cdot(c,\ d)=(ac-bd,\ ad+bc)$$

와 같이 주어진 집합 $(\boldsymbol{R}\times\boldsymbol{R},\ +,\ \cdot\ )$는 체가 되는데 이것을 복소수체라고 하고 $\boldsymbol{C}$로 나타내며 그 원소를 복소수라고 한다. 여기서 덧셈의 단위원은 $(0,\ 0)$이 되고 곱셈의 단위원은 $(1,\ 0)$이 된다. 특히 $(0,\ 1)$을 허수단위라고 하고 i라고 표기한다.

복소수를 표기할 때는 $(a,\ b)$로 표기하지 않고 $a+bi$로 표기한다.

임의의 실수 r은 $(r,\ 0)$이라는 대응에 의하여 실수체는 복소수체에 매장(embedding)된다. 이런 이유로 인하여 실수는 복소수의 부분집합으로 간주한다.

실수에서와 마찬가지로 복소수체를 (가우스)평면이라는 직관적 대상과 일치시키기 위해서는 평면에 어떤 위상구조가 필요한데 평면에서의 유클리드 위상이 그 역할을 한다. 그러므로 이 위상에 의하면 복소수열 $\{z_n\}$이 z_o에 수렴하기위한 필요충분조건은

$$Re(z_n) \to Re(z_o),\quad Im(z_n) \to Im(z_o)$$

이다.

복소수의 순서

복소수는 두 실수의 쌍으로 주어져 있다. 그러므로 복소수의 집합 $\boldsymbol{C}$에 사전식 순서[51]를 주면 복소수는 선형 순서를 가진다. 그러나 이런 순서는 실수체에서 의미하는 순서체가 아니다. 즉 이런 순서는 순서체가 요구하는 대수적 조건을 만족하지 않는다.

복소수체 $\boldsymbol{C}$는 체이지만 순서체는 아니다. 실제로 복소수체는 양수의 집합을 가지지 않는다. 만약 $\boldsymbol{C}$가 양수의 집합 P를 가진다면 $i \in P$이거나 $-i \in P$가 된다. 그런데 $-1 = i^2$이고 $i^2 \in P$이므로 결국 $-1 \in P$가 된다. 그러나 이것은 모순이다. 마찬가지로 $-i \in P$일 때도 같은 모순이 나타난다.

켤레복소수

복소수 $z = a + ib$에 대하여 $\overline{z} = a - ib$를 z의 켤레복소수라고 한다. 실계수이차방정식의 근 α가 실근이 아닌 경우 $\overline{\alpha}$도 근이 된다. 실제로 $a,\ b,\ c$가 실수이고 $a \neq 0$일 때 방정식 $ax^2 + bx + c = 0$의 근을 α라고 하면 $a\alpha^2 + b\alpha + c = 0$이므로

$$0 = \overline{a\alpha^2 + b\alpha + c} = a\overline{\alpha}^2 + b\overline{\alpha} + c$$

가 성립한다. 그러므로 $\overline{\alpha}$는 방정식 $ax^2 + bx + c = 0$의 근이다.

예. 켤레복소수는 다음과 같은 방정식의 풀이에 응용된다: $(1^2 + 2^2)(3^2 + 4^2) = x^2 + y^2$이라고 할 때 x와 y의 값은 각각 얼마가 될까? 일반적으로 $(a^2 + b^2)(c^2 + d^2) = x^2 + y^2$이라고 하면 이 식은

---

51) 두 복소수 $(a,\ b)$와 $(x,\ y)$가 주어졌을 때 $a > x$이거나 $a = x$일 경우에는 $b > y$가 될 때 $(a,\ b) \geqq (x,\ y)$로 순서를 정하는 방법으로서 사전의 표제어를 나열하는 방법이다.

$$
\begin{aligned}
(a^2+b^2)(c^2+d^2) &= (a+bi)(c+di)(a-bi)(c-di) \\
&= [(ac-bd)+(ad+bc)i][(ac-bd)-(ad+bd)i] \\
&= (ac-bd)^2+(ad+bd)^2 \\
&= x^2+y^2
\end{aligned}
$$

으로 변형된다.

켤레복소수 개념은 복소좌표계라는 새로운 좌표계를 낳는다. 즉 $z=x+iy$는 복소좌표로서 $(z,\overline{z})$를 가진다. 학교수학에서도 단위원 $|z|=1$ 위의 한 점에 접하는 직선의 방정식이 $Re(\overline{z_o}z)=1$으로 주어진다는 것은 복소좌표계에 의한 표상이다. 일반적으로 복소좌표계는 학교수학에서는 암묵적 지식에 불과하지만 전문적인 영역에서는 중요한 역할을 한다.[52)]

복소평면

복소수의 관점을 볼 때 복소평면은 복소수의 수학적 모형이다. 즉 복소수라는 집합을 기하학적으로 표상하기 때문에 복소수를 이해하는 데 있어서 기하학적으로 접근할 수 있게 한다. 한편 기하학의 관점에서 볼 때 복소수는 평면의 좌표이다. 이 좌표를 복소좌표라고 한다. 이와 같은 관점의 변환은 문제해결에서 유연성을 보여준다.

좌표변환

복소수체를 표상하기 위한 좌표계는 직교좌표계 $(x,\ y)$, 극좌표계 $(r,\ \theta)$, 복소좌표계 $(z,\ \overline{z})$가 있는데 복소수 개념의 학습은 좌표변환에 대한 개념과 연결된다. 한편 앞에서 언급한 세 좌표계는 다음과 같은 좌표변환을 가진다.

$$
\begin{cases} x = r\cos\theta \\ y = r\sin\theta \end{cases}, \qquad \begin{cases} x = \dfrac{z+\overline{z}}{2} \\ y = \dfrac{z-\overline{z}}{2i} \end{cases}, \qquad \begin{cases} z = re^{i\theta} \\ \overline{z} = re^{-i\theta} \end{cases}
$$

예. 중심이 원점이고 반경이 1인 원의 방정식을 위의 세 좌표에 의하여 표상하면 각각 다음과 같다.

---

52) 예를 들면 복소함수가 해석적이라는 점은 소위 복소좌표계에 의한 코시-리만의 공식인 $\dfrac{\partial f}{\partial \overline{z}}=0$으로서 나타난다.(이 사실로부터 복소해석함수는 $\overline{z}$의 변수를 포함하지 않는다는 것을 알 수 있다.)

좌표계	직교좌표	극좌표	복소좌표
표상	$x^2+y^2=1$	$r=1$	$z\bar{z}=1$

복소수에 관련된 부등식

정리 1. 임의의 두 복소수 z, w에 대하여

$$|z+w| \le |z|+|w|$$

이 성립한다.

정리 2. 임의의 복소수 $a_1, \cdots, a_n$과 $b_1, \cdots, b_n$에 대하여

$$\left|\sum_{k=1}^{n} a_k \overline{b_k}\right|^2 \le \sum_{k=1}^{n} |a_k|^2 \sum_{k=1}^{n} |b_k|^2$$

이 성립한다.

단위근

정의. $\omega = e^{\frac{2\pi i}{n}}$ 라고 두면 방정식 $z^n = 1$의 근은 $1, \omega, \omega^2, \cdots, \omega^{n-1}$이 된다. 이때 이 n개의 근을 주어진 방정식의 단위근이라고 한다.

정리. $z^n = 1$의 단위근을 $1, \omega, \omega^{2\cdots}, \omega^{n-1}$라고 하면

i) $z^{n-1} + z^{n-2} + \cdots + z^2 + z + 1 = (z-\omega)(z-\omega^2)\cdots(z-\omega^{n-1})$.

ii) $1 + \omega + \omega^2 + \cdots + \omega^{n-1} = 0$

증명. $z^n = 1$을 단위근으로 표시하면

$$(z-1)(z-\omega)(z-\omega^2)\cdots(z-\omega^{n-1}) = 0$$

이므로

$$z^{n-1} + z^{n-2} + \cdots + z^2 + z + 1 = (z-\omega)(z-\omega^2)\cdots(z-\omega^{n-1})$$

가 성립한다.

iii)를 보이기 위하여 등식 $z^n - 1 = (z-1)(z^{n-1} + \cdots + z^2 + z + 1)$에 ω를 대입하면 주어진 결론을 얻는다. ■

이항방정식의 풀이

이항방정식 $z^n = \alpha$의 풀이를 제공한다. 이 점은 다음과 같은 드무아브르 공식

$$(\cos\theta + i\sin\theta)^n = \cos n\theta + i\sin n\theta$$

에 의한다. 그러므로 $\alpha = re^{i\theta}$이라면 $z^n = \alpha$의 근은

$$z_k = \sqrt[n]{r}\,e^{\frac{i(2k\pi+\theta)}{n}},\ k = 1,\ 2,\ 3,\ \cdots,\ n$$

으로 주어진다. 이 공식을 단위근과 관련지어 나타낼 수 있다. 즉 먼저 $\alpha_0 = \sqrt[n]{r}\,e^{\frac{i\theta}{n}}$라고 두면 $z^n = \alpha$의 근은 다음과 같이 나타낼 수 있다.

$$z_k = \alpha_0\omega^k,\ k = 0,\ 1,\ 2,\ 3,\ \cdots,\ n-1$$

삼각함수의 공식

복소수를 이용하면 삼각함수의 공식을 쉽게 기억할 수 있다.

예. $(\cos x + i\sin x)^2 = \cos 2x + i\sin 2x$이므로 여기서 좌변을 전개하면 가법정리의 특수한 경우를 얻는다.

$$\cos^2 x - \sin^2 x = \cos 2x$$
$$2\sin x\cos x = \sin 2x$$

또 $(\cos x + i\sin x)^3 = \cos 3x + i\sin 3x$이므로 여기서 좌변을 전개하면 다음 공식을 얻는다.

$$\cos^3 x - 3\cos x\sin^2 x = \cos 3x$$
$$3\cos^2 x\sin x - \sin^3 x = \sin 3x$$

삼각함수의 합성

$a\sin\theta + b\cos\theta$를 $r\sin(\theta+\phi)$의 형태로 만들어보자. 이것을 삼각함수의 합성이라고 한다. 먼저

$$e^{i\phi}e^{i\theta} = e^{i(\theta+\phi)}$$

이므로

(1) $$a + ib = re^{i\phi}$$

라고 두면 $e^{i\theta} = \cos\theta + i\sin\theta$이므로

(2) $$\begin{aligned} a\sin\theta + b\cos\theta &= Im[(a+ib)(\cos\theta + i\sin\theta)] \\ &= Im[(a+ib)e^{i\theta}] \\ &= \sqrt{a^2+b^2}\, Im[e^{i(\theta+\phi)}] \\ &= \sqrt{a^2+b^2}\,\sin(\theta+\phi) \end{aligned}$$

가 성립한다. 즉 (1)에 의하여 주어진 a와 b로부터 r과 ϕ를 구하면 합성은 공식 (2)에 의하여 주어진다.

예. $\sqrt{3}\sin\theta + \cos\theta$를 합성해보자. 여기서

$$\sqrt{3} + i = 2(\cos\frac{\pi}{6} + i\sin\frac{\pi}{6})$$

이므로 공식에 의하여

$$\sqrt{3}\sin\theta + \cos\theta = 2\sin(\theta + \frac{\pi}{6})$$

이다.

6.1.3 현상학적 분석

복소수 개념의 현상은 다음과 같이 나타난다.

i) 수의 일반화. 이것은 방정식의 풀이 과정에서 새로운 수의 필요성에 의하여 정립된 개념이다.

ii) 벡터의 원시 개념. 이것은 크기와 방향을 가진 양을 표상하기 위한 수단으로 나타난 개념이다.

6.2 심리적 분석

6.2.1 인지적 분석

복소수 개념의 정신모델

수직선을 실수의 정신모델로 사용함으로써 실수 개념은 매우 구체적이다. 그러나 복소수를 배울 때는 허수라는 말을 사용함으로써 복소수를 가상의 대상으로 인식하는 경향이 있다. 그 결과 복소수란 허구, 비현실, 실제 문제에 응용할 수 없는 것 등의 고정 관념을 가지게 된다.

수 체계는 수직선이라는 정신모델이 우선했기 때문에 수직선이 가지고 있는 선형구조의 강건성에 의하여 어떤 식으로도 선형이라는 태세를 가지게 된다. 이 결과 복소수가 실수와 동일한 대수구조를 가지고 있음에도 불구하고 복소수를 수라고 여기지 않는 경향이 생겼다.

복소수체 C의 수학적 모형은 평면이다. 이 모형은 인지과정에서 정신모델이 될 수 있다. 한편 복소수체 C는 대수적으로 체의 구조를 가지지만 그렇다고 순수하게 대수적으로만 취급하게 되면 복소수도 직선의 순서와 같은 순서구조를 가진다고 생각하게 된다. 이 결과는 복소수체 C는 순서체가 아니라는 사실을 수용하는 데 장애를 준다.

6.2.2 오개념

허수 개념에 대한 오개념

실수의 정신모델은 직선이었고 실수에 대한 지식은 경험에 의하여 수용된 것이었다. 즉 사람들은 실수를 일상적인 업무를 처리한다거나 측정하는 데 사용한 경험을 가지고 있다. 이것은 하나의 태세를 가지게 하여 수를 실재인 것으로 간주하였다. 이에 대하여 허수를 '실재하지 않는' 것으로 받아들임으로써 복소수가 나오는 수학은 허구로 생각하는 경향이 있다. 응용수학의 관점에서 본다면 수학이란 경험적 대상의 모델링인데 허수를 문자적으로 생각하게 되면 허수는 실제 대상과 관련지을 수 없다는 편견을 갖게 한다.

복소수의 상등

복소수의 상등에 관한 오류로서 다음과 같은 것이 있다. "복소수 $a+bi=0$는 $a=b=0$를 함의한다."라고 하면서 그 정당성을 다음과 같이 진술하고 있다.

만약 $a+bi=0$이라면 $(a+bi)(a-bi)=0$도 성립한다. 그런데 $(a+bi)(a-bi)$은 a^2+b^2이므로 결국 $a=b=0$가 된다.

실제로 이런 오류는 교사들에게도 나타난다.

지수법칙

두 양수 a, b에 대하여 성립하는 등식 $\sqrt{ab}=\sqrt{a}\sqrt{b}$가 임의의 수 a, b에 대해서도 성립한다고 믿고 있다. 그러나 $\sqrt{(-1)(-1)}=1$이 성립하지만 $\sqrt{-1}\sqrt{-1}=i^2=-1$이다.

뿐만 아니라 지수법칙 $a^{bc}=(a^b)^c$도 실수의 경우와 마찬가지로 성립한다고 생각한다. 그러나 등식 $[(-1)^2]^{\frac{1}{2}}=1$이 성립하지만 등식 $[(-1)^{\frac{1}{2}}]^2=-1$이 성립한다.

6.3 교육적 분석

6.4.1 교육과정 분석

학습목표 분석

복소수 개념은 유향선분, 위치벡터 등과 같은 개념을 모두 가지고 있기 때문에 벡터 단원의 개념적 연결을 위한 최적의 주제이다. 뿐만 아니라 복소수 개념은 일차변환을 이해하는데도 중요한 도구이다. 교과서는 벡터를 도입할 때 물의 흐름이나 용수철저울을 통한 힘의 합력을 소개하고 있는 반면에 복소수를 벡터의 도입으로 안내하는 경우는 보이지 않는데 이것은 역사 맥락을 모르기 때문에 나타난 현상이다. 역사적 분석에서 언급되었지만 해밀턴은 물리 현상을 표상하기 위하여 복소수를 사용하였다. 따라서 복소수 단원은 문제해결의 도구로서 또 벡터 개념을 이해하기 위한 정착개념으로서 중요한 도구이고 학습도 이런 맥락을 고려하는 것이 바람직하다.

그러나 현행 교육과정은 복소수의 사칙 연산만을 소개함으로써 복소수 단원의 학습목표는 실수체보다 더 큰 체가 있음을 보이려는 데 중점을 두는 것 같다. 특히 복소평면은 수학적 개념이나 대상이 아니라 단순히 복소수를 이해하기 위한 정신모델임에도 불구하고 이것이 마치 수학적 개념이나 대상인 것으로 간주하여 교육과정으로부터 삭제한다면 학습 방법론을 제거하는 것과 다름없다. 단순히 복소수의 사칙 계산만을 학습하고 문제해결을 위한 도구로 인정하지 않는다면 차라리 복소수 단원 전체를 삭제하고 연습 문항으로 돌리는 편이 바람직하다.

학습 내용 개요

학습 주제	학습 내용	주안점
복소수의 개념	복소수의 대수구조 복소수의 순서구조	복소평면은 복소수의 수학적 모형인 동시에 정신모델이므로 적극적으로 활용한다.
복소수의 연산	사칙 연산의 이해	벡터 개념과 연결성으로 고려한다.

이 단원에서 반드시 알고 있어야 할 명제는 다음과 같다.

i) 대수학의 기본정리.
ii) 드무아브르 정리.
iii) 이항방정식 근의 표상 정리.

지식의 연결성

복소수 개념은 다양한 연결성을 가지고 있다.

i) 복소수 개념은 실수와 벡터의 중간 매개체로서 벡터 개념의 단초를 제공한다. 즉 복소수의 덧셈은 평행사변형 합이다.

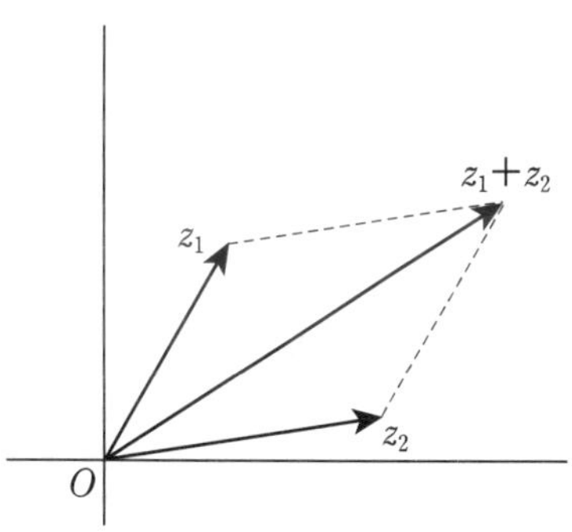

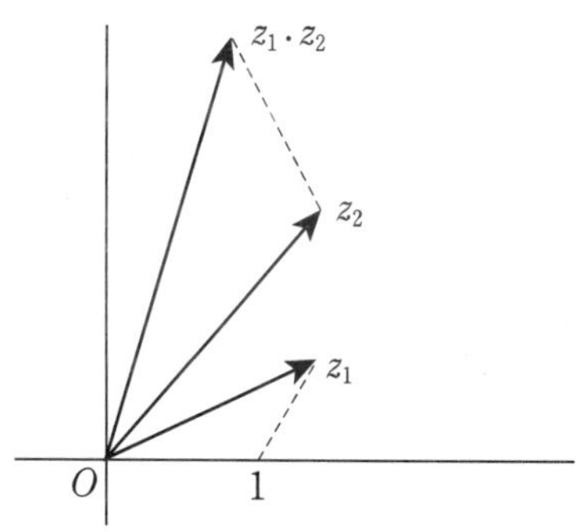

ii) 복소수의 곱셈은 회전이동과 연결된다. 즉 두 복소수 $e^{i\theta}$와 z의 곱에 의하여 정의된 함수 $f_\theta(z)=e^{i\theta}z$는 평면 위의 어떤 변환을 의미한다. 여기서 $e^{i\theta}=\cos\theta+i\sin\theta$라고 두고 $z=x+iy$라고 두면

$$f_\theta(x+iy) = (\cos\theta + i\sin\theta)(x+iy) = (x\cos\theta - y\sin\theta) + i(x\sin\theta + y\cos\theta)$$

이므로 이것을 직교좌표로 번역하면

$$f_\theta(x,\ y) = \begin{pmatrix} \cos\theta & -\sin\theta \\ \sin\theta & \cos\theta \end{pmatrix}\begin{pmatrix} x \\ y \end{pmatrix}$$

가 된다. 이 사실로부터 복소수의 곱셈이 점의 회전이동을 표상한다는 것을 배운다.

iii) 변환 $z \to \bar{z}$은 반사에 해당한다. 따라서 복소수의 덧셈, 곱셈, 반사는 평면 위의 닮음 변환이 된다.

iv) 마지막으로 극형식으로 나타낸 복소수 $z = r(\cos\theta + i\sin\theta)$는 $z = re^{i\theta}$으로 나타낼 수 있다. 복소수의 극형식에 의한 표상은 가법정리를 자연스럽게 기억하게 해준다.

이와 같이 복소수는 다양한 수학적 개념을 연결하는 풍부한 개념적 고리를 가지고 있다. 이런 연결 고리는 개념적 확장을 자연스럽게 해 주거나 두 개념 간의 연결 과정에 중요한 역할을 한다. 다음 그림은 복소수 개념과 관련 지식 간의 연결성을 나타낸 도표이다.

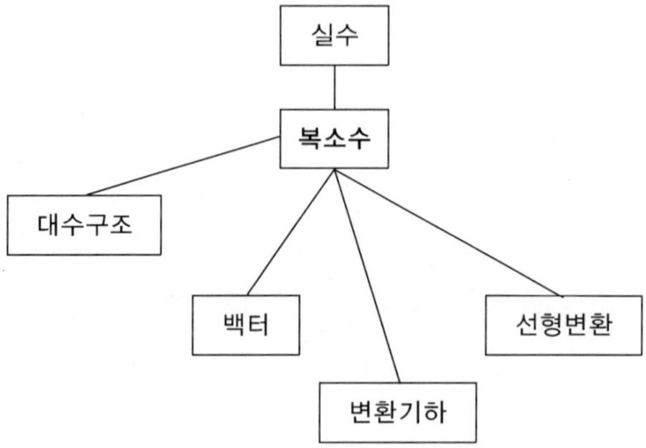

6.3.2 학습 주제 및 내용 분석

i의 표기

복소수체 C는 실수체에서 존재했던 P가 존재하지 않기 때문에 실수의 의미에서 순서구조를 가진 것은 아니다. 이와 같은 이유에서 복소수체의 기하학적 모형으로 직선을 사용하면 직관적 사고를 하기 어렵게 된다.

복소수체를 이해하기 위해서는 방정식 $x^2 = -1$의 전통적 풀이 과정을 분석해볼 필요가 있다. $x=\pm\sqrt{-1}$ 라고 푸는 것은 우변이 양수인 경우에 적용했던 방법을 음수에 무비판적으로 사용한 결과53)이다. 이런 무비판적 접근은 $x^4=-1$과 같은 방정식에 다음 표에서 보이는 바와 같이 의미를 떠나서 일단 복잡한 기호만 잔뜩 만들게 된다.

방법	풀이 과정
풀이 I	$(x^2)^2=x^4=-1$로부터 $x^2=\pm\sqrt{-1}$ 이다. 그러므로 $x=\pm\sqrt{\pm\sqrt{-1}}$ 가 된다.
풀이 II	$x^4=-1$로부터 $x=\pm\sqrt[4]{-1}$ 이다. 그러므로 지수법칙을 이용하면 $x=\pm\sqrt{\sqrt{-1}}$ 이다.

i라는 기호를 도입하는 대신에 $\sqrt{-1}$을 사용하게 되면 수학적으로는 문제가 생기지 않더라도 교육적으로 다음과 같은 문제점이 발생하게 된다.

i) $\sqrt{-1}$은 i보다 기호로서 복잡하다.
ii) $\sqrt{-1}$를 사용하게 되면 학생들은 실수에서의 지수법칙을 그대로 적용할 가능성이 생긴다.
iii) 위의 표와 같이 방정식의 풀이 결과가 복잡해진다.

6.4 교수학습 지도

6.4.1 학습 내용 지도

일반적인 유의점

복소수 단원을 지도할 때 일반적인 유의점은 다음과 같다.

i) 복소수의 대수적 성질은 실수의 그것과 유사함을 알게 한다. 따라서 실수의 연산 규칙을 사용하듯이 자유롭게 계산을 해도 좋다는 것을 결론적으로 알게 한다.
ii) 실수에서 배웠던 지수법칙이 복소수에서 대부분 성립하지 않는다는 점을 주의해야 한다.
iii) 복소평면을 이용하여 복소수를 도입함으로써 이후 벡터 개념과 연결한다. 이 점은 복소수를 벡터와 연결하는 과정이므로 매우 중요하다.

53) 학교수학에서 $\sqrt{\ }$ 는 $\{x\in\boldsymbol{R}: x\geq 0\}$에서 정의된 함수이다.

ⅳ) 허수라는 용어를 문자적으로 인식하는 일이 없도록 한다. 이것은 복소수를 허구로 생각하여 이후 복소수를 응용 불가능한 수로 인식하게 할 가능성이 있다.

허수단위의 도입

대부분 교과서에서 i와 $\sqrt{-1}$이 같다는 것을 언급하는데 이 과정은 역사적 잔재이다. 다음 예문을 보자.

$x^2=-1$을 만족하는 실수는 존재하지 않습니다. 그러나 이 방정식을 만족하는 근이 있다면 두 개 존재합니다. 여기서 그 하나를 $\sqrt{-1}$로 나타내거나 또는 더욱 간단히 i로 표기하고 허수단위라고 합니다. 그런데 여기서 $\sqrt{-1}$은 사용하기 복잡한 기호이므로 앞으로는 이 기호 대신에 i를 사용하겠습니다. 주어진 방정식을 허수단위와 관련지어 말하면 다음과 같습니다.'주어진 방정식 $x^2=-1$은 i와 $-i$를 근으로 가진다.'

복소수의 상등 지도

실수를 다룰 때 실수 개념은 수직선을 통하여 우리 마음속에 존재했었고 그것을 자연스럽게 기호화하였기 때문에 등호를 사용함에 있어서도 무리가 따르지 않았다. 그러나 복소수의 도입은 i의 도입과 함께 갑작스럽게 이루어지고 있다. 그 결과 복소수의 상등 개념이 모호하게 작동하고 있다.

복소수의 상등은 복소수를 정의하기 하기 위한 최초의 단계이다. 즉 새로운 대상을 정의할 경우에는 두 대상의 같음과 다름이 우선 언급되어야 한다. 실수의 경우 두 실수가 같다는 것은 암묵적으로 수직선에서 같은 위치를 차지하고 있음을 의미한다. 복소수의 경우 $a+bi=c+di$는 두 점 $(a,\ b)$와 $(c,\ d)$가 순서쌍으로 같음을 말하고 있다. 이것은 다시 평면 위의 점으로서 같다는 것을 의미한다.

복소수의 연산 지도

복소수의 연산 규칙은 일반적으로 실수의 그것과 동일함을 강조한다. 복소수의 곱셈은 $i^2=-1$을 만족하는 문자식의 계산으로 간주해도 좋다. 복소수 $\dfrac{1}{a+bi}$는 분자를 실수가 되게 변형하는 것을 독자적으로 지도한다. 계산의 결과는 반드시 $a+bi$의 형으로 정돈되어 있도록 지도한다.

복소수의 연산이 실수의 그것과 동일하다는 사실을 인식하는 것은 지도로 충분하지 않으며 복소수의 합과 차를 벡터의 연산과 연결할 수 있도록 복소평면으로 사용하여 기하학적 의미를 부여한다. 마찬가지로 복소수의 곱셈도 닮음변환과 연결시켜 기하학적 의미를 가질 수 있도록 한다.

복소수체에서 순서 관계 지도

$\boldsymbol{C}$에서 순서를 지도할 때 잦은 오류가 있다. 복소수체는 순서체가 아님을 알고 있다. 따라서 이것을 보이기 위해서 반드시 다음 사항을 지켜야 한다.

i) 부등호를 정의한다.
ii) 그 부등호가 실수의 순서구조에서 다른 순서에 관한 기본 성질을 만족해야 함을 요구한다.
iii) 그런 부등호는 존재하지 않는다는 것을 보인다.

실제로 대부분의 교과서는 이 방식을 택하고 있지만 진술이 명료하지 않은 측면이 있다. 다음은 이 단계를 기반으로 한 지도 과정이다.

교사 : $\boldsymbol{R}$과 마찬가지로 $\boldsymbol{C}$에서 순서를 도입해봅시다. 어떤 부등식을 정의할까요?
학생 : 하나의 대안은 복소수의 집합 $\boldsymbol{C}$는 평면이라고 할 수 있으므로 사전식 순서를 부여합니다. 즉 두 복소수 $a+bi$와 $c+di$가 있을 때 $a+bi<c+di$를 $a<c$이거나 또는 $a=c$이고 $b<d$일 때로 정의합니다.
교사 : 이렇게 정의한 부등식이 위의 세 조건을 만족할까요? 이것을 확인해봅시다. 이 정의에 의하면 $i>0$가 성립합니다. 그런데 ii)에 의하여 $i^2>0$가 되어야 합니다. 그런데 $i^2=-1$이므로 $0<-1$이 성립합니다. 그런데 $-1<0$이므로 모순입니다. 이 모순에 의하여 방금 정의한 부등호는 타당하지 않습니다.
학생 : 그렇다면 다른 정의가 가능할까요?
교사 : 복소수의 집합에서는 원천적으로 위의 두 조건을 만족하는 부등호를 정의할 수 없습니다. 그 이유를 알아봅시다. 먼저 $i\neq 0$이므로 $i>0$이거나 $-i>0$를 만족해야 합니다. 그런데 $i^2>0$이거나 $(-i)^2>0$이 성립해야 합니다. 그런데 이 두 부등식 모두 $-1>0$임을 말해줍니다. 그런데 $1>0$가 항상 성립하므로 이것은 모순입니다.

이 점을 지도할 때는 모든 순서체에서 $0<1$이 성립한다는 것을 보여야 한다.

복소평면의 도입

본체적 분석에서 복소수와 복소평면의 관계는 상호 관점의 변환이라는 것을 알고 있다. 그러나 학교수학에서는 복소수의 기하학적 모형으로서 복소평면을 다루고 있는 반면에 평면의 좌표로서 복소수를 다루는 경향은 축소되고 있다. 실제 지도에서 이 두 측면을 모두 부각하는 것이 바람직하다. 후자의 경우의 예를 들면 다음과 같다.

예 1. 다음 방정식을 만족하는 도형을 그려보자.

i) $|z-1|=2$

ii) $\dfrac{|z|}{|z-1|}=2$

iii) $\arg z=1$

iv) $Re\,z<|z|$

예 2. $|z|=1$일 때 다음 도형의 자취를 복소평면에 나타내보자.

i) $w=z^2+1$

ii) $w=\dfrac{1}{z-2}$

iii) $w=Re\,z$

6.4.2 평가

1. $a,\ c\in \boldsymbol{R},\ b\in \boldsymbol{C},\ a\neq 0$이면 $a|\overline{z}|^2+b\overline{z}+\overline{b}z+c=0$을 만족하는 복소수 z의 자취는 무엇인가.

2. $z_1+z_2+z_3=0$이고 $|z_1|=|z_2|=|z_3|$를 만족하는 세 점 $z_1,\ z_2,\ z_3$는 원주 위에 있음을 보여라.

3. ω가 $z^n=1$의 1이 아닌 근의 하나라고 할 때, $(1-\omega)(1-\omega^2)\cdots(1-\omega^{n-1})$의 값을 구하라.

4. $Re(z)=1$을 만족하는 z의 자취를 구하라.

6.4.3 연구 과제

교수 측면

1. 현 교육과정은 복소수의 사칙 연산만 다루고 심지어 복소평면도 도입하지 않는다. 복소평면이 복소수의 수학적 모형 또는 정신모델이라는 것을 고려할 때 이러한 분절 현상이 가져오는 교수학적 문제점에 대하여 논의하자.

2. 복소수의 덧셈을 벡터의 덧셈과 관련시켜 지도하는 방법을 개발하자. 이 점은 개념적 연결성에 중요한 단서를 제공한다.

3. 이 단원에서 지도하기 어려운 내용을 제시하고 대안을 토의하자.

4. SOLO 평가를 구체화하기 위한 질의 문항을 개발하자.

학습 측면

1. 복소수를 배운 후 학생들이 형성하는 것은 무엇인가? 단순 사칙 계산만 알고 있는 학습에서 무엇을 얻을 수 있는가? 그런 학습 상태가 수학적 힘을 형성할 수 있다는 근거가 있는가? 이 점에 대하여 비판해보자.

2. 허수라는 이름으로 인하여 발생하는 오개념이 복소수 개념의 학습에 근본적인 문제를 야기하는 경향이 있다. 학생들이 가지고 있는 복소수의 실제성에 대한 태도를 분석해보자.

3. 이 단원에서 학생들이 가장 어려워하는 부분은 무엇인가?

7. 대수구조

7.1 수학적 분석

7.1.1 역사적 분석

초기 산술의 흐름

대수학의 핵심은 무엇보다도 수와 수의 표기법에 있다. 고대 바빌로니아 사람들은 쐐기 문자에 의하여 수를 표기하였으며 고대 이집트 사람들은 신성문자로 수를 표기하였다. 한편 로마인들은 로마자를 이용하여 숫자를 표기하였다. 이에 비하여 중국인이 사용한 수의 표기법은 한층 발달된 것이었다. 그러나 현재 지구상의 수학교육받은 사람들은 인도-아라비아 숫자를 사용하고 있다.

인도-아라비아 숫자는 이미 기원전 인도에서 사용했던 것을 아라비아 사람들에 의하여 유럽으로 전승된 것으로 유럽으로 건너간 연대는 확실치 않지만 중동의 수학자 알콰리즈미(al-Khwarizmi, 780~850)의 덕택이라고 본다. 그가 지은 대수 책이 유럽에서 번역되었는데 이로 인하여 인도-아라비아 수학이 최초로 유럽에 소개되었다. 이 책은 인도-아라비아 숫자를 계산하는 법, 일차방정식과 이차방정식의 풀이법, 제곱근, 세제곱근을 구하는 방법, 비례법, '임시위치법(rule of false position)'[54] 등이 소개되어 있으며 알고리즘(algorithm)이라는 말도 바로 알콰리즈미에 연유된 것이다. 한편 대수(algebra)라는 말도 그의 논문에서 비롯된 것이다. 그의 대수의 특징은 기호를 사용하지 않고 말을 사용하여 진술했다는 점이다.

종이가 귀한 시대에 산술 계산을 한다는 것은 매우 어려운 과정이었다. 종이를 대체할 수 있는 도구로써 주판이 등장했다. 주판의 최초의 발생지는 분명하지 않으며 동서양의 여러 곳에서 나타났고 사용법도 조금씩 달랐다. 주판은 종이가 부족하던 시대에 대표적인 계산 도구였고 그 효과도 뛰어났다.

인도-아라비아 숫자 표기법은 주판의 표기와 일치한다. 인도-아라비아 숫자에 의한 지

---

54) 임시위치법이란 고대 이집트에서 나타난 기법으로 주어진 방정식에 임의로 하나의 수를 넣고 계산하여 그 결과를 보완하는 방법이다. 예를 들어 방정식 $x+\frac{x}{8}=27$의 해를 임시위치법으로 생각해보자. 먼저 $x=8$을 주어진 방정식에 대입하면 좌변은 9가 나오므로 여기서 x에 3×9를 하면 27을 얻는다. 따라서 답은 $3\times 8=24$이다.

필산이 주판의 표상 방식을 그대로 따르기 때문인지는 알 수 없으나 유럽에서 주산은 인도-아라비아 숫자에 의한 지필산으로 서서히 대체되어 18세기에는 유럽에서 자취를 감추었다.

대수학의 구분

대수학이란 연산에 관한 학문이다. 대수학은 계산에서부터 시작하여 연산의 규칙성과 일반적 성질을 규명하여 궁극적으로 어떤 문제에 대한 알고리듬을 발견하는 데 있다.

고대 그리스 대수학은 도형에 의지하였다. 예를 들면 고대 그리스의 대수학은 도형에 의존하였는데 $a(x+y)=ax+ay$가 된다는 것을 다음과 같은 그림에 의하여 확인하였다.

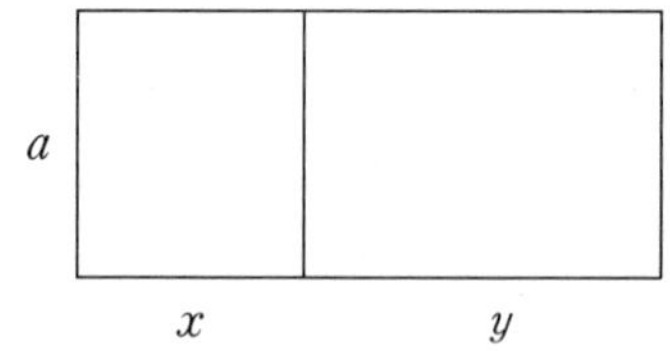

이와 같이 대수학을 기하학적 방법으로 연구하는 것을 기하학적 대수학이라고 한다. 그러나 기하학적 방법은 간단한 경우에만 효과적으로 작동할 뿐 보다 복잡한 수학적 상황을 기술하는 데는 한계가 있다. 그 결과 그리스 수학에서도 기호가 서서히 등장하였다.

네셀만(G. Nesselmann)은 기호의 관점에서 대수학의 발달을

i) 수사적 대수학(rhetorical algebra)
ii) 축약적 대수학(syncopated algebra)
iii) 상징적 대수학(symbolical algebra)

으로 구분하였다(Boyer & Merzbach, 1991, Eves, 1980).

수사적 대수학이란 일상 언어로 축조된 대수학을 말하는데 수사적 대수학의 시기는 헬레니즘 시대의 수학자 디오판토스(Diophantus, 250년 경) 이전으로 본다. 기호의 사용이 좋음에도 불구하고 일상 언어를 사용하여 수학을 한 이유는 아마 종이 구하기가 어려웠기 때문이라고 본다. 그 당시 종이는 중요한 문서를 제작하기 위한 용도로만 사용했고 따라서 지배층이나 가질 수 있었던 귀중한 물건이었다.[55] 초기 수학의 발전에 중국이 앞서갔던 이유도 중국이 종이를 보다 쉽게 사용할 수 있었기 때문이다.

원시적이지만 수학에서 기호가 사용된 것은 디오판토스의 저서에 나타난다. 여기서 기호

55) 인류의 발전을 기록 문화의 관점에서 말하면 종이의 발명이 첫 번째 혁명이고 인쇄술의 발명이 두 번째 혁명이라고 할 수 있다.

는 축약 기능으로서 나타난다. 디오판토스는 미지수의 제곱과 미지수의 세제곱을 각각 Δ^T와 K^T로 표기하였는데 이를 축약적 대수학의 시작으로 본다. 일상 단어를 사용하는 것보다 축약된 기호를 사용하는 것이 수학적 사고를 수행하는 데 더 좋은 효과를 가진다는 것은 지금 아라비아 숫자라고 하는 인도의 수 표기법을 유럽에 도입한 피보나치에 의하여 입증되었다. 그 당시 이탈리아에서 상업 부기에 사용된 숫자는 전통적으로 내려온 로마식 숫자이지만 일부 상인들은 아라비아 숫자가 상업 부기에서 탁월한 효과가 있음을 알고 그것을 사용했다. 상징적 대수학의 시초는 비에트(F. Viète, 1540~1603)로부터 시작한다고 본다. 비에트는 미지수를 x, y, z, 등으로 사용하고 기지수를 a, b, c,... 등으로 사용하여 현재와 같은 전통을 세웠다. 비에트의 업적은 수학적 기호를 지시 기능에서 수학적 조작을 위한 기능으로 확대했다는 점에 있는데 이것은 본질적으로 산수가 기호라는 도구에 의하여 대수적 단계로 이행되는 시점이다. Eves(1980)는 이것을 '기호화된 산술'이라고 하였다.

19세기에 들어와서 대수학은 새로운 국면을 맞이하게 된다. 18세기에 해석학에서의 성공적인 기호 사용은 19세기 수학자들로 하여금 기호의 본질에 대하여 숙고하기 시작하였다. 그들은 수 대신 문자를 사용하더라도 적절한 연산 규칙만 주어지면 실수체에서의 조작이 그대로 허용되는 수학적 대상이 존재함을 발견했다. 이 점은 연산이 계산 도구가 아니라 수학적 구조의 본질을 이루고 있다는 것에 대한 발견이다. 이와 같은 관찰은 영국의 수학자 피콕에 의하여 이루어졌다. 피콕은 다음 두 대수학을 엄격하게 구분하였다.

i) 산술대수학(arithmetic algebra)
ii) 기호대수학(symbolic algebra)

여기서 전자는 실수 체계 안에서 일어나는 연산 규칙에 대한 대수학이고 후자는 일반적인 공준 체계에 근거한 대수 체계를 의미한다. 즉 기호 대수학은 적절한 연산을 도입하여 조직된 새로운 수학적 대상으로서 근본적으로 공리적 접근을 가능하게 한다. 그런데 여기서 새로운 대수적 구조물이 전혀 독립된 대상으로 정립되는 게 아니라 실수체의 자연스런 확장으로 간주하였기 때문에 새로운 대수구조들은 실수체가 가지고 있는 연산들을 수용하면서 확장될 것을 주장하였다. 이 원리를 형식불역의 원리라고 한다. 형식불역의 원리는 이후 항켈에 의하여 보다 정교화 되었다. 해밀턴의 사원수는 교환법칙을 만족하지 않는데 형식불역의 원리로부터 탈출한 최초의 대수구조이다. 이 점은 대수학이 기존의 틀에 얽매이지 않고 새로운 영역을 향하여 나아갈 수 있음을 보여주는 사례이다.

한편 수학적 조작의 관점에서 대수학의 발전을 나누면 다음과 같다.

i) 기호 대수.

ii) 방정식의 대수.

iii) 구조의 대수.

먼저 기호 대수는 단순히 수식의 사칙 연산 자체로서 계산에 중점을 둔다. 사실 사칙연산은 수학의 모든 곳에서 필요한 가장 기본적인 조작이다. 한편 방정식의 대수는 제한된 조건 내에서 대수적 조작, 즉 $f(x)=0$를 만족하는 $f(x)$의 변형을 의미한다. 기호 대수와 방정식의 대수의 차이에는 연산 방향이 중요한 역할을 한다. 방정식의 대수는 역연산을 기능을 주목한다. 마지막으로 구조적 대수란 두 대수구조를 비교하는 것을 의미한다. 대수학의 궁극적 목표란 분류학으로 대수적 구조를 분류하는 것이다.

이 세 분류는 위계적인 동시에 도구적이다. 즉 대수학의 목표가 구조의 비교라면 그 비교를 위한 세부적인 문제는 방정식으로 주어지고 이 방정식을 조작하기 위한 도구들은 연산이라는 점이다.

방정식의 역사

먼저 미지수가 한 개인 방정식의 풀이에 대한 역사를 보자. 이차방정식의 해법에 대한 연구는 고대 이집트와 고대 바빌로니아의 수학에서 이미 나타난다. 대수방정식의 풀이법은 기하학적 방법과 대수적 방법이 있지만 고대 그리스의 시대에 들어오면서 방정식의 풀이는 주로 기하학적 방법에 의하여 연구되었다.

헬레니즘기의 수학자 헤론(Heron, 10?~75?)은 이차방정식 $ax^2+bx=c$에 대한 근의 공식으로서

$$x=\frac{\sqrt{ac+(b/2)^2}-b/2}{a}$$

을 남겼다. 이 근의 공식은 이후

$$x=\frac{\sqrt{4ac+b^2}-b}{2a}$$

으로 개량되었다.

한편 디오판토스는 이차방정식을 다음의 세 가지의 경우로 나누어 다루었는데

$$ax^2+bx=c,\ ax^2=bx+c,\ ax^2+c=bx$$

여기서 계수들은 모두 양수이다. 그런데 사실 이 세 종류의 방정식은 이미 4000년 전 고대 바빌로니아의 문제집에 실려 있다(Boyer & Merzbach, 1991). 이차방정식을 이렇게 나누어 생각한 것은 음수에 대한 인식의 부족에 기인한다(Cajori, 1985). 이런 것을 보면 인도의

수학이 그리스의 수학보다 훨씬 더 앞서 있다는 것을 보여준다. 중국의 순체는 중국인의 나머지정리를 연구한 최초의 수학자이다.[56] 또 바스카라는 이중근호를 제거하는 방법을 다루고 있다. 즉

$$\sqrt{a} \pm \sqrt{b} = \sqrt{a+b \pm 2\sqrt{ab}}$$

이차방정식의 연구에 이어 삼차방정식의 최초의 풀이는 아라비아의 수학자 카얌(Khayyam, 1050~1130)에 의한 해법이 있는데 그는 삼차방정식 $x^3 + a^2x + b^3 = cx^2$을 기하학적 방법으로 해결하였다.[57] 이후 방정식의 풀이는 전적으로 대수적 방법으로 접근한다. 삼차방정식과 사차방정식의 풀이는 르네상스 시대를 거치면서 비약적으로 발전한다. 먼저 폰타나(N. Fontana, 1500~1557)[58]는 $x^3 + ax^2 = b$ 형의 방정식을 풀었다고 하고 이어 카르다노는 $x^3 + ax = b$ 형의 방정식의 해법을 발표했다. 이어 카르다노의 제자 페라리(L. Ferrari, 1522~1565)는 $x^4 + ax^2 + bx + c = 0$ 형의 사차방정식을 풀었는데 이 방정식의 풀이는 본질적으로 삼차방정식의 풀이로 환원된다.

사차방정식의 문제까지는 해결되었으나 오차방정식의 풀이에 대한 연구는 거의 200여 년간 정체되어 있었다. 오일러는 사차방정식의 풀이가 삼차방정식의 풀이로 환원된다는 아이디어를 오차방정식의 풀이에 적용하려고 했으나 실패하였다. 1799년 루피니(P. Ruffini, 1765~1822)는 오차 이상의 대수방정식은 근을 가지지 않는다는 것을 증명했으나 그 증명은 엄밀성이 결여되어 있었다. 이후 이 문제는 아벨(N. Abel, 1802~1832)는 일반 오차방정식은 사칙 연산과 근호를 사용하여 표시할 수 없다는 것을 밝혔다.[59] 한편 갈로아(E. Galois, 1802~1832)는 근호에 의하여 풀 수 있는 대수방정식의 일반적 조건을 제시하였다.

미지수가 두 개 이상인 방정식 근의 연구는 헬레니즘 시대의 수학자 디오판토스에 의하여 최초로 연구되었다. 예를 들면 그는 $x^2 = 1 + 30y^2$과 $x^2 = 1 + 26y^2$과 같은 방정식을 연구하였다. 이 방정식은 오늘날 '펠의 방정식' $x^2 = 1 + py^2$의 특수한 경우에 해당된다. 인도의 수학자 바스카라는 방정식 $x^2 - 61y^2 = 1$를 만족하는 가장 작은 자연수를 발견하였다.

---

56) 그는 3으로 나누면 2가 남고, 5로 나누면 3이 남고, 7로 나누면 2가 남는 수에 대하여 연구한 기록이 있다.

57) 그는 조건 "$x^3 + ax^2 + bx + c = 0$이고 $y = x^2$"이 "$(x+a)(x+b) = ab - c$이고 $y = x^2$"가 동치임을 보였다. 이에 의하면 $x^3 + ax^2 + bx + c = 0$의 근은 쌍곡선 (또는 직선)과 포물선의 교점의 x 좌표이다.

58) 흔히 Tartaglia라고 불리기도 한다.

59) 그러나 오차 이상의 대수방정식의 근도 다른 종류의 식, 예를 들면 타원함수와 같은 초월함수로 나타낼 수 있다.

추상대수학의 흐름

수론, 대수방정식, 기하학을 연구하면서 얻은 아이디어들이 보다 일반적인 상황으로 추상화되면서 추상대수학이 형성되었다. 추상대수학은 주로 군 개념이 형성되는 과정을 살펴봄으로써 전체를 개관할 수 있기 때문에 군론의 역사를 고찰하는 것이 적절하다.

오일러는 합동식에 관한 연구를 하였는데 그가 군이라는 말을 사용하지는 않았지만 그의 연구에는 가환군의 분해 등과 같은 군론의 기초 개념들이 나타나기 시작하였다. 합동식에 관한 가우스의 연구에서도 이런 아이디어들은 더욱더 정교하게 확장되었다.

군이라는 용어를 최초로 사용한 수학자는 갈로아이다. 기하학도 군론의 연구를 촉진시켰다. 사영기하 또는 비유클리드 기하학이 등장하면서 거리 개념이 사라지기 시작하였고 대신에 군과 같은 추상 수학적 구조가 등장하였다. 뫼비우스(A. Möbius, 1790~1868)는 군의 개념을 몰랐지만 특별한 군에 의한 불변량을 연구하였고 종합기하학을 고수한 슈타이너(J. Steiner, 1796~1863)는 변환군 연구의 선구자였다. 이런 연구는 1872년 클라인(F. Klein, 1849~1925)에 의하여 <Erlanger Programm>으로 나타났는데 이것은 기하학을 군의 관점에서 분류한 것이다.

캐일리(A. Cayley, 1821~1895)는 추상군의 개념을 제시함으로써 그 당시까지 활발하게 연구되었던 치환군의 연구 영역을 일반화하였으며 이때부터 군론은 중요한 수학적 주제가 되기 시작하였다. 군을 공리적으로 재구성한 수학자는 반다이크(W. von Dyck, 1856~1934)였다.

환의 개념은 정수에 대한 연구의 추상화라고 볼 수 있다. 이 분야에 대한 연구로서 가우스와 힐베르트를 들 수 있다. 전자는 가우스 정수 $a+bi$ $(a,b\in \mathbb{Z})$를 도입하였고 후자는 정역(integral domain) 개념을 도입하였다. 이런 개념들이 일반적인 추상환 이론으로 발전시킨 사람은 프랭켈(A. Fraenkel, 1891~1965)였는데 그는 곱의 단위원을 도입하였다.

대수학의 다른 개념 예를 들면 체의 개념은 여러 수학자들에 의하여 다양하게 사용되었다. 그러나 체(field)라는 용어는 무어(E. Moore, 1862~1932)에 의한다. 무어는 미국의 대학원 교육의 현대화를 이룬 수학자로 널리 알려져 있다.

수학 기호의 발명

다음은 수학 기호의 발명자들을 열거한 표이다.

기호	최초 사용자	의미	소개된 연대
+, −	비드만	남음과 부족의 의미, +은 et의 축약	1489
$\sqrt{\ }$	루돌프	근을 나타내는 redix의 첫 글자	1525

$=$	레코드	등호	1557
$<$	해리엇	부등호	
$\times$, $\sim$	오트레드	곱셈과 차	1631
$\div$	라안	: 로부터 발전	1659
π	존스	periphery(원주율)의 머리	1706[60]
x^2, x^3	데카르트	지수	
∞	월리스	무한대	
$\sim$	라이프니츠	닮음 기호	
$\simeq$	라이프니츠	합동 기호	
$\int dx$	라이프니츠	적분 기호. $\int$ 는 summa(합)의 머리	
$f(x)$	오일러	함수 기호	
e	오일러	자연로그의 밑	1727
Σ	오일러	합의 기호	
γ	오일러	$\gamma=\lim\limits_{n\to\infty}(\sum\limits_{k=1}^{n}\frac{1}{k}-\log n)$	
i	오일러	허수단위	1777
a, b, c	오일러	삼각형의 각 변	
$n!$	크람프	계승	1808
$\lvert\ \rvert$	바이어슈트라스	절댓값 기호	1841
$\{\ \}$	칸토어	집합 기호	1895
$\subset$	페아노	집합의 포함 관계	1898
$\in$	러셀	원소 관계 기호	1903
ϕ	베이유	공집합	

7.1.2 본체적 분석

식의 분류

한 문자에 대한 식은 다음과 같이 분류할 수 있다.

60) 존스의 <Synopsis palmariorum matheseos>에서 처음 소개되었는데 이 해는 오일러가 태어나기 전 해이다. 오일러가 π를 차용하기 시작한 해는 1737년인데 이때부터 광범위하게 사용했다.

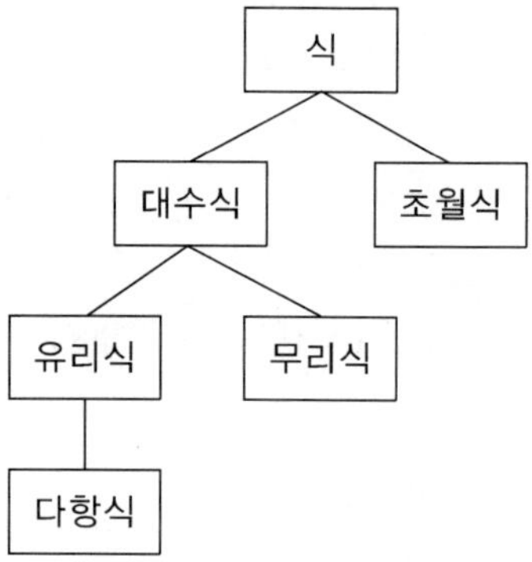

$\boldsymbol{F}$를 체라고 할 때 특히 다음 집합이 대수학에서 중요하다.

i) x에 대한 다항식의 집합은 $\boldsymbol{F}[x]$로 표기한다.
ii) x에 대한 유리식의 집합은 $\boldsymbol{F}(x)$로 표기한다.

등식의 성질

$a=b$일 때, 등식 $a+m=b+m$, $a-m=b-m$, $am=bm$가 성립하고, 특히 $m \neq 0$일 때 $\frac{a}{m}=\frac{b}{m}$이 성립함을 알고 있다. 등식의 이러한 성질들은 이항연산의 정의의 결과이다. 즉 주어진 m에 대하여

$$f_m(x)=x+m$$

라고 정의하면 f_m은 함수이고 따라서 $a=b$이면

$$a+m=f_m(a)=f_m(b)=b+m$$

을 얻는다. 나머지 경우도 마찬가지로 보일 수 있다.

군

집합 G상에 이항연산 $\circ$이 다음과 같은 조건을 만족한다고 하자.

i) (결합법칙) 임의의 $a,b,c \in G$에 대하여 $a \circ (b \circ c)=(a \circ b) \circ c$가 성립한다.
ii) (항등원의 존재성) 임의의 $a \in G$에 대하여 $ae=ea=a$를 만족하는 $e \in G$가 존재한다.
iii) (역원의 존재성) 임의의 $a \in G$에 대하여 $ab=ba=e$를 만족하는 $b \in G$가 존재한다.

이때 $(G, \circ)$를 군이라고 한다. 여기서 만약 다음 조건 iv)를 만족할 때 아벨군이라고 한다.

iv) 임의의 $a, b \in G$에 대하여 $ab = ba$를 만족한다.

참고 1. 조건 ii)에 의하면 각 원 $a \in G$에 대하여 $ae = ea = a$을 만족하는 e는 a에 따라 각각 존재함을 의미하는 진술이다. 그러나 실제로 항등원은 유일하게 존재한다.

참고 2. $(G, \circ)$가 군일 때 이것을 표로 만들면 임의의 열이나 행은 중복되는 원소를 가지지 않는다.[61)]

예 1. $\boldsymbol{Z}$는 덧셈에 대하여 군을 이룬다.

예 2. $M = \{\begin{pmatrix} a & -b \\ b & a \end{pmatrix} : a,\ b \in \boldsymbol{R}\}$ 에서 $(M,\ +)$와 $(M,\ \cdot\ )$은 각각 군이다.

정리. 군 G와 H에 대하여 준동형사상 $\phi : G \to H$에 대하여

$$G / Ker\phi \approx \phi(G)$$

가 성립한다.

예 3. 복소수의 집합 $\boldsymbol{C}$에서 $(\boldsymbol{C},\ +)$와 $(\boldsymbol{C},\ \cdot\ )$는 각각 군을 이룬다. 한편 위에서

$$M = \begin{pmatrix} a & -b \\ b & a \end{pmatrix} : a,\ b \in \boldsymbol{R}$$

에 대하여 $(M,\ +)$와 $(M,\ \cdot\ )$은 각각 군을 이룬다는 것을 알고 있다. 여기서

$$(M,\ +) \approx (\boldsymbol{C},\ +)$$

이고

$$(M,\ \cdot\ ) \approx (\boldsymbol{C},\ \cdot\ )$$

이다.

---

61) 이런 성질을 만족하는 격자를 라틴(Latin) 격자라고 한다.

환

정의. 두 개의 이항연산 $+$, $\circ$를 가진 집합 R이 다음 조건을 만족할 때 환이라고 한다.

i) R은 + 연산으로 가환군을 이룬다.
ii) 임의의 $a,\ b,\ c\in R$에 대하여 $a(bc)=(ab)c$가 성립한다.
iii) 임의의 $a,\ b,\ c\in R$에 대하여 $a(b+c)=ab+ac$이고 $(a+b)c=ac+bc$이다.

만약 다음 조건을 만족한다면 R을 단위원을 가진 환이라고 한다.

iv) $a\in R$에 대하여 $a1=a=1a$을 만족하는 $1\in R$이 존재할 때 1을 단위원이라고 한다.

또 환의 곱셈 연산이 교환법칙을 만족할 때 R를 가환환이라고 한다.

예 1. 정수의 집합 $\boldsymbol{Z}$는 단위원을 가진 가환환이다.

예 2. $\boldsymbol{Q}[\sqrt{2}]=\{a+b\sqrt{2}: a,\ b\in \boldsymbol{Q}\}$는 다음과 같은 가법과 승법에 의하여 환이 된다.

$$(a+b\sqrt{2})+(c+d\sqrt{2})=(a+c)+(b+d)\sqrt{2}$$

$$(a+b\sqrt{2})(c+d\sqrt{2})=(ac+2bd)+(ad+bc)\sqrt{2}$$

정의. R을 환이라고 하고 I를 R의 부분군으로서 임의의 $r\in R$과 $x\in I$에 대하여 $rx,\ xr\in I$이라고 할 때 I를 R의 아이디얼이라고 한다.

참고. 아이디얼 개념은 나머지정리를 일반화한 것이다.

예 3. $\boldsymbol{Z}$에서 $I=\{2n: n\in \boldsymbol{Z}\}$는 $\boldsymbol{Z}$의 아이디얼이다.

정의. R을 가환환이라고 하고 I를 R의 아이디얼이라고 하자.

i) 임의의 $a,\ b\in R$에 대하여 $ab\in I$이면 $a\in I$ 또는 $b\in I$가 성립할 때, I를 소아이디얼이라고 한다.
ii) J가 R의 아이디얼로서 $I\subset J$이고 $I\neq J$이면 $J=R$가 될 때 I를 R의 극대아이디얼이라고 한다.

예 4. $\boldsymbol{Z}$에서

i) $I=\{3n : n \in \boldsymbol{Z}\}$는 소아이디얼인 동시에 극대아이디얼이다.
ii) $\boldsymbol{Z}$에서 $J=\{6n : n \in \boldsymbol{Z}\}$는 소아이디얼도 아니고 극대아이디얼도 아니다.

예 5. 환 $\boldsymbol{Z} \times \boldsymbol{Z}$에서 $\boldsymbol{Z} \times \{0\}$는 소아이디얼이지만 극대아이디얼은 아니다.

정의. 환 R에서 $ab=0$이지만 $a \neq 0$이고 $b \neq 0$일 때 a또는 b를 영인자라고 한다.

정의. 단위원을 가진 가환환이 영인자를 가지지 않을 때 정역이라고 한다.

예 6. $\boldsymbol{Z}$와 $\boldsymbol{Q}[\sqrt{2}]$는 정역이다.

예 7. $\boldsymbol{Z}_4$에서 $2 \cdot 2=0$이기 때문에 2는 영인자이다. 그러므로 $\boldsymbol{Z}_4$는 정역이 아니다.

예 8. M을 모든 2×2의 정사각행렬들의 집합이라고 하면 M은 행렬의 덧셈과 곱셈에 의하여 환이 된다. 여기서 $A=\begin{pmatrix} 1 & -1 \\ 0 & 0 \end{pmatrix}$이고 $B=\begin{pmatrix} 1 & 0 \\ 1 & 0 \end{pmatrix}$라고 두면 $AB=O$이다. 그러므로 A와 B는 모두 M에서 영인자이다. 그러므로 M은 정역이 아니다.

정의. R을 환이라고 하고 I를 R의 아이디얼이라고 하자. 이때 R/I는 다음 연산에 의하여 다시 환이 된다. 이것을 상환이라고 한다.

i) $(x+I)+(y+I)=x+y+I$
ii) $(x+I)(y+I)=xy+I$

R로부터 R/I를 구성할 때 R의 원소 x와 이에 대응하는 R/I의 원소 $x+I$에서 성질이 보존되지는 않는다. 다음 예를 보자.

예 9. $\boldsymbol{Z}_4$에서 $2 \cdot 2=0$이기 때문에 2는 영인자이다. 한편 $I=\{0,2\}$는 $\boldsymbol{Z}_4$의 아이디얼이다. 그러나 $2+I=I$, 즉 $\boldsymbol{Z}_4$의 항등원이다.

정리 1. R를 단위원을 가진 가환환이라고 하고 I를 R의 아이디얼이라고 하자. 이때 I가

R의 소아이디얼이기 위한 필요충분조건은 R/I가 정역이다.

정리 2. R를 단위원을 가진 가환환이라고 하고 I를 R의 아이디얼이라고 하자. 이때 I가 R의 극대아이디얼이기 위한 필요충분조건은 R/I가 체이다.

예 10. $\boldsymbol{Z}_6$에서 $I=0,\ 2,\ 4,\ J=0,\ 3$라고 두면 I와 J는 극대아이디얼이고 $\boldsymbol{Z}_6/I \cong \boldsymbol{Z}_2$ $\boldsymbol{Z}_6/J \cong \boldsymbol{Z}_3$이다.

예 11. $\boldsymbol{Z}\times\boldsymbol{Z}$에서 $\boldsymbol{Z}\times\{0\}$는 소아이디얼이고 $(\boldsymbol{Z}\times\boldsymbol{Z})/(\boldsymbol{Z}\times\{0\}) \cong \boldsymbol{Z}$ 이다. 한편 $\boldsymbol{Z}\times\boldsymbol{Z}$에서 $\boldsymbol{Z}\times 2\boldsymbol{Z}$는 극대아이디얼이고 $(\boldsymbol{Z}\times\boldsymbol{Z})/(\boldsymbol{Z}\times 2\boldsymbol{Z}) \cong \boldsymbol{Z}_2$ 이다.

다항식환

정리 1. (나머지정리) $\boldsymbol{R}[x]$의 두 원소 $f(x)$와 $q(x)\neq 0$에 대해서 $f(x)=q(x)g(x)+r(x)$를 만족하는 유일한 다항식 $g(x)$와 $r(x)$가 존재한다. 여기서 $r(x)=0$이거나 $\deg\ r(x)<\deg\ q(x)$가 성립한다.

정리 1로부터 다음 정의를 내린다.

정의. $p\in\boldsymbol{R}$이고 $x-p$가 $\alpha(x)\in\boldsymbol{R}[x]$의 인수라는 것은 $\alpha(p)=0$가 됨을 의미한다.

정의. 다항식환 $\boldsymbol{R}[x]$의 원소 $p(x)$의 차수가 1이상이라고 하자. $p(x)=s(x)t(x)$를 만족하는 $s(x)\in\boldsymbol{R}[x]$, $t(x)\in\boldsymbol{R}[x]$가 있다면 $s(x)$와 $t(x)$는 상수식이 될 때, $p(x)$를 $\boldsymbol{R}$에서 기약이라고 한다.

예 1. x^2+2x+4와 x^2+1은 $\boldsymbol{R}$에서 기약이다.

예 2. $x^2-2=(x-\sqrt{2})(x+\sqrt{2})$이므로 $\boldsymbol{R}$에서 기약이 아니다.

다음 정리는 특별히 모든 계수가 정수로 구성된 다항식의 기약성에 대한 판별법이다.

정리 2. (아이젠슈타인) $f(x)=a_nx^n+a_{n-1}x^{n-1}+\cdots+a_0$를 정수계수를 가진 다항식이라고 하자. 만약 $p|a_{n-1},\ldots,\ p|a_0$이나 p는 a_n의 약수가 아니고 p^2는 a_0의 약수가 아닌 소

수 p가 존재하면 $f(x)$는 $\boldsymbol{Q}$에서 기약이다.

예 3. p를 소수라고 하고

$$\Phi_p(x) = \frac{x^p - 1}{x - 1} = x^{p-1} + x^{p-2} + \cdots + x + 1$$

라고 하면[62] $\Phi_p(x)$는 $\boldsymbol{Q}$에서 기약이다. 실제로

$$\Phi_p(x+1) = x^{p-1} + px^{p-2} + \cdots + p$$

는 아이젠슈타인(F. Eisenstein, 1823~1852) 판별법의 조건을 모두 만족한다. 그러므로 $\Phi_p(x+1)$는 $\boldsymbol{Q}$에서 기약이다. 그런데 $\Phi_p(x)$가 기약이 아니라면 $\Phi_p(x) = g(x)h(x)$를 만족하는 일차 이상의 다항식 $g(x)$와 $h(x)$가 존재한다. 따라서 $\Phi_p(x+1) = g(x+1)$ $h(x+1)$이므로 $\Phi_p(x+1)$은 기약이 아니다. 이것은 모순이다.

여기서 p가 소수라는 것이 중요하다. 예를 들면 $\Phi_4(x) = x^3 + x^2 + x + 1$은 $x+1$과 x^2+1이라는 인수를 가진다.

두 다항식의 공통인수

정의. 0이 아닌 $\alpha(x), \beta(x) \in \boldsymbol{R}[x]$가 주어졌다고 하자. 여기서 $d(x) \in \boldsymbol{R}[x]$가 다음 조건 i), ii), iii)을 만족할 때 $\alpha(x)$와 $\beta(x)$의 최대공약수라고 한다.

i) $d(x)$의 최고차수는 1이다.
ii) $d(x) | \alpha(x)$이고 $d(x) | \beta(x)$이다.
iii) 임의의 $\gamma(x) \in F[x]$에 대하여 $\gamma(x) | \alpha(x)$이고 $\gamma(x) | \beta(x)$이면 $\gamma(x) | d(x)$이다.

예. $3(x-1)^2 x^2 (x+4)^3$와 $3(x-1)^3 x(x+1)(x+4)$의 최대공약수는 $(x-1)^2 \ x(x+4)$이다.

조립제법에 의한 식의 전개

다항식

$$f(x) = a_n x^n + a_{n-1} x^{n-1} + \cdots + a_1 x + a_0$$

을

62) 이 식을 $p-$원분다항식(cyclotomic polynomial)이라고 한다.

$$p_n(x-t)^n + p_{n-1}(x-t)^{n-1} + \cdots + p_1(x-t) + p_0$$

로 변형했을 때 p_n, ..., p_1, p_0를 결정하는 알고리듬을 조립제법이라고 한다. 먼저 전체 과정을 살펴보자.

(1) $$f(x) = (x-t)f_1(x) + a_0$$

에서 $f_1(x)$의 차수는 $f(x)$의 차수보다 하나 낮아진다. 여기서 다시

(2) $$f_1(x) = (x-t)f_2(x) + a_1$$

라고 두면 $f_2(x)$의 차수는 $f_1(x)$의 차수보다 하나 낮아진다. 이렇게 계속하면 마지막에는

(3) $$f_{n-1}(x) = (x-t)a_n + a_{n-1}$$

가 된다. 여기서 a_n은 상수이다. 이제 (1), (2), (3)을 종합하면 다음과 같은 식이 된다.

$$\begin{aligned} f(x) &= (x-t)f_1(x) + a_0 \\ &= (x-t)[(x-t)f_2(x) + a_1] + a_0 \\ &= (x-t)[(x-t)[(x-t)f_3(x) + a_2] + a_1] + a_0 \\ &\cdots \\ &= a_n(x-t)^n + \cdots + a_2(x-t)^2 + a_1(x-t) + a_0 \end{aligned}$$

그러므로 모든 계수 a_n,..., a_0를 얻기 위해서는 일련의 조립제법을 시행하면 된다.

유리식의 분해

임의의 유리식은 다음과 같이 분해된다.

정리 1. (유리식의 표준 분해) $p(x)$, $q(x) \in \boldsymbol{C}[x]$이고 $p(x)$의 차수가 $q(x)$의 차수보다 작다고 하자. 이때 $q(x)$의 인수를 $x - a_j (j = 1, 2, 3, \cdots, n)$라고 하고 그 중복도를 k_j라고 하면

$$\frac{p(x)}{q(x)} = \sum_{j=1}^{n} \sum_{s=1}^{k_j} \frac{c_{js}}{(x-a_j)^s}$$

와 같이 분해된다. 여기서 a_j와 c_{js}는 복소수이다.

특히 중복도가 각각 1인 경우에는 다음과 같이 분해된다.

정리 2. $q(x) \in \boldsymbol{C}[x]$가 모두 다른 n개의 근 a_1,... a_n을 가지고 있고 다항식 $p(x)$의 차수가 n보다 작으면

$$\frac{p(x)}{q(x)} = \sum_{j=1}^{n} \frac{p(a_j)}{q'(a_j)(x-a_j)}$$

가 성립한다.

예. 유리식 $\dfrac{x+1}{x(x-1)^2(x^2+1)}$은

$$\frac{x+1}{x(x-1)^2(x^2+1)} = \frac{a}{x} + \frac{b}{x-1} + \frac{c}{(x-1)^2} + \frac{d}{x-i} + \frac{e}{x+i}$$

으로 분해된다. 여기서 계수 a, b, c, d, e를 구해보자. 먼저 a의 값을 구하기 위하여 양변에 x를 곱하고 $x=0$을 대입하면 $a = \dfrac{1}{2}$를 얻는다. b와 c를 구하기 위하여 양변에 $(x-1)^2$을 곱하면 주어진 식은

$$\frac{x+1}{x(x^2+1)} = c + b(x-1) + (x-1)^2 R(x)$$

가 되고 여기서 $R(x)$는 $x=1$ 근방에서 미분가능이다. 여기서 테일러(Taylor) 다항식의 계수에 대한 공식에 의하여

$$c = \left[\frac{x+1}{x(x^2+1)}\right]_{x=1} = 1$$

이고

$$b = \left[\frac{d}{dx}\left(\frac{x+1}{x(x^2+1)}\right)\right]_{x=1} = -\frac{3}{2}$$

이다.

방정식

1. 방정식의 분류. 방정식은 크게 대수방정식과 함수방정식으로 분류할 수 있다. 대수방정식은 근이 수가 되지만 함수방정식의 근은 함수이다. 함수방정식은 수학의 다양한 영역에서 나타나지만 학교수학에서는 이것을 다루지는 않고 대신 대수방정식이 중심이 되어 있다.
2. 대수방정식의 근의 집합은 형식적으로 $\{x \in S : f(x) = 0\}$ 인데 통상적으로 다음과 같이 진술한다.
   i) 만약 $\{x \in S : f(x) = 0\} = \phi$가 되면 "방정식 $f(x) = 0$는 S에서 불능"이라고 한다.

ii) 만약 $\{x \in S : f(x)=0\} = S$가 되면 "$f(x)=0$는 S에서 항등적으로 성립한다" 또는 "S에서 항등식"이라고 한다. 특히 $\{x \in S : f(x) \geq 0\} = S$이라면 "부등식 $f(x) \geq 0$을 S에서 절대부등식"이라고 한다.

방정식의 계수와 근의 존재성

방정식 $x^2+1=0$은 실수 근을 가지지 않는다. 그러나 실수 근을 가질 것을 포기하고 약간 확장하여 복소수 근을 생각하면 이 방정식은 근을 가지게 된다. 다음 정리는 계수들의 체에서 근을 가지지 않을 때 계수들의 체를 약간 확대하면 근을 가질 수 있게 해줄 수 있다.

정의. 두 체 E와 F에 대하여 E가 F의 부분체일 때 E를 F의 확대체라고 한다.

예 1. $\boldsymbol{Q}[\sqrt{2}\,] = \{a+b\sqrt{2} : a,\ b \in \boldsymbol{Q}\}$는 체가 되고 $\boldsymbol{Q}$의 확대체이다.

예 2. $\boldsymbol{R}$, $\boldsymbol{C}$는 모두 $\boldsymbol{Q}$의 확대체이다.

정리. (체에 관한 기본정리) F는 체이고 $f(x)$는 $F[x]$의 원소라고 하면 방정식 $f(x)=0$가 근을 가질 수 있는 F의 확대체 E가 존재한다.

벡터공간

정의. 실수체 $\boldsymbol{R}$상의 벡터공간이라는 것은 다음 조건을 만족하는 집합 V를 말한다. 먼저 두 벡터의 합이라는 이항연산 $+ : V \times V \to V,\ (x,\ y) \mapsto x+y$와 벡터의 스칼라 곱이라는 연산 $\boldsymbol{R} \times V \to V,\ (\lambda,\ x) \mapsto \lambda x$이 다음 조건을 만족한다.

i) 합은 가환군을 이룬다.
ii) 임의의 두 스칼라 λ와 μ와 임의의 벡터 x에 대하여 $(\lambda+\mu)x = \lambda x + \mu x$가 성립한다.
iii) 임의의 스칼라 λ와 임의의 벡터 x와 y에 대하여 $\lambda(x+y) = \lambda x + \lambda y$가 성립한다.
iv) 임의의 두 스칼라 λ와 μ와 임의의 벡터 x에 대하여 $\lambda(\mu x) = (\lambda\mu)x$가 성립한다.
v) 임의의 벡터 x에 대하여 $1x = x$가 성립한다.

정의. 한편 $W \subset V$가 주어져 있고 다음 두 조건을 만족한다고 하자.

i) 임의의 $x,\ y \in W$에 대하여 $x+y \in W$가 성립한다.

ii) 임의의 스칼라 λ와 임의의 벡터 $x \in W$에 대하여 $\lambda x \in W$이다.

이때 W를 V의 부분공간이라고 한다.

정의. V가 벡터공간이고 S가 V의 부분집합이라고 하자. S의 임의의 유한부분집합 F에 대하여 모든 $\sum_{x_j \in F} \lambda_j x_j$의 모임을 S에 의하여 생성된 부분공간이라고 한다. 여기서 $\sum_{x_j \in F} \lambda_j x_j$을 F의 일차결합이라고 한다.

예 1. X를 집합이라고 하고 V를 X에서 정의된 실수값을 취하는 함수라고 하면

$$(f+g)(x) = f(x) + g(x)$$

$$(\lambda f)(x) = \lambda f(x)$$

에 의하여 V는 벡터공간이 된다.

예 2. $\boldsymbol{R}^n$은 $(x_1, x_2, \cdots, x_n) + (y_1, y_2, \cdots, y_n) = (x_1 + y_1, x_2 + y_2, \cdots, x_n + y_n)$로서 정의된 벡터의 합과 $\lambda(x_1, x_2, \cdots, x_n) = (\lambda x_1, \lambda x_2, \cdots, \lambda x_n)$에 의하여 벡터공간이 된다.

예 3. 집합 $S = (x, y, z) \in \boldsymbol{R}^3 : x + y + z = 0$은 $\boldsymbol{R}^3$의 부분공간이다.

정의. V를 벡터공간이라고 하고 $S \subset V$라고 하자. S의 임의의 유한집합 $x_1, x_2, \cdots, x_n$에 대하여 $\sum_{j=1}^{n} \lambda_j x_j = 0$이면 $\lambda_1 = \lambda_2 = \cdots = \lambda_n = 0$일 때 S를 일차독립이라고 한다. S가 일차독립이 아닐 때 일차종속이라고 한다.

정의. V를 벡터공간이라고 하고 $B \subset V$가 일차독립이고 B는 V를 생성한다고 하자. 만약 $B \subset T$이고 $B \neq T$이면 T가 일차종속이 될 때, B를 V의 기저(basis)라고 한다. 만약 기저가 유한집합일 때 V를 유한차원 벡터공간이라고 하고 B의 농도를 V의 차원이라고 하고 $\dim V$로 표기한다.

예 4. $\dim \boldsymbol{R}^n = n$이다. 여기서 $B = (1, 0, 0, \cdots, 0), (0, 1, 0, \cdots, 0), \cdots, (0, 0, \cdots, 0, 1)$이 기저가 된다.

예 5. 3원일차연립방정식 $x+y+z=0$의 근의 집합 S는 $\boldsymbol{R}^3$의 이차원 부분공간이다. 이 방정식을 풀면 근의 집합은

$$(s,\ t,\ -s-t) : s,\ t \in \boldsymbol{R}$$

이고 이것은 다시

$$s(1,\ 0,\ -1)+t(0,\ 1,\ -1) : s,\ t \in \boldsymbol{R}$$

로 나타낼 수 있다. 여기서 $B=(1,\ 0,\ -1),\ (0,\ 1,\ -1)$는 S를 생성하고 일차독립이므로 S의 기저이다. 그러므로 $\dim S=2$이다.

예 6. $\boldsymbol{R}[x]$는 유한차원이 아닌 벡터공간으로서 $B=1,\ x,\ x^2,\ x^3,\ \cdots$ 는 $\boldsymbol{R}[x]$의 기저이다. 여기서 $\dim \boldsymbol{R}[x]=\infty$이다.

선형대수

정의. 집합 A에 대하여 다음 세 연산

$$+ : A\times A \to A,\ (x,\ y)\mapsto x+y$$
$$\cdot : A\times A \to A,\ (x,\ y)\mapsto xy$$
$$\cdot : \boldsymbol{R}\times A \to A,\ (\lambda,\ x)\mapsto \lambda x$$

가 다음 성질을 만족할 때, A를 선형대수라고 한다.

i) A는 벡터공간이다.
ii) 임의의 $x,\ y,\ z\in A$에 대하여 $x(yz)=(xy)z$이다.
iii) 임의의 $x,\ y,\ z\in A$에 대하여 $(x+y)z=xz+yz$이고 $x(y+z)=xy+xz$이다.

예 1. $m\times m$형의 행렬은 선형대수이다. 여기서 행렬의 덧셈, 행렬의 실수배가 벡터공간의 연산을 만들고 행렬의 곱셈이 나머지 공리를 만족한다. 선형대수도 벡터공간이 되기 때문에 기저를 말할 수 있다. 이 경우에는 차원은 m^2이다.

예 2. 임의의 함수 $f : D\to\boldsymbol{R}$의 집합을 $F(D)$라고 하자. 이때 함수의 덧셈, 곱셈, 함수의 실수배가 주어진 $F(D)$를 선형대수로 만든다. 특히 D에서 유계함수의 집합 $B(D)$는 $F(D)$의 부분대수가 된다.

선형사상

정의. 벡터공간 V와 W에 대하여 함수 $T: V\to W$가 임의의 x, $y\in V$와 스칼라 λ, μ에 대하여

$$T(\lambda x+\mu y)=\lambda T(x)+\mu T(y)$$

을 만족할 때 T를 선형이라고 한다.

정리. 선형사상 $T: \boldsymbol{R}^n\to\boldsymbol{R}^m$에 대하여

$$Ker\,T=\{x\in\boldsymbol{R}^n : T(x)=0\},\ \ Im\,T=\{T(x)\in\boldsymbol{R}^m : x\in\boldsymbol{R}^n\}$$

라고 두면

$$\dim Ker\,T+\dim Im\,T=n$$

이다.

증명. 먼저 $\dim Ker\,T=n$이라고 하고 e_1, e_2, $\cdots$, e_k를 $Ker\,T$의 기저라고 하자. 여기서 $f_1\not\in Ker\,T$ 라고 하면 e_2, e_2, $\cdots$, e_k, f_1는 일차독립이다. 여기서 V_1을 e_2, e_2, $\cdots$, e_k, f_1에 의하여 생성된 부분공간이라고 하고 $f_2\not\in V_1$이라고 하면 e_2, e_2, $\cdots$, e_k, f_1, f_2는 일차독립이다. 이와 같는 과정을 계속하면 $\boldsymbol{R}^n$의 기저 e_2, e_2, $\cdots$, e_k, f_1, f_2, $\cdots$, f_{n-k}을 얻는다. 여기서 $B=\{T(f_j): j=1,\ 2,\ \cdots,\ n-k\}$가 $Im\,T$의 기저라는 것을 보이면 충분하다. 임의의 $x\in\boldsymbol{R}^n$에 대하여 $x=\sum_{i=1}^{k}\lambda_i e_i+\sum_{j=1}^{n-k}\mu_j f_j$라고하면

$$\begin{aligned}T(x)&=T\left(\sum_{i=1}^{k}\lambda_i e_i+\sum_{j=1}^{n-k}\mu_j f_j\right)\\&=T\left(\sum_{j=1}^{n-k}\mu_j f_j\right)\\&=\sum_{j=1}^{n-k}\mu_j T(f_j)\end{aligned}$$

이므로 B는 $Im\,T$를 생성한다. 마지막으로 B가 일차독립임을 보이자. $\sum_{j=1}^{n-k}c_j T(f_j)=0$이면 $T\left(\sum_{j=1}^{n-k}c_j f_j\right)=0$이므로 $\sum_{j=1}^{n-k}c_j f_j\in Ker\,T$이다. 여기서 $\{e_1,\ e_2,\ \cdots,\ e_k\}$는 $Ker\,T$의 기저이므로 따라서 $\sum_{j=1}^{n-k}c_j f_j=\sum_{i=1}^{k}d_i e_i$가 성립한다. 즉 $\sum_{j=1}^{n-k}c_j f_j-\sum_{i=1}^{k}d_i e_i=0$이 성립한다. 그런데 $\{e_2,\ e_2,\ \cdots,\ e_k,\ f_1,\ f_2,\ \cdots,\ f_{n-k}\}$이 일차독립이므로 임의의 $j=1$,

$\cdots$, $n-k$에 대하여 $c_j=0$이고 또 임의의 $i=1, \cdots, k$에 대하여 $d_i=0$이다. 그러므로 B는 일차독립이다. ■

예 1. $T(x,\ y)=(x+y,\ x-y)$일 때 $Ker\,T=O$이고 $Im\,T=\boldsymbol{R}^2$이다.

예 2. $T(x,\ y)=(x+y,\ 2x+2y)$일 때

$$Ker\,T=\{\lambda(1,\ -1):\lambda\in\boldsymbol{R}\}$$

이고

$$Im\,T=\{(x+y,\ 2x+2y):x,\ y\in\boldsymbol{R}\}=\{\lambda(1,\ 2):\lambda\in\boldsymbol{R}\}$$

이므로

$$\dim Ker\,T=1,\quad \dim Im\,T=1$$

이다.

예 3. $T(x,\ y,\ z)=(x+y+z,\ y+z)$라고 하자. 이때

$$Ker\,T=\{\lambda(0,\ 1,\ -1):\lambda\in\boldsymbol{R}\}$$

이고

$$Im\,T=\lambda(1,\ 0)+\mu(1,\ 1):\lambda,\ \mu\in\boldsymbol{R}=\boldsymbol{R}^2$$

이므로

$$\dim Ker\,T=1,\quad \dim Im\,T=2$$

이다.

정의. 선형사상 T에 대하여 $\dim Im\,T$를 T의 위수라고 하고 $r(T)$로 나타낸다.

예 4. n차 정칙행렬은 위수가 n이다.

예 5. $T=\begin{pmatrix}1&1\\1&1\end{pmatrix}$의 위수는 1이다. 이 사실을 보이기 위하여 $Im\,T$의 차원을 구해보자. 임의의 $\begin{pmatrix}x\\y\end{pmatrix}$에 대하여 $\begin{pmatrix}1&1\\1&1\end{pmatrix}\begin{pmatrix}x\\y\end{pmatrix}=\begin{pmatrix}x+y\\x+y\end{pmatrix}$이므로

$$Im\,T=\{(x+y,\ x+y):x,\ y\in\boldsymbol{R}\}=\{t(1,\ 1):t\in\boldsymbol{R}\}$$

가 된다. 그러므로 $Im\,T$은 벡터 $(1,\ 1)$에 의하여 생성된 공간이므로 $Im\,T$의 차원은 1이다.

예 6. $T=\begin{pmatrix} 2 & 1 & 1 \\ 1 & 1 & 1 \\ 1 & 1 & 1 \end{pmatrix}$의 위수는 2이다.

행렬식

정의. S_n을 $1,\ 2,\ 3,\ \cdots,\ n$상의 일대일 대응함수의 집합이라고 하자. $\sigma \in S_n$에 대하여 σ가 우치환이면 $sgn(\sigma)=1$, σ가 기치환이면 $sgn(\sigma)=-1$로 정의하자. 이때 n차 행렬

$A=\begin{pmatrix} a_{11} & a_{12} & \cdots & a_{1n} \\ a_{21} & a_{22} & \cdots & a_{2n} \\ & \cdots & \cdots & \\ a_{n1} & a_{n2} & \cdots & a_{nn} \end{pmatrix}$에 대하여

$$\det A = \sum_{\sigma \in S_n} sgn(\sigma) a_{1\sigma(1)} a_{2\sigma(2)} \cdots a_{n\sigma(n)}$$

을 A의 행렬식이라고 한다.

정리. n차 행렬식에 대하여 다음과 같은 성질이 성립한다.

i) $\det(AB)=\det A \cdot \det B$

ii) 임의의 실수 k에 대하여 $\det(kA)=k^n \det A$

iii) $\det A^T = \det A$

iv) $\det A \neq 0$이면 A는 역행렬을 가진다.

고유치문제

정의. n차 정사각행렬 A에 대하여 방정식 $A\boldsymbol{x}=\lambda \boldsymbol{x}$이 $\boldsymbol{x}\neq 0$인 근을 가질 때 λ를 A의 고유치라고 하고 $\boldsymbol{x}$를 λ의 고유벡터라고 한다.

정리. 주어진 정사각행렬 A의 고유치를 λ라고 할 때 $E_\lambda = \{\boldsymbol{x} \in \boldsymbol{R}^n : A\boldsymbol{x}=\lambda \boldsymbol{x}\}$은 $\boldsymbol{R}^n$의 부분공간이다.

예 1. $\begin{pmatrix} 1 & -1 \\ -1 & 1 \end{pmatrix}$의 고유치를 구해보자. 방정식

$$\begin{pmatrix} 1 & -1 \\ -1 & 1 \end{pmatrix}\begin{pmatrix} x \\ y \end{pmatrix} = \lambda\begin{pmatrix} x \\ y \end{pmatrix}$$

이 비자명한 근을 가지기 위해서는 방정식 $\det\begin{pmatrix} 1-\lambda & -1 \\ -1 & 1-\lambda \end{pmatrix} = 0$이 되어야 하므로 이 방정식을 풀면 고유치로서 0과 2을 얻는다.

여기서 0에 대응하는 고유공간 E_0를 구하기 위하여 방정식 $\begin{pmatrix} 1 & -1 \\ -1 & 1 \end{pmatrix}\begin{pmatrix} x \\ y \end{pmatrix} = \begin{pmatrix} 0 \\ 0 \end{pmatrix}$을 풀면 $E_0 = \{(\lambda,\ \lambda) : \lambda \in \boldsymbol{R}\}$이다. 한편 2에 대응하는 고유공간 E_2를 구하기 위하여 방정식 $\begin{pmatrix} -1 & -1 \\ -1 & -1 \end{pmatrix}\begin{pmatrix} x \\ y \end{pmatrix} = \begin{pmatrix} 0 \\ 0 \end{pmatrix}$을 풀면 $E_2 = \{(\lambda,\ -\lambda) : \lambda \in \boldsymbol{R}\}$이다.

예 2. $\begin{pmatrix} 2 & -1 \\ 1 & 0 \end{pmatrix}$의 고유치는 방정식 $\det\begin{pmatrix} 2-\lambda & -1 \\ 1 & -\lambda \end{pmatrix} = 0$의 근이므로 이 방정식을 풀면 고유치로서 1을 얻는다. 이 경우에는 고유치가 중근으로 존재한다. 고유치 1에 대응하는 고유공간 E_1을 구하기 위하여 방정식 $\begin{pmatrix} 1 & -1 \\ 1 & -1 \end{pmatrix}\begin{pmatrix} x \\ y \end{pmatrix} = \begin{pmatrix} 0 \\ 0 \end{pmatrix}$을 풀면 $x - y = 0$를 얻는다. 따라서 1에 대응하는 고유공간은 $E_1 = \{(\lambda,\ \lambda) : \lambda \in \boldsymbol{R}\}$이다.

예 3. A의 성분이 모두 실수일 때 $A^2 = -I$을 만족하는 행렬의 고유치는 실수가 될 수 없다. 실제로 어떤 $\boldsymbol{x} \neq 0$에 대하여 $A\boldsymbol{x} = \lambda\boldsymbol{x}$가 된다. 여기서 $A^2\boldsymbol{x} = \lambda^2\boldsymbol{x}$이므로 따라서 $\lambda^2 + 1 = 0$이다. 즉 λ는 실수가 아니다. 이런 행렬의 구체적인 예는 $\begin{pmatrix} 0 & -1 \\ 1 & 0 \end{pmatrix}$이다.

대각화문제

n차정사각행렬 A에 대하여 $P^{-1}AP$가 대각행렬이 되게 하는 행렬 P가 존재할 수 있을까? 이 문제를 행렬의 대각화문제라고 한다. 여기서 P의 j열을 X_j라고 하면 P는 열벡터로 된 행렬 $P = (X_1\ X_2 \cdots X_n)$로 나타낼 수 있고 또 대각행렬을 $D = \begin{pmatrix} \lambda_1 & 0 & \cdots & 0 \\ 0 & \lambda_2 & \cdots & 0 \\ \cdots & \cdots & \cdots & \cdots \\ 0 & 0 & \cdots & \lambda_n \end{pmatrix}$이라고 하면 이 문제는 $AX_j = \lambda_j X_j$를 만족하는 $X_j \neq 0$를 찾는 문제로 환원된다. 즉 주어진 행렬의 대각화문제라는 것은 고유치문제와 관련되어 있다. 더욱 정확하게 말한다면 P가 정칙행렬이기 때문에 그들의 열벡터들 $P = \{X_1,\ X_2,\ \cdots,\ X_n\}$은 일차독립이다. 그러므로 주어진 행렬이 대각화가능이기 위해서는 n개의 일차독립의 고유벡터들이 존재해야 한다.

예 1. 행렬 $\begin{pmatrix} 3 & 1 \\ -2 & 0 \end{pmatrix}$은 대각화가능이다. 실제로 이 행렬의 고유치를 계산하면 고유치로서 $\lambda_1 = 1$, $\lambda_2 = 2$를 얻는다. 여기서 $\lambda_1 = 1$에 대한 고유벡터 X_1을 구하면 $X_1 = \begin{pmatrix} 1 \\ -2 \end{pmatrix}$이고 $\lambda_2 = 2$에 대한 고유벡터 $X_2 = \begin{pmatrix} 1 \\ -1 \end{pmatrix}$을 얻는다. 여기서 X_1과 X_2는 일차독립이고 따라서 A는 대각화가능이고 이때 $P = \begin{pmatrix} 1 & 1 \\ -2 & -1 \end{pmatrix}$이며 $P^{-1}AP = D$이다.

예 2. $A = \begin{pmatrix} 4 & 1 \\ -4 & 0 \end{pmatrix}$의 고유치는 2이다. 이 경우는 일차독립인 벡터가 1개밖에 없으므로 A는 대각화불가능이다.

대칭행렬의 대각화

정의. $A^T = A$를 만족하는 행렬을 대칭행렬이라고 한다.

대칭행렬은 원추곡선을 해석적으로 다룰 때 중요한 역할을 한다.

정리 1. 대칭행렬의 고유치는 모두 실수이다.

증명. A를 대칭행렬이라고 하고 λ를 A의 고유치라고 하고 $\boldsymbol{x}$를 λ에 대응하는 고유벡터라고 하면 $A\boldsymbol{x} = \lambda\boldsymbol{x}$가 성립한다. 여기서 A의 성분은 모두 실수이므로

(1) $$A\overline{\boldsymbol{x}} = \overline{A}\,\overline{\boldsymbol{x}} = \overline{\lambda}\,\overline{\boldsymbol{x}}$$

이고 따라서 $A^T = A$로부터

(2) $$\overline{\boldsymbol{x}}^T A = \overline{\boldsymbol{x}}^T A^T = (A\overline{\boldsymbol{x}})^T = \overline{\lambda}\,\overline{\boldsymbol{x}}^T$$

가 성립한다. 여기서 (2)의 양변의 우측에 $\boldsymbol{x}$를 곱하면

(3) $$\overline{\boldsymbol{x}}^T A\boldsymbol{x} = \overline{\lambda}\,\overline{\boldsymbol{x}}^T \boldsymbol{x}$$

가 성립한다. 한편 $A\boldsymbol{x} = \lambda\boldsymbol{x}$의 양변의 좌측에 $\overline{\boldsymbol{x}}^T$를 곱하면

(4) $$\overline{\boldsymbol{x}}^T A\boldsymbol{x} = \lambda\overline{\boldsymbol{x}}^T \boldsymbol{x}$$

이다. 여기서 (3)과 (4)를 비교하면 $\overline{\boldsymbol{x}}^T \boldsymbol{x} \neq 0$이므로 $\lambda = \overline{\lambda}$, 즉 λ는 실수이다. ■

정리 2. 대칭행렬의 다른 고유치에 대응하는 고유벡터들은 서로 직교한다.

증명. $A\boldsymbol{x}=\lambda\boldsymbol{x}$이면 $A^T=A$로부터 $\boldsymbol{x}^TA=\boldsymbol{x}^TA^T=\lambda\boldsymbol{x}^T$이고 따라서

(1) $$\boldsymbol{x}^TA\boldsymbol{y}=\lambda\boldsymbol{x}^T\boldsymbol{y}$$

가 성립한다. 한편 $A\boldsymbol{y}=\mu\boldsymbol{y}$이라면

(2) $$\boldsymbol{x}^TA\boldsymbol{y}=\mu\boldsymbol{x}^T\boldsymbol{y}$$

가 성립한다. 그러므로 (1)과 (2)에 의하여 $\lambda\neq\mu$이면 $\boldsymbol{x}^T\boldsymbol{y}=0$, 즉 $\boldsymbol{x}$와 $\boldsymbol{y}$는 직교한다. ■

정리 2에 의하면 대칭행렬의 대각화는 다음과 같이 정리된다. 먼저 A를 대칭행렬이라고 하고 λ_1, $\cdots$, λ_n을 A의 모두 다른 고유치라고 하면 각 λ_j에 대응하는 고유벡터 $\boldsymbol{x}_j$는 서로 직교하므로 $\boldsymbol{x}_j$를 열벡터로 하는 행렬 $P=(\boldsymbol{x}_1\ \ \boldsymbol{x}_2\cdots\boldsymbol{x}_n)$을 구할 수 있다. 여기서 $\det P=1$되게 하자. 이것은 $\boldsymbol{x}_j$ 대신에 $\dfrac{\boldsymbol{x}_j}{|\boldsymbol{x}_j|}$를 j열벡터로 하는 행렬 Q가 $\det Q=1$을 만족한다. 이런 행렬 Q를 직교행렬이라고 하는데, 즉 $Q^TQ=I$를 만족하는 행렬이다. 그러므로 전체를 종합하면 A가 대칭행렬이고 서로 다른 n개의 고유치를 가질 때 직교행렬 Q가 존재하여

$$Q^TAQ=\begin{pmatrix}\lambda_1 & 0 & \cdots & 0\\ 0 & \lambda_2 & \cdots & 0\\ \cdots & \cdots & \cdots & \cdots\\ 0 & 0 & \cdots & \lambda_n\end{pmatrix}$$

가 된다.[63)]

예. $A=\begin{pmatrix}0&1\\1&0\end{pmatrix}$을 대각화해보자. 이 행렬의 고유치는 1과 -1이고 각각의 고유치에 대응하는 고유벡터로서 크기가 1인 것은 각각 $\begin{pmatrix}\frac{1}{\sqrt{2}}\\ \frac{1}{\sqrt{2}}\end{pmatrix}$와 $\begin{pmatrix}\frac{1}{\sqrt{2}}\\ -\frac{1}{\sqrt{2}}\end{pmatrix}$으로 선택할 수 있다. 그러므로 $Q=\begin{pmatrix}\frac{1}{\sqrt{2}} & \frac{1}{\sqrt{2}}\\ \frac{1}{\sqrt{2}} & -\frac{1}{\sqrt{2}}\end{pmatrix}$로 두면 $Q^TAQ=\begin{pmatrix}1&0\\0&-1\end{pmatrix}$가 된다.

캐일리－해밀턴 정리

정의. 주어진 n차정사각행렬 A에 대하여 함수

$$f_A(x)=|xE-A|$$

63) 실제로 n차 대칭행렬이 n개 보다 적은 개수의 고유치를 가지는 경우라도 이 정리는 여전히 성립한다.

를 A의 고유다항식이라고 한다.

정리 1. 정사각행렬 A의 고유다항식 $f_A(x)=|xE-A|$은

$$f_A(A)=O$$

을 만족한다.

정리 2. n차정사각행렬 A에 대하여 $A^{\nu}=O$를 만족하는 자연수 ν가 있다고 하자. 이때 $A^n=O$가 성립한다.

증명. 캐일리-해밀턴 정리를 이용하여 밝혀보자. 먼저 λ가 A의 고유치라고 하면 어떤 $x\neq 0$에 대하여 $Ax=\lambda x$가 되므로 $0=A^{\nu}x=\lambda^{\nu}x$가 성립한다. 그러므로 A의 고유치는 0뿐이다. 이 사실로부터 A의 고유다항식은 $f_A(x)=x^n$이다. 그러므로 캐일리-해밀턴 정리에 의하여 $A^n=O$이다. ■

A^n의 계산

A^n의 계산은 다양한 영역에서 필요하다. 이 계산을 A, A^2, A^3등으로 순차 계산할 수 있지만 이것은 매우 복잡하고 느린 방법이다. 이에 대한 대안으로서 다음 두 가지 방법을 소개한다.

i) A를 대각화하는 방법.
ii) 캐일리-해밀턴 정리를 사용하는 방법.

먼저 A를 대각화할 수 있다면 $P^{-1}AP=D$이므로 $A=PDP^{-1}$로 나타낼 수 있고 따라서 $A^n=PD^nP^{-1}$이다. 그러나 A가 대각화불가능할 수도 있다는 단점이 있다.

이에 대하여 캐일리-해밀턴 정리를 사용하면 보다 쉽게 계산할 수 있다. 예를 들어 이차정사각행렬 A가 주어졌을 때 고유치를 이용하여 A^m을 구하는 방법을 생각해보자. 먼저 캐일리-해밀턴 정리에 의하여 $A^2=a_2A+b_2E$이 된다. 이것을 이용하면 $A^3=a_3A+b_3E$로 나타낼 수 있고 더 나아가

(1) $$A^m=a_mA+b_mE$$

으로 나타낼 수 있다. 여기서 a_m와 b_m의 값을 구해보자. A의 고유치 λ에 대응한 고유벡터를 x라고 하면 $Ax=\lambda x$이므로 $A^mx=\lambda^mx$이다. 그러므로 이 사실을 (1)에 적용하면

방정식

(2) $$\lambda^m = a_m\lambda + b_m$$

을 얻는다. 만약 여기서 A의 고유방정식의 두 근을 λ_1, λ_2라고 하면 a_m, b_m에 대한 연립 방정식

(3) $$\begin{cases}\lambda_1^m = a_m\lambda_1 + b_m \\ \lambda_2^m = a_m\lambda_2 + b_m\end{cases}$$

을 얻고 여기서 a_m, b_m를 구한다. 따라서 a_m, b_m를 식 (1)에 대입하면 A^m을 얻는다.

예 1. $A = \begin{pmatrix}2 & 1 \\ 1 & 2\end{pmatrix}$에 대하여 A^{1000}을 계산해보자. A의 고유치는 1과 3이다. 여기서 $\lambda^{1000} = a\lambda + b$라고 두면 (3)에 의하여

$$\begin{cases}1 = a + b \\ 3^{1000} = 3a + b\end{cases}$$

이므로 이것을 풀면

$$\begin{cases}a = \dfrac{3^{1000} - 1}{2} \\ b = \dfrac{3 - 3^{1000}}{2}\end{cases}$$

을 얻는다. 그러므로 (1)에 의하여

$$\begin{aligned}A^{1000} &= \frac{3^{1000}-1}{2}A + \frac{3-3^{1000}}{2}I \\ &= \begin{pmatrix}\dfrac{1+3^{1000}}{2} & \dfrac{-1+3^{1000}}{2} \\ \dfrac{-1+3^{1000}}{2} & \dfrac{1+3^{1000}}{2}\end{pmatrix}\end{aligned}$$

이다.

예 2. $A = \begin{pmatrix}2 & -1 \\ 1 & 0\end{pmatrix}$에 대하여 A^n을 계산해보자. 여기서 n은 임의의 고정된 자연수이다. 먼저 A이 고유치를 구하면 1을 얻고 $A^2 = 2A - E$이므로 이것을 위의 방법으로 계속 하면

(4) $$A^n = aA + bE$$

을 얻는다. 한편 (4)의 A 대신에 고유치에 대해서도 성립하므로

(5) $$\lambda^n = a\lambda + b$$

가 성립한다. 여기서 (5)에 고유치 1을 대입하면

(6) $$1 = a + b$$

을 얻는다. 한편 (5)는 고유치는 중근이므로 (5)를 미분하여 1을 대입하면

(7) $$n = a$$

을 얻는다. 그러므로 (6)과 (7)을 종합하면 $b = 1 - n$이고 따라서

$$A^n = n\begin{pmatrix} 2 & -1 \\ 1 & 0 \end{pmatrix} + (1-n)\begin{pmatrix} 1 & 0 \\ 0 & 1 \end{pmatrix} = \begin{pmatrix} n+1 & -n \\ n & 1-n \end{pmatrix}$$

이 된다.

격실 모형

격실과 격실 사이로 어떤 물질이 흘러들어가고 흘러나오는 과정을 생각해보자. 다음 그림은 두 격실 V_i와 V_j 사이의 흐름을 나타낸다. 여기서 t_{ji}는 V_i에서 V_j로 흘러들어가는 비율을 나타낸다.

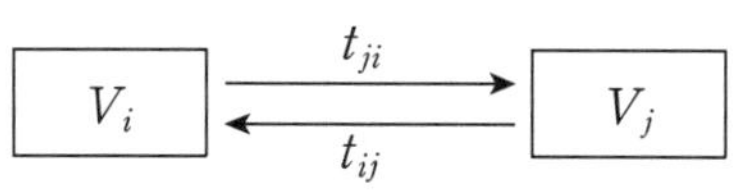

어떤 주어진 상태에서 격실 V_j에 있는 어떤 물질의 양을 x_j라고 하고 이 흐름에 의한 다음 상태에서 V_j의 있는 물질의 양을 y_j라고 하자. 이때 벡터

$$X = \begin{pmatrix} x_1 \\ x_2 \\ \cdot \\ \cdot \\ x_n \end{pmatrix}, \quad Y = \begin{pmatrix} y_1 \\ y_2 \\ \cdot \\ \cdot \\ y_n \end{pmatrix}$$

는 각각 원래 상태의 격실의 물질의 양과 다음 상태의 격실의 물질의 양을 나타낸다. 각각의 y_j를 x_i로 나타내면 다음과 같은 식을 가진다.

$$y_j = x_j + (t_{j1}x_1 + t_{j2}x_2 + \cdots + t_{jn}x_n) - (t_{1j} + t_{2j} + \cdots + t_{nj})x_j$$

여기서 $t_{jj} = 1 - (t_{1j} + t_{2j} + \cdots + t_{nj})$라고 두면

$$y_j = t_{j1}x_1 + t_{j2}x_2 + \cdots + t_{jj}x_j + \cdots + t_{jn}x_n$$

가 된다. 여기서 모든 t_{ij}는 상수라고 하고 n차정사각행렬 T를

$$T=\begin{pmatrix} t_{11} & t_{12} & \cdots & t_{ij} \\ t_{21} & t_{22} & \cdots & t_{2n} \\ \cdot & \cdot & \cdot & \cdot \\ t_{n1} & t_{n2} & \cdots & t_{nn} \end{pmatrix}$$

라고 두면 $Y=TX$가 된다. 여기서 T를 전이행렬이라고 한다.

이것은 한 격실에서 이웃 격실로의 흐름을 나타내는 수학적 모형이다.

예 1. 2개의 방 A_1, A_2에는 어떤 물질이 각각 200g, 100g씩 들어있다. 여기서 A_1에서 A_2로 1%의 비율로 흘러들어가고 반대로 A_2에서 A_1로 1%의 비율로 들어가고 있다.

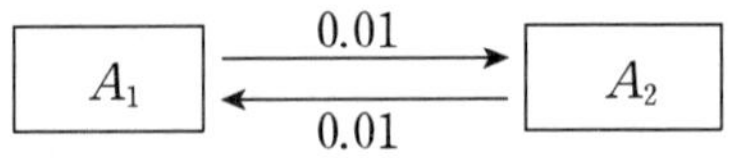

이 혼합을 5회 시행할 때 각각의 방에 남아있는 양은 어떻게 될까? $x_1=200$, $x_2=100$이라고 두면 $t_{12}=0.01$, $t_{21}=0.01$이므로 전이행렬을 만들면 다음과 같다.

$$T=\begin{pmatrix} 0.99 & 0.01 \\ 0.01 & 0.99 \end{pmatrix}$$

그러므로 5회의 과정이 있은 후의 혼합 결과는 다음과 같다.

$$\begin{pmatrix} 0.99 & 0.01 \\ 0.01 & 0.99 \end{pmatrix}^5 \begin{pmatrix} 200 \\ 100 \end{pmatrix}$$

더 나아가서 n회의 과정에 대한 전이행렬은

$$T^n=\frac{s^{n-1}}{s-1}T+\frac{s-s^n}{s-1}E$$

으로 주어진다. 여기서 $s=0.98$이다.

이 과정을 무한히 반복한 전이행렬 T^∞는 다음과 같이 주어진다.

$$T^\infty=\frac{1}{s-1}T+\frac{s}{s-1}E=\begin{pmatrix} \frac{1}{2} & \frac{1}{2} \\ \frac{1}{2} & \frac{1}{2} \end{pmatrix}$$

예 2. 해마다 봄철 건조기에 산불이 일어난다. 산불이 난 지역의 모든 삼림이 황폐한 후 목초지로 변하고 이어 관목지로 변하는데 이 과정은 상당한 시간이 걸린다. 다음 표는 불탄 황무지에서 목초지, 또 목초지에서 관목지로 변하는 과정을 나타낸 것이다. 각 수치

는 연간 변화율을 의미한다.

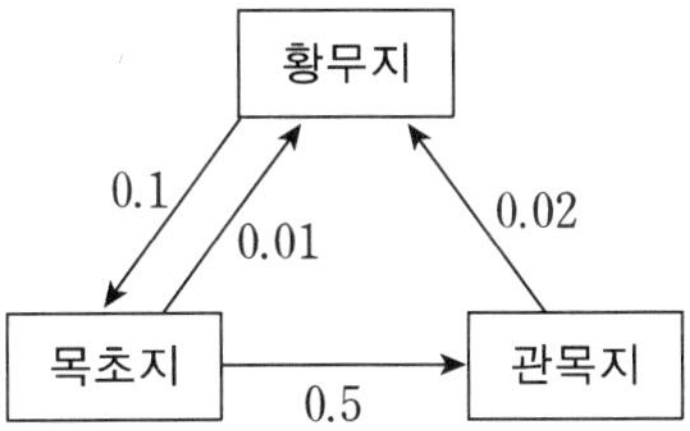

이 표를 토대로 이 생태계의 전이행렬 T를 구하면 다음과 같다.

$$T=\begin{pmatrix} 0.9 & 0.01 & 0.02 \\ 0.1 & 0.49 & 0 \\ 0 & 0.5 & 0.98 \end{pmatrix}$$

한편 어느 지역에 화재로 인하여 100ha의 지역이 모두 황무지로 변했다고 하자. 이때 초기 벡터는 화재로 생긴 황무지가 100이고 목초지와 관목지는 아직 형성되지 않았기 때문에

$$X=\begin{pmatrix} 100 \\ 0 \\ 0 \end{pmatrix}$$

으로 둘 수 있다. 그러므로 n년 후의 상태는 다음과 같다.

$$T^n X=\begin{pmatrix} 0.9 & 0.01 & 0.02 \\ 0.1 & 0.49 & 0 \\ 0 & 0.5 & 0.98 \end{pmatrix}^n \begin{pmatrix} 100 \\ 0 \\ 0 \end{pmatrix}$$

예 3. 어느 자동차 회사에서 A, B, C 등 세 종류의 자동차를 생산하는데 자동차의 소비자의 선호도를 조사한 결과 다음과 같은 결과를 얻었다.

i) A를 산 사람은 다음 회에 B를 살 확률이 0.7이고 C를 살 확률이 0.1이다.
ii) B를 산 사람은 다음 회에 C를 살 확률이 0.3이고 A를 살 확률이 0.1이다.
iii) C를 산 사람은 다음 회에 B를 살 확률이 0.1이고 A를 살 확률이 0이다.

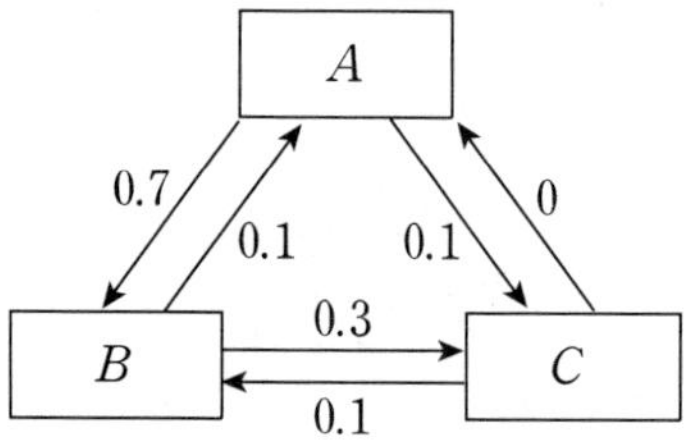

이때 전이행렬 T를 구해보면 다음과 같다.

$$\begin{pmatrix} 0.2 & 0.1 & 0 \\ 0.7 & 0.6 & 0.1 \\ 0.1 & 0.3 & 0.9 \end{pmatrix}$$

일차연립방정식의 근의 존재성과 일의성

n개의 미지수를 가지고 n개의 방정식으로 구성된 일차연립방정식은 행렬로서

$$Ax = b$$

로 나타낼 수 있다. 여기서 이 방정식의 근의 존재에 대하여 생각보자.

먼저 A에 b를 보강한 행렬을

$$A|b$$

라고 나타내면 다음과 같은 성질이 성립한다.

i) (존재성) 주어진 연립방정식 $Ax = b$이 근을 가지기 위한 필요충분조건은

$$r(A) = r(A|b)$$

이다.

ii) (일의성) $r(A) = r(A|b) = k$이라고 할 때, 만약 $k = n$이면 주어진 방정식의 근은 단 한 개 존재하고, $k < n$이면 주어진 방정식의 근은 무수히 존재한다.

이것을 도식화 하면 다음과 같다.

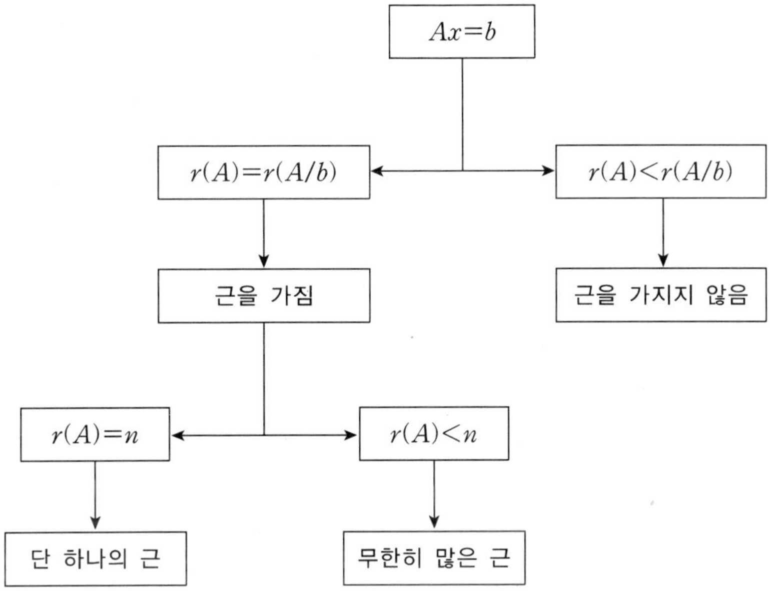

예 1. 연립방정식 $\begin{cases} y = ax + b \\ y = a'x + b' \end{cases}$의 근의 존재성. 여기서 $\begin{pmatrix} a & -1 \\ a' & -1 \end{pmatrix}$의 위수가 2 또는 1이므로 $\begin{pmatrix} a & -1 \\ a' & -1 \end{pmatrix}$의 위수에 따라 근의 존재성을 분류해보자. 먼저 $r\left(\begin{pmatrix} a & -1 \\ a' & -1 \end{pmatrix}\right) = 2$이면 $r\left(\begin{pmatrix} a & -1 & -b \\ a' & -1 & -b' \end{pmatrix}\right) = 2$가 되므로 이때는 근의 존재의 일의성에 의하여 단 한 개의 근을 가진다. 그런데 $r\left(\begin{pmatrix} a & -1 \\ a' & -1 \end{pmatrix}\right) = 2$인 경우는 $a \neq a'$일 경우이다. 그러므로 $a \neq a'$이면 주어진 방정식은 단 하나의 근을 가진다.

한편 $r\left(\begin{pmatrix} a & -1 \\ a' & -1 \end{pmatrix}\right) = 1$인 경우, 즉 $a = a'$가 성립한다고 하자. 여기서 근을 가질 필요충분조건은 $r\left(\begin{pmatrix} a & -1 & -b \\ a' & -1 & -b' \end{pmatrix}\right) = 1$이 되어야 하는데 이것은 $b = b'$가 됨을 의미한다. 즉 $a = a'$이고 $b = b'$이면 무수히 많은 근을 가진다. 마지막으로 $b \neq b'$이면 $r\left(\begin{pmatrix} a & -1 & -b \\ a' & -1 & -b' \end{pmatrix}\right) = 2$가 되므로 주어진 방정식은 근을 가지지 않는다. 이것을 종합하면 다음과 같이 요약된다.

i) $a \neq a'$이면 단 한 개의 근을 가진다.
ii) $a = a'$이고 $b = b'$이면 무수히 많은 근을 가진다.
iii) $a = a'$이고 $b \neq b'$이면 근을 가지지 않는다.

예 2. 연립방정식 $\begin{cases} ax+by=c \\ a'x+b'y=c' \end{cases}$의 근의 존재성. $r\left(\begin{pmatrix} a & b \\ a' & b' \end{pmatrix}\right)=2$라면 $r\left(\begin{pmatrix} a & b & c \\ a' & b' & c' \end{pmatrix}\right)=2$가 성립하므로 주어진 방정식은 단 한 개의 근을 가진다. $r\left(\begin{pmatrix} a & b \\ a' & b' \end{pmatrix}\right)=1$이라고 하자. 이 경우는 $ab'=a'b$가 되는 경우로서 $r\left(\begin{pmatrix} a & b \\ a' & b' \end{pmatrix}\right)=r\left(\begin{pmatrix} a & b \\ a & b \end{pmatrix}\right)$가 된다. 그러므로 만약 $r\left(\begin{pmatrix} a & b & c \\ a' & b' & c' \end{pmatrix}\right)=r\left(\begin{pmatrix} a & b & c \\ a & b & c \end{pmatrix}\right)$가 되면 $r\left(\begin{pmatrix} a & b & c \\ a' & b' & c' \end{pmatrix}\right)=1$되므로 주어진 방정식은 무수히 많은 근을 가진다. 그러나 $c \neq c'$가 되면 $r\left(\begin{pmatrix} a & b & c \\ a' & b' & c' \end{pmatrix}\right)=2$가 되므로 근을 가지지 않는다. 이것을 종합하면 다음과 같은 결론을 얻는다.

i) $a:b \neq a':b'$이면 단 한 개의 근을 가진다.
ii) $a:b=a':b'=c:c'$이면 무수히 많은 근을 가진다.
iii) $a:b=a':b' \neq c:c'$이면 근을 가지지 않는다.

절대부등식

수학에서 실제적으로 많이 나타나는 것은 등식보다도 부등식인데 그 이유는 대개의 복잡한 식은 등식으로 처리되기 어렵기 때문이다. 따라서 F라는 값을 이해하기 위하여 대안으로서 $F \leq G$를 만족하고 F보다 이해하기 쉬운 G를 얻었다고 하자.[64] 이때 얻은 G는 F가 가진 정보를 많이 잃게 된다. 이와 같은 이유로 인하여 부등식에 의하여 F의 대안으로 얻는 G는 가능한 한 F와 가까워야 한다. 그러므로 여기서 만약 $F \leq G' \leq G$를 만족하는 G'를 얻을 수 있다면 G'는 G보다 더 좋은 식을 얻었다고 한다. 물론 여기서 G'도 F보다 이해하기 쉬운 것이라야 한다.

예 1. 임의의 실수 x에 대하여 부등식 $x^3-3x \geq x-3$이 성립한다. 여기서 x^3-3x는 이해하기 어려운 대상이고 $x-3$은 이해하기 쉬운 대상이다.

예 2. 임의의 양수 x에 대하여 부등식 $e^x \geq 1+x+\frac{x^2}{2!}+\frac{x^3}{3!}$이 성립한다. 여기서 e^x는 이해하기 어려운 대상이고 $1+x+\frac{x^2}{2!}+\frac{x^3}{3!}$은 이해하기 쉬운 대상이다.

그러나 이해하기 쉬운 대상과 어려운 대상의 구분은 절대적이지 않으며 문제 맥락에 의하여 판단된다.

---

64) 여기서 이해한다는 것은 '수학적으로 다루기 쉽다'는 의미이다.

학교수학에서 흔히 나타나는 절대부등식은 계산의 기본 법칙과 관련된 것 외에도 다음과 같은 것이 있다.

i) 삼각부등식. 임의의 두 벡터 $\boldsymbol{a}$와 $\boldsymbol{b}$에 대하여

$$|\boldsymbol{a}+\boldsymbol{b}| \leq |\boldsymbol{a}|+|\boldsymbol{b}|$$

가 성립한다. 여기서 등식이 성립하는 경우는 $\boldsymbol{a}$와 $\boldsymbol{b}$가 일차종속인 경우이다.

ii) 산술기하평균 부등식. n개의 0 이상의 수 a_k에 대하여

$$\sqrt[n]{\Pi_{k=1}^{n} a_k} \leq \frac{1}{n}\sum_{j=1}^{n} a_k$$

가 성립한다. 단, 여기서 등식이 성립하는 경우는 $a_1 = a_2 = \cdots = a_n$인 경우이다.

iii) 코시-슈바르츠 부등식. 임의의 두 벡터 $\boldsymbol{a}$와 $\boldsymbol{b}$에 대하여

$$|\boldsymbol{a} \cdot \boldsymbol{b}| \leq |\boldsymbol{a}||\boldsymbol{b}|$$

가 성립한다. 여기서 등식이 성립하는 경우는 $\boldsymbol{a}$와 $\boldsymbol{b}$가 일차종속인 경우이다.

iv) 베르누이 부등식. 임의의 자연수 n과 임의의 실수 $h \geq -1$에 대하여

$$1+nh \leq (1+h)^n$$

가 성립한다.

v) $p \geq 2$이고 $x \in [0,\ 1]$일 때

$$\left(\frac{1+x}{2}\right)^p + \left(\frac{1-x}{2}\right)^p \leq \frac{1+x^p}{2}$$

가 성립한다.

산술기하평균은 다음과 같이 일반화된다. 먼저 산술기하평균의 양변은 양수이기 때문에 로그를 취해보면

$$\log a_1 + \cdots + \log a_n \leq n\log\left(\frac{a_1+\cdots+a_n}{n}\right)$$

여기서 비단 로그함수뿐만 아니라 로그함수와 유사한 성질을 가진 함수에 대해서 이 부등식은 일반화될 수 있다. 즉 f가 위로 볼록함수[65)]이라면

---

65) 임의의 $a,\ b$와 임의의 $t \in [0,\ 1]$에 대하여 $f(ta+(1-t)b) \leq tf(a)+(1-t)f(b)$를 만족하는 함수를 의미한다.

$$f(a_1)+\cdots+f(a_n) \le nf\left(\frac{a_1+\cdots+a_n}{n}\right)$$

가 성립한다. 여기서 등호는 $a_1 = \cdots = a_n$ 일 때 성립한다. 이 부등식을 젠슨 부등식이라고 한다.

7.1.3 현상학적 분석

산수와 대수의 현상학

산수에서 대수로의 이행은 다음 표와 같이 제안할 수 있다. 먼저 전체적으로 산수와 대수로 구분되고 세부적으로 산수는 물리적 산수와 기호적 산수로 구분되고 대수는 분석적 대수, 형식적 대수 등으로 구분된다.

대구분	소구분	특징
산수	물리적 산수	구체물을 통한 연산, 이 상황에서 수는 구체적 대상의 표상으로 간주되었다. 예를 들면 대상의 그림을 그리거나 막대기로 숫자를 표상하는 것이 대표적인 예의 하나이다.
	기호적 산수	구체물 대신에 숫자를 통한 연산, 계산규칙은 잠정적이고 계산 종류가 여러 개 주어져도 항상 두 개를 선택하여 계산한다. 예를 들면 $2\times(3+5)$의 계산 상황에서 식은 항상 계산 순서와 일치하도록 기술해야 하기 때문에 $2\times(3+5)$에 대응하는 실제 상황은 $(3+5)\times 2$가 되는 상황으로 바꾸어 생각한다. 따라서 이 단계이 연산은 실용적이고 실제적이다.
대수	분석적 대수	이 단계부터는 수와 문자를 복합적으로 사용하는 단계로서 두 개 이상의 연산기호와 수식을 사용하는 상황, 즉 실제적으로 3항 이상의 연산을 수행하는 상황이다. 그런데 우리는 3항 이상의 수의 연산 결과에 대한 기억을 가지고 있지 않기 때문에 이항연산을 이용하여 다항연산을 수행해야 하고 따라서 이 과정을 수행하기 위한 어떤 규칙이 필요하게 된다. 따라서 이 단계는 연산규칙이 주목되는 단계이다.
	형식적 대수	연산규칙의 조합에 따른 대수적 구조의 분류와 특성 추출하여 다양한 대수적 구조를 범주화 하고 분류하는 이론수학의 주제이다.

산수에서 더하거나 빼는 것은 항상 어떤 결과를 야기한다. 예를 들면 $3+5$는 항상 8이라는 결과에 자연스럽게 다가가며 $5-3$를 2라고 하는 데 주저하지 않는다. 그러나 $3+5x$는 어떤 결과를 바라는 것일 수도 있고 그렇지 않을 수도 있기 때문에 산수 상황에서 대수

상황으로의 인지적 이행이 적절하게 되어 있지 않은 일부 학생들 $3+5x$를 $8x$로 대답하는 경우를 보게 된다. 이런 현상은 연산과 답이 강하게 연합되어 있는 산수 단계를 극복하지 못한 결과이다.

한편 산수와 대수는 근본적으로 수학적 조작과 관련된 다른 사고를 요구한다. 산수에서 계산 과정은 계산 정보를 상실하기 때문에 결과를 되돌릴 수 없다. 반면에 대수적 계산 과정은 정보를 잃지 않는다. 따라서 역연산을 통하여 자신의 추론이나 검색을 수정할 수 있고 이것은 궁극적으로 부분적 수정을 가능하게 한다. 여기서 부분적 수정이 가능하다는 것은 문제해결에서 매우 중요한 역할을 한다. 예를 들면 기계적 방법, 환원적 방법, 역과정, 부분적 수정, 단계적 이행 등이 모두 가능해지기 때문이다.

등호의 분류

등호는 다음과 같이 분류할 수 있다.

i) 실행을 위한 기호. 예를 들면 "$21+14=$"이라고 하면 이때 등호는 왼쪽의 수를 합한 결과를 제시하라는 기호가 된다.

ii) 문제와 답의 관계. $2x-x^2=x(2-x)$라고 할 때 좌변은 문제이고 우변은 답을 의미한다.

iii) 의미의 변형. $\int_a^b f(x)dx = xf(x)|_a^b - \int_a^b xf'(x)dx$에서 등식은 의미의 변형이다.

iv) 정보. "세종대왕 = 훈민정음과 여러 과학적 도구를 발명한 조선 시대의 왕"이라고 할 때 등호는 정보를 나타낸다.

v) 정의. "$a+bi=(a,\ b)$"라고 할 때 좌변은 우변에 의하여 정의되어 있다.

변수의 분류

Usiskin(1988)은 다음과 같이 변수 개념을 분류하였다.

i) 방정식의 미지수.

ii) 일반적 상황을 기술하기 위함. 예를 들면 임의의 실수 a, b에 대하여 $a+b=b+a$라고 할 때 a와 b를 의미한다.

iii) 특정 양 사이의 관계를 기술하기 위함. 예를 들면 한 개 당 400원 하는 사과 x개의 값은 $400x$이다.

iv) 대수적 공식. $S=\pi r^2$(원 넓이의 공식)

Freudenthal(1983)은 변수 개념을 움직임과 관련지어 다음과 같이 구분하였다.

i) 다가 이름(polyvalent name). 변수의 정적 측면을 지향한다.
ii) 변하는 대상(variable object). 변수의 동적 측면을 지향한다.

변수를 다가 이름으로 간주할 경우 변수는 주로 대표성을 드러내기 위함이므로 주어진 변수에 특별한 하나의 값을 넣어도 의미를 가지게 된다. 그러나 변하는 대상으로 변수를 보는 경우에는 변수가 게슈탈트적 성격을 가지기 때문에 정의역 전체에서 파악되어야 한다.

역할	사례	변수	정의역
다가 이름	임의의 실수 x에 대하여 $x^2 \geq 0$가 성립한다.	x	수
	$\triangle ABC$에서 $\angle A$가 직각이면 피타고라스 정리가 성립한다.	A, B, C	꼭짓점
	$[0, 1]$에서 정의된 연속함수 f를 생각해보자.	f	함수
	$x=1$일 때 x^2+x의 값을 구하라.	x	수
	$x^2=1$을 풀어라.	x	수
	x^2-y^2을 인수분해하라.	x, y	수
	$\frac{1}{2}$, $\frac{1}{3}$, $\frac{1}{3}$, …등을 지칭하기 위하여 우리는 문자식 $\frac{1}{x}$을 사용한다.	x	수
변하는 대상	$x \to 1$일 때 $x^2 \to 1$이다.	x	수
	함수 $y=x^2$의 그래프는 어떤 곡선을 나타내는가?	x, y	수
	$f(x)=x^2$를 x에 관하여 미분하라.	x	수

한편 Wagner & Parke(1993)는 변수 개념을 다음과 같이 세분하였다.

i) 방정식의 근과 같은 자리지기(place holder) 개념. 예를 들면 방정식 $x+4x=3$에서 x가 여기에 해당된다.[66)]
ii) 일반화를 표상하기 위한 도구. 예를 들면 $a+b=b+a$와 같은 경우이다.[67)]
iii) 부정소 개념. 아직 정해지지 않는 대상을 표상하기 위한 도구이다. 일반적인 이차함수를 학습하기 위하여 $y=ax^2+bx+c$을 제시할 때 a, b, c가 여기에 해당된다.[68)]

66) 이것은 수학적 관점에서 변수가 된다.
67) 이것은 수학적 관점에서 변수가 된다.
68) 수학적 관점에서 a, b, c는 상수이나 현상학적 관점에서는 변수이다.

iv) 함수 개념과 관련된 개념들로서 예를 들면 독립변수, 종속변수, 연산변수, 관계변수 등을 의미한다. 여기서 연산 변수는 수학에서 여러 연산을 모아서 그것을 하나의 기호로 표시한다. 예를 들면 $a*b$에서 $*$가 바로 그런 기호이다. 마찬가지로 관계 술어, 즉 $(x,\ y)\in R$을 만족하는 구체적인 R들을 모은 것을 관계변수라고 하였다.[69)]

상수의 현상학적 분석

상수의 기능은 다음 3가지로 분류된다.

i) 관계 기호. 관계 기호는 두 양의 관계를 나타내기 위한 기호이다. 두 변수에 의하여 주어진 명제함수는 기호 $P(x,y)$로 나타나는데 이때 술어 P를 기호화하면 관계 기호가 된다. 일반적으로 두 대상 이상 간의 관계를 나타내는 기호는 모두 관계 기호이다. 예를 들면 등호 =, 부등호 $<$와 $\le$, 합동 기호 $\equiv$, 닮음 기호 $\approx$, 함수관계를 나타내는 기호 $\rightarrow$, 비례 기호 $\propto$, 포함 관계 $\subset$ 등은 관계 기호이다. 관계 기호는 관계 기호를 중심으로 하여 양쪽에 기호들이 위치한다.

ii) 지시 기호. 수학적 절차를 지시하고 있는 기호이다. 지시 기호는 임의적으로 표기할 수 있으나 일단 약정을 하게 되면 주어진 상황에서는 지속적으로 그 약정을 유지해야 한다. 예를 들면 집합기호 $\{\ \}$, 벡터 $\overrightarrow{AB}$ 에서 벡터를 의미하는 기호 $\rightarrow$, 가까이 함을 나타내는 기호 $n\rightarrow\infty$ 에서 $\rightarrow$, 기타 괄호 등은 모두 지시 기호이다. $3+2$에서 $+$는 '덧셈' 연산을 지시하고 있고 $\lim\limits_{n\rightarrow\infty}$는 '극한' 연산을 지시하고 있으며 $\frac{d}{dx}$는 '미분' 연산을 지시하고 있다. 중심이 원점이고 반지름이 4인 원을 $S(0;4)$로 나타낼 때, S는 구체적으로 무엇을 지시하지는 않지만 원이라는 것을 암묵적으로 지시하고 있다.

iii) 고유 명사. 수학적 실재를 특별한 기호로 명명한 것이다. 예를 들면 자연수를 1, 2, 3, 4, 5,... 등으로 나타내는 것, ϕ는 공집합, π는 원주율, e는 자연 로그의 밑, 무한대 ∞, $\boldsymbol{R}$과 $\boldsymbol{C}$를 각각 실수체의 집합과 복소수체의 집합으로 나타내는 것 등은 고유 명사이다.

무연근

본체적 분석이 방정식의 존재성에 대한 논리−수학적 문제에 주목하는 것이라면 현상학적 분석은 방정식을 실제로 푸는 과정에 주목한다.

방정식 $p(x)=0$가 주어져 있고 이 방정식의 해집합을 P라고 하자. 여기서 일련의 대수

---

69) 연산 변수 또는 관계 변수는 범주론(category theory)에서 유용하다.

적 조작을 거쳐서 몇 개의 일차방정식의 꾸러미를 얻게 된다. 그런 일차방정식의 근의 모임을 Q라고 하자. 이때 Q는 유한집합일 수도 있고 무한집합일 수도 있으며 방정식을 푸는 과정은 분석 과정이기 때문에 $P \subset Q$가 성립한다. 여기서 $Q-P$의 원소를 주어진 방정식 $p(x)=0$의 무연근이라고 한다.

그런데 방정식을 푸는 과정이란 여러 대수적 조작을 가하는 과정인데 이러한 조작들은 동치 조작도 있고 그렇지 않는 경우도 있다. 예를 들면 어떤 등식에 어떤 식을 더하거나 빼는 것은 동치 조작이지만 나누거나 곱하는 것은 동치 조작이 아닐 경우도 있다. 만약 모든 조작 과정이 동치 조작으로 이루어진다면 최종적으로 나타나는 일차방정식의 모임들이 가진 근의 집합은 주어진 방정식 $p(x)=0$의 집합 P와 일치한다. 그러나 만약 어떤 대수적 조작이 비동치적으로 이루어지면 최종적으로 나타난 일차방정식의 근들의 집합은 $p(x)=0$의 해집합을 포함하는 집합이 된다. 그러므로 무연근은 방정식을 풀기 위하여 사용한 조작이 원인이 되어 나타난다.

이 전체 논의를 분석하면 다음과 같다. 먼저 방정식 "$p(x)=0$이 근을 가진다."라는 가설을 명제 H라고 하고 대수적 조작에 의하여 $H \rightarrow C$가 참임을 밝힌다. 여기서 명제 C는 $x=\alpha$형의 방정식의 근의 집합이다. 즉 대수적 조작으로부터 나온 방정식의 근은 방정식 $p(x)=0$의 필요조건이다. 만약에 명제 C가 명제 H의 충분조건이 되면 방정식 $p(x)=0$을 정확하게 풀었다고 할 수 있다. 즉 분석의 개념으로 정리하면 방정식을 푼다는 것은 주어진 방정식의 근이 되기 위한 필요조건을 구한다는 과정이고 만약 그 필요조건이 동시에 충분조건이 된다면 방정식의 근을 정확하게 풀었다고 할 수 있다.

여기서 방정식을 푼다는 것은 결국 식을 변형하는 과정이고 따라서 해결자가 모든 과정을 동치 변형으로 조작할 수 있다면 무연근은 나타나지 않게 되지만, 비동치적 조작을 가하에 되면 무연근이 나타날 수 있다. 그러므로 무연근이란 조작자의 변형 방법에 따른 현상학적 개념이다. 다음 예를 보자.

예 1. 방정식 $2-x=\sqrt{x+10}$을 다음 두 가지 방법으로 풀어보자.

i) (풀이 1) 방정식 $2-x=\sqrt{x+10}$에서 양변을 제곱하면 $x^2-4x+4=x+8$을 얻고 이것을 정돈하면

$$x^2-5x-6=0$$

을 얻는다. 그러므로

$$x=-1 \text{ 또는 } x=6$$

이다. 여기서 $x=6$은 주어진 방정식에 근이 아니므로 무연근이다.

ii) (풀이 2) 주어진 방정식을 변형하면

$$(\sqrt{x+10})^2 + \sqrt{x+10} - 12 = 0$$

을 얻는다. 여기서 이 방정식을 인수분해하면 $(\sqrt{x+10}-3)(\sqrt{x+10}+4)=0$ 을 얻고 여기서 이것을 $\sqrt{x+10}+4$으로 나누면 $\sqrt{x+10}=3$을 얻으며 다시 이것을 제곱하면

$$x=-1$$

을 얻는다. 이 풀이 결과는 무연근을 가지지 않는다.

예 2. 방정식 $\dfrac{2}{x+2}+\dfrac{x}{x-2}=\dfrac{8}{x^2-4}$을 풀어보자.

i) (풀이 1) 양변에 x^2-4를 곱하면 $2(x-2)+x(x+2)-8=0$를 얻고 이것을 정돈하여 인수분해하면 $(x+6)(x-2)=0$를 얻는다. 따라서

$$x=-6 \text{ 또는 } x=2$$

이다. 여기서 $x=2$는 무연근이다.

ii) (풀이 2) 방정식의 근을 x라고 하면 $x\neq 2$이고 $x\neq -2$이다. 주어진 방정식에 x^2-4를 곱하면 $2(x-2)+x(x+2)-8=0$를 얻고 이것을 인수분해하면 $(x+6)(x-2)=0$를 얻는다. 그런데 여기서 $x\neq 2$이므로 $x-2$로 나누면 $x=-6$을 얻는다. 이 풀이 결과에는 무연근이 나타나지 않는다.

7.2 심리적 분석

7.2.1 인지적 분석

부정어법에 의한 명명

유리수가 아닌 실수를 무리수라고 하고 정수가 아닌 유리수를 분수라고 한다. 마찬가지로 다항식이 아닌 유리식을 분수식이라고 하고 유리식이 아닌 대수적 식을 무리식이라고 한다. 이와 같이 하나의 집합 X가 주어져 있을 때 그 부분집합 A와 그 여집합 $X-A$의 이름이 모두 존재한다. 여기서 주목할 점은 A는 고유한 성질을 가지고 있으나 $X-A$는 자체로서 고유한 성질은 없고 모두 X의 성질로서 파악된다.

대상	성질	크기	예
A	자체로서 특성을 가짐	적음	자연수, 정수, 유리수, 실수, 다항식, 유리식, 대수식,
$X-A$	자체로서 특성이 없으며 X의 특성을 따름	많음	분수, 무리수, 분수식, 무리식,

대체적으로 속성기반에 의한 명명법은 자체로서 성질을 가졌을 때 이름을 부여하고 그렇지 않을 경우에는 이름을 부여하지 않는 것이 관례이다. 예를 들면 세 각이 같은 삼각형은 정삼각형이란 이름을 가지고 있지만 그렇지 않는 삼각형들에게는 마땅한 이름을 부여하지 않는다. 그러므로 특성이 없음에도 불구하고 이렇게 이름을 가지고 있는 것은 일종의 아이러니이다. 명명법의 이러한 관습을 고려한다면 분수, 무리수, 분수식, 무리식과 같은 이름은 명명법에서 특이한 경우이다.

여기서 어떤 대상이 자체로서는 속성이 없고 상위 개념의 속성으로 이해된다면 그런 대상에 이름을 부여하는 것은 기의는 없고 기표만 늘이는 것이기 때문에 이 결과는 인지적 부담을 준다는 측면에서 바람직하지 않다.

관습적 사용과 기능적 고착

문자식으로 표상할 때 어떤 문자로 사용하는가는 순전히 임의적이다. 그러나 수학에서 기호를 사용할 때는 암묵적인 약속 또는 관습에 의한 것도 있다. 예를 들면 미지수는 x, y, z, ...등으로 사용하고 상수 또는 기지수는 a, b, c,... 등으로 사용하는 관습은 비에트 이래 오랜 전통을 가지고 있다. 학교수학에서도 이러한 전통은 암묵적으로 지켜지고 있다.

예 1. 삼각형의 각과 변을 기호로 나타낼 때, 각은 대문자로 변은 소문자로 나타내는 관습이 있다.70)

이러한 관습은 기호 읽기 효율을 높이지만 반대로 이 관습이 지켜지지 않을 경우, 예를 들면 통상적으로 x, y, z 등을 사용하는 문자식에 a, b, c 등으로 표기하면 혼란스러움을 느낄 수 있다.

예 2. "a의 함수 $b=xa+y$가 주어졌다고 하자."와 같이 표기하면 관습에 고착되어 있을 경우 인지적 어려움이 나타난다.

---

70) 이 관습은 오일러에 의한다.

등호의 인지

등호는 수학적으로 등호를 중심으로 양변에 있는 것이 완전하게 일치한다는 것을 의미한다. 그러므로 등식은 대칭적이다. 그러나 실제 상황에서 등식은 비대칭적 특성이 있다. 다음과 같은 예들이 그런 것을 보여준다.

i) 많은 학생들은 등식을 일상 문장을 읽는 방식대로 인지한다. 예를 들면 등식의 좌변은 주어 역할을 하고 우변은 술어 역할을 한다. 이 경향이 강할수록 거꾸로 읽기가 어려워진다. 이것은 문제해결에서 거꾸로 풀기 전략에 장애를 준다.

ii) 답을 요구하는 산술 계산인 경우, 예를 들면 "$2+3=5$"라는 등식에서 한 변은 문제이고 다른 한 변은 답에 해당된다.

이러한 원인은 등호가 개념과 과정이라는 이중적 성질을 가졌기 때문이다. 즉 등식은 주어진 것으로부터 변형을 통하여 새로운 것을 기록하는 과정인 동시에 두 변이 모두 주어진 경우에는 두 양을 비교하는 상태이기 때문이다.

지식의 종류	예	인지 유형
선언적 지식	$x^2+x=x(x+1)$	결과 비교
절차적 지식	$2+3=$	결과 기록

일반화의 어려움

산술 연산의 학습에서 등호는 계산 결과를 지시하며 관련된 문제의 풀이는 대개 왼쪽에서 오른쪽으로 진행한다. 이 진행 방향은 문제해결의 방향일 수도 있고 사고의 진행 방향일 수도 있다. 그러나 문자식의 연산일 경우는 등호가 반드시 계산 결과를 지시하는 것은 아니며 역과정으로 해석해야 할 경우도 있다. 그러나 산술에서 대수로 전이하는 과정에서 이런 차이점이 충분히 변별되지 않을 경우 대수 학습은 당황스러울 수가 있다. 예를 들면 학습자들은 문자식을 계산하는 과정에서 어디에서 종결해야 하는가에 대한 판단을 적절하게 할 수 없는 경우가 있다. 더욱이 문자식이 단순 계산이 아닌 방정식을 푼다든지 다른 문제해결에 부수적인 계산인 경우라면 더욱더 판단하기 어려운 상황이 발생한다.

한편 문자식이 여러 개 있는 문자식은 주변수와 보조변수는 계층적이다. 이런 계층성은 초기 단계의 대수 학습에서 어려움으로 나타난다. 예로 일차방정식 $ax+b=0$에서 a, b가 구체적으로 주어졌을 경우에는 방정식을 푸는 데 별 어려움을 보이지 않는 학생들도 일반적인 경우로서 a, b가 주어진 방정식을 잘 풀지 못하는 현상을 보게 된다. 이것은 a, b와 x의 계층성을 이해하지 못하는 데서 발생하는 현상이다.

작업기억의 고려

대수적 연산 중 작업기억이 고려되어야 하는 것이 있다. 예를 들어 2×2행렬의 덧셈을 생각해보자. 두 행렬의 곱 $\begin{pmatrix} a & b \\ . & . \end{pmatrix}\begin{pmatrix} c & . \\ d & . \end{pmatrix}$에서 $ac+bd$를 계산하기 위해서는 먼저 '1행', '1열'이란 두 위치 정보를 입력해야 한다. 다음 네 개의 수를 입력해야 하고 이것을 곱한 후 덧셈을 입력해야 한다. 따라서 이 모든 것을 동시에 처리하려면 적어도 9개의 저장고가 필요하다. 작업기억의 용량을 7이라고 한다면 이 계산 과정은 작업기억의 용량을 초과하게 된다. 그러므로 이 처리 과정은 하위 단계로 나누거나 청킹을 해야 한다.

다른 예로서 인수분해를 생각해보자. ax^2+bx+c의 인수분해는 $(px+q)(rx+s)$로 주어진다. 이 과정에서 a, b, c와 p, q, r, s와 관련 관계식이 작업기억에서 활성화 되어야 한다. 그러나 이것은 작업처리 용량의 한계를 넘어간다. 따라서 a를 1로 환원하여 생각하는 전략이 유효하다. 이 경우에도 작업기억은 x^2+ax+b와 $(x+p)(x+q)$에서 a, b, p, q를 입력해야 하고 동시에 $a=p+q$, $b=pq$를 입력해야 한다. 이것도 초기 단계에서 쉬운 일이 아니다. 그러므로 인수분해를 훌륭하게 수행하기 위해서는 절차의 자동화가 필요하다.

7.2.2 오개념 분석

문자식과 관련된 오개념

i) 문자식이 주어졌을 때 그것을 함수 개념으로 생각하는 경우가 있다. 예를 들어 식 "$\dfrac{x}{x(x-1)}$를 간단히 하라."고 할 때 "$\dfrac{x}{x(x-1)}=\dfrac{1}{x-1}$. 단, $x\neq 0$."라고 답하는 경우가 있다. 위의 물음에 대하여 x, $\dfrac{1}{x}$, $x-1$, $\dfrac{1}{x-1}$는 실수체 상에서 1, 2, $\dfrac{1}{2}$, ... 등과 같이 어떤 대수체 상의 원소들이므로 변하는 양이 아니다. 그러므로 위의 대답은 틀렸고 그냥

$$\frac{x}{x(x-1)}=\frac{1}{x-1}$$

로 답해야 한다.

ii) 같은 의미를 나타내는 기호일지라도 그 기호를 다른 문자로 표상할 경우 다른 의미를 가진 것이라고 간주하는 경우가 있다(Wagner, 1981).

iii) 미지수는 x, y, z,...으로 표기하고 상수는 a, b, c,... 등으로 표기하는 관습이 있다. 이와 같은 이런 관습에 의하여 만약 반대로 미지수를 a, b, c,... 등으로 표기하고 기

지수를 x, y, z,... 등으로 표기하면 간섭효과와 같은 인지적 장애가 나타날 수 있다.

iv) 주어진 집합이 어떤 연산에 대하여 닫혀 있음을 확인할 때 일반적인 경우를 생각하지 않고 특수한 몇 개의 사례를 통하는 경우가 나타난다.

v) 문자를 약물로 간주한다. 예를 들면 $3x+x=32$라면 x는 얼마인가를 물었을 때 $x=1$이라고 대답한다.

등호와 관련된 오개념

i) 등호를 일의 처리 순서로 간주하는 경향이 있다. 예를 들면 "$x+3=7$"이라는 방정식을 푸는 과정에서 실제로는

$$x+3=7-3=4$$

으로 수행한다(Kieran, 1988). 이것은 등식을 일의 처리 순서로 간주하기 때문이다.

ii) $5+3=8$이라는 것을 수용할 수 있으나 $8=5+3$는 수용할 수 없는 학생이 있다(Kieran, 1981). 이러한 현상은 좌변은 원인 또는 문제이고 우변은 결과 또는 답으로 간주하기 때문이다.

iii) 양변의 각 식 중에서 보다 짧은 것을 답으로 간주하는 경향이 있다. 이런 경우는 $x^2+2x=x(x+2)$와 같이 전개 또는 인수분해 된 식이 가진 특성을 이해하지 못하는 경우가 있다.

iv) 이항이라는 용어를 너무 기계적으로 사용하는 나머지 학생들은 이항이란 단순히 항을 옮기는 것으로 알고 있다.

v) "$a=b$"는 a와 b가 다른 문자이기 때문에 거짓 명제라고 생각한다.

vi) 등호는 산출을 명령하는 신호로 간주하기 때문에 "$1=1$"은 무의미한 것으로 간주하고 $7=3+4$는 $3+4=7$을 잘못 쓴 것으로 간주한다.

문자식 계산과 관련된 오개념

i) $2a+3=5a,\ 3+a=3a,\ 3-a=-3a$

ii) $-(a-b)=-a-b$

iii) $2a+5b=7ab$

iv) 약분을 분자의 한 항에 대하여 실행하여 $\dfrac{8a^3+6a}{2a}=4a^2+6a$를 얻었다.

v) $\dfrac{x+2y}{3}-\dfrac{3x+2y}{5}$를 계산 하는 과정에서 3과 5의 최소공배수를 15를 곱하여 그냥 계산함으로써 $\dfrac{x+2y}{3}-\dfrac{3x+2y}{5}=-4x+4y$를 얻었다.

vi) $a+(b\times c)=(a+b)\times(a+c)$라고 생각한다.

vii) "$0.2x-1.3y$를 간단히 하라"는 문제에 대한 답으로 "$2x-13y$"를 제시한다.

대수구조와 관련된 오개념

i) 항등원은 0으로 생각한다.

ii) 함수로서 $\frac{1}{x}$와 유리식으로서 $\frac{1}{x}$을 동일시한다.

iii) 집합이 연산에 대하여 닫혀있다고 하는 것이 아니라 연산이 집합에 대하여 닫혀있다고 생각한다.

iv) 행렬에 대한 대수적 구조를 실수의 대수적 구조와 동일시한다.

방정식과 관련된 오개념

다음은 방정식과 관련된 오개념이다.

i) $2x=3x$에서 양변을 x로 나누어 주어진 방정식은 근이 없다고 생각한다!

ii) 방정식을 변형할 때 대개의 경우는 동치 변형이 아님에도 불구하고 무연근을 고려하지 않는다.

iii) 일차방정식은 반드시 하나의 해만 가진다고 생각한다.

iv) 미지수가 2개인 일차방정식의 해가 여러 개라는 사실을 어려워한다.

v) 방정식을 다룰 때 '만족한다'라는 용어의 의미를 잘 모르고 있다.

vi) $\sqrt{x+1}+x=1$을 제곱하여 $x+1+x^2=1$로 나타낸다.

vii) 연립방정식을 그래프로 풀 수 있다고 생각한다. 이 오개념은 과거 어느 교과서에서 일차연립방정식을 그래프로 푸는 방법이라고 하면서 소개한 적이 있다. 즉 근이 정수가 되는 경우를 그래프를 이용하여 풀고 있다. 이것은 근이 정수가 되어야 한다는 것을 먼저 알고 있어야 하고 일반적인 경우에 대해서 그래프로 푸는 방법은 없다. 다만 그래프를 이용하면 방정식의 근의 상태에 대한 정보, 예를 들면 방정식의 근의 개수 또는 가해성과 같은 정보를 얻을 수 있을 뿐이다.

부등식과 관련된 오개념

i) 일차부등식을 풀 때 음의 부호를 가진 식을 이항하는 경우 부등호의 방향을 바꾼다.

ii) $A<B<C$와 $A<B$이고 $A<C$를 동치라고 생각한다.

iii) 연립부등식을 풀 때 수직선의 사용을 어려워한다.

iv) $f(x,\ y)>0$을 만족하는 영역은 $f(x,\ y)=0$에 의하여 분리되어 있다고 생각한다.[71)]

행렬과 관련된 오개념

행렬의 연산과 관련된 오개념은 주로 실수에서 가진 규칙을 그대로 사용하고 있기 때문에 발생한다. 예를 들면 다음과 같은 것들이다.

i) $A^2=O$이면 $A=O$이다.
ii) $AB=AC$이면 $B=C$이다.
iii) $A^2=A$이면 $A=E$이다.
iv) $AB=O$이고 $A\neq O$이면 $B=O$이다.

7.3 교육적 분석

7.3.1 교육과정 분석

학교수학에서 대수의 역할

이론수학에서와 마찬가지로 학교수학에서도 대수 영역은 다음 3가지 과제를 해결하기 위한 역할을 한다.

먼저 대수는 산수의 일반화로서 규칙에 의한 조작을 학습하는 데 있다. 대수적 조작의 학습은 초등 과정의 수학에서 법칙에 따른 조작의 방법과 숙련을 중시했다면 중등과정에서는 조작의 일반적인 법칙에 관심을 가진다. 특히 산수는 일련의 조작 과정에서 나타난 결과로부터 시작점을 거슬러 올라가기 어려우나 대수는 조작 과정이 문자식에서 나타나 있기 때문에 역조작이 가능하고 따라서 조작 과정을 단계적으로 검토할 수 있다.

둘째, 대수 학습은 수학적 대상을 기호로 표상하는 능력을 학습하는 데 있다. 기호적 표상은 수학적 대상을 대수적으로 표상한다는 것은 대수의 언어로 번역한다는 의미이다. 일단 대수적으로 번역된 것이라면 대수적 조작을 검사할 수 있다. 이것은 절차적 지식으로 만들 수 있고 더 나아가서 문제해결을 위한 초석이 된다. 한편 인지 과정은 주로 심상에서 기호적 표상으로 진행하기 때문에 대수의 다른 역할의 하나는 기하학적 대상을 대수적 대상으로 변환하는 데 있다. 그러나 기하학을 대수학으로 변환하는 것은 이론수학이 추구하는 바

---

71) $(y-x^2)(y-x|x|)>0$의 영역은 그렇지 않다.

이기 때문에 학교수학이 그것을 따르라는 것은 아니다. 다만 수학의 방향이 궁극적으로 기호적으로 발전하고 있다는 것을 대수 단원에서 인식되어야 한다.

학습목표 분석

이 단원의 목표는 산술의 확장으로서 기호 조작에 의한 대수의 성질을 이해하는 데 있다. 교육과정에 의거한 학습목표는 대체적으로 다음과 같다.

i) 기호 대수의 이해. 수학적 개념을 기호로 사용할 경우에 나타나는 편리함과 기호의 사용이 일반적인 법칙을 설명하는데 유용하다는 것을 학습한다.
ii) 일상 언어를 기호로 번역하기. 일상 언어에 의한 문장을 기호로 번역할 수 있게 한다.
iii) 기호로 주어진 수식을 일상 언어로 해석하기. 수식을 일상 맥락으로 변역할 수 있고 해석할 수 있게 한다.
iv) 문자식 연산의 성질 이해. 연산 규칙을 적절히 사용할 수 있어야 한다.
v) 문자식의 변형. 수식을 문제 상황에 따라 적절하게 변형할 수 있어야 한다.
vi) 방정식과 부등식의 풀이와 알고리듬 만들기. 여러 가지 방정식을 풀 수 있고 그런 것들이 알고리듬으로 정착되도록 학습한다.

한편 대수 단원의 모든 지식은 이후 배울 미적분학을 하기 위한 기초로서의 역할을 가지고 있다. 특히 식의 인수분해, 방정식, 여러 가지 초등초월함수들의 변형, 매개변수에 의한 식의 변형 등이 중요한 학습목표들이다. 반면에 대수구조를 탐색하기 위한 학습도 포함되어 있지만 이에 대한 지도는 상대적으로 미흡한 편이다.

학습 내용 개요

이 영역은 수학적 지식을 기호로 표상하여 생각한다. 기호적 표상은 수학적 개념을 엄밀하게 하는 동시에 기계 또는 도구의 특성을 가지게 되므로 기호 조작의 규칙성을 준수하는 동시에 도구 사용의 숙련을 요한다.

이 단원의 학습 주제와 내용을 대략적으로 다음과 같다.

주제		내용	주안점
연산	연산 규칙	연산 규칙 이해	산술의 일반화 이해 연산 규칙 이해
	연산 조작	식의 변형	식을 맥락에 따라 변형하기 유리식의 분해 부등식의 사용 동치가 되는 식 만들기
구조	구조 분석	대수구조의 분석	대칭성 찾기 패턴 찾기 동형 사상 대수구조의 종류
	분류	구조에 의한 분류	합동변환의 종류
		형태에 의한 분류	식의 분류 방정식의 분류 부등식의 종류
모델링	모델링	수학적 모형 만들기	관련 식이나 방정식 만들기
		물리적으로 해석하기	수학적 결과를 실제 상황으로 해석하기
	표상 변환	타 영역 수학 지식을 대수적 지식으로 변환하는 것	일상 언어를 수식으로 변환하기 도형 정보를 수식으로 변환하기
자동화	알고리듬	알고리듬 만들기	유클리드의 호제법 기수법의 변환 조립제법 방정식의 근의 공식

이 표를 통하여 대수적 사고의 유형을 알 수 있다. 즉 다음과 같은 것들이 대수적 사고의 유형이다.

i) 구조 분석.
ii) 표상의 간결화.
iii) 모델링.
iv) 표상 변환.
v) 알고리듬 만들기.

지식의 연결성

식과 연산의 단원은 학교수학의 모든 단원과 연결되어 있기 때문에 이 단원의 실패는 수학의 실패로 이어진다. 연산 규칙은 주로 공식에 의하여 제공되기 때문에 궁극적으로 필요한 공식들은 내면화되어야 한다. 학습 부진의 원인 중 하나는 기본적으로 기억해야 하는 공식들을 모르기 때문이다.

7.3.2 학습 주제 및 내용 분석

기본 용어에 대한 정의

문자식을 처음 도입할 때 단순히 일변수 문자식뿐만 아니라 다변수 문자식까지 포함하여 배우게 된다. 여기서 식에 대한 기본 용어는 약간 느슨하게 되어 있음을 보게 된다. 예를 들면 중학교에서 도입하는 단항식, 다항식, 항, 상수항, 계수, 차수, 일차식, n차식 등은 원래 $\boldsymbol{R}[x]$에 대한 용어임에도 불구하고 일반적인 상황에서 사용하고 있으며 다변수 문자식에 대해서는 관련 용어가 독립적으로 정립되어 있지 않고 여전히 앞에서 다룬 $\boldsymbol{R}[x]$와 관련된 용어를 적용하고 있다.

논리적 측면에서 본다면 이러한 방법은 많은 문제점을 지니게 된다. 예를 들면 x^2-x-1은 $\boldsymbol{R}[x]$에서 다항식이지만 일반적인 상황에서 다항식이란 용어는 단순히 항의 개수를 지시하는 용어가 된다. 즉 $\boldsymbol{R}[x]$에서 논리적이었던 용어가 시각적 용어로 퇴화되었다.

문자식의 연산에 대한 이해

문자식의 연산은 적어도 다음 두 가지 방식으로 전개할 수 있다.

i) 기하학적 사실의 일반화로서 문자식의 연산. 이것은 문자식으로 주어진 항등식에 대한 일종의 검증이다. 예를 들면 $x(y+z)=xy+xz$은 기하학적으로 다음과 같은 의미를 가진다.

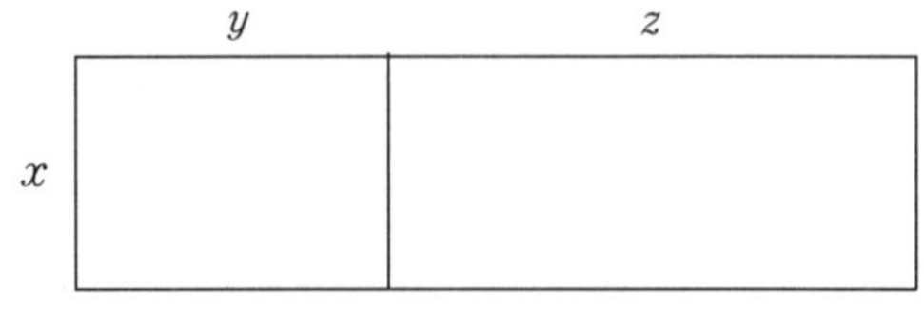

ii) 수의 연산의 일반화로서 문자식의 연산. 이것은 형식불역의 원리에 기초한 일반화이다. 따라서 예를 들면 $3\times(4+5)=3\times4+3\times5$이므로 3, 4, 5 대신에 문자 x, y, z를 대입하여 $x(y+z)=xy+xz$을 이해한다.

이 두 일반화는 약간 다른 성격을 가지고 있다. i)과 같이 기하학적 일반화일 때는 가로와 세로가 모두 길이 개념을 가지고 있으나 ii)와 같이 대수적 일반화로 생각할 경우에는 그럴 필요가 없다. 예를 들면 가로와 세로의 곱은 물리적 양의 배수로 간주할 수 있기 때문이다.

문자식의 기본 계산 과정은 교사에게 매우 쉬운 것이다. 그렇기 때문에 교사들은 기본적인 계산 과정의 절차적 중요성을 소홀히 하는 경향이 있다. 그러나 산술에서 대수로의 이행 과정에 있는 학생들에게는 기본 계산 과정이 매우 생소하다. 이를 위하여 두 가지 준비가 필요하다. 하나는 단계에 의한 정확한 절차적 지식의 함양과 이어 충분한 숙련이 필요하다. 여기서 대개 숙련을 중시하는데 실제로 중요한 것은 정확한 절차적 지식의 함양이고 이게 정확하게 되어 있지 않으면 숙련은 오히려 사태를 악화시킬 수 있다.

식의 개념의 전개

중학교에서 고등학교까지 식과 관련된 것으로서 $\boldsymbol{R}[x]$와 $\boldsymbol{R}(x)$를 다루게 된다. 처음에는 이 두 집합보다 더 일반적인 경우, 즉 $\boldsymbol{R}[x, y, \cdots]$와 $\boldsymbol{R}(x, y, \cdots)$도 다루지만 이때는 식에 대한 일반적 기본 계산의 규칙성에 초점을 맞추고 있다.

이어 식은 특정 용도로 변형되어야 하는데 이에 대한 주제가 '식을 분해하는 법'이다. 분해의 종류에는 '식을 곱으로 분해하기'와 '식을 합으로 분해하기'로 나눌 수 있는데 전자는 인수분해이고 후자는 유리식의 분해이다. 전자는 방정식의 풀이에서 후자는 미적분법에서 중요한 역할을 한다.

연산 구조 도입의 순서

연산 조작은 결합법칙, 교환법칙, 단위원의 존재성, 역원의 존재성 등이 있다. 여기서 개념의 도입 순서는 다음과 같다.

i) 닫혀 있음. 이항연산의 수학적 의미에는 이미 닫혀 있음이 내재되어 있으나 학교수학에서 이 개념의 사용은 그렇게 접근하지 않기 때문에 학습자의 주의를 집중하기 위한 방안으로써 닫혀 있음 개념을 별도로 다룰 필요가 있다.

ii) 결합법칙.

iii) 단위원의 존재성.

iv) 역원의 존재성. 역원의 존재성은 단위원의 존재성에 의하여 연결되어 있기 때문에 반드시 단위원의 존재성을 다룬 뒤에 도입한다.

v) 교환법칙. 교환법칙은 우선적으로 도입해도 문제가 되지는 않는다.

vi) 분배법칙. 이것은 두 개의 이항연산이 주어질 때 문제시되므로 학습 순서에 가장 마지막에 나타난다.

선언적 지식과 관련된 것

선언적 지식은 주로 대수구조에 대한 개념들을 학습하는 과정으로 볼 수 있다. 다음과 같은 지식이 도식화되어야 한다.

i) 대수구조를 위한 기본적인 용어의 이해. 즉 결합법칙, 항등원의 존재성, 역원의 존재성, 교환법칙, 분배법칙에 대한 지식이 여기에 속한다.

ii) 동형구조 관계. 동형사상은 조작 대상이 아니라 두 구조 간의 관계를 비교하는 도구이다. 이것을 통하여 구조적 접근을 가능하게 한다.

절차적 지식과 관련된 것

대수 영역의 학습은 대수구조와 관련된 것과 대수적 조작에 관련된 지식으로 분류할 수 있다. 여기서 대수적 조작은 수학적 조작에서 가장 큰 범위를 가지고 있기 때문에 충실한 연습이 필요한 부분이다. 다음은 대수적 조작과 관련된 주요 내용이다.

i) 식의 전개와 인수분해. 이것은 방정식의 풀이에 기본적으로 적용되는 지식이며 이후 미적분법에서 중요한 역할을 한다.

ii) 유리식의 분해. 이것도 미적분법에서 중요한 역할을 한다.

iii) 방정식과 부등식의 풀이. 방정식의 풀이는 순전히 대수적 조작을 통하여 이루어진다. 그러나 일반적으로 대수적 조작을 논리적으로 실행한다는 것은 쉬운 일이 아니다. 이를 위하여 기하학적 도구들이 필요하다. 즉 주어진 방정식을 좌표 평면 위에 표상함으로써 방정식의 근을 구할 수는 없어도 근의 존재성에 대한 필요조건 등을 확인하는 데 도움을 준다. 예를 들면 연립방정식 $\begin{cases} 2x-y^2=2 \\ x+y=1 \end{cases}$을 푼다고 할 때 먼저 이 두 방정식을 그려봄으로써 주어진 방정식이 근이 어떤 상태인가를 알 수 있다.

iv) 수식으로 표상하기. 일상 언어에 의한 문제를 수식으로 수학화하는 과정은 학생들이 매우 어려워하는 부분이다.

방정식의 분류

교육적 관점에서 방정식의 분류는 영역 관점에서 다음과 같이 생각할 수 있다.

i) 영역 내 방정식. 교사의 지도 내용과 동등한 수준의 방정식. 영역 내 방정식을 학습하는 이유는 동일한 방법을 통한 자동화를 위함이다.

ii) 영역 간 방정식. 하나의 문제를 다른 영역의 문제로 변환할 때 생기는 방정식. 이것은 다른 영역의 지식을 이용하기 위함이다.

iii) 응용을 위한 방정식. 일상 문제를 수학적 문제로 모형화함으로써 주어지는 방정식.

예 1. 일차방정식 $ax=b$를 생각해보자. 영역 내의 방정식이라고 할 때는 방정식 $\begin{cases} ax+by=p \\ cx+dy=q \end{cases}$가 있다. 한편 영역 간의 방정식이라고 할 때는 이 문제를 $\begin{pmatrix} a\ b \\ c\ d \end{pmatrix}\begin{pmatrix} x \\ y \end{pmatrix}=\begin{pmatrix} p \\ q \end{pmatrix}$로 간주하여 선형변환의 문제로 간주할 수 있다. 한편 응용을 위한 방정식은 방정식의 풀이를 실제 문제에 응용하기 위함이다.

한편 방정식을 지도 할 때 각 함수에 대한 기본 방정식이 있다. 대개 학생들은 이 기본형을 배우고 난 뒤 기본형들이 복합적으로 조직된 방정식을 다루게 된다. 이것은 형식 관점에서 분류한 것이지만 이와 같이 기본형의 개수는 인지적 복잡성을 증가시킨다.

i) 제1수준. 한 개의 기본형으로 조직된 방정식.

ii) 제2수준. 두 개의 기본형으로 단순 구조에 의하여 조직된 방정식. 즉 $f(x)=0$이 기본형이고 $\phi(x)=0$가 기본형이라면 이 수준의 방정식은 $f(\phi(x))=0$이나 $\phi(f(x))=0$으로 주어진다. 이 수준의 방정식은 두 기본형을 풀 수 있다면 주어진 방정식도 자연스럽게 해결된다.

iii) 제3수준. 두 개의 기본형이 복합 구조에 의하여 조직된 방정식. 제2수준이 형식을 가지고 있지 않다. 이런 종류의 문제는 대체적으로 학교수학의 수준을 넘게 된다.

예 2. 이러한 관점에서 방정식 $ax+b=0$와 방정식 $\log x=0$을 예로 들어보자. 이 두 방정식은 각 영역 내에서 기본형이다.

제1수준	제2수준	제3수준
$ax+b=0$	$a\log x+b=0$ $\log(ax+b)=0$	$\log x+ax+b=0$

방정식과 분석법

방정식을 만들고 그것을 풀어 원래의 문제에 타당성을 조사하는 것은 방정식의 중요한 역할이다. 데카르트는 분석법과 관련지어 다음과 하나의 절차를 제시하였는데 대략 다음과 같다.

i) 주어진 문제를 방정식으로 표상한다.
ii) 방정식을 푼다.
iii) 근을 구한다.
iv) 근의 타당성을 주어진 문제에 관련지어 검사한다.

이 과정을 분석법이라고 하며 다음의 절차에 의하여 진행된다.

i) 가설설정. 여기서 가설을 H라고 하자.
ii) 연역. $H \to C$가 참이 되는 추론을 하여 C를 찾는다.
iii) C가 참임을 확인. 즉 C는 H의 필요조건이다.
iv) $C \to H$가 참임을 확인. 즉 C는 H의 충분조건이다.

방정식의 경우는 다음과 같이 비교할 수 있다.

분석 절차	방정식의 경우
가설설정	방정식 세우기
연역, 즉 $H \to C$가 참임을 밝힘	방정식 풀기
C가 참이다.	근의 확인
$C \to H$가 참	주어진 문제의 답임을 확인

예. 임의의 실수 x에 대하여 $a_nx^n + a_{n-1}x^{n-1} + \cdots + a_1x + a_0 = 0$이 성립할 조건은 무엇일까? 이 문제를 분석법에 의하여 생각해보자. 먼저 주어진 식이 임의의 x에 대하여 성립한다면 $x = 0$에 대해서도 성립한다. 그러므로 $a_0 = 0$이다. 이 사실을 이용하여 주어진 식을 다시 나타내면

$$a_nx^n + a_{n-1}x^{n-1} + \cdots + a_1x = 0$$

가 성립한다. 여기서 임의의 x에 대하여 $a_nx^n + a_{n-1}x^{n-1} + \cdots + a_1x = 0$가 성립하므로 따라서 임의의 x에 대하여

$$a_nx^{n-1} + a_{n-1}x^{n-2} + \cdots + a_1 = 0$$

가 성립한다. 그러므로 등식 $a_1 = 0$가 성립한다. 이렇게 계속하면

$$a_0 = a_1 = \cdots = a_{n-1} = a_n = 0$$

라는 필요조건을 얻는다. 역으로 조건 $a_0 = a_1 = \cdots = a_{n-1} = a_n = 0$은 주어진 문제의 충분조건이다.

연산 조작의 정당성

다음 연산

$$A(a,\ x) = a + x,\ S(a,\ x) = a - x,\ M(a,\ x) = ax,\ D(a,\ x) = \frac{a}{x},\ R(a,\ x) = a^x$$

는 각각 더하기 빼기, 곱하기, 나누기, 지수 취하기를 의미한다. 여기서 a를 상수로 간주하여 다음 함수를 생각해보자.

$$A_a(x) = a + x,\ S_a(x) = a - x,\ M_a(x) = ax,\ D_a(x) = \frac{a}{x},\ R_a(x) = a^x$$

이런 함수들은 주어진 a에 대하여 x를 더하고, 빼고, 곱하고, 나누고, 지수를 취하는 조작을 의미한다. 여기서 M_a, D_a, R_a은 일대일 대응이 아니다. 즉 등식이 아님에도 불구하고 이런 조작을 취하게 되면 등식이 될 수 있다. 특히 방정식을 풀 때 M_a, D_a, R_a의 조작은 조심해야 한다.

방정식 $f(x) = 0$를 푼다는 것은 다양한 대수적 조작을 통하여 근을 얻게 되는데 이 과정에서 먼저 근이 존재한다는 가정에서 출발하기 때문에 실제로는 근이 존재하지 않을 수도 있다. 예를 들어 방정식 $-x = \sqrt{x}$을 풀 때 흔히 양변을 제곱한다. 그러나 이 방정식에서 $x = 0$인 경우에는 양변이 등식이므로 제곱을 해도 문제가 없지만 $x \neq 0$인 경우에는 제곱을 하게 되면 등식이 아님에도 불구하고 등식을 조작하는 것으로 간주하는 결과가 된다. 이것이 결국 무연근을 낳게 된다.

무연근 개념의 의의

본체적 분석에 따르면 무연근이란 무의미한 개념이지만 현상학적 관점에 의하면 무연근이란 해결자의 추론 능력에 의존한다는 점에서 유의미한 개념이다.

만약 방정식 $p(x) = 0$의 해집합이 P이고 분석의 결과에 의하여 얻은 P의 필요조건 Q가 유한집합이라면 무연근의 집합 $Q - P$가 유한집합이 되므로 $Q - P$에 속하는 원소를 체계적으로 제거가능하다. 따라서 $Q - P$가 유한집합인 경우, 복잡한 동치적 추론 전략을 택하는 것보다 필요조건을 구한 후 $Q - P$의 원소를 제거하는 전략이 더 유리할 수 있다.

후자의 전략을 택하는 것이 다소간 무비판적인 것 같을지라도 비연역적인 것은 아니다. 따라서 학생들이 방정식을 풀 때는 비동치적 풀이 과정, 결과적으로 무연근을 허용하는 풀이 과정은 실용적이라고 할 수 있다. 그러나 만약 $Q-P$가 무한집합이 되면 $Q-P$의 원소를 제거하기 위하여 최악의 경우 무한 회의 제거 과정이 필요하므로 비동치적 추론은 문제해결에 도움을 주지 못한다.

대입 개념

연립방정식

$$\begin{cases} f(x,\ y)=0 \\ g(x,\ y)=0 \end{cases}$$

을 풀기 위하여 한 미지수를 제거해야 하는데 이때 위의 두 식 중에서 하나를 $y=f_1(x)$또는 $x=f_2(y)$로 변형해야 한다. 여기서 $y=f_1(x)$로 변형했다고 하자. 여기서 $y=f_1(x)$을 이용하여 방정식 $g(x,\ y)=0$을 $g(x,\ f_1(x))=0$으로 변형하는 것을 대입이라고 한다.

$f(x,\ y)=0$을 $y=f_1(x)$로 변형할 때 항상 주의해야 할 것은 x와 y의 범위를 무시하는 경향이 있다는 점이다. 위의 방정식은 논리 형식으로서

$$\exists\,(x,\ y)(f(x,\ y)=0 \wedge g(x,\ y)=0)$$

로서 존재 양화사를 생략하고 있기 때문에 $f(x,\ y)=0$을 $y=f_1(x)$로 변형할 경우 마지막 단계에서 x의 범위를 참조해야 한다. 그렇지 않으면 무연근이 나타나게 된다. 무연근이 나타나는 경우는 대개 이와 같은 변형에서 미지수를 나타내는 변수의 범위를 간과하기 때문이다.

예 1. x와 y의 연립방정식

$$\begin{cases} x+y=k \\ x^2+y^2=1 \end{cases}$$

이 단 하나의 근을 가지기 위한 조건을 구하는 문제를 생각해보자. 무비판적으로 미지수를 소거하는 경우 $x^2+(k-x)^2=1$을 얻고 실근 조건으로부터 $-\sqrt{2}\le k\le\sqrt{2}$를 얻는다. 그러나 더욱 논리적 풀이는 방정식 $x^2+(k-x)^2=1$이 $-1\le x\le 1$에서 근을 가질 조건을 구하는 것이다. 이렇게 하여 풀면 $-\sqrt{2}\le k\le\sqrt{2}$을 얻는다.

예 2. 연립방정식 $\begin{cases} x^2 + y^2 = 1 \\ x + y^2 = k \end{cases}$가 근을 가지도록 k를 결정하는 문제를 생각해보자. 이 문제에 대하여 무비판적으로 미지수를 소거하면 $x + (1 - x^2) - k = 0$로 두고 이 일차방정식이 실근을 가질 조건을 찾게 되고 여기서 $k \le \dfrac{5}{4}$를 얻는다. 여기서 조건 $k \le \dfrac{5}{4}$는 주어진 연립방정식이 근을 갖기 위한 필요조건이지만 충분조건은 아니다. 실제로 필요충분조건으로 연역하게 되면 방정식 $x + (1 - x^2) - k = 0$이 $-1 \le x \le 1$에서 실근을 가질 조건을 찾는 것이 된다. 이 경우에는 $-1 \le k \le \dfrac{5}{4}$가 된다.

대수적 조작의 보조로서 기하학

방정식을 푸는 과정에서 동치 조작이란 정교한 논리적 과정이기 때문에 학습자에게 쉬운 것이 아니다. 이에 대한 대안으로 관련 문제에 적합한 도형을 사용하는 방법이다. 도형의 사용은 높은 차원의 경우에는 도움이 되지 않지만 평면과 같이 낮은 차원의 문제라면 매우 효과적이다. 즉 방정식을 그래프로 표상하는 것이 방정식의 근을 얻을 수는 없지만 방정식의 근이 어떤 상황에 있는가에 대한 정보를 준다. 예를 들면 연립방정식을 지도할 때 연립방정식의 근과 그래프의 관계는 이런 점을 의도하고 있다.

예. 연립방정식 $\begin{cases} x^2 + y^2 = 1 \\ x + y^2 = k \end{cases}$가 근을 가지도록 k를 결정하는 문제를 생각해보자. 앞에서 이 문제를 대수적으로 접근했을 때는 약간 복잡한 면이 있었지만 이 문제를 기하학적으로 접근하면 쉽게 해결된다. 주어진 문제는 다음 그래프에 의하여 무엇을 해야 하는지 완전하게 이해된다.

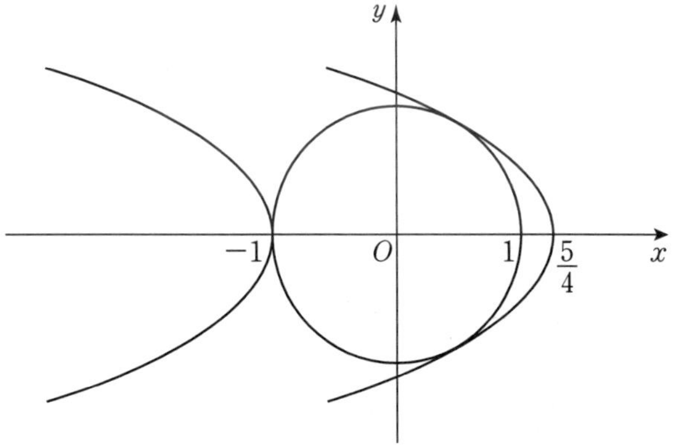

7.4 교수학습 지도

7.4.1 학습 내용 지도

기호의 중의적 사용에 대한 지도

기호 사용은 의미의 명료성을 위한 것이지만 다른 기의에 다른 기표를 사용할 경우 기호로 넘쳐나게 될지도 모른다. 이런 이유 때문에 사안이 명확하다고 간주될 경우 두 개 이상의 다른 기의에 대하여 동일한 기표를 사용하기도 한다. 예를 들면 수학에서 가장 많은 기의를 가짐에도 불구하고 단일 기표를 사용하는 경우는 아마 등호와 사칙 연산을 지시하는 기호일 것이다. 특히 등호는 대상이 새로워질 때마다 등호는 새로운 의미를 가지지만 동일한 기표 '='를 사용한다.

기호의 중의적 사용은 대개 다음과 같이 두 가지의 경우로 나타난다.

i) 다른 두 맥락에서 사용하는 경우. 예를 들면 수의 등식에서 등호를 사용할 수 있고 두 집합이 같은 경우에도 등호를 사용할 수 있다. 이 두 경우는 전혀 다른 맥락이기 때문에 분명하게 구별이 되므로 중의적인 사용이 별 문제될 것은 없다.

ii) 유사한 맥락에서 사용하는 경우. 예를 들면 실수로부터 복소수를 정의할 경우

$$(a+bi)+(c+di)=(a+b)+(c+d)i$$

와 같은 상황이 나타난다. 여기서는 3가지의 다른 기의가 동일한 기표 '+'을 사용하고 있다. 이런 경우에는 기호의 차이점을 분명하게 구분함으로써 개념적 차이를 보다 명확하게 지도할 수 있다.

기호가 중의적으로 사용될 경우 각각의 기호가 어떤 연산을 맡고 있는가를 확인할 필요가 있다. 이렇게 함으로써 보다 정교한 개념적 이해를 가질 수 있다.

등호의 지도

등식과 관련하여 다음과 같은 점을 유의한다.

i) 등식의 성질 지도. 양팔저울은 등식의 성질을 표상하기 위한 동적 모형이라고 할 수 있겠지만 이것도 현학적이며 학습자의 반응을 고려하여 직관적으로 접근하는 것이 바람직하다.

ii) 문어적으로 "a는 b이다."라고 하는데 이것은 "소크라테스는 사람이다."와 동등한 의미를 부여하는 경향이 있다. 그러므로 $a=b$에 대하여 "a는 b이다."라고 하지 말고 "a는 b와 같다."라고 말하는 동시에 등호의 대칭성을 특별히 강조해야 한다.

iii) 등식이 가지는 인지적 비대칭성을 유의한다. 즉 수학적 관점에서 등호의 양변은 동등하지만 실제 상황이 되면 등호의 어느 한 변은 주가 되고 다른 한 변은 종속이 된다. 이 상황은 맥락에 의하여 파악된다.

식의 계산의 지도

$x(a+b)=xa+xb$와 같은 대수식을 처음 배우는 학생들을 위한 지도는 다음 두 가지 방법을 생각할 수 있다.

i) 대수적 접근. 이 방법은 산술에서의 분배법칙을 문자식에서의 연산에 유추 적용하는 방법이다. 예를 들면 $5\times(2+3)=5\times2+5\times3$임을 사용하여 수 대신에 문자를 넣은 것도 만족한다는 것을 보인다. 이 방법은 귀납에 의하여 스스로 법칙을 발견할 수 있도록 x, a, b에 다양한 수를 대입하여 다양한 관찰 사례를 제시한다.

ii) 기하학적 접근. 이 방법은 고대 그리스 수학에서 사용했던 것인데 대수를 기하로 표상하는 방법이다. 즉 다음과 같은 도형을 통하여 발견할 수 있게 한다.

이 경우에 등식 $a^2-b^2=(a+b)(a-b)$의 지도가 기하학적으로 접근하기 어렵다고 느끼는 부분이다.

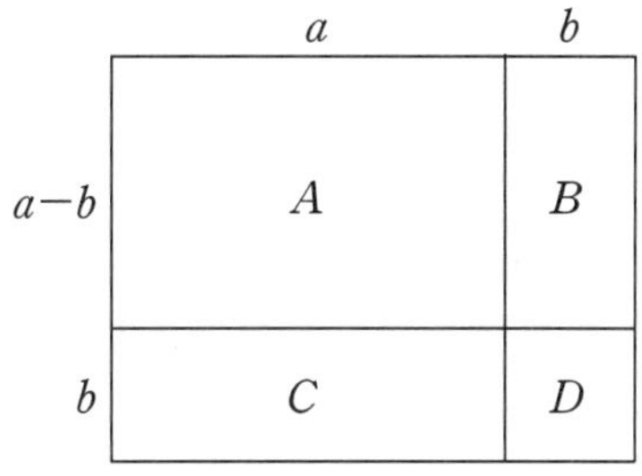

이 그림에서 A, B, C, D를 각 직사각형의 넓이라고 할 때 $C=B+D$이다. 따라서

$$(A+C)-D=A+(B+D)-D=A+B$$

가 된다는 것을 보인다.

식 변형 실패의 원인

식의 변형은 가장 간단한 수학이지만 규칙을 간과하면 바람직한 답을 제공해주지 않는다. 일반적으로 식의 변형에서 실패의 원인은 다음과 같다.

i) 잘못된 공식을 적용한다.
ii) 식을 변형할 때를 정확하게 판단하지 못한다.

일반적으로 절차적 지식들은 단계적 연습 과정을 통하여 자동화되는데 단계적 연습이 부족하거나 단계적 연습에서 잘못 지켜진 규칙을 그대로 두게 되면 잘못된 자동화로 정착된다. 실제로 잘못된 자동화는 일정 비율의 학생들에게 고정적으로 나타나는 현상이다. 자동화가 정착되면 고치기 어렵기 때문에 단계적 연습이 필요하다.

한편 중학과정의 식의 변형 실패는 초등과정의 산술 실패와 연결되어 있다. 다음 표가 그런 것들을 말해준다.

예	관련 사례	원인
$\frac{1}{a}+\frac{1}{b}=\frac{2}{a+b}$	$\frac{1}{2}+\frac{1}{3}=\frac{2}{5}$	초등 산술 학습의 실패
$\sqrt{a}+\sqrt{b}=\sqrt{a+b}$	$\sqrt{2}+\sqrt{3}=\sqrt{5}$	무리수의 정신모델 부족
$-(a-b)=-a-b$	$-(2-5)=-2-5$	정수의 연산에 대한 정신모델 부족

이런 것들은 산술에서의 잘못된 규칙이 대수에 전이된 현상이다. 이런 경우 산술 계산의 규칙부터 다시 교정되어야 한다.

다음은 대수적 조작의 학습지도에서 유의할 점이다.

i) 문자식의 연산은 대응하는 산술 연산과 연결되어 있다. 그러므로 대수적 규칙에 대응하는 산술 규칙의 적용에 문제가 없는가를 점검하라.
ii) 문자식을 도입할 때 관련 식을 문자가 아닌 수를 대입하여 경험하게 하고 자연스러운 일반화를 이루도록 하라.

iii) 문자식에 대한 풍부한 정신모델을 가지도록 하라. 심상, 사례, 반례 모두가 중요하다.

iv) 문자식의 지도는 단계를 나누고 그것에 따라 진행하라. 이렇게 하면 학생들이 가지는 오개념이나 조작오류를 각 단계에서 확인할 수 있기 때문에 처치하기 용이하다.

닫혀 있음 개념

집합과 관련된 진술에서 흔히 '닫혀 있다'라는 말을 많이 사용한다. 닫혀 있음 개념은 대수 연산을 다룰 때 나오는 말이지만 보다 폭넓게 사용된다. 닫혀 있음 개념은 주로 어떤 집합 안에서 조작을 할 때 조작의 결과가 다시 그 집합의 원소가 되면 그 집합이 그 조작에 대하여 닫혀 있다고 한다. 폐구간에서 사용되는 '폐'라는 용어도 이런 맥락을 가진다. 즉 주어진 집합 S에 대하여 $x_n \in S$이고 $x_n \to p$일 때 $p \in S$이면 S는 (극한에 대하여) 닫혀 있다고 한다. 즉 어떤 집합이 닫혀 있다는 것은 원소로 구성된 수렴하는 수열의 극한이 다시 그 집합의 원소가 될 때를 의미한다.

대수구조 지도

군의 공리, 환의 공리를 만족하는 대수구조를 탐색하는 것도 좋지만 그런 공리 중에서 일부만 만족하는 대상에 대하여 구조를 탐색하는 것도 바람직하다. 더욱이 학생들로 하여금 적절한 공리를 만들어 그 공리에 부합되는 연산 규칙을 따르는 학습 활동은 대수구조의 이해 측면에서 바람직하다.

예 1. 다음 수표에서 결합법칙이 성립하기 위해서 어떻게 되어야 할까?

*	e	a	b
e			
a			
b			

예 2. 다음 표가 군이 되도록 빈 곳을 채워보자.

*	e	a	b
e	e		b
a		e	
b	b		c

대수구조의 지도 단계는 다음 순서에 기초한다. 각 단계에서 주어진 요구 사항이 충족되지 않을 경우 다음 단계로 이행하는 것은 무의미하다.

i) 연산과 연산 정의역 확인
ii) 닫혀 있음 확인
iii) 결합법칙 확인
iv) 항등원의 존재 확인
v) 역원의 존재 확인

예 3. 다음 연산 $a * b$을 생각해보자.

연산, 정의역	$a-b$, **자연수**	$a-b$, **정수**	$ab+1$, **정수**	$a+b+ab$, **정수**	$\max(a, b)$, **자연수**
닫혀 있음	×	○	○	○	○
결합법칙	무의미	×	×	○	○
항등원 존재성	무의미	×	×	○	○
역원 존재성	무의미	무의미	무의미	×	×

인수의 개념 지도

$2x(x-1)$의 인수는 무엇인가? 많은 교과서에서는 이 경우에 계수의 인수 문자식의 인수를 구분해서 말하고 정의하고 있다. 이 경우에는 1, 2, x, $x-1$ 등을 인수로 정의하고 있다. 그렇다면 $\frac{1}{2}x(x-1)$의 인수는 $\frac{1}{2}$을 포함하게 된다. 그런데 $\frac{1}{2}=2\times\frac{1}{4}$이므로 2와 $\frac{1}{4}$도 인수가 된다. 이렇게 되면 인수는 항상 무한개가 될 뿐만 아니라 수학적으로도 바람직하지 않는 문제에 집중하게 된다. $\boldsymbol{R}[x]$에서 인수분해는 다항식을 일차식으로 분해하는 것이므로 이런 문제는 항상 최고 차의 계수가 1인 경우에 대하여만 생각하여 지도하도록 한다.

다항식의 나머지에 관련된 지도

i) $f(x)$를 $p(x)$로 나누었을 때 몫과 나머지를 각각 $q(x)$와 $r(x)$라고 하자. 여기서 $p(x)$가 이차식 이상이지만 실수체 안에서 인수분해가 불가능 경우, 예를 들면 $p(x)=x^2+1$일 때 나머지정리에 의하여

$$f(x)=(x^2+1)q(x)+ax+b$$

로 둔다. 그런데 여기서 미정 계수가 a와 b인데 이 두 수를 이 상태로는 알기 어렵다. 이 경우 나머지정리를 복소수 범위에서 적용한다. 즉

$$f(x)=(x+i)(x-i)q(x)+ax+b$$

이고 a와 b는 실수이다.

예 1. $x^{100}+1$을 x^2+1로 나누었을 때 나머지를 구해보자. 복소수체에서 나머지정리를 이용하면

$$x^{100}+1=(x^2+1)q(x)+ax+b$$

라고 둘 수 있다. 여기서 a와 b는 실수이다. 주어진 식에 $x=i$를 대입하면

$$i^{100}+1=ai+b$$

이므로 $a=0$이고 $b=2$을 얻는다.

ii) 아이디얼의 정의에 의하여 계산하는 방법. 예를 들어 x^n을 x^2-p로 나눈다고 해보자. 여기서 $I=(x^2-p)$라고 두면 I의 정의로 부터

(1) $$x^2+I=p+I$$

이다. (1)로부터

$$x^3+I=px+I$$
$$x^4+I=px^2+I=p^2+I$$
$$\cdots\cdot$$

을 얻는다. 이런 식으로 계속할 때 x^n을 x^2-p로 나누었을 때 나머지는 결국 x^n에 x^2 대신에 p를 대입하고 계산하여 남은 결과와 같다. 한편 아이디얼은 덧셈에 대하여 닫혀 있으므로 ax^n+bx^m의 나머지는 ax^n의 나머지와 bx^m의 나머지의 합과 같다. 그러므로 일반적으로 다항식 $f(x)$가 주어졌을 때 x^2-p로 나눈 나머지는 $f(x)$에 $x^2=p$에 대입한 결과이다.

예 2. $x^{101}+1$을 x^2+1로 나누었을 때 나머지를 구해보자. $x^2=-1$를 $x^{101}+1$에 대입하면

$$x^{101}+1=(x^2)^{50}x+1=(-1)^{50}x+1=x+1$$

이므로 나머지는 $x+1$이다.

이 방법은 보다 일반적인 경우에도 여전히 성립한다.

예 3. $f(x)=x^{1000}+1$을 x^2+x+1로 나누어보자.

$$x^3+I=x(-x-1)+I=-x^2-x+I=-(-x-1)-x+I=1+I$$

으로부터

$$x^{1000}+I=(x^3)^{333}x+I=x+I$$

가 되어 $x+1\in x^{1000}+1+I$ 가 된다. 그러므로 $x^{1000}+1$을 x^2+x+1로 나누었을 때 나머지는 $x+1$이다.

인수분해의 지도

다음 기법이 인수분해 과정에 도움을 준다.

i) 여러 문자식일 경우에는 최저 차의 문자식에 관하여 정돈함으로써 문제가 보다 단순화된다. 예를 들어

$$tx^3+(3-t)x^2+tx+3-t$$

를 인수분해하는 상황을 보자. 주어진 식을 x의 식이라고 간주하고 인수를 가진다면 $x\pm 1$ 또는 $x\pm(3-t)$을 가진다. 이것을 확인해보기 위하여 주어진 식에 x 대신에 ± 1이나 $\pm(3-t)$을 대입해서 주어진 식이 0이 되는가를 확인해야 한다. 이때 이 확인은 4가지 조합을 가지고 주어진 식에 대입할 때도 복잡한 계산을 필요로 한다. 한편 주어진 식을 t의 식으로 변형하면

$$(x^3-x^2+x-1)t+3(x^2+1)$$

가 된다. 이때 $t\pm 3$ 또는 $t\pm(x^2+1)$이다. 주어진 식을 x의 식으로 간주하거나 t의 식으로 간주하여도 모두 4개의 자격을 가진 인수가 주어진다. 그러나 t에 관하여 정돈된 식은 인수분해 된다면 3이나 x^2+1이 x^3-x^2+x-1의 인수가 되어야 한

다. 결국 주어진 문제는 $x^3 - x^2 + x - 1$의 인수분해 문제로 환원되는데 이것은 주어진 문제의 차수를 내리는 효과를 가진다.

ii) 대칭식인 경우 대칭성을 이용한다. 즉 주어진 식이 대칭식일 경우 인수분해가 가능하다면 인수들도 역시 대칭식이다. 따라서 이 기법을 적용하기 위해서는 대칭식을 알아둘 필요가 있다.

iii) 앞의 두 기법을 복합적으로 사용한다.

유리식의 지도

유리식 $\frac{f(x)}{g(x)}$의 지도에서 가장 중요한 부분은 부분분수로 분해하는 방법이다. 예를 들면 $\frac{x^2+1}{x(x-1)^2(x^2+x+1)}$은 다음과 같이 분해된다.

$$\frac{x^2+1}{x(x-1)^2(x^2+x+1)} = \frac{a}{x} + \frac{b}{(x-1)} + \frac{c}{(x-1)^2} + \frac{dx+e}{x^2+x+1}$$

여기서 미정 계수 a, b, c, d, e를 결정하기 위하여 통분을 하면 되겠지만 대개 미분법을 배운 후에는 본체적 분석에서 한 방법으로 따르는 것이 유리하다.

연산 조작의 지도

양변에 같은 것을 더하거나 빼는 것, 또는 곱하거나 나누는 것, 제곱근을 취하는 것 등과 같은 대수적 조작을 실행할 때, 이 조작이 일대일 조작인가를 주의할 필요가 있다. 예를 들면 양변에 같은 것을 더하는 것과 빼는 것은 일대일 조작이지만 다음과 같은 조작은 일대일 조작이 아니다.

i) 양변에 0을 곱하는 것.

ii) 양변에 제곱을 취하는 것.

iii) 양변에 제곱근을 취하는 것.

이와 같이 일대일 조작이 아닌 것은 조작 전과 조작 후의 수학적 결과가 달라지기 때문에 조심하여 지도해야 한다.

이항 용어의 사용

이항이란 등식에서 한편에 있는 어떤 항을 다른 편으로 정해진 규칙에 따라 옮기는 것이다. 그런데 이항은 양변의 같은 것을 더하거나 빼는 것에만 국한되어 사용하는 용어이다. 양변에 같은 것을 곱하거나 나누는 것은 통상 이항이라고 하지 않는다.

그런데 이항이란 편리한 용어이지만 초기 식의 계산 과정에서 이 용어보다 대수적 규칙을 그대로 적용하는 것이 바람직하다. 예를 들면 "양변에 ~을 더한다" 또는 "양변에 ~을 뺀다." 등과 같은 지시가 바람직하다. 이후 이런 문제가 어느 정도 해결된 후 이항이라는 용어를 사용하는 편이 바람직하다.

일차방정식의 도입

일차방정식을 도입할 때 현실맥락성을 고려하여 다음과 같이 도입한다.

i) 현실적인 문제. 선형 현상을 가진 일상적인 주제를 사용한다. 용수철, 온도에 따른 금속의 팽창 등 다양한 소재를 사용할 수 있다.
ii) 모형으로부터 $y=ax+b$를 설정하고 a와 b를 측정하기.
iii) 방정식 구성하기. 즉 주어진 c에 대하여 방정식 $ax+b=c$을 만든다.
iv) 방정식 풀기.

일차방정식 풀이 알고리듬

일차방정식의 일반형은

$$ax+b=cx+d$$

형으로 주어진다. 이 방정식의 풀이의 알고리듬은 다음과 같이 진행된다.

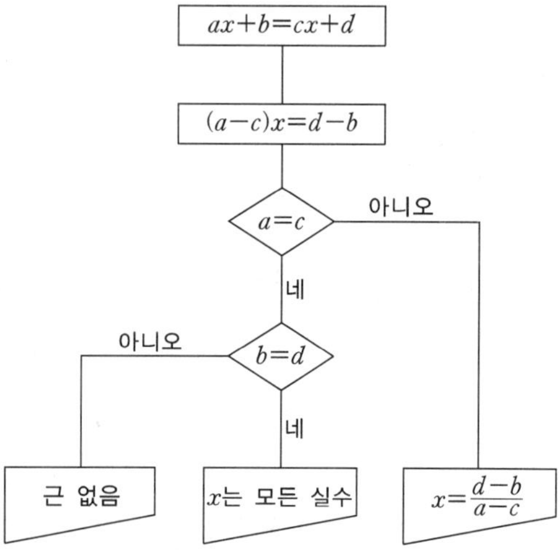

일차방정식의 풀이에 대한 도식이 형성되어 있는가를 알아보기 위해서는 일차방정식 풀이 전체 과정을 설명할 수 있는가를 확인할 필요가 있다.

이차방정식 풀이의 알고리듬

이차방정식의 일반형은

$$ax^2 + bx + c = px^2 + qx + r$$

의 형으로 주어진다. 이차방정식 풀이의 알고리듬은 대개 다음과 같이 주어진다.

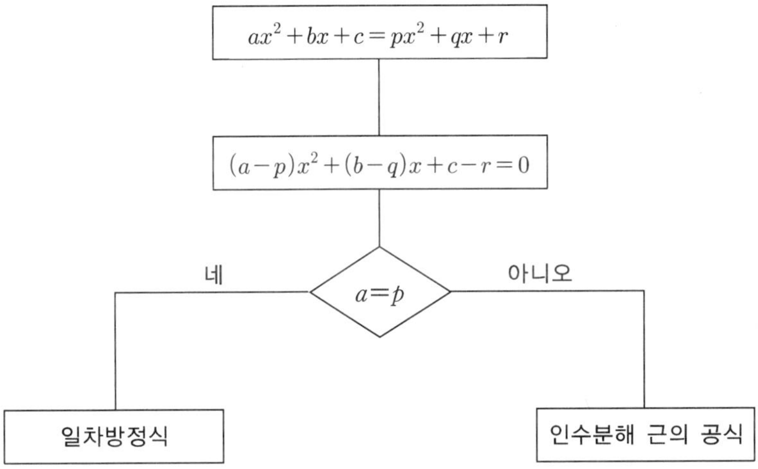

복소계수 이차방정식의 풀이

복소계수의 이차방정식은 일반적으로 켤레복소수의 근을 가지지 않는다. 또 복소계수 이차방정식 풀이를 근의 공식을 사용할 경우 근호 안에 허수가 나올 가능성이 있는데 이 경우에는 근의 공식을 사용하는 것은 의미가 없다. 그러므로 복소계수의 이차방정식의 풀이는 실계수 이차방정식의 그것과는 다르다. 다음 예를 보자.

예. 이차방정식 $x^2-(1+i)x+i=0$의 근은 근의 공식에 의하여

$$x = \frac{1+i \pm \sqrt{-2i}}{2}$$

가 된다. 그러나 여기서 근호 안에 다시 허수 $\sqrt{-2i}$가 나타나는데 이것은 앞에서 다루지 않았기 때문에 처리하기 어렵게 된다. 따라서 대안적 방법으로 근을 $x=a+ib$로 두

고 이것을 주어진 방정식에 직접 대입해서 얻는다. 이 방법에 의하면

$$(a+ib)^2+(1+i)(a+ib)+i=0$$

가 된다. 이것을 정돈하여 실수부와 허수부로 나누면

$$\begin{cases} a^2-b^2-a+b=0 \\ 2ab-a-b+1=0 \end{cases}$$

가 되고 이것을 풀면 $\begin{cases} a=1 \\ b=0 \end{cases}$ 또는 $\begin{cases} a=0 \\ b=1 \end{cases}$ 을 얻는다. 즉 $x=1$ 또는 $x=i$가 된다.

그런데 이렇게 풀면 복소계수의 방정식과 실계수의 방정식을 푸는 접근 방법이 다르게 되고 방정식의 풀이 방법은 임시방편적이라는 인상을 가지게 된다. 그러면 어느 것이 바른 방법인가?

대수방정식의 근이 복소수체에서 닫혀있기 때문에 방정식을 풀 때는 근을 복소수로 설정하고 출발하는 것이 타당하다. 따라서 이차방정식의 경우라도 근을 복소수라고 하고 분석을 시작해야 하며 전통적인 방법에 의한 풀이법은 오히려 임시방편적이다.

방정식의 일반적 지도

방정식의 지도는 방정식 만들기에서 방정식 풀기까지의 일련의 과정으로 다음과 같이 진행된다.

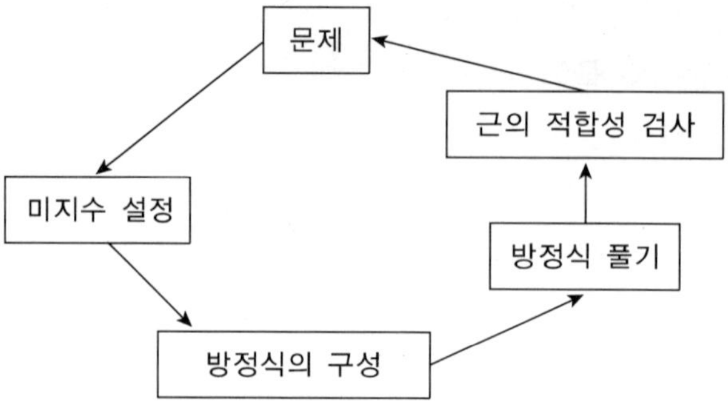

이원일차연립방정식의 개념에 대한 지도

일차연립방정식에 대한 개념이 부족한 채 바로 풀이 과정을 지도할 경우가 있는데 근의 개념과 같은 선언적 지식의 부족으로 인하여 방정식의 풀이와 같은 절차적 지식의 지도에서 교수학적 문제가 발생할 수 있기 때문에 선언적 지식을 분명하게 다루어야 한다. 다음은

이원일차연립방정식의 지도 순서이다.

먼저 이원일차방정식 $ax+by=c$의 지도 순서는 다음과 같다.

i) 근의 정의 안내. 근이 무엇인가를 안내한다.

ii) 근을 찾아보기. 수표를 사용하거나 평면에서 좌표로 근을 표시하기.

여기서 지도 주안점은 근이 여러 개 존재한다는 점과 근은 항상 쌍으로 주어져야 한다는 사실이다.

이원일차방정식의 지도가 종료되면 이원일차연립방정식 $\begin{cases} ax+by=c \\ a'x+b'y=c' \end{cases}$의 문제를 다루게 되는데 지도 순서는 다음과 같다.

i) 이원일차연립방정식 $\begin{cases} ax+by=c \\ a'x+b'y=c' \end{cases}$의 근의 개념. 주어진 연립방정식의 근은 각각의 방정식의 근의 공통근이라는 사실을 안내한다.

ii) 이원일차연립방정식의 근은 각 방정식의 근의 논리곱으로 주어져 있다는 것을 강조해야 하고 이것을 두 수표의 공통근이나 좌표평면에서 두 방정식의 근의 그래프 교점으로 확인한다.

iii) 부가적으로 근의 그래프를 통하여 근의 존재성의 양상에 대하여 논의한다. 그러나 이 단계에서는 아직 계수들과 관계를 다룰 필요는 없다.

이원일차연립방정식의 풀이 지도

i) 일차연립방정식 $\begin{cases} ax+by=c \\ a'x+b'y=c' \end{cases}$에서 한 식을 다른 식을 이용하여 소거할 때 항상 위에서 아래로 빼는 것만 연습을 할 것이 아니라 아래에서 위로 빼는 것도 숙련을 시킬 필요가 있다.

ii) 일차연립방정식의 근의 존재성을 그래프를 이용하여 시각적으로 다루는 것이 바람직하다. 간혹 방정식을 그래프로 푼다고 하면서 그래프를 소개하고 있는데 그래프 통하여 방정식의 근의 존재성을 추측할 수는 있으나 해석적 근을 구하는 방법은 없음을 유의한다.

무연근에 대한 지도

무연근의 지도는 두 단계로 나누어 지도한다.

i) 무연근이 유한집합이 되는 방정식이라면 무연근을 허용하는 추론, 즉 비동치적 추론을 허용하고 마지막에 무연근을 제거하는 전략을 사용한다.

ii) 추론 능력이 점진적으로 신장되었다는 전제로 동치적 추론을 사용하여 방정식을 풀도록 함으로써 무연근이란 임시방편적이라는 것을 인식하게 한다.

예 1. 다음 방정식

(1) $$1-\frac{1}{x+1}=\frac{2}{x^2-1}$$

과 관련지어 생각해보자. 보통 이 방정식을 풀 때 분모의 최소공배수를 곱하여 대수방정식으로 귀착시킨다. 이 경우에는 주어진 방정식의 양변에 x^2-1을 곱하면

(2) $$x^2-1-(x-1)=2$$

을 얻는다. 여기서 식 (2)를 정돈하면 $x^2-x-2=0$이고 이것을 풀면 $x=2$ 또는 $x=-1$을 얻는다. 여기서 $x=-1$은 무연근이므로 주어진 방정식 (1)의 근은 2이다.

이 방법은 비동치적이다. 그 이유는 $x^2-1\neq 0$일 때 곱할 수 있기 때문인데 위의 풀이 과정은 그런 제한을 고려하지 않았기 때문이다.

이제 동치적 방법으로 (1)을 풀어보자. 주어진 방정식 (1)의 근을 α라고 하면

(3) $$1-\frac{1}{\alpha+1}=\frac{2}{\alpha^2-1}$$

를 만족한다. 여기서 $\alpha^2-1\neq 0$이므로 양변에 α^2-1을 곱하면

(4) $$\alpha^2-1-(\alpha-1)=2$$

를 얻고 이것을 정돈하면

(5) $$(\alpha-2)(\alpha+1)=0$$

을 얻는다. 그런데 여기서 $\alpha^2-1\neq 0$이므로 $\alpha=2$를 얻는다.

예 2. 방정식

(1) $$4-x=\sqrt{x+2}$$

을 먼저 비동치적으로 푸는 방법을 적용해보자. (1)의 양변을 제곱하면

(2) $$x^2-8x+16=x+2$$

이 되고 이것을 정돈하면

(3) $$(x-2)(x-7)=0$$

을 얻는다. 여기서 (3)의 근은 2 또는 7인데 7은 주어진 방정식의 근이 아니므로 답은 $x=2$이다.

이 방정식 (1)을 동치적 절차에 의하여 풀어보자. 먼저 주어진 방정식의 근을 α라고 하면

(4) $$4-\alpha=\sqrt{\alpha+2}$$

이므로 $-2<\alpha<4$인 경우에 양변에 제곱하면

(5) $$(\alpha-2)(\alpha-7)=0$$

를 얻는다. 그런데 $-2<\alpha<4$이므로 $\alpha-7\neq 0$가 되어 $\alpha=2$를 얻는다.

방정식 지도에서 미지수 소거의 지도

방정식의 지도가 너무 기계적인 접근을 하는 경향이 있다. 전형적인 예가 다음과 같은 문제를 해결할 경우에 나타난다.

예 1. 미분법을 사용하지 않고 $f(x)=\dfrac{x}{1+x^2}$의 값의 범위를 구하는 문제를 생각해보자. 이 문제는 연립방정식

(1) $$\begin{cases} y=\dfrac{x}{1+x^2} \\ y=k \end{cases}$$

의 근의 존재 문제로 귀착된다. 그러므로 주어진 문제는 다시 방정식

(2) $$k=\frac{x}{1+x^2}$$

의 근의 존재 문제가 된다. (2)를 정돈하면

(3) $$k(x^2+1)-x=0$$

이 되고 이 식이 근을 가지기 위한 조건을 구하면 된다.

그러나 실제 수업에서는 즉시 식 (3)을 만들고 이차방정식의 실근 조건을 사용한다. 이것은 하나의 기계적 방법으로서 $f(x)=\dfrac{1-x^2}{1+x^2+2x^4}$와 같은 함숫값의 범위를 결정하는 문제를 바르게 풀지 못하게 된다.

예 2. 연립방정식

$$\begin{cases} x^2+y^2=1 \\ y=x+k \end{cases}$$

가 실근을 가지기 위한 k의 값을 결정하는 문제를 보자. 먼저

"연립방정식 $\begin{cases} x^2+y^2=1 \\ y=x+k \end{cases}$이 실근을 가질 k가 존재한다."

는 가설을 H라고 하면 대개의 경우 주어진 두 방정식을 연립하여 H의 필요조건으로서 명제 P_1

$$P_1\text{: 방정식 } x^2+(x+k)^2-1=0\text{가 실근을 가진다.}$$

라는 명제를 생각하게 된다. 이제 이 명제는 동치로서 명제 $|k| \le \sqrt{2}$를 얻는다. 그렇지만 이 추론은 정교하지 않으며 보다 더 정교한 연역에 의하면 H의 필요조건은 명제 P_2

$$P_2\text{: 방정식 } x^2+(x+k)^2-1=0\text{는 } |x| \le 1\text{에서 실근을 가진다.}$$

가 된다. 여기서 명제 P_2는 H의 충분조건이다. 즉 P_1과 P_2로부터 동일한 조건 $|k| \le \sqrt{2}$을 얻지만 이것은 순전히 우연의 일치에 불과하다. 만약 이것을 그냥 둔다면 다음과 같은 문제를 해결하는 데 학습에 장애를 야기한다. 이를 위하여 연립방정식

$$\begin{cases} x^2+y^2=1 \\ y^2=x+k \end{cases}$$

이 실근을 가지기 위한 k를 결정하는 문제를 생각해보자. 여기서 가설 H'는 다음 진술이다.

"연립방정식 $\begin{cases} x^2+y^2=1 \\ y^2=x+k \end{cases}$이 실근을 가질 k가 존재한다."

주어진 문제 $\begin{cases} x^2+y^2=1 \\ y^2=x+k \end{cases}$를 연립방정식 $\begin{cases} x^2+y^2=1 \\ y=x+k \end{cases}$의 문제의 풀이와 동일한 것으로 간주한다고 유추한다면 먼저 $y^2=x+k$을 x에 대하여 정돈하여 $x^2+y^2=1$에 대입하여 $x^2+x+k=1$을 얻는다. 이 식으로부터 x가 실근을 가질 조건을 구하는데 이렇게 풀면 $k \le \dfrac{5}{4}$를 얻는다.[72] 그러나 명제 $k \le \dfrac{5}{4}$는 가설 H'의 필요조건이지만 충분조건은 아니다. 여기서 H'에 대한 충분조건을 구하기 위해서는 좀 더 정교한 추론이

72) 이 문제를 어떤 교사 집단들을 대상으로 검사를 실시한 결과 72%가 이와 같은 답을 제시했다. 그러나 기하학적으로 접근한 경우에는 이보다 나은 비율로 개선되었다. 그러나 그 경우에도 대수적으로 처리한 결과와 기하학적으로 처리한 결과의 서로 다른 점을 설명할 수 없었다.

필요하다. 즉 H'로부터 함의될 다음 단계는 "방정식 $x^2+x+k=1$이 실근을 가진다" 라는 명제가 아니라

$$\text{방정식 } x^2+x+k=1\text{이 } |x| \le 1\text{에서 실근을 가진다.}$$

는 명제이다. 후자의 조건에 의거하게 되면 $-1 \le k \le \frac{5}{4}$을 얻고 이것은 주어진 연립방정식 $\begin{cases} x^2+y^2=1 \\ y^2=x+k \end{cases}$이 실근을 가지기 위한 충분조건임을 확인할 수 있다.

실제로 그래프를 이용하면 주어진 연립방정식 $\begin{cases} x^2+y^2=1 \\ y^2=x+k \end{cases}$은 k의 값의 변화에 따라 근의 개수가 다음 표와 같이 됨을 확인할 수 있다.

k	$\cdots$	-1	$\cdots$	1	$\cdots$	$\frac{5}{4}$	$\cdots$
$x^2+x+k=1$의 $\lvert x\rvert \le 1$에서 근의 개수	0	1	2	2	2	1	0
주어진 연립방정식의 근의 개수	0	1	2	3	4	2	0

요약하면 연립방정식의 문제에서 변수를 소거할 때는 반드시 소거된 변수의 정의역을 고려해야 한다.

문자식의 구성 지도

한 장에 x원인 우표 4장과 한 장에 y원인 7장의 봉투의 값을 문자식으로 나타내는 문제를 생각해보자. 문장이 복잡한 경우에는 문자식을 표상하기 어렵지만 평이한 문장의 경우는 다음과 같이 귀납적 방법으로 접근하면 도움을 얻는다.[73)]

i) 주어진 문장에서 구체적인 수를 넣어 문장을 다시 읽어보자.

ii) 여러 가지 수를 사용하여 과정 i)을 되풀이 해보자. 이 단계는 처음에는 구분되어 진행하지만 서서히 숙련이 되면 자동화된다.

iii) 단계 ii)의 절차를 반성하여 이어 수 대신 문자를 대입한다.

그러나 평범한 문장이라도 관련 공식 또는 정의를 알아야 하는 경우에는 보다 복잡하다. 대개 이런 경우는 정의를 모르거나 공식을 모르기 때문에 어려워진다. 예를 들어 "시속 x km의 속력으로 t시간 동안 달린 거리"를 수식으로 표상할 경우 속도와 진행 거리 간의 공

73) 실제로 이것은 APOS 이론을 따른 것이다.

식을 알지 못하면 해결하기 어렵다. 이를 위하여 수식화 된 공식을 소개하고 그 의미를 음미하는 단계가 필요하다.

한편 스스로 문자식을 만드는 과정을 통하여 문자식 구성을 익숙하게 할 수 있다. 이 훈련은 자기 스스로 문자를 설정하고 주변에 있는 대상에 문자를 설정하고 적절한 식을 만드는 방식이다. 다음과 같은 절차가 유용하다.

i) 문장을 시각화하기. 예를 들면 다음 표에 있는 문장을 수직선에 표상해본다.

문장	변수 지정하기	수직선에 나타내기
A는 B 보다 세 살 많다		
A는 B 보다 3kg 더 가볍다		
A와 B의 나이의 합은 36이다.		
가로의 길이에서 세로의 길이를 빼면 4이다.		
가로와 세로의 곱이 7이다		

ii) 문장을 수식으로 나타내기. 앞의 단계를 수식으로 나타낸다.

문장	변수 정하기	수식화 된 문장
A는 B 보다 세 살 많다		
A는 B 보다 3kg 더 가볍다		
A와 B의 나이의 합은 36이다.		
가로의 길이에서 세로의 길이를 빼면 4이다.		
가로와 세로의 곱이 7이다		

문장을 수식으로 나타내는 과정이 어려운 것은 변수를 지정하는 것과 변수에 의하여 식을 만드는 것은 'if, then'이라는 인지 과정이 포함되어 있기 때문이다. 학생들은 이와 같이 조건문을 설정하는 것을 어려워한다. 그러므로 문장을 수식으로 나타내는 활동은 '변수 정하기(if)'와 '형식화하기(then)'로 구분하여 연습하는 것이 필요하다.

문장제의 구성 지도

문장으로 주어진 문제를 방정식으로 변환하는 문제를 생각해보자. 문장제는 일반적으로 수학적 모델링의 특수한 경우로 다룰 수 있기 때문에 따라서 다음과 같은 절차에 의하여 실행한다.

i) 미지수를 정하기.
ii) 대수적으로 표현하기.
iii) 방정식 만들기.
iv) 방정식 풀기.
v) 원래의 문제와 비교하여 타당성 검사하기.

그런데 문장제를 다룰 때는 이 절차가 쉽게 이루어지지 않는데 그 이유는 주어진 문장에 대한 정신모델이 없거나 충분하지 않기 때문이다. 그러므로 교사는 정신모델을 만들 시간을 주는 게 좋다. 다음 문제를 보자.

나리네 가족과 민주네 가족이 동물원 관람을 갔다. 나리네 가족은 어른 2명, 어린이 2명이었고 민주네 가족은 어른 3명, 어린이 2명이었다. 관람료는 어른 4천원, 어린이 2천원이었는데 나리네 가족은 12000원, 민주네 가족은 16000원을 지불했다. 여기서 어른과 어린이의 입장료는 각각 얼마인가?

이 예를 학생이 해결하려고 할 때 이 문장을 이해하기 위해서 마음속에 문제 상황을 그려보는 게 문제를 이해하는 데 도움을 준다. 여기서 다음과 같은 정신모델을 생각할 수 있다.

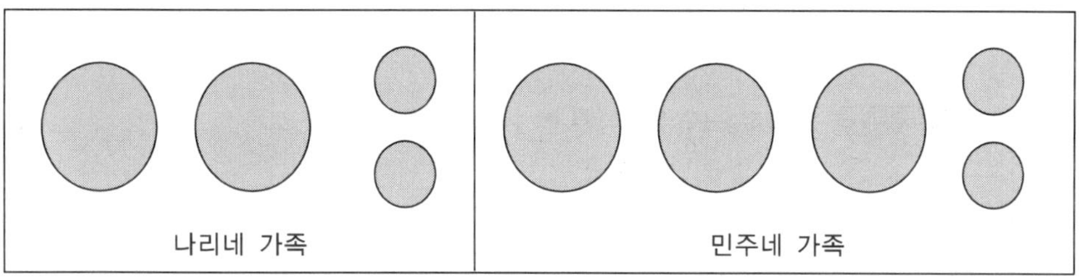

이런 그림이 그려진다면 각각의 '사람'에게 적절한 미지수를 할당하면 된다. 교사는 이런 그림을 통하여 실제 상황을 마음속에서 편집할 수 있도록 훈련을 시켜야 한다.

여기서 정신모델은 학생의 이해도에 따라 다양하게 나올 수 있다. 다음 예를 보자.

머리는 하나인데 갓 태어나서는 네 발로 걷고 성장한 후에는 두 발로 걷는 짐승이 있다. 이 짐승들의 무리가 있는데 머리의 개수를 세어보니 모두 11개이고 다리의 개수를 세어보니 모두 30개였다.

이때 갓 태어난 짐승의 수와 성장한 짐승의 수를 구하라.

이 문제의 정신모델을 그리게 한 결과 두 가지의 모형이 나왔다.

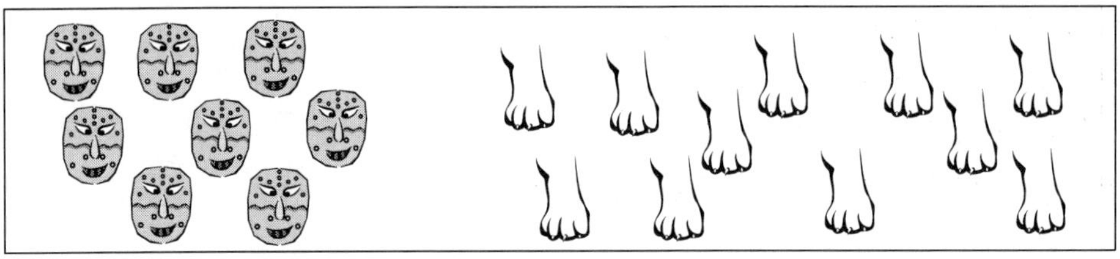

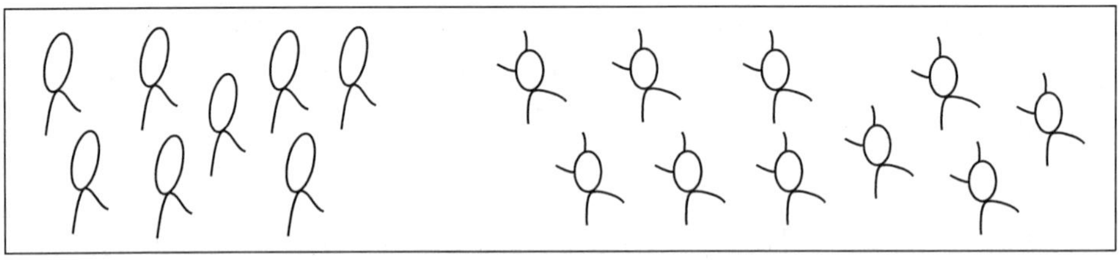

이 두 가지 정신모델 중에 후자가 보다 상황을 더 정확하게 표상하고 있다. 실제로 정교한 정신모델은 문제해결에서 더 좋은 결과를 가져온다(Johnson−Laird, 1983).

문장제에서 방정식을 구성하기 전에 미지수를 기지수라고 간주하는 방법은 방정식 구성에 효과적일 수 있다. 예를 들면 전자의 경우 어른이 4명이고 어린이가 5명이면 입장료는 얼마가 될까? 또는 어른이 3명이고 어린이가 2명이면 입장료는 얼마가 될까?.... 이와 같은 구체적인 실험을 통하여 일반적인 방정식을 구성할 수 있게 된다.

다음은 문장제로 주어진 문제를 위한 정신모델을 개발하는 방법으로 제안한다.

i) 주어진 문장을 마음속으로 상상하기.
ii) 주어진 문장을 다른 말로 설명하기.
iii) 주어진 문장을 적합한 그림으로 그려보기.
iv) 주어진 문장을 도표로 만들어 보기.

절대부등식의 지도

부등식들은 다변수 함수의 최대, 최소 문제를 학교수학의 테두리 내에서 해결할 수 있는 방법을 제공한다. 먼저 두 함수 $f(x)$와 $a(x)$가 주어져 있다고 하고 $a(x) \geq f(x)$를 만족하는 함수 $f(x)$의 최댓값을 구하는 문제를 $a(x)$와 관련시켜 생각해보자. 여기서 $f(x)$은 대개 어려운 식이고 이에 대하여 $a(x)$는 쉬운 식이다. 이 문제 상황을 그래프로 나타내면 다음 3가지 상황이 있다.

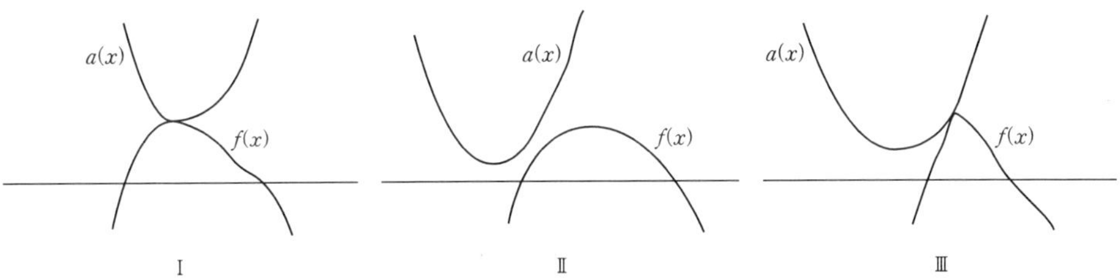

i) 상황 I은 $f(x)$의 최대가 되는 곳이 $a(x)$의 최소가 되는 곳이다.
ii) 상황 II는 $a(x)$를 이용하여 $f(x)$의 최댓값을 구할 수 없다.
iii) 상황 III의 경우는 $f(x)$의 최댓값이 $a(x)$의 최솟값이 아니기 때문에 $a(x)$의 정보는 쓸모가 없다.

종합하면 부등식 $a(x) \geq f(x)$을 이용하여 $f(x)$의 최댓값을 구하는 문제를 해결하기 위해서는 상황 I이 되어야 한다. 즉

i) $f(x_0) = a(x_0)$가 되는 x_0가 존재해야 하고
ii) 점 $x = x_0$은 $a(x)$의 최소이다.

예 1. $x > 0$에서 $a(x) = x + \dfrac{1}{x}$의 최솟값을 구해보자. 산술평균과 기하평균의 관계를 이용하면 $x + \dfrac{1}{x} \geq 2$가 된다. 이 경우에 등식이 성립하는 것은 $x = \dfrac{1}{x}$인 경우, 즉 $x = 1$일 때이다. 이것은 상황 I인 경우로서 최솟값은 2이다.

예 2. $x^2 + 3 + \dfrac{1}{x^2+3}$의 최솟값을 산술기하 평균으로 구한다고 하면

$$x^2 + 3 + \frac{1}{x^2+3} \geq 2\sqrt{(x^2+3)\left(\frac{1}{x^2+3}\right)} = 2$$

으로부터 주어진 식의 최솟값으로 2를 생각하게 되는데 2가 주어진 식의 최솟값이 되기 위해서는 $x^2 + 3 = \dfrac{1}{x^2+3}$이 되어야 한다. 하지만 이런 경우는 존재하지 않는다. 이것은 상황 II의 경우로서 실패한다.

예 3. $x > 0$에서 $a(x) = x^3 + \dfrac{1}{x}$의 최솟값을 구해보자. 산술평균과 기하평균을 이용하

면 $x^3+\frac{1}{x}\ge 2x$가 된다. 그런데 이 식이 등식이 되기 위해서는 $x^3=\frac{1}{x}$, 즉 $x=1$이 되어야 한다. 그러나 $x=1$는 f의 최소가 아니다.[74] 이것은 바로 상황 III이기 때문이다.

예 4. 보다 실제적인 문제에 대하여 절대부등식 적용의 문제를 살펴보자. 다음 그림에서 $AB=3$, $BC=4$, $AC=5$인 직각삼각형의 각 변의 수선의 교점을 P라고 하고 그 수선의 길이를 각각 x, y, z라고 할 때, $x^2+y^2+z^2$의 값의 최솟값을 구하는 문제를 생각해보자.

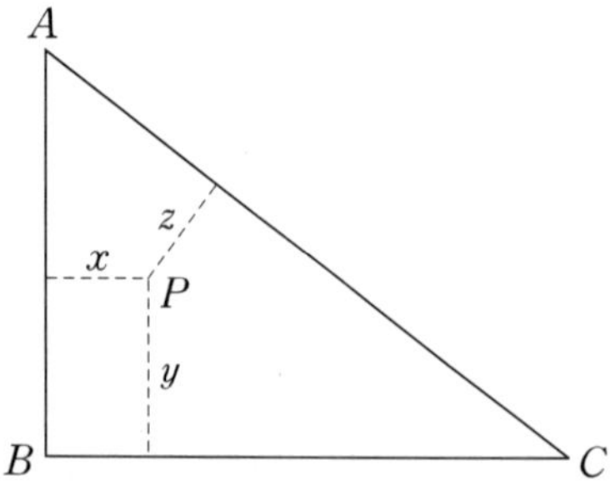

어떤 학생은 이 문제를 다음과 같이 풀었다. 먼저

(1) $$x^2+y^2+z^2 \ge xy+yz+zx$$

이고 여기서 등식이 성립할 조건은 $x=y=z$인데 가정에서 $3x+4y+5z=12$이므로 $x=y=z=1$이다. 그러므로 $x=y=z=1$을 (1)에 대입하면

$$x^2+y^2+z^2 \ge 3$$

을 얻는다. 따라서 $x^2+y^2+z^2$의 최솟값은 3이라고 주장했다. 그러나 이 경우는 바로 III이 되는 경우이다. 실제로 코시-슈바르츠 부등식에 의하여

$$(3^2+4^2+5^2)(x^2+y^2+z^2) \ge (3x+4y+5z)^2=144$$

이므로

$$x^2+y^2+z^2 \ge \frac{144}{50}$$

이다. 여기서 등호가 성립하는 경우는 $(x,\ y,\ z)=\left(\frac{36}{50},\ \frac{48}{50},\ \frac{60}{50}\right)$이다. 실제로 x, y, z가 조건 $3x+4y+5z=12$를 만족할 때 주어진 식 $xy+yz+zx$가 최댓값을 가지는

74) 미분을 이용하면 $a(x)=x^3+\frac{1}{x}$는 $x=\frac{1}{\sqrt[4]{3}}$에서 최솟값을 가진다는 것을 알 수 있다.

경우는 $(x,\ y,\ z)=\left(\frac{18}{11},\ \frac{12}{11},\ \frac{6}{11}\right)$로서 이때 $xy+yz+zx$의 최댓값은 $\frac{36}{11}$이다. 주어진 상황을 그래프로 그려보면 대략 다음과 같다.

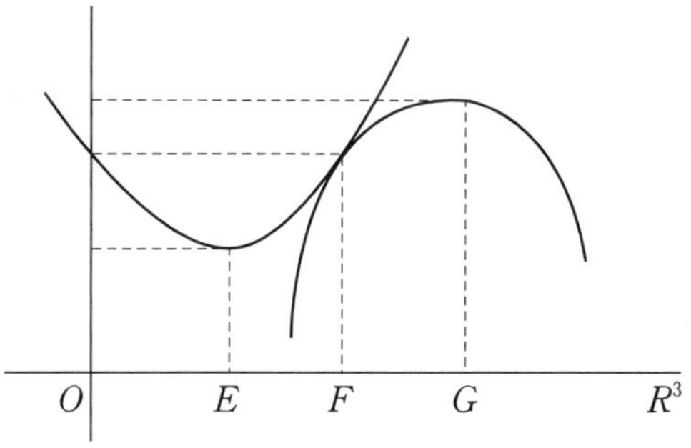

여기서 $E,\ F,\ G$의 좌표는 각각 $\left(\frac{36}{50},\ \frac{48}{50},\ \frac{60}{50}\right)$, $(1,\ 1,\ 1)$, $\left(\frac{18}{11},\ \frac{12}{11},\ \frac{6}{11}\right)$이다. 즉 그래프에서 보는 바와 같이 $x^2+y^2+z^2$의 최소 E와 $x^2+y^2+z^2=xy+yz+zx$를 만족하는 점 F가 일치하지 않는다.

예 5. 좌표평면 위에 두 점 $A(2,\ 3)$, $B(4,\ 5)$와 x축 위의 동점 $P(x,\ y)$가 있을 때 $\overline{AP}+\overline{BP}$의 최솟값을 구하는 문제를 다음과 같이 생각해보자. 먼저

$$\overline{AP}+\overline{BP}\geq 2\sqrt{\overline{AP}\cdot\overline{BP}}$$

이고 여기서 등식이 성립할 필요충분조건은 $\overline{AP}=\overline{BP}$가 되는 경우이므로 이것을 풀면 $x=7$을 얻는다. 그러므로 최솟값은 $2\sqrt{34}$이다.

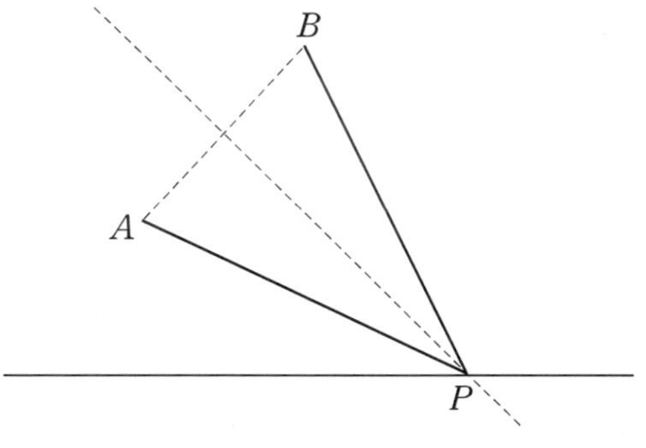

여기서 P_o를 점 $(7,\ 0)$라고 하자. 이 학생은 다만 $\overline{AP_o}+\overline{BP_o}=2\sqrt{\overline{AP_o}\cdot\overline{BP_o}}$가 되는 x축 위에 있는 P_o를 찾았다. 그러나 이 P_o가 $\overline{AP}+\overline{BP}$의 최소가 될 조건인

지는 분명하지 않으며 다만 $\overline{AP_o}+\overline{BP_o}=2\sqrt{34}$ 라는 것만 알려준다. 즉 이 경우는 바로 상황 III의 경우이다.

여기서 A'는 A를 x축에 대하여 대칭이동한 점이라고 하면 $A'B$와 x축의 교점의 좌표 P가 바로 $\overline{AP}+\overline{BP}$가 최소가 되는 곳으로서 $\overline{AP}+\overline{BP}=2\sqrt{17}$ 이다. 그러나 이 풀이 방법은 주어진 문제를 바르게 푸는 방법이지만 왜 학생의 풀이가 잘못된 것인지를 보여주지는 못한다.

예 6. 두 양수 x, y에 대하여 $(x+y)\left(\dfrac{2}{x}+\dfrac{4}{y}\right)$의 값의 범위를 구해보자. 먼저

(1) $$x+y \geq 2\sqrt{xy}$$

(2) $$\frac{2}{x}+\frac{4}{y} \geq \sqrt{\frac{8}{xy}}$$

로부터

$$(x+y)\left(\frac{2}{x}+\frac{4}{y}\right) \geq 4\sqrt{xy}\sqrt{\frac{8}{xy}}=8\sqrt{2}$$

이라고 답할 수 있다. 그러나 (1)에서 등식이 성립하는 경우는 $x=y$이고 (2)에서 등식이 성립하는 경우는 $2x=y$인 경우이기 때문에 공통으로 존재하는 $x=y=0$인데 이것은 타당하지 않다. 그러므로 이 방법은 잘못된 풀이이다.

이 경우에는 $(x+y)\left(\dfrac{2}{x}+\dfrac{4}{y}\right)$을 먼저 전개하여 $6+\dfrac{2y}{x}+\dfrac{4x}{y}$를 얻고 이것으로부터

$$6+\frac{2y}{x}+\frac{4x}{y} \geq 6+2\sqrt{8}$$

이 되고 이 경우에 등식은 $y=\sqrt{2}\,x$에서 나타나기 때문에 최솟값은 $6+4\sqrt{2}$ 은 타당하다.

행렬의 대수적 성질 지도

행렬의 지도는 대수적 관점과 기하학적 관점으로 구분해야 한다. 행렬의 대수적 관점은 대수적 구조에 대한 간단한 성질을 중심으로 전개한다.

행렬의 연산은 수의 연산과 다르기 때문에 반례 중심의 지도가 있어야 한다. 다음과 같은 사항에 특이 주의를 가져야 한다.

i) 영인자의 존재. 예를 들면 $\begin{pmatrix} 0 & 1 \\ 0 & 1 \end{pmatrix}\begin{pmatrix} 1 & 0 \\ 0 & 0 \end{pmatrix} = \begin{pmatrix} 0 & 0 \\ 0 & 0 \end{pmatrix}$와 같이 영인자의 존재성을 확인해야 한다.

ii) 제곱근이 무수히 많음. 예를 들면 임의의 실수 k에 대하여 등식 $\begin{pmatrix} k & 1+k \\ 1-k & -k \end{pmatrix}^2 = \begin{pmatrix} 1 & 0 \\ 0 & 1 \end{pmatrix}$이 성립한다.

iii) 제곱근이 없음. 예를 들면 $\begin{pmatrix} 0 & 1 \\ 0 & 0 \end{pmatrix}$은 제곱근을 가지지 않는다.

7.4.2 평가

1. 식과 관련된 문제

i) $f(x)$는 n차 다항식이고 $f(1)$, $\cdots$, $f(n)$의 값이 주어져 있다. 이 경우에 $f(x)$의 식을 구하라.

ii) $k=0$, $\cdots$, n에 대하여 $a_k \neq 0$이고 방정식 $\sum_{k=0}^{n} a_k x^k = 0$가 근 p_1, $\cdots$, p_n을 가진다. $\sum_{k=1}^{n} \frac{1}{p_k}$을 a_0, $\cdots$, a_n으로 나타내어라.

2. 방정식과 관련된 문제.

i) 임의의 자연수 n에 대하여 부등식 $x^n + x < x^{n+1}$이 성립하는 양수 x를 찾아라.

ii) a, b, c가 모두 홀수라면 이차방정식 $ax^2+bx+c=0$는 유리수 근을 가질 수 없다.

iii) 방정식 $x^4+x^3y+x^2y^2+xy^3+y^4=0$의 근은 $(0,\ 0)$뿐임을 보여라.

3. 부등식과 관련된 문제.

i) $y+z \geq 2$일 때, $(x+y+z)^2 \geq 4(x+yz)$을 보여라.

ii) 임의의 실수 a, b, c, d에 대하여 $4abcd \leq a^4+b^4+c^4+d^4$임을 보여라.

iii) 임의의 양수 x에 대하여 $x^3-x+1>0$임을 미분법을 사용하지 말고 보여라.

iv) $\left(\sum_{k=1}^{n} a_k b_k c_k\right)^4 \leq \left(\sum_{k=1}^{n} a_k^4\right)\left(\sum_{k=1}^{n} b_k^2\right)^2\left(\sum_{k=1}^{n} c_k^4\right)$을 보여라.

v) $a_1 \geq a_2 \geq \cdots \geq a_n$이고 $b_1 \geq b_2 \geq \cdots \geq b_n$이면 $\left(\sum_{k=1}^{n} a_k\right)\left(\sum_{k=1}^{n} b_k\right) \leq n\sum_{k=1}^{n} a_k b_k$을 보여라.

vi) $a_1 \geq a_2 \geq \cdots \geq a_n$이고 $b_1 \geq b_2 \geq \cdots \geq b_n$이면

$$a_1b_n + a_2b_{n-1} + \cdots + a_nb_1 \leq a_1b_{j_1} + a_2b_{j_2} + \cdots + a_nb_{j_n} \leq a_1b_1 + a_2b_2 + \cdots + a_nb_n$$

임을 보여라.

4. 대수구조와 관련된 문제

i) $D = \boldsymbol{Q} - 0,\ 1$이고 D에서 정의된 세 함수

$$f(x) = x,\ g(x) = \frac{1}{1-x},\ h(x) = \frac{x-1}{x}$$

에 대하여 집합 $G = f,\ g,\ h$는 함수의 합성에 의하여 군이 됨을 증명하라.

7.4.3 연구 과제

교수 측면

1. 식의 연산을 도입할 때 기하학적 증명을 통하여 도입한다. 이 방법과 초등학교에서 다룬 연산의 규칙이 일반화로서 귀납적으로 접근할 수 있다. 이 두 방법의 장단점을 분석하자.

2. 방정식을 풀 때 실수하는 점들을 열거하고 해결책을 논의하자

3. 문장제를 해결하기 위하여 학습자들이 구성하는 정신모델을 분석하고 그 효과를 논의하자.

4. 대수적 사고의 형성에서 나타나는 난관들을 수집하고 각 특징들을 분석하자.

5. 이 단원에서 지도하기 어려운 내용을 제시하고 대안을 토의하자.

6. SOLO 평가를 구체화하기 위한 질의 문항을 개발하자. 대수 영역은 다양한 내용을 포함하고 있기 때문에 먼저 관련 영역을 몇 개의 소단원으로 분리하자.

학습 측면

1. 수학의 구조를 탐구가 수학 학습에 어떤 영향을 주는가?

2. 학생들이 가지는 문제 표상을 수집하고 각각의 효과를 분석하자.

3. 문장을 수식으로 변환하는 방법에 대한 효과적인 절차를 설계하자.

4. 이 단원에서 학생들이 가장 어려워하는 부분은 무엇인가?

8. 함수

수학이란 무엇인가라고 물을 때 제시할 수 있는 하나의 답은 두 대상 간의 함수관계를 연구하는 학문이라고 할 수도 있다.

8.1 수학적 분석

8.1.1 역사적 분석

함수 개념의 역사

함수 개념은 오래전부터 다양한 현상을 기술하거나 표상하기 위한 도구로 나타났다. 고대 그리스 시대의 함수 개념을 보면 프톨레미(C. Ptolemy, 127~145)는 삼각표를 만들고 그것을 천문 관측에 사용하였다는 기록이 있다. 이것은 함수라는 용어를 사용하지 않았다는 것만 제외하면 그 속에는 실제로 함수 개념이 들어 있다. 무엇보다도 함수 개념은 서구 과학을 형성하는 3대 원리[75] 중의 하나인 인과율에 대한 수학적 접근이다.

삼각함수와 로그함수는 무관하지 않다. 삼각법은 토목이나 천문학을 위한 계산 도구로서 이미 헬레니즘 시대에 알려져 있었다. 이 당시 아주 큰 두 수의 곱셈은 공식

$$\sin x \cos y = \frac{\sin(x+y) - \sin(x-y)}{2}$$

을 사용하여 계산하였다. 예를 들면 $A = 12,345,692$와 $B = 145,824,055$를 곱한다고 할 때 a와 b를 각각 $a = 0.12345692$과 $b = 0.145824055$이라고 두고 $\sin x = a$이고 $\sin y = b$를 만족하는 x와 y를 삼각표를 보고 찾는다. 이렇게 찾은 x와 y를 위의 식 우변에 대입하여 계산하면 된다.

함수 개념이 암묵적 지식 상태로 존재하는 것을 전 함수 단계라고 할 수 있는데 이 단계의 특징은 함수가 무의식적으로 작용했기 때문에 학적 대상이 되지 않았다. 최초로 함수관계를 주목하고 함수를 학적 대상으로 인식한 사람은 갈릴레오(G. Galilei, 1564~1642)라고

75) 측정 가능, 인과율, 기계론을 의미한다.

본다. 갈릴레오 시대에는 이미 원양 항해술이 보편화 되었는데 원양 항해를 위해서는 배의 위치를 정확하게 알아야 했고 이를 위하여 별들의 위치 정보를 위한 보다 정교한 수학적 지식이 필요하였다. 이에 두 변량 사이에 대한 관계를 기술하기 위한 기법들이 나타났으며 그것들은 서서히 기호로 표현되기 시작하였다.

17세기에 함수 개념은 데카르트와 페르마에 의하여 보다 정교화되고 확장되었는데 이때 곡선은 좌표에 의하여 수식으로 표현하는 것이 가능해졌다. 데카르트는 기하학적 곡선과 역학적 곡선을 구별하였다. 삼각함수, 지수함수, 로그함수가 연구되기 시작한 것도 이 시기이고 동시에 삼각함수표와 로그함수표의 값도 보다 정교하게 계산되었다. 이 시기에는 함수 개념을 통하여 기하학적 대상을 대수적으로 표현한다는 것과 이를 응용하여 운동하는 물체의 수리적 연구를 가능하게 하였다. 뉴턴은 곡선이란 아주 작은 물체의 연속적인 운동의 궤적으로 간주하였다. 곡선에 대한 뉴턴의 이러한 개념적 변화는 미분법의 개념을 보다 현대적으로 개선하였다. 한편 이 시기에는 대수적 함수와 초월함수의 구별이 서서히 나타나기 시작했는데 그레고리(J. Gregory, 1638~1675)에 의하여 대수적 함수와 초월함수에 대한 명확한 구분이 이루어졌고 부채꼴의 면적이 대수적 함수가 아니라는 것을 보였다. 이어 라이프니츠는 1673년의 한 논문에 함수라는 용어를 사용했는데 그에 의하면 함수란 점의 움직임을 나타내는 양을 의미하며 변수, 매개변수, 상수라는 용어를 사용했다. 라이프니츠에 의하면 곡선이란 방정식에 의하여 주어진 것으로 간주되었다. 이어 라이프니츠는 변수에 의존하는 양을 함수라고 하고 “x의 함수”라는 용어를 사용하기 시작하였다. 한편 뉴턴과 라이프니츠는 삼각함수의 급수 전개식을 알고 있었다.

18세기는 함수 개념의 전성기이다. 학교수학에서 사용하고 있는 초등 초월함수 및 관련 개념들은 대개 오일러에 의하여 창안된 것들이다. 오일러는 e^x를

$$\lim_{n\to\infty}(1+\frac{x}{n})^n$$

으로 정의하고, 또 $\log x$를

$$\lim_{n\to\infty}n(x^{1/n}-1)$$

으로 정의하였다. 한편 베르누이(J. Bernoulli, 1667~1748)는 지수함수와 로그함수가 역함수의 관계라는 것을 보였다. 오일러는 또 초월함수 사이의 관계식을 도출하였는데 가장 획기적인 관계식은

$$e^{ix}=\cos x+i\sin x$$

이다. 또 오일러는 호도각 개념을 도입하였으며 오늘날 우리가 알고 있는 삼각함수에 대한 성질들을 완성하였다.

18세기에는 함수의 개념이 기하학의 틀을 벗어나 좀 더 일반적인 개념으로 나타난다. 베르누이는 라이프니츠의 'x의 함수'라는 용어를 채택하면서 변수와 상수로 된 임의의 식을 함수라고 하였고 함수 기호로 ϕx를 사용하기 시작했다. 라이프니츠도 이런 표기법에 동의하면서 한편으로는 x의 함수로서 x^1, x^2 등의 사용을 제안하였다. 오일러는 해석적으로 표현되는 것을 함수라고 했다. 그런데 오일러는 해석적이라는 말을 분명하게 규정하지는 않았지만 그의 연구를 종합해보면 그에게 있어서 함수란 대략 x의 $+$, $-$, $\times$, $\div$로의 결합으로 이루어진 식을 의미하며 더욱이 무한 합과 무한 곱으로 된 식도 여전히 함수의 범주에 포함시켰는데 이에 의하면 지수함수, 로그함수 삼각함수 등과 같은 초등 초월함수도 함수 범주에 포함된다. 오일러는 함수를 다항함수/분수함수, 유리함수/무리함수, 대수함수/초월함수로 분류하고, 또 짝함수/홀함수로 분류하기도 하였으며 1734년에 함수 기호로 $f(x)$를 사용하기도 하였다.

19세기에는 코시에 의하여 함수 개념은 보다 현대화되는데 그는 함수는 두 변량 사이에서 하나가 주어지면 다른 것은 그것에 의하여 주어지는 것으로 파악하고 먼저 주어지는 것을 독립변수라고하고 독립변수에 의하여 주어지는 것을 함수라고 하였다. 코시에게 있어서는 함수와 함수의 표현식이 어렴풋이나마 구별되기 시작했다는 점이 중요하다. 이어 함수 개념은 디리클레(P. Dirichlet, 1805~1859)에 의하여 대응이라는 개념으로 발전하는데 이에 의하면 함수는 표현된 수식의 개념으로부터 완전히 탈피한다. 이후 함수 개념은 부르바키 학파에 의하여 보다 명료해졌는데 지금은 대개 디리클레-부르바키의 정의를 사용하고 있다.

이와 같이 함수 개념이 시대에 따라 다른 것은 함수 개념의 본질이 두 양 사이의 관계에 있고 그 관계를 보는 관점에 따라 함수 개념도 달라질 수밖에 없기 때문이다. 실제로 측도론에서 함수라는 것은 어떤 가측함수의 집합족을 의미하는데 이것은 하나의 함수족 $[f]$으로서 $g \in [f]$라는 것은 $f = g \ \ a.e.[\mu]$임을 의미하다. 한편 디랙의 $\delta-$함수 개념은 슈바르츠(L. Schwartz, 1915~2002)에 의하여 개선되어 현재 초함수(generalized function, distribution) 이론으로 정립되어 되어 현대 해석학의 기본 개념으로 정착되었다. 이와 같이 앞으로도 필요에 의하여 함수 개념은 각 분야의 요구에 의하여 계속적으로 변하게 될 것이다.

이와 같이 함수 개념의 발전사를 요약하면 다음과 같은 단계임을 알 수 있다.

단계	시기
전 함수 단계	고대 그리스 수학
기하학적 함수 단계	갈릴레오 시대 전후
대수적 함수 단계	해석기하학의 발전과 시작
논리적 함수 단계	대응 개념으로 시작
집합론적 함수 단계	집합론적으로 정의

삼각함수의 역사

삼각법의 시작은 분명하지 않지만 삼각법의 초기 연구가 평면 삼각법과 동시에 구면 삼각법이라는 것에 주목한다면 주로 천문학의 연구와 밀접하게 관련되어 있다고 볼 수 있다. 아리스타르코스(Aristarchus, 310~230 B.C.)는 현과 각의 관계를 정립하였고 유클리드도 그의 <원론>에서 코사인 법칙을 소개하고 있다. 그러나 진정한 삼각법이 창시자는 히파르코스(Hipparchus, 195~125 B.C.)으로 간주한다. 그는 삼각비 표를 만들고 천문학에 활용하였다.

삼각비의 연구는 기원 후 100년경 메넬라우스에 의하여 구면삼각법으로 확장되었다. 그는 원론의 명제들을 구면 위의 명제로 확장하면서 여러 가지 정리를 도출하였다. 그중에 하나는 "구면삼각형의 내각의 합은 180도 보다 크다."가 포함되어 있다.

삼각비의 연구와 관련된 위대한 수학자 중의 한 사람인 프톨레미는 삼각비 표를 더욱 정교하게 다듬고 이 결과들을 천문학에 활용하고 있다. 그의 저서 <Almagest>는 고대의 가장 위대한 천문학서로 간주한다. 그는 또 가법정리와 사인법칙을 발견하였다.[76)]

근대에 이르러 비에트는 $\sin nx$를 $\sin x$와 $\cos x$의 식으로 나타낼 수 있었다. tangent라는 용어는 1583년 핑케(T. Fincke, 1561~656)에 의하여, cotangent라는 용어는 1620년에 군터(E. Gunter, 1581~1626)에 의하여 사용되었다. 근대에 와서 삼각법의 연구자 중의 한 사람인 지라르(A. Girard, 1595~1632)는 현재 사용하고 있는 sin, cos, tan 기호를 도입하였다. 뿐만 아니라 그는 유향선분의 개념을 창시하였다.

코츠(R. Cotes, 1682~1716)는 $ix = \log(\cos x + i\sin x)$를 보였고 드무아브르는 공식 $(\cos x + \ i\sin x)^n = \cos nx + i\sin nx$을 유도했으며 오일러는 $e^{ix} = \cos x + i\sin x$을 유도했다. 이어 18세기는 삼각함수에 대한 연구가 활발하게 이루어졌는데 주로 미분방정식과 관련되어 이루어졌다.

로그의 발명

네이피어(J. Napier, 1550~1617)가 로그함수를 어떻게 발명했는지 잘 알려져 있지는 않으나 현대적으로 설명하면 다음과 같다. 먼저 선분 $\overline{AB}$와 반직선 $\overrightarrow{CD}$를 생각하자. P는 A에서 출발하여 선분 $\overline{AB}$ 위를 움직이는데 이때 움직이는 속도는 $\overline{PB}$에 비례한다. 한편 점 Q는 점 P와 동시에 출발하여 반직선 $\overrightarrow{CD}$ 위를 등속도로 움직이는데 네이피어는 $\overline{CQ}$를 $\overline{PB}$의 로그라고 정의하였다.

76) 가법정리는 이미 아르키메데스에 의하여 알려져 있으나 여기서는 다른 방법에 의하여 증명되었다.

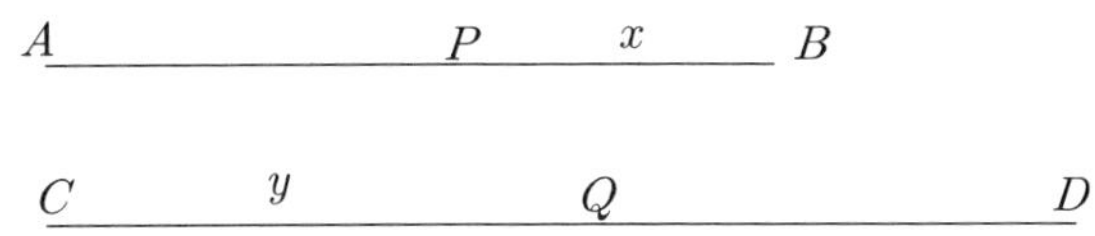

이것을 보다 해석적으로 살펴보면 다음과 같다. 먼저 $\overline{PB}=x$, $\overline{CQ}=y$라고 하고 $\overline{AB}=10^7$이라고 하여 미분을 사용하면 다음과 같이 되고

$$\frac{dx}{dt}=-x,\ \frac{dy}{dt}=10^7,\ x_0=10^7,\ y_0=0$$

여기서 이 방정식을 풀면 $y=-10^7\ln\left(\frac{x}{10^7}\right)$가 되는데 이것을 약간 변형하면

$$\frac{y}{10^7}=\log_{e^{-1}}\left(\frac{x}{10^7}\right)$$

가 된다. 네이피어가 발명한 로그는 이후 브리그스(H. Briggs, 1561~1630)에 의하여 지금과 같은 상용로그로 개선되었다. 브리그스의 로그표에서 지표와 가수라는 용어도 나타난다.

8.1.2 본체적 분석

함수의 개념과 정의

디리클레가 의미한 함수 개념의 수학적 표상이 다음과 같은 부르바키에 의한 집합론적 정의이다.

정의. 두 집합 X와 Y에 대하여 함수 f가 X에서 Y로의 함수라는 것은 $f\subset X\times Y$으로서

i) $\forall x\exists y(x,\ y)\in f$
ii) $(\forall x)(\forall y)(\forall z)[[(x,\ y)\in f\wedge(x,\ z)\in f]\rightarrow[y=z]]$

로서 정의한다. $(x,\ y)\in f$일 때, $y=f(x)$라고 나타내고 X를 f의 정의역, Y를 f의 공역, $f(X)=\{f(x):x\in X\}$를 f의 치역이라고 한다.

정의. 두 함수 $f,\ g:X\rightarrow Y$가 주어졌을 때, 임의의 $x\in X$에 대하여 $f(x)=g(x)$일 때 두 함수가 같다고 정의한다.

예 1. $0 \le t \le 2\pi$에서 두 함수 $f(t) = e^{it}$, $g(t) = e^{2it}$는 서로 다른 함수이지만 함수의 상은 같다.

예 2. 다음 두 함수

$$\alpha(t) = \begin{cases} (t^3, \quad t), \ t \ge 0 \\ (t^3, \ -t), \ t < 0 \end{cases}$$

$$\beta(t) = \begin{cases} \quad (t^6, \ t^2), \quad t \ge 0 \\ (-t^6, \ t^2), \quad t < 0 \end{cases}$$

는 서로 다른 함수이지만 두 함수의 상은 같다.

정의. 함수 $f: X \to Y$가 주어졌을 때,

i) 임의의 $x, y \in X$에 대하여 $x \ne y$이면 $f(x) \ne f(y)$가 성립할 때 f를 단사(injective)라고 한다.
ii) 임의의 $y \in Y$에 대하여 $f(x) = y$를 만족하는 $x \in X$가 존재할 때 f를 전사(surjective)라고 한다.
iii) 전사인 동시에 단사인 함수를 전단사(bijective) 또는 일대일 대응함수라고 한다.

정의. 두 함수 $f: X \to Y$, $g: Y \to Z$에 대하여 임의의 $x \in X$에 대하여 $x \mapsto g(f(x))$로 정의된 함수 $g \circ f: X \to Z$를 f와 g의 합성함수라고 한다.

정의. 함수 $f: X \to Y$가 전단사일 때 임의의 $x \in X$에 대하여 $(g \circ f)(x) = x$을 만족하는 함수 $g: Y \to X$가 존재한다. 이 함수 g를 f의 역함수라고 하고 f^{-1}로 나타낸다.

함수의 성질

정리 1. 다음 명제들은 항진이다.
두 함수 $f: X \to Y$, $g: Y \to Z$에 대하여

i) f와 g가 단사이면 $g \circ f$는 단사이다.
ii) f와 g가 전사이면 $g \circ f$는 전사이다.

정리 2. 함수 $f: X \to Y$에 대하여 다음 성질들이 성립한다.

i) 임의의 A, $B \subset X$에 대하여 $f(A \cup B) = f(A) \cup f(B)$이다.

ii) 임의의 A, $B \subset X$에 대하여 $f(A \cap B) \subset f(A) \cap f(B)$이다.

iii) 임의의 A, $B \subset Y$에 대하여 $f^{-1}(A \cap B) = f^{-1}(A) \cap f^{-1}(B)$가 성립한다.

iv) 임의의 $A \subset Y$에 대하여 $f^{-1}(A^c) = [f^{-1}(A)]^c$가 성립한다.

v) 임의의 $A \subset X$와 임의의 $B \subset Y$에 대하여 $f(f^{-1}(B) \cap A) = B \cap f(A)$가 성립한다.

참고. ii)에서 일반적으로 등호가 성립하지 않는다. 예를 들면 함수

$$f : 1,\ 2,\ 3 \to 1,\ 2,\ 3,\ f(1) = 1,\ f(2) = f(3) = 2$$

으로 정의하면 $f(1,\ 2) = 1,\ 2$, $f(3) = 2$이므로

$$f(1,\ 2 \cap 3) = \phi$$

이지만

$$f(1,\ 2) \cap f(3) = 2$$

이다.

함수의 분류

함수는 그 형태와 발생 또는 수학적 특성에 따라 다음과 같이 분류할 수 있다.

형태에 따른 것	짝함수, 홀함수
	주기함수, 개주기함수, 비주기함수
	다항함수, 유리함수, 무리함수, 대수함수, 초월함수
	중간값정리를 만족하는 함수, 연속함수, 미분가능함수, C^n족 함수, 무한회 미분가능함수, 해석함수
함수 개념의 변천의 결과	양함수, 음함수
	단일 식으로 주어진 함수와 그렇지 않는 함수
정의역의 성격	이산형함수, 연속형함수

한편 다음 분류는 오일러에 의한 함수의 분류이다.

i) $y = a_n x^n + a_{n-1} x^{n-1} + \cdots + a_1 x + a_0$ 형태의 식을 다항함수라고 한다. 여기서 모

든 계수들은 실수이고 n은 음이 아닌 정수이다.

ii) 두 다항함수 $P(x)$와 $Q(x)$에 대하여 $y=\dfrac{P(x)}{Q(x)}$ 형태의 함수를 유리함수라고 한다.

iii) x에 관한 함수 $y=f(x)$가 임의의 x에 대하여

$$a_0(x)f(x)^n+a_1(x)f(x)^{n-1}+....+a_{n-1}(x)f(x)+a_n(x)=0$$

를 만족하는 0 아닌 다항함수 $a_j(x)$가 적어도 하나 존재할 때 함수 $y=f(x)$를 대수함수라고 한다. 대수함수는 유리함수를 포함하고 있다. 대수함수 중에서 유리함수가 아닌 것을 무리함수라고 한다.

iv) 대수함수가 아닌 함수를 초월함수라고 한다.

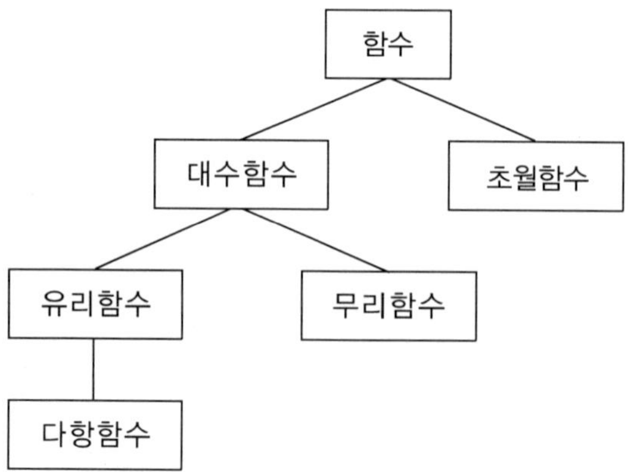

예 1. $f(x)=|x|=\sqrt{x^2}$은 $f(x)^2-x^2=0$이므로 대수함수이다. 그런데 f가 유리함수라면

$$\sqrt{x^2}=\frac{p(x)}{q(x)}$$

를 만족하는 다항함수 $p(x)$와 $q(x)$가 존재한다. 그런데 위 식의 좌변은 모든 점에서 연속이기 때문에 $q(x)=0$를 만족하는 x는 존재하지 않는다. 따라서 좌변은 $x=0$에 미분불가능인데 우변은 모든 점에서 미분가능이고 이것은 모순이다. 그러므로 $f(x)$는 유리함수가 아니다.

예 2. $f(x)=e^x$는 초월함수라는 것을 증명해보자. 만약 $f(x)=e^x$가 대수함수라면

(1) $$a_0(x)e^{nx}+a_1(x)e^{(n-1)x}+....+a_{n-1}(x)e^x+a_n(x)=0$$

을 만족하는 다항함수 $a_j(x)$ $(j=0,\ 1,\ 2,\ ...,\ n)$가 존재한다. 여기서 (1)의 양변을

e^{nx}로 나누고 $x \to \infty$이면 $a_0(x)=0$가 성립한다. 이렇게 하면 모든 $a_j(x)=0$가 되어 모순이다.

삼각함수

삼각함수는 사인함수로 출발할 수 있으므로 사인함수의 개념을 분석하자. 사인함수의 개념은 다음과 같이 각기반의 정의와 각도기반의 정의, 실수기반의 정의 등 세 가지 정의가 있다.

i) 각기반의 정의. 이 정의는 종합기하학적 관점에서 출발한다. 즉 다음 직각삼각형에서 $\angle A$가 주어졌을 때 $\sin(\angle A)=\dfrac{n}{m}$이다.

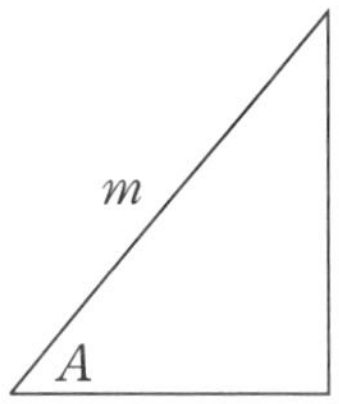

이 정의에 의하면 $\sin(\angle A)$의 정의역은 (평각보다 크지 않는) 각들의 집합이고 이에 대한 함숫값은 다음 표와 같이 주어진다.

각	평각/6	평각/4	평각/2	평각
Sin$A$	$\frac{1}{2}$	$\frac{\sqrt{2}}{2}$	1	0

ii) 각도기반의 정의. 이 정의는 계량기하학에 관점에서 출발한다. 먼저 평각의 각도가 p로 주어질 때, $\angle A$의 각도를 $m_p(\angle A)$라고 하면

$$\sin_p x = \sin \circ\, m_p^{-1}(x)$$

으로 주어진다. 즉 여기서 Γ를 평각보다 작은 모든 각의 집합이라고 하면 다음 다이어그램이 성립한다.

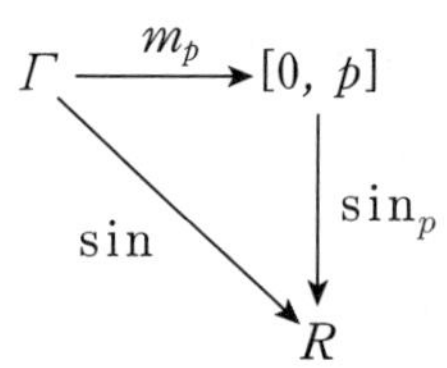

이 정의에 의하면 사인함수 $\sin_p$의 정의역은 $[0,\ p] \subset \boldsymbol{R}$이고 함숫값은 다음 표와 같이 주어진다.

각도	p/6	p/4	p/2	p
$\sin_p x$	$\frac{1}{2}$	$\frac{\sqrt{2}}{2}$	1	0

iii) 실수기반의 삼각함수. 각도기반의 사인함수 $\sin_p$는 $\boldsymbol{R}$을 정의역으로 가진 주기함수로 확장된다. 즉 먼저 임의의 $x \in [p,\ 2p)$에 대하여 $\sin_p x$는 $-\sin_p(x-p)$으로 정의하고 이어 임의의 $x \in \boldsymbol{R}$에 대하여

$$\sin_p(x+2p) = \sin_p(x)$$

으로 정의한다. 그런데 실수기반의 삼각함수는 $p = \pi$인 경우를 표준 사인함수로 간주하고 이것을 특히 $\sin x$로 표기한다.

매개변수에 의하여 주어진 식

정의 1. 임의의 $t \in [a,\ b]$에 대하여 정의된 함수 $x(t)$, $y(t)$에 의하여 주어진 식 $(x(t),\ y(t)) \in \boldsymbol{R}^2$를 (평면 위의) 곡선이라고 한다.

정의 2. 임의의 $t \in [a,\ b]$에 대하여 정의된 함수 $x(t)$, $y(t)$, $z(t)$에 의하여 주어진 식 $(x(t),\ y(t),\ z(t)) \in \boldsymbol{R}^3$를 (공간 위의) 곡선이라고 한다.

정의 3. 임의의 $s \in [a,\ b]$, $t \in [c,\ d]$에 대하여 함수 $(x(s,\ t),\ y(s,\ t),\ z(s,\ t))$을 곡면이라고 한다.

한편 도형은 다양한 매개변수에 의하여 표상될 수 있다. 다음 예를 보자.

예 1. 다음 매개변수에 의하여 표상된 곡선은 모두 같다.

i) $\begin{cases} x = t \\ y = t \end{cases}, t \in [-1, 1]$

ii) $\begin{cases} x = t^3 \\ y = t^3 \end{cases}, t \in [-1, 1]$

iii) $\begin{cases} x = t|t| \\ y = t|t| \end{cases}, t \in [-1, 1]$

예 2. 원의 방정식 $x^2 + y^2 = 1$에 대하여 매개변수로 표상하면 먼저

$$\begin{cases} x = \cos t \\ y = \sin t \end{cases}, t \in \boldsymbol{R}$$

을 생각할 수 있다. 한편

$$\begin{cases} x = \dfrac{t}{\sqrt{1+t^2}} \\ y = \dfrac{1}{\sqrt{1+t^2}} \end{cases}, t \in \boldsymbol{R}$$

도 생각할 수 있다. 이와 같은 다른 표상들은 미적분 단원에서 중요한 역할을 한다. 또 다른 매개변수로서

$$\begin{cases} x = \dfrac{1-t^2}{1+t^2} \\ y = \dfrac{2t}{1+t^2} \end{cases}, t \in \boldsymbol{R}$$

을 생각할 수 있다.

예 3. 쌍곡선의 매개변수 방정식은

$$\begin{cases} x = a\cosh t \\ y = b\sinh t \end{cases}, t \in \boldsymbol{R}$$

으로 주어진다. 이것은 $\cosh t = \dfrac{e^t + e^{-t}}{2}$, $\sinh t = \dfrac{e^t - e^{-t}}{2}$으로부터 $\cosh^2 t - \sinh^2 t = 1$가 되기 때문이다. 또 $1 + \tan^2 t = \sec^2 t$으로부터 쌍곡선의 매개변수 방정식은

$$\begin{cases} x = a\sec t \\ y = b\tan t \end{cases}, t \in \boldsymbol{R}$$

으로도 주어진다.

예 4. 타원의 방정식은

$$\begin{cases} x = a\cos t \\ y = b\sin t \end{cases}, \; t \in \boldsymbol{R}$$

으로 주어진다.

예 5. 매개변수

$$\begin{cases} x = t\cos t \\ y = t\sin t, \; t \in \boldsymbol{R} \\ z = t \end{cases}$$

에 의하여 주어진 도형은 원뿔면을 감아 올라가는 곡선이다.

8.1.3 현상학적 분석

함수의 현상학적 분석

수학이 관계의 학문이라면 함수는 수학의 모든 영역을 관통하는 개념이다. 따라서 함수를 정의한다면 그것은 수학을 정의하는 것이 된다. 여기서 수학을 정의하게 되면 이후에 나타날 수학은 이미 정의된 수학의 범주 안에서 의미를 가지지 않으면 수학이라고 볼 수 없게 된다. 이것은 수학적 탐구를 매우 좁게 만드는 결과를 초래한다. 따라서 함수 개념은 열린 정의를 채택하는 것이 바람직할지도 모른다. 이런 맥락에서 함수 개념은 현상학적 관점이 바람직할지도 모른다.

함수 개념은 본질적으로 대응 또는 입출력 관계이지만 현상학적으로 본다면 적어도 인과, 범주화, 지명, 양화, 연산, 변수, 도형, 방정식, 구조사상 등 9가지 사태로 나타난다.[77)]

i) 인과. 함수 개념을 인과로 보는 경우는 원인과 결과의 관계성을 의미한다. 인과율은 서양 과학의 3대 기반이라고 할 수 있는 인과율, 기계론, 양화가능성 중의 한 가지를 차지한다. 원인은 우주 섭리에 의하여 나타나는 심리관 또는 자연관을 반영한 것으로서 함수란 우주를 지배하는 인과 규칙들이며 원인에 대한 결과는 인간에 의하여 결정되는 것이 아니라 자연 법칙에 의하여 나타나는 필연성을 가지고 있다. Davis & Hersh(1981)는 자연의 내적 구조로 작용하는 수학을 무의식적 수학이라고 하였는데 이것이 인과성을 학습하게 해주는 자연적 학습 도구들이다. 더욱이 사람들은 원인과 결과가 강한 관련성이 있을 때 이 사태를 의식적으로 나타내기도 한다. 예를 들면 통속적으로 사용하는 '함수관계'라는 용어가 이 사태를 적시한다.

---

77) 이것은 유윤재(2010b)의 결과를 보완한 것이다.

인과로서의 함수 현상에서 함수의 정의역은 모든 원인들로 조직되나 그것이 명시될 수 있는 것은 아니기 때문에 정의역 개념은 무의미하다. 한편 이 함수 현상은 현상의 재현성에 의하여 귀납을 가능하게 하고 심리적 견고함을 가지게 한다. 수학에서 이 개념은 원인/결과 도식인 가정/결론, 문제/답 등과 같은 포괄적인 인지 과정을 인도하기도 한다. 연역에 의하여 인과성을 추론할 수 있기 때문에 연역은 인과 현상을 해명할 도구이다.

ii) 범주화. 이것은 사물로부터 범주화하는 과정이다. 범주화와 인과가 심리적인 공통점이 있지만 다른 점은 인과가 자연에 대한 표상 작용이라면 범주화는 생명체가 세상에 적응하기 위하여 능동적으로 작용한다(Lakoff & Johnson, 1999, 2003). 이 사태는 어떤 대상이 어떤 집합에 속하는가 그렇지 않는가에 대한 판단을 제공한다. 즉 이 사태는 수학화가 될수록 어떤 집합 A에 대한 특성함수 χ_A를 명확하게 구성하는 과정으로 나아간다.

iii) 지명. 지명이란 어떤 대상 M에 A라는 속성을 부과하는 것을 의미한다. 예를 들어 다음 표에 제시된 예시들은 지명을 나타낸다. 함수의 요소로서 정의역, 공역, 대응 중에서 지명은 대응만 나타나는 단계이다. 만약에 어떤 지명을 나타내는 진술이 있을 때 M과 A 각각 유사한 대상을 범주화하면 정의역과 공역으로 주어지게 된다. 따라서 지명과 다음의 양화는 함수 개념이 구체화 되는 단계이다.

진 술	M	A
이 책상을 거실로 옮겨라	책상	거실
사과는 빨갛다	사과	빨강
이 자동차의 이름은 포르쉐이다.	자동차	포르쉐
나의 이름은 철수이다.	나의 이름	철수
나는 문예반에서 일한다.	나	문예반
이 연필의 길이는 5cm이다.	연필	5cm

한편 지명은 현실 세계에서 가장 흔하게 일어나고 따라서 무수한 사례를 가지고 있지만 너무 자연스럽게 일어나기 때문에 함수라는 의식을 하지 않는 경향도 있다.

iv) 연산. 연산은 사칙 계산과 같은 한 개 또는 두 개의 수를 조작하여 다른 수로 산출하는 과정이다. 연산은 규칙을 따르며 그 규칙은 인간의 약속에 의하여 정립된다. 이런 점에서 연산은 앞에서 다룬 것과는 다르게 의식적이다. 연산 개념은 초기에 수의 직관에 의하여 조직되었으나 그 조직을 분석하게 되었고 이어 대수구조라는 구조성을 연구하는 대상으로 발전하였다. 연산은 가장 근원적인 수학적 조작인 동시에 엄격한 절차 규칙이 요구되기 때문에 연산 과정에 내재된 엄격함이 이후 개념적 성장 과정에서 그대로 유지되어 수학을 엄격한 학문으로 보이게 되었다. 더욱이 연산기호는 인지 과정에서 절차인 동시에 대상, 즉 과념으로 간주할 수 있다(Gray & Tall, 1994). 연산의 기본 조작은 덧셈이다. 이어 곱셈이 나타난다. 그러나 곱셈은 덧셈보다 더 복잡하기 때문에 곱셈을 덧셈으로 변환시킬 필요가 있다. 즉 보다 일반적으로 덧셈과 곱셈을 구별하지 않게 하는 연산조작이 필요한데 이때 중요한 역할을 하는 함수가 지수함수와 로그함수이다. 이 사태는 결합법칙, 교환법칙, 분배법칙, 지수법칙 등과 같은 용어가 중심 역할을 한다.

한편 연산 사태는 지수함수, 로그함수, 삼각함수와 같은 보다 복잡한 것으로 수학화된다. 이런 사례들은 지필산에 의하지 않고 수표 또는 계산기에 의하여 수행된다. 수표와 계산기는 함수가 내장된 것이다. 따라서 연산 사태는 계산기 사용에 대한 논의의 근거를 마련한다.

v) 양화. 명명이 어떤 대상에 일반적인 이름을 부여하는 것인데 반하여 양화는 대상에 수치를 부여한다. 이 단계는 경험 세계를 수학적으로 표상하고 조직하는 최초의 수학화 단계로서 경험 세계의 사태를 수학적으로 추론할 수 있게 해주는 발판을 제공한다. 수학이 자연과학의 언어가 될 수 있었던 것도 양화가능성에 기인한다. 이 사태는 '측정가능'이라는 용어가 주류를 이룬다. 예를 들면 각도, 길이 넓이, 부피, 온도, 질량 등 다양한 양화된 대상들을 이 사태에 속하는 사례들이다. 양화 사태는 함수를 변수로 함으로써 더 높은 수학화를 가지게 되는데 이 경우를 범함수(functional)라고 한다. 예를 들면 극한, 미분계수, 정적분, 분산, 표준편차, 기댓값 등이 여기에 해당한다.

vi) 변수. 함수를 변수로 간주하는 것은 정의에 의하여 주어진 개념이 아니라 어떤 함수의 정의역의 원소가 되는 경우이다. 함수를 변수로 간주하는 경우, 함수들의 모임은 비구조적일수도 있으나 일단 수학적 구조가 조직되면 집합으로 불리지 않고 함수공간이라는 이름으로 불린다. 따라서 변수 개념은 1변수에서 다변수로, 다변수에서 추상 공간의 집합으로 수학화 되었다. 변수로서 정식화 된 최초의 함수 개념은 아마 미분계수를 측정할 때 적용된 함수라고 보며 이 후 미분방정식, 변분학 등에서 본격적으로 사용되었다.

각각의 사태들은 처음에는 수가 변수가 되나 수학화가 진행되면서 함수가 변수가 되었다. 따라서 함수가 변수가 되는 기점은 프로이덴탈이 말하는 수직적 상승의 중요한 사례들이다.

한편 함수가 변수가 될 때, 각각의 함수는 표준정의를 만족하지 않을 수 있다. 예를 들면 르베그 적분가능 함수와 초함수(generalized function 또는 distribution)는 표준함수의 점별 대응에 대한 정의 ii)를 만족하지 않는다.

vii) 도형. 도형은 함수의 그래프 또는 상의 전체적 형태를 주목하고 있다. 따라서 함수가 도형으로 작용하기 위해서는 정의역과 공역에 적절한 구조가 전제되어야 한다. 이 구조는 먼저 X와 Y에 순서구조가 주어져 있을 경우 함수는 $y=f(x)$과 같이 나타내고 x의 변화에 대하여 y의 변화를 주목하여 함수의 거시적 측면이 주목한다. 이 경우는 이산적 변화로서 따라서 추이, 추세, 양태 등과 같은 용어를 사용한다.

한편 X와 Y 위상구조가 도입되면 $X\times Y$는 X와 Y에 의하여 유도된 위상이 주어지므로 따라서 함수를 $f(x,y)=0$로 나타내는 것이 보다 적절하며 또 함수의 표준 정의 대신에 조건 i) 대신에 $f\subset X\times Y$를 사용하는 편이 적절하다. 이 경우는 주로 도형의 국소적 변화를 주목하여 전체 형태를 추론하기 때문에 도형의 국소적 성질을 부각한다. 또 함수의 국소적 성질을 분석하기 위해서는 함수의 정의역을 필요로 한다.

viii) 방정식. 방정식은 함수 f와 주어진 a에 대하여 $f(x)=a$를 만족하는 x를 찾는 사태를 의미한다. 이 사태는 가해성, 근, 인수분해, 선형, 비선형 등과 같은 용어를 사용한다.

연산이 일방향 과정인데 비하여 방정식은 양방향, 특히 역방향의 연산을 중시하고 있다. 또 연산 사태가 절차적 자동화를 중요시하는 반면에 방정식 사태는 역연산을 중시하다보니 분석적이고 비판적인 절차를 요구한다.

ix) 구조사상. 함수를 구조사상으로 보는 것은 정의역과 치역의 구조를 비교할 때이다. 따라서 이 측면이 주의집중되기 위해서는 정의역과 치역이 먼저 수학적 구조를 가지고 있어야 한다. 유추란 두 구조 사이의 유사성[78]을 파악하는 인지과정이기 때문에 이 개념은 유추적 사고와 관련된다. 구조사상이라고 해서 반드시 인지적 복잡도가 높은 것만은 아니다. 실제로 구조 비교는 비교적 어린 나이에 발생하는데 바로 셈수 개념의 발달에서 찾을 수 있다. 이 사태의 전형적인 사례가 동형사상이다.

이 분류들을 종합하면 다음과 같은 특징이 나타난다. 먼저, 하나의 함수가 위의 분류 중에서 반드시 어느 하나에 속하겠지만 그 소속성은 사태에 민감하게 작용하기 때문에 맥락을 주의집중해야 한다. 예를 들면 n차 행렬 A는 변수가 되기도 하고 $A\boldsymbol{x}=\boldsymbol{b}$인 경우에는 방정식이 되고, 두 벡터공간의 구조를 비교하는 구조사상이 되기도 한다. 각각의 사태에 적용되는 용어들은 서로 통약불가능하다.

다음 표는 각각의 사태를 따르는 사태 의존적 용어들이다.

78) 수학에서 이 사상은 동형(isomorphism)이 된다.

사태	사태 의존적 용어
인과	원인/결과, 가정/결론, 가설, 통속적으로 사용하는 '함수관계'
범주화	속한다. 포함한다, 범위, 경계, 집합
지명	이름, 속성, 명명
연산	결합법칙, 교환법칙, 분배법칙, 계산, 소거
양화	수치, 단위, 측정값, 계량, 근삿값, 좌표
변수	위상, 구조
도형	경향, 추세, 변화, 분포, 기울기, 증가/감소, 변곡점, 점근, 주기성, 임계점, 곡률
방정식	근, 가해성, 인수분해, 선형/비선형
구조사상	불변성, 보존, 동형

둘째, 이 분류에 의하면 함수 사태들은 전 함수 층위, 의사 함수 층위, 표준 함수 층위로 구분된다.

i) 전 함수 층위. 위의 분류에서 인과, 범주화 등이 여기에 속한다. 이 단계의 사태들의 특징은 무의식적이고 능동적이며 체화되어 있다. 즉 인과는 시간과 상호작용한 결과로서 통시적이고 범주화는 비시간적 상황과 상호작용한 결과서로 공시적이다. 이 층위는 함수 개념이 무의식적으로 작동되는 단계이다.

ii) 의사 함수 층위. 위의 분류에서 지명이 여기에 속한다. 이 단계는 함수 개념이 의식적으로 나타난다. 즉 이 단계는 속성을 부여하는 일관된 사태가 나타난다. 여기서 양화 사태는 사물을 수로 대응하는 과정으로서 최초로 수학화가 나타난다. 그러나 이 단계에서 함수 개념은 개체 개별적으로 나타나기 때문에 정의역이나 공역의 개념은 드러나지 않고 이를 위해서는 반성적 단계가 필요하다. 이 층위는 학교수학에서 교수학습을 시작할 수 있는 명확한 단계이다.

iii) 표준 함수 층위. 위의 분류에서 연산, 양화, 도형, 방정식, 변수, 구조사상 등이 여기에 속한다. 이 층위는 실질적으로 수학적 조작과 사고를 할 수 있는 수학 체계로서 현대 수학의 주제들이 포함된 층위이다.

마지막으로 각각의 사태는 수학화 과정을 가진다는 것을 다음 표를 통하여 알 수 있다. 여기서 수학화의 가장 큰 특징이라면 수를 변수로 하는 단계에서 함수를 변수로 하는 수직상승이 나타난다는 점이다.

함수 층위	사태와 수학화	
잠재함수	인과	암묵적에서 명시적으로
	범주화	분류에서 범주로
의사함수	지명	속성부여에서 술어명제로
표준함수	연산	사칙연산에서 함수연산으로
	양화	측정에서 범함수로
	변수	이산 구조에서 연속 구조로
	도형	수 집합에서 함수 공간으로
	방정식	대수방정식에서 함수방정식으로
	구조사상	유추를 수학적 도구로

주변수와 매개변수의 맥락에 의한 역할 예시

식	변수	매개변수	일차 의미지향적 활동 내용	이차 의미지향적 활동 내용
$y=\frac{nx}{1+x^2}$	x, y, n	n	개별 함수의 그래프에 관심	함수열의 평등 수렴성 분석
		x	x에서 각각의 n의 변화에 따른 y의 값	함수열의 극한 함수 구하기
$x^2+y^2=r^2$	x, y, r	r	반지름이 r인 원의 모습	동심원군
		x	동심원 군의 점별 수렴성에 관심	
		(x, y)	점 (x, y)을 통과하는 r의 값에 관심	
$y=ax+b$	x, y, a, b	(x, y)	점 (x, y)을 통과하는 직선들의 a와 b의 값에 관심	
		a	b의 변화가 가지는 함수 그래프의 양상에 관심	
		b	y축의 절편이 고정되었을 때 일차함수의 양상에 관심	
$\begin{cases}x=r\cos\theta\\y=r\sin\theta\end{cases}$	x, y, r, θ	r	θ가 변할 때 (x, y)의 변화에 관심	
		θ	r이 변할 때 (x, y)의 변화에 관심	
		(r, θ)	주어진 (r, θ)에 대한 x와 y의 값	
		(x, y)	주어진 (x, y)에 대한 r과 θ의 값	
$\{x\in F : x^2=3\}$	x, F	x	x에 관한 이차방정식이 어떤 F에서 근을 가질까?	
		F	F에서 방정식 $x^2=3$의 근의 존재성	방정식 $x^2=3$이 근을 가질 집합은 어떤 것일까?

$(p\vee q)\to r$	p, q, r	r	r이 참(또는 거짓)일 때 진리표를 만들어 보자.	
		(p, q)	(p, q)가 참(또는 거짓일 때) 진리표를 만들어보자.	
$\int_1^b f(x)dx$	b, x, f	b	다양한 함수열 f에 의한 값의 양상	$\int_1^\infty f(x)dx$의 수렴성
		f	주어진 함수 f의 1에서 ∞까지의 이상 적분	함수열 $\int_1^b f_n(x)dx$의 수렴성
$f'(x)=2$	f, x	x	x에서 기울기가 2가 되는 함수	미분방정식의 해 구하기
		f	주어진 f에 대하여 미분계수가 2가 되는 곳 찾기	

8.2 심리적 분석

8.2.1 인지적 분석

함수 개념의 모형

대응 또는 이에 대한 수학적 표상인 디리클레-부르바키 정의는 원리적으로 무정의 용어에 기초되어 있다. 따라서 학생이 함수 개념을 이해한다는 것은 결국 교사가 함수 정의를 해석한 결과를 다시 해석하는 과정이다. 따라서 이 경우에 교사는 함수 정의에 대한 다양한 모델을 제시한다. 이 모델은 일차적으로 함수 개념의 수학적 모델이나 이차적으로 학습자의 정신모델이 될 수 있다.

예를 들어 함수 $f:\{1,\ 2,\ 3,\ 4\}\to\{a,\ b,\ c\}$, $f(1)=b$, $f(2)=c$, $f(3)=a$, $f(4)=b$에 대하여 다음과 같은 모델을 생각할 수 있다.

i) 그래프.

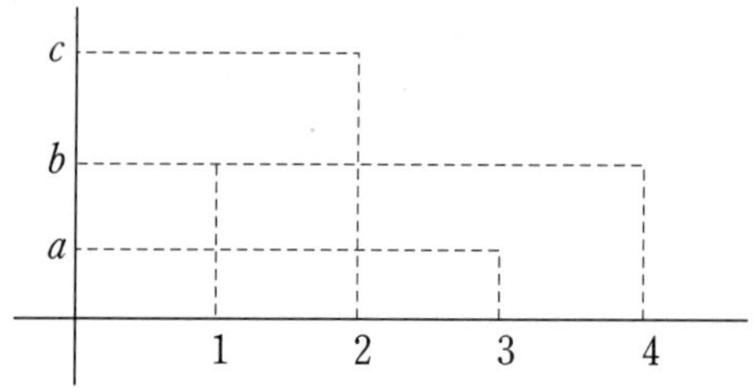

ii) 화살표 다이어그램.

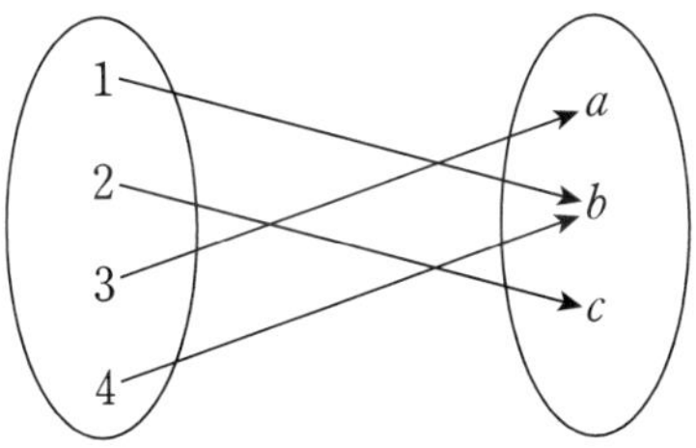

iii) 수표.

x	1	2	3	4
$f(x)$	b	c	a	b

iv) 대수적 식. $f(1)=b,\ f(2)=c,\ f(3)=a,\ f(4)=b$

v) 순서쌍. $f=\{(1,\ b),\ (2,\ c),\ (3,\ a),\ (4,\ b)\}$

vi) 입출력 상자. 1을 넣으면 b가 나오고, 2를 넣으면 c가 나오고, 3을 넣으면 a가 나오는 등, 하나의 상자를 생각하고 입력과 출력을 가상하는 상자를 상정하는 것. 이 모형은 가장 포괄적인 정신모델을 형성한다.

여기서 이 표상들의 특성을 비교하면 다음 표와 같다.

모형	특징	활용 영역
입출력 상자	연산의 의미를 가지는 함수관계의 포괄적 정신모델을 형성하는 데 유리하다.	연산의 개념적 이해 포괄적 개념 형성
그래프	함수의 전체적인 면을 한 눈에 볼 수 있다. 추세를 나타내는 경우라면 추세를 추측할 수 있다.	추세의 예측 수열과 급수의 수렴성 이해
화살표 다이어그램	대응 관계에 대하여 전체적인 특성을 파악할 수 있다.	이산형 함수의 함숫값 변화의 이해 역함수의 이해 합성함수의 이해
수표	전체적인 면을 한 눈에 볼 수 있다. 흐름을 파악하는 데 있어서 그래프보다는 약하다.	역함수의 이해
대수적 식	개념화하기 쉽다.	대수적 조작을 위한 도구
순서쌍	함수의 엄밀한 정의이다. 사용하기 복잡하다. 전체적인 특성이 나타나지 않는다.	함수 정의의 논리성 이해

함수 개념이 가지는 인지적 어려움은 관련 정신모델의 실패 또는 빈약한 정신모델의 적용과 관련이 있다. Clements(1984)는 시각적으로 사고할 수 있음에도 불구하고 시각적으로 생각하지 않으려는 경향이 있음을 주목하였는데 실제로 다음 두 함수의 미분가능성에 관한 연구에서 확연하게 들어난다. 다음 두 함수

$$f(x)=\begin{cases} x\sin\dfrac{1}{x}, & x\neq 0 \\ 0, & x=0 \end{cases}$$

$$g(x)=\begin{cases} x^2\sin\dfrac{1}{x}, & x\neq 0 \\ 0, & x=0 \end{cases}$$

의 $x=0$에서의 미분가능성을 확인하는 과정에서 정의를 사용하는 그룹이 함수의 그래프로 부터 직관적으로 결과를 도출하려는 그룹보다 분명하게 다수를 점하고 있다는 것이 확인되었다. 이것은 중학교 과정에서 배우는 원의 접선에 대한 직관적 접근에서 고등학교에서 배우는 미분계수의 형식적 접근으로 이행되는 과정에서 필요한 인지적 성장을 단계적으로 활성화해 줄 교육적 장치가 교육과정에서 나타나지 않는다는 점도 있겠지만 한편으로는 대학에서 이수하는 수학 교사들을 위한 수학 교육 내용이 주로 형식주의에 치우쳐 있다는 사실을 반영한다. 함수의 정신모델을 강조하는 것과 형식적 취급을 강조하는 주장은 오랜 논쟁의 대상이었지만(Kleiner, 1989), 인지적 측면이 강조되면서 다시 시각화와 같은 정신모델의 중요성이 부각되고 있다(Blackett, 1987; Rival, 1987; Tall, 1986; Thomas, 1988). 결론적으로 함수 개념의 학습은 시각화를 통한 직관적 접근과 수학적 기호를 통한 상징적 접근의 상호보완성이 필요하다.

함수 모형과 함수 사태의 비교

앞에서 제시된 6개의 함수 지도 모형을 각각의 사태를 이해하기 위한 모형으로 제시한다고 할 때 다음 표는 사태에 적합한 함수 모형을 제시한다.

사태	모형	비고
인과	화살표 다이어그램, 수표, 입출력상자	
범주화	수표	
지명	화살표 다이어그램, 입출력상자	
연산	입출력 상자, 수표	
양화	대수적 식, 수표, 화살표 다이어그램, 입출력 상자	

변수	대수적 식	
도형	대수적 식, 그래프	대수적 식의 경우, 이산일 때는 $f(a)=3$, $f(b)=1$, ...으로 주어지지만 연속일 때는 $f(x)=ax^2-b$등과 같이 주어진다.
방정식	대수적 식	
구조사상	대수적 식	

개별 함수에 대한 APOS적 접근

i) 일차함수 $y=ax+b$.

단계	특징
행동	주어진 함수의 그래프 그리기
과정	숙달된 그리기 활동, 기울기 a와 절편 b의 역할 파악
대상	직선으로 인식. 직선성, 기울기 a, 절편 b을 대상화 함
도식	인지구조에 통합

ii) 이차함수 $y=(x-p)^2+q$.

단계	특징
행동	주어진 함수의 그래프 그리기
과정	주어진 이차함수의 그래프와 $(p,\ q)$와의 관련 주목
대상	꼭짓점을 대상화 함
도식	인지구조에 통합

iii) 유리함수 $y=\dfrac{1}{x-p}+q$

단계	특징
행동	주어진 함수의 그래프 그리기
과정	주어진 유리함수의 그래프와 $(p,\ q)$와의 관련 주목
대상	점근선을 대상화 함
도식	인지구조에 통합

주변수와 매개변수의 개념적 차이

주변수와 매개변수가 함께 주어진 함수식을 다룰 때는 먼저 주변수와 매개변수를 구별하여 단계적으로 접근하는 것이 인지적 부담을 덜게 한다. 만약 주변수와 매개변수를 구별하지 않는 것은 변수를 하나 더 늘리는 효과를 가져 오기 때문에 함수의 정의역이나 공역의 차원이 원래 보다 더 많아지게 되는 동시에 그 결과는 전혀 다른 것이 된다. 예를 들어 $y = ax$에서 a가 상수라고 생각하면 y는 x의 일차함수이다. 이것은 x와 y를 주변수로 a를 매개변수로 볼 때 나타난 구분이다. 만약 a도 주변수로 보게 되면 주어진 함수는 실제로 $\boldsymbol{R}^2$에서 정의된 함수가 된다. 전자의 정신모델과 후자의 정신모델은 다음 그림과 같다.

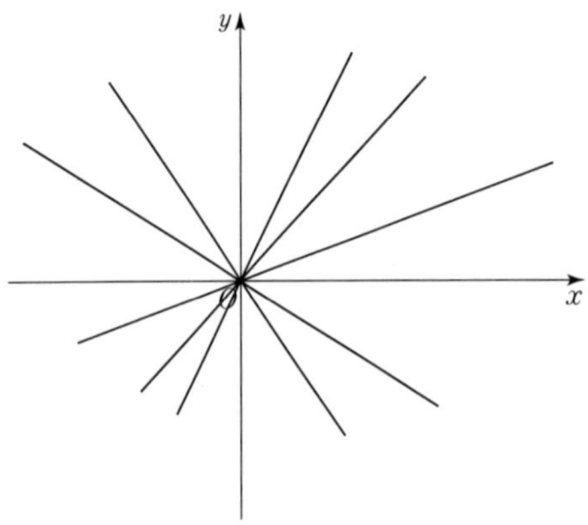

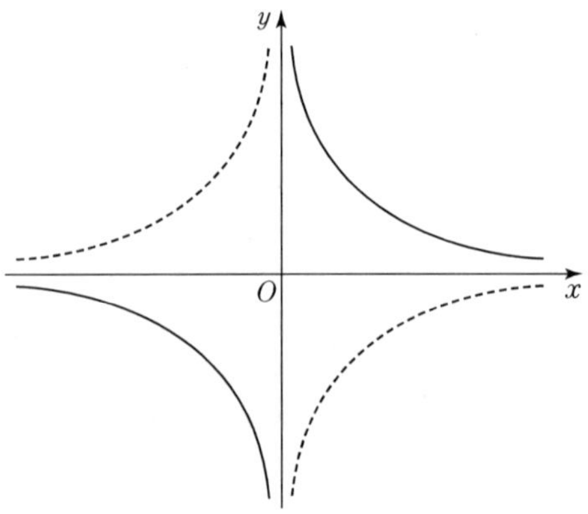

8.2.2 오개념 분석

함수 개념에 대한 오개념

i) 치역과 공역을 동일한 것으로 생각한다.
ii) 함수의 그래프는 직선 또는 곡선만 있다고 생각한다.
iii) 함수의 그래프는 연속이어야 한다.
iv) 함수는 식으로 주어져 있다.
v) 함수는 규칙적이라야 한다. 그러나 규칙에 대한 정의는 모호하다.
vi) 규칙이 있는 함수가 주기함수이다.

일차함수에 지도에서 나타나는 고정관념

일차함수를 지도할 때, 교사들은 기울기를 나타낼 때 항상 왼쪽에서 오른쪽으로 방향을 지시하는 경향이 있다. 예를 들면 다음 그림에서 R에서 P로 또는 P에서 Q로 지시하는 것은 흔하게 보이나 역으로 Q에서 P로 또는 P에서 R로 지시하는 것은 잘 보이지 않는다. 이것은 잠정적인 오개념이다.

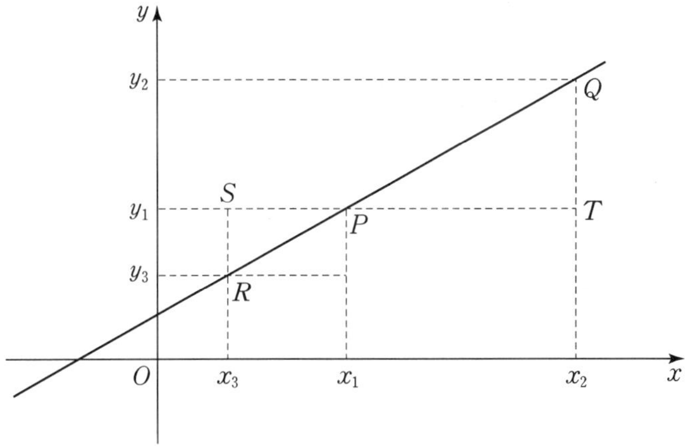

모든 함수는 가법적 또는 승법적 이라고 생각함

함수 f가 임의의 x, y에 대하여 등식

$$f(x+y)=f(x)+f(y)$$

를 만족할 때 이 함수를 가법적이라고 한다. 함수는 모두 가법적이라고 생각하고 있는 학생들이 있다. 즉 그런 학생들은

$$\sin(x+y)=\sin x+\sin y$$
$$\log(x+y)=\log x+\log y$$
$$\frac{1}{x+y}=\frac{1}{x}+\frac{1}{y}$$

등으로 생각하고 있다.

이런 오류는 모든 함수가 승법적이라는 오류로 확장된다. 여기서 함수 f가 승법적이라는 것은 임의의 x, y에 대하여 등식

$$f(xy)=f(x)f(y)$$

를 만족함을 말한다. 예를 들면

$$\sin(2x)=(\sin 2)\sin x$$
$$\sin\left(\frac{1}{x}\right)=\frac{1}{\sin x}$$

등으로 생각한다. 더욱이

$$(fg)'=f'g'$$

$$\int fg = \int f \int g$$

이라고 생각한다.

한편 함수를 입출력 상자로 간주할 경우 그 상자의 내부 규칙에 의하여 입출력을 실행한다고 생각하고 그 결과 함수는 모두 규칙성을 가진 것이고 식에 의하여 표상된다고 생각한다.

함수와 역함수로 주어진 연립방정식의 근의 개수

함수 $y=f(x)$가 역함수 $y=f^{-1}(x)$를 가진다고 하자. 이때 연립방정식

$$\begin{cases} y=f(x) \\ y=f^{-1}(x) \end{cases}$$

의 근은 직선 $y=x$ 위에 있다고 한다. 이것은 다음 그래프를 보고 판단한 것이다.

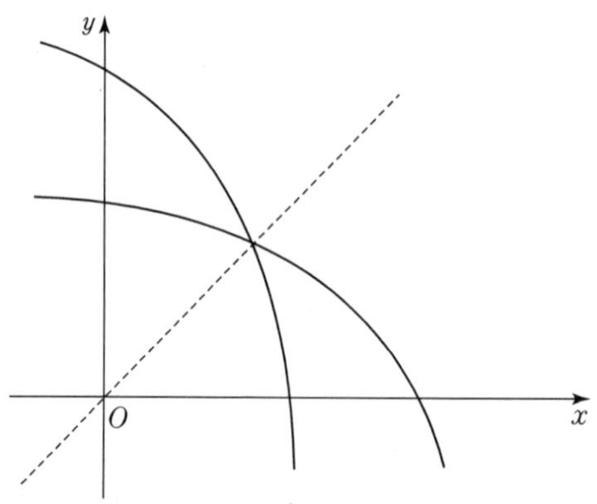

그러나 이 판단은 잘못 되었다. 예를 들면 $f(x)=-x+\sin x$라고 두면 연립방정식 $\begin{cases} y=f(x) \\ y=f^{-1}(x) \end{cases}$는 무수한 근을 그래프 $y=x$의 밖에서 가진다.

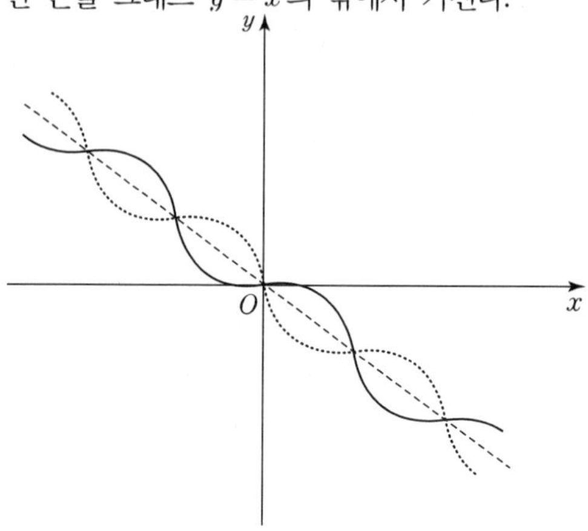

역함수의 지도에서 생기는 오개념

화살표 다이어그램이 주는 경우 다음과 같은 문제가 나타난다.

학생 A : 역함수는 화살표의 방향을 바꾼 것에 해당합니다. 그러므로 함수 $y=f(x)$에서 정의역의 원소를 x로 표기하고 공역의 원소를 y로 표기하고 화살표가 함수 f를 나타내기 때문에 역함수는 시작이 y이고 종착이 x이며 방향은 반대라는 것은 f^{-1}을 나타내기 때문에 주어진 함수의 역함수는 $x=f^{-1}(y)$가 됩니다.

학생 B : 주어진 함수 $y=f(x)$와 마찬가지로 역함수도 y는 x의 함수라야 합니다. 그러나 $x=f^{-1}(y)$는 x가 y의 함수가 되어있기 때문에 정상적이 아닙니다. 그러므로 정상적인 함수가 되기 위해서는 어떻게 해야 하나요? 나는 주어진 함수의 역함수가 $f^{-1}(x)=\dfrac{x-4}{2}$라는 것을 알고 있는데 이것을 사용하여 표준적인 것으로 고쳐주기 바랍니다.

학생 A : 표준적인 것으로 고치기 위해서는 $x=f^{-1}(y)$에서부터 $f^{-1}(y)=\dfrac{y-4}{2}$이므로 여기서 y를 구하면 $y=2x+4$를 얻습니다.

학생 B : 이상하군요? 마지막 식은 $y=f(x)$와 동일하군요? f의 역함수를 구한 것이 맞나요?

삼각함수에 대한 오개념

도형으로서의 각, 60분법에 의한 각도 측정, 호의 길이에 의한 각도 측정 등 삼각비는 적어도 세 가지 정의가 있다. 그러나 이 3가지에 의하여 나타나는 삼각비를 분명하게 구별하지 않기 때문에 이 3가지에 의한 삼각함수의 차이점을 구별하지 못하고 있다. 다음 예는 교사들이 가진 오개념이다.

예 1. 이 사례는 여러 가지 오개념이 혼재되어 있다.

중학교에서 라디안을 배울 때, $\cos 60^\circ=\dfrac{1}{2}$이라고 하면, 각도 60°는"도"단위가 붙는 수이지만 삼각비의 값 $\dfrac{1}{2}$은 단위가 붙지 않는 그냥 실수이다. 그런데 사실은 $\dfrac{1}{2}$은 $\dfrac{(\text{밑변의 길이})}{(\text{빗변의 길이})}$라고 하는"길이의 비"이다. 길이는 cm 등의 단위가 필요로 하지만, 비는 단위가 없는 그냥 "수"일 뿐이다. 길이의 비든 부피의 비든 "비"에 구태여 단위를 붙이자면 일반적으로 "배" 정도일 것이다. "비" 단위가 필요없는 그냥 수인 이유는 어떤 특정한 양과 결부된 것이 아니기 때문이다. 예를 들어, 길이 2cm와 무게 10g은 어느 것이 더 크냐 작으냐를 말할 수 없다. 그러나 "길이의 비가 3배"라는 것과 "무게의 비가 4배"라는 것은'무게의 비가 길이의 비보다 더 크다'라는 식으로 비교할 수 있다. 각의 크기와 삼각비의 값의 단위를 일치시키기 위해서는 각의 크기도 이와 같은 "비로" 나타내면 편리할 듯하

다. 그러므로

$$(\text{각의 크기}) = \frac{(\text{원호의 길이})}{(\text{반지름의 길이})}$$

와 같이 정의된다. 즉, 각의 크기도 "길이의 비로 나타냄으로써 각의 크기와 삼각비의 값의 단위를 일치시킨 것이다." 삼각함수에 sine이나 cosine은 원점을 중심으로 한 단위원 상에서 움직이는 동경의 끝점의 y좌표와 x좌표로 정의되는데, 이때 크기(라디안)는 동경의 끝점이 단위원 상에서 움직인 거리를 의미한다. 좌표축의 길이나 반지름의 길이가 단위 없는 실수인 것처럼 각의 크기도 단위 없는 실수가 되는 것이다.[79] (p. 268)

이어 다음 진술이 나타난다.

$y = \sin(\sin x)$에서 x가 도 단위의 각이면 $\sin x$는 서로 다른 양이 된다(p. 269)

이 진술에는 무엇이 잘못되어 있을까? 이 진술에 의하면 x가 도 단위의 각을 나타내면 $\sin x$는 실수이고 따라서 $\sin(\sin x)$는 실수에 대한 사인이기 때문에 서로 다른 양이라고 보고 있다. 즉 이 판단에 의하면 위의 $y = \sin(\sin x)$는 $y = \sin_\pi(\sin_{180} x)$를 의미한다. 그런데 위의 글에서 이렇게 판단해야 할 근거가 어디에 있는가?

예 2. 다음 문장을 보자. 이 진술도 교사에 의한 것이다.

호의 길이가 각의 크기이므로 호의 길이가 실수이면 각의 크기도 실수가 된다. 이런 의미에서 라디안은 단위를 붙이지 않는다.

일반적으로 수학적 양은 단위를 고려할 필요가 없으나 단위를 사용하지 않으면 혼란이 일어날 경우에는 단위를 반드시 명시한다. 호도각 기반의 삼각함수 $\sin_\pi x$에서 호도각 단위 'rad'를 사용하지 않는 이유는 $\sin_\pi x$가 이론수학에서 삼각함수의 표준으로 사용되기 때문에 rad 기호를 생략했을 뿐이다.

변수에 대한 오개념으로 인한 문제해결의 실패

$1 \le x \le 2$이고 $1 \le y \le 2$일 때 $\dfrac{x+2y}{2x+y}$의 범위를 구하는 데 다음과 같이 구했다. 먼저 $3 \le x + 2y \le 6$이고 $3 \le 2x + y \le 6$이므로 이 두 식으로부터

79) 중등 수학과 교재연수 및 지도방법 직무연수 1기(I), p. 268.

$$\frac{1}{3}=\frac{2}{6}\le\frac{x+2y}{2x+y}\le\frac{6}{3}=2$$

를 구했다.

여기서 $\frac{x+2y}{2x+y}=2$일 때의 x와 y의 값을 보면 $x+2y=6$이 되었을 때 $(x,\ y)=(2,\ 2)$이고 또 $2x+y=3$이 되었을 때 $(x,\ y)=(1,\ 1)$이다. 즉 주어진 식에는 분자, 분모에 같은 x의 값과 같은 y의 값이 주어져야 하는데 이와 같이 다른 값에 의하여 주어졌다. 즉 이렇게 푸는 것은 2변수의 문제가 아니라 4변수의 문제로 생각하는 오류에 기초한다.

이 문제는 실제로 두 함수의 합성의 치역에 대한 문제로 귀착된다. 즉 영역 $D=\{(x,\ y):1\le x,\ y\le 2\}$에서 $t(x,\ y)=\frac{y}{x}$의 값의 범위를 구하는 문제와 $t(D)$에서 $f(t)$의 범위를 구하는 문제로 귀착된다. 따라서 우선 $t=\frac{y}{x}$로 두고 주어진 식을 t의 식으로 변형하면 주어진 문제는 $t(D)=\left\{t:\frac{1}{2}\le t\le 2\right\}$에서 $f(t)=\frac{1+2t}{2+t}$의 값의 범위를 구하는 문제가 된다. 이것은 그래프를 이용하거나 또는 대수적으로 해결하면 된다.

대안적 방법으로 다음과 같이 생각할 수 있다. $1\le x\le 2$이고 $1\le y\le 2$일 때 $\frac{x+2y}{2x+y}=t$라고 두고 주어진 식을 정돈하여 $y=\frac{2t-1}{2-t}x$라고 두면 주어진 문제는 $1\le x\le 2$이고 $1\le y\le 2$일 때 일차함수 $y=\frac{2t-1}{2-t}x$의 기울기 $\frac{2t-1}{2-t}$의 범위를 묻는 문제가 된다. 따라서 범위는 $\frac{2t-1}{t-2}=2$가 되는 경우와 $\frac{2t-1}{t-2}=\frac{1}{2}$가 되는 경우이고 이 방정식들을 풀어 t이 값을 구함으로써 답을 얻을 수 있다.

8.3 교육적 분석

8.3.1 교육과정 분석

학습목표 분석

함수 개념의 교육목표는 다음과 같다.

i) 함수 현상을 함수로 정식화 할 수 있다. 주어진 현상이 함수 현상이라는 것을 인식하고 가능한 한 그것을 수식으로 표시할 수 있어야 한다. 예를 들어 용수철저울에 무게를 다는데 다음 표와 같은 관찰값을 얻었다.

무게(kg)	1	2	3	4	5
늘어난 길이(cm)	12	14	16	18	20

이 표로부터 용수철저울에 대한 식을 세울 수 있다.

ii) 함수의 거시적 성질을 알고 주어진 함수를 그 범주에 따라 분류할 수 있어야 한다. 예를 들면 홀함수/기함수, 주기함수, 대수적 함수, 초월함수 등으로의 분류를 통하여 함수의 개형을 추측할 수 있다.

iii) 함수의 국소적 특성을 인식한다. 이것은 함수를 도형으로 간주할 경우인데 주어진 함수가 있을 때 모양의 질적 변화를 관찰하기 위함이다. 예를 들면 임계점(critical point)[80], 증가상태와 감소상태, 변곡점(point of inflection) 등을 통하여 함수의 국소적 성질을 조사함으로써 개형을 그릴 수 있다.

학습 내용 개요

다음 표는 함수 사태에 따른 주요 학습 내용과 주안점을 나타낸 것이다.

사태	내용	주안점
인과	원인과 결과	자연관
범주화	공통점과 차이점 찾기	기본수준을 주목한다.
지명	명명하기, 정의하기	대응규칙이 함수의 대응규칙 보다 일반적이라는 점을 강조한다.
연산	연산표 읽기, 표 읽기, 연산 규칙	규칙에 의한 절차 계산기 사용의 의의
양화	길이, 면적, 체적, 보간법, 극한값, 미분계수, 정적분, 평균, 분산	일반적 대상의 양화와 함수의 양화의 차이점 지도
변수	연속함수의 집합, 미분가능함수의 집합, 확률변수	수학화의 단계라는 점은 인식한다. 함수공간을 위한 집합적 사고
도형	막대그래프, 절선그래프, 수열의 양상, 그래프의 개형 그리기	거시적 분석 도구와 미시적 분석 도구를 구별할 수 있어야 한다.
방정식	대수방정식 함수방정식	역연산을 주목 근의 존재성과 유일성
구조사상	변환	두 구조 간의 유사성과 차이점을 이해

그러면 함수 개념의 9가지 측면이 교수학습에서 어떻게 적용되어야 할까? 함수 개념과 관련된 교수학습 상황은 단순히 함수 개념을 이해하기 위한 사례를 제시하는 것으로 종결

80) $f'(a)=0$가 되는 a를 의미한다.

되는 것이 아니라 그 주어진 상황에서 주어진 함수가 수행해야 할 역할을 규명하는 것으로서 다음 물음에 의하여 명료화된다.

i) 텍스트에 주어진 함수 개념이 정확하게 위의 9가지 측면 중에 어느 것을 지시하는가?
ii) 어떤 수학적 상황에서 관련된 함수 개념은 위의 9가지 측면 중에서 어느 것을 활성화해야 하는가?

지식의 연결성

함수는 수학적 대상들 간의 관계를 설정하기 때문에 모든 수학적 대상들이 상호 연결될 때는 항상 함수에 의하여 지탱된다. 이런 이유로 인하여 함수 개념은 수학의 모든 것과 관련되어 있다. 따라서 다른 단원에서 제시한 연관표는 여기서 불필요하다.

8.3.2 학습 주제 및 내용 분석

함수 개념의 도입

현상학적 분석에 의하면 함수 개념은 이미 무의식적으로 존재했고 또 디리클레의 대응 개념도 이미 일상생활 속에서 익숙하게 경험하고 있다. 그럼에도 불구하고 대응 개념이 19세기에 와서 정착된 것은 다음과 같은 이유라고 본다.

i) 연산 사태를 드러내는 용어, 즉 연산, 수표 등과 같은 용어는 각각의 의미 역할을 충실하게 하고 있었기 때문에 함수라는 새로운 용어로 통합할 필요성이 없었다. 수학에서 추상화와 통합이 항상 즉각적으로 이루어지는 것은 아니다.
ii) 함수의 연속성은 함수의 미시적 성질을 다루는 경우이고 이때는 어떤 점의 근방이라는 국소적 정의역이 필요하다. 따라서 함수의 미시적 분석이 필요하지 않는 경우는 정의역과 치역은 중요한 개념이 아니다. 더 나아가서 두 수학적 구조를 비교하기 위해서는 정의역과 치역이 명시되어야 한다. 수학의 구조를 중시하게 된 시점, 즉 부르바키의 수학에서 정의역과 치역이 명시된 것은 우연이 아니다.

이와 같은 결론은 역사적 근거에 의한다. 이 근거에 의하면 함수 개념의 지도에서 처음부터 정의역과 치역을 명확하게 드러나지 않는다. 뿐만 아니라 현상학적 분석의 결과도 정의역 치역을 처음부터 명확하게 제시할 필요는 없는 것으로 나타난다. 그러므로 학교수학에서 함수개념을 도입할 때 정의역과 치역을 처음부터 명시하는 접근이 교육적으로 타당한가를 숙고할 필요가 있다.

함수 개념의 대안적 정의

학교수학에서 함수의 정의역과 공역을 명시하지 않고 대응규칙만 제시하는 경우가 많이 있다.

정의. 함수 $f: X \to Y$를 다음과 같이 정의한다.

i) $f \subset X \times Y$
ii) $(\forall x)(\forall y)(\forall z)[[(x,\ y) \in f \wedge (x,\ z) \in f] \to [y = z]]$

또 $D(f) = x \in X : (x,\ y) \in f$와 $R(f) = y \in Y : (x,\ y) \in f$을 각각 f의 정의역과 치역이라고 한다.

예 1. $(x,\ y) \in f \subset \boldsymbol{R} \times \boldsymbol{R}$을 조건 $xy = 1$로 정의하면 f는 조건 ii)를 만족하기 때문에 함수가 된다. 또 $D(f) = \boldsymbol{R} - \{0\} = R(f)$이 성립한다.

예 2. $(x,\ y) \in f \subset \boldsymbol{R} \times \boldsymbol{R}$을 조건 $x^2 + y^2 = 1$로 정의하면 f는 조건 ii)를 만족하지 않기 때문에 f는 함수가 되지 않는다.

이 정의는 함수의 정의역과 치역은 f로부터 직접 구해야 한다. 한편 이 정의는 정의역과 치역보다 함수의 그래프를 중시할 경우, 즉 함수가 도형 사태로 나타날 때 적절하게 사용할 수 있다.

함수 단원의 계열

함수 단원의 지도는 영역 일반적 개념과 영역 특수적 개념으로 구분되어 두 개의 계열을 형성하고 있다. 영역 일반적 개념은 주로 함수의 기하학적 특성과 관련된 개념으로서 모든 함수에 적용되는 개념이다. 예를 들면 짝함수와 홀함수, 주기함수 등과 같은 개념이 여기에 속한다. 이에 대하여 영역 특수적 개념은 함수의 대수적 특성과 관련된 것으로 다항함수, 유리함수, 대수적 함수 등이 여기에 포함되어 있다.

지도 계열을 고려할 때 영역 특수적 개념은 위계적이기 때문에 위계에 의하여 도입하는 것이 바람직하고 각각의 개념을 영역 일반적 개념으로 분석하는 접근이 바람직하다. 그 이유는 영역 특수적 개념들에 해당하는 것들은 수학적 탐구 대상이고 이에 대하여 영역 일반적 특성들은 이 대상들의 속성이기 때문이다.

함수와 좌표계

함수를 언급할 때는 좌표계를 언급하는 경향이 있다. 함수 $f: X \to Y$의 정의가 $f \subset X \times Y$로 되어있기 때문에 좌표와 관련되는 것은 당연하다. 그러나 함수 개념이 좌표와 관련짓는 것은 형식화하기 위한 하나의 방법에 지나지 않으며, 함수가 반드시 좌표와 관련지어 설명되어야 하는 것은 아니다.

함수가 좌표와 연결되는 것은 함수가 도형으로 나타났을 때이며, 그 밖의 다른 경우, 예를 들면 이항연산이나 범함수 개념은 입출력 관계이기 때문에 좌표를 사용하게 되면 이항연산이나 범함수의 본질을 잃게 된다.

그래프의 의미

그래프라는 개념은 일반적으로 좌표가 주어진 평면(또는 좌표공간)에서 정보에 의하여 주어진 그림을 말할 때 사용된다. 그래프라는 용어는 함수의 그래프, 근의 그래프, 식의 그래프 등 다양하게 사용되는데 이렇게 사용되는 경우는 대개 집합을 시각화하는 경우이다. 어떤 개념을 그래프라는 용어로 연결될 수 있는 경우는 주로 그 개념의 정의가 곱집합으로 정립되었기 때문이다.

함수의 그래프

정의. 함수 $f: X \to Y$의 그래프 $G(f)$는

$$G(f) = (x,\ y) \in X \times Y : y = f(x)$$

로 정의된다.

본체적 정의에 의하면 함수 개념과 함수의 그래프 개념은 일치한다. 그러나 학교수학에서는 대응 개념을 본체적 분석에서 제시된 형식적 정의로 표상하는 것이 아니라 직관적으로 사용하기 때문에 함수의 그래프를 별도로 제시할 필요가 있다. 즉 함수의 그래프는 일상언어 또는 사례에 의하여 정의된 함수 정의의 수학적 모형이다.

사인함수의 개념

$p,\ q > 0$일 때, 임의의 두 삼각함수 $\sin_p x$와 $\sin_q x$의 관계는

$$\sin_p x = \sin_q \frac{qx}{p}$$

를 만족한다. 특히

$$\sin_{180} x = \sin_\pi \frac{\pi x}{180}$$

이다.

이론적인 문제를 다루는 경우, 특히 예를 들어 미분의 경우

$$(\sin_{180} x)' = \frac{\pi}{180} \cos_{180} x$$

이지만

$$(\sin_\pi x)' = \cos_\pi x$$

이다. 이와 같이 미적분학에서는 $\sin_\pi x$가 편리하다.

$[0,\ p]$으로 주어진 각도는 일반적인 각도로 확장된다. 따라서 $[0,\ p]$기반의 사인함수도 일반각도로의 사인함수, 즉 $\boldsymbol{R}$상에서 주어진 사인함수로 확장된다. 이것은 본체적 분석에서 다룬 바와 같다. 그런데 $\boldsymbol{R}$상의 사인함수를 정의할 경우, p를 π로 설정한 사인함수, 즉 호도각 기반의 사인함수의 확장을 실수상의 표준 사인함수로 채택한다. 그 이유는 호도각 기반의 사인함수가 미적분학에서 여러모로 편리하기 때문이다.

평각의 각도를 p로 측정할 경우, 즉 $\angle A$의 각도를 $m_p(\angle A)$로 표기하면 학교수학에서 도입하는 사인함수 관련 개념들을 이론수학과 비교하면 다음과 같이 종합된다.

단계 \ 수학 구분	이론수학	학교수학
각 도입	$\angle A$은 정의에 의하여 주어짐	직관적으로 도입
각도 도입	각도 함수로서 $m_p(\angle A)$를 정의함	$\angle A$로 표기하고 측정 활동에 의한 학습
각 기반 사인함수	이론수학의 경우 각 기반의 삼각함수는 실제적으로 사용하지 않음	이 개념은 각도 기반의 사인함수로 충분하기 때문에 생략해도 됨. 만약 다룬다면 구분하기 위하여 기호로서 $\mathrm{Sin}A$로 사용하는 것이 바람직함
각도 기반 사인함수	각각의 $p>0$에 대하여 $\sin_p x$을 정의할 수 있음	$p=\pi, 180$인 경우만 다룸. 60분법 각인 경우 $\sin x^\circ$로 표기하고, 호도각인 경우 $\sin x$로 표기함
호도각 기반 사인함수	임의의 실수 x에서 정의된 $\sin_\pi x$를 표준 삼각함수로 간주하여 $\sin x$로 표기함.	이론수학에서의 정의와 동일함

다항함수의 역할

다항함수를 배우는 이유는 다음과 같다.

i) 다항함수는 모든 함수의 토대가 되는 함수이다. 즉 임의의 함수는 다항함수에 의하여 근사화된다. 예를 들면 테일러 정리가 이것을 단적으로 말해준다.

ii) 다항함수는 식의 조작, 방정식, 함수의 성질 등과 관련된 다양한 종류의 수학적 분석을 위한 훈련 도구로 활용할 수 있다. 사실 다항함수는 함수와 관련된 대부분의 성질을 가지고 있기 때문에 미적분법만 고려하지 않는다면 자체적으로 충분한 학습 도구이다.

iii) 다항함수는 초등수학에서 고등수학에 이르기 까지 다양한 수준의 수학적 사고를 위한 도구로 활용할 수 있다.

ii)와 iii)을 통하여 일차함수, 이차함수, 고차함수를 통하여 함수적 조작을 학습하고 이어 일반적인 함수의 학습으로 나아간다. 이런 의미에서 다항함수는 함수 단원의 기초이다.

삼각함수의 역할

삼각함수는 이론과 실제 응용에서 매우 중요한 역할을 하는 함수이다. 학교수학의 관점에서 본 삼각함수 학습의 의의는 다음과 같은 것이 있겠다.

i) 삼각비의 일반화.

ii) 주기현상에 대한 수학적 이해.

iii) 초등초월함수로서의 이해.

한편 삼각방정식의 일반해는 과거의 교육과정에 포함되었지만 현재는 이 부분에 대한 교수학습의 필요성은 의문스럽다. 그 이유는 일반해의 학습이 그렇게 중요한 수학적 가치를 요구하는 것이 아니기 때문이다.

로그함수의 역할

천문학적 계산을 로그에 의하여 의존하던 시대라면 로그를 배우는 이유는 이와 같은 계산을 위함이다. 그러나 지금은 천문학적 수의 계산을 계산기로 간단하게 처리할 수 있기 때문에 학습 의의를 다음과 같은 데서 찾아야 한다.

i) 천문학적 수를 다루는 데 있어서 로그의 필요성에 대한 역사적 의의.
ii) 지수함수의 역함수로서 의미.
iii) 초등초월함수로서의 이해.
iv) 논리 학습에 대한 도구.

여기서 ii)는 미적분에서 필요한 부분이다. iv)을 이해하기 위하여 방정식 $\log_{a(x)} f(x)=0$을 생각해보자. 이 방정식은 $a(x)>0$에서 방정식 $f(x)=1$의 근을 찾는 문제이다. 이 문제와 $\begin{cases} f(x)=1 \\ a(x)>0 \end{cases}$는 수학적으로 동등하지만 교육적으로는 다른 의미를 가진다. 전자는 조건 $a(x)>0$가 암묵적으로 주어져 있기 때문에 높은 주의집중이 필요한 부분이나 후자의 경우는 명시적으로 주어져 있기 때문에 상대적으로 낮은 집중도를 요구하는 문제이다. 실제로 로그방정식의 문제는 암묵적 조건을 확인할 수 있는 주의력, 연립방정식을 풀 수 있는 능력 등을 종합적으로 평가할 수 있는 도구로 사용하고 있다.

8.4 교수학습 지도

8.4.1 학습 내용 지도

함수 개념의 도입

현상학적 분석에 의하면 함수는 전 함수 단계에 있는 속성을 부여하는 단계에 의하여 함수 개념이 구체화된다. 여기서는 속성을 부여하는 진술문을 통하여 함수 개념을 도입하는 방법을 APOS 이론 기반으로 수립해보자. 이를 위하여 다음과 같은 단계를 제시하는 데 적절하게 선별함으로써 중학과정과 고등학교 과정으로 나누어 사용한다.

i) 다음 표와 같이 몇 개의 사례를 제시하고 이를 토대로 다음 표와 같은 놀이를 한다.

단계 \ 사례		이 공은 빨갛다.	나는 문예반이다.	이 테이블은 거실에 있다.
활동	예제를 통한 놀이 활동	여러 가지 공에 색깔을 부여하기	각자가 소속되어 있는 특활반 진술하기	가구들이 속해있는 위치를 진술하기
과정	활동의 결과를 간단하게 기호화하기	(공1, 빨강) (공2, 노랑) (공3, 초록)	(철수, 문예반) (영희, 합창반) (미정, 서예반)	(테이블, 거실) (침대, 안방) (화분1, 베란다)

과정	활동의 결과를 간단하게 기호화하기	(공4, 노랑) (공5, 검정) …	(정수, 과학반) (주영, 육상반) ….	(화분2, 거실) (냉장고, 주방) …
대상	각 과정을 부호화하기	f	g	h

ii) 함수가 되지 않는 경우를 제시한다. 예를 들면 위에 제시된 공의 색깔 상황에서 (공1, 빨강), (공1, 노랑)이 되거나 특별활동 상황에서 (미정, 서예반), (미정, 과학반), 가구 배치 상황에서 (화분1, 베란다), (화분2, 주방)이 되는 경우 어떤 문제가 야기되는가를 토론한다.

iii) 이 결과를 화살표 다이어그램, 수표, 그래프 등 다양한 표상 형식을 통하여 제시한다.

iv) “f(공1) = 빨강”과 같이 f와 관련짓는다. 이 단계부터 함수의 기호적 측면을 드러낸다.

v) 과정에서 괄호의 앞에 있는 대상과 뒤에 있는 대상을 하나의 집합으로 묶고 이것들이 각각 정의역과 치역으로 정립됨을 지도한다.

이 학습 상황은 모둠학습을 통하여 가각의 그룹이 활동한 것을 서로 비교하는 것이 바람직하다.

그래프의 해석과 그래프에 의한 표상 연습

함수의 그래프를 그리는 활동은 형식적 함수 정의에 따른 그래프의 지도로는 충분하지 않으며 실제 상황을 나타내는 함수의 그래프를 그려보는 게 중요하다. 다음 예를 보자.

예 1. 다음 두 그림은 어떤 양초의 측면도이다. 양초에 불을 붙였을 때 시간에 따른 남은 양초의 양을 $f(t)$라고 하면 다음 두 양초에 대한 적절한 $f(t)$의 그래프를 그려보자.

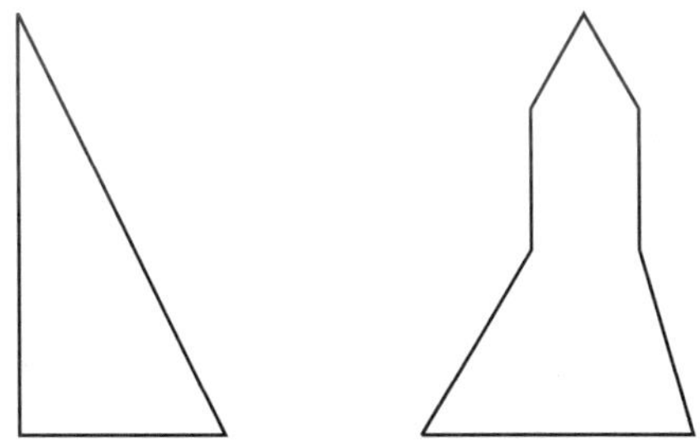

예 2 A지점에서 600km 떨어진 B지점으로 자동차로 여행을 가는데 시속 80km의 속도

로 달린다. 그런데 일행 중의 한 사람이 200km의 지점에서 다시 A까지 가야할 상황이 되었다. 이 사람이 A에 되돌아갔다가 다시 B지점에서 다른 일행과 동시에 도착하기 위해서는 어떻게 달려야 하는가? 이것을 적절한 그래프로 나타내어보자.

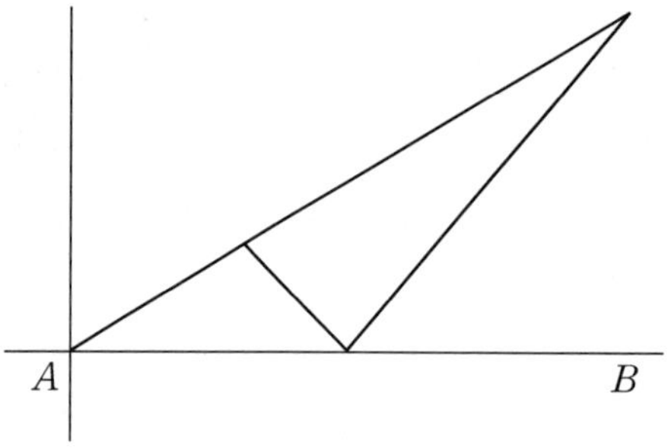

예 3. 어떤 자동차의 속도 v와 시각 t의 관계가 다음과 같이 주어져 있다. 이 그래프를 보고 사태를 해석해보자.

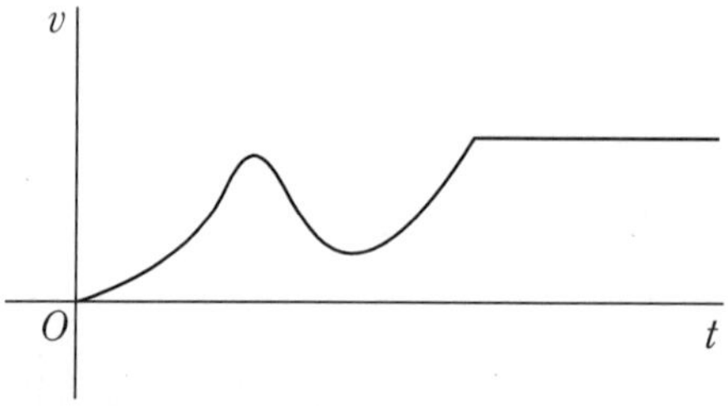

Schoenfeld, Smith, & Archavi의 함수 이해 모형

Schoenfeld, Smith, & Archavi(1989)는 함수의 이해를 위한 다음과 같은 절차적 모형을 개발했는데 다음과 같은 절차를 제안하고 있다.

i) 제1수준 : 도식 수준에서 지식의 거시적 조직 단계. 이 단계는 필요한 이름을 명명하고 그 이름들이 도식에 저장된다. 그러므로 이 단계는 주어진 식의 형식적 차이를 인식하는 것이 중요하다.

ii) 제2수준 : 거시적 조직에 따른 미시적 내용 분석 단계. 각각의 이름들이 실제적으로 어떤 역할을 하는가에 대하여 이해하는 단계이다.

iii) 제3수준 : 1, 2 수준에 대한 상위 구조의 지식 조직 단계. 보다 수학적 관점에서 이해한다.

ⅳ) 제4수준 : 변칙적인 상황에서 제 3수준을 인식할 수 있는 개념적 조직을 구성하는 단계. 변칙적인 형태를 표준형으로 환원할 수 있어야 한다.

예. 일차함수 $y=ax+b$의 경우

ⅰ) 제1수준 : a와 b가 각각 기울기와 y축의 절편이라는 것을 명명한다.

ⅱ) 제2수준 : a와 b의 값의 변화에 따른 그래프의 모양의 변화를 인식한다.

ⅲ) 제3수준 : 기울기 a는 두 점 $(x_1,\ y_1)$, $(x_2,\ y_2)$에 의하여 $\dfrac{y_1-y_2}{x_1-x_2}$로 주어진다는 것을 인식한다.

ⅳ) 제4수준 : 방정식 $ax+by+c=0$이 직선을 나타낸다는 것을 인식한다.

정의역, 치역, 공역

함수의 현상학적 분석에 의하면 함수의 정의역 개념이나 치역 개념이 중요한 부분은 함수가 변환이나 작용소로 사용되는 경우이다. 이 두 경우는 정의역과 치역의 수학적 구조를 비교하기 때문에 정의역과 치역이 엄격하게 주어져야 한다. 그러나 학교수학의 입장에서 본다면 정의역이란 치역의 수학적 구조를 탐색하는 것이 아니기 때문에 정의역을 분명하게 설정하는 것은 그렇게 중요한 일이 아니며 함수의 현상학적 역할에 따라 유연하게 도입할 필요가 있다.

한편 학교수학에서는 함수를 다루는 단원마다 묵시적 정의역이 있다. 만약 함수의 대응을 다루면 정의역은 그 상황에 맞게 설정된다. 또 함수의 연속성을 다룬다면 주로 실수의 부분집합이 정의역이 된다. 만약 복소수 상의 함수를 다루게 되면 그 때는 자연스럽게 복소수의 부분집합이 정의역이 된다. 이런 이유 때문에 함수를 언급할 때 $f(x)$의 수식은 중요하게 생각하지만 정의역은 암묵적으로 제시되는 경향이 있다. 사실 학교수학에서 정의역은 암묵적으로 주어지면 통상적으로 주어진 맥락에 의하며 대개는 정의될 수 있는 최대의 집합을 의미한다. 예를 들면 함수 $y=\dfrac{1}{x}$의 정의역은 $\boldsymbol{R}-\{0\}$가 된다.

한편 정의역 치역 공역 중에서 가장 가볍게 처리되는 것이 공역 개념이다. 함수의 공역을 언급할 때는 공역을 구체적으로 명시하는 것보다 실수값을 취하는 함수, 정수값을 취하는 함수, 양수값을 취하는 함수 등과 같이 기호보다는 말로 대체하는 것이 바람직하다. 예외적으로 공역이 중요한 역할을 하는 함수는 확률변수이다.

다음은 정의역, 치역, 공역이 중요한 역할을 하는 주제를 표로 만들어 보았다.

집합	주제
정의역	수열, 함수의 연속성
치역	함수의 최대 최소, 함수와 함수의 상의 비교, 도형의 변환
공역	확률변수

함수 개념의 이해를 위한 절차적 방법

두 변량 간의 관계를 이해하는 도구로서 함수 개념을 이해하기 위해서는 다음과 같은 절차가 필요하다.

i) 변량 사이의 관계식 찾기.

ii) 함수의 특징 찾기. 함수의 거시적 성질과 국소적 성질을 분석한다. 주어진 함수 f가 있을 때, 이 함수의 다양한 변화들, 예를 들면 $y=|f(x)|$, $|y|=|f(x)|$, $y=f(|x|)$, $|y|=f(|x|)$, $y=f(x-a)$, $y=f(ax)$ 등과 같은 것에 대한 시각적 구체화가 필요하다(Dreyfus, 1991, Dubinsky, 1989). 그러나 시각화가 함수를 이해하는 데 있어서 충분한 것은 아니다.

iii) 함수의 그래프를 기하학적 관점에서 분석하기. 이 분석은 함수가 도형의 변환의 의미로 사용될 때 중요성을 가진다. 특히 함수가 평면에서의 변환일 때 이 분석의 결과는 함수의 보존성을 찾기 위한 전단계가 된다.

iv) 함수의 보존성 찾기. 함수의 보존성은 변환기하학을 활용하기 위한 기초 자료가 된다.

함수의 합과 곱의 지도

두 함수 $f,\ g: \boldsymbol{R} \rightarrow \boldsymbol{R}$이 주어졌을 때 이 함수의 합과 곱 $f+g$, fg의 지도는 대수적 조작에 의한 지도 이전에 다음과 같은 기하학적 접근이 필요하다. 예를 들면 $y=x(x-2)$를 다룰 경우 $f(x)=x$와 $g(x)=x-2$를 그래프로 그려보고 이 두 함수로부터 $f(x)g(x)$를 직접 그려보는 절차를 거치도록 한다. 예를 들면 다음과 같은 활동을 제안한다.

i) 각각의 함수 그리기.

ii) $f(x)$와 $g(x)$의 값으로부터 $f(x)g(x)$의 값을 구하기.

iii) 앞 단계에서 수행한 것을 표로 만들기.

iv) 표를 그래프에 옮겨 $y=f(x)g(x)$의 그래프를 그려보기.

v) 모둠활동을 통하여 서로 비교하고 평가하기.

vi) 그래프의 특이성을 종합하기.

이 과정을 지루하게 생각할 수 있다. 그러나 함수를 직접 그려보고 함수가 가진 특징을 탐구하는 과정은 자연과학적 방법인 동시에 추측과 논박의 과정이 포함되어 있기 때문에 수학 활동으로서 유의미한 과정이다.

그래픽 소프트웨어를 사용하여 주어진 함수를 입력하고 그 결과를 모니터로 보는 것은 계산기와 같이 편리하다. 그러나 그 편리성은 조작적 탐구과정을 통하여 얻을 수 있는 다양한 수학적 개념들을 놓칠 수 있기 때문에 그런 소프트웨어를 사용할 때는 분별이 필요하다. 편리함은 사고력의 늪이다.

합성함수의 지도

합성함수를 위한 정신모델은 화살표 다이어그램이 유용하다. 함수 f와 g가 아래 그림과 같이 주어졌을 때 주어진 화살표를 따라가면

$(g \circ f)(a)=p$, $(g \circ f)(b)=q$, $(g \circ f)(c)=p$, $(g \circ f)(d)=s$, $(g \circ f)(e)=q$

를 즉각적으로 알 수 있다.

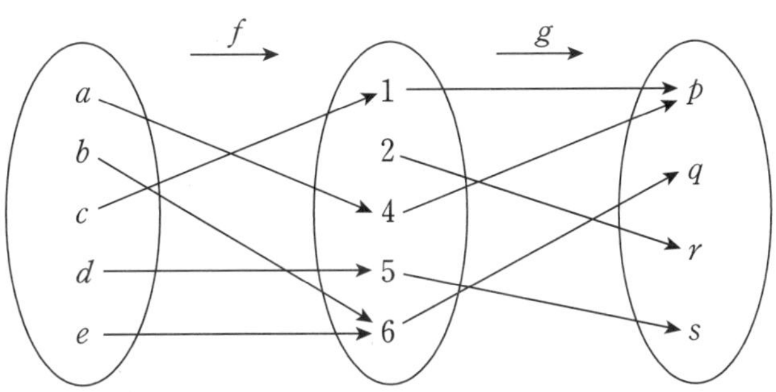

그러나 화살표 다이어그램에 의한 합성함수의 도입이 대수적 식으로 주어진 함수의 합성에 대하여 효과적이지 않을 수 있다. 예를 들면

$$F(x)=2x+3,\ G(x)=3x^2+2$$

일 때,

$$(G \circ F)(x)=G(F(x))=G(2x+3)=3(2x+3)^2+3$$

임은 쉽게 이해되지 않는다. 따라서 화살표 다이어그램을 대수식에 적용할 수 있기 위해서는 다음과 같은 절차가 필요하다.

i) 함수 f가 주어졌을 때 $f(2x)$, $f(x^2)$ 등과 같은 함숫값이 무엇인가를 확인한다. 예

를 들면 $f(x)=2x+x^2$일 때 $f(2x)$, $f(x^2)$이 구체적으로 어떻게 주어지는가를 이해한다.

ii) $f(x)$와 $g(x)$가 주어졌을 때 $(g \circ f)(x)=g(f(x))$임을 화살표 다이어그램으로부터 이해한다.

iii) $g(f(x))$에서 $f(x)$를 대입한다.

iv) 첫 단계의 과정을 여기서 적용한다.

역함수의 지도

역함수의 지도는 다음과 같이 직관적 방법과 형식적 방법의 두 가지 방법이 있다. 함수 $y=2x+5$에 대하여 이 두 방법을 적용해보자.

1. (정의에 의한 방법) $y=f^{-1}(x)$를 구한다는 것은 $(x,\ y)\in f^{-1}$이고 이것은 다시 $(y,\ x)\in f$이므로 따라서 $x=f(y)$를 만족한다. 이것으로부터 주어진 식에 x와 y를 교환하고 y를 x에 대한 식으로 정돈하면 된다. 예를 들어 $y=f(x)=2x+5$의 역함수를 구해보자. 앞의 논의에 의하면 $x=f(y)=2y+5$이므로 $y=f^{-1}(x)=\dfrac{x-5}{2}$이다.

2. (방정식에 의한 방법) 함수와 역함수의 관계는 방정식

$$f \circ f^{-1}(x)=x$$

또는

$$f^{-1} \circ f(x)=x$$

을 만족한다. 이 두 가지를 나누어 생각하자.

i) $f \circ f^{-1}(x)=x$를 이용하기. 예를 들어 $f(x)=2x+5$라면

$$x=f(f^{-1}(x))=2f^{-1}(x)+5$$

이므로 이것을 풀면 마찬가지로 $f^{-1}(x)=\dfrac{x-5}{2}$을 얻는다.

ii) $f^{-1} \circ f(x)=x$ 이용하기. 주어진 식은 $f^{-1}(f(x))=x$이므로

$$f^{-1}(2x+5)=x$$

가 된다. 여기서 $2x+5=s$라고 두면 $f^{-1}(s)=\dfrac{s-5}{2}$를 얻는다.

주기함수의 지도

임의의 x에 대하여 $f(x+p)=f(x)$를 만족하는 양수 p가 존재할 때 f를 주기함수라고 한다. 여기서 $f(x+p_0)=f(x)$이고 $p=np_0$를 만족하는 자연수 n과 최소의 양수 p_0가 존재할 때 p_0를 주기라고 한다.

f와 g가 주기 p를 가지는 주기함수라면

$$f(x+p)g(x+p)=f(x)g(x)$$

이고

$$f(x+p)+g(x+p)=f(x)+g(x)$$

이므로 주기함수는 덧셈과 곱셈에 대하여 닫혀있다. 여기서 덧셈의 경우는 $f+g$가 여전히 주기 p를 갖지만 fg는 더 작은 주기를 가질 수 있다. 예를 들면 $s(x)=\sin x$ 함수와 $c(x)=\cos x$는 주기 2π를 갖지만 함수 $f(x)=\tan x=\dfrac{\sin x}{\cos x}$는 주기 π를 가진다.

삼각함수와 이들의 합과 곱으로 구성된 함수는 앞에서 언급한 주기함수의 대수적 성질로부터 주기함수라는 것을 판별할 수 있겠지만 그 외의 함수의 경우는 식보다는 그래프를 통하여 분명하게 알 수 있다. 예를 들면 $f(x)=x-[x]$, $g(x)=\mathrm{dist}(x,\ \mathbb{Z})$는 주기함수이지만 수식에 의해서는 즉각적으로 알기 어렵다. 이런 이유로 인하여 주기함수는 그래프를 통하여 지도하는 것이 바람직하다.[81)]

짝함수와 홀함수의 지도

짝함수와 홀함수에 대한 지식은 함수에 관련된 문제를 처리하는데 중요한 역할을 한다. 짝함수와 홀함수는 수의 곱셈과 같은 특성을 가진다. 즉

i) 짝함수 × 짝함수 = 짝함수
ii) 짝함수 × 홀함수 = 홀함수
iii) 홀함수 × 홀함수 = 짝함수

특히 f가 짝함수라면 $f(x)=f(-x)$을 미분함으로써 f'는 홀함수가 됨을 알 수 있다. 또 f가 홀함수라면 $f(x)=-f(-x)$을 미분함으로써 f'는 짝함수가 된다. 이 점은 미적분의 계산을 단순화하는데 중요한 역할을 한다.

81) 복수평면 위에서 정의된 복소수 값을 취하는 함수의 경우라면 2개의 주기를 가진 함수를 생각할 수 있다. 즉 임의의 복소수 z에 대하여 $f(z)=f(z+a+bi)$를 만족하는 0 아닌 실수 a와 b가 존재할 때 f를 이중주기함수 또는 타원함수라고 한다. 타원함수는 방정식 이론에 중요한 역할을 한다.

일차함수의 도입과 지도

일차함수 $y = ax + b$를 기호적으로 도입하기 전에 먼저 일상생활에서 많이 나타나는 현상을 통하여 일차함수를 경험하게 한다.

i) 용수철저울을 통한 관계식 만들어보기.
ii) 섭씨온도와 화씨온도를 통한 관계식 만들어보기.
iii) 택시요금이 어떻게 되는가를 알아보고 관계식을 만들어보기.

이런 현상들은 직선 그래프를 가진다는 것을 확인하는 데 있다. 그런데 이와 같은 사례를 직접 조작하고 관찰하면 그 결과는 근삿값으로 주어지기 때문에 실제 직선으로 나타나지 않을 수 있다. 이것은 a와 b의 기능을 이해하는 과정으로서 바람직하지 않기 때문에 주의를 집중하기 위하여 이상적인 표를 제시하는 것이 바람직하다.

이러한 활동이 종료되면 $y = ax + b$에서 a와 b를 이해하는 단계가 필요한데 여기서는 APOS 이론에 의거한 절차를 생각해본다. 교수학습의 진행은 먼저 a의 기능을 이해하고 이어 b의 기능을 이해하는 순서로 수행한다.

i) $a > 0$인 경우에 대한 기울기의 이해. 다음과 같은 절차를 따른다.

과정	탐구 활동
활동	각각의 함수 $y = x$, $y = 2x$, $y = 3x$, $y = 10x$의 그래프 그려보기
과정	모든 함수의 그래프를 한 종이에 그려보고 기울기의 변화를 주목하기 GSP를 통하여 $y = ax$에서 a값의 변화에 따른 그래프의 모양을 연속적으로 대비한다. 즉 이 활동은 a가 매개변수가 되어 $\{y = ax : a > 0\}$을 다루고 있는 상황이다.
대상	a의 역할이 일차함수의 그래프의 모양을 변화시키는 것임을 인식한다.
도식	a를 주어진 일차함수의 기울기로 정의한다.

ii) $a < 0$인 경우에 대한 기울기의 이해. 이 과정은 앞에서 다룬 $a > 0$의 경우와 같으나 $y = ax$와 $y = -ax$가 y축에 대하여 대칭이라는 것을 대비시키는 활동이 추가적으로 필요하다.

iii) a에 대한 이해 과정이 종료되면 b의 기능을 이해하는 과정으로 진행한다. 이 경우에도 $b > 0$인 경우와 $b < 0$인 경우로 나누고 각각의 경우에 대하여 앞에서 한 것과 유사한 방법으로 진행한다.

여기서 중요한 점은 기울기와 y절편의 역할을 학생 스스로 확인해야 한다는 점이다.

일차함수의 기울기 지도시의 무의식적 행동

교사들은 직선의 기울기를 지도할 때 무의식적으로 간과하는 부분이 있다.

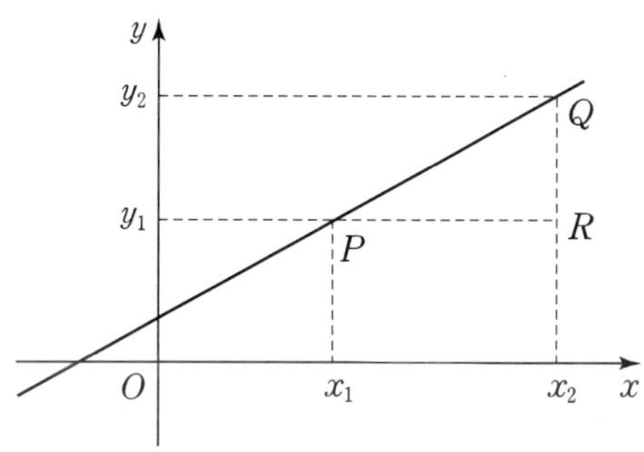

보통 기울기를 지시할 때 P에서 R로의 지시와 R에서 P로의 방향을 신체 또는 도구를 사용하여 지시하는데 문제는 분명하게 방향을 지시하지 않는다는 점이다. 이 점은 주로 무의식적인데 반드시 명시적으로 지시해야 할 부분이며 동작에 주의를 기울려야 할 부분이다.

이차함수의 도입

이차함수의 지도는 다음과 같이 절차화 한다.

i) $y=x^2$ 도입. 구체적인 x의 값을 대입하여 개형을 그려 보도록 한다. 여기서도 일차함수의 경우와 같이 귀납추론을 사용할 수 있는 환경을 만들어주어야 한다.

ii) $y=ax^2$ 도입을 통하여 a의 기능을 이해한다. 이 경우에 먼저 양의 a에 대한 여러 값을 통하여 a의 변화에 따른 함수의 그래프의 모양의 변화를 이해한다. 다음 단계는 음의 a의 값의 변화에 따른 함숫값의 변화를 이해한다. 이 두 가지가 종료되면 함수 $y=ax^2$과 $y=-ax^2$의 그래프를 비교한다.

iii) $y=x^2+b$ 도입을 통하여 b의 기능을 이해한다.

iv) $y=ax^2+b$ 도입.

v) $y=a(x-p)^2+b$ 도입을 통하여 p의 기능을 이해한다.

이 모든 과정은 시각화 되어야 하고 귀납적 발견으로 안내하는 것이 바람직하다. 예를 들면 $y=ax$에서 다양한 a값을 제시하여 학생들이 그 값들로부터 a의 특징을 추론할 수 있도록 안내한다.

이차함수의 극값 구하기

1. 유추적 접근. 대부분의 교과서는 이차함수의 극값을 구하는 문제를 완전 제곱식으로 변형하는 데서부터 시작한다. 그러나 이것은 문제를 형식적으로 접근하는데 지나지 않는다. 함수의 극값을 구하는 문제는 응용 또는 실생활의 문제이기 때문에 도입도 현실적 접근에 의하여 제공되어야 한다.

예 1. 폭이 $20cm$인 양철을 이용하여 물받이를 만들려고 한다. 가장 많은 물을 보낼 수 있도록 단면을 설계해보자.

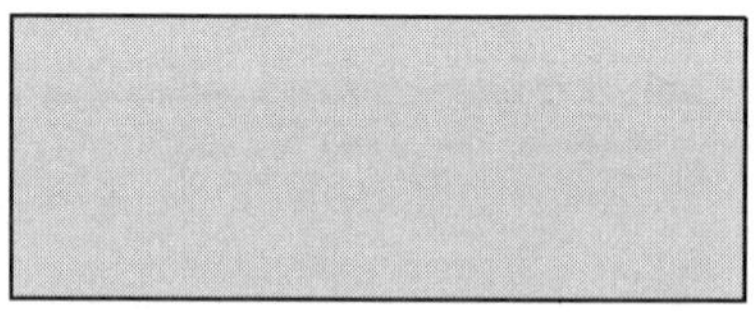

i) 표 만들기. 표를 만들어 $x=0,\ 1,\ 2,\ \cdots,\ 10$에 대한 물받이의 단면적을 기록하자. 만든 표를 이용하여 최솟값을 추측해보자. 그리고 그것에 대한 정당성을 토의하자.

x	0	1	2	3	4	5	6	7	8	9	10
$x(20-2x)$	0	18	32	42	48	50	48	42	32	18	0

ii) 그래프 만들기. 주어진 표를 이용하여 그래프를 그려보자. 그래프를 통하여 최대가 되는 곳을 추측해보자. 그래프를 보고 최솟값을 추측해보자. 그리고 그것이 최솟값이라는 것을 토의하자.

2. 분석적 접근. 이차함수의 극값을 구하는 분석적 방법은 다음과 같이 두 가지가 있다. 함수의 현상학적 분류에 의하면 함수를 도형 사태로 보는 것과 방정식 사태로 볼 경우가 있다.

i) 도형 사태로 접근. 주어진 이차함수를 도형 사태로 접근하는 방법이다. 즉 주어진 이차함수를 $y=a(x-p)^2+q$로 변형하여 $a>0$일 경우는 $a(x-p)^2+q \geq q$, $a<0$일 경우는 $a(x-p)^2+q \leq q$으로 귀착시킨다. 주어진 함수의 그래프를 그려봄으로써 $x=p$가 주어진 이차함수의 극소 또는 극대라는 것을 시각적으로 알 수 있

게 한다. 이것을 기하학적 접근이라고 하는 것은 이차함수의 그래프가 $x=p$에 대하여 대칭이고 꼭짓점의 좌표를 주목하기 때문이다.

ii) 방정식 사태로 접근. 주어진 문제를 방정식의 문제로 간주하는 경우 다음과 같은 방정식의 문제가 된다.

$$\begin{cases} y=ax^2+bx+c \\ y=k \end{cases}$$

두 함수의 그래프가 접할 x의 값이 바로 극소 또는 극대가 되기 때문에 이 경우는 두 방정식을 연립하여 판별식이 0가 될 조건을 찾는 것이 된다.

이 두 과정을 도표로 요약하면 다음과 같다.

사태	조작	적용할 수학 지식
도형	$y=a(x-p)^2+q$의 극치 문제	$x^2 \geq 0$
방정식	방정식 $\begin{cases} y=ax^2+bx+c \\ y=k \end{cases}$이 근을 가질 조건을 찾는 문제	$ax^2+bx+c=k$이 실근을 가질 조건

한편 방정식 사태로 접근하는 것은 보다 일반적인 문제해결도 적용할 수 있다. 다음 예를 보자.

예 2. 함수 $f(x)=\dfrac{x+1}{x^2+x+1}$의 값의 범위를 구해보자. 이 문제를 방정식 사태로 접근하면 연립방정식

(1) $$\begin{cases} y=\dfrac{x+1}{x^2+x+1} \\ y=k \end{cases}$$

가 실근을 가질 조건을 찾는 것이 된다. 따라서 이 방정식에서 y를 소거하면 방정식

$$\frac{x+1}{x^2+x+1}=k$$

가 실근을 가질 조건이 되고 이것을 다시 정돈하면

(2) $$kx^2+(k-1)x+k-1=0$$

이 실근을 가질 조건을 찾는 것이 된다. 그러므로 방정식 (1)이 근을 가질 조건은 (2)가

근을 가질 조건으로 귀착된다. 여기서 $k \neq 0$이면 판별식 $(k-1)^2 - 4k(k-1) \geq 0$일 때 근을 가지고, 또 $k = 0$이면 $x = -1$을 근으로 가지므로 따라서 구할 조건은 다음 두 결과의 합이다.

i) $k \neq 0$이면 $-\frac{1}{3} \leq k \leq 1$

ii) $k = 0$

그러므로 주어진 함수의 값의 범위는 i)과 ii)의 합으로서 $-\frac{1}{3} \leq k \leq 1$이다. 이 결과는 주어진 방정식 (1)이 실근을 가질 필요조건이지만 동시에 충분조건이다. 그러므로 주어진 문제의 답은 $-\frac{1}{3} \leq k \leq 1$이다.

예 3. (계속) 예 2를 약간 변형하여 $f(x) = \frac{x^2+1}{x^4+x^2+1}$의 값의 범위를 구해보자. 이 문제는 방정식

(1) $$\frac{x^2+1}{x^4+x^2+1} = k$$

가 실근을 가질 조건을 구하는 문제로 환원된다. 그런데 주어진 식이 x^4을 포함하고 있기 때문에 예 2에서 적용한 방법을 약간 변형해야 한다. 즉 $t = x^2$으로 두면 방정식 (1)은

(2) $$\frac{t+1}{t^2+t+1} = k$$

가 $t \geq 0$에서 근을 가질 조건으로 환원된다. 그러므로 주어진 문제는 방정식

(3) $$kt^2 + (k-1)t + k - 1 = 0$$

이 0 이상의 근을 가질 조건을 구하는 문제로 귀착된다. 여기서 $k = 0$이면 $t = -1$은 근이 아니다. 한편 $k \neq 0$이고 $-\frac{1}{3} \leq k \leq 1$는 근을 가질 조건이다. 이 조건에서 두 근이 음의 근이 될 조건을 제거하면 구하는 답이 되는데 이것은 $0 < k \leq 1$이다.

삼각함수의 도입

삼각함수를 도입하기 위하여 먼저 다음 두 가지 지식이 준비되어야 한다.

i) 각과 각도의 개념.

ii) 닮음변환의 불변성.

이 두 가지 사항이 준비된 후 사인함수가 도입되고 이어 다른 삼각함수도 도입되는 것이 바람직하므로 사인함수의 도입이 삼각함수 도입의 시작점이다. 사인함수의 도입은 다시 다음과 같이 세 단계로 구분된다.

i) 각 기반의 삼각함수.
ii) 제한된 각도 기반의 삼각함수.
iii) 일반각도 기반의 삼각함수.

먼저 각 기반의 삼각함수의 도입을 살펴보자. 각 기반의 삼각함수를 도입할 경우 핵심 지식은 닮은 삼각형의 대응되는 두 변의 비가 일정하다는 사실이다. 두 닮은 삼각형에서 빗변과 높이의 비가 일정하다는 점을 주목하고 이 불변성을 사인값으로 정의한다. 그런데 60분법 각도 개념이 각의 개념을 대신하므로 각 기반의 사인값 대신에 60분법 각도 기반의 사인값 $\sin_{180}x$, 즉 $\sin x^{\circ}$를 즉각 도입하는 것이 바람직하다. 이어 다른 종류의 삼각함수도 마찬가지 방법에 의하여 도입할 수 있다. 한편 60분법의 삼각함수는 중학교 과정에서 다루기 때문에 삼각함수라는 용어를 피하고 삼각비라는 용어를 사용한다.

제한된 각도 기반의 사인함수는 여러 가지가 있지만 60분법 기반의 사인함수와 호도각 기반의 사인함수의 두 가지 개념만 학교수학에서 다룬다. 여기서 60분법 기반의 사인함수 $\sin x^{\circ}$는 방금 언급한 바와 같기 때문에 호도각 기반의 사인함수 $\sin_{\pi}x$의 도입을 살펴보자.

호도각 기반의 사인함수는 정의는 다음과 같이 세 단계로 구분하여 도입한다.

i) 임의의 $\theta \in [0,\ \pi]$에 대한 $\sin_{\pi}(\theta)$의 도입.
ii) 임의의 $\theta \in [0,\ 2\pi)$에 대한 $\sin_{\pi}(\theta)$의 도입.
iii) 임의의 $\theta \in \boldsymbol{R}$에 대한 $\sin_{\pi}(\theta)$의 도입.

먼저 임의의 $\theta \in [0,\ \pi]$에 대한 $\sin_{\pi}(\theta)$의 도입은 기본적으로

$$\sin_{\pi}\theta = \mathrm{Sin} \circ m_{\pi}^{-1}(\theta)$$

을 이용한다. 여기서

$$S_{+}^{1} = \{(x,\ y) \in \boldsymbol{R}^2 : x^2 + y^2 = 1,\ y \geq 0\}$$

라고 두면 $m_{\pi} : [0,\ \pi] \rightarrow S_{+}^{1}$ 은 일대일 대응이다. 따라서 각각의 $\theta \in [0,\ \pi]$는 단위원 상의 유일한 점 $P(x,\ y)$에 대응한다. 여기서 $A(1,\ 0)$라고 할 때, $m_{\pi}(\angle AOP) = \theta$이면 $\sin_{\pi}\theta = y$로 정의한다.

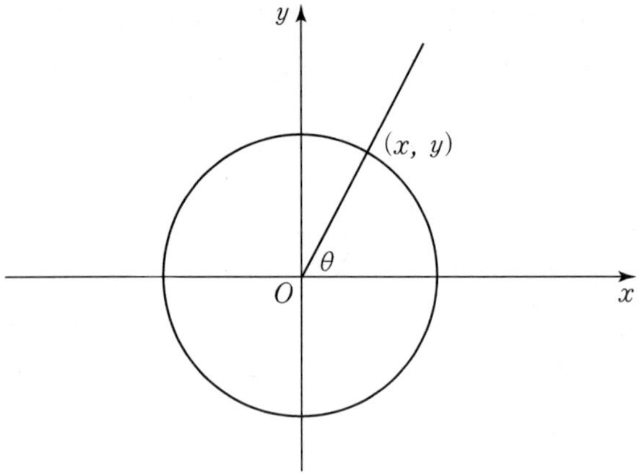

이 단계가 종료되면 $\theta \in [0,\ 2\pi)$에 대한 $\sin_\pi x$를 도입한다. 이것은 각도 개념을 확장하는 방법과 함수의 그래프의 거시적 특성에 초점을 맞춘 전략이 있다.

i) 각도 개념을 확장하는 방법. m_π의 정의역을 $[0,\ 2\pi)$로 확장하여 m_π가 $[0.2\pi)$와 S^1이 일대일 대응이 됨을 주목한다. 이때 $\theta \in [0,\ 2\pi)$에 대응하는 $(x,\ y) \in S^1$이 존재하므로 따라서 $\sin_\pi \theta = y$로 정의하면 된다.

ii) 함수의 그래프의 거시적 특성에 초점을 맞춘 전략. 임의의 $\theta \in [\pi,\ 2\pi)$에 대하여 $\sin_\pi(\theta)$를 $-\sin_\pi(\theta - \pi)$로 정의하는 전략이다.

마지막으로 일반각 θ, 즉 $\theta \in \boldsymbol{R}$에 대한 사인함수는 $2\pi-$주기성을 이용하여 정의한다. 마찬가지로 일반각에 대한 코사인 함수도 주기성을 이용한다.

각 단계는 그림을 보조적으로 사용하는 것이 바람직하다.

도형으로서 삼각함수의 지도

삼각함수를 도형 사태로 파악한다는 것은 사인함수의 그래프 특성, 특히 거시적 특징을 주목하는 것이다. 이때 지도는 다음과 같은 순서를 따른다.

i) $y = \sin x$의 도입. 이 함수의 주기성 이해

ii) $y = k\sin x$의 도입.

iii) $y = \sin x + c$의 도입.

iv) $y = \sin(x - p)$의 도입.

v) $y = k\sin(x - p) + c$의 도입.

$y=\cos x$의 도입도 마찬가지 방법으로 전개하며 이어 $y=\tan x$는 앞의 두 함수의 비로 정의한다.

지수적 증가 현상의 지도

지수적 증가 현상에 대하여 상세하게 다루지 않는 경향이 있다. 과거에는 계산기가 없었기 때문에 또는 지수 증가 현상의 중요성에 대한 인식 부족에 의하여 지수 증가 현상이 간과되었다. 새로운 교육과정에서도 이 부분은 여전히 간과되고 있고 교과서는 이 주제를 부가할 수 있음에도 불구하고 기존의 교과서를 답습하고 있다. 지수법칙에 대한 오개념, 예를 들면 $x^a+x^b=x^{a+b}$, $x^a-x^b=x^{a-b}$, $x^a\times x^b=x^{ab}$ 등과 같은 오개념도 지수를 실제적으로 체험했다면 이와 같은 오개념을 일으킬 가능성은 낮아진다. 오개념의 대부분은 올바르지 않은 경험보다는 경험 부족에 기인한다. 따라서 먼저 문자가 아니라 수로부터 시작하여 지수법칙을 다양하게 경험시켜야 하고 이어 그런 법칙을 문자식 수준에서 스스로 구성하도록 절차화해야 한다.

한편 지수적 증가를 단순히 수로 보여주는 것은 그 크기 증가를 이해하는 데 한계가 있다. 따라서 자연계의 대상과 비교함으로써 그 크기를 보다 현실감을 가지게 할 수 있다. 지구의 바닷가의 모래의 개수, 바닷물 분자의 개수, 우주의 수소 원자의 개수 등 천문학적 수에 대한 감각이 필요하다.

다음 예는 지수적 증가 현상을 알아보기 위한 것인데 지수함수를 도입할 때 이런 사례를 사용함으로써 현실적인 감각을 가지게 한다.

예. n년도의 인구를 P_n이라고 하고, 출생률을 b, 사망률을 d라고 하면 $n+1$년도의 인구 P_{n+1}은 방정식

$$P_{n+1}=P_n+bP_n-dP_n$$

으로 주어진다. 그러므로 기준년도의 인구를 P_0라고 하면 익년의 인구 P_1는

$$P_1=(1+b-d)P_0$$

이고 n년 후의 인구 P_n는

$$P_n=(1+b-d)^nP_0$$

으로 주어진다. 이와 같이 인구는 등비수열로 증가한다.

지수함수의 도입

지수법칙을 배운 것을 전제로 하여 지수함수의 도입은 다음과 같이 절차화 한다. 먼저 $a > 1$이라고 하자.

i) $y = a^x$의 도입. 계산기 또는 컴퓨터를 사용하여 그래프의 개형을 관찰하는 것도 중요하다.

ii) $y = b^x$의 도입. 여기서 $b > 1$이고 $a > b$인 경우와 $b > a$인 경우를 고려한다. 이 경우도 a의 변화에 따른 그래프의 개형을 관찰하고 그 결과를 진술하도록 한다.

iii) $y = a^{kx}$의 도입. 지수법칙에 사용하여 이 함수를 앞의 경우로 환원한다.

iv) $y = a^{x-k}$의 도입. 지수법칙에 사용하여 이 함수를 앞의 경우로 환원한다.

이 경우가 종료되면 $0 < a < 1$인 경우에 대하여 생각한다.

로그함수의 지도

1. 로그함수의 도입. 로그함수를 네이피어가 정의에 의한 방법으로 도입하는 것은 매우 어렵다. 그러나 로그함수가 지수함수의 역함수라는 사실을 이용하면 쉽게 도입할 수 있다. 즉 $f(x) = a^x$와 $f^{-1}(x) = \log_a x$는 직선 $y = x$에 대하여 대칭이라는 것을 알고 그 그래프를 이해한다. 이와 같은 사실을 이용하여 지수함수의 역함수로서 로그함수를 도입한다.

2. 로그함수의 성질 $y = \log x$는 함수 $y = e^x$의 역함수이므로 그래프는 다음과 같이 주어진다.

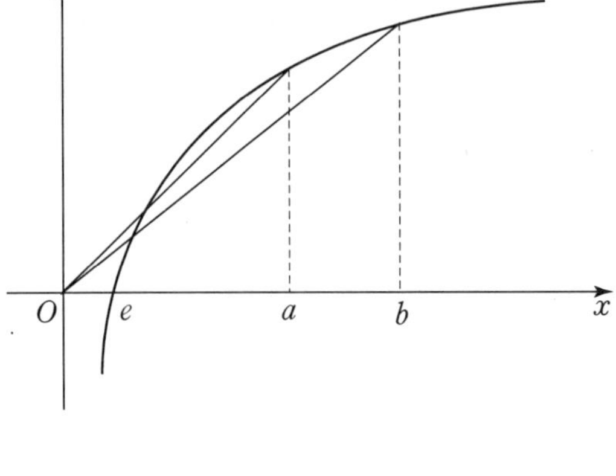

i) 이 그래프를 통하여 $e \le a < b$이면 $\frac{\log b}{b} < \frac{\log a}{a}$가 성립함을 알 수 있다. 그러므로 $a = e$, $b = \pi$를 두면 $\pi^e < e^\pi$가 성립한다.

ii) 로그함수의 기본 성질인 $\log(xy) = \log x + \log y$는 로그함수가 지수함수의 역함수라는 사실과 지수함수의 그래프를 이용하여 지도한다.

상용로그의 지도

임의의 양수 N은 10진법에 의한 전개에 의하여

$$\begin{aligned} N &= a_p 10^p + a_{p-1} 10^{p-1} + \cdots + a_1 10 + a_0 + a_{-1} 10^{-1} + \cdots + \\ &= 10^p a \end{aligned}$$

로 나타낼 수 있다. 여기서 $1 \le a < 10$이다. 그러므로 양변에 로그를 취하면

$$\log_{10} N = p + \log_{10} a$$

가 된다. 여기서 p는 정수이고 $0 \le \log_{10} a < 1$을 만족한다. 이때 p를 N의 지표라고 하고 $\log_{10} a$를 N의 가수라고 한다.

상용로그를 지도할 경우, 지표와 가수에 대한 정의를 분명하게 지도해야 한다. 그렇지 않으면 $\log_{10} N$의 가수가 α라고 할 때 $-\log_{10} N$의 가수를 묻는 질문에 대답하기 어려워한다.

그래프의 다양한 변형 지도

함수 $y = f(x)$가 주어져 있을 때 다음과 같은 식의 그래프를 지도하는 것이 함수의 그래프를 이해하는 데 도움을 준다.

i) $y = f(x-a)$, $y - b = f(x-a)$

ii) $y = f(|x|)$, $y = |f(|x|)|$

iii) $|y| = f(x)$, $|y| = f(|x|)$, $|y| = |f(|x|)|$

iv) $|y-a| = f(x)$, $|y-a| = |f(x)|$, $|y-a| = |f(x)-b|$

한편 $f(x, y) = 0$가 주어져 있을 때, 다음 방정식의 그래프를 그려보는 것도 중요하다.

i) $f(|x|, |y|) = 0$

ii) $f(x-a, y-b) = 0$

iii) $f(|x-a|, |y-b|) = 0$

iv) $f(|x|-a,\ |y|-b)=0$

매개변수의 이해

주변수와 매개변수가 함께 주어진 식에서는 일반적으로 매개변수의 변화가 문제 국면에서 주의 집중될 부분이다. 그러므로 주변수와 매개변수는 인지적 차등이 발생한다. 학습 지도 시 매개변수를 상수로 취급하여 각각의 상수에 대한 결과를 산출하고 그 결과들을 만화경 식으로 종합하는 것이 유리하다.

예 1. 함수 $y=ax$에서 a의 변화에 대한 그래프의 변화를 관찰하는 과제를 생각해보자. 먼저 a를 고정하면 원점을 지나는 하나의 직선을 얻는다. 일단 그 직선이 일반적인 형태라고 간주하고 a의 변화에 따른 그러한 직선들의 양상을 생각하면 원점을 지나는 직선군을 얻게 된다.

예 2. 원의 방정식 $(x-p)^2+y^2=1$에서 p의 변화에 따른 양상을 생각해보자. 먼저 p를 고정하면 중심 $(p,\ 0)$를 가지고 반지름 1인 원을 얻게 된다. 여기서 p가 실수값을 취하면서 변화하면 다음과 같은 곡선군을 얻게 된다.

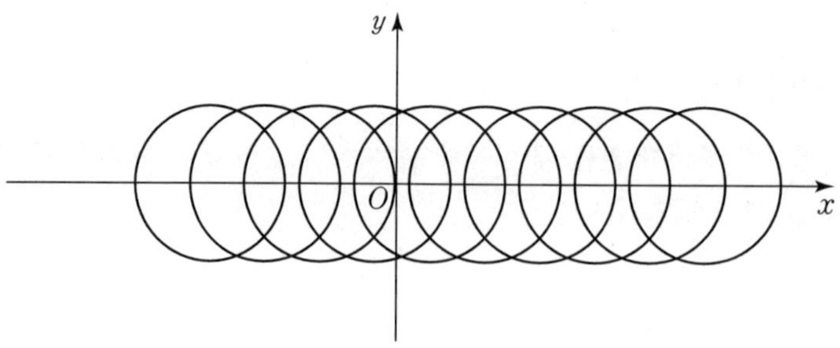

매개변수로 도형 만들기

매개변수에 의하여 생성되는 도형을 그려보자. 이 학습은 매개변수에 의하여 생성되는 도형을 이해하는 데 도움을 준다.

예 1. 다음 3 곡선을 그려보자.

$$\begin{cases} x=t \\ y=t^2 \end{cases},\quad \begin{cases} x=|t| \\ y=t^2 \end{cases},\quad \begin{cases} x=|t| \\ y=t \end{cases}$$

8.4.2 평가

1. 다음 현상을 그래프로 그려보라.

i) 버너에 물주전자를 올려 끓일 때 시간에 따른 물주전자의 온도.

ii) 욕조에서 사람이 목욕하고 있을 때 시간에 따른 물의 높이.

iii) 우리가 살고 있는 곳의 일 년 동안의 정오에 어떤 사물의 그림자의 길이의 변화.

iv) 등교할 때 시간에 따른 시내버스의 속도의 변화.

v) 집에 있는 물을 담는 어떤 그릇이라도 상관없다. 그 물통의 높이 h에 따른 부피를 $V(h)$라고 할 때 $V(h)$의 그래프의 개형을 그려보자. 역으로 어떤 그래프가 있을 때 그 그래프에 대응하는 그릇의 모양을 그려보자.

vi) 용수철저울의 늘어난 길이와 무게의 관계.

2. 다음 그래프를 보고 $ax+y+c=0$라고 한다면 a와 c는 어떤 것이 되어야 할까?

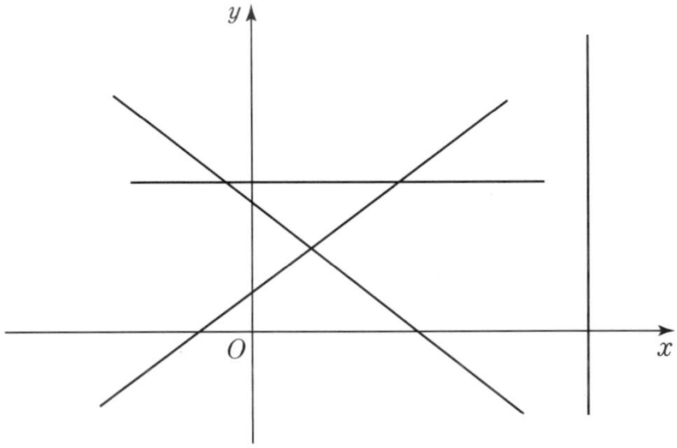

3. $f(x)=x^2+x$에 대하여 다음 식의 그래프를 그려보자.

i) $y=f(|x|)$

ii) $|y|=f(|x|)$

iii) $y=|f(|x|)|$

4. $y=f(x)$가 주어졌을 때 $g(x)=\dfrac{1}{f(x)}$의 그래프를 대략적으로 그리는 방법을 생각해 보자.

5. $y = |x^2 - 2| + |x - 1|$의 그래프를 그려보자.

6. 어떤 좌표 평면의 점 $P(4,\ 7)$에 어떤 사람이 서서 여러 대상을 관측하고 있다. 이 사람의 관점에서 점 A, B, C, D들의 직교좌표를 말해보자. 이와 같은 상황에서 일반적인 경우에 대하여 어떤 규칙이 있을까? 여기서 A, B, C, D의 좌표는 각각 $(-3,\ 10)$, $(7,\ 12)$, $(16,\ 10)$, $(9,\ -4)$이다.

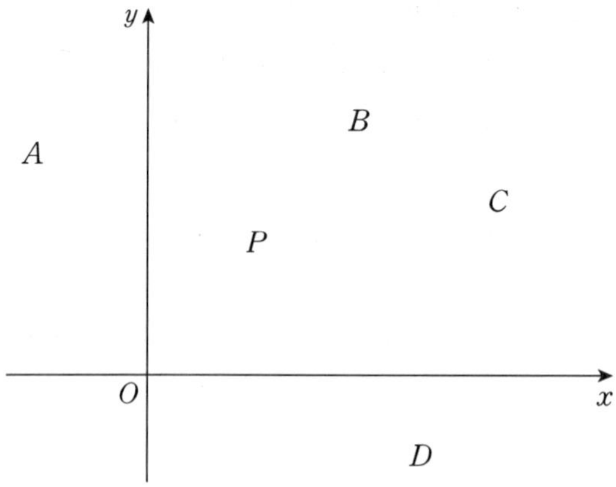

7. 함수방정식에 관련 된 것.

 i) 함수 $f: \boldsymbol{R} \to \boldsymbol{R}$이 임의의 실수 x, y에 대하여 $f(xy) = xf(y) + yf(x)$을 만족할 때 임의의 자연수 n과 임의의 실수 x에 대하여 $f(x^n) = nx^{n-1}f(x)$이 성립함을 보여라.

 ii) 임의의 실수 x에 대하여 $xf(x) = 1 + 2f(1-x)$을 만족하는 함수 f를 구하라.

8. 함수의 성질에 관련된 것.

 i) 두 함수 $f: X \to Y$, $g: Y \to X$에 대하여 임의의 $x \in X$에 대하여 $(g \circ f)(x) = x$이면 g는 전사이고 f는 단사이다.

8.4.3 연구 과제

교수 측면

1. 디리클레의 함수 정의의 정신모델이 가지는 문제점을 분석해보자.

2. 현상학적 방법에 의하여 함수 개념을 도입할 경우 장단점을 분석해보자.

3. 디리클레의 함수 정의는 매우 간단하다. 그럼에도 불구하고 왜 함수 개념이 어려운가?

4. 방정식을 매개변수로 표상하는 학습을 효과적으로 제공하는 절차를 개발하자.

5. 함수의 그래프를 그리는 효과적인 절차를 설계하자.

6. 숀펠드, 스미스와 아카비의 함수 이해 모형을 다른 영역에 적용할 방안을 마련해보자.

7. 함수의 각 사태를 APOS 이론을 적용하여 설계해보자.

8. 이 단원에서 지도하기 어려운 내용을 제시하고 대안을 토의하자.

9. SOLO 평가를 구체화하기 위한 질의 문항을 개발하자.

학습 측면

1. 두 변량의 관계를 함수식으로 표상하기 위한 효과적인 학습 방법을 설계하자.

2. 함수 개념 학습의 구성 과정을 연구해보자.

3. 함수 개념에서 기본 수준은 무엇인가? 이 점은 함수 개념의 학습을 정립하는 데 중요한 단서를 제공한다.

4. 이 단원에서 학생들이 가장 어려워하는 부분은 무엇인가?

9. 수열

9.1 수학적 분석

9.1.1 역사적 분석

수열 개념은 이미 고대 그리스 수학에서 나타났다. 피타고라스는 세상이 수로 구성되어 있다는 신념의 일환으로 기하학적 형상에 수적 의미를 부여하면서 형상수(figurative number)라는 수를 고안하였는데 예를 들면 삼각수[82], 사각수, ... 등이 이런 부류에 속한다.[83] 이와 관련된 연구는 주로 수열의 일반항을 구하는 데 있었다.

또 다른 예로서 방정식을 풀기 위하여 어떤 알고리듬을 사용하는데 이때 알고리듬의 각 단계는 수열이 된다. 이 알고리듬을 위한 수열은 유한수열이다. 결론적으로 수열은 알고리듬의 파생물이었고 따라서 그 극한을 고려해야 할 필요는 없었다.

그렇다고 그들이 수열의 극한값을 다루지 않은 것은 아니다. 그 당시에는 수열의 극한을 구하는 데 목적이 있는 게 아니라 극한이 주어져 있고 그 극한에 수렴하는 수열을 찾는 것이 하나의 주제를 이루었는데 이것은 무리수를 이해하기 위한 도구였기 때문이다. 즉 하나의 무리수가 주어져 있다면 이 무리수를 유리수로 근사화하기 위한 어떤 알고리듬을 고안할 필요가 있었는데 적절한 수열을 구성함으로써 이 문제를 해결할 수 있었다. 예를 들면 고대 그리스 수학자들은 무리수 $\sqrt{R}$의 근삿값을 구하기 위하여

$$x_{n+1} = \frac{1}{2}\left(x_n + \frac{R}{x_n}\right)$$

을 사용하였다는 기록이 있다.[84] 그러나 무한에 대한 인식론적 기초가 충분하지 않았기 때문에 그들은 극한 개념을 직접 언급하지는 않았다.

18세기 이후 수열은 실수의 구조를 분석하는 도구로서 결정적인 역할을 하기 시작하였

---

82) 삼각수와 사각수는 각각 { 1, 3, 6, 10,...}와 {1, 4, 9, 16,...}를 이룬다.

83) 1665년 파스칼(B. Pascal, 1623~1662)은 그의 <형상수에 관한 논문>(Treatise on Figurative Numbers)에 임의의 자연수는 3개 이하의 삼각수의 합으로 주어진다는 것을 주장했는데 이것은 1801년 가우스에 의하여 증명되었다.

84) x_n이 p에 수렴한다면 주어진 식으로부터 $p = \frac{1}{2}\left(p + \frac{R}{p}\right)$가 되고 이것을 풀면 $p = \sqrt{R}$이 된다.

다. 코시는 급수의 수렴성에 관한 판정조건으로서 소위 '코시 수열'을 제안하였다. 또 바이어슈트라스는 실수의 완비구조와 동치되는 명제로서 유계단조수열의 수렴성을 제안하였다. 칸토어는 유계폐집합의 감소열에 관한 정리를 도출하였다. 이런 명제들은 모두 실수의 성질과 관련된 것이다.

9.1.2 본체적 분석

선형점화식

일반적으로 다음과 같이 3항 간의 점화식

(1) $$x_{n+1} = px_n + qx_{n-1} \ (x_1,\ x_2\text{는 주어짐})$$

에서 $y_{n+1} = x_n$으로 두면 (1)은 (2)와 같이 주어진다.

(2) $$\begin{cases} x_{n+1} = px_n + qy_n \\ y_{n+1} = x_n \end{cases}$$

여기서

(3) $$A = \begin{pmatrix} p & q \\ 1 & 0 \end{pmatrix}$$

로 두면 식 (2)는 다음과 같은 선형점화식

(4) $$\begin{pmatrix} x_n \\ y_n \end{pmatrix} = X_n = AX_{n-1} = A\begin{pmatrix} x_{n-1} \\ y_{n-1} \end{pmatrix}$$

으로 주어지고 이것은 결국

(5) $$\begin{pmatrix} x_n \\ y_n \end{pmatrix} = X_n = A^{n-1}\begin{pmatrix} x_1 \\ y_1 \end{pmatrix}$$

가 된다. 그러므로 A^{n-1}을 구하면 주어진 점화식의 일반항을 얻을 수 있다.

그런데 대수구조에서 이 문제를 다룰 때 방정식 $A^{n-1} = aA + bI$에서 주어진 a와 b의 값은 A의 고유치에 의하여 결정됨을 알고 있다. 여기서 A의 고유방정식

(6) $$\lambda^2 = p\lambda + q$$

을 (1)의 특성방정식이라고 한다.

이와 같은 방법에 의하여 수열의 일반항을 구하는 방법을 요약하면 실제로 다음과 같다. 먼저 A의 고유치를 구한다는 것은 (1)의 특성방정식

(7) $$x^2 = px + q$$

의 근을 구하는 것과 동치이다. 방정식 (7)을 풀었을 때 두 근 a_1과 a_2를 얻었다고 하자. 이 때 다음 3가지의 경우가 있다.

i) a_1과 a_2가 서로 다른 실근인 경우: 이 경우의 일반항은 $sa_1^n + ta_2^n$로 주어진다.
ii) $a_1 = a_2$인 경우: 이 경우에 일반항은 $(s+tn)a_1^n$으로 주어진다.
iii) 두 허근 α와 $\overline{\alpha}$로 주어질 경우: 이 경우에 일반항은 $s\alpha^n + t\overline{\alpha}^n$로 주어지는데 이 경우에는 α를 $\cos\theta + i\sin\theta$로 나타내고 드무아브르 정리를 이용하여 단순화한다.

예 1. $x_1 = 0,\ x_2 = 3,\ x_n = 5x_{n-1} - 6x_{n-2}\ (n \geq 2)$일 때 일반항을 구해보자. 먼저 특성방정식은 $r^2 - 5r + 6 = 0$이므로 $r = 2,\ 3$이다. 그러므로

$$x_n = c2^n + d3^n$$

으로 주어진다. 여기서

$$\begin{cases} 2c + 3d = 0 \\ 4c + 9d = 3 \end{cases}$$

이므로 $c = -\dfrac{3}{2},\ d = 1$이다. 그러므로 $x_n = -3 \cdot 2^{n-1} + 3^n$이다.

예 2. $x_1 = 0,\ x_2 = 1,\ x_n = 2x_{n-1} - x_{n-2}\ (n \geq 2)$일 때 일반항을 구해보자. 이 경우에 특성방정식은 $r^2 - 2r + 1 = 0$이므로 $r = 1$(중근)이다. 그러므로 일반항은

$$x_n = c2^n + dn2^n$$

으로 주어진다. 여기서

$$\begin{cases} 2c + 2d = 0 \\ 4c + 8d = 1 \end{cases}$$

으로부터 $a = -\dfrac{1}{4},\ d = \dfrac{1}{4}$가 된다. 그러므로 일반항은

$$x_n = -2^{n-2} + n2^{n-2}$$

이다.

예 3. $x_0 = 0,\ x_1 = 1,\ x_n = 2x_{n-1} - 4x_{n-2}\ (n \geq 2)$의 일반항을 구해보자.

먼저 특성방정식은 $r^2 - 2r + 4 = 0$이므로 $r = 1 \pm i\sqrt{3} = 2e^{\pm\frac{\pi}{3}i}$이다. 그러므로 일반

항은

$$x_n = c2^n e^{\frac{\pi n}{3}i} + d2^n e^{-\frac{\pi n}{3}i}$$

으로 주어진다. 여기서 $\begin{cases} c+d=1 \\ i(c-d)=\sqrt{3} \end{cases}$ 이므로 이것을 풀어 정돈하면

$$x_n = 2^n\left[\cos\left(\frac{\pi n}{3}\right)+\sqrt{3}\sin\left(\frac{\pi n}{3}\right)\right]$$

이다.

피보나치 수열

새로 태어난 암, 수 두 마리의 토끼가 있는데 한 달이 지나면 성숙하여 다시 생식 능력을 가진다. 각 쌍은 매달 암, 수 한 쌍의 새끼를 낳으며 이 과정에서 죽는 토끼는 없다고 한다. 이러한 가정에서 매달 토끼의 수는 어떻게 될까? 이 상황을 나타내는 수열을 피보나치 수열이라고 한다. 먼저 최초에 새끼 토끼 한 마리가 있다고 시작하면 각 달의 개체 수는 다음 표와 같이 된다.

달	1	2	3	4	5	6	7
어른	0	1	1	2	3	5	8
새끼	1	0	1	1	2	3	5
합	1	1	2	3	5	8	13

이 수열은 점화식

$$f_n = f_{n-1} + f_{n-2},\ f_0 = 0,\ f_1 = 1$$

을 만족한다. 여기서 수열 $\{f_n\}$의 일반항을 구해보자. 먼저 특성방정식으로부터 근을 구하면 $a_1 = \dfrac{1+\sqrt{5}}{2}$와 $a_2 = \dfrac{1-\sqrt{5}}{2}$를 얻는다. 그러므로 이 수열의 일반항 f_n은

$$f_n = s\left(\frac{1+\sqrt{5}}{2}\right)^n + t\left(\frac{1-\sqrt{5}}{2}\right)^n$$

으로 주어진다. 여기서 초기조건 $f_0 = 0,\ f_1 = 1$을 적용하면

$$s = \frac{1}{\sqrt{5}},\ t = -\frac{1}{\sqrt{5}}$$

를 얻는다. 그러므로 일반항은

$$f_n = \frac{1}{\sqrt{5}}\left(\frac{1+\sqrt{5}}{2}\right)^n - \frac{1}{\sqrt{5}}\left(\frac{1-\sqrt{5}}{2}\right)^n$$

이 된다.

정리. 피보나치 수열은 다음과 같은 성질을 가지고 있다.

i) $\lim_{n\to\infty}\frac{f_{n+1}}{f_n} = \frac{1+\sqrt{5}}{2}$. 여기서 우변의 수 $\frac{1+\sqrt{5}}{2}$를 황금비라고 한다.

ii) $n \geq 2$일 때, $f_n^2 - f_{n-1}f_{n+1} = (-1)^{n-1}$가 성립한다.

한편 피보나치 수열은 다음과 같은 해석할 수도 있다. f_n을 집합 $S = \{1, 2, 3, \cdots, n\}$의 연속된 수를 포함하지 않는 부분집합들의 모임의 개수라고 하자. 여기서 $n=0$일 때 $S=\phi$라고 하면 f_n은 다음 표와 같다.

n	예	f_n
0	ϕ	1
1	ϕ, {1}	1
2	ϕ, {1}, {2}	3
3	ϕ, {1}, {2}, {3}, {1, 3}	5
4	ϕ, {1}, {2}, {3}, {4}, {1, 3}, {1, 4}, {2, 4}	8
5	ϕ, {1}, {2}, {3}, {4}, {5}, {1, 3}, {1, 4}, {1, 5}, {2, 4}, {2, 5}, {3, 5}, {1, 3, 5}	13

수열의 극한값 구하기

다음 정리는 기계론적 방법으로서 복잡한 수열의 극한을 보다 편리하게 구할 수 있다.

정리 1. $\lim_{n\to\infty} x_n = p$이고 $\lim_{n\to\infty} y_n = q$이면 다음과 같은 성질이 성립한다.

i) $\lim_{n\to\infty}(x_n + y_n) = p + q$.

ii) $\lim_{n\to\infty}(x_n y_n) = pq$.

iii) 임의의 $n \in \boldsymbol{N}$에 대하여 $x_n \neq 0$이고 $x \neq 0$이면 $\lim_{n \to \infty} \left(\frac{x_n}{y_n} \right) = \frac{p}{q}$.

iv) 임의의 $n \in \boldsymbol{N}$에 대하여 $x_n \leq y_n$이면 $p \leq q$.

정리 1은 본질적으로 사칙연산의 연속성에 기인한다. 보다 일반적인 경우는 이후에 다루게 될 연속함수의 보존성에 의하여 확장된다.

정리 2. $\lim_{n \to \infty} x_n = \lim_{n \to \infty} y_n = p$이고 임의의 $n \in \boldsymbol{N}$에 대하여 $x_n \leq z_n \leq y_n$이면 $\lim_{n \to \infty} z_n = p$이다.

예 1. $c > 0$일 때, $c^{\frac{1}{n}}$의 극한값을 구해보자. 먼저 $c \geq 1$이라고 하자.

$$c^{\frac{1}{n}} = 1 + x_n$$

라고 두면

$$c = (1 + x_n)^n \geq 1 + nx_n$$

이므로

$$0 < x_n \leq \frac{c-1}{n}$$

가 성립한다. 여기서 $n \to \infty$이면 $x_n \to 0$이다. 그러므로 $c^{\frac{1}{n}} \to 1$이다.

다음 $0 < c < 1$이라고 하자.

$$c^{\frac{1}{n}} = \frac{1}{1 + x_n}$$

라고 두면

$$c = \frac{1}{(1 + x_n)^n} \leq \frac{1}{1 + nx_n} \leq \frac{1}{nx_n}$$

이 성립한다. 그러므로

$$0 \leq x_n \leq \frac{1}{nc}$$

이다. 여기서 $n \to \infty$ 이면 $x_n \to 0$ 이므로 $c^{\frac{1}{n}} \to 1$ 이다.

예 2. 수열 $n^{\frac{1}{n}}$ 의 극한값을 구해보자. 직관적으로 이 수열은 1에 가까이 가는 것처럼 보인다. 이것을 밝히기 위하여 먼저

$$n^{\frac{1}{n}} = 1 + x_n$$

이라고 두면 $n = (1 + x_n)^n$ 이 되고 여기서 $(1 + x_n)^n$ 을 전개하여 정돈하면

$$n = (1 + x_n)^n \geq 1 + nx_n + \frac{n(n-1)}{2}x_n^2 \geq 1 + \frac{n(n-1)}{2}x_n^2$$

이므로 따라서

$$0 < x_n \leq \sqrt{\frac{2}{n}}$$

가 성립한다. 그러므로 여기서 $n \to \infty$ 일 때, $x_n \to 0$ 이고 $n^{\frac{1}{n}} \to 1$ 이다.

예 3. $a > 0$ 일 때 $x_n = \dfrac{a^n}{n!}$ 로 정의하면 $n \to \infty$ 일 때 $x_n \to 0$ 이다. 실제로 충분히 큰 N 에 대하여 $\dfrac{a}{N} < \dfrac{1}{2}$ 가 성립한다. 여기서 $n > N$ 이면

(1) $$\frac{a^n}{n!} = \frac{a^N}{N!} \cdot \frac{a^{n-N}}{(N+1)(N+2)\cdots n} < \frac{a^N}{N!}\frac{1}{2^{n-N}}$$

이므로 $n \to \infty$ 이면 (1)의 우변은 0에 수렴한다.

정리 3. $\lim\limits_{n\to\infty} x_n = p$ 이고 $\{x_{n_k}\}$ 가 $\{x_n\}$ 의 임의의 부분수열이라고 하면 $\{x_{n_k}\}$ 은 p 에 수렴한다. 또 $\{x_{n_k}\}$ 가 $\{x_n\}$ 의 임의의 부분수열이고 $\{x_n\}$ 가 수렴하고 $\{x_{n_k}\}$ 가 p 에 수렴하면 $\{x_n\}$ 도 p 에 수렴한다.

예 4. 수열

$$x_1 = 1,\ x_2 = 2,\ x_n = \frac{x_{n-1} + x_{n-2}}{2} \quad (n > 2)$$

은 수렴한다는 것을 앞에서 확인하였다. 여기서 $x_n = \dfrac{x_{n-1} + x_{n-2}}{2}$ 의 양변에 극한을

취하고 그 극한을 p라고 하면 $p=\frac{p+p}{2}$가 되지만 이것으로부터 얻는 것이 없다. 그렇지만 여기서 홀수 항 x_{2n+1}을 구하면

$$x_{2n+1}=1+\frac{1}{2}+\frac{1}{2^3}+\frac{1}{2^5}+\cdots+\frac{1}{2^{2n-1}}$$

이므로

$$p=1+\frac{\frac{1}{2}}{1-\frac{1}{4}}=\frac{5}{3}$$

이다.

코시 수열

극한값을 추론할 수 있는 경우, 그것이 정의에 의하여 극한이라는 것을 검사할 수 있다. 그러나 상황에 따라 수열의 극한값을 즉각적으로 알 수 없는 경우가 있다. 이때는 우선 그 수열이 수렴한다는 것을 간접적으로 보이고 이후 극한값을 생각해야 할 경우가 있다. 이런 경우에 다음 정리가 유용하다.

정의. 임의의 $\epsilon>0$에 대하여

$$\{(m,\ n)\in \boldsymbol{N}\times \boldsymbol{N}: |x_n-x_m|\ge \epsilon\}$$

이 유한집합인 수열을 코시 수열이라고 한다.

정리 1. 수열 $\{x_n\}$이 수렴하기 위한 필요충분조건은 $\{x_n\}$이 코시 수열이 될 때이다.

증명. $n\to\infty$일 때 $x_n\to p$라고 하면 임의의 $\epsilon>0$에 대하여 $n\in \boldsymbol{N}: |x_n-p|\ge \epsilon/2$은 유한집합이다. 그러므로 $\{(m,\ n)\in \boldsymbol{N}\times \boldsymbol{N}: |x_n-x_m|\ge \epsilon\}$도 유한집합이다.
역으로 $\{x_n\}$이 코시 수열이라고 하자. 이때 임의의 $\epsilon>0$에 대하여 $n\ge N_1$이면 $|x_n-x_N|<\frac{\epsilon}{2}$을 만족하는 자연수 N_1이 존재한다. 그러므로 수열 $\{x_n\}$은 유계이다. 따라서 볼차노-바이어슈트라스 정리에 의하여 수렴하는 부분수열 $\{x_{n_k}\}$가 존재한다. 여기서 이 부분수열의 극한을 p라고 하면 $n_j\ge N_2$일 때 $|x_{n_j}-p|<\frac{\epsilon}{2}$를 만족하는 자연수 N_2이 존재한다. 그러므로 $n\ge \max(N_1,\ N_2)$이면

$$|x_n-p|\le |x_n-x_{n_j}|+|x_{n_j}-p|<\frac{\epsilon}{2}+\frac{\epsilon}{2}<\epsilon$$

가 되어 $\{x_n\}$은 수렴한다. ■

정리 2. $0 \le r < 1$이라고 하고 수열 $\{x_n\}$이 임의의 $n \in \boldsymbol{N}$에 대하여

(1) $$|x_{n+2} - x_{n+1}| \le r|x_{n+1} - x_n|$$

을 만족할 때 $\{x_n\}$은 코시 수열이다. 따라서 이 수열은 수렴한다.

증명. 임의의 자연수 n에 대하여

(2) $$|x_{n+2} - x_{n+1}| \le r|x_{n+1} - x_n| \le r^n|x_2 - x_1|$$

이므로 $m > n$에 대하여

(3) $$\begin{aligned} |x_m - x_n| &\le |x_m - x_{m-1}| + \cdots + |x_{n+1} - x_n| \\ &\le (r^{m-2} + \cdots + r^{n-1})|x_2 - x_1| \\ &< \frac{r^{n-1}}{1-r}|x_2 - x_1| \end{aligned}$$

가 성립한다. 여기서 $0 \le r < 1$이므로 수열 $\{x_n\}$은 코시 수열이다. ■

예. 다음 수열

$$x_1 = 1,\ x_2 = 2,\ x_n = \frac{x_{n-1} + x_{n-2}}{2} \quad (n > 2)$$

은 수렴한다. 귀납에 의하여

$$|x_{n+1} - x_n| = \frac{1}{2^{n-1}} \quad (n \in \boldsymbol{N})$$

가 성립한다. 그러므로 이 수열은 코시 수열이다.

발산하는 수열

수열의 발산도 그 자체로 중요한 의미를 가지기 때문에 발산의 유형을 정의할 필요가 있다.

정의. 만약 임의의 자연수 N에 대하여 $\{n \in \boldsymbol{N} : x_n < N\}$ 이 유한집합일 때 수열 $\{x_n\}$은 ∞로 발산한다고 한다. 또 임의의 자연수 N에 대하여 $\{n \in \boldsymbol{N} : x_n > -N\}$ 이 유한집합일 때 수열 $\{x_n\}$은 $-\infty$로 발산한다고 한다. 수렴도 하지 않고 $\pm\infty$로 발산하지도 않는 수열을 진동한다고 한다.

규칙의 창발성 원리

규칙은 규칙을 낳는다. 즉 규칙적으로 배열된 대상을 규칙적으로 분해하거나 재조합하게 되면 그 결과는 다시 규칙을 낳게 된다. 이와 같은 규칙의 창발성을 통하여 주어진 수열을 이해할 수 있다. 이와 관련된 개념으로서 계차수열이 있다.

정의. 주어진 수열 $\{x_n\}$에 대하여 $a_n = x_{n+1} - x_n$로 정의된 수열 $\{a_n\}$을 $\{x_n\}$의 계차수열이라고 한다.

정리. 수열 $\{x_n\}$의 계차수열을 $\{a_n\}$이라고 하면 $x_n = x_1 + \sum_{k=1}^{n-1} a_k$이다.

예. 수열 $\{n\}$을 처음부터 1, 2, 3, ...개의 항을 묶었을 때 각 묶음의 첫 항으로 이루어진 수열은 $\{1,\ 2,\ 4,\ 7,\ 11,\ \cdots\}$으로 주어지고 이 수열의 일반항 x_n은

$$x_n = 1 + \sum_{k=1}^{n-1} k = 1 + \frac{n(n-1)}{2}$$

으로 주어진다.

연분수

두 서로소인 두 자연수 a와 b에 대하여 $a = bt + r$이므로

$$\frac{a}{b} = t + \frac{r}{b} = t + \cfrac{1}{\cfrac{b}{r}}$$

가 된다. 여기서 $\frac{b}{r}$은 다시 위의 방법에 의하여 분해할 수 있다. 이 과정을 계속하면 임의의 유리수는 연분수로 나타낼 수 있다. 일반적으로 주어진 양수 x에 대하여 그것을 다음과 같이 연분수로 나타낼 때

$$x = t_0 + \cfrac{1}{t_1 + \cfrac{1}{t_2 + \cfrac{1}{t_3 + \cdots + \cfrac{1}{t_{k-1} + \cfrac{1}{t_k}}}}}$$

이것을 $[t_0; t_1,\ t_2,\ \cdots,\ t_{k-1},\ t_k]$라고 표기한다.

한편 임의의 실수는 모두 연분수로 나타낼 수 있다.

예. $\sqrt{2}$를 연분수로 나타내보자. 먼저 $\sqrt{2} = 1.41415\cdots$이다. 여기서

$$\begin{aligned}\sqrt{2} &= 1 + \sqrt{2} - 1 \\ &= 1 + \frac{1}{\sqrt{2}+1} \\ &= 1 + \frac{1}{2 + \sqrt{2} - 1} \\ &= 1 + \cfrac{1}{2 + \cfrac{1}{\sqrt{2}+1}} \\ &\cdots\end{aligned}$$

이므로 셋째 등호의 우변은 다시 처음과 같으므로 $\sqrt{2} = [1;\ 2,\ 2,\ \cdots]$이다.

무리수를 위한 근사

$R > 0$이고 $x_1 > 0$이면 수열

(1) $$x_{n+1} = \frac{1}{2}\left(x_n + \frac{R}{x_n}\right)$$

은 $\sqrt{R}$에 수렴한다. 그러므로 이 식으로부터 $\sqrt{R}$이 무리수일 때 유리수의 근사식을 만들어준다. 먼저 수열 $\{x_n\}$이 수렴한다는 것을 보이기 위하여 수열 $\{x_n\}$은 감소수열이고 아래로 유계라는 것을 먼저 보이자. 등식

$$x_{n+1}^2 - R = \frac{1}{4}\left(x_n - \frac{R}{x_n}\right)^2 > 0$$

에 의하여 x_1의 값에 관계없이 $n \geq 2$이면 $x_n > \sqrt{R}$이다. 한편

$$\begin{aligned}x_n - x_{n+1} &= x_n - \frac{1}{2}\left(x_n + \frac{R}{x_n}\right) \\ &= \frac{1}{2}\left(x_n - \frac{R}{x_n}\right) \\ &= \frac{x_n^2 - R}{2x_n} \\ &> 0\end{aligned}$$

이므로

$$x_2 > x_3 > \cdots \geq \sqrt{R}$$

이 성립한다. 그러므로 $\{x_n\}$은 수렴한다. 여기서 수열 $\{x_n\}$의 극한을 L이라고 하면 (1)

의 양변에 극한을 취하여 $L=\frac{1}{2}\left(L+\frac{R}{L}\right)$을 얻는데 이것을 풀면 $L=\sqrt{R}$을 얻는다.

e의 존재성

수열 $x_n=\left(1+\frac{1}{n}\right)^n$의 수렴한다. 이 사실은 $\{x_n\}$이 유계증가수열이라는 것만 보이면 충분하다. 먼저 $\{x_n\}$이 증가수열이라는 것을 보이기 위하여 부등식

(1) $$\frac{n^{n-1}}{(n-1)^{n-1}}<\frac{(n+1)^n}{n^n}$$

임을 보이자. 부등식 (1)은 다음 식 (2)와 동치이다.

(2) $$\frac{n-1}{n}\frac{n^n}{(n-1)^n}<\frac{(n+1)^n}{n^n}$$

여기서 부등식 (2)를 정돈하면

(3) $$1-\frac{1}{n}<\left(1-\frac{1}{n^2}\right)^n$$

를 얻는다. 그런데 부등식 (3)은 베르누이 부등식의 특수한 경우 $h=-\frac{1}{n^2}$이므로 (3)은 성립한다. 그러므로 (1)은 성립하고 따라서 수열 $\{x_n\}$은 증가수열이다.

한편 수열 $\{x_n\}$이 위로 유계임을 보이기 위하여 임의의 자연수 n에 대하여 $x_n<3$을 보이면 충분하다. 이항 정리에 의하여

(4) $$\left(1+\frac{1}{n}\right)^n=1+{}_nC_1\frac{1}{n}+\cdots+{}_nC_k\frac{1}{n^k}+\cdots+{}_nC_n\frac{1}{n^n}$$

가 성립한다. 그런데 여기서 $2\le k\le n$에 대하여

(5) $${}_nC_k\frac{1}{n^k}=\frac{1}{k!}\left(1-\frac{1}{n}\right)\left(1-\frac{2}{n}\right)\cdots\left(1-\frac{k-1}{n}\right)\le\frac{1}{k!}\le\frac{1}{2^{k-1}}$$

이므로 (4)에 의하여 임의의 자연수 n에 대하여 부등식 $a_n<3$가 성립한다.

정의. $\lim_{n\to\infty}(1+\frac{1}{n})^n=e.$

이산동력계

정의. 점화식

(1) $$x_{n+1} = f(x_n), \quad x_1 = a$$

을 이산동력계(discrete dynamical system)라고 한다.[85)]

식 (1)에서 $f(x)$가 x의 일차식일 때, 즉 $f(x) = x + c$ 또는 $f(x) = rx$인 경우는 (1)은 등차수열이거나 등비수열이 된다. 만약 식 (1)이 일차식이 아닐 때 (1)을 비선형라고 한다.

이산동력계와 관련된 수열의 수렴성에 대한 논의는 앞으로 연속함수, 미분가능함수와 관련되어 상세하게 논의한다.

일반위상공간에서의 수열의 극한

극한 개념은 보다 일반적인 공간의 경우로 확장할 수 있다. 예를 들면 일반위상공간 $(X, \mathfrak{I})$가 주어졌을 때 X 상의 수열 x_n가 p에 수렴하는 것을 다음과 같이 정의하자.

정의. $p \in \boldsymbol{R}$에 대하여 p를 포함하는 개구간을 p의 근방이라고 한다.

정의. 수열 $\{x_n\}$의 극한이 p라는 것은 p의 임의의 근방 U에 대하여

$$\{n : x_n \not\in U\}$$

이 유한집합임을 의미한다.

이 정의에 의하면 수렴하는 수열이 단 하나의 극한값을 가질 필요가 없다.

예 1. $X = \{1,\ 2,\ 3\}$이라고 하고 X의 위상 $\mathfrak{I}$를

$$\mathfrak{I} = \{\phi,\ X,\ \{1,\ 2\}\}$$

라고 두자. 이때 수열

$$a_n = \{1,\ 1,\ 1,\ 1,\ \cdots\}$$

은 1, 2, 3 모두에 수렴한다.

예 2. $X = \{1,\ 2,\ 3\}$이라고 하고 X의 위상 $\mathfrak{I}$를

---

85) 이것은 미분방정식 $\dfrac{dx}{dt} = f(x),\ x(0) = a$의 이산형에 해당된다.

$$\mathfrak{I} = \{\phi,\ X,\ \{1,\ 2\},\ \{3\}\}$$

라고 두자. 이때 수열

$$\{x_n\} = \{1,\ 1,\ 1,\ 1,\ \cdots\}$$

은 1과 2에 수렴한다.

그러나 수열

$$\{y_n\} = \{1,\ 3,\ 1,\ 3,\ \cdots\}$$

은 어느 곳에서도 수렴하지 않는다.

이와 같이 변칙적인 현상은 주어진 위상의 성질에 따른다. 일반적으로 어떤 위상공간에서 수열이 하나의 점에 수렴하기 위해서는 그 위상공간이 T_2 조건을 만족해야 한다. 실제로 위의 두 사례는 T_2 조건을 만족하지 않는다.

폐구간과 개구간

수열의 관점에 볼 때 폐구간과 개구간의 차이점을 생각해보자. 다음 폐구간에서 '폐'의 의미는 다음과 같은 맥락에서 이해하면 된다.

정리. 폐구간 $F \subset \boldsymbol{R}$에서 주어진 수렴하는 수열 $\{x_n\}$의 극한은 F에 속한다.

증명. 임의의 $n \in \boldsymbol{N}$에 대하여 $x_n \in F$이고 또 $n \to \infty$일 때 $x_n \to p$이라고 하자. 만약 $p \notin F$이라면 F가 폐구간이기 때문에 $(p-\epsilon,\ p+\epsilon) \cap F = \phi$를 만족하는 $\epsilon > 0$이 존재한다. 그런데 $n \to \infty$일 때 $x_n \to p$이므로 유한개의 n을 제외한 나머지 n에 대하여 $x_n \in (p-\epsilon,\ p+\epsilon)$이 되는데 이것은 임의의 $n \in \boldsymbol{N}$에 대하여 $x_n \in F$라는 사실에 모순이다. ■

즉 폐구간이라는 것은 수렴하는 수열의 극한을 품고 있다는 의미이다. 그러나 개구간은 그렇지 않다. 예를 들면 수열 $\left\{\dfrac{1}{n+1}\right\}$은 모든 항이 $(0,\ 1)$에 속하지만 그 극한 0은 $(0,\ 1)$에 속하지 않는다.

9.1.3 현상학적 분석

수열의 현상

수열은 두 가지 현상으로 나타난다. 하나는 극한 개념을 포함하지 않는 수열 개념으로서 이 경우는 일반항의 패턴이 중요한 탐구 대상이다. 이와 관련된 최초의 조직적 연구는 피타고라스 학파의 형상수에 대한 연구이다. 다른 하나는 수열이 수의 구조를 연구하는 도구였다는 점이다. 수열의 이런 부분에 대한 연구는 이어 점집합론으로 추상화되었다. 수열의 극한에 대한 연구로서 가장 중요한 부분은 급수의 수렴성 문제이다.

규칙의 관점에서 본 수열

수열 개념은 다음과 같이 규칙 개념으로 나타난다. 그러나 규칙 개념에 따라 수열의 범주도 달라진다.

i) 수열이란 일반항이 대수식 형태로 주어져 있는 것. 예를 들면 $x_n = 2n + 5^n$ 으로 나타나는 수의 배열은 수열이다. 이 정의에 의하면 1, 3, 5, 7, 9, ⋯ 이나 1, －1, 1, －1, ⋯ 는 대수식으로 주어져 있지 않았기 때문에 수열이 아니다.

ii) 수열이란 일반항을 대수식으로 표상할 수 있는 것. 이 정의에 의하면 1, 3, 5, 7, 9, ⋯ 이나 1, －1, 1, －1, ⋯ 은 일반항을 대수식으로 표상할 수 있기 때문에 수열이 된다. 그러나 이 정의에 의하면 π의 소수 첫 자리부터 시작하여 각 자릿수를 x_n라고 했을 때 x_n을 표상할 방법은 없기 때문에 $\{x_n\}$은 수열이 되지 않는다.

iii) 수열이란 일반항 x_n을 알 수 있는 것. 이 정의에 의하면 π를 전개했을 때 나타나는 각 자릿수를 알 수 있기 때문에 3, 1, 4, 1, 5, 9, ⋯ 은 수열이 된다.

한편 규칙 관점에서 보면 다음과 같은 것도 포함된다.

i) 소박한 규칙과 섬세한 규칙. 소박한 규칙은 단지 배열만 지시한다. 이 정의에 의하면 ⋯, －3, －2, －1, 0, 1, 2, 3, ⋯ 나 ⋯, 5, 4, 3, 2, 1도 규칙에 의한 배열이기 때문에 수열이 된다. 그러나 이 두 배열은 첫째항이 없다. 반면에 섬세한 규칙은 첫째항으로부터 시작되고 이후 전개는 모두 규칙에 의한 지배를 받는 것이다.

ii) 암묵적 규칙과 명시적 규칙. 암묵적 규칙이란 규칙은 있으나 해석적 표상이 불가능한 경우이고 명시적 규칙이란 해석적 표상이 가능한 경우이다. 예를 들면 π의 각 소수 첫 자리부터 시작하여 각 자릿수를 x_n이라고 했을 때 $\{x_n\}$은 암묵적 규칙에 의하여 수열이다.

극한의 현상학

수학적 대상을 근사화하기 위한 수단으로서 극한의 개념이 나타난다. 예를 들면 유리수에 의한 무리수의 근사, 미분에서의 근사, 적분에서의 근사 등 이런 현상은 해석학의 기본 원리로 간주된다.

동력계에서 극한 현상은 수렴과 발산 현상으로 구분되는데 모두 중요한 현상이다. 특히 발산 현상이 중요한 역할을 하기 때문에 이를 위하여 수렴 현상을 이해하는 것은 중요한 방법이다.

9.2 심리적 분석

9.2.1 인지적 분석

수렴성에 대한 정신모델

극한과 수렴에 대하여 학습자들의 마음에는 어떤 정신모델이 형성되어 있을까? 먼저 학교수학에서 수열의 극한은 다음과 같이 정의하고 있다.

정의. 수열 $\{x_n\}$에서 n의 값이 한없이 커질 때, x_n의 값이 일정한 수 p에 한없이 가까워지면 이 수열 $\{x_n\}$은 p에 수렴한다고 한다. 이때 p를 이 수열 $\{x_n\}$의 극한(값)이라고 하고 기호로

$$\lim_{n\to\infty} x_n = p$$

또는

$$n\to\infty \text{ 일 때, } x_n\to p$$

로 나타낸다.

이 정의에서 분석되어야 할 개념은 '한없이' '가까이 간다' (또는 '한없이 가까이 간다') 와 극한을 기호로 표상했을 때 사용된 등호 '='이다.

수학적 개념을 다룰 때 형식 언어를 사용하면 의미의 혼란은 나타나지 않는다. 또 형식 언어를 일상 언어로 번역해도 기표만 가져온다면 의미의 혼란은 나타나지 않는다. 의미의 혼란이 나타나는 이유는 형식 언어로 된 개념을 일상 언어로 해석하기 때문이다. 특히 무한

과 같이 실재성이 문제가 되는 개념은 일상 언어가 가진 의미의 모호함과 개념 자체가 가진 모호함이 복합적 장애를 야기한다. 수열의 경우, 예를 들면 전자는 '가까이 간다'라는 일상 언어이고 후자는 무한대의 실재성이다.

그러나 수열의 극한에서 '가까이 간다'라는 극한의 직관적 개념은 이에 대응하는 체화된 개념과 나)의 의미에서 다르기 때문에 일상 개념이 극한의 직관적 개념을 충분히 반영해주지 못한다. 이 개념적 차이에 의하여 수열의 극한에 대한 다양한 해석을 하게 되고 궁극적으로 그런 해석은 오개념으로 이어진다. 예를 들면 다음 표는 수열 $\left\{\frac{1}{n}\right\}$의 수렴성에 관한 개념에 대하여 학생들이 제시한 해석들을 요약 정리한 것이다.

대상	해석
∞	i) 무한대는 대상이다. 즉 무한대는 존재하는 실재이다. ii) 무한대는 과정이다. 즉 ∞는 점점 커져가는 상태를 묘사한 것이다.
$n \to \infty$	i) n이 점점 커진다. ii) n이 점점 커지다가 무한대가 된다. 또는 n이 점점 커지지만 무한대는 아니다.
$\frac{1}{n} \to 0$	i) $\frac{1}{n}$은 그냥 점점 작아진다는 것을 의미한다. (과정으로서 해석) ii) $\frac{1}{n}$는 0에 점점 가까이 가면서 나중에 0에 도착한다. 또는 $\frac{1}{n}$는 0에 가까워지긴 하나 0에 도착하지는 않는다.(과정과 결과로 해석)
$(-1)^n$	i) 극한이 없다. ii) 1과 -1이 극한이다.
=	i) =는 수의 개념에서 등호이다. ii) =는 단지 가까이 감을 표상한 것이다.

극한 개념은 중학교에서 도입하지 않기 때문에 중학 과정에서는 사용하면 안 된다는 생각을 가지고 있는 경우를 보게 되는데 이 생각은 잘못되었다. 그러면 도대체 어느 순간에 극한 개념이 형성되는가? 중학 과정에서 극한 개념에 대한 정신모델이 전혀 없었다고 가정하면 고등학교 시절 어느 날 갑자기 극한 개념이 마음속에서 나타났다고 할 수밖에 없게 된다는 결론에 도달하게 된다. 그러나 개념은 표상 방법이 다르지 않는 한 서서히 세련된다.

극한의 개념은 직관적이고 체화된 것이기 때문에 이미 중학 과정 이전에 극한에 대한 나름대로의 정신모델을 가지고 있다. 실제로 초등 과정에서 원의 넓이를 구하기 위하여 부채꼴로 근사화하는 방법을 택하고 있는데 그것을 교사가 안내한다고 하더라도 학생들은 나름대로의 합리적 의미를 가지고 있다. 중학 과정에서 급수를 지도하지 않지만 무한소수를 다루면서 무한급수의 수렴성을 직관적으로 수용하고 있다. 중학 과정에서 극한 개념이 조잡하다면 고등학교 과정에는 좀 더 정교하다는 차이점이 있을 뿐 공통적으로 직관적이다.

포괄적 확장의 원리

극한과 같이 무한 개념이 포함된 경우 Tall(1986)이 말하는 '포괄적 확장의 원리'(generic extension principle), 즉 어떤 일련의 관찰 상황에서 일어난 성질이 이에 대한 반례를 경험하지 못할 경우 그 성질을 그대로 수용하게 되는 현상이 나타난다.[86] 다음 예를 보자.

예 1. 포괄적 확장의 원리를 따르면 수열 $\left\{\frac{1}{n}\right\}$의 어떤 항도 0이 아니므로 그 극한도 0이 될 수 없다.

예 2. 한 변의 길이가 $\frac{1}{n}$인 정사각형 D_n이 있다. $n\to\infty$일 때 D_n의 극한은 무엇인가? 포괄적 확장의 원리를 따르면 '무한이 작은 사각형'이라는 답을 제시한다. 이 무한소 사각형은 여전히 내부와 외부를 가진다.

예 3. 반지름이 1인 원 C에 내접하는 한 변의 길이가 $\frac{1}{n}$인 정다각형 D_n이 주어져 있다. 이 각각의 변에 높이가 $\frac{1}{2}+\frac{1}{n}$인 그림과 같이 삼각형을 안으로 세우고 그림과 같이 톱니 모양의 도형을 만들어 그것을 S_n이라고 할 때, S_n의 극한은 무엇인가? 포괄적 확장의 원리를 따르면 답은 여전히 '무한' 톱니바퀴 모양의 도형이다.

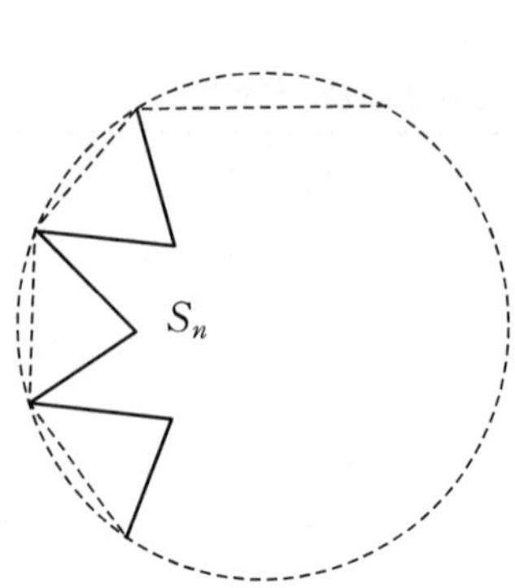

S_n의 모양

86) 포괄적 확장의 원리는 귀납 원리와 약간 다르다. 귀납의 원리는 유한개로 얻은 성질로부터 모든 자연수 즉 $\aleph_0$에 대한 지식을 얻는 과정이고 포괄적 확장의 원리는 유한개로 얻은 성질로부터 자연수의 순서수 ω에 해당되는 진술을 얻으려는 것이다.

케플러(J. Kepler, 1571~1630)는 원이 무한히 많은 삼각형의 합이라고 보았다. 그 결과 (무한소) 삼각형의 넓이의 합을 이용하여 원의 넓이를 구했다.

수렴성에 대한 APOS 이론적 접근

수열의 수렴성에 대한 직관적 개념 형성을 APOS적 관점에서 보면 다음과 같다. 먼저 다양한 수열의 그래프를 그려보는 일련의 활동을 한다.

단계	탐구 활동
활동 단계	a_n의 값의 변화에 대하여 자유롭게 그려본다.
과정 단계	a_n의 값이 어느 점에 집중적으로 모이는 현상에 주목한다.
대상 단계	수열의 수렴성을 하나의 대상으로 주목한다.
도식 단계	수렴성 개념을 기존 도식에 부가한다.

한편 수열의 극한 $\lim_{n\to\infty} a_n = p$의 형식적 개념 형성을 APOS 관점에서 살펴보자.

단계	탐구 활동
활동 단계	다양한 $\epsilon > 0$와 p에 대하여 $n : \lvert a_n - p\rvert \geq \epsilon$가 유한집합인지 확인한다.
과정 단계	각각의 자연수 n에 대하여 $\left\{k : \lvert a_k - p\rvert \geq \dfrac{1}{n}\right\}$가 유한집합임을 확인한다.
대상 단계	임의의 실수 $\epsilon > 0$에 대하여 $\{k : \lvert a_k - p\rvert \geq \epsilon\}$가 유한집합임을 명제로 수용한다.
도식 단계	관찰 결과를 기존 도식에 부과한다.

9.2.2 오개념 분석

수열 개념과 관련된 오개념

i) 수열을 규칙에 의한 배열로 간주하고 있다. 이 결과 불규칙적인 것은 수열이 아니라고 한다.

ii) 수열을 규칙에 의한 배열로 정의할 경우 일반항을 구할 수 없는 배열은 수열이 아니라고 생각한다. 예를 들면 모든 소수의 배열

$$\{2,\ 3,\ 5,\ 7,\ 11,\ 13,\ 17,\ \ldots\}$$

이나 π를 전개할 때 나타나는 자릿수의 배열

$$\{3,\ 1,\ 4,\ 1,\ 5,\ 9,\ \ldots\}$$

은 수열이 아니라고 생각한다.

일반항과 관련된 오개념

$\sum_{k=1}^{n} k = 1+2+\cdots+n$을 배운 후 $\sum_{k=1}^{n} \frac{1}{k} = \frac{1}{1+2+\cdots+n}$로 답하는 경우가 있다.

극한과 관련된 오개념

i) 작용소 $\lim_{n\to\infty}$이 무조건 가법적이라고 생각하고 수식에 $\lim_{n\to\infty}$를 무제한적으로 사용한다. 예를 들면

$$\lim_{n\to\infty}\left(\frac{1}{n+1}+\frac{1}{n+2}+\cdots+\frac{1}{n+n}\right)=\lim_{n\to\infty}\frac{1}{n+1}+\lim_{n\to\infty}\frac{1}{n+2}+\cdots+\lim_{n\to\infty}\frac{1}{n+n}=0$$

라고 한다.

ii) 상수수열은 극한값을 가지지 않는다고 생각한다.

iii) 교대수열은 극한값을 가지지 않는다고 생각한다.

iv) 수열의 극한은 항의 마지막 수이다.

v) 극한값은 근삿값이다.

vi) 임의의 자연수 n에 대하여 $x_n > y_n$이면 $\lim_{n\to\infty} x_n > \lim_{n\to\infty} y_n$이라고 생각한다.

9.3 교육적 분석

9.3.1 교육과정 분석

교육목표 분석

수학적 관점에 볼 때 수열 개념은 실수의 구조를 이해하는 데 유용한 도구이다. 예를 들면 유계 무한집합은 수렴하는 수열을 선택할 수 있고 임의의 유계수열은 수렴하는 부분 수열을 가지며 임의의 코시 수열은 수렴한다는 등의 성질을 이미 잘 알려져 있다. 이런 것들은 실수체가 가진 성질이다.

그러나 학교수학에서 수열의 개념을 도입하는 이유는 수열을 이용하여 실수의 성질을 분

석하기 위함에 있는 것이 아니라 그런 분석의 기초가 되는 기본적인 성질, 즉 규칙성과 극한의 개념을 이해하기 위함이다. 그러므로 학교수학에서 수열과 관련된 지도는 다음 두 가지를 학습목표에 포함시켜야 한다.

i) 수열의 일반항 구하기. 이것은 귀납추론을 위한 도구를 제공한다.
ii) 수열의 극한값 구하기. 극한을 추측하는 것도 귀납추론에 의거한다.

한편 수열은 함수로서 도형 사태가 되므로 이 경우는 이산적 양태를 주목한다. 수열을 다룰 때는 항상 극한 개념만 다루는 경향이 있는데 이것은 수열 개념에 대한 학습 목표를 단순화 한 결과이며 수열의 주기성, 증폭과 감쇠 현상 등과 같은 거시적 현상도 중요하기 때문에 교육과정이 이를 반영하도록 해야 한다.

한편 알고리듬이나 순서도 구하기가 수열 단원에서 도입되는데 알고리듬을 반드시 이 단원에서 도입해야 하는가는 재고의 여지가 있다. 그 이유는 학교수학에서 많은 지식들은 알고리듬을 만들 수 있기 때문이다.

학습 내용 개요

수열 단원은 규칙성과 극한을 중심으로 엮어져 있다. 세부 내용은 다음과 같다.

학습주제	내용	주안점
수열의 일반항 구하기	등차수열, 등차중항 등비수열, 등비중항 계차수열, 군수열 점화식 수학적 귀납법에 의한 규칙성 발견과 정당화	귀납적 발견을 강조
수열의 극한	극한의 개념 극한의 대수적 성질	그래프에 의한 극한의 직관을 형성
순서도	순서도 이해	최적의 순서도

이 단원에서 반드시 알고 있어야 할 명제는 다음과 같다.

i) 수열의 극한에 대한 대수적 성질.
ii) 등비수열의 수렴성에 대한 정리.

지식의 연결성

수열은 실수를 이해하는 가장 초보적인 도구이다. 유계증가수열의 수렴성, 코시 수렴성 등이 이를 반영한다. 뿐만 아니라 수열을 이산 현상과 연속 현상의 연결고리 역할을 한다.

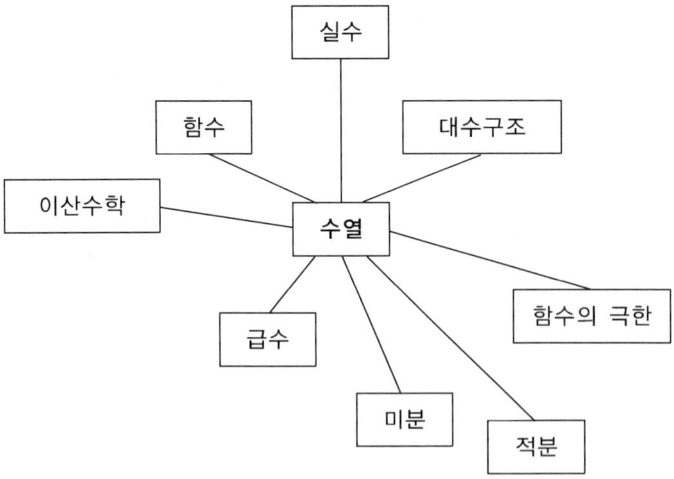

9.3.2 학습 주제 및 내용 분석

수열 개념의 교육적 역할

교육적 목표로서의 수열은 단원은 다음과 같은 것에 주목한다.

i) 수열의 일반항 구하기. 수열 단원은 규칙성찾기 학습과 귀납추론 학습을 연결할 수 있는 영역이다. 이것은 수학적 귀납법에 의하여 제시된다. 한편 규칙성을 단순히 일상 언어로 설명할 수도 있지만 여기서는 기호로 제시하는 것을 학습하는 단원이다.

ii) 수렴성 탐구. 실수의 성질, 추측, 귀납, 정당화를 동시에 학습하기 위한 적절한 주제이다. 그러나 실수의 성질의 학습은 학교수학에서 제한적이고 정당화는 직관적이므로 주로 추측과 귀납을 중심으로 엮는다.

수열의 개념정의

수열의 개념정의는 다음 3가지로 제시될 수 있다. 이것은 집합의 표상과 동일 맥락에 있다.

i) 일상 언어에 의한 정의. "어떤 규칙에 의하여 차례로 나열한 수의 열"로 정의하는 것.

ii) 예시적 정의. 예를 이용하여 정의를 하는 것.

iii) 수학적 정의. 수학적 정의는 다시 귀납적 정의와 해석적 정의로 구분할 수 있다.

일상 언어에 의한 수열의 정의 도입은 자연스럽다. 그러나 '규칙'이라는 개념이 가진 개념적 문제가 다양한 오개념을 야기할 수 있다. 실제로 학생들에게 규칙이라는 개념은 다양하게 사용되고 있다.

수열의 정의를 예시적 방식으로 도입할 때, 실제로 수열이 아닌 것을 생각할 가능성이 많이 있다. 예를 들면 다음과 같은 것을 수열로 간주한다.

i) $\{..., 3, 2, 1\}$

ii) $..., 3, 2, 1, 2, 3, \cdots$

특히 수열의 극한을 도입할 때 예시적 정의를 사용하고 있는 교과서가 많이 있다. 예시적 정의는 즉각적이지만 충분한 정신모델을 만들 수 없기 때문에 오개념을 형성할 수 있다.

9.4 교수학습 지도

9.4.1 학습 내용 지도

수열의 개념정의 지도

수열 개념을 자연수 상에서 정의된 함수로 정의하는 것은 발달 측면을 무시한 것이다. 그러므로 사례를 중심으로 정교화할 수 있는 방법을 모색해야 한다.

수열 개념을 정의할 때 흔히 어떤 규칙에 의한 배열 개념을 사용한다. 이 방법은 자연스럽지만 여기서 '규칙'이란 용어의 정의가 분명하지 않기 때문에 혼란이 나타날 수 있다. 이를 위하여 학생들이 의미하는 규칙의 개념을 확인해야 한다. 다음은 규칙 개념을 확인할 수 있는 사례들이다.

i) 1, 1, 2, 2, 3, 3,...은 수열이라고 할 수 있는가?

ii) 어떤 환자의 체온을 1시간 간격으로 측정한 결과를 나열하였다. 이것을 수열이라고 할 수 있는가?

iii) 원주율 π를 전개하여 3, 1, 4, 1, 5, 9,..로 나열하였다. 이것은 수열이라고 할 수 있는가?

iv) 오늘부터 매일의 KOSPI 지수를 나열하였다. 이것을 수열이라고 할 수 있는가?

학생들은 규칙 개념을 다양한 의미로 사용할지도 모른다. 다음 예문은 규칙 개념을 통합하여 수열을 도출하는 대략적인 과정이다.

교사 : 수를 규칙적으로 배열한 것을 수열이라고 합시다. 그런데 여기서 규칙이란 무엇일까요? 예를 들면 1, 3, 5, 7, 9,...은 규칙적으로 배열한 것이라고 할 수 있을까요?

학생 : 네 그것은 각 항에 2만큼 더하여 다음 항을 만들고 있습니다. 따라서 이것은 일정한 규칙을 가진 것입니다. 그러므로 이것은 수열입니다.

교사 : 그렇다면 1, 1, 2, 2, 3, 3,...은 규칙이라고 할 수 있습니까?

학생 : 이것은 각 항에 0, 1을 더한 결과이므로 규칙이 있습니다. 그러므로 이것은 수열입니다.

교사 : 원주율 π를 전개하여 3, 1, 4, 1, 5, 9,..로 나열하였습니다. 이것은 수열인가요?

학생1 : 이것은 앞 항과 뒤의 항 사이의 일정한 규칙이 없기 때문에 수열이라고 할 수 없습니다.

학생2 : 이것은 원주율을 전개한 것인데 원주율을 전개하면 각각의 자릿수는 분명하게 주어지므로 이것은 규칙이라고 할 수 있습니다. 따라서 이것은 수열입니다.

교사 : 지금 여러분은 규칙에 대한 여러 가지 정의를 가지고 있습니다. 여기서 나는 학생1과 학생3의 의견을 수용하여 그것을 모두 규칙이락 하고 싶습니다. 이렇게 할 경우 규칙은 어떻게 정의되어야 바람직할까요?

학생3 : 위의 예를 토대로 종합하면 각각의 항은 단 하나의 수로 결정되어 있기 때문에 수열이란 각 항이 단 하나의 수로 결정되어 있는 것을 의미합니다.

교사 : 네 학생3의 의견을 수용하겠습니다. 그런데 여기서 학생3의 생각을 수학적으로 나타내면 어떻게 될까요? 각각의 자리를 n이라고 하면 그 자리에는 단 하나의 수가 들어가는데 그것을 a_n으로 나타내면 다음 표와 같이 됩니다.

n	1	2	3	4	5	..
항	a_1	a_2	a_3	a_4	a_5	..

여기서 각각의 n에 $f(n)=a_n$으로 대응하면 f는 하나의 함수가 됩니다. 그러므로 수열이란 자연수의 집합 N에서 정의된 함수로 정의할 수 있습니다.

수열의 일반항 표기 지도

$\sum_{k=1}^{n} x_k = x_1 + x_2 + \cdots + x_n$에서 우변을 좌변으로 나타낼 경우는 일반항 구하기이기 때문에 쉬운 부분은 아니다. 그러나 우변에서 좌변으로 표상하는데도 어려워하는 경우가 있다. 이것은 주로 절차적 지식의 부족에서 나타나는데 각각의 $k=1,\ 2,\ \cdots,\ n$에 대하여 x_k를 차례로 나열하고 이어 각 항의 사이에 $+$를 채워 넣은 두 절차로 지도하면 쉽게 해결된다.

등차수열의 지도

임의의 자연수 n에 대하여 $x_{n+1} - x_n = d$를 만족하는 d가 존재할 때 $\{x_n\}$을 등차수열이라고 한다. 대개의 교과서는 일반항이나 합의 공식을 바로 유도하는 경향이 있는데 이것은 발견적으로 안내하는 것이 바람직하다.

i) 등차수열의 규칙성을 확인하는 활동. 실제로 학생들이 수열의 규칙성을 찾는 능력이 부족한 것은 아니다. 학생들은 주어진 수열을 보고 그 수열의 미지항을 정확하게 예측할 수 있는 능력을 보이고 있다. 이런 예측 능력은 다양한 방법에 기인한다. 어려운 점은 이런 것을 기호로 나타내기 어렵다는 데 있다. 그러므로 등차수열을 지도할 때는 기호화 학습목표의 하나는 기호화 학습이다.

ii) 첫째항과 공차를 제시했을 때 첫째항부터 시작하여 연속적으로 이후의 항들을 제시하는 활동. 이 활동에서 한 결과를 그래프로 나타내기.

iii) 일반항을 구하는 활동. 구체적인 경우에서 출발하여 수식을 표상하기 활동이 포함된다. 대부분의 교과서는 등차수열의 일반항을 귀납추론을 사용하여 $x_n = a + (n-1)d$의을 유도한다. 그러나 학생들은 이미 일차함수를 배웠기 때문에 등차수열의 그래프를 통하여 직접 $x_n = an + b$을 생각하고 a와 b를 구하는 것이 연결성을 고려한 전략이다.

iv) 등차수열의 거시적 성질. 등차수열을 그래프로 나타내어 공차의 역할을 심상과 연결한다. 이것은 등차수열과 일차함수와의 관계를 연결한다. 이렇게 되면 등차수열이 반드시 $x_n = a_1 + (n-1)d$으로 기술할 필요가 없고 단지 n의 일차식이라는 사실만으로도 충분하다는 유연성을 가지게 된다.

v) 첫째항과 공차를 제시했을 때 멀리 있는 항을 구체적으로 기술하는 활동, 예를 들면 첫째항이 2이고 공차가 5일 때 a_{100}을 찾아보기.

vi) 등차수열의 합을 구하는 활동. 등차수열의 일반항을 구하는 활동에서 가우스의 방법을 주로 도입하고 있으나 다양한 방법을 도입할 필요가 있다. 예를 들면

$$\begin{aligned} 1 &= 1 \\ 1+2+1 &= 4 \\ 1+2+3+2+1 &= 9 \\ 1+2+3+4+3+2+1 &= 16 \\ 1+2+3+4+5+4+3+2+1 &= (\ ) \end{aligned}$$

을 통하여 귀납하는 방법도 생각할 수 있다. 일반항 구하기 방법에서 학생들의 아이디어를 자극하는 것도 고무적이다.

또 사다리꼴로 나타나는 면적 관계를 사용하는 전략도 생각할 수 있다. 이것은 장차 적분과 연결되는 전략이다.

vii) 등차수열에 합에 대하여 종합 요약하기. 등차수열의 합은 n의 이차식이다. 역으로 어떤 수열이 n의 이차식이라면 그 수열은 등차수열이다.

이와 같은 과정을 토대로 하여 다음과 같은 지도를 생각할 수 있다. 다음 예는 등차수령의 규칙을 찾고 일반항을 구하는 과정까지의 과정이다.

예. 다음 수열에서

23, 26, 29, ( ), 35, 38, ( ), 44, 47, 50

i) 전체가 규칙을 가지도록 괄호에 적당한 수를 넣어보자.

ii) 이와 같이 규칙을 가진 수열을 만들어 다른 사람에게 알아 맞추는 게임을 해보자.

iii) 방금 만든 수열을 그래프로 그려보자. 그래프로부터 식으로 표시해봅시다.

등비수열의 지도

임의의 자연수 n에 대하여 $b_{n+1} = rb_n$를 만족하는 r가 존재할 때 $\{b_n\}$을 등비수열이라고 한다. 등비수열의 지도도 등차수열과 유사하지만 약간의 차이는 있다.

i) 등비수열을 제시한 후 공비를 찾는 활동.

ii) 첫째항과 공비를 제시했을 때 첫째항부터 시작하여 연속적으로 이후의 항들을 제시하는 활동.

iii) 첫째항과 공차를 제시했을 때 멀리 있는 항을 구체적으로 기술하는 활동, 예를 들면 첫째항이 2이고 공비가 5일 때 a_{100}을 찾아보기.

iv) 지수 증가 현상을 경험하기. 에를 들면 2^n에 대한 계산 결과를 도식화하여 변화를 체험한다. 가능하면 2^{100}까지 계산한 결과를 예시하는 것이 좋다.

v) 공비의 다양한 변화에 대한 그래프 그려보고 그것들의 성질을 알아보기. 예를 들면 감소와 증가, 진동 등을 관찰한다. 이 차이점은 다양한 공비를 실제로 사용하여 관찰한다. 결과들은 이후 배우게 될 극한에 대한 관련 정착의미[87]가 된다.

vi) 등비수열의 합의 공식을 구하는 활동. 교과서는 대개 제 n부분합 S_n과 rS_n을 이용하여 S_n에 대한 공식을 구하고 있으나 이것도 그냥 발견되는 아이디어는 아니다. 오히려 귀납에 의하여 얻은 공식

$$(1-r)(1+r+r^2+\cdots+r^{n-1})=1-r^n$$

을 통하여 구하는 게 더 바람직할지도 모른다.

등차수열과 등비수열의 합의 성격

교과서에 등비급수 $1+r+r^2+\cdots+r^{n-1}$의 합은 $\dfrac{1-r^n}{1-r}$이라는 것을 유도하고 학생들은 최종적으로 이 결과를 암기하게 된다. 그리고 $r=2$일 경우 $1+2+2^2+\cdots+2^{99}$의 답으로 $2^{100}-1$을 제시한다. 수치 계산의 경우 답이란 사칙 연산기호가 없도록 처리된 결과로 간주되는 관습이 있다. 그런데 등차수열인 경우는 사칙 연산기호가 없도록 계산된 결과를 답으로 수용하는데 반하여 등비수열에서는 왜 지수 부분을 계산하지 않아도 답으로 인정할까? 계산 관점에서 볼 때 $2^{100}-1$의 계산 복잡도가 $1+2+2^2+\cdots+2^{99}$보다 낮은 것은 아니기 때문에 $2^{100}-1$을 $1+2+2^2+\cdots+2^{99}$의 답으로 간주하는 것은 합리적이지 않다. 다만 차이점이 있다면 $2^{100}-1$이 $1+2+2^2+\cdots+2^{99}$보다 형태적으로 단순하다는 점이다. 그런데 형태적 단순함이란 심리적 관심거리는 될 수 있을 수는 있어도 수학적 관심거리는 아니다. $1+r+r^2+\cdots+r^{n-1}$의 답으로써 $\dfrac{1-r^n}{1-r}$를 사용하는 것은 $\dfrac{1-r^n}{1-r}$이 나중에 배울 무한급수의 단원과 연결되어 있기 때문이다. 그러나 수업에서 이 점은 대개 간과되어 있다.

무한급수와 연결되지 않거나 계산 관점에서 $1+r+r^2+\cdots+r^{n-1}$와 $\dfrac{1-r^n}{1-r}$는 수학적 차이가 없음에도 불구하고 $1+r+r^2+\cdots+r^{n-1}$의 답으로서 $\dfrac{1-r^n}{1-r}$을 채택한다면 이에 타당한 맥락을 부여해야 하며 그렇지 않으면 합 공식으로의 유도는 무의미한 기호의 장난에 지나지 않게 된다. 하나의 대안은 $2^{100}-1$의 체험이다. 과거에는 계산기와 관련 없는 교수학습이었지만 지금은 계산기 접근이 용이하기 때문에 이를 통하여 지수적 증가 현상을 체험해야 하고 이를 통하여 로그의 필요성이 자연스럽게 연결된다. 요약하면 등비급수 합의 공식은 답을 도출하기 위한 공식이라기보다는 이후 다룰 무한급수 학습을 위한 과도기 단

---

87) 이것은 오수벨에 의하여 제안되었는데 새로운 과제는 기존 과제와 연결되어야 새로운 과제가 적응력을 가지게 된다고 보는 주장이다. 실제로 이것은 강력한 도식적 사고를 만들어준다.

계인 식의 변형으로 간주한다. 이 경우에는

$$(1)\qquad 1+r+r^2+\cdots+r^{n-1}=\frac{1-r^n}{1-r}$$

에서 하나가 문제이고 다른 하나가 답이 아니라 일방적인 관계가 아니라 쌍방향의 의미를 가지고 있는 유연성을 가져야 한다.

한편 식 (1)에서 r이 아닌 특정한 수가 주어졌을 경우, 예를 들면 $1+2+2^2+\cdots+2^{99}$일 경우 답으로서 $2^{100}-1$이 가지는 의미보다 지수 증가 현상이 더 중요한 주제가 된다. 그런데 지수 증가가 주제가 될 경우 수열의 마지막 항인 2^{99}와 합에서 나타나는 2^{100} 사이에는 질적 변화가 없기 때문에 등비수열의 합이 가지는 계산적 의미는 등비수열에서의 마지막 항인 2^{99}의 의미로 환원된다. 요약하면 지수 증가 현상에 대한 경험을 수열 단원에서 다루어야 한다면 지도 시점은 등비수열의 합 단원이 아니라 등비수열의 일반항 단원이다.[88)]

점화식의 일반항 지도

여기서는 다음 두 가지 점화식의 일반항을 다룬다.

i) $x_{n+1}=px_n+q$
ii) $x_{n+1}=px_n+qx_{n-1},\ p+q=1$

먼저 점화식

$$(1)\qquad x_{n+1}=px_n+q,\ n=1,\ 2,\ \cdots$$

으로 주어진 수열의 지도를 생각해보자. 이 수열은 일반적으로 점화식 $x_{n+1}=f(x_n)$이고 이에 대응하는 함수는 $y=px+q$이다. 함수 $y=px+q$는 적당한 평행이동에 의하여 $y-k=p(x-k)$로 변형할 수 있다. 그러나 이렇게 변형되는 이유를 논리적으로 설명하지 않는데 이에 대한 설명은 다음 그림에 의하여 명백해진다. 즉 k는 연립방정식

$$\begin{cases} y=px+q \\ y=x \end{cases}$$

에서 x 또는 y의 근이다. 따라서 $y=px+q$의 그래프는 다음 그림과 같이 함수 $y=px$의 그래프를 $(k,\ k)$만큼 평행이동한 것이다.

---

88) 우리나라의 교과서는 대개 지수 증가 현상을 지수함수에서 다루고 있다.

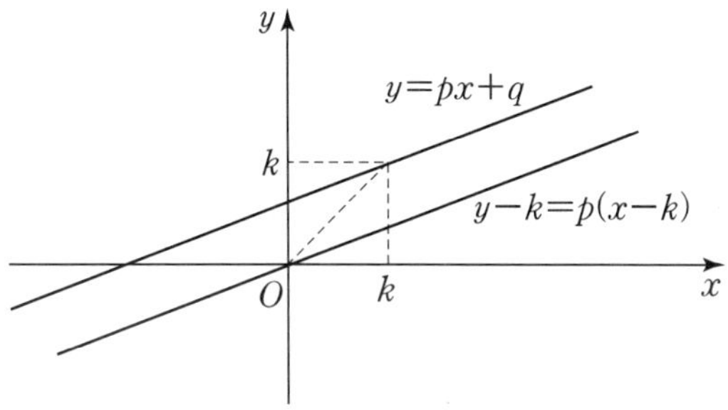

실제로 점화식 (1)은 $b_n = x_{n+1} - x_n$, $n = 1,\ 2,\ \cdots$로 둠으로써 $x_n = x_1 + \sum_{k=1}^{n-1} b_1 p^{k-1}$로 되고 이것을 정돈하면

$$x_n = x_1 + (x_2 - x_1)\frac{1-p^{n-1}}{1-p} \tag{2}$$

가 된다. 여기서 이면 수열 (2)는 $\frac{q}{1-p}$에 수렴한다. 그러나 이 수열의 경우 $|p| < 1$라는 것을 알고 있다면 바로 식 (1)의 양변에 극한을 취함으로써 극한값을 구할 수 있다.

점화식

$$x_{n+1} = px_n + qx_{n-1},\ p+q = 1,\ n = 2,\ 3,\ \cdots \tag{3}$$

은

$$x_{n+1} - x_n = p(x_n - x_{n-1}) \tag{4}$$

로 주어진다. 그러므로 이 경우도 역시

$$x_n = a_1 + (a_2 - a_1)\frac{1-p^{n-1}}{1-p} \tag{5}$$

가 된다. 여기서도 $|p| < 1$이면 수열 (5)는 $\frac{a_2 - pa_1}{1-p}$에 수렴한다. 그러나 점화식 (1)과 달리 점화식 (3)의 극한을 구하기 위하여 식 (3)의 양변에 극한을 취하는 것은 도움이 되지 않는다.

군수열의 지도

다음은 수열 $\{x_n\}$을 구획하여 다음과 같이 만들었다.

$x_1\ |x_2,\ x_3|\ x_4,\ x_5,\ x_6|\ x_7,\ x_8,\ x_9,\ x_{10}|\ x_{11},\ x_{12},\ x_{13},\ x_{14},\ x_{15}|x_{16},\ \cdots|\cdots\cdots$

이때 각 군의 첫 항 $\{a_n\} = \{x_1,\ x_2,\ x_4,\ \cdots\}$과 마지막 항 $\{b_n\} = \{x_1,\ x_3,\ x_6,\ \cdots\}$

의 역할은 무엇일까? 군수열을 지도할 때 주목할 점은 다음과 같은 사실의 관찰이다.

i) a_n의 변화 양상. 이것은 각 군의 첫 항에 대한 정보를 알려준다.

ii) b_n의 변화 양상. 이것은 각 군의 마지막 항의 정보를 알려주며 b_n에 속해있는 군까지의 모든 항 x_n의 개수를 알려준다.

실제 수업에서는 이런 특징들을 찾아낼 수 있도록 한다. 중요한 점은 관찰 대상을 수로 간주하지 말고 숫자로 간주하는 것이 필요하다. 예를 들면 다음과 같은 수열

$$1^2 | \ 2^2,\ 2^3 | \ 2^4,\ 2^5,\ 2^6 \ | 2^7,\ 2^8,\ 2^9,\ 2^{10} | \ 2^{11},\ \cdots | \cdots\cdots$$

에서 제n군의 초항을 구하는 문제가 주어졌을 때 이 항들을 모두 계산하여 정리하는 것은 도움이 되지 않는다는 점이다.

귀납추론과 일반항 구하기

수열의 일반항을 구하는 과정은 귀납추론을 적절하게 활용할 수 있는 부분이다. 다음 예와 같이 $\sum_{k=1}^{n} k^2$의 일반항을 구하는 문제를 귀납적으로 해결하고자 한다. 처음 몇 항의 합을 구해서 곱의 형식으로 고쳐보면 다음과 같이 된다.

$$1^2 = 1$$
$$1^2 + 2^2 = 5 = 1 \times 5$$
$$1^2 + 2^2 + 3^2 = 14 = 2 \times 7$$
$$1^2 + 2^2 + 3^2 + 4^2 = 30 = 3 \times 10$$
$$1^2 + 2^2 + 3^2 + 4^2 + 5^2 = 55 = 5 \times 11$$
$$1^2 + 2^2 + 3^2 + 4^2 + 5^2 + 6^2 = 91 = 7 \times 13$$
$$1^2 + 2^2 + 3^2 + 4^2 + 5^2 + 6^2 + 7^2 = 140 = 10 \times 14$$
$$1^2 + 2^2 + 3^2 + 4^2 + 5^2 + 6^2 + 7^{2+} 8^2 = 204 = 13 \times 17$$

이 결과를 보면 1, 1, 2, 3, 5, 7, $\cdots$과 1, 5, 7, 10, 11, 13, 14, $\cdots$의 각 항의 곱으로 되어 있다. 그런데 주어진 수열의 우변은

$$\frac{1}{3}\times 3,\ \frac{3}{3}\times 5,\ \frac{6}{3}\times 7,\ \frac{10}{3}\times 9,\ \frac{15}{3}\times 11,\ \frac{15}{3}\times 13,\ \frac{21}{3}\times 15,\ \frac{28}{3}\times 17, \cdots$$

로 쓸 수 있다. 여기서 수열 1, 3, 6, 10, 15, 21, 28,.. 은 일반항이 $\frac{n(n+1)}{2}$이고 3, 5, 7,

9, ...의 일반항은 $2n+1$이므로 종합하면 주어진 수열의 일반항은 $\frac{n(n+1)(2n+1)}{6}$가 될 것 같다. 즉 $\frac{n(n+1)(2n+1)}{6}$은 $\sum_{k=1}^{n} k^2$의 일반항에 대한 하나의 가설이다.

극한 개념의 지도

학교수학에서 수열의 극한 개념을 어떻게 도입하고 있는가 보자. 대부분의 교과서는 수열의 극한 개념도 대략적으로 다음과 같은 순서에 의하여 사례에 의한 정의로 도입하고 있다.

i) 사례 제시. 예를 들면 수열 $1, \frac{1}{2}, \frac{1}{3}, \frac{1}{4}, \ldots$에서 n의 값이 한없이 커지면 일반항 $x_n = \frac{1}{n}$의 값은 0에 가까이 간다는 것을 경험하게 한다.

ii) 정의 제시. 사례로부터 즉각적으로 정의를 제시하는데 이른바 예시적 정의를 사용하고 있다.

이와 같이 사례에 의하여 도입할 때는 다양한 사례와 반례를 사용하여 변별을 할 수 있도록 준비되어야 하며 특히 그래프를 통하여 각각의 변화를 비교할 수 있도록 한다. 이때 계산기나 컴퓨터가 중요한 역할을 한다.

한편 극한의 정의는 '한없이 커질 때'와 '한없이 가까워지면'에서 보는 바와 같이 일상 언어로 되어 있다. 그런데 일상 언어는 다의적 의미를 가진 경우가 허다하며 여기서도 예외는 아니다. 그러므로 이와 같은 일상 언어가 실제로 학생에게 어떻게 이해되었는가를 확인할 필요가 있다. 이런 맥락에서 다음과 같은 확인이 필요하다.

i) 교사가 수열에 대하여 의미하는 바를 학생이 그대로 이해할 수 있는가? 이것은 공유된 언어 대한 이해 문제이다.

ii) 그렇다면 i)를 확인 할 수 있는 방법은 무엇인가?

앞에서 심리적 분석에서 학생들이 가진 해석은 매우 다양하다는 것을 알았다. 여기서 비고츠키의 의미에서 자생적 개념에서 과학적 개념으로의 이행을 교수적으로 어떻게 처치되어야 할까? 이 문제는 수열의 극한에 대한 형식적 정의를 일상 언어로 해석하되 오개념을 제거하는 방안을 찾는 것이 된다. 먼저 지도해야 할 주제는 다음과 같다.

항목	제기되는 질문
∞의 의미	1. 무한대는 목표인가 아니면 무한히 커져가는 상태를 표상한 것인가? 2. 무한대보다 더 큰 것은 존재하는가? 존재한다면 그런 것은 무엇인가?
$n\to\infty$의 의미	1. '점점 커진다'의 의미는 무엇인가? 2. '점점 커진다'의 반대말은 무엇인가? 3. 학생들의 표현과 실제 정의와는 어떤 차이가 있는가?
$\lim_{n\to\infty} x_n = p$의 의미	1. '가까이 간다'의 의미는 무엇인가? 2. 도착한다는 의미는 무엇인가? 3. '='은 수로서 같다는 것을 의미하는가? 아니면 그냥 과정을 나타낸 기호인가?

먼저 무한대 ∞에 대하여 생각해보자. 제기되는 질문은 무한대를 대상으로 간주하는 경우와 과정으로 간주하는 두 가지 경우가 있다. 대상으로 간주하는 경우는 ∞를 실무한 개념으로 수용하고 있는 경우이고 과정으로 간주하는 경우는 어떤 유한보다 더 큰 것으로서 가무한 개념으로 수용하고 있는 경우이다. 물론 이것을 과념으로 간주할 수도 있다.

∞를 대상으로 간주할 경우 $\frac{1}{\infty}$를 다시 대상으로 간주해야 일관성이 있다. ∞를 수로 간주하게 되면 $\frac{1}{\infty}$는 ∞의 역원으로서 이해되기 때문에 0으로 귀착된다.89) 실제로 이것은 확장된 실수 체계 $[-\infty, \infty]$에서의 산술 규칙이다. 한편 ∞를 과정으로 간주하고 일관성을 가지면 $\frac{1}{n}\to 0$도 $\frac{1}{n}$이 점점 작아지고 있다는 과정을 의미하게 된다. ∞를 대상으로 간주하든 과정으로 간주하든 $n\to\infty$와 $\frac{1}{n}\to 0$을 일관성을 가지고 이해한다면 인지적 효율성에 문제가 있을 수는 있겠지만 논리적 결함은 생기지 않는다. 다만 문제는 일관성이 없는 경우이다. 일관성이 없는 경우라면 ∞는 대상인데 $\frac{1}{\infty}$는 대상이 되지 않고 '작아지고 있는 상태' 또는 그들의 의미가 서로 바뀌는 상태이다.

만약 일관성이 없는 경우에는 어떻게 이해되어야 할까? 이 경우에는 어느 하나를 선택해야 한다. 역사적으로 보면 ∞를 실무한으로 간주하는 것보다는 가무한으로 간주하는 것이 우선되었다. 인지적 측면에서도 ∞를 대상으로 간주하는 것보다 과정으로 간주하는 것이 우선이다. 이것은 개념 형성에 관한 피아제, 데이비스, 딘즈, 두빈스키, 스파드 등의 연구에서 주장된 사실이다. 따라서 여기서도 가무한 또는 과정으로서의 무한대 개념을 이해한다면 다음과 같이 요약할 수 있다. ∞의 의미는 '어떤 유한보다도 크게' 또는 '생각할 수 있는 어떤 수보다 더 크게'가 된다. 한편 이와 같은 과정적 개념으로서 ∞의 의미를 부여한다면 흔

89) $\frac{1}{\infty}$를 무한소로 간주해도 일관성은 그대로 유지된다.

히 교과서에서 $n \to \infty$를 '한없이 커질 때'로 말하는 것과 의미론적으로 부합된다. 그 이유는 '한없이 커질 때' 의미가 바로 일상 언어로서 체화된 개념이기 때문이다.

마지막으로 $\lim_{n \to \infty} x_n = p$에서 등호 =의 의미는 어떻게 되는가? 우선 ∞를 대상으로 간주하면 양변은 모두 대상이 되므로 등호는 두 대상이 동일하다는 것을 의미한다. 한편 우변을 과정으로 간주할 경우는 등호를 단지 p에 가까이 가는 상태를 의미하는 것으로 이해한다면 문제될 것은 없다. 이 경우에 문제가 되는 것은 등호는 대상 간의 동일함으로 간주하고 극한의 우변을 과정으로 간주하는 경우이다 이렇게 되면 우변은 변하고 있는 양이고 좌변은 고정된 양이다. 그러므로 이 마지막의 경우에 어느 한 의미로 통일시키면 문제는 해결된다. 이 지도는 모두 형식적 정의를 일상 언어로 해석하려고 하는 데서 나타나는 일종의 임시방편적인 접근이지만 그 주어진 상황에서도 일관성을 유지하려는 것은 논리적 단계로 발전하기 위한 전단계로 간주할 수 있다는 점에서 의의가 있다.

마지막으로 위의 표에서 제기되는 질문은 모두 일상 언어의 의미 분석과 관련된 것이다. 즉 제시된 질문의 답은 적어도 집합적 개념을 사용하여 명료화 되면 바람직하다. 예를 들면 위의 질문 중에서 '한없이 커져간다는 것' 또는 '무한대로 커진다'는 의미를 집합 언어로 나타내면 어떻게 될까?"라는 물음으로 바꿀 수 있다. 이런 과정은 일상 언어를 집합 언어로 번역하는 것으로서 탈맥락화 작업이다. 그러나 이건 쉬운 일이 아니며 학교수학을 수준을 넘는다.

극한값에 대한 APOS이론에 의한 도입

극한값 개념을 구성하기 위하여 APOS 이론을 적용해보자. 예를 들어 수렴하는 수열을 열 준비한다. 한편 컴퓨터를 이용하여 각각의 수열의 양태 변화를 보여줄 수 있도록 한다.

i) 활동단계. 각각의 수열을 모니터에 나타낸다. 이때 각각의 수열을 교대로 보여준다.
ii) 과정단계. 전체를 동시에 보여준다. 각각의 수열을 모니터에서 볼 때 n이 클 경우 수열의 양태는 수평선 형태를 띤다는 공통성을 파악한다.
iii) 대상단계. 전체 과정을 보고 극한의 특성을 파악한다.
iv) 도식단계. 극한 개념을 정립한다.

이 설계는 컴퓨터를 통하여 이루어지기 때문에 효과적인 컴퓨터 설계가 필요하다.

극한연산자의 지도

극한연산자 $\lim_{n \to \infty}$는 가법적이고 동시에 승법적이다. 교사들은 극한값 연산자를 지도할 때

$\lim_{n\to\infty}$ 의 이런 성질을 언급하고 관련 사례를 든다. 그러나 이런 성질이 왜 중요한가를 구체적으로 강조하지 않는다. 극한연산자의 가법성이나 승법성은 모두 극한을 구하는 방법에 기계론적 방법을 적용한 것이다. 즉 복잡한 식의 극한값은 부분으로 분해하여 극한값을 구하고 극한값 연산자의 가법성과 승법성을 이용하여 전체를 계산한다. 학생들에게 기계론적 사고의 중요성을 이런 사례를 이용하여 강조하는 것이 필요하다. 기계론적 접근은 비단 극한연산자를 적용하는 상황뿐만 아니라 문제해결에서 단순화 또는 특수화 전략에도 적용될 수 있다는 것을 강조해야 한다.

극한연산자의 가법성과 승법성 지도

다음 식을 보자.

$$\lim_{n\to\infty}\left(\frac{1}{n+1}+\frac{1}{n+2}+\cdots+\frac{1}{n+n}\right)=\lim_{n\to\infty}\frac{1}{n+1}+\lim_{n\to\infty}\frac{1}{n+2}+\cdots+\lim_{n\to\infty}\frac{1}{n+n}=0$$

이와 같이 항의 개수가 변하는 경우에 대한 극한연산자를 다룰 때 많은 학생들이 오류를 범한다. 이런 문제는 n에 따라 항의 개수가 변하고 있는가 아니면 고정되어 있는가를 먼저 판단하도록 지도한다. 개수가 변할 경우에는 극한연산자를 적용할 수 없다는 것을 인식해야 한다.

극한값 계산의 방법

n차식의 유리식 x_n과 y_n에 대하여 $\dfrac{x_n}{y_n}$으로 주어진 수열의 극한은 통상적인 방법에 의한다. 그러나 보다 유리식이 아닌 일반적인 식으로 주어진 수열의 극한은 어떻게 계산해야 할까? 예를 들면 $\lim_{n\to\infty} n^{\frac{1}{n}}$과 같은 수열의 극한은 통상적인 방법으로 불가능하다.

일반적으로 수열의 극한값을 구하는 방법은 다양한 함수의 종류와 그 성질을 이해함으로써 보다 강력한 방법을 이용할 수 있다. 그러나 그런 도구를 사용하는 것은 일견 장점이 있고 궁극적으로는 그런 도구에 의하여 구할 수 있겠지만 그런 고급 방법을 이용하는 것이 바람직하지 않을 수도 있다. 그 이유는 수리적 조작의 유연성 학습이라는 관점에서 볼 때 보다 초등적 방법에 의한 문제해결이 바람직하기 때문이다.

초등적 방법을 위한 하나의 원리는 주어진 수열을 n차식으로 비교할 수 있게 조작 변형하는 것이며 이때 유용한 도구는 다음과 같은 것들이다.

i) 이항전개. 이항전개는 지수와 관련된 식을 n차식으로 변형해준다.

ii) 베르누이 부등식. 지수와 관련된 식을 n차식과 비교할 수 있게 해준다.

iii) 샌드위치 정리. 즉, 임의의 $n \in \boldsymbol{N}$에 대하여 $x_n \le z_n \le y_n$이고 $\lim_{n\to\infty} x_n = \lim_{n\to\infty} y_n = p$이면 $\lim_{n\to\infty} z_n = p$이다. 이 정리는 복잡한 수열을 간단한 수열을 이용하여 해결하는 중요한 방법이다.

이 세 방법들은 매우 유용하지만 단순히 적용할 수 있는 것은 아니며 세련된 변형의 기술이 필요하다.

이산동력계의 직관적 이해

이산동력계

(1) $$x_{n+1} = f(x_n),\ x_1 = a$$

의 양태는 매우 복잡하다. 그러나 수렴성을 이해하는 것보다 수열의 변화를 관찰하는데 목표를 둔다면 직관적으로 접근할 수 있다. 먼저 $y = f(x)$의 부동점을 p라고 하고 다음 그래프를 보면 $n\to\infty$ 일 때 $x_n \to p$에 수렴함을 알 수 있다.

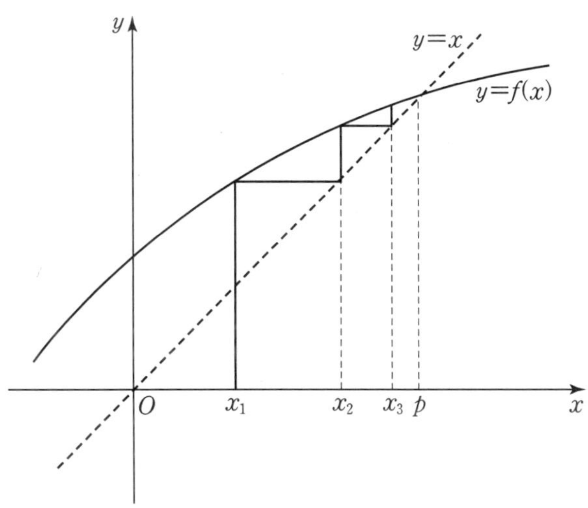

이산동력계로 주어진 점화식의 변화를 이해하기 위하여 다음 절차로 진행한다.

i) x_1를 지정한다. 이것은 조건에 의하여 주어진다.
ii) x_2를 찾는다. 이것은 $x_2 = f(x_1)$와 그래프에 의하여 찾는다.
iii) x_2는 y축에 주어지지만 $y = x$를 이용하여 x축에서 x_2를 찾는다.
iv) x_2를 이용하여 x_3를 구한다.

v) 이 과정을 계속하여 x_n이 어떤 변화를 가지는가를 관찰한다.
vi) 이 과정을 계속하면 위의 그림의 경우에는 x_n이 p에 수렴한다는 것을 알 수 있다.
vii) 다양한 $f(x)$를 제시하고 이에 대하여 앞에서 했던 과정을 되풀이 한다. 여기서 함수 f의 p에서의 형태가 중요한 역할을 한다는 것을 알 수 있다.

부정형의 극한값 구하기 지도

부정형이란 $\frac{0}{0}$, $\frac{\infty}{\infty}$, $0 \cdot \infty$, $\infty - \infty$, 0^0, ∞^0 등과 같은 형으로 나타나는 수열을 부정형이라고 한다. 그러나 기본적으로 부정형은 $\frac{0}{0}$의 형이다. 그 이유는 다른 부정형은 적절할 조작에 의하여 $\frac{0}{0}$의 형으로 고칠 수 있기 때문이다.

부정형의 형태	조작하여	로 변형하여	로 환원한다.
$\frac{\infty}{\infty}$	분자 분모 각각에 역수를 취하여	$\frac{\frac{1}{\infty}}{\frac{1}{\infty}}$	$\frac{0}{0}$
$0 \cdot \infty$	분자를 분모로 만들어서	$\frac{0}{\frac{1}{\infty}}$	
$\infty - \infty$	분자 분모에 $\infty + \infty$를 곱해서	$\frac{\infty}{\infty}$	
0^0	로그함수를 취하여	$0\log 0$	
∞^0	로그함수를 취하여	$0\log\infty$	

발산 개념의 지도

수열의 수렴성은 수렴과 발산으로 구분할 수 있고 대개 수렴에 초점을 둔다. 발산 개념이 수렴 개념에 비하여 중요성이 낮은 것은 사실이지만 그렇다고 해서 발산 개념이 수학적으로 전혀 무의미한 것은 아니다. 예를 들면 기계는 대개 진동을 수반하고 있는데 진동의 감쇠 또는 증폭 현상은 시스템 전체에 중요한 영향을 준다. 그러므로 발산의 경우 발산의 패턴이 중요한 역할을 한다.

발산 개념에 중점을 둔다면 수열의 극한은 다음과 같이 구분된다.

수렴성	종류
수렴	$\lim_{n\to\infty} a_n = a$
발산	$\lim_{n\to\infty} a_n = \infty$
	$\lim_{n\to\infty} a_n = \infty$
	진동

무한대로 발산하는 것은 수열의 점근 현상을 알기 위해서 필요하다. 이 점은 이후 다루게 될 함수의 극한에서 중요한 역할을 한다.

한편 수열이 진동하는 경우 그 수열이 유계일 때 특히 중요하다. 일반적으로 유계진동하는 수열은 수렴하는 부분수열을 얻을 수 있다. 부분수열 개념은 학교수학에서 다루지 않지만 실수의 성질을 연구하기 위한 중요한 도구이다.

수열의 극한의 형식적 정의의 이해

형식적 정의의 이해는 극한의 동적 특성을 이해하는 것이 아니라 극한값 부근에서의 수열의 행동에 대한 점집합적 이해이다. 이 점은 매우 중요하나 수열의 형식적 정의를 이해하는 것은 어렵기 때문에 학교수학에서는 다루지 않는다. 그러나 어느 정도 절차를 지키기만 하면 형식적 정의의 점집합적 이해가 가능하다. 다음의 절차가 그것을 말해준다. 먼저 $n\to\infty$ 일 때 $x_n\to p$에 대하여 다음 절차를 생각하자.

i) 특정한 $\epsilon > 0$에 대하여 $\{n : x_n \in (a-\epsilon,\ a+\epsilon)\}$이 무한집합이 되는 p의 값을 구한다.

ii) 특정한 $\epsilon > 0$에 대하여 $\{n : x_n \not\in (a-\epsilon,\ a+\epsilon)\}$이 유한집합이 되는 p의 값을 구한다.

iii) 임의의 $\epsilon > 0$에 대하여 $\{n : x_n \not\in (a-\epsilon,\ a+\epsilon)\}$이 유한집합이 되는 p의 값을 구한다.

iv) 앞의 절차가 종료되면 지금까지 한 절차들을 p근방에서의 점들의 '밀도'를 중심으로 반성적으로 검토한다.

9.4.2 평가

1. 피보나치 수열 $\{f_n\}$에 대하여 다음 표를 완성하자. 이 결과로부터 일반적인 경우를 추

측해보고 그것을 검증하자.

	(f_2, f_4)	(f_4, f_8)	(f_6, f_9)	(f_7, f_{14})	(f_{10}, f_{15})
$\gcd(f_m, f_n)$					

2. 다음 도형의 가로와 세로의 길이를 주목하고 다음 문제를 생각해보자.

도형의 이름	1	2	3	4	5	6	7
가로의 길이	1	1	2	3	5	8	13
세로의 길이	1	2	3	5	8	13	21

i) 어떤 두 도형도 닮음 도형이 아니라는 것을 보여라.

ii) 이 도형의 가로와 세로의 비의 극한은 있을까? 있다면 그 극한은 무엇일까?

3. 점화식의 문제.

i) $x_1 = x_2 = 1$이고 $n \geq 2$일 때 $x_{n+1} = \frac{x_n}{2} + \frac{x_{n-1}}{4}$일 때 임의의 자연수 n에 대하여 $1 \leq x_n \leq 2$임을 보여라.

ii) 수열 $\{x_n\}$은 $x_1 = x_2 = 1$이고 $n \geq 2$일 때 $x_{n+1} = x_n + 2x_{n-1}$가 성립할 때 x_n이 3의 배수이기 위한 필요충분조건은 n이 3의 배수임을 보여라.

iii) 다음과 같이 점화식으로 주어진 수열

$$x_{n+1} = 1 + \sqrt{1 + x_n},\ x_1 = 1$$

의 극한은 어떻게 될까?

iv) $x_1 > 0$이고 $n = 1,\ 2,\ \cdots$에 대하여 $x_{n+1} = \frac{1}{x_n + 2}$을 만족하는 수열의 극한은 어떻게 될까?

4. 일반항과 관련된 것.

i) 수열 1, 2, 3,...을 첫째항부터 계속 더할 때 더한 수의 합이 3333이 나오기 전까지 되려면 몇 항까지 더해야 하는가?

ii) 1, 0, 0, 1, 0, 0, 1, 0, 0, 1,...의 일반항을 구해보자.

iii) 1, 0, -1, 0, 1, 0, -1,...의 일반항을 구해보자.

9.4.3 연구 과제

교수 측면

1. 수열의 일반항을 구하는 과정에서 귀납추론의 역할에 대하여 토의하자.

2. 극한연산자 $\lim_{n\to\infty}$는 과념이다. 이 과념의 인지적 특성을 분석해보자.

3. 수열의 극한 개념을 구성하는 과정에서 계산기의 역할에 대하여 논의하자.

4. 극한값을 계산하기 위하여 기계론적 방법의 적용을 논의하자. 즉 $n\to\infty$일 때 n^{α}, $\sin n$, $\log n$, a^n과 같은 수열의 비를 생각하고 이 결과를 일반적인 문제에 적용하는 방안을 연구하자.

5. 이 단원에서 지도하기 어려운 내용을 제시하고 대안을 토의하자.

6. SOLO 평가를 구체화하기 위한 질의 문항을 개발하자.

학습 측면

1. 이 단원에서 학생들이 가장 어려워하는 부분은 무엇인가?

10. 급수

10.1 수학적 분석

10.1.1 역사적 분석

유한수열의 합

급수는 극한 개념과 관계없이 다만 유한 합을 구하는 문제와 극한을 고려하는 무한급수로 나누어 볼 수 있다. 급수의 합을 구하는 공식은 피타고라스가 제안한 다양한 수열에 관련된 연구에서 나타났다. 예를 들면 다음 급수

$$S = 1^2 + 2^2 + 3^3 + \cdots + n^2$$

의 합을 구하는 과정에서 그들은 다음과 같은 기하학적 방법을 사용하였다.

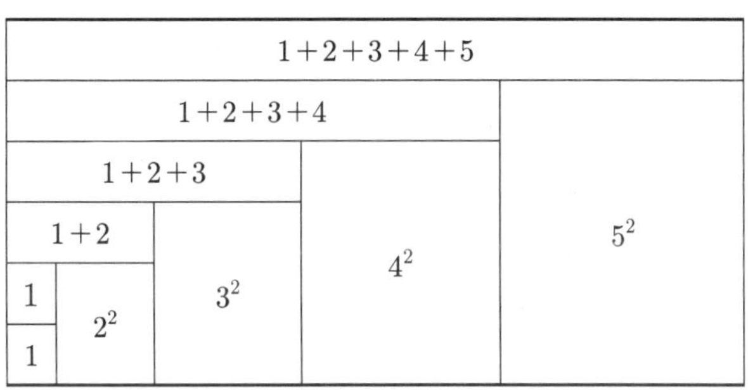

위의 그림은 $n=5$의 경우인데 일반적인 경우에는

$$\begin{aligned} \frac{n(n+1)^2}{2} &= (1+2+3+\cdots+n)(n+1) \\ &= \sum_{k=1}^{n} k^2 + \sum_{k=1}^{n} \frac{k(k+1)}{2} \\ &= S + \frac{S}{2} + \frac{n(n+1)}{4} \end{aligned}$$

으로부터

$$S = \frac{n(n+1)(2n+1)}{6}$$

를 얻는다. 그렇지만 아르키메데스는 위의 문제를 다음과 같이 순수하게 대수적으로 해결하였다. 먼저 등식

$$n^2 = [k + (n-k)]^2 = k^2 + 2k(n-k) + (n-k)^2$$

에 $k = 1,\ 2,\ 3,\ \cdots,\ n-1$의 값을 대입하고 그 결과에 $2n^2 = 2n^2$를 포함시키면 다음 식들이 나타난다.

$$\begin{aligned}
&n^2 = 1^2 + 2 \cdot 1(n-1) + (n-1)^2 \\
&n^2 = 2^2 + 2 \cdot 2(n-2) + (n-2)^2 \\
&\cdots\cdots\cdots\cdots \\
&n^2 = (n-1)^2 + 2 \cdot (n-1) \cdot 1 + 1^2 \\
&2n^2 = 2n^2
\end{aligned}$$

이 식들을 변변 더하면 다음 결과를 얻는다.

(1) $(n+1)n^2 = 2S + 2[1(n-1) + 2(n-2) + 3(n-3) + \cdots + \cdots + (n-1)1]$

한편 등식

$$k^2 = k + 2[1 + 2 + 3 + \cdots + (k-1)]$$

으로부터 $k = 1,\ 2,\ 3,\ \cdots,\ n$을 대입하면 다음과 같은 식들을 얻는다.

$$\begin{aligned}
&1^2 = 1 + 2 \cdot 0 \\
&2^2 = 2 + 2 \cdot 1 \\
&3^2 = 3 + 2(1+2) \\
&\cdots\cdots\cdots\cdots \\
&n^2 = n + 2[1 + 2 + 3 + \cdots + (n-1)]
\end{aligned}$$

이 n개의 식을 변변 더하면

(2) $S = 1^2 + 2^2 + 3^2 + \cdots + n^2$
$= (1 + 2 + 3 + \cdots + n) + 2[1(n-1) + 2(n-2) + 3(n-3) + \cdots + (n-1)1]$

를 얻는다. 식 (1)과 식 (2)를 결합하면 $S = \dfrac{n(n+1)(2n+1)}{6}$를 얻는다.

무한급수의 합

공비가 1보다 작은 등비급수가 수렴한다는 것은 이미 고대 그리스 시대에 알려져 있는데 아리스토텔레스는 그런 급수가 합을 가진다는 것을 알고 있었다(Kline, 1972). 아르키메데스는 포물선으로 둘러싸인 도형의 면적을 구하는 과정에서

$$1+\frac{1}{4}+\frac{1}{4^2}+\frac{1}{4^3}+\cdots$$

이 나오는데 이것의 값으로 $\frac{4}{3}$를 사용하였다. 그러나 그들은 무한 개념을 사용하지 않았기 때문에 유한급수를 사용했고 이 급수의 부분합 $1+\frac{1}{4}+\frac{1}{4^2}+\cdots+\frac{1}{4^{n-1}}$과 $\frac{4}{3}$이 얼마든지 작게 할 수 있다는 의미로서 수렴 개념을 이해하고 있었다. 이 급수의 항을 점점 많게 하면 그 합이 $\frac{4}{3}$에 도달할 것이라는 것은 알고 있다는 것과 그 합을 $\frac{4}{3}$로 정의하는 것은 다른 이야기이다. 전자는 가무한의 인식에서 비롯된 결과이고 후자는 적어도 실무한의 인식으로부터 나온 결론이다.

한편 슈셋(R. Suiseth, 1340~1354)은 그의 <계산론>(Liber calculationum)에서 무한급수 $\frac{1}{2}+\frac{2}{4}+\frac{3}{8}+\cdots+\frac{n}{2^n}+\cdots$가 2라는 것을 밝혔다. 또 동시대의 오렘(N. Oresme, 1323~1382)은

$$\sum_{n=1}^{\infty}\frac{1}{n}>\frac{1}{2}+\frac{1}{2}+\left(\frac{1}{4}+\frac{1}{4}\right)+\left(\frac{1}{8}+\frac{1}{8}+\frac{1}{8}+\frac{1}{8}\right)+\cdots$$

라는 사실을 이용하여 조화급수 $\sum_{n=1}^{\infty}\frac{1}{n}$이 발산한다는 점을 알았다.

그러나 보다 복잡한 급수 전개에 대한 지식은 16세기에 나타났다. 16세기 최대의 수학자인 비에트는 다음 공식

$$\frac{2}{\pi}=\frac{\sqrt{2}}{2}\frac{\sqrt{2+\sqrt{2}}}{2}\frac{\sqrt{2+\sqrt{2+\sqrt{2}}}}{2}\cdots$$

을 유도했는데 이 공식은

$$\sin\theta=2^n\sin\left(\frac{2^n}{\theta}\right)\cos\frac{\theta}{2}\cos\frac{\theta}{2^2}\cdots\cos\frac{\theta}{2^n}$$

으로부터

$$\frac{\sin\theta}{\theta}=\lim_{n\to\infty}\frac{\sin\theta}{2^n\sin\left(\frac{2^n}{\theta}\right)}$$

$$= \lim_{n \to \infty} \cos\frac{\theta}{2}\cos\frac{\theta}{2^2}\cdots\cos\frac{\theta}{2^n}$$
$$= \cos\frac{\theta}{2}\cos\frac{\theta}{2^2}\cdots\cos\frac{\theta}{2^n}\cdots$$

을 얻고 여기서 $\theta = \dfrac{\pi}{2}$를 대입하면

$$\frac{2}{\pi} = \cos\frac{\pi}{4}\cos\frac{\pi}{2^3}\cos\frac{\pi}{2^4}\cdots$$

를 얻고 반각공식 $\cos\theta = \sqrt{1+\cos 2\theta}$을 이용하면 바라는 결과를 얻게 된다. 이 공식은 원을 다각형으로 근사화한 결과를 대수적으로 처리한 것으로서 뛰어난 결과이다.

급수 전개의 다양한 결과는 17세기의 미적분학의 연구와 함께 나타나기 시작한다. 월리스는

$$\frac{2}{\pi} = \frac{1\cdot 3\cdot 3\cdot 5\cdot 5\cdot 7\cdots}{2\cdot 2\cdot 4\cdot 4\cdot 6\cdot 6\cdots}$$

를 유도했다. 또 그레고리는 뉴턴과는 독립적으로 분수 지수의 이항정리 공식을 알고 있었고 테일러가 소위 테일러 급수를 발표하기 40년 전에 이미 소위 테일러 급수 전개식을 알고 있었으며 또 $\tan x$, $\sec x$, $\arctan x$, $\mathrm{arcsec}\, x$에 대한 맥클로린 급수 전개식을 알고 있었다(Boyer & Merzbach, 1968). 더욱이 그는 급수가 어떤 양을 나타낸다는 것을 분명하게 인식하고 있었으며 '극한' 개념을 언급하였다. 그러나 지금 그의 이름으로 남아 있는 것은

$$\tan^{-1}x = x - \frac{x^3}{3} + \frac{x^5}{5} - \frac{x^7}{7} + \cdots$$ [90)]

이다. 또 그레고리는

$$\int_0^x \frac{dx}{1+x} = \log(1+x)$$

라는 것을 알고 있었는데 메르카토어는 이 식과 $\dfrac{1}{1+x} = 1 - x + x^2 - x^3 + \cdots$를 이용하여

$$\log(1+x) = 1 - \frac{x^2}{2} + \frac{x^3}{3} - \frac{x^4}{4} + \cdots$$

를 유도하였는데 오늘날 이 전개식을 메르카토어 급수라고 한다.

브룽커(W. Brouncker, 1620~1684)는 π에 대한 월리스의 공식을 이용하여

90) 이 전개식은 매우 빨리 수렴하기 때문에 π의 근삿값을 계산하는 데 유용하다.

$$\frac{4}{\pi}=1+\cfrac{1}{2+\cfrac{9}{2+\cfrac{25}{2+\cfrac{49}{2+\cdots}}}}$$

임을 보였다. 한편 오일러는

$$\sin x=\left(1-\frac{x^2}{\pi^2}\right)\left(\frac{1-x^2}{4\pi^2}\right)\left(\frac{1-x^2}{9\pi^2}\right)\cdots$$

을 얻은 후 이 식을 이용하여

$$\sum_{n=1}^{\infty}\frac{1}{n^2}=\frac{\pi^2}{6}$$

을 얻었다. 이 아이디어는 유추가 수학적 사고에 중요한 역할을 한다는 전형적인 예이기도 하다.

위에서 언급된 무한급수의 연구는 미분과 적분을 계산하기 위한 도구로서 나타난 것으로 e나 π와 같은 초월수 값의 계산 또는 로그함수와 삼각함수 값의 계산을 위함이었으며 수렴성에 대한 충분한 논의는 없었다. 이와 같은 상황은 18세기에 이르러 문제점이 노출되었다. 논란의 발단은 급수

$$1-1+1-1+\cdots$$

의 수렴성이다. 이 급수의 항을 $(1-1)+(1-1)+(1-1)+\cdots$ 와 같이 괄호로 묶으면 결과는 0이 되고 또 $1-(1-1)-(1-1)-\cdots$ 와 같이 괄호로 묶으면 결과는 1이 된다. 한편 베르누이는

$$\frac{l}{m+n}=\frac{l}{m}\left(1+\frac{n}{m}\right)^{-1}=\frac{l}{m}-\frac{lm}{m^2}+\frac{lm^2}{m^3}-\cdots$$

으로부터 $l=m=n=1$을 대입하여

$$1-1+1-1+\cdots=\frac{1}{2}$$

를 얻었다. 이것은 $1-1+1-1+\cdots$을 S라고 했을 때 $S=1-S$라는 것으로부터 얻은 결과와 일치한다. 또 그란디(G. Grandi, 1671~1742)는

$$\frac{1}{1+x}=1-x+x^2-x^3+x^4-\cdots$$

를 이용하여

$$1-1+1-1+\cdots=\frac{1}{2}$$

라고 하였는데 라이프니츠도 이 결과를 지지하였다. 오일러도 이 문제에 대해서 관심을 보였다. 그가 주장한 결과들을 예시하면 다음과 같은 것이다(Kline, 1972).

i) $\frac{1}{1-x}=1+x+x^2+x^3+\cdots$에서 $x=-1$을 대입하여 $1-1+1-1+\cdots=\frac{1}{2}$을 얻었다.

ii) $\frac{1}{1-x}=1+x+x^2+x^3+\cdots$에서 $x=-2$를 대입하여 $1-2+2^2-2^3+\cdots=\frac{1}{3}$을 얻었다.

iii) $\frac{1}{(1+x)^2}=1-2x+3x^2-4x^3+\cdots$에서 $x=1$을 대입하여 $1-2+3-4+\cdots=\frac{1}{4}$을 얻었다.

iv) $\frac{1}{1-x}=1+x+x^2+x^3+\cdots$에서 $x=2$을 대입하여 $1+2+4+8+\cdots=-1$을 얻었다. 또 $\frac{1}{(1+x)^2}=1-2x+3x^2-4x^3+\cdots$에서 $x=-1$을 대입하여 $1+2+3+4+\cdots=\infty$를 얻었다. 그런데 여기서 $\infty=1+2+3+4+\cdots<+1+2+4+8+\cdots=-1$이므로 오일러는 ∞는 0과 같이 음수와 양수의 경계라고 생각했다.[91)]

v) $\frac{1-x}{(1+x)^2}=1-3x+5x^2-7x^3+\cdots$에서 $x=1$을 대입하여 $1-3+5-7+\cdots=0$을 얻었다.

이와 같이 오일러는 급수를 형식적으로 취급함으로써 급수의 수렴에 대한 많은 오개념을 낳았다. 여기서 형식적 취급이란 17, 18 세기의 주류 수학자들에게 급수가 다항함수의 자연스런 연장으로 간주되었다는 것을 의미하며 따라서 무한 산술로의 확장에 대한 개념적 준비가 되어 있지 않았다. 그렇지만 17, 18세기에 급수의 수렴성이 전혀 무시된 것은 아니다(Kline, 1972). 1668년 브롱커는 $\log x$와 $\int\frac{dx}{x}$와의 관계를 다루면서 급수 $1-1/2+1/3-1/4+\cdots$에 대한 수렴성을 논했고 뉴턴과 그레고리는 적분의 수치 계산을 다루면서 급수의 합이 유한 또는 무한이 된다는 것을 인식하였으며 1668년에 급수의 수렴과 발산이라는 용어가 그레고리에 의하여 처음 사용되었다. 또 맥클로린(C. Maclaurin, 1698~1746)은

91) 이때만 해도 음수에 대한 인식론적 근거가 미약했기 때문에 음수와 양수가 멀리서 만난다는 생각은 그렇게 이상하게 들리지는 않는다.

급수 $\sum_n f(n)$이 수렴하기 위한 적분 판정법을 발견했다.

그러면 18세기의 위대한 수학자들이 왜 이런 실수를 저질렀을까? 먼저 급수

$$\frac{1}{2}+\frac{1}{4}+\frac{1}{8}+\cdots$$

또는

$$0.3+0.33+0.333+\cdots$$

등과 같이 수렴하는 급수는 현재 학교수학에서 지도하는 방식과 마찬가지로 각 항을 순차적으로 합함으로써 그 결과를 바르게 도출할 수 있는 직관적 통로가 있었다. 즉 전자의 경우 정사각형을 반쪽씩 나눈 기하학적 정신모델을 가지는 것은 어려운 일이 아니며 후자의 경우 수직선에서 0.3, 0.33, 0.333, ...등으로 진행하는 과정을 통하여 바른 결과를 얻을 수 있다. 그러나 발산하는 급수에 대해서는 순차적으로 합한 결과에 대하여 직관적으로 수용할 수 있는 통로가 없었다. 즉 급수 $a_1+a_2+a_3+\cdots$의 부분합

$$S_n=\sum_{k=1}^{n}a_k$$

가 어떤 점근적 경향성을 판별할 수 있는 도구가 없었다. 또 한편으로는

$$\frac{1}{1-x}=1+x+x^2+x^3+\cdots$$

과 같은 식에서 수렴하는 x 값의 경우를 임의로 일반화한 것에도 있다고 보는데 여기서 라이프니츠의 연속성의 원리가 작용하지 않았는가라는 추측을 하게 한다.

달랑베르(J. D'Alembert, 1717~1783)는 급수의 수렴성에 과거와 다른 관점을 제안하였다. 그의 급수에 대한 접근은 지금 학교수학에서 사용하는 개념과 매우 유사한데 그는 주어진 급수가 어떤 유한 값에 가까이 가면서 그 결과 항이 점차로 0에 가까워질 때 그 급수가 수렴한다고 한다고 정의하면서 수렴하지 않는 급수에 대하여 논한다는 것은 매우 미심쩍은 것이라고 주장했다. 이 정의에 의하면 $\sum_{n=1}^{\infty}\frac{1}{2^n}$는 1에 수렴한다. 또 그는 급수의 절대수렴에 대한 비율 판정법(ratio test)을 발견하였다.

이러한 혼란은 19세기 초 아벨(N. Abel, 1802~1829)과 가우스에 의하여 급수론의 엄밀성이 정립되면서 사라지게 되었고 이어 코시에 의하여 수렴성에 대한 준거[92]가 확립되면서 비로소 체계가 잡혔다. 결국 모든 급수의 수렴 대신에 수렴하는 급수라는 집합을 생각하게 된 셈이다.

92) 실수 상에서 수열이 수렴하기 위한 필요충분조건은 그 수열이 코시 수열이 되는 것이다.

더 나아가서 급수론은 수의 급수 문제에서 함수의 급수 문제로 발전하였다. 함수의 급수는 최초로 맥클로린은 1742년에 출판한 그의 저서 <유율론> (Treatise of fluxions)에서 소위 테일러 급수의 특수한 경우인 맥클로린 급수를 사용했다. 이 급수는 실해석함수를 다항함수로 근사할 수 있는 획기적 이론이다. 바이어슈트라스는 테일러 급수를 복소수에서 고찰하여 복소해석함수를 급수의 관점에서 전개하였다.

한편 함수의 급수로서 삼각급수가 있다. 삼각급수는 푸리에(J. Fourier, 1768~1830)에 의하여 연구되어 열전도 문제에 적용되었다. 여기서 함수열의 평등수렴 개념이 나타난다.

10.1.2 본체적 분석

급수의 정의

정의. 수열 $\{a_n\}$과 $S_n = a_1 + \cdots + a_n$으로 주어진 수열 $\{S_n\}$의 쌍 $(\{a_n\}, \{S_n\})$을 급수라고 한다. 여기서 $\{a_n\}$을 급수의 수열이라고 하고 $\{S_n\}$을 급수의 부분합의 수열이라고 한다. 보통 $(\{a_n\}, \{S_n\})$을 $\sum_{n=1}^{\infty} a_n$ 또는 $a_1 + \cdots + a_n + \cdots$ 으로 나타낸다.

자연수의 덧셈에서 사용하는 기호 '+'는 수 개념을 확장하면서 복소수의 덧셈 기호로 사용하고 있다. 복소수의 덧셈 기호는 자연수에서 덧셈 기호를 확장한 것이다. 이런 맥락에서 정의 1의 $a_1 + \cdots + a_n + \cdots$ 에서 나타난 기호 '+'는 통상적인 덧셈 기호가 아니며 덧셈의 일반화이다. 따라서 대수에서의 덧셈 개념과 해석학에서의 덧셈 개념은 다르다.

정의. 두 급수 $\sum_{n=1}^{\infty} a_n$과 $\sum_{n=1}^{\infty} b_n$이 주어졌을 때, 두 급수 $\sum_{n=1}^{\infty} a_n$과 $\sum_{n=1}^{\infty} b_n$의 합 $\sum_{n=1}^{\infty} a_n + \sum_{n}^{\infty} b_n$, 상수 k와 급수 $\sum_{n=1}^{\infty} a_n$의 곱 $k\sum_{n=1}^{\infty} a_n$은 각각

$$\sum_{n=1}^{\infty} a_n + \sum_{n=1}^{\infty} b_n = \sum_{n=1}^{\infty} (a_n + b_n)$$

와

$$k\sum_{n=1}^{\infty} a_n = \sum_{n=1}^{\infty} ka_n$$

으로 정의한다.

예. 두 급수 $\sum_{n=1}^{\infty}\frac{1}{n}$와 $\sum_{n=1}^{\infty}\frac{-1}{n+1}$의 합으로 주어진 급수

$$\begin{aligned}\sum_{n=1}^{\infty}\frac{1}{n}+\sum_{n=1}^{\infty}\frac{-1}{n+1} &= \sum_{n=1}^{\infty}\left(\frac{1}{n}-\frac{1}{n+1}\right)\\ &=\left(1-\frac{1}{2}\right)+\left(\frac{1}{2}-\frac{1}{3}\right)+\left(\frac{1}{3}-\frac{1}{4}\right)+\cdots\\ &=\frac{1}{2}+\frac{1}{6}+\frac{1}{12}+\cdots\end{aligned}$$

이므로 이 급수는

$$1-\frac{1}{2}+\frac{1}{2}-\frac{1}{3}+\frac{1}{3}-\frac{1}{4}+\cdots$$

와는 다르다.

급수의 합

정의. 급수 $\sum_{n=1}^{\infty}a_n$의 부분합 $\{S_n\}$이 s에 수렴할 때, $\sum_{n=1}^{\infty}a_n$는 s에 수렴한다고 한다. 이때 s를 $\sum_{n=1}^{\infty}a_n$의 합이라고 하고 $\sum_{n=1}^{\infty}a_n=s$라고 나타낸다. 한편 $\{S_n\}$이 발산할 때 $\sum_{n=1}^{\infty}a_n$이 발산한다고 한다.

예 1. $\left(1-\frac{1}{2}\right)+\left(\frac{1}{2}-\frac{1}{3}\right)+\left(\frac{1}{3}-\frac{1}{4}\right)+\cdots$의 부분합 S_n은 $S_n=1-\frac{1}{n+1}$이므로 $\{S_n\}$은 1에 수렴한다. 그러므로 $\left(1-\frac{1}{2}\right)+\left(\frac{1}{2}-\frac{1}{3}\right)+\left(\frac{1}{3}-\frac{1}{4}\right)+\cdots$은 1에 수렴하고 1은 이 급수의 합이다.

정리 1. 급수 $a_1+a_2+a_3+\cdots$가 수렴하면 그 급수의 항 a_n은 0에 수렴한다. 그러나 a_n이 0에 수렴하는 조건은 급수의 수렴성에 대한 충분조건은 아니다.

증명. 주어진 급수의 제n부분합을 S_n이라고 하면 수열 $\{S_n\}$은 코시 수열이다. 그러므로 임의의 $\epsilon>0$에 대하여 $n\geq N$이면 $|a_n|=|S_n-S_{n-1}|<\epsilon$을 만족하는 자연수 N이 존재한다. 그러므로$\{a_n\}$은 0에 수렴한다. ■

예 2. 급수 $1-1+1-1+\cdots$는 그 일반항이 0에 수렴하지 않으므로 주어진 급수는 발산한다.

예 3. 급수 $1+\frac{1}{2}+\frac{1}{3}+\cdots$는 일반항 $a_n=\frac{1}{n}$이 0에 수렴하지만 주어진 급수는 발산한다.

정리 2. 급수 $a_1+a_2+a_3+\cdots$가 절대수렴하면, 즉 급수 $|a_1|+|a_2|+|a_3|+\cdots$가 수렴하면 $a_1+a_2+a_3+\cdots$는 수렴한다.

증명. 부등식 $|a_1+a_2+\cdots+a_n| \le |a_1|+|a_2|+\cdots+|a_n|$으로부터 연역된다. ■

수렴 급수의 대수적 성질

무한급수 기호 $\sum_{n=1}^{\infty}$는 수렴하는 급수들의 집합에서 선형작용소이다. 즉 $\sum_{n=1}^{\infty} a_n = a$이고 $\sum_{n=1}^{\infty} b_n = b$일 때, 다음 성질이 성립한다.

i) $\sum_{n=1}^{\infty}(a_n+b_n)=a+b$

ii) $\sum_{n=1}^{\infty} ka_n = ka$

한편

$$a_n * b_n = a_1b_n + a_2b_{n-1} + \cdots\ a_{n-1}b_2 + a_nb_1$$

라고 하고 급수 $\sum_{n=1}^{\infty} a_n * b_n$을 $\sum_{n=1}^{\infty} a_n = a$와 $\sum_{n=1}^{\infty} b_n = b$의 코시 곱이라고 한다. 이에 대해서 다음과 같은 성질이 성립한다.

i) 두 수렴하는 급수 $\sum_{n=1}^{\infty} a_n = a$와 $\sum_{n=1}^{\infty} b_n = b$ 중에서 어느 하나라도 절대수렴하면 그 코시 곱은 수렴하고 그 극한은 ab이다.

ii) 만약 두 수렴하는 급수 $\sum_{n=1}^{\infty} a_n = a$와 $\sum_{n=1}^{\infty} b_n = b$에 대하여 급수 $\sum_{n=1}^{\infty} a_n * b_n$가 어떤 값 c에 수렴하면 $c=ab$이다.

교대급수

정의. 임의의 자연수 n에 대하여 $a_n > 0$일 때 급수 $\sum_{n=1}^{\infty}(-1)^n a_n$ 또는 $\sum_{n=1}^{\infty}(-1)^{n+1} a_n$

을 교대급수라고 한다.

a_n이 0에 수렴하는 교대급수를 생각할 수 있다. 이 급수에 대한 성질은 다음과 같다. 즉

정리. 임의의 자연수 n에 대하여 $a_n \geq 0$이고 $\lim_{n\to\infty} a_n = 0$일 때

$$\sum_{n=1}^{\infty}(-1)^{n+1}a_n$$

은 수렴한다.

증명. 먼저 제n부분합을 S_n이라고 하면

(1) $$\begin{aligned} S_{2N} &= (a_1 - a_2) + \cdots + (a_{2N-1} - a_{2N}) \\ &= a_1 - (a_2 - a_3) - \cdots - (a_{2N-2} - a_{2N-1}) - a_{2N} \end{aligned}$$

가 성립한다. 그러므로 (1)로부터

(2) $$S_{2N} \geq 0$$

이고

(3) $$S_2 \leq S_4 \leq S_8 \leq \cdots \leq S_{2N} \leq a_1$$

가 성립한다. 즉 수열 $\{S_{2N}\}$은 증가수열이고 위로 유계이다. 그러므로

(4) $$\lim_{N\to\infty} S_{2N} = S$$

한편

(5) $$S_{2N+1} = S_{2N} + a_{2N+1}$$

이고 (5)의 우변은 각각 S와 0에 수렴하므로 따라서

(6) $$\lim_{N\to\infty} S_{2N+1} = S$$

가 성립한다. 그러므로 (4)와 (6)에 의하여 $\{S_N\}$은 수렴한다. ■

교대급수의 수렴에 대한 예는 다음과 같다.

예 1. $1 - 1/2 + 1/3 - 1/4 + \cdots$는 ($\log 2$에) 수렴한다.

예 2. $1-\frac{1}{1!}+\frac{1}{2!}-\frac{1}{3!}+\frac{1}{4!}-\cdots$는 $\left(\frac{1}{e}\text{에}\right)$ 수렴한다.

예 3. 다음 점화식을 보자.

$$a_{n+2}=\frac{na_{n+1}+a_n}{n+1},\ a_0=0,\ a_1=1 \tag{1}$$

식 (1)을 이용하여 계산하면

$$a_{n+1}-a_n=-\frac{1}{n}(a_n-a_{n-1}) \tag{2}$$

을 만족한다. 그러므로 여기서 $b_n=a_{n+1}-a_n(n=1,\ 2,\ \cdots)$이라고 두면

$$\begin{aligned} a_n &= a_1+(b_1+b_2+\cdots+b_{n-1}) \\ &= a_1+b_1\left(1-\frac{1}{2!}+\frac{1}{3!}-\cdots+(-1)^n\frac{1}{(n-1)!}\right) \\ &= 1-\frac{1}{2!}+\frac{1}{3!}-\cdots+(-1)^n\frac{1}{(n-1)!} \end{aligned}$$

가 되고 예 2로부터 이 수열은 $1-\frac{1}{e}$에 수렴한다.

10.1.3 현상학적 분석

덧셈의 확장으로서 급수

가법의 극한으로서 급수 개념은 더하는 과정의 자연스런 확장으로 나타난 것이다. 예를 들면 도형의 구적법에서 곡선으로 둘러싸인 도형은 다각형으로 근사화해야 한다. 이를 위하여 극한 현상이 나타난다. 이 개념은 두 가지로 발전했는데 하나는 표준해석학에서의 급수로, 다른 하나는 비표준해석학의 급수 개념으로 발전하였다.

측정수로서의 급수

임의의 양수 M에 대하여

$$N_0 \le M < N_0+1$$

을 만족하는 자연수 N_0이 존재한다. 여기서

$$0 \le M-N_0 < 1$$

이 되므로

$$\frac{N_1}{10} \le M - N_0 < \frac{N_1 + 1}{10}$$

를 만족하는 $N_1(N_1 = 0,\ 1,\ 2,\ \cdots,\ 9)$가 존재한다. 여기서

$$0 \le M - N_0 - \frac{N_1}{10} < \frac{1}{10}$$

이므로

$$\frac{N_2}{10^2} \le M - N_0 - \frac{N_1}{10} < \frac{N_2}{10^2}$$

를 만족하는 $N_2(N_2 = 0,\ 1,\ 2,\ \cdots,\ 9)$가 존재한다. 이와 같은 과정을 계속하면 임의의 양수는 유리수로 근사화할 수 있다.

나눗셈의 몫으로서의 급수

1을 3으로 나눌 때 나머지는 각각 0.3, 0.33, 0.333, … 등으로 나타나고 이 과정의 반복은 급수 개념을 낳는다. 이런 현상은 보다 일반적인 국면에서 생각할 수 있다. 즉

$$\frac{1}{1-x} = 1 + x + x^2 + x^3 + \cdots + x^n + \frac{x^{n+1}}{1-x}$$

으로부터 $\frac{1}{1-x}$의 몫 $1 + x + x^2 + x^3 + \cdots + x^n$과 나머지 $\frac{x^{n+1}}{1-x}$가 주어지는데 이 과정을 계속하는 과정에서 급수의 개념이 나타난다.

10.2 심리적 분석

10.2.1 인지적 분석

급수의 인지

학습자들은 급수를 어떻게 인지할까? $a_1 + a_2 + a_3 + \cdots = a$라고 하고 이 급수의 제$n$부분합을 S_n이라고 할 때, 급수의 수렴을 어떻게 생각할까? 이에 대하여 다음과 같은 해석들이 나타난다.

i) S_n은 a에 가까이 가서 a가 된다.

ii) S_n는 a에 가까이 가지만 a가 될 필요는 없다.

또 기표 $a_1 + a_2 + a_3 + \cdots$를 어떤 것을 계속 더하는 과정으로 생각하기도 하고 또 그 결과로 생각하기도 한다. 이와 같이 '수렴하는 급수' $\sum_{n=1}^{\infty} a_n$에 대하여 기호 $\sum_{n=1}^{\infty} a_n$은 과념으로 나타난다.

+ 기호의 인지

기호 $a_1 + a_2 + a_3 + \cdots = a$은 주어진 급수의 제$n$부분합 $S_n = \sum_{k=1}^{n} a_k$이 a에 수렴함을 의미한다. 그러나 단지 기호 $a_1 + a_2 + a_3 + \cdots = a$만 생각하여 이 기호를 다음과 같이 해석하려는 경향이 있다.

i) 여기서 사용된 $+$는 이항연산 $1+1$에서 사용한 $+$와 같은 의미를 가진다.

ii) 여기서 사용된 $+$는 이항연산 $1+1$에서 사용한 $+$와 다른 의미를 가진다.

i)로 간주하는 학생들은 급수는 덧셈의 연장이기 때문에 동일시하는 것 같다. 이에 대하여 ii)로 간주하는 학생은 이항연산은 두 개의 항에 대한 결합인데 비하여 $a_1 + a_2 + a_3 + \cdots$은 무한개의 항의 결합이므로 이항연산은 아니라고 생각한다.

10.2.2 오개념 분석

기초적인 연산 규칙의 장애

i) $\sum_{n=1}^{\infty} a_n + \sum_{n=1}^{\infty} b_n = \sum_{n=1}^{\infty} (a_n + b_n)$을 보자. 이 등식은 두 가지 의미를 가지고 있다. 먼저 이 등식은 급수의 합의 정의를 의미한다. 이 경우에는 수렴성과 관계없다. 한편 이 등식은 수렴하는 값, 즉 수렴하는 급수의 합의 대한 등식이다. 이와 같이 이 등식에서 덧셈 기호는 전형적인 과념이다.
덧셈 기호의 중의성에 대한 인식이 부족한 경우 발산하는 두 급수를 무조건 더하는 상황이 나타날 수 있다.

ii) $\sum_{k=1}^{n} \frac{1}{k} = \frac{1}{\frac{n(n+1)}{2}}$로 계산한다.

표면적 인식에 의한 오개념

$\sum_{n=1}^{\infty} 2^{-n}\sin(\pi n)$를 등비급수로 인식하지 못하고 있다. 이것은 급수를 표면적으로 바라보기 때문이다.

등호에 관련된 오개념

$a_1 + a_2 + a_3 + \cdots = a$일 때 다음과 같은 해석을 한다.

i) $a_1 + a_2 + a_3 + \cdots = a$에서 a는 변하고 있는 수이다.
ii) $a_1 + a_2 + a_3 + \cdots = a$에서 좌변은 a가 되는 것은 아니다.

급수에서의 괄호 사용

수렴하는 급수는 괄호로 묶은 것이나 묶지 않은 것이나 결과가 같지만 발산하는 경우에는 그렇지 않을 수 있는데도 괄호 사용을 아무렇게나 한다. 급수의 항을 제거하고 연산기호만 남겨 두면 다음과 같이 보인다.

$$(+\ -)+(-\ -)+(-\ -\ -)+(-\ +)+(-\ -\ +)+\cdots$$

여기서 괄호를 무시하는 것은 괄호 안에서 연산기호와 괄호 밖에 있는 기호를 동일시하기 때문이다.

10.3 교육적 분석

10.3.1 교육과정 분석

교육목표 분석

급수는 덧셈의 확장이다. 동시에 유리수의 합은 항상 유리수이지만 유리수의 급수는 무리수로 수렴할 수 있다. 그러므로 급수를 통하여 유리수로부터 실수를 조직할 수 있다. 실제로 급수는 실수를 조직하는 하나의 방법이다. 그러나 학교수학에서 급수를 배우는 목적은 실수의 완비성을 위한 도구로 사용하려는 것이 아니라 덧셈의 확장으로 이해하는 데 있다.

학습 내용 개요

주제	내용	주안점
급수의 합	등차수열의 합 등비수열의 합 계차수열에 의한 합	규칙성의 발견
급수의 수렴	무한급수의 합의 개념	수렴성 근사화
수학적 귀납법	귀납적 추측 수학적 귀납법에 의한 증명	추측을 위한 환경 제공

이 단원에서 반드시 알고 있어야 할 명제는 다음과 같다.

i) 수렴하는 급수의 대수적 성질.
ii) 등비급수의 수렴성 정리.

지식의 연결성

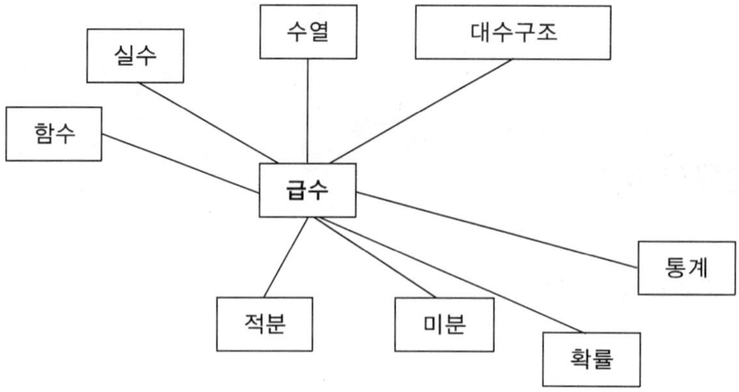

10.3.2 학습 주제 및 내용 분석

급수의 개념

급수를 정의하기 전에 급수의 개념 도입이 필요한데 이때 직관적으로 접근할 수 있다. 전형적인 방법의 하나는

$$1+\frac{1}{2}+\frac{1}{2^2}+\frac{1}{2^3}+\cdots$$

에 대응하는 그림을 사용하는 방법이다.

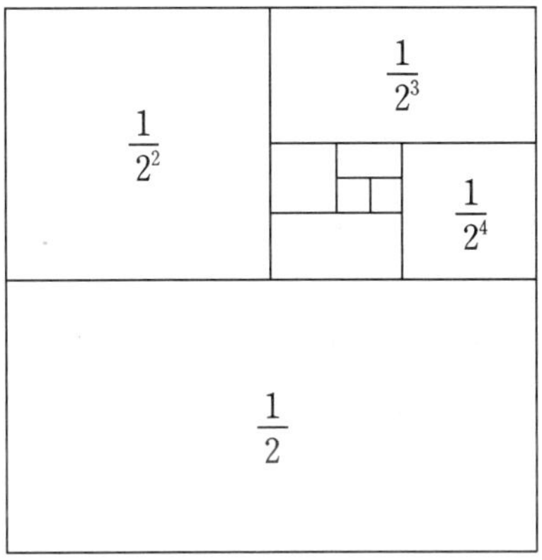

이 그림은 급수의 각 항을 "무한히 더한다."는 의미와 그 결과가 어떻게 되는가에 대하여 추론을 가능하게 한다. 다른 한 방법은 부분합 S_n의 추세를 그래프를 통하여 관찰하는 방법이다.

급수의 정의와 기호

급수를 $a_1+a_2+a_3+\cdots=a$와 같이 어떤 수들을 덧셈 기호로 연결한 것만 본다면 기호적 혼란을 야기할 수 있다. 예를 들면

(1) $$\left(\frac{1}{1}-\frac{1}{2}\right)+\left(\frac{1}{2}-\frac{1}{3}\right)+\left(\frac{1}{3}-\frac{1}{4}\right)+\cdots$$

는

(2) $$\frac{1}{2}+\frac{1}{6}+\frac{1}{12}+\cdots$$

와 같은 급수이다. 그러나

(3) $$1-\frac{1}{2}+\frac{1}{2}-\frac{1}{3}+\frac{1}{3}-\frac{1}{4}+\cdots$$

은 (2)와 다른 급수이다.

본체적 분석에서 본 바와 같이 급수의 정의를 $(\{a_n\},\ \{S_n\})$으로 나타내는 이유도 급수의 항을 분명하게 적시하기 위함이다. 만약 그렇게 하지 않으면 괄호의 역할을 간과하게 되

고 결국 (1)과 (3)을 동일시하게 될 가능성이 있다.

급수 기호의 중의성

급수를 이렇게 정의할 때 기호 $\sum_{n=1}^{\infty} a_n$은 다음과 같이 중의적 의미를 가지고 있다. 즉

i) "급수 $\sum_{n=1}^{\infty} a_n$는 수렴한다."고 진술할 때 $\sum_{n=1}^{\infty} a_n$는 급수 그 자체를 의미한다.

ii) "$\sum_{n=1}^{\infty} a_n$는 1보다 크다."라고 할 때 $\sum_{n=1}^{\infty} a_n$는 급수의 합을 의미한다.

마찬가지로 기호 $\sum_{n=1}^{\infty} a_n + \sum_{n=1}^{\infty} b_n = \sum_{n=1}^{\infty} (a_n + b_n)$도 다음과 같이 중의적 의미를 가지고 있다. 즉

i) $\sum_{n=1}^{\infty} a_n + \sum_{n=1}^{\infty} b_n = \sum_{n=1}^{\infty} (a_n + b_n)$은 급수의 합의 정의를 나타낸다.

ii) $\sum_{n=1}^{\infty} a_n + \sum_{n=1}^{\infty} b_n = \sum_{n=1}^{\infty} (a_n + b_n)$는 합에 대한 정리를 나타낸다.

이와 같은 기호의 중의성으로 인하여 학교수학에서 급수를 다룰 때에는 수렴하는 급수만 다루는 것이 바람직하다. 그 이유는 두 급수가 모두 수렴할 경우에는 '두 급수의 합에 대한 정의'와 '두 급수의 합에 대한 정리'를 구별하지 않아도 되기 때문이다. 요약하면 다음과 같은 구별이 중요하다.

i) 급수가 수렴할 경우라면 일반항을 구하는 법과 수렴성 모두를 다루어도 좋다.

ii) 급수가 발산하는 경우는 단지 부분합을 구하는 방법만 다룬다. 예를 들면 등비급수는 부분합과 수렴성을 다루고 등차급수는 수렴성을 주목하지 않으므로 부분합만 다룬다.

10.4 교수학습 지도

10.4.1 학습 내용 지도

급수의 정의 지도

급수를 정의할 때 사용하는 기호

$$a_1 + \cdots + a_n + \cdots$$

에서 다양한 사례를 제시하고 각각의 경우에 대하여 급수를 구성하는 항 a_n이 무엇인가를 확인한다.

예. 다음 각각의 급수에 대하여 a_n을 말하라.

급수 \ 항	a_n
$1+\frac{1}{2}+\frac{1}{2^2}+\frac{1}{2^3}+\cdots$	$\frac{1}{2^{n-1}}$
$1-\frac{1}{2}+\frac{1}{2}-\frac{1}{3}+\frac{1}{3}-\frac{1}{4}+\cdots$	n이 홀수이면 $(-1)^{n+1}\frac{2}{n+1}$, n이 짝수이면 $(-1)^{n+1}\frac{2}{n+2}$
$\left(\frac{1}{1}-\frac{1}{2}\right)+\left(\frac{1}{2}-\frac{1}{3}\right)+\left(\frac{1}{3}-\frac{1}{4}\right)+\cdots$	$\frac{1}{n}-\frac{1}{n+1}$ 또는 $\frac{1}{n(n+1)}$
$1-(1+1)-(1+1)-\cdots$	$a_1=0$이고 $n \geq 2$일 때 $a_n=-2$
$1-1+1-1+1+\cdots$	$(-1)^n$

등비급수의 합 지도

등비급수의 수렴성은 여러 가지 방법으로 지도할 수 있는데 여기서는 기하학적으로 접근해보자. 다음 그림에서 변의 길이가 1, $a+ar+ar^2+\cdots$인 삼각형과 변의 길이가 $1-r$, a인 두 삼각형이 닮음이므로

$$\frac{a+ar+ar^2+\cdots}{1}=\frac{a}{1-r}$$

가 성립한다. 따라서 $a+ar+ar^2+\cdots=\dfrac{a}{1-r}$이 성립한다.

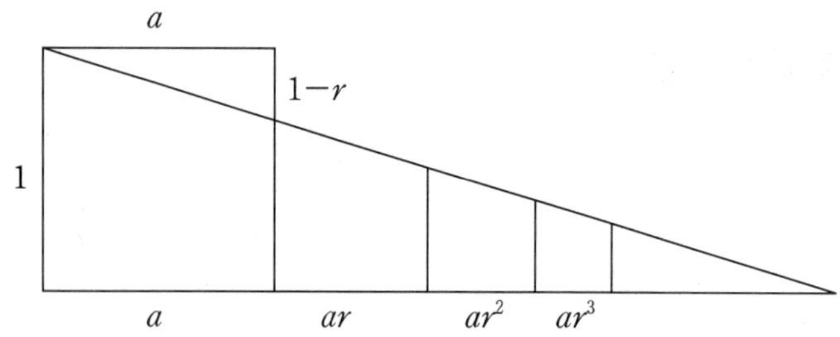

일반적인 급수의 합의 지도

다양한 급수의 일반항을 찾는 방법을 이해한다. 이것은 귀납을 요구할지도 모른다.

급수 \ 항	S_n
$1+\frac{1}{2}+\frac{1}{2^2}+\frac{1}{2^3}+\cdots$	$2-\frac{1}{2^{n-1}}$
$1-\frac{1}{2}+\frac{1}{2}-\frac{1}{3}+\frac{1}{3}-\frac{1}{4}+\cdots$	n이 홀수이면 $S_n=1$ n이 짝수이면 $S_n=1+(-1)^{n+1}\frac{1}{n+2}$
$\left(\frac{1}{1}-\frac{1}{2}\right)+\left(\frac{1}{2}-\frac{1}{3}\right)+\left(\frac{1}{3}-\frac{1}{4}\right)+\cdots$	$\frac{1}{n}-\frac{1}{n+1}$ 또는 $\frac{1}{n(n+1)}$
$1-(1+1)-(1+1)-\cdots$	$a_1=0$이고 $n\geq 2$일 때 $a_n=-2$
$1-1+1-1+1+\cdots$	$\frac{1}{2}+\frac{(-1)^{n+1}}{2}$

급수의 수렴성에 대한 발견적 접근

급수의 수렴과 관련된 간단한 문제에 대해서도 오개념이 나타난다. 예를 들면 $\sum_{n=1}^{\infty}\frac{1}{2n-1}$과 $\sum_{n=1}^{\infty}\frac{1}{2n}$은 모두 발산한다. 그러나 이 두 급수의 항을 적당히 섞어 놓았을 때 혼란이 나타난다. 예를 들면

$$p=\left\{1,\ \frac{1}{3},\ \frac{1}{5},\ \frac{1}{7},\ \cdots\right\}$$

의 원소와

$$N = \left\{ -\frac{1}{2},\ -\frac{1}{4},\ -\frac{1}{6},\ \cdots \right\}$$

의 원소를 적절하게 사용해서 발산하거나 수렴하도록 급수를 만들 수 있는가라는 문제다. 예를 들면 P의 원소들의 합은 조화급수이므로 ∞로 발산한다. 따라서 P의 원소를 앞에서 순서대로 더하면 그 합이 항상 2보다 크게 할 수 있다. 예를 들면

$$1 + \frac{1}{3} + \frac{1}{5} + \frac{1}{7} + \frac{1}{9} > 2$$

그러므로

$$1 + \frac{1}{3} + \frac{1}{5} + \frac{1}{7} + \frac{1}{9} - \frac{1}{2} > 1$$

이 된다. 마찬가지 방법으로

$$\frac{1}{11} + \frac{1}{13} + \cdots + \frac{1}{20} > 2$$

이므로

$$\frac{1}{11} + \frac{1}{13} + \cdots + \frac{1}{20} - \frac{1}{4} > 1.$$

그러므로

$$1 + \frac{1}{3} + \frac{1}{5} + \frac{1}{7} + \frac{1}{9} - \frac{1}{2} + \frac{1}{11} + \frac{1}{13} + \cdots + \frac{1}{20} - \frac{1}{4} > 2$$

가 된다.

결국 이런 방법으로 P의 원소와 N의 원소를 재배열하면 이 급수는 ∞로 발산한다. 이와 같은 관찰을 종합하면 급수의 수렴은 실제 항을 더해서 그 추세를 그래프로 그려서 관찰하는 경험이 필요하다.

급수의 합에서의 등호

급수

(1) $$a_1 + a_2 + a_3 + \cdots = s$$

의 정의는 제n부분합 $S_n = \sum_{k=1}^{n} a_k$에서

(2) $$\lim_{n \to \infty} S_n = s$$

로 정의되어 있다. 즉 기표 (1)에 대한 기의는 (2)에 의하여 주어졌다. 여기서 다음과 같은 질문을 해보자.

"(1)에서 $a_1 + a_2 + a_3 + \cdots$ 은 무엇일까?"

이 질문은 단순히 질문을 위한 질문이 아니며 중학교 과정에서부터 나타난다. 예를 들면 $0.999\cdots$가 무엇인가라는 이 질문이 바로 여기에 해당한다. 그런데 (1)의 정의, 즉 (2)는 $a_1 + a_2 + a_3 + \cdots = s$를 언급하지만 $a_1 + a_2 + a_3 + \cdots$을 언급하지 않는다.

$a_1 + a_2 + a_3 + \cdots$이 수렴하는 경우, 이것은 실제로 과념이기 때문에 수렴하는 과정과 동시에 수렴 값인 수로 간주할 수 있다. 급수를 수렴하는 과정으로 볼 때는 s를 $a_1 + a_2 + a_3 + \cdots$로 표상한 것이라고 볼 수 있다. 한편 급수를 개념으로 볼 때는 $a_1 + a_2 + a_3 + \cdots$을 s로 축약한 것으로 간주할 수 있다. 예를 들어 수의 10진표기법은 실제로 $1 - \frac{1}{2} + \frac{1}{3} - \frac{1}{4} + \cdots$이 수렴하기 때문에 이 결과는 log2를 정의한다고 할 수도 있다.

10.4.2 평가

1. 수렴성의 문제.

   i) $\sum_{n=1}^{\infty} \frac{1}{n^2}$은 수렴함을 보여라.

   ii) 어떤 양수 s에 대하여 $\sum_{n=1}^{\infty} \frac{1}{n^s}$이 수렴할까?

2. 급수에 의하여 정의된 수

   i) $\sum_{n=1}^{\infty} \frac{1}{10^{n!}}$은 무리수임을 보여라.

3. $a_{n+1} = \sqrt{a_n + 1}$, $a_1 = 1$일 때 $\lim_{n \to \infty} a_n$의 값을 구하라.

4. $\sqrt{3}$을 연분수로 나타내어라.

5. $\sum_{n=1}^{\infty} \frac{n}{2^n}$의 값을 구하라.

10.4.3 연구 과제

교수 측면

1. 학생들이 가진 급수의 정신모델을 분석하자.

2. 수렴 개념에 대한 정신모델을 분석하자.

3. 18세기 수학자들이 실수한 개념적 오류들을 분석하고 교수적 처방에 대하여 논의하자.

4. 이 단원에서 지도하기 어려운 내용을 제시하고 대안을 토의하자.

5. SOLO 평가를 구체화하기 위한 질의 문항을 개발하자.

학습 측면

1. 급수의 수렴성을 구성적으로 학습하기 위한 방안을 토의하자.

2. 학생들이 어려워하는 부분은 무엇인가?

11.
함수의 연속

11.1 수학적 분석

11.1.1 역사적 분석

함수의 연속성 개념의 변화

연속함수의 역사는 함수의 역사 속에 나타날 때 이해의 폭을 넓힐 수 있다. 그러나 함수의 일반적 역사는 이미 다루었기 때문에 여기서는 함수의 연속성과 관련된 역사만 다룬다. 학교수학에서 제시된 연속함수의 정의는 코시에 의하여 제시된 것이다. 함수의 극한에 대한 $\epsilon-\delta$ 논법은 이미 18세기 라그랑주에 의하여 사용되었다. 코시도 이 논법을 사용하여 연속성을 다루었고 코시의 업적을 상세하게 연구한 바이어슈트라스에 의하여 보다 정교하게 발전되었다. 특히 바이어슈트라스는 연속과 평등연속, 수렴과 평등수렴의 차이점을 명료화 하였다. 이 세 사람은 해석학을 엄밀하게 구축하기 위하여 부단한 노력을 하였고 그 결과 그 당시까지 모호하게 진술되었던 극한, 연속, 미분 등의 개념들이 엄격하게 재정의되었다.

이후 연속성과 관련된 개념들은 보다 추상적인 면모를 갖추는데 칸토어는 1872년에 집적점의 집합 즉 도집합(derived set)의 개념을 창안했다. 이어 개집합과 폐집합 개념을 창안하였다. 이런 점에서 점집합론의 창시자는 칸토어라고 해야겠다. 바이어슈트라스는 1877년에 "임의의 유계 무한집합은 적어도 하나의 극한점을 가진다."는 소위 우리가 볼차노−바이어슈트라스 정리라고 하는 명제를 증명하였다. 그는 또 점의 근방 개념을 창안하였다. 프레셰(M. Fréchet, 1878~1973)는 1906년에 긴밀집합(compact set)의 개념을 창안하였으며 보다 일반적인 거리 공간에서 수렴성 개념을 도입하였다. 이후 리즈(F. Riesz, 1880~1956)는 극한점을 이용하여 위상공간의 공리를 제시하였는데 이 정의에는 거리 개념이 사라졌다. 이후 하우스도르프는 근방 개념을 이용하여 위상공간의 공리를 제시하였다. 이어 부르바키는 개집합으로 정의된 위상공간을 정의하였는데 이를 바탕으로 함수의 연속성 정의는 보다 단순화되었다.

연속함수는 일상적으로 경험할 수 있는 것이 아니며 실제로 일상적인 경험으로서 함수는 적어도 연속미분가능함수이거나 그 이상의 매끄러운 함수이다. 순수한 연속함수는 직관적이지 않고 경험적인 것도 아니며 지극히 논리적 대상이다. 연속이지만 모든 곳에서 미분불가능인 함수는 직관에 의하여 주어진 것이 아니라 인위적 조작에 의하여 구성된 함수이다.

역사적으로 봐도 연속함수는 미분가능함수보다 후에 관심을 가지게 된 개념으로서 연속함수의 정의 자체가 논쟁의 중심에 선 적도 있었다. 예를 들면 다르부(J. Darboux, 1842~1917)는 중간값정리를 만족하는 함수를 연속함수로 정의하였다.

연속함수의 정의

연속함수를 다룰 때 함수 $y=\dfrac{x^2-1}{x-1}$은 $x=1$에서 연속인가 아닌가라는 문제로 논쟁을 하게 된다. 이 논쟁은 대개 함수의 연속성 정의를 다음과 같이 제시할 때 나타난다.

i) f는 $x=a$에서 정의되어 있다.
ii) 극한값 $\lim\limits_{x\to a}f(x)$가 존재한다.
iii) $\lim\limits_{x\to a}f(x)=f(a)$가 성립한다.

함수의 표준 연속성 정의에 의하면 조건 i)은 대전제에 속하기 때문에 연속성의 기준은 ii)와 iii)이다. 즉 $x=a$에서 정의되어 있지 않을 경우 함수의 연속성에 대한 논의는 무의미한 것으로 간주한다. 그러나 대개 조건 i)을 조건 ii)와 iii)과 같은 논리적 층위에 두었기 때문에 정의되지 않는 점에서는 불연속이라는 결론을 얻게 된다. 이 문제의 쟁점을 보다 세밀하게 논의하기 위해서는 역사적 분석이 필요하다.

좌표가 도입되면서 도형이라는 기하학적 연구 대상은 대수학적 연구 대상이 되었다. 이 과정에서 도형은 '도형의 방정식'이라는 새로운 이름을 가지게 되었으며 이후 '함수의 그래프'라는 이름으로 다시 바뀌게 되었다. 이 변천 과정에서 더욱 정교한 함수 개념이 필요했고 그 정교화 과정의 산물이 함수의 연속성 개념이다.

11.1.2 본체적 분석

함수의 극한

정의. 주어진 집합 $A\subset \boldsymbol{R}$에 대하여 임의의 양의 실수 ϵ에 대하여 $(a-\epsilon,\ a+\epsilon)\cap(A-a)\neq\phi$를 만족할 때 p를 A의 집적점이라고 하고 A의 모든 집적점의 집합을 $d(A)$라고 나타내며 $d(A)$를 A의 도집합이라고 한다.

정의. 집합 A가 주어지고 $a\in d(A)$라고 하며 함수 $f:A\to\boldsymbol{R}$가 주어졌다고 하자. 만약 임

의의 $\epsilon > 0$에 대하여 $0 < |x-a| < \delta$이면 $|f(x)-L| < \epsilon$를 만족하는 $\delta > 0$가 존재할 때 $x=a$에서의 f의 극한은 L이라고 하고

$$\lim_{x \to a} f(x) = L$$

또는

$$x \to a \text{일 때 } f(x) \to L$$

로 나타낸다.

함수의 극한의 정의에서 다음 두 문제에 대하여 분석해보자.

i) 조건 $a \in d(A)$이 가진 문제점.
ii) $0 < |x-a| < \delta$ 대신에 $|x-a| < \delta$를 사용할 때 나타나는 문제점.

먼저 i)에 대하여 생각해보자. 즉 만약 $a \not\in d(A)$라면 어떤 문제가 생길까? 예를 들어 $A=(0,\ 1)$이라고 두고 $a=2$라고 두면 $a \not\in d(A)$이다. 이때 임의의 $x \in A$에 대하여 $f(x)=1$로 정의한 함수 $f: A \to \boldsymbol{R}$을 생각해보자. 이 함수의 경우 L을 임의의 실수로 설정하더라도 $\delta = \dfrac{1}{2}$라고 두면 $0 < |x-2| < \delta \to |f(x)-L| < \epsilon$는 항상 참이 된다. 일반적으로 다음 표와 같은 현상이 나타난다.

a의 조건	$f(a)$의 조건	$x=a$일 때 $\lvert x-a\rvert < \delta \to \lvert f(x)-L\rvert < \epsilon$의 진위
$a \not\in d(A)$	$f(a)$가 정의된 경우	$L=f(a)$이면 참이 되게 하는 δ가 존재함
		$L \neq f(a)$이면 거짓이 되는 ϵ을 제시할 수 있음
	$f(a)$가 정의되지 않은 경우	무의미함

이런 현상은 바람직하지 않을뿐더러 함수의 극한의 개념은 L을 $x=a$부근에 있는 $f(x)$의 값으로부터 구하는데 있다는 본질을 간과하고 있다. 그러므로 $a \in d(A)$라는 조건을 전제하는 것이 타당하다.

ii)의 경우를 보자. 즉 조건 $a \in d(A)$를 전제하나 위의 정의에서 $0 < |x-a| < \delta$을 사용하지 말고 대신 $|x-a| < \delta$을 사용하는 정의를 생각해보자. 즉 다음 진술

임의의 $\epsilon > 0$에 대하여 $|x-a| < \delta$이면 $|f(x)-L| < \epsilon$을 만족하는 $\delta > 0$가 존재한다.

로 제시된 정의를 채택했을 때 $x=a$일 때 $|x-a| < \delta \to |f(x)-L| < \epsilon$의 진위에 대하여

살펴보자.

a의 조건	$f(a)$의 조건	$x=a$일 때 $\|x-a\|<\delta \to \|f(x)-L\|<\epsilon$의 진위
$a \in d(A)$	$f(a)$가 정의된 경우	$L=f(a)$이면 참임
		$L \neq f(a)$이면 거짓이 되는 ϵ을 제시할 수 있음
	$f(a)$가 정의되지 않은 경우	무의미함

이 표를 보면 $f(a)$가 정의되어 있지 않을 때 $|x-a|<\delta \to |f(x)-L|<\epsilon$는 무의미한 진술이 나타난다. 이런 이유로 인하여 $|x-a|<\delta$ 대신에 $0<|x-a|<\delta$이 필요하다.

예 1. $\chi_{\boldsymbol{Q}}(x)=\begin{cases}1, & x \in \boldsymbol{Q} \\ 0, & x \in \boldsymbol{R}-\boldsymbol{Q}\end{cases}$라고 할 때

$$\lim_{m\to\infty}[\lim_{n\to\infty}(\cos(m!\pi x))^{2n}]=\chi_{\boldsymbol{Q}}(x)$$

가 성립한다. 여기서 x_Q는 R의 특성함수이다.

예 2. $\lim_{n\to\infty}\frac{2}{\pi}\tan^{-1}(nx)=\begin{cases}1, & x>0 \\ 0, & x=0 \\ -1, & x<0\end{cases}$

정리. $h(x) \le f(x) \le g(x)$이고 $\lim_{x\to p}h(x)=\lim_{x\to p}g(x)=L$이면 $\lim_{x\to p}f(x)=L$이다.

극한 개념의 확장

정의. 함수 $f: A\to \boldsymbol{R}$가 주어지고 있다. $a \in d(A\cap(a,\ \infty))$인 경우, 임의의 $\epsilon>0$에 대하여 $0<x-a<\delta$이면 $|f(x)-L|<\epsilon$를 만족하는 $\delta>0$가 존재할 때 L을 $x=a$에서의 f의 우방극한이라고 하고

$$\lim_{x\to a+}f(x)=L$$

또는

$$L=f(a+)$$

로 나타낸다.

한편 $a \in d(A\cap(-\infty,\ a))$인 경우, $0<a-x<\delta$이면 $|f(x)-L|<\epsilon$을 만족하는

$\delta > 0$가 존재할 때 L을 f의 $x=a$에서의 좌방극한이라고 하고

$$\lim_{x \to a-} f(x) = L$$

또는

$$L = f(a-)$$

로 나타낸다.

정의. $A \subset \boldsymbol{R}$이고 함수 $f:(a,\ \infty) \to \boldsymbol{R}$가 주어져 있다고 하자. 임의의 $\epsilon > 0$에 대하여 $x > M$이면 $|f(x) - L| < \epsilon$을 만족하는 $M > 0$이 존재할 때 $x = \infty$에서의 f의 극한은 L이라고 하고

$$\lim_{x \to \infty} f(x) = L$$

또는

$$x \to \infty \text{ 일 때 } f(x) \to L$$

로 나타낸다.

한편 임의의 $\epsilon > 0$에 대하여 $x < M$이면 $|f(x) - L| < \epsilon$을 만족하는 $M > 0$이 존재할 때 $x = -\infty$에서의 f의 극한은 L이라고 하고

$$\lim_{x \to -\infty} f(x) = L$$

또는

$$x \to -\infty \text{ 일 때 } f(x) \to L$$

로 나타낸다.

정의. 집합 A가 주어지고 $a \in d(A)$라고 하며 함수 $f: A \to \boldsymbol{R}$가 주어졌다고 하자. 만약 임의의 $N > 0$에 대하여 $0 < |x-a| < \delta$이면 $f(x) > N$를 만족하는 $\delta > 0$가 존재할 때 $x = a$에서의 f의 극한은 ∞이라고 하고

$$\lim_{x \to a} f(x) = \infty$$

또는

$$x \to a \text{일 때 } f(x) \to \infty$$

로 나타낸다.

한편 만약 임의의 $N>0$에 대하여 $0<|x-a|<\delta$이면 $f(x)<-N$를 만족하는 $\delta>0$가 존재할 때 $x=a$에서의 f의 극한은 ∞이라고 하고

$$\lim_{x\to a} f(x) = -\infty$$

또는

$$x\to a \text{일 때 } f(x)\to -\infty$$

로 나타낸다.

참고. 위의 정의를 종합하여 $\lim_{x\to\infty} f(x) = \infty$와 같은 종류의 극한도 정의할 수 있다.

함수의 연속성

함수의 연속성은 다음과 같이 정의된다.

정의. 집합 $A \subset \boldsymbol{R}$과 함수 $f: A\to \boldsymbol{R}$가 주어지고 $a\in A$ 대하여 임의의 $\epsilon>0$에 대하여 $|x-a|<\delta \to |f(x)-f(a)|<\epsilon$이 참이 되는 $\delta>0$가 존재할 때, f를 $x=a$에서 연속이라고 한다. 한편, 함수 f가 $x=a$에서 연속이 아닐 때, f를 $x=a$에서 불연속이라고 한다. 또 $f: A\to\boldsymbol{R}$가 A의 임의의 점에서 연속일 때 f를 A에서 연속이라고 한다.

참고. 함수의 극한을 다룰 때는 조건 '$a\in d(A)$'에 대하여 주의 집중해야 하지만 연속성을 다룰 때는 그럴 필요가 없다.

수열의 극한에서와 마찬가지로 다음 두 정리는 복잡한 함수의 연속성을 다루는 데 편리하다.

정리 1. 두 함수 f와 g가 $x=a$에서 연속이라고 하면

i) $f+g$는 $x=a$에서 연속이다.
ii) fg는 $x=a$에서 연속이다.
iii) $x=a$의 근방에서 $g(x)\neq 0$이고 $g(a)\neq 0$이면 $\dfrac{f}{g}$도 $x=a$에서 연속이다.

정리 2. 함수 f가 $x=a$에서 연속이고 함수 g가 $f(a)$에서 연속이면 $g\circ f$는 $x=a$에서 연속이다.

불연속함수의 분류

함수 f가 $x=a$에서 불연속일 경우는 다음과 같이 분류할 수 있다.

종류	정의	사례
제1종불연속	$f(a+)\neq(a-)$	$f(x)=\begin{cases}1, & x\geq 0\\ 0, & x<0\end{cases}$
	$f(a+)=f(a-)\neq f(a)$	$f(x)=\begin{cases}x\sin(\frac{1}{x}), & x\neq 0\\ 1, & x=0\end{cases}$
제2종불연속	$f(a+)$ 또는 $f(a-)$가 존재하지 않는 경우	$f(x)=\begin{cases}\frac{1}{x}, & x\neq 0\\ 0, & x=0\end{cases}$ $f(x)=\begin{cases}\sin(\frac{1}{x}), & x\neq 0\\ 1, & x=0\end{cases}$

특별한 함수의 사례들

i) 한 점에서만 연속인 함수.

$$f(x)=\begin{cases}x, & x\in \boldsymbol{Q}\\ 0, & x\notin \boldsymbol{Q}\end{cases}$$

ii) 모든 실수에서 불연속인 함수.

$$f(x)=\begin{cases}1, & x\in \boldsymbol{Q}\\ 0, & x\notin \boldsymbol{Q}\end{cases}$$

iii) 불연속이지만 중간값정리를 만족하는 함수.

$$f(x)=\begin{cases}\sin\left(\frac{1}{x}\right), & x\neq 0\\ 0, & x\neq 0\end{cases}$$

iv) 무리수에서 연속이고 유리수에는 불연속인 함수.

$$f(x)=\begin{cases}\frac{1}{q}, & x=\frac{p}{q}\in \boldsymbol{Q},\ (p,q\text{는 서로소})\\ 0, & x\notin \boldsymbol{Q}\end{cases}$$

연속함수의 성질

f가 연속함수이면 다음 성질이 성립한다.

정리 1. $\lim_{x_n \to a} f(x_n) = f(\lim_{x_n \to a} x_n)$

이 정리는 수열이라는 비교적 친근한 도구를 이용하여 함수의 극한을 비교적 쉽게 계산할 수 있다는 점에서 유용하다. 그런데 수열의 수렴성은 연속함수의 경우 불변이지만 코시 수열은 그렇지 않다. 다음 예 1을 보자.

예 1. 임의의 양수 x에 대하여 정의된 함수 $f(x)=\frac{1}{x}$에 대하여 코시 수열 $\left\{\frac{1}{n}\right\}$의 상은 수열 $\{n\}$인데 이것은 코시 수열이 아니다.

$A \subset \boldsymbol{R}$에서 정의된 실수값을 취하는 함수 f가 연속일지라도 항상 최대 또는 최소를 가지는 것은 아니다. 다음 예를 보자.

예 2. 다음 함수들은 연속함수 이지만 최대, 최소를 가지지 않는다.

i) $A=(0,\ 1)$이고 임의의 $x \in A$에 대하여 $f(x)=x$로 정의된 함수.
ii) $A=(0,\ 1]$이고 임의의 $x \in A$에 대하여 $g(x)=\frac{1}{x}\sin\left(\frac{1}{x}\right)$로 정의된 함수.
iii) $A=[0,\ \infty)$이고 임의의 $x \in A$에 대하여 $h(x)=x\sin x$로 정의된 함수.

여기서 i)의 경우는 정의역이 개집합이다. 또 ii)의 경우는 함수의 정의역이 개집합도 폐집합도 아니다. 마지막으로 iii)의 경우는 정의역에 폐집합이다. 그럼에도 불구하고 이 세 경우는 모두 최대 최소를 가지지 않는다. 그러나 주어진 함수의 정의역이 유계 폐집합일 경우에는 최대, 최소를 가지는데 다음 정리 2는 정의역이 유계 폐구간으로 진술되어 있다.

정리 2. (바이어슈트라스의 최대, 최소의 존재 정리) $[a,\ b]$에서 연속인 함수 f는 최대 및 최소를 가진다.

증명. $M=\sup\{f(x) : x \in [a,\ b]\}$라고 두면 $n \to \infty$일 때 $y_n \to M$을 만족하는 수열 $\{y_n\}$이 존재한다. 여기서 $f(x_n)=y_n$이 되는 수열 $\{x_n\}$은 수렴하는 부분수열 $\{x_{n_k}\}$를 가진다.[93] 여기서 $n_k \to \infty$일 때 $x_{n_k} \to p$라고 하면 $[a,\ b]$가 폐집합이기 때문에

$p \in [a,\ b]$이다. 그러므로 $f(x_{n_k}) = y_{n_k}$이고 $n \to \infty$일 때 $y_n \to M$이므로 $y_{n_k} \to p$이다. 그런데 여기서 f가 연속이므로 $f(p) = M$이다. 즉 f는 $x = p$에서 최대이다. ■

정리 2의 모든 가정은 필수적이다. 다음 예를 보자.

예 3. $x \in (0,\ 1)$에 대하여 $f(x) = x$라고 두면 f는 연속이지만 최대도 최소도 가지지 않는다.

예 4. $x \in [-1,\ 1]$에 대하여 $f(x) = \begin{cases} \frac{1}{x}, & x \neq 0 \\ 0, & x = 0 \end{cases}$라고 두면 f는 $[-1,\ 1]$에서 연속이 아니다. 실제로 이 경우에 f는 최대도 최소도 가지지 않는다.

방정식 $x^5 - x^2 + x - 13 = 0$은 실근을 가질까? 여기서 함수 $f(x) = x^5 - x^2 + x - 13$는 연속이고 $\lim\limits_{x \to \infty} f(x) = \infty$이고 $\lim\limits_{x \to -\infty} f(x) = -\infty$이다. 따라서 $f(a) < 0$이고 $f(b) > 0$이 되는 두 수 a와 b가 존재한다. 이런 경우에 다음 정리가 유용하다.

정리 3 (볼차노의 중간값정리) a와 b를 포함하는 구간에서 연속인 함수 f가 주어져 있을 때, $f(a) < p < f(b)$를 만족하는 p에 대하여 $f(c) = p$를 만족하는 $c \in (a,\ b)$가 존재한다.

증명. $S = \{x \in [a,\ b] : f(x) \leq p\}$라고 두면 $a \in S$이고 S는 위로 유계인 집합이므로 $\sup S = c$가 존재하고 c의 성질로부터 $f(c) \leq p$가 성립한다. 여기서 $f(c) < p$라고 하면 $x_n \notin S$이고 $x_n \to c$이면서 $f(x_n) > p$를 만족하는 수열 $\{x_n\}$이 $[a,\ b]$에서 존재한다. 그런데 f가 연속이므로 $f(c) \geq p$가 되는데 이것은 모순이다. 그러므로 $f(c) = p$이다. ■

주의. 중간값정리의 역은 성립하지 않는다. 예를 들어 다음 함수 $f : [-1,\ 1] \to \boldsymbol{R}$

$$f(x) = \begin{cases} \sin\frac{1}{x}, & x \neq 0 \\ 0, & x = 0 \end{cases}$$

는 중간값정리를 만족하지만 $[-1,\ 1]$에서 연속이 아니다.

---

93) 볼차노-바이어슈트라스 정리에 의하여 유계수열은 수렴하는 부분수열을 가진다.

중간값정리는 광범위하게 적용된다. 다음 예를 보자.

예 5. 함수 $f:[0,\ 1]\to[0,\ 1]$가 연속일 때 $f(p)=p$를 만족하는 점 $p\in[a,\ b]$가 존재한다. 이것을 보이기 위하여 먼저 $g(x)=f(x)-x$라고 정의하면 g는 $[0,\ 1]$에서 연속이다. 만약 임의의 $x\in[0,\ 1]$에서 $g(x)\geq 0$이면 $f(1)=1$이 되므로 $p=1$이다. 한편 임의의 $x\in[0,\ 1]$에서 $g(x)\leq 0$이라면 $f(0)=0$이므로 $p=0$이다. 마지막으로 이 두 가지 경우가 아니라면 $g(a)>0$이고 $g(b)<0$을 만족하는 a와 b가 $[0,\ 1]$에서 존재한다. 그러므로 중간값정리에 의하여 $g(p)=0$를 만족하는 점 $p\in(a,\ b)$가 존재한다. 즉 $f(p)=p$이다.

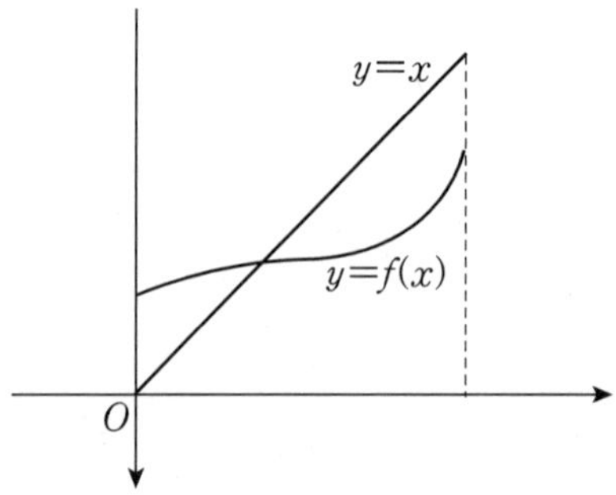

예 6. 다음 그림과 같은 도형 D가 있다. 여기서 수직선 l을 좌에서 우로 움직일 때 이 도형의 면적이 이등분되는 점을 찾을 수 있을까?

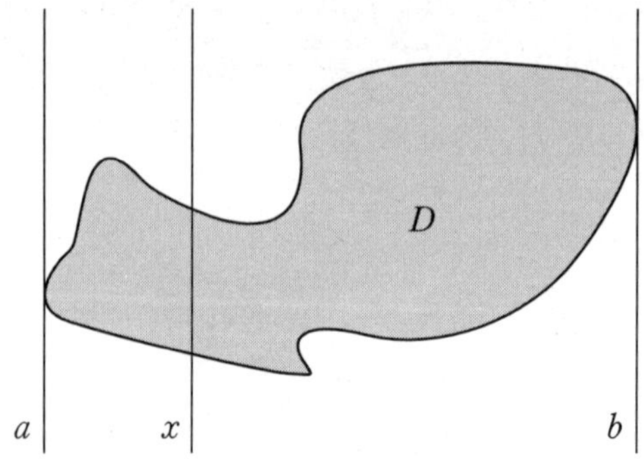

선의 좌표를 x라고 하고 이 선을 좌에서 우로 옮겨 가면 이 선의 좌측 면적 $S(x)$는 x의 연속함수가 된다. 여기서 $S(a)=0$이고 $S(b)$는 D의 면적이므로 중간값정리에 의하여 $S(c)=\dfrac{S(b)}{2}$를 만족하는 c가 a와 b 사이에 존재한다.

연속함수의 역함수

정리. 함수 $f:[a,\ b]\to[c,\ d]$가 연속이고 역함수가 존재한다면 그 역함수도 연속이다.

증명. $f(x_n)=y_n$이고 $f(a)=b$라고 하자. f^{-1}가 $y=b$에서 연속임을 보이기 위하여 $y_n\to b$라고 할 때 $x_n=f^{-1}(y_n)\to a$임을 보여야 한다. 그런데 $\{x_n\}$이 a에 수렴하지 않는다면 $a'\neq a$이고 $x_{n_k}\to a'$를 만족하는 $\{x_n\}$의 부분 수열 $\{x_{n_k}\}$가 존재한다. 그런데 $\{f(x_{n_k})\}$는 $\{y_n\}$의 부분 수열이고 $y_n\to b$이므로 $f(x_{n_k})\to b$이다. 한편 f가 연속이므로 $x_{n_k}\to a'$으로부터 $f(x_{n_k})\to f(a')$이다. 그러므로 $f(a')=b=f(a)$가 된다. 그러므로 $a'=a$가 되어 이것은 모순이다. ■

가법함수

함수 $f:\boldsymbol{R}\to\boldsymbol{R}$ $f(x)=ax$는 임의의 실수 x, y에 대하여

(1) $$f(x+y)=f(x)+f(y)$$

를 만족한다. 역으로 (1)을 만족하는 연속함수 $f:\boldsymbol{R}\to\boldsymbol{R}$는 적당한 상수 a가 존재하여 $f(x)=ax$의 형으로 주어진다. 먼저 자연수 n에 대하여

$$f(nx)=nf(x)$$

이 성립하므로 여기서 x대신에 $\frac{x}{n}$을 대입하면

$$f\left(\frac{x}{n}\right)=\frac{f(x)}{n}$$

이 성립한다. 한편 $f(0)=0$라는 사실로 부터

$$f(x)=-f(x)$$

이므로 임의이 두 정수 p와 $q(q>0)$에 대하여

$$f\left(\frac{px}{q}\right)=\frac{p}{q}f(x)$$

가 성립한다. 즉 임의의 유리수 r에 대하여

$$f(rx)=rf(x)$$

이다. 특히 $f(r)=rf(1)$이다. x를 임의의 실수라고 하면 $r_n\to x$를 만족하는 유리수의 수열 $\{r_n\}$이 존재한다. 그런데 f는 연속이므로

$$f(x)=\lim_{n\to\infty}f(r_n)=\lim_{n\to\infty}r_nf(1)=xf(1)$$

이 성립한다. 여기서 $f(1)=c$라고 두면 증명을 완성된다.

지수함수

$a \neq 1$이고 $a>0$일 때 $f(x)=a^x$는 연속이다. 더욱이 이 함수는 함수방정식

$$f(x+y)=f(x)f(y)$$

를 만족한다. 역으로 임의의 x와 y에 대하여 $f(x+y)=f(x)f(y)$를 만족하는 항등적으로 0이 아닌 연속함수는 $f(x)=a^x$의 형으로 나타난다.

이 사실을 보이기 위해 먼저 f는 항등적으로 0이 아니므로 $f(x_0)\neq 0$을 만족하는 x_0가 존재한다. 그런데

$$f(x)(x_0-x)=f(x_0)\neq 0$$

이므로 임의의 x에 대하여 $f(x)\neq 0$이 성립한다. 여기서

$$f(x)=\left[f\left(\frac{x}{2}\right)\right]^2$$

이므로 임의의 x에 대하여 $f(x)>0$가 성립한다. 여기서

$$\phi(x)=\log f(x)$$

라고 정의하면 ϕ는 연속함수이고 또 x와 y에 대하여

$$\phi(x+y)=\phi(x)+\phi(y)$$

가 성립한다. 즉 ϕ는 $\boldsymbol{R}$에서 정의된 연속가법함수이다. 그러므로 가법함수의 성질에 의하여

$$\phi(x)=kx$$

가 된다. 그러므로

$$f(x)=e^{kx}=a^x$$

이다.

로그함수

$a>0$이고 $a\neq 1$일 때 $f(x)=\log_a x$는 $f(x)=a^x$의 역함수이다. 여기서 $f(x)=\log_a x$는 함수방정식

(1) $$f(xy)=f(x)+f(y)$$

를 만족한다. 역으로 항등적으로 0이 아닌 연속함수 $f:(0,\ \infty)\rightarrow\boldsymbol{R}$가 방정식 (1)을 만족하

면 $f(x)=\log_a x$의 형태이다.

이것을 보여주기 위하여 임의의 $x>0$에 대하여

$$x=e^s$$

라고 두고 또

$$\phi(s)=f(e^s),\ 즉\ f(x)=\phi(\log x)$$

라고 두자. 이때 ϕ는 연속이고

$$\phi(s+t)=f(e^{s+t})=f(e^s e^t)=f(e^s)+f(e^t)=\phi(s)+\phi(t)$$

그러므로 ϕ는 $\boldsymbol{R}$에서 정의된 연속가법함수이므로 $\phi(s)=ks$로 주어지고 따라서 $ks=f(e^s)$이므로 $f(x)=k\log x$가 된다. 여기서 f는 항등적으로 0이 아닌 함수이므로 $k\neq 0$가 된다. 따라서 $a=e^{\frac{1}{k}}$라고 두면

$$f(x)=\log_a x$$

가 된다.

지수함수와 로그함수와의 관계

지수함수와 로그함수는 역함수의 관계가 있음을 알고 있다. 그런데 역사적 분석에서 로그함수가 먼저 나타났고 지수함수는 그 이후에 나타났다는 것을 보았다. 여기서 그 역사적 관계를 살펴보자. 먼저 미분의 정의에 의하여

$$\frac{1}{x}=\lim_{h\to 0}\frac{\log(x+h)-\log x}{h}$$

이다. 여기서 $h=\dfrac{1}{n}$이라고 두면 $n\to\infty$일 때

$$\log\left[\left(1+\frac{1}{nx}\right)^n\right]\to\frac{1}{x}$$

가 성립한다. 따라서 $\dfrac{1}{x}$를 다시 t라고 두면

$$\lim_{n\to\infty}\log\left[\left(1+\frac{t}{n}\right)^n\right]=t$$

이므로

$$\lim_{n\to\infty}\left(1+\frac{t}{n}\right)^n=e^t$$

가 성립한다.

함수 $f(x)=x^a$이고 a는 임의의 주어진 실수라고 하자. 이때 양의 실수에서 정의된 함수 $f(x)=x^a$는 연속이고 함수방정식 $f(xy)=f(x)f(y)$를 만족한다. 역으로 양의 실수에서 정의된 연속함수 f가 함수방정식 $f(xy)=f(x)f(y)$를 만족하면 f는 $f(x)=x^a$의 형태이다.

이 사실을 보여주기 위하여 $x=e^t$라고 두고 $g(t)=f(e^t)$, 즉 $f(x)=g(\log x)$라고 두면

$$g(s+t)=f(e^{s+t})=f(e^s)f(e^t)=g(s)g(t)$$

그러므로 g는 지수함수이다. $g(t)=a^t \ \ (a>0)$, 즉

$$f(x)=a^{\log x}=x^a$$

이다.

삼각함수와 쌍곡선함수

양의 a에 대하여 함수 $f(x)=\cos ax$는 가법정리

$$\cos(y\pm x)=\cos x\cos y\mp\sin x\sin y$$

에 의하여 임의의 실수x와 y에 대하여 함수방정식

(1) $$f(y+x)+f(y-x)=2f(x)f(y)$$

를 만족한다. 그러나 위의 여러 함수들과 달리 $\boldsymbol{R}$에서 정의된 항등적으로 0이 아닌 연속함수가 이 함수방정식을 만족한다면 $f(x)=\cos ax$이거나 $f(x)=\cosh ax$의 형태이다.

이 사실을 보여주기 위하여 $x=0$라고 두고 $f(y)\neq 0$를 만족하는 y를 선택하면

(2) $$f(0)=1$$

를 얻는다. 그러므로 식 (1)에 $y=0$를 대입하면

(3) $$f(x)=f(-x)$$

즉 f는 짝함수이다. 그런데 (2)에 의하여 $f(0)=1>0$이고 또 f가 연속이므로 임의의 $x\in[0,\ t]$에 대하여 $f(x)>0$가 되는 양수 t가 존재한다. 여기서 두 가지로 나누어 생각하자.

i) $f(t)\leq 1$

ii) $f(t)>1$

먼저 ⅰ)의 경우부터 생각해보자. $0 < f(t) \leq 1$이므로

(4) $$f(t) = \cos\theta$$

를 만족하는 $\theta \in \left[0, \frac{\pi}{2}\right]$가 존재한다. 여기서 식 (1)에 $x = t,\ y = t;\ x = t,\ y = 2t;$ $x = t,\ y = 3t$ 등을 계속 대입하면 (2)와 (4)에 의하여

$$\begin{aligned} f(2t) &= 2\cos^2\theta - 1 = \cos 2\theta \\ f(3t) &= 2\cos\theta\cos 2\theta - \cos\theta = \cos 3\theta \\ f(4t) &= 2\cos\theta\cos 3\theta - \cos 3\theta = \cos 4\theta \\ &\cdots \end{aligned}$$

을 얻는다. 따라서 귀납법에 의하여

(5) $$f(mt) = \cos m\theta$$

를 얻는다. 한편 (1)에서 $x = y = \frac{t}{2}$를 대입하면 (2)와 (3)에 의하여

(6) $$\left[f\left(\frac{t}{2}\right)\right]^2 = \frac{f(0) + f(c)}{2} = 1 + \frac{\cos\theta}{2} = \left(\cos\frac{\theta}{2}\right)^2$$

를 얻는다. 여기서 $f(x)$는 0과 t사이에서 양수의 값을 취하고 $\cos\theta$의 값도 0과 θ사이에서 양의 값을 취하므로

(7) $$f\left(\frac{t}{2}\right) = \cos\frac{\theta}{2}$$

가 된다. 같은 방법으로 $x = y = \frac{t}{2^2}$을 식 (1)에 대입하면

$$f\left(\frac{t}{2^2}\right) = \cos\frac{\theta}{2^2}$$

이것을 귀납적으로 계속하면 각 $n = 1,\ 2,\ 3,\ \cdots$에 대하여

(8) $$f\left(\frac{t}{2^n}\right) = \cos\frac{\theta}{2^n}$$

을 얻는다. 여기서 다시 (4)와 (5)에서 했던 것을 다시 시행하면

(9) $$f\left(\frac{mt}{2^n}\right) = \cos\frac{m\theta}{2^n}$$

얻는다. 즉 x가 $\frac{m}{2^n}$의 경우에는

(10) $$f(tx) = \cos\theta x$$

가 된다. 그런데 임의의 양수는 이진법으로 나타낼 수 있고 f가 연속이므로 (10)은 임의의 양수 x에 대하여 성립한다. 또 $x \le 0$에서도 (10)이 성립함을 보일 수 있다. 그러므로 식 (10)에 x대신 $\frac{x}{t}$를 대입하면 $f(x) = \cos\frac{\theta}{t}x$가 된다. 여기서 $\frac{\theta}{t} = a$두면 요구하는 결과를 얻는다.

ii)의 경우도 같은 방법으로 하면 $f(x) = \cosh ax$를 얻는다.

오차함수

함수 $f(x) = e^{-x^2}$은 통계 단원에서 정규분포와 관련된 중요한 역할을 한다. 이 함수의 성질은 다음과 같다.

i) 이 함수는 y축에 대하여 대칭이다.

ii) $\lim_{x \to \pm\infty} f(x) = 0$

대수학의 기본정리

정리. (대수학의 기본정리) 복소계수를 가지는 다항함수

$$f(z) = z^n + a_{n-1}z^{n-1} + \cdots + a_1 z + a_0$$

에 대하여 $f(p) = 0$를 만족하는 $p \in \boldsymbol{C}$가 존재한다.

증명. 이 정리를 증명하는데 약간의 준비를 한다. 먼저 γ를 $\boldsymbol{C}$상의 폐곡선으로서 원점을 지나지 않는다고 할 때 γ가 원점을 주위로 회전한 수를 $I_\gamma(0)$라고 두고 이것을 0에 대한 γ의 지수라고 하자. 한편 Γ를 $f \circ \gamma$라고 하면 Γ도 폐곡선이 된다. 특히 임의의 복소수 z에 대하여 $f(z) \ne 0$이라면 Γ는 원점을 지나지 않는 폐곡선이 된다.

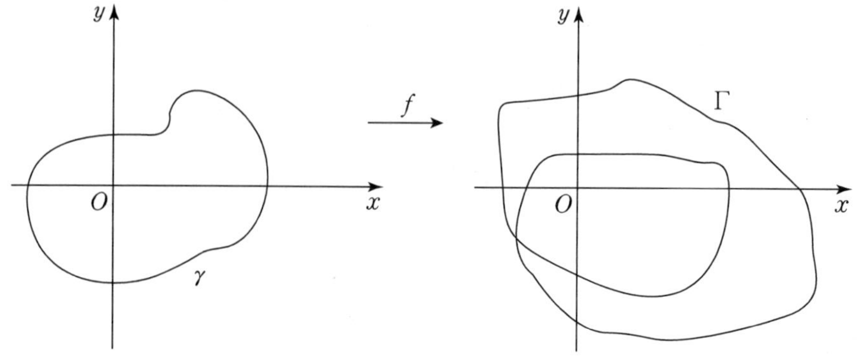

여기서 C_t를 중심이 원점이고 반지름이 t $(t \geq 0)$인 원[94]이라고 하고 $\Gamma_t = f \circ C_t$라고 두자. 이때 $f(0) \neq 0$이므로 $I_{\Gamma_0} = 0$이다. 여기서 f는 z의 연속함수이므로 I_{Γ_t}도 t의 연속함수이다. 여기서 t의 큰 값에 대하여 $I_{\Gamma_t} = n$임을 보이면 충분하다. 그 이유는 I_{Γ_t}가 연속이라는 사실에 모순되기 때문이다.

t의 큰 값에 대하여 $I_{\Gamma_t} = n$임을 보이기 위하여

$$t \geq \max(1, |a_{n-1}| + \cdots + |a_1| + |a_0|)$$

라고 두면 $|z| = t$를 만족하는 원 C_t에서

$$
\begin{aligned}
(1) \qquad |f(z) - z^n| &= |a_{n-1}z^n + \cdots + a_1 z + a_0| \\
&\leq |a_{n-1}||z^n| + \cdots + |a_1||z| + |a_0| \\
&= t^{n-1}[|a_{n-1}| + \cdots + \cdots \frac{|a_0|}{t^{n-1}}] \\
&\leq t^{n-1}[|a_{n-1}| + \cdots + \cdots |a_0|] \\
&< t^n \\
&= |z|^n
\end{aligned}
$$

이 성립한다. 그림에서 가는 곡선은 $g(z) = z^n$에 의한 C_t의 상이고 굵은 곡선은 $f(z)$에 의한 C_t의 상 Γ_t를 나타낸다. 그런데 (1)에 의하여 부등식 (1)에 의하여 폐곡선 Γ_t는 다음 그림과 같이 원점을 지나지 않는다.

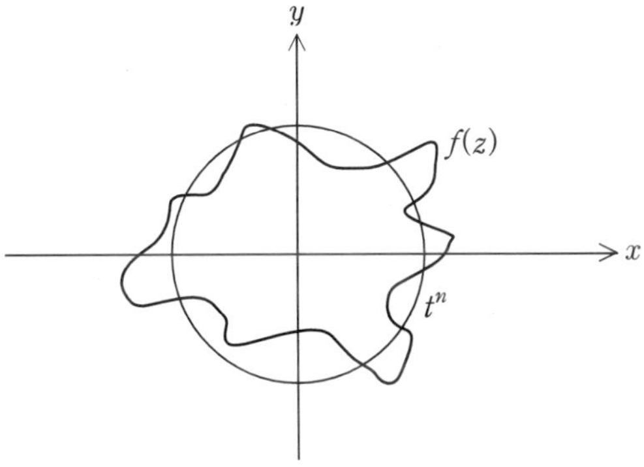

그런데 $g \circ C_t$는 원점을 중심으로 n회전하기 때문에 $f \circ C_t$도 마찬가지로 n회전한다. 그러므로 $I_{\Gamma_t} = n$이다. ■

94) 원점을 중심으로 1회전한 것을 의미한다.

이산동력계와 연속함수

정의. 함수 $y=f(x)$에 대하여 $f(p)=p$를 만족하는 p를 f의 부동점이라고 한다.

정리. 주어진 점화식

$$x_{n+1}=f(x_n),\ x_1=a$$

이 극한 p를 가진다고 하고 f가 연속이라고 하면 p는 f의 부동점이다.

증명. f가 연속이므로

$$p=\lim_{n\to\infty}x_{n+1}=\lim_{n\to\infty}f(x_n)=f(p)$$

를 만족한다. 그러므로 p는 f의 부동점이다. ■

주의. 이 정리의 역은 성립하지 않는다.

11.1.3 현상학적 분석

일상 세계에서 일어나는 연속함수의 현상 중에서 가장 흔한 사례는 연속적으로 움직이는 물체에 대한 것이다. 이런 현상은 수학적으로 연속 미분가능함수, 즉 도함수가 연속인 함수에 의하여 표상된다.

사실 어떤 현상을 연속함수에 의하여 지탱된다는 것을 가정할 경우 그런 현상은 이해할 수 있는 방안은 현실적으로 어렵다. 다만 형태적으로 나타나는 몇 가지 현상들이 있다.

i) 포물선 운동. 자유낙하 운동과 같이 주로 거시 현상계에서 많이 나타난다.
ii) 주기운동. 탄성체와 같은 물체의 운동에서 많이 나타난다.
iii) 지수적 증가 또는 감소 현상.
iv) 고밀도의 이산체의 운동.

11.2 심리적 분석

11.2.1 인지적 분석

함수 개념의 이해

함수의 극한 개념은 보다 복잡한 양상을 가지고 있다. 다음은 함수의 극한을 이해하는 양상들이다.

대상	해석	제기되는 질문
$x \to a$	i) x가 점점 a에 접근하다가 나중에 a가 된다. ii) x가 점점 a에 접근하게 되지만 a는 되지 않는다.	질문 1. i)과 ii)는 동일한 표현인가? 질문 2. i)과 ii)는 원래의 정의와 일치하는가?
$x \to a+$	i) x가 a의 우측에 있으면서 점점 a에 접근하다가 나중에 a가 된다. ii) x가 a의 우측에서 있으면서 점점 a에 접근하게 되지만 a는 되지 않는다.	질문 1. i)과 ii)는 동일한 표현인가? 질문 2. i)과 ii)는 원래의 정의와 일치하는가?
$a+$	$a+$는 a보다 약간 큰 수이다.	질문 1. $a+$는 수인가? 그렇다면 a와 비교하면 그 결과는 어떠한가?
$f(x) \to p$	i) $f(x)$는 p에 점점 가까워지지만 p가 될 수는 없다. ii) $f(x)$는 p에 점점 가까워지다가 나중에 p가 된다.	질문 1. i), ii)는 어떤 차이를 가지고 있는가? 질문 2. 학생들의 표현과 실제 제시된 정의와는 어떤 차이가 있는가? 질문 3. 극한은 과정인가 결과인가?

연속함수의 정신모델

연속함수의 정신모델은 매우 빈약한데 그 이유는 연속함수가 직관적이지 않기 때문이다. 대부분의 사람들은 연속함수의 정신모델로 연속미분가능한 함수를 가지고 있거나 첨점을 가진 함수를 생각한다.

연속함수의 다른 정신모델로서 그래프가 이어졌다는 것을 생각한다. 그러나 이 정신모델도 그래프의 복잡성을 설명할 경우에는 빈약하다. 다음과 같은 예를 보자. 모든 유리수의 집합을 $\{r_n\}$라고 표시하고 이때 함수 $f : \boldsymbol{R} \to \boldsymbol{R}$를

$$f(x)=\sum_{r_j<x}\frac{1}{2^j}$$

로서 정의하자. 여기서 함수 f는 분명히 증가함수이지만 이 함수의 그래프를 상상한다는 것은 쉽지 않다.

11.2.2 오개념 분석

극한값

i) 좌방극한과 우방극한을 다룰 때, 기호 $x\to a+$ 또는 $x\to a-$에서 $a+$와 $a-$를 각각 a의 우측 또는 좌측에 있는 수로 인식하는 경우가 있다.

ii) $\lim_{x\to a}f(x)$의 값은 $f(a)$와 같다.

iii) 불연속함수는 극한값을 가지지 않는다.

수로서의 무한대

$x\to a$일 때 $f(x)\to\infty$일 때 ∞를 극한으로 생각한다. 여기서 ∞는 정의에 의하면 수도 아니고 따라서 극한이 아니기 때문에 수학적으로는 오개념이 분명하지만 그럼에도 불구하고 ∞를 수로 간주했을 때 장점이 있다. 특히 함수의 개형을 알기 위하여 무한대에서의 극한 정보가 필요하다.

함수의 연속성

함수의 그래프가 연결되어 있으면 함수가 연속이라고 생각한다. 사실 그래프의 연결을 연속의 정의로 채택한 적이 있다.

예. 실수 $\boldsymbol{R}$에서 정의된 함수

$$f(x)=\begin{cases}\sin\dfrac{1}{x}, & x\neq 0\\ 0, & x=0\end{cases}$$

의 그래프는 연결되어 있다. 그러나 이 함수는 $x=0$에서 연속이 아니다.

11.3 교육적 분석

11.3.1 교육과정 분석

교육목표 분석

함수는 정의역에 의하여 이산형변수에 정의된 함수와 연속형변수에 정의된 함수로 구분된다. 여기서 연속함수는 연속형변수에 정의된 함수로서 구조가 가장 단순한 함수이다. 그 결과 연속함수는 더 깊이 분석하기 어려운 점이 있다.

함수를 변환으로 간주할 때는 항상 보존성에 주목해야 하는데 연속함수의 보존성은 함수와 관련된 중요한 문제에 대한 단서를 제공한다. 예를 들면 연속함수의 최대 최소의 존재성, 연결성 등은 응용 가치가 높은 주제들이다.

이산 변수를 가진 함수들은 일관된 성질이 없기 때문에 일관된 방법론이 없으나 연속형변수를 가진 함수의 경우 주어진 점 근방의 변수 값을 이용하여 근사적으로 처리할 수 있다. 그러므로 연속형변수를 가진 함수를 다룰 때는 실수에 대한 유리수 근사를 여기서도 적용할 수 없는가에 대하여 고심한다. 연속 변량을 다루는 일반적인 원리는 이미 실수와 유리수의 관계에서 언급되었지만 근사원리가 중요한 역할을 한다.

연속함수는 직관적으로 접근할 수 없는 개념이지만 그럼에도 불구하고 함수의 극한과 연속성은 수열의 극한을 다룰 때와 마찬가지로 직관적인 방법으로 접근한다. 이 점은 연속함수의 초보적인 성질을 다루는데 만족한다는 점을 의미한다.

한편 이산형변수를 다룰 경우에는 어떤 것이 존재한다고 했을 경우에는 대개 그 존재성을 직접 보일 것을 요구한다. 대개 이런 경우에는 귀류법의 사용도 불허하는 경우가 많다. 그러나 연속형변수를 다룰 때는 '존재성의 문제'와 '어떻게 존재하는가의 문제'는 분리되어 있다. 역사적으로 보면 '존재성 문제'가 '어떻게 존재하는가라는 문제' 보다 오히려 뒤에 논의된 적도 많다. 이런 분리된 태도에 의하여 존재성은 간접적으로 밝혀도 무방하다.

학습 내용 개요

연속함수 단원에서 다룰 내용은 대략적으로 다음 표와 같다.

주제	내용	주안점
함수의 극한	함수의 극한값 구하기 $\pm\infty$ 에서의 극한값	수열과 관련지어 지도 기계론적 방법에 의한 계산 무한으로의 발산 지도 유의
함수의 연속	불연속의 분류 연속함수의 보존성	연속함수의 국소적 성질 그래프를 통한 인식과 구별
연속함수의 성질	연속함수의 집합의 대수적 성질	

이 단원에서 반드시 알고 있어야 할 명제는 다음과 같다.

i) 극한의 대수적 성질.
ii) 연속함수의 극한 보존성 정리.
iii) 연속함수의 최대최소 존재성 정리
iv) 연속함수의 중간값정리.

지식의 연결성

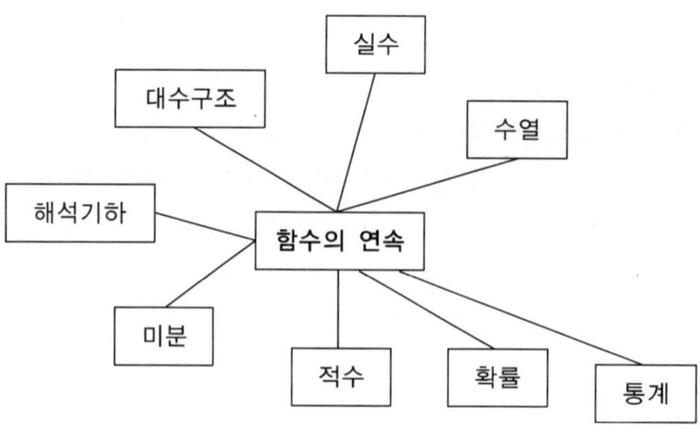

11.3.2 학습 주제 및 내용 분석

함수의 연속 개념

대부분의 교과서는 함수 $f(x)$가 다음 세 조건을 만족할 때 함수 $f(x)$를 $x=a$에서 연속이라고 한다.

i) f는 $x=a$에서 정의되어 있다.

ii) 극한값 $\lim_{x\to a} f(x)$가 존재한다.

iii) $\lim_{x\to a} f(x)=f(a)$가 성립한다.

한편 함수 $f(x)$가 $x=a$에서 연속이 아닐 때, $f(x)$를 $x=a$에서 불연속이라고 한다. 이 정의에 의하면 위의 세 조건 중 어느 하나만 성립하지 않아도 $f(x)$는 $x=a$에서 연속이 아니다. 특히 i)과 같이 함수가 $x=a$에서 정의되어 있지 않을 경우 f를 $x=a$에서 불연속이라고 하는 경우가 많이 있다. 예를 들면 $f(x)=\frac{1}{x}$는 $x=0$에서 불연속이다. 그런데 이와 같이 정의할 경우 $\frac{1}{@@}$이나 $\frac{1}{apple}$도 정의되지 않기 때문에 함수 $f(x)=\frac{1}{x}$는 $x=@@$ 또는 $x=apple$에서 불연속이라는 말을 할 수 있다. 따라서 이런 식으로 문제를 제기하면 불연속점을 찾는 것은 무의미한 논쟁이 되기 때문에 정의역을 먼저 제시한 후 연속성을 묻는 것이 타당하다. 즉 함수의 연속성 정의는 "$x=a$의 근방에서 정의된 함수 f가 $x=a$에서 연속이라는 것은 $\lim_{x\to a} f(x)=f(a)$를 의미한다."와 같이 수정하는 것이 바람직하다.

함수의 정의역이 명시되지 않았는데 문제가 될 경우 교사가 적절하게 상황을 파악하여 지정하면 된다. 그러므로 함수의 연속성을 지도할 경우에는 함수가 어떤 맥락에서 주어져 있는가를 파악해야 한다.

한편 함수의 연속확장문제(continuous extension problem)를 생각할 수 있다. 연속확장 문제란 "함수 f가 $x=a$에서만 정의되어 있지 않을 때 이 함수를 $x=a$에서 연속되게 확장할 수 있는가?"라는 문제이다. 만약 주어진 함수가 $x=a$에 제2종불연속이면 연속확장은 어떤 경우에도 불가능하나 제1종불연속이면 가능성이 있다.

연속함수의 성질

연속함수는 다양한 성질을 보존한다. 그중에서 가장 중요한 성질들은 학교수학에서 다루는데 다음과 같다.

i) 연결성의 보존. 연속함수는 연결 집합을 보존하는데 이것은 중간값정리라고 한다.

ii) 긴밀집합의 보존. 연속함수는 긴밀집합을 보존하는데 이것은 최대 최소의 존재 정리로 주어진다.

iii) 수열의 수렴성의 보존. 이미 수열을 배웠기 때문에 학교수학에서 연속성의 문제를 다룰 때는 수열을 도구로 사용하는 것이 편리하다.

이런 성질들을 증명한다는 것은 학교수학의 수준을 넘기 때문에 직관적으로 접근할 수밖에 없다. 특히 가정이 이런 성질에 필수적임을 강조하는 것이 바람직하다.

기본적인 함수의 극한

정리. 극한에 대하여 다음 성질이 성립한다.

i) $\lim_{x\to 0}\frac{\sin x}{x}=1$

ii) $\lim_{t\to 0}(1+t)^{\frac{1}{t}}=e,\ \lim_{t\to\infty}(1+t)^{\frac{1}{t}}=1$

iii) $\lim_{x\to 0}\frac{a^x-1}{x}=\log a$

증명. 등식 i)은 다음 삼각형의 넓이 관계식

부채꼴 OAB의 면적 < 삼각형 OAD의 면적 < 부채꼴 OCD의 면적

으로부터 즉각적으로 도출된다.

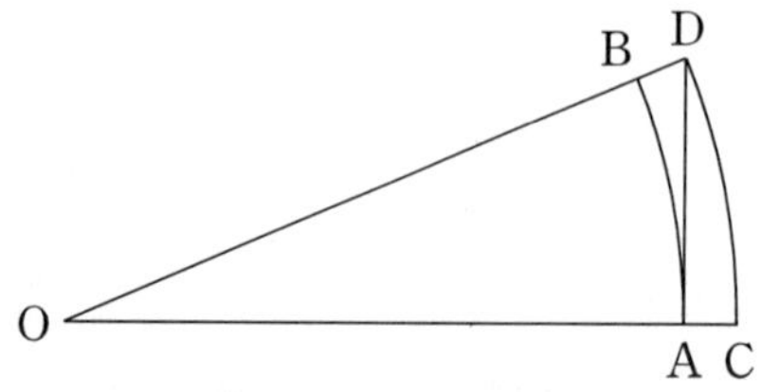

즉

$$\frac{x\cos^2 x}{2}<\frac{\sin x}{2}<\frac{x}{2}$$

이고 이것을 모두 x로 나누고 정돈하면

$$\cos^2 x<\frac{\sin x}{x}<1$$

을 얻는데 여기서 $x\to 0$를 취하면

$$\frac{\sin x}{x}\to 1$$

를 얻는다.

등식 ii)는 $\lim_{n\to\infty}\left(1+\frac{1}{n}\right)^n = e$과 동치이다. 한편 $\lim_{t\to\infty}(1+t)^{\frac{1}{t}} = a$를 계산하기 위하여 식$(1+t)^{\frac{1}{t}}$에 로그를 취하여 계산하면

$$\log a = \lim_{t\to\infty}\log(1+t)^{\frac{1}{t}} = \lim_{t\to\infty}\frac{\log(1+t)}{t} = 0$$

이므로 $a=1$이다.

등식 iii)을 위해서 먼저 $a^x - 1 = t$라고 두면 주어진 문제는 $\lim_{t\to 0}(1+t)^{\frac{1}{t}} = e$로부터

$$\lim_{t\to 0}\frac{1}{\log_a(1+t)^{\frac{1}{t}}} = \log a$$

가 된다. ■

11.4 교수학습 지도

11.4.1 학습 내용 지도

부정형의 극한

수열과 함수의 극한을 다룰 때 여러 가지 부정형이 있지만 모든 부정형은 기본적으로 $\frac{0}{0}$의 모습으로 환원된다. 그러므로 부정형의 극한값을 다룰 때는 $\frac{0}{0}$의 형으로 변형하는 기법을 익히는 훈련을 집중할 필요가 있다. 이것은 다양한 경험이 필요한 부분이므로 가능하면 다양한 사례를 제공하는 것이 바람직하다.

기본적인 함수의 연속성 지도

함수의 연속성은 그래프를 통하여 직관적으로 이해하도록 하면 충분하다. 약간 더 분석적인 접근을 하기 위해서는 다음과 같이 진행한다.

i) 다항함수의 연속성. 다항함수의 연속성은 $f(x) = x$가 연속이라는 사실과 연속함수의 대수적 성질을 이용한다.

ii) 유리함수의 연속성. 분모를 0이 아닌 경우에 연속인데 이것도 다항함수의 연속성과 같은 방법으로 처리한다.

iii) $f(x)=\sqrt{x}$의 경우. $a>0$일 때 $\lim_{x\to a}\sqrt{x}=\sqrt{a}$라는 사실은

$$|\sqrt{x}-\sqrt{a}|=\frac{|x-a|}{\sqrt{x}+\sqrt{a}}\le\frac{|x-a|}{\sqrt{a}}$$

으로부터 나온다.

iv) $a>0$이고 $a\ne1$일 때 $f(x)=a^x$의 경우. $\lim_{x\to p}a^x=a^p$을 보이기 위하여 $t=x-p$라고 두면

$$\lim_{x\to p}a^x=\lim_{t\to0}a^{x+p}=a^p$$

를 얻는다.

v) $f(x)=\log x$의 경우. $a>0$이고 $a\ne1$일 때 $\lim_{x\to a}\log x=\log a$임을 보이기 위하여 $x-a=t$라고 두면

$$\begin{aligned}\lim_{x\to a}\log x&=\lim_{t\to0}\log(t+a)\\&=\log a+\lim_{t\to0}\log\left(1+\frac{t}{a}\right)^{\frac{1}{t}}\times\lim_{t\to0}t\\&=\log a\end{aligned}$$

을 얻는다.

vi) $f(x)=\sin x$의 경우. $\lim_{x\to a}\sin x=\sin a$을 알아보기 위하여 $t=x-a$라고 두고 $\lim_{t\to0}\sin(t+a)=\sin a$라는 사실을 밝히면 충분하다. 그런데 이것은

$$\lim_{t\to0}\sin(t+a)=\lim_{t\to0}(\sin t\cos a+\cos t\sin a)=\sin a$$

에 의하여 밝혀진다.

vii) 보다 복잡한 경우는 위의 사실과 합성함수의 연속성을 복합적으로 적용한다.

연속함수의 지도

1. 중간값정리의 지도 $f:[a,\ b]\to\boldsymbol{R}$가 연속함수라고 하자. 중간값정리의 지도는 다음 순서에 의한 순서가 바람직하다.

i) 정리의 소개. 그래프를 이용하여 지도하는 것이 바람직하다.

ii) 가정의 필연성 지도. 즉 함수가 연속이 아닐 경우 중간값의 정리가 성립하지 않음을 사례를 통하여 지도한다.

iii) 관련 문제로의 응용. 예를 들면 근의 존재 정리 등이 유효하다.

2. 최대, 최소의 존재 정리의 지도 $f:[a,\ b]\to \boldsymbol{R}$가 연속함수라고 하자. 최대, 최소 존재 정리의 지도는 다음 순서에 의한 순서가 바람직하다.

i) 정리의 소개. 그래프를 이용하여 지도하는 것이 바람직하다.

ii) 가정의 필연성 지도. 즉 함수가 연속이 아닐 경우 중간값의 정리가 성립하지 않음을 사례를 통하여 지도한다. 예를 들면 연속이 아닐 경우, 폐구간이라고 하더라도 유계가 아닌 경우, 폐구간이 아닌 경우 등 가정의 다양한 경우를 제시한다.

iii) 관련 문제로의 응용. 예를 들면 근의 존재 정리 등이 유효하다. 이 정리는 존재 정리이기 때문에 실제 최소, 최댓값을 구하는 방법이 아님을 지도한다.

11.4.2 평가

1. 함수의 극한

i) 여러 가지 $\alpha > 0$에 대하여 $\lim_{x\to 0}\dfrac{x^{\alpha}\sin(1/x)}{\sin x}$을 계산하시오.

ii) $\lim_{x\to 0}\dfrac{1}{1-e^{1/x}}$의 값을 구하시오.

iii) $\lim_{x\to 0+} x^{x}$의 값을 구하시오.

2. 함수의 연속

i) 연속함수 $f:[0,\ 1]\to \boldsymbol{R}$가 $f(0)=f(1)$을 만족하면 $f(a)=f\left(a+\dfrac{1}{2}\right)$를 만족하는 점 $c\in\left[0,\ \dfrac{1}{2}\right]$가 존재함을 밝혀라.

ii) $[0,\ 1]$에서 정의된 연속함수가 유리수 값만 취한다. 이것은 가능할까?

11.4.3 연구 과제

교수 측면

1. 부정형의 극한을 효과적으로 지도하기 위한 절차를 설계하자.

2. 연속함수의 보존성에 대한 사례를 개발하자.

3. 이 단원에서 지도하기 어려운 내용을 제시하고 대안을 토의하자.

4. 무한소 방법에 의거한 극한 계산법을 고안하자.

5. SOLO 평가를 구체화하기 위한 질의 문항을 개발하자.

학습 측면

1. 함수의 연속성을 직관적으로 학습한 경우 나타날 수 있는 문제점은 무엇인가?

2. 학생들이 어려워하는 부분은 무엇인가?

12. 미분법

12.1 수학적 분석

12.1.1 역사적 분석

접선법

미분 개념의 역사는 멀리 고대 그리스 시대의 접선의 작도 문제로 거슬러 올라간다. 아르키메데스는 '아르키메데스의 나선' 위에 주어진 임의의 점을 지나는 접선을 찾는 법을 알았다. 헬레니즘 시대의 아폴로니우스가 지은 <원추곡선론>에 이미 원추곡선의 접선과 법선이 논의되고 있다. 아폴로니우스에 의하면 원추곡선에 대한 접선이란 곡선에 단 한 점만 접하는 직선이다.

접선의 작도 문제는 17세기에 들어서서 다시 환기되었다. 로베르발(G. de Roberval, 1602~1675)은 임의의 점에서 사이클로이드에 접선을 작도하는 방법을 발견했는데 그의 아이디어에 의하면 곡선이란 발사체의 궤적이며 궤적은 수평 속도와 수직 속도의 합성이다. 사실 이 아이디어는 이미 갈릴레오에 의하여 확립되었는데 이러한 발상은 접선의 작도 문제를 기하학의 문제에서 동역학의 문제로 관점을 전환할 수 있다(Kline, 1972). 이에 따르면 곡선 위의 한 점에서의 접선이란 수평 속도와 수직 속도의 합성으로 나타나는 사각형의 대각선 방향이 된다. 그러나 운동의 궤적이라고 볼 수 없는 곡선들이 계속 나타나면서 이들 곡선의 접선을 다룰 다른 방법이 필요하게 되었다.

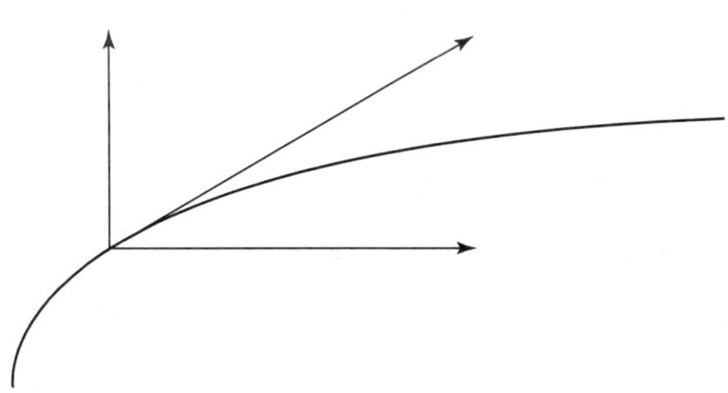

속도의 합성에 의한 접선 구하기

데카르트는 접선의 작도 문제를 해석기하학의 문제로 환원하였다. 그는 곡선 위의 한 점에서의 접선의 존재 조건을 주어진 곡선과 그 점을 지나는 직선의 연립방정식이 중근을 가질 조건으로 생각하였다. 예를 들면 학교수학에서 다루는 원추곡선의 접선의 문제는 원추곡선 방정식과 직선의 방정식의 연립방정식을 생각하고 중근을 가질 조건을 찾는 문제로 생각한다. 이 방법은 방정식을 풀기가 어려운 곡선인 경우 해결 방법이 어렵다.

접선의 작도 문제, 극값을 구하는 문제, 속도의 개념 등은 모두 미분법의 개념으로 통합되는데 이에 대한 최초의 접근은 페르마라고 할 수 있다. 페르마는 접선의 문제를 무한소 개념으로 접근하고 있는데 그의 방법은 다음과 같다. 먼저 곡선 $y=f(x)$ 위의 한 점 $P(a,\ b)$에서의 접선을 긋는다고 해보자. 페르마는 접선을 찾는 것은 P에서의 접선영을 찾는 것으로 간주하였다. 즉 P에서 그은 접선이 x축과 만나는 점 T의 위치를 찾는 것에 해당된다. 아래 그림에서 $\triangle TPA \approx \triangle PQR$으로부터 $\dfrac{\overline{PA}}{\overline{TA}}=\dfrac{\overline{QR}}{\overline{PR}}$이 된다. 그런데 여기서 점 Q를 P에서 무한소 길이 E 만큼 이동한 위치라고 하면 Q의 좌표는 $(a+E,\ f(a+E))$와 같다고 할 수 있다. 그러므로

$$\frac{f(a)}{\overline{TA}}=\frac{\overline{PA}}{\overline{TA}}=\frac{\overline{QR}}{\overline{PR}}=\frac{f(a+E)-f(a)}{E}$$

가 된다. 여기서 $\dfrac{f(a+E)-f(a)}{E}$의 값을 계산하고 E가 포함된 항을 무시하면 T의 좌표를 구할 수 있게 된다. 이 방법을 보면 미분법은 페르마에 의해서 최초로 발견되었다고 할 수도 있다.[95] 그러나 페르마는 이 방법을 대한 진술을 명확하게 하지 않았으며 기호도 현대적인 것이 아니라 비에트의 기법을 사용했다.

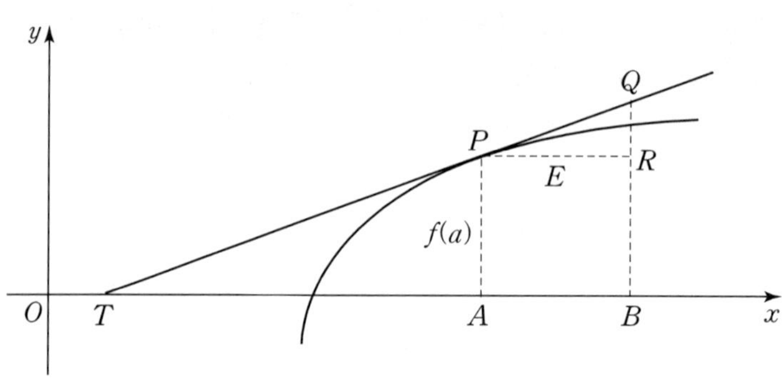

페르마의 방법은 본질적으로 현대적인 것과 유사하지만 기호 조작의 편리성을 극복하지 못하고 있다. 예를 들면 미분 개념은 선형성을 만족하지만 페르마의 방법은 기하학적으로

95) 라플라스(P. Laplace, 1749~1827)는 페르마를 미분법의 진정한 창안자로서 간주하고 있다(Boyer & Merzbach, 1989).

접근하고 있기 때문에 선형성이 드러나지 않는다. 그 결과 주어진 문제를 기계론적인 방법으로 해결할 수 없게 하였으며 이 점은 페르마의 미분법이 가진 결정적인 약점으로서 수학 기호의 중요성을 일깨우는 사례이다.

배로(I. Barrow, 1630~1677)의 방법은 거의 현대적이다. 배로도 역시 페르마가 주목한 한 접선영에 관심을 가졌지만 보다 개선된 방법을 제시하였다. 배로의 생각을 살펴보기 위하여 다음 그림을 보자.

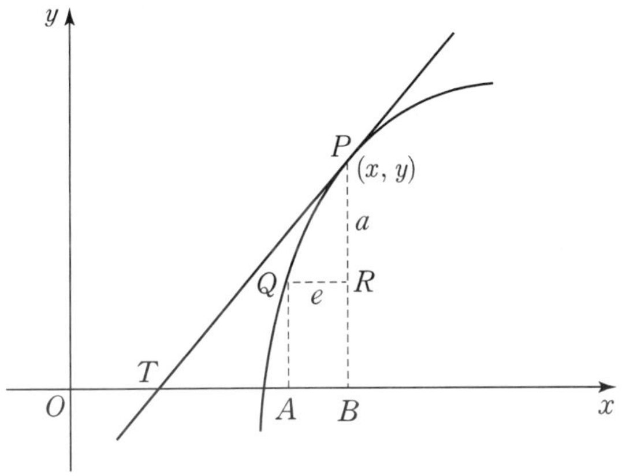

위의 그림에서 $\overline{QR}=e$, $\overline{RP}=a$라고 두자. 그는 $\overline{OT}$의 길이를 구하기 위하여 다음과 같이 추론하였다. 먼저 P를 접점 $(x,\ y)$라고 하고 Q를 P의 무한소 근접점이라 하면 Q의 좌표는 $(x-e,\ y-a)$가 된다. 여기서 $\triangle PQR \approx \triangle PTB$에 의하여

$$\overline{OT}=\overline{OB}-\overline{TB}=\overline{OB}-\overline{PB}\left(\frac{e}{a}\right)$$

가 된다. 여기서 $\overline{PB}$와 $\overline{OB}$는 알려진 값이기 때문에 비율 $\frac{e}{a}$만 얻으면 된다. 실제로 이 방법에 의하여 $x^2+y^2=1$의 접선을 작도하면

$$(x-e)^2+(y-a)^2=1$$

이므로 이것을 전개하여 정돈하면

$$-2ex+e^2-2ay+a^2=0$$

을 얻는다. 여기서 e와 a의 이차항을 제거하고 남은 것으로부터 $\frac{a}{e}=-\frac{x}{y}$를 얻는다. 배로의 방법은 미분법의 기하학적 의존을 많이 벗어나고 있다.

미분법의 창안

17세기 중엽 미분 개념은 어느 정도 완성되었지만 실제 계산을 위해서는 기호적으로 단순화되어야 했는데 여기에 기여한 수학자는 뉴턴과 라이프니츠이다. 먼저 뉴턴의 연구에 대하여 살펴보자. 뉴턴의 연구는 3단계로 설명된다. 첫 단계는 그의 스승 배로가 a와 e로 사용한 것을 qo와 po로 사용했는데 o는 매우 짧은 시간으로 간주하고 qo와 po를 각각 짧은 시간에서의 x와 y의 변화량으로 간주했다. 즉 미분 개념으로 dy와 dx의 개념이 접선의 기울기 개념과 분리되는 순간이다. 둘째 단계는 곡선을 운동하는 물체로 간주하고 곡선의 좌표를 $(x,\ y)$에서 x와 y를 유량(fluent)이라고 하고 그들의 순간 변화율을 유율(fluxion)이라고 하여 각각 $\dot{x}$와 $\dot{y}$로 표기하였다. 이 결과로 미분 개념은 순전히 대수적으로 접근할 수 있게 된다. 예를 들어 $y=x^n$을 미분하기 위하여

$$y+\dot{y}o=(x+\dot{x}o)^n$$

을 전개하면, 그가 발견한 이항정리의 공식[96]

$$(1+x)^r=1+\sum_{k=1}^{\infty}\frac{r(r-1)\cdots(r-k+1)}{1\cdots k}x^k$$

으로부터

$$y+\dot{y}o=x^n+nx^{n-1}\dot{x}o+n(n-1)x^{n-2}(\dot{x}o)^2+\cdots+$$

를 얻는다. 여기서 $y=x^n$을 이용하여 좌우 각 변을 정돈하고 이어 그 결과를 o로 나누면

$$\dot{y}=nx^{n-1}\dot{x}+n(n-1)x^{n-2}(\dot{x})^2o+\cdots$$

를 얻고 o가 있는 항을 모두 무시하면

$$\dot{y}=nx^{n-1}\dot{x}$$

을 얻는다. 이 계산에는 이항전개에 대한 공식이 필요한데 뉴턴은 분수 지수에 대한 이항전개 공식을 이미 알고 있었다. 미분에 대한 세 번째 연구에서는 무한히 작은 양이나 유량이라는 말 대신에 '최초와 마지막 비의 방법'이라는 개념을 도입하였다. 이 개념을 $y=x^n$에 적용할 때 x의 증분을 o라고 하면 y의 증분은 $(x+o)^n-x^n$이 된다. 그러므로 증분의 비는

$$1:nx^{n-1}+n(n-1)x^{n-2}o+\cdots$$

가 된다. 여기서 마지막 비는 o를 포함하는 항을 무시하여 바로

96) 발표 당시의 표기법은 위와 다르다.

$$1 : nx^{n-1}$$

을 얻는다. 마지막 방법은 유율법과 다름이 없지만 그럼에도 불구하고 뉴턴은 이 방법이 고대 그리스의 기하학과 조화를 이룬다고 보았다. 여기서 문제는 양 o를 0으로 하는 과정에서 극한의 개념이 나타나지만 이것을 명시적으로 진술하지 않았기 때문에 이후 논란의 소지를 낳게 되었다.

미분법의 또 다른 완성자인 라이프니츠의 방법은 근본적으로 배로가 사용했던 방법이지만 그는 자신의 아이디어를 파스칼로 부터 얻은 것이라고 하였다. 사실 기호 사용이 미분법의 사용에 크게 영향을 주었다는 것은 분명하다(Eves, 1983). 라이프니츠는 기호의 사용이 사고를 돕는다고 생각하였다. 라이프니츠는 자신의 표기법을 개선한 결과 지금의 dx, dy, $\int$과 같은 미적분 관련 기호를 창안하였다. 여기서 라이프니츠는 dx를 무한소라고 생각하였고 따라서 dy도 $dy = f(x+dx) - f(x)$인 무한소이다. 즉 라이프니츠에 의하면 $\frac{dy}{dx}$는 두 무한소의 비이다. 동시에 라이프니츠는 이 기호를 사용하여 중요한 공식들을 만들었다. 이 기호를 사용하여 라이프니츠는 함수의 미분계수를 구했다. 예를 들면 $f(x) = x^2$일 때

$$dy = f(x+dx) - f(x) = (x+dx)^2 - x^2 = 2xdx + (dx)^2$$

이고 따라서 $\frac{dy}{dx} = 2x + dx$가 되는데 여기서 dx를 무시한 결과를 미분계수로 간주하였다. 이어서 라이프니츠는 다양한 미분공식을 만들었는데 예를 들면 $d(x+y) = dx + dy$, $dx^n = nx^{n-1}dx$, $d\left(\frac{x}{y}\right) = \frac{ydx - xdy}{y^2}$, $d(uv) = udv + vdu$, $d(\sqrt[b]{x^a}) = \frac{a}{b}\sqrt[b]{x^{a-b}}\, dx$ 등이 그가 발견한 공식이다.

그러나 무한소에 의한 미분 개념은 이후에 버클리에 의하여 혹독한 비판을 받았는데 이에 대한 대안으로서 1817년 볼차노에 의하여 다음과 같은 지금의 미분 개념

$$f'(x) = \lim_{\Delta x \to 0} \frac{f(x+\Delta x) - f(x)}{\Delta x}$$

으로 정립되었다. 여기서 볼차노는 $f'(x)$가 미소 양의 비가 아니라 수의 비라는 것을 강조하였다.

한편 코시도 볼차노와 같은 정의를 내리면서 라이프니츠가 사용한 미분 개념과 통합하였다. 즉 dx는 임의의 유한 양이고 $dy = f'(x)dx$로 정의하였는데 이것으로부터 $f'(x)$는 dy와 dx의 비로 정의된다. 한편 평균값정리를 통하여 $\frac{\Delta y}{\Delta x}$와 $f'(x)$의 관계를 명확하게 하였다.[97)]

그러나 볼차노와 코시가 함수의 연속 개념과 미분가능성 개념을 엄밀하게 하려고 했지만

---

97) 코시에 의한 평균값정리의 증명은 $f'(x)$의 연속성을 가정하고 있다는 점이 현재 우리가 사용하는 가정과 다르다.

성공적인 결과는 얻지 못했다. 당대에는 연속함수는 미분가능이라고 간주하였는데 이것은 아직 함수 개념이 식으로 표시되는 것 이상을 넘지 못하고 있었다는 것을 반영한다. 함수의 연속성 개념과 미분가능성 개념의 구분은 리만에 의하여 이루어졌다. 리만은 함수

$$f(x) = \sum_{n=1}^{\infty} \frac{(nx)}{n^2}$$

가 모든 점에서 수렴하지만 $x = \frac{p}{2n}$(단, $(p,\ 2n) = 1$)에서 $\frac{\pi^2}{8n^2}$만큼 점프를 하고 이외의 모든 점에서 연속인 함수라는 것을 보였다. 또 f의 원시함수 F는 f가 불연속인 점을 제외하고는 모두 연속이라는 것을 보였다. 한편 바이어슈트라스는 1874년에 다음과 같은 함수를 제시하였다.

$$f(x) = \sum_{n=0}^{\infty} b^n \cos(a^n \pi x)$$

여기서 a는 홀수이고 b는 1보다 작은 양수로서 $ab > 1 + \frac{3\pi}{2}$를 만족한다. 바이어슈트라스는 f가 모든 점에서 연속함수이지만 모든 점에서 미분불가능임을 보였다.

미분 개념은 르베그에 의하여 연구된 측도론과 관련되어 더 일반화되고 현대화되었다. 예를 들면 하디(G. Hardy, 1877~1947), 리틀우드(J. Littlewood, 1885~1977), 겔판트(I. Gelfand, 1913~2009)에 의하여 연구된 극대작용소(maximal operator) 이론, 그리고 슈바르츠의 초함수(distribution) 이론 등은 20세기에 등장한 미분 이론이다. 미분 개념이 이렇게 발전되고 있는 이유는 미분이 함수 개념에 의존하고 있고 함수 개념은 수학의 발전과 필요에 의하여 계속 변화되고 있기 때문이다.

해석학의 발전

미적분을 기반으로 하는 수학의 여러 영역이 나타났는데 이것을 해석학이라고 한다. 미적분법의 창시 이래 곧이어 나타난 분야가 미분방정식 이론이다. 미분방정식의 연구는 주로 기하학과 물리학의 문제를 해결하기 위한 수학적 도구로 나타났다. 상미분방정식에 대하여 최초로 관심을 가지고 시작한 수학자는 라이프니츠였는데 그는 변수분리형 미분방정식에 대하여 연구하였다. 뉴턴도 특수한 미분방정식을 해결하였다. 이어 베르누이는 테일러 급수에 대하여 기술했다. 편미분방정식의 연구도 물리학의 문제를 해결하기 위한 도구로 출발했는데 최초의 연구 대상은 현의 진동에 대한 문제였다. 이 분야의 개척자로서 오일러, 달랑베르, 베르누이를 들 수 있다. 한편 푸리에는 열전도에 대한 문제를 고찰하였다. 이들은 주로 급수를 이용하여 미분방정식 문제를 고찰하였다. 그 결과 17~18세기는 급수가 대중적이었다. 그럼에도 불구하고 급수의 수렴성에 대하여 숙고하지 않았는데 이로 인하여 많은 문제

점이 노출되었다.

18세기의 해석학의 연구 중에서 획기적인 주제는 변분학이다. 오일러는 최초로 변분학을 창시했으며 이어 라그랑주는 변분학의 기본 방정식을 정립하였다. 이 문제는 이어 야코비(C. Jacobi, 1804~1851)와 바이어슈트라스애 의하여 발전되었다.

19세기는 복소수의 이해와 더불어 복소수에서 정의된 함수의 미적분에 관한 연구가 나타났다. 이 부분에 대한 본격적인 연구는 코시로부터 시작한다. 이어 리만, 바이어슈트라스에 의하여 기초가 완성된다. 코시는 해석함수를 방정식의 관점에서 출발하여 미분법을 확장하는 방법으로 나아갔고 바이어슈트라스는 해석함수를 멱급수 전개가능 함수로 출발하였으나 이 두 접근은 실질적으로 동등하다. 리만은 다중값을 가지는 해석함수를 다루기 위하여 리만면 개념을 도입했는데 이것은 나중에 다양체로 확립되어 20세기에 가장 활발한 주제가 되었다.

12.1.2 본체적 분석

함수의 미분계수

정의. $x=a$의 근방에서 정의된 실수값을 취하는 함수 $y=f(x)$가 정의되어 있다고 하자. $x=a$에서의 f의 미분계수를 다음과 같이 정의한다.

i) 정의 A. $y=f(x)$가 $x=a$에서 미분가능이라는 것은 다음 극한이 존재한다는 것을 의미한다.

$$\lim_{h\to 0}\frac{f(a+h)-f(a)}{h}$$

ii) 정의 B. $y=f(x)$가 $x=a$에서 미분가능이라는 것은 다음 식을 만족하는 상수 A가 존재한다는 것을 의미한다.

$$f(a+h)=f(a)+Ah+\epsilon(h),\ \text{단}\ \lim_{h\to 0}\frac{\epsilon(h)}{|h|}=0\text{이다.}$$

정의 A와 정의 B는 논리적으로는 동등한 하지만 각각의 수학적 의미는 약간 다르다. 정의 A는 접선의 기울기라는 기하학적 의미를 반영하지만 이에 대하여 정의 B는 함수의 주어진 함수의 국소적 선형근사라는 대수적 의미가 강한다. 그 결과 예를 들어 f를 $\boldsymbol{R}^2$에서 정의된 실수값을 가지는 함수일 경우, 정의 A는 편미분계수를 일반화한 방향도함수(directional derivative)

$$D_e f(a) = \lim_{h \to 0} \frac{f(a+he) - f(a)}{h}$$

의 개념으로 즉각 확장된다. 이에 대하여 정의 B는 선형근사 개념으로 나타난다. 즉

$$f(a+h) = f(a) + Ah + \epsilon(h), \text{ 단 } \lim_{h \to 0} \frac{\epsilon(h)}{|h|} = 0$$

이고 A는 $\boldsymbol{R}^2$에서 $\boldsymbol{R}$로의 선형사상이다.

예 1. $\boldsymbol{R}$에서 정의된 함수 f는 x가 유리수이면 $f(x) = x^2$이고 x가 무리수일 경우에는 $f(x) = 0$로 정의하면 f는 $x = 0$에서만 미분가능이다.

예 2. 함수 $f(x) = \sqrt[3]{x}$ 는 $x = 0$에서 미분불가능이다.

예 3. $y = |x|$는 $x = 0$에서 미분불가능이다.

예 4. $f(x) = \begin{cases} x\sin\left(\frac{1}{x}\right), & x \neq 0 \\ 0, & x = 0 \end{cases}$는 $x = 0$에서만 미분불가능이다.

예 5. $f(x) = \begin{cases} x^a\sin\left(\frac{1}{x}\right), & x \neq 0 \\ 0, & x = 0 \end{cases}$는 $a > 1$일 때 모든 점에서 미분가능이지만, $0 < a \leq 1$일 경우에는 $x = 0$에서 미분불가능이다. 실제로 $x = 0$에서 미분계수의 정의를 적용하면

$$\lim_{x \to 0} \frac{f(x) - f(0)}{x} = \lim_{x \to 0} x^{a-1} \sin\left(\frac{1}{x}\right)$$

이므로 $a > 1$일 때 미분가능하다.

예 6. $\alpha \in (0,\ 1)$를 무리수라 하고 임의의 양의 유리수 $\frac{p}{q}$(p와 q는 서로소)에 대하여 $\left|\alpha - \frac{p}{q}\right| > \frac{c}{q^2}$을 만족하는 상수 $c > 0$가 존재한다고 하자. 함수 $f : (0,\ 1) \to \boldsymbol{R}$를 다음과 같이 정의한다.

$$f(x) = \begin{cases} \frac{1}{q^3}, & x = \frac{p}{q} \in (0,\ 1) \cap \boldsymbol{Q},\ (p,\ q) = 1 \\ 0, & x \in (0,\ 1) - \boldsymbol{Q} \end{cases}$$

이때 f는 $x = \alpha$에서 미분가능임을 알아보자. 먼저 $f'(\alpha) = 0$임을 증명하면 충분하다.

먼저 임의의 양수 $\epsilon > 0$에 대하여 집합 $A(\epsilon) = \left\{ \frac{p}{q} : \frac{1}{c\epsilon} > q \right\}$라고 두면, $A(\epsilon)$은 유한 집합이다. 그러므로 $\min\left\{ \left| \frac{p}{q} - \alpha \right| : \frac{p}{q} \in A(\epsilon) \right\} > 0$이다. 여기서 $0 < \delta < \min\left\{ \left| \frac{p}{q} - \alpha \right| \right.$ $\left. : \frac{p}{q} \in A(\epsilon) \right\}$이라 두면 $\left| \alpha - \frac{p}{q} \right| < \delta$이면 $\frac{1}{cq} < \epsilon$이므로

$$\frac{\left| f(\frac{p}{q}) - f(\alpha) \right|}{\left| \alpha - \frac{p}{q} \right|} = \frac{\left| f(\frac{p}{q}) \right|}{\left| \alpha - \frac{p}{q} \right|} < \frac{1}{cq} < \epsilon$$

가 성립한다. 그러므로 $f'(\alpha) = 0$이다.

예 7. f가 $x = a$에서 미분가능이라면

$$\lim_{n \to \infty} n \left[f\left(a + \frac{1}{n}\right) - f(a) \right]$$

는 존재한다. 그러나 그 역은 성립하지 않는다.

곡선의 접선

정의. 곡선 Γ의 주어진 점 P를 지나는 직선을 l이라고 하고 곡선 위의 임의의 점 Q를 지나는 선분 $\overline{PQ}$와 l이 이루는 (작은) 각을 θ라고 하자. 만약 $Q \to P$일 때, $\theta \to 0$가 성립하면 직선 l을 P에서의 Γ의 접선이라고 한다.

예 1. 다음과 같은 곡선은 점 P에서 접선을 가진다.

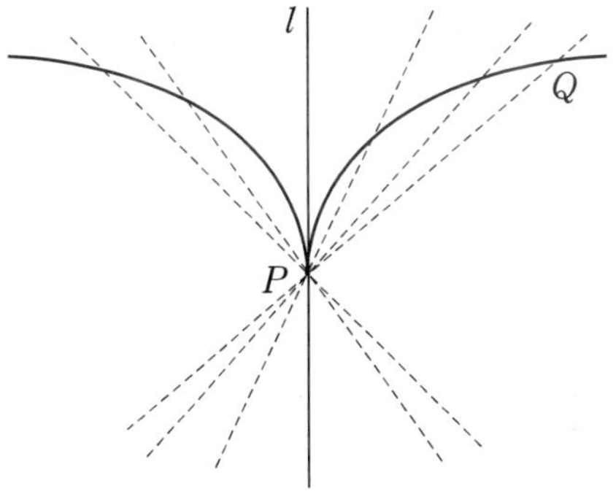

예 2. 다음과 같은 곡선은 점 P에서 접선을 가지지 않는다.

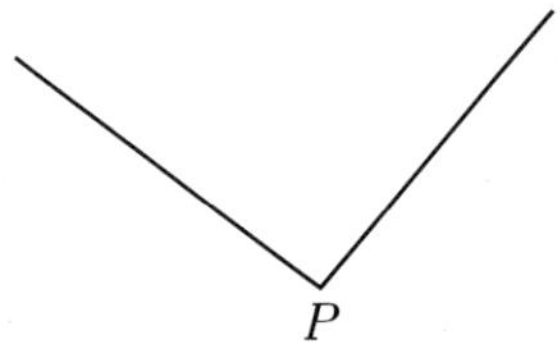

접선방정식

정의. 함수 f가 $x=a$에서 미분가능일 때, f의 그래프 위의 점 $(a,\ f(a))$에서 접선을 함수 $y=f(x)$의 $x=a$에서 접선이라고 한다. 이때 접선방정식은

$$y-f(a)=f'(a)(x-a)$$

로 주어진다.

예. 함수 $f(x)=\begin{cases} x^2, & x\in \boldsymbol{Q} \\ 0, & x\notin \boldsymbol{Q} \end{cases}$에서 $\lim\limits_{h\to 0}\dfrac{f(h)-f(0)}{h}=0$이므로 f는 $x=0$에서 미분가능이고 $f'(0)=0$이다. 이때 $(0,\ 0)$에서 접선방정식은 $y=0$이다. 한편 f는 $x=0$외의 모든 점에서 연속이 아니므로 미분불가능이다.

모든 점에서 연속이지만 모든 점에서 미분불가능인 함수

연속이지만 모든 곳에서 미분불가능인 함수. $K(x)=\mathrm{dist}(x,\ \boldsymbol{Z})$라고 두고 각각의 $n=0,\ 1,\ 2,\ \cdots$에 대하여 $u_n(x)=\dfrac{K(10^n x)}{10^n}$이라 하고

$$H(x)=\sum_{n=0}^{\infty}u_n(x)$$

로 정의하면 H는 모든 점에서 연속이지만 모든 점에서 미분불가능인 함수이다.

미분 계산의 3요소

함수를 미분하는 것은 다음 3공식에 의하여 기계적으로 처리된다. f와 g는 함수이고 a와 b는 상수일 때

i) 합의 미분공식. $(af+bg)'=af'+bg'$

ii) 곱의 미분공식. $(fg)'(x)=f'(x)g(x)+f(x)g'(x)$

iii) 합성함수의 미분공식. $(f\circ g)'(x)=f'(g(x))g'(x)$

역함수의 미분법

정리. 미분가능함수 f가 $x=p$의 근방에서 역함수 f^{-1}를 가진다고 하자. 이때 f^{-1}은 $f(p)$에서 미분가능하고

$$(f^{-1})'(f(p)) = \frac{1}{f'(p)}$$

가 성립한다.

증명. $f^{-1}(q)=p$라고 하면

$$\lim_{y\to q}\frac{f^{-1}(y)-f^{-1}(q)}{y-q} = \lim_{x\to p}\frac{x-p}{f(x)-f(p)} = \frac{1}{f'(p)} = \frac{1}{f'(f^{-1}(q))}$$

이므로

$$(f^{-1})'(f(p)) = \frac{1}{f'(p)}$$

가 성립한다. ■

예 1. $f(x)=\sin x$일 때 $f^{-1}(x)=\sin^{-1}x$의 미분계수를 구해보자. 공식에 의하면

$$(f^{-1})'(\sin x) = \frac{1}{\cos x}$$

이므로 이것을 계산하면

$$(f^{-1})'(y) = \frac{1}{\sqrt{1-y^2}}$$

이 된다. 즉

$$\frac{d}{dx}\sin^{-1}x = \frac{1}{\sqrt{1-x^2}}$$

이다.

예 2. $y=\sqrt[3]{x}$는 $x=0$에서 미분불가능이다. 그러나 이 함수의 역함수 $y=x^3$은 $x=0$에서 미분가능이고 그 점에서의 접선방정식은 $y=0$이다.

음함수의 미분법

음함수 $f(x, y)=0$의 양변을 x에 대하여 미분하면

$$\frac{\partial f}{\partial x}+\frac{\partial f}{\partial y}\frac{dy}{dx}=0$$

를 얻는다.

그러나 편미분계수를 도입하는 것은 무리가 있으므로 음함수의 미분공식은 단순히 합성함수의 미분공식을 이용한다. 다음 예를 보자.

예. 원의 방정식은 $x^2+y^2=r^2$으로 주어진다. 여기서 $y=f(x)$라고 하면

$$x^2+f(x)^2=1$$

이므로 이것을 x에 관하여 미분하면

$$2x+2f(x)f'(x)=0$$

이다. 그러므로

$$f'(x)=-\frac{\pm x}{\sqrt{1-x^2}}$$

가 된다. 여기서 복호는 $f(x)==\pm\sqrt{1-x^2}$의 복호를 따른 것이다. 만약 여기서 $(x, y)=\left(\frac{1}{\sqrt{2}}, \frac{1}{\sqrt{2}}\right)$라면 $f'(\frac{1}{\sqrt{2}})=-1$이 된다.

도함수와 중간값정리

미분가능함수의 도함수는 어떤 특징이 있을까? 미분가능함수의 도함수가 연속이 될 필요는 없다. 예를 들면 $f(x)=\begin{cases} x^2\sin(1/x), & x\neq 0 \\ 0, & x=0\end{cases}$는 미분가능함수이지만 그 도함수

$$f(x)=\begin{cases} 2x\sin(1/x)-\cos(1/x), & x\neq 0 \\ 0, & x=0\end{cases}$$

는 연속이 아니다. 그러나 미분가능함수의 도함수는 중간값정리를 만족한다.

정리. (다르부) 함수 f가 $[a, b]$에서 미분가능이라고 하자. 만약 $f'(a)<\lambda<f'(b)$이면 $f'(p)=\lambda$를 만족하는 $p\in(a, b)$가 존재한다.

증명. $g(x)=f(x)-\lambda x$라고 두면, $g'(a)<0$로부터 $g(a)>g(x_1)$을 만족하는

$x_1 \in (a,\ b)$가 존재한다. 마찬가지로 $g'(b) > 0$이므로 $g(x_2) < g(b)$를 만족하는 $x_2 \in (a,\ b)$가 존재한다. 그러므로 g는 $[x_1,\ x_2]$에서 최소를 가지고 그 최솟값을 p라고 하면 $g'(p) = 0$가 된다. 따라서 $0 = g'(p) = f'(p) - \lambda$이므로 $f'(p) = \lambda$가 성립한다. ■

예. 함수 $g(x) = \begin{cases} 0,\ x < 0 \\ \dfrac{1}{2},\ x = 0 \\ 1,\ x > 0 \end{cases}$는 중간값정리를 만족하지 않는다. 그러므로 앞의 정리에 의하여 $f' = g$를 만족하는 함수 f는 존재하지 않는다.

평균값정리

정리 1. (롤) 함수 f가 $[a,\ b]$에서 연속이고 $(a,\ b)$에서 미분가능이라 하자. 만약 $f(a) = f(b) = 0$이면 $f'(p) = 0$을 만족하는 점 $p \in (a,\ b)$가 존재한다.

증명. 임의의 $x \in [a,\ b]$에서 $f(x) = 0$이면 어떤 $p \in (a,b)$에 대해서도 $f'(p) = 0$이므로 증명은 완료된다. 그러므로 f의 최댓값 또는 최솟값은 0이 아니라고 하자. 여기서 f는 $x = p$에서 최댓값을 가진다고 가정하면 $f(p) > 0$이다. 그런데 f가 $x = p$에서 최대이므로 임의의 $h > 0$에 대하여 $f(p+h) - f(p) \leq 0$이 성립한다. 그러므로 임의의 $h > 0$에 대하여 부등식 $\dfrac{f(p+h) - f(p)}{h} \leq 0$이 성립하고 이것으로부터 $h \to 0+$이면 $f'(p) \leq 0$가 성립한다.

한편 임의의 $h < 0$에 대하여 $f(p+h) - f(p) \leq 0$이고 따라서 임의의 $h < 0$에 대하여 부등식 $\dfrac{f(p+h) - f(p)}{h} \geq 0$가 성립한다. 여기서 $h \to 0-$이면 $f'(p) \geq 0$가 성립한다. 그러므로 $f'(p) = 0$가 성립한다. ■

정리 2. 함수 2가 폐구간 $[a,\ b]$에서 연속이고 개구간 $(a,\ b)$에서 미분가능이면

$$f(b) - f(a) = (b - a) f'(p)$$

를 만족하는 점 $p \in (a,\ b)$가 존재한다.

증명. 함수 F를

$$F(x) = f(x) - \left[\frac{f(b) - f(a)}{b - a}(x - a) + f(a) \right]$$

라고 두면 F는 정리 1의 모든 조건을 만족한다. 그러므로 $F'(p) = 0$를 만족하는

$p\in(a,\ b)$가 존재한다. 그러므로

$$0=F'(p)=f'(p)-\frac{f(b)-f(a)}{b-a}$$

이다. ■

평균값정리에서 함수에 부과되는 가정은 모두 필수적이다. 다음 예를 보자.

예 1. 함수 $f:[0,\ 1]\to\boldsymbol{R}$가 $f(x)=\begin{cases}x, & x\in[0,\ 1)\\ 0, & x=1\end{cases}$이면 평균값정리는 성립하지 않는다.

예 2. 함수 $f:[-1,\ 1]\to\boldsymbol{R}$가 $f(x)=|x|$이면 평균값정리는 성립하지 않는다.

보다 일반적인 평균값정리는 다음과 같다.

정리 3. (제2평균값정리) 함수 f와 g가 $[a,\ b]$에서 연속이고 $(a,\ b)$에서 미분가능이면

$$[f(b)-f(a)]g'(p)=[g(b)-g(a)]f'(p)$$

를 만족하는 점 $p\in(a,\ b)$가 존재한다.

증명. 먼저 $g(a)=g(b)$라면 정리 1에 의하여 $g'(p)=0$라는 점 $p\in(a,\ b)$이 존재하므로 증명은 끝난다. 따라서 $g(a)\neq g(b)$라고 하자. 함수 F를

$$F(x)=f(x)-\left[\frac{f(b)-f(a)}{g(b)-g(a)}(g(x)-g(a))+f(a)\right]$$

라 두면 $F(a)=F(b)=0$이므로, 정리 1로부터 $F'(p)=0$을 만족하는 $p\in(a,\ b)$가 존재한다. 그러므로

$$0=F'(p)=f'(b)-\frac{f(b)-f(a)}{g(b)-g(a)}g'(p)$$

이다. ■

예 3. 제2평균값정리는 특수한 경우로서 $g(a)\neq g(b)$일 때

$$\frac{f(b)-f(a)}{g(b)-g(a)}=\frac{f'(p)}{g'(p)}$$

로 나타낼 수 있다. 이것은 평면에서 매개변수에 의하여 함수

$$\begin{cases} x = f(t) \\ y = g(t) \end{cases}, \quad a \le t \le b$$

가 주어져 있을 때, 전체 구간에서의 평균속도가 자취의 어떤 한 점에서의 속도와 같다는 것을 의미한다.

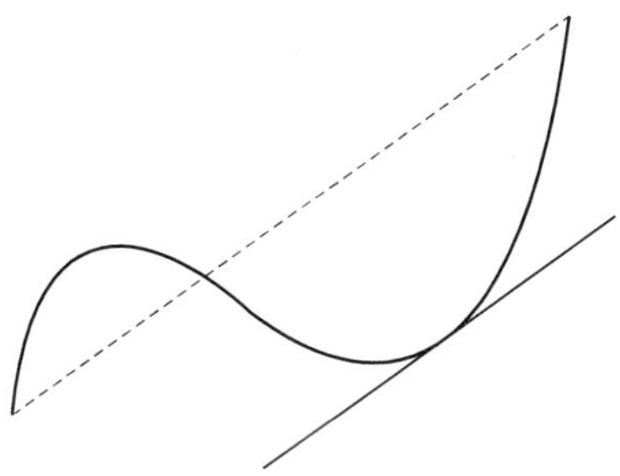

그러나 이 해석은 주의를 요한다. 예를 들면 $[-1,\ 1]$에서 $f(t) = t^2$이고 $g(t) = t^3$이라면 $\dfrac{f(1) - f(-1)}{g(1) - g(-1)} = 0$이지만 $\dfrac{f'(p)}{g'(p)} = \dfrac{2}{3p}$이므로 이러한 p는 존재하지 않는다.

예 4. $\sqrt{p^2 + q}$의 근삿값으로 $p + \dfrac{q}{2p}$로 가질 수 있고 그 오차는 $\dfrac{q^2}{4p^3}$을 넘지 않는데 이것은 $f(x) = \sqrt{p^2 + x}$를 사용해서 평균값정리를 적용하여 알 수 있다.

예 5. 임의의 실수 x에 대하여 $e^x \ge 1 + x$가 성립함을 밝혀보자. $f(x) = e^x$라고 두면 평균값정리에 의하여

(1) $$e^x = f(x) = f(0) + xf'(\theta) = 1 + xf'(\theta)$$

를 만족하는 θ가 0과 x 사이에 존재한다. 여기서 $x < 0$인 경우와 $x > 0$인 경우로 나누어 생각하자. 만약 $x < 0$이면 $\theta < 0$이 되고 따라서 $f'(\theta) = e^\theta < 1$가 되어 결국

$$\frac{e^x - 1}{x} = e^\theta < 1$$

을 만족하므로 $e^x - 1 > x$가 성립한다.

한편 $x > 0$이면 $\theta > 0$이 되고 $f'(\theta) = e^\theta > 1$이므로

$$\frac{e^x - 1}{x} = e^\theta > 1$$

가 되어 역시 $e^x - 1 > x$가 성립한다.

마지막으로 $x=0$일 때 등식이 성립한다.

예 6. $x \ge 0$일 때 $\sin x \le x$을 증명해보자. 구간 $[0,\ x]$에서 평균값정리를 적용하면

$$\sin x = \sin 0 + x\cos\theta = x\cos\theta$$

를 만족하는 $\theta \in (0,\ x)$가 존재한다. 여기서 $\cos\theta \le 1$이므로 $\sin x \le x$가 성립한다.

함수의 증가와 감소

정의. $A \subset \boldsymbol{R}$에서 정의된 함수 $f: A \to \boldsymbol{R}$가 $x \le y$일 때 $f(x) \le f(y)$를 만족하면 f를 A에서 증가(함수)라고 한다. 또 $x \le y$일 때 $f(x) \ge f(y)$를 만족하면 f를 A에서 감소(함수)라고 한다.

정리. 평균값정리로부터 다음 성질을 알 수 있다.

i) f가 $(a,\ b)$에서 미분가능이고 임의의 $x \in (a,\ b)$에 대하여 $f'(x) \ge 0$이면 f는 $(a,\ b)$에서 증가함수이다.
ii) f가 $(a,\ b)$에서 미분가능이고 임의의 $x \in (a,\ b)$에 대하여 $f'(x) \le 0$이면 f는 $(a,\ b)$에서 감소함수이다.
iii) f가 $(a,\ b)$에서 미분가능이고 임의의 $x \in (a,\ b)$에 대하여 $f'(x) = 0$이면 f는 $(a,\ b)$에서 상수함수이다.

주의. 미분가능함수 f가 $f'(a) > 0$을 만족한다면 f가 U에서 증가함수가 되는 p의 근방 U가 존재할까? 이것은 불가능하다. 다음 예를 보라.

예. $f(x) = \begin{cases} x + 2x^2\sin\left(\dfrac{1}{x}\right), & x \ne 0 \\ 0, & x = 0 \end{cases}$ 일 때 $f'(0) = 1$이지만 $x=0$의 어떤 근방에서도 증가가 아니다.

로피탈의 정리

부정형의 극한값을 구할 때 로피탈의 정리는 매우 유용한데 다음과 같다.

정리 1. f와 g가 $[a,\ b]$에서 정의되어 있고 $f(b) = g(b) = 0$, 임의의 $x \in (a,\ b)$에 대하여

$g(x) \neq 0$라고 하자. 여기서 만약 f와 g가 $x=b$에서 미분가능이고 $g'(b) \neq 0$이면

$$\lim_{x \to b-} \frac{f(x)}{g(x)} = \frac{f'(b)}{g'(b)}$$

이 성립한다.

증명. $\dfrac{f(x)}{g(x)} = \dfrac{\dfrac{f(x)-f(b)}{x-b}}{\dfrac{g(x)-g(b)}{x-b}}$

이므로 양변에 극한 $\lim\limits_{x \to b-}$ 를 취하면 주어진 결과를 얻는다. ■

예 1. $\lim\limits_{x - 0} \dfrac{\sin x}{x} = \lim\limits_{x \to 0} \cos x = 1$

주의. 가정 $f(b) = g(b) = 0$는 필수적이다. 예를 들면 $\lim\limits_{x \to 0} \dfrac{x+2}{2x+1}$ 를 구하는데

$$\frac{(x+2)'}{(2x+1)'} = \frac{1}{2}$$

이지만

$$\lim_{x \to 0} \frac{x+2}{2x+1} = 2$$

이다.

그러나 위의 경우는 $\dfrac{0}{0}$형의 부정형에는 적용할 수 있지만 보다 일반적인 경우에는 적용할 수 없는 약점이 있다. 보다 일반적인 경우를 위한 정리는 다음과 같다.

정리 2. f와 g가 $[a, b)$에서 미분가능이고 임의의 $x \in [a, b)$에 대하여 $g'(x) \neq 0$라고 하자. 만약

$$\lim_{x \to b-} f(x) = 0, \quad \lim_{x \to b-} g(x) = 0$$

이거나 또는

$$\lim_{x \to b-} f(x) = \infty, \quad \lim_{x \to b-} g(x) = \infty$$

이라고 하자. 이때,

$$\lim_{x \to b-} \frac{f'(x)}{g'(x)} = A$$

이면

$$\lim_{x \to b-} \frac{f(x)}{g(x)} = A$$

이다. 여기서 b가 ∞가 될 수 있고, A도 ∞가 될 수 있다.

예 2. $\lim_{x \to 0} x^x$을 계산해보자. x^x에 로그를 취하면 $x \log x$가 된다. 여기서

$$\lim_{x \to 0} x \log x = \lim_{x \to 0} \frac{\log x}{1/x}$$

이고

$$\lim_{x \to 0} \frac{\log' x}{(1/x)'} = \lim_{x \to 0} \frac{1/x}{-1/x^2} = 0$$

이므로

$$\lim_{x \to 0} x \log x = 0$$

이다. 여기서 로그함수의 연속성에 의하여

$$\lim_{x \to 0} x^x = \lim_{x \to 0} e^{x \log x} = 1$$

을 얻는다.

주의. 그런데

$$\lim_{x \to b-} \frac{f(x)}{g(x)} = \lim_{x \to b-} \frac{f'(x)}{g'(x)}$$

와 같이 생각할 수 있는데 이 결론은 틀렸다. 예로서

$$\lim_{x \to 0} \frac{x^2 \sin(1/x)}{e^x - 1}$$

을 생각해보자. 먼저

$$\lim_{x \to 0} \frac{x}{e^x - 1} = 1$$

이고

$$\lim_{x\to 0} x\sin(1/x) = 0$$

이므로

$$\lim_{x\to 0}\frac{x^2\sin(1/x)}{e^x - 1} = 0$$

이다. 그러나 로피탈의 정리를 적용하기 위하여 미분을 실행하면 주어진 식은

$$\lim_{x\to 0}\frac{2x\sin(1/x) - \cos(1/x)}{e^x}$$

이고 이것은 존재하지 않는다.

C^n족 함수

정의. f가 개구간 $(a,\ b)$에서 $f'(x),\ f''(x),\ \cdots,\ f^{(n)}(x)$ 가 존재하고 $f^{(n)}(x)$가 연속일 때 f는 C^n족 함수 또는 n회 연속미분가능함수라고 한다.

예. 함수 $f(x) = |x|x^n$은 C^n −족 함수이지만 C^{n+1}−족 함수는 아니다.

테일러의 정리

정리. 함수 $f:[a,\ b]\to \boldsymbol{R}$에 대하여 $f,\ f',\cdots,\ f^{(n)}$이 $[a,\ b]$에서 연속이고 $(a,\ b)$에서 $f^{(n+1)}$이 존재하면 임의의 두 점 $x,\ x_0 \in (a,\ b)$에 대하여

$$f(x) = \sum_{k=0}^{n}\frac{f^{(k)}(x_0)}{k!}(x-x_0)^k + \frac{f^{(n+1)}(c)}{(n+1)!}(x-x_0)^{n+1}$$

을 만족하는 c가 x_0와 x 사이에 존재한다.

증명. 함수 F와 G를 다음과 같이 정의하자.

$$F(t) = f(x) - \sum_{k=0}^{n}\frac{f^{(k)}(t)}{k!}(x-t)^k$$

$$G(t) = F(t) - \left(\frac{x-t}{x-x_0}\right)^{n+1}F(x_0)$$

이때 $G(x_0) = G(x) = 0$가 성립한다. 그러므로 롤의 정리에 의하여 $G'(c) = 0$를 만족

하는 c가 x_0와 x 사이에 존재한다. 여기서

$$\begin{aligned}0 = G'(c) &= F'(c) + (n+1)\frac{(x-c)^n}{(x-x_0)^{n+1}}F(x_0) \\ &= -\frac{f^{(n+1)}(c)}{n!}(x-c)^n + (n+1)\frac{(x-c)^n}{(x-x_0)^{n+1}}F(x_0)\end{aligned}$$

이므로 따라서 $F(x_0) = \dfrac{f^{(n+1)}(c)}{(n+1)!}(x-x_0)^{n+1}$가 된다. ■

테일러 정리에서

$$R_{n+1}(f : x) = \frac{f^{(n+1)}(c)}{(n+1)!}(x-x_0)^{n+1}$$

을 라그랑주의 잉여항이라고 한다. 만약 여기서 f가 $x = a$근방에서 무한 회 미분가능이고 $\lim_{n\to\infty} R_{n+1}(x) = 0$이면

(1) $$f(x) = \sum_{n=0}^{\infty} \frac{f^{(n)}(x_0)}{n!}(x-x_0)^n$$

가 성립한다. 이때 식 (1)을 f의 $x = x_0$ 근방에서 테일러 급수에 의한 전개라고 한다.

정의. 어떤 점의 근방에서 테일러 급수에 의하여 전개될 수 있는 함수를 그 근방에서 실해석적이라고 한다.

다음과 같은 함수들은 모두 실해석함수이다.

예 1. 임의의 실수 x에 대하여 $\sin^{(n)} x = \sin\left(x + \dfrac{\pi n}{2}\right)$이므로 $\sin^{(n)} 0 = \sin \dfrac{\pi n}{2}$이다. 그러므로

$$\sin x = \sum_{n=0}^{\infty} \frac{(-1)^n}{(2n+1)!} x^{2n+1}$$

가 성립한다.

예 2. 임의의 실수 x에 대하여 $\cos x = \sum_{n=0}^{\infty} \dfrac{(-1)^n}{(2n)!} x^{2n}$가 성립한다.

예 3. 임의의 실수 x에 대하여 $e^x = \sum_{n=0}^{\infty} \dfrac{x^n}{n!}$가 성립한다.

예 4. 임의의 실수 $x > -1$에 대하여 $\log(1+x) = \sum_{n=1}^{\infty}(-1)^{n+1}\frac{x^n}{n}$가 성립한다.

여기서 무한 회 미분가능함수와 실해석함수는 다른 개념이다. 예를 들면

$$f(x) = \begin{cases} e^{-\frac{1}{x^2}}, & x \neq 0 \\ 0, & x = 0 \end{cases}$$

로 정의된 함수 $f: \boldsymbol{R} \to \boldsymbol{R}$는 C^{∞} 함수이다. 그러나 임의의 자연수 n에 대하여 $f^{(n)}(0) = 0$이므로 $x \neq 0$에 대하여 $\sum_{n=0} \frac{f^{(n)}(0)}{n!} x^n = 0$이지만 $f(x) \neq 0$이다. f와 f의 테일러 급수 전개에 의한 함숫값은 같지 않으므로 f는 $x = 0$ 근방에서 실해석함수가 아니다.

근사식 구하기

테일러 정리는 근사식을 구하는 데 유용하다. 예를 들어 x가 0에 가까울 때 $\sqrt{1+x}$의 근삿값을 구해보자. $f(x) = \sqrt{1+x}$라고 두면 $f'(x) = \frac{1}{2\sqrt{1+x}}$이고 $f''(x) = -\frac{1}{4\sqrt[3]{(1+x)^2}}$으로부터 $f(0) = 1$, $f'(0) = \frac{1}{2}$, $f''(0) = -\frac{1}{4}$를 얻고 이것들로부터

$$\sqrt{1+x} = 1 + \frac{1}{2}x - \frac{1}{4}x^2 + R(x)$$

이다. 여기서 $R(x) = \frac{3}{8}(1+c)^{-5/2}x^3$이고 c는 0과 x사이에 있다. 예를 들어 $x = 0.2$이라면 $(1+c)^{-5/2} < 1$이므로 $R(0.2) < 0.001$이다. 즉 $\sqrt{1.2}$의 근삿값으로

$$1 + \frac{0.2}{2} - \frac{0.04}{4} = 1.09$$

를 택하면 오차는 0.001보다 작다.

함수의 극값 구하기

정리. 주어진 함수 $f \in C^2$에 대하여 다음 성질이 성립한다.

i) $f'(a) = 0$이고 $f''(a) > 0$이라면 $x = a$는 극소이다.
ii) $f'(a) = 0$이고 $f''(a) < 0$이라면 $x = a$는 극대이다.

증명. $f'(a) = 0$이므로

$$f(a+h)=f(a)+\frac{h^2}{2}f''(a+\theta h)$$

가 성립한다. $f\in C^2$이므로 충분히 작은 h에 대하여 $f''(a+\theta h)>0$가 성립한다. 그러므로 $f(a+h)>f(a)$가 되어 f는 $x=a$에서 극소이다.
극대의 경우도 유사한 방법으로 증명된다. ■

예. 함수 $f(x)=\sin x$에서 $f'(\frac{\pi}{2})=\cos(\frac{\pi}{2})=0$이고 $f''(\frac{\pi}{2})=-\sin(\frac{\pi}{2})=-1<0$이므로 f는 $x=\frac{\pi}{2}$에서 극대이다.

참고. 위의 정리에서 극값을 가지기 위한 조건은 충분조건이지만 필요조건은 아니다. 예를 들면 함수

$$f(x)=\begin{cases}x^4(2+\sin(1/x)), & x\neq 0\\ 0, & x=0\end{cases}$$

은 $x=0$에서 최솟값을 갖지만 $x=0$의 어느 근방에서도 $f'(x)$는 양과 음의 값을 모두 취한다.

라그랑주의 승수법[98)]

f와 g를 평면 위에 정의된 미분가능함수라고 하자. 평면 위에서 $g(x,\ y)=0$를 만족하는 $x,\ y$에 대하여 정의된 함수 $f(x,\ y)$의 최대 또는 최소를 구하는 문제를 생각해보자. 주어진 상황을 그래프로 살펴보면 다음과 같다. 먼저 $g(x,\ y)=0$를 만족하는 도형이 주어져 있고 그런 $(x,\ y)$가 $z=f(x,\ y)$을 만족한다고 하자. 이때 점 p에서 $f(x,\ y)$가 최대 또는 최소라 하면 $f(p)=c$이고 동시에 p는 $g(p)=0$를 만족한다. 여기서 c는 $f(x,\ y)$의 최댓값 또는 최솟값이다. 한편 점 p에서 도형 $f(x,\ y)=c$와 $g(x,\ y)=0$는 공통접선을 가지고, $\nabla f(p)$와 $\nabla g(p)$는 이 공통접선에 대하여 수직으로 작용하므로 $\nabla f(p)$와 $\nabla g(p)$는 같은 방향을 가지게 된다. 따라서

(1) $$\nabla f(p)=k\nabla g(p)$$

를 만족하는 상수 k가 존재한다. 그러므로 연립방정식

(2) $$\begin{cases}g(p)=0\\ \nabla f(p)=k\nabla g(p)\end{cases}$$

98) 이것은 이변수 이상의 함수의 미분의 지식이 필요하기 때문에 실제로 생략해도 좋다.

이 주어진 함수 $f(x,\ y)$가 극값을 가질 필요조건이다. 여기서 상수 k를 라그랑주의 승수라고 한다.

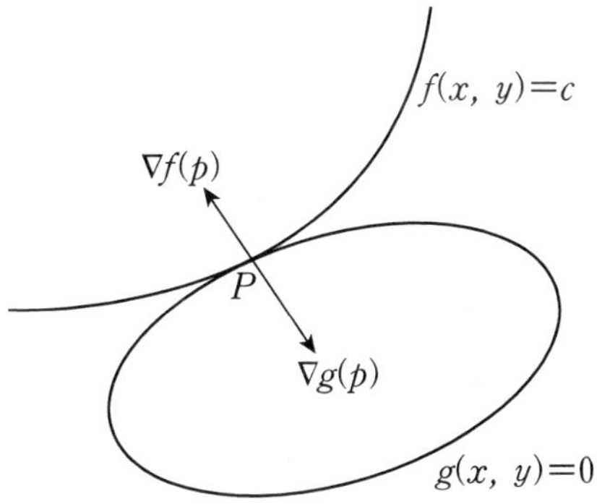

예. $x^2+y^2=1$일 때 xy의 극값을 구해보자. 방정식 (2)를 적용하면 $(2x,\ 2y)=k(y,\ x)$이므로 $k=\pm 2$가 된다. 그러므로 $(x,\ y)=\left(\frac{\sqrt{2}}{2},\ \frac{\sqrt{2}}{2}\right)$ 또는 $(x,\ y)=\left(-\frac{\sqrt{2}}{2},\ -\frac{\sqrt{2}}{2}\right)$가 되거나 $(x,\ y)=\left(\frac{\sqrt{2}}{2},\ -\frac{\sqrt{2}}{2}\right)(x,\ y)=\left(-\frac{\sqrt{2}}{2},\ \frac{\sqrt{2}}{2}\right)$이다. 여기서 앞의 두 경우 $f(x,\ y)\le 1$이고 뒤의 두 경우 $f(x,\ y)\ge -1$이므로 $f(x,\ y)$의 최댓값은 1이고 최솟값은 -1이다.

함수의 요철

정의. 함수 f의 정의역에 있는 임의의 $a,\ b\in \boldsymbol{R},\ t\in[a,\ b]$에 대하여

$$f((1-t)a+tb)\le(1-t)f(a)+tf(b)$$

를 만족할 때 (아래로) 볼록이라고 한다.

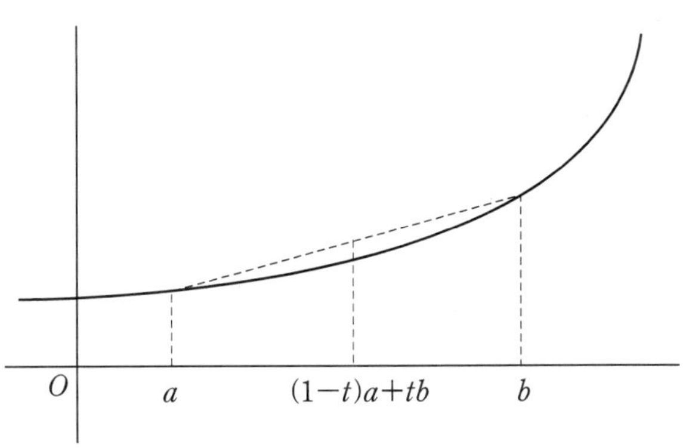

주어진 함수 $f\in C^2$에 대하여 $f''(a)>0$이라고 하자. 이때 충분히 작은 $h>0$에 대하여

$$\frac{f'(a+h)-f'(a)}{h}>0$$

이므로 $h>0$일 때 $f'(a+h)>f'(a)$가 성립한다.

정리. 함수 $f:(a,\ b)\to\boldsymbol{R}$가 2회 미분가능이라고 하자. 이때 f가 아래로 볼록이기 위한 필요충분조건은 임의의 $x\in(a,\ b)$에 대하여 $f''(x)\geq 0$이다.

증명. 임의의 $p\in(a,\ b)$에 대하여 $p+h$와 $p-h$가 모두 $(a,\ b)$에 있는 점이라고 하자. 먼저 f가 (아래로) 볼록이라고 하면

(1) $$f(p)=f\left(\frac{p+h}{2}+\frac{p-h}{2}\right)\leq\frac{f(p+h)}{2}+\frac{f(p-h)}{2}$$

이므로

(2) $$f(p+h)+f(p-h)-2f(p)\geq 0$$

이다. 이때

(3) $$f''(p)=\lim_{h\to 0}\frac{f(p+h)+f(p-h)-2f(p)}{h^2}$$

이므로 (2)에 의하여 $f''(p)\geq 0$가 성립한다.

역을 증명하기 위하여 $p,\ q\in(a,\ b)$라고 하고 $x_t=(1-t)p+tq$라고 하자. 테일러 정리에 의하여

(3) $$f(p)=f(x_t)+f'(x_t)(p-x_t)+\frac{f''(c_1)}{2}(p-x_t)^2$$

을 만족하는 c_1이 p와 x_t 사이에 존재한다. 또

(4) $$f(q)=f(x_t)+f'(x_t)(q-x_t)+\frac{f''(c_2)}{2}(q-x_t)^2$$

를 만족하는 c_2가 q와 x_t 사이에 존재한다. 가정에서 $f''(x)\geq 0$이므로

(5) $$(1-t)\frac{f''(c_1)}{2}(p-x_t)^2+t\frac{f''(c_2)}{2}(q-x_t)^2\geq 0$$

이다. 그러므로 (4)와 (5)에 의하여

$$
\begin{aligned}
(1-t)f(p)+tf(q) &= f(x_t)+f'(x_t)((1-t)p+tq-x_t)+\frac{(1-t)f''(c_1)}{2}(p-x_t)^2 \\
&\quad +\frac{tf''(c_2)}{2}(q-x_t)^2 \\
&= f(x_t)+(1-t)\frac{f''(c_1)}{2}(p-x_t)^2+t\frac{f''(c_2)}{2}(q-x_t)^2 \\
&\geq f(x_t) \\
&= f((1-t)p+tq)
\end{aligned}
$$

가 성립한다. ■

부등식에의 응용

미분법은 부등식에도 응용된다. 미분법을 부등식에 응용하는 원리는 다음과 같다. 임의의 $x \in A$에 대하여 $f(x) \geq 0$을 증명한다고 하자. A에서 $f(x)$의 최솟값이나 하한을 찾고 그것이 0 보다 크다는 것을 보인다. 다음 예를 보자.

예 1. $x>0$이고 $0<p<1$이면 함수 $f(x)=x^p-px$는 $x=1$에서 최대가 되고 이때 최댓값은 $1-p$이므로

(1) $$x^p-px \leq 1-p$$

가 성립한다. 이 사실로부터 $a>0$, $b>0$이면

(2) $$\left(\frac{a}{b}\right)^p-p\left(\frac{a}{b}\right) \leq 1-p$$

이므로 $p+q=1$로 두고 식 (2)를 정돈하면 다음 부등식

(3) $$a^pb^q \leq pa+qb$$

이 성립한다.[99)]

예 2. (계속) 식 (3)에서 a대신에 a^p, b 대신에 b^q, p 대신에 $\frac{1}{p}$, q 대신에 $\frac{1}{q}$를 각각 대입하면 다음 정리를 얻는다.

정리. $a>0$, $b>0$, $p>1$, $q>1$, $\frac{1}{p}+\frac{1}{q}=1$이면

99) 이 부등식은 $p\log a+q\log b \leq \log(pa+qb)$로부터 즉각적으로 나온다.

$$ab \le \frac{a^p}{p} + \frac{b^q}{q}$$

가 성립한다.

뉴턴의 근사

정리. 함수 f가 $[a,\ b]$에서 미분가능이고, $f(a) < 0$, $f(b) > 0$이라 하자. 임의의 $x \in [a,\ b]$에 대하여 $f'(x) \ge \delta > 0$이고 $0 \le f''(x) \le M$이면, $f(p) = 0$되는 $p \in (a,\ b)$가 유일하게 존재한다.

증명. $x_1,\ x_n \in (a,\ b)$가 선택되었다고 할 때, x_{n+1}은 다음과 같이 구해진다. 먼저 그래프 $y = f(x)$의 $x = x_n$에서의 접선방정식

$$y - f(x_n) = f'(x_n)(x - x_n)$$

이 x축과 이루는 교점의 x 좌표를 x_{n+1}라고 하면

$$x_{n+1} = x_n - \frac{f(x_n)}{f'(x_n)}$$

가 된다. 이때 $\dfrac{f(x_n)}{f'(x_n)} > 0$이므로 수열 $\{x_n\}$은 감소수열로서 p에 수렴한다. ■

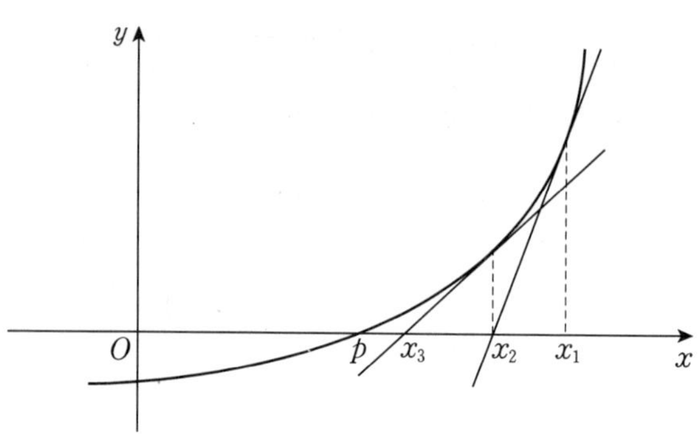

예. $f(x) = x^2 - 2$는 뉴턴 근사식의 모든 조건을 만족한다. 여기서 점화식은

$$x_{n+1} = x_n - \frac{f(x_n)}{f'(x_n)} = x_n - \frac{x_n^2 - 2}{2x_n} = \frac{1}{2}\left(x_n + \frac{2}{x_n}\right)$$

으로 주어지고 이것은 앞에서 $\sqrt{2}$를 구하는 점화식과 일치한다.

이산동력계와 미분가능함수

정리. C^1족 함수 f에 의하여 주어진 점화식

(1) $$x_{n+1} = f(x_n), \quad x_1 = a$$

에 대하여 f가 부동점 p에서 $|f'(p)| < 1$이라면 개구간 $(p-\epsilon,\ p+\epsilon)$가 존재하여 $x_1 = a \in (p-\epsilon,\ p+\epsilon)$이면 x_n은 p에 수렴한다.

증명. 먼저 $|f'(p)| < 1$이고 f'가 연속이므로, 개구간 $(p-\epsilon,\ p+\epsilon)$가 존재하여 $|t-p| < \epsilon$이면 $|f'(t)| < K < 1$을 만족하는 상수 K가 존재한다. 따라서 평균값정리에 의하여 $t_1 \in U$가 존재하여

(1) $$|x_2 - p| = |f(x_1) - f(p)| = |f'(t_1)||x_1 - p| \le K|x_1 - p| < |x_1 - p| < \epsilon$$

가 성립한다. 그러므로 (1)에 의하여 $x_2 \in (p-\epsilon,\ p+\epsilon)$이다. 여기서 다시 p와 x_2에 대한 평균값정리를 적용하면 $t_2 \in (p-\epsilon,\ p+\epsilon)$가 존재하여

(2) $$|x_3 - p| = |f(x_2) - f(p)| = |f'(t_2)||x_2 - p| \le K^2|x_2 - p| < |x_2 - p| < \epsilon$$

가 성립한다. 이와 같은 방법을 계속하면

(3) $$|x_n - p| \le K^{n-1}|x_1 - p|$$

을 만족하는 수열 $\{x_n\}$ 얻는다. 그러므로 (3)의 양변에 $n \to \infty$이면 $x_n \to p$이다. ■

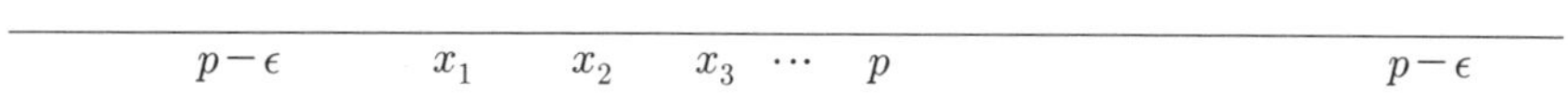

예 1. 다음 점화식을 보자.

$$x_{n+1} = kx_n,\ x_1 = a$$

여기서 $f(x) = kx$이므로 $f'(x) = k$이고 부동점은 0이다. 그러므로 만약 $|k| < 1$이고 $a \in (-c, c)$이면 앞의 정리에 의하여 이 점화식은 0에 수렴한다.

예 2. 점화식

$$x_{n+1} = kx_n(1 - x_n),\ x_1 = a$$

의 극한을 생각해보자. 여기서 $f(x) = kx(1-x)$이고 f의 부동점은 0과 $p = \dfrac{k-1}{k}$이

다. 여기서 $f'(p)=2-k$이므로, 만약 $|2-k|<1$이고 $p=\dfrac{k-1}{k}$의 적당한 근방에서 초항 a를 지정하면 주어진 수열은 p에 수렴한다.

예 3. 점화식

$$a_{n+1}=1+\frac{1}{a_n},\ a_1=1$$

을 보자. 여기서 $f(x)=1+\dfrac{1}{x}$이고 부동점 $p=\dfrac{1+\sqrt{5}}{2}$에서 $|f'(p)|<1$이므로 적절한 초항 a_1에 대하여 주어진 점화식은 p에 수렴한다.[100] 실제로 $a_1=1$은 충분하다.

예 4. 다음 방정식

$$\sqrt{x+\sqrt{x+\sqrt{x+\sqrt{x+\cdots}}}}=1 \tag{1}$$

을 만족하는 x는 무엇인가라는 문제를 보자. 학생들은 이 문제에 대해서

$$\sqrt{x+1}=1$$

로 간주하고 $x=0$라는 것을 얻었다. 그런데 $x=0$이면 주어진 식의 좌변은 0이 되기 때문에 당황하고 더 이상 진전할 수 없었다. 여기서 얻는 결론은 식 (1)의 값이 1이 될 수 없다는 점이다.

방정식 (1)은 다음 점화식 $\{c_n\}$의 극한이다.

$$c_{n+1}=\sqrt{c_n+\alpha},\ c_1=\sqrt{\alpha}$$

여기서 $g(x)=\sqrt{x+\alpha}$라고 두면 g의 부동점은

$$p=\frac{1+\sqrt{1+4\alpha}}{2}$$

가 된다. 한편

$$|g'(p)|<1$$

이므로 초항 $c_1=\sqrt{\alpha}$에서 $\{c_n\}$은 p에 수렴한다. 즉 (1)의 값은 1이 아니라 p이다.

---

100) 보다 초보적인 방법으로 수열 $\{a_n\}$이 수렴한다는 것을 보일 수 있으나 여기서는 주어진 점화식 $\{a_n\}$의 수렴성에 초점을 맞추어야 하기 때문에 본체적 분석에서 다룬 정리를 이용하였다.

방정식의 근사해

점화식 $x_{n+1} = f(x_n)$의 극한 p가 $p = f(p)$를 만족한다는 사실은 방정식

(1) $$x - f(x) = 0$$

의 근사해를 구하는 데도 응용할 수 있다. 즉 (1)의 근의 근삿값을 구하기 위하여 수열

(2) $$x_1 = a,\ x_{n+1} = f(x_n)\ (n \geq 1)$$

에서 충분히 큰 n을 구하면 된다.

예. 방정식 $x^3 - 4x + 1 = 0$의 근사해를 구해보자. 먼저 $f(x) = x^3 - x + 1$이라고 두면 $f(0) = 1 > 0$이고 $f(1) = -2 < 0$이므로 중간값정리에 의하여 근은 0과 1 사이에 있다. 여기서

(1) $$x_{n+1} = \frac{x_n^3 + 1}{4},\ x_1 = a,\ 0 < a < 1$$

라고 두자. 임의의 자연수 n에 대하여 $0 < x_n < 1$이므로

$$\begin{aligned} &|x_{n+2} - x_{n+1}| = \frac{1}{4}|x_{n+1}^3 - x_n^3| \\ &= \frac{1}{4}|x_{n+1} - x_n||x_{n+1}^2 + x_{n+1}x_n + x_n^2| \\ &\leq \frac{3}{4}|x_{n+1} - x_n| \end{aligned}$$

가 성립한다. 그러므로 이 수열은 주어진 방정식의 근에 수렴한다. 여기서 $x_1 = 0.5$를 택하고 (1)을 이용하여 계산하면 근사해를 구할 수 있다.

미분방정식

미분의 이공학에의 응용은 주로 미분방정식 형태로 나타난다. 2계 미분방정식은

$$f\left(t,\ x,\ \frac{dx}{dt},\ \frac{d^2x}{dt^2}\right) = 0$$

의 꼴이다. 미분방정식과 관련된 문제는 다음과 같은 절차를 가진다.

i) 가설설정 단계. 먼저 실제 문제에 대한 가설을 세운다. 이 가설에는 주목해야 할 변수와 제거될 변수의 구분 등이 우선된다.

ii) 미분방정식 구성 단계. 이 단계는 주어진 역학계를 수식으로 표상한다. 이 경우는 미

분방정식으로 나타나는 경우이다.

iii) 미분방정식 풀기 단계. 이 단계는 순수하게 수학적 방법으로 미분방정식을 푼다.

iv) 검증 단계. 미분방정식을 풀어서 나온 해를 실제와 부합하는가를 검정한다. 이 검정에서 해가 실제 상황을 충족시키지 못한다고 판단되면 가설을 변경하여 새로운 순환을 시작한다.

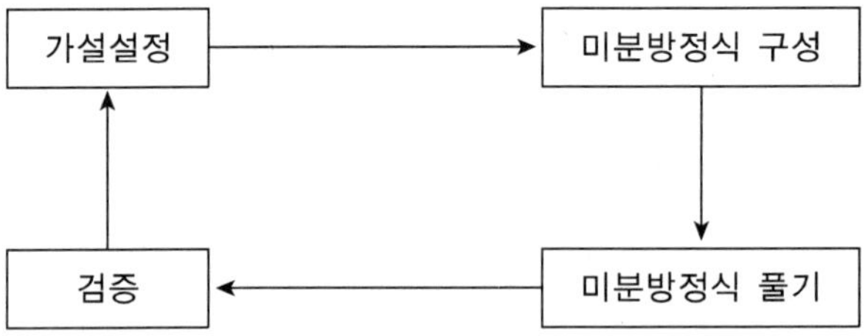

예 1. 어떤 주사제를 초당 a만큼 혈관에 주입하는데, 실험에 의하면 이 주사제가 분해되는 비율은 잔류량 $R(t)$에 비례한다는 것을 알았다. 여기서 $R(t)$에 대한 방정식을 구해보자.

유입량 at는 분해량 $D(t)$과 잔류량 $R(t)$의 합이다. 즉

(1) $$at = R(t) + D(t)$$

이다. 그런데 여기서 분해율은 $\dfrac{dD(t)}{dt}$이고 이것은 잔류량에 비례하므로 그 비례 상수를 k라고 하면

(2) $$\frac{dD(t)}{dt} = kR(t)$$

이다. 그런데 (1)에 의하여 $D(t) = at - R(t)$이므로 이것을 (2)에 대입하면 주어진 방정식은

(3) $$a - \frac{dR(t)}{dt} = kR(t),\ R(0) = 0$$

가 된다. 여기서 방정식 (3)을 풀면

$$R(t) = a(1 - e^{-kt})$$

를 얻는다.

예 2. 방사성 물질의 붕괴. 방사성 물질은 시간이 갈수록 붕괴된다. $S(t)$를 시각

t에서의 남아 있는 방사성 물질의 질량이라고 하면, 변화율 $\dfrac{dS(t)}{dt}$는 $S(t)$에 비례한다고 한다. 즉

(1) $$\frac{dS(t)}{dt} = kS(t),\ \ S(0) = S_0$$

이다.

이 방정식을 풀면 $S(t) = S_0 e^{kt}$를 얻는다. 여기서 $k < 0$이다. 만약 $k > 0$이면 방정식 (1)은 인구 방정식으로 간주할 수 있다. 실제로 맬서스(T. Malthus, 1766~1834)가 인구는 지수적으로 증가한다고 본 것은 이 모형에 기초한 것이다. 그러나 이 모형은 출생에 의한 증가만 고려했을 뿐 사망에 의한 감소를 고려하지 않았다. 사망까지 고려한다면 인구 방정식은 다음과 같이 생각할 수 있다. 시각 t에서의 인구를 $P(t)$라고 하면

(2) $$\frac{dP(t)}{dt} = B(t)P(t) - D(t)P(t)$$

가 더 정확하다고 볼 수 있다. 여기서 $B(t)$와 $D(t)$는 각각 출생률과 사망률이다. 2007년의 우리나라의 인구는 약 5천만 명이고 출생률은 0.01, 사망률은 0.005이라고 하고 이 모형 (2)를 사용하면 앞으로 20년 후의 인구는 약

(3) $$P(t) = 5 \cdot 10^7 e^{\frac{t}{200}}$$

이다. 여기서 $e^x \fallingdotseq 1 + x$로 근사화하면 인구는 5백만 명 정도 늘게 된다.

예 3. 다음 그림은 길이가 a인 밧줄에 물체가 달려 있는데 사람 P가 x축의 양의 방향으로 나아가면서 이 물체 T를 끌 때 이 물체가 움직이는 자취를 보여준다. 이 물체의 최초 위치는 y축의 좌표 $(0,\ a)$에 있다.

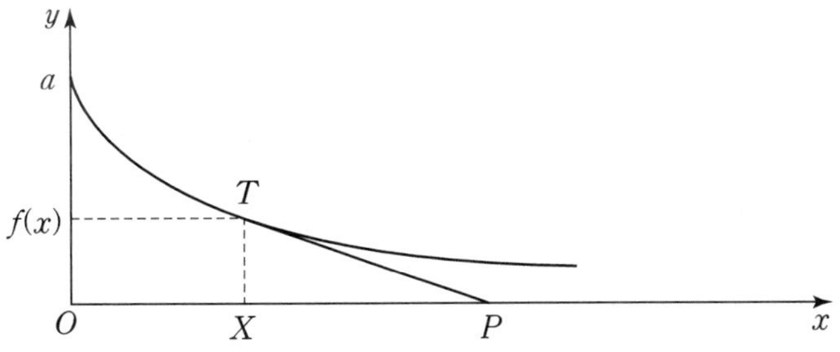

물체의 궤적은 밧줄에 접하기 때문에 주어진 자취의 기울기는 밧줄의 기울기와 같다. 그러므로 주어진 문제에 대한 미분방정식은 다음 식으로 주어진다.

$$f'(x) = \frac{f(x)}{\sqrt{a^2 - f(x)^2}}$$

예 4. 1% 소금물 100리터가 든 물통이 있고 여기에 초당 2리터의 양으로 3% 농도의 소금물이 유입되고 이것이 혼합되어 초당 2리터로 배출된다. 이때 물통 안에 있는 소금의 양을 $S(t)$라고 할 때 이에 대한 방정식을 구해보자.

먼저 소금의 양의 흐름은 유입량과 배출량의 차이이다. 즉

(1) $$\frac{dS(t)}{dt} = \text{유입량} - \text{배출량}$$

이 된다. 여기서 초당 유입되는 소금의 양은 2×0.03이고 배출되는 소금의 양은 $2 \times \frac{S(t)}{100}$이므로 따라서 방정식은 초기 조건 $S(0) = 1$과 함께

(2) $$\frac{dS(t)}{dt} = \frac{6}{100} - \frac{S(t)}{50}, \ S(0) = 1$$

가 된다. 여기서 이 방정식을 풀면

$$S(t) = 3 - 2e^{-\frac{t}{50}}$$

이다.

예 5. 다음 그림과 같이 밑넓이가 20이고 높이가 10인 물통에 물이 채워져 있고 물통 아래의 구멍을 통하여 물이 빠진다. 여기서 이 구멍의 단면의 넓이는 2이다. 토리첼리(E. Torricelli, 1608~1647) 법칙에 의하면 높이가 h인 용기에서 이 구멍을 통하여 빠지는 물의 속도 v는 $\sqrt{2gh}$로 주어진다. 여기서 g는 중력 가속도이다. 그러므로 h의 변화율은

$$20\frac{dh}{dt} = 2\sqrt{2gh}$$

가 된다. 여기서 이 방정식을 풀면

$$h = \sqrt{\frac{\sqrt{2g}}{20}t + \sqrt{10}}$$

이다.

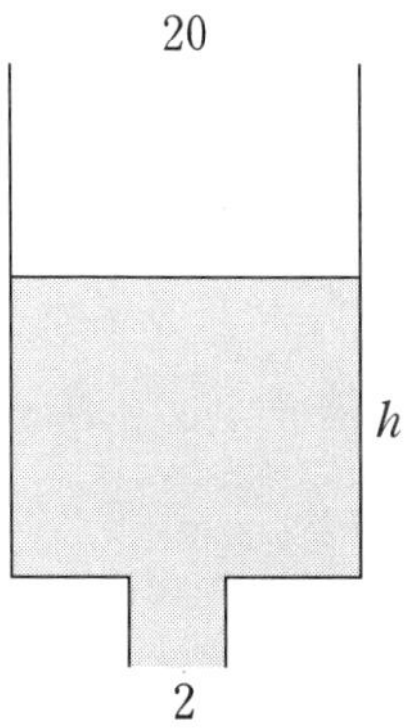

예 6. 그림과 같이 원점 O에서 출발한 광선이 거울에 반사되어 수평으로 나아가도록 거울을 설계하려고 한다. 거울의 방정식을 구해보자. P로의 입사각을 θ라고 하면 $\angle OPQ = 2\theta$이므로 이것을 이용하면

$$\text{(1)} \qquad \frac{y}{x} = \tan 2\theta = \frac{2\tan\theta}{1-\tan^2\theta} = \frac{2y'}{1-y'^2}$$

가 된다. 여기서 방정식 (1)을 풀면

$$\text{(2)} \qquad y' = \frac{-x+\sqrt{x^2+y^2}}{y},$$

을 얻는다.

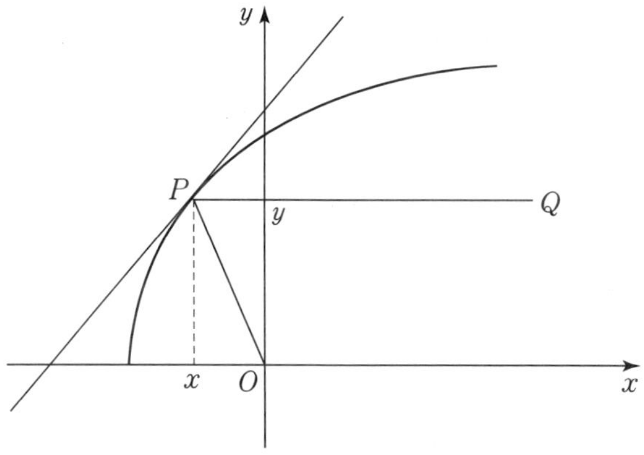

여기서 $y = xu$로 두고 방정식 (2)를 정돈하면

$$\text{(3)} \qquad \frac{udu}{\sqrt{1+u^2}\,(1-\sqrt{1+u^2})} = \frac{dx}{x}$$

을 얻는다. 또 (3)을 적분하여 정돈하면

(4) $$x(\sqrt{1+u^2}-1)=C$$

을 얻는다. 여기서 초기조건으로서 $x=-p$일 때 $y=0$라고 하면 $C=2p$이고 따라서 $x^2+y^2=(x+2p)^2$가 된다. 즉

$$y^2=4px+4p^2$$

을 만족하는 포물선의 방정식을 얻는다.

예 7. 질량 m인 낙하하는 물체는 공기 저항을 받는데 그 저항력은 속도에 비례한다고 한다. 그러므로 시각 t에서 낙하 속도를 $v(t)$라고 하면

$$m\frac{dv}{dt}=mg-kv$$

로 주어진다. 여기서 이 방정식을 풀면

$$v=\frac{m}{k}g+Ke^{-\frac{k}{m}t}$$

을 얻는다. 여기서 $t\to\infty$이면 $e^{-\frac{k}{m}t}\to 0$이므로 궁극적으로 이 물체의 낙하속도는 $\frac{m}{k}g$이다. 즉 어느 정도 높은 곳에서 낙하산을 타고 내리면 지상 부근에서 낙하산의 속도는 일정하다.

예 8. 전염병의 확산. 시각 t에서 어떤 전염병에 감염된 사람 수를 $x(t)$, 아직 감염되지 않는 사람의 수를 $y(t)$라고 하자. 전염병의 확산 속도 $\frac{dx}{dt}$는 이 두 집단 간의 상호작용에 의하므로 비례상수를 k라고 하면

$$\frac{dx}{dt}=kxy$$

가 된다. 만약 전염병에 걸리지 않는 어느 집단의 사람 수를 n이라고 하고 처음 한 사람이 감염되어 이 집단에 들어왔다고 하면 $x+y=n+1$이 되므로 주어진 방정식은

$$\frac{dx}{dt}=kx(n+1-x),\ x(0)=1$$

가 된다.

여기서 이 방정식을 풀면

$$x(t)=\frac{n+1}{1+ne^{-(n+1)kt}}$$

이다. 여기서 $t \to \infty$이면 $x(t) \to n+1$이므로 궁극적으로 모든 사람이 감염된다는 것을 알 수 있다.

12.1.3 현상학적 분석

미분법은 접선과 순간변화율이라는 기하학적 주제와 물리적 현상에서 출발한다. 함수의 현상학적 분석에서 본 바와 같이 함수가 기하학적 대상이 될 때는 도형이 되고, 물리적 대상이 될 때는 범함수라는 양화 사태가 된다. 이때 이 두 개념의 차이는 다음 표에 의하여 명확하게 드러난다.

	기하학적 대상	물리적 대상
지향성	함수를 도형으로 간주한다. 미분계수에 기하학적 의미를 부여한다. 이것은 미분계수도 도형 사태가 되는 경우이다.	함수를 질점의 자취로 간주한다. 미분계수에 물리적 의미를 부여한다. 이것은 미분계수가 양화 사태, 즉 작용소가 되는 경우이다.
하위 개념	접선, 접선의 방정식, 변곡점, 첨점, 곡선의 요철, 곡선의 개형	평균변화율, 순간변화율, 속도, 가속도, 힘, 운동량

12.2 심리적 분석

12.2.1 인지적 분석

접선 개념의 정신모델

미분법을 배우기 전 학생들의 접선에 대한 정신모델은 대개 "한 점에서 만난다" 또는 "한 점에서 접촉한다" 등 공통적으로 '한 점'이라는 관념이 일관되게 나타난다. 이러한 정신모델은 주로 원추곡선의 접선에 의하여 구성된 것들이다. 이와 같이 접선에 대한 빈약한 정신모델로 인하여 그래프 $y=x^3$의 $x=0$에서 접선을 생각하기 어렵다는 것이 드러난다. 실제로 주어진 곡선은 접선에 의하여 분리되는 반평면의 어느 한 쪽 면에만 있어야 한다고 생각하는 경향이 있다.

미분계수에 대한 정신모델

미분계수에 대한 학생들의 정신모델은 다음과 같은 특징을 보이고 있다.

i) 미분계수에 대하여 원추곡선에 의한 정신모델을 가지고 있고, 더이상의 개념적 접근이 없었기 때문에 일반적인 상황에서 접선은 정의에 의존하고 있다. 예를 들면 함수

$$f(x) = \begin{cases} x^2 \sin(\frac{1}{x}), & x \neq 0 \\ 0, & x = 0 \end{cases}$$

와 함수

$$g(x) = \begin{cases} x \sin(\frac{1}{x}), & x \neq 0 \\ 0, & x = 0 \end{cases}$$

의 미분계수가 가지는 차이를 직관적으로 구별하지 못한다. 그러나 이런 한계가 잘못된 것은 아니다. 미분계수에 의한 정의는 원추곡선에서 직관적으로 보았던 사례에서 나타나지 않는 것들이 있기 때문이다.

ii) 학생들의 정신모델은 주로 구체적인 함수, 예를 들면 $y = x^n$, 초등 초월함수 등으로부터 구성되어 있다. 그 결과 함수의 그래프가 '매끈한' 경우만을 생각하는 경향이 있다. 즉 미분가능함수와 연속 미분가능함수를 동일시하는 경향이 있다.

한편 미분계수를 이용하여 주어진 접선과 곡선을 비교할 경우를 살펴보자. 곡선을 한없이 확대한다면 그 곡선은 접점 부근에서 접선과 동일시할 수 있을까라는 물음에 대하여, 수평선을 상상하는 것과 같이 가능하다는 답을 제시한다. 이 점은 주어진 곡선이 일차식의 근사로서 인지할 수 있다는 것을 의미한다.

12.2.2 오개념 분석

정의와 관련된 것

i) 학습자에게는 실수의 구조에 대해서도 정리되지 않는 상황이 있음을 보게 된다. 예를 들면 우방미분계수

$$f'(x+) = \lim_{h \to 0+} \frac{f(x+h) - f(x)}{h}$$

에서, $0+$를 0 보다 약간 크지만 0과 매우 가까이에 있는 어떤 수로 인식하는 경향이 있다.

ii) 미분불가능한 점(뾰족한 점)은 극점이 아닌 것으로 생각한다.

iii) $\frac{dy}{dx}$ 에서 dy와 dx의 의미.

iv) $f'(a)>0$이면, $x=a$의 적당한 근방에서 이 함수가 증가함수라고 생각한다. 그러나

$$f(x)=\begin{cases} x+2x^2\sin(\frac{1}{x}), & x\neq 0 \\ 0, & x=0 \end{cases}$$

로 정의된 함수 f는 $f'(0)=1$이다. 여기서 이 함수는 $x=0$의 적당한 근방에 있는 임의의 점 $a>0$와 $b<0$에 대하여 부등식 $f(b)<f(0)<f(a)$을 만족하지만 $x=0$의 어떤 근방에서도 증가가 아니다.[101)]

공식과 관련된 것

i) $\{f(x)g(x)\}'=f'(x)g'(x)$로 생각한다.

ii) $x=f(t),\ y=g(t)$에서 $\frac{d^2y}{dx^2}=\frac{d^2y}{dt^2}/\frac{d^2x}{dt^2}$로 생각한다.

iii) $[f(x)g(x)]''=f''(x)g(x)+f(x)g''(x)$로 생각한다.

12.3 교육적 분석

12.3.1 교육과정 분석

교육목표 분석

학교수학에서 미적분 단원은 연속 현상의 모든 것을 종합하는 단원으로서 앞에서 배운 모든 지식을 총망라하고 있다. 뿐만 아니라 이전에 다룬 문제들의 많은 부분은 미적분 지식에 의하여 간단하게 해결된다. 역사적으로 봐도 미적분 단원은 수학을 자연과학에 적극적으로 활용할 수 있는 전기를 마련했다. 보통 수학을 자연과학의 도구 또는 언어라고 말할 때는 보통 미적분법부터 시작된다.

학교수학도 이런 맥락에서 도입되는 것이 바람직하나 실제로 그렇게 되기 위해서는 단순히 미적분법에서 머물지 말고 미분방정식을 다루어야 한다. 대학에서 미분방정식은 주로 이공계 하급 학년에서 다루게 되는데 고등학교에서 이 점에 대한 준비가 너무 약하기 때문에 대학에서 수학 교육에 문제점을 야기한다. 미분방정식 세우기 주제는 수학적 모델링에서 매우 중요한 주제이고 이 점은 보다 강화되어야 할 부분이다.

그러나 이렇게 학습 범위를 확장하면 너무 많은 주제를 다루어야 하기 때문에 학교수학

101) 이 오류는 많은 교과서에서 나타나기 때문에 특히 유의해야 한다.

에서의 미적분 단원은 기초 개념을 중심으로 다루게 된다. 동시에 미적분 단원은 미적분이 자연과학의 언어로서 역할을 한 그 모습을 반영하여 응용 편에 관심을 가져야 한다. 특히 물리학과 연결시켜 전개해나가는 것이 바람직하다. 20세기 중반에 이르러 수학과 물리과학이 분리되었는데 이것은 매우 잘못된 방향이다. 특히 전통적인 학문 분류가 정체성을 잃고 있는 현시대에 수학과 물리과학의 재결합이 보다 필요한 시점이다.

미분법에서 문제해결은 미분계수의 정의에 의하여 즉각적으로 해결되지 않는다. 실제 문제는 주로 평균값정리를 적절하게 활용함으로써 해결된다. 그러나 평균값정리를 사용한다는 것은 문제가 이미 어느 수준 이상이라는 것을 암시한다. 실제로 미분법에 관한 문제들은 해결하기 어렵기 때문에 미분법 단원의 문제를 적절하게 설정하는 것은 매우 힘들다. 이런 문제가 있기 때문에 실제로 미적분 단원의 문제는 대개 풀기 쉬운 것들로 구성되어 있다.

그러나 미적분의 도입을 반대하는 측의 주장이 있다. 미적분학은 오래전부터 오개념의 원천과 같았다. 이것은 전문적인 수학자들 사이에 있었던 현상이다. 그 결과 미적분을 초심자에게 도입할 필요가 있는가라는 문제가 제기되었다. 이 논쟁은 아직도 끝나지 않았으며 우리의 교육과정을 보더라도 미적분이 분리되어 있기도 하고 내용이 축소되어 있기도 하여 전체적으로는 일관성을 잃고 있다. 특히 미분과 적분은 동시에 이해되어야 할 부분인데도 불구하고 적분 단원을 통계 단원과 결합한 것은 미적분의 의미를 모르는 처사이다. 만약 미분을 배우지 않는다면 통계학을 전혀 입문할 수 없다는 결론이 나타난다.

문제해결에서 미분법의 역할

수학의 문제 해결에서 연속적으로 움직이는 변량에 대한 대부분의 문제는 미분법을 이용하여 대개 해결된다. 즉 주어진 문제를 적당한 미분방정식으로 변환하여 방정식을 푸는 문제로 귀착한다면 연속 변량의 문제는 미분방정식의 문제이고 결국은 미분방정식의 풀이 가능성으로 귀착된다. 이와 같이 연속 변량의 문제는 모두 하나의 정점으로 귀착된다. 이 점은 학교수학에서 미분법을 반드시 가르쳐야 한다는 주장에 근거를 제공한다. 한편 미분법을 배운다는 것은 미분법을 위한 기초 지식을 모두 배워야 한다는 것을 암시한다. 그러나 그런 기초 지식을 얻기 위해서는 많은 학습량과 시간을 요구한다. 학교수학이 전문적인 수학을 배워야 하는 준비 과정이 아니라면 미분법을 위하여 모든 것을 투자하는 것보다는 보다 다양한 다른 영역에 대한 경험이 더 중요한 학습과정일지도 모른다. 이 점은 교육과정 설계에서 여전히 남겨진 문제이다.

한편 미분법은 문제해결에서 강력한 도구이다. 이전에 어렵다고 간주된 문제들이 미분법의 단순한 공식을 적용하는 것만으로도 문제가 쉽게 해결된다. 그러나 이 공식들을 적절히 적용하기 위해서는 이전에 배운 모든 지식을 요구한다. 강력한 도구는 강력한 만큼 조작 기술이 필요하다. 즉 미분법은 강력한 만큼 그것을 배우기 위한 고도의 노력이 필요하다는 점이다. 이 점 또한 문제를 야기한다. 미분법을 포기할 것인가 아니면 미분법을 사용하기 위하여 필요한 지식을 함양해야 할 것인가? 이 문제는 교육과정 설계에 있어서 해결되지 않는 딜레마이다.

학습 내용 개요

미분 단원의 학습 내용은 다음 표와 같다.

주제	내용	주안점
미분 개념	접선과 미분계수	접선 개념의 역사적 발전 과정을 종합함
미분법의 대수적 성질	미분법의 연산 규칙	연습을 통하여 자동화를 지향함
도함수	평균값정리	문제해결의 방법
함수의 근사화	다항함수로의 근사화	해석학의 기본 원리를 설명
물리에의 응용	역학의 기본 개념을 수학적으로 표상하기	속도, 가속도 등과 같은 역학적 용어 이해

한편 학교수학에서 접선과 미분에 관련된 학습은 다음과 같은 순서로 나아간다.

i) 원과 접선. 원 위의 주어진 점에 접하는 접선은 그 점과 원의 중심을 잇는 선분의 수선으로 주어진다.

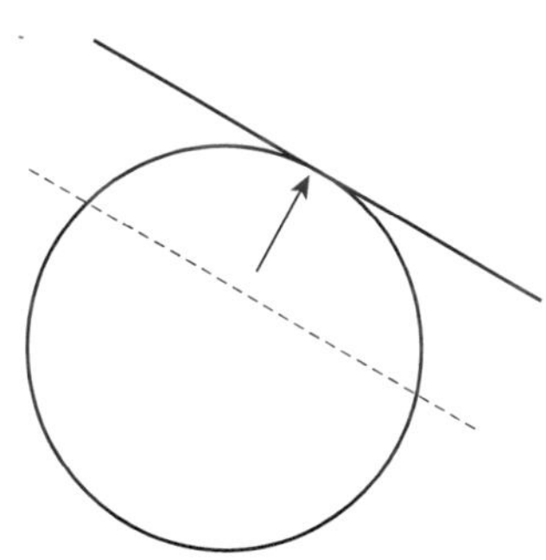

원의 접선

ii) 원추곡선과 접선. 접선을 찾는 것은 원추곡선의 방정식과 직선의 방정식의 연립방정식으로 간주하고 중근이 될 조건을 찾는 문제로 귀착된다. 이것은 앞에서 언급한 데카르트의 방법이다.

iii) 코시에 의한 미분계수의 정의. 현행 학교수학에서 미분계수의 정의로 채택하고 있는 정의이다. 미분계수가 초월수가 되면 실제로 작도 불능이 되기 때문에 미분계수에 의한 정의는 작도 문제를 넘어서고 있다.

이 단원에서 반드시 알고 있어야 할 명제는 다음과 같다.

i) 미분계수의 대수적 정리.
ii) 미분의 평균값정리.
iii) 미분가능함수의 극값에 대한 정리.

지식의 연결성

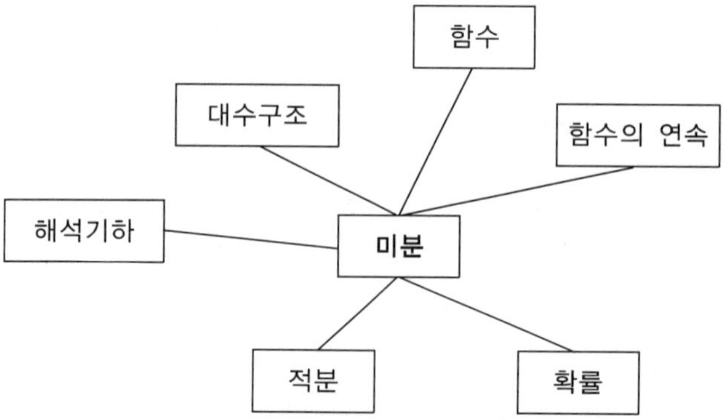

12.3.2 학습 주제 및 내용 분석

기본 개념의 계열

미분법 단원은 미분가능성 개념과 그 하위 개념으로 시작한다. 관련 개념은 다음과 같다.

i) 미분계수와 관련된 개념. 즉 평균변화율, 미분계수, 도함수 개념이 여기에 포함된다. 이 개념들은 다시 개념적인 것과 절차적인 것으로 나누어진다. 여기서 절차적인 것은 미분계수나 도함수를 구하는 것에 해당한다. 따라서 이 영역의 지도는 기본적인 함수의 미분계수의 계산에서부터 보다 복잡한 함수의 미분계수를 구하는 단계로 나아가는데 여기서 필요한 다양한 계산공식이 제공된다. 따라서 학생들이 개념적 지식을 확

대하기 위한 절차적 지식을 안내하기 위하여, 선행조직자로서 개념적 지식과 절차적 지식의 차이점에 대하여 안내를 하는 것이 바람직하다.

ii) 함수의 증감과 관련된 개념. 이 개념은 실제로 그래프를 추적하기 위한 개념으로 초등 미분기하학의 영역이다.

iii) 문제해결의 도구로 미분법을 응용하는 영역. 이 영역은 미분법이 가장 강력한 힘을 드러내는 영역이다. 실제로 이 영역은 미분방정식으로 완성된다. 그러나 미분방정식은 교육과정에서 제외되어 있다.

미분 기호

주어진 함수에 대하여 미분을 지시하는 다양한 미분 기호를 사용한다. 다음 표는 그런 기호의 장단점을 비교한 것이다.

기호	장점	단점
$f'(x)$	미분대상 함수가 드러남. 합, 곱의 미분을 표기하는데 좋음.	
y'	간단함.	미분대상 함수가 숨어있음. 합, 곱의 미분 표기에서 모호해짐.
$\frac{dy}{dx}$	무한소 개념이 포함되어 있음. 합, 합성함수의 미분공식을 표기하는데 좋음. 적분공식에서 유리함.	$\frac{d}{dx}$로서 복잡함. dy와 dx로 간주할 때 부연 설명이 필요함.
$\frac{df}{dx}$	무한소 개념이 포함되어 있음. 합의 미분 공식을 표기하는데 좋음. 미분대상 함수와 미분할 위치가 나타남.	$\frac{d}{dx}$로서 복잡함 dy와 dx로 간주할 때 부연 설명이 필요함.

여기서 $\frac{dy}{dx}$ (또는 $\frac{df}{dx}$)는 $\frac{d}{dx}$와 y (또는 f)가 결합된 것이다. 그러나 $\frac{dy}{dx}$는 dy을 dx로 나눈 것으로 간주해도 수학적 의미를 가진다. 그러나 고등학교에서 $dy = f'(x)dx$의 의미를 필요로 하지 않기 때문에 다루지 않는다.

접선 개념의 연결성

중학교에서 접선 개념은 원의 접선을 통하여 이해되며 방법은 작도에 의한다. 이어 원추곡선의 접선을 다루면서 접선방정식의 문제로 이해하게 되고 작도에 의한 접근은 사라지게 된다. 나아가 미분계수를 다루면서 개념적으로는 접선 개념보다 축소되었지만 방법론에서는 방정식의 문제를 벗어나게 되었다.

그런데 학교수학에서 이 세 방법이 너무 떨어져 제시되고 있기 때문에 개념적 연결성이 결여된 수업 지도가 이루어지는 것을 보게 된다.[102] 예를 들면 원추곡선의 접선을 설명하는 단원은 원의 접선 개념을 연결하지 않으며 미분계수를 설명하는 단원에 원추곡선의 접선법을 설명하지 않는 경향이 있다.

연속함수, 미분가능함수, 연속적으로 움직이는 함수

연속적으로 변하는 함수란 그 도함수가 연속인 함수, 즉 C^1-족 함수를 의미한다. 대개 직관적으로 이해할 수 있는 함수는 연속함수나 미분가능함수가 아니라 연속적으로 변하는 함수 즉 C^1-족 함수이다.

로피탈 정리의 사용

로피탈(M. de L'Hospital, 1507~1573)의 정리는 극한 계산에 있어서 매우 강력하고 편리한 도구이다. 그러나 교사들은 기계적 학습이 될까봐 로피탈의 정리의 적용을 주저하고 있는 것을 보게 되는데 개념 학습이 끝난 후에는 적극적으로 사용해도 좋다. 로피탈의 정리의 활용은 손으로 계산하는 것에 대한 계산기의 사용과 같은 맥락이다.

함수의 증감과 미분계수

다음 두 정의를 보자.

정의. $A \subset \boldsymbol{R}$에서 정의되고 실수값을 가지는 함수 f가 있다. 여기서 임의의 $x,\ y \in A$에 대하여 $x \leq y$이면 $f(x) \leq f(y)$일 때 f를 A에서 증가라고 한다.

정의. $A \subset \boldsymbol{R}$에서 정의되고 실수값을 가지는 함수 f가 주어졌다. 여기서 임의의 $x,\ y \in A$에 대하여 $x < y$이면 $f(x) < f(y)$일 때 f를 A에서 강증가라고 한다.

이 두 정의를 함수의 미분가능성과 관련지어 비교하면 다음과 같다.

정리 1. 함수 $f:(a,\ b) \to \boldsymbol{R}$에서 미분가능이라고 하자. 이때 다음 사실이 성립한다.

---

102) 실제로 나선형 교육과정의 약점이 연결성이 약화된다는 점이다.

i) f가 증가라는 것과 임의의 $x \in (a, b)$에 대하여 $f'(x) \geq 0$라는 것은 동치이다.

ii) f가 강증가이면 임의의 $x \in (a, b)$에 대하여 $f'(x) \geq 0$이지만 그 역은 성립하지 않는다.

다음 표를 보자.

상태 \ 함수	$y=1$	$y=x^3$	$y=3x$
증가	○	○	○
$f'(x) \geq 0$	○	○	○
강증가	×	○	○
$f'(x) > 0$	×	×	○

이 표에 의하면 정리 1에서 언급되었다시피 정의 1과 조건 $f'(x) \geq 0$은 부합되지만 정의 2와 조건 $f'(x) > 0$는 부합되지 않는다. 정의 2는 정의 1보다 직관적이고 일상 언어 의미에 기초한 것이지만, 수학적 관점에서 본다면 정의 1(증가)이 정의 2(강증가) 보다 미분계수와의 연결성이 강하다.

대표 함수에 의한 표준화

미적분학은 많은 공식을 다루게 된다. 그러므로 공식을 가능한 한 간단하게 보일 수 있기를 바라게 된다. 이를 위하여 함수들 간에 유사성이 있다면 그중 하나를 대표 함수로 간주하고 다른 함수는 이 대표 함수를 이용하여 부수적인 공식을 만든다. 예를 들면 삼각함수의 경우 호의 길이로 측정한 각도, 즉 호도각 기반의 삼각함수 $\sin_\pi(x)$를 표준으로 사용하고 로그함수의 경우는 $\log_e x$, 지수함수의 경우는 e^x를 표준으로 사용한다. 이렇게 하면 여기서로그함수는 $\log_a x = \dfrac{\log x}{\log a}$를 만족하고 $\sin x^\circ = \sin\dfrac{\pi x}{180}$가 된다. 이렇게 함으로써 미적분법의 계산을 단순화 할 수 있다.

12.4 교수학습 지도

12.4.1 학습 내용 지도

미분계수의 도입

미분계수의 정의는 다양하게 도입할 수 있다. 다음 두 정의를 보자.

i) $\lim_{x \to a} \frac{f(x)-f(a)}{x-a}$

ii) $\lim_{x \to a} \frac{f(a+h)-f(a)}{h}$

이 두 정의는 동치라는 것이 분명하지만 미분법을 시작하는 학습자들은 이 두 정의를 다르게 파악한다. 따라서 이 두 정의를 모두 제시하고 서로 동치라는 것을 밝혀야 한다.

이 정의와 함께 미분계수의 정신모델을 형성할 수 있도록 미분계수의 기하학적 의미를 제시하는 것이 바람직하다.

좌방 미분계수와 우방 미분계수를 분리해서 지도하여 두 값이 일치할 때 미분계수로 정의하는 것도 생각할 수 있다. 이 방법은 미분계수의 기하학적 특성을 좀 더 분명하게 인식할 수 있게 한다.

실제 지도는 다음과 같은 내용을 포함한다.

i) 정의에 의한 미분계수의 도입.
ii) 함수의 미분가능성과 불가능성을 예시를 통하여 변별.
iii) 미분계수의 기하학적 의미 제시. 이때 접선 개념이 도입된다.
iv) 접선 개념이 고전적 개념보다 확장된 것임을 강조. 이를 위하여 미분계수의 정의를 제시하기 전에 고전적 개념, 즉 아폴로니우스의 접선 개념과 데카르트의 접선 개념을 안내하여 접선에 대한 연결을 도모한다.
v) 관련 지식들을 기호로 표상한다.

이때 지도 순서를 생각해보자.

i) 위의 순서대로 진행하는 경우. 이 방식은 설명식 수업에 효과적이다.
ii) iv)→iii)→i)→ii)→v)의 순서. 이 방식은 역사발생적 원리에 의한 것이다.

미분 기호의 지도

미분계수를 지시하는 다양한 기호들이 있다. 그중에서 가장 합리적인 기호는 $f'(x)$라는 것이 앞에서 논의되었다. 이 표기법은 여러 번 미분하는 경우도 $f''(x)$, $f'''(x)$등으로 주어지기 때문에 기법이 일관성과 논리성을 가진다. 이런 이유로 미분을 지시하는 기호로서 $f'(x)$가 바람직하다. 그러나 $\frac{d}{dx}$로 나타내는 표기법은 여러 번 미분하는 경우 $\frac{d^2}{dx^2}$, $\frac{d^3}{dx^3}$ 등과 같은 표기법은 오개념을 낳을 수 있다.

미분 단원의 지도 원리

미분법 단원은 '법'이라는 용어가 시사하는 바와 같이 어떤 것을 구하기 위한 방법 또는 절차들의 학습이 주류를 이루고 있다. 따라서 미분법은 미분계수를 구하기 위한 방법과 절차의 모임이라고 해도 지나친 말은 아니다. 이 절차들은 일련의 공식으로 제시되는데 그 수가 적지 않다. 그러나 방법적 지식은 관련된 개념적 지식이 자동적으로 보증해주는 것은 아니며 별도로 익혀야 한다. 그러므로 미분법을 수월하게 사용할 수 있기 위해서는 적어도 이런 방법적 지식들을 알고 있어야 한다.

함수의 미분 공식은 x^n, e^x, $\sin x$ 등, 이 세 함수로부터 출발한다. 이어 이런 함수의 합과 곱, 합성에 대한 미분 공식을 배움으로써 보다 복잡한 함수의 미분법을 실행하게 된다. 이 과정은 기계론적 방법의 전형이다. 따라서 '기계론적 방법에 대한 일반 원리'를 먼저 안내하는 것이 중요하다. 즉 '기계론에 대한 이해'는 미분법을 이해하기 위한 선행조직자 역할을 한다.

이런 맥락에서 미분법 공식의 지도는 큰 틀에서 다음과 같이 진행된다.

i) 미분계수의 도입.
ii) x^n, e^x, $\sin x$의 미분법 소개.
iii) 기계론에 대한 일반적 해설.
iv) 함수의 합과 곱의 미분법, 합성함수의 미분법.
v) 위의 ii), iii), iv)를 결합하여 보다 일반적인 함수의 미분법 수행.

접선방정식

i) 미분가능함수 $f(x)$의 $x=a$에서의 접선방정식은

$$y-f(a)=f'(a)(x-a)$$

로 주어진다.

ii) 점 $(p,\ q)$를 지나고 함수 $f(x)$에 접하는 접선방정식을 $y-q=k(x-p)$라고 하면 $k=f'(c)$이고 c는 방정식

$$f(c)-q=f'(c)(c-p)$$

를 만족한다. 실제로 접선방정식 $y-q=k(x-p)$가 $y=f(x)$에 접하면 방정식

$$f(x)-k(x-p)-q=0 \tag{1}$$

는 중근을 가진다. 그 중근을 c라고 하면

$$f(x)-k(x-p)-q=(x-c)^2g(x) \tag{2}$$

를 만족한다. 여기서 식 (2)를 x에 대하여 미분하여 $x=c$를 대입하면

$$f'(c)-k=0 \tag{3}$$

를 얻는다. 따라서 (3)을 (2)에 대입하면

$$f(c)-q=f'(c)(c-p) \tag{4}$$

를 만족한다.

예 1. 점 $(1,\ 0)$에서 그래프 $y=x^3$에 접하는 접선방정식을 구해보자. 먼저 $p=1$이고 $q=0$이다. c를 구하기 위하여 $c^3-0=3c^2(c-1)$을 풀면 $c=0$또는 $c=\dfrac{3}{2}$를 얻는다. 그러므로 접선방정식은 $y-0=0(x-1)$ 또는 $y-0=\dfrac{27}{4}(x-1)$이다. 즉 $y=0$ 또는 $y=\dfrac{27}{4}(x-1)$이다.

예 2. 점 $(1,\ 0)$에서 그래프 $y=e^x$에 접하는 접선방정식을 구해보자. 먼저 $p=1$이고 $q=0$이다. c를 구하기 위하여 $e^c-0=e^c(c-1)$을 풀면 $c=1$이다. 그러므로 접선방정식은 $y-0=e^1(x-1)$, 즉 $y=e(x-1)$이다.

미분기호

미분 개념의 지도에서 $\dfrac{dy}{dx}$는 dy를 dx로 나눈 것으로서 분리된 것인가 아니면 분리될 수 없는 것인가에 대한 질문을 많이 받게 된다. 미분계수의 정의에 의하면 $\dfrac{dy}{dx}$는 dy와 dx로서 분리된 것이 아니다. 그러나 무한소 개념을 사용한 미분 개념의 초기 이론을 보면 dy와 dx는 각각 무한소로서 따라서 독립된 양으로서 의미를 가진다. 지금은 이 두 개념을 통합하여

$$dy = f'(x)dx$$

로 정의한다. 그러므로 dy와 dx는 분리된 양으로 생각해도 무관하며 실제로 편리한 경우도 있다. 공학이나 물리 과학에서는 아직도 dy와 dx를 분리해서 사용한다.

분수함수의 미분공식

$$\left(\frac{fg}{FG}\right)' = \frac{fg}{FG}\left(\frac{f'}{f} + \frac{g'}{g} - \frac{F'}{F} - \frac{G'}{G}\right)$$

이 공식은 보다 일반적인 곱의 경우에도 성립한다.

삼각함수의 미분공식

$f(x) = \sin x$이면

$$f^{(n)}(x) = \sin\left(x + \frac{\pi n}{2}\right)$$

이고 $f(x) = \cos x$이면

$$f^{(n)}(x) = \cos\left(x + \frac{\pi n}{2}\right)$$

이다.

한편 $f(x) = \sin x$는 $\left(-\frac{\pi}{2}, \frac{\pi}{2}\right)$에서 역함수 $f^{-1}(x) = \sin^{-1}x$를 가진다. 여기서 역함수의 미분법 공식에 의하여

$$[f^{-1}(f(x))]' = (f^{-1})'(\sin x)\cos x = 1$$

이므로

$$(f^{-1})'(\sin x) = \frac{1}{\cos x}$$

이다. 그러므로

$$(f^{-1})'(y) = \frac{1}{\sqrt{1-y^2}}$$

이므로 변수 x로 나타내면

$$(\sin^{-1})'(x) = \frac{1}{\sqrt{1-x^2}}$$

이다.

여기서 60분법 기반에 의한 삼각함수의 미분의 결과는 어떻게 될까? 먼저 60분법 기반의 사인함수와 코사인함수를 각각 $\sin_{180}x$와 $\cos_{180}x$라고 하고 호도각 기반의 사인함수와 코사인함수를 각각 $\sin_{\pi}x$, $\cos_{\pi}x$라고 두고 $f(x)=\sin_{180}x$라고 하면

$$\sin_{180}x=\sin_{\pi}\left(\frac{\pi}{180}x\right)$$

이므로

$$f'(x)=\frac{\pi}{180}\cos_{\pi}\left(\frac{\pi}{180}x\right)=\frac{\pi}{180}\cos_{180}x$$

가 되어 복잡성을 가지게 된다. 이런 이유로 미적분에는 호도각 기반의 삼각함수가 편리하다.

지수함수와 로그함수의 미분공식

지수함수 $f(x)=e^x$에 대하여 $f^{(n)}(x)=e^x$이다. 한편 $f(x)=\log x$이면 역함수의 미분법에 의하여

$$[f(e^x)]'=f'(e^x)e^x=1$$

이므로

$$f'(y)\equiv\frac{1}{e^x}=\frac{1}{y}$$

이다. 그러므로

$$\log' x=\frac{1}{x}$$

이다. 또 이 사실로부터

$$f^{(n)}(x)=(-1)^{n-1}\frac{(n-1)!}{x^{n+1}}$$

가 성립한다.

합성함수의 미분공식 지도

$y = f(u)$와 $u = g(x)$의 합성함수 공식에서 고전적 방식의 기호

(1) $$\frac{dy}{dx} = \frac{dy}{du} \cdot \frac{du}{dx}$$

로는 구체적인 함수를 주었을 때 적절하게 처리하지 못하는 상황이 나타난다. 예를 들면 $f(u) = u^2 + \sin u$, $g(x) = 3x + x^2$일 때 위의 기호로는

$$\frac{dy}{dx} = (2u + \cos u)(3 + 2x)$$

라고 쓴다. 만약 이것을 도구적으로 이해하고 있다면 $x = 1$에서의 $(f \circ g)(x)$의 미분계수를 계산하는 과제를 수행하지 못한다. 따라서 합성함수의 미분법을 지도할 때는 기호

$$(f \circ g)'(x) = f'(g(x))g'(x)$$

가 바람직하다.

기호 $\frac{dy}{dx} = \frac{dy}{du} \cdot \frac{du}{dx}$의 의미는 합성함수의 미분법의 방법을 우변에 의하여 처리하는 것을 지시하고 있을 뿐이다. 마찬가지로 치환적분에서 $dx = \frac{dx}{dt} \cdot dt$도 우변 식으로 처리하라는 것을 지시하고 있을 뿐이다.

매개변수로 주어진 함수의 미분 지도

평면 위에서의 속도, 가속도 등과 관련된 문제는 주로 시간을 매개변수로 표상된다. 즉 평면 위의 점 (x, y)는 $x = x(t)$, $y = y(t)$로 주어진다. 예를 들어 $x^2 + y^2 = 1$이라면 2변수 함수의 미분법의 공식에 따르면

$$2xx'(t) + 2yy'(t) = 0$$

가 된다. 그러나 학교수학에서 2변수 함수의 미분법을 다루지 않기 때문에 이 문제를 합성함수의 미분법으로 생각해야 하지만 그 결과는 동일하다. 이 점은 이계도함수를 다루는 경우에도 마찬가지이다.

함수의 미분계수의 계산 지도

각각의 함수의 미분계수는 철저히 환원론적 방법을 사용한다. 즉 학교수학에서 나타나는 함수는 대개 다음 함수로 합성되어 있다.

i) $y = x$

ii) $y=\sin x$

iii) $y=e^{x}$

그러므로 주어진 함수는 이 세 함수와 미분법 계산의 기본정리들, 즉 합과 곱의 미분법, 합성함수의 미분법을 사용한다. 학생들에게는 반드시 이 전략을 명확하게 설명해야 하며 학생들은 주어진 함수가 어떻게 합성되어 있는가를 학습자 자신의 언어로 설명할 수 있어야 한다.

평균값정리의 증명 지도

제1평균값정리. 평균값의 정리는 롤의 정리로부터 시작한다. 그 이유는 롤의 정리가 평균값정리의 특수한 경우이기 때문이다. 먼저 롤의 정리를 보면 "함수 f가 $[a, b]$에서 연속이고 (a, b)에서 미분가능일 때 $f(a)=f(b)$이라면 $f'(c)=0$를 만족하는 $c\in(a, b)$가 존재한다."

평균값정리를 증명할 경우

$$F(x)=f(x)-\left[\frac{f(b)-f(a)}{b-a}(x-a)+f(a)\right]$$

라고 두는 이유를 설명하지 못하고 기존의 증명을 기계적으로 답습한다. F를 왜 이와 같이 두는지를 알아보자.

롤의 정리는 기하학적으로

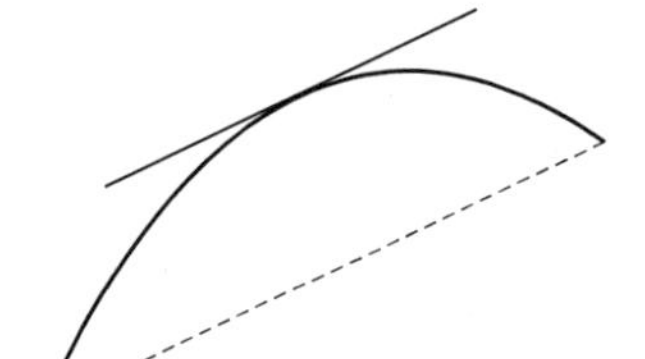

와 같은 함수의 그래프에 대한 문제이다. 한편 평균값정리에 대한 그래프는 다음과 같다.

여기서 F는 바로 $f(x)$와 (점선으로 된) 일차함수 $y=\dfrac{f(b)-f(a)}{b-a}(x-a)+f(a)$의 차로 둠으로써 롤의 정리가 적용될 수 있는 경우로 환원된다.

함수의 극대 극소

학교수학에서 미분법을 이용하여 극대 극소를 구하는 방법은 미분법과 직관적인 방법을 모두 고려하여 접근한다. 다음과 같은 절차가 유용하다.

i) $f'(a)=0$를 만족하는 a값을 찾는다. 그러나 $f'(a)=0$를 만족하는 a값은 극값의 필요조건이지 충분조건은 아니다.

ii) $x=a$ 근방에서 $f(x)$의 값의 변화를 주시한다. 만약 $x=a$ 좌우에서 $f'(x)$의 값의 부호의 변화가 있으면 $x=a$는 극값이다. 즉 $f'(x)$가 음에서 양으로 진행하면 극소이고 양에서 음으로 진행하면 극대이다. 그러나 부호의 변화가 없다면 극대도 극소도 아니다.

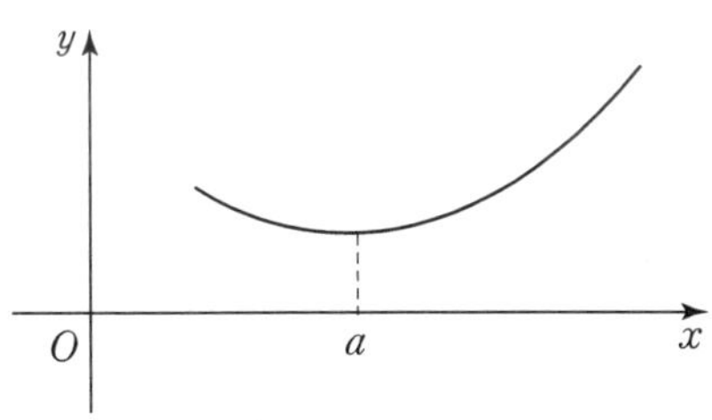

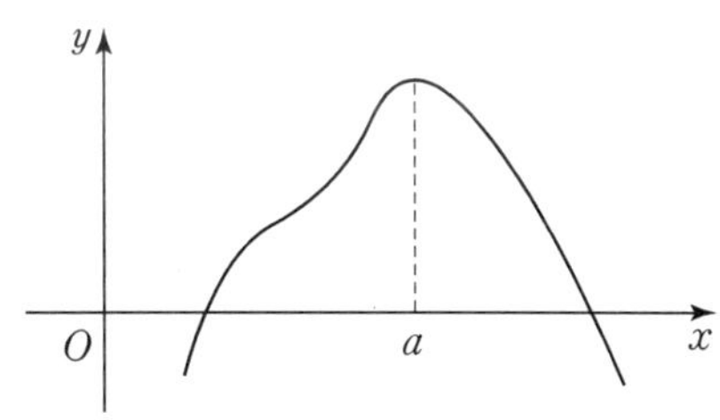

iii) 만약 f가 $x=a$ 근방에서 2회 미분가능이면 $f''(x)$의 값에 주목한다. 즉 $x=a$에서 극소이면 $f''(a)>0$이고 $x=a$에서 극대이면 $f''(a)<0$이다.

예 1. $f(x)=x^2$에 대하여 생각해보자. $f'(0)=0$이고 $f'(x)=2x$로서 $x=0$의 좌우에서 $f'(x)$의 부호의 변화가 있다. 즉 $x=0$는 극대이다. 이 경우는 f가 2회 미분가능한데 $f''(x)=2>0$이므로 극대이다.

예 2. $f(x)=x^3$에 대하여 생각해보자. 먼저 $f'(0)=0$이고 $f'(x)=3x^2$이므로 $x=0$의 좌우에서 부호의 변화가 없다. 그러므로 $x=0$는 극대도 극소도 아니다.

함수의 증가와 감소

함수의 미분가능성과 증가성에 관련된 정의는 다음과 같이 2가지가 있다.

ⅰ) (약 증가성) $x \le y$이면 $f(x) \le f(y)$로서 함수의 증가를 정의하는 것.
ⅱ) (강 증가성) $x < y$이면 $f(x) < f(y)$로서 함수의 증가를 정의하는 것.

함수 f가 미분가능일 때 약 증가성은 미분계수가 $f'(x) \ge 0$라는 것과 동치이다. 그러나 f가 강 증가이면 $f'(x) \ge 0$이지만 그 역은 성립하지 않는다. 이런 점에서 함수의 약 증가성 개념은 함수의 미분가능성과 어울리는 정의이다. 또 정의 ⅰ)에 의하면 상수함수는 증가함수이고 동시에 감소함수이지만 정의 ⅱ)에 의하면 어느 것도 아니다.

이와 같은 맥락에서 함수의 '증가'에서 증가성의 일상적 의미는 분명히 강증가를 의미하겠지만, 부분집합과 진부분집합의 차이를 생각하면 이 경우에도 대개 '약증가' 정의를 증가 개념의 표준정의로 하는 것이 바람직하다.

함수의 요철

f''가 존재할 때 f가 아래로 볼록일 필요충분조건이 $f''(x) \ge 0$라는 사실을 직관적으로 수용할 수 있도록 한다. 다음 그래프를 보자.

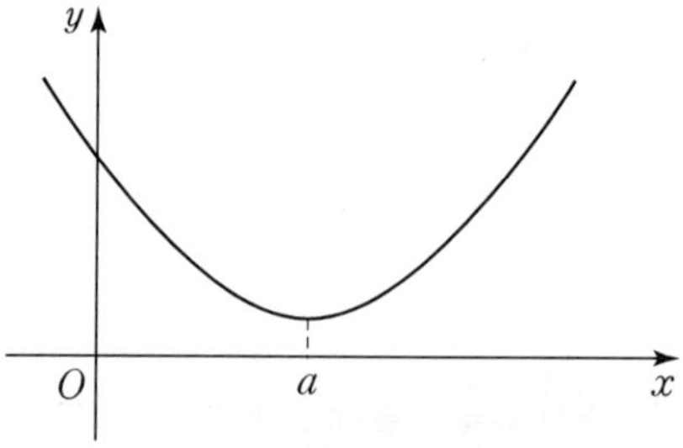

이 그래프에서 x가 좌측에서 우측으로 이동할 때 점 $x = a$ 근방에서 $f'(x)$의 값이 증가하고 있음을 보여준다. 그런데 $f'(x)$가 증가한다는 것은 $f''(x) \ge 0$임을 의미한다. 그러므로 아래로 볼록일 경우의 설명은 이와 같이 그래프를 통하여 접근하는 것이 바람직하다.

이런 문제를 이해하기 위하여 다양한 그래프를 통하여 $f'(x)$와 $f''(x)$의 그래프를 그려보는 것이 바람직하다.

예 1. 다음 함수의 그래프의 요철을 조사해보고 결과를 과거의 지식과 비교해보자.

ⅰ) $f(x) = |x|x^4$
ⅱ) $f(x) = \sqrt{x}$

iii) $f(x) = \log x$

iv) $f(x) = e^{x}$

v) $f(x) = \dfrac{1}{x}$

예 2. $f'(x)$가 다음과 같을 때 $f(x)$의 대략적인 그래프를 그려보자.

i) $f'(x) = 2x$

ii) $f'(x) = 3x^2$

iii) $f'(x) = |x|$

iv) $f'(x) = x|x|$

예 3. 다음은 $y = f(x)$의 그래프이다. $f'(x)$와 $f''(x)$의 그래프를 그려보자.

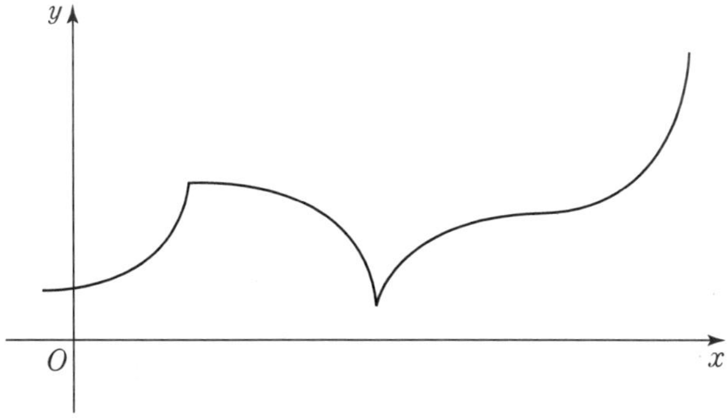

점근선의 방정식

그래프의 개형을 다룰 때 중요한 요소는 도형의 특이한 위치 정보를 종합하여 개형을 그려나간다. 이때 중요한 요소들은 극값, 변곡점, 점근선이다. 극값의 필요조건은 $f'(a) = 0$를 만족하는 a이고, 변곡점의 필요조건은 $f''(a) = 0$를 만족하는 a이다. 마지막으로 어떤 함수의 점근선의 방정식을 $y = ax + b$라고 하면 a와 b의 값은 다음 두 방정식

$$\lim_{x \to \infty} [f(x) - (ax + b)] = 0$$

$$\lim_{x \to -\infty} [f(x) - (ax + b)] = 0$$

중에서 값이 존재하는 경우의 a와 b에 의하여 주어진다.

예 1. 함수 $f(x)=\dfrac{x^3}{1+x^2}$의 점근선을 조사해보자. f에 대한 점근선의 방정식을 $y=ax+b$라고 하면

$$\lim_{x\to\infty}\left[\frac{x^3}{1+x^2}-(ax+b)\right]=0$$

또는

$$\lim_{x\to-\infty}\left[\frac{x^3}{1+x^2}-(ax+b)\right]=0$$

를 만족한다. 여기서 $\lim\limits_{x\to\infty}\left[\dfrac{x^3}{1+x^2}-(ax+b)\right]=0$이면 $a=1$이고 $b=0$이다. 마찬가지로 $\lim\limits_{x\to\infty}\left[\dfrac{x^3}{1+x^2}-(ax+b)\right]=0$이면 $a=1$이고 $b=0$이다.

예 2. 함수 $f(x)=e^x$의 점근선을 조사해보자. f에 대한 점근선의 방정식을 $y=ax+b$라고 하면

$$\lim_{x\to\infty}[e^x-(ax+b)]=0$$

또는

$$\lim_{x\to-\infty}[e^x-(ax+b)]=0$$

를 만족한다. 그런데 $\lim\limits_{x\to\infty}[e^x-(ax+b)]=0$을 만족하는 a와 b는 존재하지 않는다. 반면에 $\lim\limits_{x\to-\infty}[e^x-(ax+b)]=0$을 만족하는 a와 b는 각각 $a=0$와 $b=0$이다.

그래프의 개형 그리기

함수의 그래프를 그리는 이유는 그래프의 국소적 형태와 거시적 형태를 알기 위함이다. 특히 국소적 형태를 주목하는 것은 극값의 위치를 알기 위함이고 거시적 형태에 주목하는 것은 그래프의 거시적 성질을 알기 위함이다. 따라서 함수의 그래프를 그릴 때는 다음 요소를 주목한다.

i) 임계값의 결정. 즉 $f'(x)=0$을 구한다. 이것으로부터 극값의 일부를 찾는다.

ii) $x=c$가 점근선이 되는 c의 값을 찾는다. 이것은 $\lim\limits_{x\to c}f(x)=\infty$ 또는 $\lim\limits_{x\to c}f(x)=-\infty$를 만족하는 실수 c의 값이다.

iii) $y = ax + b$가 점근선이 되는 a와 b값의 찾는다.
iv) 정의역의 경계 부근에서의 함수의 변화를 결정한다.
v) 함수의 y 절편을 찾는다.

여기에 다음과 같은 부가적인 정보도 도움이 된다.

vi) 가능하면 $f(x) = 0$이 되는 값을 찾는다.
vii) f의 변곡점을 찾는다. 즉 $f''(x)$의 값의 변화를 주목한다. f'는 증가, 감소상태만 알려주지만 f''는 증가, 감소를 보다 정교하게 알려준다.

고차도함수의 물리 체험적 성질

함수 $f(t)$가 시각 t에서의 변위를 표상한다고 하자. 이때 고차도함수 $f'(t)$, $f''(t)$, $f'''(t)$의 물리적 의미는 다음과 같다.

도함수의 종류	명칭	지각
$f(t)$	변위	위치 지각
$f'(t)$	속도	변화 지각
$f''(t)$	가속도	힘의 지각
$f'''(t)$	jerk	멀미의 지각

부등식에의 응용

A에서 $f(x) \geq 0$라는 사실을 미분법에 의하여 해결하는 기법은 함수의 극값 문제의 특별한 경우이다. 일반적으로 주어진 함수가 A에서 최솟값이 0보다 크면 해결되겠지만 최솟값이 없는 경우도 있다. 예를 들면 $0 < x < \sqrt{6}$에서 $f(x) = x - \frac{x^3}{6}$의 최솟값은 존재하지 않는다. 이런 경우는 경계에서의 값을 고려한다. 실제로 이 문제는 $f'(x) = 1 - \frac{x^2}{2}$이고 함수의 증감표를 보면 다음과 같다.

x	0	…	$\sqrt{2}$	…	$\sqrt{6}$
$f'(x)$	+	+	0	−	−
$f(x)$	0	+	+	+	0

이 표에 의하면 주어진 영역 $(0, \sqrt{6})$에서 주어진 함수 $f(x) = x - \frac{x^3}{6}$는 존재하지 않는다. 그러나 그 경계에서 f의 함숫값은 0이므로 내부 $(0, \sqrt{6})$에서 $f(x)$는 양이 됨을 알 수 있다.

한편 보다 복잡한 부등식도 미분법을 사용하여 증명할 수 있다. 다음 예를 보자.

예. 임의의 $x \geq 0$에 대하여 $e^x \geq 1 + x + \frac{x^2}{2}$를 증명해보자. 먼저 $f(x) = e^x - 1 - x - \frac{x^2}{2}$라고 두면, $f'(x) = e^x - 1 - x$이고 $f''(x) = e^x - 1$이다. 여기서 $f''(x) \geq 0$이므로 $f'(x)$는 증가함수이고, 또 $f'(0) = 0$이므로 $f'(x) \geq 0$이다. 그러므로 f는 증가함수이다. 여기서 또 $f(0) = 0$이므로 $f(x) \geq 0$이다. 그러므로 임의의 $x \geq 0$에 대하여 $e^x \geq 1 + x + \frac{x^2}{2}$가 성립한다.

점화식에의 응용

점화식

$$x_{n+1} = f(x_n),\ x_1 = a$$

의 극한값을 구하기 위하여 순수하게 그래프를 이용하여 극한을 추측할 수 있다. 이런 기법을 그래프에 의한 분석이라고 한다. 그래프에 의한 분석은 강력하지만 직관적이라는 점에서 대수적 방법이 필요하다.

대수적 방법은 본체적 분석에서 다루었던 관련 정리를 사용하면 충분하다. 그러나 단순히 정리를 사용하는 지도법은 식의 조작 능력을 고려하지 않기 때문에 바람직하지 않다. 이에 대한 대안으로 다음과 같은 대수적 지도 절차를 제안한다.

i) $y = f(x)$의 부동점 계산. 여기서 부동점을 p라고 하자.

ii) $|x_{n+1} - p|$와 $|x_n - p|$의 값의 비교. 여기서 $|x_{n+1} - p| = |f(x_n) - f(p)|$를 통하여 $|x_n - p|$와 값은 비교할 수 있다. 이 비교에서 $|x_{n+1} - p| < k|x_n - p|$를 만족하는 $0 \leq k < 1$를 찾는다. 여기서 이 과정은 거꾸로 $|x_2 - p|$와 $|x_1 - p|$을 비교하여 일반적인 경우로 나아갈 수도 있다.

iii) $|x_{n+1} - p| < k|x_n - p|$으로부터 $|x_{n+1} - p| < k^n|x_1 - p|$을 유도하고 양변에 $n \to \infty$를 적용한다.

예 1. 점화식

$$x_{n+1} = 2 + \frac{3}{x_n},\ x_1 = 4$$

의 극한값을 구해보자. 먼저 이 점화식은 $f(x) = 2 + \frac{3}{x}$이므로, $2 + \frac{3}{x} = x$를 이용하여 부동점 p를 구하면 $p = 3$을 얻는다. 여기서

$$|x_{n+1} - 3| = |2 + \frac{3}{x_n} - 3| = \frac{|x_n - 3|}{|x_n|} \tag{1}$$

을 얻는다. 그런데 식 (1)의 우변의 분자 $|x_n|$의 크기가 분명하지 않다. 따라서 대안으로 $|x_2 - p|$와 $|x_1 - p|$을 비교하는 전략을 취하자.

$$|x_2 - 3| = \frac{|x_1 - 3|}{|x_1|} = \frac{|x_1 - 3|}{4} \leq \frac{1}{4} \tag{2}$$

을 얻는다. 그러므로

$$|x_3 - 3| = \frac{|x_2 - 3|}{|x_2|} \leq \frac{4}{11} \cdot \frac{|x_1 - 3|}{4} \leq \frac{|x_1 - 3|}{11} = \frac{1}{11} \tag{3}$$

이 된다. 따라서

$$|x_4 - 3| = \frac{|x_3 - 3|}{|x_3|} \leq \frac{11}{32} \cdot \frac{|x_1 - 3|}{11} \leq \frac{|x_1 - 3|}{32} = \frac{1}{32} \tag{4}$$

을 얻는다. 이와 같은 방법으로 계속하면 $n \to \infty$일 때 $x_n \to 3$을 얻는다.

예 2. 점화식의 극한값을 구할 때 극한연산자 $\lim\limits_{n \to \infty}$를 무비판적으로 적용하는 경우가 있다. 예를 들면

$$p = 1 + \cfrac{1}{1 + \cfrac{1}{1 + \cfrac{1}{1 + \cdots}}}$$

의 값을 구할 때, $p = 1 + \frac{1}{p}$라고 두고 $p = \frac{1 + \sqrt{5}}{2}$라고 결론을 내린다. 그러나 만약 점화식이

$$b_{n+1} = 2b_n,\ b_1 = 1$$

이라면 앞의 경우와 같이 생각하여 $\{b_n\}$의 극한값은 p라고 하면 $p = 2p$이므로 $p = 0$이다. 그렇지만 $\{b_n\}$은 발산한다. 이 사실로부터 극한연산자는 함부로 적용할 수 있는

것이 아니다.

기하학에의 응용

다음 $\triangle ABC$는 밑변과 높이가 각각 1인 이등변삼각형이다.

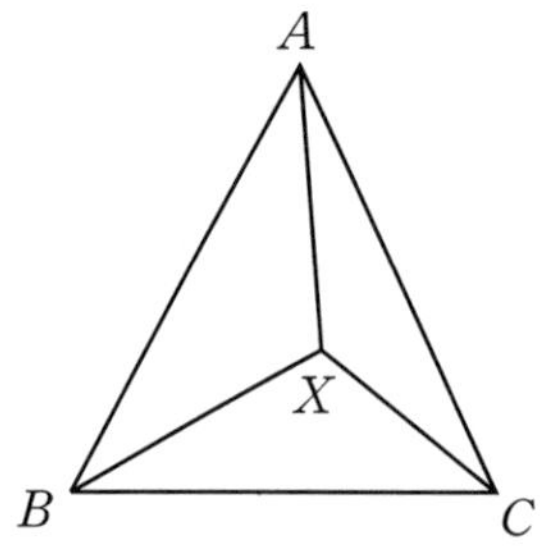

이때 $\overline{AX}+\overline{BX}+\overline{CX}$의 최솟값을 구해보자. 이 문제는 종합기하학의 방법으로 해결될 수 있다. 그러나 해석기하학의 문제로 표상하고 미분법을 사용하여 해결할 수도 있다. 실제로 주어진 삼각형의 좌표를 $A(0,\ 1)$, $B\left(-\frac{1}{2},\ 0\right)$, $C\left(\frac{1}{2},\ 0\right)$라고 두고 X의 좌표를 $(0,\ x)$라고 하면 주어진 문제는 함수

$$f(x)=1-x+2\sqrt{x^2+\frac{1}{4}}$$

의 최솟값을 구하는 문제로 환원된다. 여기서 함수 f를 미분하면

$$f'(x)=-1+\frac{4x}{\sqrt{4x^2+1}}$$

이고 $x=\frac{1}{2\sqrt{3}}$에서 최소가 되고 이것은 $\overline{AX}$, $\overline{BX}$, $\overline{CX}$가 이루는 각이 120도라는 페르마의 문제의 답과 일치한다.

만약 $\angle A$가 둔각일 때는 이 최솟값은 $\overline{AB}+\overline{AC}$가 되는데 이 사실은 종합기하학의 방법으로는 분석하기 어려우나 미분법에 의하여 간단하게 알 수 있다.

물리에의 응용

다음 그림과 같이 빛이 매질 I에서 v_1의 속도로, 매질 II에서 속도 v_2로 통과한다.

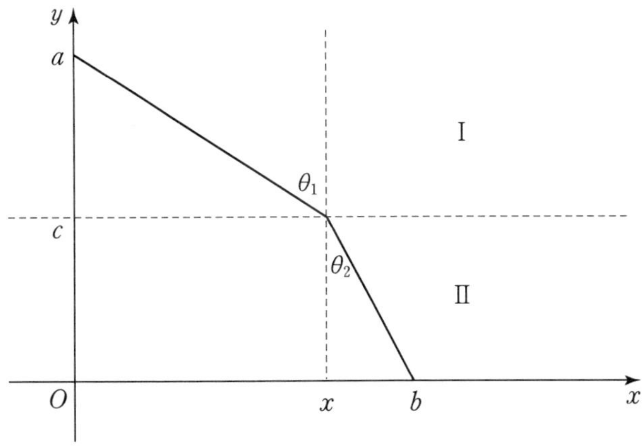

이때 각각의 매질에서 굴절각을 각각 θ_1, θ_2라고 할 때,

(1) $$\frac{\sin\theta_1}{\sin\theta_2}=\frac{v_1}{v_2}$$

이 됨을 보이자.

빛이 점 $(0,\ a)$에서 출발하여 $y=c$에서 굴절하여 점 $(b,\ 0)$까지 온다고 하고 x를 굴절되는 지점의 x좌표라고 하면 총 경과 시간은

(2) $$\frac{\sqrt{x^2+(a-c)^2}}{v_1}+\frac{\sqrt{(x-b)^2+c^2}}{v_2}$$

가 된다. 식 (2)를 x에 대하여 미분하여 0이 되는 x가 최단 시간에 도착하는 경로가 된다. 따라서 식 (2)를 x에 대하여 미분하면

$$\frac{x}{v_1\sqrt{x^2+(a-c)^2}}+\frac{x-b}{v_2\sqrt{(x-b)^2+c^2}}=0$$

가 되고 이것을 정돈하면

(3) $$\frac{x}{v_1\sqrt{x^2+(a-c)^2}}=\frac{b-x}{v_2\sqrt{(x-b)^2+c^2}}$$

여기서 $\sin\theta_1=\dfrac{x}{\sqrt{x^2+(a-c)^2}}$이고 $\sin\theta_2=\dfrac{b-x}{\sqrt{(x-b)^2+c^2}}$이므로 $\dfrac{\sin\theta_1}{\sin\theta_2}=\dfrac{v_1}{v_2}$을 얻는다.

12.4.2 평가

1. $\lim_{x\to\infty} f'(x) = p$일 때 $\lim_{x\to\infty} \frac{f(x)}{x}$의 값을 추측하고 그 추측이 타당함을 밝혀라.

2. f는 $[0,\ 1]$에서 연속이고 $(0,\ 1)$에서 미분가능이며 $f(0)=0$이다. 만약 f'가 $(0,\ 1)$에서 증가함수이면 $\frac{f(x)}{x}$도 $(0,\ 1)$에서 증가함수임을 보여라.

3. $\lim_{x\to\infty} f'(x) = 0$일 때 $\lim_{x\to\infty} [f(x+1)-f(x)]$의 값을 추측하고 그 추측이 타당함을 밝혀라.

4. $\lim_{x\to 0} \frac{x^2 \sin\left(\frac{1}{x}\right)}{\sin x}$의 극한값을 구하고 여기서 로피탈의 정리가 적용될 수 있는지 판단하고 그 이유를 설명해보자.

5. $h>0$이고 f는 $[a-h,\ a+h]$에서 연속이고 $(a-h,\ a+h)$에서 미분가능이면

$$\frac{f(a+h)-f(a-h)}{h} = f'(a+\theta h)+f'(a-\theta h),\ 0<\theta<1$$

가 성립함을 보여라.

6. f가 2회 미분가능하면

$$f''(a) = \lim_{h\to 0} \frac{f(a+h)+f(a-h)-2f(a)}{h^2}$$

가 성립한다. 그러나 위의 우변 극한은 존재하지만 2회 미분불가능한 함수가 존재함을 보여라.

7. 함수 f는 $(a,\ b)$에서 미분가능이고 $\lim_{x\to b-} f(x) = +\infty$이라면 $\lim_{x\to b-} f'(x)$는 존재하지 않거나 무한대임을 보여라.

8. 반지름이 x인 구의 표면적과 부피를 각각 $S(x)$와 $V(x)$라고 하면 $S(x)=4\pi x^2$와 $V(x)=\frac{4\pi x^3}{3}$가 성립한다. 여기서 $V'(x)=S(x)$가 성립하고 있다. 그렇다면 한 변의 길이가 x인 정육면체의 표면적과 부피를 각각 $S_1(x)$와 $V_1(x)$라고 하면 $S_1(x)=6x^2$이고 $V_1(x)=x^3$이 된다. 그러나 여기서는 $V_1'(x) \neq S_1'(x)$이다. 이 문제에 대하여 합리적인 설명을 제시하라.

9. 다음과 같은 직각으로 이루어진 통로에 막대기를 운반하고 있다. 운반할 수 있는 막대기의 최대 길이를 구하라.

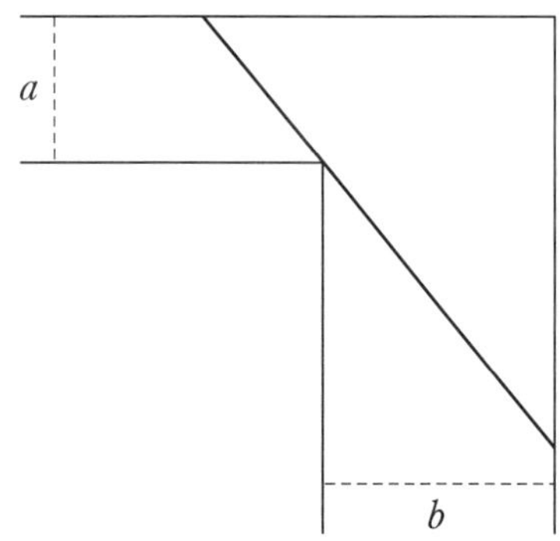

10. $0 < a < b$일 때 $1 - \dfrac{a}{b} < \log b - \log a < \dfrac{b}{a} - 1$를 증명하라.

11. $a > b > 0$이고 n은 1이 아닌 자연수라고 할 때, $\sqrt[n]{a} - \sqrt[n]{b} < \sqrt[n]{a-b}$를 증명하라.

12. 함수 f의 $x \to \infty$일 때의 점근선의 방정식 $y = ax + b$를 조건 $\lim\limits_{x \to \infty} \dfrac{f(x)}{ax+b} = 1$으로 하면 어떤 문제가 나타날까?

13. 함수 $f : [a,\ b] \to \boldsymbol{R}$가 연속이고 $(a,\ b)$에서 미분가능이다. 여기서 $\lim\limits_{x \to a} f'(x) = p$이면 $f'(a)$는 존재하고 $f'(a) = p$임을 보여라.

12.4.3 연구 과제

교수 측면

1. 미분 단원은 대개 절차적 지식에 많은 부분을 할애하고 있다. 학교수학에서 미분 단원을 총괄하는 절차적 지식들을 위계적으로 조직할 수 있겠는가?

2. 물리에 응용하기 위한 자료를 개발하자.

3. 학교수학에서 미분방정식의 도입에 대한 효과를 논의하자.

4. 이 단원에서 지도하기 어려운 내용을 제시하고 대안을 토의하자.

학습 측면

1. 미분에 대한 관계적 이해와 도구적 이해가 학습에 미치는 효과를 토의하자.

2. 미분법을 학습하기 위한 선수 학습과정을 상세하게 분석하고 이 결과로부터 미분법의 학습에 영향을 줄 수 있는 것들을 제시해보자.

3. 학생들이 어려워하는 부분은 무엇인가?

4. SOLO 평가를 구체화하기 위한 질의 문항을 개발하자.

13. 적분법

13.1 수학적 분석

13.1.1 역사적 분석

측정과 계량은 수학적 대상을 수치화하는 방법에 대한 영역이다 관심 대상은 길이, 넓이, 부피 등과 같은 것들로서 일상생활과 매우 밀접한 관계를 가지고 있다. 측정은 수와 관련되어 있기 때문에 수의 분석이 필연적이다. 측정이란 도형을 계량화하는 작업이기 때문에 수가 계량 도구가 된다.

히포크라테스의 구적법

구적법(quadrature)이란 임의의 도형을 같은 넓이를 가지는 정사각형으로 작도하는 방법이다. 초기 그리스 수학자들은 임의의 다각형을 같은 면적을 가지는 정사각형으로 작도할 수 있었다. 이것은 다각형을 삼각형으로 분해하고 삼각형은 같은 넓이를 가진 정사각형으로 작도할 수 있기 때문에 결국 임의의 다각형은 같은 넓이를 가진 정사각형으로 작도할 수 있게 된다. 히포크라테스는 다음 그림과 같이 가장 작은 원판에서 가장 큰 원판을 제거한 궁형의 면적과 둘째 원판에서 가장 큰 원판을 제거한 궁형(lune)의 면적이 삼각형의 면적과 일치한다는 것을 밝혔다. 실제로 다음 그림과 같이 직각삼각형의 각 변의 길이를 차례로 $\overline{AC}=a$, $\overline{CD}=b$, $\overline{AD}=c$라고 하면 $a^2+b^2=c^2$이 성립한다.

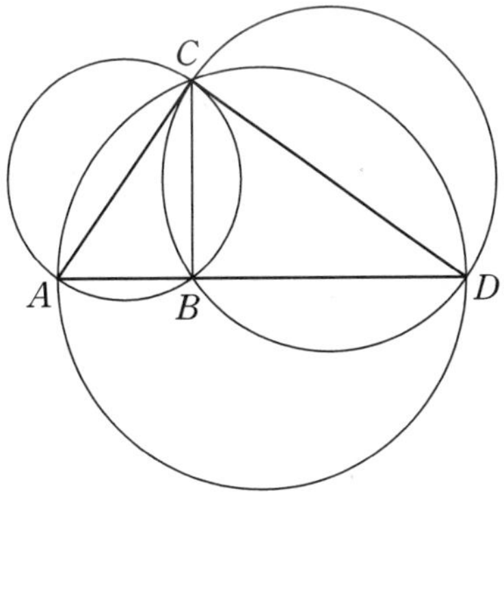

여기서 가장 작은 궁형의 넓이를 I, 둘째 궁형의 넓이를 II라고 하면

$$I+II=\frac{\pi}{2}\left(\frac{a}{2}\right)^2+\frac{\pi}{2}\left(\frac{b}{2}\right)^2-\left[\frac{\pi}{2}\left(\frac{c}{2}\right)^2-\frac{ab}{2}\right]=\frac{ab}{2}$$

를 얻는다. 이것은 두 궁형의 넓이가 삼각형의 면적과 같음을 보이는 것이다. 히포크라테스는 이와 같이 곡선으로 둘러싸인 도형의 넓이의 구적법을 성공한 최초의 수학자이다.

무한소법과 실진법

구적법에 대한 연구는 작도라는 비계량적인 관점을 넘어 도형의 넓이를 구하는 계량적인 연구로 이행되었다. 구적법의 계량적 접근은 수에 대한 감각이 필요하였다. 이를 위하여 수에 대한 두 가지 입장이 나타났는데, 하나는 비표준 수 체계에 기반을 둔 데모크리토스의 무한소법이고 다른 하나는 표준수 체계에 기초를 둔 에우독소스의 실진법이다. 데모크리토스는 17세기에 카발리에리 원리로 알려진 방법을 통하여 삼각기둥으로부터 삼각뿔의 부피를 구할 수 있었다.

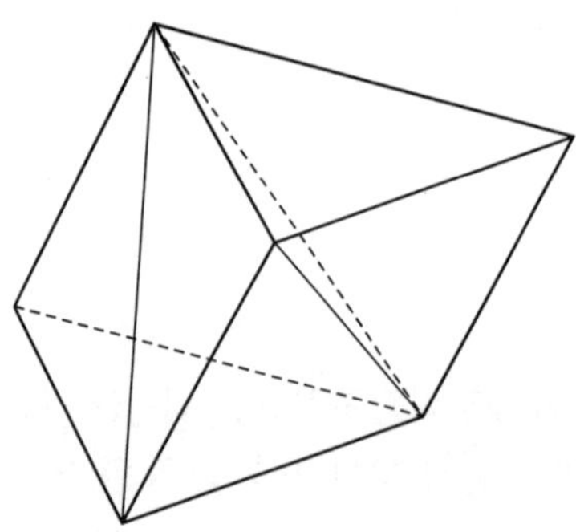

히포크라테스에 이어 안티폰(Antiphon, 380~411 B.C.)은 원의 구적법을 최초로 생각했고, 분명치는 않지만 실진법(method of exhaustion)을 최초로 제안하였으며 실제로 원의 넓이를 구하기 위하여 정2^n각형을 사용하였다. 실진법이란 임의의 도형을 다각형으로 근사화하는 방법인데 그 당시는 극한의 개념이 부족했기 때문에 주어진 도형을 근사 도형의 극한으로 접근하지 못하고 귀류법으로 접근하였다. 그 결과 제한적인 도형의 넓이만 구할 수 있었다.

에우독소스는 실진법을 확립한 사람으로 알려져 있다. 유클리드의 원론 12권 명제 2에서 제시되어 있는 원의 넓이에 대한 증명은 에우독소스의 것이라고 추측하고 있다(Boyer & Merzbach, 1991).

헬레니즘기의 위대한 수학자 아르키메데스는 무한소법과 실진법을 모두 수용했는데 전자

는 발견의 도구로서 후자는 정당화의 도구로서 사용하였다. 다음 예는 각각 비표준 수 체계와 표준 수 체계를 이용하여 도형의 넓이를 구하는 방법이다.

예 1. 아르키메데스는 <방법>이라는 저술에서 무한소법을 사용하여 구의 체적을 구하였는데 이를 이해하기 쉽게 현대적 언어로 재구성하면 다음과 같다. 먼저 $(x-a)^2+y^2=a^2$이라는 원을 정리하면 $x^2+y^2=2ax$가 된다. 여기서 $x^2+y^2=2ax$의 양변에 $2\pi a$를 곱하면

(1) $$\pi x^2 2a+\pi y^2 2a=\pi(2a)^2 x$$

가 된다. 식 (1)에서 좌변의 두 식과 우변의 한 식의 물리적 의미를 부여하면 좌변의 두 식은 각각 질량 πx^2과 πy^2을 가진 두 물체가 기준점에서 $2a$만큼 떨어져 있다는 것을 의미하고, 우변의 한 식은 질량 $\pi(2a)^2$을 가진 물체가 기준점에서 x만큼 떨어져 있다는 것을 의미한다. 아래 그림을 참조하면 좌측의 두 개의 가로 막대와 우측의 세로 막대가 원점을 기준점으로 하여 평형을 유지하고 있음을 말한다. 여기서 세 막대의 두께는 무한소임을 주의하자. 이제 이 막대를 원점에서 $2a$까지 더하면 좌측은 각각 반지름이 a인 구의 체적과 반지름과 높이가 모두 $2a$인 원뿔의 부피를 구하는 것이 되고, 우측은 반지름과 높이가 모두 $2a$인 원기둥의 부피를 구하는 것이 된다. 여기서 구의 부피를 V라고 하자. 그런데 그 당시 원뿔의 부피를 구하는 공식은 이미 알고 있었기 때문에 이것과 (1)을 이용하면

(2) $$V2a+\pi(2a)^2\frac{2a}{3}2a=[\pi(2a)^2 2a]a$$

를 얻는다. 여기서 우변은 원기둥의 무게 $\pi(2a)^2 2a$와 그 무게중심 a를 곱한 결과이다. 이제 식 (2)를 정돈하면 $V=\dfrac{4\pi a^3}{3}$을 얻는다.

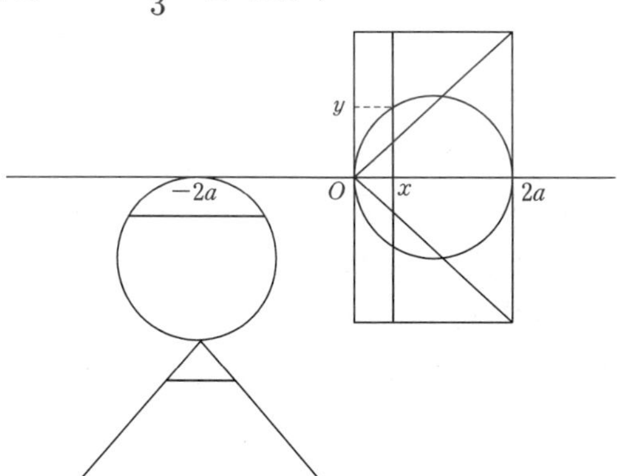

아르키메데스가 평형을 이용하여 생각한 방법

예 2. 아르키메데스는 선분에 의하여 절단된 포물선으로 이루어진 도형의 넓이를 구하는 데 다음과 같은 방법을 사용하였다. 먼저 다음 그림을 보자.

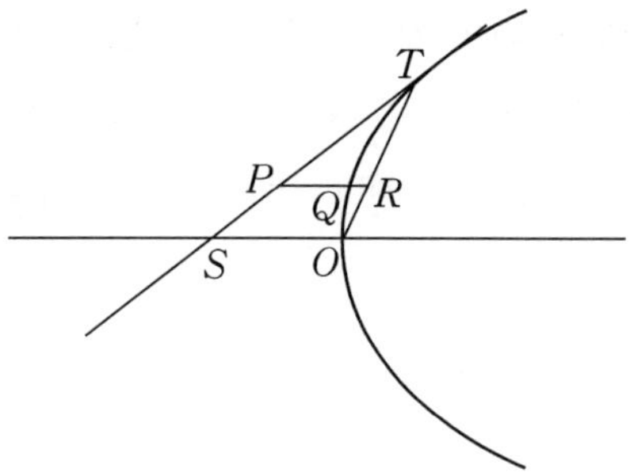

이 포물선의 임의의 점 T에서 축과의 교점을 S라고 하고 $\overline{PQ}$는 포물선의 축과 평행이라고 할 때 $\overline{TR}:\overline{TO}=\overline{RQ}:\overline{RP}$가 성립하고 이 비례식으로부터

(1) $$\overline{RP}\cdot\overline{TR}=\overline{RQ}\cdot\overline{TO}$$

가 성립한다. 여기서 (1)은 강체 $\overline{RP}$와 $\overline{RQ}$가 각각 길이 $\overline{TR}$와 $\overline{TO}$에 의하여 평형을 이루고 있음을 의미한다. 따라서 선분 $\overline{PR}$을 점 T에서 포물선의 축까지 평행이동하면서 (1)을 모두 합하면

$$(\text{활꼴 } TQRO\text{의 넓이})\times\overline{OT}=(\triangle TSO\text{의 넓이})\times\frac{\overline{TO}}{3}$$

가 성립한다. 그러므로

$$(\text{활꼴 } TQRO\text{의 넓이})=\frac{1}{3}\times(\triangle TSO\text{의 넓이})$$

을 얻는다.

그는 또 다음과 같은 추론을 통하여 선분으로 절단된 포물선의 넓이를 구했다. 먼저 포물선을 선분 $\overline{AB}$으로 자르고 그 선분의 중점 M의 수평선이 포물선과 만나도록 선분을 그어 그 교점을 C라고 한다. 이 과정을 $\overline{AC}$와 $\overline{BC}$에 대하여 다시 시행한다. 이렇게 하면 다음 그림과 같은 삼각형들이 나타난다. 여기서 $\triangle ACD$의 넓이와 $\triangle BCE$의 넓이의 합은 $\triangle ABC$의 넓이의 합의 1/4이 된다는 사실로부터 무한등비급수의 합의 공식을 이용하면 절단된 포물선으로 둘러싸인 넓이는 $\triangle ABC$의 넓이의 4/3이 됨을 알 수 있다.[103)]

103) 여기서 실제로 무한등비급수의 합의 공식을 사용한 것은 아니고 실진법에 의하여 증명하였다.

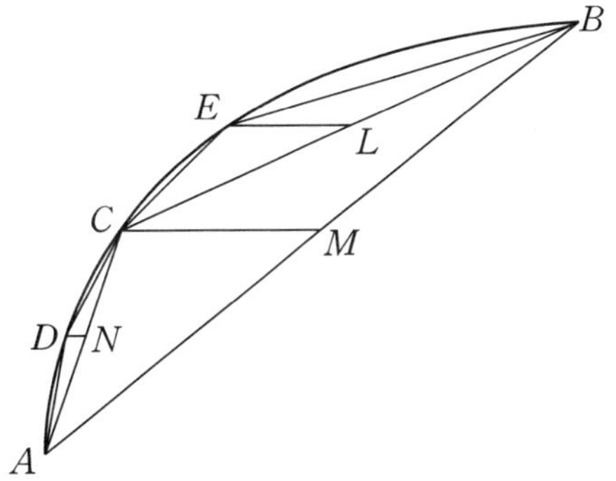

케플러(J. Kepler, 1571~1630)은 연속성의 원리를 제안하고 이 원리에 따라 원을 무한히 많은 무한소 삼각형의 합이라고 생각하였으며 이에 기초하여 원의 넓이를 구하였다. 그의 방법에 의하면 무한소 삼각형은 높이가 r이고 밑변의 길이가 무한소인 δ이다. 그러므로 삼각형의 넓이는 $\frac{r\delta}{2}$이고 이것을 모두 합하면 $\Sigma\frac{r\delta}{2}=\frac{r}{2}\Sigma\delta$가 된다. 여기서 $\Sigma\delta=2\pi r$이므로 원의 넓이는 πr^2이 됨을 알 수 있다.

무한소법은 그후 뉴턴과 라이프니츠가 미적분법을 고안하는데도 사용되었으며 물리적 현상을 수학적으로 정립할 때 이 방식이 이해하기 쉽기 때문에 지금도 이공학의 교과서에서 널리 사용되고 있다.

파푸스(Pappus, 290~350)는 회전체의 부피에 관한 공식을 발견하였다. 회전체는 일반적으로 어떤 집합 $D\subset R^2$를 회전한 것으로서 $D\times S^1$로 주어지며, 그 부피는 D의 무게중심과 축을 반지름으로 하는 원주의 길이를 D의 넓이에 곱한 결과이다.

근대에 이르러 카발리에리는 적분을 위한 간단한 아이디어를 발견하였다. 이것에 의하면 주어진 두 도형에 임의의 평행선을 그었을 때 평행선과 각 도형이 만나는 부분의 길이가 각각 같다면 대응하는 두 도형의 넓이는 같다. 이것을 카발리에리의 원리라고 한다.[104)]

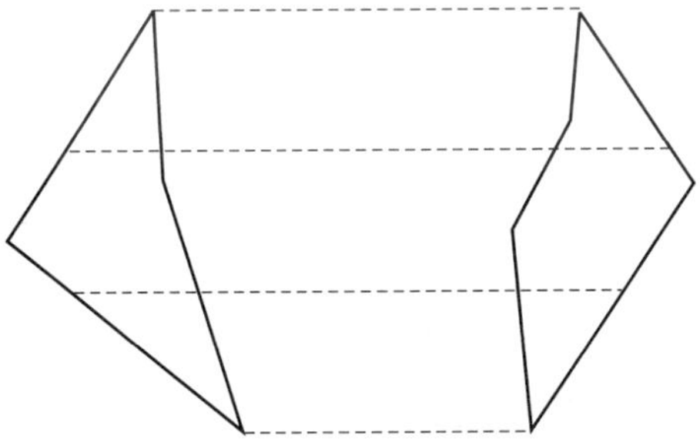

카발리에리의 원리

104) 카발리에리의 원리는 실제로 데모크리토스가 각뿔의 부피를 구하는데 응용되었다(Boyer & Merzbach, 1991). 그러므로 카발리에리의 원리는 데모크리토스가 발견한 것을 재발견한 것에 지나지 않는다.

해석기하학과 적분

좌표를 이용하여 도형은 대수적으로 표상할 수 있게 되었고 이에 따라 측도에 대한 연구는 기하학적 방법에서 해석적 방법으로 전환되었다. 해석적 방법에 의한 구적법의 초기 연구자는 페르마, 파스칼, 월리스, 배로에 의하여 주도되었다. 이어 이들의 연구가 기반이 되어 고전적 측도의 연구는 뉴턴과 라이프니츠에 의하여 완성된다. 그들의 업적은 용적을 계산하는 데 있어서 획기적인 절차적 방법을 고안했다는 데 있다. 물론 이것을 가능하기 위해서는 해석 기하의 도움이 절대적으로 필요하다.

여기서 페르마의 적분법을 살펴보자.

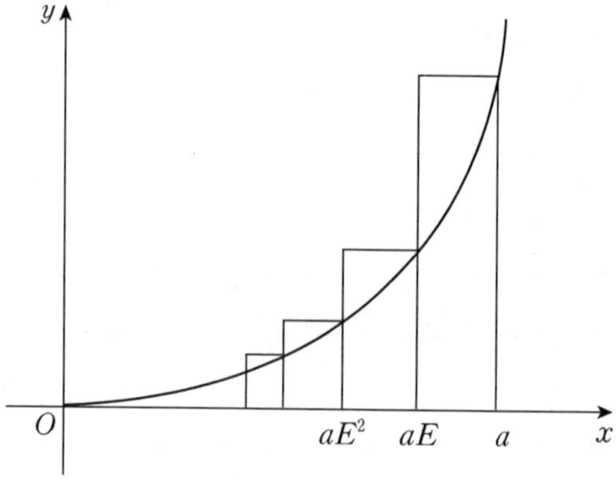

페르마는 $y = x^n$의 그래프, $x-$축, 그리고 $x = a$에 의하여 둘러싸인 도형의 넓이를 구하기 위하여 $x-$축을 $a,\ aE,\ aE^2$, ... 등으로 나누고 위의 그림과 같이 직사각형들로 구성된 도형으로 주어진 도형을 덮었다. 여기서 $0 < E < 1$이다. 모든 직사각형의 넓이의 합은 등비급수

$$(a - aE)a^n + (aE - aE^2)a^n E^n + \cdots$$

가 된다. 그러므로 이 급수의 합을 구하면

$$a^{n+1}\frac{1-E}{1-E^{n+1}} = \frac{a^{n+1}}{1+E+E^2+\cdots+E^n}$$

가 된다. 여기서 E가 1에 가까울수록 사각형들이 넓이의 합은 주어진 도형의 넓이에 가까워진다. 따라서 $E = 1$라고 두면 도형의 넓이는 $\dfrac{a^{n+1}}{n+1}$이 된다. 이 방법은 본질적으로 학교수학에서 다루는 구분구적법에 해당하며 급수 계산의 방법을 벗어나지 못하고 있다.

미적분의 기본정리의 발견

뉴턴은 미분이 적분의 역산이라는 것을 알았다. 그는 어떤 곡선 아래의 넓이가 $z = ax^m$ 이 되는 곡선의 식을 구하려고 했다. 다음 그림을 보자.

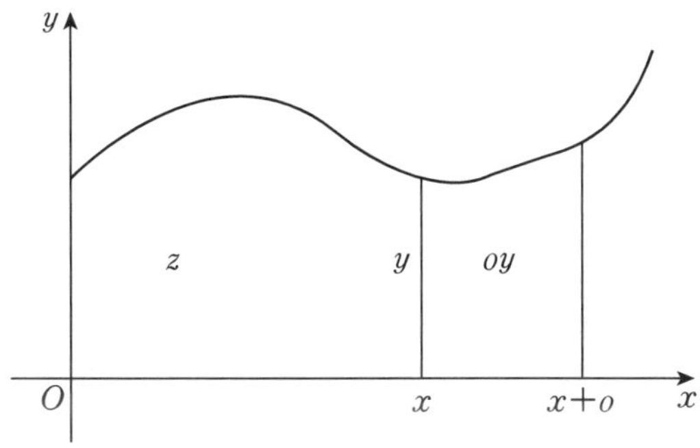

뉴턴의 방법

주어진 x에서 무한소 증가량 o를 고려하면 넓이의 증가량은 oy가 되고 따라서

$$z + oy = a(x+o)^m$$

이 된다. 그러므로 $z = ax^m$을 대입하고 우변을 전개하여 정돈한 후 o로 나누고 나머지에서 o가 포함된 것을 모두 제거하면

$$y = max^{m-1}$$

를 얻는다.[105)]

코시는 연속함수 $f(x)$에 대한 정적분의 정의를 다음과 같이 내리고 있다. $[a, b]$를

$$a \le x_1 < x_2 < \cdots < x_n \le b$$

등으로 분할하여 만든 합의 극한

$$\lim_{n \to \infty} \sum_{k=1}^{n} f(\xi_k)(x_k - x_{k-1})$$

을 a에서 b까지의 정적분으로 정의하고 $\int_a^b f(x)\,dx$라고 표기하였다.[106)] 이 정의를 통하여 그는 $F(x) = \int_{x_o}^{x} f(x)dx$이 연속임을 증명하였다. 또

105) 뉴턴은 분수 지수에 대한 전개식를 알고 있었기 때문에 위의 공식은 m이 분수인 경우에도 예외적인 것은 아니었다.

106) 이 표기법은 푸리에에 의하여 최초로 사용되었다.

$$\frac{F(x+h)-F(x)}{h}=\frac{1}{h}\int_{x}^{x+h} f(x)\,dx$$

과 평균값정리를 사용하여

$$F'(x)=f(x)$$

임을 증명하였고 더욱이 $f'(x)$가 연속이라는 전제 아래서

$$\int_{a}^{b} f'(x)\,dx = f(b)-f(a)$$

를 보였다.

적분에 대한 체계는 리만에 의하여 정립되었다. 그러므로 뉴턴과 라이프니츠에 의하여 창시된 고전 미적분법은 리만에 의하여 체계화 되었고 볼 수 있다.

적분론의 발전

적분의 연구는 이후 집합론의 연구에 힘입어 현대적 이론으로 정립되었는데, 여기에는 리만, 조르당(C. Jordan, 1838~1922), 보렐(E. Borel, 1871~1956)에 이어 르베그(H. Lebesgue, 1875~1941)에 의하여 완성되었다. 즉 여기서는 "길이란 무엇인가?", "넓이란 무엇인가?" "체적이란 무엇인가?"와 같은, 보다 일반적인 질문에 대한 답을 위한 연구가 진행되었다. 뉴턴과 라이프니츠가 구적의 방법에 대하여 논했다면 현대의 적분의 연구자들은 면적 자체에 관심을 가졌다.

리만 적분은 도형을 선분과 선분의 곱으로 이루어진 사각형들의 합으로 근사화하는 반면에, 르베그의 적분은 선분과 파편화된 집합의 곱으로 이루어진 도형들의 합으로 근사화하고 있다. 르베그의 적분 이론은 이러한 파편화된 도형의 길이가 무엇이며 어떻게 측정해야 되는가라는 문제부터 해결되어야만 했는데, 르베그는 이 점을 성공적으로 해결했다.

이제 적분의 성격을 보면 리만 적분은 주로 연속함수보다 매끄러운 함수에서 잘 작동하는 데 반하여 르베그 적분은 보다 거친 함수에서도 적용할 수 있음을 감지할 수 있다. 그러나 르베그 적분이 소개될 당시에는 아직 연속적으로 움직이는 현상의 수학적 연구가 주류를 형성하고 있었기 때문에 르베그 이론의 효과에 대해서는 비관적이었다. 르베그의 이론이 진가를 인정받게 된 것은 위너(N. Wiener, 1894~1964)에 의한 브라운 운동의 수학적 연구에 기인한다.

도형을 계량하는 방법은 두 도형을 직접 비교하는 것과 각각의 도형을 수로 대응하고 그 대응된 수를 비교하는 방법이 있다. 여기서 도형의 용적을 측정하는 것은 수의 성질과 밀접한 관계가 있다. 그런데 역사를 보면 도형에 대응하는 수는 실수체와 초실수체가 있었고 이것은 상호보완적 성격이 있었다. 예를 들면 아르키메데스는 이 상호보완적 성질을 활용하여

발견에는 초실수체를 사용하고 정당화에는 실수체를 사용하였다. 그러나 뉴턴과 라이프니츠의 미적분은 초실수체를 기반으로 하고 코시의 미적분은 실수체를 기반으로 한다.

13.1.2 본체적 분석

리만적분의 개념

일반적인 경우에서 논의할 수 있지만 여기서는 평면의 경우에 한정하여 다루다. 곡선으로 둘러싸인 유계도형 D가 주어져 있다고 하자.

정의. 유계도형 D가 주어져 있다. 임의의 $\epsilon > 0$에 대하여 $R_i \subset D \subset R_\epsilon$이고 $|R_e - R_i| < \epsilon$을 만족하는 다각형[107] R_e와 R_i가 존재할 때 D를 조르당 가측이라고 한다.

예 1. 집합 $D = (x, y) \in [0, 1] \times [0, 1] : x$와 y는 유리수에서 $R_e = [0, 1] \times [0, 1]$이고 R_i는 한 점이다. 그러므로 $|R_e - R_i| = 1$이므로 D는 조르당 가측이 아니다.

평면 위에 주어진 도형 D의 넓이를 구하는 문제는 적절한 분할에 의하여, 어떤 함수 $y = f(x)$의 그래프와 $x = a$, $x = b$, 그리고 x축에 의하여 둘러싸인 도형의 넓이를 구하는 문제로 귀착된다.

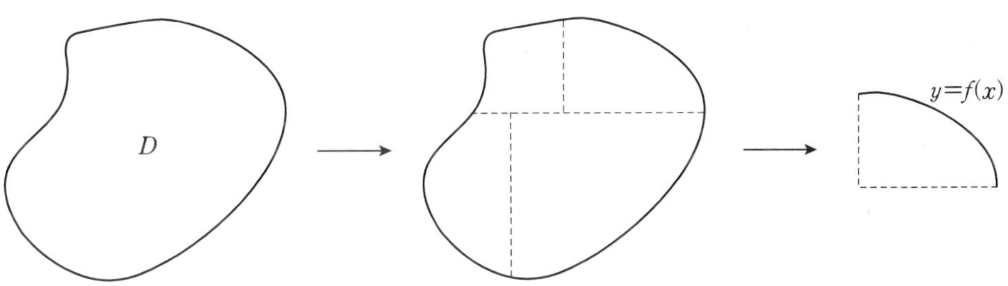

이제 폐구간 $[a, b]$를 유한개의 폐구간으로 나누고 그 하나의 길이를 Δx_j라고 하면, 주어진 도형의 넓이는 대략적으로 $\sum_j f(x_j)\Delta x_j$과 같이 주어진다. 이때 Δx_j의 길이를 점점 작게 하면 다각형의 넓이는 주어진 도형에 수렴할 것이라는 생각으로 부터 출발한다.

정의. 유계함수 $f : [a, b] \to \boldsymbol{R}$가 주어져 있다. 여기서 폐구간 $[a, b]$를 분할한 소구간의 집

107) 여기서 다각형이라는 것은 각 변이 x축 또는 y축에 평행하다.

합을 P라고 하고 그 원소를 Δ_k라고 하자. 또 여기서

$$M_k = \sup\{f(x) : x \in \Delta_k\}$$
$$m_k = \inf\{f(x) : x \in \Delta_k\}$$

라고 두고

$$U(f,\ P) = \sum_{k=1}^{n} M_k |\Delta x_k|$$

$$L(f,\ P) = \sum_{k=1}^{n} m_k |\Delta x_k|$$

라고 하자. 만약 임의의 $\epsilon > 0$에 대하여

$$U(f,\ P) - L(f,\ P) < \epsilon$$

을 만족하는 $[a,\ b]$의 분할 P가 존재하면 f는 $[a,\ b]$에서 리만 적분가능이라고 정의한다. 이 정의에 의하면 등식

$$\sup\{L(f,\ P) : P\} = \inf\{U(f,\ P) : P\}$$

이 성립하는데 이 공통값을 $\int_a^b f(x)dx$라고 표기하고 f의 $[a,\ b]$에서의 리만 적분값이라고 한다.

예 2. 함수 $f(x) = \begin{cases} 1, & x \in \boldsymbol{Q} \\ 0, & x \in \boldsymbol{R} - \boldsymbol{Q} \end{cases}$는 리만 적분가능이 아니다. 그 이유는 $[0,\ 1]$을 어떻게 분할하더라도 $U(f,\ P) = 1$이고 $L(f,\ P) = 0$이 되기 때문이다.

정리. 연속함수 $f : [a,\ b] \to \boldsymbol{R}$는 리만 적분가능이다.

증명. 유계 폐구간에서 정의된 연속함수는 평등연속이다. 즉 임의의 $\epsilon > 0$에 대하여 $|x - y| < \delta$이면 $|f(x) - f(y)| < \dfrac{\epsilon}{b-a}$을 만족하는 $\delta > 0$가 존재한다. 여기서 $[a,\ b]$의 분할을 만드는데 소구간의 길이를 모두 δ보다 작게 만들면

$$U(f,\ P) - L(f,\ P) \le \sum_{\Delta \in P} \frac{\epsilon}{b-a} \cdot \delta \le \frac{\epsilon}{b-a} \sum_{\Delta \in P} \delta = \epsilon$$

가 성립한다. 그러므로 f는 리만 적분가능이다. ■

리만 적분가능 함수

다르부는 $[a, b]$에서 정의된 유계함수 $f(x)$가 적분가능이기 위한 필요충분조건이 $f(x)$의 불연속점의 집합의 르베그 측도가 0임을 보였다.108)

한편 르베그의 생각은 다음과 같다. 르베그는 $f(x)$의 값을 적절하게 나누고 그 하나의 구간을 Δy_j라고 하고 $D_j \equiv \{x \in [a, b] : f(x) \in \Delta y_j\}$라 하면 $\sum_j |\Delta y_j||D_j|$의 값에 주목한다. 여기서도 Δy_j의 길이가 작을수록 $\sum_j |\Delta y_j||D_j|$이 주어진 도형에 가까이 갈 것이라고 예상한다.

그런데 리만의 아이디어와는 달리 집합 $D_j \equiv \{x \in [a, b] : f(x) \in \Delta y_j\}$는 일반적으로 선분이 아니며 보다 복잡한 도형이다. 여기서 선분이 아닌 집합의 길이를 어떻게 정의하는가라는 새로운 문제가 제기되는데 이 문제를 연구하는 분야를 측도론(measure theory)이라고 한다.

르베그의 이론은 리만의 이론을 일반화하며 연속적인 변화보다 더 일반적인 변화를 일으키는 물리적 현상에도 적용할 수 있다. 예를 들면 위너는 르베그의 이론을 이용하여 브라운 운동을 기술할 수 있었다.

리만 적분과 르베그 적분의 비교

현대 해석학에서 연속적 운동은 주로 리만의 방법, 비연속적 운동은 주로 르베그의 방법이 효과적으로 작용한다. 그러나 학교수학에서 르베그의 이론은 직관적으로 다루기 어려운 개념과 복잡한 수학적 조작이 필요하기 때문에 리만의 적분의 특수한 경우만 취급한다. 실제로 학교수학에서는 폐구간 $[a, b]$에서 정의된 연속함수의 리만 적분만 다루고 있는데, 이 경우에는 주어진 함수가 평등연속이 되므로 함수의 정의역 $[a, b]$를 유한개의 소구간으로 등분해도 충분하다.

여기서 실진법과 구분구적법 및 적분법의 차이점을 보자. 실진법은 극한의 개념을 사용하지 않으며, 구분구적법은 실진법의 형식을 사용하나 극한의 개념을 사용한 것이며, 리만 적분은 구적법이라는 기하학적 문제를 대수화했다는 점에서 실진법과 확연하게 구별된다. 그러므로 아르키메데스의 무한소 방법을 적분법의 시초라고 하는 것은 바람직하지 않다.

이론수학에서의 리만 적분과 기타 이공학 이론서에서 적분의 기술은 일반적으로 다른 입장을 취한다. 전자는 리만의 이론에 근거를 두고 있으나 이공학 이론서에서는 아직도 무한소 개념을 기반으로 전개하고 있는 곳이 많이 보인다. 예를 들어 질점의 경과 거리를 어떻

---

108) 여기서 집합 A가 측도 0을 가진다는 것은 A가 길이의 합이 임의로 작아질 수 있는 유한개의 구간으로 덮일 수 있다는 것을 말한다.

게 진술하고 있는가를 보자. 표준 수학교재는 대개 $\sum_j f(x_j)\Delta x_j$을 제시하고 그 극한으로서 적분을 정의하나 비표준 수학 교재는 Δx_j 대신에 미분소 dx를 사용하여 $f(x)dx$의 합으로 적분값을 정의한다.

원시함수와 부정적분

대개의 경우 원시함수만 알 수 있다면 정적분을 시행하는 데 어려움이 없기 때문에 원시함수와 부정적분을 구별하지 않는 경향이 있다. 그러나 여기서는 이 두 개념을 구별하여 설명한다.

정의. 구간 I에서 정의된 함수 f와 임의의 $x \in I$에 대하여

$$F'(x) = f(x)$$

를 만족할 때, F를 f의 원시함수라고 한다.

정리 1. 함수 f의 원시함수를 F와 G라고 하면, $F = G + C$을 만족하는 적당한 상수 C가 존재한다.

증명. 정의에 의하여 $F' = f = G'$이므로 $(F - G)' = 0$이다. 그러므로 평균값정리에 의하여 $F - G$는 상수함수이다. 따라서 $F - G = C$가 되는 상수 C가 존재한다. ■

정리 2. 중간값정리를 만족하지 않는 함수의 원시함수는 존재하지 않는다.

증명. f가 중간값정리를 만족하지 않는다고 하자. 만약 $F' = f$를 만족하면 F가 존재하면 $F' = f$는 중간값정리를 만족해야 하기 때문에 이것은 모순이다. ■

예 1. 함수

$$f(x) = \begin{cases} 1, & 0 \le x \le 1 \\ 0, & -1 \le x < 0 \end{cases}$$

는 중간값정리를 만족하지 않기 때문에 f의 원시함수는 존재하지 않는다.

정의. 주어진 함수 f에 대하여

$$F_a(x) = \int_a^x f(t)dt$$

를 a를 기반으로 하는 f의 부정적분이라고 한다.

예 2. 다음과 같이 정의된 함수

$$f(x) = \begin{cases} 1, & 0 \le x \le 1 \\ 0, & -1 \le x < 0 \end{cases}$$

에 대하여 함수 $F(x)$를 다음과 같이 정의하면

$$F(x) = \begin{cases} x, & 0 \le x \le 1 \\ 0, & -1 \le x < 0 \end{cases}$$

F는 f의 부정적분이다. 즉 $F(x) = \int_0^x f(t)dt$이다.

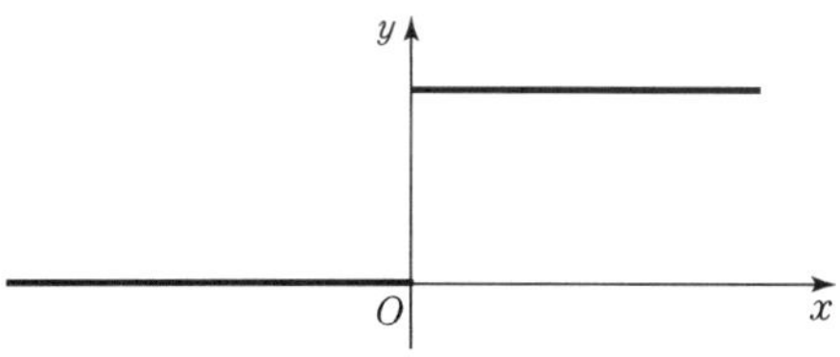

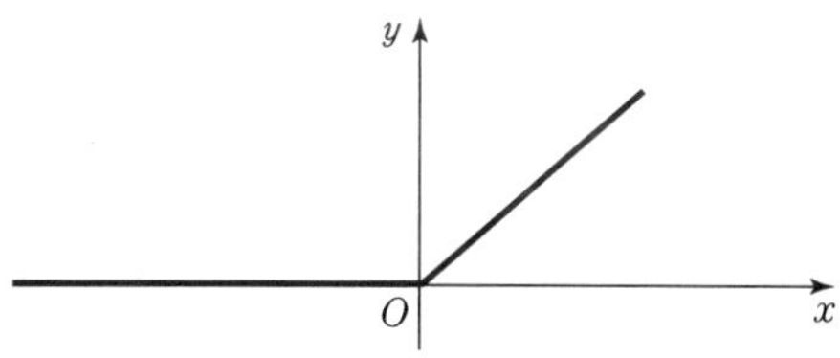

참고. 부정적분의 성질은 다음과 같다.

i) 주어진 함수 f의 부정적분 F_a는 a의 변화에 따라 여러 가지로 존재할 수 있다.

ii) f의 임의의 두 부정적분 F_a와 F_b에 대하여 $F_a - F_b = C$를 만족하는 상수 C가 존재한다.

iii) 두 함수 f와 g가 $[a, b]$에서 주어졌을 때 이 함수들에 대한 부정적분을 각각 F, G라고 하면 $f \neq g$이라도 $F = G$가 될 수 있다. 예를 들면 $f(x) = \begin{cases} 0, & x \neq 0 \\ 1, & x = 0 \end{cases}$이고 $g(x) = \begin{cases} 0, & x \neq 0 \\ 2, & x = 0 \end{cases}$이라고 두면 $f \neq g$이지만 임의의 실수 x에 대하여 $F(x) = G(x) = 0$라고 두면 F와 G는 각각 f와 g의 부정적분이다.

정리 3. 리만 적분가능 함수 f의 부정적분 F_a는 연속이다.

증명. $p \in [a, b]$라고 하자. $p + h \in [a, b]$이면

$$|F_a(p+h) - F_a(p)| = \left| \int_p^{p+h} f(t)dt \right| \le Mh$$

가 성립한다. 여기서 $M=\sup\{|f(x)|: x\in[a, b]\}$이다. 그러므로 $h\to 0$이면

$$F_a(p+h)\to F_a(p)$$

이다. ■

정리 4. $[a, b]$에서 정의된 함수 f가 $x=p$에서 연속이면 f의 부정적분 F_a는 $x=p$에서 미분가능이고 $F_a(p)=f(p)$이다.

증명. $p\in[a, b]$라고 하자. $p+h\in[a, b]$이면 다음 부등식

$$\begin{aligned}\left|\frac{F_a(p+h)-F_a(p)}{h}-f(p)\right| &\le \frac{1}{|h|}\int_p^{p+h}|f(t)-f(p)|dt \\ &\le \max|f(t)-f(p)|: t\in[p, p+h]\end{aligned}$$

가 성립한다. 여기서 f가 연속이므로 $h\to 0$이면 위 식의 우변은 0에 가까이 간다. 그러므로 $F_a{}'(p)=f(p)$이다. ■

예 3. 함수

$$f(x)=\begin{cases}1, & 0\le x\le 1\\ -1, & -1\le x<0\end{cases}$$

에 대하여 함수 F_1과 F_2를 각각 다음과 같이 정의한다.

$$F_1(x)=\begin{cases}x, & 0<x\le 1\\ -x, & -1<x\le 0\end{cases}$$

$$F_2(x)=\begin{cases}x, & 0<x\le 1\\ -x+1, & -1<x\le 0\end{cases}$$

이 두 함수의 성질은 다음과 같다.

i) $F_1{}'$는 $x=0$에서 연속이지만 $F_2{}'$는 $x=0$에서 연속이 아니다.
ii) $x=0$를 제외한 나머지 점 x에서 $F_1{}'(x)=F_2{}'(x)=f(x)$이다.

이 사실에 의하여 $y=F_1(x)$는 f의 부정적분이지만 $y=F_2(x)$는 f의 부정적분이 아니다.

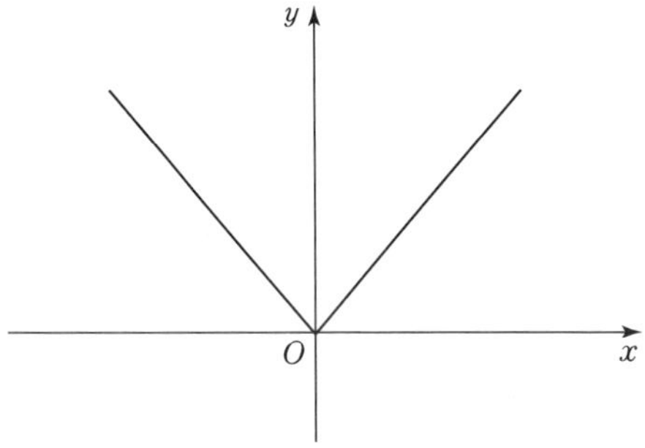

$y=F_1(x)$

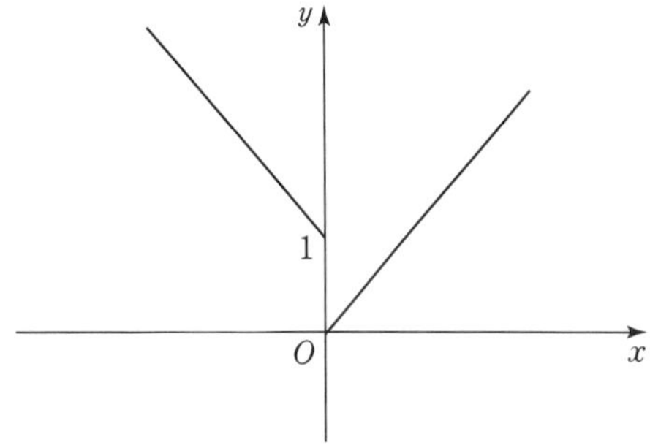

$y=F_2(x)$

미적분학의 기본정리

리만 적분의 계산을 정의에 기초하지 않고 기계적으로 계산할 수 있는 방법이 미적분학의 기본정리이다. 미적분학의 기본정리는 원시함수에 의한 것과 부정적분에 의한 것으로 나눌 수 있다.

정리 1. 연속함수 $f:[a,\ b]\to \boldsymbol{R}$에 대하여 F를 f의 임의의 원시함수라고 하면

(1) $$\int_a^b f(x)dx = F(b)-F(a)$$

가 성립한다.

증명. P를 $[a,\ b]$의 분할 $a \le t_1 < t_2 < \cdots < t_n \le b$라고 하자. 평균값정리에 의하여

$$F(t_j)-F(t_{j-1}) = F'(t_j^*)(t_j - t_{j-1}) = f(t_j^*)(t_j - t_{j-1})$$

을 만족하는 $t_j^* \in [t_{j-1},\ t_j]$가 존재한다. 여기서

$$m_j \equiv \min f(x) : x \in [t_{j-1},\ t_j] \le f(t_j^*) \le \max f(x) : x \in [t_{j-1},\ t_j] \equiv M_j$$

이므로

$$L(f,P) = \sum_{j=0}^{n-1} m_j(t_{j+1}-t_j) \le \sum_{j=0}^{n-1}[f(t_j^*)(t_{j+1}-t_j)] \le \sum_{j=0}^{n-1} M_j(t_{j+1}-t_j) \le U(f,P)$$

가 성립한다. 따라서

$$F(b)-F(a) = \sum_{j=0}^{n-1}[F(t_{j+1})-F(t_j)] = \sum_{j=0}^{n-1}[f(t_j^*)(t_{j+1}-t_j)]$$

으로부터

(1) $$L(f,\ P) \le F(b) - F(a) \le U(f,\ P)$$

가 성립한다. 여기서 (1)은 임의의 분할에 대하여 성립하므로 따라서

$$F(b) - F(a) = \int_a^b f(t)dt$$

가 성립한다. ■

예 1. $F(x) = \begin{cases} \dfrac{x^2}{2}, & x \ge 0 \\ -\dfrac{x^2}{2}, & x < 0 \end{cases}$ 라고 두면 $F'(x) = |x|$이므로

$$\int_{-1}^{1} |x| dx = [F(x)]_{-1}^{1} = \frac{1}{2} - \left(-\frac{1}{2}\right) = 1$$

이다.

예 2. 다음 적분 $\displaystyle\int_0^1 \frac{\sin\sqrt{x}}{\sqrt{x}} dx$을 계산해보자. 여기서 $F(x) = -2\cos\sqrt{x}$ 라고 두면

$$F'(x) = \frac{\sin\sqrt{x}}{\sqrt{x}}$$

이므로

$$\int_0^1 \frac{\sin\sqrt{x}}{\sqrt{x}} dx = [-2\cos\sqrt{x}\,]_0^1 = -2(\cos 1 - \cos 0) = 2 - 2\cos 1$$

이다.

예 3. $\displaystyle\int_{-1}^{1} \frac{dx}{x^2} = \left[-\frac{1}{x}\right]_{-1}^{1} = -2$로 생각할 수 있다. 그러나 $\dfrac{1}{x^2}$은 $[-1,\ 1]$에서 유계함수가 아니기 때문에 적분 자체를 논할 수 없다.

미적분학의 기본정리는 주어진 함수가 연속임을 전제로 하였다. 여기서 이 연속성 가정을 제거하면 어떻게 될까? 예를 들면 함수 $f : [-1,\ 1] \to \boldsymbol{R}$을

$$f(x) = \begin{cases} 0, & x \le 0 \\ 1, & x > 0 \end{cases}$$

라고 두면 이 함수의 그래프는 다음 그림과 같다.

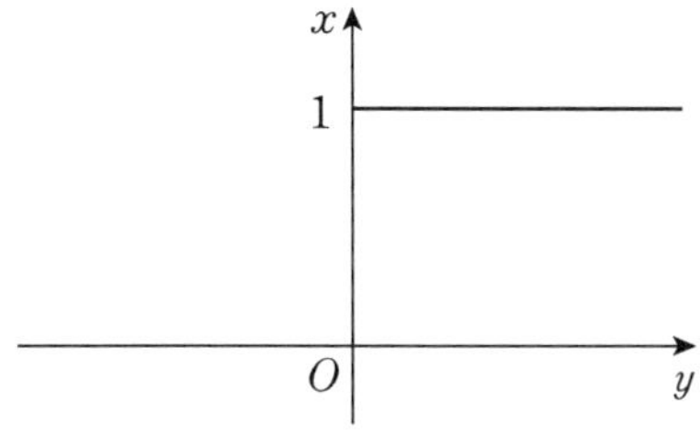

여기서 f는 $x=0$에서 연속이 아니지만 f는 여전히 리만 적분가능이다. 그러나 f의 원시함수는 존재하지 않기 때문에 미적분학의 기본정리를 적용할 수 없다. 이 문제를 해결할 방법이 없을까?

이에 대한 해결책으로 두 가지 방법이 있는데 하나는 적분구간을 분해하는 것이고 다른 하나는 부정적분을 도입하는 것이다. 여기서는 원시함수의 대안으로 f의 부정적분을 생각해보자. 리만 적분가능 함수 f의 부정적분으로서 $F(x)=\int_0^x f(t)dt$로 두면 F는 다음과 같이 주어진다.

$$F(x)=\begin{cases}0, & x\le 0\\ x, & 0<x\le 1\end{cases}$$

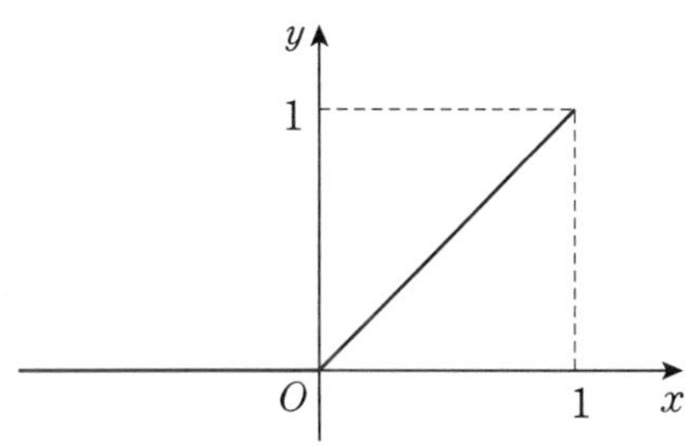

여기서 F는 $x=0$를 제외하면 $F'(x)=f(x)$를 만족한다. 뿐만 아니라

$$\int_a^b f(t)dt=F(b)-F(a)$$

를 만족한다.

정리 2. 함수 $f:[a,\ b]\to\boldsymbol{R}$는 리만 적분가능이고 F가 f의 임의의 부정적분이면

$$F(b)-F(a)=\int_a^b f(x)dx$$

가 성립한다.

증명. F를 f의 부정적분으로서 $F(x)=\int_c^x f(t)dt$, $F_a(x)=\int_a^x f(t)dt$라고 하자. $(F-F_a)'=\left(\int_c^a f(t)dt\right)'=0$이므로 임의의 $x\in[a,\ b]$에 대하여 $F(x)-F_a(x)=C$가 성립한다. 여기서 $C=F(a)-F_a(a)=F(a)$이므로 따라서 $F(b)-F(a)=\int_a^b f(x)dx$가 성립한다. ■

예 4. 함수

$$f(x)=\begin{cases}-1,\ -1\le x\le 0\\ 1,\ 0<x\le 1\end{cases}$$

의 부정적분 F를

$$F(x)=\int_{-1}^x f(t)dt$$

로 정의하면, F는 다음과 같이 주어진다.

$$F(x)=|x|-1$$

여기서 F는 정리 3의 모든 조건을 만족하기 때문에

$$\int_{-1/2}^{1/2} f(x)dx=F\left(\frac{1}{2}\right)-F\left(-\frac{1}{2}\right)=0$$

이다.

적분에 대한 평균값정리

정리. 함수 $f,\ g:[a,\ b]\to\boldsymbol{R}$가 연속이고, 모든 $x\in[a,\ b]$에 대하여 $g(x)\ge 0$라면

$$\int_a^b f(x)g(x)dx=f(c)\int_a^b g(x)dx$$

를 만족하는 $c\in(a,\ b)$가 존재한다.

증명. 먼저 다음 부등식이 성립한다.

$$\min\{f(x): x\in[a,\ b]\}\int_a^b g(x)dx \le \int_a^b f(x)g(x)dx$$
$$\le \max\{f(x): x\in[a,\ b]\}\int_a^b g(x)dx$$

그러므로 중간값의 정리에 의하여

$$\int_a^b f(x)g(x)dx = f(c)\int_a^b g(x)dx$$

를 만족하는 $c\in(a,\ b)$가 존재한다. ■

참고. $g(x)\equiv 1$일 경우 평균값정리는 보다 간단하게 증명할 수 있다. 먼저

$$F(x)=\int_a^x f(t)dt$$

라고 두면

$$\frac{F(b)-F(a)}{b-a}=F'(c)=f(c)$$

이므로 이것을 정돈하면

$$\int_a^b f(x)dx=(b-a)f(c)$$

을 얻는다.

부분적분법

정리. $\int_a^b f'(x)g(x)dx = [f(x)g(x)]_a^b - \int_a^b f(x)g'(x)dx$

증명. $[f(x)g(x)]' = f'(x)g(x)+f(x)g'(x)$이므로

$$\int_a^b f'(x)g(x)dx = [f(x)g(x)]_a^b - \int_a^b f(x)g'(x)dx$$

가 성립한다. ■

예. $I_n = \int_0^{\frac{\pi}{2}} \sin^n x dx$라고 두면

$$\begin{aligned} I_n &= \int_0^{\frac{\pi}{2}} \sin^n x dx \\ &= \int_0^{\frac{\pi}{2}} (-\cos x)' \sin^{n-1} x dx \\ &= [-\cos x \sin^{n-1} x]_0^{\frac{\pi}{2}} - (n-1)\int_0^{\frac{\pi}{2}} (-\cos x)\sin^{n-2} x \cos x dx \\ &= [-\cos x \sin^{n-1} x]_0^{\frac{\pi}{2}} + (n-1)\int_0^{\frac{\pi}{2}} (1-\sin^2 x)\sin^{n-2} x dx \\ &= (n-1)I_{n-2} - (n-1)I_n \end{aligned}$$

이므로

(1) $$I_{2n} = \frac{2n-1}{2n} I_{2n-2}$$

또는

(2) $$I_{2n+1} = \frac{2n}{2n+1} I_{2n-1}$$

이 된다. 따라서 식 (1) 또는 식 (2)로부터

$$I_{2n} = \frac{(2n-1)(2n-3)\cdots 3 \cdot 1}{2n(2n-2)\cdots 4 \cdot 2} \int_0^{\frac{\pi}{2}} \sin x dx = \frac{(2n-1)(2n-3)\cdots 3 \cdot 1}{2n(2n-2)\cdots 4 \cdot 2}$$

이고

$$I_{2n+1} = \frac{2n(2n-2)\cdots 4 \cdot 2}{(2n+1)(2n-1)\cdots 5 \cdot 3}$$

이 된다.

치환적분법

정적분의 계산은 변수를 적절하게 변형함으로써 쉽게 계산할 수 있다. 이 기법을 치환적분법이라고 하는데 다음 두 가지 정리가 있다.

정리 1. C^1 − 함수 $\phi : [a, b] \to \boldsymbol{R}$가 주어져 있고 f는 $\phi([a, b])$에서 연속이라면

$$(1) \qquad \int_{\phi(a)}^{\phi(b)} f(x)dx = \int_a^b f(\phi(t))\phi'(t)dt$$

가 성립한다.

증명. 임의의 $x \in [a, b]$에 대하여

$$F(x) = \int_a^x f(t)dt,$$

$$G(x) = \int_{\phi(a)}^x f(\phi(t))\phi'(t)dt$$

라고 두자. 여기서 등식

$$\frac{d}{dx}(F(\phi(x)) - G(x)) = f(\phi(t))\phi'(t) - f(\phi(x))\phi'(x) = 0$$

으로부터, 임의의 $x \in [a, b]$에 대하여 $F(\phi(x)) - G(x) = C$이다. 그런데 $F(\phi(a)) - G(a) = 0$이므로, 임의의 $x \in [a, b]$에 대하여 $F(\phi(x)) = G(x)$이다. 따라서 $F(\phi(b)) = G(b)$, 즉 등식 (1)이 성립한다. ■

정리 2. C^1 −함수 $\phi : [a, b] \to \boldsymbol{R}$가 주어져 있고 임의의 $x \in [a, b]$에 대하여 $\phi'(x) \neq 0$이고 ψ를 ϕ의 역함수라고 하자. f가 $\phi([a, b])$에서 연속이라면

$$\int_a^b f(\phi(x))dx = \int_{\phi(a)}^{\phi(b)} f(x)\psi'(x)dx$$

가 성립한다.

증명. 정리 1로부터

$$\int_a^b f(\phi(x))dx = \int_{\phi(a)}^{\phi(b)} (f \circ \phi)(\psi(t))\psi'(t)dt = \int_{\phi(a)}^{\phi(b)} f(t)\psi'(t)dt$$

이다. ■

이 두 정리에 나타난 두 공식은 모두 피적분함수를 단순화하는 데 있으나 실제 사용할 때 약간의 차이가 있다.

i) 변수를 변형하기. 이 기법은 정리 1에 해당한다. 이 기법은 변환 후 처리가 용이하게

될 상황에 사용한다.

ii) 변수를 단순화하기. 이 기법은 피적분함수를 보다 낮은 수준의 함수로 환원하기 위한 목적으로 사용한다. 예를 들면 초월함수는 유리함수로 유리함수는 다항함수로 귀착시키기 위한 용도로 사용한다.

기법	변환 대상	관련 정리
변수의 변형	$f(x)$에서 x	정리 1
변수의 단순화	$f(\phi(x))$에서 $\phi(x)$	정리 2

예 1. (변수의 변형) $\int_{-1}^{1}\sqrt{1-x^2}\,dx$을 계산해보자. $\phi(t)=\sin t$라고 두면 $\phi'(t)=\cos t$이므로 정리 1에 의하여

$$\begin{aligned}\int_{-1}^{1}\sqrt{1-x^2}\,dx &= \int_{-\frac{\pi}{2}}^{\frac{\pi}{2}}\cos^2 t\,dt \\ &= \int_{-\frac{\pi}{2}}^{\frac{\pi}{2}}\frac{\cos 2t+1}{2}dt \\ &= \frac{1}{2}\left[\frac{\sin 2t}{2}+t\right]_{-\frac{\pi}{2}}^{\frac{\pi}{2}} \\ &= \frac{\pi}{2}\end{aligned}$$

을 얻는다.

예 2. (변수의 단순화) $\int_{1}^{4}(1+\sqrt{x})^2dx$를 계산해보자. $1+\sqrt{x}=t$라고 두면 정리 2로부터 $dx=2(t-1)dt$이고 따라서 주어진 적분은 다음과 같이 변형된다.

$$\int_{1}^{4}(1+\sqrt{x})^2dx=\int_{2}^{3}t^2 2(t-1)dt=2\left[\frac{t^4}{4}-\frac{t^3}{3}\right]_2^3=\frac{119}{6}.$$

한편 정리 1과 정리 2에서 변수변환 ϕ의 가정은 필수적이다. 다음 예를 보자.

예 3. 적분 $\int_{-1}^{1}\sin^2\left(\frac{1}{x}\right)dx$의 값을 구하기 위하여 $t=\frac{1}{x}$라고 두면 $dt=-\frac{dx}{x^2}$이고 $x=-1$이면 $t=-1$, $x=1$이면 $t=1$이다. 그러므로

$$\int_{-1}^{1} \sin^2\left(\frac{1}{x}\right)dx = -\int_{-1}^{1} \frac{\sin^2 t}{t^2}dt$$

를 얻는다. 그런데 이 등식에서 좌변은 양인데 우변은 음이다. 이렇게 된 이유는 변수변환 ϕ가 C^1-족 함수가 아니기 때문이다.

역함수의 적분

어떤 함수의 적분은 쉬운데 그 역함수의 적분은 어려운 경우가 있다. 이런 경우에는 치환적분법과 부분적분법을 이용하여 다음 공식을 유도하여 해결한다.

정리. (역함수의 적분) f가 $[a, b]$에서 미분가능이고 일대일이라고 하면

$$\int_a^b f(x)dx = xf(x)]_a^b - \int_{f(a)}^{f(b)} f^{-1}(x)dx$$

가 성립한다.

증명. 부분적분법과 치환적분법에 의하여 다음 등식

$$\begin{aligned}\int_a^b f(x)dx &= \int_a^b x'f(x)dx \\ &= xf(x)]_a^b - \int_a^b xf'(x)dx \\ &= xf(x)]_a^b - \int_{f(a)}^{f(b)} xdy \\ &= xf(x)]_a^b - \int_{f(a)}^{f(b)} f^{-1}(x)dx\end{aligned}$$

이 성립한다. ■

예 1. $\int_0^8 \sqrt[3]{x}\,dx$의 값을 구해보자. $f(x) = \sqrt[3]{x}$의 역함수는 $f^{-1}(x) = x^3$이다. 그러므로 역함수에 의한 적분 공식에 의하여

$$\begin{aligned}\int_0^8 \sqrt[3]{x}\,dx &= xf(x)]_0^8 - \int_0^2 f^{-1}(x)dx \\ &= x\sqrt[3]{x}]_0^8 - \int_0^2 x^3dx \\ &= 12\end{aligned}$$

이다.

예 2. $\int_0^1 \sin^{-1}x dx$의 값을 구해보자. $f(x)=\sin^{-1}x$이므로 $f(0)=0$이고 $f(1)=\frac{\pi}{2}$ 이며 역함수에 의한 적분 공식에 의하면

$$\int_0^1 \sin^{-1}x dx = x\sin^{-1}x]_0^1 - \int_0^{\frac{\pi}{2}} \sin x dx = \frac{\pi}{2} + \cos x]_0^{\frac{\pi}{2}} = \frac{\pi}{2} - 1$$

이다.

예 3. $\int_1^2 \log x dx$의 값을 구해보자. 역함수의 적분 공식에 의하면

$$\int_1^2 \log x dx = xe^x]_{\log 1}^{\log 2} - \int_{\log 1}^{\log 2} e^x dx = 2\log 2 - 1$$

가 된다.

사실 이 공식에 의하면 역함수의 정적분은 어려운 과정이 아니다. 그러나 이 공식을 간과하기 때문에 역함수를 다루지 않게 되는데 이것은 반성할 필요가 있다.

적분 기호 아래에서 미분

정리 1. u와 v가 미분가능일 때

$$\frac{d}{dx}\left(\int_{u(x)}^{v(x)} f(t)dt\right) = f(v(x))v'(x) - f(u(x))u'(x)$$

가 성립한다.

증명. f의 부정적분을 F라고 하면

$$\begin{aligned}\frac{d}{dx}\left(\int_{u(x)}^{v(x)} f(t)dt\right) &= \frac{d}{dx}[(F(v(x)) - F(u(x))] \\ &= f(v(x))v'(x) - f(u(x))u'(x)\end{aligned}$$

이다. ■

예 1. $F(x)=\int_1^{x^2}\frac{dt}{1+t^2}$에서 $F'(x)=\frac{2x}{1+x^4}$이다.

예 2. f는 $[0,\ 1]$에서 연속이고 임의의 $x\in[0,\ 1]$에서

$$\int_0^x f(t)dt=\int_x^1 f(t)dt$$

를 만족한다. f는 어떤 함수일까? 좌우 변을 x에 대하여 미분하면 $f(x)=-f(x)$을 얻는다. 그러므로 $f(x)\equiv 0$이다.

보다 일반적인 경우는 다음 정리에 의거한다.

정리 2.

$$\frac{d}{dx}\left(\int_{u(x)}^{v(x)}f(x,\ t)dt\right)=\int_{u(x)}^{v(x)}\frac{\partial f(x,\ t)}{\partial x}dt+f(x,\ v(x))v'(x)-f(x,u(x))u'(x)$$

증명. 합성함수의 미분법을 사용한다. 즉 $\Phi(x,\ u,\ v)=\int_u^v f(x,\ t)dt$라고 두면 주어진 함수 $\Phi(x,\ u(x),\ v(x))$는 다음과 같은 연쇄를 가진다.

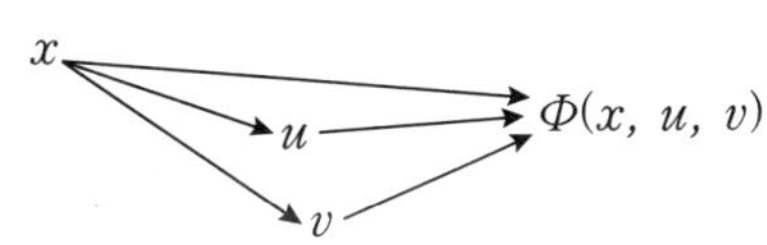

그러므로 합성함수의 미분법과 정리 1에 의하여

$$\frac{d\Phi}{dx}=\int_{u(x)}^{v(x)}\frac{\partial f(x,\ t)}{\partial x}dt+f(x,\ v(x))v'(x)-f(x,\ u(x))u'(x)$$

가 성립한다. ■

극좌표에 의한 도형의 넓이

i) $x\in[a,\ b]$일 때 $f(x)\ge 0$이라고 하자. 여기서 함수 $y=f(x)$와 $x=a$, $y=b$, 그리고 x축에 의하여 둘러싸인 도형의 넓이는 $\int_a^b f(x)dx$로 주어진다.

ii) 다음 그림과 같은 도형이 극좌표에 의하여 $r=r(\theta)$, $\theta_1\le\theta\le\theta_2$로 주어졌다고 하자.

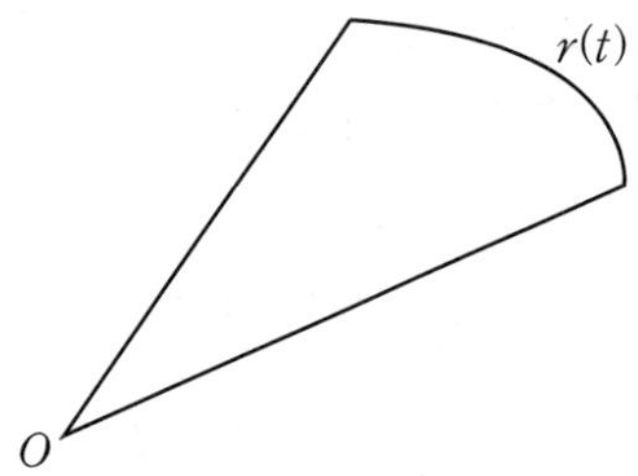

이때 이 도형의 넓이는

$$\frac{1}{2}\int_{\theta_1}^{\theta_2} r^2 d\theta$$

로 주어진다.

예 1. 매개변수 $\begin{cases} x = a\cos t \\ y = b\sin t \end{cases}$, $0 \le t \le 2\pi$로 주어지는 곡선은 타원이다. 이때 타원 내부의 넓이를 구해보자. $r = \sqrt{a^2\cos^2 t + b^2\sin^2 t}$ 이므로 주어진 넓이는

$$\frac{1}{2}\int_0^{2\pi} (a^2\cos^2 t + b^2\sin^2 t)dt$$

이고 이것을 계산하면 πab이다.

iii) 매개변수 $\begin{cases} x = x(t) \\ y = y(t) \end{cases}$, $t_1 \le t \le t_2$으로 주어진 단순 폐곡선 Γ의 내부의 면적은

$$\frac{1}{2}\int_{t_1}^{t_2}\left(x\frac{dy}{dt} - y\frac{dy}{dt}\right)dt$$

로 주어진다.

예 2. $0 \le t \le \frac{\pi}{2}$에서 $\begin{cases} x(t) = \cos t \\ y(t) = \sin t \end{cases}$와 x축, y축으로 둘러싸인 도형 D의 면적을 구해보자.

먼저 $\frac{dx}{dt} = -\sin t$이고 $\frac{dy}{dt} = \cos t$이므로 D의 넓이는

$$\frac{1}{2}\int_0^{\frac{\pi}{2}}\left(x\frac{dy}{dt}-y\frac{dy}{dt}\right)dt=\frac{1}{2}\int_0^{\frac{\pi}{2}}\left(x\frac{dy}{dt}-y\frac{dy}{dt}\right)dt$$
$$=\frac{1}{2}\int_0^{\frac{\pi}{2}}(\cos^2 t+\sin^2 t)dt$$
$$=\frac{\pi}{4}$$

이다.

곡선의 길이

적분이 자연과학과 결합할 때, 경험적으로 가장 다루기 쉬운 경우는 연속적으로 운동하는 물체에 대한 측정이다. 여기서 어떤 질점이 연속적으로 운동한다는 것은 그 자취를 나타내는 함수가 C^1 함수임을 의미한다. 여기서 자취의 방정식을 $\gamma:[a,\ b]\to \boldsymbol{R}^2$라고 하고 이 곡선의 길이는 일반적으로 다음과 같이 주어진다. 먼저 $[a,\ b]$의 분할

$$a\le t_1<t_2<\cdots<t_j<t_{j+1}<\cdots<t_n=b$$

를 P라고 하고

$$L(\gamma,\ P)=\sum_{j=0}^{n-1}|\gamma(t_{j+1})-\gamma(t_j)|$$

라고 하자. 여기서

$$\sup_P L(\gamma,\ P)<\infty$$

일 때 γ는 길이를 가진다고 하고

$$\sup_P L(\gamma,\ P)$$

을 γ의 길이라고 한다.

여기서 만약 γ가 연속미분가능이라면 평균값정리에 의하여

$$\gamma(t_{j+1})-\gamma(t_j)=\gamma'(\xi_j)(t_{j+1}-t_j)$$

이다. 따라서 $j\to\infty$ 이면 곡선의 길이는

$$\int_a^b|\gamma'(t)|dt$$

가 된다.

예 1. $\gamma(t)=(\cos t,\ \sin t)$, $t\in[0,\ 2\pi]$의 길이를 구해보자. 공식에 의하여

$$\gamma'(t) = (-\sin t,\ \cos t)$$

이므로

$$\int_0^{2\pi} |\gamma'(t)| dt = \int_0^{2\pi} \sqrt{(-\sin t)^2 + (\cos t)^2}\, dt = 2\pi$$

이다.

곡선의 길이를 구하기 위하여 적분을 사용하는 경우 곡선이 미분가능이라는 가정을 사용하였다. 만약 미분가능성을 간과한다면 어떻게 될까? 다음 예를 보자.

예 2. 정삼각형 $\triangle ABC$를 다음과 같이 추론함으로써 $\overline{AB} + \overline{AC} = \overline{BC}$임을 보이려고 한다. 먼저 $\triangle ABC$의 변 $\overline{AB}$, $\overline{AC}$, $\overline{BC}$의 중점을 연결하여 2개의 $\wedge$ 모양으로 이루어진 절선을 l_1이라고 한다. 다음 4개의 $\wedge$의 모양으로 이루어진 절선을 l_2라고 한다. 이렇게 계속하여 구성된 l_n은 $n \to \infty$일 때 $l_n \to \overline{BC}$. 그러므로 l_n의 길이는 $\overline{BC}$에 수렴한다. 그런데 각 단계에서 l_n의 길이는 모두 $\overline{AB} + \overline{AC}$와 같다. 그러므로 $\overline{AB} + \overline{AC} = \overline{BC}$이다. 어디에 잘못이 있을까?

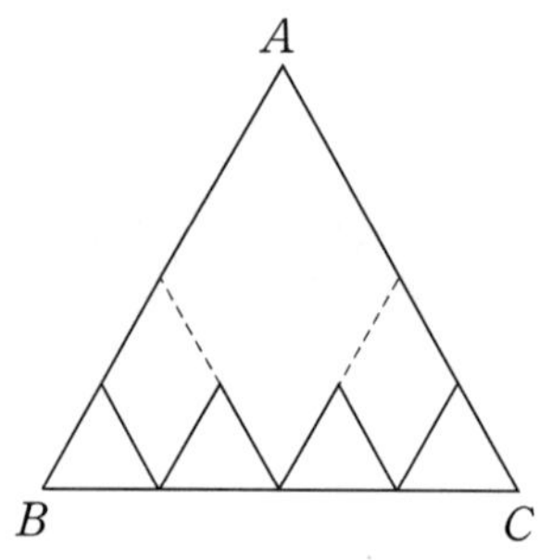

도형의 넓이 구하기

i) 연속함수 $f(x)$와 $g(x)$ $(f(x) \ge g(x))$, 그리고 $x = a$와 $x = b$로 둘러싸인 도형을 S라고 하면, S의 면적은

$$\int_a^b [f(x) - g(x)] dx$$

으로 주어진다.

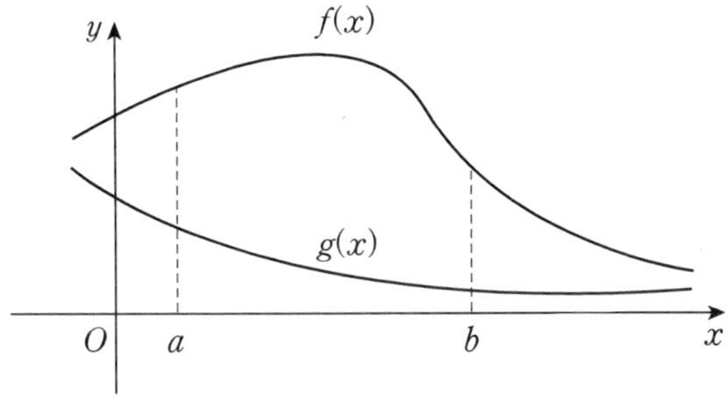

예 1. $y=e^x$, x축, y축, $x=1$로 둘러싸인 도형의 면적은

$$\int_0^1 e^x dx = e$$

이다.

ii) 만약 다음 그림과 같이 매개변수 $x=f(t)$, $y=g(t)$ $(a \le t \le b)$, $x=f(a)$, $x=f(b)$, x축으로 둘러싸인 도형의 면적은

$$\int_a^b |g(t)||f'(t)|dt$$

로 주어진다.

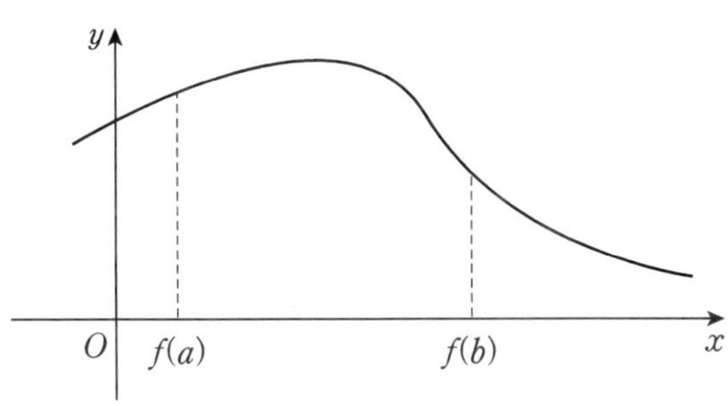

예 2. $x=\cos t$, $y=\sin t$ $\left(0 \le t \le \frac{\pi}{2}\right)$와 x축, y축으로 둘러싸인 도형의 넓이를 구해보자. 공식에 의하여 주어진 도형의 넓이는 다음과 같다.

$$\int_0^{\frac{\pi}{2}} |\sin t||-\sin t|dt = \int_0^{\frac{\pi}{2}} \sin^2 t dt = \frac{\pi}{4}$$

곡면의 표면적 구하기

곡면의 표면적을 구하고자 할 때, 앞에서 다룬 리만 적분법과 마찬가지로 표면에 유한개의 점을 설정했다. 이러한 점을 꼭짓점으로 하는 미소 삼각형을 설정하고 이 미소 삼각형 넓이의 합의 극한으로 주어진 곡면의 표면적을 계산하려고 한다.

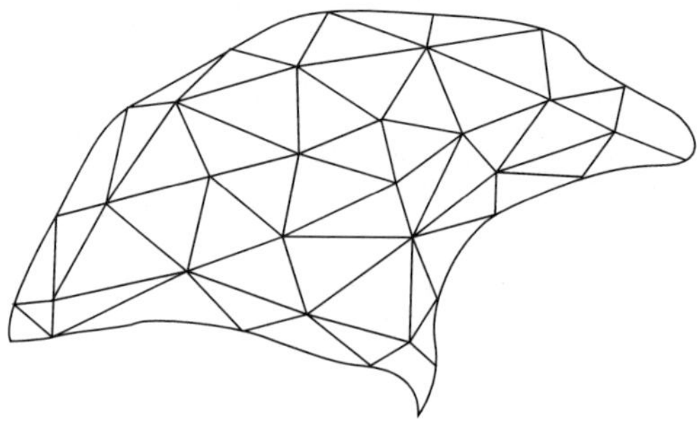

다음 예는 슈바르츠에 의하여 제시된 것으로서, 곡면의 넓이를 구할 때 곡면을 표상하는 근사 함수는 주어진 도형에 접근할 때 그 도형에 접하도록 해야 한다는 점을 강조한다.

예. 높이가 h이고 반지름이 1인 원주의 측면적을 구분구적법에 의하여 구하려고 한다. 이를 위하여 다음 그림과 같이 높이를 n등분하고 원주를 m등분한다.

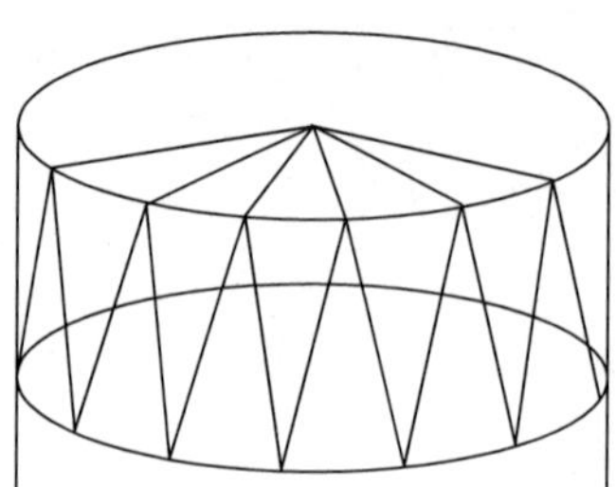

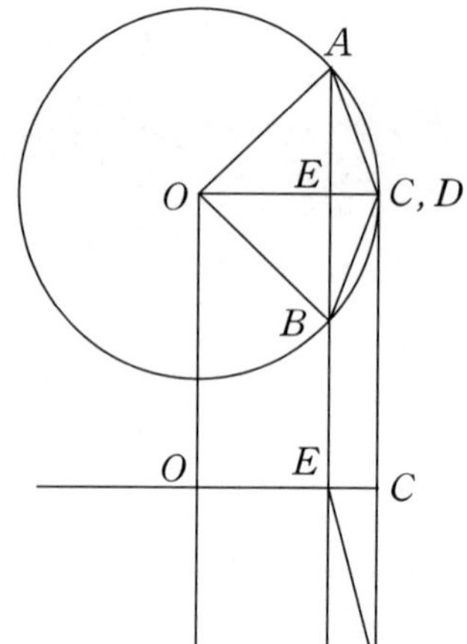

여기서

$$\overline{CD}=\frac{h}{n},\ \overline{AO}=1,\ \angle BOA=\frac{2\pi}{m}$$

이므로

$$\overline{EC}=1-\cos\frac{\pi}{m},\ \overline{AB}=2\sin\frac{\pi}{m},\ \overline{ED}=\left[\left(\frac{h}{n}\right)^2+\left(1-\cos\frac{\pi}{m}\right)^2\right]^{\frac{1}{2}}$$

그러므로 $\triangle ABD$의 면적은

$$\frac{1}{2}\overline{AB}\cdot\overline{ED}=\sin\frac{\pi}{m}\left[\left(\frac{h}{n}\right)^2+\left(1-\cos\frac{\pi}{m}\right)^2\right]^{\frac{1}{2}}$$

이고 이러한 삼각형의 개수는 $n\times 2m$이므로 전체의 넓이를 $S_{m,n}$이라고 두면

$$S_{m,n}=2mn\sin\frac{\pi}{m}\left[\left(\frac{h}{n}\right)^2+\left(1-\cos\frac{\pi}{m}\right)^2\right]^{\frac{1}{2}}$$

가 된다. 여기서 다음과 같이 3가지의 경우로 나누어 생각하자.

i) $n=m$인 경우;

$$S_{m,m}=2m^2\sin\frac{\pi}{m}\left[\left(\frac{h}{m}\right)^2+\left(1-\cos\frac{\pi}{m}\right)^2\right]^{\frac{1}{2}}$$

이므로

$$\lim_{m\to\infty}S_{m,n}=2\pi h$$

이다.

ii) $n=m^2$인 경우;

$$S_{m^2,m}=2m^3\sin\frac{\pi}{m}\left[\left(\frac{h}{m^2}\right)^2+\left(1-\cos\frac{\pi}{m}\right)^2\right]^{\frac{1}{2}}$$

이므로

$$\lim_{m\to\infty}S_{m^2,m}=2\pi\left[h^2+\frac{\pi^4}{4}\right]^{\frac{1}{2}}$$

가 성립한다.

iii) 마지막으로 $n=m^3$인 경우;

$$S_{m^3,m} = 2m^4 \sin\frac{\pi}{m}\left[\left(\frac{h}{m^3}\right)^2 + \left(1-\cos\frac{\pi}{m}\right)^2\right]^{\frac{1}{2}}$$

이므로

$$\lim_{m\to\infty} S_{m^2,m} = \infty$$

이다.

이와 같이 m과 n의 조합에 따라 $S_{m,n}$의 극한은 달라진다. 그러면 왜 이러한 현상이 나타날까? 이 문제는 다음의 관찰에 의해서 도움을 받을 수 있다. 먼저 $\angle CED$를 $\alpha_{m,n}$이라고 하고 그 극한을 α라고 하면

$$\tan\alpha_n = \frac{\overline{CD}}{\overline{CE}} = \frac{\frac{h}{n}}{\cos\frac{\pi}{m}}$$

가 성립한다. 여기서 ⅰ)의 경우에는

$$\lim_{n\to\infty} \tan\alpha_{m,n} = \infty$$

이므로 $\alpha = \frac{\pi}{2}$ 또 ⅱ)의 경우에는

$$\lim_{n\to\infty} \tan\alpha_{m,n} = \frac{2h}{\pi^2}$$

이므로

$$\tan\alpha = \frac{2h}{\pi^2}$$

이다. 마지막으로 ⅲ)의 경우에는

$$\lim_{n\to\infty} \tan\alpha_{m,n} = 0$$

이므로

$$\alpha = 0$$

이다.

이와 같이 구분구적법이 정당화되기 위해서는 미소 삼각형이 곡면에 접하는 방식으로 작아져야 한다는 점이다. 앞에서 언급한 곡선의 길이 구하기에 제시된 예 2가 타당하지 않는 결론이 나온 것도 꺾은선들이 항상 $\overline{BC}$와 60도를 이루고 있기 때문이다.

회전체의 표면적

위에서 주어진 C^1함수 f를 x축에 대하여 회전한 회전면의 미소 겉넓이는 피타고라스 정리로 부터

$$2\pi\sqrt{(\Delta x_j)^2+(\Delta y_j)^2}\,f(x_j)$$

으로 주어진다. 그런데 여기서 주어진 함수가 $y=f(x)$이면

$$2\pi\sqrt{(1+(f'(x_j))^2}\,f(x_j)\Delta x_j$$

가 된다. 그러므로 $\Delta x_j\to 0$이면 구하는 겉넓이는 다음과 같이 된다.

$$2\pi\int_a^b f(x)\sqrt{(1+(f'(x))^2}\,dx$$

로 주어진다.

예. 중심이 원점이고 반지름이 1인 구면의 넓이를 구해보자. 이 경우에 주어진 함수는 $f(x)=\sqrt{1-x^2}$ 이다. 그러므로 공식에 의하면 주어진 구면의 넓이는

$$2\pi\int_{-1}^1\sqrt{1-x^2}\sqrt{(1+(f'(x))^2}\,dx=4\pi\int_0^1 dx=4\pi$$

가 된다.

회전체의 체적

적분가능 함수 $f:[a,\ b]\to[0,\ \infty)$가 주어졌다고 하자. 두께가 Δx_j인 원판의 반지름이 $f(x_j)$이므로 원판의 부피는 $f(x_j)\Delta x_j$가 된다. 그러므로 이 원판 모두의 부피는 $\sum_j f(x_j)\Delta x_j$가 되고 이때 $\Delta x_j\to 0$이면

$$\sum_j f(x_j)\Delta x_j\to\int_a^b\pi f(x)^2dx$$

가 된다. 그러므로 회전체의 부피는

$$\int_a^b\pi f(x)^2dx$$

로 주어진다.

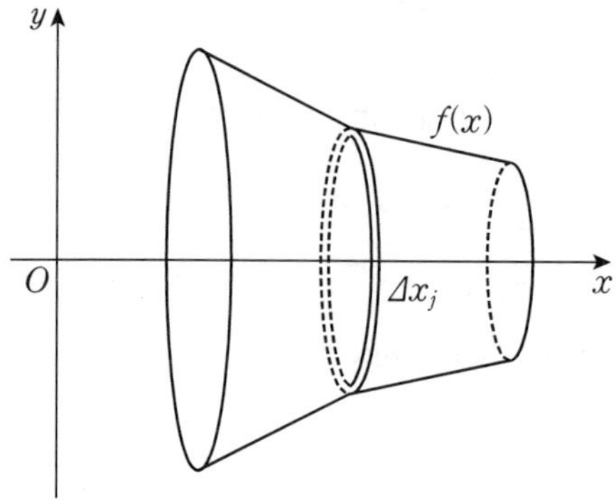

파푸스의 정리

면적이 S인 도형이 1사분면에 있다. 이것을 x축을 중심으로 360도 회전한 도형의 체적은 이 도형의 무게중심의 자취의 길이와 면적을 곱한 것과 같다.

예. 원판 $(x-5)^2+y^2 \le 1$을 원점을 중심으로 360도 회전한 도형의 체적은 원판의 면적 π와 무게중심 자취의 길이 10π를 곱한 결과인 $10\pi^2$이다.

적분과 관련된 부등식

$[a,\ b]$에서 정의된 두 연속함수 f와 g에 대하여, 다음 코시-슈바르츠 부등식이 성립한다.

(1) $$\left(\int_a^b f(x)g(x)dx\right)^2 \le \int_a^b f(x)^2dx \int_a^b g(x)^2dx.$$

부등식 (1)의 증명은

(2) $$\int_a^b (f(x)+tg(x))^2dx \ge 0$$

이라는 사실을 이용한다. 여기서 $F=\int_a^b f(x)^2dx,\ G=\int_a^b g(x)^2dx,\ H=\int_a^b f(x)g(x)dx$이라고 두면 식 (2)는

(3) $$F+2Ht+Gt^2 \ge 0$$

가 된다. 여기서 $G=0$이면 (1)은 양변이 모두 0이 되므로 식 (1)이 성립한다. 만약 G가 0이 아니라면 0보다 크게 되므로 $H^2-FG \le 0$가 성립한다. 이것은 바로 식 (1)이다.

여기서 식 (1)에 등식이 성립하는 경우는 $\int_a^b (f(x)+tg(x))^2 dx = 0$이 성립하는 경우이므로 임의의 $x \in [a,\ b]$에 대하여 $f(x)+tg(x)=0$가 성립하는 경우이다. 즉 f와 g가 일차종속인 경우이다.

정적분에 의하여 정의된 로그함수

i) $\log x = \int_1^x \frac{dt}{t}$로 정의할 수 있다. 이 정의는 적분을 경유한다는 점에서 정의는 가능한한 쉬운 방법으로 정의해야 한다는 원칙을 벗어나고 있지만 탐구 활동의 주제로서 의미있다. 즉 이 정의로부터 로그함수의 여러 가지 성질을 도출하는 과정에서 적분의 여러 성질을 확인할 수 있다.

먼저 등식 $\log(xy) = \log x + \log y$이 성립함을 밝혀보자. 이것은 변수변환에 의하여

$$\begin{aligned}\int_1^{xy} \frac{dt}{t} &= \int_1^x \frac{dt}{t} + \int_x^{xy} \frac{dt}{t} \\ &\equiv \int_1^x \frac{dt}{t} + \int_1^y \frac{dt}{t} \\ &= \log x + \log y\end{aligned}$$

가 된다.

ii) 함수 $y = \frac{1}{x}$를 a에서 b까지 적분하면 부등식

$$\frac{b-a}{b} < \frac{\log b - \log a}{b-a} < \frac{b-a}{a}$$

을 얻는다. 이것을 네이피어의 부등식라고 한다. 여기서 $a=1,\ b=1+\frac{1}{n}$이라고 두면 네이피어의 부등식에 의하여

$$\frac{n}{n+1} < n\log\left(1+\frac{1}{n}\right) < 1$$

이고, 여기서 양변에 $n \to \infty$를 취하면 $\lim_{n\to\infty}\left(1+\frac{1}{n}\right)^n = e$을 얻는다.

불연속함수의 정적분

제2종불연속인 경우에는 학교수학에서 다루지 않는데 이에 대한 적분은 이상적분이라고 한다. 그러나 제1종불연속인 경우는 원시함수를 구할 수는 없어도 부정적분을 이용하여 정적분을 계산할 수 있다. 또는 함수 $f:[a,\ b] \to \boldsymbol{R}$가 $c \in (a,\ b)$에서 제1종불연속이면

$$\int_a^b f(x)dx = \int_a^c f(x)dx + \int_c^b f(x)dx$$

를 이용하여 계산할 수도 있다. 따라서 미적분의 기본정리는 피적분함수를 연속만 가정해도 충분하다.

적분과 급수

다음 정리는 적분을 이용하여 적분의 수렴성을 알 수 있는 명제이다.

정리. 함수 $f:[0,\ \infty)\to[0,\ \infty)$는 연속이고 감소함수이다. 여기서 임의의 자연수 n에 대하여 $a_n = f(n)$이라고 정의하자. 이때 $\sum_{n=1}^{\infty} a_n$이 수렴할 필요충분조건은 $\lim_{n\to\infty}\int_1^n f(x)dx$가 수렴하는 것이다.

예 1. $\lim_{n\to\infty}\int_1^n \frac{dx}{x^2}$가 수렴하기 때문에 급수 $\sum_{n=1}^{\infty}\frac{1}{n^2}$는 수렴한다.

예 2. $\lim_{n\to\infty}\int_1^n \frac{dx}{x}$가 발산하기 때문에 급수 $\sum_{n=1}^{\infty}\frac{1}{n}$는 수렴한다.

타원의 호의 길이

타원의 길이를 생각해보자. 타원의 방정식은 매개변수 $x = a\cos\theta,\ y = b\sin\theta$에 의하여 주어지므로 타원의 길이는 다음 적분으로 주어진다. 여기서 $a > b > 0$이라고 두면

$$4\int_0^{\frac{\pi}{2}} \sqrt{a^2\cos^2\theta + b^2\sin^2\theta}\, d\theta = 4\int_0^{\frac{\pi}{2}} \sqrt{1-(\frac{a^2-b^2}{a^2})\sin^2\theta}\, d\theta$$

여기서 이 등식의 우변은 제2종 르장드르의 타원적분이라고 하는데 이 값은 초등함수의 식으로 나타나지 않는다. 이런 이유로 인하여 타원의 호의 길이는 학교수학에서 다루지 않는다.

미적분학의 기본정리의 대안

정적분의 값을 계산할 때, 미적분학의 기본정리가 강력한 수단임에도 불구하고 원시함수를 구하기 힘들기 때문에 여러 대안적 방법이 개발되었다. 그중 하나의 방법이 함수열의 극

한을 사용하는 방법이다. 이 방법은 다음과 같다. 먼저 함수 $f:[a,\ b]\to\boldsymbol{R}$이 연속이라고 하자. 여기서 연속함수의 함수열 $\{f_n\}$이 f에 점별수렴한다고 하자. 이때

(1) $$\left|\int_a^b f_n(x)dx - \int_a^b f(x)dx\right| \le \int_a^b |f_n(x)-f(x)|dx$$

가 성립하는데 여기서 만약 $\{f_n\}$이 f에 평등수렴한다면 (1)의 우변의 값은 $n\to\infty$ 일 때 0로 수렴한다.

13.1.3 현상학적 분석

적분은 다음과 같은 것으로부터 출발했다.

ⅰ) 운동하는 물체의 움직인 거리.

ⅱ) 곡선의 길이 측정.

ⅲ) 면적 측정.

ⅳ) 체적 측정.

13.2 심리적 분석

13.2.1 인지적 분석

정적분이 본질적으로 어떤 극한에 관련된 것이지만 그것들은 모두 대수적 조작으로 포장되어 겉으로 드러나지 않는다. 이 점은 적분법이 극한이나 무한과 같은 인식론적인 문제로부터 자유스럽다는 것을 시사한다. 실제로 적분법을 배우는 동안 극한이나 무한 개념은 나타나지 않는다.

그럼에도 불구하고 적분 단원이 어렵게 느껴지는 이유는 이 단원이 방대한 수학적 조작을 요구하기 때문이다. 실제로 정적분을 한다는 것은 학교수학의 모든 지식들을 모두 동원하는, 이른바 큰 조립 공장의 모든 공정 과정을 파악해야 된다는 식의 중압감을 준다. 실제로 적분은 수식 조작에 대한 지식, 함수에 대한 지식 등을 요구하며 이런 지식 중 어느 한 부분만 부족해도 적분 문제 해결에는 장애를 가져오게 된다. 이 점을 구체적으로 살펴보자.

먼저 정적분은 기호로서 $\int_a^b f(x)dx$로 주어진다. 여기서 이 기호에 주어진 정보는 다음과 같다.

i) 적분할 구간 즉, a와 b에 대한 정보

ii) 적분할 함수 $f(x)$

적분 기호는 근본적으로 이 두 정보로 주어져 있다. 여기서 f의 원시함수만 찾으면 계산의 모든 것은 해결된다. 원시함수를 구하기 위하여 함수 $f(x)$를 간단한 함수로 분해하거나 변수변환, 부분적분 등을 적용한다. 이 조작들은 학교수학에서 이용할 수 있는 최선의 수단이다. 여기서 변수변환과 부분적분을 모두 사용해야 할 경우도 있고 적용 순서도 문제에 따라 다르다. 분명한 것은 이 순서를 효과적으로 결정하는 것, 적절한 변수변환을 찾는 것, 적절한 부분적분을 시행하는 것이 쉽지 않다는 점이다. 이런 결정들이 효과적으로 작동되기 위해서는 많은 경험과 숙련을 필요로 한다. 사칙연산이 초등수학을 위한 절차적 훈련이라면 미적분법은 고등수학을 위한 절차적 훈련이다.

13.2.2 오개념 분석

정적분과 구분구적법에 대한 차이

교사들은 정적분과 구분구적법에 대하여 다음과 같은 생각을 가지고 있다.

i) 두 개념은 다르다. 구분구적법은 일반적인 도형에 대한 것이고 적분법은 함수로 주어진 도형에 대한 것이다. 즉 이 경우는 적분법이란 구분구적법을 특수화한 것으로 간주하고 있다.

ii) 두 개념은 다르다. 구분구적법은 그냥 계산하는 것이고 적분법은 기호 $\int_a^b f(x)dx$로 표기하는 것이다. 이렇게 대답하는 교사들은 적분이 구분구적법을 기호로 나타냄으로써 정교화한 것으로 간주하고 있다.

iii) 정적분은 음수도 허용하기 때문에 구분구적법을 일반화한 것이다.

공식에 대한 오개념

i) 두 함수 $y=f(x)$와 $y=g(x)$의 그래프로 둘러싸인 회전체의 부피를

$$\pi\int_a^b \{f(x)-g(x)\}^2\,dx$$

로 생각한다.

ii) 치환적분을 할 때 치환하려는 변수에 대하여 조건 없이 변수변환을 하는 경향이 있다.

13.3 교육적 분석

13.3.1 교육과정 분석

교육목표 분석

적분은 활용도가 방대하지만 근본적으로 도형의 길이, 넓이, 부피 등을 측정하기 위한 수학적 도구이다. 적분법은 측정 도구 중에서 가장 이론적이고 정교한 것으로서 학교수학은 적분법을 사용하기 위한 초등 조작법에 초점을 맞추고 있다. 정적분을 성공적으로 수행하려면 원시함수에 대한 풍부한 지식을 알고 있어야 한다. 그러나 원시함수의 공식은 실제로 미적분 단원을 배우기 이전의 모든 수학 공식보다 더 많을 정도로 방대하다. 그렇다면 각 함수에 대한 원시함수를 모두 기억해야만 하는가?

원시함수를 통하여 계산하고 답을 내는 것은 적분 단원의 학습목표가 아니며, 이공학을 위한 준비 단계로 간주될 때 의미가 있다. 즉 미적분법은 보다 높은 수준의 수학을 하기 위한 예비 단계이다. 미적분의 목표가 이렇다면 복잡한 함수의 원시함수를 찾는 기교를 배우는 것 보다는 적분의 이공학에의 활용에 주목하는 것이 바람직하며, 따라서 개념적 정교함을 지향해야 한다.

단순 적분 계산보다 적분의 응용에 주목하는 것은 학생들의 평가에서도 반영되어야 한다. 즉, 평가는 단조로운 계산보다 응용에 관련된 문제들을 제시함으로써 문제해결에 필요한 초기 과정인 모델링에 관심을 가져야 한다. 만약 단순 적분 계산만을 요구하게 되면, 적분은 엄청난 양의 기교를 요구받게 된다. 이것은 결국 적분 단원을 포기하게 하는 원인이 될 수 있다.

마지막으로 적분 단원은 공식이 많다. 이것은 적분 단원이 알고리듬적 수학 지식을 많이 포함하고 있다는 의미이다. 그러나 알고리듬적으로 해결하게 되면 수학적 사고를 기대할 수 없는 상황이 될 수 있다.

학습 내용 개요

리만 적분법은 일반적으로 유계함수에 대하여 정의되어 있지만 학교수학에서는 연속함수에 대한 것만 다루는데, 사실 개념적 이해를 위해서는 연속함수만 다루어도 충분하다. 다음은 적분법에 대한 내용과 주안점이다.

학습 주제	내용	주안점
길이 구하기	적분에 의한 방법	적분에 의한 방법
넓이 구하기	다각형의 넓이 곡선에 의하여 둘러싸인 도형의 넓이	다각형의 넓이는 주로 삼각비와 관련된 지식에 의존함 곡선으로 둘러싸인 도형의 넓이는 적분을 이용함
부피 구하기	다면체의 부피 회전체의 부피	다면체의 부피는 사면체의 부피의 응용으로 간주함 회전체의 부피는 적분에 의존함
응용	경과 거리 구하기 이공학에의 응용	적분변수의 설정

이 단원에서 반드시 알고 있어야 할 명제는 다음과 같다.

i) 미적분학의 기본정리.
ii) 정적분의 대수적 성질.
iii) 거리, 넓이에 대한 공식.
iv) 부분적분 공식.
v) 치환적분 공식.

지식의 연결성

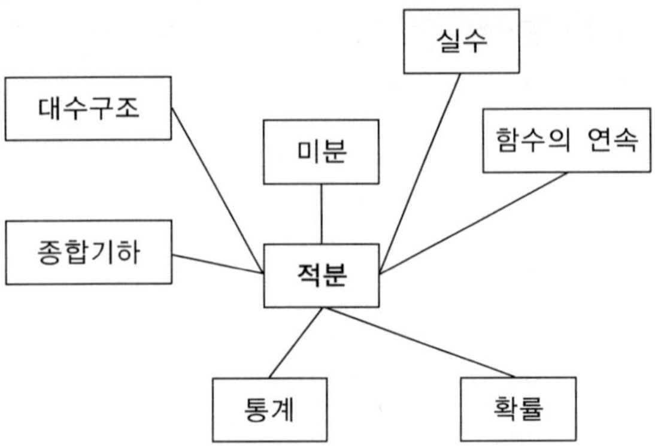

13.3.2 학습 주제 및 내용 분석

기본 개념의 계열

적분에서 가장 중요한 개념은 도형의 길이, 넓이, 부피 측정과 같은 절차와 관련된 것이다. 그러나 이 개념들은 실제로 고도로 난해하기 때문에 학교수학을 위하여 초등 수준의 지식으로 제공되고 실제 내용은 문제해결을 위한 절차적 지식들이 주류를 이루고 있다. 미분법과 마찬가지로 이 단원의 이름을 적분법이라고 하는 것도 절차적 지식을 반영한다.

구분구적법과 정적분

교과서에서 정적분을 도입할 때, 먼저 구분구적법을 소개하고 이어 정적분 정의를 제시한다. 여기서 구분구적법이란 리만 적분값을 정의에 의하여 구하는 방법을 의미한다. 따라서 정적분의 계산은 우선적으로 정의에 의한 방법과 미적분학의 기본정리에 의한 방법을 생각할 수 있다. 흔히 넓이의 구분구적법과 적분법을 모호하게 다루고 있는 경향이 있는데 구분구적법은 넓이에 대한 존재론적 문제를 다루고 있고 적분법은 넓이를 구하는 방법을 다룬다.

원시함수와 부정적분

주어진 함수 f에 대하여

i) f의 원시함수는 $F' = f$을 만족하는 함수 F이다.

ii) f의 부정적분은 $G(x) = \int_a^x f(t)dt$가 되는 함수 G이다.

본체적 분석에서 원시함수와 부정적분은 서로 다른 개념이다. 즉 원시함수는 부정적분이나 그 역은 성립하지 않는다. 미적분의 기본정리는 원시함수에서 성립하지만 일반적으로 부정적분에서도 성립한다. 그러나 학교수학에서 다루는 적분과 관련된 함수는 연속함수를 전제하기 때문에 이 두 개념은 같아진다. 그러나 학교수학에서도 불연속함수를 적분할 경우가 나타난다. 예를 들면, 확률 단원에서 확률밀도함수와 분포함수의 관계는 함수와 그의 부정적분의 관계이다. 따라서 미적분의 기본정리는 부정적분에 대한 것으로 정리하는 것이 바람직하다.

13.4 교수학습 지도

13.4.1 학습 내용 지도

적분 단원의 지도 시 일반적 유의 사항

적분법 단원은 대부분 절차적 지식으로 구성되어 있기 때문에 그 절차를 지키지 않으면 바람직한 결과를 얻을 수 없다.

i) 지도의 주안점은 절차적 지식들을 단계적으로 실행하는 데 있다. 실행 초기는 각 단계를 구분하여 진행하는 것이 바람직하다.

ii) 이 절차들은 충분한 연습에 의하여 강화된다. 따라서 적분 계산은 충분한 연습이 수반되어야 한다는 점을 강조한다.

ii) 다양한 함수의 성질을 알고 있어야 하고, 그것들을 적분과 관련하여 다양한 형태로 변형할 수 있어야 한다.

iv) 함수의 그래프를 그려본다. 이것은 기호적인 어려움을 해소하는 데 도움을 준다.

원시함수의 지도

원시함수의 계산은 정적분의 준비로서 가장 중요한 단계이다. 원시함수의 학습은 모든 함수와 미분 관계를 파악하고 있어야 하기 때문에, 이 점이 학습자로 하여금 어려운 단원으로 인식하게 만든다. 한편 모든 함수의 원시함수를 이론적으로 알 수 있을지 몰라도 초등 초월함수 수준에서 구체화할 수 있는 것도 아니다. 이와 같은 사실에 의하여 적분 단원은 내용 설계도 쉽지 않다.

학교수학의 차원에서 원시함수를 구하는 것은, 이론적 과정이 아니라 기술에 해당하기 때문에 많은 연습과 경험이 필요하다. 여기서도 계산에서 계산기를 사용하는 것과 마찬가지로 원시함수를 구하는데도 함수표를 사용하는 것이 바람직하다.

원시함수의 학습 내용은 적어도 다음 4수준을 고려할 수 있다.

수준	학습 내용
1수준	다항함수만 학습한다.
2수준	1수준에서 분수함수와 무리함수를 포함시킨다.
3수준	2수준에서 지수함수와 로그함수를 포함시킨다.
4수준	3수준에서 삼각함수를 포함시킨다.

적분 계산과 구성주의

정적분에 관련된 개념들을 다음과 같이 정리한다.

선언적 지식	적분값 계산 수행 과정 또는 절차
(정)적분	정의에 의한 방법(구분구적법)
	미적분학의 기본정리에 의한 방법

적분법 단원의 대부분은 적분 계산을 위한 절차적 지식으로 되어 있다. 구성주의적 관점에서 본다면, 이러한 절차들은 모두 구성적으로 접근하고 구성의 결과로부터 각각의 방법, 즉 적분값을 계산하는 정리들을 도출하는 것이 바람직할지도 모른다. 그러나 실제 교과서는 이렇게 접근하지 않고 방법을 미리 제시함으로써, 학생들은 그것을 공식으로 수용하고 자동화하는 방식으로 학습한다. 이 둘 중에서 어느 것이 바람직한가? 여기서도 구성적인 방법이 강력하다는 것은 마찬가지이다. 여러 공식을 제시하기 전에 관련 절차를 대상화함으로써, 스스로 공식을 포획할 수 있는 방법이 교사가 단순히 제시하는 것보다는 기억과 파지를 높여준다.

그럼에도 불구하고 교사가 이 단원을 구성적인 방법으로 접근하지 않는 이유는 이 단원이 매우 많은 학습 내용을 가지고 있다는 점과 어느 정도 높은 수준의 주제들에 대한 구성적 접근에 대한 경험이 부족하기 때문이다.

정적분 정의의 도입

학교수학에서 다루는 정적분은 연속함수에 국한한다. 먼저 함수 $f:[a,\ b]\to\boldsymbol{R}$가 연속이라고 하고

$$a=x_0<x_1<\cdots<x_j<x_{j+1}<\cdots<x_n=b$$

가 되도록 유한개의 점 x_j를 설정하고

$$\Delta x_j=x_{j+1}-x_j$$

라고 하자. 이때 리만 적분은 $[a,\ b]$를 분할하는 방식과 그 분할에 의하여 만들어진 소구간 $[x_j,\ x_{j+1}]$에서 주어진 c_j에 대한 함숫값 $f(c_j)$을 지정하는 방식에 따라 다음 3가지 방식을 생각할 수 있는데 이것들은 서로 동등하다.

방식	Δx_j	c_j	적분값	특징
A	등분할	일관성 있게 지정	$\lim_{n\to\infty}\frac{b-a}{n}\sum_{k=0}^{n-1}f\left(a+\frac{(b-a)k}{n}\right)$	일목요연하다.
B	등분할	임의 지정	$\lim_{n\to\infty}\frac{b-a}{n}\sum_{k=0}^{n-1}f(c_k)$	c_j값이 임의로 지정되어 있기 때문에 값을 구하기 편리하다.
C	임의 분할	임의 지정	$\lim_{\max\Delta_j\to 0}\sum_{k=0}^{n-1}f(c_k)\Delta x_k$	학교수학에서 접근하기 쉽지 않다.

예. $\int_0^1 x^2dx$를 위의 두 가지 방법으로 계산해보자. 먼저 정의 A를 사용하는 경우 함숫값은 $f\left(\frac{k}{n}\right)$가 되고, 정의 B를 사용하는 경우 x_k를 소구간 양끝의 중점을 택하면 함숫값은 $f\left(\frac{2k+1}{2n}\right)$가 된다. 어느 경우라도 $\int_0^1 x^2dx=\frac{1}{3}$이 된다.

부정적분의 지도

연속함수 또는 보다 일반적으로 유한개의 점을 제외한 나머지 점에서 연속인 함수 $f:\boldsymbol{R}\to\boldsymbol{R}$가 주어졌다고 하자. 여기서 $a\in\boldsymbol{R}$에 대하여 함수

$$F_a(x)=\int_a^x f(t)dt$$

를 f의 부정적분이라고 한다. 부정적분 개념은 확률 단원의 분포함수와 관련되어 있기 때문에 이 개념을 독자적으로 다루는 게 필요하다.

부정적분의 성질은 다음과 같다.

i) F_a는 연속함수이다. 본체적 분석에서 제시된 증명은 f가 일반적인 경우이지만 f가 연속함수라면 적분에 대한 중간값정리를 이용하는 것이 직관적이다.

ii) f가 $x=p$에서 연속이면 $F_a'(p)=f(p)$가 성립한다.

iii) $y=F_a(x)$의 그래프는 $(a,\ 0)$를 지난다.

iv) $\int_a^b f(t)dt=F_a(b)-F_a(a)$가 성립한다.

f의 부정적분의 지도는 위의 i)에서 iv)까지의 성질을 확인함으로써 부정적분 개념을 보다 친숙하게 하는 데 있다. 이를 위하여 다음과 같은 활동을 제안한다.

i) 먼저 f를 연속함수와 그렇지 않는 함수를 제시하고 그 함수에 대하여 성질 i)과 ii)를 확인한다.

ii) F_a의 그래프를 그려보고 $x = a$에서 그래프의 모양을 관찰한다.

iii) 미적분의 기본정리를 확인한다.

그러면 어떤 함수 f가 주어졌을 때 f의 부정적분을 어떻게 구할까? 구하는 절차는 다음과 같다.

i) f가 연속이면 단순히 원시함수를 구하면 된다.

ii) 유한개의 x 값에서 f가 연속이 아닌 경우 각각의 경우에 대한 원시함수를 구하고 그것이 연속이 되도록 양 끝 값을 결정한다.

미적분의 기본정리 증명 지도

본체적 분석에 의한 미적분의 기본정리의 증명은 리만 적분가능 조건에 의거하였는데 증명의 핵심은 f의 원시함수 F에 평균값정리를 적용한 접근이었다. 이 증명에서 적용된 함수의 리만 적분가능 조건은 학교수학에서 사용하지 않기 때문에 대안적 접근이 필요하다. 여기서는 먼저 다음과 같은 절차를 따른 증명을 사용한다.[109)]

i) 먼저 함수 $f:[a,\ b]\to\boldsymbol{R}$이 연속이라고 전제한다.

ii) f의 부정적분 $F_a(x) = \int_a^x f(t)dt$는 f의 원시함수임을 보인다. 즉 $F_a{}' = f$임을 보인다. 이 점은 본체적 분석에서 다루었는데 본질적으로 적분의 평균값정리에 기초한다.

iii) F가 f의 임의의 원시함수이면 $F = F_a + C$임을 보인다. 이 점은 $(F - F_a)' = 0$으로부터 알 수 있고 C의 존재성은 평균값정리에 기초한다.

iv) $F(x) - C = F_a(x) = \int_a^x f(t)dt$로부터 $\int_a^b f(x)dx = F(b) - F(a)$을 얻는다.

이 증명법은 단계적이고, 각각의 단계는 중요한 수학적 사실들이 어떻게 적용되는가를 구체적으로 보여주기 때문에 보다 교육적이다.

---

109) 이 증명은 본질적으로 역사적 분석에서 소개한 코시의 접근법이다.

미적분학의 기본정리 도입 시 일반적 유의 사항

미적분의 기본정리를 도입할 때 구체적으로 다음과 같은 사항들이 부가되면 유용하다.

i) 정의에 의한 적분은 본질적으로 수열의 극한에 대한 문제이고 따라서 이 방법은 복잡할 수 있다는 것을 유의한다. 예를 들면

$$\frac{1}{n}+\frac{1}{n+1}+\frac{1}{n+2}+\cdots+\frac{1}{2n}$$

과 같은 수열의 극한을 기존의 방법으로 접근할 때 어렵다는 것을 확인한다. 이에 대하여 이런 극한 문제는 미적분의 기본정리에 의하여 쉽게 해결됨을 보여준다.

ii) 미적분학의 기본정리는 구분구적법에 의한 값 구하기에 대한 대안이라는 점을 강조한다.

iii) 미적분학의 기본정리를 사용하여 적분하는 방법은 구분구적법에 의한 극한값 구하기와 전혀 다른 것임을 강조한다.

iv) 미적분학의 기본정리는 알고리듬적이기 때문에 올바른 절차를 시행하면 어렵지 않다는 것을 강조한다.

v) 적분법은 미분법과 연결되어 있기 때문에 미분법에 대한 지식이 절대적으로 필요하다는 점을 강조한다.

vi) 적분법은 밑변과 높이의 곱으로 조직되어 있지만, 여기서 높이는 반드시 양의 값이 아님을 주목한다.

정적분의 계산 지도

정적분 $\int_a^b f(x)dx$을 계산하기 위하여 어떤 정보들이 필요할까? 명목상 정보는 a, b, f이다. 그러나 실제 상황에서 a, b, f와 관련된 정보들은 다음과 같이 나타난다.

변수	정보	절차
a, b	a와 b가 원점에서 대칭이다.	짝함수와 홀함수로 분해하고 홀함수를 제거한다.
	a와 b가 원점에서 대칭이 아니다.	$f(x)$에 대하여 고려한다.
$f(x)$	$f(x)$의 원시함수를 즉시 찾을 수 있다.	미적분의 기본정리를 사용한다.
	$f(x)$의 원시함수를 즉시 찾을 수 없다.	부분적분 또는 치환적분을 생각한다.

정적분 계산에 있어서 다음과 같은 두 가지 기본 공식이 있다.

i) 미적분학의 기본정리.

ii) 치환적분법.

모든 초등 정적분은 이 두 정리에 의하여 결과를 얻을 수 있다. 따라서 모든 계산은 이 두 정리를 염두에 두고 진행해야 한다는 것을 강조해야 한다. 한편 이 두 정리를 적용하기 위해서는 원시함수를 구하기 위한 풍부한 지식이 필요하고 따라서 연습이 뒷받침되어야 한다.

적분의 평균값 응용

적분의 평균값정리에 의하면 함수 $f,\ g:[a,\ b]\rightarrow \boldsymbol{R}$가 연속이고 모든 $x\in[a,\ b]$에 대하여 $g(x)\geq 0$일 때

$$\int_a^b f(x)g(x)dx = f(c)\int_a^b g(x)dx$$

를 만족하는 $c\in(a,\ b)$가 존재한다. 여기서 특별히 $g(x)\equiv 1$이라고 두면 평균값정리는

$$\frac{1}{b-a}\int_a^b f(x)dx = f(c)$$

가 성립한다.

이 평균값정리는 다양한 문제를 직관적으로 계산할 수 있게 해준다. 이 정리를 적용하기 위해서는 먼저 함수가 주어져야 한다. 이때 함수는 이산적일 수도 있고 연속적일 수도 있다. 일단 함수가 주어지면 평균값정리를 적용하여 즉각적으로 결과를 얻을 수 있다

일반적으로 적분의 평균값정리를 실제 문제에 적용하기 위해서는 다음과 같은 형식을 가져야 한다.

정의역의 단위	공역의 단위	평균의 해석
B	A/B	A/B의 평균

예 1. 속도가 $3t$로 주어지는 물체의 $[2,\ 8]$에서의 평균 속도를 구해보자. 이 문제는 다음 그래프로 주어진다.

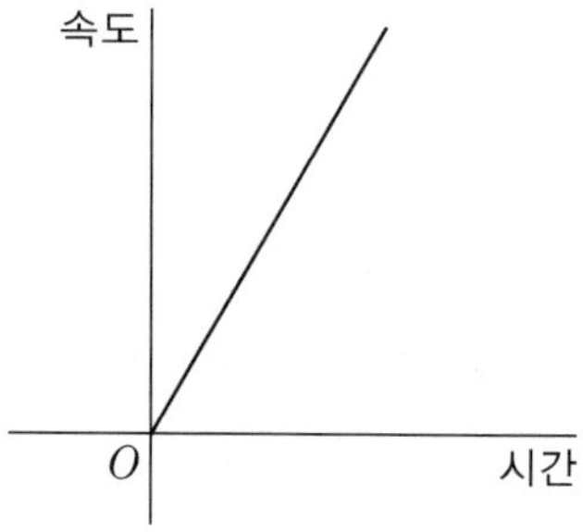

여기서

정의역의 단위	공역의 단위	평균의 해석
속도	거리/속도	평균 속도

이고

$$\frac{1}{8-2}\int_{2}^{8} 3t\,dt = 15$$

이므로 $[2,\ 8]$에서 평균 속도는 15이다.

예 2. 시속 300km로 2시간 달리고 이후 시속 500km로 3시간 달렸다면 평균 시속은 얼마인가? 그래프를 그려보면 다음과 같다. 여기서

정의역의 단위	공역의 단위	평균의 해석
시간	속도=거리/시간	평균 속도

이고

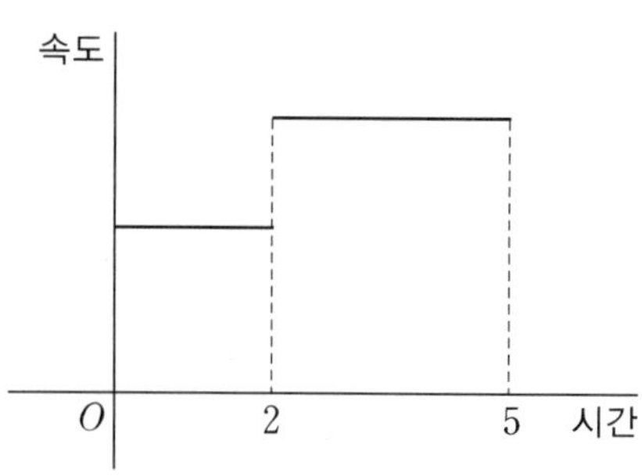

이므로 이 그래프로부터 5시간 동안의 속도는 다음과 같다.

$$\frac{300\times 2+500\times 3}{5}=420$$

즉 평균 속도는 시속 420km이다.

예 3. 10%의 소금물 100g과 20%의 소금물 300g을 혼합했을 때 평균 농도를 구해보자. 이 상황을 그래프로 그려보면 다음 그림과 같다. 여기서

정의역의 단위	공역의 단위	평균의 해석
소금물 무게	농도=소금 무게/소금물 무게	평균 농도

이고

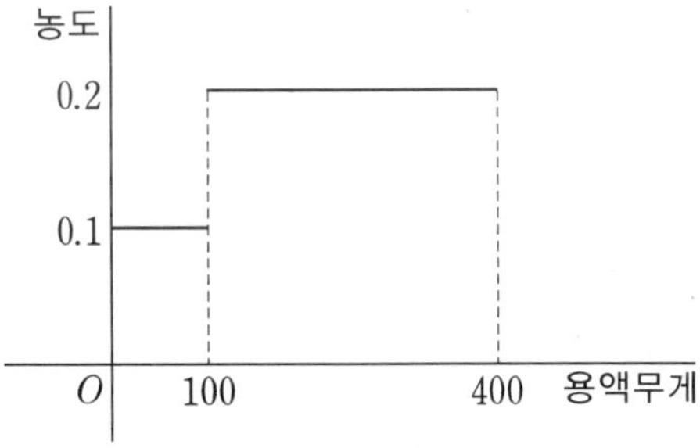

이므로 적분의 평균값의 정리에 의하면

$$\frac{0.1\times 100+0.2\times 300}{400}=\frac{70}{400}=0.175$$

이므로 400g의 소금물의 농도는 17.5%이다.

예 4. 100km^{2}의 면적을 가진 어느 삼림에 살고 있는 늑대의 개체 수가 10마리이고 다른 한 곳에는 400km^{2}의 면적을 가진 어느 삼림에 살고 있는 늑대의 개체수가 40마리일 때 평균 개체 수를 구하는 문제를 생각해보자. 이 경우 평균 개체 수는 단위 km^{2}당 0.1 마리이지만 적분의 평균값정리를 적용하게 되면 평균 개체 수는 단위 km^{2}당

$$\frac{10\times 100+40\times 400}{100+400}=34$$

이란 이상한 결론을 얻게 된다. 이러한 이유는

정의역의 단위	공역의 단위	평균의 해석
넓이	개체 수	평균 개체 수

와 같이 되어 위에서 언급한 형식을 만족하지 않기 때문이다.

치환적분법의 지도

치환적분법은 정리 1에 해당하는 공식

(1) $$\int_{\phi(a)}^{\phi(b)} f(x)dx = \int_a^b f(\phi(t))\phi'(t)dt$$

과 정리 2에 해당하는 공식

(2) $$\int_a^b f(\phi(x))dx = \int_{\phi(a)}^{\phi(b)} f(x)\psi'(x)dx$$

가 있고, 이 공식을 적용하기 위하여 다음과 같이 절차화 한다.

<table>
<tr><th>적용 공식</th><td>공식 (1)</td><td>공식 (2)</td></tr>
<tr><th>변수 설정</th><td>$x=\phi(t)$</td><td>$\phi(x)=t$</td></tr>
<tr><th>적분 구간 변환</th><td><table><tr><td>x</td><td>$\phi(a)$</td><td>$\phi(b)$</td></tr><tr><td>t</td><td>a</td><td>b</td></tr></table></td><td><table><tr><td>x</td><td>a</td><td>b</td></tr><tr><td>t</td><td>$\phi(a)$</td><td>$\phi(b)$</td></tr></table></td></tr>
<tr><th>적분 변수 계산</th><td>$dx=\phi'(t)dt$</td><td>$dx=\psi'(t)dt$</td></tr>
</table>

예 1. $\int_0^1 \sqrt{1-x^2}\,dx$의 값을 구해보자. 여기서 $x=\sin t$라고 두면 $dx=\cos t dt$이므로 정리 1에 의하여

$$\int_0^1 \sqrt{1-x^2}\,dx = \int_0^{\frac{\pi}{2}} \cos^2 t dt == \int_0^{\frac{\pi}{2}} \frac{1+\cos 2t}{2} dt = \frac{\pi}{4}$$

가 된다.

예 2. 적분 $\int_{-1}^{1} x^3 f(x^4)dx$을 계산해보자. $x^4 = t$로 두면 $dx = \frac{dt}{4x^3}$이므로 정리 2에 의하여

$$\int_{-1}^{1} x^3 f(x^4)dx = \frac{1}{4}\int_{1}^{1} f(t)dt = 0$$

가 된다.

예 3. $\int_{0}^{1}(2x+1)^{10}dx$를 계산해보자. $2x+1=t$라고 두면 $dx = \frac{dt}{2}$이므로 정리 2에 의하여

$$\int_{0}^{1}(2x+1)^{10}dx = \frac{1}{2}\int_{1}^{3} t^{10}dt = \frac{1}{22}(3^{11}-1)$$

가 된다.

예 4. $\int_{0}^{1} x\sqrt{x^2+1}\,dx$를 계산하기 위하여 $x^2+1=t$이라고 두면 $dx = \frac{dt}{2x}$이므로 정리 2에 의하여

$$\int_{0}^{1} x\sqrt{x^2+1}\,dx = \frac{1}{2}\int_{1}^{2}\sqrt{t}\,dt = \frac{1}{3}\left[t^{\frac{3}{2}}\right]_1^2 = \frac{2\sqrt{2}-1}{3}$$

가 된다.

특수한 함수의 정적분 계산의 지도

짝함수, 홀함수, 주기함수는 적분 영역에 따라 쉽게 처리될 수 있다. 이런 함수의 적분은 기하학적 방법에 의하여 다룰 수도 있고 해석적으로 접근할 수도 있다.

예 1. y축에 대칭 영역에서 짝함수의 적분. 연속함수 $f:[-a,\ a]\to \boldsymbol{R}$ 가 $f(x)=f(-x)$이라고 하고 $\int_{-a}^{a} f(x)dx$의 계산을 생각해보자. 함수의 그래프를 생각하면

(1) $$\int_{-a}^{a} f(x)dx = 2\int_{0}^{a} f(x)dx$$

임을 즉시 알 수 있다. 한편 분석적으로 접근하면

$$\int_{-a}^{a} f(x)dx = \int_{-a}^{0} f(x)dx + \int_{0}^{a} f(x)dx$$

이고 여기서 $\int_{-a}^{0} f(x)dx$은 $t=-x$로 변수변환하면

$$\int_{-a}^{0} f(x)dx = \int_{a}^{0} f(-t)(-dt) = -\int_{a}^{0} f(-t)dt = \int_{0}^{a} f(t)dt$$

이므로 등식 (1)을 얻는다.

예 2. 대칭 영역에서 홀함수의 적분. 연속함수 $f:[-a, a]\to \boldsymbol{R}$가 $f(x)=-f(-x)$이라고 하고 $\int_{-a}^{a} f(x)dx$의 계산을 생각해보자. 함수의 그래프를 생각하면

(2) $$\int_{-a}^{a} f(x)dx = 0$$

임을 즉시 알 수 있다. 한편 분석적으로 접근하면

$$\int_{-a}^{a} f(x)dx \int_{-a}^{0} f(x)dx + \int_{0}^{a} f(x)dx$$

이고, 여기서 $\int_{-a}^{0} f(x)dx$은 $t=-x$로 변수변환하면 x가 $-a$일 때 t는 a이고 x가 0일 때 t는 0이다. 그러므로

$$\int_{-a}^{0} f(x)dx = \int_{a}^{0} f(-t)(-dt) = -\int_{a}^{0} f(-t)dt = -\int_{0}^{a} f(t)dt$$

이므로 등식 (2)를 얻는다.

예 3. 주기함수의 적분. 연속함수 $f:\boldsymbol{R}\to \boldsymbol{R}$가 주기 p를 가진다고 하자. 주어진 자연수 n에 대하여

(3) $$\int_{0}^{np} f(x)dx = n\int_{0}^{p} f(x)dx$$

을 밝혀보자. 먼저 등식 (3)은 함수의 그래프에 의하여 자명하게 보인다. 한편 등식 (3)을 분석적으로 접근해보자.

(4) $$\int_{0}^{np} f(x)dx = \int_{0}^{p} f(x)dx + \int_{p}^{2p} f(x)dx + \cdots + \int_{(n-1)p}^{np} f(x)dx$$

가 성립한다. 그런데 임의의 주어진 자연수 k에 대하여 $x=t+(k-1)p$라고 두면 x가 $(k-1)p$일 때 t는 0이고 x가 kp일 때 t는 p이다. 그러므로

$$\int_{(k-1)p}^{kp} f(x)dx = \int_0^p f(t+(k-1)p)dt = \int_0^p f(t)dt$$

이고, 등식 (4)는 결국

$$\int_0^{np} f(x)dx = n\int_0^p f(x)dx$$

가 된다.

정적분 계산의 절차

정적분의 값을 구하는 일반적인 절차는 없지만, 그럼에도 불구하고 함수의 여러 특징을 고려함으로써 다음과 같은 절차들이 필요하다.

i) 주어진 구간에서 함수의 특성을 조사하라. 특히 y축에 대칭인 집합에서 정적분은 함수가 짝함수 또는 홀함수라는 사실에 의하여 많이 단순화 된다.

ii) 부분적분을 이용하여 자신에게 익숙한 함수로 환원한다.

iii) 치환적분을 이용해서 자신에게 익숙한 함수로 환원한다.

iv) 미적분법의 기본정리를 사용한다.

기하학적 대상의 정적분 지도

1. 길이 구하기. 연속미분가능인 곡선 $\gamma:[a,\ b]\to\boldsymbol{R}^2$가 주어졌을 때 γ의 길이는 γ를 적분하는 것이 아니라 $|\gamma'|$를 적분하는 것임을 주지시켜야 한다. 이를 위해서는 곡선의 길이를 구하는 수학적 원리, 즉 본체적 분석에서 다룬 곡선의 길이에 대한 개념을 소개해야 한다.

2. 넓이 구하기. 도형은 경계가 다양한 함수로 주어진 경우 그 경계를 표상하는 함수가 무엇인가를 먼저 알아야 한다. 예를 들어 다음 그림과 같이 경계가 주어진 경우에 적분 절차가 어떻게 주어지는가를 보자.

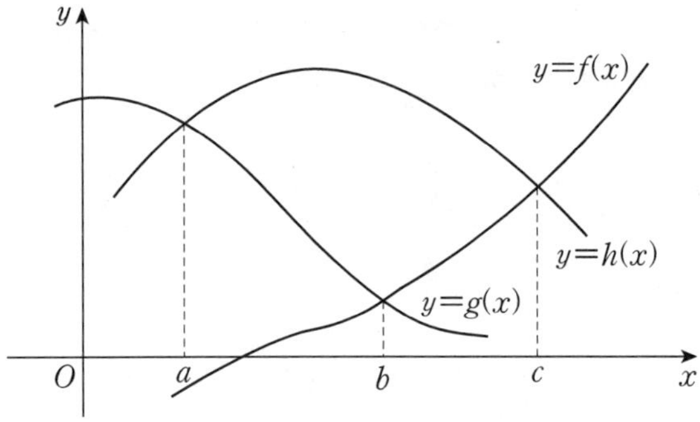

i) 함수의 그래프가 겹치는 점의 x좌표를 구한다. 여기서 $x=a$, $x=b$, $x=c$가 이 경우에 해당한다. 실제로 이 x좌표들은 방정식 $f(x)=g(x)$, $g(x)=h(x)$, $f(x)=h(x)$의 근이다.

ii) 직선 $x=a$, $x=b$, $x=c$로 주어진 도형을 분할한다. 여기서 분할된 도형은 두 조각으로 나누어진다.

iii) 각각의 분할에 대한 넓이를 구한다. 여기서는 각각의 넓이는

$$\int_a^b [f(x)-g(x)]dx, \quad \int_b^c [f(x)-h(x)]dx$$

로 주어진다. 여기서 $f(x)$, $g(x)$, $h(x)$사이의 순서관계를 알아야 하기 때문에 가능한 한 그래프를 그려서 주어진 상황을 관찰하도록 지도한다.

3. 부피 구하기. 도형의 부피를 구하는 일반적인 상황은 다음과 같다. 단면의 넓이를 나타내는 함수를 $S(x)$라고 하면 부피는 $\int_a^b S(x)dx$로 주어진다. 이 문제는 회전체의 부피에 대한 것도 자연스럽게 생각할 수 있다.

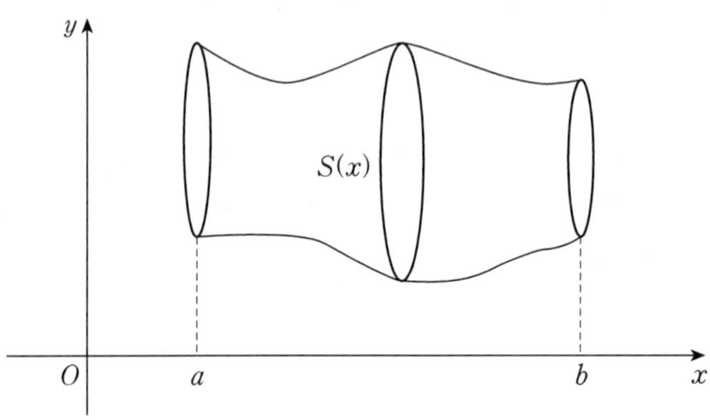

관련 정신모델은 다음과 같다. 먼저 미소 넓이를 $S(t)$라고 하면, $S(t)$를 아주 얇은 판으로 간주하고 적분은 그런 것을 모두 합한 것이다. 즉 총합은 $\sum S(t)\Delta t$이고 이것으로부터 적분 $\int_a^b S(t)dt$를 만든다.

용기에 채워지는 물의 부피

주어진 상황은 다음과 같다.

i) 물이 주어진 용기에 흘러 들어오는 속도는 시각 t에서 $a(t)$이다.
ii) 높이 y에서 용기의 단면의 넓이는 $S(y)$로 주어져 있다.
iii) 용기의 표면 높이 $y(t)$에서의 상승 속도는 $g(t)$이다. 즉 $\frac{dy}{dt}=g(t)$이다.

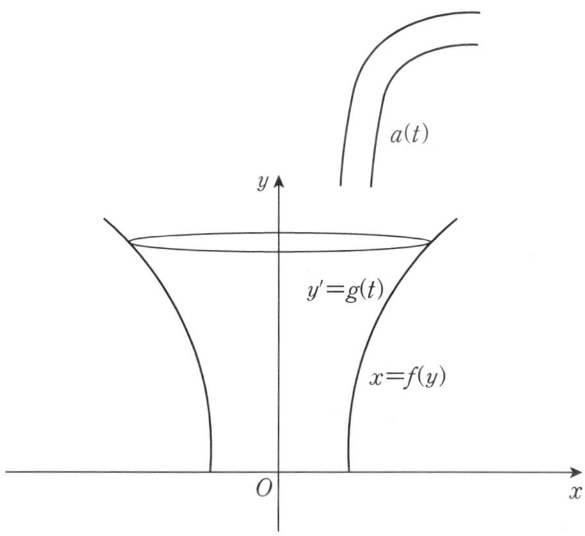

이때 $a(t)$, $S(y)$, $g(t)$의 관계식을 만들어보자. 이 문제는 다음과 같은 절차를 따른다.

i) 주어진 상태를 결정하는 함수 확인. 주어진 상태를 그림으로 그리거나 여러 가지 방법을 사용하여 문제표상을 획득해야 한다.
ii) 주어진 물리량을 함수식으로 표상.
iii) 정적분으로 나타내기.
iv) 방정식 풀기.

이 절차를 따라서 다음과 같이 진행한다. 먼저 시각 t에서 물의 높이를 y, 물의 부피를 $V(t)$라고 하면 $[0,\ t]$ 동안 들어오는 물의 양은 $\int_0^t a(s)ds$ 이므로

$$V(t) = \int_0^t a(s)ds \tag{1}$$

이다. 한편 용기에서 볼 때, 시각 0에서 t까지 용기 속의 물의 부피 $V(t)$는 다음 방정식 (2)를 만족한다.

$$V(t) = \int_0^{y(t)} S(y)dy \tag{2}$$

로 주어진다.[110] 이 방정식 (2)를 t에 대하여 미분하면 다음을 얻는다.

$$a(t) = \frac{dV}{dt} = S(y(t))\frac{dy}{dt} = S(y(t))g(t). \tag{3}$$

여기서 용액의 증가 속도 $a(t)$, 용기의 단면적 $S(y(t))$, 물의 상승 속도 $g(t)$ 중에서 어느 두 개만 주어지면 나머지 하나는 방정식 (3)으로부터 구할 수 있다.

여기서 $S(y(t))$는 상황에 따라서 여러 가지 경우로 나눌 수 있는데 예를 들면 다음과 같은 경우를 생각할 수 있다.

i) $S(y(t))$가 시각 t에서의 반지름의 함수 $r(t)$로 주어질 때, 즉 $S(y(t)) = \pi r(t)^2$.
ii) $S(y(t))$가 함수 $x = f(y)$로 둘러싸인 원판으로 주어질 때, 즉 $S(y(t)) = \pi f(y(t))^2$.

예 1. 물통에 시간당 유입되는 물의 양이 a(일정)이고 용기의 모양이 $f(y) = 2$로 주어진 원통이라면 (4)에 의하여

$$a = \pi \cdot 4 \cdot g(t)$$

이다. 이때 상승 속도 $g(t)$는

$$g(t) = \frac{a}{4\pi}$$

로 주어진다. 즉 일정하게 유입되는 원통 용기에서 수면의 상승 속도 $g(t)$는 일정하다.

보다 일반적으로 물통에 시간당 유입되는 물의 양이 $a(t)$이고 $S(y(t)) = \pi r(t)^2$일 때 (3)에 의하여 $a(t) = \pi r(t)^2 \dfrac{dy}{dt}$ 이므로

---

110) 이 방정식은 $V(t) = \int_0^t S(y(t))y'(t)dt$로 나타낼 수도 있다.

(4) $$g(t) = \frac{dy}{dt} = \frac{a(t)}{\pi r(t)^2}$$

이다. 그러므로 방정식 (4)로부터 상승 속도 $g(t)$와 반지름의 관계식을 알 수 있다.

예 2. 물통에 유입되는 물의 양이 $a(t) = a$로서 일정하고 또 상승 속도 $g(t) = b$로서 일정할 때 $S(y(t)) = \pi r(t)^2$이라면 $a = \pi r(t)^2 b$이고 $r(t) = \sqrt{\frac{a}{\pi b}}$이므로 반지름은 일정하다. 즉, 유입량과 상승 속도가 일정한 경우, 용기는 모든 단면의 반지름이 일정한 용기를 가진다.

예 3. 물통에 시간당 유입되는 물의 양이 $a(t) = \pi$로서 일정하고, $g(t) = t$, $y(0) = 1$이면 $y(t) = t + 1$이다. 따라서 (4)에 의하여

$$\pi = \pi f(t+1)^2 t$$

이고, 이것을 정돈하면

$$f(t+1) = \frac{1}{\sqrt{t}}$$

을 얻고, 따라서 주어진 용기의 단면에 대한 함수

$$f(y) = \frac{1}{\sqrt{y-1}}$$

을 얻는다.

13.4.2 평가

1. (아르키메데스) 다음 그림에서 보여주는 도형은 삼각형과 활꼴로 둘러싸여 있는데 이 도형을 하나의 선분으로 넓이를 이등분하여라.

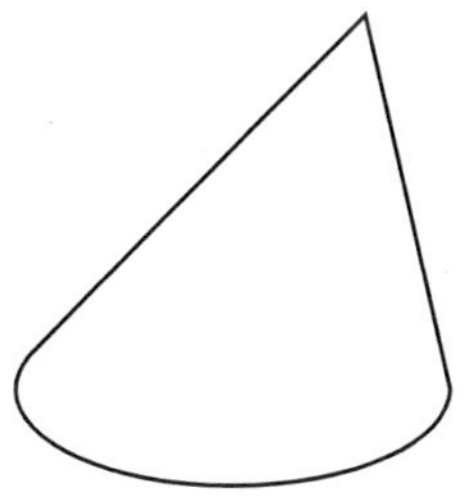

2. 다음 적분을 계산하여라.

$$\int_{0}^{\frac{\pi}{2}} \frac{\sqrt{\sin x}}{\sqrt{\sin x}+\sqrt{\cos x}} dx$$

3. 다음 적분을 계산하여라.

$$\int_{0}^{\pi} \frac{x}{1+\cos^2 x} dx$$

4. $F(x)=\int_{1}^{x^2} \frac{dt}{1+t^2}$ 에서 $F'(x)$를 구하라.

5. f는 $[-1, 1]$에서 연속이다. 이때 $\int_{-1}^{1} f(x^2)dx = 2\int_{0}^{1} f(x^2)dx$ 임을 보여라.

6. 임의의 $x \in [a, b]$에서 $f(x) \geq 0$이고 연속인 함수 f가 $\int_{a}^{b} f(x)dx = 0$을 만족하면 임의의 $x \in [a, b]$에 대하여 $f(x)=0$임을 보여라.

7. f가 $[0,1]$에서 연속일 때, $\lim_{n\to\infty}[\int_{0}^{1} [f(x)]^n dx]^{\frac{1}{n}}$ 의 값을 구하라.

8. $f(x)=\begin{cases} x, & |x| \leq 1 \\ -x, & |x|>1 \end{cases}$ 의 부정적분을 구하라.

9. $x \in \boldsymbol{Q}$이면 $f(x)=1$, $x \notin \boldsymbol{Q}$이면 $f(x)=0$으로 주어진 함수 $f:[0, 1] \to \boldsymbol{R}$는 리만 적분불가능임을 보여라.

10. f는 $[0, 1]$에서 정의된 연속함수일 때, $\int_{0}^{1} x^n f(x)dx$ 의 값을 구하라.

13.4.3 연구 과제

교수 측면

1. 물리적 문제를 적분으로 표상하기 위한 효과적인 절차를 개발하자.

2. 적분은 주로 절차적 지식에 대한 것이다. 적분에 대한 절차적 지식을 향상시키기 위한 효과적인 방법에 대하여 논의하자.

3. 이 단원에서 지도하기 어려운 내용을 제시하고 대안을 토의하자.

4. 적분 계산 과정의 유연성을 위한 효과적인 교수설계를 구상하자.

5. SOLO 평가를 구체화하기 위한 질의 문항을 개발하자.

학습 측면

1. 적분법의 학습을 위한 절차적 단계가 있는가?

2. 이 단원에서 학생들이 어려워하는 부분은 무엇인가?

14. 종합기하학

14.1 수학적 분석

14.1.1 역사적 분석

종합기하학이란 공리로부터 연역을 통하여 기하학적 성질을 도출하는 기하학의 한 분야이다. 고전 기하학의 도구에서 가장 중요한 기하학적 요소들은 점, 선, 면 등인데 이런 개념들이 공리를 위한 무정의용어로 채택하는가 하면, 다른 접근으로서 점, 선, 면을 수로 표상하고 수의 대수적 성질을 사용하여 기하학을 연구할 수도 있다. 전자를 주로 순수종합기하학이라고 하고 후자를 계량종합기하학이라고 한다.

기하학의 기원

'Geometry'라는 단어는 땅을 의미하는 'geo'와 측정이라는 의미의 'metrein'의 단어가 결합된 것이다. 즉 기하학이란 토지를 측량하는 기술이었다. 기하학의 기원은 매우 오랜 과거로 올라간다. 고대 그리스의 역사가 헤로도토스(Herodotus, 484~430 B.C.)에 의하면 고대 이집트, 고대 바빌로니아, 고대 인도 등은 상당한 수준의 기하학적 지식을 가졌다고 기술하고 있다. 예를 들면 기원전 200년에서 기원전 1600년 경 고대 바빌로니아인들은 원주율 π를 3으로 사용했다는 기록이 있다. 그들은 새끼줄로 길이를 측정했고 원을 360도로 나누어 사용했다는 기록이 있으며 뿐만 아니라

간단한 삼각형이나 사각형의 면적을 구할 수 있었다. 기원전 1800년 경 이집트에서도 원주율을 $\left(\frac{16}{9}\right)^2$으로 사용했다. 이집트 사람들도 삼각형이나 사각형의 면적에 대하여 언급하고 있다. 예를 들면 각 변의 길이가 a, b, c, d인 사각형의 면적은 $\frac{(a+b)(c+d)}{4}$라고 생각했다.[111] 원의 면적을 구하는 데 있어서 원과 같은 정사각형의 넓이를 구하는데 정사각형의 한 변의 길이를 지름의 $\frac{1}{9}$을 뺀 것으로 사용했다.[112] 뿐만 아니라 그들은 피타고라스 정리

---

111) 물론 이 공식은 틀렸다. 실제로 넓이는 이 값보다 작다.

112) 즉 지름을 d라고 하고 반지름을 r이라고 하면 원의 넓이로서 $\left(d-\frac{d}{9}\right)^2=\left(\frac{8}{9}\right)^2 d^2=\left(\frac{16}{9}\right)^2 r^2$가

를 사용했다. 예를 들면 줄에 3:4:5를 표시해서 직각자 대신으로 사용했다.

이 시대의 특징이라면 공통적으로 그들은 자신의 지식에 정당성을 부여할 수 있는 도구를 마련하지 못했다. 따라서 그들의 수학은 절차적 성격의 수학이었다.

논증기하학의 시작

고대 그리스의 기하학은 소아시아 반도의 그리스 식민 도시인 밀레투스를 중심으로 융성하기 시작했다. 탈레스(Thales, 624~547 B.C.)는 최초로 기하학적 명제에 연역적 정당화를 시도하였다. 예를 들면 그는 다음과 같은 명제를 증명하였다고 한다.

i) 원은 지름에 의하여 이등분된다.
ii) 이등변삼각형의 두 밑각은 같다.
iii) 맞꼭지각은 같다
iv) ASA 조건이면 두 삼각형은 합동이다.
v) 반원에 내접하는 원주각은 직각이다.

이들 명제의 증명은 남아 있지 않지만 일부는 <원론>에 소개된 것이라고 본다. 뿐만 아니라 그는 피라미드의 높이를 비례식을 이용하여 계산했다.

탈레스의 이런 태도는 이어 그 당시 종교 예언가로 알려진 피타고라스와 그 제자들에 의하여 계승되었다. 영혼 불멸과 부활을 주장한 피타고라스 신성을 위해서 수학과 음악을 연구가 필요함을 역설했으며 수에 대한 많은 결과를 찾았다. 예를 들면 유클리드의 <원론>의 7권은 주로 피타고라스 학파의 연구 결과들이다. 이 학파의 대표적 연구 중의하나는 직각삼각형에 대한 피타고라스 정리인데 이에 대한 증명은 다음 그림과 같을 것이라고 추측하고 있다.

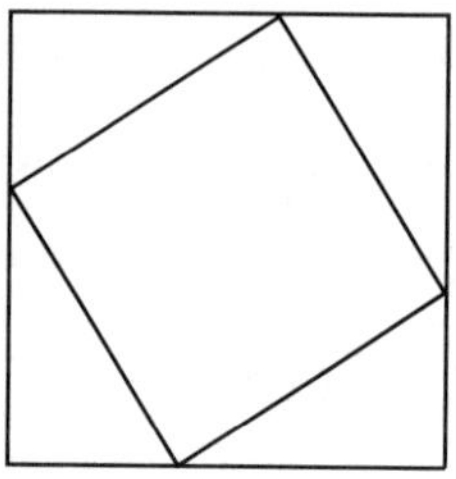

된다. 여기서 $\left(\frac{16}{9}\right)^2$은 약 3.16 정도이다.

피타고라스 학파는 비밀 결사 형태로 학단을 운영했기 때문에 그의 정리라고 알려진 것이 실제로 누구에 의한 것인가에 대해서는 알 수 없고 다만 후대의 소문에 의하여 추측만 할 수 있을 뿐이다. 그는 기하와 산술 간의 관계를 모색하였는데 이 결과로 생겨난 수 개념들이 도형수이다. 한편 이 시기의 대수학도 기하학적 방법에 의하여 연구되었다. 즉 기하학은 대수학의 연구 도구였다. 그러나 대수학의 기하학적 방법론은 이후 보다 복잡한 문제를 직면하면서 쇠락하게 된다.

그리스 기하학은 플라톤(Platon, 428~347 B.C.) 시대에 와서 번창하기 시작한다. 플라톤도 자신의 학원을 운영하면서 수학을 도야의 필수 도구로 생각하였다. 소크라테스의 대화는 본질적으로 간접 증명법이라고 할 수 있는데 플라톤은 간접 증명법의 중요성을 부각시키기 위하여 $\sqrt{2}$의 무리수의 증명을 자주 인용하였다.

작도의 기하학

이 시기에 다각형의 구적법은 이미 완전하게 이해되어 있었다. 더 나아가 히포크라테스는 다각형이 아닌 도형의 구적법을 시도하였는데 초승달같이 생긴 특별한 도형의 구적에 성공했다. 이 시기의 나타난 '3대 작도 문제'는 후대의 수학에 중요한 동기를 제공하였는데 이 문제들은 다음과 같다.

i) 원적문제.[113] 원의 넓이와 같은 직사각형의 한 변의 길이를 작도하기.
ii) 배적문제. 한 변의 길이가 1인 정육면체의 부피의 두 배가 되는 정육면체의 한 변의 길이를 작도하기.
iii) 각의 3등분 문제. 일반각을 삼등분하기.

배적 문제는 '정육면체의 부피의 2배가 되는 정육면체의 한 변의 길이를 작도'하는 문제이다. 이 문제에 대한 초기 연구로서 히포크라테스의 연구가 있다. 그는 이 문제를 길이가 s와 $2s$인 두 선분 사이에 두 비례중항을 작도하는 문제로 귀착시켰다. 즉 두 비례중항을 x와 y라고 하면

$$s : x = x : y = y : 2s$$

가 되고 이것을 풀면 각각 $x^2 = sy$와 $y^2 = 2sx$를 얻는데 이 두 식에서 y를 소거하면 $x^3 = 2s^3$이 된다. 이 문제는 아르키타스(Archytas, 428~350 B.C.)에 의하여 최초의 해가 제시되었고 그후 에라토스테네스(Eratosthenes, 276~194 B.C.), 니코메데스(Nicomedes, 280~210 B.C.), 아폴로니우스(Apollonius, 262~190 B.C.) 등에 의하여 독자적인 해가 얻어

113) 이 문제는 철학자 아낙사고라스(Anaxagoras, 500~428 B.C.)에 의하여 제시된 것이라고 알려져 있다.

졌다. 그러나 이 모든 해들은 작도로 귀결된 것은 아니다.

고대 그리스 기하학은 헬레니즘기의 수학자 유클리드에 의하여 종합된다. 그런데 그의 불후의 명저 <원론>(Elements)는 그 당시까지 알려진 기하학적 지식을 종합, 정리한 것이지만 기존의 다소 산만했던 결과들을 전혀 새로운 방식으로 종합했다는 점이 돋보인다. 즉 원론은 그 당시 기하학이 모든 결과를 망라하는 공리를 조직하고 이 공리로부터 종합하여 기존의 지식을 재구성했다는 데 의의가 있다.

고대 그리스의 기하학은 이후 헬레니즘 시대에 와서 아폴로니우스에 의하여 보다 확장된다. 아폴로니우스의 주요 업적은 원추곡선에 대한 독보적인 연구인데 그는 원추곡선을 타원, 포물선, 쌍곡선으로 분류하고 각각의 성질들을 도출하였다. 이후의 기하학은 메넬라우스, 헤론 등에 의하여 보다 정교화되었지만 창의성은 떨어진다.

유클리드의 원론

순수종합기하학은 유클리드의 기하학 원론이 전형이다. 유클리드는 한때 플라톤의 문하에서 수학을 했다. 이후 알렉산드리아 도서관의 사서로 근무하면서 그때까지 알려진 방대한 기하학과 수론 지식을 다룰 수 있는 기회를 가질 수 있게 되었다.

유클리드의 원론은 13권의 책으로 구성되어 있고 모두 465개의 명제가 포함되어 있다. 이 명제의 대부분은 그 이전의 수학자들이 발견한 것을 정리한 것이다. 예를 들면 1장, 2장, 3장, 4장, 7장, 9장은 피타고라스의 결과로서 지금 학교수학의 중학 과정의 기하 내용이다. 또 8장은 아르키타스의 결과이고, 5장, 6장, 12장은 에우독소스의 결과를 중심으로 엮은 것이다.

유클리드의 <원론>은 5개의 공리(axiom)와 5개의 공준(postulate)으로부터 출발한다. 공리란 모든 학문에 공통적인 가정이고 공준이란 특별한 영역에 고유한 가정이다(Eves, 1990). 또 아리스토텔레스에 의하면 공리란 자명한 명제를 의미하고 공준이란 반드시 명백할 필요는 없는 명제를 의미한다. 그러므로 공준은 참/거짓에 대한 평가가 필요한 명제를 의미한다.

유클리드가 최초로 언급한 공리와 공준이 무엇인가에 대해서는 현재 명확하지 않는데 그 이유는 오랜 시간이 지나면서 원본은 사라졌고 약간 부정확한 필사본과 번역본에 의하여 초기의 내용이 손상되었기 때문이다. 그럼에도 불구하고 대개 다음과 같은 것이 그 내용일 것이라고 추측하고 있다.

1. 공리

i) 동일한 것과 같은 것은 서로 같다.

ii) 같은 것에 어떤 같은 것을 더하면 그 전체는 서로 같다.
iii) 같은 것에 어떤 같은 것을 빼면 그 나머지는 서로 같다.
iv) 서로 일치하는 것은 서로 같다.
v) 전체는 부분보다 크다.

2. 공준[114)]

i) 한 점에서 다른 한 점을 잇는 유일한 직선을 그릴 수 있다. 즉 두 점은 유일한 하나의 직선을 결정한다.
ii) 주어진 선분 $\overline{AB}$와 $\overline{CD}$가 있을 때, $\overline{AB}$를 연장하여 $\overline{BE}$가 $\overline{CD}$가 합동이 되도록 $\overline{AE}$로 연장할 수 있다. 즉 주어진 선분이 있을 때, 이 선분을 다른 어떤 선분의 크기와 같도록 연장할 수 있다.
iii) 임의의 점을 중심으로 하고, 그 중심으로부터 그려진 임의의 유한 직선과 동일한 반경을 가지는 원을 그릴 수 있다.
iv) 모든 직각은 서로 같다.
v) 한 직선이 두 직선과 만날 때 어느 한 쪽의 두 내각의 합이 두 직각보다 작으면 이 두 직선을 무한히 연장할 때 그쪽에서 만난다.

마지막 공준을 평행선공준이라고 하는데 이 공준은 다음 명제와 동치이다.

(플레이페어의 공준) 한 직선과 그 위에 있지 않는 점이 주어져 있을 때, 그 점을 지나고 그 직선에 평행한 직선을 단 한 개 존재한다.

원론은 인류사에서 가장 독창적 창작물의 하나로서 이후 수학이 아닌 다른 분아에도 영향을 주었다. 예를 들면 철학자 스피노자(B. de Spinoza, 1632~1677)는 윤리학을 공리적으로 구성하였으며, 라그랑주와 해밀턴은 고전역학을 공리적으로 재구성하였고 이어 힐버트는 양자역학을 공리적으로 구성하려고 시도하였다.

유클리드 공준의 문제점

유클리드의 공준은 근본적으로 많은 문제점을 가지고 있다. 다음 예를 보자.

114) 이 공준들을 보면 모두 작도가능성과 관련되어 있다. 이러한 사실 때문에 자명한 명제는 공리, 자명한 작도는 공준으로 구분하기도 한다(Eves, 1990).

예 1. 명제 "이등변삼각형의 두 밑각은 서로 같다."를 보자. 유클리드의 원론에 소개된 이 정리의 증명은 다음과 같이 기술되고 있다.

먼저 각 A의 이등분선과 변 $\overline{BC}$와의 교점을 D라고 하면 $\triangle ABD \equiv \triangle ACD$이 된다. 이것으로부터 $\angle B = \angle C$가 성립한다.

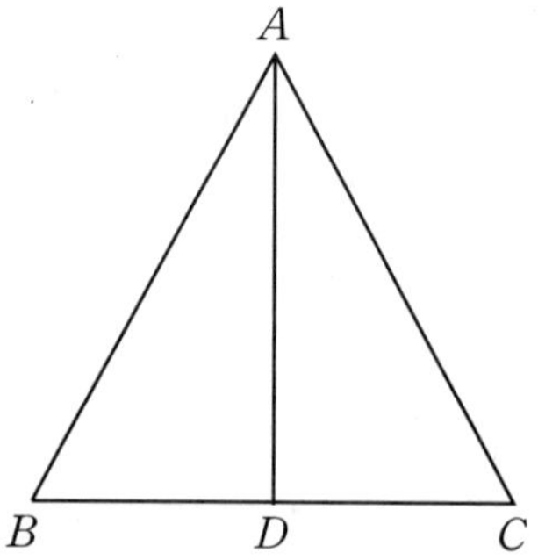

이 증명은 여러 결함을 가지고 있다. 이 결함이 무엇인가 알아보기 위하여 먼저 앞의 증명을 다음과 같이 단계별로 분해하자.

i) 각 A의 이등분선을 긋는다.
ii) 각 A의 이등분선을 연장하여 $\overline{BC}$와 만나는 점을 D라고 한다.
iii) $\triangle ABD$와 $\triangle ACD$에서 $\overline{AB} = \overline{AC}$이고, $\angle BAD = \angle CAD$, $\overline{AD}$는 공통이다.
iv) SAS 합동에 의하여 $\triangle ABD \equiv \triangle ACD$이다.
v) 그러므로 $\angle B = \angle C$가 성립한다 .

이 증명의 결함은 다음과 같다.

i) $\angle A$의 이등분선이 $\overline{BC}$와 만난다고 했는데 사실 이것이 만난다는 것이 유클리드의 공리에서 전제된 것이 아니다. 실제로 이것이 평행할 수 있기 때문이다.
ii) $\angle B = \angle C$을 증명했는데 이 결론은 $\angle ABD = \angle ACD$을 의미한다. 그런데 만약 D가 B와 C의 사이에 있지 않는다면 이 결론은 이상해진다. 예를 들어 다음 그림과 같이 되면 삼각형의 한 각과 외각이 같다는 것을 증명하게 된다. 위의 논증이 참이 되기 위해서는 D가 B와 C의 사이에 있어야 한다.

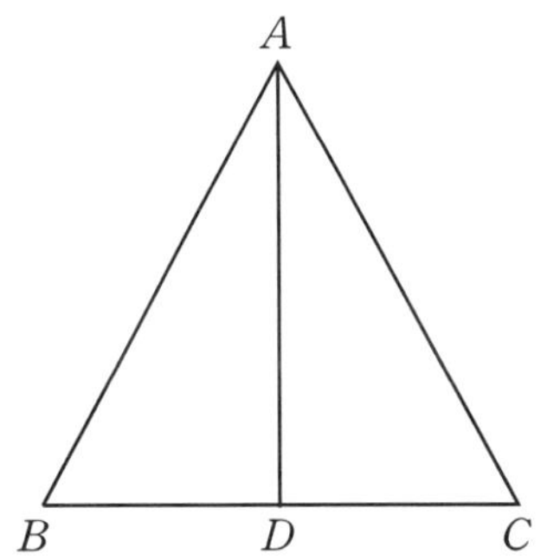

파푸스는 이 정리를 다음과 같이 개선하였다.

$\triangle ABC$와 $\triangle ACB$에서

$$\overline{AB}=\overline{AC},\ \overline{AC}=\overline{AB},\ \angle BAC=\angle CAB$$

이므로 $\triangle ABC\equiv\triangle ACB$이다. 이 사실로부터 $\angle B=\angle C$가 성립한다.

예 2. "평행사변형의 대각선은 서로를 이등분한다."라는 명제는 다음과 같이 증명되었다.

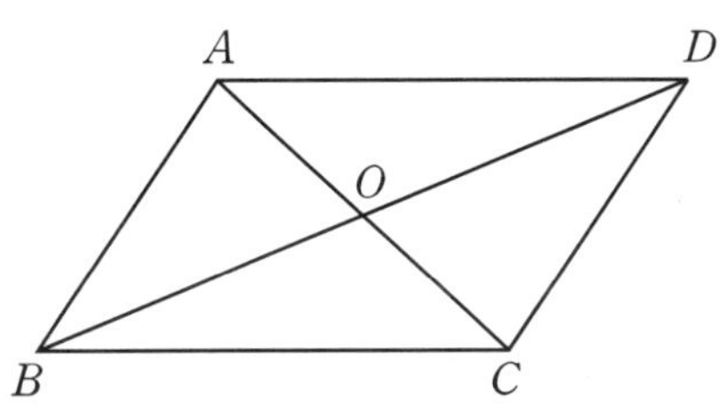

i) $\overline{AD}\parallel\overline{BC},\ AB\parallel CD$

ii) $\angle DAC=\angle BCA,\ \angle ADB=\angle CBD,\ \overline{AD}=\overline{BC}$

iii) $\triangle AOD=\triangle COB$

iv) $\overline{AO}=\overline{CO},\ \overline{BO}=\overline{DO}$

이 증명도 완벽하게 보이지만 다음과 같은 문제가 있다. 유클리드의 공리에는 $\overline{AD}\parallel\overline{BC}$, $\overline{AB}\parallel\overline{CD}$일 때 $\overline{AC}$와 $\overline{BD}$가 만난다는 보장이 없다. 따라서 다음 그림과 같은 상황이 있을 수 있고 이 경우는 $\overline{AC}$와 $\overline{BD}$가 만나지 않는다. 그러므로 대각선이 서로를 이등분한다는 것이 되기 위해서는 $\overline{AC}$와 $\overline{BD}$가 만난다는 가정이 필요하다.

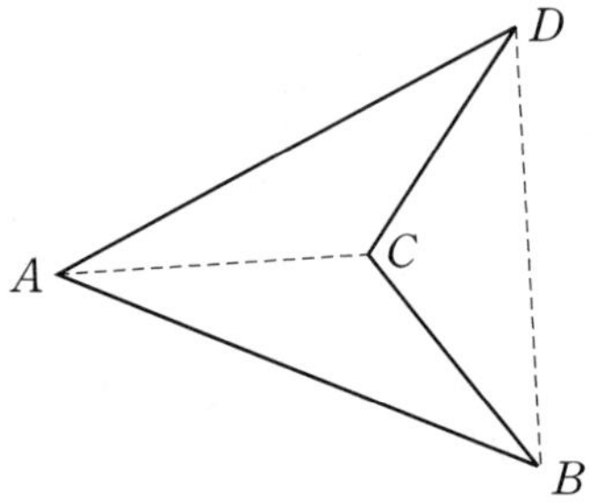

이 증명을 개선해보자. 다음은 개선된 증명의 과정이다.

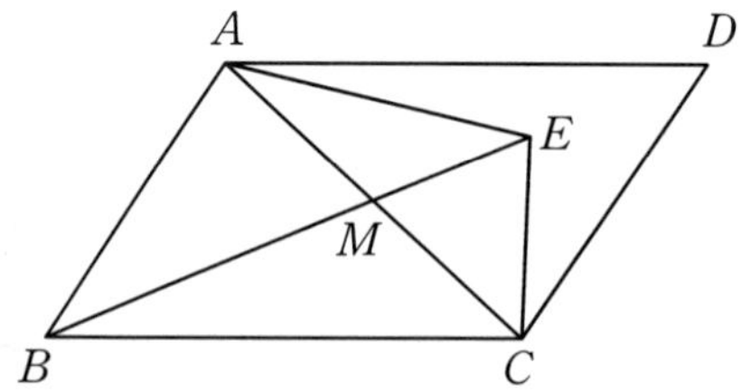

i) M을 $\overline{AC}$의 중점이라고 하자.
ii) $\overline{BM}=\overline{ME}$가 되도록 직선으로 연장하자.
iii) $\angle AME = \angle CMB$, $\overline{AM}=\overline{CM}$, $\overline{BM}=\overline{EM}$
iv) $\triangle AME = \triangle CMB$
v) $\angle EAM = \angle BCM$
vi) $\overline{AD} \parallel \overline{AE}$
vii) 그러므로 E는 선분 $\overline{AD}$의 위 또는 그 연장선 위에 있어야 한다.
viii) 마찬가지 방법으로 E는 선분 $\overline{CD}$위 또는 그 연장선 위에 있어야 한다.
ix) 그러므로 E는 D가 되어야 한다.

원추곡선과 아폴로니우스

종합기하학의 방법으로서 원추곡선에 대한 연구는 헬레니즘기의 수학자 아폴로니우스에 의하여 절정을 이룬다. 원추곡선을 절단하면 절단면은 원, 타원, 포물선, 쌍곡선이 생긴다. 아폴로니우스는 순수하게 원추를 이용하여 원추곡선의 성질을 유도하였다. 그는 원추곡선의 접선, 법선, 극과 극선 등을 다루고 있다. 한편 학교수학에 등장하는 아폴로니우스 원은 그이 <평면 자취론>에 소개되어 있는데 그 내용은 "평면 위의 두 정점 A와 B에 대하여 $\dfrac{\overline{AP}}{\overline{BP}}$가 일정한 점 P의 자취는 원이다."이다.

아폴로니우스가 원추곡선을 심도있게 연구했지만 그의 저술에는 이심률 개념이 나타나지 않는다. 사실 그의 연구는 원추 단면을 개별적으로 연구했기 때문에 원추곡선 간의 관계는 쉽게 드러나지 않는다. 이심률은 각각의 원추곡선이 단면의 연속적 변화에 의하여 나타난 양상에 주목한 케플러에 의하여 도입되었다.

근대의 종합기하학

종합기하학은 아폴로니우스를 정점으로 하여 이후 쇠퇴하기 시작하였다. 헬레니즘기의 마지막 수학자라고 할 수 있는 파푸스는 유클리드의 <원론>과 프톨레미의 <Almagest>에 주석을 포함하여 그리스 기하학을 정리하였다. 산술평균, 기하평균, 조화평균의 관계에 대한 기하학적 증명도 그에 의한 것이다. 학교수학에 소개된 그의 다른 정리로 소위 파푸스의 정리가 있다.

그러나 이후 17세기에 이르러 데자르그(G. Desargues, 1591~1661), 파스칼(B. Pascal, 1623~1662)을 필두로 시작된 사영기하학의 발전에 힘입어 다시 번창하기 시작하였는데 근대 종합기하학은 몽쥬(G. Monge, 1746~1818), 퐁슬레(J. Poncelet, 1788~1867), 슈타이너(J. Steiner, 1796~1863) 등에 의하여 최고조에 달했다.

비유클리드 기하학

비유클리드 기하학을 태동하게 된 주요 쟁점은 평행선공준과 직선의 연장성에 관한 것이었다. 무엇보다도 이 두 공준은 무한을 포함하고 있기 때문에 본질적으로 유한에 대하여 언급하고 있는 다른 공준과 확연히 구별되는 공준들이다.

유클리드가 평행선공준에 대한 문제점을 제시한 이래 이 문제는 많은 학자들의 관심을 끌었다. 유클리드의 주석가로 잘 알려져 있는 프로클로스(Proclus, 411~485)는 이 문제를 최초로 생각한 사람으로 알려져 있다. 평행선공준의 문제는 17세기 말에 들어와서 진전을 보이기 시작했는데 사케리(G. Saccheri, 1667~1733)은 이 시기에 중요한 역할을 하였다. 여기서 잠깐 그의 아이디어에 대하여 살펴보자. 다음 그림에서 $\overline{AD} = \overline{BD}$이고 $\angle A = \angle B = \frac{\pi}{2}$이다.

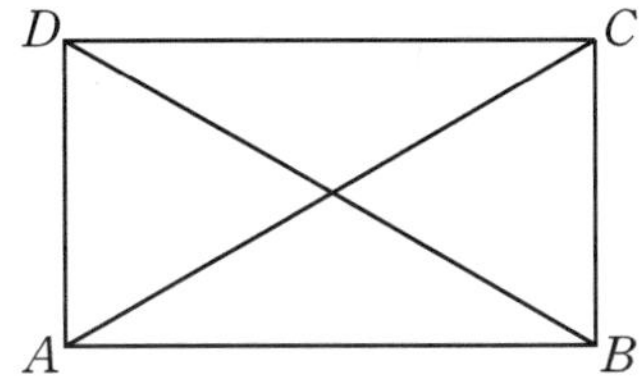

이 사실로부터 평행선공준을 사용하지 않고 단지 삼각형의 합동조건에 의하여 $\triangle ABD \equiv \triangle BAC$임을 보이고 또 이것으로부터 $\angle C = \angle D$임을 보였다. 여기서 $\angle C$와 $\angle D$가 모두 예각이거나 직각이거나 둔각을 가정할 수 있다. 사케리는 이 가정을 각각 예각가설, 직각가설, 둔각가설이라고 하면서 예각이나 둔각이 되면 모순이 됨을 보이고 결국 직각가설을 수용하게 하여 평행선공준을 함의하는 시도를 계획했으나 완성하지 못했다.

이 문제는 이어 람베르트(Lambert, 1728~1777)에 의하여 연구되었는데 여기서 그는 세 각이 직각인 사각형을 고찰하고 나머지 한 각이 둔각, 직각, 예각이 될 경우를 생각하였다. 이에 따라 사케리와 마찬가지로 삼각형의 세 각의 합이 180도 보다 크거나, 같거나, 작게 된다는 것을 보였으나 사용된 논증이 불명확하고 만족할만한 것이 아니었다. 르장드르(A. Legendre, 1752~1833)도 이 문제를 생각하였는데 그는 삼각형의 3각의 합이 180도보다 작은 경우, 같은 경우, 큰 경우로 생각하였지만 역시 성공하지 못했다.

이어 가우스, 로바체브스키(N. Lobachevsky, 1792~1856), 볼야이(J. Bolyai, 1802~1860)가 유클리드의 평행선공준을 거부한 기하학을 생각하였다. 즉 평행선공준이 다른 공리와 독립이 아니라면 평행선공준에 모순되는 공준은 다른 공리와 모순을 만든다는 논리를 사용하였다. 볼야이의 결과는 1823년에 이미 완성되었으나 1832년에 출판되었고 로바체브스키의 결과는 1929년에 출판되었다. 가우스는 너무 신중한 나머지 그의 결과를 발표하지 않았다. 이 세 사람은 오늘날 쌍곡기하학이라고 하는 예각가설에 대한 결정적 연구자라고 할 수 있다. 여기서도 뉴턴과 라이프니츠 간에 일어난 연구 결과에 대한 우선권 문제가 나타났으나 이후 연구에 의하면 세 사람 모두 독립적으로 연구했다는 것으로 판명되었다.

이어 이 문제는 더욱 깊이 연구되었는데 리만은 평행선이 존재하지 않는다는 가설로부터 유클리드 기하학과 독립인 기하학을 만들었다. 이로서 유클리드의 평행선공준과 관련된 평면기하학이 완전하게 정립되었다. 이후 푸엥카레와 클라인은 유클리드 평면을 이용하여 비유클리드 기하학의 모형을 제시하였다.

비유클리드 기하학이 비록 평행선공준의 문제를 해결하는 과정에서 나타난 부산물이지만 그 자체는 수학에서 혁명적이다. 유클리드 기하학은 칸트(I. Kant, 1724~1804)의 철학에 중요한 역할을 하고 있었다. 칸트는 수학적 지식의 정초적 개념들의 일부, 즉 공간이나 "직선이란 두 점을 잇는 최단 거리이다."와 같은 기하학적 지식은 경험에 의하여 얻어지는 것이 아니라 본유적인 것으로 간주하였다.

14.1.2 본체적 분석

유클리드 기하학의 조직

정의. 먼저 점, 직선, 평면을 무정의 용어로 택하고 모든 점의 집합을 S, 모든 선의 집합을

$\mathfrak{I}$, 모든 면의 집합을 $\wp$으로 나타내고 이때 $(S,\ \mathfrak{I},\ \wp)$는 다음 공리계 I−1)에서 I−6)을 만족한다고 하자.

I−1) 모든 직선과 평면은 점의 집합이다.
I−2) 두 다른 점에 대하여 그 점들을 포함하는 단 하나의 직선이 존재한다.
I−3) 동일 직선 위에 있지 않는 세 점에 대하여 단 하나의 평면이 존재한다.
I−4) 평면에 두 점이 있으면 그 두 점을 지나는 직선이 평면에 존재한다.
I−5) 임의의 직선은 적어도 두 점을 포함한다.
I−6) 두 평면이 만나면 그 교집합은 직선이다.

이때 공리계 I−1)에서 I−6)을 유클리드 기하학의 결합공리계라고 한다.

점, 직선, 평면은 무정의 용어이므로 이 용어를 독자적으로 두면 기하학적 의미가 나타나지 않는다. 따라서 이런 대상들의 관계를 맺어주는 공리계가 필요한데 이 공리계를 결합공리라고 한다. 결합 기하학이란 점, 직선, 평면 등과 같은 무정의 용어 사이의 결합 관계를 진술하는 공리를 의미한다. 일단 결합공리계가 조직되면 점, 직선, 평면 사이의 관계가 나타나고 이런 관계는 기하학적 해석을 가져준다.

그런데 위의 공리계 I를 보면 무정의 용어들 간의 관계를 맺어주는 술어가 있다. 예를 들면 "점 P이 직선 L 위에 있다."고 할 때 '위에 있다'라는 용어도 원칙적으로 무정의 용어가 되어야 하지만 여기서는 집합론의 용어 '$P \in L$'로 대치하였다. 즉 이 정의에서 나타나는 결합 기하학에서 '위에 있다'라는 의미는 집합론의 용어 '$\in$'로 환원되었다.

이와 같은 결합공리에 부가적인 공리계를 추가한다.

정의. 함수 $d : S \times S \to \boldsymbol{R}$가 다음 조건 D−1), D−2), D−3)을 만족한다고 할 때 d를 거리라고 한다.

D−1) 임의의 두 점 P와 Q에 대하여 $d(P,\ Q) \geq 0$가 성립한다.
D−2) $d(P,\ Q) = 0$이면 $P = Q$이고 그 역도 성립한다.
D−3) 임의의 두 점 P와 Q에 대하여 $d(P,\ Q) = d(Q,\ P)$가 성립한다.

여기서 $d(P,\ Q)$를 $\overline{PQ}$로 나타내며 P와 Q사이의 거리라고 한다.

거리를 정의할 때 대개의 경우 삼각부등식을 만족하도록 d를 정의하는 것이 통상적인데 위의 정의는 그렇지 않다. 여기서는 곧 소개할 공리 D−4)를 채택하고 이것들로부터 삼각부등식을 정리로 끌어내려고 한다.

정의. 주어진 직선 L에 대하여 주어진 전단사 함수 $f: L \to \boldsymbol{R}$가 L의 임의의 두 점 P와 Q에 대하여

$$\overline{PQ} = |f(P) - f(Q)|$$

를 만족할 때 f를 L의 좌표계라고 하고 $f(P)$를 P의 좌표라고 한다.

여기서 거리에 관련된 부가적인 공리를 제시한다.

공리. (거리공리) 임의의 직선은 좌표계를 가진다.

예. 만약 f가 직선 L의 좌표라고 하면 임의의 $a \neq 0$에 대하여 af, $f + a$도 좌표계이다.

정리 1. L 위에 주어진 두 점 P와 Q이 있을 때 $f(P) = 0$이고 $f(Q) > 0$이 되는 좌표계 f가 존재한다.

증명. L은 좌표계 f_0를 가진다. 여기서 $f_0(P) = a$이면 $f_1(x) = f_0(x) - a$라고 두면 f_1도 L의 좌표계이고 $f_1(P) = 0$를 만족한다. 여기서 $f_1(Q) < 0$이면 $f_2 = -f_1$로 정의하면 f_2는 역시 L의 좌표계이고 $f_2(P) = 0$ $f_2(Q) > 0$를 만족한다. ■

정의. P, Q, R이 한 직선 위에 있다고 하자. 만약 $\overline{PQ} + \overline{QR} = \overline{PR}$을 만족할 때 Q가 P와 R의 사이에 있다고 하고 $P - Q - R$로 나타낸다.

정리 2. 한 직선 위에 있는 임의의 세 점 P, Q, R에 대하여 반드시 한 점만 다른 두 점의 사이에 있다. (즉 $P - Q - R$이 성립하면 $P - R - Q$는 될 수 없다.)

증명. 먼저 f를 L의 좌표계라고 하면 실수의 성질에 의하여 $f(P)$, $f(Q)$, $f(R)$는 일반성을 잃지 않고 $f(P) < f(Q) < f(R)$라고 가정해도 좋다. 이때 $P - Q - R$이 성립하고 다른 경우는 성립하지 않는다. ■

따름정리. (삼각부등식) 한 직선 위에 있는 임의의 세 점 P, Q, R에 대하여 $\overline{PQ} + \overline{QR} \geq \overline{PQ}$이 성립한다.

정의. 선분과 관련된 용어를 다음과 같이 정의한다.

i) 두 점 A와 B에 대하여 $\overline{AB}$를 집합 $\{A,\ B\} \cup \{P : A-P-B\}$으로 정의하고 A와 점 B를 잇는 선분이라고 한다. 여기서 점 A의 좌표를 a, 점 B의 좌표를 b라고 하면 $\overline{AB}$의 길이는 $|a-b|$로 정의한다.

ii) 반직선 $\overrightarrow{AB}$은 집합 $\{A,\ B\} \cup \{P : A-B-P\}$를 의미한다.

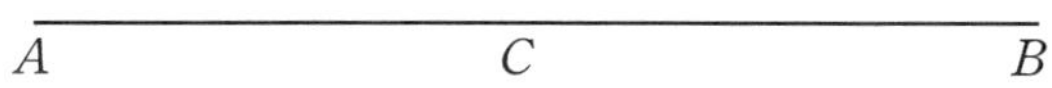

iii) 세 점 A, B, C에 대하여 집합 $\overline{AB} \cup \overline{BC} \cup \overline{CA}$를 삼각형이라고 하고 $\triangle ABC$라고 표기한다. 이때 A, B, C를 $\triangle ABC$의 꼭짓점이라고 하고 $\overline{AB}$, $\overline{BC}$, $\overline{CA}$를 $\triangle ABC$의 변이라고 한다.

공준. 평면 Π과 그 평면 위에 있는 하나의 직선 L이 주어져 있을 때 $\Pi - L$은 서로소인 두 집합 Π_1과 Π_2로로 분할되고 다음 성질을 만족한다.

i) Π_1와 Π_2는 볼록 집합이다.

ii) $A \in \Pi_1$이고 $B \in \Pi_2$이면 $\overline{AB}$는 L과 만난다.

다음 정리는 파쉬(M. Pasch, 1843~1930)가 유클리드의 원론이 가지고 있던 결함을 제거하기 위하여 제시한 공리인데 여기서는 정리가 된다.

정리 3. (파쉬의 공준) 주어진 $\triangle ABC$과 직선 L이 같은 평면 위에 있다고 하자. 만약 L이 B와 C의 사이에 있는 점 P을 품는다면 L은 $\overline{AB}$ 또는 $\overline{AC}$와 만난다.

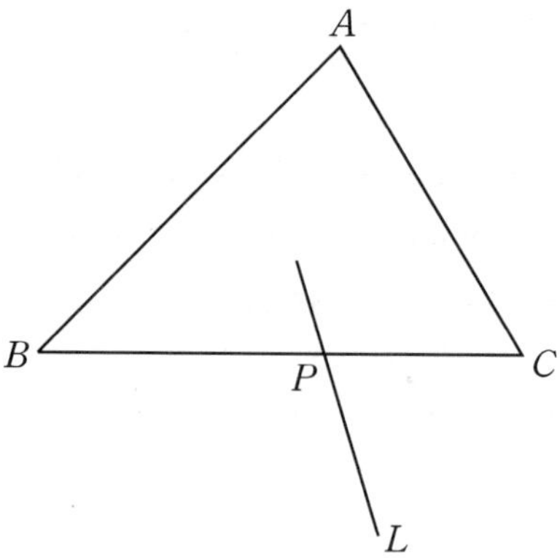

증명. 결론을 부정하면 다음과 같은 경우가 나타난다.

i) A와 B가 L에 의하여 분할된 두 면 중에서 같은 면에 있다.
ii) A와 C가 L에 의하여 분할될 두 면 중에서 같은 면에 있다.

그러므로 B와 C는 L에 의하여 분할될 두 면 중에서 같은 면에 있다. 그런데 $B-P-C$에 의하여 이것은 모순이다. ■

정의. 각과 관련된 개념들을 다음과 같이 정의한다.

i) 반직선 $\overrightarrow{OA}$와 반직선 $\overrightarrow{OB}$가 주어져 있을 때 각 $\overrightarrow{OA}$와 $\overrightarrow{OB}$가 이루는 각 $\angle AOB$는 $\angle AOB = \overrightarrow{OA} \cup \overrightarrow{OB}$로서 정의한다. 여기서 O를 각$\angle AOB$의 꼭짓점이라고 한다.

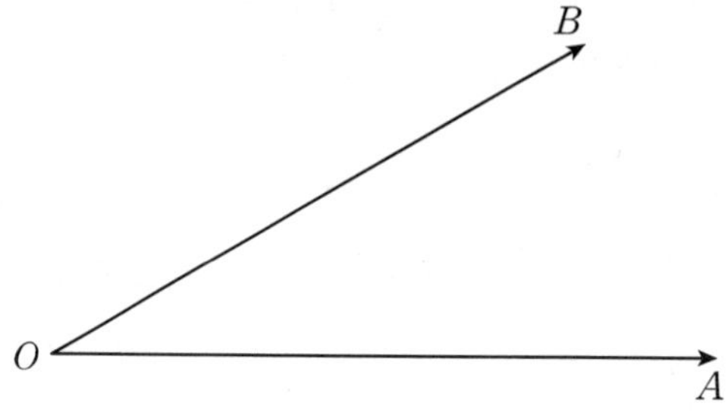

ii) 반직선 $\overrightarrow{OA}$와 반직선 $\overrightarrow{OB}$가 주어져 있을 때, $\overrightarrow{OA}$와 $\overrightarrow{OB}$가 이루는 '방향을 가진' 각 $\angle AOB$를 순서집합 $(\overrightarrow{OA}, \overrightarrow{OB})$로 정의한다.

주의. 방향을 가지는 각의 경우에는 $\angle AOB$와 $\angle BOA$는 다르다.

공리. (각도에 대한 공리) Γ를 모든 각의 집합이라고 하자. $a > 0$라고 할 때 다음 조건을 만족하는 함수 $m : \Gamma \to [0,\ a]$이 존재한다.

A−1) H를 직선 $\overleftrightarrow{AB}$을 변으로 가지는 반평면이라고 하자. 임의의 $\theta \in [0,\ a]$에 대하여 $m\angle PAB = \theta$를 만족하는 유일한 점 $P \in H$가 존재한다. 이때 $\angle PAB$의 크기를 θ라고 한다.

A−2) C가 $\angle AOB$의 내부에 있다면[115] $m\angle AOC + m\angle BOC = m\angle AOB$가 성립한다.

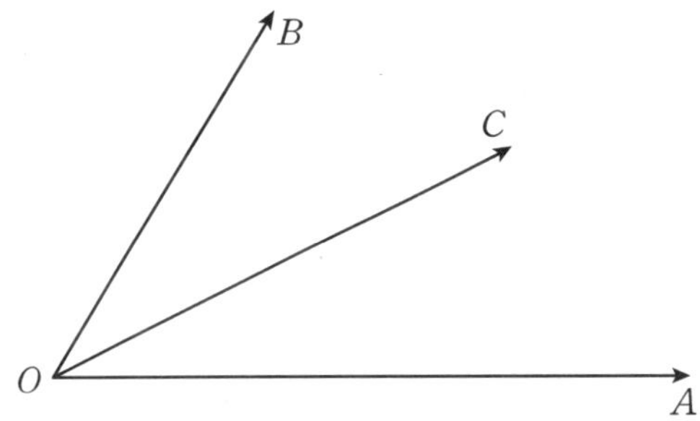

A−3) 평각의 크기는 a로 정의한다. 직선 $\overleftrightarrow{AB}$에 대하여 두 각 $\angle AOC$와 $\angle COB$를 서로 여각이라고 정의할 때, 두 여각의 각도의 합은 a이다.

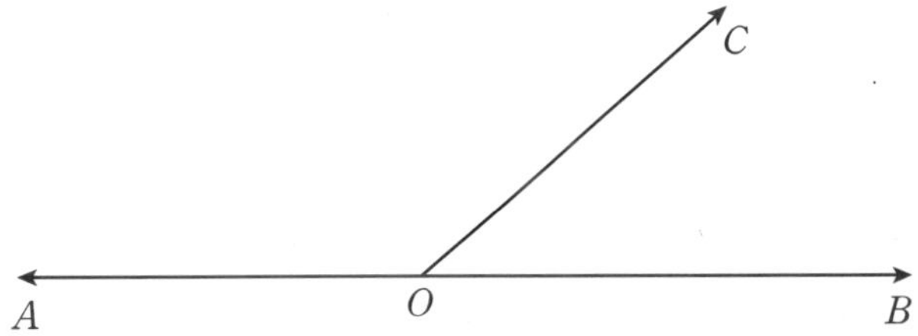

예. 각도의 공리에서 a의 값에 따라 특정한 각도의 이름을 부여하고 있다. 대표적인 각도는 다음과 같은 것들이다.

i) $a = 180$라고 할 때 그 각도를 60분법 각이라고 한다.

ii) $a = \pi$라고 할 때 그 각도를 호도각이라고 한다.

---

115) $\angle AOB$의 내부란 $\overleftrightarrow{AO}$를 변으로 가지고 B를 품는 반평면과 $\overleftrightarrow{BO}$를 변으로 가지고 A를 품는 반평면의 교집합이다.

호도각과 60분법 각의 비교. 호도각은 평각의 크기를 π로 준 것이다. 그런데 측정의 관점에서 본다면 호도각은 60분법 각에 비하여 매우 불편하다. 예를 들면 1도는 180회 더하면 평각이 되고 180도를 2로 나누면 직각이 된다. 그러나 1라디안의 어떤 자연수를 곱해도 직각이나 평각이 될 수 없다. 사실 호도각은 실용적인 측정 도구가 아니라 이론적인 문제를 다루기 위한 각도이다. 이 점은 미적분법에서 분명해진다.

지금까지 결합공리 I), 거리 d에 대한 공리 D), 각도 m에 대한 공리 A)로부터 계량 유클리드 기하학 $(S, \mathfrak{I}, \wp, d, m)$을 구축하였다. 여기서 다음과 같이 변과 각에 대한 합동을 정의한다.

정의. 다음은 변과 각의 합동과 관련된 정의이다.

i) 두 변 $\overline{AB}$와 $\overline{CD}$에 대하여 $AB = CD$일 때 $\overline{AB}$와 $\overline{CD}$를 합동이라고 하고 $\overline{AB} \equiv \overline{CD}$라고 나타낸다.
ii) 두 각의 크기가 같을 때 두 각을 합동이라고 한다.

정의. $\triangle ABC$와 $\triangle DEF$가 주어져 있을 때 A와 D, B와 E, C와 F가 서로 대응된다면 $\overline{AB}$, $\overline{BC}$, $\overline{CA}$는 각각 $\overline{DE}$, $\overline{EF}$, $\overline{FD}$에 대응되고 또 $\angle A$, $\angle B$, $\angle C$는 각각 $\angle E$, $\angle D$, $\angle F$에 대응된다. 만약 이 6개의 대응이 모두 합동이 되는 두 꼭짓점 간에 대응이 있을 때 $\triangle ABC$와 $\triangle DEF$을 합동이라고 한다.

정리 4. 합동관계는 동치관계이다.

그런데 두 삼각형의 합동관계를 검사하기 위해서 이 6개의 요소를 모두 검사해야 하지만 실제로는 이보다 약한 조건 아래에서도 가능하다. 즉 6개의 요소 중에서 최소한의 조건에 의하여 두 삼각형이 합동이 될 수 있을 때 그 조건을 삼각형의 합동조건이라고 한다. 이를 위하여 합동조건 중 하나를 공준으로 택한다.

공준. (합동공리) SAS 합동조건을 공리로 택한다. 즉 두 삼각형이 SAS 합동조건을 만족하면 그 두 삼각형은 합동이다.

SAS 합동을 공준으로 채택하면 이런 조건들이 합동을 함의한다.

정리 5. (ASA 합동) 두 삼각형이 ASA 조건을 만족하면 그 두 삼각형은 합동이다.

증명. 먼저 $\angle B = \angle E$이고 $\angle C = \angle F$이고 $\overline{BC} = \overline{EF}$라고 하자. $\overline{BA} = \overline{ED'}$가 되는 점 D'를 정하면 SAS 합동에 의하여 $\triangle ABC \equiv \triangle D'EF$이다. 그러므로 $\angle ACB = \angle D'FE$이다. 그런데 가정에서 $\angle ACB = \angle DFE$이므로 $D = D'$이다. 그러므로 $\triangle ABC \equiv \triangle DEF$이다. ■

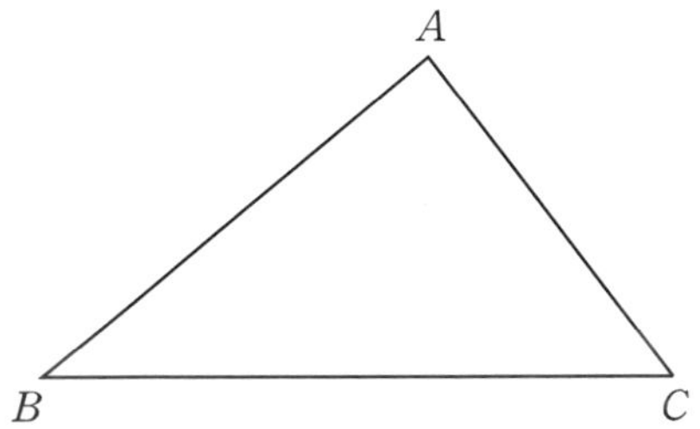

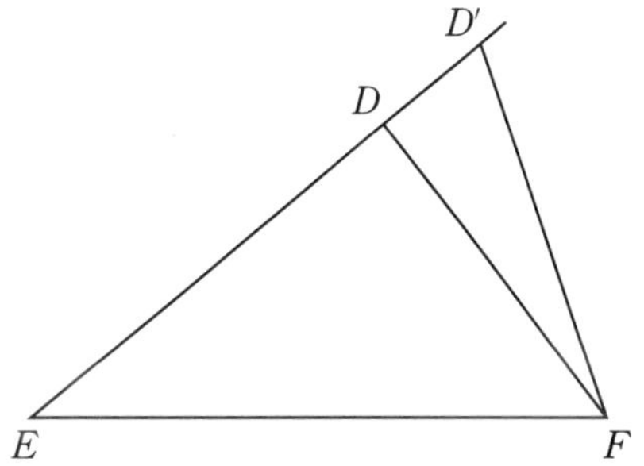

정리 6. (SSS 합동) 두 삼각형이 SSS 조건을 만족하면 그 두 삼각형은 합동이다.

증명. $\triangle ABC$와 $\triangle DEF$에서 $\overline{AB} = \overline{DE}$, $\overline{BC} = \overline{EF}$, $\overline{AC} = \overline{DF}$라고 하자. 여기서 $\overline{A'B} = \overline{DE}$이고 $\angle A'BC = \angle DEF$가 되도록 $\triangle A'BC$를 선택하면 SAS합동에 의하여 $\triangle A'BC \equiv \triangle DEF$가 된다. 여기서 $\overline{AB} = \overline{A'B}$이므로 이등변삼각형 정리에 의하여 $\angle BAC = \angle BA'C$이다. 그러므로 $\triangle ABC \equiv \triangle A'BC$이다. ■

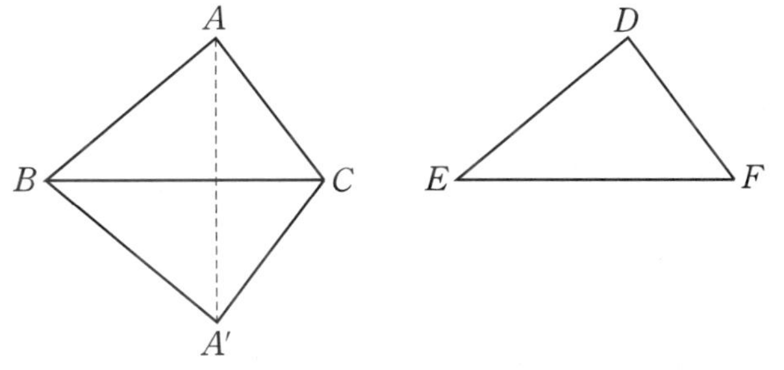

정리 7. 두 삼각형이 SAA 조건을 만족하면 두 삼각형은 합동이다.

증명. $\triangle ABC \equiv \triangle DEF$이라고 하고 $\overline{AB} = \overline{DE}$, $\angle A = \angle D$, $\angle B = \angle E$이라고 하자. 삼각형의 내각의 합은 평각이기 때문에 $\angle A = \angle D$, $\angle B = \angle E$에 의하여 $\angle C = \angle F$가 된다. 그러므로 $\triangle ABC$와 $\triangle DEF$는 ASA 합동이다. ■

정리 8. 두 직각삼각형이 RHS 조건을 만족하면 두 삼각형은 합동이다.

증명. $\overline{AB}=\overline{DE}$, $\overline{AC}=\overline{DF}$, $\angle ACB$와 $\angle DFE$은 직각이라고 하자. EF의 연장선에 $\overline{BC}=\overline{GF}$가 되도록 점 G를 정하면

(1) $$\triangle ABC \equiv \triangle DGF$$

가 성립한다. 그러므로 $\overline{AB}=\overline{DG}$이다. 그러므로 이등변삼각형 정리에 의하여 $\angle DEF = \angle DGF$가 성립한다. 그러므로 SAA 합동에 의하여

(2) $$\triangle DEF \equiv \triangle DGF$$

가 성립한다. 그러므로 (1)과 (2)에 의하여 $\triangle ABC = \triangle DEF$가 성립한다. ■

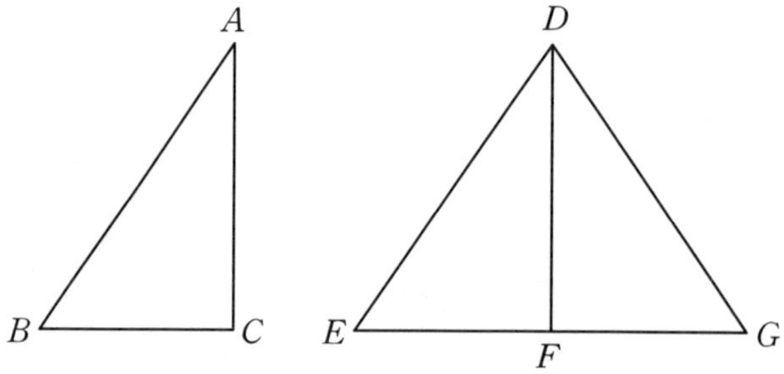

평행선공리

유클리드 기하학을 완성하기 위해서는 부가적인 공준이 필요하다.

공준. (평행선공리) 임의의 선 l과 그 위에 있지 않는 임의의 점 P에 대하여 P를 지나고 l과 평행한 선은 단 하나 존재한다.

정리 1. 평행인 두 직선과 만나는 직선이 있을 때 만들어지는 동위각은 서로 같다.

증명. 평행선공리에 의하여 자명하다. ■

정리 2. 삼각형의 내각의 합은 180도이다.

증명. 동위각와 엇각의 관계에 의하여 자명하다. ■

평행선공준의 독립성

정의. 주어진 공준 P_1, $\cdots$, P_n이 주어져 있을 때 P_1, $\cdots$, P_{n-1}을 만족하고 P_n을 만족하지 않는 수학 체계가 있다면 P_n을 P_1, $\cdots$, P_{n-1}과 독립이라고 한다.

예 1. 체의 공리에서 '임의의 $a \neq 0$에 대하여 a^{-1}의 존재에 대한 공준'이 있다. 정수의 집합 $\boldsymbol{Z}$는 이 공준을 제외한 모든 체의 공준을 만족한다. 그러므로 이 공준은 체의 다른 공준에 독립이다.

예 2. 평행선공준은 기타 공준과 독립이라는 것이 밝혀졌다. 이러한 독립성으로 인하여 다양한 대안적 공준이 있을 수 있는데 다음 표는 이에 따른 기하학적 성질의 일람표이다.

성질 \ 종류	유클리드 기하학	쌍곡기하학	타원기하학
다른 두 직선은	기껏해야 한 점에서 만난다	기껏해야 한 점에서 만난다	한 점에서 만난다(1) 두 점에서 만난다(2)
주어진 직선과 그 위에 있지 않는 점에 대하여 그 점을 지나고 그 직선에 평행인 직선은	단 하나 뿐이다	적어도 두 개이다	없다
직선은	유한 길이를 가지지 않는다	유한 길이를 가지지 않는다	유한 길이를 가진다
직선은 점에 의하여	분리된다	분리된다	분리되지 않는다(1) 분리된다(2)
두 평행선은	등거리에 있다	등거리에 있지 않다	(해당 없다)
직선이 두 개의 평행선 중의 어느 하나와 만나면	그 직선은 나머지 한 직선과 만난다.	그 직선은 나머지 한 직선과 만나거나 만나지 않거나 이다.	(해당 없다)
삼각형의 세 각의 합은	180도이다.	180도 보다 작다	180도 보다 크다
삼각형의 넓이는	독립이다	각의 합의 부족분에 비례한다	각의 합의 과다분에 비례한다
두 삼각형의 대응하는 세 각의 크기가 각각 같을 때 그 두 삼각형은	닮음이다	합동이다	합동이다

삼각형의 닮음 조건

주어진 삼각형에 대하여 이것과 닮음인 삼각형이 존재하기 위한 조건을 삼각형의 닮음 조건이라고 한다. 다음 조건들이 삼각형의 닮음 조건이다.

i) 3쌍의 대응하는 변의 길이의 비가 같을 때. 이것을 SSS 조건이라고 한다.
ii) 2쌍의 대응하는 변의 길이의 비가 같고, 그 끼인각의 크기가 같을 때. 이것을 SAS 조건이라고 한다.
iii) 2쌍의 대응하는 각의 크기가 각각 같을 때, 이것을 AA 조건이라고 한다.

한편 닮음을 언급할 때 닮음의 중심을 언급한다. 그러나 두 도형이 닮음이지만 닮음의 중심이 항상 존재하는 것은 아님을 주의해야 한다. 예를 들면 한 도형과 그것을 평행이동한 도형, 또는 한 도형과 그것을 반사시킨 도형은 닮음이지만 닮음의 중심을 가지지 않는다.

작도가능성 문제

눈금 없는 자와 컴퍼스로 그릴 수 있는 도형을 작도가능한 도형이라고 한다. 여기서 자와 컴퍼스의 역할은 다음과 같다.

i) 자를 이용하여 두 점을 연결하는 선분을 결정할 수 있다.
ii) 두 직선이 주어지면 그 두 직선의 교점을 결정할 수 있다.
iii) 하나의 직선과 하나의 컴퍼스를 이용하여 교점을 결정할 수 있다.
iv) 두 컴퍼스를 이용하여 두 원의 교점을 결정할 수 있다.

작도는 먼저 단위 길이가 주어짐으로써 시작한다. 길이가 a와 b인 두 개의 작도가능한선분이 주어졌을 때 기본적으로 길이가 $a+b$, $a-b$, ab, $\frac{a}{b}(b \neq 0)$가 되는 선분을 작도할 수 있다. 이 사실로부터 작도가능수는 체가 되고 더욱이 유리수체 $\boldsymbol{Q}$를 포함한다. 더욱이 작도가능한 수 k가 주어지면 $\sqrt{k}$를 작도할 수 있다. 이 결과를 종합하면 F를 작도가능수로 이루어진 체라고 할 때 임의의 작도가능수 a, b, k에 대하여 $a+b\sqrt{k}$도 작도가능수이다. 즉 F가 작도가능수의 체라고 하면 그 확대체 $F[\sqrt{k}]=\{a+b\sqrt{k} : a,\ b \in F\}$도 작도가능 체이다. 결론적으로 어떤 수 r이 작도가능이라는 것은

$$\boldsymbol{Q} \subset F_1 \subset \cdots \subset F_n$$

을 만족하는 확대체들의 열 $\{F_j\}$이 존재하고 $r \in F_n$임을 의미한다. 더욱이 작도가능수는

이런 확대체에 속한 수이기 때문에 따라서 대수적 수이다. 이것을 바탕으로 하여 $\sqrt[3]{2}$, 일반각의 3등분, $\sqrt{\pi}$가 작도불가능하다는 것을 보이자.

정리 1. $\sqrt[3]{2}$는 작도불가능수이다.

증명. $\sqrt[3]{2}$를 α라고 하면 $\alpha^3-2=0$를 만족한다. α가 작도가능이라면 α는 유리수 체 $\boldsymbol{Q}$의 어떤 확대체 F_k의 원소이다. 그런데 분명히 $\alpha \notin \boldsymbol{Q}$이다. F_s를 α를 포함하는 최소의 확대체라고 하자. 즉 $\alpha \in F_s - F_{s-1}$이고 $F_s \neq \boldsymbol{Q}$이다. 그러므로 α는 $p+q\sqrt{r}$로 나타낼 수 있다. 단, $p,\ q,\ r \in F_{s-1}$이고 $\sqrt{r} \notin F_{s-1}$이다. 여기서 $\beta = p - q\sqrt{r}$이라고 두면 $\beta^3-2=0$가 성립함을 관찰하자. 실제로 $\alpha \in F_s$이므로 $\alpha^3,\ \alpha^3-2 \in F_s$이다. 그러므로

(1) $$\alpha^3-2=a+b\sqrt{r}$$

를 만족하는 $a,\ b \in F_{s-1}$이 존재한다. 여기서 $a=p^3+3pq^2r-2$이고 또 $b=3p^2q+q^3r$이다. 그런데 계산에 의하면

(2) $$\beta^3-2=a-b\sqrt{r}$$

이 성립한다. 그런데 (1)에 의하여 $a+b\sqrt{r}=0$이므로 $a=b=0$이다. 그러므로 (2)에 의하여 $\beta^3-2=0$가 성립한다. 한편 $\alpha \neq \beta$이다. 이와 같이 $\alpha^3-2=0$이라며 $\beta^3-2=0$가 성립하고 $\alpha \neq \beta$가 성립함을 보였다. 이것은 3차방정식 $x^3-2=0$가 두 개의 실근을 가진다는 게 되는데 이것을 모순이다. ■

정리 2. 60도의 3등분은 작도불가능하다.

증명. 다음 그림에 의하여 α가 작도가능하기 위한 필요충분조건은 $|\cos\alpha|$가 작도가능수이다.

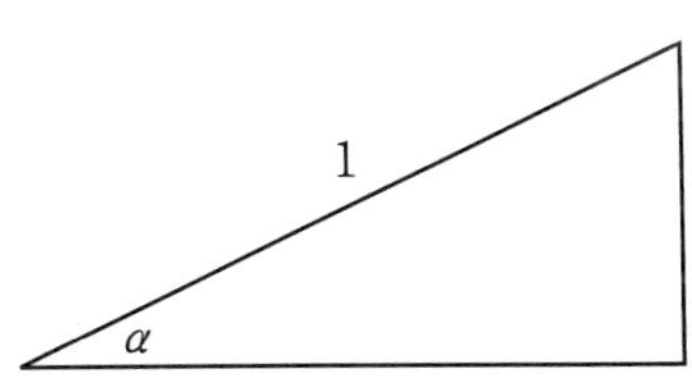

여기서 가법정리에 의하면

$$\cos 3\alpha = 4\cos^2\alpha - 3\cos\alpha$$

이므로 $\alpha=20^\circ$, $x=\cos\alpha$라고 두면 $4x^3-3x-\dfrac{1}{2}=0$를 얻는다. 그런데 나머지정리에 의하여 이 삼차방정식은 유리근은 가지지 않기 때문에 결국 이 방정식의 근은 3승근을 가질 수밖에 없다. 따라서 위의 정리에 의하여 60도의 3등분은 작도불가능하다. ■

정리 3. $\sqrt{\pi}$는 작도불가능하다.

증명. 작도가능한 수는 대수적 수인데 $\sqrt{\pi}$는 초월수이기 때문에 $\sqrt{\pi}$는 작도불가능하다. ■

피타고라스 정리

피타고라스 정리는 수학에서 가장 유명한 정리이며 알려진 증명법도 수백 개에 달한다. 계량기하학적 방법으로 가장 간단한 증명은 아마 다음과 같다고 본다.

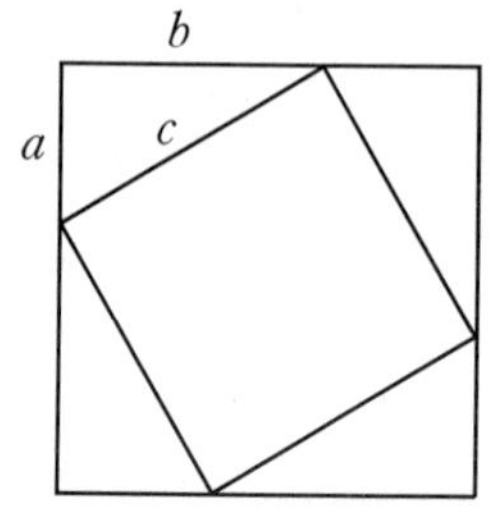

위에서 큰 정사각형은 4개의 직각삼각형과 하나의 정사각형으로 분할되어 있다. E라서 면적을 비교하면

$$4\frac{ab}{2}+c^2=(a+b)^2$$

이므로 이 식을 정돈하면 $a^2+b^2=c^2$을 얻는다.

한편 파푸스는 피타고라스 정리를 다음과 같이 확장하였다.

정리. 다음 그림과 같이 $\triangle ABC$에서 $\overline{AB}$와 $\overline{AC}$를 한 변으로 하는 평행사변형 $ABDE$와 $ACFG$를 만들고 $\overline{ED}$와 $\overline{FG}$의 연장선의 교점을 K라고 하자. $\overline{KA}$와 길이가 같고 이와 평행인 변을 가지는 평행사변형 $BCHI$를 만들면 $BCHI$의 면적은 $ABDE$의 면적과 $ACFG$의 면적의 합과 같다.

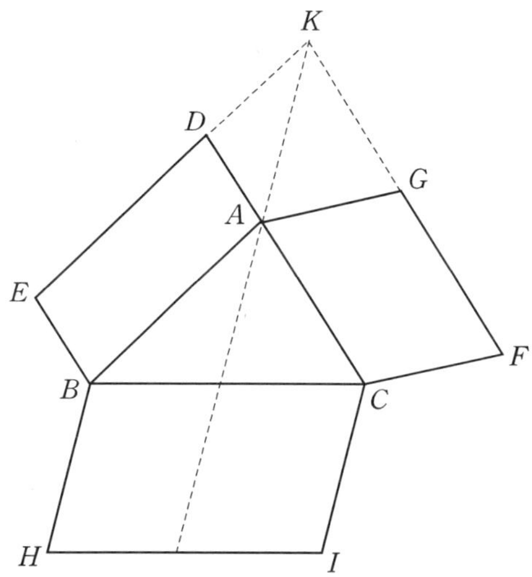

파푸스의 정리

정리. $\triangle ABC$의 $\overline{BC}$의 중점 D에 대하여 $\overline{AB}^2 + \overline{AC}^2 = 2(\overline{AD}^2 + \overline{BD}^2)$이 성립한다.

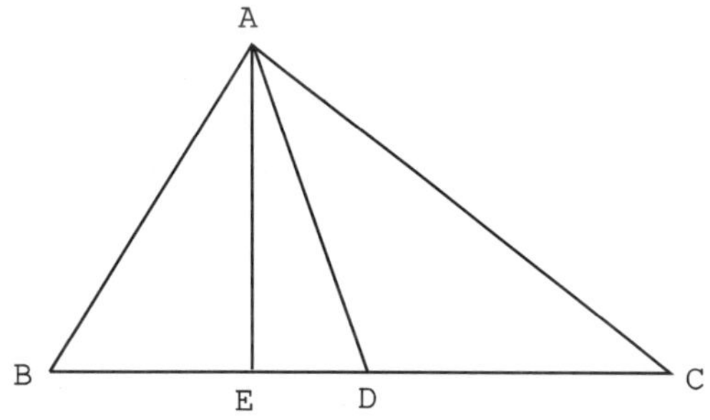

증명. 꼭짓점 A에서 변 $\overline{BC}$에 내린 수선의 발을 E라고 하고 $\overline{AB}=c$, $\overline{BC}=a$, $\overline{CA}=b$ $\overline{AE}=p$, $\overline{ED}=q$라고 하면 피타고라스 정리에 의하여

$$c^2 + b^2 = 2p^2 + \left(\frac{a}{2} - q\right)^2 + \left(\frac{a}{2} + q\right)^2 = 2p^2 + \frac{a^2}{2} + 2q^2 = 2\overline{AD}^2 + 2\overline{BD}^2$$

가 성립한다. ■

내분과 외분

두 점 A와 B가 있을 때 점 P가 각각 다음 조건을 만족한다고 하자.

i) 점 P는 선분 $\overline{AB}$의 내부에 있고 다음 그림과 같이 $\overline{AP} : \overline{BP} = m : n$ 을 만족할 때 P는 선분 $\overline{AB}$를 $m : n$로 내분한다고 한다.

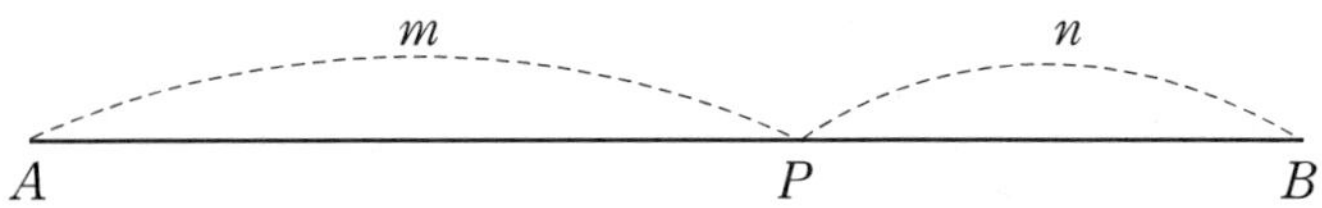

ii) Q는 선분 $\overline{AB}$의 연장선에 있고 $\overline{AQ} : \overline{BQ} = p : q$ 을 만족할 때 M은 선분 $\overline{AB}$를 $p : q$로 내분한다고 한다.

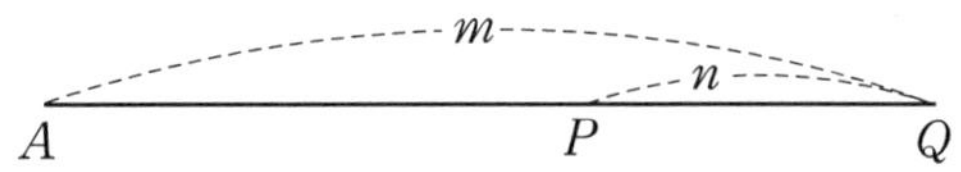

삼각형의 내심

삼각형의 내접원의 중심을 내심이라고 한다. 여기서 내심의 존재성을 분석해보자. 만약 내심 O가 존재한다면 $OE = OF$이므로 $\overline{AE} = \overline{AF}$가 되어 결국 $\triangle AOE \equiv \triangle AOF$가 되어 $\angle FAO = \angle EAO$가 된다. 마찬가지로 $\angle FBO = \angle DBO$가 된다. 그러므로 O는 삼각형 $\triangle ABC$의 세 각의 이등분선의 교점이 된다. 즉 $\triangle ABC$의 세 각의 이등분선의 교점은 내심이 되기 위한 필요조건이다. 역으로 삼각형의 각 변의 이등분선의 교점은 존재하고 이것이 내점이 된다.

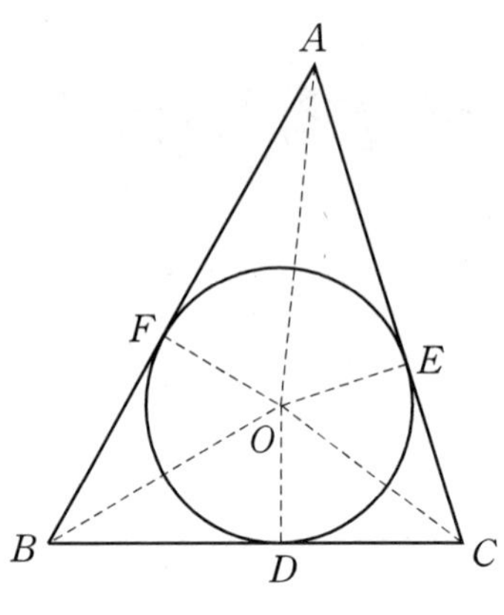

삼각형의 외심

삼각형의 외접원의 중심을 그 삼각형의 외심이라고 한다. 외심의 존재성을 분석해보자. 먼저 $\triangle ABC$의 외심 O가 존재한다고 하면 그 외심으로부터 삼각형의 각 꼭짓점 A, B,

C를 지나는 원이 존재한다. 이때 O에서 $\overline{AB}$ $\overline{BC}$, $\overline{CA}$의 이등분선과 연결한 점을 각각 F, D, E라고 하면 $\overline{OF}$, $\overline{OD}$, $\overline{OE}$는 각각 $\overline{AB}$ $\overline{BC}$, $\overline{CA}$의 수선이 된다.

역으로 각 변의 수직이등분선은 한 점에서 만난다. 이와 같은 추론에 의하여 외심은 변의 이등분선의 교점이다.

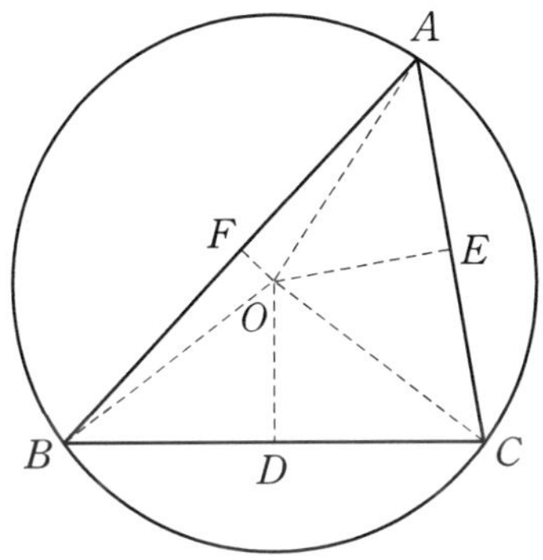

정리 1. $\triangle ABC$의 외접원의 반지름을 R이라고 하면

$$\frac{a}{\sin A}=\frac{b}{\sin B}=\frac{c}{\sin C}=2R$$

가 성립한다.

증명. $\overline{CD}$를 원의 지름이라고 하면 $\overline{CD}=2R$이고

$$\sin A=\sin D=\frac{a}{2R}$$

이므로

이 성립한다.

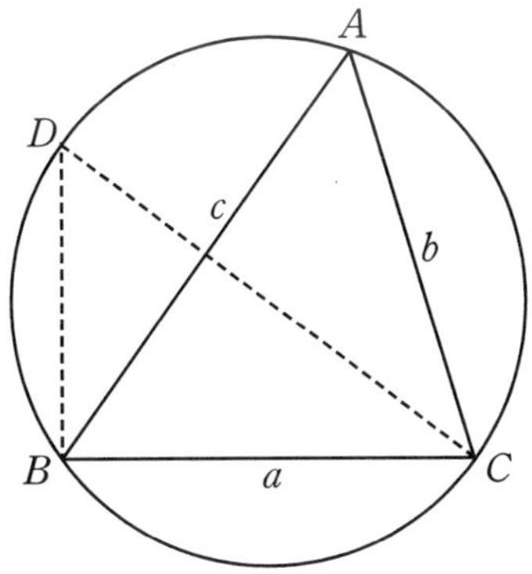

따름정리 1. $\triangle ABC$의 면적은 $\dfrac{abc}{4R}$이다.

따름정리 2. $\triangle ABC$에서

$$a(\sin B-\sin C)+b(\sin C-\sin A)+c(\sin A-\sin B)=0$$

가 성립한다.

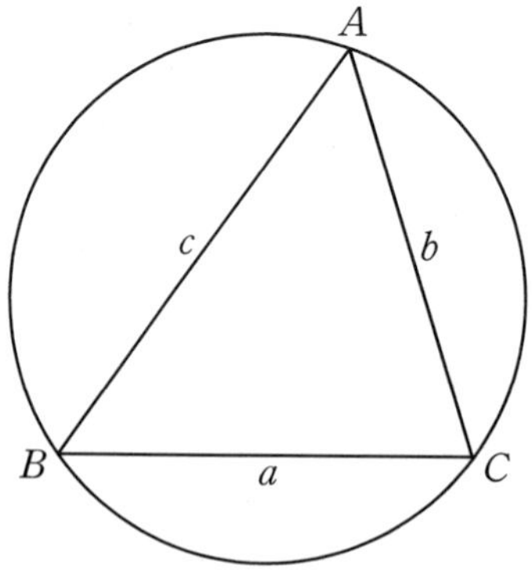

정리 2. $\triangle ABC$에서 다음 성질이 성립한다.

i) $a=b\cos C+c\cos B$
ii) $b=c\cos A+a\cos C$
iii) $c=a\cos B+b\cos A$

이 등식으로부터 다음 식이 성립한다.

i) $a^2=b^2+c^2-2bc\cos A$
ii) $b^2=c^2+a^2-2ca\cos B$
iii) $c^2=a^2+b^2-2bc\cos C$

삼각형의 중심

$\triangle ABC$에서 각 꼭짓점에서 대변의 이등분점에 내린 선분의 교점을 그 삼각형의 중심이라고 한다. 이 사실은 정삼각형에서 이 정리가 성립하고 정삼각형을 임의의 삼각형으로 선형변환하면 교점을 보존하기 때문에 결론은 당연히 얻어지게 된다.

보다 초등 방법에 의한 증명으로서는 D를 $\overline{BC}$의 중점이고 F를 $\overline{AB}$의 중점이라고 하고 선분 $\overline{BO}$의 연장선이 $\overline{CA}$와 만나는 점을 E라고 하자. 여기서 $\triangle ODF \backsim \triangle OCA$이므로 $\overline{FD}$의 중점과 $\overline{CA}$의 중점은 대응된다. 그러므로 E는 $\overline{CA}$의 중점이다.

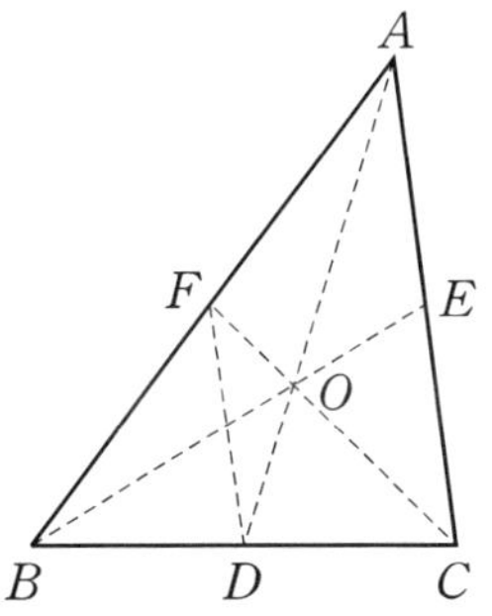

삼각형의 수심

삼각형의 수심이란 그 삼각형의 각 변에 내린 수선의 교점을 의미한다. 수심의 존재를 알아보기 위하여 $\triangle ABC$의 각 변에 평행한 변을 가지는 삼각형 $\triangle PQR$을 생각하면 $\triangle PQR$의 외심이 바로 $\triangle ABC$의 수심 H가 된다.

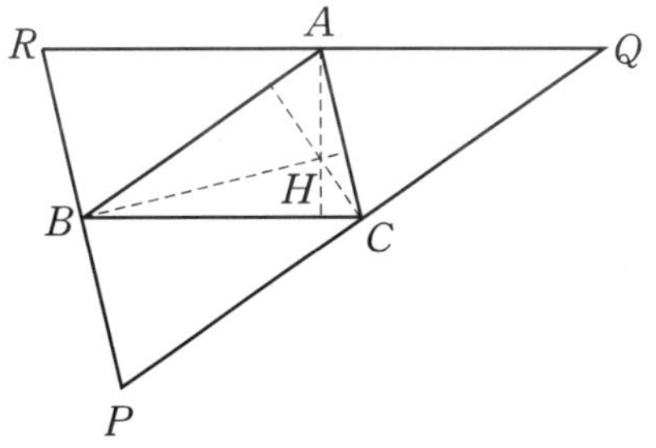

발삼각형

삼각형 $\triangle ABC$의 내부의 한 점 P에서 각 변 $\overline{AB}$, $\overline{BC}$, $\overline{CA}$에 내린 수선의 발을 각각 X, Y, Z라고 할 때 $\triangle XYZ$를 점 P에 대한 $\triangle ABC$의 발삼각형(pedal triangle)이라고 한다. 발삼각형에 대하여 다음 정리가 성립한다.

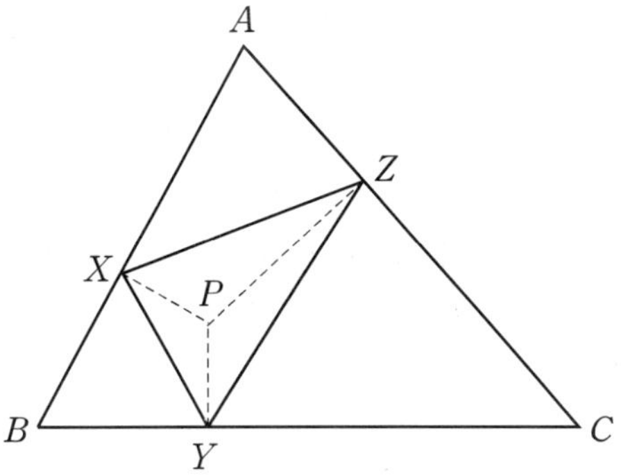

정리. 외접원의 반지름이 R인 $\triangle ABC$에서 발 P가 주어져 있을 때 P의 발삼각형의 각 변의 길이는 다음과 같이 주어진다.

$$\overline{XY}=\frac{\overline{BP}\cdot\overline{CA}}{2R}$$

$$\overline{ZX}=\frac{\overline{AP}\cdot\overline{BC}}{2R}$$

$$\overline{YZ}=\frac{\overline{CP}\cdot\overline{AB}}{2R}$$

증명. $\dfrac{\overline{XZ}}{\sin A}=\overline{AP}$이고 $\dfrac{\overline{BC}}{\sin A}=2R$이므로

$$\overline{XZ}=\frac{\overline{AP}\cdot\overline{BC}}{2R}$$

가 성립한다. 마찬가지로 다른 변의 경우에 대해서도 같은 방법으로 증명하면 된다. ■

파그나노의 문제

임의의 예각 삼각형이 주어져 있을 때 그 삼각형에 내접하는 삼각형으로서 둘레의 길이가 최소가 되는 것은 무엇일까? 이 문제를 파그나노의 문제라고 한다. 이 문제를 해결하기 위하여 $\triangle AQP\equiv\triangle AQX$가 되도록 점 X를 취하고 또 $\triangle ARP\equiv\triangle ARY$가 되도록 점 Y를 선택하면 $\triangle PQR$의 둘레가 최소가 된다는 것은 4점 X, Q, R, Y는 동일 직선 위에 있어야 한다는 것을 의미한다. 그런데 이 직선 $\overline{XY}$의 크기는 $\overline{AP}$와 $\angle XAY$의 크기에 의하여 결정되는데 여기서 $\angle XAY$은 $\angle A$의 2배로서 항상 일정하므로 결국 $\overline{XY}$의 크기에 좌우된다. 그런데 $\overline{AP}$가 최소일 때 $\overline{XY}$가 최소이므로 결국 $\overline{AP}$는 $\overline{BC}$와 직교해야 한다. 이 논증을 다른 꼭짓점에서도 적용하면 주어진 삼각형의 꼭짓점은 모두 수선의 발에 있어야 한다. 이 삼각형은 수심에 대한 발삼각형인데 이것을 주어진 삼각형의 수족삼각형(orthic triangle)이라고 한다.

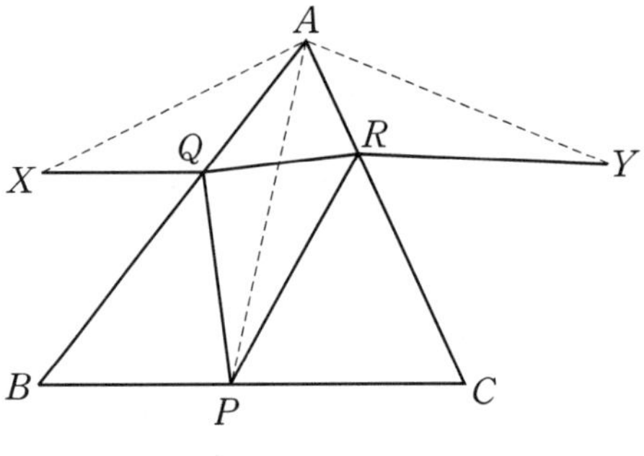

오일러 선

정리. 삼각형의 내심과 중심과 수심은 일직선 위에 있다.

증명. $\triangle ABC$의 내심과 중심을 각각 I와 C라고 하자. 여기서 $IH = 3IC$되는 점을 선택하면 C가 중심이라는 사실로부터 $\triangle CIE \approx \triangle CHA$가 성립한다. 그런데 $\overline{IE}$는 $\overline{BC}$에 수직이므로 $\overline{AH}$도 $\overline{BC}$에 수직이다. 이와 같은 논증을 다른 변에도 같은 방법으로 시행하면 H는 수심임을 얻는다. ■

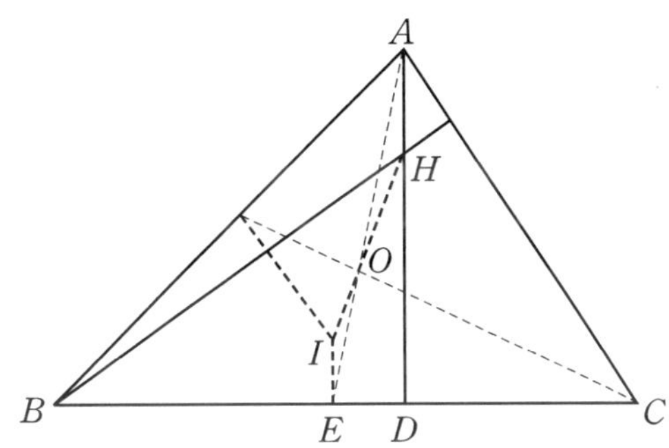

삼각형의 방심

삼각형의 한 각의 이등분선과 다른 두 각의 외각의 이등분선의 교점을 그 삼각형의 방심이라고 한다.[116] 결론은 $\triangle BMO \equiv \triangle BNO$로부터 당연하다. 그러므로 $\angle ABO = \angle CBO$이다.

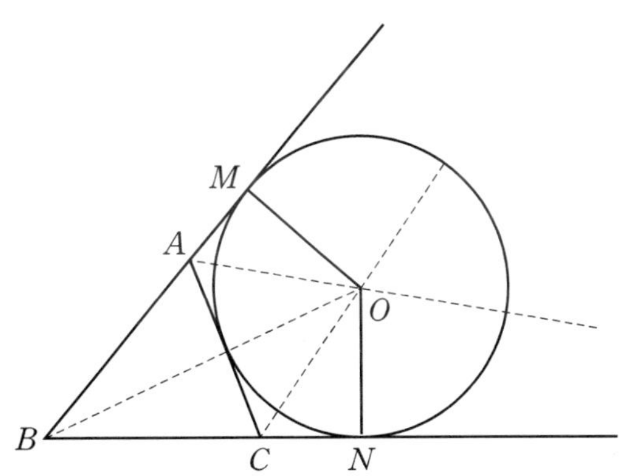

116) 영어권에서 사용하는 incenter, excenter, circumcenter를 각각 내심, 방심, 외심으로 사용하고 있다. 여기서 방심은 외심, 외심은 변심이라고 번역하는 것이 바람직하다고 본다.

두 직선의 위치 관계

유클리드 결합공리에 의하면 두 점은 직선을 결정한다. 이 의미는 점이 직선의 자유를 구속하는 것으로 해석할 수 있다. 즉 주어진 한 점을 지나는 직선은 다양하게 존재한다. 더욱이 주어진 두 점과 관계없는 직선을 더욱 다양하게 존재한다. 이것을 토대로 하여 두 직선의 위치 관계를 다음과 같이 기술할 수 있다.

i) 두 직선을 결정하는 두 점이 서로 일치할 때, 즉 이 경우는 두 직선은 일치한다.
ii) 두 직선을 결정하는 두 점 중에 하나만 일치할 때, 이 경우는 두 직선은 한 점에서 만난다.
iii) 두 직선을 결정하는 두 점이 어떤 경우에도 일치하지 않을 때, 이 경우는 두 직선은 만나지 않는다.

세 점이 한 평면을 결정하므로 특히 공간의 경우에는 만나지 않는 경우는 네 점이 한 평면에 있는 경우와 그렇지 않는 경우가 있다. 이때 전자는 두 직선이 평행한다고 하고 후자는 두 직선이 꼬인 관계라고 한다.

방멱

정리 1. 주어진 점 P와 원 Γ가 있을 때 P를 지나는 직선이 원 Γ에 만나는 점을 A, B라고 하자. 이 때 $\overline{PA} \cdot \overline{PB}$은 일정하다.

증명. 그림과 같이 P를 지나는 직선이 원 Γ와 만나는 점을 각각 A, B, C, D라고 하면 삼각형의 닮음을 이용하여 $\overline{PA} \cdot \overline{PB} = \overline{PC} \cdot \overline{PD}$가 성립한다. ■

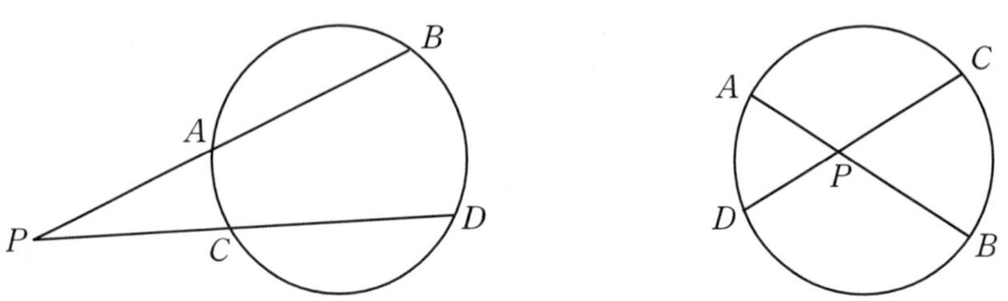

정의. 주어진 점 P와 원 Γ가 있을 때 P를 지나는 직선이 원 Γ에 만나는 점을 A, B이라고 하자. 위의 정리에 의하면 이때 $\overline{PA} \cdot \overline{PB}$의 값은 P와 Γ에 의해서만 영향을 받고 A와 B의 위치와는 관련이 없다. 이때 이 일정한 값 $\overline{PA} \cdot \overline{PB}$을 Γ에 대한 점 P의 방멱

(power)이라고 한다.

따름정리. 원의 접선 $\overline{PT}$와 원 위의 두 점 A와 B에 대하여

$$\overline{PT}^2 = \overline{PA} \cdot \overline{PB}$$

가 성립한다.

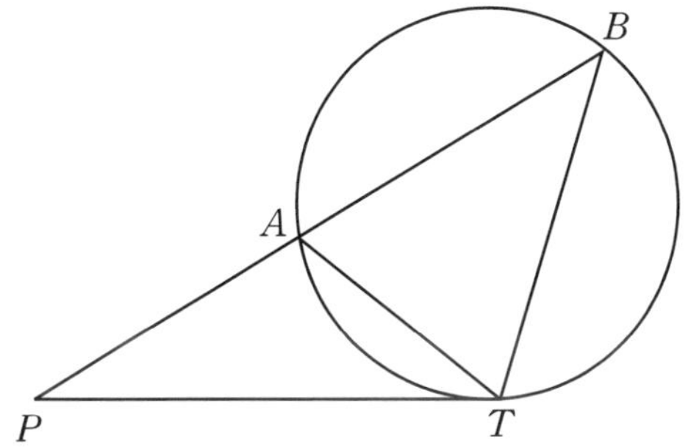

정리 2. 다음과 같이 3개의 원 Γ_1, Γ_2, Γ_3가 주어져 있다. 이때 $\overline{\Gamma_i\Gamma_j}$를 Γ_i와 Γ_j의 교점을 잇는 선분이라고 하면 $\overline{\Gamma_1\Gamma_2} \cap \overline{\Gamma_2\Gamma_3} \cap \overline{\Gamma_3\Gamma_1}$는 한 점이 되는데 이것을 주어진 세 원의 근심(radical center)이라고 한다.

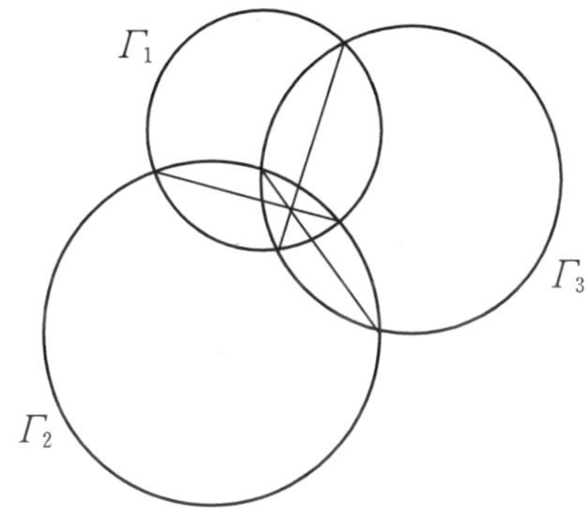

증명. 먼저 직선 $\overline{\Gamma_1\Gamma_2}$와 직선 $\overline{\Gamma_2\Gamma_3}$의 교점을 P라고 하자. $P \in \overline{\Gamma_1\Gamma_2}$이므로 Γ_1에 대한 P의 방멱과 Γ_2에 대한 P의 방멱은 같다. 또 $P \in \overline{\Gamma_2\Gamma_3}$이므로 Γ_2에 대한 P의 방멱과 Γ_3에 대한 P의 방멱은 같다. $\Gamma_1 \cap \Gamma_3$의 한 점을 Q라고 하고 P와 Q를 잇는 직선이 Γ_1과 Γ_2와 만나는 점을 각각 R_1, R_2이라고 하면 $\overline{PQ} \cdot \overline{PR_1}$은 Γ_1에 대한 P의 방멱이고 $\overline{PQ} \cdot \overline{PR_2}$은 Γ_2에 대한 P의 방멱이다. 그러므로 $\overline{PQ} \cdot \overline{PR_1} = \overline{PQ} \cdot \overline{PR_2}$가 성립한다. 여기서 P, Q, R_1, R_2는 모두 한 직선 위에 있고 $R_1 \in \Gamma_1$, $R_2 \in \Gamma_2$, $R_1 = R_2$이므로 $R_1 = R_2 \in \Gamma_1 \cap \Gamma_2$가 성립한다. 즉 P와 Q를 잇는 직선은 Γ_1과 Γ_3의

근축이다. ■

반사원리

점 P와 Q가 거울 M의 같은 면에 있을 때 P에서 M을 반사하여 Q에 도달하는 최단 경로를 생각해보자.

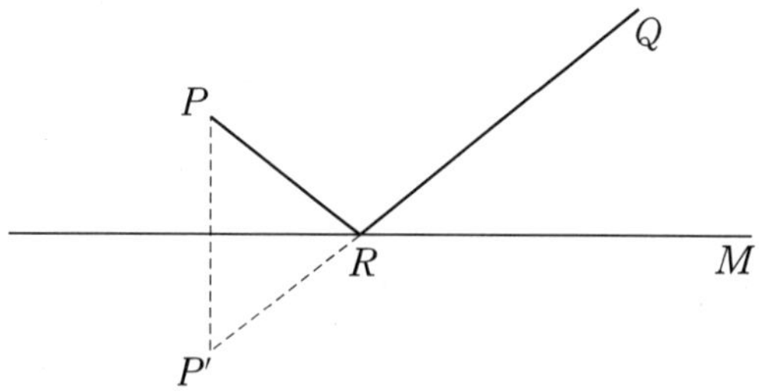

P에서 거울 면에 반사되어 Q로 가는 빛은 최단경로를 따라 나아가기 때문에 여기서 최단경로는 P의 M에 대한 반사된 상 P'에서 Q까지 가는 직선이 된다.

반사원리는 간단하지만 여러 가지 문제에 대한 강력한 도구이다. 다음 예를 보자.

예 1. 반사원리. 점 P에서 두 변을 지나서 Q에 도달하기 위한 최단경로는 무엇인가?

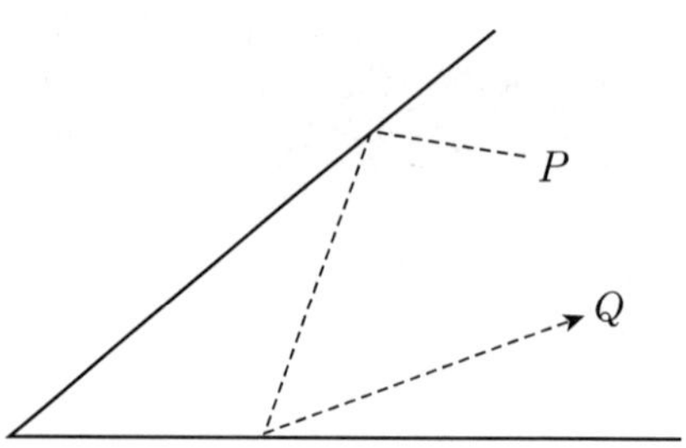

예 2. 밑변의 길이가 일정하고 넓이가 일정한 삼각형의 두 변의 합이 최소가 될 때 그 삼각형은 어떤 것일까?

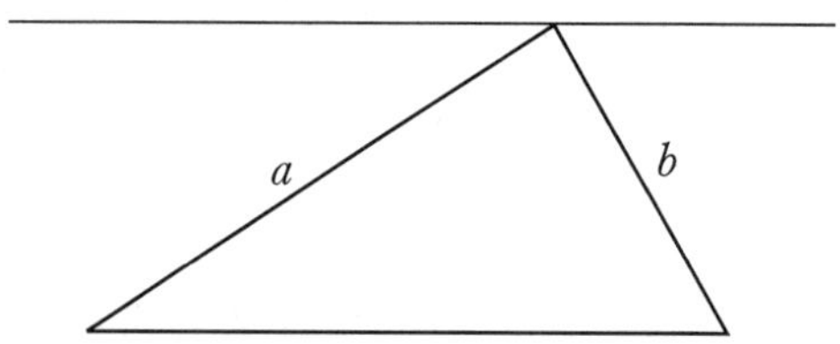

주어진 문제는 $a+b$가 최소가 되는 삼각형을 찾는 문제이다. 그런데 $a+b$가 최소가 되기 위해서는 a와 b를 빛의 경로로 간주했을 때 최단경로의 문제가 되므로 입사각과 반사각이 같아야 된다. 그러므로 $a=b$, 즉 이등변삼각형일 때 두 변의 길이의 합이 최소가 된다.

원추곡선의 광학적 성질

i) 포물선의 초점에서 나온 빛은 포물면의 축과 평행하게 반사된다.

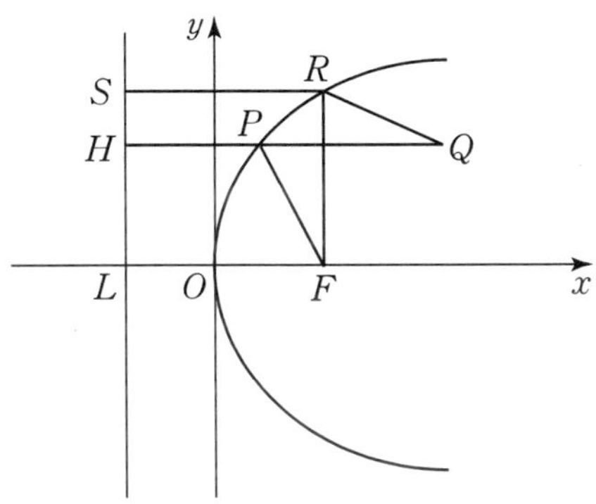

위의 그림에서 F는 초점이고 직선 LH는 준선이며 $\overline{PF}=\overline{PH}$이다. 빛이 F에서 출발하여 거울 면에서 반사하여 Q로 갈 때 어떤 경로가 최단경로가 될까? 그림에서

$$\overline{QP}+\overline{PF}=\overline{QP}+\overline{PH}\le\overline{QR}+\overline{RS}=\overline{QR}+\overline{RF}$$

가 성립한다. 그러므로 $\overline{QP}$는 x축과 평행일 때 $\overline{QP}+\overline{PF}$가 최단경로가 된다.

ii) 타원의 두 초점을 각각 A와 B라고 하고 타원 상의 임의의 점을 P라고 하자. 이때 $\overline{AP}$와 $\overline{BP}$는 P에서의 접선에 대하여 반사적이다. 즉 A에서 출발한 빛은 P에서 반사하여 B에 도달한다.

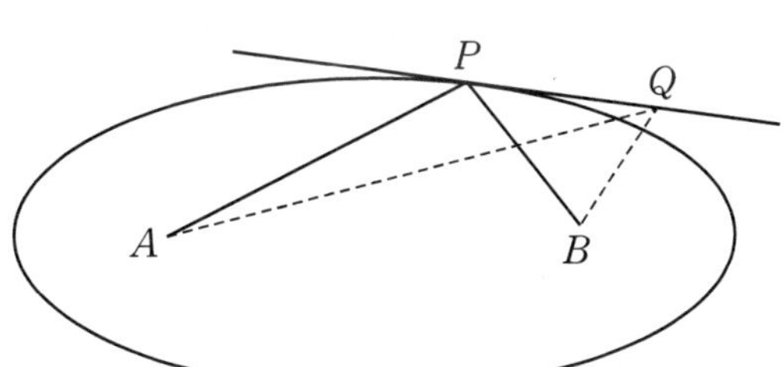

그 이유는 다음과 같다. 점 P가 아닌 곳 예를 들면 점 Q를 생각하면 부등식

$$\overline{AQ}+\overline{BQ} \geq \overline{AP}+\overline{BP}$$

가 성립한다. 그러므로 점 P는 빛이 A에서 출발하여 B로 들어오는 최단경로이므로 바로 점 P가 반사되는 지점이다.

iii) 쌍곡선의 두 초점을 각각 A와 B라고 하자. 그림과 같이 A에서 P를 향하여 출발한 빛은 P에서 반사되어 Q로 향한다. 여기서 $\angle QPB$는 평각이다.

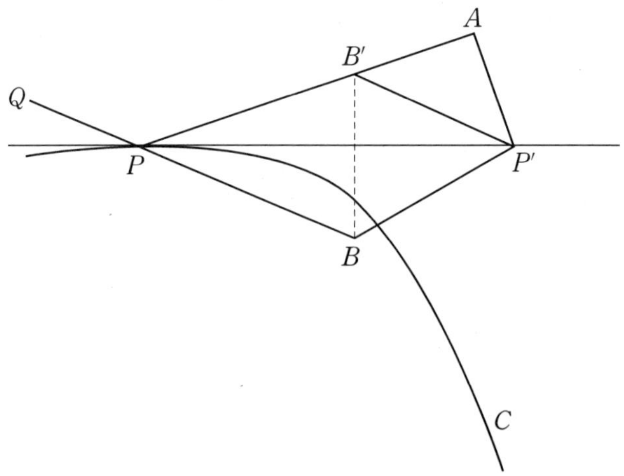

이것을 알아보기 위하여 먼저 직선 l위의 점 P에 대하여 $|\overline{AP}-\overline{BP}|$의 최댓값을 구해보자. 점 B의 직선 l에 대한 대칭점을 B'라고 하면 $|\overline{B'P'}-\overline{AP'}| \leq \overline{AB'}$이다. 즉 P'가 직선 l위에 어디에 있더라도 $|\overline{B'P'}-\overline{AP'}|$는 $\overline{AP'}$보다 클 수 없다. 즉 $|\overline{B'P'}-\overline{AP'}|$의 최댓값은 $\overline{AP'}$이다. 그런데 여기서 직선 AB'가 l과 만나는 점을 P라고 하면 $|\overline{AP}-\overline{BP}|=\overline{AB'}$이다. 그러므로 $|\overline{AP}-\overline{BP}|$가 최댓값을 가지는 점 P의 위치는 위에서 논증한 바와 같이 직선 AB'의 연장선과 직선 l의 교점이다. 여기서 $\overline{AB'}=k$라고 두고 $|\overline{AP}-\overline{BP}|=k$를 만족하는 점 P의 자취를 C라고 하면 C는 정의에 의하여 A와 B를 초점으로 하는 쌍곡선이 되며 직선 l은 점 P에서 쌍곡선 C에 접한다. $\angle BPP' = \angle B'PP'$이고 또 A에서 광원이 점 P에 도달하여 l에 반사하게 되면 입사각과 반사각이 같다. 그러므로 그 반사각은 $\angle BPP'$와 같다. 따라서 $\angle QPB$는 평각이다.

페르마의 문제

주어진 예각 삼각형의 세 꼭짓점 A, B, C가 있을 때 $\overline{XA}+\overline{XB}+\overline{XC}$가 최소가 되는 점 X의 위치를 결정하는 문제를 생각해보자. 먼저 $\overline{XA}+\overline{XB}+\overline{XC}$가 최소라면

$\overline{XB}+\overline{XC}$도 최소가 된다. 그런데 A가 원의 중심이라면 원주 위에서 $\overline{XA}$는 일정하므로 결국 $\overline{XB}+\overline{XC}$가 최소가 되기 위해서는 X를 지나는 접선을 거울로 하여 BXA는 빛의 경로라고 할 수 있다. 그러므로 $\overline{AX}$의 연장선은 $\angle BXC$를 이등분한다. 이것은 다른 점에 대해서도 성립하므로 결국

$$\angle AXB = \angle AXC = \angle BXC$$

가 된다. 여기서 점 X를 세 점 A, B, C의 페르마의 점이라고 한다.

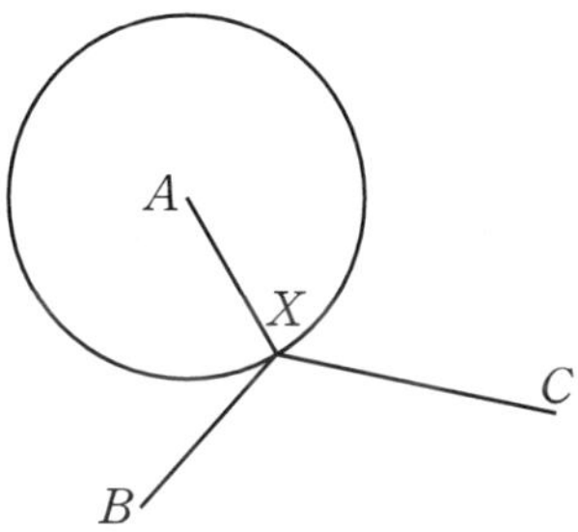

가법정리

명제

$$\sin(x+y) = \sin x \cos y + \cos x \sin y$$

을 가법정리라고 한다. 가법정리의 증명은 다양하게 연구되었다. 다음은 가법정리에 대한 대표적인 증명이다.

i) 프톨레미의 증명.

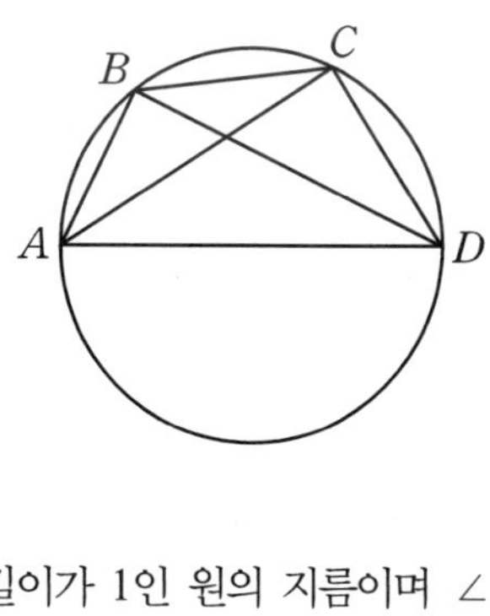

위의 그림에서 $\overline{AD}$는 길이가 1인 원의 지름이며 $\angle ADB = \beta$ 이고 $\angle ADC = \alpha$ 이다. 사인 정리로부터

$$\frac{\overline{AD}}{\sin(\pi/2)} = \frac{\overline{AB}}{\sin\beta} = \frac{\overline{BD}}{\sin(\pi/2-\beta)} = 1$$

이다. 또 프톨레미의 정리에 의하여

(1) $$\overline{BD} \cdot \overline{AC} = \overline{AD} \cdot \overline{BC} + \overline{AB} \cdot \overline{CD}$$

이 성립한다. 그런데

(2) $$\overline{BD} \cdot \overline{AC} = \sin(\pi/2-\beta)\sin\alpha = \cos\beta\sin\alpha$$

(3) $$\overline{BC} = \sin(\alpha-\beta)$$

(4) $$\overline{AB} \cdot \overline{CD} = \sin\beta\cos\alpha$$

이므로 등식 (2), (3), (4)를 (1)에 대입하면

$$\sin(\alpha-\beta) = \cos\beta\sin\alpha - \sin\beta\cos\alpha$$

를 얻는다.

ii) 아르키메데스의 부러진 현의 정리의 결과에 의한 증명[117] 먼저 부러진 현의 정리가 무엇인지 알아보자.

정리. (부러진 현의 정리) 부러진 현 $\overline{ABC}$ 가 주어져 있고($\overline{AB} \neq \overline{BC}$) 호 $\widehat{ABC}$ 의 중점을 M이라고 하자. F를 M의 ($\overline{AB}$와 $\overline{BC}$ 중에서 큰 현에 대한)수선의 발이라고 하자. 이때 F는 $\overline{ABC}$의 2등분점이 된다.

이 정리의 증명으로서 먼저 $\overline{CB}$의 연장선에서 $\overline{DM} = \overline{CM}$이 되도록 D를 정하면

$$\overline{MA} = \overline{MD}$$
$$\angle BAM = \angle BCM = \angle BDM$$
$$\angle DMB = \angle AMB$$

에 의하여

$$\triangle MDB \equiv \triangle MAB$$

가 성립한다. 따라서 F는 $\overline{ABC}$의 2등분점이 된다.

---

117) 아르키메데스가 가법정리를 증명했다는 기록은 없으나 이 결과를 이용하면 결론을 유도할 수 있다.

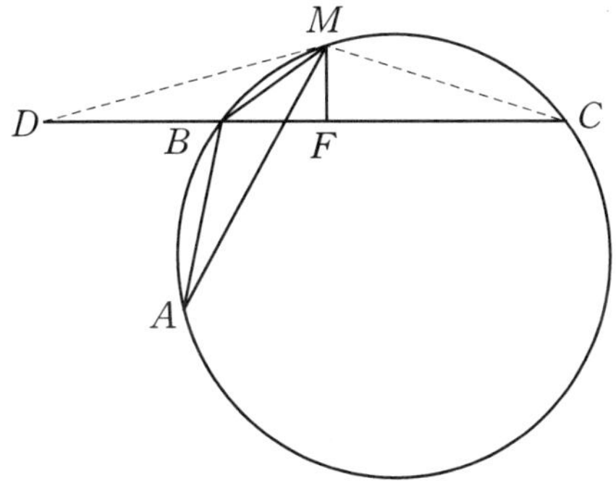

이 결과를 이용하여 가법정리를 유도해보자. 먼저 호 $\overset{\frown}{CM}=2x$, 호 $\overset{\frown}{BM}=2y$라고 두면 호 $\overset{\frown}{AB}=2x-2y$가 된다. 따라서

$$\overline{CM}=2\sin x$$
$$\overline{BM}=2\sin y$$
$$\overline{AB}=2\sin(x-y)$$

가 된다. 그러므로

$$\overline{CF}=2\sin x\cos y$$
$$\overline{BF}=2\sin y\cos x$$
$$\overline{AB}=2\sin(x-y)$$

가 성립하고 이것으로부터

$$\sin(x-y)=\sin x\cos y-\sin y\cos x$$

가 성립한다.

iii) 아래 그림에서 $\angle BAD=x$, $\angle CAD=y$라고 두자. $\triangle ABC$의 넓이는 $\triangle ABD$의 넓이와 $\triangle ACD$의 넓이의 합과 같다. $\triangle ABC$의 넓이, $\triangle ABD$의 넓이, $\triangle ACD$의 면적을 각각 변 $\overline{AB}$와 $\overline{AC}$ 및 $\overline{AD}$로 표현하여 가법정리

$$\sin(x+y)=\sin x\cos y+\cos x\sin y$$

를 유도할 수 있다.

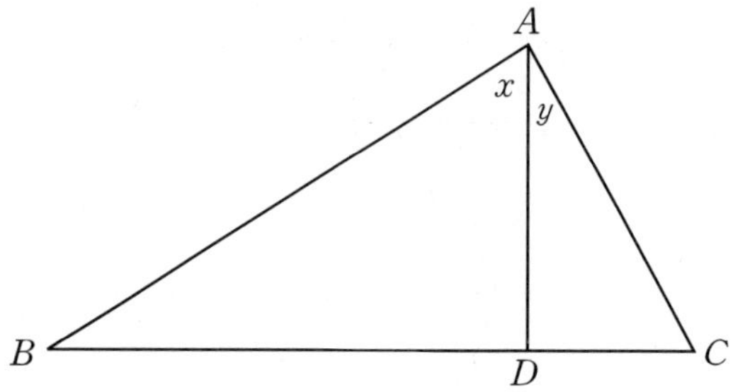

iv) 종이 접기를 이용한 방법. 종이를 다음 그림과 같이 접자.

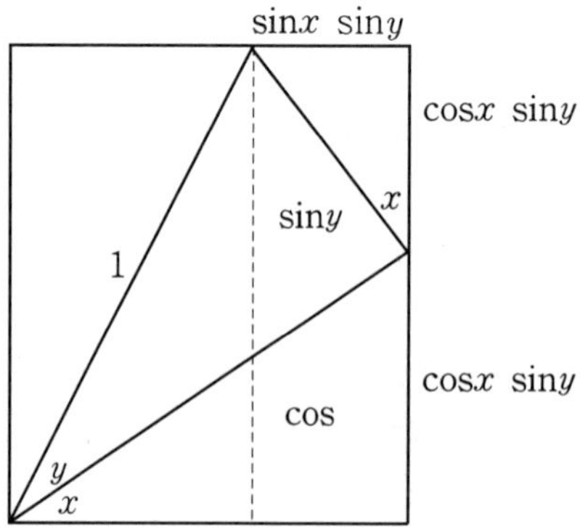

이 그림으로부터 $\sin(x+y)=\sin x\cos y+\cos x\sin y$가 명백하게 나타난다. 마지막으로 여기서 밑변을 1이라고 두면 등식

$$\tan(x+y)=\frac{\tan x+\tan y}{1-\tan x\tan y}$$

를 보일 수 있다.

v) 마름모에 의한 결과. 다음 그림에서 안쪽의 사각형은 각 변의 길이가 1인 마름모이고 바깥쪽은 직사각형이다. 여기서 넓이 관계를 이용하면 다음 식이 성립한다.

$$\sin(x+y)+\sin x\cos x+\sin y\cos y=(\sin x+\sin y)(\cos x+\cos y)$$

이 식을 정돈하면 $\sin(x+y)=\sin x\cos y+\cos x\sin y$가 나온다.

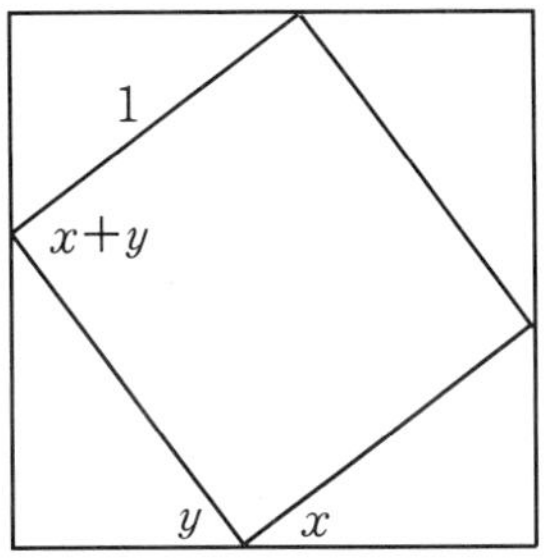

vi) 두 직각삼각형의 중첩. 다음 그림과 같이 임의의 사각형에 두 직각삼각형을 인접시키면 그림으로부터 $\sin(x+y)=\sin x\cos y+\cos x\sin y$을 얻을 수 있다.

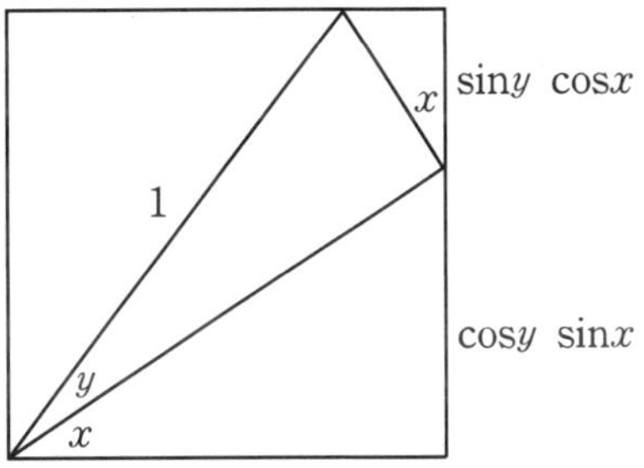

vii) 직각삼각형의 분해. 다음 그림과 같이 하나의 직각삼각형을 세 개의 직각삼각형으로 분해하자.

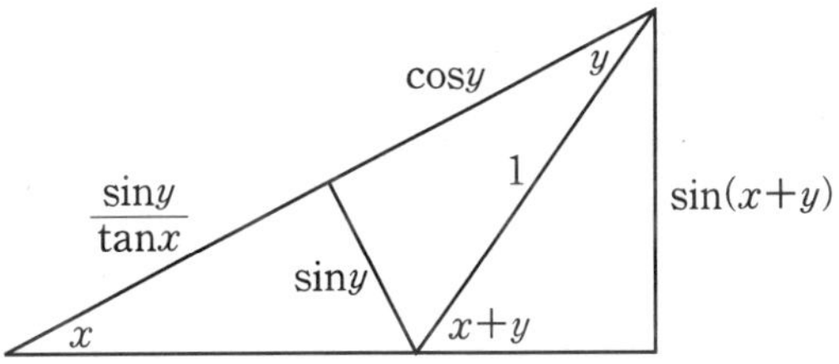

이렇게 두면

$$\sin x=\frac{\sin(x+y)}{\dfrac{\sin y}{\tan x}+\cos y}$$

가 성립하고 이것을 정돈하면 $\sin(x+y)=\sin x\cos y+\cos x\sin y$을 얻는다.

헤론의 공식

삼각형의 세 변의 길이가 각각 a, b, c이고 $s=\dfrac{a+b+c}{2}$이라고 할 때 삼각형의 넓이 S는

$$S=\sqrt{s(s-a)(s-b)(s-c)}$$

로 주어진다.

증명. 이 공식을 증명하기 위하여 먼저 다음 그림을 보자.

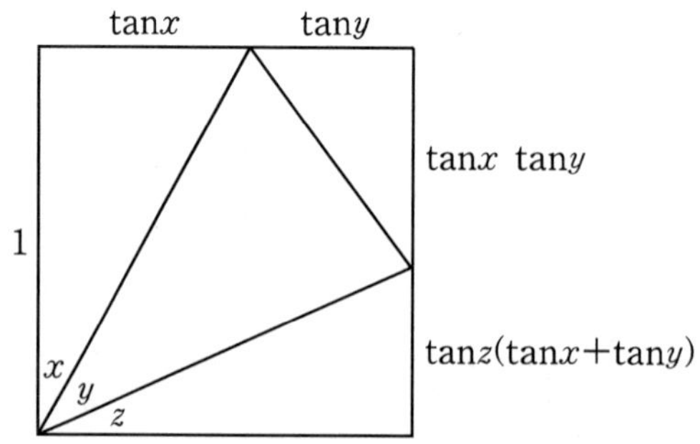

이 그림으로부터

$$\tan x\tan y+\tan y\tan z+\tan z\tan x=1$$

을 알 수 있다. 여기서 r을 내접원의 반지름이라고 하고 $a=y+z$, $b=x+z$, $c=x+y$가 되는 삼각형을 그려보면 다음 그림과 같다.

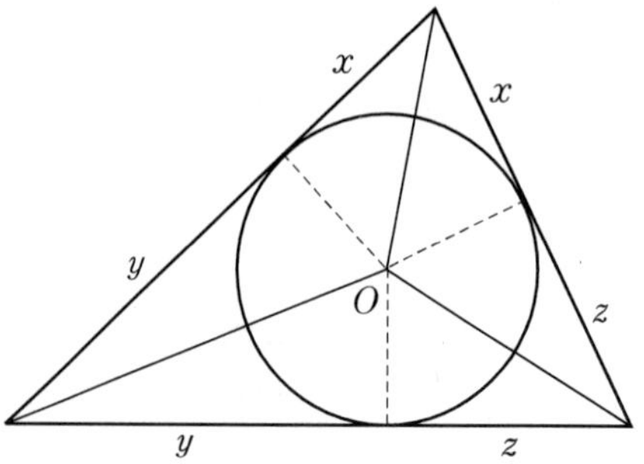

이 삼각형으로부터 다음 등식을 얻는다.

$$\begin{aligned}1 &= \tan x \tan y + \tan y \tan z + \tan z \tan x \\ &= \frac{r}{x}\cdot\frac{r}{y}+\frac{r}{y}\cdot\frac{r}{z}+\frac{r}{z}\cdot\frac{r}{x} \\ &= \frac{r^2(x+y+z)}{xyz} \\ &= \frac{r^2 s}{xyz} \\ &= \frac{S^2}{sxyz}\end{aligned}$$

그런데 여기서

$$s = x+y+z = x+a = y+b = z+c$$

이므로 주어진 공식을 얻는다.

브라마굽타의 공식

각 변의 길이가 a, b, c, d인 원에 내접하는 사각형의 넓이를 K라고 하면

(1) $$K = \sqrt{(s-a)(s-b)(s-c)(s-d)}$$

이다. 단, 여기서 $s = \dfrac{a+b+c+d}{2}$이다. 또 이 공식으로부터 $d=0$라고 두면 헤론의 공식

(2) $$S = \sqrt{s(s-a)(s-b)(s-c)}$$

을 얻을 수 있다.

메넬라우스의 정리

정리. 한 직선이 $\triangle ABC$의 변 $\overline{AB}$, $\overline{BC}$, $\overline{CA}$ 또는 이것들의 연장선에서 만날 때 그 만나는 점을 각각 P, Q, R이라고 하면

(1) $$\frac{\overline{AP}}{\overline{PB}}\cdot\frac{\overline{BQ}}{\overline{QC}}\cdot\frac{\overline{CR}}{\overline{RA}} = 1$$

이 성립한다. 역으로 이 등식이 성립하면 세 점 P, Q, R은 한 직선 위에 있다.

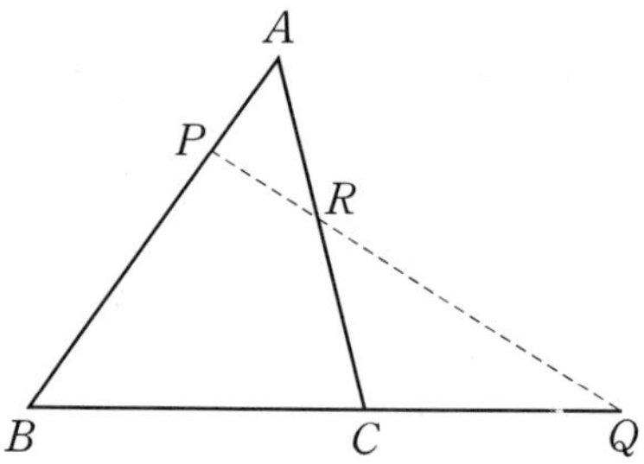

증명. 점 A, B, C에서 직선 $\overline{PQ}$에 내린 수선의 발을 각각 A_1, B_1, C_1이라고 하면

(2) $$\frac{\overline{AP}}{\overline{PB}}=\frac{\overline{AA'}}{\overline{B'B}},\ \frac{\overline{BQ}}{\overline{QC}}=\frac{\overline{BB'}}{\overline{C'C}},\ \frac{\overline{CR}}{\overline{RA}}=\frac{\overline{CC'}}{\overline{A'A}}$$

가 성립한다. 이 식을 (1)의 좌측에 대입하면 1을 얻는다.

역으로 선분 세 점 P, Q, R이 (1)을 만족한다고 하고 $\overline{PR}$의 연장선과 $\overline{BC}$의 연장선의 교점을 Q'라고 하면

(3) $$\frac{\overline{AP}}{\overline{PB}}\cdot\frac{\overline{BQ'}}{\overline{Q'C}}\cdot\frac{\overline{CR}}{\overline{RA}}=1$$

를 만족한다. (1)과 (3)으로부터

(4) $$\frac{\overline{BQ}}{\overline{QC}}=\frac{\overline{BQ'}}{\overline{Q'C}}$$

가 성립한다. (4)는 Q와 Q'가 선분 $\overline{BC}$의 내분점 또는 외분점이다. 그러므로 Q와 Q'는 일치한다. ■

참고. 메넬라우스 정리는 다음 그림과 같이 횡단선 $\overline{PQ}$가 반드시 삼각형을 지나가지 않아도 여전히 성립한다.

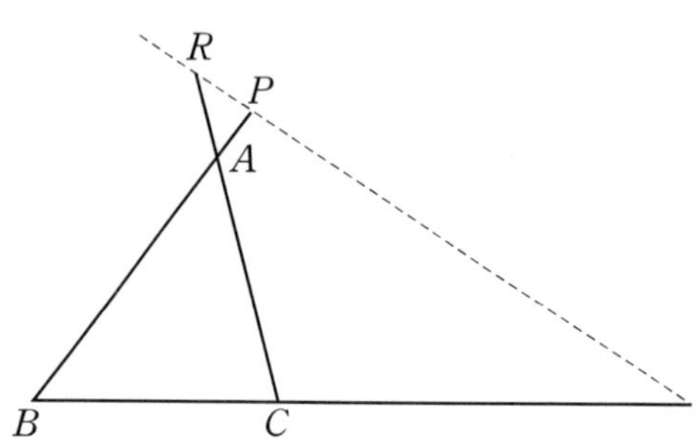

참고. 정리 1에서 선분을 유향선분의 의미로 사용하면 $\overline{AB}=-\overline{BA}$가 된다. 이런 의미로 메

넬라우스 정리를 진술하면 (1)의 우변은 -1이 된다.

체바의 정리

정리 1. $\triangle ABC$에서 $\overline{AP}$, $\overline{BQ}$, $\overline{CR}$이 한 점에서 만나기 위한 필요충분조건은 등식

$$\frac{\overline{AR}}{\overline{RB}} \cdot \frac{\overline{BP}}{\overline{PC}} \cdot \frac{\overline{CQ}}{\overline{QA}} = 1$$

이 성립하는 것이다.

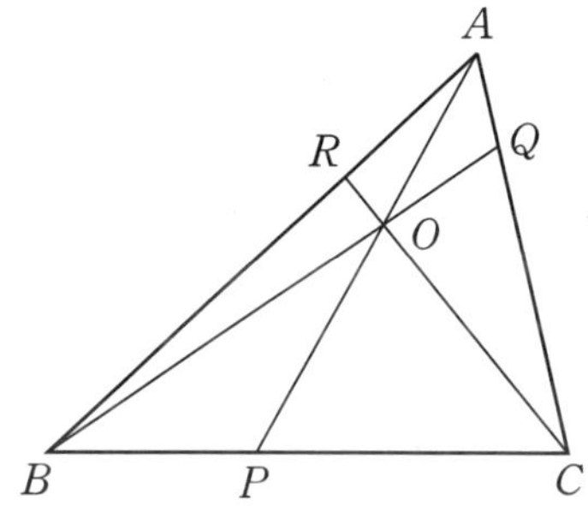

증명. $\triangle ABP$와 선분 $\overline{RC}$에 대하여 메넬라우스 정리를 적용하면

(1) $$\frac{\overline{AR}}{\overline{RB}} \cdot \frac{\overline{BC}}{\overline{CP}} \cdot \frac{\overline{PO}}{\overline{OA}} = 1$$

을 얻는다.

한편 $\triangle ACP$와 $\overline{BQ}$에 대하여 메넬라우스 정리를 적용하면

(2) $$\frac{\overline{AQ}}{\overline{QC}} \cdot \frac{\overline{CB}}{\overline{BP}} \cdot \frac{\overline{PO}}{\overline{OA}} = 1$$

을 얻는다. 여기서 (1)과 (2)를 결합하면 주어진 결론을 얻는다. ■

따름정리 1. 삼각형과 그 내접원의 접점과 마주보는 꼭짓점을 이은 세 선분은 한 점에서 만난다. 이 교점을 제르곤(Gergonne) 점이라고 한다.

증명. 아래 그림에서 $\dfrac{\overline{AR}}{\overline{AQ}} = 1$, $\dfrac{\overline{BP}}{\overline{BR}} = 1$, $\dfrac{\overline{CQ}}{\overline{CP}} = 1$이므로 체바의 정리를 만족한다. 그러므로 체바의 정리에 의하여 세 선분은 한 점에서 만난다. ■

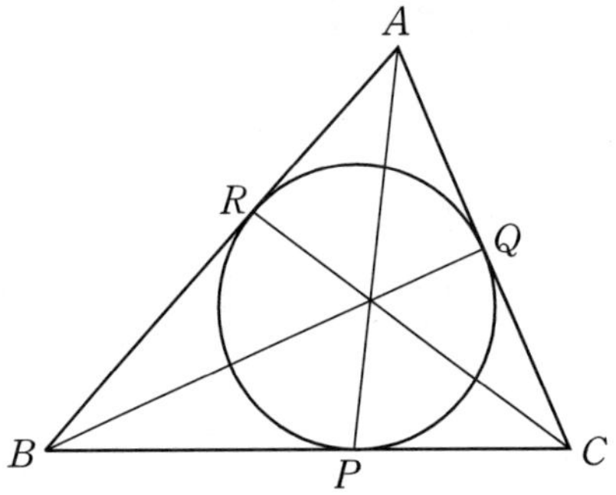

체바의 정리는 무게중심과 수심을 다음과 같이 통합적으로 설명한다.

따름정리 2. 삼각형에서 각 꼭짓점에서 대변의 중점을 이은 선분은 한 점에서 만난다.

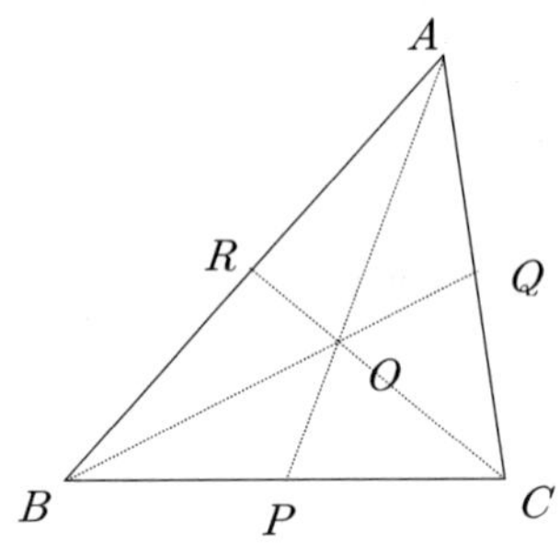

증명. 가정에서

$$\overline{AR}=\overline{BR}=\overline{BP}=\overline{CP}=\overline{CQ}=\overline{AQ}$$

이므로 등식 $\dfrac{\overline{AR}}{\overline{RB}}\cdot\dfrac{\overline{BP}}{\overline{PC}}\cdot\dfrac{\overline{CQ}}{\overline{QA}}=1$이 성립한다. 그러므로 각 꼭짓점에서 대변의 중점을 이은 선분은 한 점에서 만난다. ■

따름정리 3. 삼각형에서 각 꼭짓점에서 대변의 내린 수선은 한 점에서 만난다.

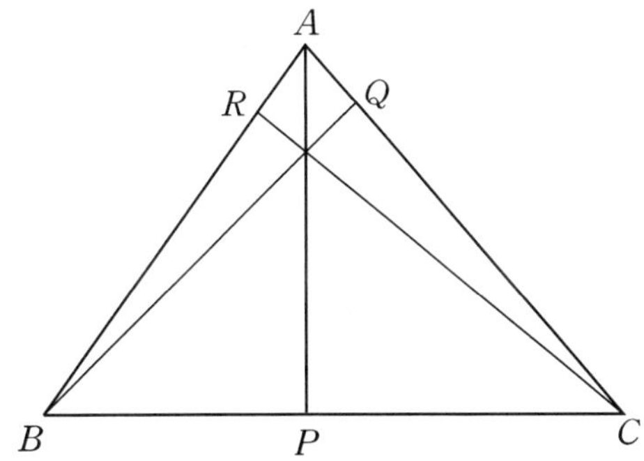

증명. 다음 6개의 등식

$$\overline{CA}\cos A = \overline{AR}$$
$$\overline{BC}\cos B = \overline{BR}$$
$$\overline{AB}\cos B = \overline{BP}$$
$$\overline{CA}\cos C = \overline{CP}$$
$$\overline{BC}\cos C = \overline{CQ}$$
$$\overline{AB}\cos A = \overline{AQ}$$

으로부터 등식 $\frac{\overline{AR}}{\overline{RB}} \cdot \frac{\overline{BP}}{\overline{PC}} \cdot \frac{\overline{CQ}}{\overline{QA}} = 1$이 성립한다. 그러므로 각 꼭짓점에서 대변의 내린 수선은 한 점에서 만난다. ■

정리 2. $\triangle ABC$에서 점 P의 발삼각형 DEF에서 $\overline{AD} \perp \overline{BC}$라면 $\angle FDP = \angle EDP$이다.

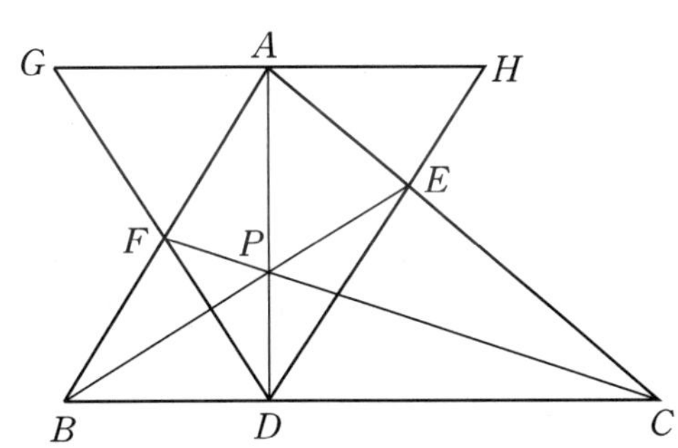

증명. 변 $\overline{BC}$와 평행이고 $\overline{DF}$와 $\overline{DE}$의 연장이며 A를 지나는 선분 $\overline{GH}$를 긋자. 이렇게 되면

(1) $$\frac{\overline{AF}}{\overline{FB}}=\frac{\overline{AG}}{\overline{BD}}, \quad \frac{\overline{CE}}{\overline{EA}}=\frac{\overline{DC}}{\overline{AH}}$$

가 성립한다. 그런데 체바의 정리에 의하여

(2) $$\frac{\overline{AF}}{\overline{FB}}\cdot\frac{\overline{BD}}{\overline{DC}}\cdot\frac{\overline{CE}}{\overline{EA}}=1$$

이므로 (1)을 (2)에 대입하면

(3) $$\frac{\overline{AG}}{\overline{BD}}\cdot\frac{\overline{BD}}{\overline{DC}}\cdot\frac{\overline{DC}}{\overline{AH}}=1$$

인데 이것은 $\overline{AG}=\overline{AH}$임을 보여준다. 그러므로 $\triangle GAD\equiv\triangle HAD$이 성립한다. 그러므로 $\angle FDP=\angle EDP$가 성립한다. ■

데자르그의 정리

정리. 삼각형 ABC와 DEF가 주어져 있고 직선 $\overline{AD}$, 직선 $\overline{BE}$, 직선 $\overline{CF}$가 한 점에서 만난다고 하면 변 $\overline{AB}$와 $\overline{DE}$의 교점, 변 $\overline{BC}$와 변 $\overline{EF}$의 교점, 변 $\overline{CA}$와 변 $\overline{FD}$의 교점은 동일 직선 위에 있다.

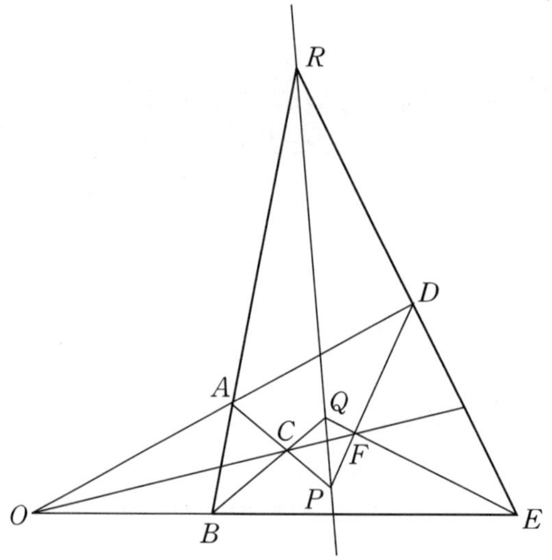

증명. $\triangle OAB$와 이것을 자르는 직선 EDR에 대하여 메넬라우스 정리를 적용하면

(1) $$\frac{\overline{AR}}{\overline{RB}}\cdot\frac{\overline{BE}}{\overline{EO}}\cdot\frac{\overline{OD}}{\overline{DA}}=1$$

이 성립한다. 또 $\triangle BCO$와 이것을 자르는 직선 EFQ에 대하여 메넬라우스 정리를 적용하면

(2) $$\frac{\overline{BQ}}{\overline{QC}}\cdot\frac{\overline{CF}}{\overline{FO}}\cdot\frac{\overline{OE}}{\overline{EB}}=1$$

이 성립한다. 또 $\triangle ACO$와 이것을 자르는 직선 DFP에 대하여 메넬라우스 정리를 적용하면

(3) $$\frac{\overline{CP}}{\overline{PA}}\cdot\frac{\overline{AD}}{\overline{DO}}\cdot\frac{\overline{OF}}{\overline{FC}}=1$$

이 성립한다. 여기서 (1), (2), (3)을 모두 곱하여 정돈하면

(4) $$\frac{\overline{AR}}{\overline{RB}}\cdot\frac{\overline{BQ}}{\overline{QC}}\cdot\frac{\overline{CP}}{\overline{PA}}=1$$

을 얻는다. 여기서 등식 (4)는 $\triangle ABC$에 대한 메넬라우스 정리를 적용한 것이다. 그러므로 P, Q, R은 한 직선 위에 있다. ■

조화공액점

정의. 점 A, B를 같은 비로 내분한 점과 외분한 점을 각각 C, D라고 하자. 이때 점 C와 D를 $\overline{AB}$에 대한 조화공액점이라고 하고 $H(AB, CD)$로 나타낸다.

정리 1. $\triangle ABP$에서 $\angle APB$의 이등분선과 $\overline{AB}$와 만나는 점을 P, $\angle APB$의 외각의 이등분선과 $\overline{AB}$와 만나는 점을 D라고 하면 C, D는 $\overline{AB}$의 조화공액점이다.

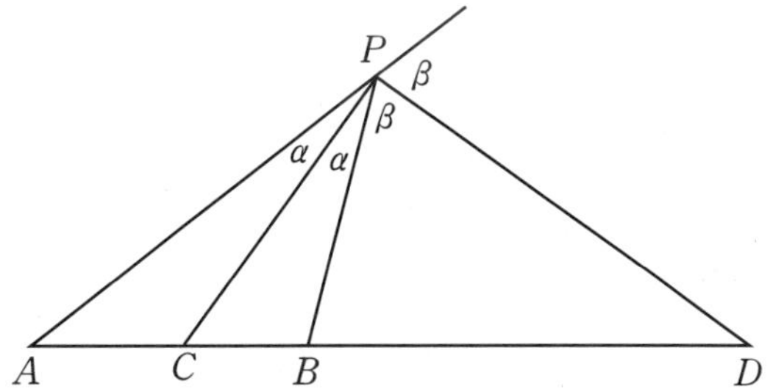

증명. $\triangle ACP$와 $\triangle BCP$의 넓이비에 의하여

$$(1) \qquad \frac{\overline{AP}}{\overline{BP}} = \frac{\overline{AC}}{\overline{BC}}$$

이고 또 $\triangle APD$와 $\triangle BPD$의 넓이 관계, 즉

$$\frac{\overline{AP} \cdot \overline{PD} \cdot \sin\left(\frac{\pi}{2}+\alpha\right)}{\overline{BP} \cdot \overline{PD} \cdot \sin\left(\frac{\pi}{2}-\alpha\right)} = \frac{\overline{AD}}{\overline{BD}}$$

에 의하여

$$(2) \qquad \frac{\overline{AP}}{\overline{BP}} = \frac{\overline{AD}}{\overline{BD}}$$

이므로 (1)과 (2)로부터

$$\frac{\overline{AC}}{\overline{BC}} = \frac{\overline{AD}}{\overline{BD}}$$

가 성립한다. ■

정리 2. C를 선분 $\overline{AB}$에 있는 임의의 점이라 하자. 이때 D는 다음과 같이 주어진다. 여기서 직선 $\overline{AB}$ 위에 있지 않는 점 E를 선택한다. E에서 삼각형 $\triangle ABE$를 만들고 $\overline{CE}$를 긋고 선분 $\overline{BF}$의 연장선이 선분 $\overline{AE}$와 만나는 점과 선분 $\overline{AF}$의 연장선이 $\overline{BE}$와 만나는 점을 각각 Q, P라고 하면 $\overline{QP}$의 연장선이 $\overline{AB}$의 연장선과 만나는 점을 D라고 하면 C와 D는 $\overline{AB}$의 조화공액점이다.

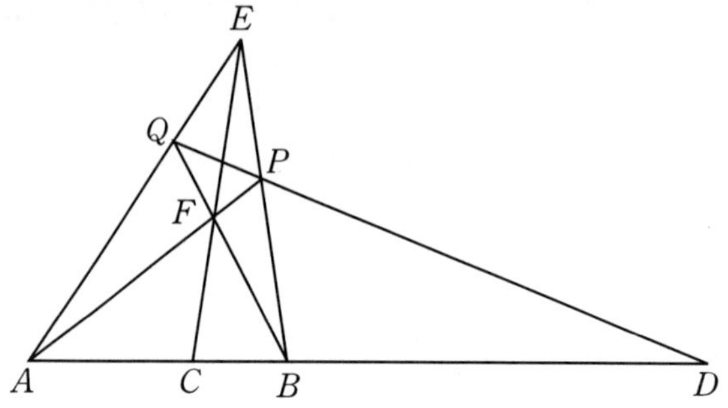

증명. 체바의 정리로부터

$$(1) \qquad \frac{\overline{EQ}}{\overline{QA}} \cdot \frac{\overline{AC}}{\overline{CB}} \cdot \frac{\overline{BP}}{\overline{PE}} = 1$$

이다. 또 메넬라우스 정리에 의하여

(2) $$\frac{\overline{EQ}}{\overline{QA}} \cdot \frac{\overline{AD}}{\overline{DB}} \cdot \frac{\overline{BP}}{\overline{PE}} = 1$$

이다. 여기서 (1)과 (2)을 결합하여 정돈하면 C와 D는 $\overline{AB}$의 조화공액점임을 얻는다. ■

정리 3. $H(AB,\ CD)$이면 $\frac{2}{\overline{AB}} = \frac{1}{\overline{AC}} + \frac{1}{\overline{AD}}$이다.

증명. $\frac{\overline{AC}}{\overline{BC}} = \frac{\overline{AD}}{\overline{BD}}$가 성립하므로

$$\frac{\overline{AC}}{\overline{AB} - \overline{AC}} = \frac{\overline{AD}}{\overline{AD} - \overline{AB}}$$

이고 이것을 정돈하면 주어진 결과를 얻는다. ■

교차비

$H(AB, CD)$은 $\frac{\overline{AC}/\overline{CB}}{\overline{AD}/\overline{DB}} = 1$을 만족하였다. 그런데 여기서 점의 방향을 고려하면 이 경우는 -1이 된다. 일반적으로 방향을 고려하여 4점의 비 $\frac{\overline{AC}/\overline{CB}}{\overline{AD}/\overline{DB}} = \lambda$를 생각할 수 있다. 이 값을 $(AB,\ CD)$의 교차비(cross ratio)라고 한다. 여기서 λ의 값은 다음과 같이 양과 음의 값을 가질 수 있다.

점의 위치	$ACBD$	$CABD$	$CABD$
λ의 부호	$-$	$+$	$+$

정리. (교차비의 불변성) 다음 그림과 같이 점 O에서 직선 l_1 위에 있는 4점 A, B, C, D과 직선 l_2위에 있는 4점 A', B', C', D'에 대하여 $(AB,\ CD) = (A'B',\ C'D')$이다.

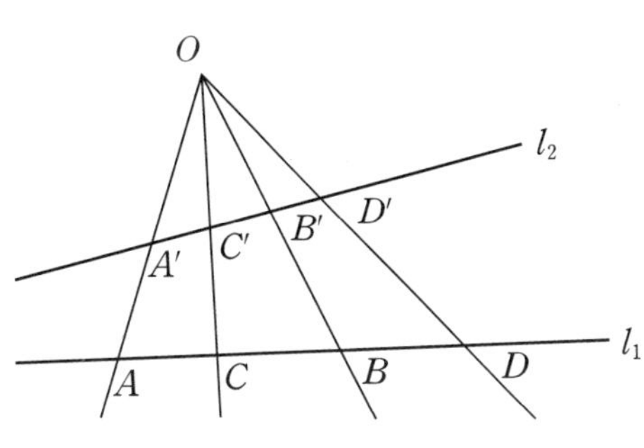

증명. 이것은 $\triangle AOC$, $\triangle BOC$, $\triangle AOD$, $\triangle BOD$의 면적과 이에 대응하는 각 삼각형의 밑변 $\overline{AC}$, $\overline{BC}$, $\overline{AD}$, $\overline{BD}$와의 관계에 의하여 등식

$$\left|\frac{\overline{AC}/\overline{CB}}{\overline{AD}/\overline{DB}}\right| = \left|\frac{\sin\angle AOC \sin\angle DOB}{\sin\angle COB \sin\angle AOD}\right|$$

이 성립하는데 이 값은 l_1과 l_2의 선택들과 관계없는 값이다. ■

테셀레이션

테셀레이션이란 평면 위에서 합동인 도형으로 매우는 것을 의미한다. 평면 위에서 정다각형으로 채울 수 있는 경우를 생각해보자.[118] 각 꼭짓점에서 q개의 정p각형이 인접하고 있다는 것으로부터

$$q\left(1-\frac{2}{p}\right)\pi = 2\pi$$

가 성립한다. 이것을 풀면 p와 q는 다음 표와 같이 주어진다.

p	6	4	3
q	3	4	6
실제 모양	정삼각형	정사각형	정육각형

격자도형의 넓이

정수 격자점 위에 주어진 도형의 넓이를 구할 수 있는 간단한 공식이 있다. 이것을 Pick의 정리라고 하는데 다음과 같다.

정리. (픽) 격자점 위에 꼭짓점이 주어져 있는 다각형의 넓이는

$$\frac{p}{2}+q-1$$

로 주어진다. 여기서 p는 주어진 다각형의 경계 위에 있는 점의 개수이고 q는 다각형의 내부에 있는 점의 개수이다.

증명. S를 다각형이라고 하고 $A(S)$의 넓이라고 하면 위의 공식에 의하여 공통변을 가

118) 이 문제는 천문학자 케플러에 의하여 최초로 연구되었다고 한다.

진 두 다각형에 대하여 A는 가법함수이다. 또 주어진 정리는 격자점 위를 지나지 않는 변을 가진 삼각형과 평행사변형에 대하여 각각 성립하고 변이 격자점 위에 있는 삼각형은 더 작은 삼각형으로 분해되고 또 다각형은 삼각형으로 분해된다는 성질을 이용하면 된다. ■

등주문제

일정한 길이를 가진 폐곡선이 가장 큰 넓이를 가지는 경우는 언제인가? 이 문제를 등주문제라고 한다. 이 문제를 분석해보자. 먼저 주어진 폐곡선의 길이를 L이라고 하자. 이 곡선이 이루는 도형이 최대의 넓이를 가지고 있다면 이 도형은 볼록집합이다. 그 이유는 만약 그것이 볼록집합이 아니라면, 예를 들어 다음 그림과 같다면 l을 같은 길이의 l'로 변형함으로써 더 큰 도형을 얻게 되기 때문이다.

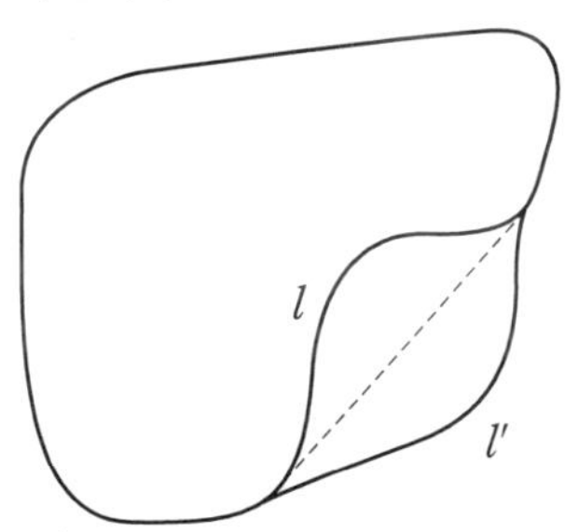

이 볼록도형 D를 만드는 폐곡선 L의 길이를 이등분하는 두 점 P와 Q를 생각해보자. 만약 선분 $\overline{PQ}$가 잘라서 생긴 두 도형 S_1과 S_2에서 S_1의 넓이가 S_2의 넓이보다 크면 도형 S_2를 변형하여 S_1과 합동인 도형 S_2'를 생각할 수 있다. 이렇게 되면 도형 $S_1 \cup S_2'$와 도형 $S_1 \cup S_2$는 같은 둘레를 가지고 있지만 $S_1 \cup S_2'$의 넓이는 $S_1 \cup S_2$보다 크게 된다. 그러므로 최대의 넓이를 가지는 도형은 선대칭도형이다.

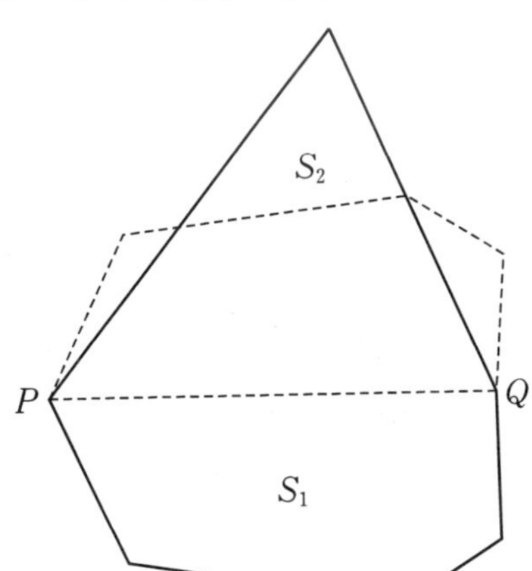

그러므로 주어진 문제는 선대칭도형을 대칭선을 따라 잘라서 L의 길이를 반으로 하는 곡선과 선분으로 둘러싸인 도형의 넓이를 최대로 하는 다음 그림과 같은 도형의 넓이를 최대로 하는 문제로 귀착된다.

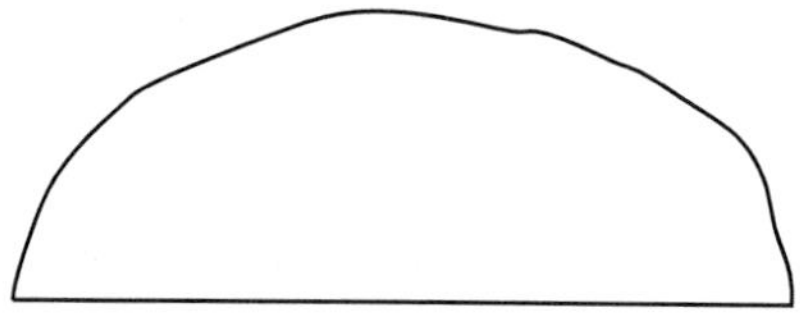

이 도형의 곡선 위에 한 점 P를 잡고 P를 회전중심으로 점 B를 회전시키면 활꼴 $\widehat{PB}$의 면적은 불변이지만 부채꼴 APB의 넓이는 $\angle APB$가 직각일 때 가장 크다. 그러므로 주어진 도형은 반원이다.

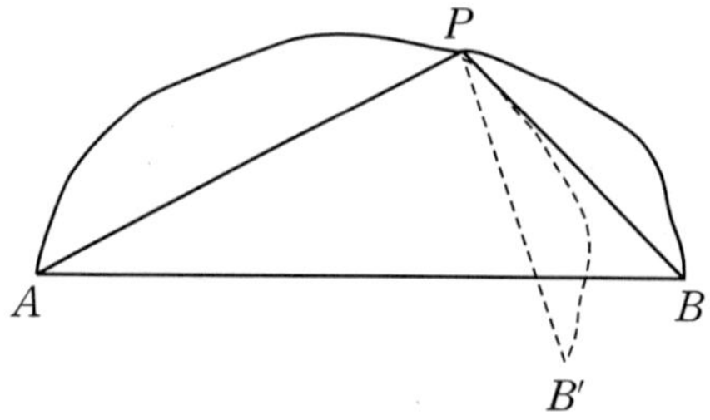

별다각형

일반적으로 원주를 n개로 분할하고 이 분할 구간을 p개 건너 뛰어 만든 폐곡선으로 만든 도형을 $\frac{n}{p}-$각형이라고 하고 $\left\{\frac{n}{p}\right\}$로 표기한다. 만약 여기서 $p=1$이면 $\left\{\frac{n}{1}\right\}$은 볼록 정 n각형이다.

예 1. 다음 그림은 피타고라스의 별인데 $\left\{\frac{5}{2}\right\}$이다.

예 2. 다음 그림은 $\left\{\frac{8}{3}\right\}$이다. 여기서 한 각의 크기는 얼마인가?

볼록도형

평면 위의 도형 S가 주어져 있다. S에 속하는 임의의 두 점 P와 Q를 잇는 선분 $\overline{PQ}$가 S의 부분집합이 될 때, S를 볼록도형이라고 한다. 다음 두 도형에서 왼쪽 도형은 볼록도형이고 오른쪽 도형은 그렇지 않다.

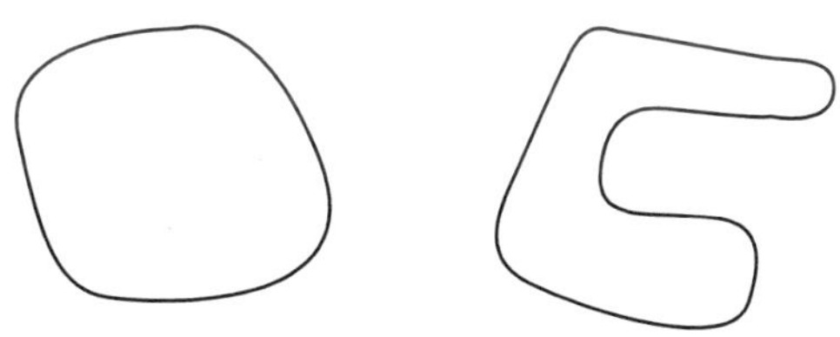

한편 어떤 도형 S이 주어져 있을 때, S를 포함하는 최소의 볼록도형을 S의 볼록포체라고 하고 $H(S)$라고 나타내자.

볼록도형은 어떤 함숫값의 최대, 최소를 결정하는데 중요한 역할을 한다. 예를 들면 평면위에서 집합 S가 주어져 있고 임의의 $x,\ y \in S$에 대하여 $f(x,\ y) = ax + by$의 최대와 최소를 구하는 문제에서 f의 최대와 최소는 $H(S)$의 경계에 있다.

등폭도형

평면 위의 어떤 도형이 주어져 있고 하나의 방향 v을 설정하자. 이때 v 방향으로 도형 D의 폭을 두 평행하는 두 접선 m과 n의 거리로 정의할 수 있다. 만약 모든 방향에서 D의 폭이 같을 때 그 도형을 등폭도형이라고 한다.

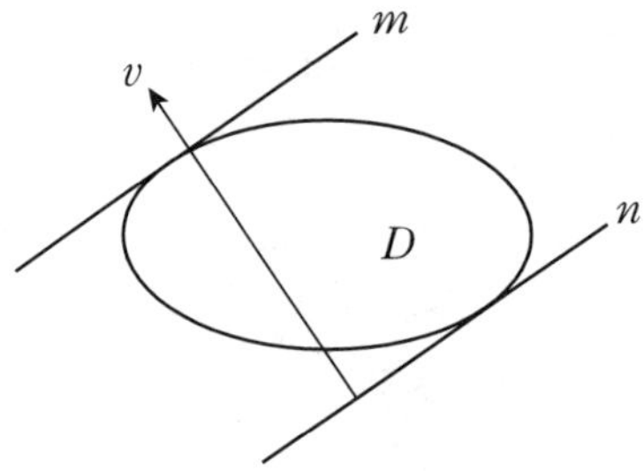

원은 전형적인 등폭도형이지만 그 외에도 여러 등폭도형이 있다.

예. 다음 그림과 같이 중심각이 60도인 부채꼴 3개로 구성된 도형은 등폭도형이다.

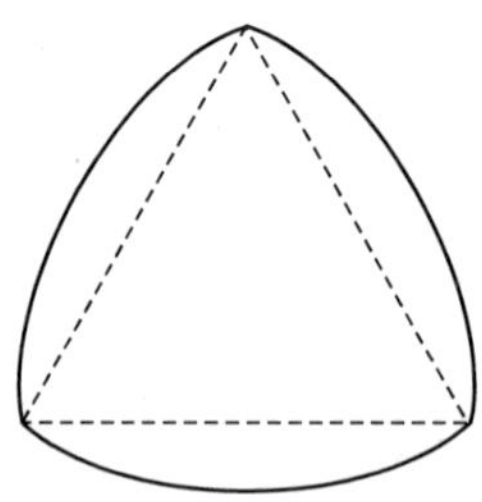

정다면체

면의 모양이 모두 같은 볼록 다면체를 정다면체라고 한다. 이런 다면체는 플라톤 학파에서 발견했다고 플라톤 다면체라고도 한다. 정다면체는 정4면체, 정6면체, 정8면체, 정12면체, 정20면체 등 5가지가 있는데 이것을 밝혀보자.

먼저 정다면체의 꼭짓점에서 정 p각형의 도형이 q개 인접하고 있다고 하면 오일러 공식에 의하여 등식

$$V-E+F=2$$

를 만족한다. 여기서 V, E, F 는 각각 주어진 정다면체의 꼭짓점, 변, 면의 개수를 의미한다. 여기서 각각의 변들의 개수를 조사하면 등식

$$pF=2E=qV$$

를 만족한다. 그러므로

$$\frac{V}{1/q}=\frac{E}{1/2}=\frac{f}{1/p}=\frac{V-E+F}{1/q-1/2+1/p}=\frac{4pq}{2p+2q-pq}$$

이므로

$$V = \frac{4p}{2p+2q-pq}, \qquad E = \frac{2pq}{2p+2q-pq}, \qquad F = \frac{4q}{2p+2q-pq}$$

를 만족한다. 그런데 여기서 $2p+2q-pq>0$이므로 이것을 변형하면

$$(p-2)(q-2)<4$$

가 된다. 따라서 $p-2$와 $q-2$가 가질 수 있는 필요조건은 각각 다음 표와 같다.

p	3	4	3	5	3
q	3	3	4	3	5
결과	정4면체	정6면체	정8면체	정12면체	정20면체

한편 이 필요조건은 다시 충분조건이 된다. 실제로 각 꼭짓점에서 q개의 정p각형이 인접하고 있다는 것으로부터 등식

$$q(1-\frac{2}{p})\pi < 2\pi$$

을 만족한다. 이것을 풀면 다시

$$(p-2)(q-2)<4$$

을 얻는다. 그러므로 위의 조건은 충분조건이다.

구면삼각형의 내각의 합

반지름이 1인 구면에 두 대원이 α의 각으로 교차한다고 할 때 그 대원에 의하여 생기는 두 개의 나뭇잎 모양의 도형이 있다.

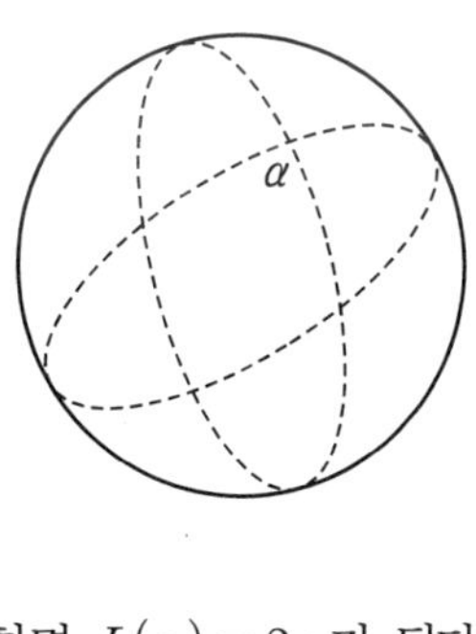

그 하나의 넓이를 $L(\alpha)$라고 하면 $L(\alpha)=2\alpha$가 된다. 여기서 3개의 대원에 의하여 생기는 삼각형 ABC의 3개의 내각을 각각 α, β, γ라고 하면

$$2(L(\alpha)+L(\beta)+L(\gamma))=4(\alpha+\beta+\gamma)$$

가 된다. 한편 $2(L(\alpha)+L(\beta)+L(\gamma))$는 구면 전체 넓이와 $\triangle ABC$의 넓이 S의 4배와의 합과 같기 때문에

$$2(L(\alpha)+L(\beta)+L(\gamma))=4S+4\pi$$

$\triangle ABC$의 면적 S

$$S=\alpha+\beta+\gamma-\pi$$

로 주어진다. 이 사실로부터 구면삼각형의 3각의 합은 평각보다 크다는 것도 알 수 있다.

14.1.3 현상학적 분석

발생적 기하학

기하학을 발생적 관점에서 보면 측정기하학과 논증기하학으로 구분할 수 있다.

측정기하학은 도형의 길이, 넓이, 부피 등을 측정하기 위한 방법으로 출발하여 계량기하학으로 발전하였다. 측정기하학은 사물의 측정을 중시하는 도구적 수학이므로 이에 따라 공식, 알고리듬을 중요시한다. 이 분야는 현대의 측도론으로 정립되었다.

한편 논증기하학은 추론과 사고의 단련을 위한 도구로서 나타났다. 이 기하학은 따라서 수학을 하기 위한 도구라기보다 논증을 단련하기 위한 도구이다. 그 결과 방법적 발전에는 그다지 관심을 두지 않았으며 논리적 위생 상태를 중시한다. 논증기하학은 보다 다양한 논증 도구가 나타남으로서 쇠퇴하였다.

구조적 기하학

유클리드의 기하학의 공리계를 보면 점, 직선, 평면 등에 수치를 부여하지 않고 있다. 이와 같은 방법을 종합 유클리드 기하학이라고 한다. 1899년에 힐베르트는 그의 저서 <Grundlagen der Geometrie>에서 유클리드의 논리적 결함을 개선하여 새로운 공리계를 제시하였는데 여기서 점, 직선, 평면에 대한 결합공리와 사이성, 합동 등으로 출발한다. 힐베르트의 공리계는 점, 직선, 평면, 위에 있다, 사이에 있다, 합동 등 6개의 무정의 용어로 조직되어 있다. 할슈테드(G. Halsted, 1853~1922)는 힐베르트의 공리계를 사용하여 초등기하학 교과서를 만들었지만 성공하지 못했다.

한편 점과 점의 관계에 수치를 부여함으로써 유클리드 기하학을 구성할 수도 있는데 이와 같은 방법을 계량 유클리드 기하학이라고 한다. 계량 유클리드 기하학은 따라서 실수의 성질이 중요한 역할을 한다. 본체적 분석에서 소개한 유클리드 기하학도 버코프(G. Birkoff,

1884~1944)에 의하여 제안된 계량 유클리드 기하학이다. 이 기하학은 점, 직선, 평면에 대한 공리와 거리에 대한 공리, 각도에 대한 공리로부터 출발한다.

14.2 심리적 분석

14.2.1 인지적 분석

표상 방법에 따른 인지 부하

기하학적 대상을 표상하는 방법은 일반적으로 꼭짓점을 표상하고 이것을 이용하여 변과 각을 표상한다. 예를 들면 $\triangle ABC$가 주어지면 $\overline{AB}$, $\angle ABC$ 등으로 나타낸다. 그러나 실제 칠판이나 매체를 이용하여 이것을 지시할 때, $\overline{AB}$인 경우 A와 B라는 두 개의 정보를 처리해야 하고, $\angle ABC$인 경우 A, B, C의 3개의 정보를 처리해야 한다. 선분이나 각은 간단한 도형임에도 불구하고 높은 인지 부하를 요구받게 된다. 이에 대한 대안으로 변과 각을 l이나 a 등과 같이 단일 문자로 지시하는 방법을 사용하게 되면 이와 같은 인지 부하 문제를 해소할 수 있다.

시지각과 통찰

학생들은 주어진 문제를 해결하기 위하여 그림을 그려본다. 이 그림은 문제에 합당한 정교한 그림에 초점을 맞춘다. 이와 같이 학생들은 기하학적 문제를 다룰 때 대개 시지각에 기초하고 있다. 사실 유클리드의 원론도 공리적 방법에 의하여 구성했다고 하지만 많은 정리들이 시지각에 기초하고 있었다. 시지각이란 볼 수 있는 범위 안에서 추론하기 때문에 도형의 거시적 성질이나 미시적 성질을 다루는 데 한계가 있다.

도형의 형태에 의존하는 추론은 도형의 전체성과 관련이 있기 때문에 통찰이 중요한 역할을 한다. 예를 들면 삼각형이나 평행사변형의 넓이 공식은 알고 있음에도 불구하고 다음과 같은 도형의 밑변과 높이를 이해하는 데 어려움이 있음을 나타낸다.

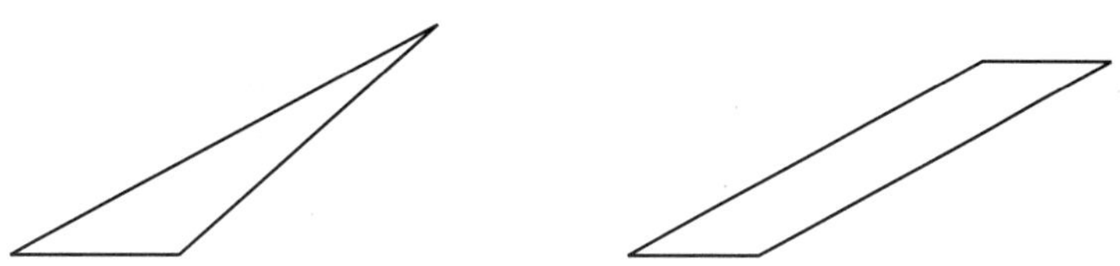

보조선

종합기하학에서 문제해결에 중요한 역할을 하는 도구는 보조선이다. 효과적인 보조선은 문제해결을 촉진하고 그렇지 않는 보조선은 문제해결에 도움을 주지 못한다. 인지심리학적 관점에서 본다면 보조선을 찾는다는 것은 주어진 사태에 대한 정신모델을 정교하게 하는 과정에 해당되고 문제해결의 관점에서 보면 시작점과 목표점을 연결하기 위한 인지적 징검다리를 만드는 것에 해당되며 기하 문제를 해결하기 위하여 해결자는 어떤 보조선을 설정한다. 적절한 보조선을 찾는 것은 통찰이 필요하고 그렇지 않는 경우는 경험과 시행착오에 의하여 이루어진다(Eves, 1980). 그런데 그 보조선이 문제를 즉각적으로 풀게 해주지 않을 때 그 보조선이 적절한 것이 아닐 것이라고 판단하여 대안을 찾는 전략을 택할 수 있고 그 보조선은 잘 선택된 것이지만 연결될 다음 전략이 올바르지 않다고 판단할 수 있다. 대안을 선택하는 전략과 현재의 상태를 좀 더 정교하게 수행하는 것 중에서 해결자는 어떤 것을 선택하게 될까? 이 선택은 매우 미묘하며 상황에 따라 다르다. 대개의 경우 대안을 선택하는 것 보다는 지금의 상황을 좀 더 정교하게 하면 해결책이 보일 것이라고 판단하게 된다. 여기서 적절하지 않는 보조선과 태세효과가 결합되면 해결을 방해하게 된다.

기하학적 대상의 정신모델

i) 선분은 항상 두 양끝이 존재하는 것으로 인식한다. 그 결과 점은 선분으로 인식하지 않을 수도 있다.

ii) 각의 수학적 정의에 의하면 두 반직선의 합으로 되어 있다. 그러나 대부분의 경우 각의 정신모델은 두 반직선 사이에 있는 도형이다. 이 점이 각에서 각도로 이행하는 데 도움을 준다. 즉 두 반직선을 변화시키는 것은 반직선의 변화가 아니라 반직선 사이에 있는 도형의 크기의 변화를 관찰한다.

iii) 곡선으로 둘러싸인 도형은 다각형의 극한으로 간주한다. 이 점은 실진법을 가능하게 한다.

증명, 기하학과 관련된 고정관념

중학교의 기하학을 다루게 되면 증명 개념을 언급하게 된다. 그러나 증명이란 자신에게 확인하는 방법이기도 하기 때문에 증명 과정이란 중학 단원의 기하학에서 최초로 나타나는 것이 아니다. 그럼에도 불구하고 증명을 중학 단원 기하 영역과 연결시키는 것은 하나의 고정관념이다.

수학을 한다는 것은 그것이 어떤 알고리듬에 의하여 자동적으로 수행하지 않는 이상 논리적 단계를 거치게 되므로 모두 증명법의 하나로 간주할 수 있다. 그러므로 증명을 기하학 단원에서 시작하고 강조해야 할 이유가 없다.

14.2.2 오개념 분석

선분에 대한 오개념

i) 길이가 다른 두 선분이 주어졌을 때 그 두 선분을 공통적으로 잴 수 있는 측정단위가 있다. 즉 모든 선분은 통약가능하다.

ii) 점은 선분이 아니라고 생각한다.

iii) 선분의 합집합도 선분이라고 생각한다.

각도에 대한 오개념

호도각에 대한 오개념은 수학의 오개념 중 가장 심각하게 만연되어 있는데 주로 실수와 관련되어 나타난다. 다음은 대표적인 경우이다.

i) 각의 크기를 잴 때 호도각을 사용하는 이유를 60분법에 의한 각이 실수가 아니기 때문이라고 생각한다. 이것은 대개 교사들이 가진 오개념이 학생에게 옮겨간 것이다. 실제로 많은 교사들이 60분법의 각을 실수로 만들기 위하여 호도각을 고안했다고 생각하고 있다.

ii) 호도각의 크기는 선분의 길이와 같기 때문에 측정 단위인 'rad'을 생략해도 좋다고 생각한다. 이것은 잘못된 설명이다. 호도각을 말할 때 'rad'를 생략하는 것은 전후 문맥에 문제가 없을 경우에 한한다.

삼각함수에서 호도각을 사용하는 이유는 미적분학에서 관련된 공식들이 편리하기 때문이다. 만약 호도각이 삼각함수의 미분공식을 어지럽게 했다면 더 편리한 다른 각도를 사용했을 것이다. 이것은 마치 10^x 또는 $\log_{10}x$가 실용상 편리하지만 미적분학에서 불편하기 때문에 대신에 e^x과 $\log_e x$를 사용하는 것과 같은 이유이다.

도형과 관련된 오개념

i) 임의의 사각형에 내접원과 외접원을 그을 수 있다. 이것은 삼각형의 경우가 무비판적으로 내면화된 결과이다.

ii) 도형의 내각의 합은 평행선 공리와 관계없다고 생각한다.

심상에 의한 장애

직각삼각형 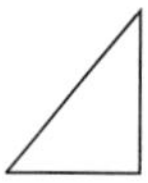 에 대한 삼각비를 잘 알고 있는 학생이라도 삼각형 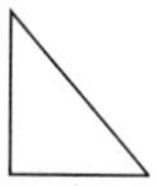 또는 삼각형 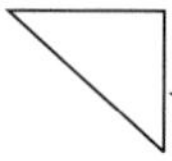 와 같은 경우에 대한 삼각비를 구하는 것은 어려워한다. 이것은 삼각비를 상징적 표상으로 정의하기 보다는 도구적으로 표상하기 때문이다. 예를 들면 다음 삼각형에서 $\sin x = \frac{c}{a}$ 이고 $\cos x = \frac{b}{a}$ 로 답한다.

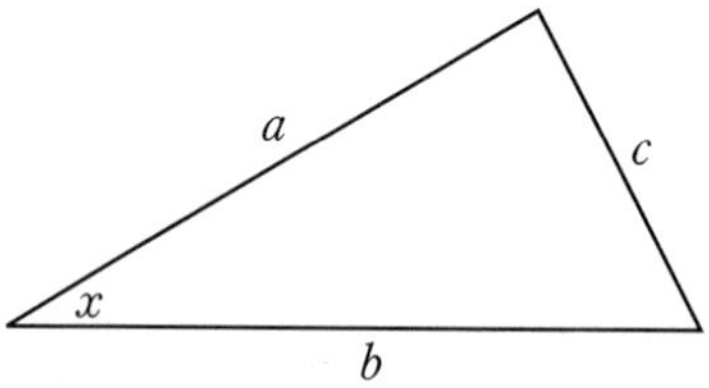

증명과 관련된 장애

"$\triangle ABC$에서 $\overline{AB} = \overline{AC}$이면 $\angle B = \angle C$임을 증명하시오."라는 명제를 증명하라고 했을 때 "$\triangle ABC$는 이등변삼각형이고 이등변삼각형의 두 밑각의 크기는 같으므로 $\angle B = \angle C$이다."라고 대답하는 경우를 관찰하게 된다. 이 경우는 학생들이 이미 이등변삼각형의 성질을 알고 있기 때문에 가정과 결론을 구별하지 못하고 있는 상황이 되었다.

학생들은 전제에 의하여 논리적으로 판단하기보다는 결론이 상황에 맞으면 옳은 것이라고 판단하는 경향이 있다. 그러므로 앞에서 제시한 예와 같이 가정, 이미 알려진 사실, 결론이 구별되지 않는 상황이 일어날 수 있다. 뿐만 아니라 교사들도 기하학의 공리가 무엇인가를 바르게 알고 있지 않을 경우 혼란을 일으킬 수 있다.

기하에서 기호의 인지적 문제

유클리드 기하학의 계량적 접근은 순수한 증명보다는 각도와 선분의 길이가 수로 대응되어 있기 때문에 실수의 대수적 조작이 증명에 깊이 개입되어 있다. 이 점은 기호 측면에서 볼 때도 인지적 부하를 높이지 않는다. 예를 들면 $\angle ABC$보다는 각도를 θ라고 사용하거나 변의 길이를 $\overline{AB}$로 사용하는 것보다는 a라고 사용하는 것은 인지적으로 이득이다. 이러한 장점은 연역 추론을 대수적 계산으로 전환하게 만드는데 후자가 편리하다.

인지적 원인에 의한 장애

다음과 같은 인지적 원인에 의한 오개념들이 있다.

i) 내심의 성질과 외심의 성질을 혼동한다. 이것은 내심과 외심의 심상을 가지지 않는 경우에 많이 발견된다.
ii) 수선과 수직이등분선을 혼동한다.
iii) 도형의 정의와 성질을 혼동한다.
iv) 다각형의 성질의 위계를 혼동한다.
v) 증명 과정에서 결론을 증명에 사용한다.
vi) 합동 기호와 닮음 기호의 혼동.
vii) 넓이까지 같아야 닮음이라고 생각한다.
viii) 두 동위각 (또는 엇각)은 항상 같다고 생각한다.
ix) 삼각형의 합동조건과 존재 조건을 혼동한다.
x) 사면체와 삼각뿔은 다른 것으로 생각한다.
xi) 내접 사각형이나 외접 사각형이 항상 존재한다고 생각한다.
xii) 원의 접선은 한 점에서 만나는 직선으로 배웠기 때문에 일반적인 곡선에 대한 접선도 한 점에서 만나는 것으로 생각한다.

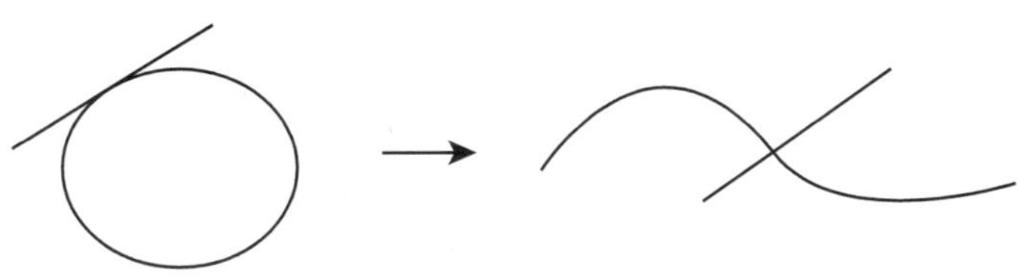

14.3 교육적 분석

14.3.1 교육과정 분석

기하 교육의 의의

학교수학에서 기하학 단원은 두 가지 측면에서 중요하다. 먼저 도형의 인지는 기호의 인지보다 우선한다는 점이다. 사람은 사물을 볼 때 형태적인 측면이 우선되고 이후에 관련 개념들이 조직된다. 그러므로 학습과정에서 도형 기반의 사고가 우선되어야 한다. 이 점은

van Hiele(1986)에 의하여 제안되었다. 또 기하학적 문제는 대개 대수적으로 변환하여 고찰할 수 있지만 어떤 경우는 이 방법이 오히려 복잡할 수도 있기 때문에 기하학적으로 처리하는 것이 바람직할 때도 있다. 따라서 이런 문제의 경우 기하학적 접근을 위한 방법론을 학습해야 한다.

한편 양화는 수학화의 중요한 요소이므로 측정기하학은 학교수학에서도 중요한 영역이다. 그러나 기하학은 다른 수학과 마찬가지로 무거운 학습주제이므로 기하학을 논증의 도구로 사용하는 방법은 비효과적일 수 있다. 따라서 증명은 다양한 원천을 통하여 학습하는 것이 바람직하다.

교육목표 분석

이론수학에 있어서 기하학은 도형이라는 전통적인 특성이 기호에 의하여 대치됨으로써 도형이 드러나지 않게 되었다. 일부 수학자는 기호적 표상의 엄밀성과 유연성을 내세워서 학교수학에서도 기하학을 도형 중심에서 기호 중심으로 연구해야 한다고 한다.[119] 그러나 대수학은 연산에 관한 학문이기 때문에 기하학을 대수적 방법으로 접근한다고 해서 대수학이라고 할 수는 없다. 더욱이 학교수학은 유비적 수학에서 분석적 수학이라는 두 패러다임이 존재하고 유비적 수학에서 분석적 수학으로의 전환에서 도형이 가진 장점을 생각한다면 기하 교육이 축소될 수는 없는 일이다. 실제로 표상의 3형식으로서 브루너의 EIS 이론을 생각할 때, 기호적 표상이 표준으로 되어 있는 대수는 수학적 지식이 구성되는 초기 형식인 활동적 표상을 제시하기 어려운 반면에 도형적 표상이 표준이 되는 기하학은 활동적인 측면과 상징적인 측면을 모두 연결할 수 있는 장점이 있다. 실제로 도형적 접근이 심리적으로도 타당하다는 것은 인지심리학에서 주장하는 여러 결과들과도 부합되고 역사적으로도 어울린다(Rosch, 1973, 1975).

계량기하학은 수학의 발달 과정에서 산술과 마찬가지로 자연스럽게 나타난 영역이다. 그 내용도 2천년 이상으로 초등 수준에서 고급 수준까지 다양한 학습 주제와 관련 자료를 얻을 수 있다. 계량기하학도 수의 존재성에 의하여 정립되지만 그렇다고 공리적으로 접근할 필요는 없으며 자연스러운 발생 과정을 따르는 게 바람직하다.

다음은 학교수학에서의 계량기하학이 가진 장점이다.

i) 실제 상황에 유용한 지식들이다.

ii) 다양한 인지 활동을 구체화 할 수 있다. 특히 브루너의 EIS 표상 중에 I 영역을 활성화 할 수 있다.

---

119) 이런 주장을 한 수학자는 디유돈네(J. Dieudonné, 1906~1992))인데 그는 평면 또는 입체기하학을 선형대수로 접근할 것을 주장했다.

iii) 관련 지식들은 역사적으로나 심리적으로 학습에 부합된다.
iv) 다양한 추론 방법을 사용할 수 있다. 특히 통찰을 가능하게 하는 요소들이 존재한다.
v) 순수 논증만 사용하는 것보다 대수적 연산을 사용하기 때문에 방법이 유연하다.

한편 증명을 기하 단원에서 도입하거나 증명을 기하 단원에서 집중화하는 것은 교수학적으로 잘못되었으며 발달의 단계에 의거하여 여러 단원에 분산시킴으로써 각 영역의 특성을 반영하는 증명 기법을 학습할 수 있다.

기하학적 학습수준 단계

van Hiele(1986)는 기하학 학습에 비연속적 수준이 있음을 제안하여 다음과 같은 단계로 구분하였다.

i) 1수준. 대상을 시각적 방법에 의하여 인지하고 범주화 할 수 있다. 여기서 인지 방법은 시각 공간적이며 비분석적 특징이 있다.
ii) 2수준. 사물의 성질과 속성을 기술하는 수준이다.
iii) 3수준. 사물에 대한 명제를 도출하는 수준이다.
iv) 4수준. 명제를 정당화 하는 수준이다.
v) 5수준. 이론적 체계를 갖추는 수준이다.

각 단계는 다음과 같이 요약될 수 있다.

i) 시각적 인식 단계
ii) 기술적 분석 단계
iii) 관계적 인식 단계
iv) 정당화 단계
v) 체계화 단계

실제로 학교수학은 ii), iii), iv) 수준에 초점을 맞추고 있다.

학습 내용 개요

1. 종합적 방법에 의한 유클리드 기하학의 교수설계는 쉽지 않다. 실제로 학교수학의 수준의 기하학을 순수 종합적 방법으로 설계한 적이 있으나 그 결과는 실패였다. 이에 대한

대안으로서 계량적 방법에 의한 접근인데 이 내용은 본체적 분석에서 제시한 것과 본질적으로 동일하다. 현재 중학교의 기하학 단원은 대체적으로 종합적 방법과 계량적 방법이 혼재해 있는 상태이나 주로 삼각형의 합동과 관련된 몇몇의 정리를 제외한다면 계량적 방법이 주류를 이루고 있다. 전체적인 학습 내용은 다음과 같다.

<table>
<tr><th>주제</th><th>내용</th><th>주안점</th></tr>
<tr><td>공리</td><td>평행선공리</td><td>직관적으로 접근한다.</td></tr>
<tr><td>삼각형</td><td>합동 개념
닮음 개념
피타고라스 정리
삼각형의 성질</td><td rowspan="3">공리적으로 접근하지 않는다.
실수와의 관계를 중요시한다.
시각 의존적 사고를 사용한다.</td></tr>
<tr><td>사각형</td><td>사각형의 넓이</td></tr>
<tr><td>원</td><td>호도각
삼각비와 관련된 성질
원과 접선</td></tr>
</table>

이 단원에서 반드시 알고 있어야 할 명제는 다음과 같다.

i) 피타고라스 정리.
ii) 할선 정리.
iii) sine 정리. cosine 정리.
iv) 삼각함수의 가법정리.

2. 도형의 측정에 대한 전반적인 내용 분석. 도형이 길이, 넓이, 부피의 측정을 적분 단원을 기하학적 관점에서 본다면 다음과 같은 수준의 상승이 나타난다.

수준 / 내용	시각적 인식	기술적 분석	관계적 인식	형식화	체계화
개요	도형을 구별하는 개념을 다룬다.	측도의 기본 개념을 기술한다.	두 양 간의 관계를 다룬다.	기호로 표상하는 방법을 배운다.	해당 없음
내용	점, 선, 면, 입체 도형을 다룬다.	주어진 도형에 길이, 각, 넓이, 부피를 측정한다.	개념 상호 간의 관계를 관찰하고 그 결과를 확립한다.	길이, 넓이, 부피, 각과 같은 관련된 공식을 확립한다.	해당 없음

지식의 연결성

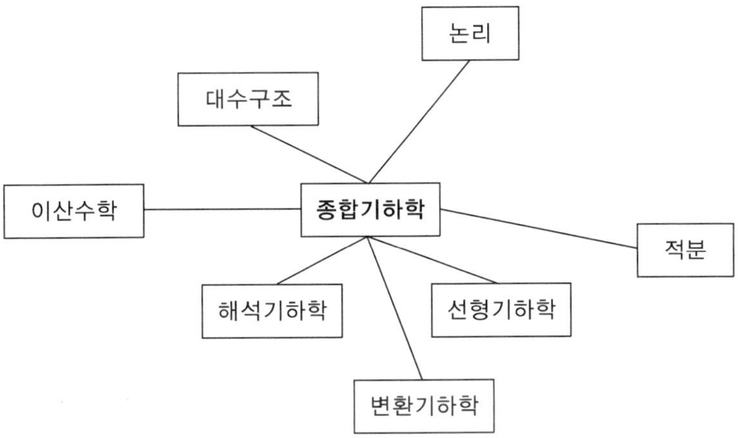

14.3.2 학습 주제 및 내용 분석

기하학 학습의 주제

점, 선분, 각 등과 같은 개념은 기하학을 구성하는 기본 개념이다. 한편, 좌표, 길이, 넓이, 부피, 각도, 거리 등과 같은 개념은 이런 기본 요소 또는 기본 요소들 간의 관계를 기술하기 위한 파생 개념이다. 본체적 분석에서 이런 기본 개념과 파생 개념들은 공리 또는 명확한 정의에 의하여 제시되어 있다. 그러나 교수학습 상황에서 이런 개념들은 공리에 의하여 도입하는 것이 아니라 시지각에 기초하여 조직한다.

한편 학교수학에서 기하학은 정성적 측면과 정량적 측면의 두 축으로 구분할 수 있는데 정성적 기하학은 공리와 논증에 의하여 지식을 조직하고 이에 대하여 정량적 기하학은 수와 측정을 통하여 지식을 조직한다.

공리적 접근의 교육적 의의

원론의 조직은 기하학의 체계를 세운 독창적 방법이지만 내용에서 암묵적 지식을 사용하고 있다는 점이 나타난다. 이것은 원론의 많은 진술이 시지각에 의존하고 있다는 점을 의미한다. 이 점으로부터 유비적 수학과 분석적 수학의 차이점이 드러나는데 다음과 같은 점이 학교수학에 함의하는 것이 되겠다.

i) 공리적 방법은 논리성을 지향하기 때문에 일단 난해하고 따라서 이해하기 어렵다.

ii) 학교수학에서 기하학은 시각적 측면을 고려해야 한다.

iii) 기하학적 지식을 증명하는 데 있어서 도형에 의존하는 것은 자연스러운 과정이다. 더욱이 문제 제기를 통한 문제 발견 단계에는 다양한 그림에 의존할 수밖에 없다. 그러므로 GSP와 같은 보조 도구의 비판적 사용이 필요하다. 여기서 비판적이라는 말의 의미는 반드시 얻게 될 지식은 논증적인 절차를 거쳐서 완성되어야 한다는 점이다.

삼각형의 구성조건과 결정조건

삼각형은 3개의 각과 3개의 변을 가지고 있는데 이것이 삼각형을 구성하는 기본적이 요소이므로 이것을 삼각형의 6요소라고 한다. 그런데 이 6개의 요소를 적절히 선택하면 삼각형을 만들 수 있다. 이때 삼각형을 구성할 수 있는 최소한의 요소를 삼각형의 구성 요소라고 한다.

여기서 주의할 점은 구성 조건은 사용할 요소만 추출한다고 해서 삼각형이 자동적으로 만들어지는 것은 아니며 그것을 어떻게 조립하는가는 여전히 남아 있는 문제이다. 즉 구성 조건은 삼각형을 구성할 수 있기 위한 요소가 무엇인가만 보여줄 뿐 그것을 이용하여 어떻게 만들 수 있는가에 대해서는 답하지 않는다. 이런 점에서 구성 조건은 삼각형이 되기 위한 필요조건이다. 다음은 삼각형이 구성 조건이다.

i) 세 변. 이 경우에 임의의 두 변의 길이의 합은 나머지 변이 길이의 합보다 커야 된다. 이 조건을 삼각부등식이라고 한다. 변에 대한 삼각부등식을 만족하면 삼각형이 구성된다. 그러나 다음 그림과 같은 세 변 $\overline{AB}$, $\overline{BC}$, $\overline{CD}$는 삼각형을 구성할 수 없다.

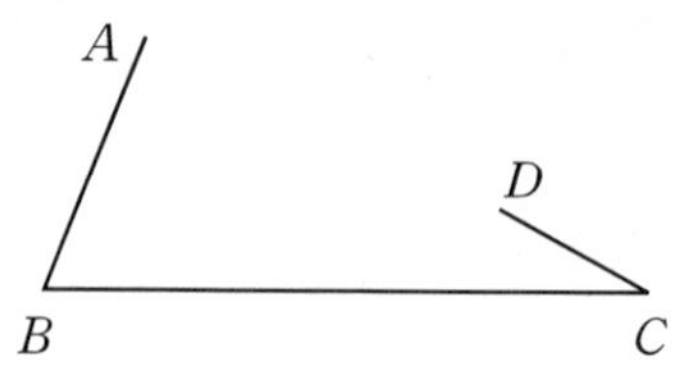

ii) 두 변과 하나의 각. 두 변과 하나의 끼인 각이 주어지면 삼각형이 주어진다. 그러나 다음 그림과 같이 $\overline{AB}$, $\overline{BC}$, $\angle BCD$가 주어질 경우 삼각형은 구성되지 않는다.

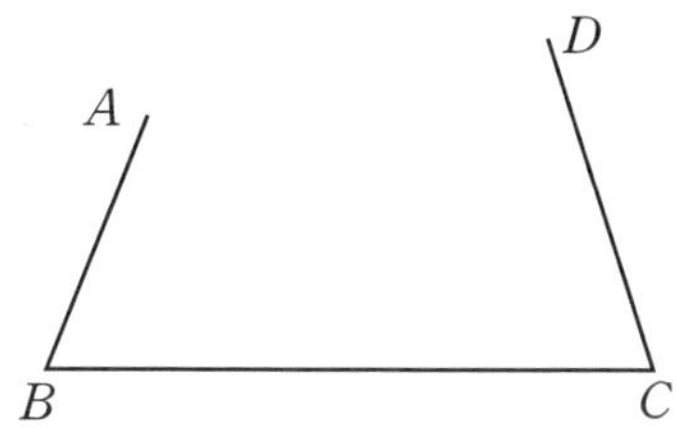

iii) 두 각. $\angle ABC$와 $\angle ACB$이 주어지고 이 두 각의 합이 180도 보다 작다면 $\triangle ABC$가 구성된다. 그러나 두 각의 합이 180도 보다 크면 다음 그림처럼 삼각형이 구성되지 않는다. (다음 그림에서 $\angle ABC + \angle BCD$는 180도보다 크다.)

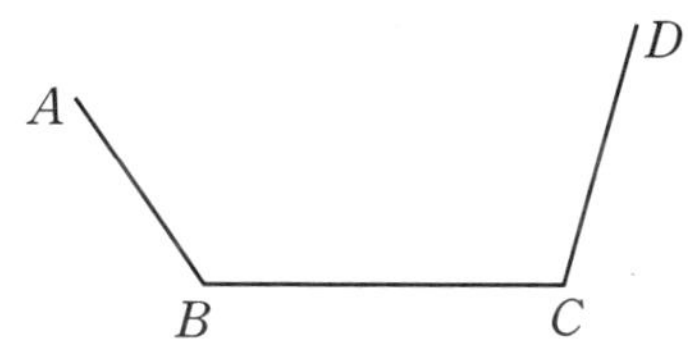

예 1. 변의 길이가 각각 3, 4, 4인 삼각형은 존재한다. 위에서 그러나 변의 길이가 각각 1, 2, 3인 삼각형은 존재하지 않는다.

예 2. 각의 크기가 30도, 60도, 90도인 삼각형은 존재한다. 그러나 30도, 60도, 120도인 삼각형은 존재하지 않는다.

예 3. 한 변의 길이가 1이고 두 각이 각각 30도와 70도인 삼각형은 존재한다. 그러나 한 변의 길이가 1이고 두 각이 각각 90도인 삼각형은 존재하지 않는다.

그런데 삼각형의 구성 조건을 보면 유일한 삼각형이 구성될 수도 있고 그렇지 않을 경우도 있다. 만약 구성 조건이 유일한 삼각형을 구성할 경우 그 조건을 삼각형의 결정조건이라고 한다. 다음은 삼각형의 결정조건이다.

i) 세 변의 경우. 삼각부등식을 만족하는 세 변은 삼각형을 유일하게 구성한다.

ii) 두 변과 한 각의 경우. $\overline{AB}$, $\overline{BC}$, 0도 보다 큰 끼인각 $\angle ABC$가 주어지면 $\triangle ABC$가 유일하게 주어진다.

iii) 한 변과 두 각의 경우. 한 변과 합이 180도 보다 작은 두 각이 주어지면 유일한 삼각형이 구성된다.

삼각형의 합동조건

i) 세 변. 삼각형의 세 변. 이것을 SSS 조건이라고 한다. 합동조건은 이미 삼각형이 되어 있는 경우의 상황에서 생각하는 것이기 때문에 삼각형의 변의 길이를 고려할 필요가 없다.

ii) 두 변과 끼인각. 이것을 SAS 조건이라고 한다. 그러나 끼인각이 아닌 경우는 그렇지 않다. 다음 그림을 보자. $\triangle ACB$와 $\triangle ADB$는 ASS 조건을 만족하지만 합동이 아니다. 단 $\angle A$가 직각이라면 합동조건이 된다. 이것을 RHS 합동이라고 한다.

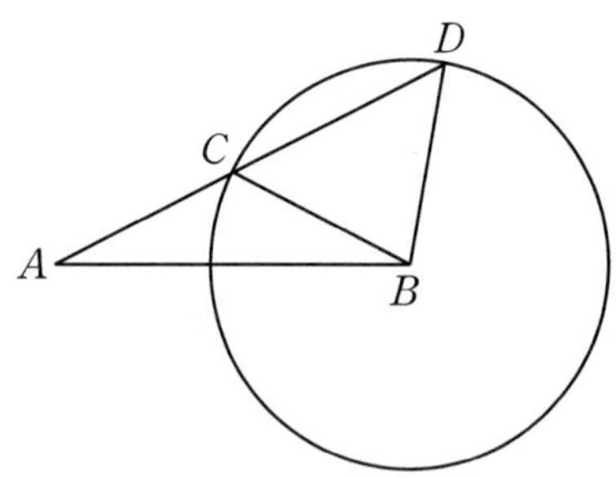

iii) 두 각과 부가적인 조건의 추가. 두 각이 정보를 알고 있을 경우에는 삼각형이 존재조건으로부터 여러 형태의 삼각형이 존재하기 때문에 이 조건으로서는 합동조건이 될 수 없고 부가적인 정보가 더 필요하다. 부가적인 정보로서 변과 각을 생각할 수 있다. 먼저 하나의 각을 추가했을 때, 즉 세 각이 주어질 경우에는 다음 그림과 같이 다양한 삼각형을 얻게 되므로 여전히 합동조건이 될 수 없다.

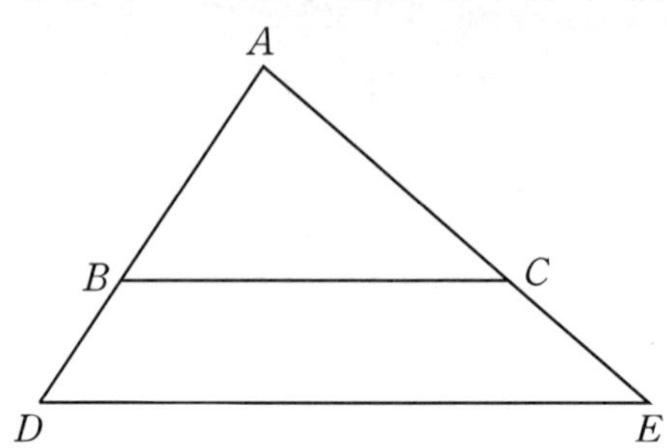

한편 부가적인 정보로서 한 변이 추가될 때, 즉 두 각과 한 변이 주어진 경우는 단 하나의 삼각형을 구성하게 된다. 이 경우를 ASA 합동이라고 한다. 한편 두 개의 각이 양 끝 각이 아닐 경우는 다음 그림과 같이 변 $\overline{AB}$, 각 B, 각 C를 알고 있을 경우이다. 이 경우는 삼각형의 세 각의 합이 180도이므로 각 B와 각 C의 정보로부터 각 A의 정보를 얻게 된다. 이경우를 SAA 합동라고 한다.

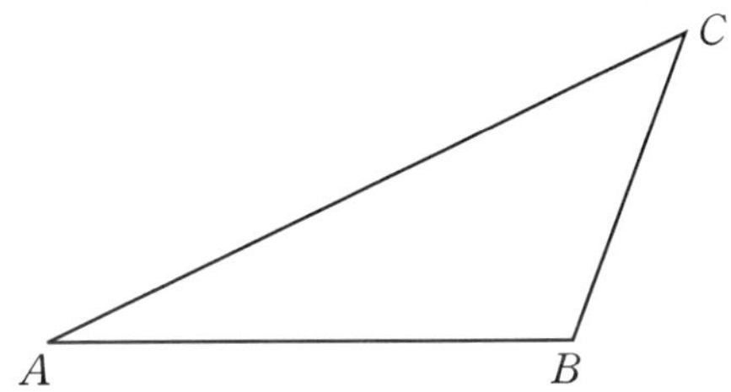

이 결과들을 요약하면 합동에 관한 조건으로서 다음 표를 얻는다.

	일반적인 삼각형	직각삼각형
합동조건이 되는 것	SSS, SAS, ASA, SAA	SSS, SAS, ASA, SAA, RHS
합동조건이 아닌 것	AAA, SSA	AAA

삼각형의 3내각의 합

초등 과정에서 삼각형의 3내각의 합은 평각이 된다는 것을 소개하고 있다. 이 사실을 검증하는 유비적 방법은 세 각을 각도기로 직접 측정하는 것이다. 그런데 삼각형을 각 모서리를 잘라 합체하는 방식으로 가르치는 것을 보게 되는데 이런 방식은 자연스럽지 않다. 그 이유는 만약 실제로 삼각형의 3내각의 합이 269도일 경우, 이런 합체는 269도와 관련된 어떤 결론도 얻을 수 없기 때문이다. 결국 3내각을 잘라서 합체하는 것은 그것이 평각이라는 것을 이미 알고 있는 교사가 학생들이 그런 답으로 따라 오기를 기대하는 '안내된 발견'의 의도가 담겨 있기 때문에 구성적 지도라고 보기 어렵다.

삼각형의 세 각의 합이 평각이라는 명제는 평행선공리의 결과이다. 그러나 평행선공리를 공리의 관점에서 가르친다는 것은 시각적이 아니라 논리적 접근이다. 한편 이 논리적 접근은 고도의 수학적 의미를 요구하는 것이기 때문에 유비적 접근이 바람직할 수도 있다.

pons asinorm의 증명

"$\triangle ABC$에서 $\overline{AB}=\overline{AC}$라면 $\angle B=\angle C$은 같다"라는 증명은 다음 3가지로 생각할 수 있다.

i) $\triangle ABC$에서 $\angle A$를 이등분한 직선과 $\overline{BC}$의 교점 D을 생각하고 SAS 합동으로서 $\triangle ABD \equiv \triangle ACD$을 보이고 이것으로부터 $\angle B=\angle C$를 유도하는 방법. 이것은 각을 이등분하는 방법이다.

ii) $\overline{BC}$의 이등분점을 D라고 하고 SSS 합동을 이용하여 $\triangle ABD \equiv \triangle ACD$을 보이고 이것으로부터 $\angle B = \angle C$를 유도하는 방법. 이것은 변을 이등분하는 방법이다.

iii) 대칭성을 이용하여 $\triangle ABC = \triangle ACB$을 보이는 방법.

방법 i)은 각의 이등분선이 $\overline{BC}$와 만나지 않을 수도 있다는 것을 학생들이 실제로 발견할 수도 있다는 점에서 논란의 소지가 있으나 오히려 이런 발견으로부터 추축과 논박의 기회를 가질 수 있다. 교사가 이런 상황으로 안내할 수 있다.

한편 방법 iii)는 너무 완벽하기 때문에 오히려 직관적이지 않게 보일 수도 있다.

내심과 외심의 용어 선택

내심의 정의는 먼저 가) '주어진 삼각형의 내접원의 중심'으로 정의할 수 있으며 또 나) '삼각형의 각의 이등분선의 교점'으로 정의할 수 있다.

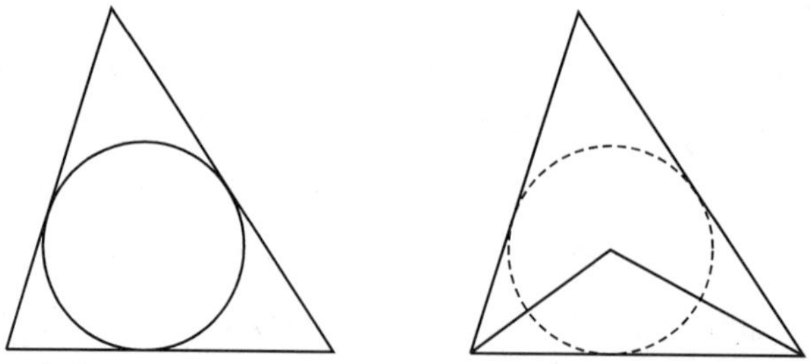

내심의 정의를 좌측 삼각형은 내접원의 중심으로 정의하고 우측 삼각형은 각의 이등분선의 교점으로 정의하였다.

내심에 대한 이와 같은 두 정의는 다음과 같은 공통점과 차이점을 가진다.

i) 두 정의에 대응하는 내심의 존재성은 미리 알려지지 않았다. 그러므로 두 정의가 지시하는 내심은 잠정적으로 존재한다.

ii) 정의 가)는 내접원의 중심이라는 정의가 가진 의미가 그림에 실제로 부합된다는 점에서 직관적 정의라고 할 수 있는 반면에 정의 나)는 그렇지 않다.

iii) 정의 가)에서 주어진 삼각형에 대하여 내접하는 원을 찾는 과정은 정의 나)에서 주어진 바와 같이 각의 이등분선의 교점을 찾는 과정보다 어렵다.

외접원의 중심을 외심이라고 한다. 그러나 삼각형의 외접원은 실제로 그 삼각형에 접하지 않는다. 이런 이유로 외접원은 번역의 문제가 있는 용어이다. 실제로 이 용어에 의하여 접선 개념이 더 이상 성장하지 않을 수도 있기 때문에 이 용어에 대하여 언급을 하는 편이 바람직하다.

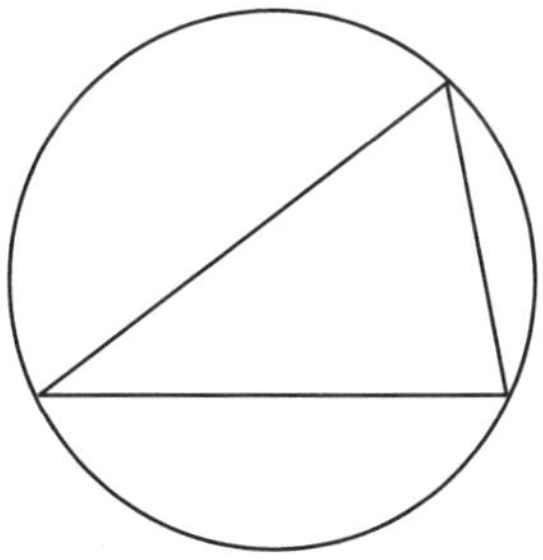

사각형의 기하학

사각형의 도입 순서는 다음과 같다.

i) 사각형의 정의
ii) 삼각형의 위계 분류
iii) 사각형의 변의 계량적 성질
iv) 원과 사각형

한편 사각형의 합동은 사각형을 삼각형으로 분해되기 때문에 사각형의 합동은 특별히 다룰 필요가 없게 된다.

14.4 교수학습 지도

14.4.1 학습 내용 지도

작도의 지도

먼저 작도를 어떻게 가르치고 있는가를 각의 이등분선의 작도를 통하여 알아보자.

예 1. 주어진 $\angle AOB$를 이등분하기 위하여 다음 순서로 진행한다.

i) 컴퍼스로 중심을 O로 하는 원을 그린다.

ii) 원 O와 $\overrightarrow{OA}$와의 교점을 P, 원 O와 $\overrightarrow{OB}$와의 교점을 Q라고 한다.

iii) P를 중심으로 하는 원과 Q를 중심으로 하는 원을 그리는데 두 원의 반지름은 같도록 한다.

iv) 원 P와 원 Q의 교점을 R이라고 한다.

v) O와 R를 직선으로 연결한다.

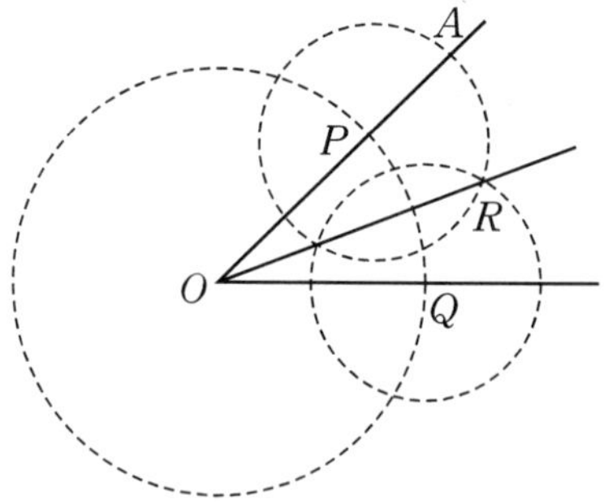

예 1에서 제시한 과정은 각을 이등분하기 위한 효과적인 절차로 보인다. 그러나 학생들은 이 절차가 왜 이렇게 진행되어야 하는지 알 수 없다. 그 결과 학생들은 이 절차를 이해하려면 외울 수밖에 없다. 이것은 마치 증명을 외워야 하는 것과 다름없는 도구적 지도법이다. 이에 대하여 분석은 작도의 학습을 효과적으로 구축한다.

분석은 작도 문제에 적절한 도구이다. 여기서 분석을 이용하여 작도를 해보자. 분석의 일반적인 절차에서 보듯이 분석의 시작은 주어진 문제가 작도되었다고 가정하는 데서 시작한다. 다음 예 2는 각의 이등분에 대한 분석 과정이다.

예 2. 가정: 먼저 $\angle AOB$를 이등분하는 반직선 $\overrightarrow{OM}$을 작도했다고 하자. 이후 다음과 같은 절차를 생각할 수 있다.

i) M을 중심으로 하는 원을 작도한다.

ii) 원 M과 $\overrightarrow{OA}$의 교점을 P라고 하고 원 M과 $\overrightarrow{OB}$의 교점을 Q라고 한다.

iii) $\overline{OB}$ 또는 $\overline{OQ}$를 반지름으로 하고 중심을 O로 하는 원을 작도한다.

iv) 이 과정을 역을 진행한다.

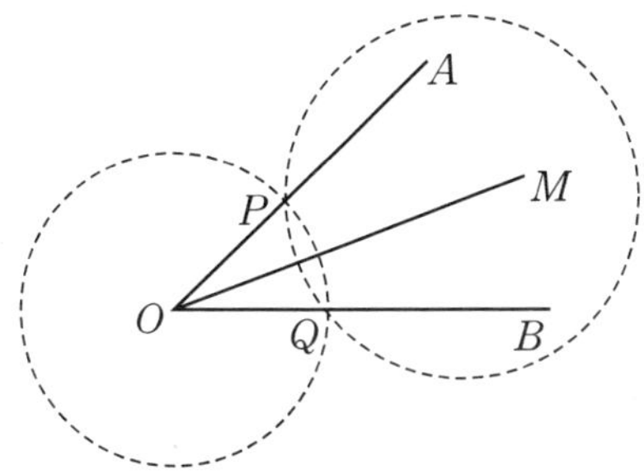

예 3. 주어진 직선의 한 점을 지나고 그 직선에 수직인 직선을 작도해보자. 이때 작도는 다음과 같이 절차화 된다.

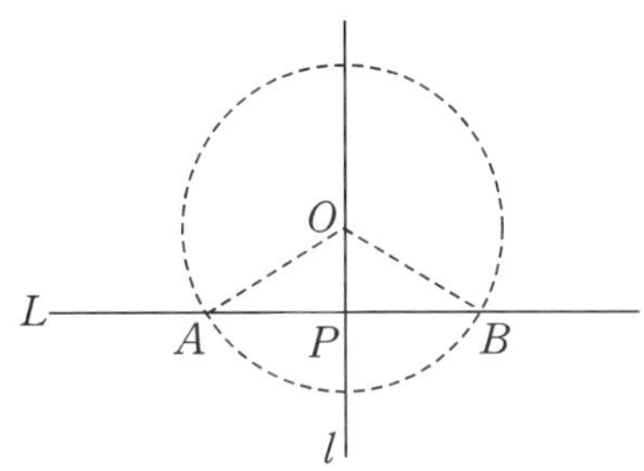

i) 직선 L 위의 점 P를 지나는 수선 l을 그었다고 해보자. 여기서 실제로 그어 본다.

ii) 직선 l위의 임의의 점 O에서 원을 그어 L과 만나는 점을 각각 A, B라고 하면 $\triangle OAB$는 이등변삼각형이다.

iii) 이와 같은 관찰을 통하여 먼저 컴퍼스를 이용하여 P를 중심으로 하는 원을 작도한다. 이때 이 원이 L과 만나는 점을 A, B라고 하면 $\overline{PA}=\overline{PB}$를 만족한다. 여기서 다시 A와 B가 중심이고 반지름이 같은 원을 그어 만나는 점을 O라고 하면 $\overline{AO}=\overline{BO}$ 가 된다. 마지막으로 $\overline{OP}$를 자로 연결하면 구하는 수선을 얻을 수 있다.

삼각형의 결정조건의 지도

삼각형의 6요소 중에서 최소한의 요소를 사용하여 삼각형을 작도할 수 있을 때 그 요소를 삼각형의 결정조건이라고 한다. 이것은 삼각형의 결정조건을 사용하여 삼각형을 작도하는 것에 해당한다. 학습자들은 6요소 중에서 몇 가지를 골라 실제로 삼각형을 작도해보고 결과를 도출할 수 있게 한다.

예 1. 다음과 같은 3개의 선분이 있다. 이것을 이용하여 삼각형을 만들 수 있을까? 만들 수 있는 것과 없는 것의 차이점을 토의해보자.

예 2. 다음과 같이 한 개의 선분과 두 개의 각이 있다. 이것을 이용하여 삼각형을 만들 수 있을까?

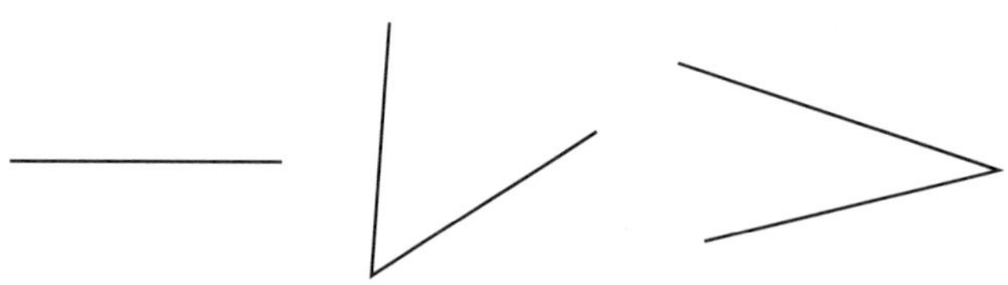

예 3. 다음과 같이 두 개의 변과 한 개의 각이 있다. 이것을 이용하여 삼각형을 만들 수 있을까?

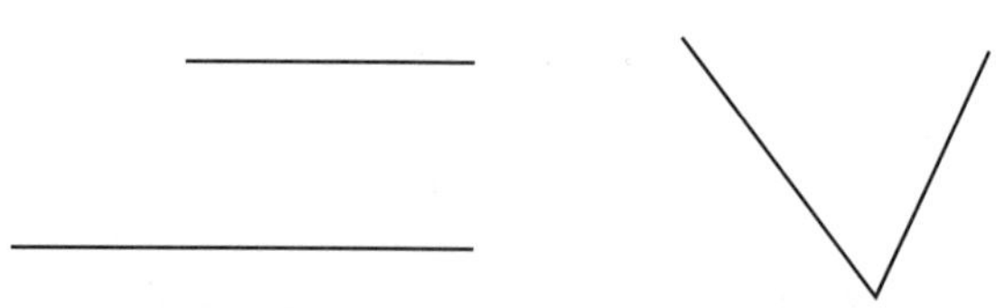

이런 예를 통하여 관찰해야 할 점은 다음과 같다.

i) 작도하는 기본적 절차를 알고 있는가를 확인한다.
ii) 위의 과제는 협동 학습과 같은 방식으로 진행하여 서로 수행한 결과를 비교하고 토의하는 것이 바람직하다.
iii) 결정조건은 삼각형이 되기 위한 필요조건이라는 것을 확인한다.

계량기하학의 일반적인 접근

계량기하학은 변보다 변의 길이, 각보다 각의 크기를 중심으로 대수방정식을 세우고 계산을 통한 결론을 도출하는 것을 강조한다. 중심각의 크기와 원주각의 크기에 대한 논증을 다음과 같이 대수적으로 처리한다. 주어진 원주각의 크기를 α라고 하고 대응하는 중심각의 크기를 x라고 하면 다음 그림으로부터 $2(\alpha+\beta)=x+2\beta$가 성립한다. 그러므로 $x=2\alpha$이다.

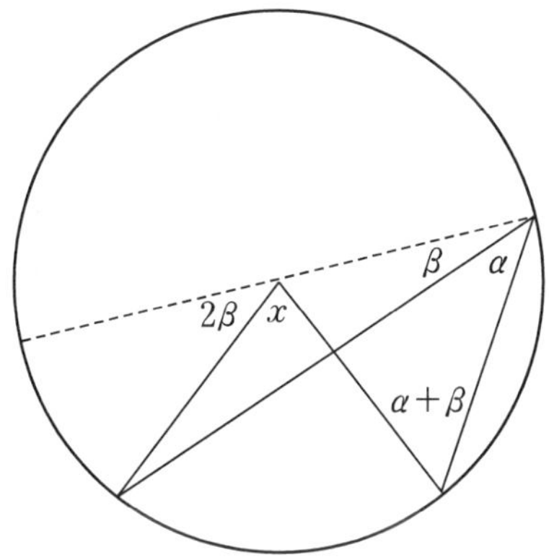

증명의 오류, 추측과 논박

본체적 분석에 의하면 유클리드 공준은 그 자체가 불완전하기 때문에 많은 문제점을 야기한다. 이 사실은 교수학적 관점에서 볼 때 중요한 교수 자료가 된다. 즉 결함이 있는 정리는 라카토스의 제안처럼 추측과 논박에 의한 논증의 개선을 도모할 수 있기 때문이다. 사실 추측과 논박을 통한 수학 학습은 문제해결뿐만 아니라 논리적 사고를 함양하는 데 있어서 효과적이다. 이와 같은 근거에 의한 논증은 수학뿐만 아니라 모든 합리적 학문에 필요한 것이며 더욱이 토론과 같은 비판적 사고 훈련에 중요한 역할을 한다. 그러나 평면기하학이 중학교 단원에 속해 있기 때문에 중학생을 대상으로 이 주제를 탐구하는 것은 논리 수준에 한계가 있을 수 있기 때문에 고등학교 과정에서 다루는 것이 좋다. 다음 사례들은 이런 관점에서 볼 때 다룰 가치가 있는 것들이다.

1. 다음 명제

“모든 삼각형은 이등변삼각형이다.”

는 틀렸음을 알고 있다. 그러나 증명을 삼각형의 그림에 의존함으로써 이 명제가 참임을 보일 수 있다. 증명의 과정은 다음과 같다. 각각의 단계를 검토하고 오류를 비판해보자.

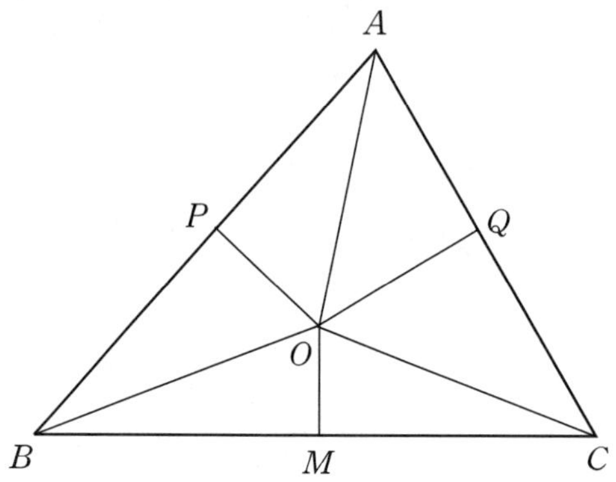

i) $\triangle ABC$에서 $\angle A$의 이등분선과 $\overline{BC}$의 수직이등분과의 교점을 O라고 하자.

ii) 점 O에서 $\overline{BC}$와 $\overline{AC}$에 내린 수선의 발을 각각 P, Q라고 하면 $\triangle AOP \equiv \triangle AOQ$이다.

iii) 그러므로 $\overline{OP} = \overline{OQ}$이다.

iv) 한편 $\triangle BOM \equiv \triangle COM$이므로 $\overline{BO} = \overline{CO}$이다.

v) 그러므로 $\triangle BOM \equiv \triangle COM$이고 따라서 $\overline{PB} = \overline{QC}$이다.

vi) 그러므로 $\overline{AB} = \overline{AP} + \overline{PB} = \overline{AQ} + \overline{QC} = \overline{AC}$가 성립함으로 $\triangle ABC$는 이등변삼각형이다.

2. 다음 그림에서 $\angle ABC$를 직각이라고 하고 $\angle BCD$가 둔각이 되도록 점 D를 선택하자. 이때 $\angle ABC = \angle BCD$임을 보여 "모든 직각은 둔각이다."라는 것을 다음과 같이 증명하였다. 각각의 단계를 검토하고 오류를 비판해보자.

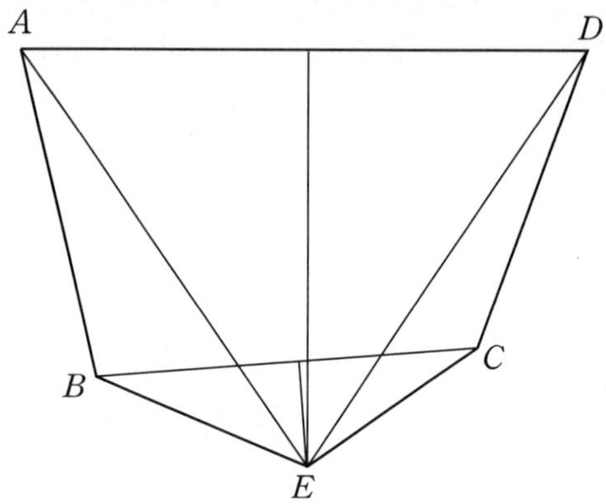

i) $\overline{AB} = \overline{CD}$이고 $\angle BCD$가 둔각이 되도록 D를 선택한다.

ii) 점 A와 D를 연결하여 $\overline{AD}$를 만든다.

iii) E는 $\overline{AD}$의 수직이등분선과 $\overline{BC}$의 수직이등분선의 교점이라고 한다.

iv) E에서 점 A, B, C, D를 연결한다.

v) $\overline{AE}=\overline{AD}$, $\overline{BE}=\overline{CE}$, $\overline{AB}=\overline{CD}$(i 에 의하여)

vi) SSS 합동에 의하여 $\triangle ABE \equiv \triangle DCE$이다.

vii) 그러므로 $\angle ABE=\angle DCE$, $\angle EBC=\angle BCE$이다.

viii) $\angle ABC=\angle ABE-\angle CBE=\angle DCE-\angle BCE=\angle DCB$이다.

3. 명제 "주어진 원에서 원의 중심이 아닌 내부의 점은 모두 원 위에 있다."는 틀렸다. 그러나 다음과 같이 증명하였다. 오류를 지적해보자.

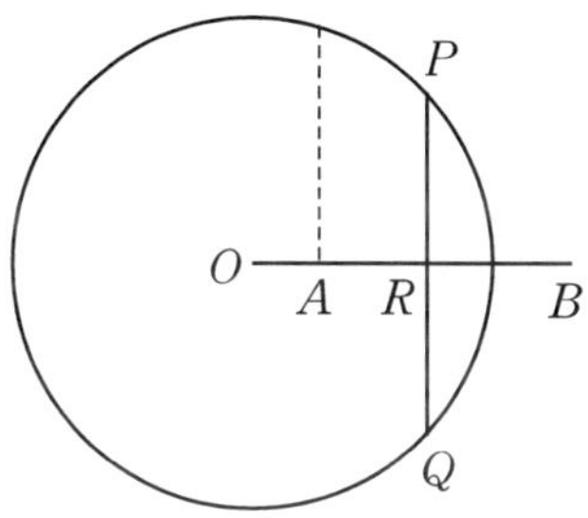

i) 원 O의 반지름을 r이라고 하고 $\overline{OA}\cdot\overline{OB}=r^2$ 이 되도록 점 B를 $\overline{OA}$의 연장선에 설정한다.

ii) $\overline{AB}$의 수직이등분선이 원과 만나는 점을 각각 P, Q라고 한다.

iii) R을 $\overline{PQ}$의 중점이라고 한다.

iv) $\overline{OA}=\overline{OR}-\overline{RA}$이고 $\overline{OB}=\overline{OR}+\overline{RA}$

v) 그러므로
$$\begin{aligned} r^2 &= \overline{OA}\cdot\overline{OB} \\ &= \overline{OR}^2-\overline{RA}^2 \\ &= r^2-\overline{PR}^2-(\overline{AP}^2-\overline{PR}^2) \\ &= r^2-\overline{AP}^2 \end{aligned}$$

vi) 그러므로 $\overline{AP}=0$이다. 즉 $A=P$이므로 A는 원 O의 원 위에 있다.

3. 사변형 $ABCD$에서 $\overline{AB}=\overline{CD}$이면 $\overline{AD}\parallel\overline{BC}$이다. 이 진술을 다음 그림을 보고 증명한다.

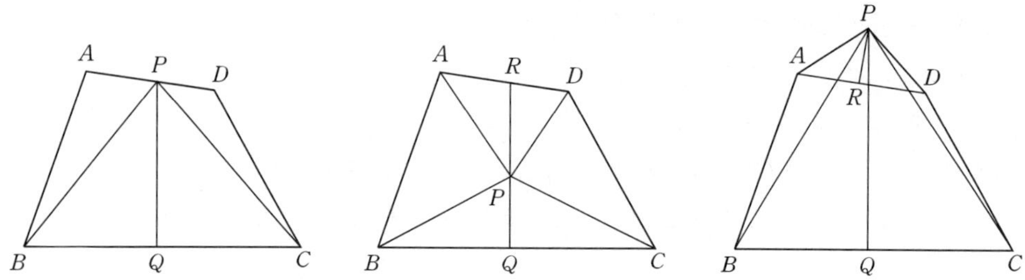

i) $\overline{AD}$의 수직이등분선과 $\overline{BC}$의 수직이등분선의 교점을 P라고 하면 P는 위의 그림과 같은 3가지 경우가 있다.

ii) $\triangle PBQ \equiv \triangle PCQ$, $\triangle PAR \equiv \triangle PDR$

iii) $\overline{PB} = \overline{PC}$, $\overline{PA} = \overline{PD}$.

iv) 그러므로 $\overline{PB} = \overline{PC}$, $\overline{PA} = \overline{PD}$, $\overline{AB} = \overline{CD}$.

v) 그러므로 $\triangle BAP \equiv \triangle CDP$.

vi) 그러므로 $\angle BAP \equiv \angle CDP$.

vii) 그러므로 $\overline{AD} \parallel \overline{BC}$.

4. “두 개의 직각을 가진 삼각형이 존재한다.”에 대한 증명을 다음과 같이 했다. 무엇이 잘못되었는가?

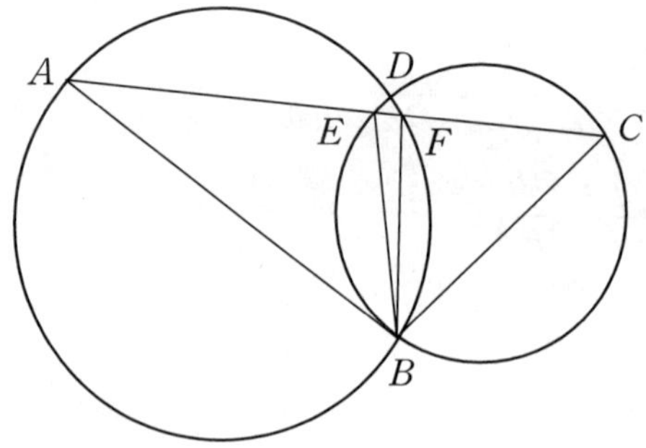

i) 두 원이 B와 D에 만나고 $\overline{AB}$와 $\overline{BC}$는 각각의 지름이다.

ii) $\angle AFB$는 직각이다.

iii) $\angle BEC$는 직각이다.

iv) 그러므로 $\triangle BEF$는 2개의 직각을 가진 삼각형이다.

삼각형의 합동조건의 지도

합동의 지도는 합동의 정의와 합동의 조건을 찾는 것으로 나눌 수 있다. 합동의 정의는 "평면 위에 두 삼각형이 있을 때 한 삼각형을 이동시켜서 다른 삼각형과 포개질 때 두 도형을 합동이라고 한다."

합동의 조건을 찾기 위해서 먼저 주어진 삼각형을 이동시길 수 없는 상황을 제시하고 이 경우에는 주어진 삼각형의 정보만 가져가기로 하는 과제를 부여한다. 이 문제를 해결하기 위하여 먼저 간단한 도형에서부터 문제해결을 시도한다.

i) 그림과 같이 두 변과 하나의 각으로 주어진 도형이 합동이 되기 위해서 포개지 않고 변과 각의 크기로부터 알 수 있는 방법을 생각해본다.

ii) 삼각형이 결정조건에 대한 문제 해결. 다음 표는 학생들이 만들어야 할 하나의 예시인데 이 표 자체를 설계하는 것도 학생들이 스스로 결정할 수 있도록 기회를 주는 것이 바람직하다. 뿐만 아니라 이 표의 각각이 칸을 채워 넣는 것도 학습자 스스로 결정하게 함으로써 불필요한 과정을 스스로 확인할 수 있도록 하는 것이 바람직하다.

변의 수	각의 수	결정조건에 대한 판단	합동조건에 대한 판단
3	3		

iii) 이 모든 검색이 종료된 후 타당한 조건들을 추출하고 그것을 합동조건으로 결론짓는다. 즉 원 도형의 각과 변이 정보는 중요하지만 정보를 옮기는 순서도 중요하다는 것과 정보가 많다고 좋은 것도 아니라는 점이다.

iv) 합동조건을 탐구하기 위한 보조 도구 개발. 이 모든 과정에서 크기를 변화시킬 수 있는 3개의 마디와 2개의 관절을 가지고 실험을 할 수 있게 한다.

피타고라스 정리의 지도

피타고라스 정리는 유클리드의 <원론>에서 소개된 순수 종합적 방법과 계량적 방법의 두 흐름을 생각할 수 있다. 전자는 학생들이 어려워하기 때문에 후자의 방법으로 지도하는 것이 바람직하다.

피타고라스 정리는 무리수의 도입과 연결되는 부분으로서 무리수의 크기를 기하학적으로 표상할 수 있다는 점을 중시한다.

삼각형의 닮음조건의 지도

삼각형의 닮음은 비의 정보가 포함되어 있기 때문에 합동보다 더 복잡한 인지적 특성을 가지고 있다. 닮음은 그림의 확대, 축소의 개념이기 때문에 먼저 모눈종이 또는 격자판 등을 사용하여 주어진 그림을 확대하는 과정부터 시작한다. 그림을 2배, 3배, ... 등으로 확대하면서 예시하고 자연스럽게 확대, 축소하는 도구 등을 통하여 진행한다. 이런 활동 과정에서 가장 중요한 것은 두 닮은 도형 사이의 닮음비를 이해하는 것이다. 닮음비의 이해는 삼각형에서 시작하는 것보다는 선분의 닮음비를 이해하는 것에서 시작하여 삼각형의 경우로 일반화하는 절차가 효과적이다. 닮음의 지도에서 반드시 알아야 할 결론은 닮음비에 의한 길이와 넓이의 비이다. 닮음비와 도형의 차원이 연결되어야 한다. 다음과 같은 절차가 필요하다.

i) 주어진 선분 $\overline{AB}$에 길이가 3인 선분 $\overline{CD}$를 그려보기. 이때 아래 그림과 같이 닮음의 중심을 설정한 상황을 설정한다. 이렇게 설정하는 것은 선분 $\overline{AB}$와 선분 $\overline{CD}$의 길이의 비가 3이라는 것과 더불어 $\triangle OAB$와 $\triangle OCD$ 간의 모든 대응변의 비가 모두 3이라는 것을 안내하게 함이다. 이것은 모두 모눈종이를 이용하여 실측하거나 GSP를 통하여 스스로 실험할 수 있도록 설계한다.

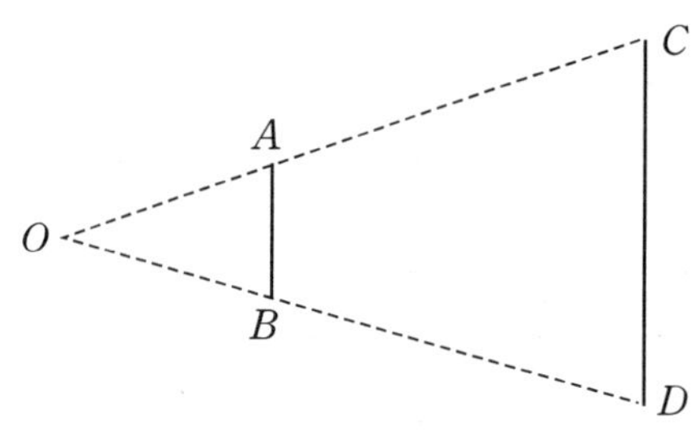

ii) 일반적인 경우. 다음 그림과 같이 기준 삼각형과 비교 삼각형을 통하여 닮음비와 변의 길이, 도형의 크기 관계를 GSP를 통하여 비교한다. 이때 삼각형의 대응변의 길이의 변화는 i)로 환원됨을 안내한다.

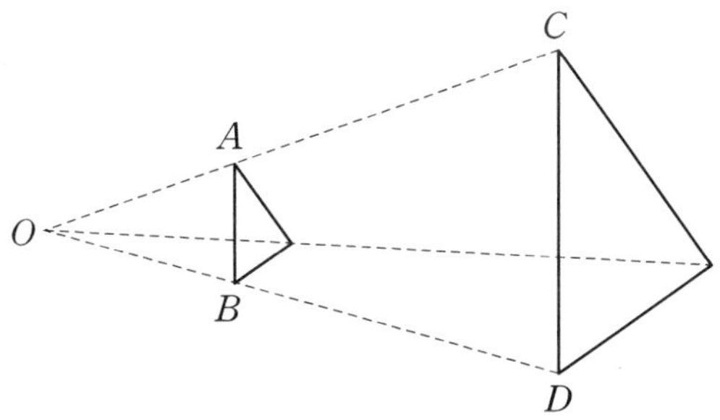

내심의 지도

삼각형의 내심의 존재성을 분석에 의하여 지도해보자. 먼저 $\triangle ABC$가 주어져 있다고 할 때 절차는 다음과 같다.

i) 내심 I가 존재한다.

ii) I에서 각 변 $\overline{AB}$, $\overline{BC}$, $\overline{CA}$에 내린 수선의 발을 각각 D, E, F라고 하면 $\overline{DI}=\overline{EI}=\overline{FI}$가 성립한다.

iii) 삼각형의 합동에 의하여 $\overline{AI}$, $\overline{BI}$, $\overline{CI}$는 각각 $\angle A$, $\angle B$, $\angle C$를 이등분한다.

그러므로 내심이 존재하기 위한 필요조건은 세 각의 이등분선이 한 점에서 만나는 것이다. 그러므로 세 각의 이등분선이 한 점에서 만난다는 것만 밝히면 내심이 존재한다는 것을 입증하게 된다.

여기서 위의 절차를 역순으로 진행하면 증명을 얻게 된다. 그러므로 실제 지도에서는 분석을 먼저 실시하고 그 결과로부터 증명을 제시하는 것이 바람직하다.

외심의 지도

외심의 지도도 내심의 지도와 마찬가지로 분석이 우선된다. 분석은 다음과 같이 진행한다.

i) 외심 E가 존재한다.

ii) $\overline{AE}=\overline{BE}=\overline{CE}$가 성립한다.

iii) E에서 각 변 $\overline{AB}$, $\overline{BC}$, $\overline{CA}$에 내린 수선의 발을 각각 D, E, F라고 하면 이 점들

은 각 선분 $\overline{AB}$, $\overline{BC}$, $\overline{CA}$을 이등분한다.

이것으로부터 삼각형의 각 변의 수직이등분선의 교점을 작도하면 그 교점이 주어진 삼각형의 외심이라는 것을 증명할 수 있고 그 증명은 분석의 역순으로 진행된다.

중심의 지도

내심이나 외심과 달리 중심은 물리적 성질을 가지기 때문에 물리적 성질을 지도에 적용한다. 다음 그림과 같이 삼각형의 넓이를 이등분하는 점선은 물리적 의미를 가진다. 이것으로부터 중심은 각 꼭짓점에서 대변에 내린 중선 위에 있음을 추측한다.

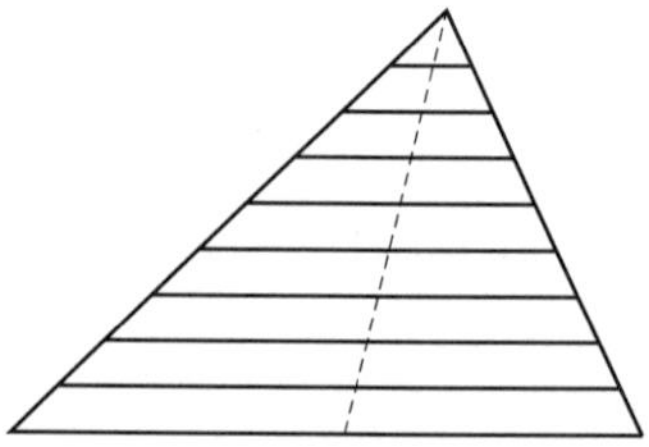

중심각과 호의 관계 지도

부채꼴의 중심각과 호의 관계를 지도하기 위하여 다음과 같은 절차를 생각한다.

i) 중심각과 대응하는 호의 길이는 어떤 관계가 있는가? 피자, 파이 같은 도형을 생각하고 그것을 이등분, 삼등분, 사등분 등 다양한 등분에 의하여 중심각과 호의 길이의 변화를 관찰한다. 이 관찰로부터 호의 길이와 중심각의 크기는 비례한다는 것과 부채꼴의 넓이와 중심각의 크기는 비례한다는 결론을 내릴 수 있다.

ii) i)에서 관찰한 결과로부터 두 가지 사실을 얻는다. 하나는 중심각 a도에 대응하는 호의 길이를 l이라고 하면 $\frac{a}{l}=\frac{360}{2\pi r}$로부터 $l=\frac{\pi r}{180}a$를 얻는다. 다른 하나는 부채꼴의 넓이와 호의 길이의 관계를 구할 수 있다. 중심각이 a도인 부채꼴에 대응하는 부채꼴의 넓이 S라고 하면 $\frac{a}{S}=\frac{360}{\pi r^2}$으로부터 $S=\frac{a}{360}\pi r^2$을 얻는다.

iii) 중심각 대신에 호의 길이를 각도로 간주할 수 있다. 이것은 호도각의 개념을 낳는다.

호도각의 지도

호도각 개념은 매우 오해되고 있다. 무엇보다도 각의 크기를 호의 길이로 대응한다는 것이 이해되지 않는다. 따라서 호도각을 지도할 때는 먼저 각도의 개념을 일반적으로 개관한다. 이것은 각도에 대한 선행조직자 역할을 한다. 즉 각도 개념을 먼저 도입한다. 이것은 다음 절차를 따른다.

i) 평각의 크기를 먼저 지정한다.
ii) 직각의 크기를 말해본다.
iii) 다양한 각의 크기를 말해본다.
iv) 각의 가법성에 대하여 말해본다. 즉 두 각이 합동이면 그 두 각의 각도는 같다는 점을 이해한다.

한편 각의 정의를 명료화하기 위하여 반례를 생각해본다. 즉 각도가 될 수 없는 것을 알아보기 위하여 다음 문제를 생각해본다. 다음 그림과 같이 두 개의 각이 있다. 이때 각도의 크기를 길이가 1인 두 변을 가진 삼각형의 넓이로 정의하면 이것은 각도의 정의가 될 수 있는가? 될 수 없다면 이유는 무엇인가?

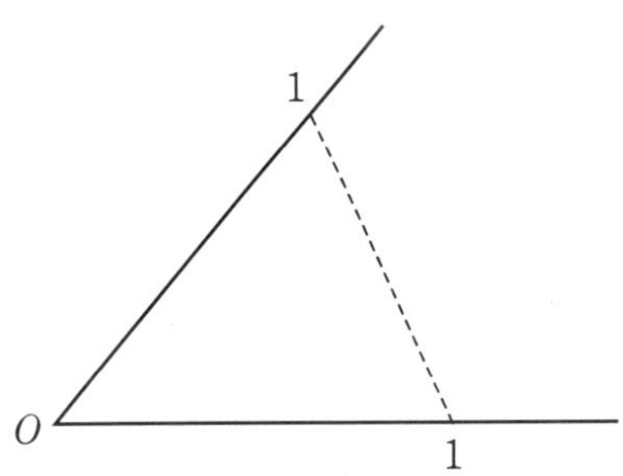

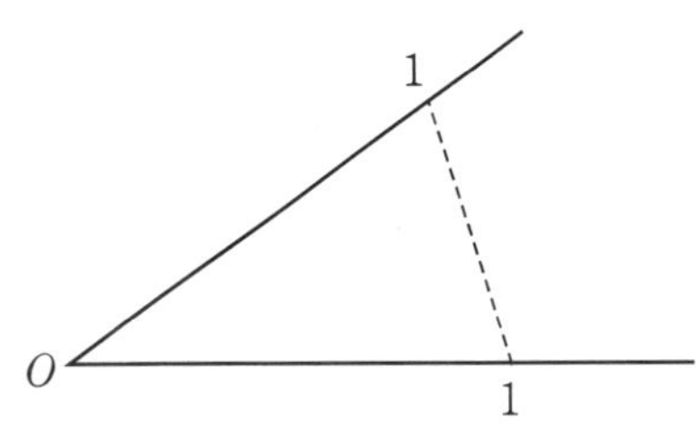

각도의 개념이 주어지면 대표적인 각도 측정법, 즉 60분법각과 호도각에 대하여 소개하고 그 차이점에 대한 지도를 실행한다. 여기서 차이점은 주로 호도각의 장단점에 초점을 맞춘다.

이등변삼각형에 대한 정리

이 정리에 대하여 다음 두 가지 증명에 나타나는 교육적 의미를 생각해보자.

i) $\triangle ABC$에서 $\angle A$의 이등분선과 $\overline{BC}$의 교점을 D라고 하여 $\triangle ABD \equiv \triangle ACD$임을 보여 줌으로써 $\angle B = \angle C$가 성립한다는 논증.
ii) $\overline{AB} = \overline{BA}$이고 $\overline{BC}$가 공통이라는 사실로부터 $\triangle ABC \equiv \triangle ACB$임을 보여

$\angle B = \angle C$가 성립한다는 논증.

논리적 측면, 즉 공리에 의하여 논리적으로 추론한 과정을 중시한다면 증명 ⅰ)은 사이성의 공리가 필요한데도 사용하지 않고 논증했다는 점에서 엄밀한 방법이 아니다. 그렇지만 학교수학은 직관적 접근을 수용하기 때문에 이런 결점은 문제가 되지 않는다. ⅰ)의 증명이 가지는 장점의 하나는 사물을 필요에 따라 적절하게 분해해야 한다는 것을 배운다. 이 증명으로부터 기계론적 방법을 배울 수 있다. 이 증명은 과정 자체를 분석할 수 있기 때문에 단계적으로 지도할 수 있고 스스로 고안할 수도 있다.

증명 ⅱ)는 변환기하학의 접근이다. 즉 주어진 도형을 반사시킨 결과와 비교한 것이다. 이 증명은 우아하며 학생들에게 일종의 신비감을 줄 수 있다. 그러나 변환 기법은 같은 것을 다르게 볼 수 있는 통찰이 필요하기 때문에 쉽지 않다는 단점도 있다. 이런 이유로 인하여 이 논증은 스스로 고안하기 어려운 점이 있다.

다음 표는 두 논증을 비교한 것이다.

증명 방법	증명의 구성	증명의 아이디어	지도 전략
ⅰ)의 방법	부분적으로 분해 가능	분석	분해와 결합, 후진법
ⅱ)의 방법	전일적 사고	변환	통찰

그러므로 이 정리의 지도는 방법 ⅰ)을 주 전략으로 택하고 방법 ⅱ)를 보조적 위치에서 안내하는 것이 적절하다. 실제 지도는 다음과 같이 분석법으로 진행한다.

ⅰ) 결론, 즉 $\angle B = \angle C$가 성립하면 어떤 현상이 나타날까?

ⅱ) 다음 그림에서 변 $\overline{BC}$에서 $\overline{BD} = \overline{CD}$되는 점을 택하면 $\triangle ABD$와 $\triangle ACD$의 관계는 어떻게 될까?

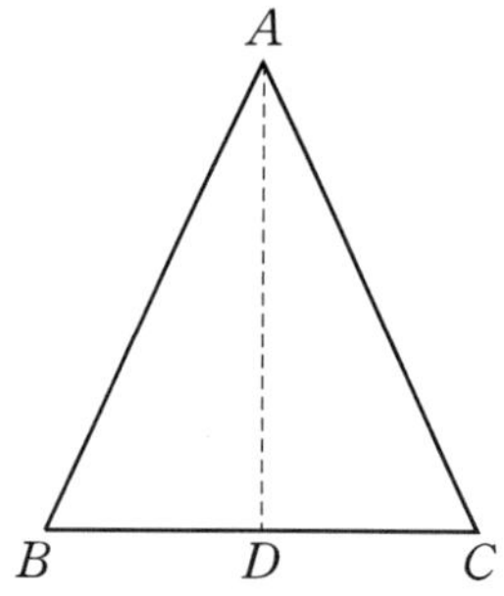

iii) $\triangle ABD \equiv \triangle ACD$라면 어떤 결과를 부가적으로 얻을 수 있는가? 그런 성질들을 모두 열거해보자.

iv) $\triangle ABD \equiv \triangle ACD$라는 사실을 밝히기 위하여 $\angle B = \angle C$를 전제하는 대신 iii)에서 얻은 결과들을 사용할 수는 없을까?[120)]

v) 이런 사실들을 종합하여 증명을 구성해보자.

한편 먼저 주어진 증명을 읽는 것에 대한 교육적 의미를 살펴보자. 주어진 증명을 읽는다는 것은 문장의 논리적 흐름을 이해할 수 있다는 것, 즉 근거에 의하여 진술하는 자세를 가지는 것과 그렇지 않을 때 결점을 찾을 수 있는 활동을 한다는 점에서 비판적 안목을 형성할 수 있는 기회이다. 결국 증명을 시도하거나 증명을 이해하는 것은 필요하나 증명을 단순히 설명하는 지도는 지양해야 한다.

다각형의 내각의 합과 외각의 합

먼저 내각의 합에 대하여 생각해보자. 주어진 n각형을 $n-2$개의 삼각형으로 분해하면 내각의 합은 $180(n-2)$도가 됨을 알 수 있다.

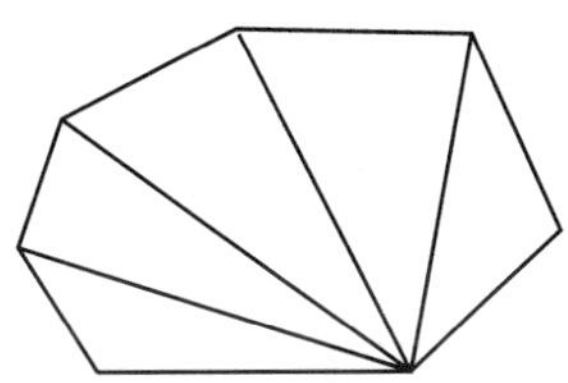

한편 외각의 합은 다음과 같이 전형적인 EIS 표상을 생각할 수 있다.

i) 활동적 표상. 다각형을 따라 한 바퀴 도는 것을 생각해보자. 변 위로 걸어갈 경우에는 각의 변화가 없지만 한 변에서 다음 변으로 이동할 경우에 꼭짓점에서 외각의 크기만큼 변화가 생긴다. 이 변화들의 모든 합은 한 바퀴 돈 만큼의 각의 변화이다.

ii) 닮음을 통한 외각의 합의 불변성 인식. 다음 그림을 조리개로 생각하고 조리개의 크기를 변화시키다.

---

120) 여기서 가능한 결과들은 $\overline{AD}$가 $\angle A$의 이등분선이라는 사실과 $\overline{BC}$의 수직이등분이라는 사실이다. 여기서 전자가 실제로 도움을 준다.

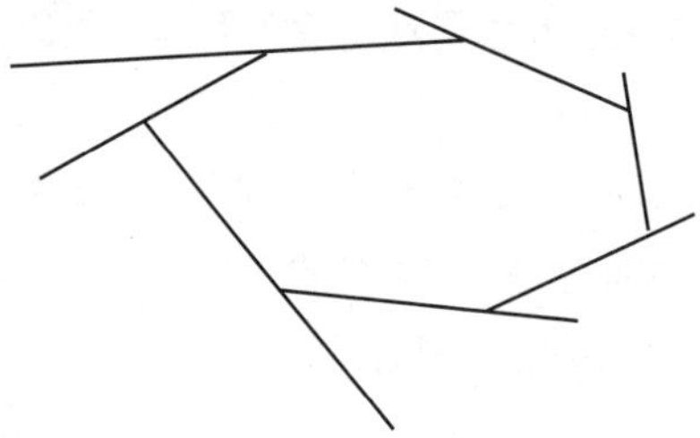

iii) 내각과 외각의 합은 180도이고 n각형의 내각의 합은 $180(n-2)$도이므로 외각의 합은 360도임을 보인다.

원주각과 접선의 지도

원주각과 접선과의 관계, 즉 등식 $\overline{PA} \cdot \overline{PB} = \overline{PT}^2$ 다음 그림이 유효하다. 원주각의 성질에 의하여 즉각적으로 $\overline{PA} \cdot \overline{PB} = \overline{PC} \cdot \overline{PD}$ 임을 알 수 있다.

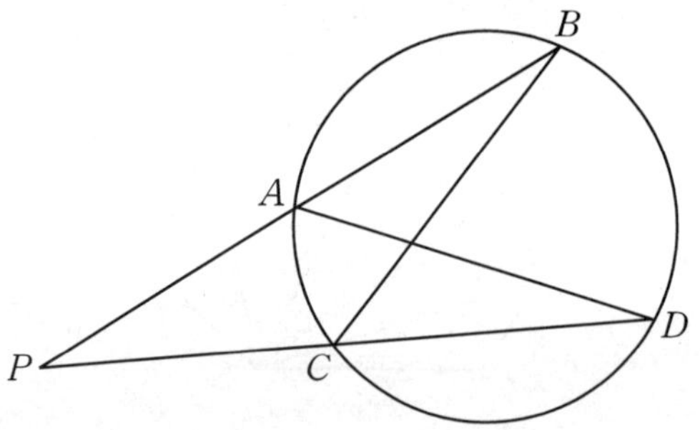

여기서 D를 원주를 따라 움직여서 $\overline{PD}$가 접선이 되게 하면 점 C와 D가 일치하여 모두 점점 T가 된다. 이때 다음 그림과 같이 $\overline{PC} \cdot \overline{PD}$는 $\overline{PT}^2$에 수렴한다.

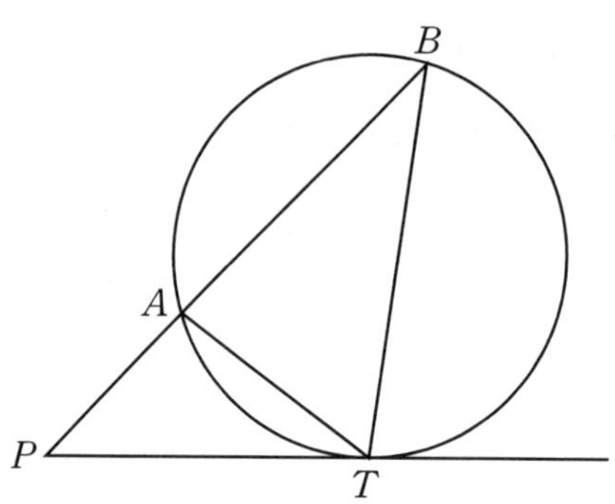

대안적 방법은 $\triangle PAT \approx \triangle PTB$임을 보여주는 방법이다. 이것도 원주각과 중심각의 관계에 의하여 지도할 수 있다. 이 경우는 $\angle APT = a$, $\angle ATP = b$로 두고 모든 각을 구하는 방법을 사용한다. 이 방법이 무비판적인 것처럼 보이지만 실제로 각의 크기를 다루는 문제에 효과적이다.

조화평균의 기하학적 의미

$\dfrac{1}{H} = \dfrac{1}{2}\left(\dfrac{1}{a} + \dfrac{1}{b}\right)$를 만족하는 H를 a와 b의 조화평균이라고 한다. 즉 a와 b의 조화평균은 $\dfrac{2ab}{a+b}$이다. 이 값을 기하학적으로 인식할 수 있는 효과적인 방법은 다음과 같다. 먼저 윗변의 길이가 a이고 아랫변의 길이가 b인 사다리꼴에서 두 대변의 교점을 지나고 밑변에 수평인 직선이 사다리꼴의 측면과 만나는 두 점을 잇는 선분의 길이가 a와 b의 조화평균이다.

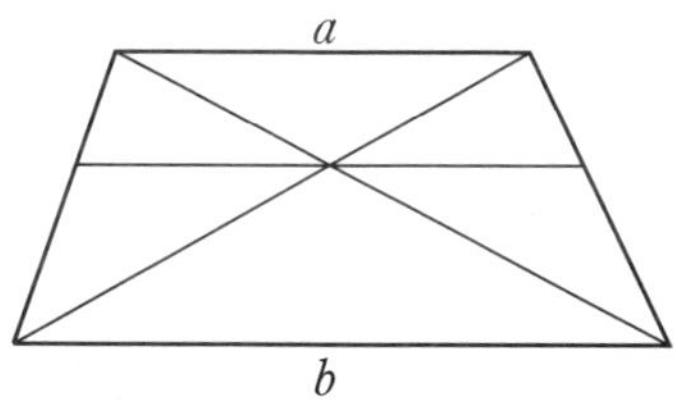

실제로 이 선분은 $a : b$로 내분된 곳이기 때문에 선분의 길이는 각각 $\dfrac{ab}{a+b}$이고 선분의 오른쪽의 길이는 $\dfrac{ab}{a+b}$이므로 두 선분의 길이의 합은 $\dfrac{2ab}{a+b}$이다.

14.4.2 평가

1. 선분 a, b, c의 길이가 주어졌을 때, $a : b = c : x$를 만족하는 x의 길이를 작도하라.

2. 반원에 한 변의 길이가 1인 정사각형이 내접하고 있다. 반원의 넓이를 구하라. 이 문제를 4분원 또는 8분원에 대하여 생각해보자.

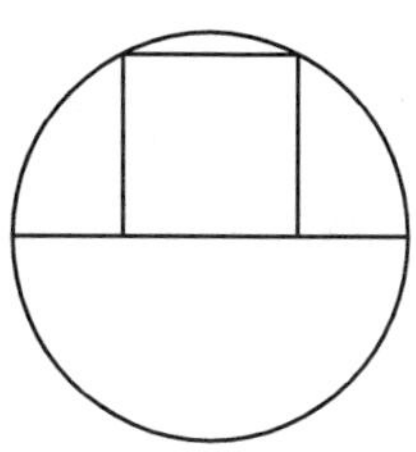

3. 다음 그림과 같이 주어진 직각삼각형의 빗변을 한 변으로 하는 정사각형의 넓이가 직각의 이등분선의 연장선에 의하여 이등분됨을 보여라.

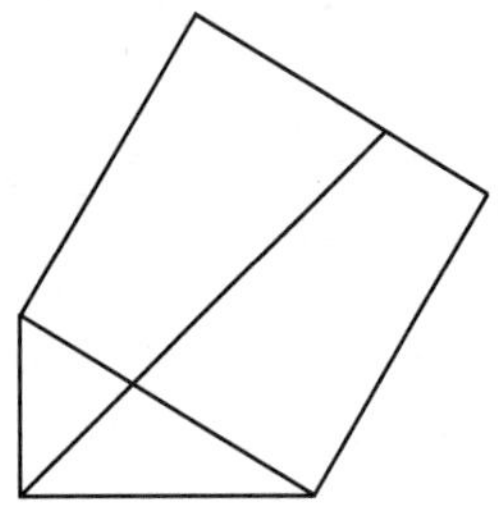

4. 다음 그림으로부터 $\tan\frac{\theta}{2}=\frac{\sin\theta}{1+\cos\theta}$ 임을 보여라.

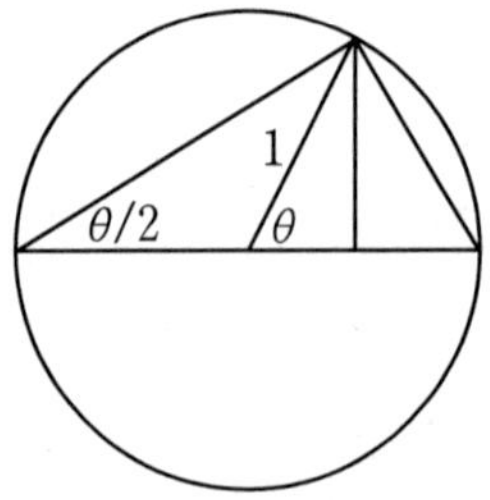

5. 두 점 A, B와 직선 l이 다음 그림과 같이 주어져 있다. $\angle APB$가 최대가 되는 점 $P\in l$을 구하라.

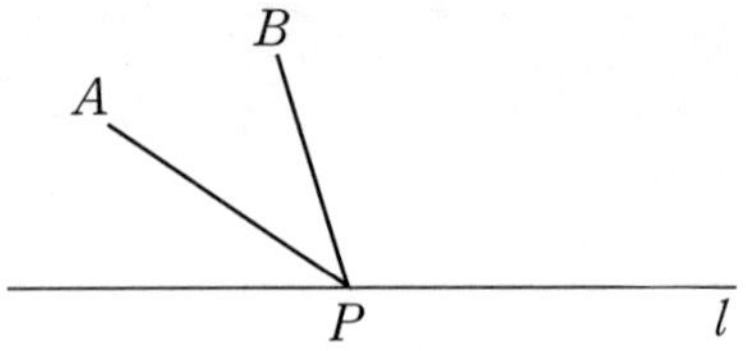

6. 포물선의 준선 l과 초점 F가 주어져 있다. 포물선에서 임의의 한 점 P에서 접선을 작도하라.

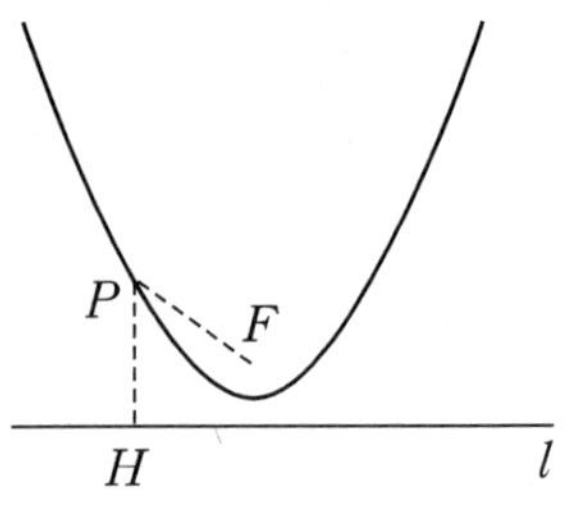

7. 다음 정사각형 $ABCD$이 내부에 점 P를 잡고 이등변삼각형 $\triangle PAB$를 그리고 $\angle APB = 150^{\circ}$ 가 되게 한다. 이때 $\triangle PCD$는 어떤 모양인가?

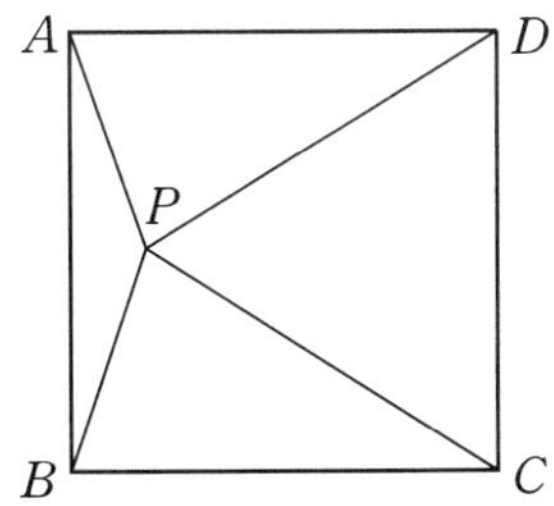

8. 사각형 $ABCD$의 두 대각선 중 하나가 넓이가 같은 두 삼각형으로 분할한다면 그 대각선은 다른 대각선을 이등분함을 보여라.

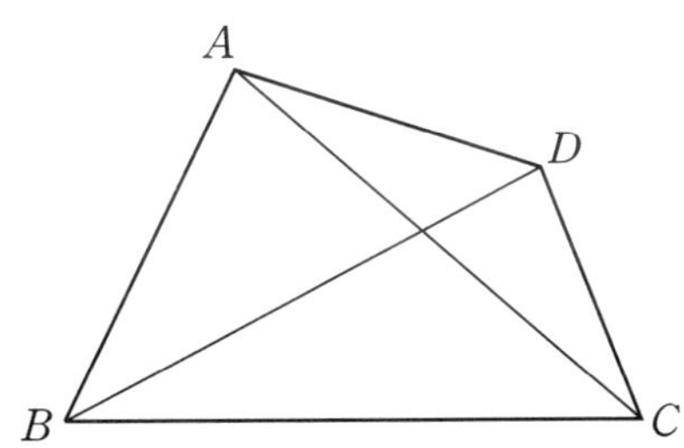

9. 평행사변형의 각 변의 길이의 제곱의 합은 대각선의 길이의 제곱의 합과 같음을 보여라.

10. 정삼각형의 꼭짓점 A에서 대변 $\overline{BC}$를 지나는 선분이 그 삼각형의 외접원과 만나는 점을 P라고 하고 $\overline{BC}$와 만나는 점을 Q라고 할 때 $\dfrac{1}{PB}+\dfrac{1}{PC}=\dfrac{1}{PQ}$ 임을 보여라. (참고. $\overline{CP}$의 연장선을 그어 $\overline{BP}=\overline{PR}$이 되는 점 R을 생각해보자.)

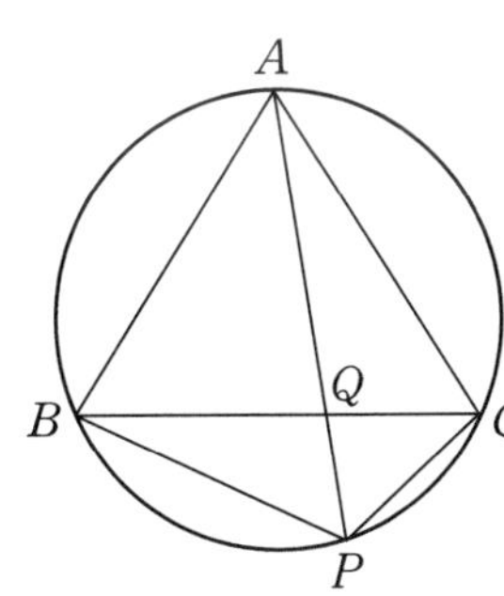

11. 한 변의 길이가 1인 정사면체에 내접하고 서로 외접하는 같은 크기의 4개의 구가 있다. 이 구의 반지름의 길이를 구하라.

12. 다음 삼각형에서 $\angle DBE = 20^\circ$ $\angle EBC = 60^\circ$, $\angle DCE = 30^\circ$, $\angle DCB = 50^\circ$ 일 때 $\angle DEB$를 구하라.

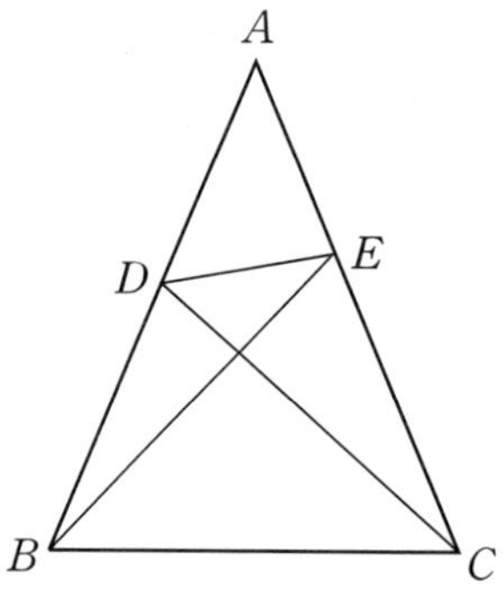

14.4.3 연구 과제

교수 측면

1. 기하학적 사고의 특성을 분석하고 특히 기하학적 사고와 대수적 사고의 차이점을 논의하자.

2. 시지각 효과를 극대화하기 위한 수업 방법을 연구하자.

3. 이 단원은 방대한 공식이 있고 이것을 기억하는 것이 수학을 싫어하게 하는 원인이 될 수 있다. 이 점에 대하여 대안을 생각해보자.

4. 보조선을 효과적으로 그을 수 있는 방법을 지도할 체계적인 지도 방안이 있을까? 기하 문제해결에서 보조선에 대한 인지 과정을 연구해보자.

5. 그림을 정확하게 그리는 것은 문제해결에서 중요하다. 그렇다면 GSP를 이용하여 정확한 그림을 그리는 것은 교수학적으로 바람직한 것일까? 이 점에 대하여 교육적 함의를 도출해보자.

6. 도형에 의존하는 수학은 점차 약화되어 가고 있다. 이 현상이 교육에 미치는 영향을 분석하자.

7. 반 힐레의 기하학 사고 수준에 따른 각 단계에 적합한 교수법을 설계하자. 각 단계에 필요한 설계에서 핵심어는 무엇인가? 이 문제를 특히 인지심리학적 관점에서 논의하자.

8. 이 단원에서 가장 가르치기 어려운 부분은 무엇인가?

9. SOLO 평가를 구체화하기 위한 질의 문항을 개발하자. 이 영역은 방대하기 때문에 학년 또는 소단원으로 세분하여 소영역에 대한 질의 문항을 개발하자.

학습 측면

1. 작도가 수학 학습에 미치는 영향은 무엇인가?

15. 해석기하학

15.1 수학적 분석

15.1.1 역사적 분석

개관

해석기하학의 역사는 오래되었다. 평면 위의 점을 어떤 기준점으로 표상하기 위한 시도는 이미 헬레니즘기의 수학자 아르키메데스와 아폴로니우스에 의하여 시도되었다.[121] 또 중세의 수학자 오렘도 좌표의 개념을 사용했다고 하나 좌표를 사용할 수 있기 위해서는 본질적으로 기호 대수가 활성화되어야 하고 또 좌표를 통하여 문제를 조직적으로 해결할 수 있을 때 진정한 창안자라고 할 수 있다. 이런 관점에서 본다면 해석기하학의 진정한 창시자는 페르마와 데카르트라고 할 수 있다. 이 두 사람 중에서 대개는 데카르트를 해석기하학의 창시자라고 하지만 페르마가 자신의 연구 결과를 데카르트보다 늦게 발표했기 때문에 빚어진 결과이다. 실제로 사용 방법에 있어서는 페르마의 방법이 더 진전된 것임이 드러났다. 데카르트는 곡선을 대수화하는 데 관심을 가진 반면에 페르마는 대수적 식이 기하학적으로 어떤 모습을 가지는가에 대해 더 관심을 가지고 있었다는 점도 두 수학자의 해석기하학에 대한 관점의 차이이다. 그러나 이 두 사람의 좌표는 모두 0 이상의 값을 취하는 것이었다. 이후 두 좌표의 하나 또는 모두를 실수로 사용한 사람은 뉴턴과 라이프니츠이었다. 또 좌표(coordinate)라는 용어는 라이프니츠에 의하여 사용되기 시작했다.

좌표의 사용은 수학의 모든 영역으로 확산되었어나 기하학 영역에서는 별다른 발전이 없었고 여전히 종합기하학이 강세였다. 그러나 플뤼커(J. Plücker, 1801~1868)는 좌표를 일반화함으로써 해석기하학의 획기적인 발전을 이룩하였다.

해석기하학의 의의

함수의 관점에서 볼 때 좌표란 각각의 점에 수를 부여하여 일대일로 대응시킨다는 것은

121) 피타고라스는 점을 “위치를 갖는 단위”로 정의하였다(Boyer & Merbach, 1991). 이 아이디어는 좌표의 원시적 개념이라고 본다.

양화 사태에 속한다. 한편 수학의 관점에서 볼 때 좌표란 기하학적 대상을 대수화한다는 점에서 수학의 양대 축을 교환해주는 획기적인 번역 도구이다. 해석기하학의 의의는 다음과 같다.

i) 도형을 기호로 표상함으로써 기하학적 문제를 대수적 문제로 변환한다.
ii) 해석기하학은 수학의 방법론으로 정립되었다.
iii) 종합적 방법이 시행착오와 통찰이 중요한 역할을 하는 반면에 해석적 방법은 알고리듬과 절차적인 측면을 부각한다.
iv) 시지각에 의존하지 않음으로써 보다 높은 수준의 기하학적 문제를 해결할 수 있게 되었다.
v) 좌표를 통하여 해석학이라는 분야가 나타나게 되었다.

좌표 개념의 발전

좌표 개념은 다음과 단계를 걸쳐 발전했다.

i) 직선 위 점의 좌표. 이것은 전통적으로 수직선이라고 한다.
ii) 평면 위 점의 좌표. 좌표라는 용어에 의하여 정식화된 대상이다.
iii) 공간 위 점의 좌표. 좌표가 일반화 된 상황으로서 $\boldsymbol{R}^n$ 상의 점을 표상한다.
iv) 도형의 좌표. 함수를 도형 사태로 간주할 때 도형의 좌표는 함수가 된다.

15.1.2 본체적 분석

좌표의 개념

해석기하학은 점을 기하학적 표상 단위로 간주한다. 점을 수로 표상함으로써 도형을 계량화하는 방법이 해석기하학적 방법이다. 그러나 최초의 해석기하학이 점을 계량화하는 데 있었지만 이후에는 도형 자체를 하나의 좌표로 표상하는 방법을 개발하였다. 즉 좌표 개념이 일반화된 셈이다.

예 1. $\boldsymbol{R}^n$ 상의 원소는 좌표 $(x_1, x_2, \cdots, x_n)$로 나타낼 수 있다.

예 2. 평면 위의 점 P는 기준점 O에서의 P까지의 거리 $r>0$과 기준선 OX에서 측정한 각 $\angle POX=\theta$를 이용하여 극좌표 (r, θ)로 표상할 수 있다.[122)]

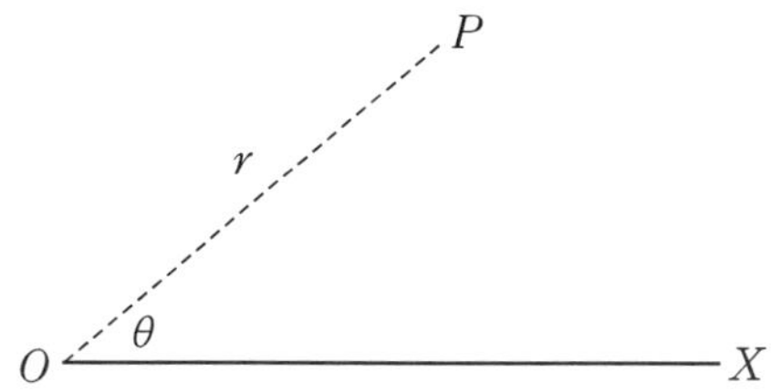

예 3. 사교좌표계. 사교좌표계는 가로축과 세로축이 직교가 아니다. P의 좌표는 그림과 같이 x축과 y축에 평행하도록 측정한다.

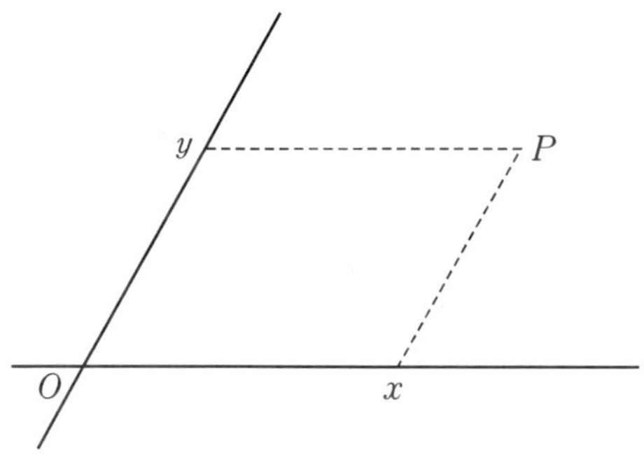

다음은 도형을 좌표로 나타낸 예이다.

예 4. 평면 위의 직선의 방정식은 $ax+by+c=0$로 주어진다. 그러므로 $[a,\ b,\ c]$는 직선의 좌표로 간주할 수 있다. 그런데 직선의 방정식 $ax+by+c=0$와 $kax+kby+kc=0$는 동일 직선을 표상하기 때문에 직선의 방정식은 $a,\ b,\ c$에 의하여 유일하게 결정되지는 않는다. 즉 $ka=p,\ kb=q,\ kc=r$을 만족하는 $k\neq 0$가 존재할 때 $(a,\ b,\ c,)\sim(p,\ q,\ r)$라고 정의하면 $\sim$은 동치관계가 되고 이 동치관계에서 동치류를 $[a,\ b,\ c]$라고 하면 이것은 하나의 좌표가 된다. 이 좌표를 직선의 동차좌표라고 한다.

좌표축의 회전

직교좌표 $(x,\ y)$와 이것을 원점을 중심으로 θ만큼 회전한 직교좌표 $(X,\ Y)$의 관계는 다음과 같이 나타난다. 먼저 다음 그림을 보자.

---

122) 때에 따라 $r<0$도 허용하지만 학교수학의 경우 이런 전제는 필요하지 않다.

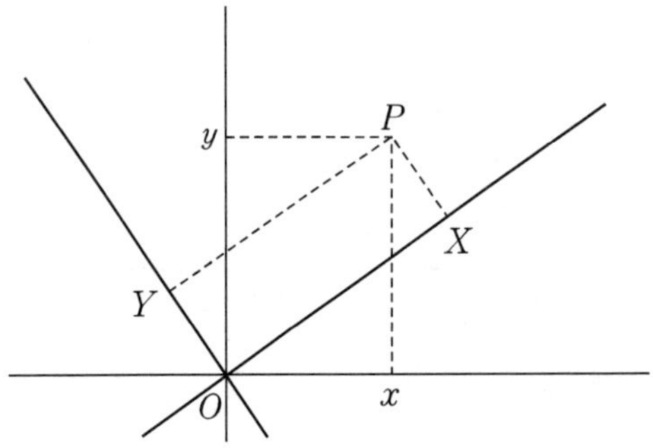

먼저 $e_1=(1,\ 0)$, $e_2=(0,\ 1)$라고 하면 점 P의 좌표는 xe_1+ye_2인 동시에 Xf_1+Yf_2로 주어진다. 그러므로

$$xe_1+ye_2=Xf_1+Yf_2 \tag{1}$$

가 성립한다. 그런데 여기서 f_1와 f_2은 e_1과 e_2을 각각 θ만큼 회전한 것이므로

$$f_i=\begin{pmatrix}\cos\theta & -\sin\theta\\ \sin\theta & \cos\theta\end{pmatrix}e_i,\ i=1,\ 2 \tag{2}$$

로 주어진다. 따라서

$$\begin{aligned} xe_1+ye_2&=Xf_1+Yf_2\\ &=X\begin{pmatrix}\cos\theta & -\sin\theta\\ \sin\theta & \cos\theta\end{pmatrix}e_1+Y\begin{pmatrix}\cos\theta & -\sin\theta\\ \sin\theta & \cos\theta\end{pmatrix}e_2\end{aligned} \tag{3}$$

가 된다. 여기서 식 (3)의 양변을 비교하면 다음 등식을 얻고

$$\begin{cases}x=X\cos\theta-Y\sin\theta\\ y=X\sin\theta+Y\cos\theta\end{cases} \tag{4}$$

따라서 식 (3)으로부터

$$\begin{cases}X=x\cos\theta+y\sin\theta\\ Y=-x\sin\theta+y\cos\theta\end{cases} \tag{5}$$

을 얻는다.

여기서 이 문제를 복소수를 이용하여 생각해보자. 복소수로 생각할 경우 $e_1=1$, $e_2=i$가 되고

$$f_1=\cos\theta+i\sin\theta,\quad f_2=(\cos\theta+i\sin\theta)i \tag{6}$$

가 된다. 그러므로

$$(7) \qquad \begin{aligned} x+yi &= xe_1 + ye_2 \\ &= Xf_1 + Yf_2 \\ &= X(\cos\theta + i\sin\theta) + Y(\cos\theta + i\sin\theta)i \\ &= X\cos\theta - Y\sin\theta + i(X\sin\theta + Y\cos\theta) \end{aligned}$$

이고 식 (7)의 양변을 비교하면 식 (4)를 얻는다.

예. 이차곡선 $x^2+xy+y^2=1$을 위와 같은 좌표변환을 통하여 xy 항이 없는 식으로 만들어보자. 공식 (4)로부터

$$\begin{aligned} 1 &= x^2+xy+y^2 \\ &= (X\cos\theta - Y\sin\theta)^2 + (X\cos\theta - Y\sin\theta)(X\sin\theta + Y\cos\theta) + (X\sin\theta + Y\cos\theta)^2 \end{aligned}$$

를 얻고 이것을 정돈하여 XY의 계수를 0으로 두면 $\theta = \frac{\pi}{4}$을 얻는다. 즉 구하고자 하는 방정식은 $X^2+Y^2=\frac{2}{3}$으로 주어진다.

길이와 각

일단 직교좌표가 설정되면 두 점 $A(x_1,\ x_2)$ $B(y_1,\ y_2)$ 사이의 거리

$$\sqrt{(x_1-x_2)^2+(y_1-y_2)^2}$$

로 주어지고, 또 점 $A(x_1,\ x_2)$, $B(y_1,\ y_2)$, $P(p_1,\ p_2)$에 대하여 선분 $\overline{PA}$와 $\overline{PB}$가 이루는 각을 θ라고 하면

$$\cos\theta = \frac{(x_1-p_1)(y_1-p_2)+(x_2-p_2)(y_2-p_2)}{\sqrt{(x_1-p_1)^2+(x_2-p_2)^2}\sqrt{(y_1-p_1)^2+(y_2-p_2)^2}}$$

로 주어진다. 여기서 길이와 각은 모두 좌표를 나타내는 값들에 의하여 표현되었고 그들의 대수적 조작에 의하여 문제를 해결할 수 있다. 동시에 해석기하학적 방법은 하나의 표상을 동등한 다른 표상으로 변환할 수 있다.

평면에서의 직선의 방정식

평면에서의 직선의 방정식은 다음과 같이 표상할 수 있다.

i) (일반형) $ax+by+c=0$

ii) (절편형) $\dfrac{x}{a}+\dfrac{y}{b}=1$

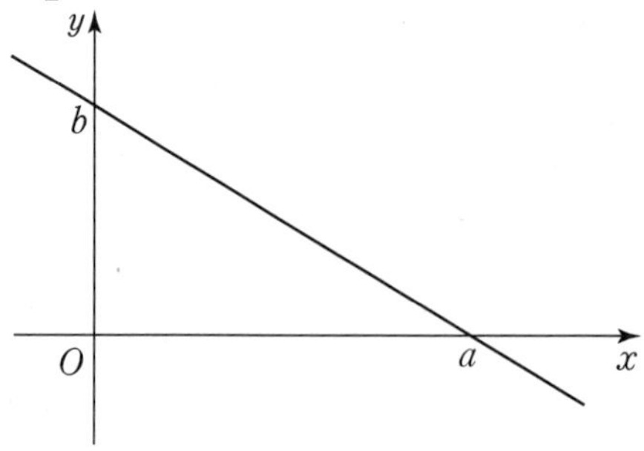

iii) (기울기와 점이 주어졌을 때 직선의 방정식) $y-q=a(x-p)$

iv) (헤세의 표준형) 원점에서 주어진 직선과의 거리를 r이라고 하고 주어진 직선에 수직인 선분과 x축과의 끼인각을 θ라고 하면 주어진 방정식은

$$x\cos\theta+y\sin\theta=r$$

으로 주어진다.

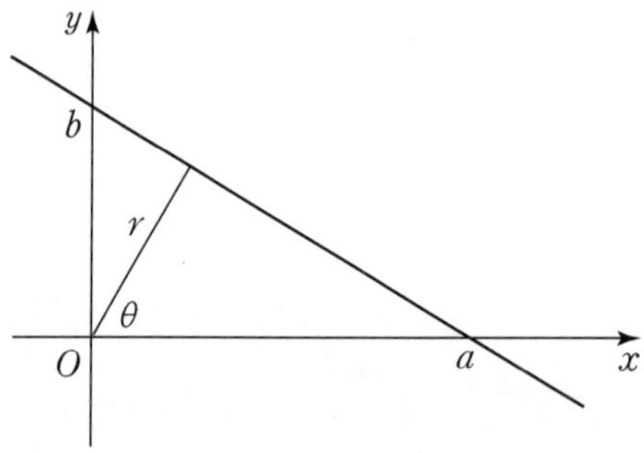

v) (두 점을 지나는 직선의 방정식) $y-y_1=\dfrac{y_1-y_2}{x_1-x_2}(x-x_1)$. 이것을 행렬을 사용하면

$$\det\begin{pmatrix} x & y & 1 \\ x_1 & y_1 & 1 \\ x_2 & y_2 & 1 \end{pmatrix}=0$$

가 된다. 그 이유는 다음과 같다. $(x_1,\ y_1,\ 1)$와 $(x_2,\ y_2,\ 1)$가 만드는 평면과 평면 $z=1$가 만나는 점들의 집합이 바로 $(x_1,\ y_1,\ 1)$와 $(x_2,\ y_2,\ 1)$을 잇는 직선이므로 점 $(x,\ y,\ 1)$가 이 직선 위에 있기 위해서는 $(x,\ y,\ 1)$가 $(x_1,\ y_1,\ 1)$와 $(x_2,\ y_2,\ 1)$가 만드는 평면 위에 있으면 충분하다. 그러므로 $\{(x,\ y,\ 1),\ (x_1,\ y_1,\ 1),\ (x_2,\ y_2,\ 1)\}$는 일차종속이다.

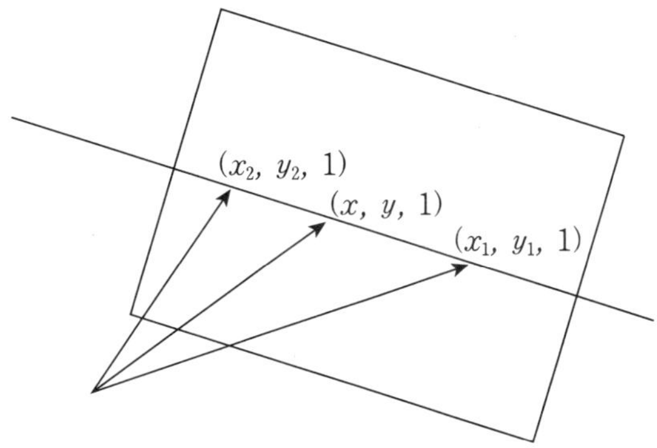

공간에서의 직선의 방정식

$(a,\ b,\ c)$에 평행인 직선의 매개변수 방정식은

$$x = at,\ y = bt,\ z = ct$$

로 주어진다. 그러므로 $(a,\ b,\ c)$에 평행이고 점 $(x_0,\ y_0,\ z_0)$을 지나는 직선 l의 방정식은

$$\frac{x - x_0}{a} = \frac{y - y_0}{b} = \frac{z - z_0}{c}$$

로 주어진다. 여기서 $abc = 0$일 경우에는 특별하게 취급한다.

또 $a^2 + b^2 + c^2 = 1$라고 할 때 $a,\ b,\ c$를 주어진 직선 l의 방향코사인이라고 한다. 즉 l이 x축, y축, z축과 이루는 각을 각각 $\theta_x,\ \theta_y,\ \theta_z$라고 하면

$$\cos\theta_x = a,\ \cos\theta_y = b,\ \cos\theta_z = c$$

로 주어진다.

공간에서의 평면의 방정식

$(a,\ b,\ c)$에 수직이고 원점을 지나는 평면의 방정식은

$$ax + by + cz = 0$$

이다. 따라서 점 $(x_0,\ y_0,\ z_0)$을 지나고 $(a,\ b,\ c)$에 수직인 평면의 방정식은

$$a(x - x_0) + b(y - y_0) + c(z - z_0) = 0$$

또는 이것을 풀면

$$ax + by + cz = ax_0 + by_0 + cz_0$$

로 주어진다. 여기서 중요한 사실은 평면의 방정식이 $x,\ y,\ z$의 일차식으로 주어진다는 점

이다. 역으로 일차식 f에 대하여 방정식 $f(x,\ y,\ z)=c$는 평면을 나타낸다.

두 평면이 이루는 교각

두 평면 $ax+by+cz=0$와 $a'x+b'y+c'z=0$의 교각은 $(a,\ b,\ c)$와 $(a',\ b',\ c')$의 끼인각으로 주어진다. 따라서 두 끼인각을 θ라고 하면

$$\cos\theta=\frac{aa'+bb'+cc'}{\sqrt{a^2+b^2+c^2}\sqrt{a'^2+b'^2+c'^2}}$$

으로 주어진다.

삼수선의 정리

평면 Π 위에 있지 않는 점 P에서 Π의 한 점 Q에 내린 선 선분을 $\overline{PQ}$라고 하자. Π 위에 Q를 지나지 않는 직선을 l이라고 하고 그 위의 한 점을 R이라고 하자. 이때 다음 3 조건 중 임의의 두 조건은 나머지 한 조건을 함의한다.

i) $\overline{PQ}$는 Π의 수선이다.
ii) $\overline{QR}$은 l의 수선이다.
iii) $\overline{PR}$은 l의 수선이다.

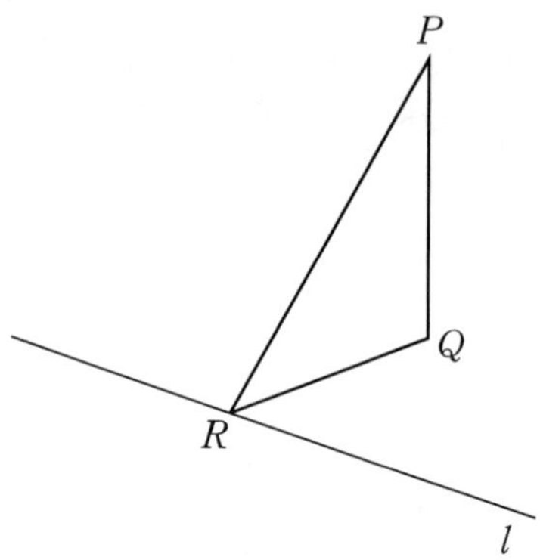

증명은 간단하다. 예를 들어 i)과 ii)이면 iii)임을 증명해보자. 먼저 일반성을 잃지 않고 l을 x축이라고 하고, P의 좌표를 $(x,\ y,\ z)$라고 하면 Q의 좌표는 $(x,\ y,\ 0)$이고 R의 좌표는 $(x,\ 0,\ 0)$이다. 즉 $\overline{PR}$은 점 $(x,\ y,\ z)$을 $(x,\ 0,\ 0)$으로 투영한 것이므로 $\overline{PR}$은 l에 수직이다.

원추곡선의 분류

원추곡선은 일반적으로

(1) $$ax_1^2 + bx_1x_2 + cx_2^2 + dx_1 + ex_2 + f = 0$$

로 주어진다. 여기서 $X = (x_1,\ x_2)$, $A = \begin{pmatrix} a & b/2 \\ b/2 & c \end{pmatrix}$라고 두자 여기서 A를 대각화하면 A가 대칭 행렬이므로

(2) $$C^T A C = \begin{pmatrix} \lambda & 0 \\ 0 & \mu \end{pmatrix}$$

을 만족하는 적당한 직교 행렬 C가 존재한다. 한편

(3) $$Y = (y_1,\ y_2) = XC$$

라고 두면 $C^T = C^{-1}$로부터

$$\begin{aligned} ax_1^2 + bx_1x_2 + cx_2^2 &= (x_1,\ x_2)A(x_1,\ x_2)^T \\ &= (y_1,\ y_2)C^{-1}A((y_1,\ y_2)C^{-1})^T \\ &= (y_1,\ y_2)C^TAC(y_1,\ y_2)^T \\ &= (y_1,\ y_2)\begin{pmatrix} \lambda & 0 \\ 0 & \mu \end{pmatrix}(y_1,\ y_2)^T \\ &= \lambda y_1^2 + \mu y_2^2 \end{aligned}$$

이므로 (1)은

$$\lambda y_1^2 + \mu y_2^2 + py_1 + qy_2 + r = 0$$

가 된다. 이것을 원추곡선의 주축변환이라고 한다.

여기서 이차항의 계수에 따라 다음과 같이 분류된다.

i) $\lambda\mu > 0$이면 타원이다.
ii) $\lambda\mu < 0$이면 쌍곡선이다.
iii) $\lambda\mu = 0$이고 λ와 μ가 동시에 0이 아니면 포물선이다.

예. 이차곡선 $x_1^2 + 2x_1x_2 + x_2^2 + x_1 + x_2 + 1 = 0$을 주축변환을 해보자. 주어진 이차곡선에서 $A = \begin{pmatrix} 1 & 1 \\ 1 & 1 \end{pmatrix}$로 주어지고 이 경우에 대하여 λ와 μ를 구하기 위하여 $\begin{vmatrix} 1-t & 1 \\ 1 & 1-t \end{vmatrix} = 0$을 풀면 $\lambda = 0$ $\mu = 2$를 얻는다. 한편 $\lambda = 0$인 경우 고유벡터로서 $\frac{1}{\sqrt{2}}(1,\ -1)$을 선택하고 $\mu = 2$인 경우 직교하는 고유벡터로서 $\frac{1}{\sqrt{2}}(1,\ 1)$를 선택한다.

따라서 $C = \frac{1}{\sqrt{2}}\begin{pmatrix} 1 & 1 \\ -1 & 1 \end{pmatrix}$를 얻는다. 한편

$$X = YC^{-1} = YC^{t} = \frac{1}{\sqrt{2}}(y_1,\ y_2)\begin{pmatrix} 1 & -1 \\ 1 & 1 \end{pmatrix}$$

이므로

$$x_1 = \frac{1}{\sqrt{2}}(y_1 + y_2),\ x_2 = \frac{1}{\sqrt{2}}(-y_1 + y_2)$$

을 얻는다. 이 식을 원래의 이차곡선에 대입하면

$$y_2^2 + \sqrt{2}\,y_2 + 1 = 0$$

를 얻는다.

케플러에 의한 원추곡선

원추곡선을 케플러가 접근했던 방법, 즉 이심률을 기초로 전개해보자. 다음 그림에서 준선(directrix) $x = -p$에서 점 P까지의 거리 $|x+p|$ 와 $\overline{PF}$이 길이 $\sqrt{(x-p)^2 + y^2}$ 가

$$\sqrt{(x-p)^2 + y^2} = \epsilon|x+p|$$

가 되는 점 P의 자취를 생각해보자. 여기서 $\epsilon > 0$이다.

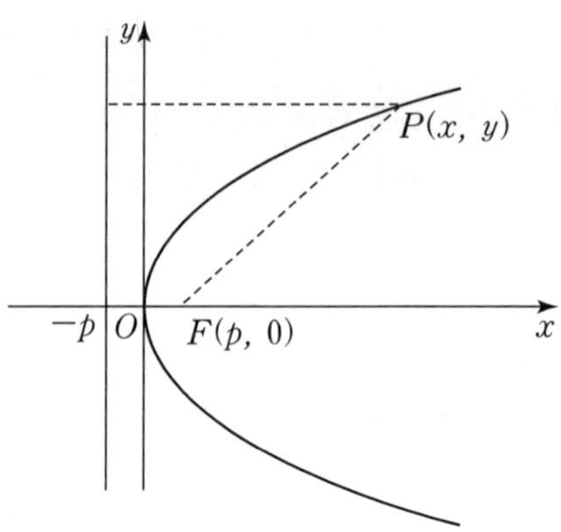

여기서 ϵ의 값에 따라 다음 3가지의 경우가 있다.

i) 만약 $\epsilon = 1$이면

$$y^2 = 4px$$

를 얻는데 이것은 포물선의 방정식이다.

ii) 만약 $\epsilon < 1$이라면

$$\frac{(x-k)^2}{a^2}+\frac{y^2}{b^2}=1$$

을 얻는데 이것은 타원의 방정식이다.

iii) 만약 $\epsilon > 1$이라면

$$\frac{(x-k)^2}{a^2}-\frac{y^2}{b^2}=1$$

을 얻는데 이것은 쌍곡선의 방정식이다. 단 여기서

$$k=p\frac{1+\epsilon^2}{1-\epsilon^2}, \qquad a^2=p^2\left[\left(\frac{1+\epsilon^2}{1-\epsilon^2}\right)^2-1\right], \qquad b^2=a^2(1-\epsilon^2)$$

이다.

이 방법과 전통적인 방법을 비교해보자.[123] 전통적인 접근은 아폴로니우스에 의하여 제안된 것으로서 두 정점에서 동점 간의 거리 관계로 정의하고 있다. 즉 "타원이란 두 정점에서 거리의 합이 일정하다"는 것과 "쌍곡선이란 두 정점에서 거리의 차가 일정하다" 등과 같이 정의함으로서 도형의 모양을 직관적으로 확인할 수 있으나 이심률에 대한 언급은 없고 원추와 종합적 방법을 사용하여 원추곡선의 성질을 도출하고 있다. 정점에서 동점 간의 거리 관계로 준 정의는 각 곡선의 특성을 분명하게 제시하고 있으나 세 가지 곡선에 대한 일관성 있는 정의가 아니기 때문에 이 세 곡선이 가진 통일성, 즉 원추 단면이라는 기하학적 특성이 즉각적으로 드러나지 않는다. 이에 대하여 이심률에 의한 접근은 케플러에 의하여 제안된 것으로서 각각의 곡선은 이심률을 통하여 특수한 경우로 분류되기 때문에 모든 원추곡선이 어떤 일관성이 있다는 것을 추측할 수 있다. 그럼에도 불구하고 이심률이 원추단면의 기하학적 특성을 즉각적으로 보여주지는 않는다.

극좌표에 의한 원추곡선

다음 그림과 같이 점 O를 중심이라고 하고 $\overline{OP}=r$, $\angle DOP=\theta$, $\overline{AO}=l$이라고 두자. 여기서 이심률을 ϵ이라고 하면 원추곡선은 $\overline{OP}=\epsilon\overline{PC}$을 만족하는데 여기서 이것을 극좌표로 나타내보자. 아래 그림으로부터

123) 포물선에 대해서는 두 접근이 동일한 정의에 의하여 주어진다.

$$r = \overline{OP} = \epsilon \overline{PC} = \epsilon(\overline{AB} - \overline{OP}\cos\theta) = l - \epsilon r \cos\theta$$

이므로 주어진 원추곡선의 자취는

$$\frac{l}{r} = 1 + \epsilon\cos\theta$$

를 얻는다.

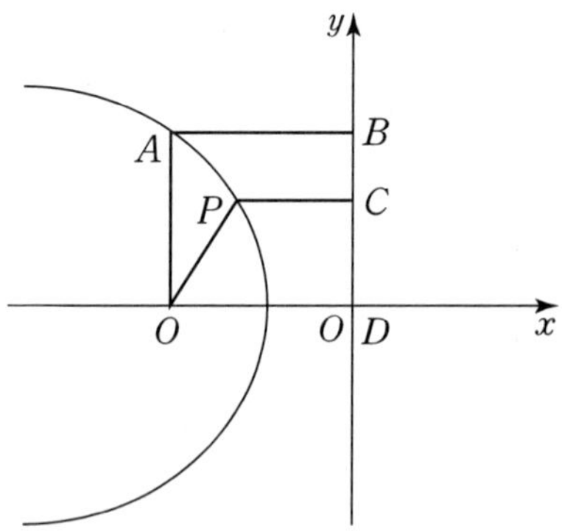

일반화된 피타고라스 정리

$\boldsymbol{R}^n$의 k개의 점 x_1, ..., x_k의 좌표를 각각 $(x_{11},\ x_{12},\ \cdots,\ x_{1n})$, ..., $(x_{k1},\ x_{k2},\ \cdots,\ x_{kn})$라고 하고 이들이 만들어 주는 k평행다면체

$$\left\{\sum_{j=1}^{k}\lambda_j x_j : 0 \le \lambda_j \le 1,\ j = 1,\ 2,\ 3,\ \cdots,\ k\right\}$$

를 V라고 하자. 또 이 점들이 만드는 $n \times k$ 행렬을

$$A = (v_1,\ v_2,\ \cdots,\ v_k)$$

라고 하자. 여기서 $v_j = (x_{j1},\ x_{j2},\ \cdots,\ x_{jn})^T$이다.

$$\det(A^TA) = \sum_I (\det A_I)^2$$

으로 주어지는데 이것을 일반화된 피타고라스 정리라고 한다. 여기서 A_I는 k정사각행렬이고 $I = (j_1,\ \cdots,\ j_k)$이고 $1 \le j_1 < j_2 < \cdots < j_k \le n$ 이때 이 점에 의하여 만들어지는 평행다면체의 k차원 용적은

$$\sqrt{\det(A^TA)}$$

로 주어진다. 여기서 $k = 1$이면 선분의 길이, $k = 2$이면 두 벡터가 만드는 평행사변형의

넓이, $k=3$이면 평행육면체[124)]의 부피가 된다.

예 1. $\boldsymbol{R}^3$의 두 점 $(x_1,\ y_1,\ z_1)$, $(x_2,\ y_2,\ z_2)$에 의하여 만들어지는 평행사변형의 넓이 S는 위의 공식에 의하여 다음과 같이 주어진다.

$$S=\sqrt{\det(A^TA)}$$

여기서

$$A=\begin{pmatrix} x_1 & x_2 \\ y_1 & y_2 \\ z_1 & z_2 \end{pmatrix}$$

이므로 일반화된 피타고라스 정리를 적용하면

$$S=\sqrt{\left[\det\begin{pmatrix} x_1 & x_2 \\ y_1 & y_2 \end{pmatrix}\right]^2+\left[\det\begin{pmatrix} y_1 & y_2 \\ z_1 & z_2 \end{pmatrix}\right]^2+\left[\det\begin{pmatrix} x_1 & x_2 \\ z_1 & z_2 \end{pmatrix}\right]^2}$$

로 주어진다.

예 2. 좌표 $(x_1,\ y_1)$, $(x_2,\ y_2)$를 가진 두 점과 원점을 꼭짓점으로 하는 삼각형의 넓이는

$$\frac{1}{2}\begin{vmatrix} x_1 & y_1 \\ x_2 & y_2 \end{vmatrix}$$

의 절댓값으로 주어진다.

예 3. 좌표 $(x_1,\ y_1)$, $(x_2,\ y_2)$, $(x_3,\ y_3)$를 가진 3점을 꼭짓점으로 하는 삼각형의 넓이는

$$\frac{1}{2}\begin{vmatrix} x_1 & y_1 & 1 \\ x_2 & y_2 & 1 \\ x_3 & y_3 & 1 \end{vmatrix}$$

의 절댓값으로 주어진다. 그 이유는 다음과 같다. 먼저 벡터 $(x_1,\ y_1,\ 1)$, $(x_2,\ y_2,\ 1)$, $(x_3,\ y_3,\ 1)$으로 만들어진 평행육면체의 체적을 V라고 하고 원점과 세 점 $(x_1, y_1, 1)$, $(x_2,\ y_2,\ 1)$, $(x_3,\ y_3,\ 1)$을 꼭짓점으로 하는 사면체의 체적을 V_0라고 하면

(1) $$6V_0=V$$

124) 평행육면체란 마주보는 면이 서로 평행인 육면체를 의미한다.

이 성립한다. 세 점 $(x_1, y_1, 1)$, $(x_2, y_2, 1)$, $(x_3, y_3, 1)$을 꼭짓점으로 삼각형의 넓이를 S라고 하면

$$\frac{S}{3} = V_0 \tag{2}$$

가 성립한다. 그러므로 (1)과 (2)로부터 $S = \frac{V}{2}$를 얻는다.

복소평면 위의 정삼각형

정리. 복소평면 위의 세 점 z_1, z_2, z_3가 삼각형 $\triangle ABC$의 세 꼭짓점을 만든다고 하고 또 세 점 w_1, w_2, w_3가 $\triangle A'B'C'$의 세 꼭짓점이라고 하자. 이때

$$\begin{vmatrix} z_1 & w_1 & 1 \\ z_2 & w_2 & 1 \\ z_3 & w_3 & 1 \end{vmatrix} = 0 \tag{1}$$

은 $\triangle ABC$와 $\triangle A'B'C'$은 닮음이라는 것과 동치이다.

증명. (1)이 성립하면 (1)을 전개하여

$$\frac{z_1 - z_1}{z_3 - z_2} = \frac{w_1 - w_1}{w_3 - w_2} \tag{2}$$

을 얻고 이것은 $\triangle ABC$와 $\triangle A'B'C'$은 SAS 닮음임을 보여준다.
역으로 주어진 두 삼각형이 닮음이면 (2)가 성립하고 이것은 (1)이 된다. ■

예 1. ω는 $\omega^3 = 1$을 만족하는 1이 아닌 복소수이다. 실제로 복소평면 위의 세 점 z_1, z_2, z_3가 하나의 삼각형 $z_1z_2z_3$을 만든다고 하고 이 삼각형이 정삼각형이 되기 위한 필요충분조건은

$$\begin{vmatrix} z_1 & 1 & 1 \\ z_2 & \omega & 1 \\ z_3 & \omega^2 & 1 \end{vmatrix} = 0$$

이다.

예 2. 복소평면 위의 세 점 z_1, z_2, z_3가 $\begin{vmatrix} z_1 & 1 & 1 \\ z_2 & 0 & 1 \\ z_3 & i & 1 \end{vmatrix} = 0$를 만족하면 삼각형 $z_1z_2z_3$은 직각이등변삼각형이다.

직선군의 방정식

두 방정식 $f(x, y)=0$와 $g(x, y)=0$가 직선을 표상한다고 할 때 각각의 $k\in \boldsymbol{R}$에 대하여

(1) $$f(x, y)+kg(x, y)=0$$

는 두 직선의 교점을 지나는 직선의 방정식이다. 그러므로 k가 움직일 때 주어진 방정식 (1)은 직선의 방정식들을 표상한다.

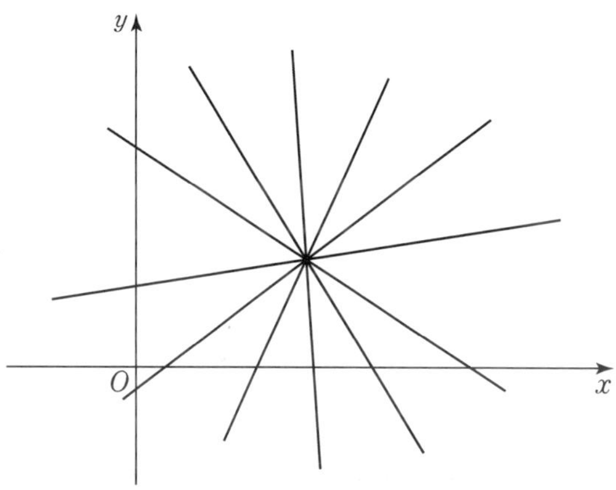

방멱의 해석적 표현

정리. 주어진 원 C의 방정식

$$C(x, y)=x^2+y^2+2fx+2gy+c=0$$

과 평면 위에 임의의 점 $P(x_0, y_0)$가 주어져 있다고 하자. 이때 값 $C(x_0, y_0)$는 원 C에 대한 점 P의 방멱이다.

증명. (p, q)가 원 C 위의 점이라고 하면

$$p=x+r\cos t$$
$$q=y+r\sin t$$

를 만족하는 r이 존재한다. 그런데 점 (p, q)는 원 C 위에 있기 때문에 $C(p, q)=0$을 만족하는데 이것은

$$(x+r\cos t)^2+(y+r\sin t)^2+2f(x+r\cos t)+2g(y+r\sin t)+c=0$$

과 같다. 이것을 정돈하면

$$\begin{aligned}0 &= x^2+2rx\cos t+r^2\cos^2 t+y^2+2yr\sin t+r^2\sin^2 t+2f(x+r\cos t)\\&\quad +2g(y+r\sin t)+c\\&= r^2+2r(x\cos t+y\sin t+f\cos t+g\sin t)+x^2+y^2+2fx+2gy+c\\&= r^2+2r(x\cos t+y\sin t+f\cos t+g\sin t)+C(x,\ y)\end{aligned}$$

가 성립한다. 이것은 r에 관한 이차방정식이다. 따라서 $C(x,\ y)$은 이 방정식의 근의 곱인데 그것은 $r=\overline{PA}$이거나 $r=\overline{PB}$이 되는 경우이다. ■

예. 점 $P(2,\ 0)$을 지나고 원 $x^2+y^2=1$에 점 T에 접하는 직선에서 $\overline{PT}$의 길이는 $C(x,\ y)=x^2+y^2-1$이므로 $\sqrt{C(2,\ 0)}=\sqrt{3}$으로 주어진다.

근축의 방정식

두 원

$$C_1(x,\ y)=x^2+y^2+2p_1x+2q_1y+r_1=0$$

과

$$C_2(x,\ y)=x^2+y^2+2p_2x+2q_2y+r_2=0$$

가 각각 원의 방정식이라고 하자. 점 $P(x,\ y)$가 원 C_1과 C_2에 대하여 같은 방멱을 가지면

(1) $$x^2+y^2+2p_1x+2q_1y+r_1=x^2+y^2+2p_2x+2q_2y+r_2$$

을 만족한다. 여기서 식 (1)을 정돈하면

(2) $$2(p_1-p_2)x+2(q_1-q_2)y+r_1-r_2=0$$

을 얻는다. 여기서 방정식 (2)는 직선을 나타내는데 이것을 두 원의 근축[125)]의 방정식이다.

다음 그림에서 직선은 다양한 원의 근축을 나타낸다.

125) 학교수학에서 이 용어는 공통현이라고 한다.

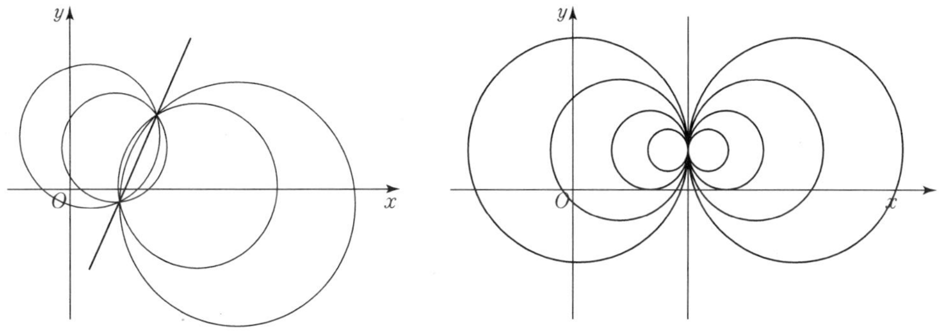

예 1. 원 $(x-2)^2+y^2=1$과 원 $x^2+y^2=1$의 근축의 방정식은 $x=1$이다.

예 2. 만나는 두 원 $C_1(x,\ y)$와 $C_2(x,\ y)$의 근축 위의 임의의 점 $P(x_0,\ y_0)$가 있다면 $C_1(x_0,\ y_0)=C_2(x_0,\ y_0)$가 성립한다. 역으로 $C_1(x_0,\ y_0)=C_2(x_0,\ y_0)$가 성립하면 $P(x_0,\ y_0)$는 두 원 $C_1(x,\ y)$와 $C_2(x,\ y)$의 근축 위의 점이다.

질량중심좌표

각 점 $A_i(x_i,\ y_i,\ z_i)$에 질량 t_i를 가진 질점들의 질량중심좌표를 $P(x,\ y,\ z)$라고 하면 다음 식을 만족한다.

$$(x,\ y,\ z)=\left(\frac{\sum_{i=1}^{3}t_ix_i}{\sum_{i=1}^{3}t_i},\ \frac{\sum_{i=1}^{3}t_iy_i}{\sum_{i=1}^{3}t_i},\ \frac{\sum_{i=1}^{3}t_iz_i}{\sum_{i=1}^{3}t_i}\right)$$

이다. 특히 $t_1+t_2+t_3=1$이고 $A_1=(1,\ 0,\ 0)$, $A_2=(0,\ 1,\ 0)$, $A_3=(0,\ 0,\ 1)$이라면 질량중심 좌표는 $(t_1,\ t_2,\ t_3)$이다. 이 사실을 기반으로 다음 정의를 내릴 수 있다.

정의. 각각 질량 $t_1,\ t_2,\ t_3$를 가진 세 점 $A_1,\ A_2,\ A_3$의 질량중심 P가 주어지면 P를 결정하는 $t_1+t_2+t_3\neq 0$를 만족하는 세 수 $t_1,\ t_2,\ t_3$가 존재한다. 이때 $(t_1,\ t_2,\ t_3)$을 $A_1,\ A_2,\ A_3$에 대한 P의 질량중심좌표(barycentric coordinate)라고 한다. 특히 $t_1+t_2+t_3=1$이 되도록 $(t_1,\ t_2,\ t_3)$를 결정할 때 이 세 수를 P의 면적좌표하고 한다.

질량중심좌표는 다음과 같은 성질을 가진다.

i) 질량중심좌표는 동차좌표계이다. 즉 $c\neq 0$이면 $(t_1,\ t_2,\ t_3)=(ct_1,\ ct_2,\ ct_3)$. 그러

나 면적좌표는 동차좌표계가 아니다.

ii) 세 점 A_1, A_2, A_3에 대한 점 P의 질량중심좌표를 (t_1, t_2, t_3)라고 하자. 이때 $\triangle A_2A_3P$, $\triangle A_3A_1P$, $\triangle A_1A_2P$의 면적 비는 t_1, t_2, t_3와 같다. 그러므로 면적좌표라는 정의가 실제적으로 의미가 있다.

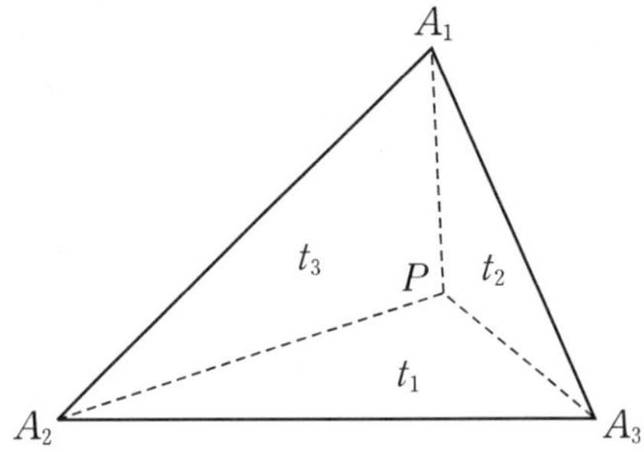

예. A_1, A_2, A_3에 대하여

i) A_1, A_2, A_3의 질량중심좌표는 각각 $(1, 0, 0)$, $(0, 1, 0)$, $(0, 0, 1)$이다.

ii) A_1과 A_2의 중점의 질량중심좌표는 $(1, 1, 0)$이다.

15.1.3 현상학적 분석

i) 평면 유클리드 기하학의 두 가지 접근. 유클리드 기하학을 공리적으로 구성할 때 두 가지 방법이 있다. 하나는 버코프에 의하여 제안된 계량 종합적 방법이고 다른 하나는 유클리드의 기하학 원론과 힐베르트의 기하학 기초론에서 나타난 순수 종합적 방법이다. 순수 종합적 방법에서 무정의 용어는 점, 직선, 평면, 사이에 있다, 위에 있다, 합동 등 6개가 무정의 용어이다.

계량 종합 유클리드 기하학과 순수 종합 유클리드 기하학을 비교하면 다음 표와 같다.

기하학 / 성질	계량 유클리드 기하학	종합 유클리드 기하학
기본 원소	점, 직선, 평면, 실수	점, 직선, 평면
거리 개념	주어짐	언급되지 않음
각도 개념	주어짐	언급되지 않음
선분의 합동	거리 공준에 의하여 정의됨	주어짐
각의 합동	각도에 의하여 정의됨	주어짐

ii) 좌표의 현상학. 최초의 좌표는 점을 계량화하는 데 있다. 이것은 점을 계량화하는 것 일 뿐만 아니라 점을 수로 정의하는 방법의 하나이다. 그러나 수학이 발전되면서 점의 좌표 표상을 넘어 도형을 좌표로 표상하는 방법이 나타났다. 대표적인 예가 동차 좌표계와 플뤼커 좌표계이다.

15.2 심리적 분석

15.2.1 인지적 분석

종합기하학에 비하여 해석기하학은 기본 단위가 점의 좌표로부터 출발하기 때문에 작업 기억을 많이 사용하는 것같이 보인다. 그럼에도 불구하고 대수적 조작은 단계적으로 실행할 수 있기 때문에 실제로 작업기억의 효율성은 그렇게 문제되지는 않는다.

보조선은 기하학적 문제해결에 중요한 역할을 한다. 보조선은 도형을 문제해결을 위한 유의미 요소로 분해하게 해주는데 이는 통찰의 문제에 해당한다. 보조선에 대한 통찰과 관련된 연구는 그렇게 많지 않기 때문에 관심을 가질 필요가 있다.

한편 기하학적 사고를 대수적 사고로 변환한다고 해도 초심자에게 있어서 쉬운 일은 아니며 다양한 연습과 훈련이 필요하다.

기하학적 대상을 대수적으로 표상한 후 다시 기하학적으로 해석해야 하는데 일반적으로 대수적 표상을 기하학적으로 해석하는 것은 쉽지 않다.

15.2.2 오개념 분석

i) 평면에서 $x=c$ 또는 $y=d$로 주어지는 방정식을 직선으로 인식하지 않는다.

ii) x와 y를 $m:n$으로 내분한 점의 좌표를 $\dfrac{mx+ny}{m+n}$으로 생각하고 $m:n$으로 내분한 점의 좌표를 $\dfrac{mx-ny}{m+n}$로 생각한다.

iii) 좌표변환에서 좌표계와 점의 좌표를 구별하는 데 어려움이 있다.

iv) 좌표축은 단위를 부여하지 않는 것이라고 생각한다. 수학이 구체적인 물리 현상을 다루지 않기 때문에 좌표축에 단위를 넣지 않을 뿐이다. 그러나 물리적인 문제를 좌표평면에 표상할 경우 단위를 명시하는 것이 옳은 것이지만 다만 의미가 분명할 경우 생략한다. 예를 들면 사인함수 $f(x)=\sin x$는 묵시적으로 x는 라디안으로 주어져 있지만 만약 60분법 각으로 주어졌다면 분명하게 명시하는 것이 혼란을 피할 수 있다.

v) $x^2+y^2+ax+by+c=0$는 항상 원의 방정식이라고 생각한다.

15.3 교육적 분석

15.3.1 교육과정 분석

교육목표 분석

좌표의 사용은 기존의 수학을 해석학과 해석기하로 분리, 발전하게 만들었다. 전자는 주로 미적분을 기초로 하여 이후 복소해석학으로 전개되었고 후자는 여전히 기하학적 대상을 표상하는 도구로 남아 있었다.

해석기하는 점을 수학적 기본 단위로 간주한다. 그러나 해석기하가 기하학적 대상을 좌표를 통하여 대수화한다는 점에서 선분의 길이와 각의 크기를 수량화한 계량기하학의 접근과는 다르다. 한편 많은 수학적 지식들은 기본적으로 좌표에 의하여 표상되어 있지만 보다 세련된 방법론을 사용함으로써 좌표에 의한 표상 수준에 머물지 않는다.

학교수학에서의 해석기하는 좌표에 의한 도형의 표상 수준에서 머물고 더 이상의 수학적 방법론을 요구하지 않는다. 예를 들면 간단한 도형을 좌표에 의하여 표상하는 방법을 학습하는 것으로 엮어나간다. 사실 학교수학 수준의 지식으로 볼 때 종합기하학의 방법과 해석기하학의 방법의 우열을 비교하는 것은 어려우며 실제로 종합기하학의 방법이 해석기하의 방법보다 더 편리할 수도 있음을 주목해야 한다. 예를 들면 이등변삼각형의 두 밑각이 서로 같음의 증명은 해석기하학의 방법이 더 불편하다.

학교수학의 맥락에서 볼 때 학생들은 해석기하를 통하여 기하학의 방법론을 배우는 것보다는 기호 조작의 기민성이나 중요성을 인식해야 하고 능숙한 사용자가 될 수 있도록 기호 사용 방법을 익히는 데 중요성이 있다.

해석기하학은 대수적 기교가 많이 요구된다. 이 점은 해석기하학이 편리함과 동시에 수학적 조작의 어려움을 동시 수반한다는 점이다. 이 점은 해석기하학의 장점인 동시에 단점이기도 하다. 학생들은 과거 종합기하학에서 얻을 수 있는 통찰이나 직관이 해석기하학에 의하여 진부한 계산으로 대치됨을 느끼게 된다. 그러나 수학이 사고의 경제학이라는 점을 간주하여 단순한 계산을 위한 해석기하학이 된다면 그것은 해석기하학의 교육목표가 아니다. 따라서 학생들은 해석기하학을 통하여 다음과 같은 것을 배워야 한다.

i) 기하학적 대상의 좌표에 의한 표상의 수월성.
ii) 기하학적 대상을 대수적 대상으로 변환하는 의의.
iii) 대수적 표상을 기하학적 의미로 해석하기.

좌표를 도입할 때는 편리성을 고려해야 한다. 여기서 말하는 편리성이란 가능하면 단순한 표상을 선택해야 한다는 것으로서 오캄(William of Occam, 1285~1343)의 원리를 의미한다. 그러나 학교수학에서 좌표의 변환보다는 좌표에 의한 표상을 강조하고 있는데 이는 좌표를 사용할 수 있는가에 우선적으로 초점을 맞추고 있기 때문이다.

학습 내용 개요

주제	내용	주안점
좌표계	직교좌표 극좌표 좌표변환	편리한 좌표계란 무엇인가? 다양한 좌표계에 의한 표상을 할 수 있다
도형의 방정식	직선의 방정식 곡선의 방정식 원추곡선의 방정식 평면의 방정식	다양한 좌표를 사용한 방정식 만들기

이 단원에서 반드시 알고 있어야 할 명제는 다음과 같다.

i) 직선의 방정식 공식.
ii) 평면의 방정식 공식.
iii) 원추곡선의 방정식 공식.
iv) 삼수선의 정리. 이것은 종합기하학에서 다룰 수도 있다.

지식의 연결성

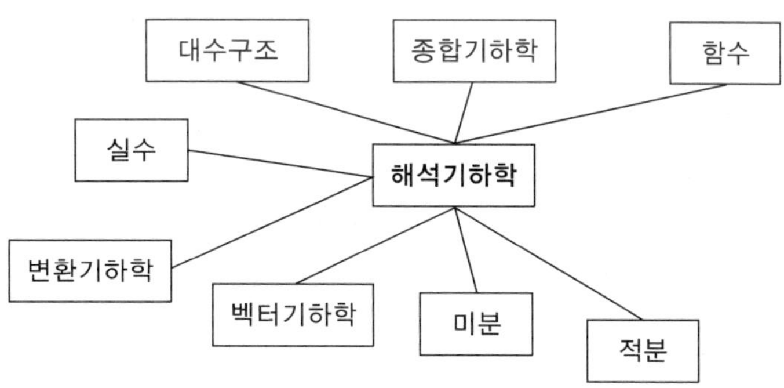

15.3.2 학습 주제 및 내용 분석

해석기하학의 주제

해석기하학의 지도는 도형을 좌표로 표상하고 그 결과를 대수적으로 처리하고 그 결과를 기하학적으로 해석한다. 이를 위한 절차로서 먼저 선분과 각을 해석적으로 표상하는 방법을 알아야 한다. 그러므로 학습의 기본 주제는 다음과 같다.

i) 점의 좌표, 점과 점의 거리의 해석적 표상.
ii) 선분의 길이의 해석적 표상.
iii) 각의 해석적 표상.

이런 기본 지식을 이용하여 도형을 하나의 방정식으로 표상한다. 그러나 모든 도형을 해석적으로 표상하는 것은 복잡할 수 있고 종합기하학의 방법보다 어려울 수도 있다. 예를 들면 원추곡선은 해석기하에 의한 통합적 설명이 가능하지만 삼각형은 간단한 도형임에도 불구하고 해석기하에 의한 그런 설명은 없다. 이것은 삼각형을 해석적으로 표상하기 위한 초등수학적 방법이 없기 때문이다. 이런 이유로 인하여 직선, 원추곡선, 평면의 방정식 등을 제외한 기하학적 대상의 연구는 대개 종합적 방법이 유리하다. 좌표가 획기적인 수학적 도구라는 것은 도형이 함수에 의하여 표상되는 경우이고 이 방향으로 발전한 분야는 복소함수론 또는 공형기하학이다.

도형의 결정조건에 대한 정보

이 영역의 주요 주제는 직선과 곡선 그리고 평면의 방정식이다. 도형의 방정식은 주어진 정보와 도형의 자취를 표상하는 변수들을 구별하는 것이 중요하다. 여기서 도형의 결정조건은 중요한 역할을 한다. 도형의 결정조건이라는 것은 어떤 도형을 유일하게 결정하는 최소 정보들을 의미한다. 여기서 주어진 도형을 결정하는 최소의 정보가 n개로 이루진다면 표상의 방법은 다르더라도 n은 변하지 않는다. 예를 들면 직선의 결정조건은 두 점이고 평면의 결정조건은 동일 직선 위에 있지 않는 세 점이다. 이런 조건으로부터 동등한 다양한 조건을 생각할 수 있고 이 점의 이해가 실제 지도에서 중요한 주제이다.

15.4 교수학습 지도

15.4.1 학습 내용 지도

좌표 개념의 지도

단순히 평면 또는 공간 위의 점을 수로 표상한 것을 좌표라고 정의한다면 이 정의는 좌표 개념의 좁은 의미가 된다. 이에 대하여 평면 또는 공간 위의 도형을 수로 표상하는 방법을 좌표라고 정의하는 것은 좌표 개념에 대한 광의의 정의가 된다. 광의의 좌표 개념을 사용할 수 있도록 여지를 남겨두어야 한다.

다음 예를 보자.

예. 임의의 일차함수는 일반적으로 $y=ax+b$로 나타낼 수 있기 때문에 이 일차함수의 좌표를 $[a,\ b]$으로 나타낼 수 있다. 한편 임의의 일차함수는 일반적으로 다시 $y=m(x-p)$으로 나타낼 수 있다. 따라서 $y=m(x-p)$의 좌표를 $(m,\ p)$로 나타낼 수 있다. 이때 $[a,\ b]$와 $(m,\ p)$의 좌표변환 공식은 다음과 같이 주어진다.

$$\begin{cases} a=m \\ b=-mp \end{cases}$$

가 된다.

내분과 외분의 지도

수직선 위에서 주어진 선분을 $m:n$으로 내분 또는 외분한 점을 표상하는 좌표의 구하는 지도는 다음 단계를 따른다.

i) 내분해야 할 점은 x에서 내분점까지의 길이를 더해야 한다.

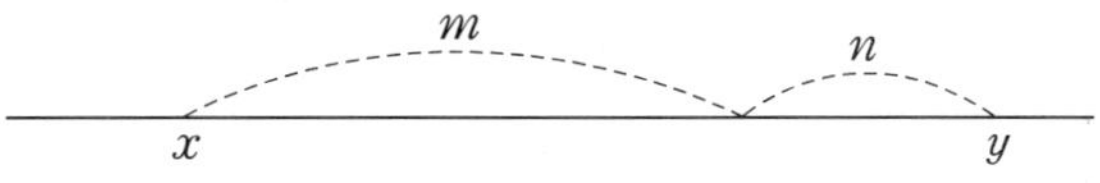

ii) 내분할 막대의 길이는 $y-x$이고 따라서 x에서 내분점까지의 길이는 $\dfrac{m}{m+n}(y-x)$ 이다.

iii) 내분할 막대의 좌표는 $x+\frac{m}{m+n}(y-x)$이고 이것을 정돈하면 $\frac{my+nx}{m+n}$를 얻는다.

외분의 경우도 마찬가지로 절차화 한다. 한편 내분과 외분의 연습으로 무게중심의 좌표를 구하는 것도 바람직한 방법이다.

극좌표의 지도

극좌표는 항공기의 관제에 요긴하게 사용된다. 따라서 실제 맥락에서 지도하는 것이 바람직하다.

예 1. 다음 점들은 인천 공항의 레이더 화면에 나타난 비행기들이다. 각각의 좌표를 말해보자. 여기서 화면의 1cm는 실제 1km를 의미한다.

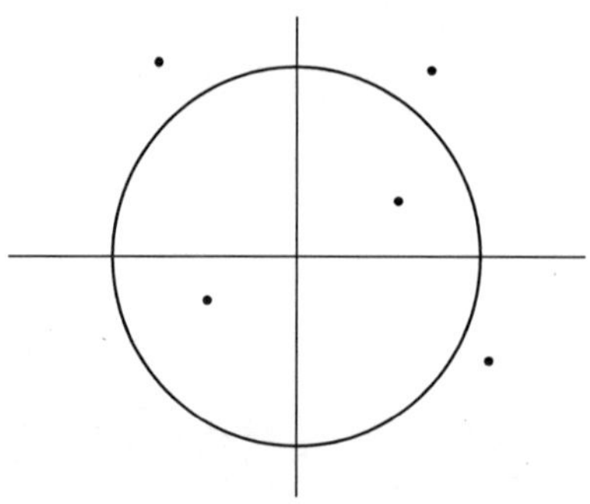

직교좌표에 익숙한 학생들에게는 극좌표로 주어진 도형의 방정식은 약간 생소할지도 모른다. 그러므로 새로운 경험을 가지게 하는 것은 중요한 과정이다. 다음 예를 보자.

예 2. 다음 방정식의 그래프를 그려보자.

i) $\theta=\frac{\pi}{4}$
ii) $r=1$
iii) $r=\theta$

평행사변형의 면적 공식의 지도

원점 O와 두 좌표 $(a,\ b)$, $(c,\ d)$에 의하여 생성된 평행사변형의 면적은 $|ad-bc|$가 되는데 이것을 기하학적으로 설명해보자.

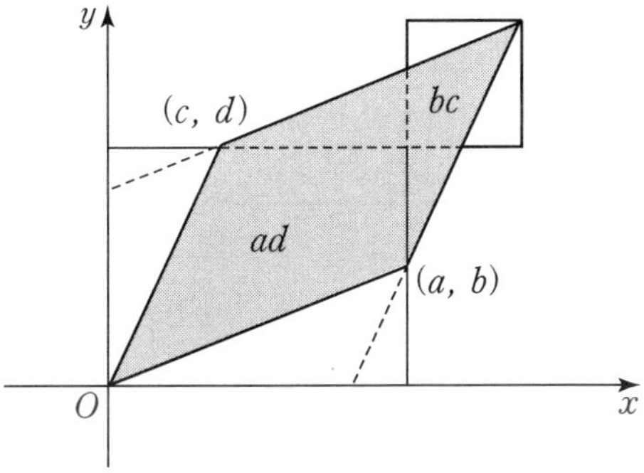

두 직선의 직교 조건

두 직선 $y=ax+b$와 $y=cx+d$가 직교할 조건은 $ac=-1$이다. 증명을 위하여 두 직선을 원점에 평행이동한 다음 그림을 생각하면 충분하다. 그림에서 삼각형의 닮음조건을 이용하면 $1=|ac|$가 성립한다. 여기서 a와 c의 부호가 반대이므로 $ac=-1$이다.

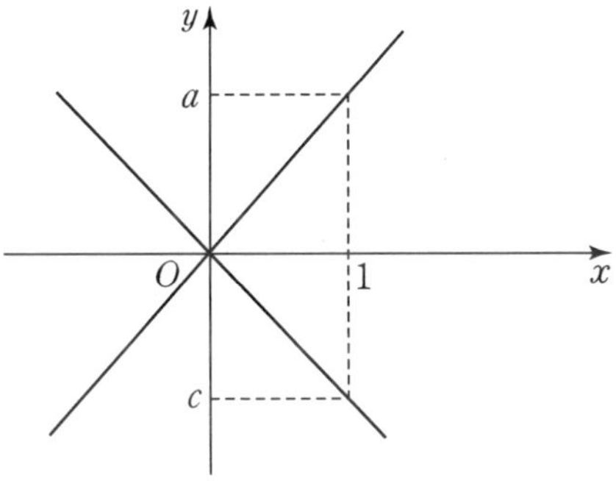

한편 두 직선 $ax+by+c=0$와 $a'x+b'y+c'=0$의 직교조건은 방금 앞에서 한 것을 이용하여 증명해본다. 순수 대수적 방법은 두 직선 $\begin{cases} ax+by+c=0 \\ a'x+b'y+c'=0 \end{cases}$이 직교할 조건을 벡터 기하의 결과를 이용하는 방법이다.

두 직선의 위치 관계 지도

두 직선 $y=ax+b$와 $y=cx+d$의 위치 관계는 다음과 같이 분류할 수 있다.

경우	계수들의 관계	비고
한 점에서 만난다.	$a \neq c$	
	$ac=-1$	직교하는 경우
여러 점에서 만난다.	$a=c$이고 $b=d$	
만나지 않는다.	$a=c$이고 $b \neq d$	

한편 두 직선 $ax+by+c=0$와 $a'x+b'y+c'=0$의 위치 관계도 주어진 식을 앞의 식과 같이 $y=f(x)$의 형식으로 사용하여 결과를 도출하는 것이 바람직하다.

각각의 사례를 학습하기 위하여 딘즈의 다중표상 이론을 사용한다. 예를 들어 한 점에서 만나는 경우를 학습하기 위하여 관련 함수와 비관련 함수와 그 그래프를 다양하게 제시하고 그것을 분류함과 동시에 계수들 간의 공통점을 발견하도록 안내한다.

타원의 도입

타원을 도입하기 위한 준비로서 다양한 시각적 교구를 제시한다. 예를 들어 다음 두 가지 방안을 생각해보자.

i) 두 초점 F_1과 F_2를 잇는 끈을 통하여 타원의 궤도를 그리는 것.
ii) 두 초점 F_1과 F_2를 중심으로 하는 동심원군을 그리고 동심원군의 교점을 추적하는 것.

이 두 예시는 공통적으로 타원의 영상적 표상으로서 타원의 개형을 보여준다. 이 두 가지 표상 중에서 어느 것이 작업기억의 부담을 덜 수 있을까? i)은 ii) 보다 한번에 파악할 수 있기 때문에 ii)보다 i)이 작업기억의 부하를 덜어준다. 일반적으로 도입 단계는 보다 명확하고 작업기억의 부하를 가하지 않는 방안을 찾는 것이 바람직하다. 즉 오캄의 면도날이 영상적 표상의 경우에도 적용된다.

원추곡선의 통합적 접근

준선 $x=-p$에 대하여

$$\frac{\sqrt{(x-p)^2+y^2}}{|x+p|}=\epsilon$$

을 생각하자. 이 식에서 이심률 $\epsilon > 0$의 변화에 따라 도형의 어떻게 주어지는가를 그림을 통하여 지도한다. 이 지도는 각각의 $\epsilon > 0$가 만드는 도형을 예상하는 것이 중요하다.

원추곡선의 접선의 해석적 접근

원추곡선의 접선법에 대한 해석적 접근은 원추곡선에 접선이 이중점을 가진다는 점을 착안한 것이다. 이것은 원추곡선의 방정식과 직선의 방정식을 연립했을 때 중근을 가지는 것으로 귀착된다. 이 방법은 보다 일반적인 곡선에도 적용할 수 있으나 다만 중근을 가질 조건이 쉽게 도출되지 않는 약점이 있다.

이 방법에 의하면 원 $x^2+y^2=r^2$의 임의의 점 $(p,\ q)$에서 접선방정식을

$$y-q=m(x-p)$$

라고 하고 이 두 방정식을 연립하여 중근이 될 m의 값을 구하면

$$px+qy=r^2$$

을 얻는다.

한편 기울기가 m이고 원 $x^2+y^2=r^2$에 접하는 직선의 방정식을 구해보자. 이 경우도 연립하여 중근조건을 적용하면 쉽게 구할 수 있지만 여기서는 보다 해석기하학적 측면을 부각시키는 방법을 생각해보자.

먼저 접점을 P라고 하면 x축과 $\overline{OP}$가 이루는 각을 θ라고 하면

(1) $$\begin{cases} \cos\theta = \dfrac{m}{\sqrt{1+m^2}} \\ \sin\theta = \dfrac{-1}{\sqrt{1+m^2}} \end{cases}$$

또는

(2) $$\begin{cases} \cos\theta = \dfrac{-m}{\sqrt{1+m^2}} \\ \sin\theta = \dfrac{1}{\sqrt{1+m^2}} \end{cases}$$

으로 주어진다. 여기서 이 접선의 방정식은 헤세의 표준형에 의하면 $x\cos\theta+y\sin\theta=r$이므로 $\dfrac{mx}{\sqrt{1+m^2}}-\dfrac{y}{\sqrt{1+m^2}}=r$ 또는 $\dfrac{-mx}{\sqrt{1+m^2}}+\dfrac{y}{\sqrt{1+m^2}}=r$을 얻는다. 그러므로 접선의 방정식은

$$y=mx\pm r\sqrt{1+m^2}$$

이다.

이 방법을 지도하면서 이 방법의 제한점을 설명하고 학습 내용의 연결성을 위하여 해결책으로서 미분법이 있음을 소개하는 것이 바람직하다.

자취의 방정식 지도

자취의 방정식을 구하는 문제는 다음과 같이 주어진다.

i) 전제 조건.
ii) 자취에 대한 조건.
iii) 자취의 방정식 요구.

자취의 방정식은 우선 구하고자 하는 자취를 좌표로 나타낸다. 예를 들면 평면 위에서의 문제라면 자취의 일반적인 점을 $(x,\ y)$라고 둔다. 여기서 자취에 대한 조건을 전제 조건과 결합하여 구하는데 그것을 $W(x,\ y)=0$라고 하면 $W(x,\ y)=0$가 구하고자 하는 자취의 방정식이다.

예. 다음 문제 "두 직선 $x-y=0$와 $x+y=2$에서 같은 거리에 있는 점의 자취를 구하시오."를 생각해보자. 여기서 전제 조건은 $x-y=0$와 $x+y=2$이다. 이제 자취의 좌표를 $(x,\ y)$라고 두면 $W(x,\ y)=0$는 "점 $(x,\ y)$와 두 직선 간의 거리가 같다."는 것이다. 그러므로 점과 직선 간의 거리 공식에 의하여

$$\frac{|x-y|}{\sqrt{1^2+1^2}}=\frac{|x+y-2|}{\sqrt{1^2+1^2}}$$

가 되고 이것을 풀면 $x=1$ 또는 $y=1$이라는 필요조건을 얻는다. 한편 이 결과를 검사하면 답으로서 충분하다.

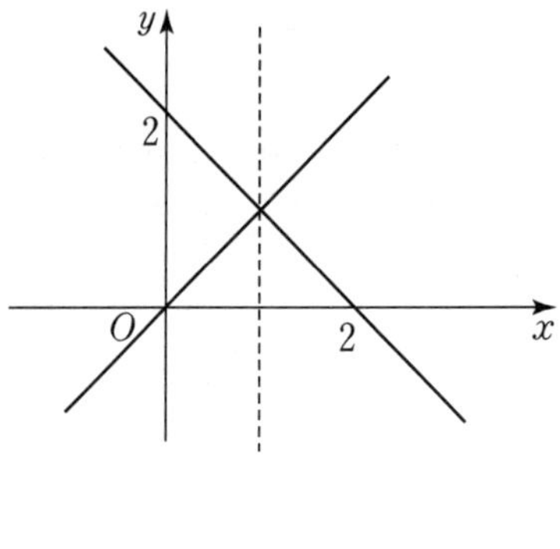

여기서 이 점이 가장 힘든 부분은 $W(x,\ y)=0$가 주로 일상 언어에 의하여 제시된다는 점이다. 그러므로 자취의 방정식을 성공적으로 수행하기 위해서는 일상 언어를 해석적 언어로 변환할 수 있는 능력이 전제되어야 한다. 이런 변환에서 가장 간단하면서도 효과적인 방법은 주어진 문제를 도형으로 표상하는 방법이며 실제 지도에 있어서 위와 같이 단계적으로 지도하는 것이 필요하다.

점과 직선이 이루는 거리 공식 유도

점 $P(p,\ q)$와 직선 $ax+by+c=0$가 이루는 거리를 d라고 할 때 d를 구하는 공식을 유도해보자. 이 문제는 변환기하학에서 다양한 방법으로 소개하겠지만 여기서는 삼각형의 면적 관계를 이용하여 순수 해석기하학의 방법으로 접근한다. 먼저 점 P을 지나는 수평선과 수직선이 직선 $ax+by+c=0$에 만나는 점을 각각 A와 B라고 하고 P에서 $ax+by+c=0$에 내린 수선의 발을 H라고 하면 직각삼각형의 넓이 관계에 의하여

(1)
$$d=\frac{\overline{PA}\cdot\overline{PB}}{\overline{AB}}$$

가 성립한다. 여기서

(2)
$$\overline{PA}=\left|\frac{bq+c}{a}+p\right|$$
$$\overline{PB}=\left|q+\frac{ap+c}{b}\right|$$
$$\overline{AB}=\sqrt{\left(\frac{bq+c}{a}+p\right)^2+\left(q+\frac{ap+c}{b}\right)^2}$$

이므로 식 (2)를 식 (1)에 대입하면

$$d=\frac{|ap+bq+c|}{\sqrt{a^2+b^2}}$$

을 얻는다.

15.4.2 평가

1. 공간 위의 점 $(p,\ q,\ r)$과 평면 $ax+by+cz+d=0$와의 거리는

$$\left|\frac{ap+bq+cr+d}{\sqrt{a^2+b^2+c^2}}\right|$$

으로 주어짐을 증명하시오.

2. 삼각형의 오심의 존재성을 해석기하학의 방법으로 접근해보자.

3. 임의의 점 $(p,\ q)$에서 타원 $\frac{x^2}{a^2}+\frac{y^2}{b^2}=1$에 그은 접선의 두 점접 S와 T를 연결하는 직선의 방정식을 구하라.

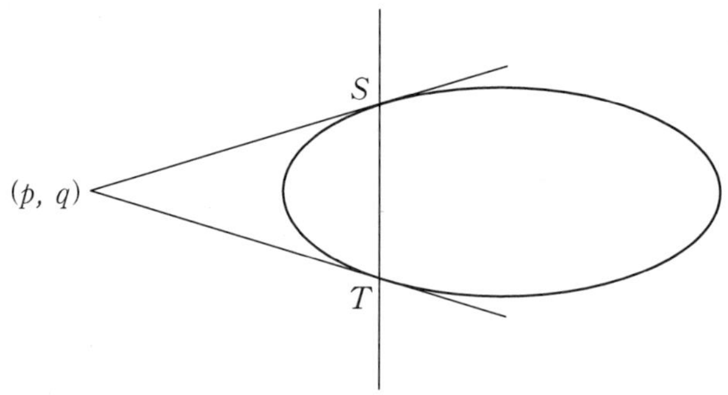

4. 피타고라스 정리를 해석기하학의 방법으로 증명하고 증명을 평가하자.

15.4.3 연구 과제

교수 측면

1. 교육적 관점에서 본다면 기하학의 해석적 방법은 그렇게 효과적인 방법이 아니다. 종합적 방법과 해석적 방법의 장단점을 논의하자.

2. 교과서는 계량적 방법과 순수 종합적 방법이 혼재되어 있다. 이것을 두 가지로 분리하고 이로부터 나타난 특징이 있는가를 조사해보자.

3. 교과서는 종합기하학에 의한 내용과 해석기하학의 내용이 분리되어 있다. 종합기하학의 내용들을 해석기하학으로 나타내보자.

4. SOLO 평가를 구체화하기 위한 질의 문항을 개발하자.

학습 측면

1. 통찰이 기하학 학습에 미치는 영향을 연구해보자.

2. 증명이 어려운 이유를 심리적 관점에서 논의해보자.

3. 기하학적 개념을 해석적으로 표상하는 데 나타나는 학생들이 가지는 어려움은 무엇인가?

16.
벡터기하학

16.1 수학적 분석

16.1.1 역사적 분석

개관

기하학적 대상을 좌표로 나타내고 그 결과를 대수적으로 처리하는 기법은 종합기하학의 방법에 비하여 매우 진보된 것이지만 좌표로 나타난 변수들을 효과적으로 처리하는 것은 성가신 문제였다. 이러한 문제로 인하여 좌표에 의존하지 않는 종합기하학을 모색하게 되었는데 이것이 벡터기하학의 발단이다. 그러나 벡터 개념은 이미 아리스토텔레스에 의하여 알려져 있었는데 그는 힘은 벡터로 나타낼 수 있다는 것과 두 힘의 합성이 평행사변형 법칙을 따른다는 것을 알고 있었다. 근대에 이르러 스테빈(S. Stevin, 1548~1620)은 정력학의 문제에 벡터 개념을 이용하였으며 갈릴레오도 그 법칙을 알고 있었다. 19세기에 복소수 개념이 기하학적으로 분명해지면서 평면 위의 운동을 기술하기 위한 도구로 복소수를 벡터로 사용하게 되었다. 그러나 복소수 개념은 공간 위에 있는 물체에 작용하는 힘을 묘사하기 위한 도구로는 한계가 있었다. 따라서 공간에서 복소수 개념으로의 확장이 필요하게 되었다. 이 문제에 대하여 하나의 대안이 가우스에 의하여 제시되었는데 그 결과는 물리적 현상을 처리하는 데 한계가 있음이 발견되었다. 공간에서 물체의 운동을 충분하게 기술할 수 있는 복소수 개념의 확장은 해밀턴에 의하여 이루어졌다. 해밀턴은 복소수를 평면 위의 방향을 가진 양으로 생각하고 이것을 보다 일반적인 수체계로 확대하려고 했는데 그 결과로 나타난 것이 사원수의 개념이다. 그러나 그 당시 피콕은 다양한 대수 체계로부터 소위 대수학의 기본 공리에 해당하는 공준들이 있음을 발견하였다. 이것은 마치 유클리드가 그 당시의 기하학 연구를 종합하여 공리를 추출했던 것과 같은 맥락이며 클라인이 그 당시까지의 기하학을 집대성하여 클라인 기하학으로 통합한 것과 유사하다.[126] 피콕이 제안한 형식불역의 원리는 그 당시 대수학을 조직하는 하나의 규범이 되었다. 해밀턴은 피콕이 제안한 형식불역의 원리로부터 벗어나지 못했기 때문에 더 이상 발전하지 못하고 있다가 이윽고 그 원리를

126) 이런 의미에서 피콕을 대수학의 유클리드라고 하기도 한다(Eves, 1980).

포기함으로써 사원수 개념을 얻게 된다.

캐일리는 n차원기하학을 연구하여 양자역학에 응용하였으며 사영기하학과 계량기하학을 통합하였다.

물리학자들이 평면 위의 질점계를 다룰 때 복소수를 사용한 것과 더불어 벡터 개념은 다른 부분에서도 나타났다. 수의 확대 과정에서 나타난 다양한 집합, 예를 들면 $\boldsymbol{Q}$의 확대체로서 $\boldsymbol{Q}[\sqrt{2}]$ 또는 $\boldsymbol{Q}[\sqrt[3]{2}, \sqrt[3]{4}]$, 더 나아가서 $\boldsymbol{Q}[x]$에서 주어진 연산들은 이미 벡터로서 충분한 기능을 가지고 있었기 때문이다.

벡터 개념의 역사적 의의를 종합하면 다음과 같다.

i) 벡터 개념은 물리적 대상을 양화하기 위한 도구였다.
ii) 벡터 개념은 복소수 개념을 확장하였다.
iii) 벡터 개념은 수의 사칙연산의 일부를 포기함으로써 가능했다. 이 점은 대수학의 혁명이라고 할 수 있다.

사원수와 벡터

사원수는

$$a+bi+cj+dk$$

로 주어지고 이것은 벡터 합과 곱으로서 다음 규칙을 갖는다.

$$\boldsymbol{i}^2=\boldsymbol{j}^2=\boldsymbol{k}^2=-1,\ \boldsymbol{ij}=\boldsymbol{k},\ \boldsymbol{jk}=\boldsymbol{i},\ \boldsymbol{ki}=\boldsymbol{j},\quad \boldsymbol{ji}=-\boldsymbol{k},\ \boldsymbol{kj}=-\boldsymbol{i},\ \boldsymbol{ik}=-\boldsymbol{j}.$$

사원수의 대수구조는 결합법칙을 만족하지만 교환법칙은 만족하지 않으며 복소수를 부분체로 가지고 있다.

해밀턴의 사원수는 벡터해석학의 중요한 도구가 되었는데 그는

$$\nabla=\boldsymbol{i}\frac{\partial}{\partial x}+\boldsymbol{j}\frac{\partial}{\partial y}+\boldsymbol{k}\frac{\partial}{\partial z}$$

라는 연산자를 도입했다. 여기서 $\boldsymbol{v}=\boldsymbol{i}v_1+\boldsymbol{j}v_2+\boldsymbol{k}v_3$라고 두면 사원수의 연산 규칙에 의하여

$$\begin{aligned}\nabla\boldsymbol{v}&=(\boldsymbol{i}\frac{\partial}{\partial x}+\boldsymbol{j}\frac{\partial}{\partial y}+\boldsymbol{k}\frac{\partial}{\partial z})(\boldsymbol{i}v_1+\boldsymbol{j}v_2+\boldsymbol{k}v_3)\\&=-\left(\frac{\partial v_1}{\partial x}+\frac{\partial v_2}{\partial y}+\frac{\partial v_3}{\partial z}\right)+\boldsymbol{i}\left(\frac{\partial v_3}{\partial y}-\frac{\partial v_2}{\partial z}\right)+\boldsymbol{j}\left(\frac{\partial v_1}{\partial z}-\frac{\partial v_3}{\partial x}\right)+\boldsymbol{k}\left(\frac{\partial v_2}{\partial x}-\frac{\partial v_1}{\partial y}\right)\end{aligned}$$

을 얻는데 여기서 마지막 식의 첫째 항은 $\boldsymbol{v}$의 발산, 둘째 항은 $\boldsymbol{v}$의 회전이라고 하는 물리

량으로서 역학적 의미를 가지고 있다. 맥스웰(J. Maxwell, 1831~1879)은 ∇v에서 위의 마지막 두 항을 분리하여 역학에 응용하였다.

그러나 깁스(J. Gibbs, 1839~1903)와 헤비사이드(O. Heaviside, 1850~1925)는 해밀턴의 사원수의 벡터 부분을 사용하는 방법이 공간의 물리량을 다루는데 너무 성가시다는 점을 파악하고 독자적인 벡터 개념을 도입하였는데 바로 오늘날 사용하는 3차원 공간 벡터 개념이다. 즉 이들에 의한 벡터는 오늘날 우리가 사용하고 있는 표준 벡터 연산

$$i \cdot j = j \cdot k = k \cdot i = 0$$
$$i \cdot i = j \cdot j = k \cdot k = 1$$
$$i \times i = j \times j = k \times k = 0$$
$$i \times j = k,\ j \times i = -k,\ j \times k = i,\ k \times j = -i,\ k \times i = j,\ i \times k = -j$$

을 도입하였다. 여기서 내적은 교환법칙은 성립하나 결합법칙의 의미를 가지지 않고 외적은 교환법칙도 결합법칙도 만족하지 않는다. 벡터의 이 두 연산은 현대 벡터해석학의 기초를 마련하였다.

해밀턴의 연구는 이와 같은 벡터해석학의 새로운 연산 기법에 의하여 그 위력이 쇠퇴했지만 벡터 개념은 그라스만(H. Grassmann, 1809~1877)에 의하여 보다 일반적인 경우로 확장된다. 그라스만은 그의 선형확대론(Ausdenunglehre)에서 벡터 개념을 보다 정교하게 다듬었는데 여기서 내적, 외적, 선형 생성집합, 일차독립, 일차종속, 차원과 같은 개념을 도입하였다.

벡터 개념은 이후 캐일리에 의하여 선형대수의 아이디어로 확장된다. 선형대수는 교환법칙이 성립하지 않으며 보다 더 추상적인 조르당 대수나 리(M. Lie, 1842~1899) 대수는 결합법칙도 성립하지 않는 대수 체계이다. 이와 같이 대수 체계의 기존 공리를 포기함으로써 생겨난 것들로서 현대대수학에서 다루는 다양한 체계들을 구성한다. 이와 같이 대수학의 역사를 보면 일반화와 추상화라는 두 가지 특징이 나타남을 알 수 있다.

벡터 개념의 발전

벡터 개념은 다음과 같이 발전하였다.

i) 물리적 양의 원시 표상으로서의 벡터. 이 개념은 아리스토텔레스에 의하여 최초로 나타났고 토리첼리에 의하여 다시 소개되었다.

ii) 2차원 물리량으로서 벡터. 평면에서의 역학적 현상을 기술하기 위하여 나타난 벡터 개념인데 복소수가 대신하였다.

iii) 3차원 물리량으로서 벡터. 보다 일반적인 역학적 현상을 기술하기 위한 개념으로서

예를 들면 해밀턴의 사원수, 깁스의 3차원 벡터 등이 여기에 속한다.

iv) 대수적 구조로서 벡터. 대수적 구조로서 정착된다. 이 개념은 그라스만에 의하여 제안되었으며 현재 모든 벡터 개념은 이것으로 통합되어 다중선형 구조를 낳았으며 모든 선형 현상을 기술하는 표준 언어 체계를 조직한다.

이 발전은 물리학과 관련되어 있기 때문에 반드시 이와 같은 순서에 의하여 발전된 것은 아니다.

16.1.2 본체적 분석

벡터의 크기

일반적으로 벡터는 크기 개념을 가지고 있지 않다. 그러나 특수한 벡터들은 크기(norm)를 가진다. 벡터의 크기는 다음과 같이 정의된다.

정리. 벡터공간 V 위에서 주어진 함수 $|\ |: V \to \boldsymbol{R}$이 다음 조건을 만족한다고 하자.

i) $|\boldsymbol{x}| \geq 0$이다. 또 $|\boldsymbol{x}| = 0$이면 $\boldsymbol{x} = 0$이다.

ii) 임의의 스칼라 λ와 임의의 벡터 $\boldsymbol{x}$에 대하여 $|\lambda \boldsymbol{x}| = |\lambda||\boldsymbol{x}|$가 성립한다.

iii) 임의의 벡터 $\boldsymbol{x}$와 $\boldsymbol{y}$에 대하여 $|\boldsymbol{x}+\boldsymbol{y}| \leq |\boldsymbol{x}|+|\boldsymbol{y}|$가 성립한다.

이때 $|\boldsymbol{x}|$를 $\boldsymbol{x}$의 크기라고 한다.

예. 위에서 제시한 $\boldsymbol{R}^n$에서

$$|(x_1,\ x_2,\ \cdots,\ x_n)| = \sqrt{x_1^2 + x_2^2 + \cdots + x_n^2}$$

라고 정의하면 이것은 크기의 정의를 만족한다.

벡터의 내적

벡터공간 V가 주어졌을 때 두 벡터 $\boldsymbol{x}$와 $\boldsymbol{y}$의 내적 $\boldsymbol{x} \cdot \boldsymbol{y}$의 내적이란 함수 $V \times V \to \boldsymbol{R}$로서 다음 조건을 만족한다.

i) $\boldsymbol{x} \cdot \boldsymbol{y} \geq 0$이다. 또 $\boldsymbol{x} \cdot \boldsymbol{x} = 0$이면 $\boldsymbol{x} = 0$이다.

ii) 임의의 벡터 $\boldsymbol{x}$, $\boldsymbol{y}$에 대하여 $\boldsymbol{x} \cdot \boldsymbol{y} = \boldsymbol{y} \cdot \boldsymbol{x}$가 성립한다.

iii) 임의의 벡터 $\boldsymbol{x}$, $\boldsymbol{y}$, $\boldsymbol{z}$에 대하여 $(\boldsymbol{x}+\boldsymbol{y}) \cdot \boldsymbol{z} = \boldsymbol{x} \cdot \boldsymbol{y} + \boldsymbol{x} \cdot \boldsymbol{z}$가 성립한다.

iv) 임의의 스칼라 λ와 임의의 벡터 $\boldsymbol{x}$, $\boldsymbol{y}$에 대하여 $\lambda(\boldsymbol{x} \cdot \boldsymbol{y}) = (\lambda\boldsymbol{x}) \cdot \boldsymbol{y} = \boldsymbol{x} \cdot (\lambda\boldsymbol{y})$가 성립한다.

어떤 벡터공간에 내적을 정의할 수 있을 때 그 벡터공간을 내적공간이라고 한다. 한편 내적은 다음의 코시-슈바르츠 부등식을 만족한다.

$$\boldsymbol{x} \cdot \boldsymbol{y} \le |\boldsymbol{x}||\boldsymbol{y}|$$

예 1. $\boldsymbol{R}^n$에서

$$(x_1,\ x_2,\ \cdots,\ x_n) \cdot (y_1,\ y_2,\ \cdots,\ y_n) = x_1y_1 + x_2y_2 + \cdots + x_ny_n$$

로 정의하면 내적이 된다.

예 2. $\sum_{j=1}^{\infty} a_j^2 < \infty$를 만족하는 모든 수열 $\{a_j\}$의 벡터공간을 l^2라고 하자. 여기서

$$(\{a_j\} \cdot \{b_j\}) = \sum_{j=1}^{\infty} a_jb_j$$

로 정의하면 이것은 내적이 된다. 이 경우에 코시-슈바르츠 부등식은 다음과 같다.

$$\sum_{j=1}^{\infty} a_jb_j \le \sqrt{\sum_{j=1}^{\infty} a_j^2}\ \sqrt{\sum_{j=1}^{\infty} b_j^2}$$

예 3. $[a,\ b]$에서 실수 값을 가지는 모든 연속함수들의 벡터공간을 $C[a,\ b]$라고 하면 임의의 f, $g \in C[a,\ b]$에 대하여

$$(f \cdot g) = \int_a^b f(x)g(x)dx$$

로 정의하면 이것은 내적을 정의한다. 이 경우에 코시-슈바르츠 부등식은 다음과 같다.

$$\int_a^b f(x)g(x)dx \le \sqrt{\int_a^b f(x)^2dx}\ \sqrt{\int_a^b g(x)^2dx}$$

정리. 크기를 가진 실벡터공간 V가 내적공간이 될 필요충분조건은 다음 등식 (1)이 성립하는 경우이다. 이 등식 (1)을 평행사변형법칙이라고 한다.

(1) $$|\boldsymbol{x}+\boldsymbol{y}|^2+|\boldsymbol{x}-\boldsymbol{y}|^2=2(|\boldsymbol{x}|^2+|\boldsymbol{y}|^2)$$

증명. $\boldsymbol{x}\cdot\boldsymbol{y}$를 $\boldsymbol{x}\cdot\boldsymbol{y}=|\frac{\boldsymbol{x}+\boldsymbol{y}}{2}|^2-|\frac{\boldsymbol{x}-\boldsymbol{y}}{2}|^2$로 정의하면 이것은 평행사변형 법칙에 의하여 내적의 조건을 만족한다. ■

벡터의 합을 나타낼 때 흔히 평행사변형 법칙에 의거하는 그림을 그리는데 이것은 위의 정리에 의하면 내적을 가지는 경우에 한한다.

주어진 벡터 v가 있을 때 어떤 방향으로의 크기를 알기 위하여 내적을 사용한다. 예를 들면 v에 대하여 e 방향으로의 v의 크기는

$$\frac{|v\cdot e|}{|e|}$$

가 된다.

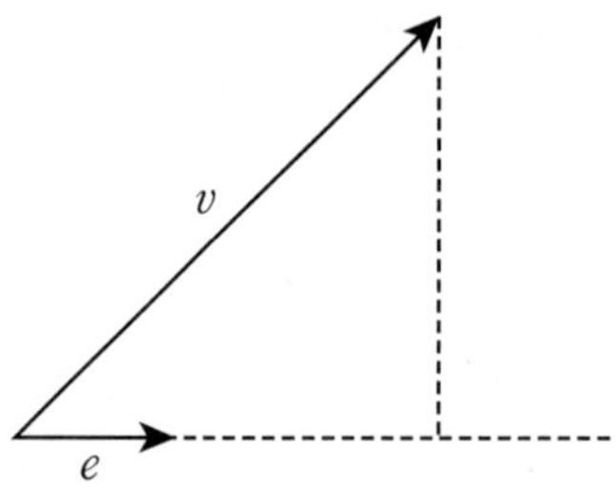

벡터의 외적

정의. 두 벡터 $\boldsymbol{a}$와 $\boldsymbol{b}$의 교각을 θ라고 하고 단위벡터 $\boldsymbol{e}$를 $\boldsymbol{a}$, $\boldsymbol{b}$, $\boldsymbol{e}$가 오른손 법칙을 따르도록 정의할 때 두 벡터 $\boldsymbol{a}$와 $\boldsymbol{b}$의 외적 $\boldsymbol{a}\times\boldsymbol{b}$은 다음과 같이 정의된다.

$$\boldsymbol{a}\times\boldsymbol{b}=(|\boldsymbol{a}||\boldsymbol{b}|\sin\theta)\boldsymbol{e}$$

정리. 외적은 다음 성질을 만족한다.

i) $\boldsymbol{a}\times\boldsymbol{b}=-\boldsymbol{b}\times\boldsymbol{a}$

ii) $(\boldsymbol{a}+\boldsymbol{b})\times\boldsymbol{c}=\boldsymbol{a}\times\boldsymbol{c}+\boldsymbol{b}\times\boldsymbol{c}$, $\boldsymbol{c}\times(\boldsymbol{a}+\boldsymbol{b})=\boldsymbol{c}\times\boldsymbol{a}+\boldsymbol{c}\times\boldsymbol{b}$

iii) $\boldsymbol{a}=(a_1, a_2, a_3)$, $\boldsymbol{b}=(b_1, b_2, b_3)$라고 하면 $\boldsymbol{a}\times\boldsymbol{b}=\begin{vmatrix} \boldsymbol{i} & \boldsymbol{j} & \boldsymbol{k} \\ a_1 & a_2 & a_3 \\ b_1 & b_2 & b_3 \end{vmatrix}$이다.

직선과 평면 위의 점

정리 1. 3개의 위치벡터 $\mathbf{a}$, $\mathbf{b}$, $\mathbf{c}$가 동일 직선 위에 있을 조건은

(1) $$p\mathbf{a}+q\mathbf{b}+r\mathbf{c}=\mathbf{0},\ p+q+r=0$$

을 만족하는 모두가 0아닌 상수 p, q, r가 존재하는 것이다.

증명. 먼저 3개의 위치벡터 $\mathbf{a}$, $\mathbf{b}$, $\mathbf{c}$가 동일 직선 위에 있다고 하면

(2) $$\mathbf{c}-\mathbf{b}=t(\mathbf{b}-\mathbf{a})$$

를 만족하는 상수 t가 존재한다. 식 (2)를 풀면 $t\mathbf{a}-(1+t)\mathbf{b}+\mathbf{c}=\mathbf{0}$이고 이것은 (1)을 만족한다.

역으로 (1)을 만족한다고 하자. 여기서 상수 p, q, r가 모두는 0이 아니므로 일반성을 잃지 않고 $p\neq 0$라고 할 수 있다. 그러므로 식 (1)은 다음과 같이 나타낼 수 있다.

(3) $$\mathbf{a}=-\frac{q}{p}\mathbf{b}-\frac{r}{p}\mathbf{c}=-t\mathbf{b}+(1+t)\mathbf{c}=t(\mathbf{c}-\mathbf{b})+\mathbf{c}$$

즉 $\mathbf{a}$, $\mathbf{b}$, $\mathbf{c}$가 동일 직선 위에 있다. ■

정리 1의 증명과 유사한 방법으로 다음 정리를 알 수 있다.

정리 2. 4개의 위치벡터 $\mathbf{a}$, $\mathbf{b}$, $\mathbf{c}$, $\mathbf{d}$가 동일 평면 위에 있을 조건은

(4) $$p\mathbf{a}+q\mathbf{b}+r\mathbf{c}+s\mathbf{d}=\mathbf{0},\ p+q+r+s=0$$

을 만족하는 모두가 0아닌 상수 p, q, r, s가 존재하는 것이다.

점과 직선 간의 거리

$\mathbf{e}$를 직선 l에 평행인 단위벡터라고 하고 A를 l 위의 임의의 점이라고 하자. 이때 직선 l과 점 P 간의 거리 d는 다음과 같이 주어진다.

$$d(P,\ l)=|\mathbf{e}\times\overrightarrow{AP}|$$

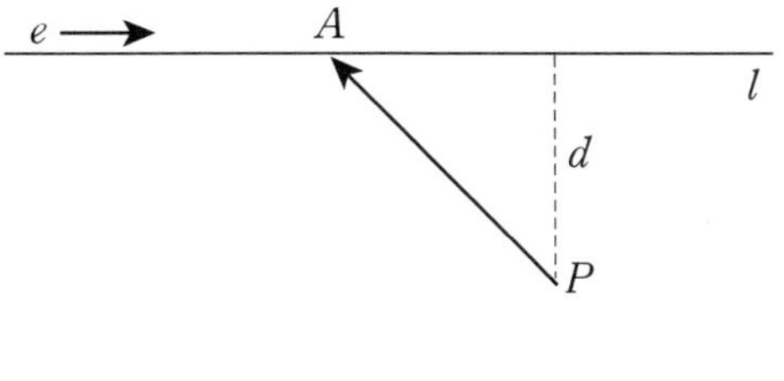

주의. 벡터의 외적은 $\boldsymbol{R}^2$에서 정의되지 않는다. 그러므로 실제 문제를 해결할 경우에는 z의 좌표를 0으로 두면 된다.

예. 직선 $ax+by+c=0$과 점 $P(p,\ q)$ 간의 거리를 구해보자. 이 직선과 평행하는 단위벡터로서

$$e=\frac{1}{\sqrt{a^2+b^2}}(b,\ -a)$$

을 선택한다. 여기서 이 직선 위에 있는 임의의 점으로서 $\left(-\frac{c}{a},\ 0\right)$로 택하면 $\overrightarrow{AP}=\left(p+\frac{c}{a},\ q\right)$가 된다. 그러므로 구하려고 하는 거리는 다음 벡터의 절댓값으로 주어진다.

$$\boldsymbol{e}\times\overrightarrow{AP}=\begin{vmatrix} \boldsymbol{i} & \boldsymbol{j} & \boldsymbol{k} \\ p+\frac{c}{a} & q & 0 \\ \frac{b}{\sqrt{a^2+b^2}} & \frac{-a}{\sqrt{a^2+b^2}} & 0 \end{vmatrix}$$

그러므로 주어진 거리는 $\frac{|ap+bq+c|}{\sqrt{a^2+b^2}}$이다.

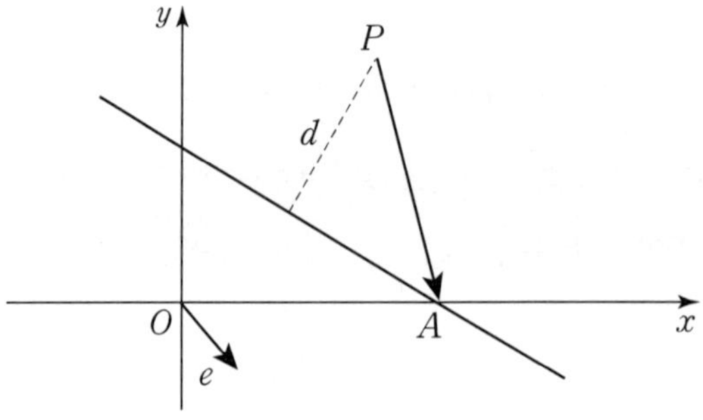

점과 평면 간의 거리

$\boldsymbol{n}$을 평면 Π에 수직인 단위벡터라고 하고 A를 Π 위의 임의의 점이라고 하자. 이때 평면 Π와 점 P 간의 거리 d는 다음과 같이 주어진다.

$$d=|\boldsymbol{n}\cdot\overrightarrow{AP}|$$

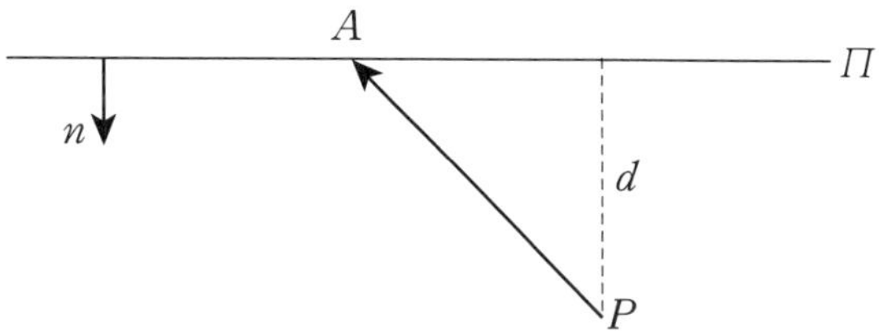

예 1. 평면 $x+y=1$과 점 $P(2,\ 2,\ 2)$과의 거리를 구해보자. 먼저 평면 위의 임의의 점 A의 좌표를 $(0,\ 1,\ 1)$라고 두면 $\overrightarrow{PA}=(-2,\ -1,\ -1)$이다. 여기서 $\boldsymbol{n}=\left(\frac{1}{\sqrt{2}},\ \frac{1}{\sqrt{2}},\ 0\right)$라고 두면 $\boldsymbol{n}$은 주어진 평면의 단위법선벡터이다. 그러므로 공식에 의하여 주어진 거리는 $|\overrightarrow{PA}\cdot\boldsymbol{n}|=\frac{3}{2}\sqrt{2}$이다.

점과 평면 간의 거리를 구하는 공식은 점과 직선 간의 거리를 구하는 공식으로 사용할 수도 있다. 다음 예 2를 보자.

예 2. 직선 $ax+by+c=0$과 점 $P(p,\ q)$ 간의 거리를 구해보자. 이 직선에 수직인 단위벡터로서

$$\boldsymbol{n}=\frac{1}{\sqrt{a^2+b^2}}(a,\ b)$$

을 선택한다. 한편 점 A는 직선 위의 임의의 점을 선택해도 좋으나 여기서는 편리상 x축과의 교점을 택했다. 이렇게 선택하면 주어진 직선과 점 P 간의 거리 d는 다음과 같이 주어진다.

$$d=|\boldsymbol{n}\cdot\overrightarrow{AP}|=\frac{1}{\sqrt{a^2+b^2}}\left|(a,\ b)\cdot\left(p+\frac{c}{a},\ q\right)\right|=\frac{|ap+bq+c|}{\sqrt{a^2+b^2}}$$

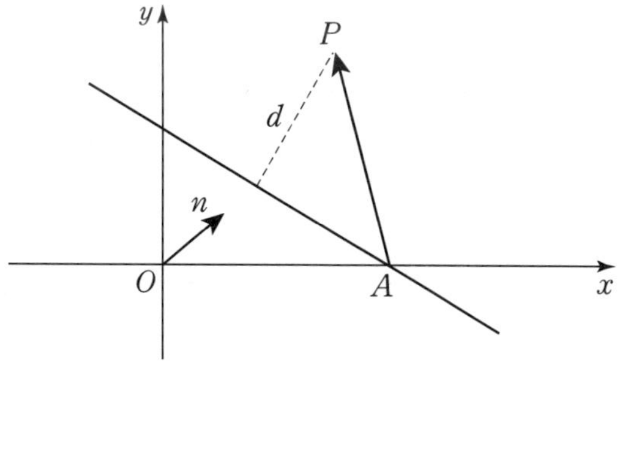

직선의 벡터방정식

$\boldsymbol{R}^n$에서 주어진 직선의 방정식을 벡터로 표상할 때, 공간 위에 주어진 점 P의 위치벡터 $\boldsymbol{p}$와 그 직선에 평행한 벡터 $\boldsymbol{a}$에 의하여 나타나는 직선의 방정식은 다음과 같이 주어진다.

$$\boldsymbol{x} = \boldsymbol{p} + t\boldsymbol{a}, \ -\infty < t < \infty$$

그러나 이 방정식은 매개변수가 포함되어 있기 때문에 다음과 같은 형식으로 나타내는 것이 보다 간결하다.

$$(\boldsymbol{x} - \boldsymbol{p}) \times \boldsymbol{a} = 0 \ \text{또는} \ \boldsymbol{x} \times \boldsymbol{a} = \boldsymbol{p} \times \boldsymbol{a}$$

이때, $(\boldsymbol{a}, \ \boldsymbol{p} \times \boldsymbol{a})$을 주어진 직선의 플뤼커 좌표라고 한다.

여기서 $\dfrac{|\boldsymbol{p} \times \boldsymbol{a}|}{|\boldsymbol{a}|}$는 앞에서 언급한 바와 같이 원점과 이 직선 간의 거리를 나타낸다.

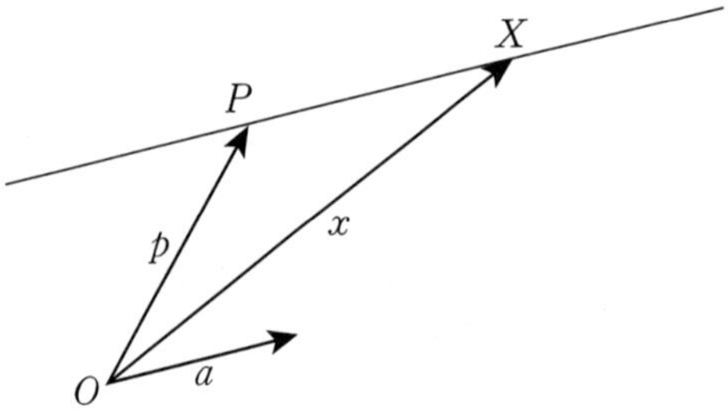

한편 이 공식은 벡터의 z성분을 0로 둠으로써 평면 위에서도 여전히 유효하다.

예. $\boldsymbol{p} = (1, \ 2)$을 지나고 $\boldsymbol{a} = (1, \ 1)$에 평행인 직선의 방정식을 구하기 위하여 이 직선 위에 있는 임의의 점의 위치벡터를 $\boldsymbol{x} = (x, \ y)$라고 하면 위의 공식에 의하여

$$\begin{vmatrix} \boldsymbol{i} & \boldsymbol{j} & \boldsymbol{k} \\ x-1 & y-2 & 0 \\ 1 & 1 & 0 \end{vmatrix} = 0$$

이므로 이 식을 정돈하면 $x - y + 1 = 0$이 된다.

한편 $\dfrac{|\boldsymbol{p} \times \boldsymbol{a}|}{|\boldsymbol{a}|} = \dfrac{\sqrt{2}}{2}$이므로 이 직선과 원점 사이의 거리는 $\dfrac{\sqrt{2}}{2}$이다.

평면의 벡터방정식

주어진 평면 Π 위의 한 점 P의 위치벡터 $\boldsymbol{p}$와 또 다른 두 위치벡터 $\boldsymbol{a}$와 $\boldsymbol{b}$에 의하여 주어지는 평면의 벡터방정식은

$$\boldsymbol{x} = s(\boldsymbol{a} - \boldsymbol{p}) + t(\boldsymbol{b} - \boldsymbol{p}), \ -\infty < s, \ t < \infty$$

로 주어진다.

그러나 직선의 경우와 같이 매개변수를 사용하지 않고 나타내려면 그 평면에 수직인 벡터를 사용하여 나타낼 수 있다. 즉 평면 위의 임의의 점 X의 위치벡터를 $\boldsymbol{x}$라고 하고 그 평면에 수직인 벡터를 $\boldsymbol{n}$이라고 하면 주어진 평면의 방정식은 다음 식과 같이 나타난다.

$$(\boldsymbol{x}-\boldsymbol{p})\cdot\boldsymbol{n}=0 \text{ 또는 } \boldsymbol{x}\cdot\boldsymbol{n}=\boldsymbol{p}\cdot\boldsymbol{n}$$

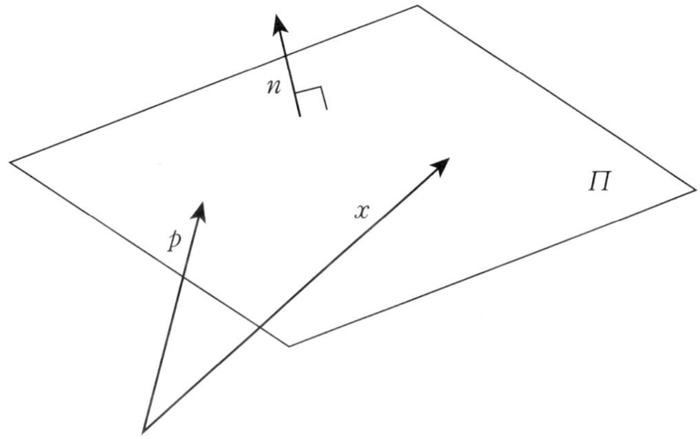

이때 $(\boldsymbol{n},\ \boldsymbol{p}\cdot\boldsymbol{n})$을 주어진 평면의 플뤼커 좌표라고 한다. 여기서 $\dfrac{|\boldsymbol{p}\cdot\boldsymbol{n}|}{|\boldsymbol{n}|}$는 앞에서 언급한 바와 같이 원점과 이 평면 간의 거리를 나타낸다.

예. 점 $(1,\ 1,\ 1)$을 지나고 벡터 $(1,\ 1,\ 0)$에 수직인 평면의 방정식을 구해보자. 주어진 평면 위의 임의의 점을 $\boldsymbol{x}=(x,\ y,\ z)$라고 하면 공식에 의하여

$$(x-1,\ y-1,\ z-1)\cdot(1,\ 1,\ 0)=0$$

을 만족한다. 이것을 풀어서 정돈하면 $x+y-2=0$을 얻는다.

여기서 이 평면과 원점 사이의 거리는 $\dfrac{|(1,\ 1,\ 1)\cdot(1,\ 1,\ 0)|}{|(1,\ 1,\ 0)|}=\sqrt{2}$이다.

두 평면의 교선의 벡터방정식

평면 Π_1에 수직인 벡터를 $\boldsymbol{n}_1$이라고 하고 평면 Π_2에 수직인 벡터를 $\boldsymbol{n}_2$라고 하고 이 두 평면이 만나서 생기는 직선 위에 주어진 점의 위치벡터를 $\boldsymbol{p}$라고 하자. 여기서 이 직선 위의 임의의 점의 위치벡터를 $\boldsymbol{x}$라고 하면 $\boldsymbol{x}-\boldsymbol{p}$는 $\boldsymbol{n}_1\times\boldsymbol{n}_2$와 평행이므로 두 평면의 교선의 방정식은 다음과 같이 주어진다.

$$[\boldsymbol{n}_1\times\boldsymbol{n}_2]\times(\boldsymbol{x}-\boldsymbol{p})=0$$

두 직선 사이의 거리

두 점 A와 B를 잇는 직선 $\overline{AB}$와 두 점 C와 D를 잇는 직선 $\overline{CD}$ 사이의 거리를 구하는 공식을 생각해보자. $\boldsymbol{n} = \dfrac{\overrightarrow{AB} \times \overrightarrow{CD}}{|\overrightarrow{AB} \times \overrightarrow{CD}|}$은 $\overrightarrow{AB}$와 수직이고 동시에 $\overrightarrow{CD}$와 수직이다. 그러므로 두 직선 간의 거리는

$$|\overrightarrow{AC} \cdot \boldsymbol{n}|$$

으로 주어진다.

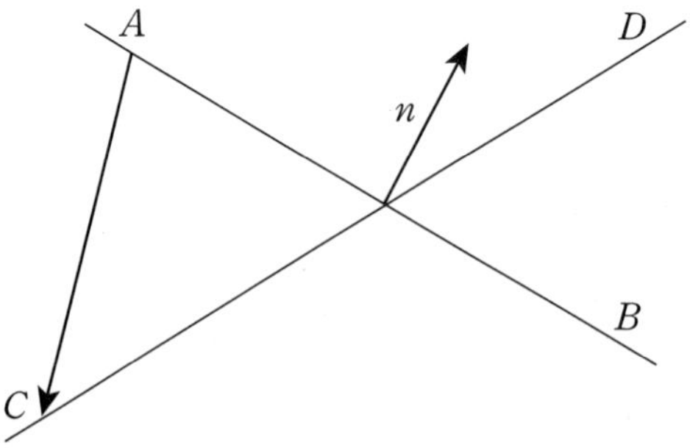

$\boldsymbol{R}^n$에서 정의된 선형함수의 일반형

$f : \boldsymbol{R}^n \rightarrow \boldsymbol{R}$가 선형이라고 할 때 이 함수는 어떤 특징을 가지고 있을까? $\{\boldsymbol{e}_j\}$를 $\boldsymbol{R}^n$의 기저라고 하면 $\boldsymbol{x} \in \boldsymbol{R}^n$은 $\boldsymbol{x} = \sum_{k=1}^{n} x_k \boldsymbol{e}_k$로 나타난다. 그러므로

$$f(\boldsymbol{x}) = f\left(\sum_{k=1}^{n} x_k \boldsymbol{e}_k\right) = \sum_{k=1}^{n} x_k f(\boldsymbol{e}_k)$$

가 된다. 여기서 $\boldsymbol{y} = (y_1, \cdots, y_n) = (f(\boldsymbol{e}_1), \cdots, f(\boldsymbol{e}_n))$라고 두면

$$f(\boldsymbol{x}) = (\boldsymbol{x}, \boldsymbol{y})$$

가 된다. 즉 선형함수 $f : \boldsymbol{R}^n \rightarrow \boldsymbol{R}$는 어떤 내적과 같다.

예. 함수 $f : \boldsymbol{R}^2 \rightarrow \boldsymbol{R}$ $f(x, y) = 2x - 3y$는 선형함수이다. 이 함수는

$$f(x, y) = 2x - 3y = (x, y) \cdot (2, -3)$$

로 주어진다.

중첩원리

벡터의 일차결합 개념은 이공학에서 중첩원리(superposition principle)라는 개념에 의하여 중요성이 드러난다. 이것을 알아보기 위하여 중첩원리에 대해서 알아보자. 선형함수 $F: V \to \boldsymbol{R}$와 상수 c에 의하여 주어진 방정식 $F(x)=c$을 풀 때, 먼저 $F(x_s)=c$를 구한다. 이때 x_s를 방정식 $F(x)=c$의 특수해라고 한다. 또 방정식 $F(x)=0$를 만족하는 근 x_g를 구한다. 여기서 x_g+x_s는 주어진 방정식 $F(x)=c$의 일반해가 된다. 한편 x_g는 어떤 기저 $\{x_{g1}, ..., x_{gn}\}$의 일차결합으로 주어진다면 주어진 방정식의 근은 최종적으로

$$x_s+\sum_{k=1}^{n}\lambda_k x_{gk}$$

으로 주어진다. 즉 방정식은 x_s와 x_{gk}들에 의하여 중첩되어 있다. 이 기법은 모든 선형 방정식에 대하여 적용된다.

예. 방정식 $2x-4y=6$을 풀어보자. 여기서 필요한 선형함수 $F(x, y)$를 $F(x, y)=2x-4y$라고 두면 원래의 방정식은 $F(x, y)=6$가 된다. 여기서 x_s로서 (3, 0)을 얻는다. 한편 x_g로서 $(2\lambda, \lambda)$를 얻는다. 여기서 λ는 임의의 실수이다. 그러므로 주어진 방정식의 일반해는 $(2\lambda, \lambda)+(3, 0)$가 된다.

한편 중첩원리는 그 의미가 가진 것 이상으로 선형 현상에 관한 문제 해결의 일반적인 방법론을 제공한다. 즉 벡터 개념과 관련된 문제에서 기계론적 방법이란 주어진 벡터를 그의 기저의 일차결합으로 나타내는 문제로 귀착되는데 여기서 모든 기저를 찾아낼 수 있다면 결국 주어진 문제는 중첩원리를 사용하여 문제는 완전히 풀리게 된다. 실제로 수학적 연구의 대부분은 선형근사이론을 적용하고 있는데 선형근사이론이란 주어진 계의 비선형 요소를 무시하고 선형 요소만으로써 주어진 문제를 해석하는 방법이다. 예를 들어 다음과 같은 미분방정식을 생각해보자.

$$\frac{dx}{dt}=x+x^2+x^3$$

이 방정식을 모형으로 하는 계는 $x=0$ 부근에서 이차항 이상은 일차항에 비하여 극히 미미하다. 이때 주어진 계의 선형근사모형은 $\frac{dx}{dt}=x$이고 이것은 비교적 해석하기 용이하다. 선형 현상과 관련된 문제를 해결하기 위한 절차를 요약하면 다음과 같다.

i) 주어진 계의 기저를 찾는다.
ii) 선형 현상들은 그 기저를 이루는 벡터의 일차결합으로 나타낸다.

16.1.3 현상학적 분석

벡터 개념은 다양한 측면에서 나타나났는데 다음과 같다.

1. 물리량으로서의 벡터. 힘, 속도 가속도, 운동량과 같은 물리량. 하나의 물리적 양으로서 벡터 개념은 개념적 정착이 이루지기 이전에 이미 널리 사용되었다. 이러한 물리적 개념은 접벡터라는 것으로 추상된다. 동시에 이 개념을 통하여 벡터장의 개념이 나타난다. 접벡터는 쉽게 이야기한다면 시점이 일치하는 벡터들의 모임이다. 시점을 p라고 할 때, p에서 시점을 가진 2차원 및 3차원 접벡터는 각각 $T_p(\boldsymbol{R}^2)$와 $T_p(\boldsymbol{R}^3)$의 원소를 말한다. 다음 그림은 점 p와 점 q에서의 접벡터의 일부를 예시한 것이다.

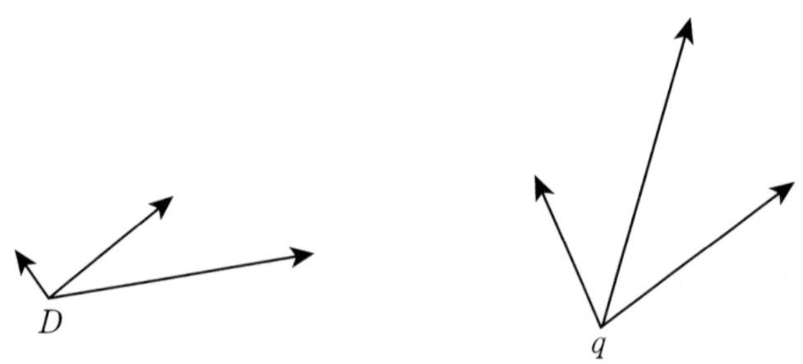

$T_p(\boldsymbol{R}^2)$ $T_q(\boldsymbol{R}^2)$

여기서 p와 q가 다를 때, $v \in T_p(\boldsymbol{R}^2)$와 $w \in T_p(\boldsymbol{R}^2)$의 원소를 더하는 것은 (물리적으로) 의미가 없다는 것을 알 수 있다. $T_p(\boldsymbol{R}^2)$는 분석적으로 정의한다면 다음과 같이 나타낼 수 있다.

$$T_p(\boldsymbol{R}^2) = \{(p,\ v) : v \in \boldsymbol{R}^2\}$$

로서

$$(p,\ v) + (p,\ w) = (p,\ v+w), \quad \lambda(p,\ v) = (p,\ \lambda v)$$

로 정의하면 각각 벡터공간의 가법과 스칼라 곱을 정의한다. $f : \boldsymbol{R}^3 \to \cup_p T_p(\boldsymbol{R}^3)$가 임의의 $p \in \boldsymbol{R}^3$에 대하여 $f(p) \in T_p(\boldsymbol{R}^3)$를 만족할 때, f를 3차원 벡터장이라고 한다. 다음 그림은 벡터장의 예이다.

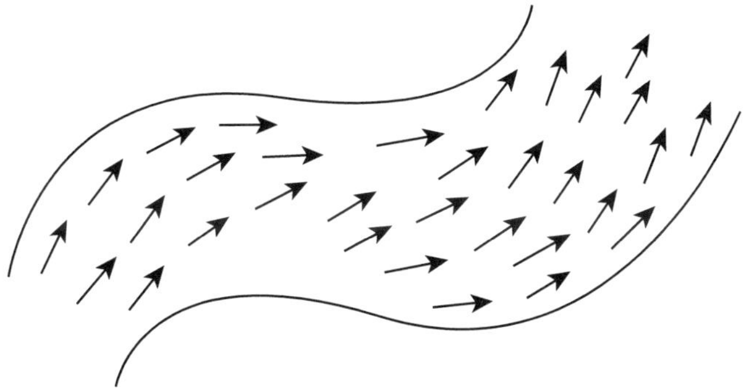

벡터장

함수 $f:\boldsymbol{R}^3\to\boldsymbol{R}^3$가 주어져 있을 때, 이 함수를 이용하여 벡터장을 만들 수 있다. 즉 $f(p)$에서 p를 시점으로 간주하고 $f(p)$는 $T_p(\boldsymbol{R}^3)$의 원소로 간주한다. 다음 예를 보자.

예 1. $f(x,\ y,\ z)=(x,\ y,\ 0)$이라면 벡터장은 다음 그림과 같다.

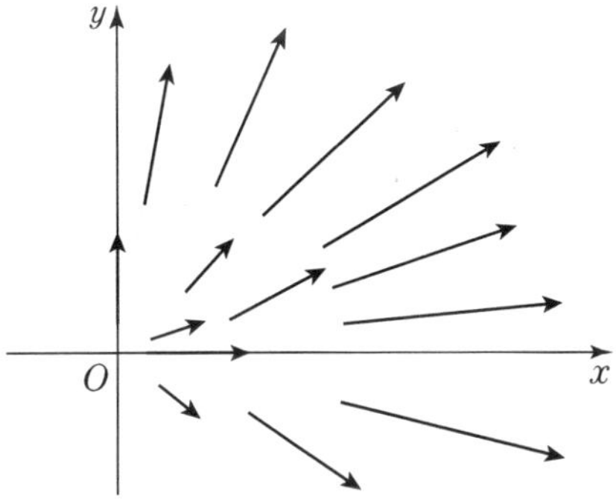

예 2. $f(x,\ y,\ z)=(x,\ 0,\ 0)$이라면 벡터장은 다음 그림과 같다.

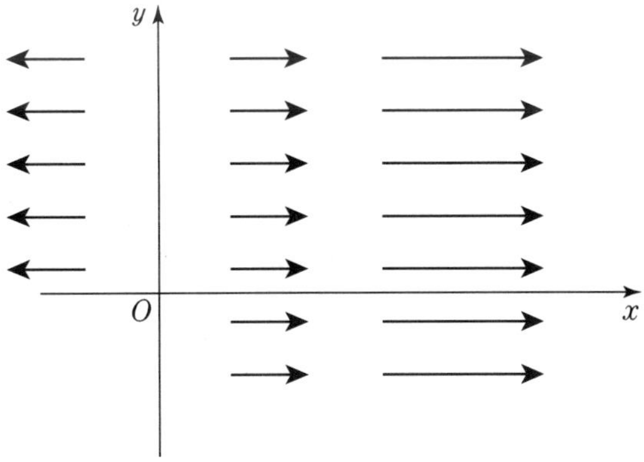

2. 위치벡터. $\boldsymbol{R}^2$와 $\boldsymbol{R}^3$의 점을 벡터로 간주하는 것은 위치벡터라는 말로 정의하는데 다음과 같은 정의에 의하여 벡터공간이 된다.

$$\boldsymbol{R}^2 = \{(x_1,\ x_2) : x_1,\ x_2 \in \boldsymbol{R}\}$$
$$(x_1,\ x_2) + (y_1,\ y_2) = (x_1 + x_2,\ y_1 + y_2)$$
$$\lambda(x_1,\ x_2) = (\lambda x_1,\ \lambda x_2)$$

즉 위치벡터라고 하는 것은 다양한 벡터공간 사례 중에서 $\boldsymbol{R}^n$을 벡터공간으로 간주할 때 그 원소를 지칭하는 것이다. 위치벡터 개념의 장점은 공간상의 점을 대수적으로 처리할 수 있다는 점이다.

3. 유향선분. 방향을 가진 선분을 유향선분이라고 한다. 유향선분 $\overrightarrow{AB}$는 길이 $\overline{AB}$와 A를 시점으로 하고 B를 종점으로 하는 선분을 의미한다. 같은 방향과 같은 크기를 가진 두 선분 $\overrightarrow{AB}$와 $\overrightarrow{CD}$에 대하여 $\overrightarrow{AB} \sim \overrightarrow{CD}$라고 두면 $\sim$는 동치관계가 된다. 여기서 모든 방향을 가진 유향선분의 집합을 S라고 하면 $S/\sim$는 벡터공간이 된다. 유향선분 개념은 평면기하의 연구를 벡터 기법으로 전환하게 해준다. 유향선분의 개념은 물리적 벡터 개념을 직관적으로 표상하기 위하여 사용한 화살에 근거를 두고 있다.
유향선분 개념은 앞의 두 예를 합친 것같이 매우 유연한 성질을 가지고 있다. 유향선분은 시점과 종점을 가진 선분이기 때문에 마치 접백터 같아 보인다. 그러나 다른 시점을 가진 두 유향선분은 다음과 같이 합성할 수 있다.

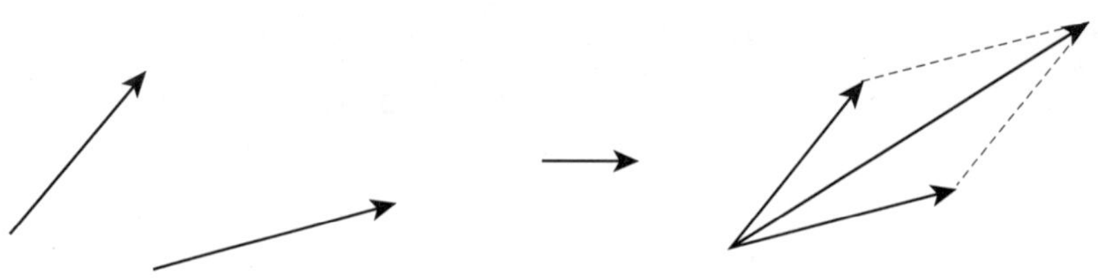

4. 일차연립방정식의 해석으로부터 나타난 벡터. 주어진 일차연립방정식 $\begin{cases} ax + by = p \\ cx + dy = q \end{cases}$은 벡터 형식으로서 $x\begin{pmatrix} a \\ c \end{pmatrix} + y\begin{pmatrix} b \\ d \end{pmatrix} = \begin{pmatrix} p \\ q \end{pmatrix}$과 같이 벡터의 일차결합의 문제로 나타난다.

5. 선형적 성질을 가지는 대상으로서 벡터. 다양한 선형함수 공간들이 여기에 해당된다.

6. 선형범함수로서의 벡터. 선형범함수란 선형함수 $f : \boldsymbol{R}^2 \to \boldsymbol{R}$을 의미한다. 이 개념은 주어진 벡터에 대한 쌍대개념이다. 주어진 선형범함수 $f \neq 0$와 주어진 실수 k에 대하여

$L=\{x : f(x)=k\}$는 직선이 된다.

7. 행렬로서 벡터. 이 개념은 유한차원 벡터공간 사이에서 나타나는 선형변환의 구체화이다.

8. 선형변환으로서의 벡터. 두 벡터공간 사이의 선형변환들은 벡터의 역할을 한다.

16.2 심리적 분석

16.2.1 인지적 분석

벡터는 해석기하학이 가진 정보의 복잡성을 단순화해주는 장점이 있다. 벡터는 그럼에도 불구하고 벡터는 여전히 도형적 접근을 사용할 수 있는 장점이 있다. 학생들에게 있어서 벡터는 어려운 단원으로 되어 있는데 이것은 학습자들이 물리적 경험을 가지지 않은 채 추상적인 벡터를 접하기 때문이다. 예를 들면 유속이나 힘 등을 표상하는 벡터 개념은 어떤 점에 작용하는 양으로서 신체적 압력 등으로 느낀다. 그러나 벡터를 도입할 때는 그것을 방향을 가진 선분으로 표시하기 때문에 벡터는 항상 유향선분으로 인식한다.

실제 문제에서 다음과 같은 현상이 보인다.

i) 도형에 벡터를 할당할 때 점을 표상하는 벡터로 할당할 것인가 아니면 변을 표상하는 벡터로 할 것인가에 대한 판단에 대한 어려움이 있다. 이 점은 유향선분과 위치벡터의 사용에 대한 어려움으로 나아간다.

ii) 벡터 기법에 의한 도형의 표상은 간단하게 주어지지만 그런 표상들을 해석기하학의 언어로 번역하게 될 때 나타나는 복잡한 기호는 보는 사람으로 하여금 미리 공포감을 만들 수 있다. 따라서 벡터 단원은 교과서의 편집 기법이 한층 요구된다.

16.2.2 오개념 분석

i) 벡터 개념을 이용하여 기하에 대한 문제를 풀 경우 다음과 같은 현상을 발견하게 된다. 수직선 위에서 원점 O를 중심으로 두 점 A와 B가 대칭을 이루고 있다고 하자. 이때 일반적으로 유향선분 $\overrightarrow{AB}$의 크기는 $\overline{AB}$에 대응된다는 것을 알고 있지만 유향선분 $\overrightarrow{OA}+\overrightarrow{OB}$에 대한 크기는 0임에도 불구하고 여전히 $\overline{AB}$라고 생각한다. 즉 유향선분을 표시하는 화살의 촉을 제거한 것이 길이라고 간주한다.

ii) 삼각형의 무게중심을 벡터로 표상하라고 했을 때 중선을 2:1로 내분한다는 사실로부터 $\frac{-a+b}{3}$로 나타낸다. 또 $a+b+c=0$라는 사실로부터 중심을 나타내는 벡터를 $\frac{c+2b}{3}$라고 한다. 이런 오개념이 나타나는 이유는 벡터를 적용할 때 유향선분과 위치벡터를 구별하지 못하기 때문이다.

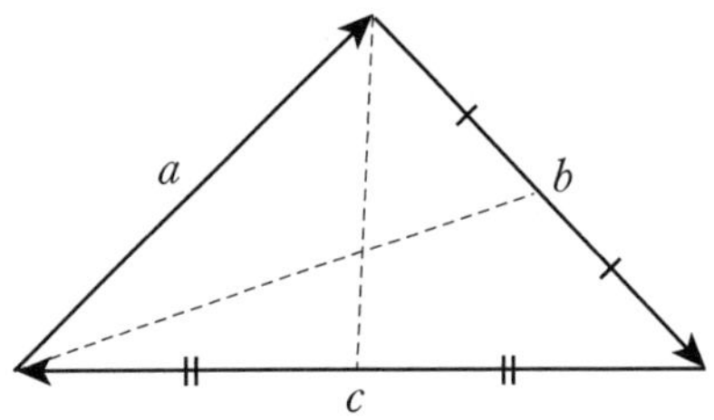

16.3 교육적 분석

16.3.1 교육과정 분석

교육목표 분석

선형대수 개념을 제외하면 벡터 개념은 학교수학에서 다루는 대수구조로서 가장 큰 구조이다. 그러나 학교수학에서의 벡터 개념은 대수구조의 탐구로서 주어진 게 아니라 주로 응용에 관심을 두고 있다. 먼저 벡터를 이용한 지식은 해석기하학적 방법의 진부함을 대체할 수 있을 뿐만 아니라 다양한 물리 현상을 수학적으로 처리하게 해준다. 이런 측면에서 본다면 학교수학에서 벡터에 대한 지식은 도구적으로 사용할 때 의의가 있는 단원이다.

한편 벡터 개념은 이공학에서 중요한 역할을 한다. 실제로 벡터 개념은 물리학적 표상을 다루기 위하여 나타났다. 예를 들면 평면 위에서 질점의 운동은 벡터 개념으로 진술하는 것이 편리하다. 그러나 학교수학에서 벡터 개념은 주로 기하학적 주제와 관련되어 있고 해석학적 주제와는 별 관련 없이 조직되어 있는데 이 점은 학교수학의 교육과정과 학교물리의 교육과정 간의 연결성을 고려하여 재고되어야 한다.

학습 내용 개요

학습 내용은 대개 다음 표와 같다.

주제	내용	주안점
벡터기하	기하학적 사실의 증명 도구	벡터기하학은 종합기하학과 해석기하학의 장점을 모두 포함하고 있다는 것을 안내한다.
선형변환	평면 위의 평행이동 평면 위의 반사이동 평면 위의 회전이동	기하학적 문제의 대수적 접근
행렬	일차방정식의 벡터에 의한 풀이	전통적인 방법과 비교

이 단원에서 반드시 알고 있어야 할 명제는 다음과 같다.

i) 직선의 벡터 방정식.
ii) 평면의 벡터 방정식.
iii) 코시-슈바르츠 정리.

지식의 연결성

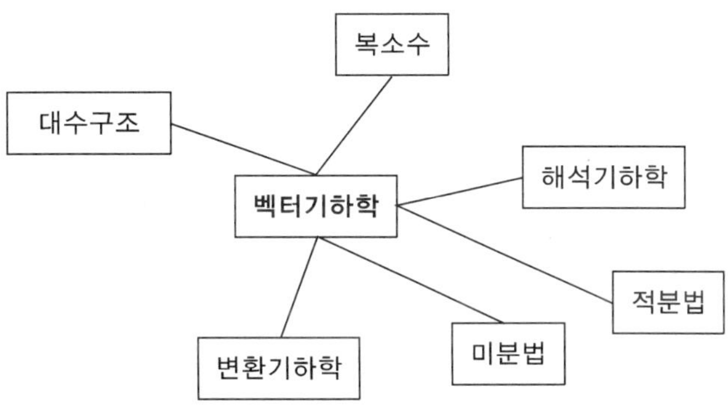

16.3.2 학습 주제 및 내용 분석

1. 기본 개념과 정의와 관련된 것.

i) 벡터의 정의와 연산. 학교수학에서 다루는 벡터공간은 $\boldsymbol{R}^2$ 또는 $\boldsymbol{R}^3$에 국한되어 있다. 벡터기하학은 문자 그대로 벡터를 이용하여 기하학을 위한 도구이다. 벡터를 사용하게 되면 해석기하학의 불편한 점이 많이 해소된다.
ii) 위치벡터와 유향선분. 학교수학에서 다루는 벡터 개념은 2가지 종류인데 하나는 점의 위치를 표상하는 위치벡터이고 다른 하나는 선분을 표상하는 유향선분이다. 점이 해석기하학의 기본 요소이고 선분이 종합기하학의 기본요소로 간주할 수 있기 때문에 벡터기하학은 이 두 기하학의 요소를 모두 포함하고 있다. 이 점이 벡터기하학을 강력한 문제해결의 도구로 만든다.

iii) 벡터의 내적. 일반적으로 벡터는 크기나 방향을 가지지 않는다. 그러나 내적을 도입할 수 있을 때 길이와 방향이 동시에 정의된다. 이런 측면에서 내적은 벡터를 통하여 유클리드 기하학을 표상하는 도구이다.

2. 성질과 관련된 것.

i) 코시－슈바르츠 부등식. 이 부등식은 벡터 개념에서 가장 일반적이다.
ii) 삼각부등식. 벡터에서 삼각부등식은 크기를 가진 벡터와 연결된다.

3. 벡터기하학의 활용.

i) 도형의 벡터방정식. 직선의 벡터방정식을 다룬다.
ii) 도형의 벡터방정식과 해석적 표상 간의 변환에 주목한다.

16.4 교수학습 지도

16.4.1 학습 내용 지도

교수학습의 일반 상황

앞에서도 언급했지만 벡터기하학은 유향선분과 위치벡터라는 두 개념을 이용하여 종합기하학의 선분과 해석기하학의 점을 통합적으로 표상한다. 그 결과 벡터기하학은 해석기하학이 가진 표상의 복잡함과 종합기하학이 가진 대수적 처리의 어려움을 모두 해결하는 장점이 있다. 특히 벡터 개념은 평면에서의 기하학과 공간에서의 기하학에 대하여 특별한 차이점을 주지 않고 일관된 표상을 할 수 있다는 특징이 있다. 다음 표는 종합기하학, 해석기하학, 벡터기하학의 차이점을 비교한 것이다.

수학의 요소 \ 기하학의 유형	종합기하학	해석기하학	벡터기하학
단위 요소	선분	점	벡터
대응하는 수 체계[127)]	실수체	실수체	실수체

벡터에 의한 기하 문제 지도

기하학의 문제를 벡터로 전환하여 생각할 때는 먼저 기하학적 대상을 벡터로 표상할 수 있어야 한다. 이때 가장 중요한 것은 위치벡터와 유향선분 중에서 어느 것을 사용해야하는가를 결정하는 단계이다. 이런 맥락에서 다음은 기하학적 대상을 벡터로 표상하는 학습 절차이다.

i) 주어진 문제가 점과 관련된 경우 위치벡터로 표상하는 것이 편리하다.
ii) 주어진 문제가 변에 관계된 것이면 유향선분으로 표상하는 것이 편리하다.
iii) 도형이 폐곡선인 경우에는 변을 표상한 벡터들의 합이 0가 되도록 한다. 예를 들면 다음 그림과 같이 각 변을 3개의 벡터로 표상한 경우 $a+b+c=0$라는 것이 필요하다.

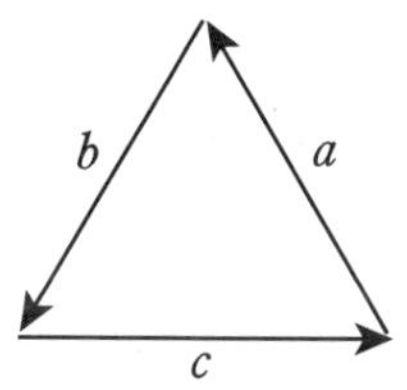

예 1. 직각삼각형 ABC에 대하여 피타고라스 정리가 어떻게 주어지는가를 보자. 이 경우는 변의 관계를 묻기 때문에 각 변을 벡터로 할당한다. 각 변을 나타내는 벡터를 a, b, c라고 하고 c가 나타내는 변을 빗변이라고 한다.

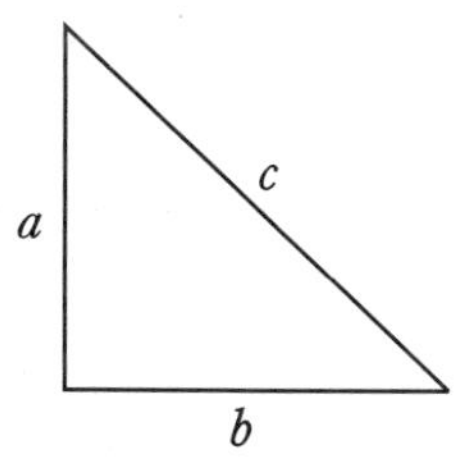

127) 물론 이 수 체계는 복소수체로 확장될 수 있다.

이때 조건은

i) 삼각형의 조건: $a+b+c=0$
ii) 직각조건: $a \cdot b=0$

가 이 문제의 모든 조건이다. 이제 삼각형의 조건과 직각 조건을 이용하여 다음 등식을 유도하여 피타고라스 정리를 얻는다.

$$\begin{aligned}|c|^2 &= (a+b)\cdot(a+b)\\ &= |a|^2+2a\cdot b+|b|^2\\ &= |a|^2+|b|^2\end{aligned}$$

예 2. 정삼각형의 세 내각의 크기는 같다는 것을 밝혀보자. 정삼각형의 각 변을 a, b, c로 나타낼 때 그것이 정삼각형이 되기 위한 조건을 벡터로 나타내면

i) $a+b+c=0$
ii) $|a|=|b|=|c|$

이므로 이 두식을 이용하면

$$\begin{aligned}|c|^2 &= (a+b)\cdot(a+b)\\ &= |a|^2+2a\cdot b+|b|^2\end{aligned}$$

을 얻고 이것은 ii)로부터 $|a|^2=-2|a|\cdot|a|\cos\theta$이고 이것으로부터 끼인각의 크기는 60도라는 것을 알 수 있다.

예 3. 지름의 원주각은 직각임을 벡터를 사용하여 생각해보자.

그림에서 $\overrightarrow{AP}=x$, $\overrightarrow{BP}=y$, $\overrightarrow{OA}=c$, $\overrightarrow{OP}=p$라고 두면 $x=p-c$이고 $y=p+c$가 된다. 따라서

$$x \cdot y=(p-c)\cdot(p+c)=|p|^2-|c|^2=0$$

가 되므로 $\overline{AP}$와 $\overline{BP}$는 직교한다.

한편 도형을 위치벡터로 나타낼 경우 시점을 어디로 결정해야 하는가라는 판단이 남아있다. 원칙적으로 위치벡터를 설정할 때 시점의 지정은 임의적이다. 그러나 시점은 임의적으로 설정하면 계산과정이 복잡하게 될 수 있기 때문에 이 점을 고려해서 지정해야 한다. 이 문제를 위하여 다음 예 4를 보자.

예 4. $\overline{AP}$와 $\overline{BP}$가 직교함을 위치벡터를 이용해서 해결해보자.

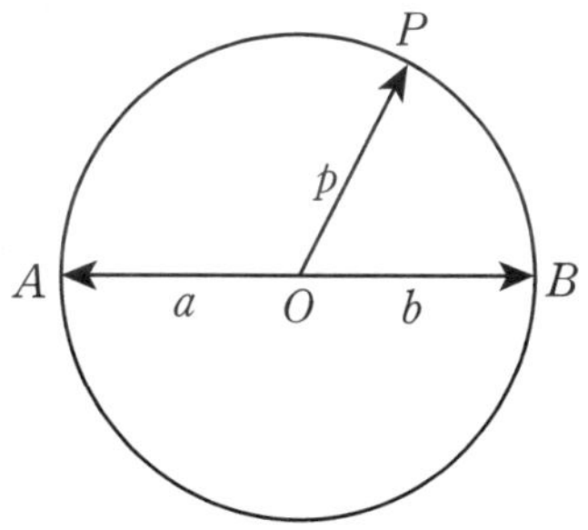

여기서 점 O를 시점으로 하여 점 A, B, P의 위치벡터를 각각 a, b, p라고 두면 $\overrightarrow{AP}=p-a$, $\overrightarrow{BP}=p+a$가 된다. 그러므로

$$\overrightarrow{AP}\cdot\overrightarrow{BP}=(p-a)\cdot(p+a)=|p|^2-|a|^2=0$$

을 얻는다. 따라서 $\overline{AP}$와 $\overline{BP}$가 직교한다.

여기서 O를 시점으로 지정하지 않고 또 점 A, B, P도 시점으로 지정하지 않는 경우로 이 문제를 다루어 보면 시점의 지정은 문제해결에서 매우 중요한 역할을 한다는 것을 알 수 있다.

사각형의 중점연결정리

임의의 사각형에서 각 변의 중점을 차례로 이은 사각형은 평행사변형임을 보이자. 평행

사변형의 경우는 $a+b+c+d=0$에서 $a+c=0$이고 $b+d=0$이다. 사각형의 중점을 이은 선분은 각각 $\frac{a+b}{2}$, $\frac{b+c}{2}$, $\frac{c+d}{2}$, $\frac{d+a}{2}$가 되고 $\frac{a+b}{2}$와 $\frac{b+c}{2}$, $\frac{c+d}{2}$와 $\frac{d+a}{2}$는 각각 대변 관계에 있다. 그런데 $a+b+c+d=0$로부터 $\frac{a+b}{2}$와 $\frac{b+c}{2}$는 크기는 같고 방향만 서로 반대인 벡터들이다. 마찬가지로 $\frac{c+d}{2}$와 $\frac{d+a}{2}$도 크기는 같고 방향만 서로 반대인 벡터들이다. 그러므로 $\frac{a+b}{2}$, $\frac{b+c}{2}$, $\frac{c+d}{2}$, $\frac{d+a}{2}$는 평행사변형의 각 변을 만든다.

제2코사인법칙의 벡터에 의한 전개

$\triangle ABC$에서 그림과 같이 벡터를 할당하자.

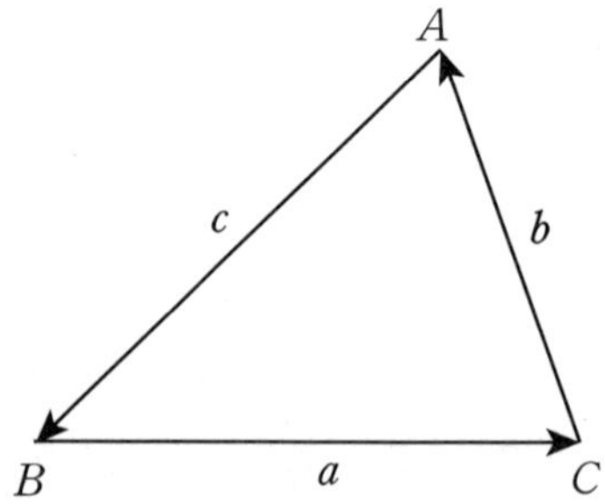

식 $a+b+c=0$으로부터

$$a \cdot a = (b+c) \cdot (b+c) = b \cdot b + c \cdot c + 2b \cdot c$$

이므로 이것을 변과 각으로 표현하면

$$a^2 = b^2 + c^2 - 2bc\cos A$$

를 얻는다.

벡터로부터 이렇게 얻는 과정은 간단하기 때문에 공식을 잊어버렸을 때도 상기하기 쉬운 장점이 있다.

평행사변형의 대각선의 교점

평행사변형의 대각선은 서로 이등분한다는 것을 벡터로 기술해보자. 그림과 같이 평행사변형의 두 변을 나타내는 벡터를 각각 a와 b라고 하면 대각선의 교점은 $m(a+b)$로 나타낼 수도 있고 또 $a+n(b-a)$로 나타낼 수도 있다. 여기서 m과 n은 적당한 실수이다. 그러므로

$$m(\boldsymbol{a}+\boldsymbol{b})=\boldsymbol{a}+n(\boldsymbol{b}-\boldsymbol{a})$$

가 되고 이것을 정돈하면

$$(m+n-1)\boldsymbol{a}=(m-n)\boldsymbol{b}$$

가 되는데 여기서 이 식은 임의의 $\boldsymbol{a}$와 임의의 $\boldsymbol{b}$에 대하여 성립해야 하므로 $m+n-1=0$이고 $m-n=0$이다. 그러므로 이 연립방정식을 풀면

$$m=n=\frac{1}{2}$$

를 얻는다. 그러므로 평행사변형의 두 대각선은 서로를 이등분한다.

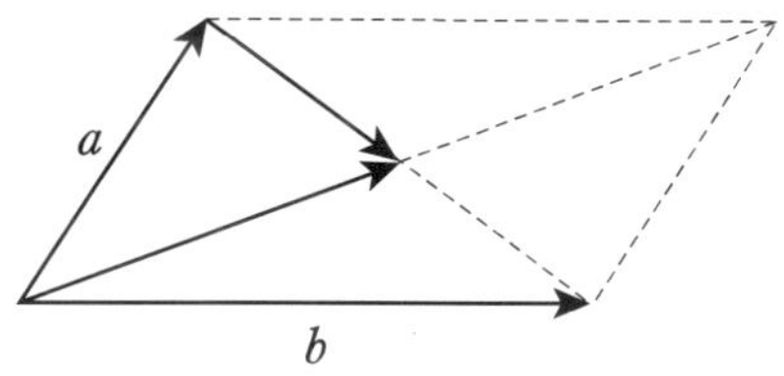

삼각형의 무게중심의 벡터 표상

$\triangle ABC$의 각 꼭짓점을 나타내는 위치벡터를 $\boldsymbol{a}$, $\boldsymbol{b}$, $\boldsymbol{c}$라고 하고 무게중심의 위치벡터를 $\boldsymbol{g}$라고 하면 삼각형의 무게중심의 벡터는 다음 방정식을 만족한다.

$$\frac{\boldsymbol{a}+\boldsymbol{b}}{2}+m\left(\boldsymbol{c}-\frac{\boldsymbol{a}+\boldsymbol{b}}{2}\right)=\frac{\boldsymbol{a}+\boldsymbol{c}}{2}+n\left(\boldsymbol{b}-\frac{\boldsymbol{a}+\boldsymbol{c}}{2}\right)$$

이 식을 각 벡터에 대하여 정돈하면

$$(-m+n)\boldsymbol{a}+(1-m-2n)\boldsymbol{b}+(2m-1+n)\boldsymbol{c}=\boldsymbol{0}$$

여기서 $\boldsymbol{a}$, $\boldsymbol{b}$, $\boldsymbol{c}$는 임의의 벡터이므로

$$\begin{cases}-m+n=0\\ m+2n=1\\ 2m+n=1\end{cases}$$

를 만족하는데 이것을 풀면

$$m=n=\frac{1}{3}$$

을 얻는다. 그러므로 무게중심의 벡터는

$$\frac{a+b+c}{3}$$

이다.

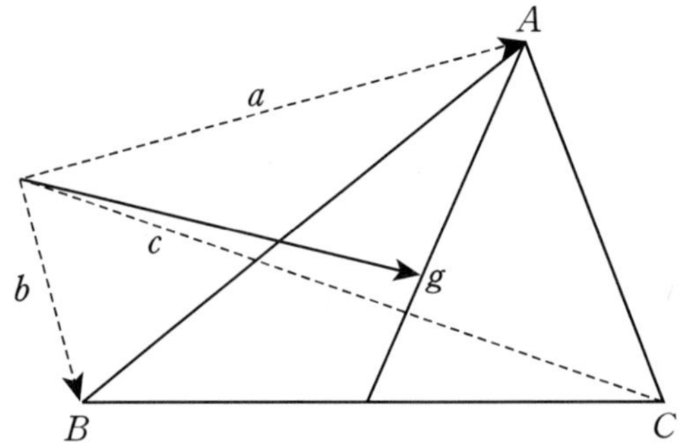

사면체에도 이 방법을 적용하여 꼭짓점을 나타내는 위치벡터를 a, b, c, d라고 하면 무게중심의 벡터는

$$\frac{a+b+c+d}{4}$$

이다.

사변형의 중점연결정리

사변형 $ABCD$에서 각 변의 중점을 연결한 사변형은 평행사변형임을 벡터로 기술해보자. 여기서 위치벡터와 유향선분의 두 가지 방법으로 접근해보자.

i) 위치벡터로 접근하기. 먼저 각 꼭짓점 A, B, C, D를 나타내는 위치벡터를 a, b, c, d라고 하면 각 변의 중점의 위치벡터는 각각 $\frac{a+b}{2}$ $\frac{b+c}{2}$, $\frac{c+d}{2}$, $\frac{d+a}{2}$이다. 여기서 그러므로 $\overline{AB}$의 중점과 $\overline{BC}$의 중점을 연결하는 벡터는

$$\frac{a+b}{2}-\frac{b+c}{2}=\frac{a-c}{2}$$

이고 또 $\overline{AD}$와 $\overline{CD}$를 연결하는 벡터는

$$\frac{a+d}{2}-\frac{c+d}{2}=\frac{a-c}{2}$$

이므로 이 두 벡터의 크기는 같다. 그러므로 각 변의 중점을 연결한 도형은 평행사변

형이다.

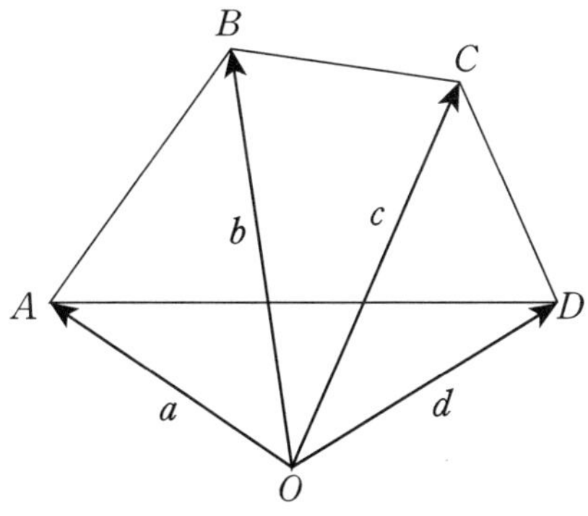

ii) 유향선분으로 접근하기. 다음 그림의 사변형의 각 변을 유향선분 a, b, c, d라고 하면 평행사변형의 조건에 의하여 $a+b+c+d=0$이다. 여기서 $\overline{AB}$의 중점과 $\overline{BC}$의 점을 잇는 유향선분은 $\dfrac{a+b}{2}$이고 $\overline{CD}$의 중점과 $\overline{DA}$의 중점을 잇는 유향선분은 $\dfrac{c+d}{2}$이다. 그런데 여기서 $a+b+c+d=0$이므로 $\dfrac{c+d}{2}$는 $-\dfrac{a+b}{2}$가 되므로 결국 $\overline{AB}$의 중점과 $\overline{BC}$의 중점을 잇는 선분과 $\overline{CD}$의 중점과 $\overline{DA}$의 중점을 잇는 선분은 길이가 같고 평행이다.

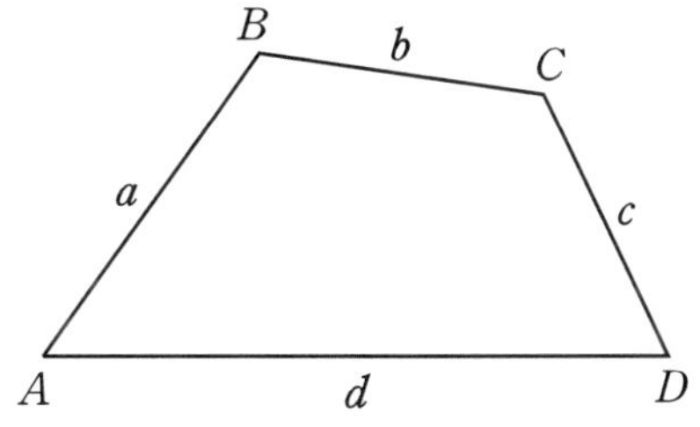

16.4.2 평가

1. 주어진 $\triangle ABC$에서 변 $\overline{BC}$, $\overline{AC}$, $\overline{AB}$ 위의 점을 각각 P, Q, R이라고 하고 $\overline{PR}$, $\overline{PQ}$ 위의 점을 각각 M, N이라고 하자. 여기서 $\overline{AQ}=2\overline{QC}$, $\overline{CP}=2\overline{BP}$, $\overline{BR}=2\overline{AR}$, $\overline{QN}=2\overline{PN}$, $\overline{PM}=2\overline{RM}$이면 $\overline{MN}\parallel\overline{AC}$이고 $\overline{AC}=3\overline{MN}$임을 보여라.

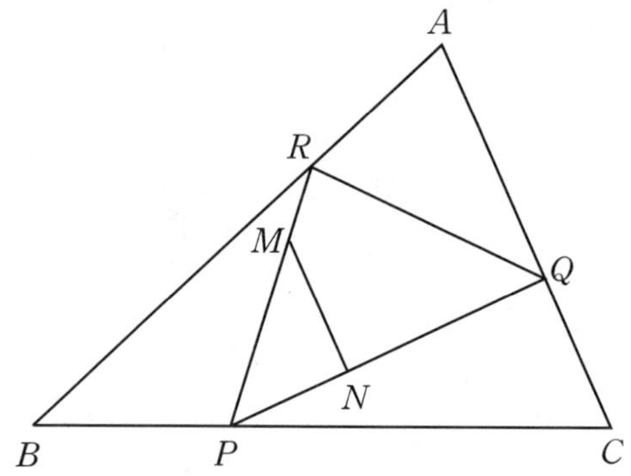

2. 평면 위의 네 점 A, B, C, D가 주어져 있고 이들을 알파벳 순서로 연결한 선분들의 중점을 각각 P, Q, R, S라고 하자. 이때 사각형 $PQRS$는 평행사변형임을 보여라. 이 정리를 바리뇽(P. Varignon, 1654~1722) 정리라고 한다.

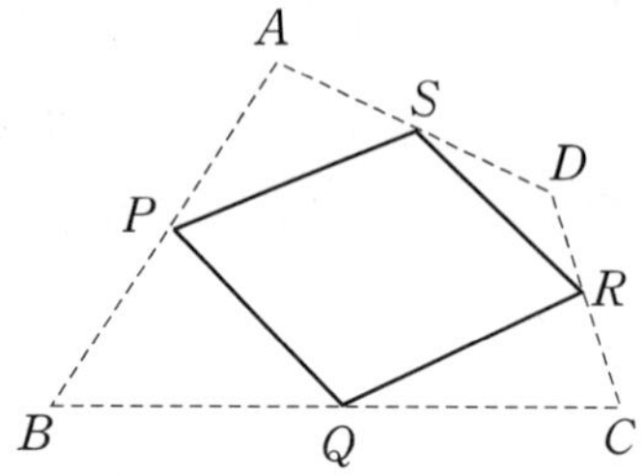

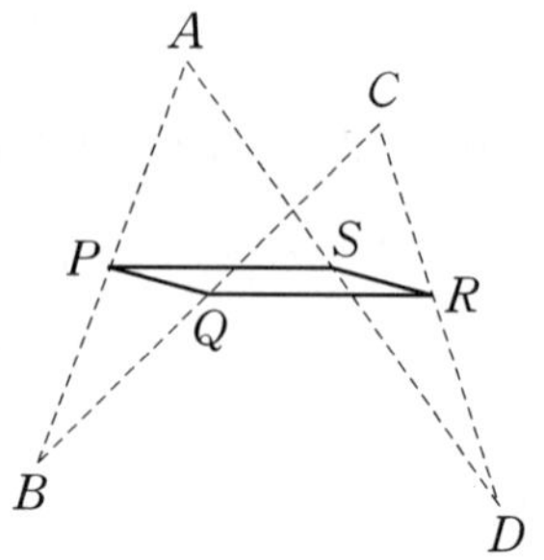

3. 삼수선의 정리를 벡터를 이용하여 증명해보자.

4. 메넬라우스의 정리와 체바의 정리를 벡터를 이용하여 증명해보자.

5. 플뤼커 좌표로 주어진 두 직선 $(\boldsymbol{a},\ \boldsymbol{p}\times\boldsymbol{a})$와 $(\boldsymbol{b}, \boldsymbol{q}\times\boldsymbol{b})$이 같은 평면 위에 있을 필요충분 조건은

$$\boldsymbol{a}\cdot(\boldsymbol{q}\times\boldsymbol{b})+\boldsymbol{b}\cdot(\boldsymbol{p}\times\boldsymbol{a})=0$$

임을 보여라.

6. 플뤼커 좌표로 주어진 평행하지 않는 두 직선 $(\boldsymbol{a}, \boldsymbol{p}\times\boldsymbol{a})$와 $(\boldsymbol{b},\ \boldsymbol{q}\times\boldsymbol{b})$ 간의 최단거리는

$$\frac{|\boldsymbol{a}\cdot(\boldsymbol{q}\times\boldsymbol{b})+\boldsymbol{b}\cdot(\boldsymbol{p}\times\boldsymbol{a})|}{|\boldsymbol{a}\times\boldsymbol{b}|}$$

로 주어짐을 증명하라.

7. 플뤼커 좌표로 주어진 직선 $(a,\ p\times a)$가 평면 $(u,\ q\cdot u)$에 포함될 조건은

$$(q\cdot u)a=(p\times a)\times u$$

임을 보여라.

8. 다음 평행사변형 $ABCD$에서 E와 F는 각각 $\overline{BC}$와 $\overline{CD}$의 중점이다. 이때 $\overline{AE}$와 $\overline{BD}$의 교점을 P, $\overline{AF}$와 $\overline{BD}$의 교점을 Q라고 하면 P와 Q는 선분 $\overline{BC}$를 3등분함을 증명하라.

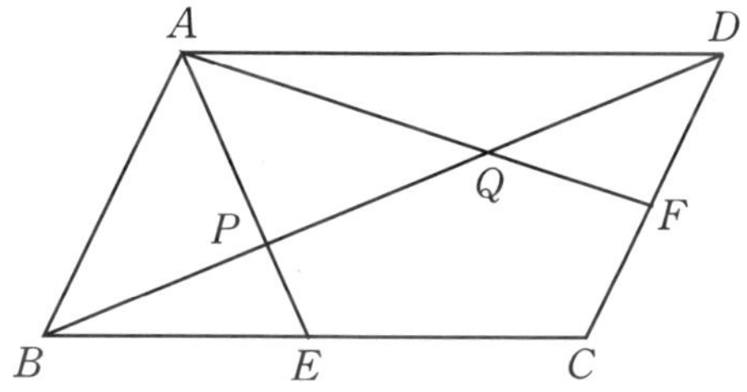

9. 어떤 무게 w를 가진 물건이 다음과 두 끈 l_1과 l_2에 의하여 달려 있고 그 두 끈과 수평선이 이루는 각은 각각 θ_1과 θ_2이다. 이때 각 끈에 미치는 힘을 구하라.

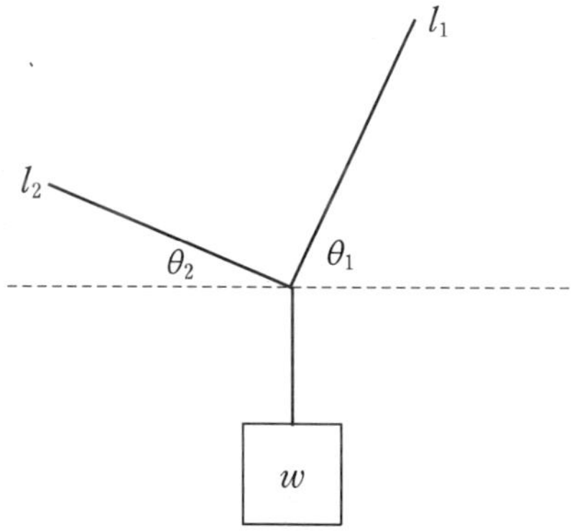

16.4.3 연구 과제

교수 측면

1. 유클리드 기하학의 결과들을 벡터기하학으로 변환해보자.

2. 해석기하학의 결과들을 벡터기하학으로 변환해보자.

3. 벡터의 외적을 현행 교육과정에 도입할 때 생기는 장단점을 생각해보자.

4. SOLO 평가를 구체화하기 위한 질의 문항을 개발하자.

학습 측면

1. 벡터기하학의 학습에서 어려움을 가지는 부분은 무엇인가?

2. 위치벡터와 유향선분이 적용되는 전형적인 문항을 개발하자.

17. 변환기하학

17.1 수학적 분석

17.1.1 역사적 분석

개관

종합기하학으로부터 시작된 기하학은 해석기하학의 방법과 벡터기하학의 방법을 통하여 발전하면서 다양한 종류의 기하학이 창안되었다. 클라인은 <Erlanger Program>를 통하여 이렇게 발전한 여러 기하학을 통합하고 이들 사이의 관계를 설명할 새로운 원리를 제시하였는데 이것이 변환기하학의 시작이다. 그 결과 변환기하학은 기존의 여러 기하학을 일목요연하게 설명할 수 있게 되었는데 이것은 주로 변환의 불변성에 기인한다.

클라인의 이러한 아이디어는 기하학뿐만 아니라 다른 분야, 예를 들면 물리학에서도 많은 역할을 하였다. 예를 들면 전자기력에 관한 맥스웰 방정식의 보존성은 로렌츠(H. Lorentz, 1853~1928) 변환과 관련되어 있는데 이 아이디어는 민코프스키(H. Minkowski, 1864~1909)에게 자극을 주어 시공간 기하학을 연구하게 만들었는데 여기서 로렌츠 군이 중요한 역할을 하고 있다.

종합기하학과 변환기하학

어떤 문제를 종합기하학의 관점에서 보는 것과 변환기하학의 관점에서 보는 것은 중첩될 수 있다. 예를 들면 유클리드의 원론에 제시된 피타고라스 정리를 보자.

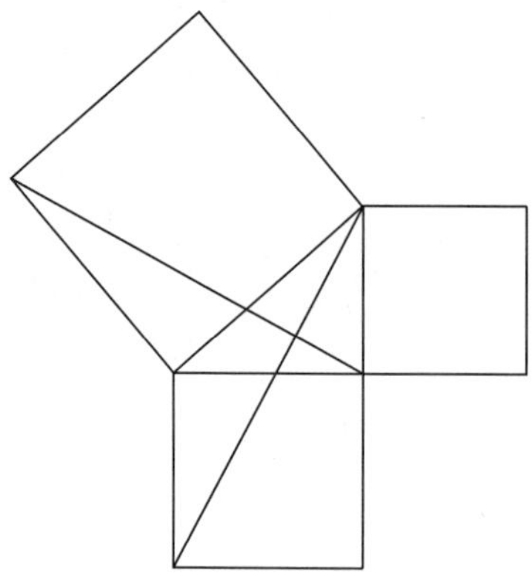

이 그림에서 두 삼각형의 합동을 종합적 방법에 의하여 합동임을 논증하지만 한편으로는 두 개의 삼각형은 90도 회전한 결과로 간주할 수도 있기 때문에 이 증명의 아이디어는 변환기하학에 기초한다고 할 수 있다. 마찬가지로 파푸스는 이등변삼각형의 두 밑각이 같다는 것을 순수 종합적으로 논증하지만 그 아이디어는 대칭변환에 기초하고 있다. 이와 같이 변환기하학의 아이디어는 이미 오랜 전통을 가지고 있다.

17.1.2 본체적 분석

변환군

기하학적 대상을 변형했을 때 성질이 변하지 않는 것들을 분석하는 것은 매우 중요한 일이다. 예를 들면 평행이동은 각의 크기, 선분의 길이 등이 보존된다. 그러나 닮음변환은 각의 크기는 보존되지만 선분의 길이는 보존되지 않는다. 이 점을 분명하게 하기 위하여 다음과 같은 정의를 하자. 먼저 일대일 대응 함수 $\phi : S \to S$를 S 상의 변환이라고 한다.

정의. S를 공 아닌 집합이라고 하자. S 상의 어떤 변환들의 모임 G가 다음 조건 i), ii), iii)을 만족한다고 하자.

i) G는 변환의 합성에 대하여 닫혀 있다.
ii) 항등함수는 G에 속한다.
iii) $\phi \in G$라면 $\phi^{-1} \in G$이다.

이때 $(S,\ G)$를 기하라고 하고 G를 $(S,\ G)$의 변환군이라고 한다.

정의. $(S,\ G)$를 주어진 기하라고 할 때, $F \subset S$를 도형이라고 한다. 만약 두 도형 A와 B에 대하여 $\phi(A)=B$를 만족하는 변환 $\phi \in G$가 존재할 때 A와 B는 합동이라고 한다.

정의. $(S,\ G)$를 주어진 기하라고 하자. Σ를 어떤 도형들의 집합이라고 할 때, 임의의 $\phi \in G$와 임의의 $F \in \Sigma$에 대하여 $\phi(F) \in \Sigma$를 만족할 때, Σ를 $(S,\ G)$에서 불변이라고 한다. 또 f를 Σ 상의 함수라고 할 때, 임의의 $\phi \in G$와 임의의 $F \in \Sigma$에 대하여 $f(\phi(F)) = f(F)$를 만족할 때, f를 Σ에서 불변이라고 한다.

예 1. $I = \begin{pmatrix} 1 & 0 \\ 0 & 1 \end{pmatrix}$, $R = \begin{pmatrix} 1 & 0 \\ 0 & -1 \end{pmatrix}$이라고 두고

$$\Phi = \{I,\ R\}$$

라고 두면 여기서 $R^2 = I$ 또는 $R^{-1} = R$이므로 Φ은 $(\boldsymbol{R}^2,\ \Phi)$의 변환군이 된다. 여기서 삼각형은 변환군 Φ에 의하여 여전히 삼각형이 된다. 그러므로 모든 삼각형의 집합 Σ는 $(\boldsymbol{R}^2,\ \Phi)$에서 불변이다.[127] 마찬가지로 모든 사각형의 집합도 $(\boldsymbol{R}^2,\ \Phi)$에서 불변이다. 삼각형 $\Delta \in \Sigma$에 대하여 $f(\Delta)$를 Δ의 넓이라고 하면 임의의 $\phi \in \Phi$에 대하여 $f(\phi(\Delta)) = f(\Delta)$가 된다. 그러므로 넓이는 Σ에서 불변이다.[128] 또 $d(\Delta)$를 원점과 삼각형 Δ 사이의 거리라고 하면 d는 Σ에서 불변이다. 이에 대하여 $e(\Delta)$를 점 $(0,\ 1)$과 삼각형 Δ 사이의 거리라고 하면 e는 Σ에서 불변이 아니다.

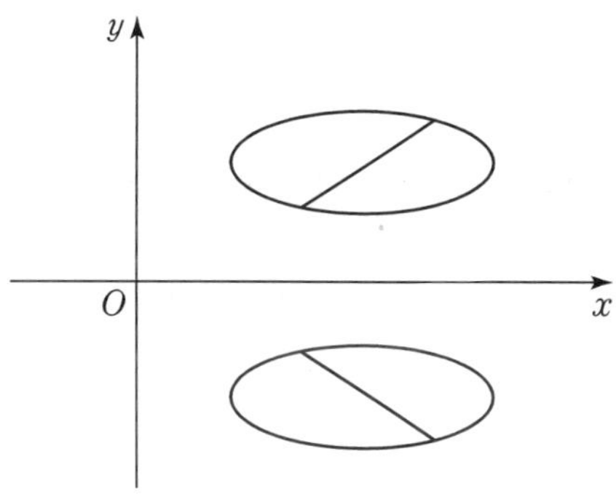

예 2. $\Phi = \left\{ \begin{pmatrix} \cos\theta & -\sin\theta \\ \sin\theta & \cos\theta \end{pmatrix} : \theta \in \boldsymbol{R} \right\}$라고 두면 Φ는 변환군이 된다. 이 변환군 $(\boldsymbol{R}^2,\ \Phi)$에서 길이, 각도, 넓이, 삼각형, 사각형 등은 모두 불변이다. 그러나 Σ를 x축에 평행한 모든 직선들의 집합이라고 하면 Σ는 불변이 아니다.

---

127) 이때 간단하게 삼각형은 $(\boldsymbol{R}^2,\ \Phi)$에서 불변이라고 한다.

128) 이때 삼각형의 넓이는 $(\boldsymbol{R}^2,\ \Phi)$에서 불변이라고 한다.

예 3. 복소수체 $\boldsymbol{C}$에서 $f_{\theta,\ a}(z)=e^{i\theta}z+a$라고 하면 $\Gamma=\{f_{\theta,\ a}:\theta\in\boldsymbol{R}, a\in\boldsymbol{C}\}$는 변환군이 된다. 이 변환군 $(\boldsymbol{C}, \Gamma)$에서 삼각형 사각형, 길이, 넓이, 각도 등은 모두 불변이다.

합동변환

정의. 임의의 $x, y\in\boldsymbol{R}^2$에 대하여

$$|T(x)-T(y)|=|x-y|$$

을 만족하는 모든 함수 $T:\boldsymbol{R}^2\to\boldsymbol{R}^2$의 집합은 변환군이 되는데 이것을 평면상의 합동변환군이라고 한다.

평면상의 합동변환은 방향성에 따라 다음과 같이 분류된다.

i) 평행이동. 이것은 $T(x)=x+a$로 주어진다.

ii) 회전이동. 이것은 $T\begin{pmatrix}x\\y\end{pmatrix}=\begin{pmatrix}\cos\theta & -\sin\theta\\ \sin\theta & \cos\theta\end{pmatrix}\begin{pmatrix}x\\y\end{pmatrix}$로 주어진다.

iii) 반사. 이것은 $T\begin{pmatrix}x\\y\end{pmatrix}=\begin{pmatrix}a & b\\ c & d\end{pmatrix}\begin{pmatrix}x\\y\end{pmatrix}$로서 $ad-bc=-1$로서 주어진다.

iv) 활강반사(glide reflection). 이것은 평행이동과 이어 반사로 합성된 변환이다.

평면상의 합동변환군을 선형대수의 언어로 표현하기 위하여 평면의 점을 $(x,\ y)$로 사용하는 대신에 $(x,\ y,\ 1)$로 사용하고 평면상의 선형변환을 $\begin{pmatrix}a & b & p\\ c & d & q\\ 0 & 0 & 1\end{pmatrix}$으로 나타내면 이 변환은 집합 $\{(x,\ y):x,\ y\in\boldsymbol{R}\}$ 상의 선형변환이 된다. 여기서 행렬 $\begin{pmatrix}a & b & p\\ c & d & q\\ 0 & 0 & 1\end{pmatrix}$의 $\begin{pmatrix}p\\q\end{pmatrix}$는 평행이동을 나타낸다. 여기서 주어진 변환이 합동변환이 되기 위해서는 행렬 $\begin{pmatrix}a & b\\ c & d\end{pmatrix}$가 조건 $ad-bc=\pm1$을 만족해야 해야 하는데, 여기서 $ad-bc=1$이면 회전이동이 되고 $ad-bc=-1$이면 반사가 된다.

예 1. 평행이동. 평행이동은 $\begin{pmatrix}1 & 0 & p\\ 0 & 1 & q\\ 0 & 0 & 1\end{pmatrix}$로 주어진다. 즉 이 변환에 의하여

$$(x,\ y)\mapsto(x+p,\ y+q)$$

로 주어진다.

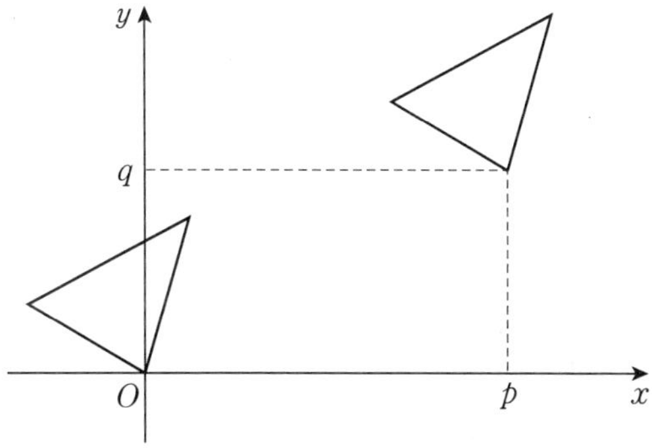

예 2. 회전이동. 회전이동은 $\begin{pmatrix} \cos\theta & -\sin\theta & 0 \\ \sin\theta & \cos\theta & 0 \\ 0 & 0 & 1 \end{pmatrix}$으로 주어진다. 즉 이 변환에 의하여

$$(x,\ y) \mapsto (x\cos\theta - y\sin\theta,\ x\sin\theta + y\cos\theta)$$

로 주어진다. 다음 그림에서 $\angle AOB = \theta$이다.

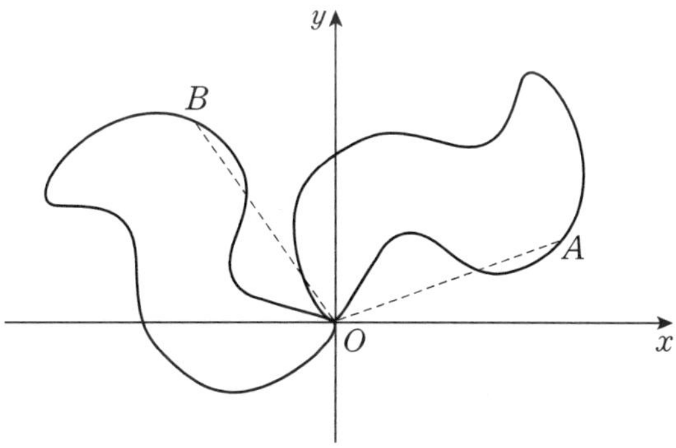

예 3. 반사. x축에 대한 반사와 y축에 대한 반사는 각각 $\begin{pmatrix} 1 & 0 & 0 \\ 0 & -1 & 0 \\ 0 & 0 & 1 \end{pmatrix}$와 $\begin{pmatrix} -1 & 0 & 0 \\ 0 & 1 & 0 \\ 0 & 0 & 1 \end{pmatrix}$으로 주어진다. 즉 전자는

$$(x,\ y) \mapsto (x,\ -y)$$

로 주어지고 후자는

$$(x,\ y) \mapsto (-x,\ y)$$

로 주어진다.

예 4. 활강반사.

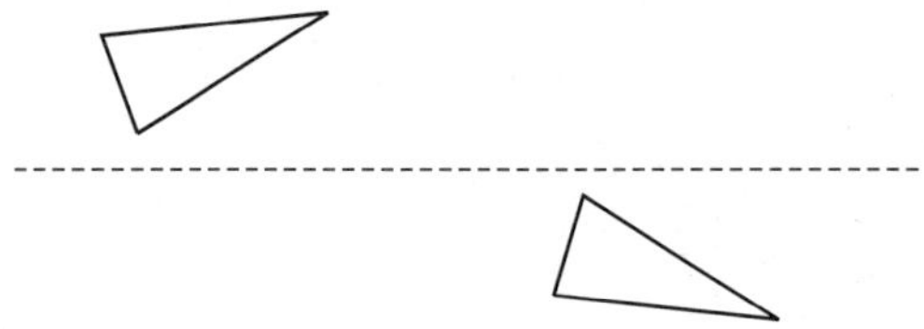

참고. 행렬 $\begin{pmatrix} a & b & p \\ c & d & q \\ 0 & 0 & 1 \end{pmatrix}$은 사상 $(x,\ y) \mapsto (ax+by+p,\ cx+dy+q)$을 표상하므로 반드시 $\begin{pmatrix} a & b \\ c & d \end{pmatrix}\begin{pmatrix} x \\ y \end{pmatrix}$를 수행한 후 평행이동 $(x,\ y) \mapsto (x+p,\ y+q)$를 수행하는데 이 순서가 중요하다. 그러므로 역변환은 평행이동 후 회전이동의 순서로 이루어지고 그 결과

$$\begin{pmatrix} a & b & p \\ c & d & q \\ 0 & 0 & 1 \end{pmatrix} = \frac{1}{ad-bc}\begin{pmatrix} d & -b & bq-dp \\ -c & a & -aq+cp \\ 0 & 0 & 1 \end{pmatrix}$$

로 주어진다.

정리. 만나는 두 직선 l_1과 l_2에 대한 반사를 각각 M_1과 M_2라고 하면 이 두 반사의 합성 M_1M_2은 l_1과 l_2의 교각의 2배만큼 회전이동한 것이다. 특히 두 직선이 직교할 경우 두 반사의 합성은 180도 회전이다.

증명. 다음 그림과 같이 점 P를 l_1에 의한 반사를 Q, Q를 직선 l_2에 의한 반사를 R이라고 하자. 이때 l_1과 l_2의 끼인각을 α라고 하면 P에서 R로의 사상은 2α만큼 회전이동한 결과이다. ■

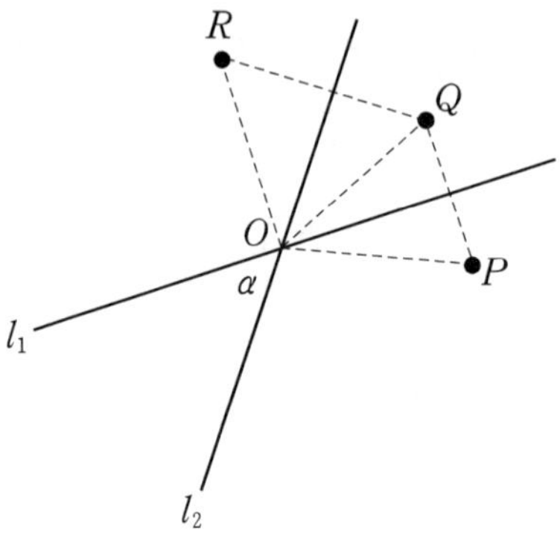

이 정리에 의하면 위의 예에서 언급된 합동변환은 기껏해야 3개의 반사 합성이다. 실제로 각각의 경우는 다음과 같은 반사로 이루어진다.

변환의 종류	반사 횟수
평행이동	2회
회전이동	2회
반사	1회
활강반사	3회

예 5. 직선 $y=mx$에 대한 반사 T의 식을 유도해보자. 점 $(p,\ q)$을 $T(p,\ q)$로 옮기는 것은 점 $(p,\ -q)$를 2α만큼 회전이동한 것과 같다. 여기서 $\tan\alpha = m$이다. 따라서

$$T(p,q)=\begin{pmatrix}\cos 2\alpha & -\sin 2\alpha \\ \sin 2\alpha & \cos 2\alpha\end{pmatrix}\begin{pmatrix} p \\ -q\end{pmatrix}$$

이다. 여기서 $\sin\alpha = \dfrac{m}{\sqrt{1+m^2}}$, $\cos\alpha = \dfrac{1}{\sqrt{1+m^2}}$을 대입하여 계산하면

$$T=\frac{1}{1+m^2}\begin{pmatrix}1-m^2 & 2m \\ 2m & m^2-1\end{pmatrix}$$

을 얻는다.

예 6. 합동변환을 응용한 페르마 문제의 해. 예각 $\triangle ABC$의 세 꼭짓점 A, B, C에서 $\overline{AP}+\overline{BP}+\overline{CP}$의 길이가 최소가 되는 점 P를 구하는 문제이다. 아래 그림과 같이 $\triangle ABC$에서 $\triangle ABP \equiv \triangle A'BP'$가 되도록 점 B를 중심으로 반시계 방향으로 60도 회전한 삼각형을 $\triangle A'BP'$라고 하자. 이때

$$\overline{AP}+\overline{BP}+\overline{CP}=\overline{A'P'}+\overline{BP'}+\overline{CP}=\overline{A'P'}+\overline{P'P}+\overline{PC}$$

이므로 $\overline{A'P'}+\overline{P'P}+\overline{PC}$가 직선일 때 $\overline{AP}+\overline{BP}+\overline{CP}$가 최소가 된다. 그러므로 $\angle BPC$와 $\angle APB$는 모두 120도가 되어야 한다.

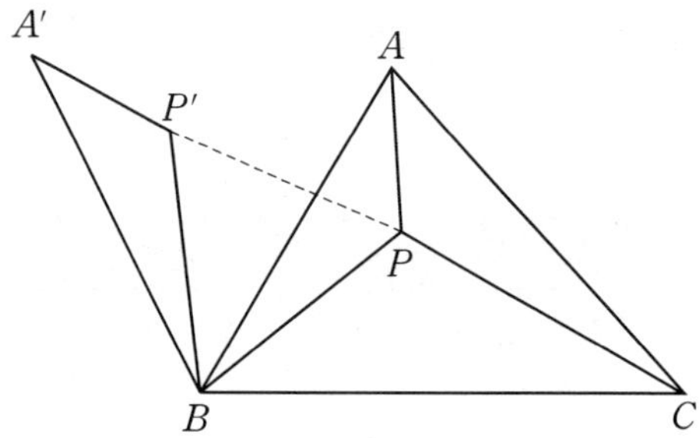

예 7. $\triangle ABC$에서 $\overline{AB}$, $\overline{BC}$, $\overline{CA}$의 중점을 각각 P, Q, R이라고 하자. 이때 $\triangle APR$, $\triangle BQP$, $\triangle CRQ$의 내심과 외심을 각각 I_1, I_2, I_3, C_1, C_2, C_3라고 하면 $\triangle I_1I_2I_3$와 $\triangle C_1C_2C_3$는 닮음이다. 여기서$\triangle BQP$과 $\triangle CRQ$은 $\triangle APR$을 평행이동한 것이다. 그러므로 내심과 외심은 모두 평행이동 된 것이다.

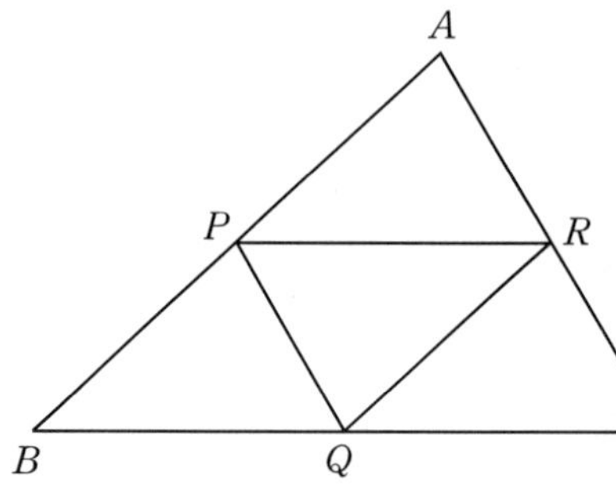

예 8. 그림과 같이 3개의 평행선이 있다. 각각의 직선에 하나의 꼭짓점을 가지는 정삼각형을 작도해보자.

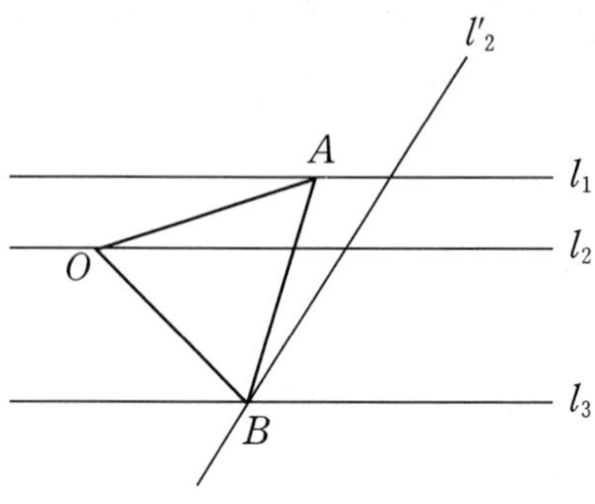

먼저 점 A를 중심으로 직선 l_2를 반시계 방향으로 60도만큼 회전하여 생긴 직선을 l'_2라고 하고 l'_2와 l_3의 교점을 B라고 하자. 한편 $\overline{AB}$를 A를 중심으로 시계 방향으로 60도 회전하여 l_2와 만나는 점을 C라고 하면 $\triangle ABC$은 주어진 조건을 만족한다.

대칭도형

정의. 도형 $S \subset \boldsymbol{R}^2$가 주어져 있다. 여기서 $f(S) = S$를 만족하는 합동변환 f를 S의 대칭변환이라고 하고 S는 f에 의하여 대칭이라고 한다. S의 모든 대칭변환의 집합도 함수의 합성에 의하여 군을 이루는데 이 군을 S의 대칭군이라고 한다.

예 1. 화살표 모양의 도형 ⇧의 대칭변환은 두 가지가 있다. 즉 항등변환 I과 수직 거울에 의한 반사 M_2이다. 여기서 $M_2^2 = I$을 만족한다. 이 대칭군을 $D_1 = \{I,\ M_2\}$이라고 한다.

예 2. 글자 $\mathbb{Z}$의 대칭변환은 두 가지가 있다. 즉 항등변환 I와 180도 회전 R이다. 여기서 $R^2 = I$이다. 이 대칭군을 $C_2 = \{I,\ R\}$라고 한다.

예 3. 도형 卍의 대칭변환은 90도 회전 R에 의하여 생성된 대칭군 $C_4 = \{I,\ R,\ R^2,\ R^3\}$으로 주어진다.

예 4. 직사각형

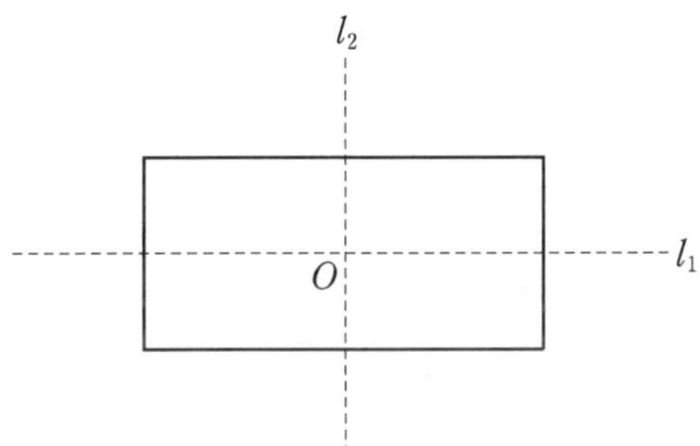

여기서 I를 항등변환, R을 중심 O에 대한 180도 회전, M_1과 M_2를 각각 대칭축 l_1과 l_2에 대한 대칭변환으로 두면 $S = \{I,\ R,\ M_1,\ M_2\}$는 S의 대칭변환군이다. 이 대칭변환군을 D_2라고 한다.

이 군의 연산표는 다음 표와 같다.

$\cdot$	I	R	M_1	M_2
I	I	R	M_1	M_2
R	R	I	M_2	M_1
M_1	M_1	M_2	I	R
M_2	M_2	M_1	R	I

예 5. 일반적으로 정n각형의 대칭군을 D_n으로 나타낸다. 이 대칭군은 n개의 $\frac{360}{n}$도의 회전과 n개의 반사로 구성되어 있으므로 이 대칭군의 원소는 $2n$개이다. 다음 그림에서 정삼각형과 정사각형에 점선은 각각의 대칭축을 나타낸다.

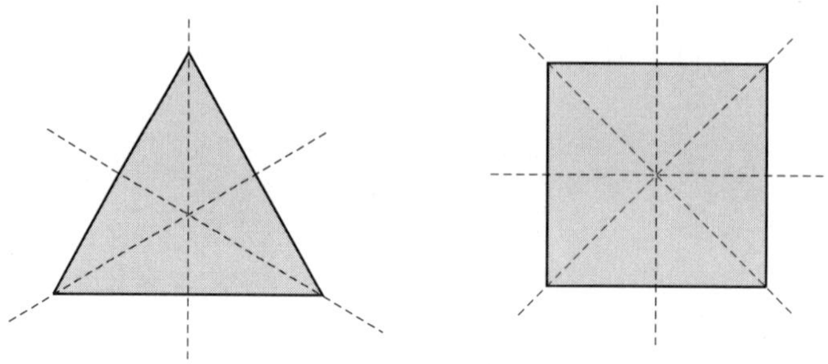

닮음변환

정의. $\boldsymbol{R}^2$에서 임의의 두 점 x, y에 대하여 $|T_r(x) - T_r(y)| = r|x-y|$를 만족하는 모든 변환 $T_r(r>0)$의 집합은 변환군이 되는데 이것을 평면 위의 닮음변환군이라고 한다. 닮음변환군은 합동변환군을 포함하고 있다. $\begin{pmatrix} a & b & p \\ c & d & q \\ 0 & 0 & 1 \end{pmatrix}$이 닮음변환이라면 $\begin{pmatrix} a & b \\ c & d \end{pmatrix} = \begin{pmatrix} s & t \\ -t & s \end{pmatrix}$ 또는 $\begin{pmatrix} a & b \\ c & d \end{pmatrix} = \begin{pmatrix} s & t \\ t & -s \end{pmatrix}$으로 주어진다. 단, 여기서 $s^2 + t^2 = r^2$.

닮음기하에서 각도, 직선성, 평행성 등은 불변이지만 길이는 불변이 아니다. 따라서 넓이는 불변이 아니다.

위의 정의에 의하면 닮음변환은 다음과 같이 분류된다.

1. 합동변환. 즉 위의 정의에서 $r=1$되는 경우이다.

2. 확대변환(dilation). 확대변환은 다음 예와 같은 경우를 생각할 수 있다.

i) $\begin{pmatrix} a & b \\ c & d \end{pmatrix} = r\begin{pmatrix} \cos 0 & -\sin 0 \\ \sin 0 & \cos 0 \end{pmatrix}$이면 다음 그림과 같다.

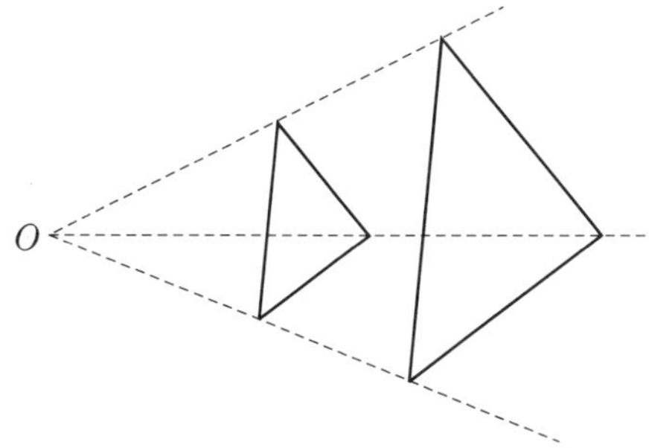

ii) $\begin{pmatrix} a & b \\ c & d \end{pmatrix} = r\begin{pmatrix} \cos\pi & -\sin\pi \\ \sin\pi & \cos\pi \end{pmatrix}$이면 다음 그림과 같다. 이것은 180도 회전과 확대를 합성한 것이다.

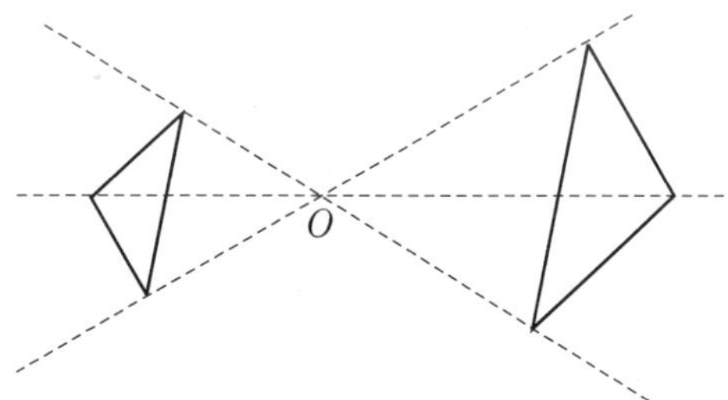

iii) θ가 0도 π도 아닌 경우, 이것은 $\begin{pmatrix} a & b \\ c & d \end{pmatrix} = r\begin{pmatrix} \cos\theta & -\sin\theta \\ \sin\theta & \cos\theta \end{pmatrix}$으로 주어지고 다음 그림과 같이 변환된다.

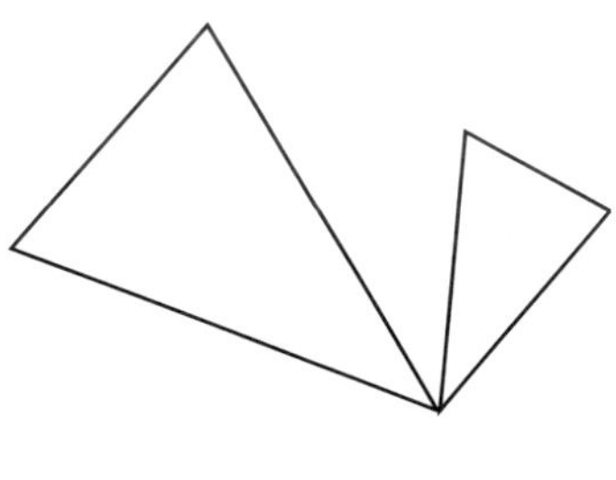

여러 가지 닮음변환을 합성하면 다음 예와 같이 다양한 변환을 만들 수 있다.

예 1. $\begin{pmatrix} a & b \\ c & d \end{pmatrix} = \begin{pmatrix} 2 & 2 \\ -2 & 2 \end{pmatrix}$인 경우를 생각해보자. 이 경우에 $r = 2\sqrt{2}$로서 주어진 변환은

$$(x,\ y) \mapsto (2x+2y,\ -2x+2y)$$

로 주어진다. 여기서 A', B', C'의 좌표는 각각 $(2,\ -2)$, $(4,\ 0)$, $(2,\ 2)$이다. 이 변환은 오리엔테이션을 보존하고 다음 그림과 같이 변환된다.

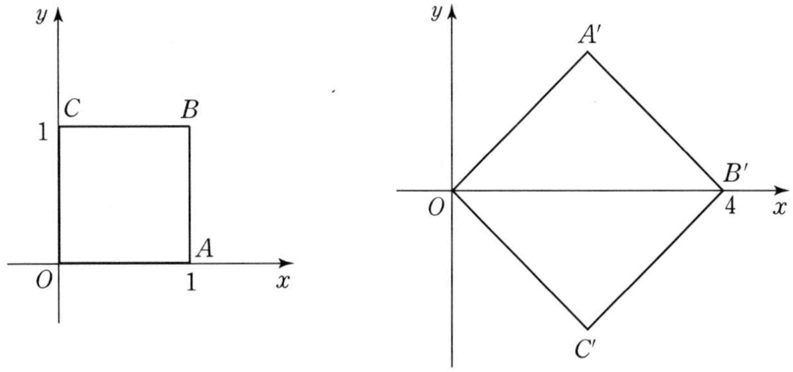

예 2. $\begin{pmatrix} a & b \\ c & d \end{pmatrix} = \begin{pmatrix} 2 & 2 \\ 2 & -2 \end{pmatrix}$인 경우를 생각해보자. 이 경우도 $r = 2\sqrt{2}$로서 주어진 변환은

$$(x,\ y) \mapsto (2x+2y,\ 2x-2y)$$

로 주어진다. 여기서 A', B', C'의 좌표는 각각 $(2,\ 2)$, $(4,\ 0)$, $(2,\ -2)$이다. 이 변환은 오리엔테이션을 보존하지 않으며 다음 그림과 같이 변환된다.

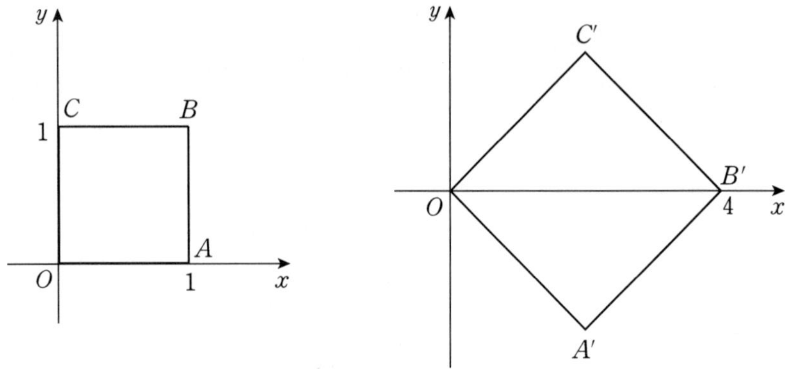

예 3. $\begin{pmatrix} a\, b \\ c\, d \end{pmatrix} = \begin{pmatrix} 1 & -2 \\ 2 & 1 \end{pmatrix}$인 경우에는 $r = \sqrt{5}$로서 주어진 변환은

$$(x,\ y) \mapsto (x-2y,\ 2x+y)$$

로 주어진다. 여기서 A', B', C의 좌표는 각각 $(1,\ 2)$, $(-1,\ 3)$, $(-2,\ 1)$이다. 이 변

환은 오리엔테이션이 보존되고 다음 그림과 같이 변환된다.

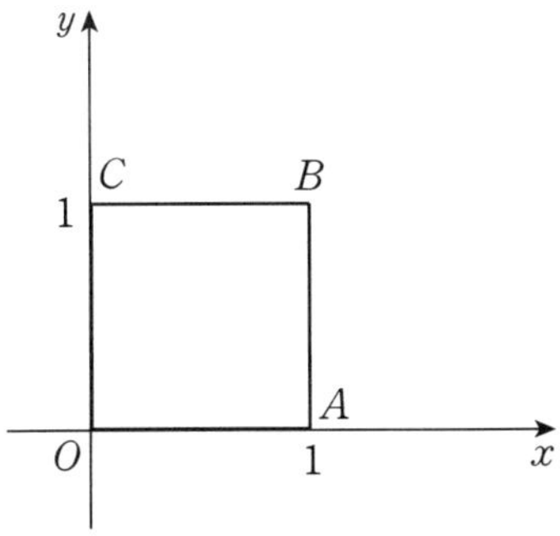

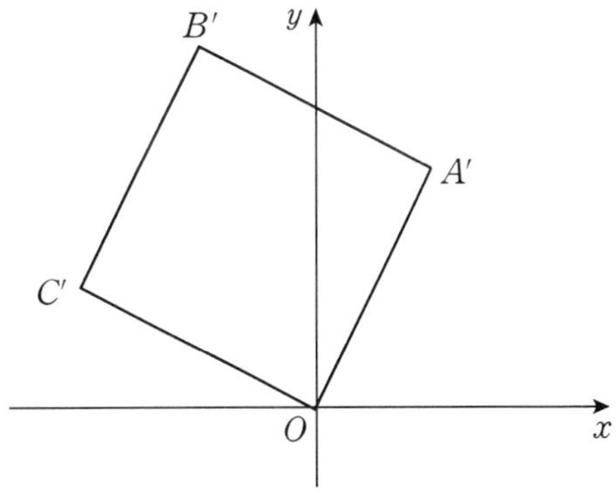

자기닮음변환

칸토어 집합 $K \subset [0,\ 1]$의 원소 x는 3진법 전개에 의하여 다음과 같이 주어진다.

$$x = \sum_{k=1}^{\infty} \frac{2a_k}{3^k},\ a_k = 0, 1$$

A를 K의 임의의 부분집합이라고 하면 함수 $f(x) = \dfrac{x}{3}$에 의하여 $f(A)$는 합동이 된다. 일반적으로 어떤 집합이 자신의 부분집합과 닮음이 될 때 그 집합을 프랙탈 집합이라고 한다. 앞에서 예시한 칸토어 집합은 전형적인 프랙탈 집합이고 그 외에도 코흐(H. von Koch, 1870~1924) 눈송이, 시에르핀스키(W. Sierpinski, 1882~1969) 스펀지 등은 모두 프랙탈 집합이다.

점은 0차원, 선은 1차원, 면은 2차원, 입체는 3차원이다. 그런데 칸토어 집합 K는 점으로 보기에는 너무 많이 밀집되어 있고 선으로 보기에는 엉성한 면이 있다. 그렇지만 칸토어 집합의 농도는 실수의 농도와 같다.[129] 그러면 여기서 K의 차원은 어떻게 될까?

어떤 도형이 d차원이라면 그 도형을 m배만큼 확대했을 때 원래 주어진 용적과 확대된 용적의 비는 m^d이 되겠다. 이 사실을 이용하여 K의 차원을 구해보자. K의 3등분 중 가장 왼쪽에 있는 집합 K_1이라고 하고 K_1의 용적을 1이라고 하면 이것을 3배한 것이 K이다. 따라서 K의 차원을 d라고 하면 K는 K_1을 3배 확대한 것이고 동시에 K_1의 용적의 두 배가 되므로 $3^d = 2$가 성립한다. 그러므로 $d = \dfrac{\log 2}{\log 3}$이고 이것은 1보다 약간 작다.

보다 일반적인 경우에 프랙탈 차원은 다음과 같이 정의한다. 우선 주어진 대상이 배율 S

---

129) x가 K의 원소라면 $x = \sum_{k=1}^{\infty} \frac{2a_k}{3^k}$, $a_k = 0,\ 1$로 주어진다. 그런데 여기서 $y = \sum_{k=1}^{\infty} \frac{a_k}{2^k}$는 임의의 $[0,\ 1]$의 원소이고 x와 y는 일대일 대응된다. 그러므로 K의 농도와 $[0,\ 1]$의 농도는 같다.

로 확대되었다고 하고 원래 도형이 N개의 조각으로 재조직되었다고 하자. (예를 들면 코흐 눈송이의 경우, $S=3$이고 $N=4$이고 칸토어 집합의 경우, $S=3$이고 $N=2$이다.) 이때 그 프랙탈 집합의 차원을 D라고 하면

$$D=\frac{\log N}{\log S}$$

로 정의한다.

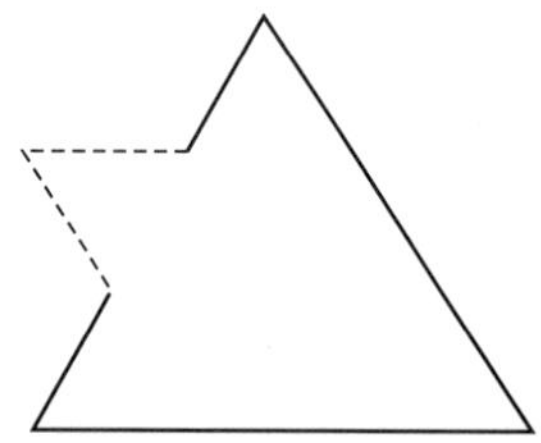

예를 들면 코흐 눈송이의 프랙탈 차원은 $\dfrac{\log 4}{\log 3}$이다.

정의. 어떤 함수 f의 배척점의 합집합을 f의 줄리아(Julia) 집합이라고 한다.

예. 함수 $f(z)=z^2+c$에서 $c=0$일 때, 줄리아 집합은 $\boldsymbol{C}$의 단위원 $\{z\in\boldsymbol{C}: |z|=1\}$이다.

정의. 만델브로트(B. Mandelbrot, 1924~2010) 집합 M은 $f(z)=z^2+c$가 호상 연결 줄리아(G. Julia, 1893~1978) 집합을 만드는 c들의 집합을 말한다.

반전변환

다음 그림에서 원 O에서 점 P와 Q는 O와 동일 직선 위에 있으면서 $\overline{OP}\cdot\overline{OQ}=\overline{OT}^2$을 만족한다. 이때 P와 Q를 원 O에 대하여 반전(inversion)이라고 하고 원 O를 반전원이라고 하고 그 중심을 반전중심이라고 한다.

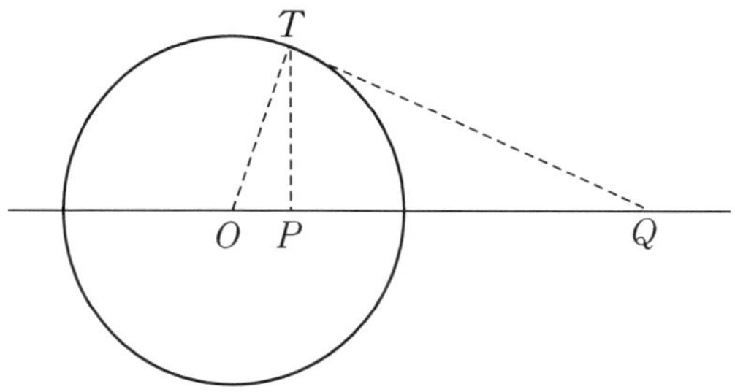

정리 1. 반전변환에서 각의 크기는 불변이다.

증명. 반전변환에 의하여 점 P와 Q가 각각 P'와 Q'로 사상된다고 하자. 여기서 $\overline{OP} \cdot \overline{OP'} = \overline{OQ} \cdot \overline{OQ'}$ 이므로 $\angle OPQ = \angle P'Q'Q$이다. 여기서 Q를 원주를 따라 P에 접근시키면 $\angle OPS = \angle TP'S$가 된다. ■

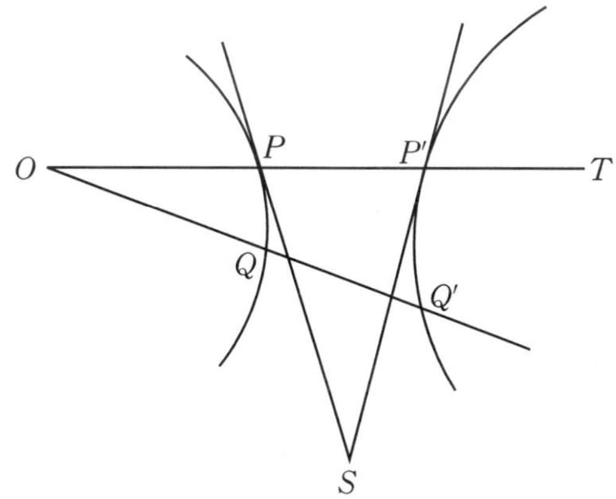

정리 2. 반전원에 직교하는 원은 반전변환에 대하여 불변이다.

증명. 원 O를 반전원이라고 하고 원 O'를 원 O에 직교하는 원이라고 하자. $\overline{OT}$를 원 O'의 접선이라고 하면 $\overline{OT}^2 = \overline{OP} \cdot \overline{OQ}$이다. 즉 P와 Q는 O에 대하여 반전 위치에 있다. 즉 O'는 스스로 반전의 위치에 있다. ■

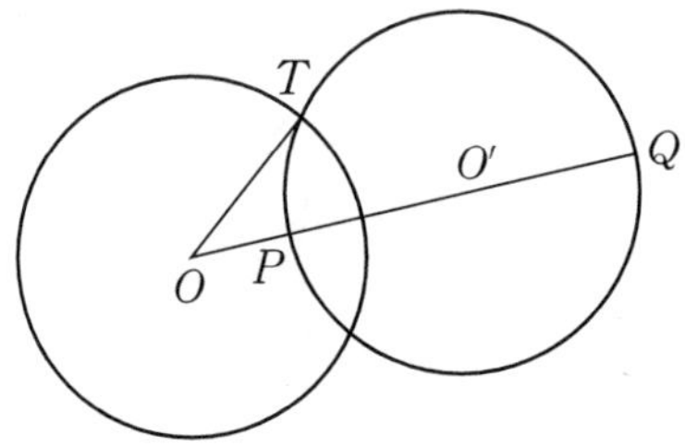

정리 3. 반전원 O에 직교하는 두 원을 O_1, O_2라고 하고 O_1과 O_2의 교점을 A와 B라고 하자. 이때 A와 B는 원 O에 대하여 반전 위치에 있다.

증명. 선분 OA의 연장과 O_1의 원주와 만나는 점을 B_1이라고 하고 선분 OA의 연장과 O_2의 원주와 만나는 점을 B_2라고 하면 $\overline{OS}^2 = \overline{OA} \cdot \overline{OB_1}$이고 $\overline{OT}^2 = \overline{OA} \cdot \overline{OB_2}$이다. 그런데 여기서 $\overline{OS} = \overline{OT}$이므로 $\overline{OB_1} = \overline{OB_2}$이다. 그런데 B_1은 원 O_1의 원주에 있고 B_2는 원 O_2의 원주에 있으므로 $B_1 = B_2$이다. 여기서 $B_1 = B_2 = B$라고 하면 A와 B는 서로 반전의 위치에 있다. ■

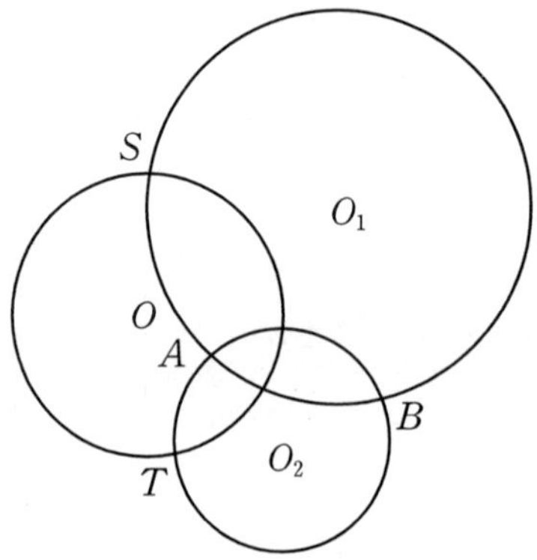

예. 두 원 C_1와 C_2가 그림과 같이 주어져 있다. C_1의 내부와 C_2의 외부에 접하는 원을 Γ_1라고 하자. 이어 C_1의 내부와 C_2의 외부 그리고 Γ_1의 외부에 접하는 원 Γ_2를 그린다. 이렇게 계속하여 유한개의 원이 서로 접하도록 주어져 있다고 하자. 이런 경우에 처음의 원을 어떤 위치에서 접하든 관계없이 인접된 원들이 서로 접하게 됨을 보이자.

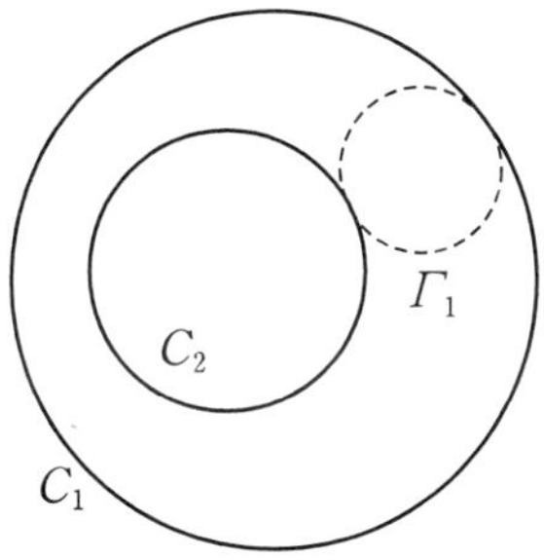

이것은 반전변환의 성질에 의거한다. 즉, 이 문제를 두 원 C_1와 C_2가 동심원인 경우에 생각하면 그런 원 Γ_j들은 Γ_j의 위치를 변경해도 여전히 접하게 된다.

퓨셀리어의 기관

반전사상으로부터 퓨셀리어(Peucellier)의 기관이라고 하는 다음과 같은 동력학적 장치를 생각할 수 있다. 이 기관의 구조를 알아보기 위하여 먼저 사각형 $APBQ$는 마름모이고 O는 반전중심이다.

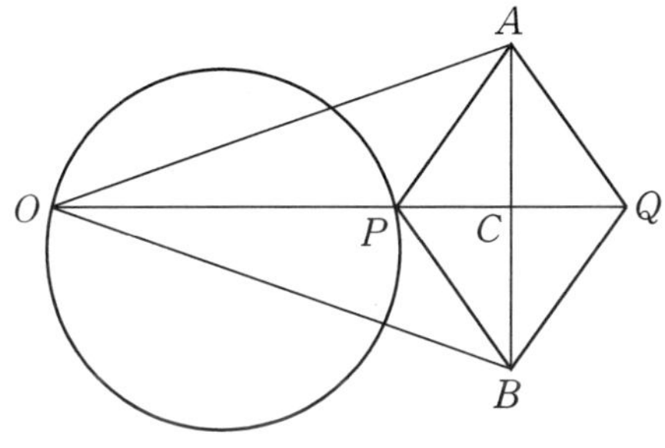

이 도형에 의하면 다음 등식이 성립한다.

$$\begin{aligned}\overline{OP}\cdot\overline{OQ} &= (\overline{OC}-\overline{PC})(\overline{OC}+\overline{CQ})\\ &= \overline{OC}^2-\overline{PC}^2\\ &= \overline{OA}^2-\overline{AC}^2-\overline{PA}^2+\overline{AC}^2\\ &= \overline{OA}^2-\overline{PA}^2\end{aligned}$$

따라서 마름모의 네 변의 크기와 $\overline{OA}$, $\overline{OB}$의 크기를 고정할 때 P가 원운동을 하면 Q는 직선운동을 한다.

극과 극선

정의. Γ를 주어진 원이라고 하고 주어진 점 P와 P'를 Γ에 대한 서로 반전인 점이라고 하자. 이때 $\overline{OP}$와 수직이고 P'를 지나는 직선을 P에 대한 극선(polar)이라고 하고 P를 극선에 대한 극(pole)이라고 한다.

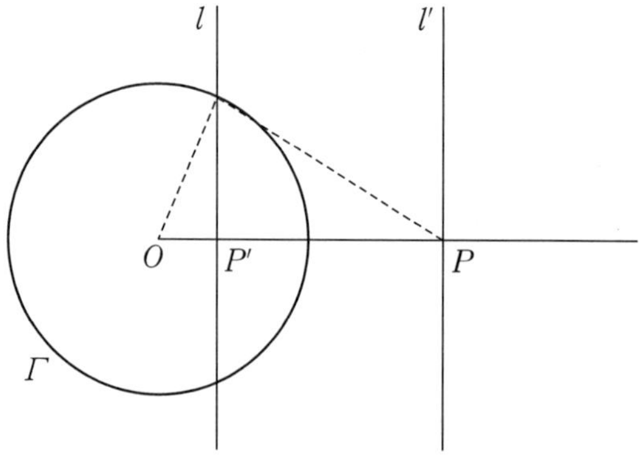

정리 1. 다음 그림과 같이 반전원 Γ에 대하여 점 P와 P'가 서로 반전되어 있다고 하고 l'를 P의 극선이라고 하자. 이때 Q'가 l' 위에 있다면 Q'의 극선 위에는 P가 놓여있다.

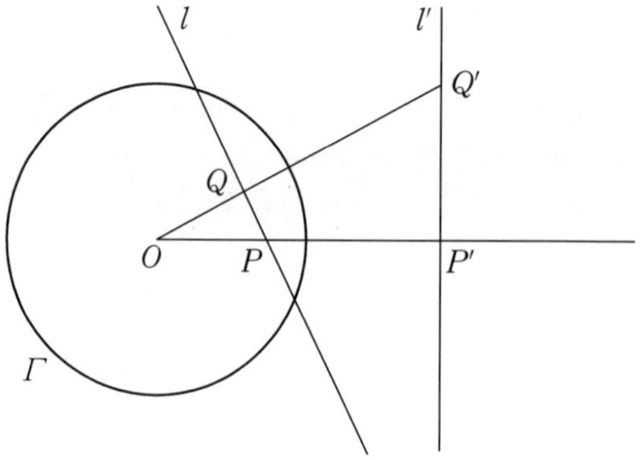

증명. Q'의 반전점을 Q라고 하면 등식 $\overline{OQ'}\cdot\overline{OQ}=\overline{OP'}\cdot\overline{OP}$가 성립하여 결국 P, P', Q, Q'는 동일 원 위에 있다. 그런데 $\angle Q'P'P$가 직각이므로 $\angle Q'QP$도 직각이다. 따라서 l은 Q'의 극선이고 P는 l위에 있다. ■

참고. 앞의 정리 1을 통하여 극선의 작도할 수 있다. 즉 P를 지나는 할선을 긋고 그 할선과 반전원 Γ가 만나는 두 점에서 접선을 그어 그 두 접선이 만나는 점의 자취 l이 바로 P의 극선이다.

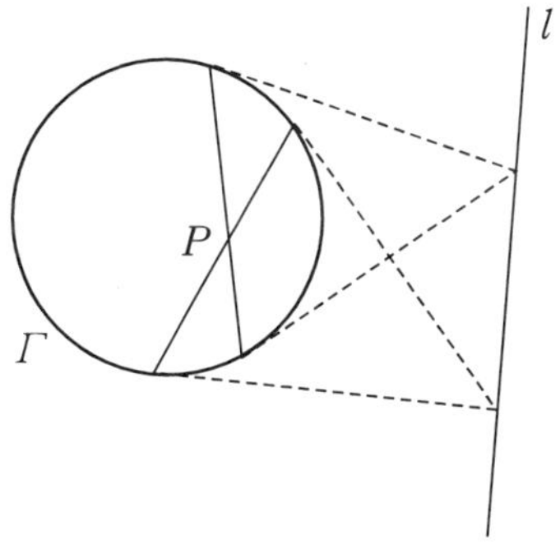

정리 2. 점 C, D가 다음 그림과 같이 원 Γ에 대하여 반전 위치에 있으면 $H(AB,\ CD)$가 성립한다.

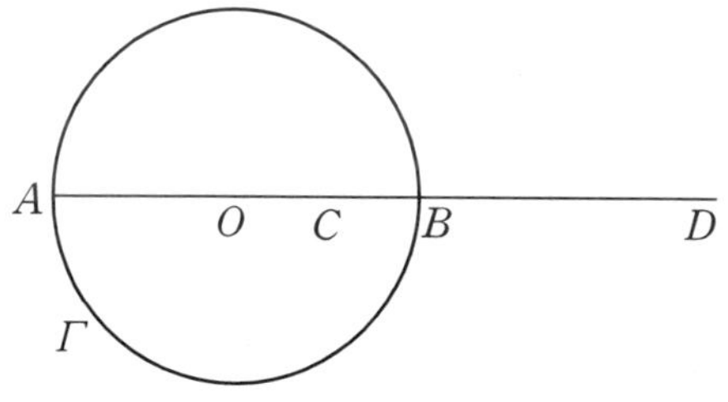

증명. C와 D가 원 Γ에 대하여 서로 반전이기 때문에

(1) $$\frac{\overline{OD}}{\overline{OB}}=\frac{\overline{OB}}{\overline{OC}}$$

를 만족한다. 따라서 (1)은 다음과 같이 된다.

(2) $$\frac{\overline{OD}+\overline{OB}}{\overline{OD}-\overline{OB}}=\frac{\overline{OB}+\overline{OC}}{\overline{OB}-\overline{OC}}$$

여기서 (2)를 정돈하면

$$\frac{\overline{AD}}{\overline{BD}}=\frac{\overline{AC}}{\overline{CB}},$$

즉 $H(AB,CD)$가 된다. ■

마지막으로 극선은 해석적으로 다음과 같이 주어진다.

정리 3. 반전원 $x^2+y^2=r^2$이 주어졌을 때 점 $(p,\ q)$의 반전점의 좌표는

$$\left(\frac{pr^2}{p^2+q^2},\ \frac{qr^2}{p^2+q^2}\right)$$

로 주어진다.

증명. 정의에 의하여 자명하다. ■

정리 4. 반전원 $x^2+y^2=r^2$이 주어졌을 때 원점이 아닌 점 $(p,\ q)$의 극선의 방정식은

$$px+qy=r^2$$

으로 주어진다.

증명. 극선의 방정식은 헤세의 표준형에 의하여

$$\frac{px}{\sqrt{a^2+b^2}}+\frac{qy}{\sqrt{a^2+b^2}}=\frac{r^2}{\sqrt{a^2+b^2}}$$

가 된다. 이 식을 정돈하면 주어진 결론을 얻는다. ■

뫼비우스(Möbius) 변환

반전변환은 일반화된 원이 불변이었다. 뫼비우스 변환은 닮음변환과 반전변환을 포함하는데 이런 변환들을 복소평면 위에서 묘사될 수 있다. 뫼비우스 변환을 이해하기 위하여 먼저 함수 $f: \boldsymbol{C}\rightarrow\boldsymbol{C}$가 해석적이라고 하자. γ_1과 γ_2를 $\boldsymbol{C}$ 상의 미분가능곡선이라고 하고 $\gamma_1(t_0)=\gamma_2(t_0)=z_0$이며 $f'(z_0)\neq 0$이다. 여기서 곡선 $f\circ\gamma_1$과 $f\circ\gamma_2$의 교각을 생각해보자. 등식

$$\arg\frac{(f\circ\gamma_1)'(t_0)}{(f\circ\gamma_2)'(t_0)}=\arg\frac{\gamma_1'(t_0)}{\gamma_2'(t_0)}$$

으로부터 해석함수는 각을 보존함을 알 수 있다.

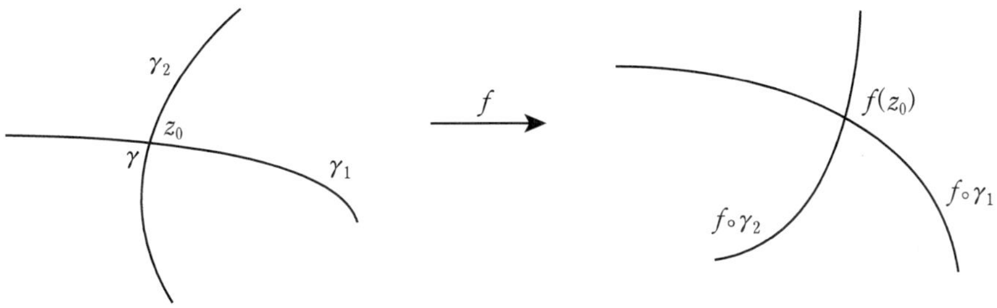

해석함수로서 간단한 형태인 변환이 뫼비우스 변환인데 이 변환은 함수 $w=\dfrac{az+b}{cz+d}$로 정의된다. 단, $ad-bc\neq 0$. 뫼비우스 변환을 분해하면 다음과 같은 변환으로 분해된다.

i) $w_1=z+p$

ii) $w_2=cz$

iii) $w_3=\dfrac{1}{z}$

여기서 w_1와 w_2는 각각 평행이동과 닮음변환이 된다. 한편 w_3는 반전(inversion) 이라고 한다. 그러므로 뫼비우스 변환은 평행이동, 닮음변환, 반전의 합성으로 주어진다. 여기서 원 또는 직선을 $c-$원이라고 하면 $c-$원은 뫼비우스 변환에서 불변이다.

정의. 점 $z_2,\ z_3,\ z_4$를 각각 $1,\ 0,\ \infty$로 사상하는 뫼비우스 변환을 $[z,\ z_2,\ z_3,\ z_4]$라고 표기한다. 실제로 $[z,\ z_2,\ z_3,\ z_4]$는 다음 식으로 주어진다.

$$[z,\ z_2,\ z_3,\ z_4]=\frac{(z-z_3)(z_2-z_4)}{(z-z_4)(z_2-z_3)}$$

여기서 $[z_1,\ z_2,\ z_3,\ z_4]$를 $z_1,\ z_2,\ z_3,\ z_4$의 교차비(cross ratio)라고 한다.

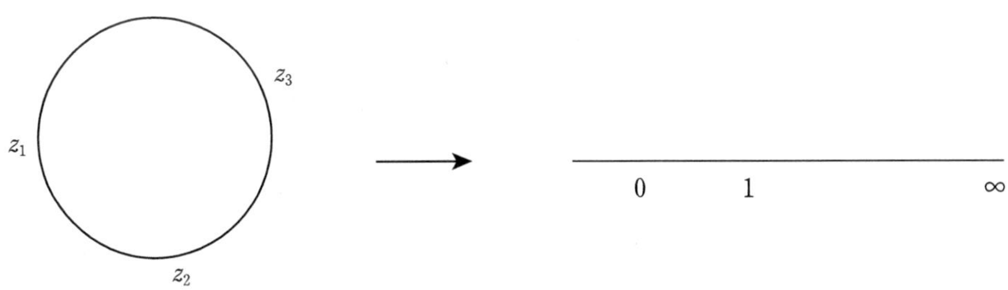

뫼비우스 변환에 의하면 원은 직선이 된다. 따라서 원의 내부는 x축의 윗부분 Π^+ 또는

x축의 아랫부분 Π^-으로 사상된다. 여기서 실제로 원의 내부가 어디로 사상되었는가를 확인하기 위하여 원의 내부의 한 점 p를 선택하고 p가 Π^+와 Π^-의 어느 곳으로 사상되었는가를 확인하면 된다.

예 1. $w=[z,\ 0,\ 1,\ i]$를 계산하면 $w=\dfrac{i(z-1)}{z-i}$이다. 여기서 $\dfrac{1+i}{2}=[-i,\ 0,\ 1,\ i]$이므로 원의 외부는 Π^+로 사상된다.

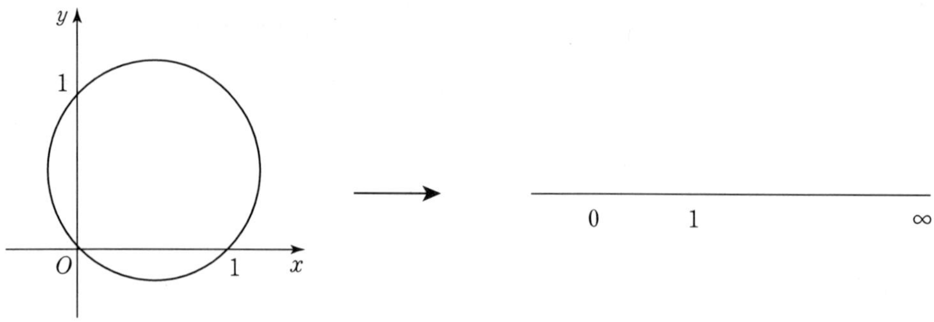

두 뫼비우스 변환 $w=T_1(z)=[z,\ z_2,\ z_3,\ z_4]$와 $w=T_2(z)=[z,\ w_2,\ w_3,\ w_4]$가 주어졌을 때 합성변환 $T_2^{-1}\circ T_1$는 점 $z_2,\ z_3,\ z_4$를 각각 $w_2,\ w_3,\ w_4$로 사상한다. 그러므로 임의의 두 c－원이 주어졌을 때 이 두 원을 대응시키는 뫼비우스 변환을 구성할 수 있다.

예 2. 세 점 0, 1, i를 각각 0, i, ∞로 사상하는 뫼비우스 변환을 구해보자. 먼저

$$w=[z,\ 0,\ 1,\ i]=\frac{i(z-1)}{z-i}$$

이고

$$w=[z,\ 0,\ i,\ \infty]=1+iz$$

이다. 여기서 $w=1+iz$의 역함수를 구하면

$$w=\frac{(1+i)z}{z-i}$$

를 얻는다.

정리. 뫼비우스 변환에서 다음 성질이 성립한다.

i) 교차비는 불변이다. 즉 T를 뫼비우스 변환이라고 하면 다음 등식이 성립한다.

$$[z,\ z_2,\ z_3,\ z_4] = [T(z),\ T(z_2),\ T(z_3),\ T(z_4)]$$

ii) 각도는 불변이다.

증명. i)의 증명. $f(z) = [z,\ T(z_2),\ T(z_3),\ T(z_4)]$는 $T(z_2)$, $T(z_3)$, $T(z_4)$를 각각 1, 0, ∞로 사상한다. 그러므로 합성함수 f와 T의 합성 $f \circ T$는 점 z_2, z_3, z_4를 각각 1, 0, ∞로 사상한다. 한편 $[z,\ z_2,\ z_3,\ z_4]$는 점 z_2, z_3, z_4를 각각 1, 0, ∞로 사상한다. 그러므로

$$[T(z), T(z_2), T(z_3), T(z_4)] = f(T(z)) = [z,\ z_2,\ z_3,\ z_4]$$

가 성립한다.

뫼비우스 변환을 분해한 것들은 모두 각을 보존하기 때문에 ii)의 증명은 자명하다. ■

예 3. 다음 그림에서 왼쪽 도형은 4개의 원이 서로 직교하고 오른쪽 도형은 4개의 직선이 서로 직교한다. 이때 두 도형은 뫼비우스 변환에서 합동이다. 즉 A를 B로 사상하는 뫼비우스 변환이 존재한다. 즉 왼쪽의 네 점이 만나는 곳은 오른쪽의 ∞에 사상되고 각 원이 서로 만나는 네 점은 각각 직선의 네 교점으로 사상된다.

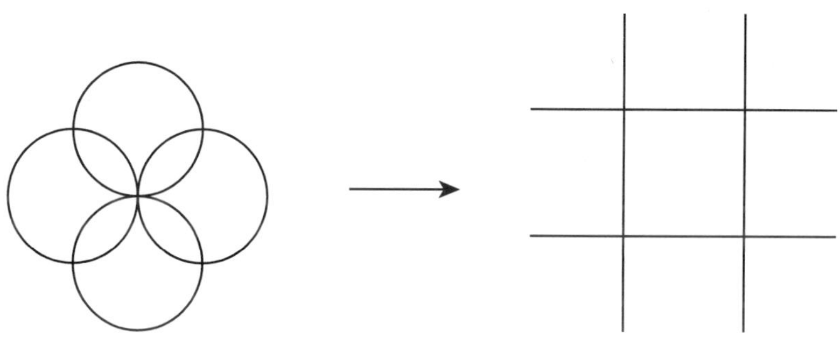

예 4. 임의의 두 원 C_1과 C_2이 주어져 있을 때 C_1을 C_2로 사상되는 뫼비우스 변환이 존재한다. 실제로 C_1을 결정하는 세 점 z_2, z_3, z_4과 C_2를 결정하는 세 점 w_2, w_3, w_4가 존재한다. 여기서 $T_1(z) = [z,\ z_2,\ z_3,\ z_4]$라고 하고 $T_2(z) = [z,\ w_2,\ w_3,\ w_4]$라고 하면 $T_2^{-1} \circ T_1$는 C_1을 C_2로 사상한다.

$D = \{z \in \mathbf{C} : |z| < 1\}$를 단위 원판이라고 하고 $|z_0| < 1$이면 다음과 같이 주어진 사상

$$w = e^{i\theta}\frac{z - z_0}{1 - \overline{z_o}z}$$

은 D를 D로 원주를 원주로 사상한다. 이 변환에 의하여 사상되는 도형은 다음 그림과 같이 나타난다.

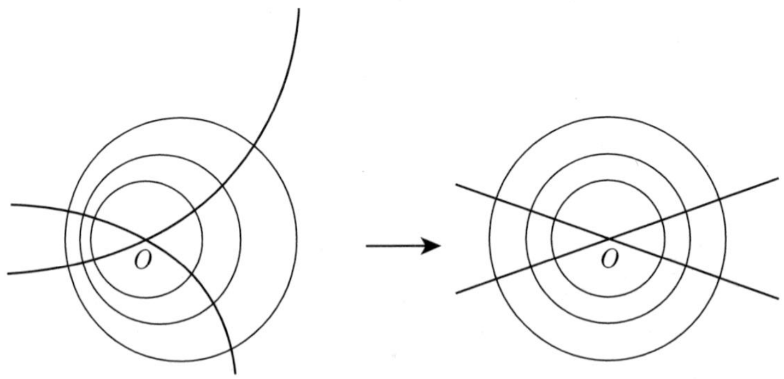

$z_0 \in D$에 따라 주어지는 사상들의 집합을 $\boldsymbol{H}$라고 하면 $\boldsymbol{H}$를 쌍곡변환군이라고 하고, D를 쌍곡 평면이라고 한다. 이때 $(\boldsymbol{H}, D)$를 쌍곡기하학의 모형이 된다. 위의 그림에서 오른쪽의 동심원은 z_0를 중심으로 하는 원에 의하여 사상된 것이고 원점을 지나는 지름들은 왼쪽에서 z_0를 지나고 단위원에 수직으로 만나는 원들에 의하여 사상된 것들이다. 즉 원점을 지나는 직선과 동심원이 여기서 쌍곡기하학에서 직선이 되므로 역변환에 의한 그들의 상이 쌍곡직선이다. 이 기하는 평행선공준을 만족하지 않는다. 실제로 한 쌍곡직선과 그 위에 있지 않은 점을 지나는 쌍곡직선은 무수히 존재한다.

아핀변환

평면의 점을 $(x,\ y)$로 사용하는 대신에 $(x,\ y,\ 1)$로 사용할 때 평면에서

$$\begin{pmatrix} a\ b\ p \\ c\ d\ q \\ 0\ 0\ 1 \end{pmatrix}, \qquad ad - bc \neq 0$$

와 같은 형의 변환을 아핀변환이라고 하자. 여기서 AF는 모든 아핀변환의 집합이라고 할 때, $(\boldsymbol{R}^2,\ AF)$를 아핀기하라고 한다. 아핀기하는 공점선, 공선점, 내분점, 외분점, 평행선, n각형 등이 불변이다. 그러나 길이, 각도는 불변이 아니다.

다음 변환은 아핀변환의 특수한 경우이다.

i) $\begin{pmatrix} 1 & k & 0 \\ 0 & 1 & 0 \\ 0 & 0 & 1 \end{pmatrix}$은 다음 그림과 같이 사각형을 평행사변형으로 사상하는데 이것을 전단변환(shear transform)이라고 한다.

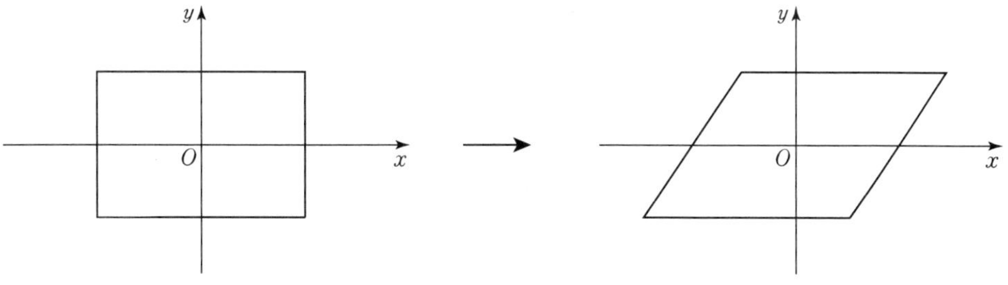

ii) $\begin{pmatrix} 1 & 0 & 0 \\ 0 & k & 0 \\ 0 & 0 & 1 \end{pmatrix}$는 다음 그림과 같이 직사각형의 한 축을 압축 또는 연장시키는 사상을 가지는데 이것을 압축변환(compression transform)이라고 한다.

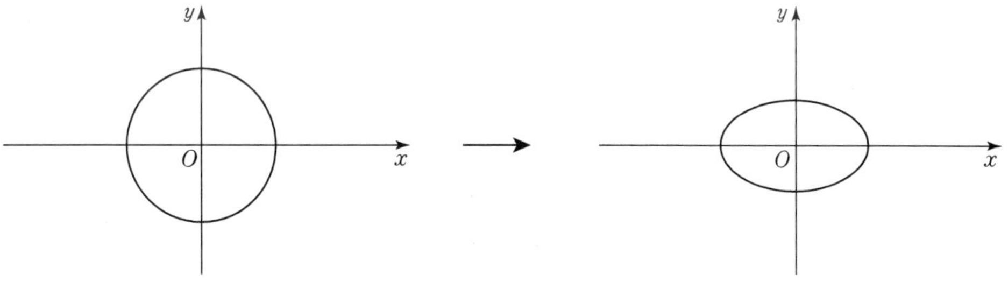

한편 임의의 아핀변환은 전단변환. 압축변환, 닮음변환의 합성이다. 그 이유는

$$j = \frac{ac + bd}{a^2 + d^2}, \qquad k = \frac{ad - bc}{a^2 + d^2}$$

라고 두면

$$\begin{pmatrix} a & b & p \\ c & d & q \\ 0 & 0 & 1 \end{pmatrix} = \begin{pmatrix} a & b & p \\ b & -a & q \\ 0 & 0 & 1 \end{pmatrix} \begin{pmatrix} 1 & 0 & 0 \\ 0 & k & 0 \\ 0 & 0 & 1 \end{pmatrix} \begin{pmatrix} 0 & j & 0 \\ 0 & 1 & 0 \\ 0 & 0 & 1 \end{pmatrix}$$

가 되기 때문이다.

아핀변환의 행렬은 다음과 같이 분해된다.

$$\begin{pmatrix} a & b & p \\ c & d & q \\ 0 & 0 & 1 \end{pmatrix} = \begin{pmatrix} 1 & 0 & p \\ 0 & 1 & q \\ 0 & 0 & 1 \end{pmatrix}\begin{pmatrix} a & b & 0 \\ c & d & 0 \\ 0 & 0 & 1 \end{pmatrix}$$

즉 우변의 첫째 항을 평행이동 P, 둘째 항을 선형변환 L로 나타내면 주어진 아핀변환은 PL이며 LP는 아니다. 아핀변환은 선형변환을 한 후에 평행이동을 한 것이지 그 순서가 거꾸로 되는 것은 아니다. 즉, 아핀변환에서 분해된 두 변환의 순서가 중요하다. 다음 예를 보자.

예 1. 아핀변환 $\begin{cases} x' = x+1 \\ y' = x+y+1 \end{cases}$을 분해한 평행이동과 선형변환을 각각 P와 L이라고 하면 $P = \begin{pmatrix} 1 & 0 & 1 \\ 0 & 1 & 1 \\ 0 & 0 & 1 \end{pmatrix}$이고 $L = \begin{pmatrix} 1 & 0 & 0 \\ 1 & 1 & 0 \\ 0 & 0 & 1 \end{pmatrix}$이고 $PL = \begin{pmatrix} 1 & 0 & 1 \\ 1 & 1 & 1 \\ 0 & 0 & 1 \end{pmatrix}$이지만 $LP = \begin{pmatrix} 1 & 0 & 1 \\ 1 & 1 & 2 \\ 0 & 0 & 1 \end{pmatrix}$이다. 다음 그림은 PL과 LP를 그림으로 나타낸 것이다. 이 사실로부터 주어진 아핀변환에서는 평행이동과 선형변환으로 주어졌을 때 어느 것이 먼저 작용하는가를 알 수 없지만 실제로 선형변환이 먼저 일어나고 나중에 평행이동이 나타난다는 것을 주의해야 한다. 다음 그림은 단위 사각형이 PL과 LP에 의하여 어떻게 사상되는가를 보여준다.

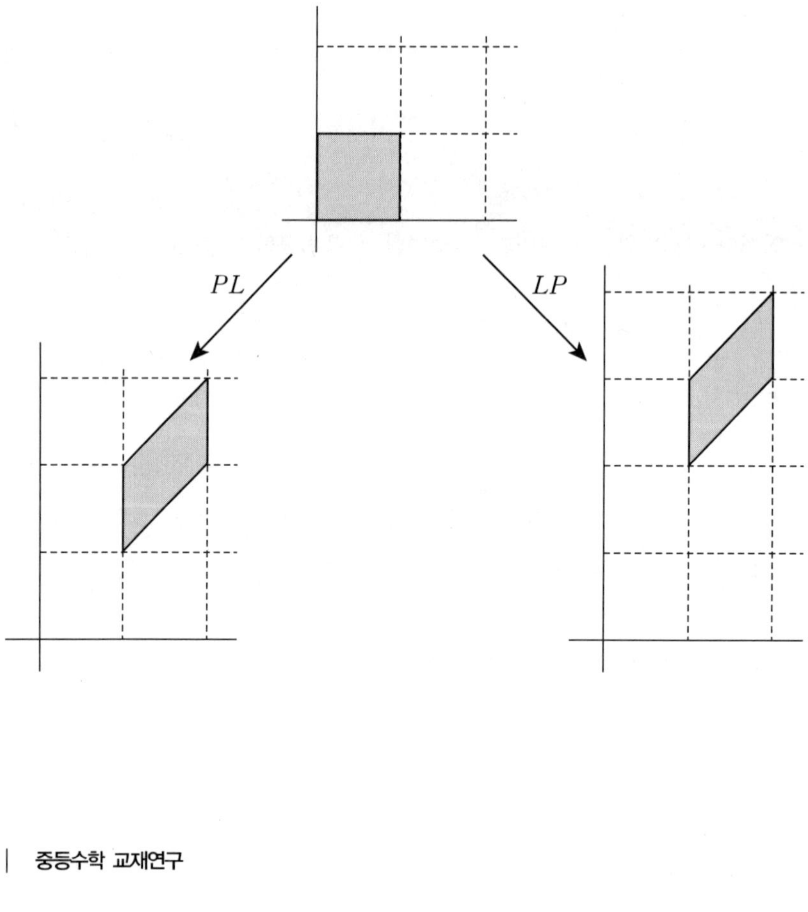

한편 아핀변환에서 $ad-bc=1$이면 넓이가 보존된다. 일반적으로 평면도형 D가 아핀변환에 의하여 사상되었을 때 $T(D)$의 넓이는 D의 넓이와 $ad-bc$의 곱으로 주어진다.

예 2. $(x,\ y)\mapsto\left(\dfrac{x}{k},\ ky\right)$, $k>0$, $k\neq 1$일 때 이 변환은 면적 불변인 변환이 된다. 이 변환을 쌍곡회전이동이라고 한다. $x'=\dfrac{x}{k}$이고 $y'=ky$이므로 $x'y'=xy$이므로 이 변환은 쌍곡선 $xy=1$이 불변이다.

예 3. $(x,\ y)\mapsto(x+1,\ 2x+y+1)$는 넓이보존변환이다. 이 변환을 포물회전이동이라고 한다. 이 변환을 T라고 하면 그 행렬은 $\begin{pmatrix}1&0&1\\2&1&1\\0&0&1\end{pmatrix}$이고 그 역행렬은 $\begin{pmatrix}1&0&-1\\-2&1&1\\0&0&1\end{pmatrix}$이다. 여기서 $x'=x+1,\ y'=2x+y+1$이라고 두면 $y'-x'^2=y-x^2$이 성립하기 때문에 이 변환에서 포물선 $y=x^2$이 불변이다.

사영변환

정의. 공간에 반드시 평행이 아닌 두 평면 Π와 Π'를 생각하자. 정점 O에서 시작한 반직선이 Π과 Π'를 통과할 때 생기는 두 점을 각각 p와 p'라고 하자. 이때 대응 $p\mapsto p'$를 중심사영이라고 한다. 만약 O를 무한원점이라고 할 때 이 대응은 평행사영이라고 한다. 중심사영과 평행사영은 모두 일대일 대응이므로 모든 이런 대응을 사영변환이라고 하고 모든 사영변환의 집합은 변환군을 만든다. 이 변환군을 사영변환군이라고 한다.

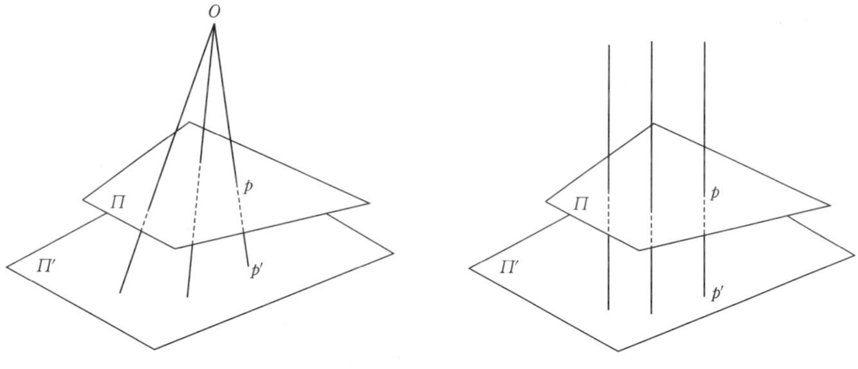

정리 1. 다음과 같은 성질은 사영변환에서 불변이다.

i) 직선. Π에서 직선은 사영변환에 의하여 Π'에서 직선이 된다.
ii) 결합공리. Π에서 만족하는 결합공리는 Π'에서도 만족한다.

예 1. Π에서 세 점이 한 직선 위에 있으면 Π'에서 이 점들의 상도 한 직선 위에 있다. 즉 사영변환에서 공점선은 불변이다.

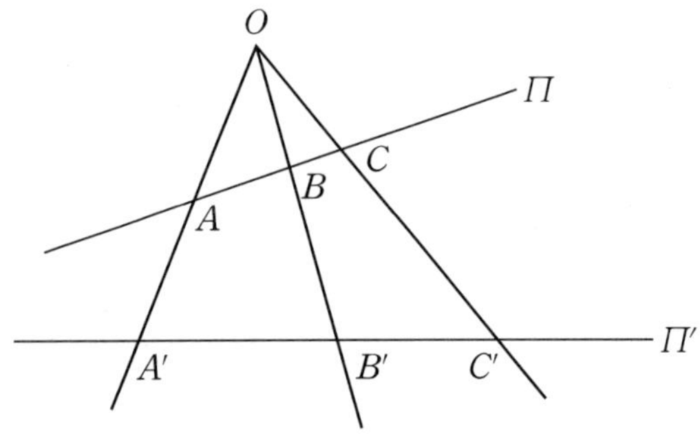

예 2. Π에서 세 직선이 한 점에서 만나면 Π'에서 이 직선들의 상도 한 점에서 만난다. 즉 사영변환에서 공선점은 불변이다.

예 3. 사영변환에서 삼각형은 불변이다.

다음 정리 2와 정리 3은 이미 앞에서 다루었다. 그러나 이 정리는 본질적으로 사영변환에 대한 것이므로 여기서 한번 더 언급한다.

정리 2. (데자르그) $\triangle ABC$와 $\triangle A'B'C'$가 주어져 있을 때 이 두 삼각형의 대응하는 꼭짓점을 이은 세 직선이 한 점에서 만난다면 대응하는 다른 변들의 교점도 한 점에서 만난다.

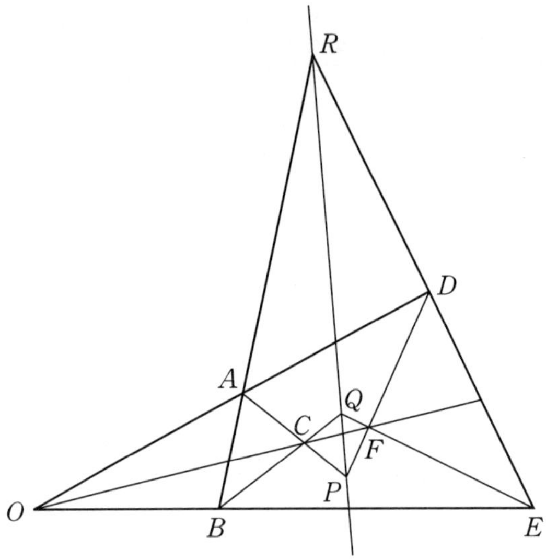

증명. 먼저 삼각형 DEF를 바닥으로 하고 O를 꼭짓점으로 하는 삼각뿔이라고 생각해보자. 여기서 삼각형 ABC와 삼각형 DEF는 삼각뿔을 자른 단면이라고 생각할 수 있다. 여기서 점 P, Q, R은 삼각형 ABC이 놓여있는 평면 위에 있다. 동시에 점 P, Q, R은 삼각형 DEF이 놓여있는 평면 위에 있다. 그러므로 점 P, Q, R은 삼각형 ABC이 놓여있는 평면과 삼각형 DEF이 놓여 있는 평면의 공통부분에 있다. 여기서 이 두 평면의 공통 부분은 하나의 직선이 되므로 결국 점 P, Q, R은 동일 직선 위에 있다. ■

정리 3. 교차비는 사영불변이다.

위상변환

정의. $(X, \mathfrak{J})$와 (Y, Υ)를 두 위상공간이라고 하자. 이때 양방향으로 연속인 전단사함수 $f: X \to Y$가 존재할 때, $(X, \mathfrak{J})$와 (Y, Υ)를 위상동형이라고 한다.

$X = \boldsymbol{R}^2$이라고 하고 Φ는 X상의 모든 위상동형 사상의 집합이라고 하면 Φ는 변환군이 된다. 이 변환군을 평면 위의 위상변환군이라고 한다. 이 군은 연결성, 긴밀성, 오일러 표수, 종수(genus) 등이 불변이다. 그러나 길이, 각 등은 불변이 아니다.[130)]

예 1. (조르당 폐곡선정리) 명제 "평면 위에서 임의의 단일 폐곡선은 내부와 외부를 분할한다."를 조르당 폐곡선정리라고 한다. 여기서 분할될 경우 유계인 것과 그렇지 않는 것으로 주어지는데 내부라는 것은 유계인 도형을 말한다.

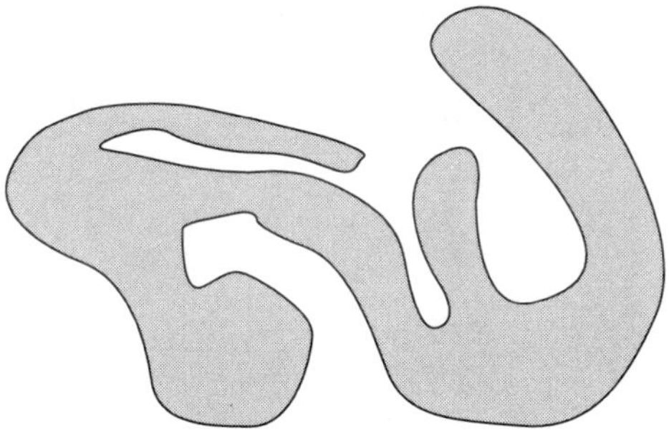

여기서 단일 폐곡선이 주어졌을 때 곡선이 복잡하면 내부와 외부를 구별하기 어렵게 된

130) 함수 $f(x) = \dfrac{1}{x}$는 $(0,1)$에서 $(0, \infty)$로의 위상변환이다. 그러나 $x_n = \dfrac{1}{n}$이라고 하면 $f(x_n) = n$이므로 $\{x_n\}$은 $(0, 1)$에서 코시 수열이지만 $\{f(x_n)\}$은 $(0, \infty)$에서 코시 수열이 아니다.

다. 여기서 점 P가 주어진 도형의 내부에 있는가를 확인할 수 있는 효과적인 방법은 없을까?

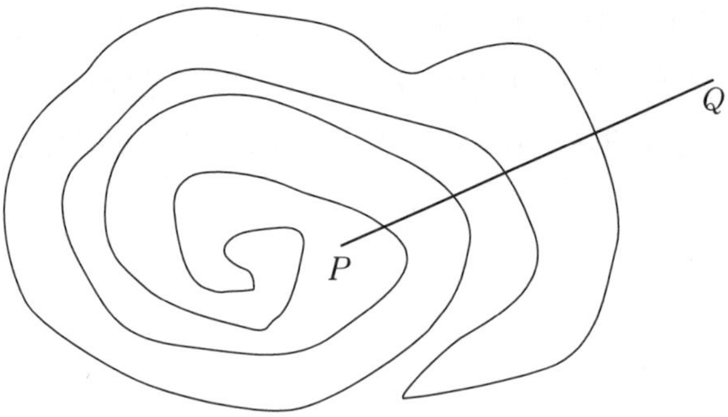

주어진 위치를 P라고 하고 여기서 임의로 선분을 그어서 선분 $\overline{PQ}$가 곡선과 만나는 회수를 생각해보자. 선분 $\overline{PQ}$는 곡선을 통과할 때마다 내부에서 외부 또는 외부에서 내부로 바뀐다. 그러므로 $\overline{PQ}$가 곡선을 통과하는 총 개수가 짝수일 경우에는 같은 영역이고 홀수라면 다른 영역이 되겠다. 이것은 주어진 도형을 위상동형인 원으로 간주했을 때와 같은 결론을 얻기 때문이다.

예 2. 다음 두 도형 A와 B가 주어져 있다. 이때 $A-B$와 $B-A$의 연결 성분의 개수는 같다고 볼 수 있을까?

이 두 도형은 원과 위상동형이므로 주어진 문제에서 실선으로 된 도형을 원이라고 해도 좋다. 따라서 점선은 원의 내부와 외부를 드나들고 있기 때문에 $A-B$와 $B-A$의 연결 성분의 개수는 일치한다.

예 3. 종수는 불변이다. 따라서 특히 도넛과 커피잔은 위상동형이다.

17.2 심리적 분석

17.2.1 인지적 분석

변환의 기하학적 이해

변환기하학은 도형의 특성을 완전하게 대수적으로 번역하여 고찰한다. 따라서 일단 변환된 후에는 순수 대수학의 영역이 된다. 대수학의 영역이 되면 대수학적 성질을 이용하여 조작을 하게 된다. 이 결과로부터 얻은 대수적 결과들로부터 다시 기하학적 의미를 추출해야 하는데 이 점이 변환기하학을 어렵게 만드는 요인이 된다.

변환과 작업기억

도형이 변환에 의하여 도형 전체가 움직이기 때문에 인지 부하에 의하여 변환 전과 변환 후를 모두 작업기억에 올려놓기 어렵다. 이러한 이유가 변환기하학의 이해를 어렵게 한다. 특히 종합기하학을 변환의 방법으로 처리할 때 이런 문제가 발생한다.

한편 주어진 문제를 변환의 방법을 적용할 경우 도형을 옮기는 과정이 여러 단계 또는 여러 도형을 옮겨 생각할 경우 인지적 부하가 높기 때문에 변환 기법은 적용하기 어렵다.

변환기하학에서 컴퓨터의 역할

Cabri 또는 GSP는 도형의 변환 과정을 이해하는데 매우 유용하다. 한편 위에서 언급한 바와 같이 변환은 작업기억에 많은 부하를 주기 때문에 변환 과정의 분석 능력과 전일적 감각을 형성하기 위해서는 많은 훈련이 필요하다. 따라서 이런 훈련을 위해서는 가능한 한 Cabri 또는 GSP는 사용하지 않는 환경이 필요하다. 즉 수업 지도에서 이런 것을 사용하는 것은 이해를 위하여 매우 유익하지만 실제 학생들이 변환 관련 문제를 해결할 때 필요한 능력을 신장시킬 수 없다는 이율배반에 빠지게 된다. 즉 너무 좋은 도구는 실제 사고력을 신장하는 데 도움이 되지 않을 수 있기 때문이다.

17.2.2 오개념 분석

일반적인 상황

i) 행렬 $A=\begin{pmatrix}1 & 2\\3 & 4\end{pmatrix}$에 대하여 $A^2=\begin{pmatrix}1 & 4\\9 & 16\end{pmatrix}$으로 간주한다.

ii) 도형의 이동에는 방정식 $f(x-a,\ y-b)=0$을 사용하고 점의 이동에는 $(x+a,\ y+b)$를 사용하는 것을 이해하기 어려워한다. 교사들도 이 점을 명확하게 지도하는 데 어려워하고 있다.

iii) 도형의 이동은 좌표의 중심(관측자의 위치)은 고정되어 있고 관찰 대상이 움직였는데 이것을 좌표변환으로 간주한다. 좌표변환은 대상이 고정되어 있고 관측자가 움직인 경우이다.

iv) 합동은 닮음이 아니라고 생각한다.

도형의 회전

도형을 어떤 축에 의해 회전을 시켜 생긴 도형을 회전축에 대해 직각으로 절단했을 때 생기는 도형을 원이라고 교과서는 소개하고 있다. 그러나 이것은 원이 아니라 원환면이 된다. 이것은 교과서가 잘못된 대표적 사례이다.

도형의 이동

점 $(p,\ q)$를 직선 $y=x+2$에 대한 대칭이동을 구하기 위하여 다음과 같이 추론하였다. 먼저 $(0,\ 0)$을 직선 $y=x+2$에 대하여 대칭이동하면 $(-2,\ 2)$가 된다. 그런데 $(p,\ q)$은 원점을 $(p,\ q)$만큼 평행이동했고 또 $(p-2,\ q+2)$은 $(-2,\ 2)$를 $(p,\ q)$만큼 평행이동했기 때문에 따라서 $(p,\ q)$와 $(p-2,\ q+2)$은 직선 $y=x+2$에 대하여 대칭이 된다. 그러므로 $(p,\ q)$를 직선 $y=x+2$에 의하여 대칭이동한 점은 $(p-2,\ q+2)$이 된다. 이 추론은 옳은가?

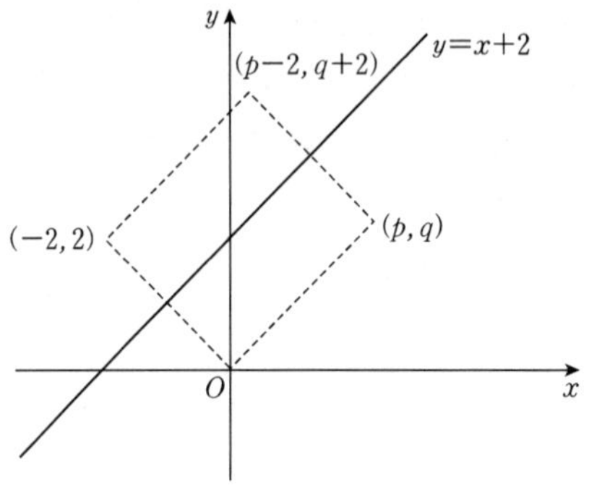

17.3 교육적 분석

17.3.1 교육과정 분석

교육목표 분석

변환기하학은 변환군에 의하여 조직된 기하학의 불변성에 관한 지식을 얻기 위함이다. 이 단원을 다루기 위해서는 다음과 같은 절차를 거쳐야 한다.

i) 변환군을 다루기 위한 예비 지식을 학습한다.
ii) 변환군의 정의를 도입한다.
iii) 변환군에 대응하는 도형의 불변성을 찾는다.

먼저 i)에 대한 지식으로서 군의 공리에 대한 지식, 행렬 대수의 표상 기법, 해석기하의 정보를 기하학적으로 해석하는 것과 같은 다양한 학습과정이 필요하다. 이러한 지식들은 이미 여러 단원에서 다루었다. 그러나 절차 ii)와 iii) 학교수학에서 공식화되지 않는 지식들이다. 그러므로 학교수학에서 변환기하학은 공식적으로 도입되지 않았다고 할 수 있다. 그러나 비공식적 차원에서 말한다면 변환기하학도 다루고 있다고 봐야한다. 즉 학생들은 물리적 경험을 통하여 강체 운동이 합동변환이라는 것을 인식하게 된다. 뿐만 아니라 학생들은 변환군의 대수적 의미를 파악하지 않아도 불변성을 말할 수 있다. 여기서 사려 깊은 교사는 변환군을 언급하지 않고도 불변성과 관련된 수업을 설계할 수 있다. 그렇게 하기 위해서는 지식의 통합적 접근이 필요하겠고 이것은 순전히 교사의 능력과 통찰에 따른다.

변환군과 관련된 또 하나의 주제로 '도형의 이동'이 있다. 학교수학에서 도형의 이동과 관련된 주제들은 주로 합동변환과 관련짓고 있다. 그러나 일반적인 변환도 생각할 수 있음을 주지하자. 도형의 이동을 표상하기 위한 일반적인 방정식을 소개하지 않고 있는데 이것은 교육과정에서 다루지 말기를 권고한 것이 아님에도 불구하고 모든 교과서에서 공통적으로 나타나는 현상이다. 그 결과 학생들은 공통된 내용의 문제임에도 불구하고 그 공통성을 지도받은 적이 없어서 문제를 개별 사안으로 다루고 있다. 이런 점에서 도형의 이동에 대한 일반적 접근은 보다 일찍이 다룰 필요가 있다.

학습 내용 개요

주제	내용	주안점
합동변환	변환의 해석적 표상 구하기	합동변환에 대해서만 다룸
닮음변환	구체적으로 언급되어 있지 않음	기하학적 방법으로 접근 도형의 합동으로부터 추론할 수 있음
위상변환	한 붓 그리기 오일러 표수	조합적 접근
도형의 이동	합동변환에 의한 도형의 이동	각 변환에 대하여 개별적으로 다루고 있음

학교수학에서 변환기하학은 주로 도형의 이동만 다루고 있으나 다음과 같은 사항을 고려할 필요가 있다.

i) 학교수학에서 간단한 합동변환이나 닮음변환의 불변성을 지도할 필요가 있다.
ii) 선형변환에 의한 도형의 이동의 소개 단원은 개개의 사안들이 같은 공식에 의존하고 있음에도 불구하고 마치 각각 다른 문제인 것처럼 소개하고 있다. 이에 대한 통합적 지도가 필요하다.

이 단원에서 반드시 알고 있어야 할 명제는 다음과 같다.

i) 도형의 변환에 관한 공식.
ii) 합동변환의 분류.

지식의 연결성

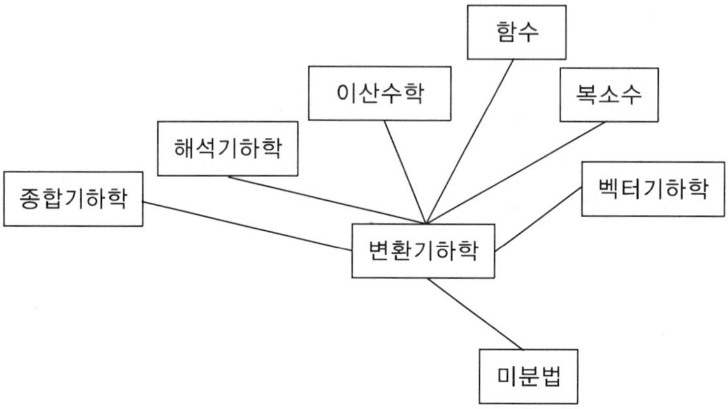

17.3.2 학습 주제 및 내용 분석

행렬과 기하

기하학적 관점에서 볼 때 행렬 개념의 학습은 다음과 같다.

i) 행렬은 도형의 변환이라는 기하학적 주제를 대수화하는 도구이다.
ii) 위상기하를 제외한 나머지 클라인 기하학은 행렬에 의하여 표상될 수 있다. 그러나 행렬에 의한 기하학은 너무 분석적이기 때문에 학교수학의 수준에서 다루기에는 바람직하지 않다.

선대칭과 점대칭

점대칭도형, 선대칭도형 등은 변환에서 가장 초등 수준의 변환의 예이다. 점대칭도형은 180도 회전이동에 불변인 도형에 해당하고 선대칭도형은 반사에 의하여 불변인 도형에 해당한다. 그러나 다른 대칭성을 가진 도형은 다루지 않는다.

합동변환

합동변환은 다양한 방식으로 도입되고 있는데 그 상황을 모두 종합하면 다음과 같다.

i) 180도 회전이동, 반사변환을 통하여 직관적이고 활동주의적 방법으로 접근한다. 다양한 벽지 무늬, 포장지 등 일상 주변에서 쉽게 접근할 수 있는 사례를 통하여 경험한다.
ii) 평면기하에서 삼각형의 합동을 중심으로 하여 두 도형이 합동이 되기 위한 기하학적 조건을 분석하기.
iii) 도형의 이동이라는 단원을 통하여 합동변환을 선형대수의 언어로 표상한다.

이 점을 반 힐레의 기하학적 사고의 발달 단계로 분류하면 다음 표와 같다.

내용＼수준	시각적 인식	기술적 분석	관계 인식	형식 언어	엄밀한 체계
개요	점대칭, 선대칭 등을 변환을 다룬다.	삼각형의 합동조건을 분석한다.	합동변환에 대한 정리들을 추출한다.	합동변환을 대수적으로 표상한다.	합동변환의 공리계를 정립한다.
내용	점대칭 선대칭 놀이를 통하여 대응 도형을 그려보기	삼각형의 합동조건을 찾아보기	합동과 관련된 정리를 도출하고 증명한다.	합동변환으로 도형의 이동을 기호적으로 표상한다.	관련 정리를 체계화 한다.

여러 가지 기하의 불변성

다음 표는 본체적 분석에서 다룬 불변성에 관한 일람표이다. 이 표는 위계적이기 때문에 위의 변환은 아래의 변환의 불변성을 포함한다.

변환	불변성	참고
합동변환	길이	길이와 각도가 불변이면 면적이 불변이 된다.
닮음변환	각도	
반전변환	각도, 일반화된 원	
아핀변환	공점선, 공선점, 내분, 외분, 평행성	
사영변환	교차비, 삼각형	
위상변환	긴밀성, 연결성, 오일러 표수	

17.4 교수학습 지도

17.4.1 학습 내용 지도

변환의 일반적 지도

이 개념들은 중학교 과정에서 지도할 내용과 고등학교에서 지도할 내용은 다음과 같은 차이점을 가진다.

과정 내용	중학교 과정	고등학교 과정
인지 방법	상사적 방법, 활동주의적 방법	기호에 의한 분석적 방법
도출할 결과	변환될 도형을 그릴 수 있다.	선대칭과 점대칭을 식으로 표상할 수 있다.

변환군의 불변성 지도

변환군에서 불변량은 반드시 이름을 부여해야 한다. 예를 들면 합동변환 군에서 중요한 개념은 길이와 각의 개념이 가장 중요한 개념으로서 이 두 개념을 사용하지 않으면 합동관계를 설명하기 어렵다. 한편 닮음변환군에서 불변량은 삼각비가 중요한 역할을 한다. 한편 아핀변환군에서 불변성은 직선성, 교점, 평행성 등이 중요한 개념이다. 마지막으로 위상변환군에서 불변성은 연결성과 오일러 표수가 중요한 개념들이다. 적어도 이런 정도의 불변성은 학교수학에서 언급되고 있거나 언급되어야 한다.

불변량을 다루기 위하여 다음 질문을 사용하는 것이 바람직하다.

i) 합동변환의 경우. 도형 F가 주어져 있다. 이 도형 F가 모양을 변하지 않게 하여 움직여 F'가 되었다. 이 과정에서 무엇이 변하지 않는가?

ii) 닮음변환의 경우. 두 도형 F와 F'가 닮음의 중심에 의하여 주어져 있다. 두 도형 사이에 대응하는 기하학적 대상들 간에 변하지 않는 것은 무엇인가? 여기서 기대할 점의 하나는 삼각비 개념이다.

삼각비의 도입 지도

삼각비는 닮음변환에서 불변이다. 먼저 삼각비는 중학교와 고등학교에서 각각 다른 방식으로 접근한다. 먼저 중학교에서는 삼각비를 각에 대한 삼각비로 정의한다. 즉 $\angle C$가 직각인 직각삼각형 $\triangle ABC$가 주어졌을 때 그림과 같이

$$\sin\angle B = \frac{\overline{AC}}{\overline{AB}}$$

로 정의한다. 그러나 고등학교 과정에서 이 정의는 각이 아니라 각도에 의하여 정의되어 있다. 즉 위의 정의에서 $\angle B$는 각이 아니라 각도이다.

변환의 관점에서 삼각비를 지도하기 위하여 먼저 직각삼각형을 설정하고 다음과 같은 절차를 실행한다.

예. 다음 두 삼각형 $\triangle ABC$와 $\triangle A'B'C'$이 닮음입니다. 다음 물음에 답해봅시다.

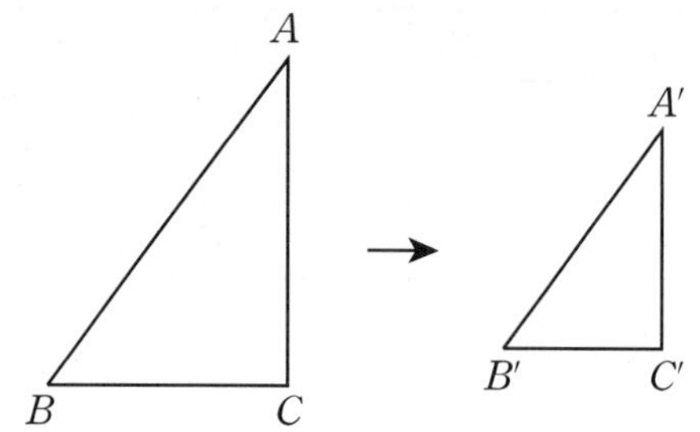

1. 두 삼각형에서 대응되는 것끼리 말해봅시다.

i) 대응되는 점은 무엇인가?

ii) 대응되는 변은 무엇인가?

iii) 대응되는 각은 무엇인가?

iv) $\overline{AB} \cdot \overline{BC}$는 어디에 대응되는가?

v) $\dfrac{\overline{AC}}{\overline{AB}}$은 어디에 대응되는가?

2. 위에서 대답한 것 중에서 대응된 것끼리 비교할 때 변한 것들과 변하지 않는 것들은 각각 무엇인가?

3. 특히 여기서 $\dfrac{\overline{AC}}{\overline{AB}}$은 $\dfrac{\overline{A'C'}}{\overline{A'B'}}$와 같다. 여기서 값 $\dfrac{\overline{AC}}{\overline{AB}} = \dfrac{\overline{A'C'}}{\overline{A'B'}}$를 $\sin B$라고 정의합니다.

4. $\angle B$가 평각의 $\dfrac{1}{4}$일 때 $\sin B$의 값을 구해봅시다.

5. 다음 표에 답해봅시다.

$\angle B$	평각의 $\frac{1}{6}$	평각의 $\frac{1}{4}$	평각의 $\frac{1}{3}$
$\sin B$			

6. 다음 표를 완성해봅시다.

$\angle B$	평각의 $\frac{1}{2}$	평각의 $\frac{2}{3}$	평각의 $\frac{3}{4}$	평각의 $\frac{5}{6}$	평각
$\sin B$					

선형변환의 기하학적 의미 지도

선형변환을 설명할 때 대개 그것이 어떤 행렬로 표상된다는 설명을 넘지 않는다. 이런 접근은 선형변환이 행렬이라는 것으로 나타난다는 것 이상의 정보를 주지 못한다. 선형변환을 기하학적으로 접근할 때는 선형변환의 정의에서부터 기하학적 의미를 도출해야 한다. 즉 T가 평면 위에서의 선형변환이라고 하면 $T(a\boldsymbol{x}+b\boldsymbol{y})=aT(\boldsymbol{x})+bT(\boldsymbol{y})$로부터 직접적으로 다음과 같은 불변성을 만족한다는 것을 안내해야 한다.

i) 직선의 교점이 불변이다.
ii) 직선성이 불변이다.
iii) 내분점, 외분점이 불변이다.
iv) 직선의 평행성이 불변이다.

적어도 이 네 성질을 통하여 $D=\{(x,\ y)\in \boldsymbol{R}^2 : 0\le x,\ y\le 1\}$에 대한 T의 상, 즉 $T(D)$을 그릴 때 꼭짓점 $O(0,\ 0)$, $A(1,\ 0)$, $B(1,\ 1)$, $C(0,\ 1)$의 상 $T(O)$, $T(A)$, $T(B)$, $T(C)$를 찾고 이 네 점을 직선으로 연결하는 것만으로도 충분하다는 것을 확인한다.

예. 선형변환 $T(x,\ y)=(x-y,\ x+y)$에서 $D=(x,\ y)\in \boldsymbol{R}^2 : 0\le x,\ y\le 1$의 상을 그려보자.

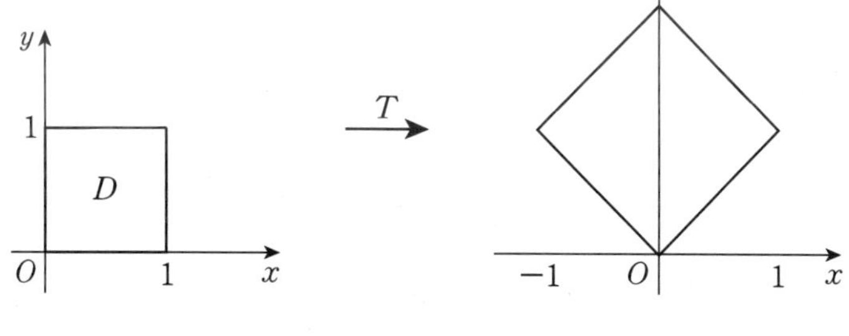

도형의 이동 지도

학교수학에서 '도형의 이동'에 관한 주제는 다음과 같이 전개하고 있다.

i) 각각의 변환을 도입함과 동시에 변환을 해석적으로 표상

ii) 변환에 의하여 이동된 도형의 해석적 표상

이 전개 방식은 개개의 변환이 가진 공통적인 특성이 있음에도 불구하고 그 공통성을 찾기 보다는 개개의 변환에 개별적으로 접근하기 때문에 전체를 관통하는 보편적 지식을 놓치고 있다. 이 점을 보완하기 위하여 변환에 의해 도형이 이동할 때 주어지는 방정식이 무엇인가를 살펴보자.

일반성을 잃지 않고 $\boldsymbol{R}^2$에서의 도형의 이동을 생각해보자. 주어진 도형 $S \subset \boldsymbol{R}^2$가 있고 이것을 변환 T에 의하여 $T(S) \subset \boldsymbol{R}^2$로 옮겨졌다고 해보자. 여기서

$$S = \{x \in \boldsymbol{R}^2 : f(x) = 0\}$$

로 주어졌다고 가정하자. 이제 $T(S)$의 임의의 점을 x라고 하면 $T^{-1}(x) \in S$가 된다. 따라서

$$f(T^{-1}(x)) = 0 \text{ 또는 } f \circ T^{-1} = 0$$

이다.

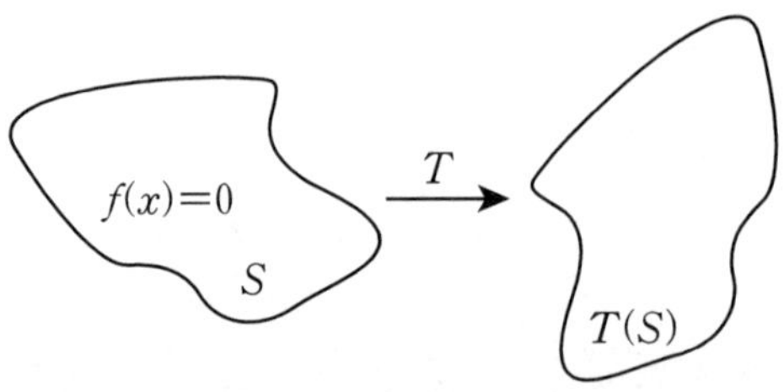

예 1. 직선 $3x + y = 5$을 변환 $T(x,\ y) = (x-1,\ 3y)$에 의하여 옮겨진 도형의 방정식을 구해보자. $T^{-1}(x,\ y) = (x+1,\ y/3)$이므로 구하는 방정식은 $3(x+1) + \dfrac{y}{3} = 5$가 된다.

예 2. 원 $x^2 + y^2 = 1$을 변환 $T(x,\ y) = (x,\ 2y)$에 의하여 옮겨진 도형의 방정식을 구해보자. 이 변환의 역변환은 $T^{-1}(x,\ y) = \left(x,\ \dfrac{y}{2}\right)$로 주어진다. 그러므로 옮겨진 도형의 방정식은 $x^2 + \left(\dfrac{y}{2}\right)^2 = 1$, 즉 $x^2 + \dfrac{y^2}{2^2} = 1$이다.

예 3. 원 $x^2 + y^2 = 1$의 점 $\left(\dfrac{1}{\sqrt{2}},\ \dfrac{1}{\sqrt{2}}\right)$에서 접점의 방정식을 구해보자. 이것은 직

선 $x=1$을 $\frac{\pi}{4}$만큼 회전이동한 것에 해당한다. 그러므로 주어진 변환은

$$\frac{1}{\sqrt{2}}\begin{pmatrix}1 & -1\\ 1 & 1\end{pmatrix}$$

이고 그 역변환은

$$\frac{1}{\sqrt{2}}\begin{pmatrix}1 & 1\\ -1 & 1\end{pmatrix}$$

이다. 그러므로 접선방정식은 $f(T^{-1}(x,\ y))=0$으로부터

$$f\left(\frac{x}{\sqrt{2}}+\frac{y}{\sqrt{2}},\ -\frac{x}{\sqrt{2}}+\frac{y}{\sqrt{2}}\right)=0$$

이므로

$$\frac{x}{\sqrt{2}}+\frac{y}{\sqrt{2}}=1$$

즉

$$x+y=\sqrt{2}$$

이다.

예 4. 원 $x^2+y^2=1$에 접하고 기울기가 m인 직선의 방정식을 구해보자. 이 방정식은 방정식 $x=1$을 θ만큼 회전한 것이다. 여기서 $\tan\theta=-\frac{1}{m}$이다. 여기서 $T=\begin{pmatrix}\cos\theta & -\sin\theta\\ \sin\theta & \cos\theta\end{pmatrix}$이므로

(1) $$T^{-1}=\begin{pmatrix}\cos\theta & \sin\theta\\ -\sin\theta & \cos\theta\end{pmatrix}=\frac{1}{\sqrt{1+m^2}}\begin{pmatrix}m & -1\\ 1 & m\end{pmatrix}$$

또는

(2) $$T^{-1}=\begin{pmatrix}\cos\theta & \sin\theta\\ -\sin\theta & \cos\theta\end{pmatrix}=\frac{1}{\sqrt{1+m^2}}\begin{pmatrix}-m & 1\\ -1 & -m\end{pmatrix}$$

이다. 여기서 $f(x,\ y)=x-1$이므로 $f\circ T^{-1}=0$을 적용하면

$$f\left(\frac{mx-y}{\sqrt{1+m^2}},\ \frac{x+my}{\sqrt{1+m^2}}\right)=0$$

이므로 (1)의 경우는

$$y=mx-\sqrt{1+m^2}$$

을 얻고 (2)의 경우는

$$y = mx + \sqrt{1+m^2}$$

를 얻는다.

예 5. 직선 $ax+by=c$를 직선 $y=x+1$에 의하여 대칭이동한 방정식을 구해보자. 먼저 $f(x,\ y)=ax+by-c$로 주어진다. 한편 변환 T는 $(x,\ y)\mapsto(y-1,\ x+1)$로 주어지므로 따라서 T^{-1}은 $(x,\ y)\mapsto(y-1,\ x+1)$로 주어진다. 따라서 이동의 공식에 의하여

$$0=(f\circ T^{-1})(x,\ y)=f(y-1,\ x+1)=a(y-1)+b(x+1)-c$$

그러므로 구하는 식은

$$ay+bx=c+a-b$$

이다.

예 6. 삼차함수 $y=ax^3+bx^2+cx+d$는 평행이동에 의하여 $y=ax^3+px$의 형으로 나타난다. 이때 $y=ax^3+px$은 원점에 대하여 대칭인데 그 이유는 다음과 같다. 먼저

$$S=(x,\ y):y=ax^3+px$$

라고 두자. 원점에 대하여 대칭인 변환을 T라고 하면 $T(x,\ y)=(-x,\ -y)$이므로

$$T^{-1}(x,\ y)=(-x,\ -y)$$

이다. 그러므로 $T(S)$의 방정식은 $f\circ T^{-1}=0$으로부터

$$f(-x,\ -y)=0$$

이고 이것은 다시

$$-y=a(-x)^3+p(-x)$$

이므로 정돈하면 $y=ax^3+px$이다. 즉 $T(S)=S$이다.

결론적으로 변환 T에 의하여 이동된 도형의 방정식을 구하는 방법을 요약하면 다음과 같이 절차화 된다.

i) S의 해석적 식을 확인한다.
ii) T의 식을 구한다.

iii) T^{-1}의 식을 구한다.

iv) 방정식 $f \circ T^{-1}=0$에 대입하여 정돈한다.

도형의 이동의 문제를 다룰 때 S가 단일 방정식에 의하여 주어진 경우가 아닐 때에도 여전히 적용할 수 있다. 다음 예를 보자.

예 7. $S=(x,\ y)\in \boldsymbol{R}^2 : y \ge x,\ x^2+y^2 \le 1$라고 하고 이 도형을 $T(x,\ y)=(2x,\ y)$에 의하여 변환한 도형의 방정식을 구해보자.

$$T^{-1}(x,\ y)=\left(\frac{x}{2},\ y\right)$$

이므로 직선 $y=x$는 $\frac{x}{2}-y=0$로 사상되고 $x^2+y^2=1$은 $\left(\frac{x}{2}\right)^2+y^2=1$로 사상된다. 그러므로 $T(S)$는 집합

$$T(S)=\left\{(x,\ y)\in \boldsymbol{R}^2 : y \ge \frac{x}{2},\ \frac{x^2}{2^2}+y^2 \le 1\right\}$$

이 된다.

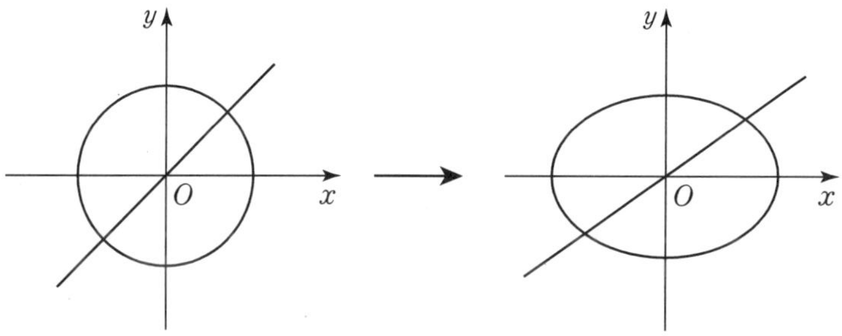

실제 지도는 다음과 같이 이루어진다. 도형의 변환에 대한 문제는 학생들이 어려워하는 동시에 교사들도 마땅한 방법을 모르고 있다. 우선 위의 방법으로 지도하면 문제될 것은 없다. 그러한 학생들이 혼동하는 것은 다음 경우이다.

"점 $(x,\ y)$를 $(p,\ q)$만큼 이동할 때는 $(x+p,\ y+q)$인데 도형의 방정식 $f(x,\ y)=0$를 $(p,\ q)$만큼 이동하면 왜 $f(x-p,\ y-q)=0$가 되는가?"

이 문제에 대하여 다음 두 가지 지도법을 제안한다.

교사 : $D = (\mathrm{x}, \mathrm{y}) : f(x, y) = 0$라고 합시다.

교사 : D를 변환 $(x, y) \mapsto (x+p, y+q)$에 의하여 옮겨진 집합을 그림과 같이 $T(D)$라고 하고 $T(D) = (x, y) : g(x, y) = 0$

라고 했을 때 여기서 $g(x, y) = 0$가 되는 g를 찾아봅시다.

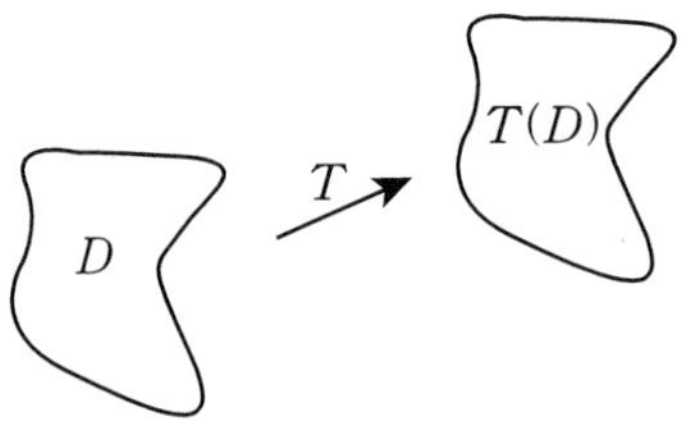

교사 : 먼저 $T(D)$에 있는 점은 어디서 온 것일까요?

학생 : D에서 온 것입니다.

교사 : 그러면 그 밖의 다른 점도 $T(D)$로 갈까요?

학생 : 아닙니다. D에 있는 점만 $T(D)$로 갑니다.

교사 : 그러면 $T(D)$에 있는 점과 그렇지 않는 점은 어떻게 구별할 수 있을까요?

학생 : $T(D)$에 들어가기 위해서는 옮기기 전에 D에 있어야 합니다.

교사 : 그러면 $(x, y) \in T(D)$라는 조건을 g와 관련지어 진술해봅시다.

학생 : $g(x, y) = 0$가 되어야 합니다.

교사 : $(x, y) \in T(D)$라는 조건을 D에 대하여 진술한다면 어떻게 되어야 하나요?

학생 : $(x-p, y-q) \in D$가 되어야 합니다.

교사 : 그렇죠. 그런데 $(x-p, y-q) \in D$라는 조건을 f로 진술한다면 어떻게 되어야 하죠?

학생 : $f(x-p, y-q) = 0$가 되어야 합니다.

교사 : 이 모든 것을 종합하면 다음과 같은 결론을 내릴 수 있습니다. $(x, y) \in T(D)$에 있을 필요충분조건은 $f(x-p, y-q) = 0$이다. 즉

$$g(x, y) = 0 \Leftrightarrow f(x-p, y-q) = 0$$

입니다. 그러므로

$$T(D) = (x, y) : g(x, y) = 0 = (x, y) : f(x-p, y-q) = 0$$

가 됩니다.

다음 방법은 좀 더 직관적이다.

교사: $D = (x,\ y) : f(x,\ y) = 0$라고 합시다. 이 도형을 $(p,\ q)$만큼 이동하면

$$T(D) = (x+p,\ y+q) : f(x,\ y) = 0$$

가 됩니다. 여기서 집합 $(x+p,\ y+q) : f(x,\ y) = 0$을 계산해봅시다.

$$\begin{aligned}(x+p,\ y+q) : f(x,\ y) = 0 &= (s,\ t) : f(s-p,\ t-q) = 0 \\ &= (x,\ y) : f(x-p,\ y-q) = 0\end{aligned}$$

그러므로 $T(D) = (x,\ y) : f(x-p,\ y-q) = 0$입니다.

원추곡선의 닮음

모든 포물선은 서로 닮음 도형이다. 두 포물선 $y = ax^2$과 $y = x^2$이 닮음 도형이라는 것을 밝혀보자. 원점에서 출발하는 반직선이 두 포물선과 만나는 점을 각각 P와 Q라고 하고 $\dfrac{\overline{OQ}}{\overline{OP}} = k$라고 하자. 여기서 P이 좌표가 $(x,\ x^2)$이라면 Q의 좌표는 $(kx,\ a(kx)^2)$가 된다. 한편 닮음에 의하여 $kx^2 = a(kx)^2$이므로 $k = \dfrac{1}{a}$가 된다. 역으로 $k = \dfrac{1}{a}$이라면 두 포물선은 닮음 도형이다.

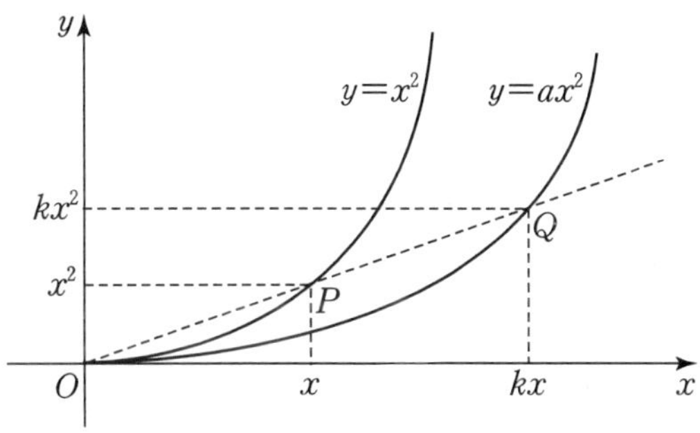

한편 두 타원 $\dfrac{x^2}{a^2} + \dfrac{y^2}{b^2} = 1$와 $\dfrac{x^2}{p^2} + \dfrac{y^2}{q^2} = 1$가 닮음 도형이 될 필요충분조건은

$$\frac{a}{b} = \frac{p}{q}$$

이다. 이 사실을 밝히기 위하여 $(x,\ y)$와 $(kx,\ ky)$를 각각 $\dfrac{x^2}{a^2} + \dfrac{y^2}{b^2} = 1$와 $\dfrac{x^2}{p^2} + \dfrac{y^2}{q^2} = 1$의 점이라면

$$\frac{x^2}{(p/k)^2}+\frac{y^2}{(q/k)^2}=1$$

가 $\frac{x^2}{a^2}+\frac{y^2}{b^2}=1$가 된다. 그러므로 $\frac{a}{b}=\frac{p}{q}$가 성립한다.

마찬가지로 쌍곡선 $\frac{x^2}{a^2}-\frac{y^2}{b^2}=1$과 쌍곡선 $\frac{x^2}{p^2}-\frac{y^2}{q^2}=1$이 닮음 도형이 되기 위한 필요충분조건도 $\frac{a}{b}=\frac{p}{q}$이다.

직선과 점과 이루는 거리의 공식의 유도

직선 $ax+by+c=0$과 점 $(p,\ q)$과 이루는 거리 d의 공식을 변환을 이용하여 유도해보자. 두 가지 방법을 소개한다.

1. 평행이동과 회전이동을 이용한 방법. 먼저 주어진 점과 방정식으로 주어진 도형을 x축으로 $-p$, y축으로 $-q$만큼 평행이동하면 주어진 방정식은

(1) $$a(x+p)+b(y+q)+c=0$$

으로 주어진다. 이 도형을 θ만큼 회전이동하여 y축에 평행인 직선으로 되었다면 여기서 $T=\begin{pmatrix}\cos\theta & \sin\theta \\ -\sin\theta & \cos\theta\end{pmatrix}$이므로 $T^{-1}=\begin{pmatrix}\cos\theta & -\sin\theta \\ \sin\theta & \cos\theta\end{pmatrix}$가 되고 따라서 공식 $f\circ T^{-1}=0$에 의하여

(2) $$a(x\cos\theta-y\sin\theta)+b(x\sin\theta+y\cos\theta)+ap+bq+c=0$$

가 된다. 여기서 $\cos\theta=\frac{a}{\sqrt{a^2+b^2}}$, $\sin\theta=\frac{b}{\sqrt{a^2+b^2}}$를 (2)에 대입하면

(3) $$\left(\frac{a^2}{\sqrt{a^2+b^2}}+\frac{b^2}{\sqrt{a^2+b^2}}\right)x+ap+bq+c=0$$

를 얻는다. 그러므로 주어진 직선을 θ만큼 회전이동한 도형은 y축에 평행한 직선

$$x=-\frac{ap+bq+c}{\sqrt{a^2+b^2}}$$

이므로 구하고자 하는 거리는

(4) $$d=\frac{|ap+bq+c|}{\sqrt{a^2+b^2}}$$

이다.

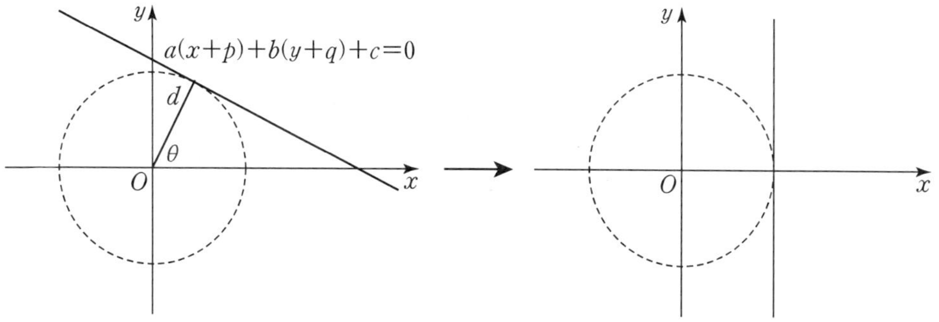

3. 평행이동과 직선의 절편의 좌표를 이용한 방법. 주어진 점과 방정식으로 주어진 도형을 x축으로 $-p$, y축으로 $-q$만큼 평행이동하면 주어진 방정식은

(5) $$a(x+p)+b(y+q)+c=0$$

이고 주어진 문제는 (5)로 주어진 도형과 원점과의 거리를 구하는 문제가 된다. 여기서 방정식 (5)를 정돈하면

(6) $$ax+by=-ap-bq-c$$

가 되고 방정식 (6)에 의하여 주어진 도형은 점 $A\left(-\frac{ap+bq+c}{a},\ 0\right)$과 $B\left(0,\ -\frac{ap+bq+c}{b}\right)$을 지난다. 그러므로 면적 관계 $\overline{OA}\cdot\overline{OB}=d\cdot\overline{AB}$에 의하여

(7) $$\frac{|ap+bq+c|^2}{|ab|}=d|ap+bq+c|\sqrt{\left(\frac{1}{b}\right)^2+\left(\frac{1}{a}\right)^2}$$

가 되고 (7)을 정돈하면 역시 식 (4)를 얻는다.

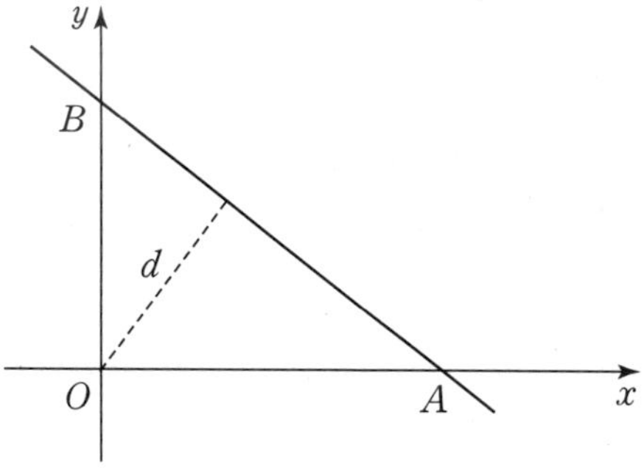

4. 평행이동과 헤세의 표준형을 이용한 방법. 앞에서 언급한 방법 2와 마찬가지로 주어진 문제는 원점과 직선 $a(x+p)+b(y+q)+c=0$과의 거리를 구하는 문제로 귀착된다. 주어진 직선의 방정식은 주어진 거리를 d라고 할 때 직선의 방정식은

$$\frac{-ad}{ap+bq+c}x+\frac{-bd}{ap+bq+c}y=d \tag{8}$$

로 주어진다. 여기서 식 (8)을 헤세의 표준형 $x\cos\theta+y\sin\theta=d$와 비교하면

$$\left(\frac{-ad}{ap+bq+c}\right)^2+\left(\frac{-bd}{ap+bq+c}\right)^2=1 \tag{9}$$

가 되고 (9)를 풀어 정돈하면 역시 (4)를 얻는다.

5. 평행이동과 도형의 접선에 대한 문제로 환원하는 방법. 이 방법은 평행이동과 두 도형이 접할 조건을 사용한다. 먼저 원의 반지름을 d라고 하면 이 원의 방정식은 $(x-p)^2+(y-q)^2=d^2$으로 주어진다. 이 원과 주어진 직선을 평행이동하면 $x^2+y^2=d^2$와 $a(x+p)+b(y+q)+c=0$로 주어진다. 그러므로 이 원과 직선의 방정식을 연립하여 접할 조건을 찾으면 구하는 결과를 얻게 된다.

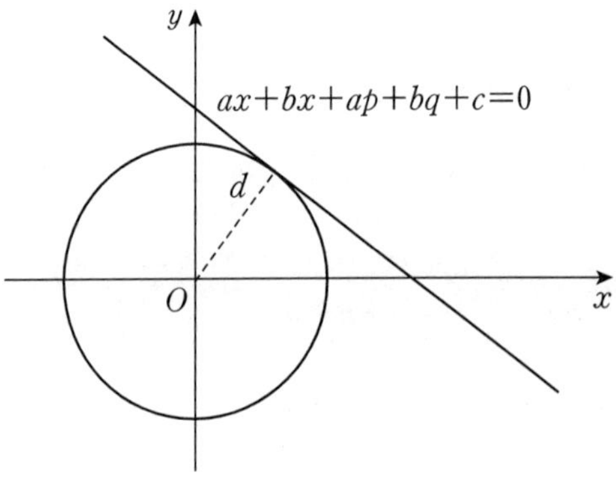

6. 회전이동만 이용하는 방법. 점과 직선을 모두 회전하여 직선을 y축과 평행하도록 하여 구한다. 먼저 θ만큼 회전하는 변환을 T라고 두면 $T=\begin{pmatrix}\cos\theta & \sin\theta \\ -\sin\theta & \cos\theta\end{pmatrix}$이므로 $T^{-1}=\begin{pmatrix}\cos\theta & -\sin\theta \\ \sin\theta & \cos\theta\end{pmatrix}$가 되고 따라서 공식 $f\circ T^{-1}=0$에 의하여

$$a(x\cos\theta-y\sin\theta)+b(x\sin\theta+y\cos\theta)+c=0$$

가 되고 이것을 정돈하면

$$x(a\cos\theta+b\sin\theta)+y(-a\sin\theta+b\cos\theta)+c=0$$

인데 이것은
또는

(10) $$x = -\frac{c}{a\cos\theta + b\sin\theta}$$

이다. 한편 $(p,\ q)$를 θ만큼 회전이동하면 점

$$(p\cos\theta + q\sin\theta,\ -p\sin\theta + q\cos\theta)$$

가 되고 따라서 거리 d는

(11) $$d = \left| p\cos\theta + q\sin\theta + \frac{c}{a\cos\theta + b\sin\theta} \right|$$

가 된다. 여기서 $\cos\theta = \dfrac{a}{\sqrt{a^2+b^2}}$, $\sin\theta = \dfrac{b}{\sqrt{a^2+b^2}}$를 (11)에 대입하여 정돈하면 (4)를 얻는다.

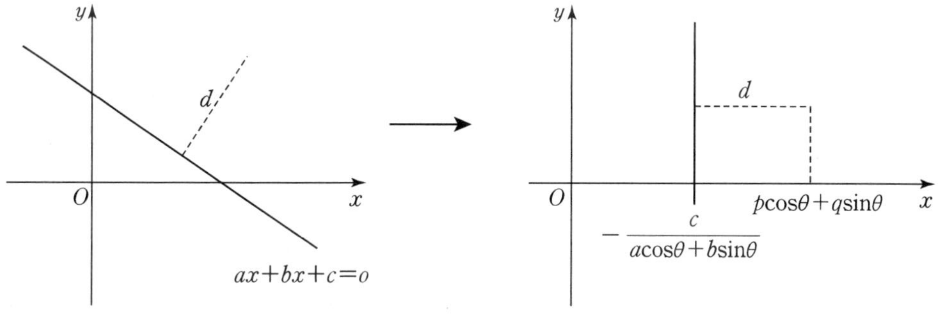

정사영

평면과 각도 θ만큼 기울어진 도형 D_θ를 평면에 투영할 때 생기는 도형을 D라고 하자.

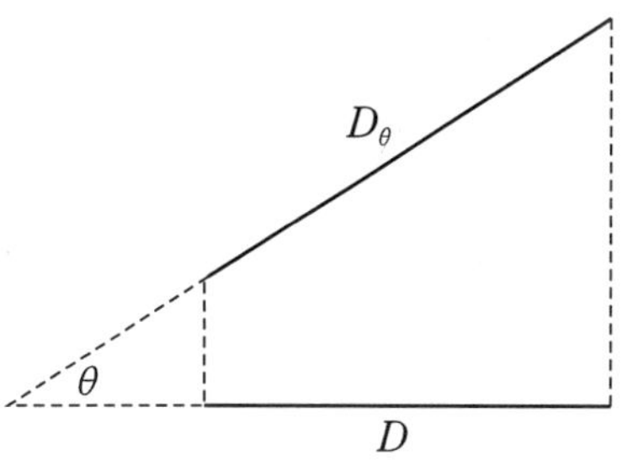

이때 D와 D_θ의 면적 관계는 다음 식으로 주어진다.

$$\frac{D}{D_\theta} = \cos\theta$$

그 이유는 D_θ의 미소 사각형 Δ_θ와 Δ_θ를 평면에 투영했을 때 생기는 미소 사각형 Δ 간의 넓이비는 $\dfrac{\Delta}{\Delta_\theta} = \cos\theta$로 주어지기 때문이다.

예. 타원을 정사영 시키면 원이 됨을 보이자. 먼저 다음 그림에서 C는 원이고 이것을 θ 만큼 기울어진 평면에 사영한 것을 C_θ라고 하자.

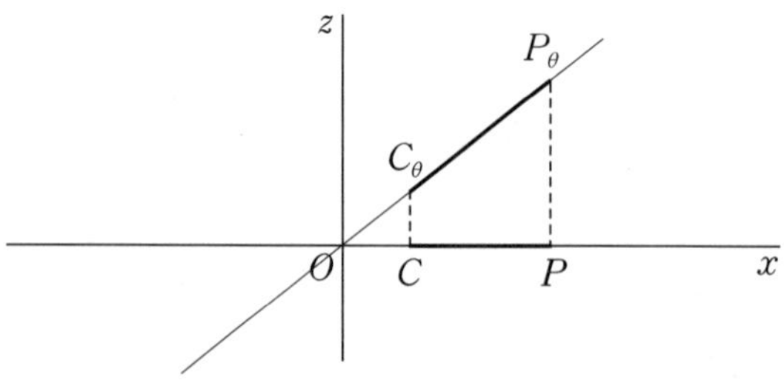

이때 C에 있는 점 P의 좌표를 $(x,\ y,\ 0)$라고 하면 이에 대응하는 C_θ의 점 P_θ의 좌표는 $(x,\ y,\ x\tan\theta)$가 된다. 여기서 T_θ를 y축에 대하여 θ만큼 회전한 사상이라고 하면 T_θ는 다음과 같이 주어진다.

$$T_\theta(x,\ y,\ z) = (x\cos\theta + z\sin\theta,\ y,\ -x\sin\theta + z\cos\theta)$$

여기서 T_θ는 합동변환이므로 만약 C_θ가 타원이기 위한 필요충분조건은 $T_{-\theta}(C_\theta)$가 타원이 되는 것이다. 이제 $T_{-\theta}(P_\theta)$의 좌표는 다음과 같이 주어진다.

$$\begin{aligned} T_{-\theta}(x,\ y,\ x\tan\theta) &= (x\cos\theta + x\tan\theta\sin\theta,\ y,\ -x\sin\theta + x\tan\theta\cos\theta) \\ &= \left(x\cos\theta + x\frac{\sin^2\theta}{\cos\theta},\ y,\ -x\sin\theta + x\sin\theta\right) \\ &= \left(x\cos\theta + x\frac{\sin^2\theta}{\cos\theta},\ y,\ 0\right) \\ &= \left(\frac{x}{\cos\theta},\ y,\ 0\right) \end{aligned}$$

여기서 $x = \cos t,\ y = \sin t$라고 두면 $T_{-\theta}(C_\theta)$는 매개변수에 의한 방정식

$$\begin{cases} x = \dfrac{\cos t}{\cos\theta} \\ y = \sin t \end{cases}$$

로 주어진다. 이것을 정돈하면 $(x\cos\theta)^2+y^2=1$이 되고 이것은 타원을 나타낸다. 즉 $T_{-\theta}(C_\theta)$은 타원이다.

합동변환을 활용한 문제

1. 임의의 삼각형의 각 변에 그림과 같이 정사각형을 만들자.

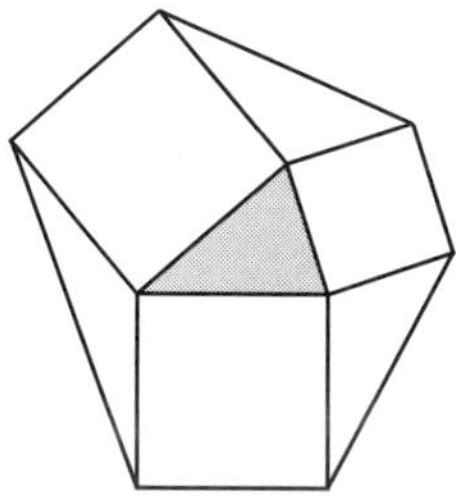

이때 새로 생기는 세 개의 삼각형의 넓이는 모두 원래의 삼각형의 넓이와 같은데 그 이유는 각각의 삼각형을 반시계방향으로 90도만큼 회전하면 알 수 있다.

2. 그림과 같이 정사각형의 내부에 한 점을 설정하고 각각의 길이가 1, $\sqrt{3}$, $\sqrt{5}$가 되었다. 이때 길이 1인 변과 길이 $\sqrt{3}$인 변에 끼인각을 구해보자.

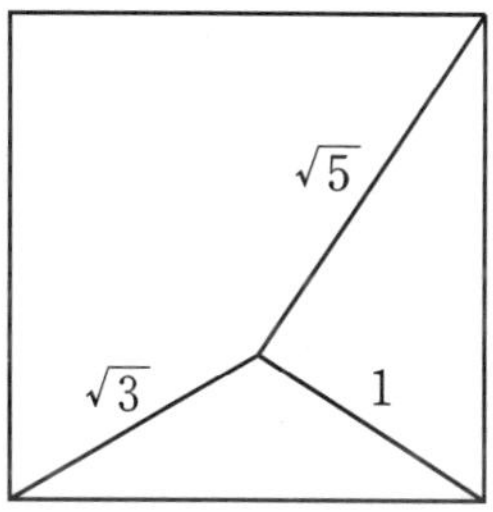

이 도형을 반시계방향으로 90도 회전하여 그림과 같이 결합하면 점선의 길이가 $\sqrt{2}$가 되고 결국 $\sqrt{2}$, $\sqrt{3}$, $\sqrt{5}$를 가지는 도형은 직각삼각형이 된다. 그러므로 주어진 각은 90+45도이다.

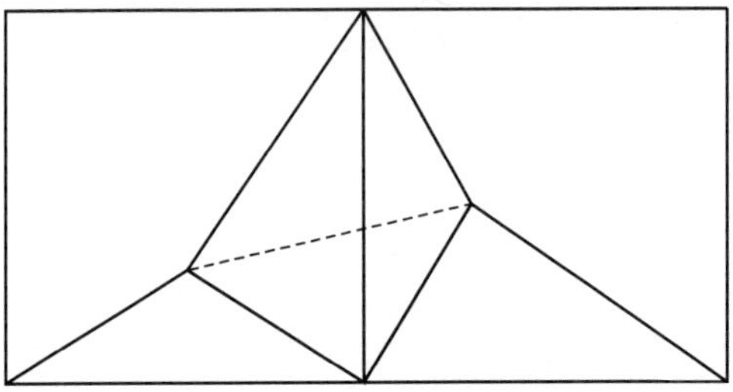

3. 정삼각형의 내부 또는 변 위의 한 점에서 각 변에 내린 수선의 길이의 합은 그 삼각형의 높이가 됨을 변환을 통하여 알아보자.

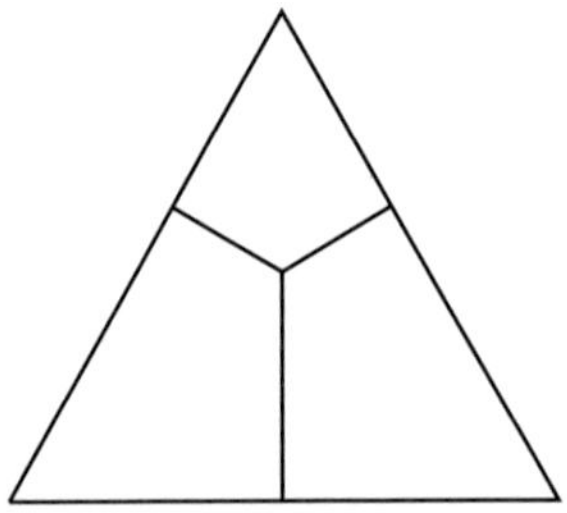

증명은 다음 그림에서 보여주는 것과 같이 회전이동을 통하여 이루어진다.

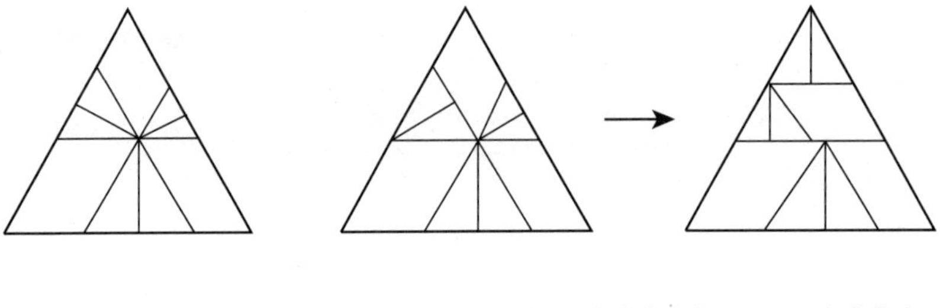

위의 세 삼각형에서 첫째 그림에서 왼쪽 위에 있는 정삼각형을 120도 회전하여 만든 그림이 둘째 그림이다. 여기서 둘째 그림의 상판을 120도 회전하여 셋째 그림을 만들었다. 그 결과 수선의 길이의 합은 정삼각형의 높이가 된다.

뫼비우스 변환의 응용

점 P를 직선 $y = mx + b$에 반사한 결과는 어떻게 될까? 이 문제를 복소수로 표상해보자. 먼저 P를 나타내는 복소수를 z라고 하고 이 복소수를 직선 $y = mx + b$에 대하여 반사한 것을 z'라고 하며 $\tan\theta = m$이라고 두자. 먼저 $z' - bi$와 $z - bi$을 $-\theta$만큼 회전하면 각각 $e^{-i\theta}(z'-bi)$와 $e^{-i\theta}(z-bi)$를 얻는다. 여기서 $e^{-i\theta}(z'-bi)$와 $e^{-i\theta}(z-bi)$는 x축에 대하여 대칭관계에 있기 때문에

(1) $$e^{-i\theta}(z'-bi)=\overline{e^{-i\theta}(z-bi)}=e^{i\theta}(\overline{z}+bi)$$

가 된다. 여기서 (1)을 정돈하면

(2) $$z'=e^{2i\theta}(\overline{z}+bi)+bi$$

를 얻는다. 여기서 θ 대신에 $\tan\theta=m$을 대입하면 구하고자 하는 것을 얻는다. 이와 같이 합동변환의 경우 복소수에 의한 표상이 간단하게 보인다.

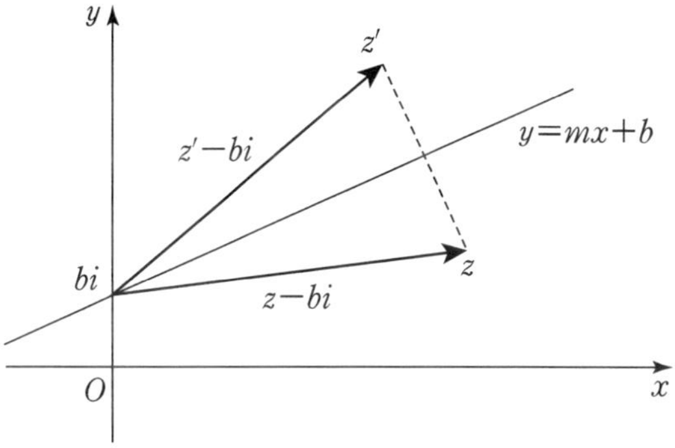

아핀변환의 응용

아핀변환은 공점선, 공선점, 내분점, 외분점, 평행성 등이 불변이다. 이런 사실을 응용하여 다양한 문제를 해결할 수 있다.

예 1. 무게중심에 대한 정보를 간단하게 얻을 수 있는데 다음과 같다. 먼저 정삼각형의 무게중심이 각 중선을 2:1로 내분하고 있다는 것을 알 수 있다. 한편 일반적인 삼각형은 정삼각형을 아핀변환한 것으로 간주할 수 있다. 그런데 아핀변환은 내분점과 외분점을 보존하기 때문에 일반적인 삼각형의 무게중심도 각 중선을 2:1로 내분한 것이다.

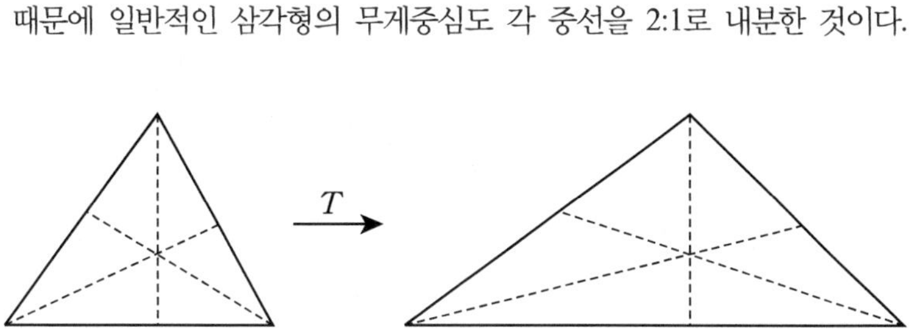

예 2. 삼각형 ABC의 각 변 평행인 선분을 그으면 그림과 같이 된다.

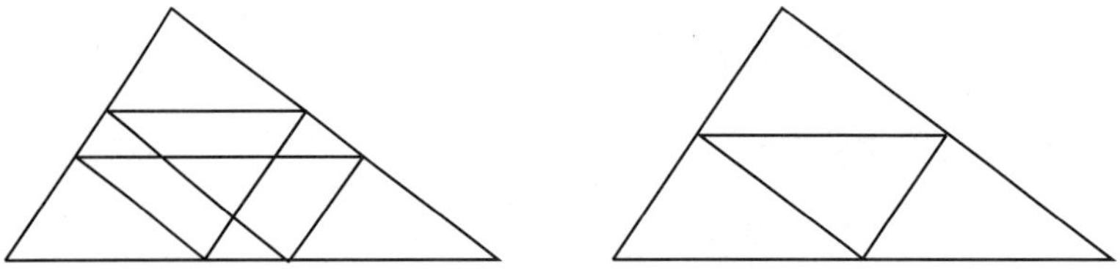

이 도형들은 각각 다음 정삼각형을 아핀변환한 것이다.

삼각형의 내부의 도형의 꼭짓점은 각 변에 모두 같은 비로 내분하고 있다.

17.4.2 평가

1. $a^2+b^2 \neq 0$일 때 변환 $f(x,\ y)=(ax-by,\ bx+ay)$이 주어져있다. 이때 f에 의한 단위원 $x^2+y^2=1$의 상을 구하라.

2. 직각삼각형에서 다음 그림과 같이 가위로 오려낸다. 이 과정을 계속할 때 넓이 관계를 생각해보자. 이 문제를 변형하여 유사한 문제를 만들어보자.

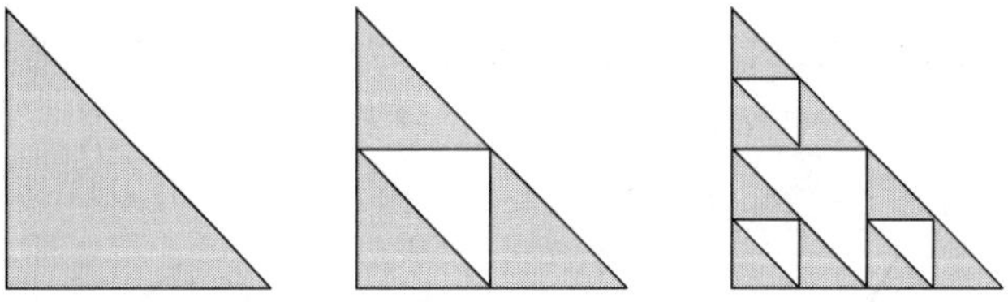

3. 예각삼각형의 한 변에 접하고 다른 두 변에 꼭짓점이 놓이는 정사각형을 작도하시오.

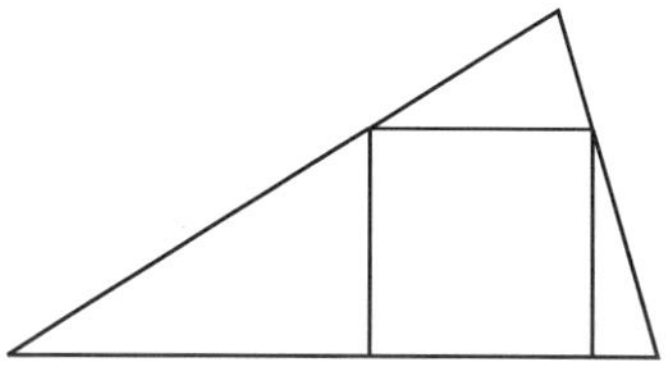

4. 다음 삼각형 $\triangle ABC$에 내접하는 원이 있다. 여기서 $\overline{AC}$에 접점을 P라고 하자. 이 도형을 압축변환 T에 의하여 다음과 같이 되었을 때 $\frac{\overline{P'A'}}{\overline{P'C'}}$와 $\frac{\overline{PA}}{\overline{PC}}$의 관계를 구하라. 보다 일반적인 아핀변환에서 이 문제를 생각해보자.

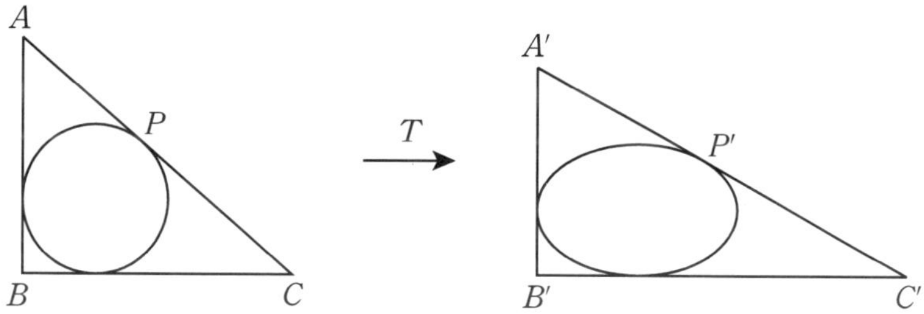

5. 다음 그림과 같이 두 개의 거울 M_1과 M_2가 θ의 각도로 인접해 있다. 광선이 우선 M_1에 반사한 후 다시 거울 M_2에 반사하여 원래 입사 경로와 평행되게 나아가려면 두 거울의 끼인각 θ는 얼마가 되어야 하는가?

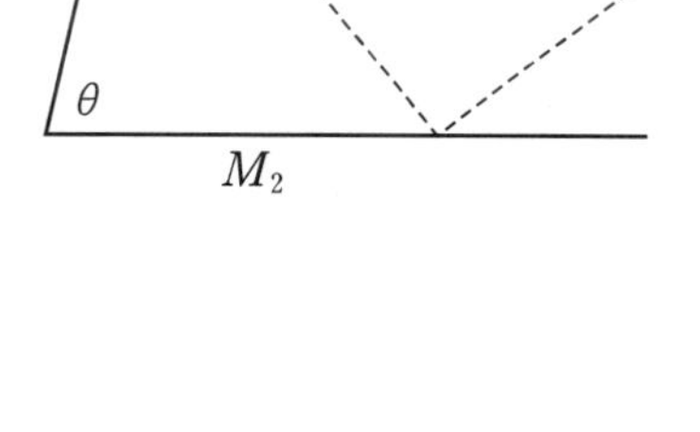

17.4.3 연구 과제

교수 측면

1. 현행 교과서는 도형의 이동을 개별적으로 다루고 있다. 그러나 여기에서 이 문제는 통합

적으로 다룬다. 이 두 차이점이 만드는 학습효과를 실증적으로 연구해보자.

2. 변환 과정을 Cabri 또는 GSP로 구현하기 위한 절차를 연구해보자. 이때 학습효과를 연구하자. 이 절차로 실제로 학생들이 실험 장치로서 사용할 수 있도록 구현하는 방안을 찾아보자.

3. 도형의 이동에 대한 일반적인 방정식, 즉 $f \circ T^{-1} = 0$을 확산시키기 위한 다양한 교수자료를 개발하자.

4. 회전이동을 조기 도입했을 때 나타나는 효과에 대하여 연구해보자.

5. SOLO 평가를 구체화하기 위한 질의 문항을 개발하자.

학습 측면

1. 도형의 이동 단원에서 학습자들이 어려워하는 부분은 무엇인가? 인지적 관점에서 논의하자. 예를 들면 도형의 이동 단원은 많은 문자식이 나타나기 때문에 작업기억의 부하를 준다. 이 점을 보다 과학적 방법으로 접근해보자.

2. 도형의 이동 단원에서 기본적인 절차적 지식을 분류하고 각각의 특징을 분석하자.

18.
이산수학

18.1 수학적 분석

18.1.1 역사적 분석

연속 현상을 다루는 수학이 미적분법을 도구로 선형해석학이라는 거대 구조로 발전한 것에 비하면 이산 현상을 다루는 주제는 수학의 어느 곳에도 존재하지만 통합된 모습을 갖추지는 못했다. 연속 현상의 경우 한 점의 상태 정보는 그 점 근방의 상태 정보를 이용할 수 있다는 구조적인 이점이 있다. 이것은 본질적으로 미분법을 낳게 한 구조를 제공하였다. 그러나 이산 구조는 이런 이점이 전무하다. 그 결과 전체적으로 어떤 패턴을 가지고 있음에도 불구하고 이러한 도구를 마련하지 못하고 있다. 그 결과 학문의 기초 단계와 심화 단계의 구분이 분명하지 않게 되었으며 체계없는 다양한 방법들이 개발되었다. 즉, 하나의 문제에 대하여 하나의 방법이라는 양상을 띠게 되었다. 이 점은 학문적으로는 약점을 가지고 있겠지만 수학적 사고를 개발하는 도구로서는 신선하다고 하겠다.

이산수학은 퍼즐, 수수께끼, 놀이 수학 등 다양한 원천을 가지고 있으면서 생활의 주변에서 그 소재가 많이 발견된다. 그러나 컴퓨터가 발전하면서 컴퓨터에 의한 컴퓨터를 위한 수학으로 발전하기 시작하였다. 이것은 수치해석이 컴퓨터에 의한 수학이라는 것에 대하여 진일보된 영역이다.

이산수학은 이산 현상의 모든 것을 다루지만 그것들을 분류하면 대개 다음과 같은 영역에 관심을 가지고 있다.

i) 이산 구조론. 이산 집합에서 일어나는 수학적 현상의 연구.
ii) 조합적 해석. 셈하기 문제와 관련된 현상의 연구.
iii) 알고리듬 조직. 알고리듬적 수학을 위한 연구.

18.1.2 본체적 분석

파스칼의 삼각형

다음 표는 파스칼의 삼각형이다. 이 삼각형은 다양한 성질을 가지고 있다.

1	1	1	1	1	1	⋯
1	2	3	4	5	6	⋯
1	3	6	10	15	21	⋯
1	4	10	20	35	56	⋯
1	5	15	35	70	126	⋯
1	6	21	56	126	252	⋯
⋯	⋯	⋯	⋯	⋯	⋯	⋯

i) $(i,\ j)$항의 수와 $(i-1,\ j+1)$항의 수의 합은 $(i,\ j+1)$항의 수의 합과 같다. 이것은 ${}_nC_r + {}_nC_{r-1} = {}_{n+1}C_r$을 의미한다.

ii) 위의 표에서 칠한 부분과 같이 $(1,\ j)$항에서 $(k,\ j)$항까지의 수의 합은 $(k,\ j+1)$항의 합과 같다. 마찬가지로 $(i,\ 1)$항에서 $(i,\ k)$항까지의 수의 합은 $(i+1,\ k)$의 항의 합과 같다.

순열

정리 1. $N=\{1,\ 2,\ \cdots,\ n\}$이고 $R=\{a_1,\ a_2,\ \cdots,\ a_r\}$일 때 단사함수 $f: R \rightarrow N$의 개수를 ${}_nP_r$이라 하면

$$ {}_nP_r = n(n-1)(n-2)\cdots(n-r+1) $$

이다.

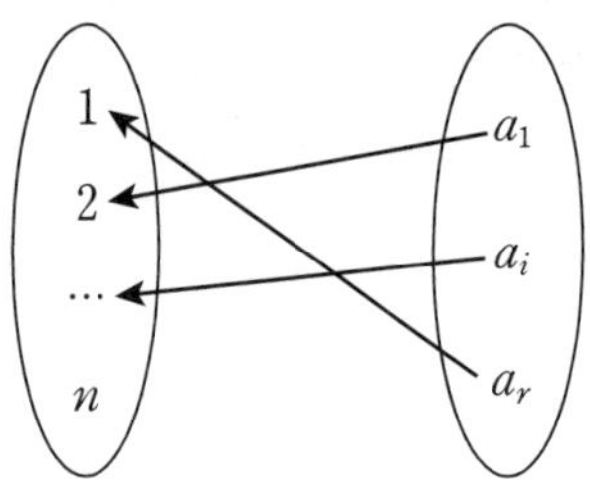

증명. 첫째 자릿수에 들어 갈 있는 문자는 n가지이고 둘째 자릿수에 들어갈 수 있는 문자는 $n-1$가지이다. 이렇게 하여 모든 경우의 수는 $n(n-1)(n-2)\cdots(n-r+1)$이다. 그러므로 $_nP_r = n(n-1)(n-2)\cdots(n-r+1)$이다. ■

예 1. $n=\{1, 2, 3, 4\}$이고 $R=\{1, 2\}$일 때 일대일함수 $f: R \to N$는 다음과 같다.

$f(1)$	1	1	1	2	2	2	3	3	3	4	4	4
$f(2)$	2	3	4	1	3	4	1	2	4	1	2	2

정리 2. $n(N)=n$, $K=\{1, 2, \cdots, k\}$, $n=r_1+r_2+\cdots+r_k$라고 하자. 함수 $f: N \to K$에서 $n(f^{-1}(k))=r_k$를 만족하는 함수의 개수를 $P(n;r_1, r_2, \cdots, r_k)$이라고 하면

$$P(n;r_1, r_2, \cdots, r_k) = \frac{n!}{r_1!r_2!\cdots r_k!}$$

이다.

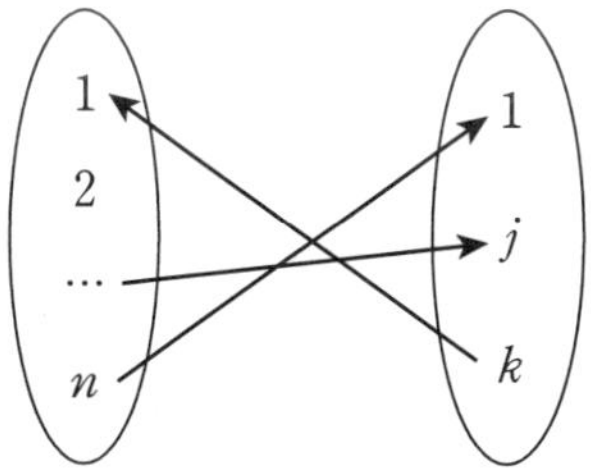

증명. $N=\{1, 2, 3, \cdots, n\}$이라고 할 때 $P(n;r_1, \cdots, r_k)r_1!r_2!\cdots r_k \neq n!$이므로 주어진 결론이 성립한다. ■

예 2. $N=\{1, 2, 3, 4\}$, $K=\{1, 2\}$, $r_1=2$, $r_2=2$일 때 $f: N \to K$에서 $n(f^{-1}(k))=r_k$를 만족하는 함수는 다음과 같다.

k	$f(k)$					
1	1	1	1	2	2	2
2	1	2	2	1	1	2
3	2	1	2	1	2	1
4	2	2	1	2	1	1

정리 3. $n(N)=n$이고 $n(R)=r$일 때 함수 $f: R \to N$의 종류의 개수는 n^r이다.

증명. 이것은 r개의 통에 각각 n개의 문자를 넣을 수 있는 경우의 수이므로 n^r이다. ■

조합

정리 1. n개의 대상에서 r개를 선택하는 경우의 수는 일대일 증가함수 $f: R \to N$의 개수를 말하는데 이것을 ${}_nC_r$이라고 하면 ${}_nC_r = \dfrac{n!}{(n-r)!r!}$이다. 여기서 $N=\{1,\ 2,\ \cdots,\ n\}$이고 $R=\{1,\ 2,\ \cdots,\ r\}$이다.

증명. 이것은 $r!{}_nC_r = {}_nP_r$로부터 나온다. ■

예. $N=\{1,\ 2,\ 3,\ 4\}$이고 $R=\{1,\ 2\}$일 때 일대일 증가함수는 다음과 같다.

n	$f(n)$					
1	1	1	1	2	2	3
2	2	3	4	3	4	4

정리 2. n개의 대상에서 r개를 중복 선택할 수 있는 경우의 수를 ${}_nH_r$이라고 하면

$$ {}_nH_r = {}_{n+r-1}C_r $$

로 주어진다.

증명. $1,\ 2,\ 3 \cdots,\ n$에서 r개를 선택한 것을 $a_1,\ a_2,\ \cdots,\ a_r$라고 하면 $a_1 \le a_2 \le \cdots \le a_r$을 만족한다. 여기서 각각의 a_j에 대하여 a_j+j-1을 대응한 함수는 전단사이다. 그런데 $a_j+j-1 : a_j \in 1,\ 2,\ \cdots,\ n,\ \mathrm{j}=0,\ 1,\ 2 \cdots,\ r-1$은 $1,\ 2,\ 3,\ \cdots,\ n,\ n+1,\ n+2,\ \cdots,\ n+r-1$에서 r개를 선택한 것의 집합이다. 그러므로 ${}_nH_r$은 ${}_{n+r-1}C_r$로 주어진다. ■

정리 3. 이항전개로부터 유도되는 공식

i) ${}_nC_r + {}_nC_{r-1} = {}_{n+1}C_r$

ii) ${}_nC_0 + {}_nC_1 + \cdots + {}_nC_n = 2^n$

iii) (반데르몬데의 정리) m, n, r이 자연수이고 $r \le \min(m, n)$이면

$$_{m+n}C_r = \sum_{k=0}^{r} {}_mC_k \; {}_nC_{r-k}$$

이다. 특히 $m = n$이면

$$_{2n}C_n = \sum_{k=0}^{n} {}_nC_k^2$$

이다.

포함배제원리

정리. $A_1, \cdots, A_n$이 모두 유한집합이라고 하면 다음 공식이 성립한다.

$$\begin{aligned} |A_1 \cup A_2 \cup \cdots \cup A_n| = & \sum_{1 \le i \le n} |A_i| \\ & - \sum_{1 < i < j \le n} |A_i \cap A_j| \\ & + \sum_{1 < i < j < k \le n} |A_i \cap A_j \cap A_k| \\ & + \cdots \\ & + (-1)^{n+1} |A_1 \cap A_2 \cap \cdots \cap A_n| \end{aligned}$$

예 1. 어떤 학교에서 100명에게 설문을 조사한 결과 팝, 가요, 클래식을 어느 하나는 좋아한다는 것을 알았고 더욱이 팝을 좋아하는 학생은 57명, 가요를 좋아하는 학생은 52명, 클래식을 좋아하는 학생은 39명이었다. 팝과 가요를 좋아하는 학생은 31명, 팝과 클래식을 좋아하는 학생은 21명, 가요와 클래식을 좋아하는 학생은 11명, 이때 모든 노래를 좋아하는 학생의 수를 구해보자.

전체를 U라고 하고 팝, 가요, 클래식을 좋아하는 학생의 집합을 각각 P, L, C라고 하면 포함배제원리에 의하여

$$\begin{aligned} 100 &= |P \cup L \cup C| \\ &= |P| + |L| + |C| - |P \cap L| - |P \cap C| - |L \cap C| + |P \cap L \cap C| \\ &= 57 + 52 + 39 - 31 - 21 - 11 + x \end{aligned}$$

이므로 $x = 15$이다.

예 2. 1에서 n까지 자연수를 치환하는데 모든 $i = 1, 2, \cdots, n$에 대하여 i가 치환 후 i가 되지 않는 경우의 수를 교란수라고 하는데 이것을 D_n이라고 하면

$$D_n = n!\left[1 - \frac{1}{1!} + \frac{1}{2!} - \frac{1}{3!} + \cdots (-1)^n \frac{1}{n!}\right]$$

이다. 이 사실을 보이기 위하여 먼저 $f : 1,\ 2,\ \cdots,\ n \to 1,\ 2,\ \cdots,\ n$를 치환이라고 하고 각각의 $j = 1,\ 2,\ \cdots,\ n$에 대하여 $A_j = \{f : f(j) = j\}$라고 두면

$$D_n = n! - |A_1 \cup A_2 \cup \cdots \cup A_n|$$

가 성립한다. 여기서 각각의 $j = 1,\ 2,\ \cdots,\ n$에 대하여

$$|A_j| = (n-1)!$$
$$|A_i \cap A_j| = (n-2)!$$
$$|A_i \cap A_j \cap A_k| = (n-3)!$$
$$\cdots\cdots$$
$$|A_1 \cap A_2 \cap \cdots \cap A_n| = 1$$

이 된다. 그러므로 이것을 계산하면 포함배제원리에 의하여

$$D_n = n!\left[1 - \frac{1}{1!} + \frac{1}{2!} - \frac{1}{3!} + \cdots (-1)^n \frac{1}{n!}\right]$$

가 성립한다.

비둘기집 원리

정리. $n(k-1)+1$ 마리의 비둘기가 n개의 둥지 속에 살고 있다면 적어도 한 둥지에는 k 마리 이상의 비둘기가 살아야 한다.

예 1. 1에서 $2n$까지의 자연수 중에서 $n+1$개의 서로 다른 자연수 중에는 공약수를 가지는 두 수가 있음을 이 원리를 통하여 밝혀보자. 임의의 자연수는 $2^k p$의 모양으로 표시할 수 있다. 여기서 k는 음이 아닌 정수이고 p는 홀수이다. 그러므로 p는 1, 3, 5, ..., $2n-1$ 등의 n개 중의 어떤 수가 되겠다. 그런데 가정에서 주어진 수는 $n+1$개 이므로 어떤 적당한 (다른) 두 수는 $2^s a$과 $2^t a$ 모양이다. 그러므로 이 두 수는 공약수를 가진다.

예 2. 원 위에 1에서 10까지의 자연수가 임의로 배치되어 있다. 이 중에서 합이 적어도 17이상 되는 인접한 세 수가 있음을 보이자. 먼저 1에서 10까지의 자연수를 s_1, ..., s_{10}이라고 하고 인접한 세 수의 합이 모두 17보다 작다고 하자. 여기서

$$a_1 = s_1 + s_2 + s_3$$
$$a_2 = s_2 + s_3 + s_4$$
$$a_3 = s_3 + s_4 + s_5$$
$$\cdots\cdots$$
$$a_{10} = s_{10} + s_1 + s_2$$

가 된다. 그런데 가정에서 임의의 $k(1 \le k \le 10)$에 대하여 $a_k \le 16$이다. 그러므로

$$\sum_{k=1}^{10} a_k \le 160$$

이다. 그런데 식으로부터

$$\sum_{k=1}^{10} a_k = 3\sum_{k=1}^{10} s_k = 165$$

이므로 이것은 모순이다.

예 3. 정수 격자점[131] 위에 5개의 점이 있고 이 점들의 임의의 두 점은 선분으로 연결되어 있다. 여기서 적어도 하나의 선분 사이에는 적어도 하나의 격자점이 있음을 보이자. 우선 격자점의 종류는 (홀수, 홀수), (홀수, 짝수), (짝수, 홀수), (짝수, 짝수) 형이 있다. 그런데 점은 5개이므로 적어도 어느 한 종류는 중복되어 있다. 그런데 중복된 경우 그들의 중점은 항상 정수점이다.

점화식 구하기

교란수 D_n의 점화식을 구해보자. 여기서 다음 표는 편지와 편지 봉투를 나타내고 있다.

x	1	2	...	n
$f(x)$	a_1	a_2	...	a_n

먼저 편지 n을 봉투 1에 넣은 경우를 생각해보자. 이 상황은 $n-1$의 경우가 있다. 여기서 다음 ⅰ)과 ⅱ)의 두 가지 경우가 있다.

131) 정수를 좌표로 하는 점.

x	1	2	…	n
$f(x)$	a_1	a_2	…	1

i) 편지 1을 봉투 n에 넣은 경우: 이 경우는 D_2의 경우가 있다.

x	1	2	…	n
$f(x)$	n	a_2	…	1

ii) 편지 1을 n에 넣지 않는 경우: 이 경우에는 다음 표와 같이 D_{n-1}의 경우가 있다.

x	1	2	…	n
$f(x)$	n이 아닌 다른 수	n이 있는 곳		1

그러므로 모든 경우의 수 D_n은

$$D_n = (n-1)(D_{n-2} + D_{n-1}),\ D_2 = 1,\ D_1 = 0$$

이다. 여기서 주어진 점화식을 전개하면

$$D_n - nD_{n-1} = (-1)(D_{n-1} - (n-1)D_{n-2})$$

를 얻는다. 그러므로 $n \geq 1$일 때,

$$D_0 = 1$$
$$D_n - nD_{n-1} = (-1)^n,\ n \geq 1$$

이다.

생성함수

급수 $g(x) = a_0 + a_1x + a_2x^2 + \cdots + a_nx^n + \cdots$를 수열 $\{a_n\}$의 생성함수라고 한다. 생성함수는 다음과 같이 조합론에 응용된다.

예 1. 다른 예를 보자. 푸른 공과 노란 공이 각각 4개와 5개가 들어있는 주머니가 있다. 여기서 r개를 선택할 경우의 수를 a_r이라고 하자. 여기서 r개를 선택했을 때 푸른 공을 취하는 개수와 노란 공을 취하는 개수를 각각 e_b와 e_y라고 하면

$$e_b + e_y = r,\ e_b = 0,\ 1,\ 2,\ 3,\ 4,\ e_{y=}0,\ 1,\ 2,\ 3,\ 4,\ 5$$

이다. 따라서 생성함수는

$$(1+x+x^2+x^3+x^4)(1+x+x^2+x^3+x^4+x^5)$$

이다. 이 생성함수를 다음과 같이 나타내면 보다 시각적이다.

$$\begin{pmatrix}1\\x\\x^2\\x^3\\x^4\end{pmatrix}\begin{pmatrix}1\\x\\x^2\\x^3\\x^4\\x^5\end{pmatrix}$$

다음 표는 위의 경우에 대한 몇 가지 사례를 든 표이다.

e_b	e_y	r
1	1	2
2	3	5
2	2	4
3	2	5
3	3	6

예 2. 1, 2, 3, 4, 5 등 5개의 숫자가 있다. 이들 숫자에서 중복을 허락하여 r개를 선택하는 경우의 수를 $\{a_r\}$이라고 하자. 여기서 e_k를 숫자 k를 선택하는 개수라고 하면

$$e_1 + e_2 + \cdots + e_5 = r,\ e_1 = 0,\ 1,\ 2,\ \cdots,\ r,\ e_2 = 0,\ 1,\ 2,\ \cdots,\ r,\ ...,$$
$$e_5 = 0,\ 1,\ 2,\ \cdots,\ r$$

이 경우에 생성함수는

$$\begin{pmatrix}1\\x\\x^2\\x^3\\x^4\\\vdots\end{pmatrix}\begin{pmatrix}1\\x\\x^2\\x^3\\x^4\\\vdots\end{pmatrix}\begin{pmatrix}1\\x\\x^2\\x^3\\x^4\\\vdots\end{pmatrix}\begin{pmatrix}1\\x\\x^2\\x^3\\x^4\\\vdots\end{pmatrix}\begin{pmatrix}1\\x\\x^2\\x^3\\x^4\\\vdots\end{pmatrix}$$

다음 표는 몇 가지 사례를 제시한 표이다.

e_1	e_2	e_3	e_4	e_5	r
2	1	0	0	0	3
1	1	1	0	0	3
2	0	1	0	1	4
0	0	0	5	3	8
2	2	10	0	0	12

예 3. (자연수의 분할) 자연수 r을 분할할 때 숫자 k의 개수를 e_k라고 하면

$$1e_1 + 2e_2 + \cdots + re_r = r$$

이므로 이에 대한 생성함수는

$$\begin{pmatrix}1\\x\\x^2\\x^3\\\vdots\end{pmatrix}\begin{pmatrix}1\\x^2\\x^4\\x^6\\\vdots\end{pmatrix}\begin{pmatrix}1\\x^3\\x^6\\x^9\\\vdots\end{pmatrix}\begin{pmatrix}1\\x^4\\x^8\\x^{12}\\\vdots\end{pmatrix}\begin{pmatrix}1\\x^5\\x^{10}\\x^{15}\\\vdots\end{pmatrix}\cdots\cdots$$

이다. 이 함수를 급수로 나타내면

$$(1+x+x^2+x^3+\cdots)(1+x^2+x^4+x^6+\cdots)(1+x^3+x^6+x^9+\cdots)(1+x^4+x^8+x^{12}+\cdots)$$

인데 이것을 다른 식으로 나타내면

$$\prod_{n=1}^{\infty}(1-x^n)^{-1}$$

가 된다. 다음 표는 몇 가지 사례를 든 표이다.

e_1	e_2	e_3	e_4	,,,	,,,	,,,	e_r	r
3	0	0	...					3
3	2	1	0	0	...			10
5	5	3	0	0	0	...		24

예 4. 자연수 r을 서로 다른 자연수의 합으로 나타내는 경우의 수를 $\{a_r\}$이라고 할 때 $\{a_r\}$에 대한 생성함수를 생각해보자. r에서 k가 나타나는 경우의 수를 e_k라고 하면

$$e_1 + e_2 + e_3 + \cdots + e_r = r,\ e_k = 0,\ k$$

이므로 생성함수는

$$\binom{1}{x}\binom{1}{x^2}\binom{1}{x^3}\binom{1}{x^4}\binom{1}{x^5}\cdots$$

이다. 다음 표는 몇 가지 사례를 든 표이다.

e_1	e_2	e_3	e_4	,,,	,,,	,,,	e_r	r
0	2	3						5
1	2	3	4					10
1	2	3	4	0	..			30

생성함수로부터 점화식의 일반항 구하기

생성함수는 점화식의 일반항을 구하는 데도 유용하다. 그 절차는 다음과 같다.

i) 생성함수 $g(x)=\sum_{n=0}^{\infty} a_n x^n$의 설정한다.
ii) 점화식으로부터 생성함수의 계수를 조작하여 a_n이 없는 $g(x)$를 찾는다.
iii) $g(x)$를 전개하여 그 계수를 찾고 그것으로부터 a_n을 구한다.

예 1. $a_0=2$이고 임의의 자연수 k에 대하여 $a_k=2a_{k-1}$의 일반항을 구해보자. 먼저 $g(x)=\sum_{n=0}^{\infty} a_n x^n$을 $\{a_n\}$의 생성함수라고 하자. 등식

$$xg(x)=\sum_{n=0}^{\infty} a_n x^{n+1}=\sum_{n=1} a_{n-1}x^n$$

으로부터

$$\begin{aligned} g(x)-2xg(x) &= \sum_{n=0}^{\infty} a_n x^n-2\sum_{n=1}^{\infty} a_{n-1}x^n \\ &= a_0+\sum_{n=1}^{\infty}(a_n-2a_{n-1})x^n \\ &= 2 \end{aligned}$$

그러므로

$$g(x)=\frac{2}{1-2x}$$

그런데

$$\frac{1}{1-2x}=1+2x+2^2x^2+\cdots+2^nx^n+\cdots$$

이므로

$$a_n=2^{n+1}$$

이다.

예 2. 다음 점화식

$$a_n=a_{n-1}+n,\ a_0=1$$

의 일반항을 구해보자. 먼저 일반항의 생성함수를

$$g(x)=\sum_{n=0}^{\infty}a_nx^n \tag{1}$$

이라고 두면

$$\begin{aligned} g(x)&=1+\sum_{n=1}^{\infty}a_nx^n \\ &=\sum_{n=1}^{\infty}(a_{n-1}x^n+nx^n) \\ &=\sum_{n=1}^{\infty}a_{n-1}x^n+\sum_{n=1}^{\infty}nx^n \\ &=1+xg(x)+\sum_{n=1}^{\infty}nx^n \end{aligned} \tag{2}$$

이므로 (2)를 정돈하면

$$\begin{aligned} g(x)&=\frac{1}{1-x}+\frac{1}{(1-x)}\sum_{n=1}^{\infty}nx^n \\ &=\sum_{n=0}^{\infty}x^n+\left(\sum_{n=0}^{\infty}x^n\right)\left(\sum_{n=1}^{\infty}nx^n\right) \end{aligned} \tag{3}$$

을 얻는다. 여기서 (1)과 (3)으로부터 a_n을 구하면

$$a_n=1+\frac{n(n+1)}{2}$$

을 얻는다.

그래프

정의. V를 유한집합이라고 하고 V의 적당한 비순서 쌍들의 집합을 E라고 하자. 이때 $G=(V,\ E)$를 그래프라고 하고 V의 원소를 꼭짓점, E의 원소를 변이라고 한다. $a,\ b$를 꼭짓점으로 하는 변을 $(a,\ b)$로 나타내고 특히 $(a,\ a)$를 고리라고 한다. 만약 $(a,\ b)$가 변일 때 a와 b는 인접한다. a 또는 b는 $(a,\ b)$와 인접한다고 한다. V의 원소의 개수를 G의 위수라고 하고 각각의 꼭짓점 $x\in V$에서 인접하는 꼭짓점의 개수를 그 꼭짓점의 차수라고 하고 $d(x)$로 표기한다.

정의. 그래프 $G=(V,\ E)$에서 열 $(a_1,\ a_2),\ (a_2,\ a_3),\ \ldots,\ (a_{n-1},\ a_n)$을 경로라고 하고 a_1을 이 경로의 시점, a_n을 이 경로의 종점이라고 한다. 이 경우에 경로를 $a_1-a_2-\cdots-a_n$으로 나타낸다.

만약 경로의 시점과 종점이 같을 때 그 경로를 회로라고 하고 꼭짓점의 중복이 없는 경로와 회로를 각각 단순경로와 단순회로라고 한다.

예 1. $V=\{a,\ b,\ c,\ d,\ e\}$일 때 다음 그림에서 변은

$$E=\{(a,\ a),\ (a,\ b),\ (a,\ c),\ (a,\ d),\ (a,\ e),\ (b,\ d),\ (c,\ e)\}$$

이다. 여기서 동그라미는 고리 $(a,\ a)$를 나타낸다. 이때

$$d(a)=6,\ d(b)=d(c)=d(d)=d(e)=2$$

이다. 또 $a-b-d$는 단순회로이고 $b-a-c-e$는 단순경로이다.

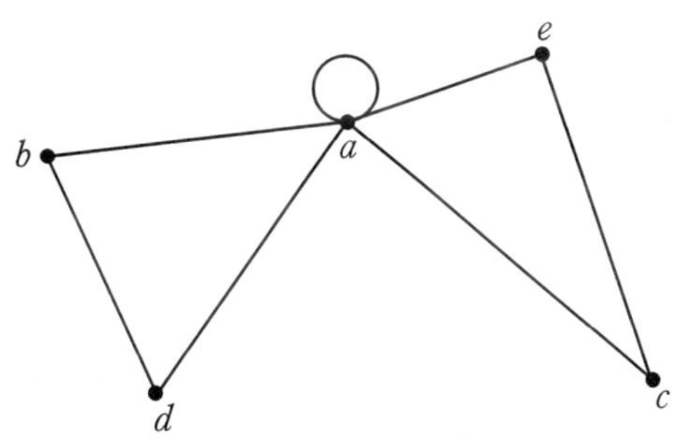

예 2. $V=\{a,\ b,\ c,\ d\}$이고 $E=\{(a,\ b),\ (a,\ c),\ (b,\ c),\ (c,\ d)\}$라고 할 때

$$d(a)=d(b)=2,\ d(c)=3,\ d(d)=1$$

이다. 한편 $c-a-b-c-d$는 단순이 아닌 경로이고 $a-b-c$는 단순경로이며 $a-b-c-a$는 단순회로이다.

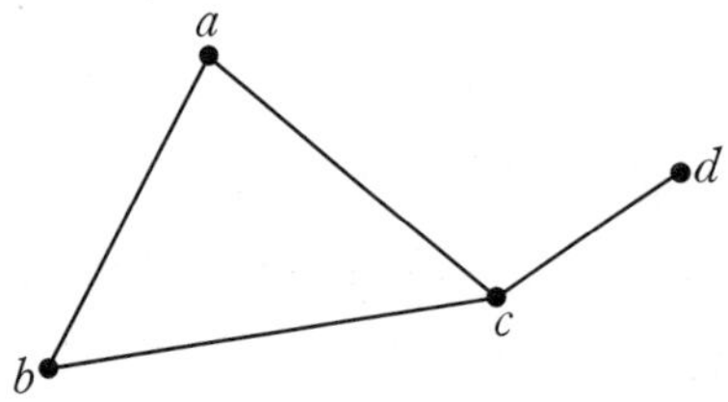

정의. 임의의 그래프 $G=(V,\ E)$에 대하여 $n(E)$를 변의 개수라고 하면

$$2n(E) = \sum_{x \in V} d(x)$$

가 성립한다. 이것으로부터 임의의 그래프는 짝수 개의 홀수 차수의 꼭짓점을 가진다는 것을 알 수 있다.

유향그래프

정의. 변들의 집합 E가 순서쌍으로 이루어질 때 G를 유향그래프라고 한다. 이 경우에는 변을 $\overrightarrow{(a,\ b)}$로 나타내고 a와 b를 각각 $\overrightarrow{(a,\ b)}$의 시점과 종점이라고 한다.

예 1. $V=\{a,\ b,\ c,\ d\}$라고 할 때 $E=\left\{\overrightarrow{(a,\ b)},\ \overrightarrow{(a,\ c)},\ \overrightarrow{(b,\ c)},\ \overrightarrow{(c,\ d)}\right\}$라고 할 때 $G=(V,\ E)$는 유향그래프이다.

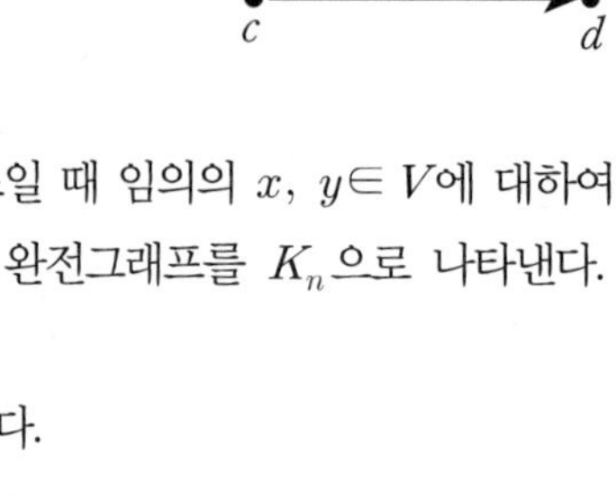

정의. $G=(V,\ E)$가 그래프일 때 임의의 $x,\ y \in V$에 대하여 $(x,\ y) \in V$일 때 G를 완전그래프라고 한다. 위수 n의 완전그래프를 K_n으로 나타낸다.

예 2. K_4는 다음 그림과 같다.

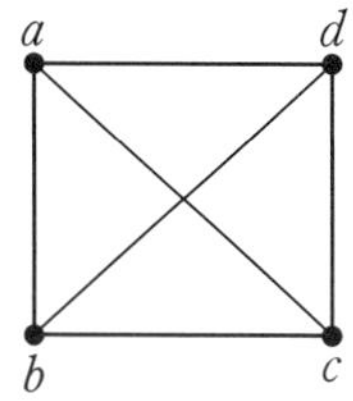

그래프의 동형

정의. 두 그래프 $G=(V,\ E)$와 $G'=(V',\ E')$에 대하여 $V'\subset V$이고 $E'\subset E$일 때 G'를 G의 부분그래프라고 한다.

정의. 그래프 $G=(V,\ E)$와 $G'=(V',\ E')$가 주어져 있다. 임의의 $a,\ b\in V$에 대하여 $(a,\ b)\in E\leftrightarrow(f(a),\ f(b))\in E'$이 참이 되는 전단사 함수 $f: V\rightarrow V'$가 존재할 때 G와 G'를 동형이라고 하고 $G\simeq G'$로 나타낸다.

예 1. 다음 두 그래프는 다음과 같은 대응에 의하여 동형이다.

a	b	c	d	e	f
1	4	7	3	6	2

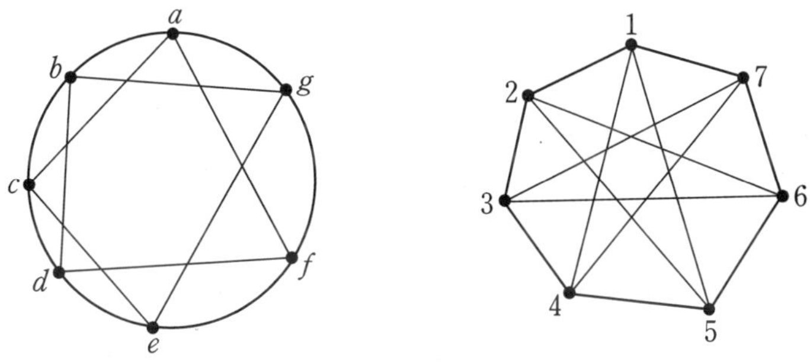

정의의 두 그래프 $G=(V,\ E)$와 $G'=(V,\ E')$가 주어져 있을 때 임의의 $a,\ b\in V$에 대하여 $(a,\ b)\in E$이면 $(a,\ b)\not\in E'$을 만족할 때 G'를 G의 여그래프라고 한다.

두 그래프가 동형이면 그 여그래프도 동형이다.

예 2. 다음 두 그래프는 각각 위의 그래프의 여 그래프이다. 따라서 이 두 그래프는 동형이다.

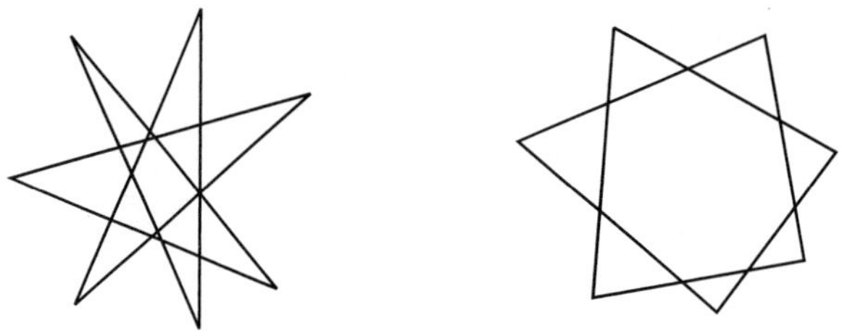

평면그래프

정의. 평면에 그린 그래프 중에서 임의의 두 변이 교차하지 않는 그래프와 동형인 그래프를 평면그래프라고 한다.

예 1. 지도의 국경선은 평면그래프이다.

예 2. 지도에서 각 나라의 수도를 꼭짓점으로 간주하고 각 나라의 수도를 나라를 잇는 노선이 공통의 국경을 가질 때 그 노선을 변으로 간주하는 그래프를 그 지도의 쌍대그래프라고 한다. 임의의 지도의 쌍대그래프는 평면그래프이다.

정의. 그래프 G에 차수 2를 가지는 꼭짓점을 첨삭하여 생긴 그래프 G'를 G와 동상이라고 한다.

예 3. 다음 두 그래프는 동상이다.

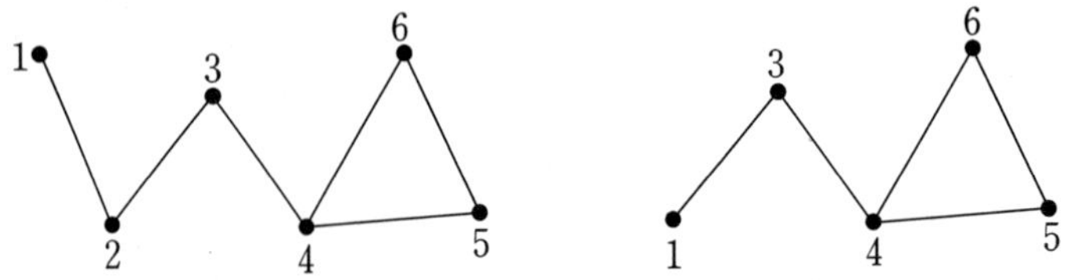

정의. (오일러 공식) G가 v개의 꼭짓점과 e개의 변을 가진 연결평면그래프로서 평면을 f개의 영역으로 분할한다면

$$v-e+f=2$$

를 만족한다.

증명. $d(x)=2$인 꼭짓점과 연결하는 변을 제거하면 v와 e가 1씩 감소한다. 그런데 이렇게 꼭짓점과 변을 제거하면 G는 동상인 그래프 G'를 얻는다. 그런데 이 그래프 G'도 $v-e+f$의 값은 일치한다. G'에 의하여 생성된 임의의 면 R_j는 모두 3개의 변으로 구성되어 있다. 여기서 R_j의 변을 한 개 소거하면 r도 한 개 작아진다. 그러므로 $v-e+f$는 불변이다. 이러한 방법을 계속하면 $v-e+f$와 불변인 동상이 그래프로 변하고 결구 한 개의 삼각형만 남는다. 이 삼각형은 $v-e+f$의 값이 2이다. ■

예 1. K_5는 $v=5$, $e=10$, $f=8$이므로 오일러 공식을 만족하지 않는다. 그러므로 K_5 평면그래프가 아니다.

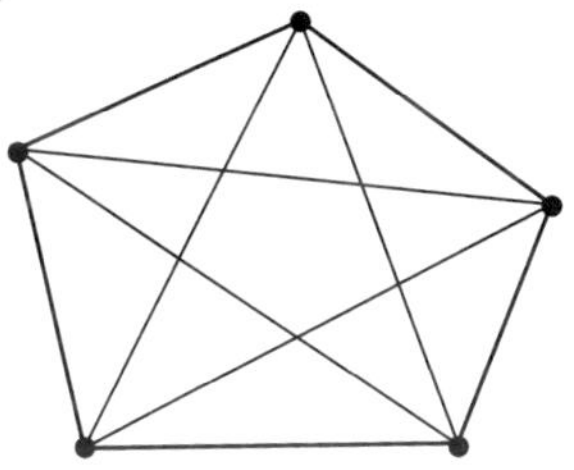

예 2. 다음 그래프를 $K_{3,3}$이라고 하는데 이것은 $v=6$, $e=9$, $f=5$이므로 오일러 공식을 만족하지 않는다. 그러므로 $K_{3,3}$은 평면그래프가 아니다.

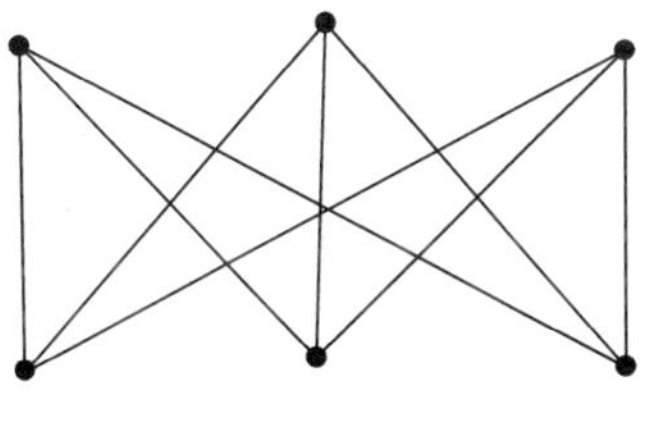

오일러 경로와 오일러 회로 문제

정의. $G=(V,\ E)$를 그래프라고 하자. 오일러 회로란 G의 모든 꼭짓점과 변을 포함하는 회로를 의미한다. 한편 오일러 경로란 G의 모든 변이 한 번만 포함하는 경로를 의미한다.

예 1. 다음 그래프는 오일러 경로(회로)를 가진다.

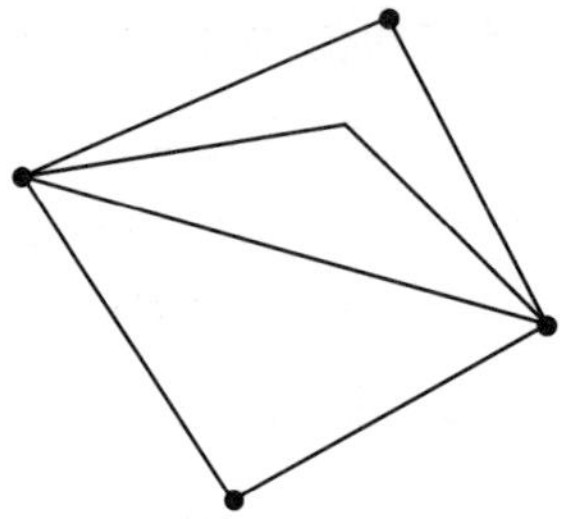

예 2. 다음 그래프는 오일러 경로를 가진다. 그러나 오일러 회로를 가지지 않는다.

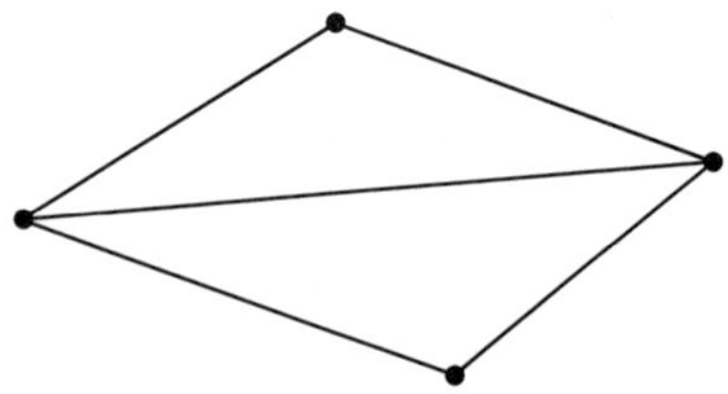

정리 1. 연결그래프 $G=(V,\ E)$가 오일러 회로를 가지기 위한 필요충분조건은 각 꼭짓점이 짝수 차수를 가지는 것이다.

정리 2. $G=(V,\ E)$를 연결그래프라고 하자. G가 오일러 회로가 아닌 오일러 경로를 가지기 위한 필요충분조건은 홀수 차수를 가지는 단 두 개의 꼭짓점이 존재할 때이다.

예 3. 다음 그래프는 오일러 경로를 가지지 않는다.

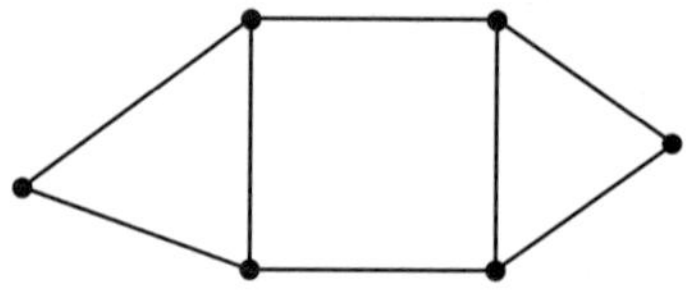

그래프와 행렬

그래프의 정보를 나타내는 행렬을 생각할 수 있다.

정의. 주어진 그래프 G에 대하여 꼭짓점 e_i에서 꼭짓점 e_j로의 경로 정보를 e_{ij}로 나타내고 만약 경로가 있으면 $e_{ij}=1$, 없으면 $e_{ij}=0$로 정의된 행렬 $A_G=(e_{ij})$을 그래프 G의 인접행렬이라고 한다.

예. 다음 그래프의 인접행렬 A_G는 다음과 같이 주어진다.

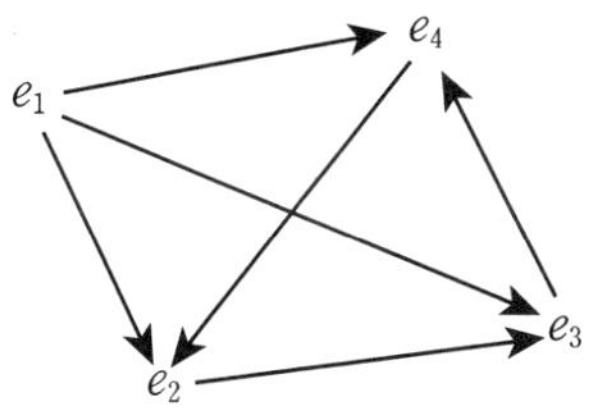

$$A_G = \begin{pmatrix} 0 & 1 & 1 & 1 \\ 0 & 0 & 1 & 0 \\ 0 & 0 & 0 & 1 \\ 0 & 1 & 0 & 0 \end{pmatrix}$$

여기서 A_G와 A_G의 불 연산을 성분으로 하는 행렬 $A_G^{[2]}$을 생각해보자. 계산에 의하면

$$A_G^{[2]} = \begin{pmatrix} 0 & 1 & 1 & 1 \\ 0 & 0 & 0 & 1 \\ 0 & 1 & 0 & 0 \\ 0 & 0 & 1 & 0 \end{pmatrix}$$

가 주어진다. 여기서 $(A_G^{[2]})_{ij} = 1$이라는 것은 e_i에서 e_j로 가는 길이 2의 경로가 존재하고 $(A_G^{[2]})_{ij} = 0$는 것을 그런 경로가 없다는 것을 의미한다. 마찬가지로

$$A_G^{[3]} = \begin{pmatrix} 0 & 1 & 1 & 0 \\ 0 & 1 & 0 & 0 \\ 0 & 0 & 0 & 0 \\ 0 & 0 & 0 & 1 \end{pmatrix}$$

에서 1이 있는 성분은 길이 3의 경로에 대한 정보를 나타낸다. 예를 들면 e_1에서 e_2로 가는 길이 3인 경로가 존재하고 또 e_4에서 e_4로 가는 길이 3인 경로가 존재한다.

18.1.3 현상학적 분석

순열

자리차지. 본체적 분석에서 순열의 3가지 경우는 다른 형식을 취하고 있으나 현상학적 관점에서 볼 때는 '자리차지' 개념에 의하여 다음과 같이 통합된다.

i) n개의 대상에서 r개를 선택하여 배열하는 경우는 n명이 사람이 r개의 자리를 차지하는 게임에 해당된다.

ii) n개 중에서 같은 것이 $r_1, \cdots, r_k$으로 되어 있는 경우는 k명의 사람이 n개의 자리

를 차지하는데 j라는 사람은 r_j개의 자리를 차지하는 게임에 해당된다.

iii) n명의 사람이 중복을 허락하여 r개의 자리에 배치할 수 있는 경우는 n명의 사람들이 모두 최대한 자리를 차지하는 게임에 해당된다.

조합

조합은 순열과 같으나 단지 자리차지에서 크기순으로 배열되는 것을 제외한다.

18.2 심리적 분석

18.2.1 인지적 분석

문제해결로서 이산수학

이산수학은 이산현상과 관련된 문제들은 기초 지식을 요구하지 않는 게 대부분이며 그 결과 해결 방법도 일관된 방법이 별로 없다. 따라서 이산수학에 대한 문제 해결 전략은 주로 후진법이나 목표수단분석법이 보다 중요한 역할을 한다.

연속수학에서 적용하였던 문제해결의 방법이 이산수학에서 비효과적이지만 반면에 귀납적 추론, 특수한 경우로 환원하기 전략이 효과적으로 작동한다.

정신모델의 어려움

이산적 대상을 그림에 의하여 정신모델을 만든다는 것은 용이하지 않거나 부실한 정신모델을 만들며 이 점이 문제해결을 어렵게 한다. 사실 학생들이 문제를 해결할 때 그 상황에 필요한 그림이나 모형을 생각하지 않거나 생각을 해도 정확하지 않다.

18.2.2 오개념 분석

순열과 조합에 관련된 오개념

i) 순열의 3가지 경우를 구별하지 못한다.

ii) 조합의 2가지 경우를 구별하지 못한다.

iii) 곱의 법칙과 합의 법칙을 혼동하는 경향이 있다.

그래프 이론과 관련된 오개념

i) 그래프와 일반적인 도형의 그래프를 구별하지 못하고 있다.

ii) 평면그래프와 일반 그래프를 혼동하고 있다.

18.3 교육적 분석

18.3.1 교육과정 분석

교육목표 분석

이산수학은 이산현상을 다루기 위한 수학이다. 이 단원은 전통적으로 고전적 확률 개념의 연습 도구로서 순열과 조합을 다루었다. 한편 이산수학은 기초 지식이 필요하지 않다는 점에서 누구나 문제에 접근할 수 있다는 점이 수학적 사고의 학습 도구로서 매력적이다. 한편 기초 지식이 없어도 접근할 수 있다는 점은 교사에게도 불리한 점이 있다. 즉, 대부분의 문제는 기초 지식을 기반으로 접근하는데 이산수학은 그렇지 않기 때문에 수업 상황에서 학생들이 던지는 질문을 즉각적으로 답하는 것이 쉽지 않다는 점이다. 이 점이 이산수학의 지도를 어렵게 한다. 그 결과 7차 교육과정 수정안은 전통적인 순열, 조합 내용과 그래프 이론의 일부를 제외하고 모두 삭제되었다.

이산수학에서 특히 조합론은 기초지식을 요구하지 않아도 접근할 수 있는 영역이다. 이 점은 미적분학이 기초 지식을 요구하는 것과 대비된다. 따라서 조합론의 문제는 상향식 처리 또는 문제해결에서 후진법이나 수단목표분석법을 사용할 기회가 많다.

이산수학은 컴퓨터 과학을 위한 도구이기도 하다. 그러나 학교수학에서는 컴퓨터와 강하게 연결하지 않고 있다. 이 점은 컴퓨터 과학에서 이 과목을 기초과목으로 간주하는 것과 차이를 보이고 있다. 실제로 이산수학은 전통적인 증명보다 알고리듬을 발견하는 것이 중요한 부분이다. 따라서 주어진 문제를 항상 알고리듬과 관련지어 생각하는 것이 중요하다.

학습 내용 개요

교육내용은 대체적으로 다음과 같다.

주제	내용	주안점
순열 조합	기본적인 순열과 조합의 계산	경우의 수 개념으로 확률 개념과 연결함
그래프 이론	오일러 회로	오일러 공식에 의한 판별

이 단원에서 반드시 알고 있어야 할 명제는 다음과 같다.

i) 순열에 대한 공식.
ii) 조합에 대한 공식.

지식의 연결성

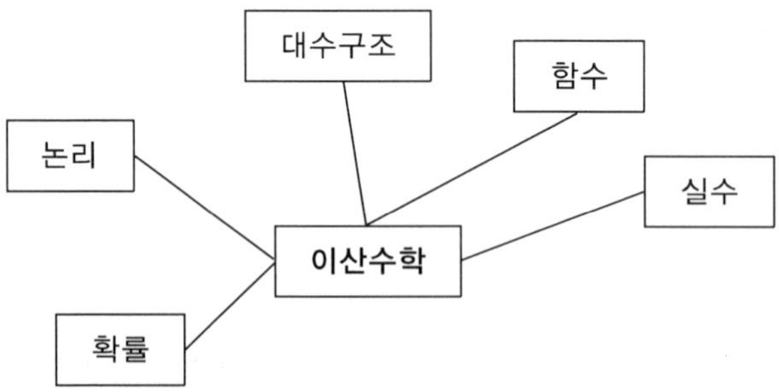

18.3.2 학습 주제 및 내용 분석

1. 기본 개념과 정의와 관련된 것.

   i) 순열과 조합. 순열과 조합은 이산적 확률을 다루기 위한 도구이다. 동시에 이 주제들은 단순히 셈을 하는 것 이상의 방법을 제기한다는 점에서 수학적 사고를 개발하는 중요한 도구이다.
   ii) 그래프를 도형으로 표상하는 것과 기호로 표상하는 것을 동시에 학습한다. 이때 기호적 표상은 인접행렬을 사용한다.

2. 성질과 관련된 것. 귀납적 접근을 강조하고 열거에 의한 방법과 수학적 방법의 차이를 확인한다.

   i) 조합을 기초로 한 초등 확률 계산.
   ii) 한 붓 그리기 문제.
   iii) 그래프와 인접행렬에 의한 표상.

18.4 교수학습 지도

18.4.1 학습 내용 지도

재귀 공식의 지도

재귀 공식을 유도할 경우에는 일반적인 상황에서의 변화를 관찰하는 것이 중요하다. 즉 n회의 상황에서 $n+1$회의 상황으로 전이될 때 어떤 변화가 일어나는가를 관찰해야 한다. 다음 예를 보자.

예 1. n명의 사람이 만나서 서로 한 번씩 악수를 할 때 총 악수의 횟수를 귀납적 방법으로 규칙 발견하기. 먼저 n회에 악수하는 총 횟수를 $h(n)$이라고 하자. 우선

$$h(1)=0,\ h(2)=1$$

이 성립한다. 여기서 한 사람이 더 등장하면 모두 그 사람과만 악수를 하면 된다. 따라서

$$h(n+1)=h(n)+n$$

이 성립한다.

이 경우는 정신모델이 확연하게 나타나는 경우이기 때문에 비교적 쉽게 답할 수 있다.

예 2. 평면을 평행하지 않은 직선으로 분할할 때 나타나는 영역의 개수에 대한 점화식을 계산해보자. n개의 직선으로 분할되는 영역의 개수를 $p(n)$이라고 하자. n개의 직선에서 직선이 한 개 더 많아지면 그 직선은 기존의 직선과 교차하면서 $n+1$개 더 많은 영역을 만들게 된다.

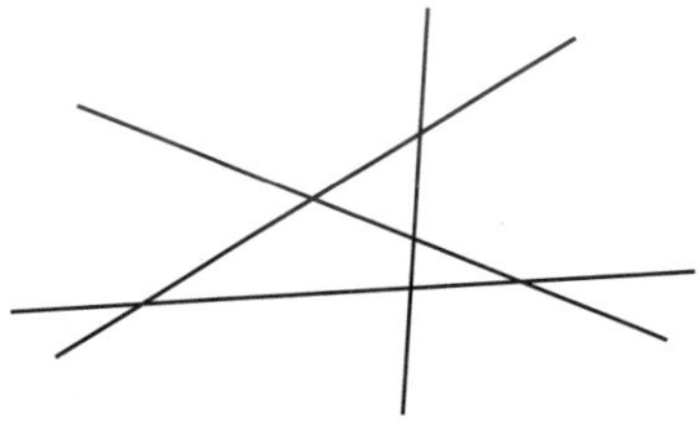

그러므로 구하는 점화식은

$$p(1)=2$$
$$p(n+1)=p(n)+n+1(n=1,\ 2,\ 3\cdots)$$

이 된다.

순열과 조합의 일반적인 지도

1. 현상학적 접근. 먼저 n개의 대상을 r개 선택하여 일렬로 배열하는 경우의 수를 다루는 문제를 생각해보자. 여기서 문제를 간단히 하기 위하여 $n=4$이고 $r=2$라고 둔다. 본체론적 분석에서 다룬 방법, 즉 순열을 어떤 조건을 만족하는 함수의 종류 문제로 간주해보자. 이때 바라는 표는 본체적 분석에서 제시된 것처럼 다음과 같이 주어진다.

$f(1)$	1	1	1	2	2	2	3	3	3	4	4	4
$f(2)$	2	3	4	1	3	4	1	2	4	1	2	2

그러나 이 표는 전체 경우의 수가 ${}_nP_r$ 임을 보이기에 쉽지 않다. 대신에 현상학적 분석에서 다룬 것과 같이 자리차지 게임으로 간주할 때 해당되는 표를 만들면 다음과 같다.

자리	첫째 자리	둘째 자리
경우의 수	4	3

이와 같이 주어진 문제의 설명과 증명은 현상학적 접근하는 것이 바람직하다. 다른 경우도 마찬가지로 현상학적 접근이 바람직하다.

그럼에도 불구하고 구체적인 문제가 제시되었을 때 그 문제가 위의 세 종류의 문제의 어느 것에 해당되는가를 확인하는 데 어려움을 가지고 있다. 이 난점을 해결하기 위하여 순열의 세 종류가 자리차지라는 개념으로 통합되어 있으면서 차이점을 가진다는 것을 활용한다. 즉 세가지 순열에 대한 사례를 가능한 한 많이 수집하고 동시에 각각의 사례가 이 세 종류의 어느 것에 해당되는가를 구별하는 과정을 제공한다. 이 방법은 비교와 대조의 기법으로서 문제를 표층적이 아니라 심층적으로 분류할 수 있게 하여 문제의 특성을 추출하고 이에 따라 세 가지 문제로 범주화할 수 있게 한다.

마지막으로 순열의 공식에 대한 증명은 본체적으로 접근하는 것이 아니라 현상학적으로 접근하고 있기 때문에 증명 자체가 실제 문제를 해결하는 것과 유사하다. 그러므로 증명을 반드시 하는 것이 좋다.

여기서 각각의 순열의 수는 $\dfrac{3!}{1!2!}$이고 $\dfrac{4!}{2!2!}$이므로 전체의 경우의 수는 $\dfrac{3!}{1!2!}\times\dfrac{4!}{2!2!}$이다.

2. 대상화 과정. 순열의 지도에서 중심 개념들은 n개 중에서 r개를 뽑아 일렬로 배열하는 경우의 수를 구하는 과정에서 나타난다. 다음과 같은 절차를 통하여 구체적 현상으로부터 추상적 구조를 파악하는 방식으로 나아간다. 다음 절차는 스파드의 대상화 이론에 근거한 지도 방법이다.

i) 내면화 단계. 구체적인 상황의 체험, 즉 정합하는 다양한 사례들을 경험한다. 다음 단계를 위하여 단계별로 수행하는 것이 바람직하다. 이를 위하여 먼저 다양한 예를 제시하는 것이 중요하다. 만약 단일 사례나 사례의 수가 부족할 경우는 다음 단계를 수행하기 어렵다.

ii) 응집화 단계. 다양한 사례를 경험하면서 모든 개별적 현상이 '주체－게임－순위'라는 과정으로 일관되게 유지됨을 경험한다. 동시에 이 단계는 어떤 종류의 순열인가를 변별할 수 있게 한다.

iii) 대상. 대상화는 '선택－배열'로 구조화 되며 주어진 문제와 공식을 정확하게 연결할 수 있게 한다.

예 1. 빨간 깃발 2개, 노란 깃발 3개를 세로로 나열하여 신호를 한다. 몇 가지 방법이 있는가?

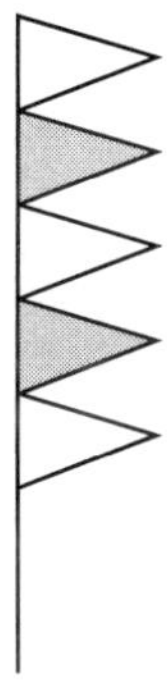

이 예에서 모든 깃발의 색이 다르다면 경우의 수는 $5!$가 되겠지만 빨간 깃발의 경우가 $2!$이고 노란 깃발의 배열의 수가 $3!$이므로 전체는 $\frac{5!}{2!3!}$이다.

예 2. 다음 그림과 같이 두 개의 막대에 회색과 흰색이 칠해져 있다. 각각의 막대는 그림과 같이 채색을 할 수 있다. 몇 가지 모양이 가능할까?

순열과 조합의 구체적인 지도 방법

스파드의 단계에 근거하여 지도하는 방법을 생각해보자. 내면화 단계로서 먼저 순열과 조합에 대한 사례를 가능한 한 많이 수집하여 학생들에게 제시한다. 학생들은 이 사례로부터 분류하고 특징에 의거하여 대상화한다.

i) 길이가 n인 이진법 수에 1이 r개인 경우의 수.
ii) 남학생이 17명이고 여학생이 13명인 학급이 있다. 여기서 환경 위원회를 만들기 위하여 남자 4명, 여자 3명을 선발하는 경우의 수.
iii) 30명의 선수 중에서 11명의 선수를 선발하는 경우의 수.
iv) 50명의 사람이 달리기를 하였다. 이중에서 1, 2, 3 등을 선발하는 경우의 수.
v) 집합 $\{a, b, c, d, e, f\}$에서 두 개의 원소로 이루어진 집합을 만드는 경우의 수.

이 단계가 성공적으로 진행된다면 다음 사례와 같이 응용의 경우도 다룰 수 있다.

i) 5명의 남자와 5명의 여자가 있다. 남자와 여자가 번갈아 서도록 하는 경우.
ii) $\{1, 2, 3, \cdots, 10\}$에서 4개를 선택하는데 반드시 홀수가 한 개 들어있는 경우.
iii) 5명의 남자와 5명의 여자가 있는데 여기서 4명을 선발하는데 남자와 여자가 반드시 한 명은 포함되는 경우.
iv) 6명의 남자와 10명의 여자가 있다. 여기서 4명의 위원회를 구성하는데 남자와 여자의 수가 같은 경우.

18.4.2 평가

1. 자연수에 대한 방정식 $x! + y! = z!$을 풀어라.

2. 조합적 방법으로 임의의 자연수 n에 대하여 $n^2 = 2\,{}_nC_2 + n$임을 보여라.

3. p는 소수이고 $1 \le k \le p-1$일 때 ${}_pC_k$는 p의 배수임을 보여라.

4. 가로와 세로의 길이가 각각 8, 6인 직사각형에 5개의 점이 들어 있다면 적어도 두 점의

거리는 5이하라는 것을 보여라.

5. 10개의 자연수의 합이 151이라면 이 중 세 수의 합은 적어도 46이다.

6. 하나의 집합은 두 개가 영역을 만들고 두 개의 집합은 5개의 영역을 만든다. n개의 집합은 몇 개의 영역을 만들까?

7. $(x^3 + \frac{1}{x})^{10}$을 전개할 때 x^7의 계수를 구하라.

18.4.3 연구 과제

교수 측면

1. 기본적인 순열을 전체적으로 비교할 수 있는 교수틀을 설계해보자.

2. 기본적인 조합을 전체적으로 비교할 수 있는 교수틀을 설계해보자.

3. 이 단원은 선수 학습 준비를 요구하지 않기 때문에 즉각적으로 배울 수 있다. 이에 대한 효과적인 교수설계를 논의하자.

4. 이 단원에서 시행착오에 의한 방법은 어떤 효과를 가질까?

5. 이 단원은 표 만들기, 열거하기, 귀납적 접근, 규칙성 찾기 등 다양한 전략을 가용할 수 있다. 관련 전략에 해당하는 전형적인 주제 또는 문제를 분류하고 이에 대한 교수적 접근 전략을 논의하자.

6. SOLO 평가를 구체화하기 위한 질의 문항을 개발하자.

학습 측면

1. 학생들이 어려워하는 부분을 논의해보고 효과적인 학습 방법을 생각해보자.

19. 확률

19.1 수학적 분석

19.1.1 역사적 분석

개관

확률론은 도박의 문제에서부터 시작되었다. 카르다노는 도박에 대한 안내서인 <우연의 게임에 관한 책>(Liber de Ludo Aleae)에서 조잡하지만 확률에 대한 것을 언급하고 있다. 그러나 확률론의 발단은 도박사인 드 메레(C. de Méré)가 파스칼에게 문의한 한 통의 편지에 담겨 있다. 그 편지의 내용은 어떤 내기를 하다가 갑자기 중단하게 되었는데 이때 상금을 합리적으로 배분하는 방법에 대한 문의였다. 이 문제는 이미 카르다노나 타르탈리아(N. Tartaglia, 1499~1557)도 알고 있었던 문제였지만 실질적인 해결책은 제시되지 않았다. 파스칼은 이 문제를 페르마와 상의하고 둘은 각자 다른 방법으로 해결하였는데 소개하면 다음과 같다. A라는 경기자와 B라는 경기자가 먼저 3승을 하면 이기는 게임이 있는데 A가 1승, B가 0승 한 후 어떤 문제가 생겨서 경기를 중단하게 되었다. 이 경우에 상금 배분을 어떻게 하면 합리적이라고 할 수 있는가? 이 문제에 대하여 두 사람은 모두 조합적 방법으로 접근하고 있다. 먼저 이 문제에 대한 페르마의 방법을 보자. 그의 해법은 이후에 경기가 계속된다고 하고 모든 경우를 다루었다. A가 이길 경우를 a, B가 이길 경우를 b라고 하면 4회 더 시행하면 게임은 종료되기 때문에 이 모든 경우는 다음 표와 같이 된다.

$aaaa$	$aaab$	$aaba$	$aabb$
$abaa$	$abab$	$abba$	$abbb$
$baaa$	$baab$	$baba$	$babb$
$bbaa$	$bbab$	$bbba$	$bbbb$

여기서 a가 두 개 이상 있는 경우는 A가 이기는 경우이고 b가 세 개 이상 있는 경우는 B가 이기는 경우인데 a가 두 개 이상 있는 경우는 모두 11가지이고 b가 세 개 이상 있는

경우는 모두 5가지이다. 그러므로 상금은 A와 B가 11대 5로 분배하는 것이 타당하다.

파스칼은 그의 '산술 삼각형'(arithmetical triangle)[132]을 이용하여 이 문제를 해결했다. 이 표에 의하면 A가 이길 경우는 a가 2회 이상 나타나는 경우이므로 a_{40}, a_{31}, a_{22}의 경우이고 그 경우의 수의 합은 11이다. 한편 B가 이길 경우는 b가 3회 이상 나타나는 경우로서 a_{13}, a_{04}의 경우인데 이 경우의 합은 5이다. 그러므로 이 결과는 페르마의 것과 일치한다.

1 1 1 1 1 1 1...
1 2 3 4 5 6 ...
1 3 6 10 ....
1 4 10 ....
1 5 ....
1 ....

그후 호이겐스(C. Huygens, 1625~1695)는 이 문제에 자극을 받아 주사위 놀이에 대한 논문을 썼는데 여기서 기댓값 개념이 나타난다. 그러나 호이겐스의 논문은 너무 간단하고 내용이 별로 없었기 때문에 확률론에 대한 체계적인 저술을 남긴 최초의 인물은 베르누이로 간주된다. 베르누이의 저서 <추측술>(Ars Conjectandi, 1713)은 모두 4부로 구성되어 있는데 제2부에서 이항정리와 다항정리에 대한 결과들을 담고 있고 수학적 귀납법으로 증명하고 있다. 또 제3부와 제4부에서 독립시행의 확률 문제를 다루고 있으며 제4부의 마지막 부분에는 대수의 법칙에 대해서 논하고 있다. 확률론의 역사에서 베르누이 이전에는 확률이 추론의 도구로 사용되지는 않았다는 점에서 확률 개념은 베르누이를 분기점으로 궤를 달리하고 있다고 볼 수 있다.

이어 확률론은 동시대의 드무아브르에 의하여 보다 견고하게 발전하였다. 드무아브르는 정규분포 곡선을 최초로 다루었는데 이것을 확률분포로 간주하지 않고 다만 $(a+b)^n$의 급수 전개와 관련시켰다. 현재 스털링(Stirling) 공식이라고 부르는 계승에 대한 근사식

$$n! \approx \sqrt{2\pi n}\, e^{-n} n^n$$

도 그의 발견이다.

18세기 후반의 확률론에 대한 최대의 연구자는 라플라스이다. 그는 <확률의 해석적 이론> (Théorie Analytique des Probabilités)을 1812년에 출판하였는데 이것은 고전 확률론의 기념비적 저서이다. 이 책은 전체가 2부작으로 되어 있고 2부는 확률론의 일반 이론을 기술하고 있는데 먼저 일반 확률론이 소개되어 있다. 현재 학교수학에서 사용하는 수학적 확률 개념도 여기서 나타나며 확률의 덧셈 법칙과 곱셈 법칙이 소개되어 있고 이것을 이용하여

132) 이것을 현재 '파스칼의 삼각형'이라고 부른다.

여러 가지 확률 계산을 하고 있다. 이어 중심극한정리와 수리 통계학으로 구성되어 있다. 라플라스는 확률론을 통계적 자료에 연결함으로써 확률을 우연의 게임에 대한 기댓값을 위한 계산 도구에서 추론을 위한 도구로 사용할 수 있게 하는 초석을 마련하였으며 확률론적 기법을 통하여 통계학은 자연과학의 연구 도구에서 사회과학의 연구 도구로 확장되기 시작하였다. 그러나 라플라스가 확률론에 지대한 업적을 세웠음에도 불구하고 그는 결정론자였으며 뉴턴 역학의 충실한 신봉자였다. 그는 우연 현상이란 결정론적 세계의 예외적이고 사소한 현상으로 간주하였다.

또 이 책에는 소위 뷔퐁(G. Buffon, 1707~1788)의 바늘 문제라는 것에 대한 해법이 소개되어 있다. 그는 원래의 문제를 약간 확장해서 다음과 같은 문제를 풀었다. 평행선의 간격을 각각 a와 b로 하는 격자선을 긋고 이 두 수보다 작은 길이 l을 가진 바늘을 무작위로 이 격자선 위에 던질 때 바늘이 격자선과 물릴 확률은 얼마인가? 이 확률은

$$\frac{2l(a+b)-l^2}{\pi ab}$$

로 주어진다.

확률 개념은 마지막으로 콜모고로프(A. Kolmogorov, 1903~1987)에 의하여 공리적으로 정식화되었다. 그는 확률 개념이 측도의 개념과 유사성을 가진다는 점을 파악하고 측도론의 공리를 확률론의 공리로 사용하였다. 현재 이 공리는 확률론의 표준 이론으로 정립되어 있다.

확률론 개념의 발달의 구분

확률론의 발달은 다음과 같이 구분할 수 있다.

i) 암묵적 확률 개념.
ii) 명시적 확률 개념.
iii) 고전적 확률 개념.
iv) 형식적 확률 개념.

암묵적 확률 개념은 개인 또는 주관적으로 확률을 사용하던 시기이다. 사람들은 항상 우연성에 기초를 둔 추측을 한다. 우기에는 다른 시기보다 비가 더 많이 온다는 경험을 가진 사람은 우기가 되면 내일 비 올 확률을 건기 때보다 더 높게 추측하는 것은 확률적 판단이다. 사람들이 자발적으로 확률 판단을 한다는 사실은 이미 트버스키(A. Tversky, 1937~1996)와 카너먼(D. Kahneman, 1934~)에 의하여 연구되었다. 이러한 확률 개념은 확률을 수

량화하지 않고 단지 크다, 작다 등으로 모호하게 진술한다는 것과 경험에 기초하여 체화되어 있다는 점이다.

명시적 확률 개념은 우연성이 최초로 수학적 대상이 된 시점을 말한다. 근대에 이르러 도박이나 게임에서 승부에 대한 수학적 연구가 이에 해당된다. 이 개념의 특징은 가능성을 분석하고 이에 대한 확률 현상을 계량화했다는 점이다.

고전적 확률 개념은 라플라스에 이르러 확률 개념이 정식화되었던 시점을 말한다. 고전적 확률 개념의 특징은 암묵적 확률 개념과 명시적 확률 개념을 통합하였다. 이 개념의 통합에는 귀납추론을 정당화해줄 수 있는 자연의 일양성과 기계론적 세계관이 깔려 있었다. 한편 이 시기에 확립된 세계관의 하나가 라플라스에 의하여 제안된 결정론인데 우연 현상은 결정론과 양립할 수 없는 것처럼 보인다. 그러나 예측가능성과 결정적이라는 개념은 모순된 개념은 아니다. 혼돈 현상은 결정적이지만 예측불가능하기 때문이다.

마지막으로 형식주의 사상이 모든 수학에 침투되면서 확률론도 예외는 아니었다. 콜모고로프에 의한 공리적 확률론은 측도론에 기반을 두고 있다.

19.1.2 본체적 분석

확률 개념의 수학적 정의

정의. Σ를 집합 Ω 위의 $\sigma-$대수($\sigma-$algebra)라고 하자. 즉 집합 Ω의 어떤 부분집합들의 집합족 Σ는 다음 조건을 만족한다.

i) $\phi \in \Sigma$, $\Omega \in \Sigma$.

ii) 임의의 자연수 n에 대하여 $E_n \in \Sigma$이면 $\cup_{n=1}^{\infty} E_n \in \Sigma$이다.

iii) $E \in \Sigma$이면 $E^c \in \Sigma$이다.

여기서 Ω를 표본공간이라고 하고 Σ의 원소들을 사건(event)이라고 한다. 특히 사건 E에 대하여 E^c을 E의 여사건이라고 한다.

예 1. 동전을 던졌을 때 앞면을 H, 뒷면을 T이라고 하면, 두 개의 동전을 던졌을 때 나오는 눈은 HH, HT, TH, TT가 된다. 그러므로 두 개의 동전을 던졌을 때 나오는 눈의 표본공간은 $\{HH, HT, TH, TT\}$이다.

예 2. 1, 2, 3의 이름을 가진 세 사람이 자신의 소지품을 한 개씩 통 속에 넣고 무작위로 추출한다. 편의상 각자의 소지품의 이름도 1, 2, 3이라고 하자. 여기서 각각의 사람

$j=1,\ 2,\ 3$가 소지품 a_j를 추출한 결과를 $(a_1,\ a_2,\ a_3)$로 나타낸다면 표본공간 Ω는

$$\Omega = (1,\ 2,\ 3),\ (1,\ 3,\ 2),\ (2,\ 1,\ 3),\ (2,\ 3,\ 1),\ (3,\ 1,\ 2),\ (3,\ 2,\ 1)$$

이다. 여기서 j가 자신의 소지품을 추출할 사건을 A_j라고 하면

$$\begin{aligned} A_1 &= (1,\ 2,\ 3),\ (1,\ 3,\ 2) \\ A_2 &= (1,\ 2,\ 3),\ (3,\ 2,\ 1) \\ A_3 &= \{(1,\ 2,\ 3),\ (2,\ 1,\ 3)\} \end{aligned}$$

이다. 또 $A_i \cap A_j$는 i와 j가 자신의 소지품을 추출하는 사건으로서

$$A_1 \cap A_2 = A_2 \cap A_3 = A_1 \cap A_3 = A_1 \cap A_2 \cap A_3 = \{(1,\ 2,\ 3)\}$$

이다.

정의. 함수 $P : \Sigma \to [0,\ 1]$가 다음 조건을 만족한다고 하자.

i) $P(\Omega) = 1$.

ii) $i \neq j$일 때 $E_i \cap E_j = \phi$를 만족하는 사건들의 집합 $\{E_n : n \in \boldsymbol{N}\}$에 대하여

$$P(\cup_{n=1}^{\infty} E_n) = \sum_{n=1}^{\infty} P(E_n)$$

이다.

이때 P를 확률이라고 하고 $(\Omega,\ \Sigma,\ P)$를 확률공간이라고 한다. 여기서 두 사건 A와 B에 대하여 $A \cap B = \phi$일 때 두 사건을 서로 배반이라고 한다.

예 3. $\Omega = \{1,\ 2,\ 3,\ 4\}$, $\Sigma = \phi,\ \Omega,\ 1,\ 2,\ 3,\ 4$, $P(\{1,\ 2\}) = \dfrac{1}{3}$, $P(\{3,\ 4\}) = \dfrac{2}{3}$이라고 하면 $(\Omega,\ \Sigma,\ P)$는 확률공간이다.

예 4. $\Omega = \boldsymbol{N}$, $\Sigma = 2^{\boldsymbol{N}}$, $P(\{n\}) = \dfrac{6}{\pi^2 n^2}$이라면 $\displaystyle\sum_{n=1}^{\infty} \frac{1}{n^2} = \frac{\pi^2}{6}$이므로 $(\Omega,\ \Sigma,\ P)$는 확률공간이다.

예 5. 항아리에 흰 돌 2개와 검은 돌 1개가 들어있다. 여기서 도로 넣지 않고 차례로 2개의 돌을 뽑을 때 모두 흰 돌이 나올 확률을 구해보자. 각 $j=1,\ 2$에 대하여 A_j를 j번 째 흰 돌을 뽑을 사건이라고 하면

$$P(A_1 \cap A_2)$$

을 계산을 구하는 것이 된다. 여기서 흰 돌을 1, 2라고 하고 검은 돌을 3이라고 하면 표본공간 Ω는

$$\Omega = (1,\ 2),\ (2,\ 1),\ (2,\ 3),\ (3,\ 2),\ (1,\ 3),\ (3,\ 1)$$

이고

$$A_1 = \{(1,\ 2),\ (1,\ 3),\ (2,\ 1),\ (2,\ 3)\}$$
$$A_2 = \{(1,\ 2),\ (2,\ 1),\ (3,\ 1),\ (3,\ 2)\}$$

이다. 따라서 $A_1 \cap A_2 = \{(1,\ 2),\ (2,\ 1)\}$이므로 $P(A_1 \cap A_2) = \frac{1}{3}$이다.

여기서 도로 넣는 경우는 어떻게 될까? 도로 넣는 경우의 표본공간을 Ω'라고 하고 각 $j = 1,2$에 대하여 A_j'를 j번 째 흰 돌을 뽑을 사건이라고 하면

$$\Omega' = \{(1,\ 1),\ (1,\ 2),\ (2,\ 1),\ (2,\ 2),\ (2,\ 3),\ (3,\ 2),\ (3,\ 3),\ (1,\ 3),\ (3,\ 1)\}$$

이고

$$A_1' = \{(1,\ 1),\ (1,\ 2),\ (1,\ 3),\ (2,\ 1),\ (2,\ 2),\ (2,\ 3)\}$$
$$A_2' = \{(1,\ 1),\ (1,\ 2),\ (2,\ 1),\ (2,\ 2),\ (3,\ 1),\ (3,\ 2)\}$$

이다. 따라서 $A_1' \cap A_2' = \{(1,\ 1),\ (1,\ 2),\ (2,\ 1),\ (2,\ 2)\}$이므로 $P(A_1' \cap A_2') = \frac{4}{9}$이다.

조건부확률

일단 표본공간과 사건이 주어지면 필요한 확률을 계산해야 한다. 이때 기본적으로 $A \cap B$의 확률을 구하는 것이 핵심이다. 다음 정리들은 $A \cap B$의 확률을 구하기 위한 지식들이다.

정의. 주어진 확률공간 $(\Omega,\ \Sigma,\ P)$에 대해서 E가 사건이라고 하고 $P(E) > 0$이라고 하자. 이런 상황에서 사건들의 집합 $\Sigma_E = \{A \cap E : A \in \Sigma\}$를 생각할 수 있다. 여기서

$$P_E(A \cap E) = \frac{P(A \cap E)}{P(E)}$$

으로 정의하면 $(E,\ \Sigma_E,\ P_E)$는 확률에 대한 공리를 모두 만족한다. 이 경우에 보통 $P_E(A \cap E)$를 $P(A|E)$라고 나타낸다. 즉

$$(1) \qquad P(A|E) = \frac{P(A \cap E)}{P(E)}$$

으로 정의한다. 이것을 조건부확률이라고 한다.

예 1. $\Omega = \{1,\ 2,\ 3,\ 4\}, \Sigma = \{\phi,\ \Omega,\ \{1,\ 2\},\ \{1,\ 2,\ 3\},\ \{4\},\ \{3,\ 4\},\ \{1,\ 2,\ 4\},\ \{3\}\}$, $E = \{1,\ 2,\ 3\}$라고 하고 각각의 사건 $A \in \Sigma$에 대하여 다음과 같이 확률을 지정하자.

$$P(\{3\}) = P(\{4\}) = \frac{1}{4},\ P(\{1,\ 2\}) = P(\{3,\ 4\}) = \frac{1}{2}$$

이렇게 두면 나머지 사건들의 확률은 가법성에 의하여 자동적으로 주어진다. 이때 확률공간 $(E,\ \Sigma_E,\ P_E)$는 다음과 같이 주어진다.

$$\Sigma_E = \{\phi,\ E,\ \{1,\ 2\},\ \{3\}\}$$

$$P(\{1,\ 2\}|E) = P_E(\{1,\ 2\}) = \frac{P(\{1,\ 2\} \cap E)}{P(E)} = \frac{P(\{1,\ 2\})}{P(\{1,\ 2,\ 3\})} = \frac{2}{3}$$

$$P(\{3\}|E) = P_E(\{3\}) = \frac{P(\{3\} \cap E)}{P(E)} = \frac{P(\{3\})}{P(E)} = \frac{1}{3}$$

다음 정리 1은 조건부 확률을 구할 수 있을 때 교사건의 확률을 계산하는 방법이다.

정리 1. $P(A_1 \cap \cdots \cap A_{n-1}) > 0$일 때

$$(1) \quad P(A_1 \cap \cdots \cap A_n) = P(A_1)P(A_2|A_1)P(A_3|A_1 \cap A_2) \cdots P(A_n|A_1 \cap \cdots \cap A_{n-1})$$

가 성립한다.

증명. $n = 2$일 때는 정의에 의하여 성립한다. 주어진 등식이 $n-1$에서 성립한다고 하면 귀납의 가정에 의하여

$$\begin{aligned} P(A_1 \cap \cdots A_{n-1} \cap A_n) &= P(A_1 \cap \cdots \cap A_{n-1})P(A_n|A_1 \cap \cdots \cap A_{n-1}) \\ &= P(A_1)P(A_2|A_1)P(A_3|A_1 \cap A_2) \cdots P(A_n|A_1 \cap \cdots \cap A_{n-1}) \end{aligned}$$

가 성립한다. 그러므로 모든 자연수 n에 대하여 위의 식 (1)이 성립한다. ■

예 2. 항아리에 흰 돌 2개와 검은 돌 2개가 들어있다. 여기서 도로 넣지 않고 차례로 2

개의 돌을 뽑을 때 모두 흰 돌이 나올 확률을 구해보자. 각 $j=1, 2$에 대하여 A_j를 j번째 흰 돌을 뽑을 사건이라고 하면

$$P(A_1 \cap A_2)$$

을 계산을 구하는 것이 된다. 여기서 흰 돌을 1, 2라고 하고 검은 돌을 3, 4라고 하면 표본공간 Ω는

$$\Omega = \{(1, 2), (1, 3), (1, 4), (2, 1), (2, 3), (2, 4), (3, 1), (3, 2), (3, 4), (4, 1), (4, 2), (4, 3)\}$$

이고

$$A_1 = \{(1, 2), (1, 3), (1, 4), (2, 1), (2, 3), (2, 4)\}$$
$$A_2 = \{(1, 2), (2, 1), (3, 1), (3, 2), (4, 1), (4, 2)\}$$

이다. 따라서 $P(A_1 \cap A_2) = P(A_1)P(A_2|A_1) = \frac{6}{12} \cdot \frac{2}{6} = \frac{1}{6}$이다.

베이즈(Bayes) 정리

어떤 원인에 의하여 결과가 필연적으로 나타난다는 것을 인과율이라고 한다. 실제 문제에 이르면 하나의 사건이 발생했을 때 이 사건을 초래한 다양한 원인에 관심을 갖게 되고 그 다양한 가설적 원인이 실제 원인일 가능성이 있는가를 판단할 필요가 있다. 베이즈 정리는 이 물음에 대하여 확률적인 답을 제공한다.

정리. (베이즈) 어떤 사건들의 집합 $E_1, E_2, \cdots, E_n$이 표본공간 Ω의 분할이라고 하자. 즉 임의의 $j=1, 2, \cdots, n$에 대하여 $E_j \in \Sigma$, $i \neq j$일 때 $E_i \cap E_j = \phi$이며 $\Omega = \bigcup_{j=1}^{n} E_j$이다. 이때 $P(A) > 0$가 되는 임의의 사건 A에 대하여

$$P(E_j|A) = \frac{P(A|E_j)P(E_j)}{P(A|E_1)P(E_1) + P(A|E_2)P(E_2) + \cdots + P(A|E_n)P(E_n)}$$

가 성립한다.

증명. 임의의 i, j에 대하여 $i \neq j$이면 $E_i \cap E_j = \phi$이므로

$$\begin{aligned} P(A) &= P(A \cap E_1) + \cdots + P(A \cap E_n) \\ &= P(A|E_1)P(E_1) + P(A|E_2)P(E_2) + \cdots + P(A|E_n)P(E_n) \end{aligned}$$

가 성립하므로 정리의 결론의 우변은 $P(E_j|A)$이다. ■

베이즈 정리에서 E_j는 원인이고 A는 결론이다. 따라서 $P(E_j|A)$는 A라는 사건이 일어났을 때 E_j가 원인일 확률이다. 여기서 E_1, E_2, $\cdots$, E_n를 가설이라고 하고 $P(E_j)$를 E_j의 사전확률, $P(E_j|A)$를 사건 A가 발생했을 때 E_j의 사후확률이라고 한다.

베이즈 정리를 도식화 하면 다음과 같다.

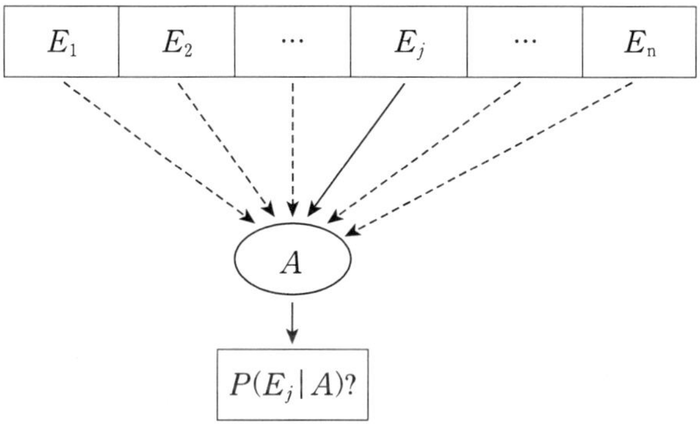

예 1. 3개의 생산 라인 A, B, C가 있는데 각 라인의 생산 비율은 30%, 50%, 20%이고 각 라인에서 불량률은 각각 1%, 1%, 2%이다. 이 공장에서 하나의 불량품이 나왔을 때 그 불량품은 어느 라인에서 나왔을까? 그 확률을 구해보자. 여기서 불량품이 생산될 사건을 T라고 하면

$$P(A)=0.3,\ P(B)=0.5,\ P(C)=0.2$$

이고

$$P(T|A)=0.01,\ P(T|B)=0.01,\ P(T|C)=0.02$$

가 된다. 그러므로 베이즈 정리에 의하여

$$\begin{aligned} P(A|T) &= \frac{P(T|A)P(A)}{P(T|A)P(A)+P(T|B)P(B)+P(T|C)P(C)} \\ &= \frac{0.01\times0.3}{0.01\times0.3+0.01\times0.5+0.02\times0.2} \\ &= \frac{3}{12} \end{aligned}$$

$$\begin{aligned} P(B|T) &= \frac{P(T|B)P(B)}{P(T|A)P(A)+P(T|B)P(B)+P(T|C)P(C)} \\ &= \frac{0.01\times0.5}{0.01\times0.3+0.01\times0.5+0.02\times0.2} \\ &= \frac{5}{12} \end{aligned}$$

$$P(C|T) = \frac{P(T|C)P(C)}{P(T|A)P(A)+P(T|B)P(B)+P(T|C)P(C)}$$
$$= \frac{0.02 \times 0.2}{0.01 \times 0.3 + 0.01 \times 0.5 + 0.02 \times 0.2}$$
$$= \frac{4}{12}$$

가 된다.

예 2. 폐결핵에 걸릴 확률은 10% 정도이다. 그런데 X선 검사에 의하면 폐결핵에 걸린 사람이 양성 반응을 나타낼 확률은 97%이고 걸리지 않은 사람이 양성 반응을 나타낼 확률은 2%이다. 어떤 사람이 X선 검사에서 양성 반응을 나타냈을 때 폐결핵이 맞을 확률은 얼마인가?

폐결핵에 걸릴 사건을 T, 걸린 사람이 양성 반응을 나타내는 사건을 $+|T$, 은 걸리지 않은 사람이 양성 반응을 나타내는 사건을 $+|C$이라고 하자. 여기서 $T|+$를 양성 반응일 때 걸렸을 사건이라고 하면 $P(T)=0.1$, $P(+|T)=0.97$, $P(+|C)=0.02$이므로 베이즈 정리에 의하여

$$P(T|+) = \frac{P(+|T)P(T)}{P(+|T)P(T)+P(+|C)P(C)}$$
$$= \frac{0.97 \times 0.1}{0.97 \times 0.1 + 0.02 \times 0.9}$$
$$\approx 0.84$$

이다.

여기서 만약 이 검사법이 매우 정교하여 걸린 사람이 양성 반응을 나타낼 확률은 100%이고 걸리지 않는 사람이 양성 반응을 나타낼 확률은 0%라면 $P(T|+)=1$이다. 즉 검사법이 완벽하게 작동할 때는 검사법을 전적으로 믿어도 좋다.

마지막으로 이 검사법이 신통찮아서 걸린 사람이 양성 반응을 나타낼 확률은 50%이고 걸리지 않는 사람이 양성 반응을 나타낼 확률은 30%라면 $P(T)=0.1$, $P(+|T)=0.5$, $P(+|C)=0.3$이므로 베이즈 정리에 의하여

$$P(T|+) = \frac{P(+|T)P(T)}{P(+|T)P(T)+P(+|C)P(C)}$$
$$= \frac{0.5 \times 0.1}{0.5 \times 0.1 + 0.3 \times 0.9}$$
$$\approx 0.15$$

이다. 이와 같이 검사법이 원천적으로 불량일 경우에는 신뢰도도 역시 높지 않음을 알

수 있다.

독립사건

정의. A_1, A_2, $\cdots$, A_n을 어떤 사건들의 집합이라고 하자. 이때 이 집합의 임의의 부분집합 A_{n_1}, A_{n_2}, $\cdots$, A_{n_j}에 대하여

$$P(A_{n_1} \cap A_{n_2} \cap \cdots \cap A_{n_j}) = P(A_{n_1})P(A_{n_2}) \cdots P(A_{n_j})$$

을 만족할 때 A_1, A_2, $\cdots$, A_n를 독립이라고 한다.

예 1. (복원추출) 주머니 안에 3개의 구슬이 있다. 여기서 2개의 구슬을 추출하는데 먼저 하나를 추출한 후 도로 넣고 다시 하나를 추출한다. 먼저 추출했을 때 1 또는 2가 나타날 사건을 S_1이라고 하고 나중에 추출했을 때 1 또는 2가 나타날 사건을 S_2라고 하자. 이때 표본공간 Ω_S는

$$\Omega_S = (1,\ 1),\ (1,\ 2),\ (1,\ 3),\ (2,\ 1),\ (2,\ 2),\ (2,\ 3),\ (3,\ 1),\ (3,\ 2),\ (3,\ 3)$$

으로 주어진다. 한편

$$S_1 = (1,\ 1),\ (1,\ 2),\ (1,\ 3),\ (2,\ 1),\ (2,\ 2),\ (2,\ 3)$$
$$S_2 = (1,\ 1),\ (2,\ 1),\ (3,\ 1),\ (1,\ 2),\ (2,\ 2),\ (3,\ 2)$$
$$S_1 \cap S_2 = (1,\ 1),\ (1,\ 2),\ (2,\ 1),\ (2,\ 2)$$

이다. 여기서

$$P(S_1 \cap S_2) = \frac{4}{9},\ P(S_1) = \frac{2}{3} = P(S_2)$$

이므로 $P(S_1 \cap S_2) = P(S_1)P(S_2)$가 된다. 그러므로 S_1과 S_2는 독립사건이다.

예 2. (비복원추출) 주머니 안에 3개의 구슬이 있다. 여기서 2개의 구슬을 추출하는데 먼저 하나를 추출한 후 도로 넣지 않고 다시 하나를 추출한다. 먼저 추출했을 때 1 또는 2가 나타날 사건을 T_1이라고 하고 나중에 추출했을 때 1 또는 2가 나타날 사건을 T_2라고 하자. 이때 표본공간 Ω_T는

$$\Omega_T = (1,\ 2),\ (1,\ 3),\ (2,\ 1),\ (2,\ 3),\ (3,\ 1),\ (3,\ 2)$$

으로 주어진다. 한편

$$T_1 = (1,\ 2),\ (1,\ 3),\ (2,\ 1),\ (2,\ 3)$$

$$T_2 = (2,\ 1),\ (3,\ 1),\ (1,\ 2),\ (3,\ 2)$$
$$T_1 \cap T_2 = (1,\ 2),\ (2,\ 1)$$

이다. 여기서

$$P(T_1 \cap T_2) = \frac{1}{3},\ P(T_1) = \frac{2}{3} = P(T_2)$$

이므로 $P(T_1 \cap T_2) \neq P(T_1)P(T_2)$가 된다. 그러므로 T_1과 T_2는 독립사건이 아니다.

정리. $P(E) > 0$일 때 $P(A|E) = P(A)$이면 A와 E는 독립이다.

증명. 정의에 의하여 자명하다. ■

예 3. 주머니에 3개의 흰 공과 2개의 검은 공이 들어 있다. 여기서 복원추출을 하였을 때 처음에 흰 공이 나왔을 때 두 번째 검은 공이 나올 확률을 구해보자. 여기서 W를 처음에 흰 공이 나올 사건이고 B를 두 번째 검은 공이 나올 사건이라고 하면 $P(B|W) = \frac{2}{5}$이다. 한편 $P(B) = \frac{2}{5}$이므로 B와 W는 독립이다.

확률변수

정의. 주어진 확률공간 $(\Omega,\ \Sigma,\ P)$에 대하여 함수 $X : \Omega \to [-\infty,\ \infty]$가 임의의 $a,\ b \in [-\infty,\ \infty]$에 대하여 $X^{-1}(a,\ b) \in \Sigma$를 만족할 때 X를 확률변수라고 한다. 여기서 집합 $\{\omega \in \Omega : a < X(\omega) < b\}$은 $\{a < X < b\}$로 표기한다.

예 1. $\Omega = \{1,\ 2,\ 3,\ 4,\ 5,\ 6\}$, $\Sigma = 2^{\Omega}$이다. 이때 함수 $X : \Omega \to \boldsymbol{R}$가 $X(n) = \frac{1}{n}$으로 주어졌다면 이것은 확률변수이다.

예 2. $\Omega = \{1,\ 2,\ 3,\ 4,\ 5,\ 6\}$, $\Sigma = \{\phi,\ \Omega,\ \{1,\ 2\},\ \{3,\ 4\},\ \{5,\ 6\},\ \{1,\ 2,\ 3,\ 4\},\ \{1,\ 2,\ 5,\ 6\},\ \{3,\ 4,\ 5,\ 6\}\}$라고 하자. 이때 $X(1) = 2$, $X(2) = 2$, $X(3) = 4$, $X(4) = 4$, $X(5) = 3$, $X(6) = 3$이라고 정의하면 이것은 확률변수이다.

예 3. $\Omega = \{1,\ 2,\ 3,\ 4,\ 5,\ 6\}$, $\Sigma = \{\phi,\ \Omega,\ \{1,\ 2\},\ \{3,\ 4\},\ \{5,\ 6\},\ \{1,\ 2,\ 3,\ 4\},\ \{1,\ 2,\ 5,\ 6\},\ \{3,\ 4,\ 5,\ 6\}\}$라고 하자. 이때 $X(1) = 1$, $X(2) = 2$, $X(3) = 4$, $X(4) = 4$, $X(5) = 3$, $X(6) = 3$이라고 정의하면 이것은 확률변수가 될 수 없다. 그 이유는

$X^{-1}(1) = \{1\}$인데 여기서 $\{1\} \not\in \Sigma$이기 때문이다.

분포함수

정의. 확률공간 (Ω, Σ, P)에서 주어진 확률변수 X는 새로운 확률공간 $(\boldsymbol{R}, B(\boldsymbol{R}), P_X)$을 생성한다. 여기서 $B(\boldsymbol{R})$은 $\boldsymbol{R}$의 보렐 대수이고 임의의 보렐 집합 B에 대하여

$$P_X(B) = P\{\omega \in \Omega : X(\omega) \in B\}$$

로 정의되어 있다. 여기서 P_X를 X의 분포확률이라고 한다.

이와 같이 하나의 확률변수 X가 주어지면 자동적으로 확률공간 $(\boldsymbol{R}, B(\boldsymbol{R}), P_X)$이 생성되므로 $P_X((-\infty, t])$를 여전히 $P(X \le t)$로 표기해도 혼란스러울 것은 없다. 그러므로 혼동할 이유가 없는 한 $P_X((-\infty, t])$를 여전히 $P(X \le t)$로 표기한다.

정의. 확률변수 X가 주어져 있을 때 임의의 $t \in \boldsymbol{R}$에 대하여

$$F(t) = P(X \le t)$$

를 X의 분포함수라고 한다.

정리 1. 확률변수 X의 분포함수 F는 다음 성질을 가진다.

i) 임의의 $t \in \boldsymbol{R}$에 대하여 $0 \le F(t) \le 1$
ii) F는 증가함수이다.
iii) $\lim_{t \to -\infty} F(t) = 0$, $\lim_{t \to \infty} F(t) = 1$

증명. 확률의 성질로부터 자명하다. ■

정리 2. 분포함수는 다음 성질을 만족한다.

i) $a < b$에 대하여 $P(a < X < b) = F(b) - F(a) - P(X = b)$
ii) $a < b$에 대하여 $P(a < X \le b) = F(b) - F(a)$
iii) $a < b$에 대하여 $P(a \le X < b) = F(b) - F(a) + P(X = a) - P(X = b)$
iv) $a < b$에 대하여 $P(a \le X \le b) = F(b) - F(a) + P(X = a)$

증명. 확률의 성질로부터 자명하다. ■

정리 3. 분포함수 F는 다음 조건을 만족한다.

i) F는 우방연속이다. 즉, $\lim_{t \to a+} F(t) = F(a)$을 만족한다.

ii) $\lim_{t \to a-} F(t) = F(a) - P(X = a)$

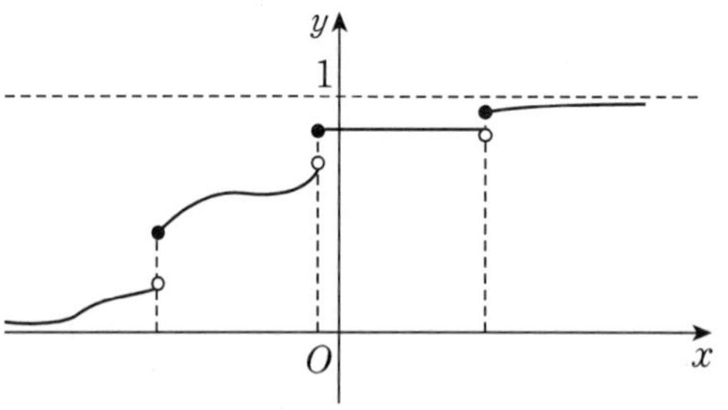

증명. 정리 2의 i)에 의하면 F는 다음 조건을 만족한다. $a < t$일 때

(1) $$F(t) = F(a) + P(a < X \le t)$$

따라서 (1)의 양변에 우방극한 $\lim_{t \to a+}$를 취하면 확률의 단조수렴정리에 의하여

(2) $$\lim_{t \to a+} F(t) = F(a) + \lim_{t \to a+} P(a < X \le t)$$

이고

(3) $$\lim_{t \to a+} P(a < X \le t) = \lim_{n \to \infty +} P\left(a < X \le a + \frac{1}{n}\right) = 0$$

이다.

ii)를 보이기 위하여 (1)의 양변에 좌방극한 $\lim_{t \to a-}$을 취하면

$$\lim_{t \to a-} F(t) = F(a) - P(X = a)$$

이다. ■

예 1. 함수

$$F(x)=\begin{cases}0,\ x<0\\ \dfrac{1}{2},\ 0\le x<1\\ 1,\ x\ge 1\end{cases}$$

는 어떤 확률변수 X의 분포함수이다. 여기서 $P(X=0)=\dfrac{1}{2}$, $P(X=1)=\dfrac{1}{2}$, 그리고 그 외의 경우 c에 대한 $P(X=c)=0$이다.

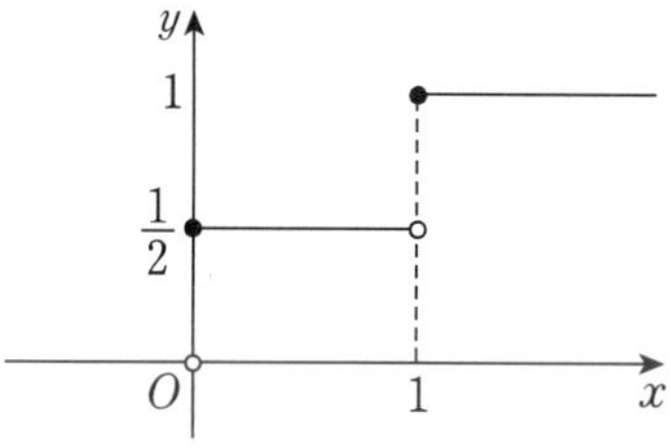

예 2. $F(x)=\begin{cases}0,\ x<0\\ \dfrac{1}{2},\ 0\le x\le 1\\ 1,\ x>1\end{cases}$은 $x=1$에서 우방연속이 아니므로 분포함수가 아니다.

이산확률분포와 연속확률분포

정의. 확률변수 X가 $P(X\in C)=1$을 만족하는 유한집합 또는 가산집합 $C\subset \boldsymbol{R}$가 존재할 때 X를 이산확률변수라고 한다. 여기서 $t_n\in C$에 대하여

$$p(t_n)=P(X=t_n)$$

을 X의 확률질량함수라고 한다. X가 이산확률변수일 경우 X의 분포함수 F는

$$F(t)=P(X\le t)=\sum_{x\le t}p(x)$$

X가 이산확률변수일 때 X의 분포함수 F는 각 t_n에서 불연속인 계단함수로서 다음 그림과 같이 그 계단의 폭은 $P(X=t_n)$이 되고

$$\sum_{n=1}^{\infty}P(X=t_n)=1$$

이 된다. 이때 확률질량함수 $p(x)$와 확률분포함수 $F(x)$는 대략 다음 그림과 같다.

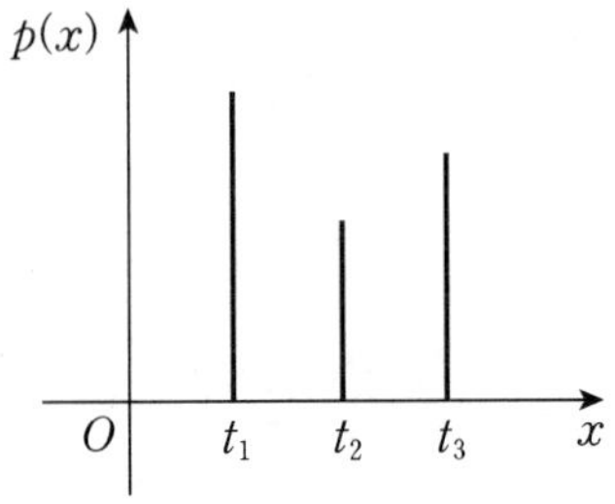

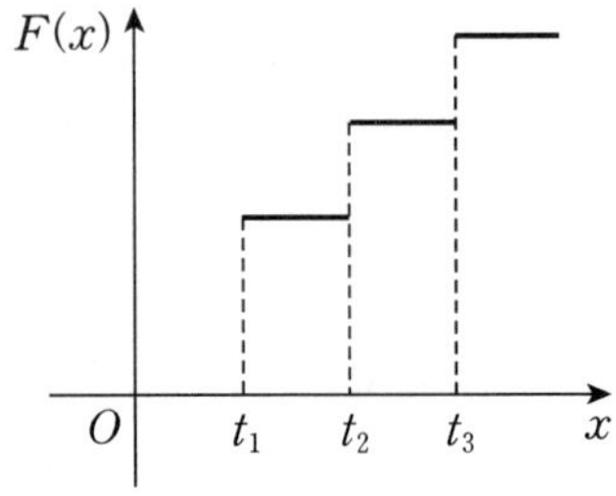

예 1. 동등한 확률을 가진 주사위의 경우, $x=1,\ 2,\ 3,\ 4,\ 5,\ 6$에 대하여 $X(x)=x$이라고 두면 X는 이산확률변수이고 이때 확률질량함수는 $p(x)=P(X=x)=\dfrac{1}{6}$으로 주어진다.

예 2. 동등한 확률을 가진 동전 한 개를 던질 때 앞면이 나올 사건을 H, 뒷면이 나올 사건을 T라고 하자. 이때 $X(H)=0,\ X(T)=1$이라고 두면 X는 이산확률변수이고 X의 확률질량함수는 $p(0)=P(X=0)=\dfrac{1}{2},\ p(1)=P(X=1)=\dfrac{1}{2}$으로 주어진다.

예 3. 어떤 확률변수 X가 각 $n\in\boldsymbol{N}$에 대하여 확률 $P\left(X=\dfrac{1}{n}\right)=\dfrac{1}{2^n}$을 가진다면 $\displaystyle\sum_{n=1}^{\infty}\frac{1}{2^n}=1$이므로 X는 이산확률변수이다.

정의. 확률변수 X가 임의의 $t\in\boldsymbol{R}$에 대하여 $P(X=t)=0$를 만족할 때 X를 연속확률변수라고 한다. X의 분포함수 F가 다음 등식

$$F(x)=\int_{-\infty}^{x}f(t)dt,\ x\in\boldsymbol{R}$$

을 만족하는 함수 f를 가질 때, f를 X의 확률밀도함수라고 한다.

연속확률변수 X의 확률밀도함수 f와 분포함수 F는 대략적으로 다음 그래프와 같이 나타난다.

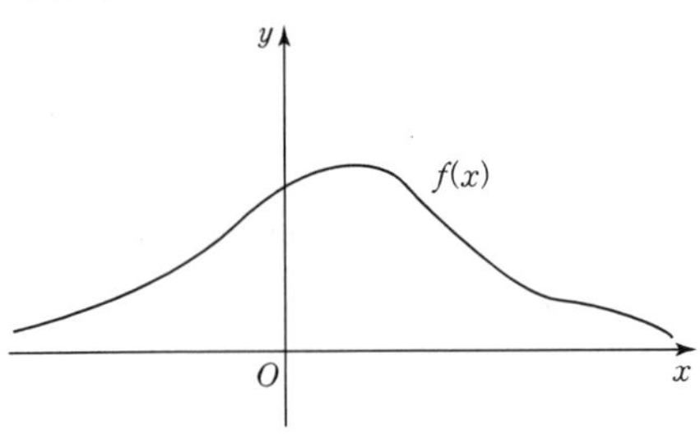

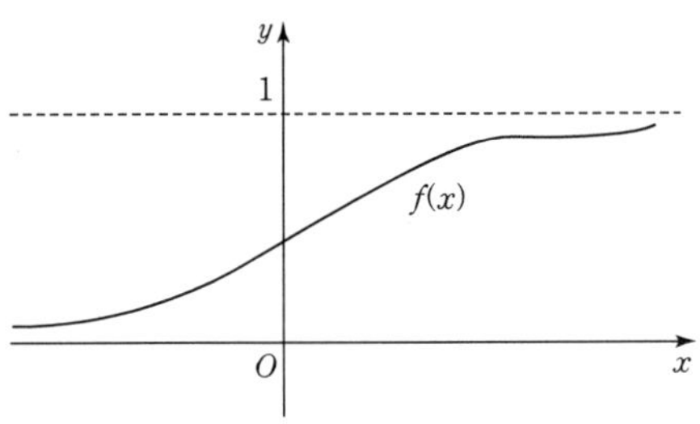

확률밀도함수 f가 연속이라면 분포함수 F가 미분가능이고 임의의 $x \in \boldsymbol{R}$에 대하여

$$f(x) = F'(x)$$

가 된다.

예 4. 확률변수 X의 분포함수가 $F(x) = \begin{cases} 0, & x \le 0 \\ x, & 0 < x \le 1 \\ 1, & x \ge 1 \end{cases}$로 주어져 있을 때 이것은 연속확률분포이다. 여기서 X의 확률밀도함수 f는 다음과 같이 주어진다.

$$f(x) = \begin{cases} 0, & x \le 0 \\ 1, & 0 < x \le 1 \\ 0, & x > 1 \end{cases}$$

여기서 X의 확률밀도함수를 $f(x) = \begin{cases} 0, & x \le 0 \\ 1, & 0 < x < 1 \\ 0, & x \ge 1 \end{cases}$라고 해도 좋다. 이 경우는 f가 $x = 0$과 $x = 1$에서 모두 연속이 아니다.

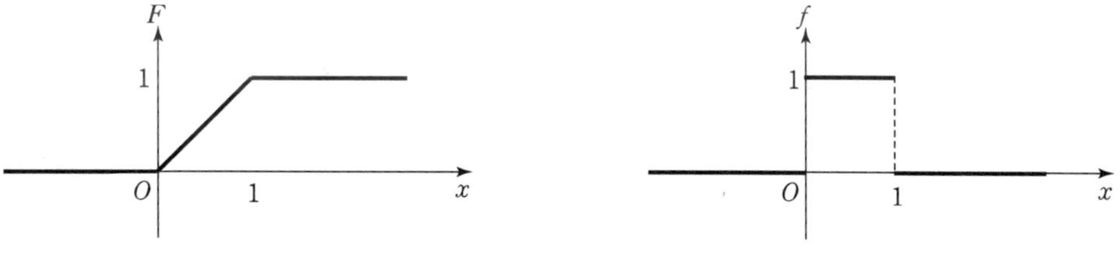

결합확률분포

정의. 주어진 확률공간에 두 개의 확률변수 X와 Y에 대하여

$$F(x,\ y) = P(X \le x,\ Y \le y)$$

를 X와 Y의 결합확률분포라고 한다. 한편

$$F_X(x) = P(X \le x),\ F_Y(x) = P(Y \le y)$$

를 F의 주변확률분포라고 한다.

정의. 두 확률변수 X와 Y가 이산확률변수인 경우

$$p(x,\ y) = P(X = x,\ Y = y)$$

를 결합확률질량함수라고 한다. 이때

$$p_X(x) = \sum_j p(x_i,\ y_j), \qquad p_Y(y) = \sum_i p(x_i,\ y_j)$$

를 각각 X와 Y의 주변확률질량함수라고 한다.

정의. 두 확률변수 X와 Y가 연속확률변수라고 하자. 여기서 만약 결합확률분포 F에 대하여

$$F(x,\ y) = \int_{-\infty}^{x}\int_{-\infty}^{y} f(s,\ t)dsdt$$

를 만족하는 함수 f가 존재할 때 f를 X와 Y의 결합확률밀도함수라고 한다. 이때

$$f_X(x) = \int_{-\infty}^{\infty} f(x,\ t)dt,\ f_Y(y) = \int_{-\infty}^{\infty} f(s,\ y)ds$$

를 각각 f의 주변확률밀도함수라고 한다.

확률변수의 독립성

정의. 두 확률변수 X와 Y가 주어져 있을 때 임의의 보렐집합 A, B에 대하여

$$P(X \in A, Y \in B) = P(X \in A)P(Y \in B)$$

가 성립할 때 X와 Y는 독립이라고 한다.

정리. 다음 명제는 동치이다.

i) 확률변수 X와 Y가 독립이다.

ii) F가 X와 Y의 결합확률분포라고 할 때 임의의 실수 x, y에 대하여

$$F(x,\ y) = F_X(x)F_Y(y)$$

이다.

iii) f가 결합확률밀도함수 또는 결합확률질량함수일 경우, 임의의 실수 x, y에 대하여

$$f(x,\ y) = f_X(x)f_Y(y)$$

이다.

예 1. X와 Y의 결합확률질량함수 $p(x,\ y)$가 다음과 같이 주어졌다.

y \ x	1	2	3
1	1/12	1/6	1/12
2	1/12	1/12	1/6
3	1/12	1/12	1/6

이때 주변질량함수는 다음과 같다.

y \ x	1	2	3	$p_Y(y)$
1	1/12	1/6	1/12	1/3
2	1/12	1/12	1/6	1/3
3	1/12	1/12	1/6	1/3
$p_X(x)$	1/4	1/3	5/12	1

그러므로 X와 Y는 독립이 아니다.

예 2. X와 Y의 결합확률밀도함수가

$$f(x,\ y) = 1,\ 0 \le x,\ y \le 1$$

로 주어져있다. 이때 결합확률분포는 다음과 같다.

$$F(x,\ y) = \begin{cases} xy, & 0 \le x, \quad y \le 1 \\ x, & 0 < x < 1,\ y > 1 \\ y, & 0 < y < 1,\ x > 1 \\ 1, & x, \quad y \ge 1 \\ 0, & \text{그 외} \end{cases}$$

으로 주어졌다. 이때 $0 \le x \le 1$일 때 $f_X(x) = \int_{-\infty}^{\infty} f(x,\ y)dy = \int_0^1 dy = 1$이고 $x < 0$이거나 $x > 1$일 때 $f_X(x) = 0$이다. 즉

$$F_X(x) = \begin{cases} 0, & x < 0 \\ x, & 0 \le x \le 1 \\ 1, & x > 1 \end{cases},\ f_X(x) = \begin{cases} 0, & x < 0 \\ 1, & 0 \le x \le 1 \\ 0, & x > 1 \end{cases}$$

이고 마찬가지로

$$F_Y(y) = \begin{cases} 0, & y < 0 \\ y, & 0 \le y \le 1 \\ 1, & y > 1 \end{cases}, \quad f_Y(y) = \begin{cases} 0, & y < 0 \\ 1, & 0 \le y \le 1 \\ 0, & y > 1 \end{cases}$$

이다. 그러므로 X와 Y는 독립임을 알 수 있다.

평균과 분산

정의. 주어진 확률공간 (Ω, Σ, P)에서 정의된 확률변수 X에 대하여 그 평균 $E(X)$와 분산 $V(X)$는 다음과 같이 정의된다.

i) X가 이산확률변수인 경우, p를 X의 확률밀도함수라고 할 때

$$E(X) = \sum_{n=1}^{\infty} x_n p(x_n)$$

$$V(X) = \sum_{n=1}^{\infty} (x_n - E(X))^2 p(x_n)$$

로 정의한다.

ii) X가 연속확률변수인 경우, f를 X의 확률밀도함수라고 할 때

$$E(X) = \int_{-\infty}^{\infty} x f(x) dx$$

$$V(X) = \int_{-\infty}^{\infty} (x - E(X))^2 f(x) dx$$

로 정의한다.

정리 1. 평균과 분산에 대하여 다음 성질이 성립한다.

i) c가 상수일 때 $E(cX) = cE(X)$.

ii) c가 상수일 때 $V(cX) = c^2 V(X)$.

iii) $E(X+Y) = E(X) + E(Y)$.

iv) $V(X) = E(X^2) - E(X)^2$.

증명. 다른 것은 간단하므로 명제 iii)을 연속확률분포인 경우에만 증명하자. 정의에 의하여

$$
\begin{aligned}
E(X+Y) &= \int_{-\infty}^{\infty}\int_{-\infty}^{\infty}(x+y)f(x,\ y)dxdy \\
&= \int_{-\infty}^{\infty}\int_{-\infty}^{\infty}xf(x,\ y)dxdy + \int_{-\infty}^{\infty}\int_{-\infty}^{\infty}yf(x,\ y)dxdy \\
&= \int_{-\infty}^{\infty}xf_X(x)dx + \int_{-\infty}^{\infty}yf_Y(y)dy \\
&= E(X)+E(Y)
\end{aligned}
$$

이다. ■

정리 2. X와 Y가 독립이면 다음 성질을 만족한다.

i) $E(XY)=E(X)E(Y)$.
ii) $V(X+Y)=V(X)+V(Y)$.

증명. i)의 증명. $f(x,\ y)$가 X와 Y의 연속결합밀도함수라고 하면

$$
\begin{aligned}
E(XY) &= \int_{-\infty}^{\infty}\int_{-\infty}^{\infty}xyf(x,\ y)dxdy \\
&= \int_{\infty}^{\infty}xf_X(x)dx\int_{-\infty}^{\infty}yf_Y(y)dy \\
&= E(X)E(Y)
\end{aligned}
$$

ii)의 증명. 정리 1의 iv)와 정리 2의 i)에 의하여

$$
\begin{aligned}
V(X+Y) &= E((X+Y)^2)-(E(X+Y))^2 \\
&= E(X^2)+2E(X)E(Y)+E(Y^2)-E(X)^2-2E(X)E(Y)-E(Y)^2 \\
&= V(X)+V(Y)
\end{aligned}
$$

가 성립한다. ■

중요한 분포

1. 베르누이 분포. $0 \le p \le 1$이고 $X=1$이 나올 확률이 p이고 $X=0$이 나올 확률을 $1-p$인 확률변수 X를 가지는 분포를 베르누이 분포라고 하고 $B(1,\ p)$라고 나타낸다.

2. 이항분포. $0 \le p \le 1$이고 확률변수 X가 $k=1,\ 2,\ \cdots,\ n$의 값을 취한다고 한다. 이때

$$P(X=k)={}_nC_kp^k(1-p)^{n-k}, \quad k=1,\ 2,\ \cdots,\ n$$

로 정의하면 X는 이산확률변수이다. 이것을 이항분포라고 하고 $B(n,\ p)$로 나타낸다. $B(n,\ p)$의 평균과 분산은 각각 np와 $np(1-p)$이다.
X_j를 베르누이 분포 $B(1,\ p)$라고 할 때, $X_1+X_2+\cdots+X_n$은 이항분포 $B(n,\ p)$를 따른다.

3. 푸아송 분포. 푸아송 분포는 교통사고 건수, 방사성 입자의 발생 수, 전화 통화 건수 등과 같은 확률 모형에 사용된다. 먼저 $N(t)$를 $[0,\ t]$시간 동안 발생한 회수를 나타내고 이것은 다음 조건을 만족한다.

 i) 임의의 $h>0$에 대하여 $N(t+h)-N(t)$는 t에 무관하다.
 ii) $[s,\ t]\cap[p,\ q]=\phi$일 때 $N(t)-N(s)$와 $N(q)-N(p)$는 독립이다.
 iii) $\lim\limits_{h\to 0}\dfrac{P(N(h)=1)}{h}=\lambda$이다.
 iv) $\lim\limits_{h\to 0}\dfrac{P(N(h)\ge 2)}{h}=0$이다.

이 조건을 이용하여 푸아송 분포를 구해보자. 단위 구간 $[0,\ 1]$을 충분히 작게 n등분하면 각 소구간에서 이 사건이 한 번 일어날 확률은 iii)에 의하여 $\dfrac{\lambda}{n}$이다. 그러므로 단위 구간에서 k회 일어날 확률은 i)과 ii)에 의하여 독립시행의 확률이 되므로 따라서

(1) $$P(N(1)=k)={}_nC_k\left(\frac{\lambda}{n}\right)^k\left(1-\frac{\lambda}{n}\right)^{n-k}$$

이다. 그런데 식 (1)은 다음과 같다.

(2) $${}_nC_k\left(\frac{\lambda}{n}\right)^k\left(1-\frac{\lambda}{n}\right)^{n-k}=\frac{n(n-1)\cdots(n-k+1)}{n^k}\frac{\lambda^k}{k!}\frac{\left(1-\frac{\lambda}{n}\right)^n}{\left(1-\frac{\lambda}{n}\right)^k}$$

여기서 $n\to\infty$이면

$$\frac{n(n-1)\cdots(n-k+1)}{n^k}\to 1$$

$$(1-\frac{\lambda}{n})^n\to e^{-\lambda}$$

$$\left(1-\frac{\lambda}{n}\right)^k\to 1$$

이므로 (1)은 $e^{-\lambda}\dfrac{\lambda^k}{k!}$에 수렴한다. 즉 푸아송 분포를 따르는 확률변수 X는 0, 1, 2, ⋯를 취하고 확률질량함수는

$$P(X=k)=e^{-\lambda}\frac{\lambda^k}{k!},\ k=0,\ 1,\ 2,\ \cdots$$

가 된다.

마지막으로 푸아송 분포 $P(\lambda)$의 평균과 표준편차는 λ이다.

예 1. 어느 면사무소 민원실에 걸려오는 전화는 시간당 3통화 정도이다. 어느 시간에 3통 이상의 전화가 걸려올 확률을 구해보자. 여기서 $\lambda=3$이다. 그러므로

$$P(x\geq 3)=\sum_{x=3}^{\infty}e^{-3}\frac{3^x}{x!}$$

이다.

4. 지수분포. $F(x)=\begin{cases}0,\ x\leq 0\\ 1-e^{-\lambda x},\ x\geq 0\end{cases}$는 연속확률분포이고 이 분포에 대한 확률밀도함수는 $f(x)=\begin{cases}0,\ x<0\\ \lambda e^{-\lambda x},\ x>0\end{cases}$로 주어진다.

지수분포에서 x는 푸아송 분포를 이루는 사건이 발생한 뒤 그 다음 사건이 일어날 때까지 걸리는 시간이다. 여기서 λ는 푸아송 분포의 평균이다.

i) 지수분포의 평균은 $\dfrac{1}{\lambda}$이다.
ii) 지수분포의 표준편차는 $\dfrac{1}{\lambda}$이다.

예 2. 어느 면사무소 민원실에 걸려오는 전화는 시간당 7통화이다. 지금부터 적어도 10분 후에 전화가 걸려올 확률은 얼마인가? 이 문제에서 $\lambda=7$이 되겠다. 푸아송 분포의 평균이 λ일 때 지수분포의 평균은 $\dfrac{1}{\lambda}$이므로 통화 간격은 $\dfrac{1}{7}$시간이다. 따라서 구하는 확률은 $P\left(x\geq\dfrac{10}{60}\right)=e^{-\frac{1}{7}\times 10}$이다.

5. 정규분포. X의 분포함수가

$$\Phi(x)=\frac{1}{\sigma\sqrt{2\pi}}\int_{-\infty}^{x}e^{-\frac{[(t-m)/\sigma]^2}{2}}dt$$

로 주어졌을 때 이 분포를 정규분포 $N(m,\ \sigma^2)$라고 한다. 정규분포 $N(m,\ \sigma^2)$의 평균과 분산은 각각 m과 σ^2이다. 여기서 $N(0,\ 1)$을 표준정규분포라고 한다. 표준정규분포의 분포함수

$$\Phi(x) = \frac{1}{\sqrt{2\pi}} \int_{-\infty}^{x} e^{-\frac{t^2}{2}} dt$$

으로 주어진다. 특히 $P(|X| \le 1.96) \approx 0.95,\ P(|X| \le 2.58) \approx 0.99$가 된다.

일반적으로 정규분포 $N(m,\ \sigma^2)$인 확률변수 X를 $N(0,\ 1)$인 확률변수 Z로 고치는 것을 정규분포의 표준화라고 한다. 이때 X와 Z의 관계식은

$$Z = \frac{X - m}{\sigma}$$

로 주어진다.

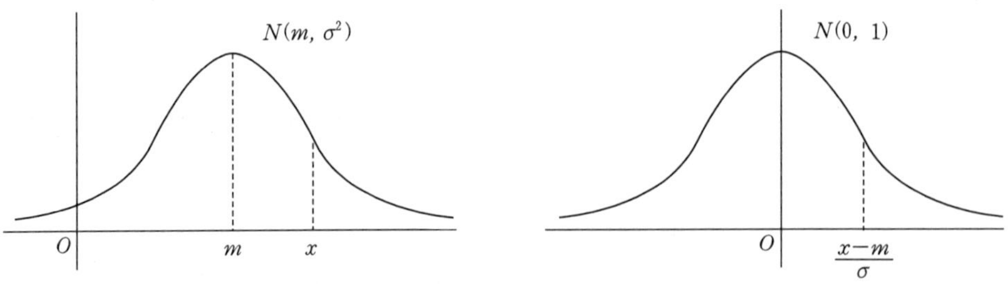

6. 평등분포. 평등분포 X의 확률밀도함수는 $f(x) = \begin{cases} \dfrac{1}{b-a}, & x \in (a,\ b) \\ 0, & x \notin (a,\ b) \end{cases}$으로 주어진다.

이항분포의 근사분포

이항분포 $B(n,\ p)$의 확률을 계산하는 것은 매우 복잡하기 때문에 다음과 같은 근삿값을 사용할 수 있다. 근삿값을 적용하는 경우 다음 두 가지가 있다.

i) n이 크고 p가 작은 경우 $B(n,\ p)$는 평균 $\lambda = np$인 푸아송 분포 $P(\lambda)$를 사용한다.

ii) n이 크고 p도 클 경우 정규분포를 적용한다.

예 1. 어떤 생산 라인에 평균적으로 1%의 불량률이 있다. 200개를 검사했을 때 많아야 5개의 불량품이 나올 확률을 구해보자. 여기서 $\lambda = np = 200 \times 0.01 = 2$이므로 주어진 확률은 $P(X \le 5) = \sum_{x=0}^{5} \frac{e^{-2} 2^x}{x!}$이다.

예 2. 어떤 생산 라인에 평균적으로 50%의 불량률이 있다. 200개를 검사했을 때 많아야 5개의 불량품이 나올 확률을 구해보자. 여기서

$$np = 200 \times 0.5 = 100, \quad np(1-p) = 200 \times 0.5 \times 0.5 = 50$$

이므로 수표를 사용하여 $P(X \le 5) = P\left(Z \le -\frac{95}{\sqrt{50}}\right)$를 수표를 이용하여 찾으면 된다.

체비셰프(Chebyshev)의 부등식

정리. X가 평균 m, 분산 σ^2을 가지는 확률변수라면 임의의 $k > 0$에 대하여 부등식

$$P(|X-m| > k\sigma) \le \frac{1}{k^2}$$

을 만족한다.

증명. 먼저 연속분포인 경우에 대해서 증명하면 이산분포의 경우에는 유사한 방법으로 증명할 수 있기 때문에 여기서는 연속분포에 대해서만 살펴보자. 임의의 양수 c에 대하여

$$P(|X-m| > c) = \int_{-\infty}^{m-c} f(x)dx + \int_{m+c}^{\infty} f(x)dx$$

가 성립한다. 그런데

$$\begin{aligned}\sigma^2 &= \int_{-\infty}^{\infty} (x-m)^2 f(x)dx \\ &\ge \int_{-\infty}^{m-c} (x-m)^2 f(x)dx + \int_{m+c}^{\infty} (x-m)^2 f(x)dx \\ &\ge c^2\left[\int_{-\infty}^{m-c} f(x)dx + \int_{m+c}^{\infty} f(x)dx\right]\end{aligned}$$

이므로 c 대신에 $k\sigma$를 대입하면 주어진 부등식은 성립한다. ■

체비셰프의 부등식은 평균으로부터 $k\sigma$ 이상 떨어진 값들의 확률은 얼마를 넘지 못한다는 것을 말해준다. 동시에 이 부등식은 모든 확률분포에 대해서 말할 수 있다.

예 1. 어떤 주사위를 만들었다. 이 주사위가 잘 만든 것이라면 1의 눈이 나올 확률은 $\frac{1}{6}$이 되어야 한다. 실제로 이 주사위가 잘 만들어진 것인지 알고 싶다. 주사위를 던졌을 때 j번 째 1이 나올 사건을 X_j이라고 하면 $\overline{X}$는 n회 던졌을 때 1의 눈이 나오는 회수에

대한 비율을 나타낸다. 여기서 $E(\overline{X}) = \frac{1}{6}$ 이고 $V(\overline{X}) = \frac{p(1-p)}{n}$ 이므로 식 (1)을 적용하면

$$P\left(\left|\overline{X} - \frac{1}{6}\right| > \epsilon\right) < \frac{\frac{5}{36}}{n\epsilon^2}$$

를 얻는다. 여기서 $n = 100$, $\epsilon = \frac{1}{100}$ 이라고 두면 100회 던졌을 때 1의 눈이 나올 비율이 $\left(\frac{1}{6} - \frac{1}{100},\ \frac{1}{6} + \frac{1}{100}\right)$의 밖에 있을 확률은 $\frac{5}{3600}$ 보다 작다.

예 2. 동전이 잘 만들어졌는지 검사할 필요가 있다. 여기서 잘 만들어졌다는 의미는 앞과 뒤가 나올 확률이 같다는 점이다. 이 경우에 10,000회를 던진다고 해보자. 이 동전이 잘 만들어졌다면 평균 $m = 5{,}000$ 이고 표준편차 $\sigma = 50$ 이다. 여기서 $k = 2$ 라고 할 때 앞면이 4900회에서 5100회 내에 나타날 확률은 1/4보다 작아야 한다. 이것을 확인해보기 위하여 정규 근사식을 이용하면 알 수 있다.

대수의 법칙

독립시행의 경우에서 하나의 눈이 나올 확률을 p라고 하고 그렇지 않을 확률을 $1-p$라고 할 때, 이 시행을 n회 했을 때 r회 나올 확률 $P(X=r)$은

$$P(X=r) = {}_nC_r\, p^r (1-p)^{n-r}$$

여기서 이 주사위를 던졌을 때 1의 눈의 나올 확률이 1/6이라고 하고 이 시행이 이항분포를 따른다고 하자. 그렇다면 여기서 1/6이란 무엇을 의미하는가? 이 주사위를 60회 던지면 1의 눈이 10회 나온다는 의미인가? 혹은 주사위를 600회를 던졌을 때 1의 눈이 100회 나온다는 이야기인가? 일반적으로 n회 시행했을 때 1의 눈의 나타날 회수를 X_n 이라고 하면

$$\lim_{n\to\infty} \frac{X_n}{n} = \frac{1}{6}$$

라는 것을 말하는가? 대답은 아니다. 다만 여기서 말할 수 있는 것은 n을 충분히 크게 하면 $P\left(\left|\frac{X_n}{n} - \frac{1}{6}\right| < \epsilon\right)$이 $P\left(\left|\frac{X_n}{n} - \frac{1}{6}\right| \geq \epsilon\right)$보다 엄청나게 크게 되도록 할 수 있다는 점이다.

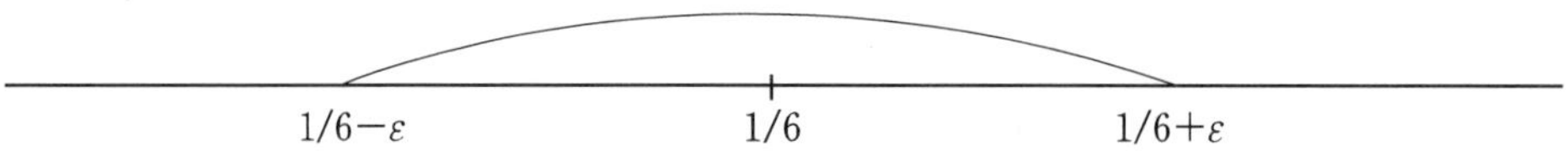

n을 충분히 크게 하면 대부분의 X_n/n은 $(1/6-\epsilon,\ 1/6+\epsilon)$에 들어가게 할 수 있다.

즉 임의의 큰 수 M에 대하여

$$P\left(\left|\frac{X_n}{n}-\frac{1}{6}\right|\le \epsilon\right)> MP\left(\left|\frac{X_n}{n}-\frac{1}{6}\right|> \epsilon\right) \tag{1}$$

을 만족하는 n을 얻을 수 있다는 주장이다. 식 (1)을 정돈하면 다음과 같다.

$$P\left(\left|\frac{X_n}{n}-\frac{1}{6}\right|\le \epsilon\right)> \frac{M}{1+M} \tag{2}$$

즉 (2)를 다른 말로 표현한다면 임의의 $\epsilon > 0$에 대하여

$$\lim_{n\to\infty} P\left(\left|\frac{X_n}{n}-\frac{1}{6}\right|\le \epsilon\right)= 1$$

가 된다. 이것을 베르누이 분포에 대한 대수의 약 법칙(weak law of large number)이라고 한다.

대수의 법칙은 통계적 확률에 대한 개선된 해석을 내릴 수 있다. 흔히 통계적 확률은 $\frac{X_n}{n}\to p$를 가정하고 있다. 그러나 예를 들어

$$\frac{X_n}{n}= \begin{cases} 0, \ n = 10^k, \ k\in \boldsymbol{N} \\ 1, \ n \ne 10^k, \ k\in \boldsymbol{N} \end{cases}$$

라고 정의하면 $\frac{X_n}{n}$은 0에 수렴하지 않는다. 이 수열은 n이 커질수록 $\frac{X_n}{n}$이 0이 아닌 경우는 점차 낮아진다. 따라서 이 분포는 대수의 법칙을 만족한다.

대수의 법칙은 다음과 같이 보다 일반적인 경우에도 성립한다.

정리. (대수의 약법칙) X_1, .., X_n이 평균 m, 분산 σ^2을 가진 서로 독립인 확률변수라고 하고

$$\overline{X}= \frac{1}{n}\sum_{k=1}^{n} X_k$$

라고 하면, 임의의 양의 ϵ에 대하여

$$\lim_{n\to\infty} P(|\overline{X}- m| \le \epsilon) = 1$$

가 성립한다.

증명. 여기서 $\overline{X}$의 평균은 m이고 $\overline{X}$의 분산은 $\frac{\sigma^2}{n}$이다. 그러므로 체비셰프 부등식에

의하여

(1) $$P(|\overline{X}-m|>\epsilon)<\frac{\sigma^2}{n\epsilon^2}$$

가 성립한다. 그러므로 (1)의 양변에 $n\to\infty$을 취하면 $\lim_{n\to\infty}P(|\overline{X}-m|\le\epsilon)=1$을 얻는다. ■

중심극한정리

어떤 분포가 주어져 있다고 하자. 여기서 n개를 추출해서 그것의 평균을 취한다고 하자. 이때 많이 분포되어 있는 것은 추출될 가능성도 높아지고 적게 분포되어 있는 것은 추출될 가능성도 낮아진다는 것은 직관적으로 알 수 있다. 여기서 한걸음 더 나아가면 이렇게 추출한 표본들의 크기가 커질수록 그 평균들의 분포는 정규분포로 근사화된다는 사실이다. 이것을 중심극한정리라고 하는데 이 정리는 자연이 가진 어떤 일양성을 의미한다.

정리. (중심극한정리) X_1, ..., X_n을 평균 μ, 분산 σ^2을 따르는 서로 독립인 확률변수들이라고 하자.

$$S_n=\sum_{k=1}^{n}X_k$$

라고 두고

$$Z_n=\frac{S_n-n\mu}{\sqrt{n}\,\sigma}$$

라고 하면 Z_n은 $n\to\infty$일 때 $N(0,\ 1)$을 따른다. 즉

$$\lim_{n\to\infty}P(Z_n\le a)=\frac{1}{\sqrt{2\pi}}\int_{-\infty}^{a}e^{-\frac{t^2}{2}}dt$$

이 정리로 부터 다음 사실을 알 수 있다.

i) X_j들이 모두 $B(1,\ p)$를 따른다면 $\mu=p$이고 $\sigma^2=p(1-p)$이므로 확률변수

$$Z_n=\frac{S_n-n\mu}{\sqrt{n}\,\sigma}=\frac{S_n-np}{\sqrt{np(1-p)}}$$

는 $n\to\infty$일 때 $N(0,\ 1)$을 따른다. 또는 이 결과를 확률변수 S_n으로 진술하면 $B(n,\ p)$는 $n\to\infty$일 때 $N(np,\ np(1-p))$를 따른다. 이것이 이항분포의 정규분

포에 의한 근사 공식이다.

ii) 중심극한정리는 표본에 대해서도 성립한다. 즉

$$\overline{X}_n = \frac{S_n}{n} = \frac{1}{n}\sum_{k=1}^{n} X_k$$

라고 두면 $\overline{X}_n$는 표본평균이 된다. 여기서 Z_n을 $\overline{X}_n$의 식으로 나타내면 중심극한정리에 의하여

$$Z_n = \frac{\frac{S_n}{n} - \mu}{\frac{\sigma}{\sqrt{n}}} = \frac{\overline{X}_n - \mu}{\frac{\sigma}{\sqrt{n}}}$$

는 $n \to \infty$ 일 때 $N(0,\ 1)$을 따른다. 또는 평균 μ, 분산 σ^2를 따르는 모집단에서 n개의 표본을 추출하여 평균한 분포는 $n \to \infty$ 일 때, $N\left(\mu,\ \frac{\sigma^2}{n}\right)$를 따른다.

마르코프 과정

확률변수의 집합 $\{X(t) : t \in T\}$을 확률과정이라고 한다. 여기서 T의 원소들은 보통 시간으로 간주하며 $X(t)$는 시각 t에서의 이 과정의 상태로 생각한다. 만약 t가 이산변량일 때 주어진 확률과정을 이산확률과정이라고 한다.

예 1. $X(t)$는 시각 t에서의 어느 지하철의 탑승객의 수라고 하면 $\{X(t) : t \in T\}$은 확률과정이다.

예 2. $X(t)$는 시각 t에서의 어느 지점의 차량 통과 수라고 하면 이것은 확률과정이다.

이산확률과정 $\{X_n : n = 0,\ 1,\ 2,\ \cdots\}$이 주어졌다고 하고 각 X_n은 모두 0, 1, 2, ...의 값을 취한다고 하자. 이때 시각 n에서 상태 i를 $X_n = i$로 나타내자. 여기서 임의의 i_0, i_1, ..., i, j, $n = 0,\ 1,\ 2,\ \cdots$에 대하여

$$p_{ij} = P(X_{n+1} = j | X_n = i,\ X_{n-1} = i_{n-1},\ \cdots,\ X_1 = i_1,\ X_0 = i_0)$$

라고 하자. 즉 $n+1$에서의 상태 X_{n+1}은 n에서의 상태 X_n에만 의존한다. 이런 확률과정을 마르코프 과정이라고 한다. 이 상황에서 임의의 $i,\ j = 0,\ 1,\ 2,\ \cdots$에 대하여 $p_{ij} \geq 0$이고 또 $i = 0,\ 1,\ 2,\ \cdots$에 대하여 $\sum_{j=0}^{\infty} p_{ij} = 1$을 만족한다.

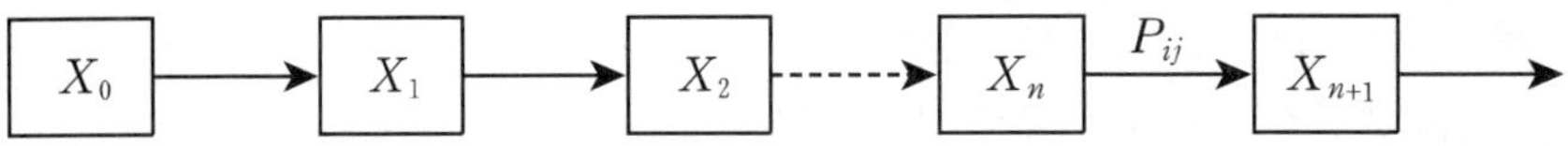

여기서 행렬

$$P=\begin{pmatrix} p_{00}\, p_{01}\, p_{02} \cdots \\ p_{10}\, p_{11}\, p_{12} \cdots \\ \vdots \quad \vdots \quad \vdots \; \cdots \\ p_{i0}\, p_{i1}\, p_{i2} \cdots \\ \vdots \quad \vdots \quad \vdots \; \cdots \end{pmatrix}$$

을 이 과정의 전이행렬이라고 한다.

예 3. 일련의 통신 시스템이 있는데 한 시스템 X_n에서 그 다음 시스템 X_{n+1}으로 통신은 정보를 오류 없이 전달되거나 오류를 가지거나 한다. 이때 오류 없이 정보가 전달될 확률을 p라고 하자. 이때 오류 없음을 0, 오류 있음을 1이라고 하면 이에 대한 전이행렬 P는 다음과 같이 주어진다.

$$P=\begin{pmatrix} p & 1-p \\ 1-p & p \end{pmatrix}$$

예 4. 확률과정 $\{X_n : n \in \boldsymbol{Z}\}$이 다음 조건을 만족한다.

$$p_{i,i+1}=p=1-p_{i,i-1},\ i \in \boldsymbol{Z}$$

즉, 한 위치에서 우측으로 갈 확률이 p이고 좌측으로 갈 확률이 $1-p$로 주어진 상황이다. 이런 마르코프 과정을 난보(random walk)라고 한다.

최소제곱법

최소제곱법은 통계 자료에 대한 확률론적 접근의 중요한 예가 된다. 관측한 자료들은 오차를 만들게 되는데 여기서 오차는 두 가지 종류로 주어진다. 하나는 실험 장비, 관측 방법의 문제 등에 의하여 생기는 오차로서 이런 오차는 관측 체계의 개선을 통하여 제거될 수 있다. 이런 종류의 오차를 결정적인 오차라고 한다. 다른 하나는 임의적으로 일어나는 오차인데 이 오차를 임의 오차라고 한다. 임의 오차는 본질적으로 제거 불가능한 특징이 있다. 그러나 관측 결과의 정밀도를 높이기 위해서는 임의 오차를 가능한 한 줄어야 한다. 이를 위하여 관측 통계에 수학적 기법을 적용된다. 먼저 어떤 물리량을 측정한 결과 X_1, ..., X_n을 얻었다고 하자. 이때 그 물리량의 참값을 X라고 하면 임의오차는 $x_k=X_k-X$

$(k=1, \cdots, n)$으로 주어진다. 그러나 여기서 우리는 참값 X를 알 수 없다. 따라서 우리는 X의 대안적 값이 필요하게 되는데 이 값을 $\overline{X}$라고 하자. 이제 관측값 $X_k(k=1, \cdots, n)$ 대신에 $\overline{X}$를 사용한다면 이에 대응하는 오차는 $\epsilon_k = X_k - \overline{X}(k=1, \cdots, n)$로 주어지고 이것은 $N(0, \sigma^2)$을 따르게 된다. 즉 ϵ_k의 확률밀도함수는

$$\frac{1}{\sqrt{2\pi}\,\sigma}e^{-\frac{x^2}{2\sigma^2}}$$

가 된다. 여기서 오차들은 모두 독립이므로 따라서 n개의 오차에 대한 확률밀도함수는

$$\left(\frac{1}{\sqrt{2\pi}\,\sigma}\right)^n e^{-\frac{x_1^2+\cdots+x_n^2}{2\sigma^2}}$$

로 주어진다. 그런데 이 확률밀도함수에 의하면 측정 오차가 많이 분포되어 있는 곳일수록 $x_1^2+\cdots+x_n^2$는 작아진다. 이것이 바로 최소제곱법의 원리이다. 그런데 여기서

$$x_1^2+\cdots+x_n^2 = (X_1-\overline{X})^2+\cdots+(X_n-\overline{X})^2$$

이므로 $x_1^2+\cdots+x_n^2$가 최소가 되려면

$$\overline{X} = \frac{X_1+\cdots+X_n}{n}$$

가 된다.

19.1.3 현상학적 분석

확률 개념은 도박의 문제로 출발했지만 이후 현상의 우연성을 설명하기 위한 도구로 발전했다. 이와 같은 발전 과정에서 다양한 확률 개념이 등장하였다. 여기서는 중요한 확률 개념과 그 상황성을 간단하게 다룬다.

고전 개념

어떤 시행에서 일어날 수 있는 모든 경우가 동등한 정도로 기대된다고 하자. 이때 일어날 수 있는 모든 경우의 수를 n이라 하고 주어진 사건 A가 일어날 수 있는 경우의 수를 f라고 하면 A가 일어날 확률 $P(A)$은

$$P(A) = \frac{f}{n}$$

로 정의된다. 이 개념은 라플라스에 의하여 정립되었는데 이 개념을 학교수학에서 수학적

확률로 정의하고 있다. 그런데 이 개념은 많은 문제점을 가지고 있다. 먼저 이 정의는 진술 자체가 모호하다. 그 결과 해석에서 문제점이 나타난다. 다음 예를 보자.

예 1. 노란 앵무새와 빨간 앵무새가 각각 한 마리 있다. 여기서 적어도 한 마리는 수컷이라는 것을 알고 있다고 하자. 두 마리 모두 수컷이 될 확률은 얼마인가? 다음 표에 의하여 구하고자 하는 확률은 1/3임을 알 수 있다.

노란 앵무새	빨간 앵무새
수컷	수컷
수컷	암컷
암컷	수컷

그런데 한 마리를 보여주면서 이게 수컷임을 알려주었다고 하자. 이 경우에는 두 마리 모두 수컷이 될 확률은 1/2가 된다. 여기서 '적어도 한 마리는 수컷이라는 것'을 안다는 것과 '한 마리를 보여주면서 이게 수컷임을 알려주었다는 것'의 차이는 모호하기 때문에 이런 종류의 문제에 대하여 분명하게 답한다는 것은 매우 어렵다. 또 '노란 앵무새가 수컷이라고 알려 주는 경우'에 두 마리 모두 수컷이 될 확률은 1/2이다.

둘째, 이 개념은 n이 무한이 되는 경우에 정의될 때 다음과 같은 예로부터 나타나는 문제점이 있다. 이 예는 베르트랑(Bertrand)의 역설로 알려져 있는데 다음과 같다. 반지름이 1인 원을 지나는 직선 중에서 호에 의하여 절단되는 현의 길이가 $\sqrt{3}$ 보다 길어질 확률은 얼마인가? 원과 거리 d를 가지는 점 $P(d)$를 잡고 $P(d)$에서 원과 만나는 직선들을 생각하자. 이런 직선들은 모두 동등하므로 구하는 확률은 고정된 한 점에서 이 원과 만나면서 생기는 문제로 환원할 수 있다. 그런 직선들은 원주에 의하여 잘려지는데 그때 잘려지는 할선의 길이는 모두 0과 2 사이에 있다. 여기서 점 $P(d)$를 지나고 주어진 원에 만나는데 잘려진 할선의 길이가 $\sqrt{3}$ 이상이 될 확률을 $\mu(P(d))$라고 하면 다음 그림과 같이 $\mu(P(0))=\dfrac{1}{3}$이다.

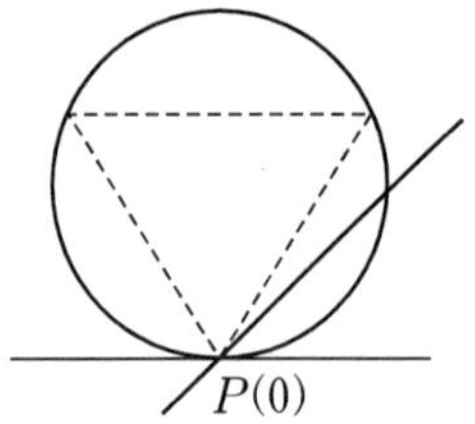

그런데 여기서 $\mu(P(d))$는 d의 증가 함수이고

$$\mu(P(0)) = \frac{1}{3} \le \mu(P(d)) \le \frac{1}{2} = \mu(P(\infty))$$

이다. 그러므로 주어진 확률은 일정한 값을 가지지 않는다.

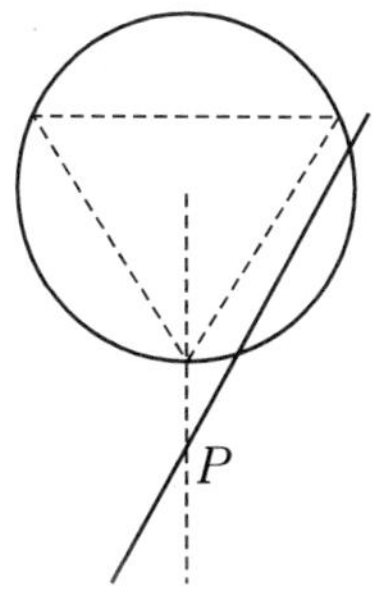

마지막으로 이 확률 개념은 '일어날 수 있는 모든 경우가 동등한 정도'를 전제로 하고 있는데 이것은 두 가지 가능성이 있을 때 어느 것이 다른 것에 비하여 더 선호될 특별한 것이 없다면 두 가지는 모두 동등한 것으로 간주한다는 원리로서 오늘날 이것을 '무차별 원리'(principle of indifference)[133]라고 한다. 그런데 이 무차별 원리가 말하는 동등한 확률로 일어난다는 가정은 확률을 정의하기 위하여 이미 확률을 사용하고 있다는 점에서 순환 논법에 빠져있다. 이것이 가진 모순은 여러 곳에서 나타난다. 라플라스는 이 원리를 사용하여 태양이 다음 날 다시 떠오를 확률을 1826214 : 1이라고 하였다(Gardner, 1985). 다음 예들을 보자.

예 2. 무차별의 원리에 의하면 어떤 학생의 수학 성적이 좋을 가능성과 나쁠 가능성이 $\frac{1}{2}$이라고 할 수 있다. 이것은 모든 과목에 대하여 같은 진술을 할 수 있다. 그러므로 이 학생이 배운 과목의 수가 10개라면 이 학생의 모든 과목이 평균 이하가 될 확률은 $\frac{1}{2^{10}} = \frac{1}{1024}$이라고 할 수 있다. 그러므로 적어도 어느 한 과목이 평균 이상이 될 확률은 $\frac{1023}{1024}$인데 이것은 처음 가정과 다르게 된다.

예 3. 도심의 어느 시점에서 종점까지의 운행 거리가 60km인데 이 노선을 운행하는 시내버스가 시속 30km에서 시속 60km 사이로 운행하고 있는 것을 알고 있다고 하자. 시내버스의 속도에 무차별 원리를 적용하면 평균 속도가 30km에서 45km 사이가 될 확률

133) 이 원리는 불충분한 이유의 원리(the principle of insufficient reason)라고도 한다.

과 45km에서 60km가 될 확률은 같다. 한편 이 문제를 시간의 관점에서 생각한다면 소요 시간이 한 시간에서 두 시간 사이가 된다. 여기서도 무차별의 원리를 적용하면 소요 시간이 한 시간에서 한 시간 30분 사이라는 확률과 한 시간 반에서 두 시간이라는 확률은 같아지게 된다. 그런데 시간과 속도의 곱은 일정하므로 여기서 한 시간 30분에 해당하는 속도는 45km가 아니라 40km이다. 이것은 모순이다.

예 4. 어떤 정사각형의 한 변의 길이가 2cm에서 4cm 사이에 있다는 것을 알고 있다. 여기서 무차별의 원리를 적용한다면 한 변의 길이는 3cm로 보는 것이 타당하다. 그런데 한 변의 길이가 2cm라면 넓이는 4cm^{2}이 되고 한 변의 길이가 4cm인 경우에는 16cm^{2}이 된다. 그러므로 넓이에 대한 무차별의 원리를 적용하면 넓이는 10cm^{2}이 되어야 한다. 그러므로 한 변이 3cm인데 그 넓이는 10cm^{3}인 정사각형이 존재하는 셈이 된다.

그렇다면 확률의 고전적 개념이 경험적 관계를 다루는 영역에 적용될 수 있을까? 어떤 도박사가 주사위 안에 납을 넣어서 경우의 수를 조작했다고 하자. '갑'이라는 사람은 이 주사위의 1의 눈이 나올 확률이 1/6보다 크다고 주장한다고 하자. 그리고 실제로 600회를 던진 결과 1의 눈이 154회 나왔다고 하자. 이 수는 1/6보다 크다. 그러나 이것으로부터 갑의 주장을 인정할 수 있는가? 더 많이 던졌을 때 1의 눈이 나오는 수가 1/6보다 작을 수도 있다고 주장할 수도 있다. 이와 같이 확률의 고전적 개념은 어떤 이상적인 상황으로서 경험적 문제에 대해서 답할 수 없다는 약점을 가지고 있다.

빈도 확률 개념

이 개념은 라이헨바흐(H. Reichenbach, 1891~1953), 피셔(R. Fisher, 1890~1962) 등에 의하여 제안되었다. 보통 학교수학에서 이것을 통계적 확률이라고 한다. 이 개념은 확률의 고전적 개념의 대안으로서 무수한 시행을 했을 때 어떤 사건이 일어날 비율을 그 사건의 확률이라고 정의한다. 예를 들어 주사위를 던졌을 때 1의 눈이 나올 확률이 1/6이라는 것의 빈도 개념은 주사위를 무한히 많이 던졌을 때 그 빈도가 1/6에 수렴한다는 것을 의미한다. 즉 이 개념은 궁극적으로 그 사건의 내재적인 확률에 근접하게 된다는 가정에 근거를 두고 있다. 앞에서도 언급되었지만 이 개념의 난점은 주사위를 던졌을 때 궁극적으로 극한이 1/6이 된다는 것을 보장할 수 있는 어떤 근거도 없다.

논리적 확률 개념

이 개념은 경제학자 케인스(J. Keynes, 1883~1946)에 의하여 제안되었으며 카르납

(Carnap, 1891~1970)에 의하여 지지되었다. 사람들은 판단의 문제에서 주관적 신념에 의존하는 것만은 아니며 어떤 합리적 판단에 의존하려고 한다. 논리적 확률 개념이란 증거를 기술해주는 진술들과 그렇지 않는 진술들 사이의 논리적 관계를 의미한다. 귀납 논리는 가설과 증거들 사이에 대한 확증도라고 하는 개념에 의하여 가설과 증거들 간의 중첩된 양의 정도를 보여주는데 논리적 확률 개념이란 이 중첩도를 기술한다. 다음 그림에서 빗금 친 부분이 많아질수록 확증도는 높아진다고 할 수 있다. 논리적 확률 개념에 의한 진술은 경험적 명제가 아니다. 카르납은 논리적 확률 개념에 의한 진술을 할 때는 증거를 명백하게 명시하는 것이 필요하다고 했다. 즉 과학자는 "그 가설은 90% 참이다."라고 말하는 게 아니라 "이러저러한 증거에 의하여 그 가설은 90% 참이다."라고 진술해야 한다고 주장하면서 통계적 확률과 구별하기를 주장하였다.

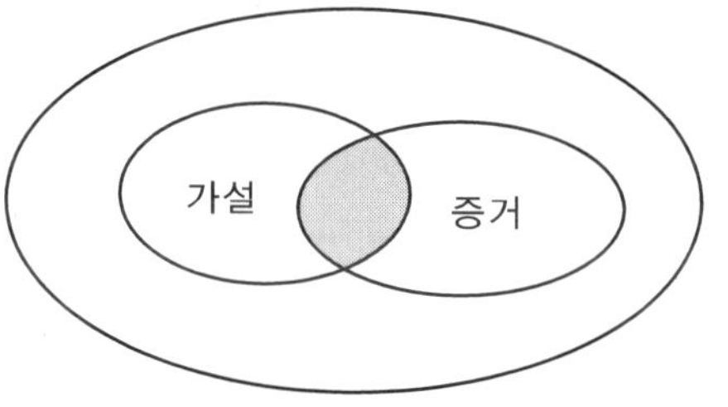

논리적 확률 개념

주관적 확률 개념

이 개념도 개인적 확률 개념으로부터 파생된 것이지만 주관적 확률 개념과 다른 점은 주관적 확률로부터 증거에 기초한 파생된 확률을 생각할 수 있고 주관적 확률과 파생된 확률 사이의 관계는 수학적인데 이를 위한 이론은 베이즈 정리에 기초한다. 즉 주관적 확률을 얻는 사전 정보를 A, 사전 정보의 확률을 $P(A)$, 증거 B에 의하여 사후 정보를 A/B라고 하면 사후 정보의 확률

$$P(A/B) = \frac{P(A)P(B/A)}{P(A)P(B/A) + P(A^c)P(B/A^c)}$$

로 주어진다.

개인적 확률 개념

이 개념은 개인의 신념을 척도로 간주한다. 대부분 사람들은 의사결정에서 주관적 확률 판단을 한다. 내일 날씨가 좋다면 야외 수업을 하기로 했다고 할 때 야외 수업을 좋아하는

학생들이라면 날씨가 좋을 것이라고 판단하고 그렇지 않는 학생이라면 날씨가 좋지 않을 것이라고 판단하는 경향이 있다. 이런 경향은 합리적 판단이라기보다는 주관에 의한 판단이다.

19.2 심리적 분석

19.2.1 인지적 분석

쇼네시(Shaughnessy)의 확률적 사고의 단계

쇼네시(1992)는 확률적 사고가 다음 네 단계로 이루어진다고 보았다.

i) 비확률적 사고. 신념과 같은 미리 정해진 것에 의하여 자동적으로 판단한다.
ii) 원시 확률적 사고. 모든 가능성을 종합하여 판단하지 않고 지엽적 지식 또는 과거 경험에 의하여 직관적으로 판단한다.
iii) 발생 단계의 사고. 빈도와 같은 초등 수준의 도구를 사용하여 판단한다.
iv) 실제 확률적 사고. 수학적으로 모형화하고 이에 대한 객관적 평가를 내려 판단한다.

곱의 사건과 조건부사건의 의미 해석

사건 $A \cap B$와 A/B의 표준적 번역은 없지만 대개 다음 표와 같이 말한다.

사건	$A \cap B$	A/B
표현	A와 B가 동시에 일어날 사건	B가 일어났을 때 A가 일어날 사건

이에 대하여 다음과 같은 사실이 관찰되고 있다.

i) 이 표현은 문자적이며 실제 상황에서는 보다 더 다양한 활용이 나타난다.
ii) 실제 상황에서 $A \cap B$와 A/B를 구별하는데 어려움을 가지고 있다.

예를 들면 A를 감기 걸린 사건, B를 병원에 간 사건이라고 할 때 이 상황과 관련된 일상 언어는 적어도 다음과 같이 다양하게 나타난다.

실제 표현	감기 걸리고 병원에 간 사건
	감기 걸렸을 때 병원에 간 사건
	감기 걸려서 병원에 간 사건
	감기 걸린 사람이 병원에 간 사건
	감기 걸린 사람 중에서 병원에 간 사건
	병원에 가고 감기 걸린 사건
	병원에서 감기 걸린 사건
	병원에 갔을 때 감기 걸린 사건
	병원에 가서 감기 걸린 사건

또 A는 도둑이 든 사건, B는 문이 열려있는 사건이라고 할 때 이에 대한 일상 언어에 의한 번역은 적어도 다음과 같이 다양하게 나타난다.

실제 표현	도둑이 들고 문이 열린 사건
	도둑이 문을 열고 들어온 사건
	도둑이 들었을 때 문이 열려있는 사건
	문이 열리고 도둑이 든 사건
	문이 열렸을 때 도둑이 든 사건
	문을 열고 도둑이 든 사건

이와 같이 다양한 표현이 있으나 이런 문장의 구별은 문자적이 아니라 정신모델을 통하여 이루어진다. 위의 문장이 문자적으로 다르더라도 의미적으로 일치할 수 있다.

확률과 의사결정

확률은 의사결정과 관련이 있다. 예를 들어 1000원을 가질 확률이 1/6인 것과 200원을 가질 확률이 2/3인 것 중에서 어느 것을 택하게 될까? 전자의 기댓값은 약 167원이고 후자의 기댓값은 약 133원 정도이지만 실험에 의하면 사람들은 기댓값보다는 단지 확률만 보는 경향이 있다고 보고되어 있다.

한편 확률적 판단은 직관적인 판단과 매우 다른 결과를 야기하기도 한다. 다음 예를 보자.

예 1. n명의 사람이 모여 있는 집단에서 생일이 같은 사람이 있을 확률을 구해보자. 여기서 1년을 365일로 간주한다. 생일이 같은 사람의 사건을 A라고 하면 A^c는 모두 생일이 다른 사건이 된다. 이때

$$P(A^c) = \frac{365 \cdot 364 \cdot 363 \cdots (365-n+1)}{365^n}$$

이므로

$$\begin{aligned} P(A) &= 1 - p(A^c) \\ &= 1 - \frac{365 \cdot 364 \cdot 363 \cdots (365-n+1)}{365^n} \end{aligned}$$

이 된다. 여기서 $n=23$이라고 두면 $P(A)$는 대략 0.5073정도가 된다. 즉 23명이 있으면 같은 생일을 가진 사람이 있을 확률이 0.5이상이 된다. 이것은 우리가 상식적으로 생각하는 것보다 매우 높다는 것을 알 수 있다. 이것을 생일 역설이라고 한다.

예 2. (상트 페테스부르크의 역설) 동전을 앞면이 나올 때까지 계속해서 던지는 게임을 하는데 만약 제n회에 앞면이 나오면 2^{n-1}원을 받기로 한다. 이 게임의 기댓값을 계산하면

$$\frac{1}{2} \cdot 1 + \frac{1}{4} \cdot 2 + \frac{1}{8} \cdot 2^2 + \cdots = \infty$$

이므로 이 게임의 기댓값은 무한대이다. 즉 이 게임의 기댓값은 우리가 상상하는 이상이다. 그러나 최대로 많이 받기로 한 금액을 제한할 때 기댓값은 얼마나 될까? 예를 들어 상금을 2^{100}원으로 제한해보자. 2^{100}원은 대략적으로 0이 30개 정도인 천문학적인 수이다. 반면에 이 경우의 기댓값은 99/2원, 즉 50원도 되지 않는다.

의사결정 또는 추론에서 실수하는 것은 개개의 집단에서 성향들이 전체 집단의 성향과 일치하지 않는 경우에도 나타난다. 다음 예는 심프슨(Simpson)의 역리라고 하는데 부분적인 관찰로부터 얻는 결론들이 전체에서 성립하지 않는 사례이다. 이것은 귀납적 추론의 문제점을 들추어낸다.

예 3. 다음 표는 어느 도시의 2개 학교의 수학 시험과 영어 시험의 결과이다.

학교	수학 시험		영어 시험		전체 평균
	평균 점수	학생 수	평균 점수	학생 수	
A	70	100	72	100	71.5
B	69	100	71	900	71.8

이 결과에 의하면 A학교의 수학, 영어 시험 점수가 B학교의 점수보다 좋다. 그러나 두 학군의 두 과목 평균 점수를 비교하면 B학군의 성적이 더 좋다. 이것으로부터 부분적인 결과와 전체의 결과는 달라질 수 있음을 알 수 있다. 즉 무비판적 귀납은 판단을 그르칠 수 있다.

예 4. 어느 암의 발생률은 2%정도인데 이 암을 검사하면 실제 발병한 사람의 80%정도가 양성 반응을 보이고 정상적인 사람의 10%가 양성 반응을 보인다. 이 경우에 양성 반응을 보인 사람의 어느 정도가 실제 환자일까? 이 물음에 대하여 의사들은 대개 80%로 대답하는 경향이 있다고 한다. 이 경우에 실제 확률을 계산해보자. 먼저 C를 암 환자, N은 정상인, $+$는 양성 반응이라고 하면

$$P(C)=0.02,\ P(+|C)=0.8,\ P(N)=0.98,\ P(+|N)=0.1$$

이므로 베이즈 공식

$$P(C|+)=\frac{P(+|C)P(C)}{P(+|C)P(C)+P(+|N)P(N)}$$

에 의하면

$$P(C|+)=\frac{0.8\times 0.02}{0.8\times 0.02+0.1\times 0.98}\approx 0.14 \text{이다.}$$

이것은 의사들의 판단과 많은 차이가 있는데 그 이유는 원래 이 암의 발생 확률(여기서 0.02)이 매우 낮기 때문이다.

대표성 어림법

확률에 기초한 의사결정의 심리는 카너먼과 트버스키에 의하여 집중적으로 연구되었다. 의사결정에서 많은 경우 우리들은 확실한 정보가 없는 상태에서 판단을 해야 한다. 이러한 경우에 사람들은 확률에 의거하기 보다는 어림법에 기초한다. 어림법에 대한 연구로서 카너먼과 트버스키의 연구에 의하면 사람들은 확률적 증거보다는 대상이 대표적이라는 이유로

선택하는 경향이 있음을 보였다. 이것을 대표성 어림법(representativeness heuristic)이라고 하는데 다음과 같은 예가 있다.

예 1. 몸이 날씬하고 다리 근육이 잘 발달된 사람을 보았을 때 그 사람이 국어 교사와 올림픽 육상 선수 중에서 어느 것이 가능성이 더 높은가를 물었을 때 대개 후자를 택하는데 이것은 전자의 확률이 높은데도 불구하고 대표성에 기초한 판단을 하고 있다.

예 2. 트버스키와 카너먼(1988, p. 297)은 다음과 같은 지문을 제시하였다.

린다는 31세의 독신녀이다. 그녀는 자기 의사를 명확히 밝히는 매우 영리한 여성으로서 철학을 전공하고 학생 시절에는 사회적 평등의 문제에 깊은 관심을 표했으며 반핵 데모에도 참가하였다.

이 지문과 동시에 다음과 같은 선택지를 제시하였다.

① 린다는 은행원이다.
② 린다는 선생님이다.
③ 린다는 여성 운동에 적극적이다.
④ 린다는 은행원이고 여성 운동에 적극적이다.

여기에서 피험자들의 반응은 ①보다 ④에 더 많은 선택을 하였다.

예 3. 동전을 6번 던져서 '앞뒤앞앞뒤앞'과 '앞앞앞앞앞앞'이 나올 확률의 판단에서 전자가 나올 확률이 높다고 판단한다. 확률과 관련된 심리적 현상 중의 하나는 도박꾼의 오류라는 것이 있는데 이것은 동전이 계속해서 5번 뒷면이 나왔다면 6번째는 앞면이 나올 것이라는 추측이다. 동전 던지기는 독립이므로 앞의 5번의 시행이 6번째에 영향을 주지 않는다. 그러나 사람들은 그렇게 생각하지 않는다.

가용성 어림법

다른 하나의 어림법은 가용성 어림법(availability heuristic)이라고 하는데 사람들은 자기 머리에 잘 떠오르는 것을 중심으로 판단하는 경향이 있다. 다음은 트버스키와 카너먼(1973)에 의하여 제시된 예들이다.

예 1. 영어 단어에서 첫 번째 오는 r과 세 번째 오는 r 중에서 어느 것이 많은가를 질문한 결과 대개는 전자를 선택하는 경향이 있다.

예 2. 신종 플루의 사망률이 계절 독감 사망률보다 높지 않는데도 불구하고 언론에서 전자에 대한 보도가 많기 때문에 사망률이 높다고 판단한다.

확률을 배운 적이 없는 사람들에게 다음 두 문장을 제시하였다.

i) 600명이 치명적인 바이러스에 노출되었다. 처방 A를 사용하면 600명 모두 회복될 확률이 50%이며 처방 B를 사용하면 정확하게 400명은 회복된다. 어느 처방을 선택하겠는가?

ii) 600명이 치명적인 바이러스에 노출되었다. 처방 A를 사용하면 600명 모두 회복될 확률이 50%이며 600명이 사망할 확률도 50%이다. 처방 B는 정확히 200명은 사망한다. 어느 처방을 선택하겠는가?

이 두 문장은 정확하게 같은 의미를 가지고 있다. 그러나 실험에 의하면 다르게 반응하고 있다.

19.2.2 오개념 분석

i) "동전의 앞면이 나올 확률이 1/2이다."라는 명제를 동전을 100회 던지면 앞면이 50회 나온다고 해석하고 있다.

ii) 곱의 사건에서의 용어 '그리고' 합의 사건에서의 용어 '또는'의 사용에 장애를 가지고 있다.

iii) 일상 언어로 주어진 확률 계산에서 문장의 정신모델이 빈약하다. 이것은 표본공간을 구성하는데 장애를 준다.

iv) 여사건 개념을 어려워한다. 이것은 여사건이라는 용어를 사용하지 말 것을 요구하고 있다. 이것은 여사건이라는 개념이 있음에도 불구하고 여사건이라는 용어를 사용하지 말 것, 즉 개념정의를 하지 말기를 요구하는 교육과정에 문제가 있다.

v) 두 사건 A와 B에 대하여 $P(A|B)=P(A)$일 때 사건 B가 사건 A에 영향을 미치지 않는다고 말함으로써 독립 개념을 모든 경우에 실제적 상황으로 생각하는 경향이 있다.

vi) 사건 A와 사건 B가 차례로 일어날 때 $P(B|A)$는 구할 수 있어도 $P(B|A)$는 구하기 어려워한다. (이것을 포크(Falk) 현상이라고 한다.)

vii) 독립사건과 배반사건을 구별하기 어려워한다.

viii) $A \cap B$와 $A|B$의 일상 언어에 의한 구별이 어렵다.

19.3 교육적 분석

19.3.1 교육과정 분석

교육목표 분석

세계가 필연적인지 아니면 우연적인지에 대한 결론은 아직 없다. 그러나 분명한 것은 필연적이라고 해도 우연 현상으로 다룰 때 편리한 경우가 있다. 예를 들면 공기의 열운동 현상은 공기 입자의 충돌의 결과이고 이 충돌은 당구공의 운동과 같이 강체역학의 결과들을 정확하게 따르고 있는 필연적 현상이지만 개체가 많은 경우에는 공기들의 충돌 현상을 당구공의 역학으로 간주할 수 없게 된다. 확률론은 사실 세계관에 대한 혁명적 사상을 포함하고 있다.

그러나 학교수학에서 확률론을 배우는 이유는 이와 같이 거대한 세계 구조에 대한 안내를 위한 것은 아니다. 학교수학에서 배워야 할 확률 단원은 다음과 같은 사항을 중시한다.

i) 확률을 통한 합리적 의사결정.
ii) 실제적 문제해결을 위한 확률의 사용.

이 목표를 실천할 수 있도록 확률과 관련된 기본적인 개념과 사용 방법을 배운다. 확률의 기본적인 개념을 중시한 나머지 실제적 적용을 뒤로 미루는 일이 없도록 함으로써 확률론이 현실적인 도구임을 확인하게 한다.

학습 내용 개요

주제	내용	주안점
확률개념	고전적 확률 개념(수학적 확률) 빈도 개념(통계적 확률)	구체적인 활동을 통한 학습 계산기와 도표를 적극적으로 활용한다. 이론과 실제의 관계를 주목한다.
분포	이항분포 정규분포 이항분포의 정규 근사화	구체적인 활동을 통한 학습 계산기와 도표를 적극적으로 활용한다.

지식의 연결성

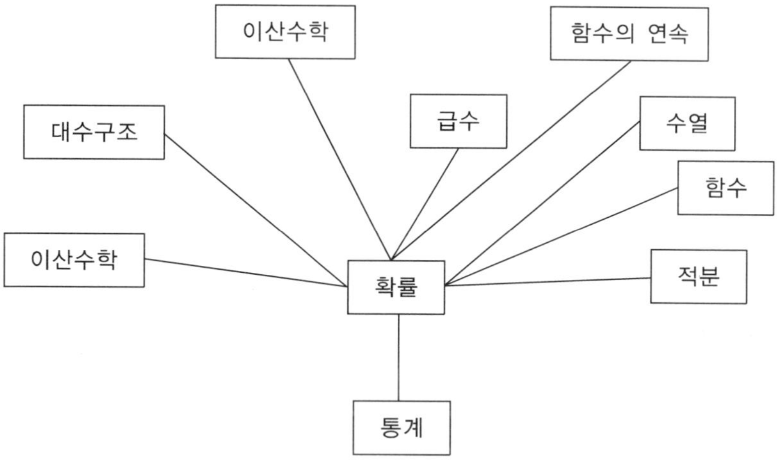

19.3.2 학습 주제 및 내용 분석

기본 개념의 계열

확률 단원은 다음과 같은 개념들로 구성되어 있다.

i) 시행. 어떤 결과를 발생시키는 행위.
ii) 사건. 시행으로부터 나타날 수 있는 결과.
iii) 표본공간. 사건을 조직하는 표지들의 집합.
iv) 확률. 사건이 일어날 개연성을 수치화한 것.

이 개념들은 다음과 같은 하위 개념들을 만든다.

i) 배반사건, 여사건
ii) 조건부확률
iii) 독립사건, 종속사건

이러한 개념을 바탕으로 확률 현상을 기술하는 관계들과 이 관계를 측정하는 개념들이 다음과 같이 나타난다.

i) 확률변수

ii) 분포함수, 확률분포(이산분포, 연속분포), 확률질량함수, 확률밀도함수

iii) 평균, 분산, 표준편차

공리적 확률 개념의 일상적 해석

콜모고로프의 정의에 적절한 해석을 가하면 Ω와 Σ에 물리적 의미를 부여할 수 있다. 이렇게 하면 수학적 정의가 가진 탈맥락성에 맥락을 부여하는 것이 되어 학습자로 하여금 형식적 정의의 이해를 돕게 된다. 예를 들면 Ω는 어떤 확률을 다룰 표지들의 대상, 예를 들면 주사위나 동전의 표면적 모습을 묘사하고, Σ는 표지들이 일어날 상황들을 묘사하며 P는 각 사건이 일어날 확률을 묘사한다.

예. 어떤 동전의 확률적 정보가 다음과 같이 $\Omega=\{1,\ 2,\ 3\}$, $\Sigma=\{\varnothing,\ \Omega,\ \{1,\ 2\},\ \{3\}\}$, $P(\{1,\ 2\})=1/3$, $P(\{3\})=2/3$ 으로 주어졌다고 할 때 현실적 상황으로 해석하면 어떻게 될까? 먼저 Ω는 동전의 표면에 나타난 명목적 숫자들이다. 둘째, Σ는 그 숫자들의 실제 모습을 보여 준다. 다음 그림과 같은 것이 위의 해석으로 가능한 동전의 모습인데 그 이유는 1과 2는 항상 같이 나타나기 때문이다. (물론 여기서 동전이 모서리로 서는 경우도 없다.) 마지막으로 이 동전은 앞면이 나올 확률은 1/3이고 뒷면이 나올 확률은 2/3가 되도록 제작되었다고 해석할 수 있다.

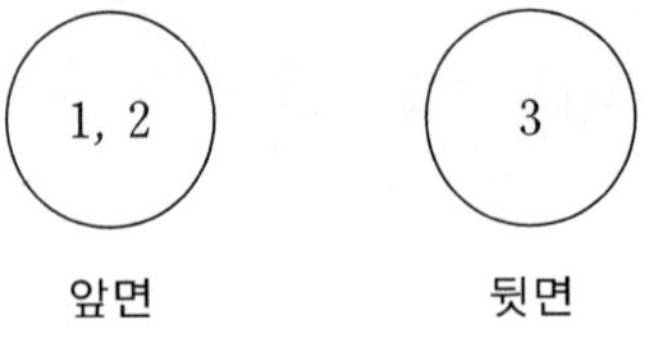

조건부확률

본체적 관점에서 볼 때 $P(A\cap B)$로부터 $P(A|B)$가 정의되므로 전개 순서는 다음과 같다.

i) $P(A\cap B)$를 계산.

ii) 정의 $P(A|B)=\dfrac{P(A\cap B)}{P(B)}$로부터 $P(A|B)$를 계산.

그러나 실제 상황은 본체적 상황과 달리 $P(A\cap B)$를 구하는 것이 목표가 되므로 전개 순서는 다음과 같다.

i) $P(A|B)$를 계산. 이것은 문제로부터 직접 계산한다.

ii) $P(A|B)$을 이용하여 $P(A \cap B)$을 계산한다. 따라서 두 사건이 독립이라는 정보 또는 독립시행이라는 개념들은 모두 $P(A \cap B)$를 계산하기 위한 보조 개념이다.

19.4 교수학습 지도

19.4.1 학습 내용 지도

사건 개념의 지도

보통 사건 개념을 지도할 때 전형적인 사례만을 소개하는 경향이 있다. 예를 들면 다음과 같은 것들이 전형적인 예들이다.

i) 주사위를 던졌을 때 나오는 눈.

ii) 두 개의 동전을 던졌을 때 나오는 눈의 종류.

iii) 2개의 검은 돌과 3개의 흰 돌로부터 3개의 돌을 뽑는 것.

이런 사례들은 주로 '유한 경우의 수'와 관련된 예들이다. 이런 경우들은 표본공간을 구하는 과정의 지도가 필요하다.

한편 실제 사건 범주는 매우 방대하기 때문에 유한 경우의 사례들로 형성된 정신모델은 빈약할 가능성이 있다. 따라서 사건 개념은 보다 현실적인 접근이 필요하다. 다음 예를 보자.

i) 전염병 발생 시 환자.

ii) 나이에 따른 사망.

iii) 고객이 계산대에서 기다리는 시간.

iv) 당일 주식이 5% 오르는 것.

v) 어느 바다에서 생선이 잡히는 것.

vi) 어떤 시험에서 성적이 80% 이상 되는 것.

vii) 톨게이트에 도착하는 차량.

viii) 제조물의 결함.

ix) 주어진 시간 동안 기다리는 것.

x) 학생들이 학교에서 운동하다가 다치는 것.

이런 예로부터 확률론은 방대한 실제 문제에 적용할 수 있음을 인식할 수 있어야 한다.

통계적 확률의 개념 지도

통계적 확률 개념을 도입할 때 지루하지만 학생들로 하여금 동전을 던지게 하여 그 결과를 종합하는 활동을 가져야 한다. 예를 들면 학생수가 40명이라고 할 때 모두 한 번씩 던져서 나온 결과를 종합한다. 이때 40개 중에서 앞면이 나온 개수를 기록한다. 다시 두 번째 동전을 던져서 그 결과를 기록한다. 이와 같은 방법으로 10회를 반복해보자. 그리고 그 결과들을 다음 표와 같이 만들어보자. 그리고 그 그래프를 만들어보자.

던진 횟수	40	80	120	160	200	240	280	320	360	400
앞면의 개수										

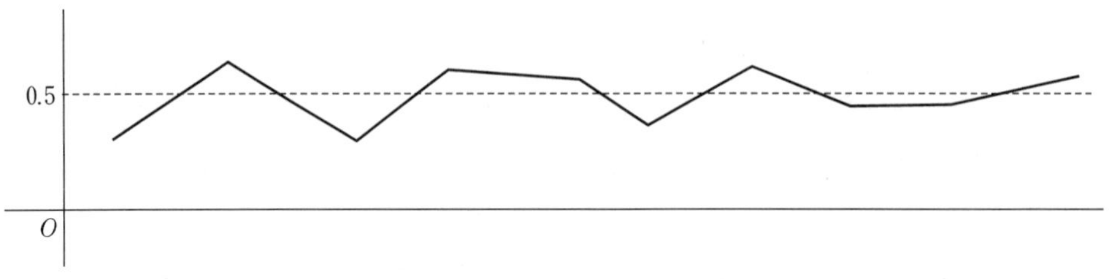

여기서 각각의 시행의 결과는 통계적 확률로서 모두 자격이 있다는 점을 분명히 해야 한다. 이 실험으로부터 배울 것은 다음과 같다

i) 이 실험은 유한 회이고 이 결과들로부터 앞면이 나올 비율이 어떤 곳으로 점점 가까이 간다는 결론을 내리지 말아야 한다.

ii) 각 실험으로부터 얻은 비율은 모두 통계적 확률로서 자격을 얻는다. 즉 통계적 확률이란 실제 실험한 결과이므로 개인에 따라 시행에 따라 모두 다를 수 있다는 점을 유의한다. 간혹 이런 일련의 실험 결과로부터 통계적 확률을 0.5라고 하는데 이것은 잘못된 결론이다.

고전적 확률 개념의 지도

고전적 확률 개념은 학교수학에서 수학적 확률이라는 용어로 나타난다. 고전적 확률 개념은 어떤 경우의 수에 대한 비율로서 전체 사건에 대한 일어날 사건들의 비율이라는 논리수학적 상황을 일상적 언어로 묘사한 것에 지나지 않기 때문에 여기서 말하는 시행 개념이란 현실 세계의 의미로서 무엇을 실행하는 것이 아니다. 그러므로 고전적 확률 개념으로서 시행 개념과 통계적 확률 개념의 시행 개념의 구분을 분명하게 해야 한다. 그렇지 않으면 학습자들은 논리수학적 시행과 현실적 시행을 구별하지 못하게 된다. 고전적 확률 개념을 지도하는 상황에서 1의 눈이 나올 확률이 1/6이라고 하는 것, 실제 시행한다는 것 모두 가상의 상황으로서 주어진 확률공간에서의 형식적 계산에 지나지 않는다는 점을 환기시켜야 한다.

확률의 지도에서 다른 하나의 난점은 확률이 0이라고 해서 전혀 없는 사건은 아니라는 점이다. 예를 들어 각 변의 길이가 1인 정사각형이 내부에 한 점을 선택했을 때 삼각형 $\triangle PAB$가 직각삼각형이 될 확률은 전체 면적에 대하여 $\overline{AB}$를 반지름으로 하는 반원의 면적이므로 0이다. 이런 점은 지도하기 매우 어려운 부분이다.

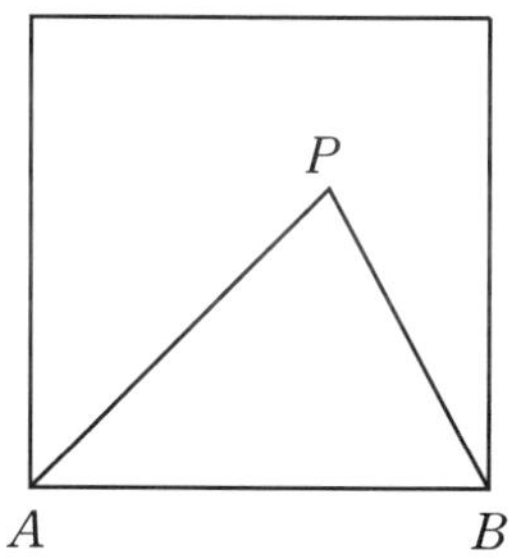

조건부확률의 지도

공식 $P(A \cap B) = P(A)P(B|A)$에서 구하고자 하는 것은 좌변이다. 즉 $P(A \cap B)$를 알기위하여 $P(A|B)$를 계산해야 하고 따라서 $A|B$에 대한 이해가 필요하다. $A|B$에 대한 이해는 형식적 상황과 실제 상황에서 다르게 나타난다. 여기서 먼저 형식적 상황과 실제 상황이 무엇인지 알아보자.

형식적 상황이란 표본공간을 기초로 하여 각각의 확률을 계산하는 상황을 의미한다. 이 경우는 표본공간만 구하면 A, B, $A \cap B$는 표본공간으로부터 분명하게 드러나기 때문에 $P(A \cap B)$와 $P(A|B)$를 구하는 것은 간단하다. 다음 예 1과 예 2가 이런 경우에 해당된다.

예 1. $P(A) = 0.5$, $P(B) = 0.8$, $P((A \cup B)^c) = 0.2$일 때, $P(A \cap B)$, $P(A|B)$를 구해보자. 이 상황을 다이어그램으로 나타내보자.

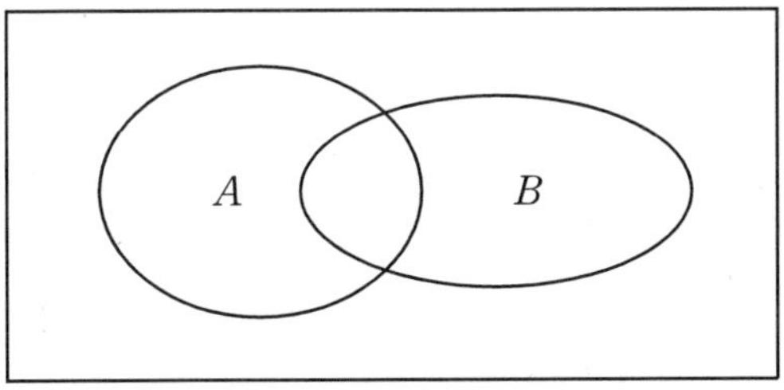

예 2. 다음 표는 어떤 것에 대한 지지도에 대한 남녀의 반응이다.

	남(M)	여(F)	합계
찬성(A)	120	40	160
반대(B)	30	110	140
합계	150	150	300

여기서 $P(A)$, $P(A\cap F)$, $P(A|F)$, $P(F|A)$를 계산해보자.

실제 상황이란 표본공간에 의하지 않고 관련 확률을 문제로부터 직접 계산하는 경우이다. 이 경우는 표본공간이 암묵적이기 때문에 문제 상황을 이해하는 것이 중요하다.

실제 상황의 문제를 해결하기 위한 준비 단계로서 다음과 같은 사건을 일상 언어로 표상할 수 있도록 해야 한다.

i) A, $A\cap F$, $A|F$, $F|A$를 일상 언어로 표현해보기. $A\cap F$는 두 A와 F가 동등하게 병립되지만 $A|F$, $F|A$는 어떤 전제된 사건에 대한 사건이므로 '비'에 대한 정신모델을 가져야 한다. 즉 정신모델로서 $A\cap F$는 수평적이지만 $A|F$는 수직적임을 확인해야 한다.

ii) A, $A\cap F$, $A|F$, $F|A$가 실제 어떤 상황인가를 마음속으로 그려보기.

예 1과 예 2를 다양하게 제시하고 그것들로부터 i)과 ii)를 연습한 후 실제 상황 단계로 나아가도록 지도한다.

독립사건과 관련된 학교수학의 '실질적' 학습목표는 두 사건 A, B의 독립성을 판정하는 데 있는 것이 아니라 $P(A\cap B)$의 계산에 있다. 즉 등식 $P(A\cap B)=P(A)P(B|A)$에서 좌변은 구해야 할 목표이고 우변은 이에 필요한 수단이다. 만약 A, B가 독립임을 안다면 $P(B|A)=P(B)$를 이용하여 $P(A\cap B)$를 즉시 계산할 수 있다. 그러나 대개의 경우

$P(A|B)$는 주어진 상황으로부터 '직접' 계산해야 한다.

이산형확률변수와 확률분포의 지도

이산형확률변수 개념을 지도하기 위하여 다음 절차를 적용한다. 먼저 다음과 같은 상황을 설정하자. 앞이 나올 가능성과 뒤가 나올 가능성이 동등한 두 개의 동전이 있다. 이 두 개의 동전을 던졌을 때 X를 앞면이 나타나는 동전의 개수로 정의하면

$$P(HH)=\frac{1}{4},\ P(HT)=\frac{1}{4},\ P(TH)=\frac{1}{4},\ P(TT)=\frac{1}{4}$$

이고

$$X(HH)=2,\ X(HT)=1,\ X(TH)=1,\ X(TT)=0$$

가 되고 따라서

$$P(X=2)=\frac{1}{4},\ P(X=1)=\frac{1}{2},\ P(X=0)=\frac{1}{4}$$

를 얻는다.

이 과정이 하나의 절차가 되는데 이것을 바탕으로 실제 지도는 다음과 같이 진행한다.

i) 확률변수의 설정. 이것은 다음과 같은 다이어그램이나 수표 등 함수를 표현하는 어떤 것이라도 좋다. 여기서는 다음 그림과 같이 화살표 다이어그램을 사용하였다.

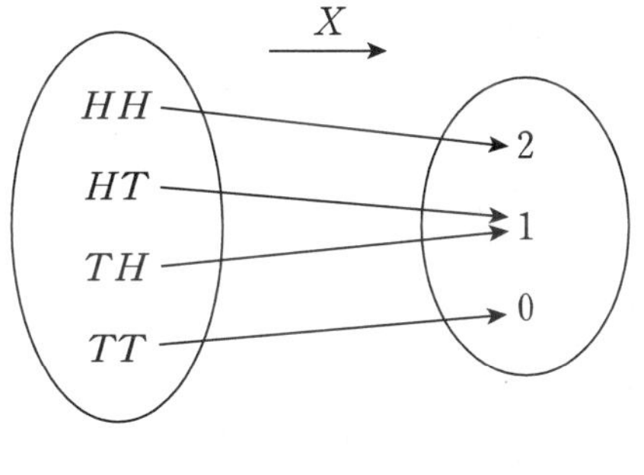

ii) $\{\omega : X(\omega)=0\}$, $\{\omega : X(\omega)=1\}$, $\{\omega : X(\omega)=2\}$를 계산하기.

iii) $P(\{\omega : X(\omega)=0\})$, $P(\{\omega : X(\omega)=0\})$, $P(\{\omega : X(\omega)=0\})$를 계산하기.

iv) 약호화 하기. 즉 iii)을 다음과 같이 나타낼 수 있도록 한다. 즉 $P(\{\omega : X(\omega)=0\})$을 $P(X=0)$으로 나타낼 수 있도록 한다.

v) $P(\{\omega : X(\omega)=0\})$와 $P(X=0)$를 말로 표현하기. 이 단계에서 두 표상의 의미는

동일하다는 것을 일상 언어에 의하여 파악할 수 있어야 한다.

vi) 확률질량함수 그리기.

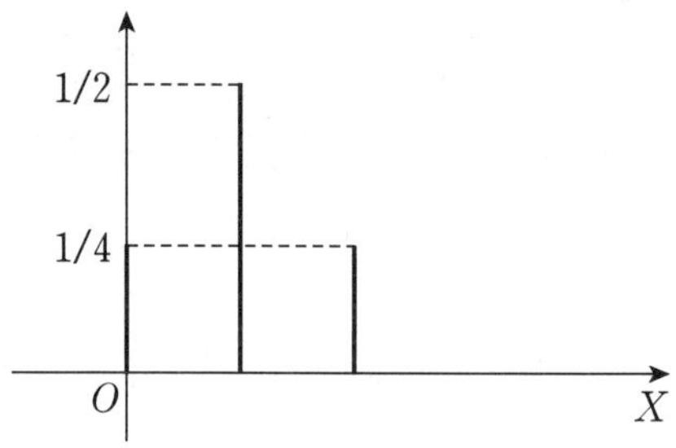

vii) 분포함수 그리기. 즉 $F_X(x) = P(X \le x)$를 그린다.

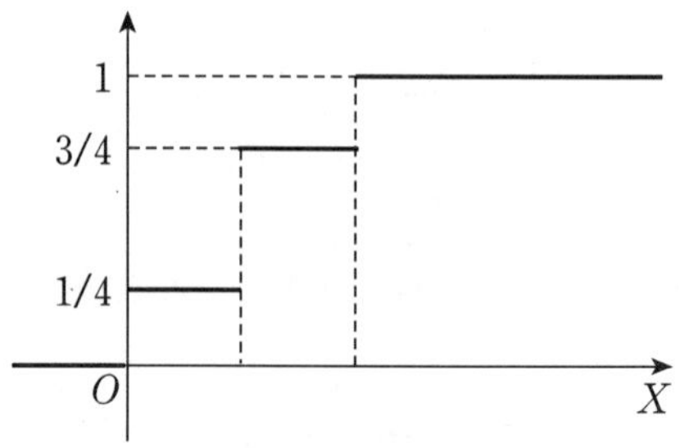

viii) 다양한 예를 통하여 이 과정을 반복하기. 전혀 다른 예를 사용할 수도 있지만 주어진 X를 응용하는 것도 방안이다. 예를 들면 Y는 앞면이 나오는 수에 2를 곱한 것, Z는 앞면이 나오는 수에 2를 더한 것 등 다양하게 만들 수 있다.

예 1. 동등한 확률을 가지는 두 주사위를 던져 두 주사위의 눈의 합을 X라고 할 때 X의 분포를 그려보자. 이것을 표로 만들면 다음과 같다.

$X=n$	2	3	4	5	6	7	8	9	10	11	12
$P(X=n)$	1/36	2/36	3/36	4/36	5/36	6/36	5/36	4/36	3/36	2/36	1/36

예 2. 검은 돌 5개 흰 돌 3개가 있는 주머니에서 4개를 추출했을 때 검은 돌의 개수를 X라고 할 때 X의 분포를 만들어보자.

$X=n$	1	2	3	4
$P(X=n)$	$\frac{1}{14}$	$\frac{3}{7}$	$\frac{3}{7}$	$\frac{1}{14}$

연속형확률변수와 확률분포의 지도

연속형확률변수를 만드는 것은 이산형확률변수를 만드는 것보다 약간 까다로운데 그 이유는 바로 확률밀도함수를 만들어야 하기 때문이다. 연속분포일 경우에는 확률밀도함수보다 분포함수를 만드는 게 유리하다. 예를 들어 다음 상황을 생각해보자.

매 시 정각에 차가 정거하여 사람들을 태우고 떠나는 버스 정거장이 있다. 여기서 9시와 10시 사이에 이 정거장에서 버스를 기다리는 시간을 X분이라고 하자. 이때 지도는 다음과 같이 진행한다.

i) 확률변수의 설정. 연속형인 경우 X의 그래프를 그린다.

ii) 실험적으로 몇 개의 구체적인 경우를 생각해보기. 이 단계는 귀납에 의하여 상황을 파악하게 한다. 예를 들면 $\{\omega : X(\omega) \le 25\}$, $\{\omega : 0 < X(\omega) \le 10\}$, $\{\omega : X(\omega) = 20\}$를 계산하기.

iii) $P(\{\omega : X(\omega) \le 25\})$, $P(\{\omega : 0 < X(\omega) = 10\})$, $P(\{\omega : X(\omega) = 20\})$를 계산하기.

iv) 약호화 하기. 즉 iii)을 다음과 같이 나타낼 수 있도록 한다. 즉 $P(\{\omega : a \le X(\omega) \le b\})$을 $P(a \le X \le b)$으로 나타낼 수 있도록 한다.

v) $P(\{\omega : a \le X(\omega) \le b\})$와 $P(a \le X \le b)$를 말로 표현하기. 이 단계에서 두 표상의 의미는 동일하다는 것을 일상 언어에 의하여 파악할 수 있어야 한다.

vi) 분포함수 그리기.

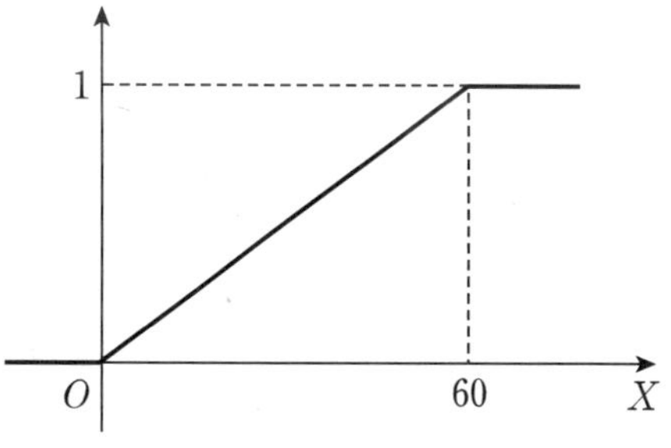

vii) 확률밀도함수 그리기.

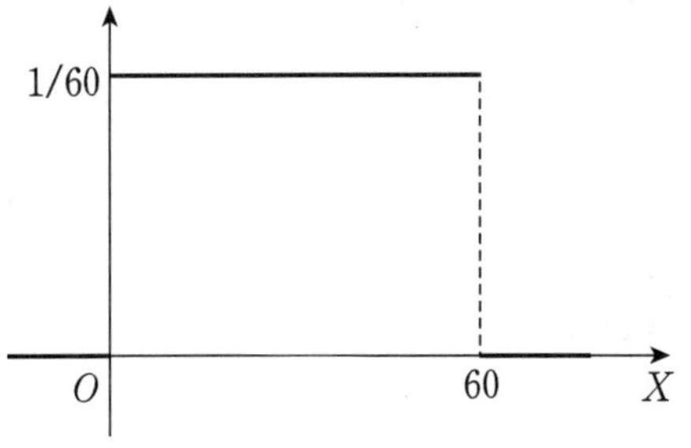

viii) 다양한 예를 통하여 이 과정을 반복하기. 이 모든 과정에서 2개의 그래프가 나타나는 데 그래프의 y축에 대하여 주의를 집중한다.

기댓값에 대한 지도

기댓값에 대한 현실감을 가지도록 지도하려면 일상생활에서 흔히 나타나는 사례를 통해야 한다. 예를 들면 복권을 살 때 손익 분기점은 복권에 대한 기댓값이다. 또 원판을 적당하게 분할하여 점수를 주고 다트로 내기를 한다고 할 때 여기서 기댓값은 한 번 던질 때 얻는 값이다. 몇 사람씩 모여 한 조를 편성하고 확률 놀이를 하는 것은 기댓값을 이해하는 데 도움을 준다.

기댓값을 구체적으로 이해하기 위한 놀이 방안으로서 다트 게임 같은 것을 생각할 수 있다.

i) 기댓값 계산하기. 주어진 원판으로부터 기댓값을 계산하는 방법을 익힌다.
ii) 기댓값 만들기. 주어진 원판에 미리 설정된 기댓값을 가지도록 원판을 분할한다.

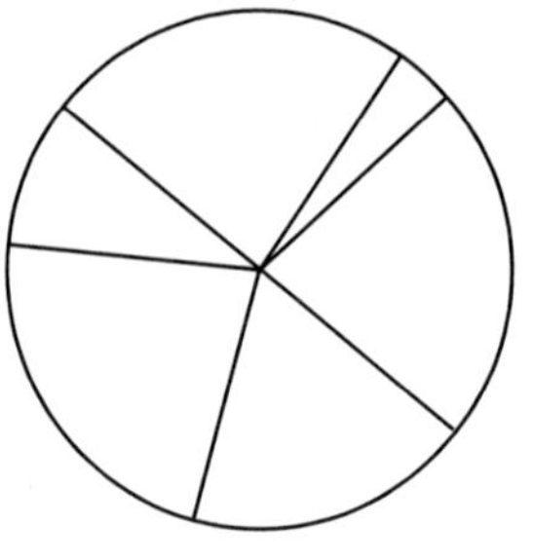

19.4.2 평가

1. 다혜와 예진 및 그 외의 n명이 한 줄로 서 있다. 꼭 $k(0 \le k \le n)$명의 사람이 다혜와 예진 사이에 있을 확률을 구하라.

2. 두 사람 A와 B가 교대로 주사위를 던진다. 나오는 눈의 합이 4가 먼저 되는 사람이 이기는 것으로 한다. 먼저 던진 사람이 이길 확률을 구하라.

3. 삼각형을 가위로 잘라내었을 때 그것이 직각삼각형이 될 확률을 구하라. 여기서 직각삼각형 대신에 다른 도형을 제시할 경우에 대한 확률을 구해보자.

4. 다음 글을 보자.

무대에 3개의 문이 있고 스포츠카 한 대, 염소 두 마리가 각각의 문 뒤에 상품으로 숨어 있다. 방송을 진행하는 사회자는 각각의 문 뒤에 무엇이 들어있는지를 이미 알고 있다. 한 방청객이 나와서 하나의 문을 선택한다. 이때 사회자는 염소가 들어 있는 문을 열어 보인다. 그러고 난 후 그 방청객에게 자신의 선택을 번복하겠는가를 묻는다. 선택을 번복하는 것이 원래 선택보다 유리할까?

이것은 "몬티 홀(Monty Hall) 문제"로 알려져 있다. 이 문제에 대하여 논의해보자.

5. 하나의 원판에 세 가지 색을 칠하는데, 중심각의 크기가 180도인 부채꼴에 빨간색, 120도인 부채꼴에 노란색, 60도의 부채꼴에 파랑색으로 칠했다. 다트를 던졌을 때 원판에 맞을 가능성은 모든 점에서 동등하다고 한다. 이때 다트가 빨강색 부채꼴에 맞으면 10점, 노랑색 부채꼴에 맞으면 20점, 파랑색 부채꼴에 맞으면 50점으로 X의 값을 정의한다. 이때 X의 분포함수, 평균, 분산을 구하시오.

6. 확률분포 X의 분포함수 $F(x)$가 다음과 같이 주어졌다.

$$F(x) = \begin{cases} 0, & x \le 0 \\ x^2, & 0 \le x \le 1 \\ 1, & x > 1 \end{cases}$$

이에 대한 확률밀도함수를 구하고 평균 및 분산을 구하라.

7. 어떤 병균에 대하여 항생제를 사용하는데 의사에 따라 항상 단일 항생제만 사용한다고 한다. 전체적으로는 3가지 항생제를 사용할 수 있는데, 항생제 A를 투여한 환자는 전체의 45%, 항생제 B를 투여한 환자는 전체의 30%, 나머지는 항생제 C를 투여한 환자이고 각각의 항생제는 0.1%, 0.3%, 0.1%의 내성률을 가지고 있다. 여기서 어떤 환자가 자신에게 투여한 항생제에 대하여 내성이 생겼을 때 그것이 항생제 A였을 확률을 구하시오.

8. 두 개의 동전을 던져 나오는 눈에 따라 점 P는 다음 규칙에 의하여 움직인다.

나오는 눈	진행 규칙
앞 앞	오른쪽으로 1 위로 1
앞 뒤	오른쪽으로 1
뒤 앞	위로 1
뒤 뒤	움직이지 않음

i) P의 최초의 위치가 원점일 때 P가 격자점 $(m,\ n)$에 있을 확률을 구하라.

ii) $P(X=m+n)$을 구하라.

9. 두 개의 주사위를 차례로 던졌을 때 먼저 나오는 눈을 X, 뒤에 나오는 눈을 Y라고 한다. 이때 방정식 $x^2+Xx+Y=0$가 중근을 가질 확률을 구하라.

10. X는 오직 0 이상의 값만 취하는 확률변수일 때 임의의 $\alpha>0$에 대하여

$$P(X\geq a)\leq\frac{E(X)}{\alpha}$$

임을 보여라. 이 부등식을 마르코프 부등식이라고 한다.

19.4.3 연구 과제

교수 측면

1. 독립성 개념 형성을 위한 효과적인 지도 방안을 논의해보자.

2. 확률분포와 관련된 개념을 지도하기 위한 절차적 방법을 논의해보자.

3. 확률분포를 다루는 데 있어서 적분 계산을 사용하지 않고 지도할 수 없을까?

4. SOLO 평가를 구체화하기 위한 질의 문항을 개발하자.

학습 측면

1. 확률 개념을 지도할 때 표본공간을 형식적으로 제시하는 것이 반드시 필요할까? 제시하는 것과 그렇지 않는 것은 학습에서 어떤 차이가 있을까?

20. 통계

20.1 수학적 분석

20.1.1 역사적 분석

확률론과 달리 통계에 대한 개념은 이미 고대 바빌로니아 시대까지 올라간다. 성서에서도 이미 인구 조사라는 이야기가 나온다. 이미 그 당시 국가를 통치하기 위한 정보를 얻기 위하여 위정자들은 초보적인 통계학이 필요하였다. 이 시기의 통계라는 것은 단순히 있는 그대로 재고 조사하는 수준에 머물렀다. 그러나 중세를 지나 근대 국가들이 생기면서 위정자들은 보다 체계적인 국세 현황을 파악할 필요가 있었다. 통계학을 'Statistics'이라고 하는 것은 국가라는 말의 라틴어 'Status'에 기인한다.

상업이 발달할수록 점점 더 조직적이고 체계적인 통계 조사가 필요했다. 특히 해양 운수업이 활기를 띠면서 보험 회사들에 의하여 통계 조사가 촉발되었다. 그러나 잘못된 확률 예측에 의하여 손해를 보는 경우도 많았다. 영국의 상인 그론트(J. Graunt, 1620~1674)는 통계적 기법을 통하여 자료의 특이성을 추출하였다. 그는 방대한 사망표로부터 사망자의 사망 원인을 분류하면서 나타난 통계적 수치들로부터 원인을 도출하거나 추론을 위해서 통계 자료를 이용하였다. 이런 점에서 보험 통계의 착상을 마련했다는 점을 평가할 수 있겠지만 그렇다고 그론트가 이후의 통계학의 발달에 결정적인 영향을 주었다고 보기는 어렵다(Stigler, 1986). 통계가 추론의 자료가 되기 위해서는 자료의 단순 처리만으로는 부족하고 관련 자료들이 일관된 방법으로 비교 분석될 수 있어야 하는 기법이 마련되어야 하기 때문이다.

통계학의 중요성이 인식된 영역은 천문학과 측지학이다. 18세기에서 19세기 말경에 이르는 동안 유럽의 열강들은 대규모 천체 관측과 측지 사업에 막대한 투자를 하였다. 자국의 부를 축적하기 위하여 활발한 원양 항해가 있었는데 여기서 배의 정확한 위치를 알아야 할 필요가 있었다. 선박의 위치에 대한 위도를 측정하는 방법은 쉬웠지만 경도를 측정하는 문제는 쉬운 것이 아니었다. 이를 위하여 여러 별의 위치를 정확하게 측정하는 문제는 국가적 사업이 되었으며 그중에서도 특히 달의 위치를 정확하게 측정하는 문제는 매우 중요한 의미를 지니고 있었다.

관측 결과들을 평균하는 것은 오래 전부터 사용하고 있었지만 평균을 취할 때는 동일한 조건에서 얻은 자료에 국한되었다. 그러나 관측이 항상 같은 조건에서 이루어지지는 않기 때문에 다양한 조건에서 관측된 결과들을 연결시켜 해석할 필요가 있었다. 이것을 '관측들의 결합'(combination of observations)이라고 하는데 오일러는 서로 다른 조건에서 관측된 결과들을 함께 묶으면 더 큰 오차가 나타나기 때문에 다른 조건에서 얻은 관측값을 결합하는 것을 거부하였다. 그러나 수리 통계학은 서로 다른 조건에서 관측된 값들이 적절한 오차 한계에 있다면 적절한 해석을 얻을 수 있게 만든다.

19세기 수리통계학에서 주목할 점은 1805년 르장드르의 저서 <혜성 궤도를 결정하기 위한 새로운 방법>(Nouvelles méthodes pour la détermination des orbites des cométes)이라는 책의 부록 <최소 제곱의 방법에 대하여>(Sur la méthodes des moindres quarrés)에 소개되어 있는 최소제곱법의 연구이다. 최소제곱법은 관찰이나 실험을 통하여 수집한 자료에 가장 적합한 함수식을 찾는 방법으로서 관측의 결합으로 인하여 생기는 오차를 최소로 줄이는 획기적인 방법으로서 오늘날 회귀 분석을 위한 절대적인 도구이다. 이 방법은 발표되자마자 10년도 채 되지 않았음에도 불구하고 전 유럽의 천문학과 측지학의 표준 도구가 되었다. 1809년 가우스는 이미 자신이 1795년부터 그 방법을 사용했다고 주장함으로써 미적분법의 발견에 대한 뉴턴과 라이프니츠의 싸움과 비슷한 양상을 나타내었다. 수리 천문학에서 미적분법이라면 관측 천문학에서 최소제곱법, 미적분법과 마찬가지로 최소제곱법도 즉각적 파급되었다는 점, 이 이론의 창시자에 대한 논쟁은 여러모로 미적분법의 발견을 둘러싼 이야기와 대비된다.

자연과학의 영역을 넘어 사회과학에서 확률론 기반의 통계적 추론이 시도되기 시작한 것은 근대 통계학의 창시자라고 할 수 있는 벨기에의 통계학자 케틀레(A. Quetlet, 1796~1874)에 의하여 시작되었다. 그는 출생과 사망, 사회 범죄 등 다양한 영역의 통계 문제에 중심극한정리와 같은 수학적 기법을 접목하였다. 동시에 통계청 같은 기관을 설립하여 국가 단위에서 통계 업무를 관장할 관청을 조직하였는데 이것이 하나의 모범이 되어 다른 나라에도 파급되었다.

20.1.2 본체적 분석

분포를 대표하는 수들

분포를 대표하는 수들은 평균, 중앙값, 최빈값, 사분위수 등이 있는데 다음과 같이 정의된다.

i) 평균(mean)은 모든 x_1, ..., x_n을 n으로 나눈 값이다.
ii) 중앙값(median)은 자료 x_1, ..., x_n를 크기순으로 배열했을 때 가장 중간에 있는 값이다. 만약 자료가 짝수일 경우에는 가운데 두 값을 평균한 것이 된다.
iii) 최빈값(mode). 빈도가 가장 높은 값이다.
iv) 사분위수. 자료를 크기순으로 나열했을 때 처음 25%의 위치에 있는 수를 1사분위수라고 하고 50%의 2사분위수라고 하며 75%위치에 있는 수를 3사분위수라고 한다. 2 사분위값은 중앙값이다.

그러나 이런 값은 다른 정보와 결합되어 있을 때만 의미가 있다. 즉 변량의 분포의 양상이 중요한 역할을 하기 때문이다. 이와 같이 변량의 분포를 계량화한 것을 산포도라고 한다. 산포도에는 다음과 같은 것이 있다.

i) 평균편차
ii) 표준편차
iii) 분산
iv) 범위

상관계수

정의. 두 변수 x와 y의 조로 이루어진 n개의 자료에 대한 상관계수 r은 다음과 같이 정의된다.

$$r = \frac{1}{n-1}\sum_{k=1}^{n}\left(\frac{x_j - \overline{x}}{s_x}\right)\left(\frac{y_j - \overline{y}}{s_y}\right)$$

여기서

$$\overline{x} = \frac{1}{n}\sum_{k=1}^{n} x_k,\ \overline{y} = \frac{1}{n}\sum_{k=1}^{n} y_k \overline{y}$$

$$s_y = \frac{1}{n-1}\sum_{k=1}^{n}(y_k - \overline{y})^2,\ s_x = \frac{1}{n-1}\sum_{k=1}^{n}(x_k - \overline{x})^2$$

$$c_{xy} = \frac{1}{n-1}\sum_{k=1}^{n}(x_k - \overline{x})(y_k - \overline{y})$$

이라고 두면 상관계수는 다음과 같은 성질을 가지고 있다.

i) $r = \frac{c_{xy}}{s_x s_y}$
ii) 상관계수의 정의에 의하여 x와 y를 바꾸어도 r은 변하지 않는다.
iii) 상관계수는 특이점에 영향을 받는다.

상관계수와 인과성

상관계수는 단지 두 변수의 연관성의 강도를 측정한다. 그렇다면 두 변수 사이의 강한 상관관계가 한 변수가 다른 변수의 원인이 된다고 할 수 있는가? 이것은 두 변수 간의 인과성에 관한 문제이다. 그러나 상관관계가 높다고 해서 한 변수가 다른 변수의 인과성을 의미하는 것은 아니며 숨은 변수에 의하여 영향을 받을 때가 많다. 예를 들어 아프리카의 어느 지역은 TV 보급률과 평균수명 사이는 상관이 높다는 것이 알려져 있다. 그렇다면 TV를 공급하는 것이 평균 수명을 높이는 방안이 되는가? TV 보급률이 높다는 것은 건강, 환경 등이 좋음을 뜻하고 이런 것들이 평균수명을 높이는 결과가 된다. 이와 같이 두 변수의 상관에는 다른 숨은 변수들이 작용하여 두 변량의 상관을 높일 수 있다.

통계량

정의. X_1, ..., X_n을 모집단으로부터 추출한 표본이라고 하자. 함수 $f(X_1, \cdots, X_n)$가 미지의 모수를 포함하지 않을 때 확률변수 $f(X_1, \cdots, X_n)$를 통계량이라고 한다. 특히 통계량 $f(X_1, \cdots, X_n)$이 모수를 추정하기 위한 것일 때 추정량이라고 한다.

예. $\overline{X}= \dfrac{X_1+\cdots+X_n}{n}$

$$S^2=\frac{1}{n-1}\sum_{k=1}^{n}(X_k-\overline{X})^2$$

$$V^2=\frac{1}{n}\sum_{k=1}^{n}(X_k-\overline{X})^2$$

는 통계량이다.

정리. X_1, ..., X_n을 $N(\mu, \sigma^2)$으로부터 추출한 표본이라고 할 때 그 표본평균 $\overline{X}=\dfrac{X_1+\cdots+X_n}{n}$은

$$E(\overline{X})=\mu, \quad V(\overline{X})=\frac{\sigma^2}{n}$$

이다.

증명. 먼저 $E(\overline{X})=\dfrac{1}{n}\displaystyle\sum_{k=1}^{n}E(X_k)=\mu$이다. 또 X_k들의 독립성과 동일성으로부터

$$\begin{aligned} V(\overline{X}) &= E((\overline{X}- E(\overline{X}))^2) \\ &= E((\frac{1}{n}\sum_{k=1}^{n} X_k - \mu)^2) \\ &= \frac{1}{n^2}E((\sum_{k=1}^{n} X_k - n\mu)^2) \\ &= \frac{1}{n^2}\sum_{k=1}^{n} E((X_k - \mu)^2) \\ &= \frac{\sigma^2}{n} \end{aligned}$$

이다. ■

추정

표본조사란 모집단으로부터 표본을 추출하고 그 표본으로부터 나타난 특징을 이용하여 모집단의 특성을 알고자 하는 것이다. 그런데 모집단을 전수 조사하지 않는 한 모집단의 정확한 정보를 알 수는 없고 다만 추정할 수만 있다. 만약 표본이 어떤 분포를 이루고 있다면 추정은 다음과 같이 가능하다. 예를 들어 어떤 표본평균 $\overline{X}$가 모평균 μ, 모분산 σ^2의 분포를 하고 있다고 하자. 이때

$$P(|\mu - \overline{X}| < \alpha) = \beta$$

이란 표본을 추출했을 때 그 표본이 $(\mu - \alpha,\ \mu + \alpha)$에 속할 확률이 β라는 의미이다. 다른 말로 표현하면 어떤 표본이 $(\mu - \alpha,\ \mu + \alpha)$에 속할 가능성을 β만큼의 믿음을 가지고 말할 수 있다. 즉 β는 X가 $(\mu - \alpha,\ \mu + \alpha)$에 있을 집합에 대한 신뢰도를 나타낸다.

불편추정량

정의. 모수 θ가 주어졌을 때 추정량 $f(X_1,\ \cdots,\ X_n)$이

$$E(f(X_1,\ \cdots,\ X_n)) = \theta$$

를 만족할 때, $f(X_1,\ \cdots,\ X_n)$을 θ의 불편추정량이라고 한다.

예 1. $\overline{X}= \dfrac{X_1 + X_2 + \cdots + X_n}{n}$에서 $E(\overline{X}) = \mu$이므로 $\overline{X}$는 불편추정량이다.

예 2. $S^2 = \dfrac{1}{n-1}\displaystyle\sum_{k=1}^{n}(X_k - \overline{X})^2$은 불편추정량이다. 그 이유는 다음과 같다.

$$\sum_{k=1}^{n}(X_k - \overline{X})^2 = E(\sum_{k=1}^{n}(X_k - \mu + \mu - \overline{X})^2$$
$$= \sum_{k=1}^{n}(X_k - \mu)^2 + 2\sum_{k=1}^{n}(X_k - \mu)(\mu - \overline{X}) + \sum_{k=1}^{n}(\mu - \overline{X})^2$$
$$= \sum_{k=1}^{n}(X_k - \mu)^2 - n(\overline{X} - \mu)^2$$

이므로

$$E(\sum_{k=1}^{n}(X_k - \overline{X})^2) = E(\sum_{k=1}^{n}(X_k - \mu)^2 - n(\overline{X} - \mu)^2)$$
$$= \sum_{k=1}^{n}E((X_k - \mu)^2) - nE((\overline{X} - \mu)^2)$$
$$= n\sigma^2 - n\frac{\sigma^2}{n}$$
$$= (n-1)\sigma^2$$

이다. 그러므로 S^2는 불편추정량이다.

예 3. $V^2 = \frac{1}{n}\sum_{k=1}^{n}(X_k - \overline{X})^2$은 불편추정량이 아니다. 그 이유는

$$E(V^2) = \frac{n-1}{n}\sigma^2$$

이기 때문이다. 여기서 $\frac{n-1}{n}$이라는 수는 n을 크게 하면 중요한 것은 아니나 표본을 다룰 때는 n이 그다지 크지 않는 경우가 많은데 이런 경우에는 $\frac{n-1}{n}$가 매우 중요하다.

모평균의 추정

1. 모집단이 $N(\mu, \sigma^2)$를 따를 때 표본평균 $\overline{X} = \frac{X_1 + X_2 + \cdots + X_n}{n}$으로부터 모평균 μ의

구간추정을 하는데 여기서 모표준편차 σ를 알고 있는 경우와 모르는 경우의 두 가지로 나누자.

i) σ를 알고 있는 경우. 표본평균 $\overline{X} = \frac{X_1 + X_2 + \cdots + X_n}{n}$는 분포 $N\left(\mu, \frac{\sigma^2}{n}\right)$을 따른다. 이것으로부터

$$P\left(|\overline{X}-\mu| \leq z_{\alpha/2}\frac{\sigma}{\sqrt{n}}\right)=1-\alpha$$

이므로 신뢰도 α인 μ의 신뢰구간은 다음과 같이 주어진다.

$$\left[\overline{x}-z_{\alpha/2}\frac{\sigma}{\sqrt{n}},\ \overline{x}+z_{\alpha/2}\frac{\sigma}{\sqrt{n}}\right]$$

여기서 $\overline{x}$은 n개의 표본평균, σ은 모표준편차, n은 모두 주어진 수이기 때문에 μ를 추정할 수 있다. 예를 들어 신뢰도 $1-\alpha=0.95$이면 $z_{\alpha/2}=1.96$이다.

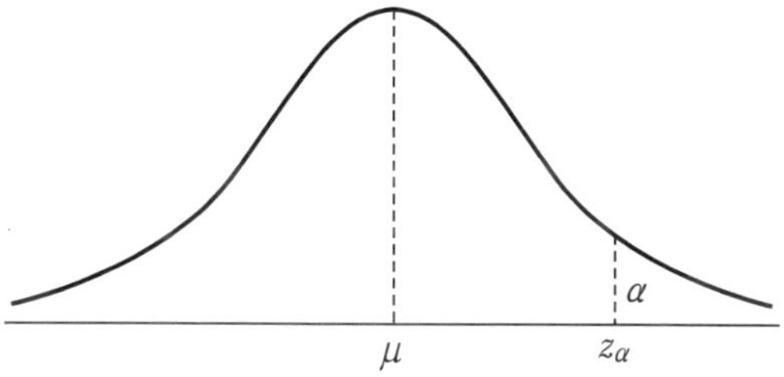

ii) σ를 모르는 경우. 이 경우는 σ 대신에 표본분산 S^2을 사용한다. 그러나 이때는 표본평균 $\overline{X}=\dfrac{X_1+X_2+\cdots+X_n}{n}$의 확률분포는 자유도 $n-1$의 t-분포를 따른다. 모평균 μ의 신뢰도 $1-\alpha$의 신뢰구간은 다음과 같다.

$$\left[\overline{x}-t_{\alpha/2}(n-1)\frac{s}{\sqrt{n}},\ \overline{x}+t_{\alpha/2}(n-1)\frac{s}{\sqrt{n}}\right]$$

여기서 $\overline{x}$는 n개의 표본평균 s는 표본표준편차이다. 여기서도 n이 충분히 큰 경우(보통 $n>30$)에는 정규분포를 따른다고 해도 좋다. 따라서 모평균 μ의 신뢰도 $1-\alpha$의 신뢰구간은 근사적으로 다음과 같다.

$$\left[\overline{x}-z_{\alpha/2}\frac{s}{\sqrt{n}},\ \overline{x}+z_{\alpha/2}\frac{s}{\sqrt{n}}\right]$$

예 1. 학생들의 수학 성적이 $N(\mu,\ 10^2)$을 따른다고 할 때 100명의 표본을 추출하여 평균을 구했더니 70점이었다. 이때 모평균에 대한 90%의 신뢰구간을 구해보자.

여기서 $\overline{x}=70$이고 $n=100,\ \sigma=10$이므로 주어진 신뢰구간은

$$\left[70-1.645\frac{10}{\sqrt{100}},\ 70+1.645\frac{10}{\sqrt{100}}\right]$$

으로 주어진다. 즉

$$[68.36,\ 71.65]$$

이다.

예 2. 만약 학생들의 수학 성적이 $N(\mu,\ \sigma^2)$를 따르되 σ를 모를 경우 μ를 추정해보자. 예를 들어 표본의 크기가 5인 표본으로부터 표본평균이 70점, $s=10$를 얻었다고 하자. 이때 $t_{0.025}(4)=2.776$이므로 95% 신뢰구간은 다음과 같다.

$$\left[70-2.776\times\frac{10}{\sqrt{5}},\ 70+2.776\times\frac{10}{\sqrt{5}}\right]$$

또는

$$[57.59,\ 81.41]$$

이다.

2. 모집단의 분포를 모를 때, 중심극한정리를 사용하기 위하여 표본의 수 n은 30 이상이라야 한다.

모비율의 추정

각각의 X_i가 베르누이 분포 $B(1,\ p)$를 따른다고 하자. 이때 $S=X_1+X_2+\cdots+X_n$는 중심극한정리에 의하여 근사적으로 $N(np,\ np(1-p))$를 따른다. 즉

$$P\left(\left|\frac{S}{n}-p\right|<z_{\alpha/2}\sqrt{\frac{p(1-p)}{n}}\right)=1-\alpha$$

그러므로 신뢰도 $1-\alpha$의 표본비율 p의 신뢰구간은 다음과 같이 주어진다.

$$\left[\frac{s_n}{n}-z_{\alpha/2}\sqrt{\frac{p(1-p)}{n}},\ \frac{s_n}{n}+z_{\alpha/2}\sqrt{\frac{p(1-p)}{n}}\right]$$

여기서 $\frac{s_n}{n}$는 표본비율이다. 그런데 여기서 p의 값을 모르므로 이 경우에 p 대신에 $\frac{s_n}{n}$을 사용한다.

예. 어떤 공정에서 제품의 불량률을 추정하기 위하여 100개를 임의 추출하여 검사를 하였더니 10개가 불량품이었다. 신뢰도 90%의 모비율의 신뢰구간을 구해보자. 여기서

$\frac{s_n}{n} = \frac{10}{100} = \frac{1}{10}$ 이고 $z_{\frac{0.1}{2}} = 1.645$ 이므로 모비율의 90% 신뢰구간은

$$\left[0.1 - 1.645\sqrt{\frac{\frac{1}{10} \times \frac{9}{10}}{100}},\ 0.1 - 1.645\sqrt{\frac{\frac{1}{10} \times \frac{9}{10}}{100}}\right]$$

또는

$$[0.051,\ 0.1494]$$

이다.

현상학적 분석

1. 군집현상으로의 통계학. 이것은 기술통계학을 형성하였다.
2. 통계적 추론으로서의 통계학. 이것은 통계적 의사결정 또는 추계학으로 나아간다.

20.2 심리적 분석

20.2.1 인지적 분석

1. 교사들이 통계에 대한 지식이 근본적으로 부족하다. 통계적 추론에 대한 전체적인 흐름과 세부적인 개념의 실제적 의미를 잘 모르고 있기 때문에 수업지도에 한계를 가진다.

20.2.2 오개념 분석

1. 동전을 던졌을 때 앞면이 나올 확률이 $\frac{1}{2}$ 이라는 것을 100번 던지면 정확하게 50번 앞이 나온다고 생각한다.
2. 모분산과 표본분산의 차이점에 대하여 분명한 차이점을 인식하지 못하고 있다.
3. 표본평균 $\overline{X}$과 표본평균의 평균 $E(\overline{X})$를 혼동한다.
4. 표본의 표준편차와 표본평균의 표준편차를 혼동한다.

20.3 교육적 분석

20.3.1 교육과정 분석

통계 단원 학습의 의의

통계 단원도 수학 기호나 수학적 언어들로 가득 차 있지만 응용 관점에서 볼 때 수학과는 근본적으로 다른 입장을 취한다. 응용 측면에서 볼 때 통계학은 추론의 학문이다. 즉 통계학이란 표본이라는 현실적으로 얻을 수 있는 정보를 이용하여 모집단이 가진 정보를 추측하는 학문이다. 이런 측면에서 통계학은 매우 현실적이고 즉각적으로 유용한 단원이다. 따라서 통계 단원을 배우는 이유는 실제 표본을 통하여 모집단의 정보를 알려고 하는 데 있다.

언론과 다양한 매체로부터 다양한 통계 자료를 접하게 된다. 이런 통계 자료들이 과연 믿을 수 있는가 또는 어떻게 해석해야 하는가? 통계를 배우는 다른 이유는 통계적 처리 결과에 대한 합리적인 판단력을 증진시키기 위함이다. 그러나 학교수학에 제시된 통계 단원을 보면 실제 상황보다는 이론적 사태를 중시하고 있다. 통계를 배우는 목적이 실제적이기 위해서는 다음과 같은 것을 고려해야 한다.

i) 이상화된 자료가 아니라 실제 통계 자료를 사용하여 이론과 실제의 거리를 좁힌다.
ii) 통계자료를 위하여 표와 그래프를 유연하게 사용할 수 있도록 한다.
iii) 통계 처리를 위하여 컴퓨터를 적극적으로 사용할 수 있도록 한다.
iv) 통계 실험을 설계할 수 있어야 한다.
v) 통계학이 추론의 학문임을 강조한다.

교육목표 분석

통계 단원은 현실과 결부된 수학이다. 현실과 결부된 수학의 특징은 적어도 수학이 어떤 이상적인 상태를 표상하는 것이 아니라 현실이 담고 있는 복잡성이 그대로 표상된 것인 경우를 의미한다. 수학이 현실적인 문제를 해결하지 못한다면 너무 단순화된 수학을 사용하기 때문이다. 통계 단원도 너무 단순화된 사례들을 제시한다면 이런 비판을 극복하기 어렵게 된다. 자료의 제시나 자료의 정리는 모두 학생들 스스로 수행했을 때 현실에 필요한 지식을 얻게 된다.

한편 통계 단원은 통계적 처리가 목표가 아니라 처리 결과로부터 나온 수치들을 해석하는 것이 목표이다. 그러므로 통계 단원은 계산의 결과로부터 나타난 수치들이 매우 중요한 역할을 한다. 일반적으로 수학 성취도를 볼 때 수학적 조작의 과정을 중요시할 뿐 계산이 틀린 것은 중요시하지 않아도 좋을 때가 있다. 그러나 현실적인 문제를 다룰 때 수치는 중요한 역할을 하기 때문에 통계 단원에서는 계산을 위하여 계산기를 적극적으로 사용하는 것도 바람직하다. 뿐만 아니라 개념을 형성하기 위해서 전형적인 문제를 사용할 수도 있지만 실제적인 경험을 하기 위하여 많은 자료를 처리하는 상황도 필요하다.

다음은 통계 단원의 학습목표에 포함되어야 할 내용들이다.

i) 기술통계의 이론과 실제적 활용.
ii) 추측통계의 이론과 실제적 활용.
iii) 자료처리를 위한 컴퓨터의 유용성 인식.

학습 내용 개요

통계는 보다 현실적인 문제를 가지고 출발하기 때문에 신문이나 방송 등 여러 매체로부터 주어진 그래프나 통계 자료들을 읽고 해석할 수 있어야 한다. 이것은 이론적 통계 지식을 배워서 적용하는 단계보다 더 중요할지도 모른다.

통계 단원의 교수학습 내용은 다음 표와 같다.

주제	내용	주안점
자료의 정리	도수분포표	분석을 하기 위한 변량을 자발적으로 도출할 수 있어야 한다. 도표로부터 통계적인 처리를 하지 않더라도 즉각적으로 정보를 얻을 수 있는 능력을 함양한다.
상관	상관도 상관표	상관계수를 다루지 않고 상관도가 가지는 의미만 다룬다.
추정	신뢰구간 추정	모평균의 추정과 모비율의 추정을 다루나 모평균의 신뢰구간을 추정할 때 t분포를 사용하지 않는다.

통계 단원의 학습 자료는 계산이나 학습을 위하여 가공한 것보다는 실제 매체에 나타난 원 자료를 그대로 사용하는 것이 바람직하다. 천문학적으로 큰 수 또는 이상 현상을 나타내는 자료 등을 다룰 때 학생들은 실제 수학 활동을 한다고 느끼게 되며 수학의 실질적 힘이 형성된다.

지식의 연결성

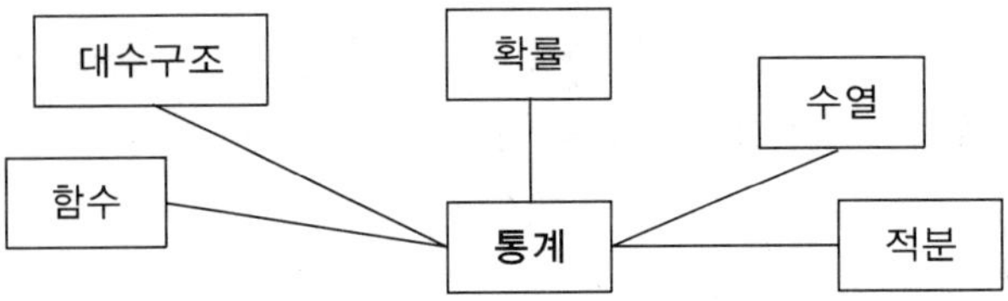

20.3.2 학습 주제 및 내용 분석

통계 단원의 유비적 측면과 분석적 측면

통계 단원을 수학의 유비적 측면과 분석적 측면으로 분류하면 학습 내용은 다음과 같이 진술할 수 있다. 먼저 중학 과정은 시각적인 측면을 적극적으로 활용하고 개념도 시각적 접근에서 정립할 수 있는 것을 주목한다. 예를 들면 막대 그래프, 꺾은선 그래프, 도수분포도, 상관도 등은 이에 부합하는 통계 방법이고 이에 따른 중간값, 최빈값 등이 중요한 통계적 추측을 위한 도구이다.

한편 고등학교 과정의 통계 단원은 분석적으로 접근한다. 모집단과 표본을 분리하여 통계량을 다루고 이에 대한 분석이 이루어진다.

자료의 수집

통계 단원의 전반적인 내용은 실생활에서 직접적으로 사용할 수 있기 때문에 가능하면 교수학습 자료도 실생활에서 직접 관찰한 것을 사용하는 것이 바람직하다. 이 점은 적어도 통계 단원이 실생활과 밀접하게 연결되어 있다는 것과 수학적 지식이란 궁극적으로 일상생활에 응용될 수 있는 과목이라는 것을 확신하게 한다.

통계에서 확률의 역할

통계적 분석은 확률론에 의존하고 있다. 즉 자료의 분포는 이미 결정되어 있으며 그 분포 양상은 특정 확률을 내재하고 있다. 즉 자연 현상이란 내재된 확률에 의하여 이미 결정되어 있다는 확률적 결정론에 근거를 두고 있다. 그러므로 표본의 분포도 이 내재된 확률이 가진 모수에 의존하게 된다. 이 점이 통계적 추론에서 확률의 역할이 된다.

이 점을 보다 구체적으로 논의하면 다음과 같이 요약된다. 우리는 먼저 어떤 집단의 정보를 알고자 한다. 모수는 대개 결정되어 있는 상태이지만 대개의 경우 알 수 없거나 알 수 있어도 많은 대가를 요구하는 것이기 때문에 획득하기 어렵다. 대안으로 표본에 관심을 가진다. 즉 표본을 통하여 모집단의 정보를 추측하거나 검정하려고 하는데 이것을 통계적 추론이라고 한다. 만약 여기서 모집단과 표본 간의 관계가 없다면 통계적 추론은 근본적으로 무의미하다. 그러나 표본들을 추출할 때 이 표본들이 가지는 통계적 특성이 존재하고 이 특성들은 모집단의 특성과 관련이 있다. 이 관련성에 의하여 통계적 추론이 가능해진다.

신뢰구간의 추정

학교수학에서 다루는 신뢰구간 추정은 다음 표에 의한다.

신뢰구간	모평균의 추정	모표준편차를 알고 있는 경우
		모표준편차를 모르는 경우: n이 많은 경우에만 다룬다.
	모비율의 추정	

20.4 교수학습 지도

20.4.1 학습 내용 지도

통계학의 기본 원리 안내

모집단이 가진 정보, 예를 들어 모집단의 평균이나 분산은 표본이 가진 평균이나 분산과 일반적으로 같지 않다. 모집단으로부터 추출된 표본이 모집단의 어떤 특정 패턴을 가진다는 것이 확인되면 표본을 통해서 모집단을 거꾸로 추론할 수 있다. 여기서 확률론과 통계학의 역할이 분명하게 구분된다. 즉 확률론은 모집단으로부터 표본이 가질 수 있는 정보를 알려준다. 그런 점에서 확률론은 모집단과 표본 간의 인과성에 대한 학문이라고 할 수 있고 통계학은 그런 인과성을 통하여 역 추적을 하는 학문이라고 할 수 있다.

통계학을 지도할 때 확률론과 통계학의 역할에 대하여 개관하는 것은 선행조직자의 역할을 한다는 점에서 중요하다.

자료의 정리와 해석

통계에서 첫 단계는 자료를 정리하는 것이다. 자료를 정리하는 이유는 필요한 정보를 얻기 위함이며 실제로 자료의 기초적 정리 기법은 많은 유익한 정보를 얻을 수 있게 한다. 대개 교과서는 단순화된 자료를 요약 정리해서 보여주는데 이 부분을 학생들 스스로 수행하라고 했을 때 모두 기대할만한 결과를 보여주지는 않는다. 자료로부터 필요한 정보를 얻기 위해서는 우선 그 자료로부터 알고자 하는 변수를 선택해야 한다. 그러나 이것이 그렇게 쉬운 단계는 아니다. 한편 자료로부터 변수를 설정하고 도표로 만드는 단계도 쉽게 되는 것은 아니다. 그럼에도 불구하고 교과서는 이런 단계들을 너무 쉽게 생각하고 간과하는 경향이 있다. 막대 그래프, 원 그래프, 꺾은선 그래프 등 다양한 그래프를 사용할 수 있기 위해서는 우선 그것들의 성격과 사용법을 분명하게 알고 있어야 한다. 수업 상황에서는 하나의 자료를 주고 이런 다양한 그래프를 사용하게 함으로써 왜 그것을 사용할 때 문제가 생기는가를 비교할 수 있어야 한다.

분포를 이해하는 수치의 선택에 대한 지도

자료를 정리하여 여러 가지 종류의 표를 만들고 평균, 표준편차, 중앙값, 최빈값, 사분위값을 구하게 된다. 그러나 이런 정량적 작업을 하기 전에 정리된 자료를 이용하여 거시적 분석을 이루어져야 한다는 점이다. 예를 들면 그래프의 대략적인 모양, 주변 꼬리의 길이의 정도, 그래프의 대칭성 등이 그런 분석에 포함될 내용이다. 이런 것들은 평균과 표준편차의 유의미성을 미리 알려준다. 예를 어떤 두 집단의 키를 조사하여 다음 도수분포표를 만들었다고 해보자.

계급값	도수 1	도수 2
150(이상) ~ 155(미만)	1	1
155 ~ 160	3	44
160 ~ 165	6	13
166 ~ 170	16	8
170 ~ 175	42	3
175 ~ 180	21	1
180 ~ 185	4	1
185 ~ 190	0	0
190 ~ 195	2	3

이 표에 의하면 도수 1은 거의 대칭적이나 도수 2는 비대칭적이다. 한편 도수 1과 도수 2 모두 190이상 195 미만에서 이상점을 가진다.

도수 1과 같이 대칭에 가까울 경우에는 평균과 중앙값이 동등한 의미가 있으나 도수 2와 같이 심한 비대칭형일 때 중앙값은 도움이 되지 않는다. 마찬가지로 표준편차도 분포가 대칭적이고 이상점이 없는 경우에는 의미가 있으나 이상점이 있는 경우나 도수 2와 같이 긴 꼬리를 가진 비대칭 분포에는 설득력이 없다. 그러므로 평균과 표준편차가 가진 한계를 분명하게 설명하는 것이 바람직하다.

산포도의 지도

통계표를 해석할 때는 항상 전체적인 형태를 파악하고 난 후 세부적인 것을 조사한다. 산포도의 경우에도 마찬가지이고 다음과 같은 사항에 유의해야 한다.

i) 전체의 모양.
ii) 전체의 방향.
iii) 전체의 강도.
iv) 이상점의 유무.

그러나 산포도를 해석할 때 도수분포표와는 달리 상관도만 의존하는 것은 위험이 따른다. 예를 들어 다음 두 상관도는 같은 상관표를 x축과 y축의 단위를 바꿈으로써 전체 분포가 달라 보인다.

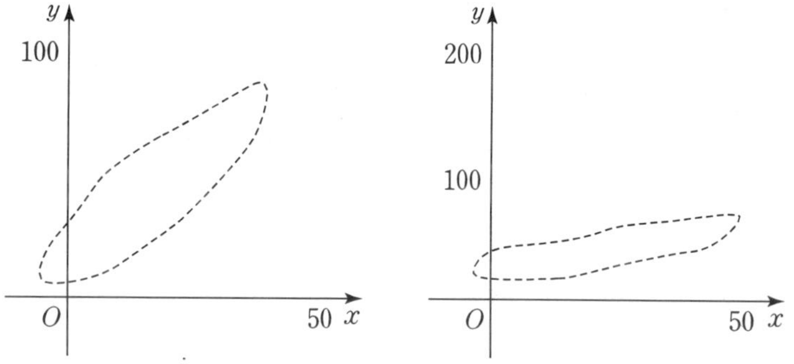

그러므로 상관도를 지도할 때는 반드시 상관계수로 지도해야 하는 것이 원칙이다.

그러나 학교수학의 수준에서 상관계수를 도출하기 위해서는 학습자의 수준을 넘는 통계적 처리를 해야 한다. 이것은 교육과정 실행의 관점에서 볼 때 바람직하지 않다. 따라서 대안으로 상관도의 직관적인 측면만 개략적으로 지도하는 것이 바람직하다.

모집단과 표본

표본이 편향된 것인가에 대한 확인도 필요하다. 예를 들면 온실에서 딸기를 수확할 때 딸기의 품질을 알아보기 위하여 각 상자의 윗부분에서 5개씩 추출하였다. 이 표본이 모집단을 충분하게 반영한다고 볼 수 있을까? 딸기는 무게에 의하여 부서지기 쉽기 때문에 아랫부분에 있는 딸기는 윗부분에 있는 딸기와 동일한 품질을 유지한다고 볼 수 없다. 이와 같이 편향된 표본은 대개 다음 두 가지가 있다.

i) 편리표본추출. 구하기 편한 표본을 추출하는 경우이다. 위에서 딸기의 표본을 추출하는 것도 아랫부분은 추출하기 어렵기 때문에 윗부분만 추출하였다.

ii) 자발적반응표본추출. 일반적인 물음에 자발적으로 반응한 표본을 의미한다. 예를 들면 전화 응답이나 서면 응답에 의한 방법은 대개 자발적인 사람들의 반응만 담게 된다.

이러한 편향성을 견제하기 위하여 단순임의표본추출 방식을 택한다. 이 방식은 난수표나 난수발생프로그램에 의하여 모집단으로부터 편의를 가지지 않도록 하는 방법이다.

도수분포표의 지도

도수분포표를 지도할 때 계급, 계급값, 도수 개념을 이해하는 것에 관심을 가진다. 그 결과 매우 소수의 자료를 사용하는 경향이 있다. 그러나 도수분포표는 모집단의 전체 모습을 개관하는 것이므로 측정 자료는 보다 방대한 것을 사용하는 것이 현실적재적이다. 동시에 계급을 설정하는 것도 현실적재적이라야 한다.

도수분포표를 작성할 때는 대개 다음 절차를 따른다.

i) 자료를 10개 단위의 열로 배열한다.

ii) 범위를 구한다. 범위란 표본에서 가장 큰 값과 가장 작은 값의 차이를 말한다.

iii) 범위로부터 계급의 수를 정한다. 계급의 수를 정하는 일정한 방법은 없지만 율(G. Yule, 1871~1951)의 제안에 따라 표본의 수가 100 이하이면 8에서 12정도, 100 이상이면 10에서 20정도로 한다.

iv) 계급의 폭을 결정하는데 이것은 범위를 계급의 수로 나눈 값에 가까운 값을 정하면 된다. 계급의 폭은 대개 측정 단위의 정수 배를 택하는 것이 바람직하다.

v) 도수분포표를 작성한다.

표준점수의 지도

두 정규분포 $N(\mu_1,\ {\sigma_1}^2)$과 $N(\mu_2,\ {\sigma_2}^2)$이 있을 때 이 두 그래프는 다른 모양을 가지고 있지만 이때 $Z=\dfrac{X-\mu}{\sigma}$라는 분포를 생각하면 두 분포는 동일 분포곡선을 가지게 된다. 이것을 표준점수라고 한다. 예를 들어 어떤 두 남녀의 키를 측정했는데 각각 178cm와 165cm이었다고 하자. 우리나라 전체 남녀의 평균키는 각각 171cm, 160cm이고 표준편차는 각각 7cm와 4cm라고 할 때 누구 키가 더 크다고 할 수 있을까? 표준점수로 환산하면 남자의 표준점수는 $\dfrac{178-171}{7}=1$이고 여자의 표준점수는 $\dfrac{165-160}{4}=1.25$이다. 그러므로 남자보다 여자가 상대적으로 키가 더 크다고 할 수 있다. 다른 두 정규분포에서 추출한 각각의 표본의 상대적 크기를 비교할 때는 이와 같이 표준점수를 사용한다. 이것은 점수의 상대 비교와 같은 것을 이용하여 지도한다.

모집단과 표본의 비교 지도

모집단이 평균 μ, 분산 σ^2을 이룰 때 표본평균 $\overline{X}=\dfrac{X_1+X_2+\cdots+X_n}{n}$은 중심극한 정리에 의하여 $N\left(\mu,\ \dfrac{\sigma^2}{n}\right)$를 이룬다. 모집단과 표본을 그래프로 비교할 경우 다음과 같이 두 가지 경우로 나누어 설명하는 것이 바람직하다.

i) 모집단이 정규분포일 경우.

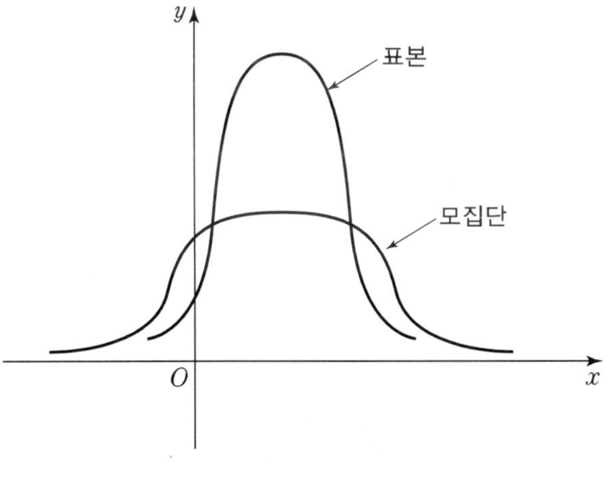

ii) 모집단이 정규분포가 아닌 경우: 예를 들어 모집단이 이항분포나 평등분포와 같은 것을 예로 들어 설명한다.

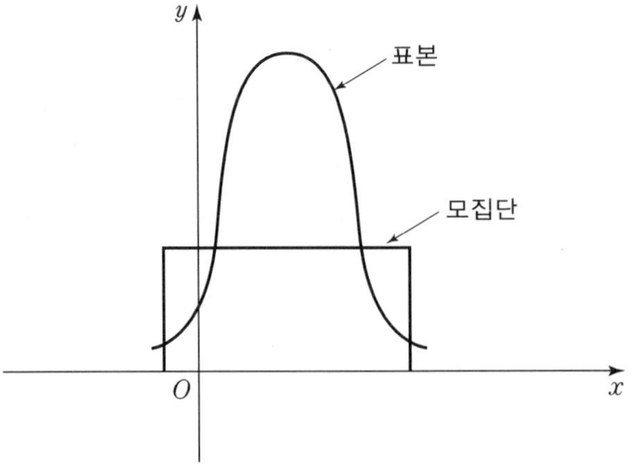

신뢰구간과 신뢰도 개념의 지도

모평균을 μ라고 할 때 표본평균 $\overline{X}$의 분포는 $P(|\overline{X}-\mu|<t)=\alpha$와 같이 단지 확률 개념으로 표현된다. 신뢰구간을 지도할 때 대개 부연 설명 없이 '신뢰도 α의 신뢰구간'이라고 설명하는 경향이 있다. 이런 방식의 설명은 풍부한 정신모델을 생성하는 데 부족하다. 따라서 다양한 활용이 필요하다. 신뢰도는 다른 말로 말하면 다음과 같은 표현이 있겠다.

i) 모수가 이 구간 내에 있다고 α% 정도의 확신을 가지고 말할 수 있다.
ii) 신뢰구간에 모수가 들어 있을 확률이 α이다.
iii) 실제로 경우를 조사하면 100회 중에 α회는 그 구간 안에 모수가 있음이 발견된다.

실제로 지도할 때는 구간추정의 예를 그래프로 보여주는 것이 바람직하다. 즉 예를 들면 표본평균의 분포와 α의 변화에 대하여 다음과 같이 그래프를 상호 비교하는 것이 바람직하다.

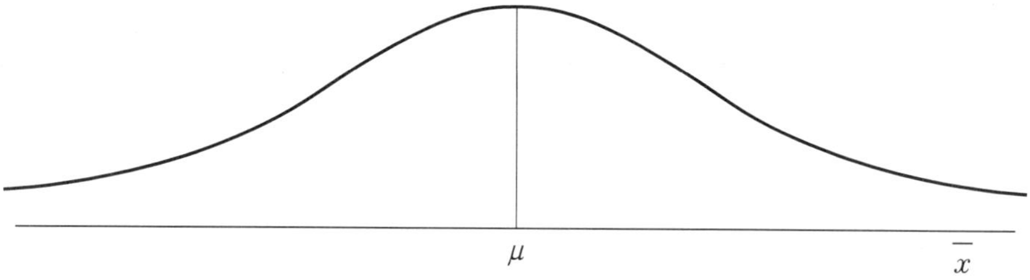

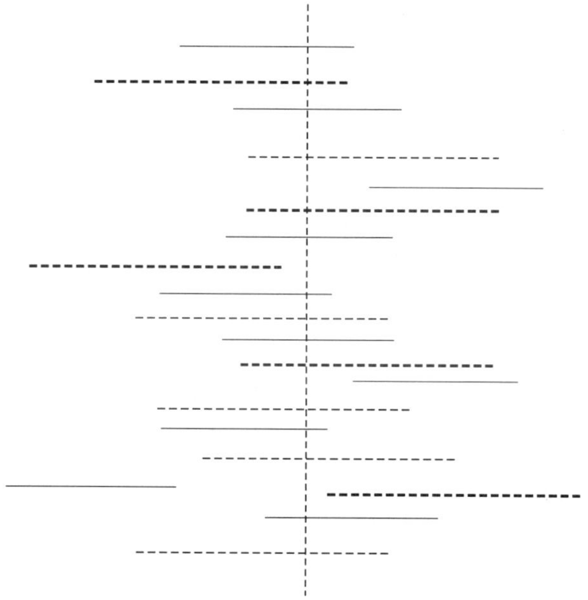

위의 표에서 점선은 한 개의 구간을 제외하면 신뢰구간 내에 모평균이 있으나 실선은 3개를 제외한 나머지만 신뢰구간 내에 모평균이 포함되어 있다. 신뢰구간을 설명할 경우 이런 도표를 사용하는 것이 바람직하다.

추정 절차의 알고리듬화

추정의 경우 주어진 상황이 제시되면 필요한 추정량을 적용하고 신뢰구간을 결정하는 것은 알고리듬화 되어 있어야 한다. 따라서 신뢰구간을 지도할 때는 다음 단계를 밟는 것이 바람직하다.

i) 각각의 상황에 대한 추정량을 개별적으로 적용할 수 있다.
ii) 모든 상황에 대하여 필요한 추정량을 선택할 수 있다.

따라서 교사는 각 경우가 모두 제시된 추정량을 개별적으로 소개하고 각각의 경우에 대한 사례를 들고 마지막 단계에는 상황만 제시되면 자동적으로 필요한 정보를 찾아낼 수 있도록 전체를 구조화한다.

20.4.2 평가

1. 추정과 관련된 것.

i) 어떤 베어링의 내구성을 조사하려는데 60개를 추출하여 검사한 결과 평균 2만 시간이고 표준편차는 340시간이다. 필요한 가정을 제시하고 모평균에 대한 95% 신뢰구간을 결정하라.

ii) 어느 학교에서 과제물을 수행할 때 30%의 학생들은 인터넷을 이용한다고 한다. 100명을 추출하여 검사했다고 할 때 인터넷을 사용하는 학생의 모비율에 대한 95% 신뢰구간을 구하라.

iii) 한 학교에서 수능시험을 치른 학생들 중에서 100명을 임의추출한 결과 평균 67점, 표준편차 7점을 얻었다. 모평균에 대한 95% 신뢰구간을 결정하라.

20.4.3 연구 과제

교수 측면

1. 학교수학에서 다루는 신뢰구간 추정은 분명하게 주어져 있기 때문에 학생들에게 전체 흐름을 제시하면 효과적일 수 있다. 추정 단원의 교수요목의 전체 개념도를 만들어보자.

2. 통계 단원은 대개 가볍게 다루거나 간과하는 경향이 있다. 이에 대한 원인을 토의해보자.

3. SOLO 평가를 구체화하기 위한 질의 문항을 개발하자.

학습 측면

1. 추정 단원의 전체 개요도를 만들어 학습 자료로 사용할 때 나타나는 효과에 대하여 논의하자.

참고 문헌

우정호(2006). 학교수학의 교육적 기초. 서울: 서울대학교 출판부.

유윤재(2010a). 중등수학교육학. 서울: 경문사.

유윤재(2010b). 함수 개념의 현상학. 한국수학사학회지, 23(3), 75-90.

Anderson, J. A.(2004). *Discrete Mathematics with combinatorics*, 2nd. ed. NJ: Pearson Prentice Hall.

Anderson, J. R.(1983). *The Architecture of Cognition, Cambridge*, MA: Harvard University Press.

Ausubel, D. P.(1968). *Educational Psychology: A cognitive view*. New York: Holt, Rinehart & Winston.

Brand, L.(1957). *Vector Analysis*. New York: John Wiley and Sons.

Biggs, J. B. & Collis, K. F.(1982). *Evaluation the Quality of Learning-the SOLO taxonomy*. New York: Academic Press.

Biggs, J. B.(2002). *Teaching for quality learning at university*. Buckingham: Society for Research into Higher Education and Open University Press.

Blackett, N. (1987). *Computer graphics and children's understanding of linear and locally linear graphs*, M. Sc. Thesis. University of Warwick, U. K.

Boyer, C. B. & Merzbach, U. C.(1991). *A History of Mathematics*, 2nd ed. New York: Wiley.

Braine, M. D. S.(1978). *On the relation between the natural logic of reasoning and standard logic*. Psychological Review, 85, 1-21.

Braine, M. D. S. & O'Brien, D. P.(1991). A theory of if: A lexical entry, reasoning program, and pragmatic principles. *Psychological Review*, 98, 182-203.

Bruner, J.(1966). *Towards a Theory of Instruction*, New York: Norton.

Buck R. C.(1970). *Functions in mathematical education*. In E. G. Begle(Ed.), 69th Year book of the National Society for the Study of Education. IL: University of Chicago Press.

Buck R. C. & Buck, E. F.(1965). *Advanced Calculus*. New York: McGraw-Hill.

Burton, D. M.(1985). *The History of Mathematics*, 2nd ed. New York: Allyn and Bacon.

Cajori, F.(1985). *A History of Mathematics*. New York: Chelsea.

Carnap, R.(1966). *An Introduction to the Philosophy of Science*. New York: Basic Books.

Cheng, P. W. & Holyoak, K. J.(1985). *Pragmatic reasoning schemas*. Cognitive Psychology, 17, 391-416.

Chung, K. L. (1974). *A Course in Probability Theory,* 2nd ed. New York: Academic Press.

Coxeter, H. S. M.(1965). *Non-Euclidean Geometry*, 5th. ed. Toronto: University of Toronto Press.

Coxeter, H. S. M. & Greitzer, L.(1967). *Geometry Revisited*. New York: Random House.

Courant, R. & Robbins, H.(1979). *What is Mathematics?* London: Oxford University Press.

Davis, P. J. & Hersh, R.(1981). *The Mathematical Experience*. Boston, NJ: Birkhäuser.

Davis, R. B.(1983). Complex mathematical cognition. In H. Ginsburg (Ed.) *The Development of Mathematical Thinking*, 254-290. New York: Academic Press.

Desoto, C. B., London, M., & Handel, S.(1965). *Social reasoning and spatial paralogic, Journal of Personality and Social Psychology*, 2, 513-521.

Devlin, K.(1994). Mathematics: *The Science of Patterns*. Ney York: Scientific American Library.

Dienes, Z. P.(1960). Building Up Mathematics. London: Hutchinson Educational.

Dieudonne, J.(1961). *New Thinking in School Mathematics, in New Thinking in School Mathematics, Organization for European Economic Cooperation*, Paris.

Dreyfus, T.(1991). On the status of visualization and visual reasoning in mathematics and mathematics education, *Proceedings of PME*, Assisi, 1 33-48.

Dubinsky, E.(1986). Reflective abstraction and computer experiences: A new approach to teaching theoretical mathematics, In Lappan, Glenda, Even, & Ruhama, (Eds.), *Proceedings of the Eighth Annual Meeting of PME-NA*, East Lansing, MI: Michigan State University.

Dubinsky, E.(1991). Reflective abstraction. In D. O. Tall(Ed.), *Advanced Mathematical Thinking*, 95-123. Dordrecht: Kluwer.

Ernest, P.(1991). *The Philosophy of Mathematics Education*. London, UK: Falmer Press.

Evans J. St. B. T., Barston, J. L., & Pollard, P.(1983). On the conflict between logic and belief in syllogistic reasoning. *Memory and Cognition*, 11, 295-306.

Eves, H. (1980). *Great Moments in Mathematics*. Washington, DC: Mathematical Association of America.

Fischbein, E. (1987). *Intuition in science and mathematics*. Dordrecht, Netherlands: Reidel

Fleming, W. H.(1965). *Functions of Several Variables*. Boston, MA.: Addison-Wesley.

Freudenthal, H(1973). *Mathematics as an Educational Task*. Dordrecht, Netherlands: Reidel.

Freudenthal, H.(1983). *Didactical Phenomenology of Mathematical Structures*. Dordrecht, Netherlands: Reidel.

Gallian, J. A.(1986). *Contemporary Abstract Algebra*. Lexington, MA: D. C. Heath and Co.

Garner, L. E.(1981). *An Outline of Projective Geometry*. New York: North Holland.

Gray E. M. & Tall, D. (1994). Duality, ambiguity and flexibility: A proceptual view of simple arithmetic. *The Journal for Research in Mathematics Education*., 26(2), 115-141.

Greenberg, M. J. (1972). *Euclidean and Non-Euclidean Geometries*, 2nd ed. New York: W. H. Freeman Co.

Greeno, J.(1983). Conceptual entity. In D. Genter & A. L. Stevens(Eds.) *Mental Models,* 227-252.

Hacking, I.(1975). *The Emergence of Probability*. Cambridge, MA: Cambridge University Press.

Harel, G.(1989). Learning and teaching linear algebra: Difficulties and an alternative approach to visualizing concepts and processes, *Focus on Learning Problem in Mathematics*, 11, 139-148.

Hewitt, E. & Stromberg, K.(1965). *Real and Abstract Analysis*. New York: Springer.

Husserl, E.(1970). *The Origin of Geometry. In The Crisis of European Science*, Appendix VI. Evanston: Northwestern University Press.

Johnson-Laird, P. N.(1983). *Mental models*. Cambridge, MA: Harvard University Press.

Johnson-Laird, P. N. & Steedman, M.(1978). The psychology of syllogism. *Cognitive Psychology*, 10, 64-99.

Kieran, C.(1981). Concepts associated with the equality symbol, *Educational Studies in Mathematics*, 12, 317-326.

Kieran, C.(1988). Two different approaches among algebra learners. In A. F. Coxford & A. P. Shutle (Eds.), *The Ideas of Algebra, K-12*, 91-96. Reston, VA: NCTM.

Kleiner, I.(1989). Evolution of the function concept: A brief survey. *The College Mathematics Journal*, 20, 282-300.

Kline, M.(1972). *Mathematical Thought from Ancient to Modern Times*. New York: Oxford University Press.

Lakatos, I.(1976). *Proofs and Refutation: The Logic of Mathematical Discovery*. New York: Cambridge University Press.

Lakoff, G. & Johnson, M.(1999). *Philosophy in the Flesh: The Embodied Mind and Its Challenge to Western Thought*. New York: Basic Books.

Lakoff, G. & Johnson, M.(2003). *Metaphors We Live By*. Chicago, IL: The University of Chicago Press.

Lakoff, G. & Núñez, R.(2000). *Where Mathematics Comes From: How the Embodied Mind Brings Mathematics into Being*. New York: Basic Books.

Lang, S.(1968). *Analysis I*. Reading, MA: Addison-Wesley.

Loomis, L. H. & Sternberg, S.(1968). *Advanced Calculus*. Reading, MA: Addison-Wesley.

Long, C. T. & DeTemple, D. W.(2006). *Mathematical Reasoning for Elementary Teachers*.(4th ed.). New York: Addison-Wesley

MacLane, S.(1971). *Categories for the Working Mathematician*, New York: Springer Verlag.

Mervis, C. E. & Rosch, E.(1981). Categorization of Natural Object. *Annual Review of Psychology,* 32, 89-115.

Moise, E. E.(1990). *Elementary Geometry from an Advanced Standpoint*. New York: Addison-Wesley.

Moore, D. S. & Notz, W. I. (2006). *Statistics*: Concepts and Controversies, 6th ed. New York:

Freeman.

Piaget, J.(1972). *The Principles of Genetic Epistemology*. London: Routledge & Kegan Paul.

Perkins, D. N. (1998). What is understanding? In M. S. Wiske, (Ed.), *Teaching for Understanding: Linking research with practice* (pp. 39-57). San Francisco: Jossey-Bass.

Polya, G.(1954). *Mathematics and Plausible Reasoning*. Princeton, NJ: Princeton University Press.

Polya, G.(1957). *How to solve it?,* 2nd ed. New York: Double days & Company.

Polya, G.(1981). *Mathematical Discovery*. New York: Wiley & Sons.

Popper, K. R.(1963). *Conjectures and Refutations*. London: Routledge & Kegan Paul.

Rival, I. (1987). Picture puzzling: mathematicians are rediscovering the power of pictorial reasoning. *The Sciences*, 41-46.

Rosch, E.(1973). On the internal structure of perceptual and semantic categories. In T. E. Moore(Ed.), *Cognitive development and the acquisition of language*. New York: Academic Press.

Rosch, E.(1975). Cognitive representation of semantic categories. *Journal of Experimental Psychology*, 104, 192-233.

Rosch, E. & Mervis, C. B.(1975). Family resemblance: Studies in the internal structure of categories. *Cognitive Psychology*, 7, 573-605.

Rosch, E. & Mervis, C. B.(1981). Categorization of natural objects. *Annual Review of Psychology*, 32, 89-115.

Ross, S. M.(2003). *Introduction to Probability Models,* 8th. ed. London: Academic Press.

Royden, H. L.(1988). *Real Analysis*, 3rd. ed. New York: Macmilan Co.

Rudin, W.(1976). *Principles of Mathematical Analysis*, 3rd ed. New York: McGraw-Hill.

Shaughnessy, J. M. (1992). Research in Probability and Statistics: Reflections and Directions. In D. A. Grouws (ed.), *Handbook of Research on Mathematics Teaching and Learning*. Reston, VA: National Council of Teachers of Mathematics

Schank, R. C.& Abelson R.(1977). *Scripts, plants, goals, and understanding*. Hillsdale, NJ: Erlbaum.

Schoenfeld, A. H.(1985). *Mathematical Problem Solving*. New York: Academic Press.

Selden, A. & Selden, G.(1992). Research perspectives on conceptions of function summary and overview. In E. Dubinsky and G. Harel(Eds.) *The concept of function: Aspects of epistemology and pedagogy*. (MAA Notes 25, 1-24) Washington, DC: Mathematical Association of America.

Sfard, A.(1988). Two conceptions of mathematical notions: operational and structural. *Proceedings of PME XII,* 162-169. Montréal, Canada.

Skemp,. R. R(1987). *The Psychology of Learning Mathematics*. Hillsdale, NJ: Erlbaum.

Smart, J. R.(1989). *Modern Geometries*, 5th ed. New York: Brooks/Cole Publishing Co.

Stigler, S. M.(1986). *The History of Statistics*. Cambridge, MA.: Harvard University Press.

Stoll, R.(1961). *Set Theory and Logic*. New York: Dover.

Tall, D. O.(1986). *Building and testing a cognitive approach to the calculus using computer graphics*, Ph. D. Thesis, Mathematics Education Research Center, University of Warwick.

Tall, D. O.(2006). *A Theory of mathematical growth through embodiment, symbolism and proof.* Annales de Didactique et de Science Cognitives, 11, 195-215

Thomas, M. O. J.(1988). *A conceptual approach to the early learning of algebra using a computer*, Ph.D. Thesis, The University of Warwick, U. K.

Thurston, W. P.(1990). *Mathematical education. Notices of the American Mathematical Society*, 37, 844-850.

Tversky, B. & Kahneman, D.(1973). Availability: A heuristic for judging frequency and probability. *Cognitive Psychology*, 5, 207-232.

Tversky, B.(2000). Mental models. In A. E. Kazdin (Ed.), *Encyclopedia of psychology* (vol. 5, 191-193) Washington, DC: American Psychological Association.

Usiskin, Z.(1988). Conception of School Algebra and Uses of Variables. *In the Ideal of Algebra K-12*. NCTM 1988 yearbook, 8-19.

van Hiele, P. M.(1986). *Structure and Insight: A theory of Mathematics Education*, New York: Academic Press.

Vinner, S. (1983). Concept definition, concept image and the notion of function. *International Journal of Mathematical Education in Science and Technology*, 14, 239-305.

Vinner, S. & Dreyfus, T.(1989). Images and definitions for the concept of function, *Journal for Research in Mathematics Education*, 20, 356-366.

Wagner, S.(1981). Conservation of equation and function under transformation of variables, *Journal of Research in Mathematics Educations*, 12. 107-118.

Wagner, S. & Parke, S.(1993). Advancing algebra. In P. S. Wilson(Ed.), *Research Ideas for the Classroom/High Mathematics*, NCTM. 119-139.

찾아보기

ㄱ

ㄴ

ㄷ

ㅅ

ㅇ

ㅈ

ㅊ

ㅋ

ㅌ

ㅍ

ㅎ

중등수학 교재론

경북대학교 사범대학 수학교육과
유윤재

저자 이력

경북대학교 사범대학 수학교육과 수료. 이학사
경북대학교 대학원 수학과 수료. 이학석사
The University of Wisconsin-Madison 졸. Ph.D.(복소해석학)
현 경북대학교 사범대학 수학교육과 교수

33 중등수학교육

중등수학 교재연구

지은이 유윤재
펴낸이 조경희
펴낸곳 경문사
펴낸날 2012년 3월 5일 1판 1쇄
2018년 3월 5일 1판 3쇄
등 록 1979년 11월 9일 제313-1979-23호
주 소 04057, 서울특별시 마포구 와우산로 174
전 화 (02)332-2004 팩스 (02)336-5193
이메일 kyungmoon@kyungmoon.com
facebook facebook.com/kyungmoonsa

값 32,000원

ISBN 978-89-6105-522-2
ISBN 978-89-7282-760-3 (세트)

★ 경문사 홈페이지에 오시면 즐거운 일이 생깁니다.
http://www.kyungmoon.com

한국과학기술출판협회 회원사